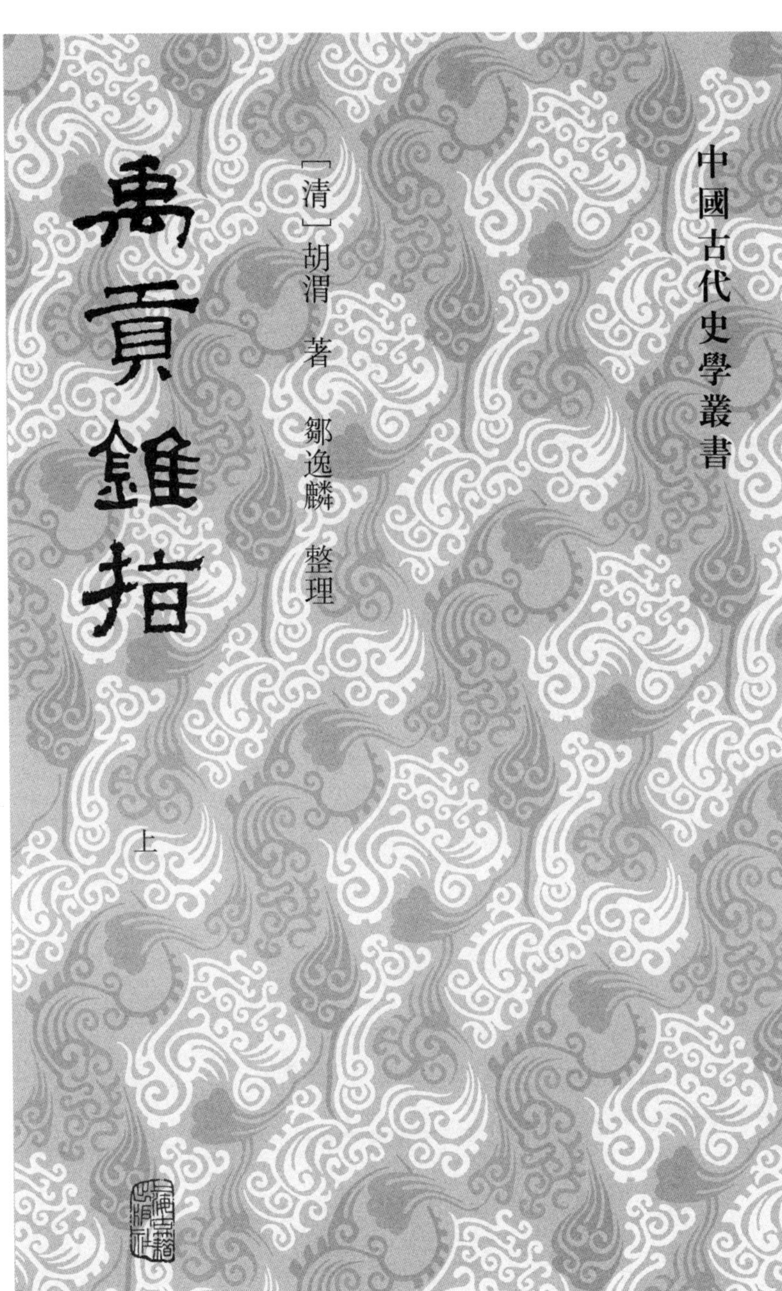
中國古代史學叢書
禹貢錐指
［清］胡渭 著
鄒逸麟 整理
上

圖書在版編目(CIP)數據

禹貢錐指 /（清）胡渭著；鄒逸麟整理. —上海：上海古籍出版社，2024.5
（中國古代史學叢書）
ISBN 978-7-5732-1152-1

Ⅰ.①禹… Ⅱ.①胡… ②鄒… Ⅲ.①歷史地理-中國-古代②《禹貢》-研究 Ⅳ.①K928.62

中國國家版本館 CIP 數據核字(2024)第 088104 號

中國古代史學叢書
禹貢錐指
（全二册）
［清］胡渭　著
鄒逸麟　整理
上海古籍出版社出版發行
（上海市閔行區號景路 159 弄 1-5 號 A 座 5F　郵政編碼 201101）
(1) 網址：www.guji.com.cn
(2) E-mail：guji1@guji.com.cn
(3) 易文網網址：www.ewen.co
上海展强印刷有限公司印刷
開本 850×1168　1/32　印張 31.625　插頁 10　字數 620,000
2024 年 5 月第 1 版　2024 年 5 月第 1 次印刷
ISBN 978-7-5732-1152-1
K·3597　定價：198.00 元
如有質量問題，請與承印公司聯繫
电话：021-66366565

目録

卷一

卷二

卷三

卷四

卷五

卷六

卷七

卷八

卷九

卷十

卷十八

卷十九

卷二十

附録

前言

尚書禹貢一篇，雖僅有一一九四字，但歷來被奉爲我國「古今地理志之祖」（明艾南英禹貢圖注序）。它假託大禹治水以後的政治區劃，實際是一種地理區劃，將全國分爲九州，並分別記述了這九個區劃的山嶺、河流、藪澤、土壤、物産、貢賦以及交通道路等，此外，還縷列了我國主要山脈河流的走向和流經，中原地區以外五個不同層次區域與中央的關係等等，是我國最早一部科學價值很高的區域地理著作。因爲它是經書中的一篇，歷來研究者不下數十百家。除了鄭玄、馬融、王肅、孔穎達、蔡沈等一些著名經學家外，歷代注釋、疏證者不可勝數。對其中文字、名物、制度、地理的考訂，盈篇累牘，各有所見。到了清初寖寖乎成了一門專門之學。但不少論斷還是諸説紛紜，莫衷一是。至康熙年間胡渭撰禹貢錐指，采擷衆説，援古證今，考辨縝密，一掃漢儒附會、宋儒變亂的舊習，斷以己見，實爲千年來研究禹貢的集大成著作。正如徐秉義序中所云：「其書考正孔傳、孔疏、宋元明諸家之説，主以班固地理志，參以山海經、水經注及郡縣志，摘其謬誤，辨其疑似，使後世讀經者，瞭然心目之間，其功於禹貢不細，至發明夏道，所陳大義十餘，尤足證明孔子無間之旨，非但區區稽考沿革，鉤覈異同，資縢口説而已。」當然，其中某些結論，以今天的學術水平來衡量，還存在不少偏頗和謬誤之處。前修未密，後出轉精，是學術研究的規律，原不足爲怪。如果我們以倒退三百年時間來考察，錐指一書在禹貢研究上的成就較前人大大地進了一步，爲今天我們理解禹貢時代的地理面貌以及歷代的變遷，提供了極爲豐富的資料和重要的啓示，這一功績是抹煞不了的。

一

胡渭，原名渭生，字朏明，晚號東樵。浙江德清人。曾祖友信，明隆慶戊辰進士，官廣東順德令，有政聲，文與歸有光齊名。祖子益，諸生。父公角，天啓甲子舉人。崇禎六年（一六三三年）六月，胡渭即降生在這個世代科舉的家庭裏。

崇禎十七年（一六四四年）胡渭年十二，父歿。隨其母避亂山谷間，教以書，遂有志于學。清順治四年（一六四七年）年十五，爲縣學生，專「攻制義，苦心鑽研，寒暑不輟」（胡會恩禹貢錐指紀恩）。希望在科舉上有所發展，無奈命運不佳，屢試不第。康熙十五年（一六七六年）他的從姪胡會恩以進士第二名及第，而他已過不惑之年，還是一個老秀才，「乃入太學，館益都相國府」，在大學士馮溥家中當一名西席（杭世駿胡東樵先生墓誌銘，見道古堂文集卷四十）。

康熙十七年正月，朝廷開博學鴻詞科，馮溥欲推荐胡渭應詔，渭堅辭不肯就。「羣公避嫌，以相國子師，莫敢先發；及見荐牘，無先生名，則又大驚。」從此絕意科舉，專窮經義（墓誌銘）。塞翁失馬，焉知非福。科場上的失意，很可能是他以後潛心學術取得重大成就的重要因素。

康熙二十一年（一六八二年）馮溥致仕歸里，遂又館於相國徐乾學府。在京師的幾年裏，與一時名選朱彝尊、毛奇齡、吴任臣，閻若璩、李振裕、萬斯同、徐敬可等過從甚密，切磋學問，多有獲益。二十五年（一六八六年）徐乾學奉詔纂修大清一統志。二十九年（一六九〇年）徐乾學歸里，朝廷許以書局自隨，遂開局於蘇州洞庭東山，繼續纂修一統志。仍延請胡渭、顧祖禹、黄儀、閻若璩、查慎行等人共參其事。這一年胡渭已經五十八歲了。

參與大清一統志的編修，爲胡渭研究輿地之學創造了極爲有利的條件。從那時起，他開始了禹貢的研究。當時朝廷同意徐乾學的要求，將「一時金匱石室之秘藏，職方圖册之彙獻，不憚數千里，攜載以歸」（裘璉纂修書局同人題名私記，横山文集卷七）。杭世駿墓誌銘云：先生「因得縱觀天下郡國之書，凡與禹貢山川疆域相涉者，隨手鈔集，與經文比次，以酈道元水經注其下；酈注所闕，凡古今載籍之言，苟有當于禹貢，必備録之。」除了豐富的資料條件，還有一批同道學者，共相切磋。徐秉義禹貢錐指序云：「往予伯兄尚書奉詔總修一統志，一時博學洽聞之士盡招集邸舍，其精于地志、山經、水注之書者，則若無錫顧景范、常熟黄子鴻、太原閻若璩及德清胡朏明，皆海内碩儒傑士，卓乎不羣，而同在伯兄之門，可謂盛矣。」錐指略例亦云：「時則有無錫顧祖禹景范、常熟黄儀子鴻、太原閻若璩百詩，皆精于地理之學，以渭之固陋，相去什伯，公亦命繙閱圖史，參訂異同，二三素心，晨夕羣處，所謂奇文共欣賞，疑義相與析者，受益弘多，不可勝道。渭因悟禹貢一書，先所錯解者，今猶可得而是正；其以爲舊跡湮没，無從考究者，今猶得補其罅漏，而牽率應酬，未遑排纂。」胡渭就在這樣的環境和條件下，開展了對禹貢的系統研究，他利用工作之便，查閱了大量歷代文獻，博采羣書，薈萃衆説，對諸家歧異之説，力求取得統一的説法。同時還延伸到歷代山川陵谷變遷的研究，體大精深，蔚然可觀。惜乎康熙三十一年（一六九二年）徐乾學因事落職，書局亦撤。同年顧祖禹卒于家。三十三年徐乾學亦謝世。老成凋零，摯友四散。胡渭也歸里養痾，「一切人事謝絶，因取向所手記者，循環展玩，撮其機要，依經立解，章别句從，歷三朞而成，釐二十卷，名曰禹貢錐指。」以莊子秋水篇「以管窺天，以錐指地」句名書，喻其所見甚小，蓋胡氏自謙之意。這一年是康熙三十六年，胡渭六十五歲。

書成之後，胡渭于康熙三十八年再度進京，以錐指就正于禮部尚書李振裕、侍講學士查士昇，得到高度贊許，並爲之作序，認爲是傳世之作。四十一年手摹禹貢圖四十七幅附于後。同年錐指在吴門刻成。四十四年（一七〇五年）李振裕、查昇以錐指進呈玄燁。同年三月玄燁南巡，駐蹕蘇州。胡渭親自攜書呈獻，得到康熙的嘉奬，賜御書詩扇及扁額「耆年篤學」四字。胡渭以七十有三老翁得此殊榮，於是名聲大噪，傾倒士林。以後又有易圖明辨、洪範正論、大學翼真等著作刊行。康熙五十三年（一七一四年）卒于家，享年八十二歲。嘉慶杭州府志卷八本傳：「國朝浙江治經學者，鄞縣萬斯大、蕭山毛奇齡、嘉興徐嘉、秀水朱彝尊，核其撰述，渭爲稱首。」可見後人對他在學術上所做出的貢獻評價是很高的。

二

禹貢錐指題二十卷，其中卷十一導山分爲上下兩卷，卷十三導河並附論歷代流徙分爲卷十三上、卷十三中之上、中之下、下四卷，卷十四又分導漾、導江上下兩卷，另外書首附圖一卷，實共二十六卷。附圖四十七幅中有十六幅是明艾南英禹貢圖註的翻版，胡渭未加説明，似有掠美之嫌。

胡渭禹貢錐指一書，是集以往研究禹貢大成的著作，在禹貢學史上具有里程碑意義。胡渭以後研究禹貢作品仍然不少，但大多沿襲胡注。近年劉起釪先生有禹貢冀州、兖州地理叢考（刊見文史）等佳作，然就整體而言，目前尚無一本注釋禹貢的著作能够替代它。此外，胡渭在錐指中有不少從注釋禹貢而延伸對地理沿革以及歷代水利興衰、區域經濟開發的論述，發揚了晚明以來「經世致用」、「學務實效」的學術思想更是彌足珍貴。無可懷疑，禹貢錐指在我國學術史上具有十分重要的地位。以下擬從幾個方面闡述錐指的成就及其價值。

一，不囿于舊注經家的窠臼，將禹貢作爲一部完整的地理著作來研究。自漢唐以來下迄宋明時代，注釋禹貢者不下百數十家，然大多限于個别文字的訓詁，個别制度、名物、地名的考訂，目的是爲了解經，没有將禹貢作爲一部完整的地理著作，進行全面的融會貫通的研究，更談不上聯繫作者當時的地理環境了。如孔穎達疏、蔡沈集傳皆立于學官，「僅以資科舉而已」（李振裕序），其他百家之説，或過于繁雜，或相互矛盾，折衷紛紜，莫定一是，讀者衹見樹木，未見森林，均未能將禹貢作爲反映一個時代地理面貌的名著呈獻給讀者。

胡渭在錐指中所做的工作已遠非限于一般集解的意義。第一，他匯集了前人研究禹貢的所有成果，如僞孔傳、孔穎達疏以及宋明諸家之説，如易祓禹貢疆理廣記、程大昌禹貢論、傅寅禹貢集解、茅瑞徵禹貢匯疏等，此外，如蘇軾、曾旼、葉夢得、張九成、林之奇、夏僎、薛季宣、黄度、吕祖謙、王炎、吴澄、金履祥、王充耘、王樵、邵寶等注釋尚書諸家，「於禹貢尤爲精覈，發前人所未發，故稱引特多」（略例）。第二，他特别注意利用史記河渠書、漢書地理志、水經、水經注以及元和郡縣志、太平寰宇記等歷代地志、總志、河渠水利專著來印證禹貢的地理。例如漢書地理志述郡縣山川時提到禹貢的有三十五處，代表了西漢人對禹貢地理的理解。西漢距禹貢著作時代較近，其説當較後代猜謎式的考證可靠。再説古地名不落實在具體的地理位置上，是非難辨。胡渭强調以地理著作來考訂禹貢的做法，無疑是比較高明的。第三，胡渭除了歷代注疏、地理專著外，「凡古今載籍之言，無論經史子集，苟有當於禹貢，必備録之。」這就將研究禹貢的資料作全方位的擴大，不僅限于禹貢本文的銓釋，而且通過禹貢的注釋，提供給讀者的是一部通古今之變的地理專著。第四，他利用工作之便，廣泛吸收最新的研究成果，如孫承澤九州山川考、王士禛蜀道驛程記、顧炎武日知録、朱鶴齡禹貢長箋、顧祖禹讀史方輿紀要、閻若璩四書釋地等，都是清初成書的一些名著，大大豐富了錐指論據，使其成爲反映當時最高的學術水平的地理著作。

二，在禹貢研究上的創見。他廣泛搜羅前人傳注，參驗故實，辨其異同，研精覃思，定其是非，故非可與一般解經者齊論。他之所以能取得如此成就，很重要的一點，就是采用了地理沿革的方法來研究禹貢。

禹貢九州各以山川方位來定州域。歷代注經家往往限于注出某山某水即今某山某水而止，失之籠統，後人據此難以形成一個具體的地域概念。胡渭在略例中説：「九州之疆界，爾雅、職方不同于禹貢，蓋殷、周之所損益也。故必備舉以相參次，列古帝王所都及諸侯之封在州域者，又次列春秋時國土之可考者，略見先王封建之制，又次列戰國之所屬，然後分配秦漢以降之郡國，而要以杜氏通典爲準。蓋前此地理諸書，未有以禹貢九州分配郡國者，有之自通典始。宋承唐制，以迄元明，雖有沿革，不甚相遠，故通典以後，直接當今輿地。」他釋某州方域先從夏商周三代爲何地説起，然後提春秋時州境内有哪些城邦國家，戰國時又爲何國領地，秦時地屬哪幾個郡，漢時爲某數州之地，唐時又屬哪幾個州郡，最後用「以今輿地言之」一句，總結爲清康熙年間包括哪些省、府、州，其中不免有落實得過分具體之弊，然而總的説來，這種界定是可信的。或問對戰國時代人們觀念中九州範圍的界定究竟有何意義。回答是肯定的。因爲禹貢九州雖然是人們觀念中的區劃，但並非任意劃分的，是與當時的自然區劃和經濟區劃有一定關係的，後代政區的劃分和命名都有參考禹貢九州的痕跡。這樣説來，禹貢九州的界定與研究秦漢以後政區的劃分，具有一定的參考意義。又如對禹貢河流、湖澤的考釋，也不僅限注明即今某水或某地而已。而是用漢志、水經、水經注、元和郡縣志、太平寰宇記等書，注明其流經的諸縣或範圍。凡在清初已經撤廢的舊縣，還用雙行夾注，注明舊縣的今地（清時），這對後人研究禹貢時代的地理景觀是很有價值的。

唯其對禹貢研究所下的功夫遠過歷來諸家，因此在某些山川考證上判斷就勝前人一籌。如兗州「九河既道」一句，歷來不少學者多釋爲大禹鑿大河下游分爲九支，分流入海，以息水患。胡渭不同意這種看法，他引用于欽齊乘的觀點，以爲「河至大陸趨海，勢大土平，自播爲九，禹因而疏之，非禹鑿之而爲九也。」又説：「然而求九河者，正不必尺寸皆合于禹之故道，亦不必取足於九。」至爲確論。「九」祇是約數，即多股分流的意思，與「九江」同。後人强定「九河」之名，未必爲大禹時實際情況。又如「雷夏既澤，灉沮會同」中灉沮二水的解釋，從鄭玄到唐宋總志都説二水源出雷澤西北平地，東流入澤。然而宋人曾旼尚書講義却創另説，他解釋灉爲汳水，沮爲睢水。明人韓汝節（邦奇）禹貢詳略（茅瑞徵禹貢匯疏引）則又以山東小清河當沮水，以章丘縣一流入小清河支流漯水爲灉水。王夫之因爾雅「水自河出爲灉」，説文「灉者，河雝水也」，遂以漢武帝時黄河決流瓠子河爲灉水，更屬荒誕。胡渭以古今地理變遷的事實，逐一加以駁正，確認當以唐宋總志所説爲是。有的方志因見曹州南有灉河，自東明縣流入，又東北入鄆城縣界，遂以此爲禹貢灉水。胡渭指出「此乃（五代）段凝決河之後，河水分流始有此名耳。禹時河由大陸，去此甚遠，安得有别出之灉。」他認爲由于五代北宋年間河水多次在這地區泛決，「曹、濮間二源適當其衝，爲河所陷，久之河去，而空竇淤塞，水不復出矣。」是黄河泛決淤塞了古代灉沮二水，致使後代難以尋覓。這種判斷是符合歷史事實的。又如他判斷徐州貢道「浮于淮泗，達于河」的「河」，應從説文作「菏」。他又認爲豫州「滎、波既豬」的「波」，應從馬融、鄭康成本作「播」，顔師古、林之奇、蔡沈均以滎、波爲二水，都是錯誤的。他根據山海經、水經等等歷代河渠、地志諸書來考訂禹貢某些地理問題所作出的判斷，往往勝于前人。這樣的例子在錐指中很多，難以一一備述。

三，對歷代河流變遷、水利興衰的研究。錐指注釋禹貢某水，不僅指出即今某水而已，同時還將該水的歷代變遷和水利興衰作概括的闡述。如果將這些文字匯集起來，不啻是一部歷代河渠志，讀者不僅了解了禹貢時代的地理面貌，還可對戰國以後該水的歷代變遷、水利興衰以及在社會經濟方面的影響，有一個全面的認識。

例如釋冀州「衡漳」，除指出「衡漳」即漳水外，還從戰國魏西門豹、史起開修漳水十二渠，「以富魏河内」講起，再記述曹魏、北朝、唐宋引漳灌溉工程的興衰更替，强調「漳水之爲利也大矣，然冬官不修，溝逆地防，水屬不理孫，則有害矣。」並指出明正德年間，漳水自安陽南決，「袤百餘里，廣四十里，土田悉成汙萊，其爲害不亦大乎！」可見胡渭的工作已超出注經家的職責範圍，而是涉及國計民生的問題了。

在釋「恒、衛既從，大陸既作」句，不僅考證出恒水即滱水、衛水即滹沱以及二水的流經外，還論證了唐宋以後二水的變遷，如在考釋了古滱水的流經後，則又云：「宋初猶未改。自咸平中，何承矩興塘泊，以限契丹戎馬之足，於是始引水歸北，而文安之瀆遂空。其後滱水仍自蠡縣改流，經肅寧、河間、雄縣、任丘以至文安，而不復北行。明時則又自雄縣改流入霸州保定界，爲玉帶河，不復入文安矣，此恒水下流變徙之大略也。」同樣地，在據元和郡縣志、太平寰宇記考釋了古滹沱河流經後，又云：「宋初猶未改，自塘泊既興，引水歸北，而文安之瀆堙廢。遂以樂成（今獻縣）之滹沱别水爲滹沱之正流，而故道不可復問，明天啓後，漸徙而南，至本朝順治二年（一六四五年），自束鹿決入冀州，與漳水渾濤，而安平、饒陽之地，不復有滹沱矣，滹沱在河北羣川中，溢決尤甚，未有數年不變者，而從冀州合於漳水，亦猶黄河之與淮合，均爲古今水道之極變也。」我們今天研究華北平原水系的歷史演變時，同樣也發現宋初修築塘泊是一樁十分關鍵的事件，它對河北水系變化有着很大影響。胡渭的觀點與我們研究的結論是一致的。

在釋徐州「大野既豬」句，胡渭除指出大（巨）野澤所在外，還指出自漢武帝元光三年（前一三二年）河決瓠子、注巨野，通淮、泗後，五代宋金時期黄河又多次決入巨野澤，「凡四五變，高下易形，久已非禹迹之舊，逮元至正四年（一三四四年）河又決入此地，巨野、嘉祥、汶上、任城等縣，皆罹水患。及河南徙，澤遂涸爲平陸，而畔岸不可復識矣。」他的觀點與近年來對黄淮海平原湖泊變遷研究的結論基本吻合。或以爲大野澤即元代以後的南旺湖，胡渭指出「南旺地特高，號爲水脊，賴有閘以節其流，去閘則南北分瀉一空矣。澤體洿下能鍾水，似不應爾。」所以巨野澤地望「在南旺之西，雖相去不遠，而湖之不得即爲澤也，明矣。」真是一語中的。

揚州「三江既入，震澤厎定」中的「三江」，歷來諸説紛紜，難定一是。胡渭主蘇軾説以漢江爲北江、贛江爲南江、岷江爲中江，未必符合禹貢「三江」之意，因爲此三江與震澤（太湖）無涉。胡渭爲了支持自己的觀點，提出了長江洪水横流之際，由蕪湖、高淳、宜興間的胥溪運河洩入太湖的説法。於是對胥溪運河和東壩的興衰作了詳細的記述，尤其對太湖流域水利盛衰和吴淞江堙廢的原由和後果提出了自己的看法。顯然已非以注經爲限，而是對東南地區歷史地理問題研究了。此外，在釋「沿于江、淮，達於淮、泗」句，詳細論述了江淮之間運河的變遷；在釋「東至于厎柱」句，專門討論了三門峽河段爲自漢武帝以來漕運的難題，和漢唐北宋時期如何對三門峽河段進行整治的歷史，無疑這些屬于歷史交通地理研究的範疇。

四，對歷代各地區産業和經濟開發的研究。禹貢各州的貢物反映了戰國時期各地的産業，以往經學家主要着眼于名物的考證，而胡渭則更進一步詳述禹貢時代和以後各歷史時期該物産在本州和其他各州的生産情況及其變遷。如兗州「桑土既蠶」句，胡渭引用歷代注疏、史書及宋明人文集，證明兗州爲歷代蠶桑主要産地，並云「觀秦氏蠶書及濮州舊志所言，則近世猶未之改，不知何時稍衰，而吴越之間獨擅其名，賦斂亦因以加重，遂有杼柚其空之嘆，古今事類不同有如此者。」反映了黄河下游蠶桑事業由盛轉衰的歷史變遷。豫州「厥貢漆、枲、絺、紵」句後，引用史記貨殖列傳，唐李肇國史補、太平寰宇記等資料證明從戰國至唐宋在古豫州境内的陳（今河南淮陽）、陽夏（今太康）、襄州（今湖北襄樊市）、宋州（今河南商丘）等地都曾以産漆著稱。紵麻産地的歷史變遷也曾引起他很大的關注。他指出古代豫州是紵麻的重要産地，但在唐通典中記載貢紵布的都在長江中下游荆、揚二州之地，「此古今風土之變也。」苧麻是喜温作物，唐代後期紵麻種植地域的南移，很可能與當時氣候有一度由暖轉寒有關，十三世紀初黄河中下游地區氣候有出現暖期，故元初農桑輯要（一二七三年）卷二云：「苧麻本南方之物，……近歲以來，苧麻藝于河南。」胡渭雖然没有點出變化的原因是氣候，但他提出「風土之變」的問題，也是很有價值的。他在「厥篚纖纊」句後，引用漢書地理志、左思魏都賦、陳留風俗記、任昉述異記等資料證明歸德府（治今河南商丘）是古代（黄河流域）絲織刺繡製品的中心。另外在青州「厥篚檿絲」句下引漢書地理志載齊有三服官，俗工於織，能「織作冰紈綺繡純麗之物，號爲冠帶衣履天下」，説明在戰國秦漢時代齊地爲黄河下游地區另一絲織業中心。此外，對南方諸地的礦冶業也多有論述。如在揚州「厥貢惟金三品」下，將江西、浙江、安徽三省的産金地，江西的産銀地和安徽的銅礦以及金、銀、銅三種貨幣的兑值和流通都有詳細的介紹。類似例子很多，不能備列。

禹貢各州田、賦等級，是各州土壤狀况和經濟開發程度的反映。揚州「厥田惟下下，厥賦下上上錯」，反映當時揚州地勢低下，田多沼澤，土濕如泥，土壤爲黏質濕土，故田列爲第九等，賦第七等，雜出爲第六等。這是因爲當時揚州開發不充分，故其田等最低，賦也不高。兩晉以後，揚州地區逐漸得到開發，尤其是唐宋時期大量水田的開闢，使東南地區成爲全國經濟重心所在，國家賦税所出。爲了增加糧食生産，太湖流域圍湖造田，蔚爲風氣，破壞了當地的生態環境。胡渭對五代兩宋以來，蘇、松、常、嘉、湖五府地區的圍湖造田之害，吴淞江淤塞的原由，均有詳細的論述，並引用宋、明人對東南水災日甚、田賦日增現象的議論，表示深有同感。其云：「三江震澤之區，昔之民溺於水，今之民溺於賦。溺於水者，禹從而拯之，使登於衽席；溺於賦者，日朘月削，如水益深，數百年於此矣，而卒未有拯之者。有能惻然於東南民力之竭，而爲之曠然壹變其法，使水復厎定之迹，而賦不失壤之規，斯真所謂功不在禹下者矣。」這正與當時許多學者對太湖流域水患日甚，賦税日重的不合理現象的抨擊一樣，是對時政的批評，顯然其主旨已非限于注經，而是借題發揮他對當時太湖流域賦税過重現象的意見。

雍州「厥田惟上上，厥賦中下」。胡渭對雍州田列第一等而賦第六等的現象作了解釋，他先引用了詩經中「奕奕梁山，維禹甸之」；「周原膴膴，堇荼如飴」；「度其隰原，徹田爲糧」等句，又列出史記貨殖列傳所言「自汧、雍以東至河、華，膏壤沃野千里」；東方朔傳「豐、鎬之間號土膏，賈畝一金」等記載，證明關中地區確爲沃野。但他又强調指出「然則雍地雖大，其在中邦之限，禹所則壤以成賦者，不過方千里。其間又有高山長谷，可以爲田者少，不若冀之平原曠野，一望皆良田，又則壤之地居多，即令雍他日人功益修，亦未能及冀賦之第一。」他的這種分析是符合實際的。新唐書食貨志三也曾説：「唐都長安，而關中號稱沃野，然其土地狹，所出不足以給京師。」由此亦可推見，先秦時期雍州區域内經過整治的土地，不過是渭河平原部分，其餘廣大地區尚未或初作開墾，故而總的説來賦的標準不能很高。

由此可見，胡渭對禹貢九州田賦等級、貢物品種的注釋，不限于名物的考訂，而是着眼于歷史時期産業分布的變化和區域開發的研究。這就將禹貢作爲一部古代區域地理的著作的内容發揮得淋漓盡致了。

三

胡渭錐指中對黄河歷史變遷研究作出了重大貢獻，其中「導河」一節和「附論歷代流徙」兩部分占了很大篇幅（共四卷），也是他用功最深的得意之作。他在略例中説：「中國之水，莫大于河；禹功之美，亦莫著於河。釋禹貢而大伾以下不能得禹河之故道，猶弗釋也。導河一章，余博攷精思，久乃得之，解成，口占二首曰：三年傴臥疾，一卷導河書。禹蹟分明在，周移失故渠。自知吾道拙，敢笑古人疎。冀有君山賞，中心鬱少舒。班固曾先覺，王橫實啓之。九峯多舛錯，二孔亦迷離。墨守終難破，輸攻諒莫施。祇應千載後，復有子雲知。時丁丑二月朔也。」錢大昕在評論胡渭的黄河變遷研究時曾説：「漢唐以來河道遷徙，雖非禹貢之舊，要爲民生國計所繫。故于導河一章，備考歷代決溢改流之跡，且爲圖以表之，其心經濟，異于迂儒不通時務者遠矣。」（潛研堂文集卷三十八胡先生渭傳）

然則胡渭在錐指中對黄河的變遷究竟有哪些超越前人的貢獻，今試從下列幾個方面述之。

一，對黄河上中下游變遷作全面探討。首先，他對黄河河源問題進行了探索，引用了許多漢、唐、元、明各代對黄河河源探索的文獻，雖然最後他還是跳不出伏流重源的舊説，但他並沒有作完全的肯定，而是持比較科學的態度，表示「山川出没靈變無方，必得淹通經術之士，及一二精於物理者，足踐其境，目察其形，心識其所以然，而後可以斷古今之是非，非張騫、都實輩所能辨，亦非書生之筆舌所能争也。」這裏他强調了自然科學、强調了實地考察，認爲是解決河源問題的唯一途徑，應該是很有見地的。其次，他還注意到中游孟津河段在歷史上的變遷，這是以往注禹貢者所未嘗提及的。他説：「自古論河患者，皆云孟津而下，地平土疏，移徙不常，失禹故道，然吾觀孟津以上亦不能無患，自杜預建浮梁之後，更三百多年，不聞爲水所毁，至唐貞觀十一年，河溢中潬城，始見于史。逮宋而其患彌甚，史不絶書。嘉祐八年大水馮襄，中潬之城遂廢。推其原故，蓋隋唐以來，厎柱𨵦流之害，倍於曩時，延及孟津，河身亦淺，水暴至，不能容故也。宋世北河淤澱，水不通行，今南岸灘渚更多，非止一中潬矣，其所以不至遠氾濫者，徒以夾河之脈未盡，地高土堅耳。」他的這一判斷與今人對黄河從孟津至武陟段震盪性活動研究的結論極爲相近。今黄河南岸孟津東北的鐵謝鎮、鞏縣西北的趙溝、滎陽西北孤柏嘴和東北的官莊峪四處是這一段游盪性河道有控制性的節，趙溝以上河道靠北岸，趙溝以下河道流綫就偏南；反之亦同。孤柏嘴則是洛口至武陟縣南的一個岬角，當孤柏嘴以西河道流向南側，大溜經孤柏嘴一挑，即引向北温縣一帶塌灘，反之亦同（伊洛雙子河，地理學資料一九五八年二期）。歷史上這一段黄河因兩岸黄土丘陵所夾，没有大幅度改道，而是寬闊的灘地上作南北震盪性活動，遂使古代河憍、河陽之城金元以來已蕩然無存。以往禹貢大河注釋從未有提及此事，而胡渭則注意到，説明他對黃河的研究較前人更深一層。其三，他對禹河以後歷代下游河道演變論述十分詳盡。歷代黃河下游變遷的基本資料皆爲其掌握，變遷過程也記述得十分清楚，實際上等于一篇黃河變遷史綱要，是初學黃河史學者的必讀課本。

二，黃河五大變遷説的創立。他在略例和歷代流徙附論裏提出了清代以前黃河五大變遷説。他説：「河自禹告成之後，下迄元明，凡五大變，而暫決復塞者不與焉。一，周定王五年，河徙自宿胥口，東行漯川，至長壽津與漯别行，而東北合漳水，至章武入海，水經所稱「大河故瀆」者是也。二，王莽始建國三年，河決魏郡，泛清河、平原、濟南，至千乘入海。後漢永平中，王景修之，遂爲大河之經流，水經所稱「河水」者是也。三，宋仁宗時商胡決河，分爲二派，北流合永濟渠，至乾寧軍入海，東流合馬頰河，至無棣縣入海。二流迭爲開閉。宋史河渠志所載是也。四，金章宗明昌五年，河決陽武故隄，灌封丘而東，注梁山泊，爲二派，一由北清河入海，一由南清河入淮是也。五，元世祖至元中，河徙出陽武縣南，新鄉之流絶。二十六年會通河成，北流漸微，及明弘治中築斷黃陵岡支渠，遂以一淮受全河之水是也。」這五大徙説影響極大，此後二百數十年講黃河歷史的一般都采用此説，直至本世紀五十年代出版的論著仍沿用五大徙説，不過加上清咸豐五年（一八五五年）銅瓦廂決口改徙變成了六大徙。一九五九年黃河水利委員會編寫的人民黃河又補充爲二十六次大改道，胡渭創立五大徙仍包括在內，可見其影響之深遠。雖説這五大徙説還有可商榷之處（詳下），不過這種分期法研究黃河變遷還是可取的，所以不能因存在某些錯誤而抹煞他首創之功。

三，對黃河變遷史一些具體問題的看法。胡渭闡釋黃河變遷的歷史並非僅排比文獻資料而已，而是對某些問題夾敘夾議，並結合時政提出了自己的看法，對某些問題的判斷，實爲真知灼見。試舉幾例於下：

（一）漢書武帝紀：「元光三年春，河水徙從頓丘，東南流入渤海。」（筆者按：「南」當係「北」之誤）史記河渠書集解引臣瓚曰：「武帝元光二年，河徙東郡，更注渤海，禹之時不注渤海也。」上述「二年」係「三年」之誤，東郡指頓丘縣所屬郡名，自後西漢大河形成于元光三年，爲黃河自大禹後一大遷徙的説法，不脛而走，從者甚衆。南宋程大昌、王應麟，清代洪頤煊、焦循以及今人岑仲勉等學者均采其説。胡渭則認爲頓丘決口，未幾即塞，祇是黃河歷史上一次影響不大的決口，不是禹河以後一次大改道，更不是西漢大河形成之始。他指出：「元光三年河水決濮陽瓠子，溝洫志言之甚詳，而頓丘之決口及入海處，與中間經過之地，皆不可得聞，今以水經注考之，北瀆初經頓丘縣西北，至是改流。蓋自戚城西決而東北，……至東武陽奪漯川之道，東北至千乘入海者也。漯川狹小，不能容，故其夏又自長壽津溢而東，以決於濮陽，則東南注巨野，通淮泗，而北瀆之流微，漯川之水涸矣。及武帝塞宣房，道河北行二渠，則正流全歸北瀆，餘波仍爲漯川。頓丘之決口，不勞而塞，故志略之。」西漢大河是春秋戰國已經見在的一條黃河下游河道，有確鑿史料爲證，譚其驤先生對此有精闢考釋（見西漢以前的黃河下游河道，長水集下册），故譚先生對胡渭判斷的評論是：此説「雖然無史料依據，卻是合情合理的推斷。」

（二）對禹河流經的考訂，用力甚深。對禹河的流經，以往注經者大多祇對「洛汭」、「大伾」、「降水」、「大陸」、「九河」幾個地名的考訂，失之籠統。胡渭引用了十五條證據，論證禹貢大河自黎陽以東沿着西山東北流，下游接漢代的漳水，其云：「水經所敍漳水自平恩以下皆禹河之河道。」這是一個了不起的發現，澄清了千年的疑團。因爲自西漢至六朝，很多人將西漢大河看成即禹河。司馬遷史記封禪書、河渠書稱漢武帝元封二年塞瓠子決口爲「復禹之故道」、「復禹舊迹」，漢書溝洫志同。其後孟康注漢書溝洫志也以王莽河（即西漢大河）爲禹河，酈道元注水經引用了孟康的話，又説大河故瀆所經元城（今河北大名東）北沙丘堰是禹河「播爲九河」所始，可見他也認爲西漢大河即禹河。胡渭指出「先儒皆以王莽河爲禹河，故降水、大陸、九河、逆河無一不差」。略例又説：「説經者皆以王莽河爲禹河，謬矣。」（卷二）這個沿襲了千年的錯誤，被他化了很大力氣糾正了，並定下了禹河河道的流經，不能不説是個重要的貢獻。

（三）對北宋黄河北流、東流之争，也有中肯的評論。北宋慶曆八年（一〇四八年）黄河在濮陽商胡埽決口，北流合御河至今天津入海。嘉祐五年（一〇六〇年）黄河又在魏縣第六埽（今南樂西）決出一條東流，下循今馬頰河入海。此後，北宋朝廷内部在維持北流還是維持東流問題上長期争論不休。於是黄河時而決而北流，時而挽河東流，時而二派並存，黄河下游河道處于極爲紊亂的狀態，爲災連年，百姓深受其害。今天我們根據各種資料分析，北流是符合當時自然條件的，且事實上也是北流的河道下游水流暢通。可是北宋主東流派提出種種理由反對北流，力主東流，其中滲入了許多新舊黨争之間的偏見，未能實事求是地對待客觀事實。胡渭看到了這一點，他説：「北流通快，海口廣深，此誠千載一遇，因禍得福，轉敗爲功在此時矣，爲當時計，但能於魏、恩、冀、滄之境寬立隄防，約攔水勢，流其壅積，遏其沖要，則此河雖不逮禹功，猶得比王景之所治，千年可以無患。」「而紹聖諸臣力主東流，閉斷北流，蓋借河事以伸其紹述之説，意不在河，更無足論。」真是一針見血，説到了主東流派的要害。

（四）對元明以後治理黄運的看法。元代開鑿會通河以後直至明一代均爲政府漕運命脈所繫。元明時代黄河常趨北決，該係自然條件所致，但當時政府爲了避免北決衝潰運河，阻塞漕運，就千方百計挽河東南流走徐邳奪淮入海。目的是爲了保運通漕，其結果則是泛決連年，雖有賈魯、潘季馴這樣治河能臣，也祇能維持黄河短期的安瀾，無法改變屢屢北決的總趨勢。胡渭對此頗有感嘆，他認爲賈魯實爲「前古所未有」的治河專家，唯其「爲會通所窘，河必不可北，其所復者，仍是東南入淮之故道。」明代治河更難，「北有臨清，中有濟寧，南有徐州，皆漕運要路，而大梁在西南，又宗藩所在，左顧右盼，動則掣肘，使水有知，尚不能使之必隨吾意，況水無情物也，其能委蛇曲折，以濟吾事哉！」他以爲大禹治河「去其墊溺之害而已，此外無求焉。今則賴之以漕。不及汴矣，又恐壞臨清也；不及臨清矣，又恐壞濟寧也；不及濟寧矣，又恐壞徐州也；使皆無壞矣，又恐漕渠不足於運也。了是數者，而後謂之治，故曰所求功大於禹，……而一代之臣不過補苴罅漏，以塞目前之責而已，安望其爲斯民計百世之長利哉！」他又以爲「封丘以東，地勢南高而北下，河之北行其性也。徒以有害於運，故遏之使不得北，而南入于淮。南行非河之本性，東沖西決，卒無寧歲。故吾謂元明之治運，得漢之下策，而治河則無策，何也？以其隨時補苴，意在運不在河也。」清初治河又何嘗不是如此？一個封建士大夫能公開對時政提出批評，是需要有很大的勇氣和科學真知灼見。雖然他在卷首略例中説：「事訖于明，故時務缺焉。」然則他又説：「愚故於導河解後附歷代徙流之論，而又各爲圖，以著其通塞之迹，使天下知吾書非無用之學，於康成知古知今之訓，不敢違也。」可見他解導河一章並爲之擴大爲歷代徙流之論，並非僅爲注經，而是有針對性的，同時他對元明治理黄運癥結所在的觀點，對我們今天研究元明清時期黄運變遷的原因有很大的啓迪。

四

禹貢錐指一書主要貢獻及其價值已見上述。清道光年間山陽丁晏著禹貢錐指正誤一卷，「意在摘其所短，著其所長」，指出錐指一書中錯誤十餘條。但他還是給錐指以很高的評價，認爲「古今之説禹貢者，無慮數十家」，「自東樵胡氏錐指出，雅才好博，綜貫無遺，用功勤而收名遠，學者家置一編，奉爲質的。自是言禹貢者，撥棄諸家而定東樵之一尊」（頤志齋叢書禹貢錐指正誤序）。我們今天介紹錐指似也不應諱言其中錯誤，「非敢指斥前人，有心媒蘖」，實爲使該書得到讀者的充分理解和廣泛使用。

黄河自來就是一條多泥沙河流，這是由它中游流經一片數十萬平方公里黄土地帶所決定的。在戰國中期下游河道全面修築河隄以前，實處于一種自由泛濫、任意改徙的狀態。漢書溝洫志記載王横引周譜「定王五年河徙」，不過是許多次改徙之一。胡渭以此定爲黄河歷史上第一次大改道，是不符合科學實際的。這一點譚其驤先生有很詳細的考證（西漢以前的黄河下游河道）。胡渭定金明昌五年（一一九四年）「河決陽武故堤，灌封丘而東」爲黄河歷史上第四次大改道，筆者曾撰文指出此前黄河早已多次南決入淮，這一年河決僅是陽武至曹縣之間一段河道南擺而已。至于「東注梁山泊，分爲二派，由南北清河入淮入海」，更是無根之談。所以説金明昌五年河決不能算一次大改道。（金明昌五年河決算不上一次大改道，以上兩篇均見黄河史論叢，復旦大學出版社，一九八六年。）又如他將春秋時代楚境雲夢狩獵區中的一個雲夢小湖泊，説成是「東起蘄州，西抵枝江，京山以南，青草以北」，方圓數百里的大湖泊等等，也與史實不符。諸如此類疵瑕之處尚有，然智者一失，在所難免。一位三百年前的知識分子，自然科學知識有限，又不可能事事進行實地考察，對禹貢這樣巨篇作全面注釋很難面面俱到。這些均無損其爲禹貢學發展史上里程碑著作的地位。同時它也是研究歷史地理、地理學史的一部必讀書，這一點恐怕也是無庸置疑的。

鄒逸麟　一九九三年六月于復旦大學

點校説明

一，以康熙四十四年（一七〇五年）漱六軒本爲工作底本，這是目前看到的最早刊本。

二，校以四庫全書本、皇清經解本。凡漱六軒有誤，皆出校記，並證以原始資料。凡四庫、經解刊誤或竄改處，均不出校。

三，有清一代學者對錐指中一些考訂有不少評論，均散見各種文集、筆記和讀書札記，難以備録。唯丁晏禹貢錐指正誤一書針對本書而作，故分條羼入正文，用〔　〕以示區别，便于讀者參閲。

四，與胡渭傳略及本書的有關資料附録於後，以資參考。

禹貢錐指略例

昔大司寇崑山徐公奉敕纂脩大清一統志，館閣之英，山林之彦，咸給筆札以從事。己巳冬，公請假歸里，上許之，且令以書局自隨。公於是僦舍洞庭，肆志蒐討。湖山閒曠，風景宜人。時則有無錫顧祖禹景范、常熟黄儀子鴻、太原閻若璩百詩皆精於地理之學，以渭之固陋，相去什伯，公亦命繙閱圖史，參訂異同。二三素心，晨夕羣處，所謂「奇文共欣賞，疑義相與析」者，受益弘多，不可勝道。渭因悟禹貢一書，先儒所錯解者，今猶可得而是正；其以爲舊跡湮没，無從考究者，今猶得補其罅漏。而牽率應酬，未遑排纂。歲甲戌，家居，嬰子春之疾，偃息在牀，一切人事謝絶，因取向所手記者，循環展玩，撮其機要，依經立解，章别句從，歷三朞乃成，釐爲二十卷，名曰禹貢錐指。案莊子秋水云「用管闚天，用錐指地」，言所見者小也。禹身歷九州，目營四海，地平天成、府脩事和之烈，具載於此篇。彼方跐黄泉而登太皇，始於玄冥，反於大通，而吾乃規規然求之以察，索之以辯，是亦井鼃之見也。夫其不曰管闚而曰錐指者，禹貢爲地理之書，其義較切故也。

經下集解，亞經一字。首列孔傳、孔疏，次宋、元、明諸家之説。鄭康成書注間見義疏及他籍，三江一條，足稱祕寶。司馬貞注夏本紀、顔師古注地理志，其説與穎達相似，故不多取。蔡傳較劣，其本師文集語録所言禹貢山水如龍門、太行、九江、彭蠡等説，亦不能善會其意，而有所發明，況其他乎。採摭寥寥，備數而已。至若語涉禹貢而實非經解，如通典之類，亦或節取一二句。雖係經解，却不成章，並以己意融貫，綴於其末，用「渭按」二字別之。

集解後發揮未盡之義，又亞一字。二孔、蔡氏並立於學官，入人已深，其中有差謬者，既不採入。集解於此仍舉其辭，而爲之駮正。諸家之説得失參半者，亦必細加剖析，使瑕瑜不相揜。至於地志、水經，覼縷本末，附以夾注，其文似繁，其旨似緩，而實有裨於經術，所以使人優柔厭飫，將自得之，千蹊萬徑，總歸一轍也。是書出，幸而不爲覆瓿之物，異時必有厭其委曲繁重，而芟取十之二三以資儉腹者，首尾衡決，不精不詳，此則與科舉之業，帖括之編，亦復無異，真吾書之不幸也已。

衛櫟齋湜撰禮記集説，其自敍曰：「人之著書，唯恐其言不出於己。吾之著書，唯恐其言不出於人。」此語可爲天下法。莊子有重言，非必果出其人，亦假之以增重，況真出其人者乎。近世纂述，或將前人所言，改頭換面，私爲己有，掠美貪功，傷廉害義，予深耻之。故每立一義，必繫以書名，標其姓字，而以己説附於後。死者可作，吾無媿焉。

先儒專釋禹貢者，有易祓禹貢疆理廣記、程大昌禹貢論、傅寅禹貢集解。廣記今不傳，僅見於它書所引，昆山片玉，彌覺貴重。程氏鋭志稽古，而紕繆實多。傅氏綴輯舊聞，附以新意，頗有發明，惜多散逸。近世鄉先生茅公瑞徵著禹貢匯疏，捃拾最博，但總雜無紀，斷制尚少。然三書之淹雅，亦可謂卓爾不羣者矣。鄭端簡曉、焦文端竑並有禹貢解，頗爲疎略。其釋全經者，有蘇軾、曾旼、葉夢得、張九成、林之奇、夏僎、薛季宣、黄度、吕祖謙、王炎、吴澄、金履祥、王充耘、王樵、邵寶諸家，於禹貢尤爲精覈，發前人所未發，故稱引特多。其餘棄短録長，即有一二語之善者，概不敢遺。

諸家書解及河渠書、地理志、溝洫志、水經注之外，凡古今載籍之言，無論經史子集，苟有當於禹貢，必備録之。千金之裘，非一狐所成；五侯之鯖，非一臠可辦。愚旁搜遠紹，於經不無小補云。

山海經、越絶、吕氏春秋、淮南子、尚書中候、河圖括地象、吴越春秋等書，所言禹治水之事，多涉怪誕。今説禹貢，竊附太史公不敢言之義，一切擯落，勿汙聖經。

國朝名公著述，如宛平孫侍郎承澤九州山水考、新城王尚書士禛蜀道驛程記、崑山顧處士炎武日知録、吴江朱處士鶴齡禹貢長箋，凡有裨於經義者，悉爲採入。同事顧景范、黄子鴻、閻百詩，則余所覿面講習者。景范著方輿紀要川瀆異同，子鴻有志館初稾，皆史學之淵藪，可以陵古轢今。唯百詩與余鋭意通禹貢，故錐指稱引較多。景范、子鴻後先下世，郢人之逝，恫乎有餘悲焉。百詩撰四書釋地，今已版行，膾炙人口，四方諸君子諒有同心，知余不阿所好。

山海經十三篇，劉歆以爲出於唐、虞之際。列子曰：大禹行而見之，伯益知而名之，夷堅聞而志之。王充論衡曰：禹主治水，益主記異物，以所聞見作山海經。審爾，則是書與禹貢相爲經緯矣，然其間可疑者甚多。顏之推曰：山海經禹、益所記，而有長沙、零陵、桂陽、諸暨，後人所羼，非本文也。尤袤曰：此先秦之書，非禹及伯翳所作。二説允當。其所有怪物固不足道，即所紀之山川，方鄉里至雖存，却不知在何郡縣，遠近虛實，無從測驗，何可據以説經。唯「澧、沅、瀟、湘在九江之間」一語，大有造於禹貢，餘即有可採，與他地記無異。或後人取以附益，亦未可知，欲證禹貢，舍班志其何以哉。

釋禹貢者，莫先於漢孔安國之書傳。安國，武帝時人，孔穎達所謂「身爲博士具見圖籍」者也。今觀其注禹貢山水地名，並不言在何郡縣，間有繫郡縣者，如太原，今以爲郡名，震澤，吴南太湖名，洛水出上洛山，太岳在上黨西，沇水在温西北平地，桐柏在南陽之東，熊耳在宜陽之西，敷淺原在豫章界，亦皆顢頇鶻突，不甚分明。其他無注者尚多，豈漢初圖籍不如班固所見之備邪！至若菏澤在定陶，而云在湖陵；伊水出盧氏，而云出陸渾；澗水出新安，而云出澠池；横尾山北去淮二百餘里，而云淮水經陪尾；江水南去衡山五六百里，而云衡山江所經。身爲博士具見圖籍者當如是乎！又若穀城爲瀍水所出，魏始省穀城入河南縣，而傳云瀍出河南北山；金城郡乃昭帝置，而傳云積石山在金城西南；孟津在河陽之孟地，東漢始移其名於河南，而傳云在洛北。明非西漢人手筆。朱子語録謂安國尚書大序不類西漢文字，解經最亂，道是孔叢子一輩人所假託，良有以也。世以其在班固前而尊之，過矣。

漢書地理志郡縣下舉山水之名，凡言禹貢者三十有五：如夏陽之梁山、龍門山，褒德之北條荆山，美陽之岐山，新安之澗水，上雒之洛水，濩澤之析城山，垣縣之王屋山及沇水與滎陽地中軼出之水，北屈之壺口山，穀城之瀍水，平氏之桐柏山及淮水臨沮之南條荆山，定陶之菏澤、陶丘，鉅鹿之大陸，靈壽之衛水，上曲陽之恒山、恒水，萊蕪之汶水，蒙陰之蒙山，箕縣之濰水，祝其之羽山，彭澤之彭蠡澤，郫縣之江沱，青衣之蒙山，湔氐徼外之岷山及江水，首陽之鳥鼠同穴山及渭水，臨洮之西傾山，冀縣之朱圉山，涇陽之涇水，睢陽之孟豬澤，湘南之衡山，此真禹貢之山水，絶無可疑者也。它如氐道之養水非嶓冢之所導，西縣之嶓冢非漾水之所出，湖陵之菏水非東至之菏澤，信都之絳水非北過之降水，安豐之大别非江、漢之所會，蜀郡之桓水非西傾之所因，而皆繫之以禹貢，此蓋沿襲舊聞，不可盡信者也。亦有實禹貢之山水，而不繫之以禹貢者，如華陰之太華山，鄠縣之灃水，上雒之熊耳山，蒲反之雷首山，彘縣之霍太山，即太岳。長子之濁漳水，即衡漳。屯留之絳水，即降水。野王之太行山，華容、西陵、編縣之雲夢澤，鉅野之大野澤，鄴縣之故大河，即禹廝二渠之一。博縣之岱山，蓋縣之沂水，萊蕪之淄水，毗陵之北江水，即三江。兖縣之澧水，河關西南羌中之積石山及河水，删丹之弱水，直路之沮水，下縣之泗水，成平之徒駭，東光之胡蘇，鬲縣之鬲津，即許商所舉九河之三。皆禹貢之山水也，而獨不繫之禹貢，此又義例參差、貽惑後人者也。其東武陽之漯水，雖不言禹貢，而云「禹治漯水，東北至千乘入海」，則亦是禹貢之漯矣。驪成之揭石山冠之以「大」，纍縣有揭石水而不言山，宜乎不繫禹貢也。凡此類，揆之經旨，準之地望，參之水經，驗之方志，一取一捨，必有據依，不敢苟同，亦不敢好異。唯期有裨於聖籍，無媿於先儒云爾。

地理志於禹貢之山水稱古文者十一：扶風汧縣吴山，古文以爲汧山；武功太壹山，古文以爲終南；垂山，古文以爲惇物；潁川崈高太室山，古文以爲外方山；江夏竟陵章山，古文以爲内方山；安陸横尾山，古文以爲陪尾山；東海下邳葛嶧山，古文以爲嶧陽；會稽吴縣具區澤，古文以爲震澤；豫章歷陵傅昜山，古文以爲敷淺原；武威武威之休屠澤，古文以爲豬野澤；張掖居延之居延澤，古文以爲流沙。其所謂古文，蓋即棘下生安國所説壁中古文之義，傳之都尉朝，而司馬遷亦從安國問者也。唯終南、流沙、陪尾不可從，餘皆致確。

地理志引桑欽者七：上黨屯留下云「桑欽言絳水出西南，東入海」；平原高唐下云「桑欽言漯水所出」；泰山萊蕪下云「禹貢汶水出，西南入泲，桑欽所言」；丹陽陵陽下云「桑欽言淮水出東南，北入大江」；張掖删丹下云「桑欽以爲道弱水自此，西至酒泉合黎」；敦煌效穀下云「本魚澤障也。桑欽説孝武元封六年濟南崔不意爲魚澤尉，教力田，以勤效得穀，因立爲縣名」；今漢書本有「師古曰」三字，蓋後人所妄加，此言非師古所能引也。中山北新成下云「桑欽言易水出西北，東入滱」。今按儒林傳言「塗惲授河南桑欽君長古文尚書」。欽，成帝時人，班氏與劉歆皆崇古學，故有取焉。隋經籍志有兩水經：一，三卷郭璞注；一，四十卷酈善長注；皆不著撰人名氏。舊唐志始云郭璞作。閻百詩云：璞注山海經引水經者八，此豈經出璞手哉。新唐志遂謂漢桑欽作水經，一云郭璞作。今人云桑欽者本此也。先儒以其所稱多東漢、三國時地名，疑非欽作。而愚更有一切證，酈注於漯水引桑欽地理志，又於易水、濁漳水並引桑欽，其説與漢書無異，乃知固所引即其地理志。初無「水經」之名，水經不知何人所作，注中每舉本文，必尊之曰經，使此經果出於欽，無直斥其名之理。唐人義疏例稱孔君、鄭君。或曰欽作於前，郭、酈附益於後，或曰漢後地名乃注混於經，並非。蓋欽所撰名「地理志」，不名「水經」。水經創自東漢，而魏、晉人續成之，非一時一手作，故往往有漢後地名，而首尾或不相應，不盡由經、注混淆也。

酈道元博覽奇書，掇其菁華，以注水經，得從來所未有。唐初名不甚著，逮其中葉，杜佑摭河源、濟瀆二事以詆之。李吉甫則有删水經十卷，不知取舍如何。是書傳習者少，錯簡闕文訛字不可勝計。宋初猶未散逸，而崇文總目云「酈注四十卷，亡其五」，則仁宗之世已非完書。南渡後，程大昌撰禹貢論，頗舉以相證，而終不能得其要領。金蔡正甫撰補正水經三卷，元歐陽原功爲之序，謂「可以正蜀版遷就之失」。今其書亦不傳。近世文人則徒獵其雋句僻事，以供詞章之用，而山川古跡一概不問。孰知爲禹貢之忠臣，班志之畏友哉。唯子鴻深信而篤好之，反覆尋味，每水各寫爲一圖，兩岸翼帶諸小水，無一不具，精細絶倫，余玩之不忍釋手，百詩有同嗜焉。昔善長述宜都山水之美，沾沾自喜曰：「山水有靈，亦當驚知己於千古。」[一]至今讀之，勃勃有生氣，吾三人表章酈注，不遺餘力，亦自謂作者有靈，當驚知己於千古也。

班氏所載諸川，第言其所出所入，而中間沿歷之地，不可得聞。唯水經備著之，出某縣向某方，流逕某縣某方，至某縣合某水，某縣入某水，一一明確，間有相去疏闊者，酈注又從而補之，其説加密，直可據以繪圖。余釋九州之文，每水必援水經以爲證，而於導水尤詳，更摘取注中要語，夾行附提綱之下，亦或有借注作提綱者，凡歷代史志、元和郡縣志、太平寰宇記及古今羣書之要語，皆薈蕞於其下，目之了了，使學者不出户牖，而知天下山川之形勢，亦一奇也。大抵著書援古，最忌渾殽割裂，獨此處有不得不然者。蓋水經所敘沿歷之地，間有疏闊，道元依經注補。今所引必經自經、注自注，劃然分爲二段，則前後不相貫穿，讀者反多眩惑，事有變通，不可膠柱。子鴻與余籌之甚悉，海内諸賢幸不以此相譏。

南人得水皆謂之江，北人得水皆謂之河，因目岷江曰大江、黄河曰大河，此後世土俗之稱，非古制也。富順熊過曰：黄帝正名百物，未嘗假借，後世乃通之耳。愚謂禹主名山川，亦未嘗假借。江、河自是定名，與淮、濟等一例，非他水所得而冒。唯漢水、彭蠡水與江水會，始稱三江；沅、湘等水入洞庭與江水會，始稱九江。蓋皆以岷江爲主，而總其來會之數以目之，其未合時不得名江也。後世漢江、章江、湘江、沅江等稱，殊乖經義。九河亦然，徒駭至鬲津，舊有此水道，及禹自大伾引河，北行過降水，至于大陸，乃疏爲九道以殺其勢，因謂之九河，入海處復合爲一，與海潮相迎受，故謂之逆河。河未由此入海，亦不名河也。水經篇題概曰某水，絶不相假借，深得禹貢之意，予愛之重之。

地志、水經之後，郡縣廢置不常，或名同而實異，或始合而終離。若不一一證明，將有日讀其書，而東西南北茫然莫辨，不知今在何處，亦有身履其地，目覩其形，而不知即古之某郡某縣某山某水者。愚故於引古之下，必曰某縣今某縣，其故城在今某縣某方，中間沿革頗多，雖不能徧舉，其切要者亦不敢遺。鄭康成云：「學者既知古又知今。」此窮經之要訣，著書之定法也。不然，則亦有體無用之學而已矣。

禹所名之山，苞舉宏遠，非一峯一巒之目也。如云云、亭亭、梁父、社首、高里、徂徠、新甫皆泰山之支峯，禹總謂之岱；自藍田以至盩厔，總謂之終南；自河内以至井陘，總謂之太行；自上洛以至盧氏，總謂之熊耳。後人遞相分析，而各爲之名，愈久愈多。釋禹貢者不明斯義，遂謂洛出冢領，不出熊耳，渭出南谷，不出鳥鼠，淮出胎簪，不出桐柏，種種謬説，皆由此生。然其言太行、終南，則又失之汗漫。太行越恒山而北，終南跨惇物而西，有乖經旨，吾不敢從。至若底柱、碣石、朱圉、大伾之類，則又狹小孤露，與一峯一巒無異。蓋山陵之當路者，不得不舉爲表識，未可執前例以相繩，以爲必廣袤數十百里之大山，而疑古記所言之非也。

凡山名不一而足：一名如西傾亦名强臺，外方亦名嵩高；三名如岱亦名岱宗，又名泰山；四名如岍亦名吴，又名嶽，又名吴嶽；五名如大伾亦名黎山，又名黎陽山，又名黎陽東山，又名青壇山；多至雷首一山而有九名，斯極矣。今備載以廣異聞。又有山所在之縣各别，而實非異山者。如碣石在漢之絫縣，而水經云在臨渝，後魏志云在肥如，隋志云在盧龍，地名四變而山則一，要皆在今昌黎縣東絫縣故城之南也。嶓冢在漢之沔陽，而後魏志云在嶓冢縣，隋志云在西縣，括地志云在金牛，寰宇記云在三泉，元大一統志云在大安，明一統志云在寧羌，地名六變而山則一，要皆在今寧羌州北與沔縣接界處也。至若嶓冢在漢中，而班固謂在隴西之西縣，積石在羌中，而杜佑謂在西平之龍支，此又謬誤之大者，辨之不厭其詳。諸如此類，不可勝道，聊舉一隅，以資三反。

導水九章，唯黑水原委杳無蹤跡。弱水自合黎以北、流沙以西，亦難窮究，紛紛推測，終無確據，不如闕疑之爲得也。江、漢、淮、渭、洛，禹迹尚存，無大可疑者。河自周定王五年東徙之後，大伾以下，禹河故道不可復問，先儒皆以王莽河爲禹河，故降水、大陸、九河、逆河無一不差。然因王莽河之所在，而求之於其西，則鄴東故大河之道，猶可案圖而得也。濟爲河亂久矣，至東漢而河南之濟盡亡，賴水經悉載其故瀆，後世猶得因此而略知古濟之所行，杜佑輒詆之，非篤論也。善哉，金吉甫之言曰：凡禹貢地理間有於今不同者，或古今名號之殊，或人力開塞之異，或陵谷海陸土石消長之變。蓋如熊耳爲讙舉、大别爲翼際、恒水爲嘔夷、衛水爲虖池，此所謂古今名號之殊也。滎澤導爲滎川，河水引爲鴻溝，徐偃通舟陳、蔡，夫差溝通江、淮，此所謂人力開塞之異也。滎、播塞成平地，灉、沮二源壅絶，逆河化爲勃海，碣石淪於洪波，此所謂陵谷海陸土石消長之變也。然傳記尚有明徵，禹功未盡湮没，正可據今之不然，以求昔之所然。苟因此而遂疑聖經之有誤，古志之非真，其爲愚且悖也，孰甚焉。

水經注凡二水合流，自下互受通稱，其在禹貢，則漾與沔合亦稱沔，漳與絳合亦稱降水是也。又有隨地異名，非由合他水而然者，沇東流爲濟，漾東流爲漢，又東爲滄浪之水是也。有大水分爲支流而異其名者，江别爲沱，漢别爲潛，河别爲漯是也。有伏流顯發而異其名者，濟溢爲滎是也。小水合大水謂之入，大水合小水謂之過，二水勢均相入謂之會，此又正名辨分之義，高出地志、水經者矣。山體不動，其盤基廣大者，亦不過占數郡縣。若水則源遠流長，往往灌注於千里之外，伏見離合，曲直向背，變化無方，名稱不一，故撰山經易，撰水經難。

孔傳言禹之治水，或鑿山或穿地以通流。此不必到處皆然，緜亘千百里之遠，然當時實有其地不得不用此法者。尸子、吕覽、淮南子、水經注衆口一辭，豈欺我哉。賈讓曰：「昔大禹治水，山陵當路者毁之，故鑿龍門，辟伊闕，析厎柱，破碣石。」此鑿山之事也。孟子曰：「禹掘地而注之海」；太史公曰：「禹廝二渠以引其河，北載之高地，過降水至于大陸。」此穿地之事也。儒者蔽於一己之意，見凡耳目之所不及，皆以爲妄。開章壺口、梁山第一功，便説得全無精彩，亦由過泥孟子行所無事之説，謂禹絶無所穿鑿。殊不知堯之水災，非尋常之水災。禹之行水，非尋常之行水。審如蔡氏所言，則後世築隄置埽開渠減水之人，皆得與禹功並垂天壤矣。鯀何以績用弗成，禹何以配天無極哉。

中國之水，莫大於河。禹功之美，亦莫著於河。釋禹貢而大伾以下不能得禹河之故道，猶弗釋也。導河一章，余博攷精思，久乃得之，解成，口占二首曰：「三年僵臥疾，一卷導河書。禹蹟分明在，周移失故渠。自知吾道拙，敢笑古人疎。冀有君山賞，中心鬱少舒。班固曾先覺，王横實啓之。九峯多舛錯，二孔亦迷離。墨守終難破，輸攻諒莫施。秪應千載後，復有子雲知。」時丁丑二月朔也。

河自禹告成之後，下迄元、明，凡五大變，而暫決復塞者不與焉。一，周定王五年，河徙自宿胥口，東行漯川，至長壽津與漯別行，而東北合漳水至章武入海。水經所稱大河故瀆者是也。二，王莽始建國三年，河決魏郡，泛清河、平原、濟南，至千乘入海。後漢永平中，王景修之，遂爲大河之經流。水經所稱河水者是也。三，宋仁宗時商胡決河[二]，分爲二派，北流合永濟渠至乾寧軍今青縣。入海，東流合馬頰河至無棣縣今海豐。入海，二流迭爲開閉。宋史河渠志所載是也。四，金章宗明昌五年，實宋光宗之紹熙五年。河決陽武故隄，灌封丘而東，注梁山濼，分爲二派，一由北清河即大清河。入海，一由南清河即泗水。入淮是也。五，元世祖至務缺焉。

元中，河徙出陽武縣南，新鄉之流絶。二十六年，會通河成，北派漸微。及明弘治中築斷黃陵岡支渠，遂以一淮受全河之水是也。蓋自大伾以東，古兖、青、徐、揚四州之域，皆爲其縱横糜爛之區。宋、金以來，爲害彌甚。愚故於導河解後附歷代徙流之論，而又各爲之圖，以著其通塞之迹，使天下知吾書非無用之學，於康成知古知今之訓不敢違也。事訖於明，故時務缺焉。

九州之疆界，爾雅、職方不同於禹貢，蓋殷、周之所損益也。故必備舉以相參次，列古帝王所都及諸侯之封在州域者，又次列春秋時國土之可考者，略見先王封建之制，又次列戰國之所屬，然後分配秦、漢以降之郡國，而要以杜氏通典爲準。蓋前此地理諸書，未有以禹貢九州分配郡國者，有之自通典始。宋承唐制，以迄元、明，雖有沿革，不甚相遠。故通典之後直接當今輿地。杜氏博洽絶倫，然間有分配未當者，如冀之信都當屬兖，荆黔中以下七郡及雍伊吾以下四郡，皆不在禹九州之限是也。又有一郡一縣而當分屬二州者，則以有名山大川爲標識，不容蒙混。如汲郡有黄河，河南之胙城當屬兖，不當屬冀。黎陽縣有宿胥故瀆，瀆西屬冀，瀆東當屬兖是也。凡此類悉爲之舉正。經所言州界多二至，唯徐三至，冀雖不言界，而三面距河亦三至。其未備者，必博考而審别之。如冀北抵沙漠，徐西抵濟水，梁東荆西界巫山，豫東兖西界菏澤是也。至於分野主占候，以十二次分配，十二國不足以盡九州之土，與禹貢無涉。唯一行「山河兩戒」之説，於導山導水有默契焉，故時引以證經。

鄭漁仲曰：禹貢以地命州，不以州命地。故兖州可移，而濟、河之兖州不可移。梁州可改，而華陽黑水之梁州不可改。是以爲萬世不易之書。史家作志以郡縣爲主，郡縣一更則其書廢矣。此至言也。然後世河日徙而南，則兖之西北界不可得詳。河南之濟亡，則兖之東南界亦苦難辨。華陽專主商、洛，則梁之西北界茫無畔岸。黑水與雍通波，則梁之西南界何所止極。禹貢之書雖存，徒虚器耳。郡縣能亂其疆域，山川亦能變其疆域，向之不可移者，今或移之矣。非研精覃思，博稽圖籍，其何以正之。

王者以一人養天下，不以天下奉一人。禹任土作貢，皆祭祀燕饗之需，車服器械之飾，吉凶禮樂之用，國家之所必不可缺者。夫子「無間然」三語，深得其心。非但季世徵求之濫不可與同日而論，即伊尹之獻令，周公之王會，恐亦屬後人依託，借曰有之，則殷、周之志荒矣。今釋厥貢，必一一明其所用，如金銀、珠玉、琅玕、怪石、竹木、橘柚、菁茅之類，則尤必詳致其辨，使知聖人無一徇欲之事，庶不敢厲民以自養耳。

帝都三面距河，舟楫環通，諸侯之朝貢，商賈之懋遷，行旅之往來，外國之享王，皆以達河爲至。其水道曲折，經悉志之於州末，兖、青、徐、揚皆由濟、漯以達河，荆、豫皆由洛以達河，梁、雍皆由渭以達河，冀之島夷由碣石以達河，揚之島夷由淮、泗以達河，崑崙、析支、渠搜由積石以達河，下文所謂「四海會同」者，具見於此矣。然當時粟米取之於甸服，無仰給四方之事，所運者唯貢物，故輕舟可載，山谿可浮，「逾于洛」、「逾于沔」是也。要其間陸行，亦不過數十里，聖人之重民力也如此。後世牛羊用人，若張湯通褒斜之道，以致漢中之穀，陸運百餘里，亦不以爲難，其於聖人之心，相去何啻霄壤。

古者九夷、八狄、七戎、六蠻謂之四海。四海之内，分爲九州。九州之内，制爲五服，以别其遠近。甸、侯、綏爲中國，要、荒爲四夷，所謂「弼成五服，至于五千」者是也。五服之外，尚有餘地，亦在九州之域，所謂「外薄四海，咸建五長」者是也。九州之外，夷狄戎蠻之地，不登版圖，不奉正朔，王者以不治治之，是爲四海。此禹貢五服、九州、四海之名義也。宋儒見它書所稱四海有以水言者，遂一切撥棄古訓，以四海爲海水，四夷爲外國。殊不知禹貢九州之内，自有中國蠻夷之别。甸、侯、綏三服則壤成賦之區，名曰中邦。要、荒二服爲夷爲蠻。沈尹戌曰：天子有道，守在四夷。仲尼曰：天子失官，學在四夷。即其地也。不然，郯子豈外國之君長，而大荒絶域亦安能爲天子守邪！

禹錫圭告成，唯據十三年中已然之事，録之以成書，其後非必一一盡同也。如舜紹堯肇十有二州，則州境之山川已有所更改。封十有二山濬川，則山川之秩祀必有所增益。而命禹以百揆兼司空，汝平水土，惟時懋哉，不僅如此篇所紀而已也。至於土田之肥瘠，貢賦之多寡，聲教之遠近，它時亦必有小異。説經者但當就禹貢以釋禹貢，若牽合前後，則反多窒礙矣。

地域之分，以高山大川爲限，後世犬牙相制之形無有也。水土之功，以決川距海爲則，後世曲防逆防之事無有也。考工記：凡溝逆地防，謂之不行。注云：防謂脈理。疆理之政，以濬畎距川爲利，後世穿渠灌溉之智無有也。税斂之法，以土田物産爲賦，後世口率音律。出錢之令無有也。九州之貢所以給邦用，後世奇技淫巧之供無有也。四海之貢所以表嚮化，後世珍禽瓌寶之獻無有也。達河之道所以通貢篚，後世飛芻輓粟之役無有也。山川之奠所以秩命祀，後世設險守國之計無有也。六府之脩所以養民生，後世山林川澤之禁無有也。土姓之錫所以褒有德，後世彊幹弱枝之慮無有也。武衛之奮所以戒不虞，後世拓土開邊之舉無有也。聲教之訖所以大無外，後世招來誘致之術無有也。想其時民安物阜，别有一天地，其君若臣亦皆心天地之心。覺三代以降，號稱善治者，猶未免爲小康之事，衰世之意。禮運首述孔子之言，先儒疑爲老莊之緒餘，由今思之，殆不然也。學者熟讀禹貢而有得焉，非惟知識日進於高明，抑且心術漸登於淳古。

己卯，余復入帝城，謁大司徒吉水李公，以禹貢錐指就正。公覽之，喜曰：是書博而不雜，精而能賅，不惟名物殫洽，兼得虞夏傳心之要，出以問世，誰曰不宜。余負牆而謝。今春，公寓書天津，以示劉侍御西谷先生。先生一見稱賞，謂從來所未有，復於李公序而行之，誠異數也。嗟乎，積病無憀，終日仰面看屋梁，著書當時，聊代萱蘇，今迺重災棃棗，詅音令。癡符之誚，其能免乎？

康熙辛巳夏五，德清胡渭元名渭生，字朏明，一字東樵。敬述於御河舟次。

【校勘記】

〔一〕山水有靈亦當驚知己於千古　按此二句乃晉袁山松宜都山川記所説，見酈注可知。胡渭誤以爲善長所言，未審。

〔二〕三宋仁宗時商胡決河　「三」，底本、經解本無，今據四庫本補。

禹貢圖

周官大司徒掌天下土地之圖，以周知九州之地域、廣輪之數，與職方氏相爲表裏。漢初蕭何得秦圖書，藏諸石渠閣。武帝又嘗案古圖書，名河所出山曰崑崙，其古今圖籍亦云備矣，而未聞有所謂禹貢圖者。禹貢圖之名，自後漢永平中賜王景始也。此圖及蕭何所得，至晉時已亡。故司空裴秀自製禹貢地域圖十八篇，奏之，藏於祕府，今其序載晉書而圖竟無傳。宋程大昌撰禹貢論，繪山川地理圖三十有一而各爲之説。歸太僕有光言其亡友吴純甫家藏有是圖，乃淳熙辛丑泉州舊刻，今亦不可得見。又合沙鄭氏東卿著尚書圖七十有七，其繫禹貢者凡二十五，頃從藏書家借觀，亦宋刻，世所罕覯，其用意勤矣。惜乎山川之脈絡，猶未精審，而先儒之舊説與經不合者，亦莫能正也。明漳浦何模平子撰禹貢圖一卷，錢宗伯謙益序之，以爲上自山海經，下逮桑經、酈注，古今水道條分理解，如堂觀庭，如掌見指。余聞之不勝嚮往，恨一時無從購求耳。嗟乎，名號有異同，郡縣有廢置，陵谷有升沈，土石有消長，古今之變，不可勝窮，説經至禹貢難矣，而爲圖則尤難。胷無萬卷之藏，足無萬里之行，而任意摹寫，曰此禹貢圖也。有不爲人非笑者乎。雖然，圖不易爲也，而終不可闕。苟有説而無圖，則山川之方鄉，郡國之里至，學者茫然莫辨，說雖詳亦奚以爲。於是不揣孤陋，既作錐指，輒據九州、五服、導山、導水之文，證以地志、水經，參之諸家傳記，略倣朱思本意，計里畫方，爲圖四十七篇冠其首，而限於邊幅，布置偪側。昔謝莊依左氏地理分國，製木圖方丈；賈耽海内華夷圖，廣三丈，縱三丈三尺，率以寸爲百里，此猶可以舒展。今圖附卷首，縱不逮咫，廣裁盈尺，居謝百之一，賈九百九十之一，而欲以賅寰區之形勢，真有如淮南王所云「相去不過寸數，而間獨數百千里」者。勢有所窮，數有所極，故爲禹貢圖難，而就經爲圖則尤難。但使東西無易面，遠近不相背，說之所及，以圖證之，圖之所不及，以意會之，辨方正位，存其梗概而已。如必曰非身所親歷，終無以得其真，則愚與有罪焉，夫何敢辭。

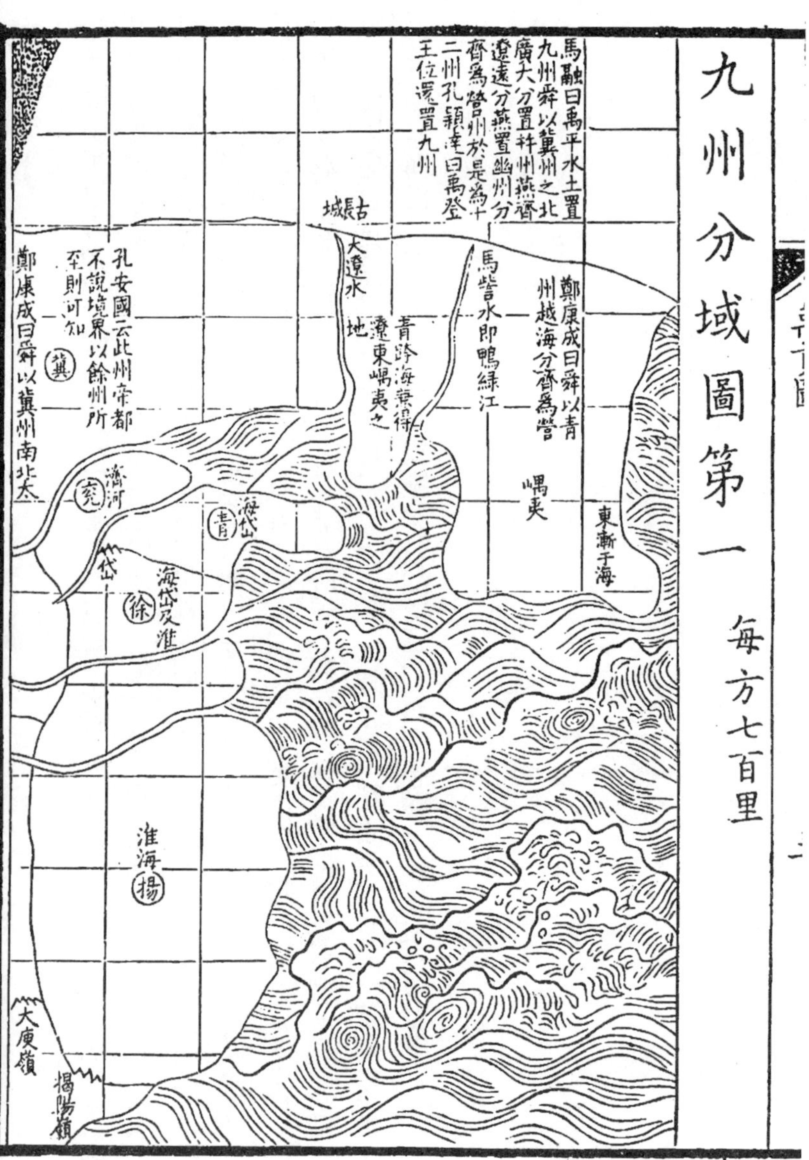
九州分域圖第一
每方七百里
馬融曰禹平水土置九州舜以冀州之北廣大分置幷州燕齊遼遠分燕置幽州分齊爲營州於是爲十二州孔穎達曰禹登王位還置九州
古長城
大遼水
地
馬訾水即鴨綠江
鄭康成曰舜以青州越海分齊爲營
青跨海兼得遼東嵎夷之
嵎夷
東漸于海
孔安國云此州帝都不說境界以餘州所至則可知
冀
鄭康成曰舜以冀州南北太
濟河
兗
海岱
青
岱
海岱及淮
徐
淮海
揚
大庾嶺
揭陽嶺

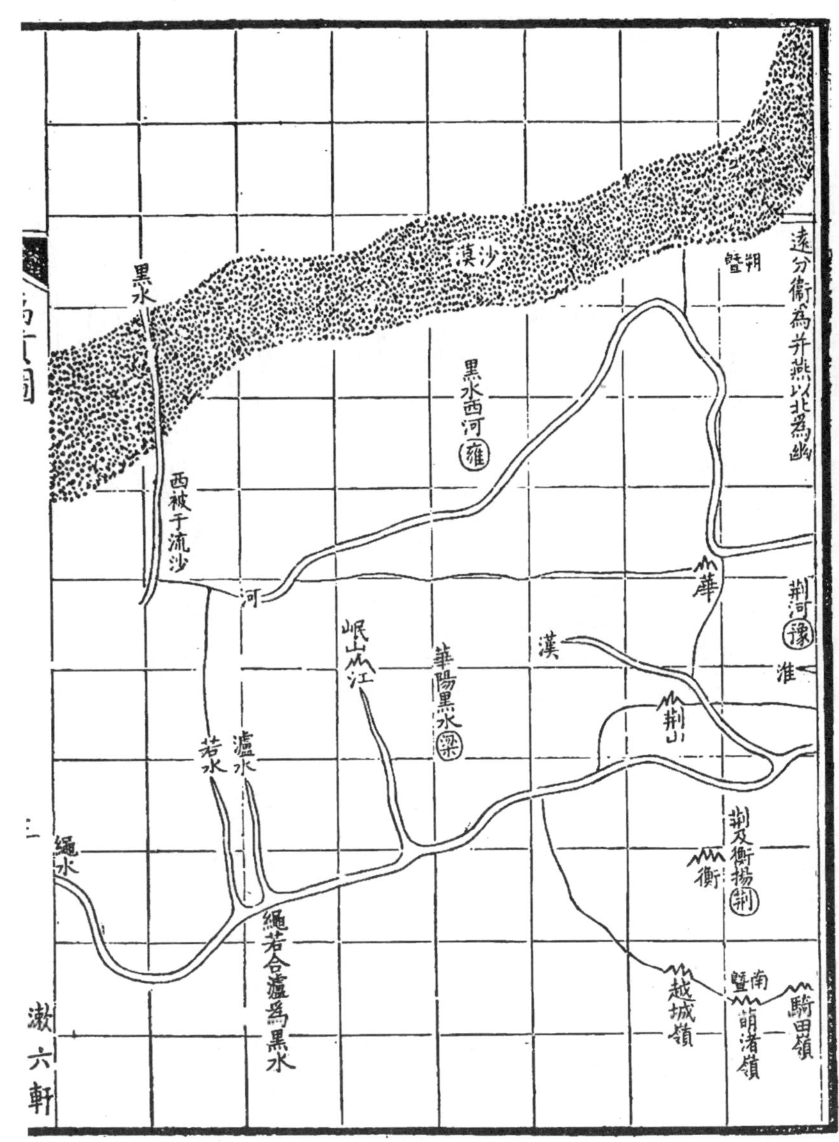
流沙
黑水
西被于流沙
黑水西河雍
朔暨
遠分衛爲并燕以北爲幽
河
岷山江
華陽黑水梁
漢
華
荊河豫
淮
荊山
若水
瀘水
繩水
繩若合瀘爲黑水
荊及衡揚荊
衡
越城嶺
南暨
萌渚嶺
騎田嶺
漱六軒

爾雅九州圖第二 附 每方七百里
禹貢有青徐梁而無幽幷營夏制也職方有青幷幽而無徐梁營周制也爾雅有徐幽營而無青梁幷非夏非周故孫炎疑是殷制
大遼水
馬訾水
燕幽 郭云自易水至北狄
遼東
殷改青曰營遼東朝鮮皆在營域
易水
朝鮮即嵎夷
濟河閒兗 郭云自河東至濟
齊營 郭云自岱山東至海
岱
濟
濟東徐 郭云自濟東至海
東
江南揚 郭云自江南至海
大庾嶺
揭陽嶺

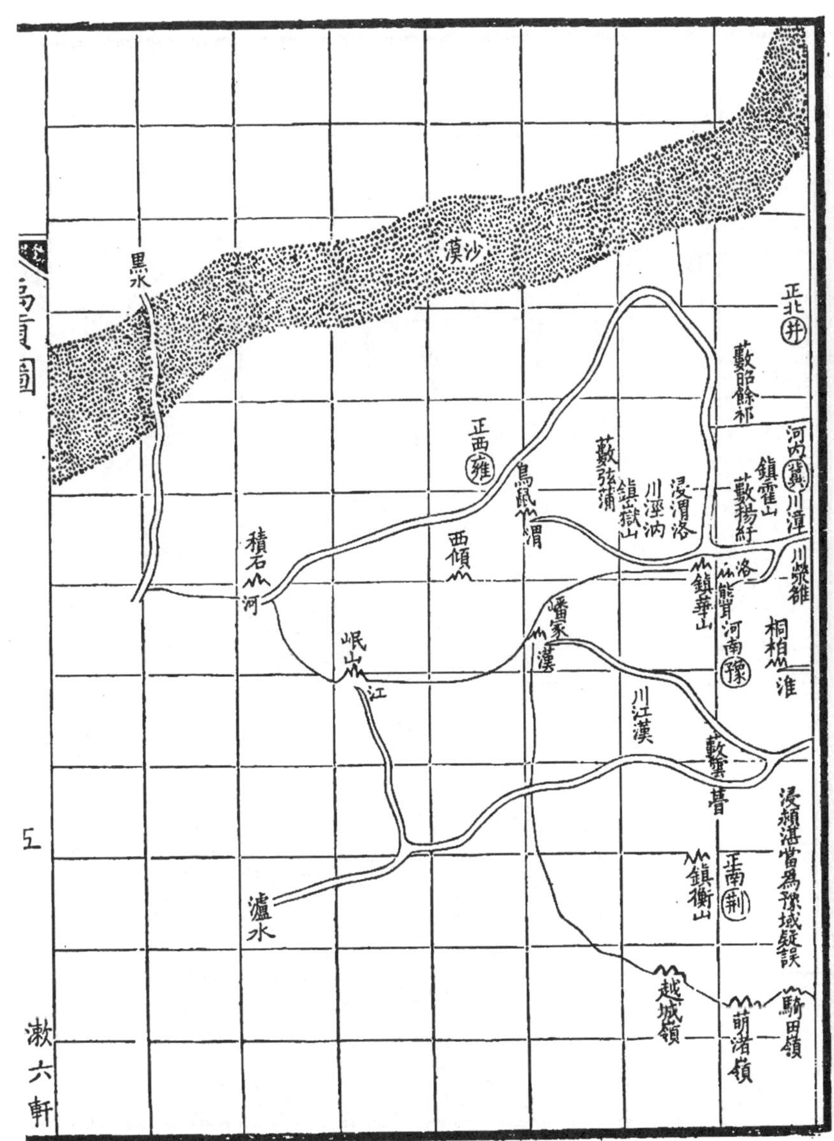
禹貢圖
沙漠
黑水
正北
冀
正西
雍
積石
河
西傾
鳥鼠
渭
岷山
江
嶓冢
漢
盧水
鎮華山
熊耳
洛
河南
豫
桐柏
淮
川江漢
正南
荊
鎮衡山
越城嶺
萌渚嶺
騎田嶺
浸潁湛當爲豫域疑誤
漱六軒

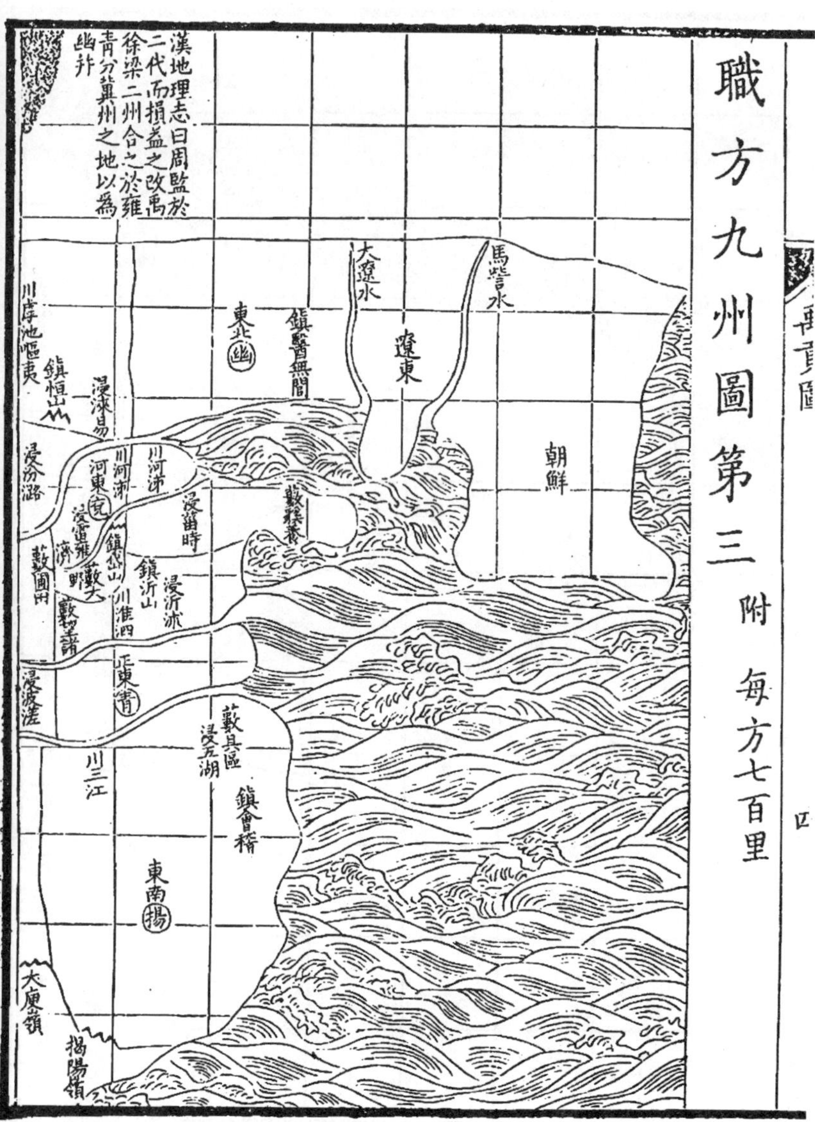
職方九州圖第三 附 每方七百里
漢地理志曰周監於二代而損益之改禹徐梁二州合之於雍青分冀州之地以為幽并
大遼水
馬訾水
東北幽
鎮醫無閭
遼東
朝鮮
鎮恒山
浸淶易
浸汾潞
川河泲
河東兖
川河泲
浸菑時
數貕養
鎮岱山
鎮沂山
浸沂沭
川淮泗
正東青
浸波溠
數具區
浸五湖
鎮會稽
川三江
東南揚
大庾嶺
揭陽嶺

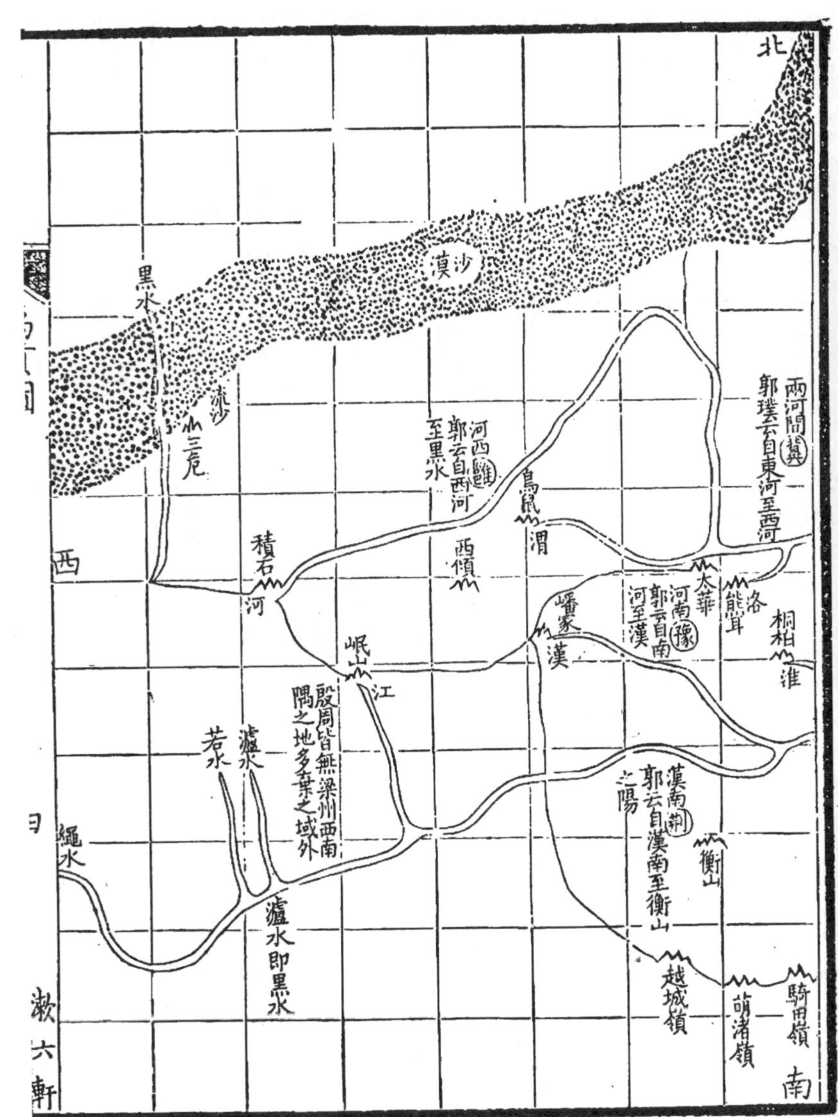
北
沙漠
黑水
流沙
三危
郭云自西河至黑水
河西雝
兩河間冀
郭璞云自東河至西河
鳥鼠
渭
積石
西傾
河
西
太華
洛
熊耳
嶓冢
河南豫
郭云自南河至漢
桐柏
淮
漢
岷山
江
殷周皆無梁州西南隅之地多棄之域外
若水
瀘水
漢南荆
郭云自漢南至衡山之陽
衡山
繩水
瀘水即黑水
越城嶺
萌渚嶺
騎田嶺
南
漱六軒

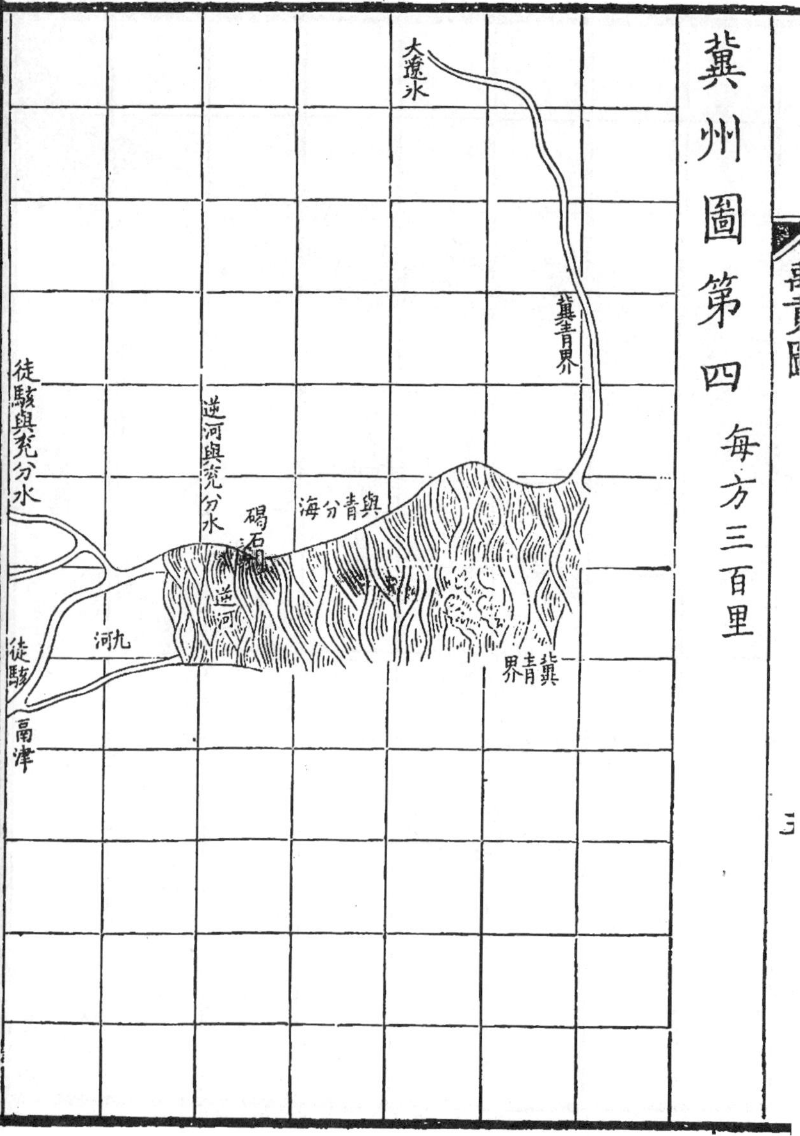

冀州圖第四
每方三百里
大遼水
冀青界
徒駭與兗分水
逆河與兗分水
碣石
與青分海
逆河
九河
冀青界
徒駭
鬲津

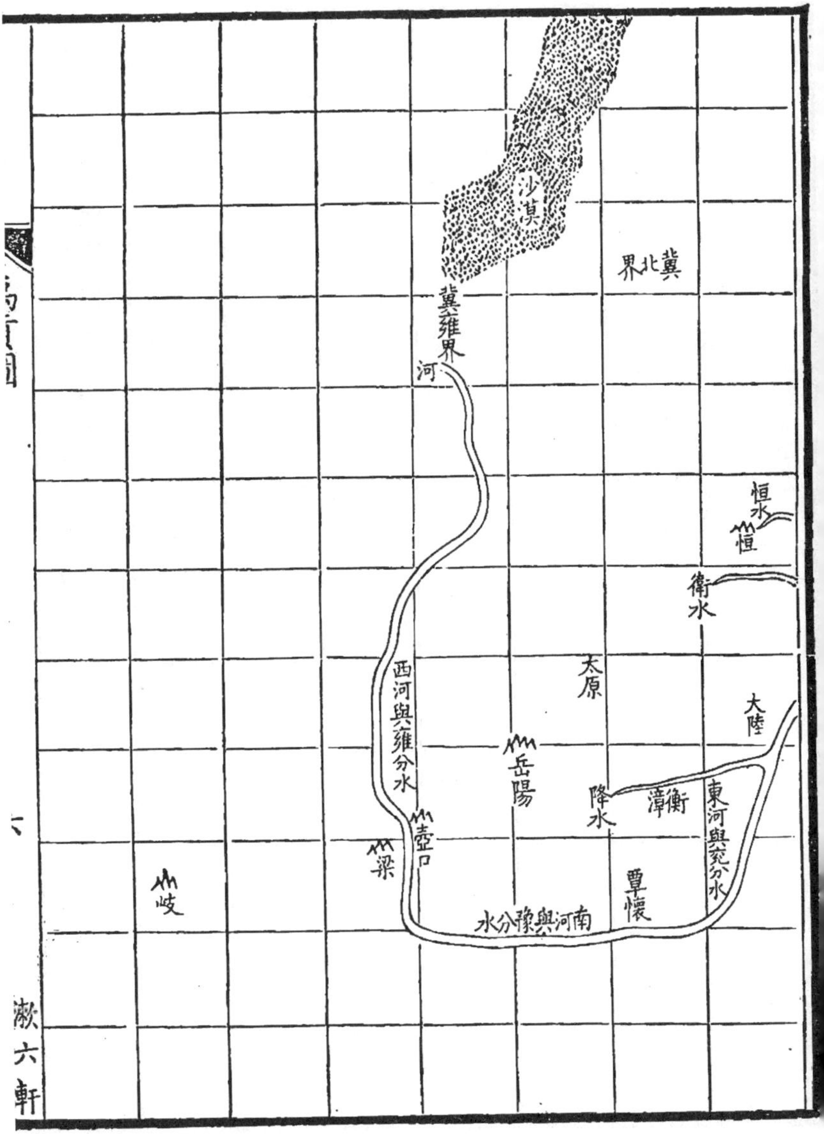

禹貢圖

沙漠
冀北界
冀雍界
河
恒水
恒
衡水
太原
大陸
西河與雍分水
岳陽
降水
衡漳
東河與兗分水
壺口
梁
岐
覃懷
南河與豫分水

兖州圖第五 每方三百里

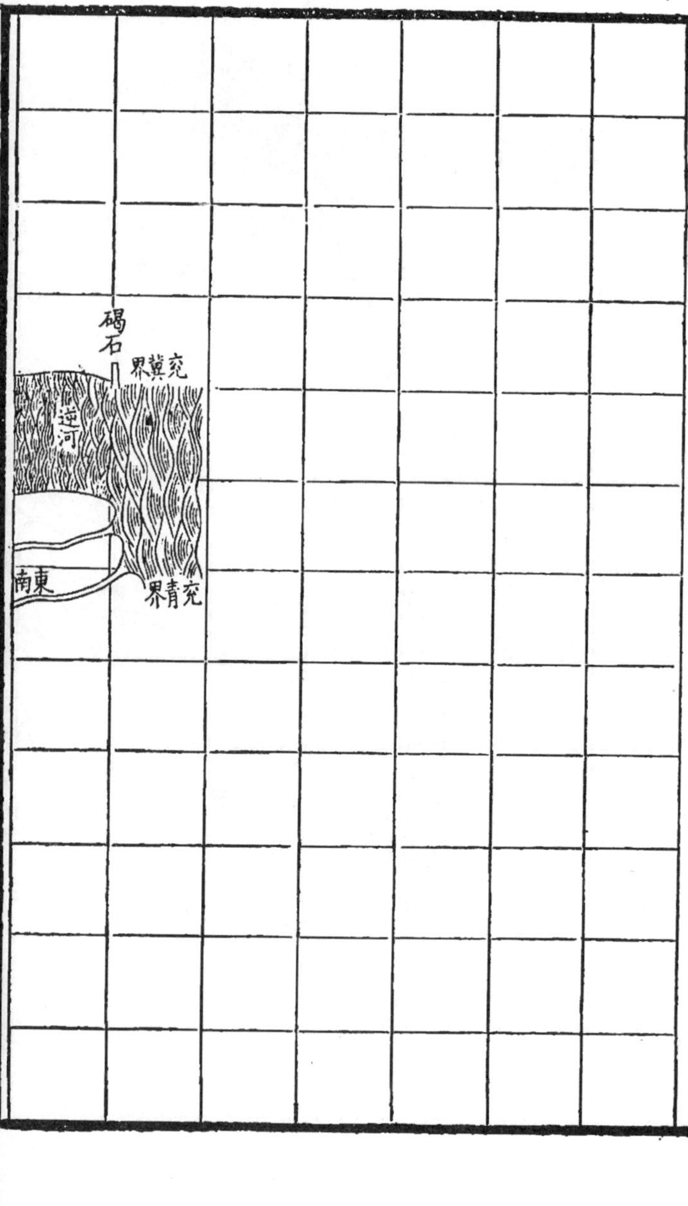

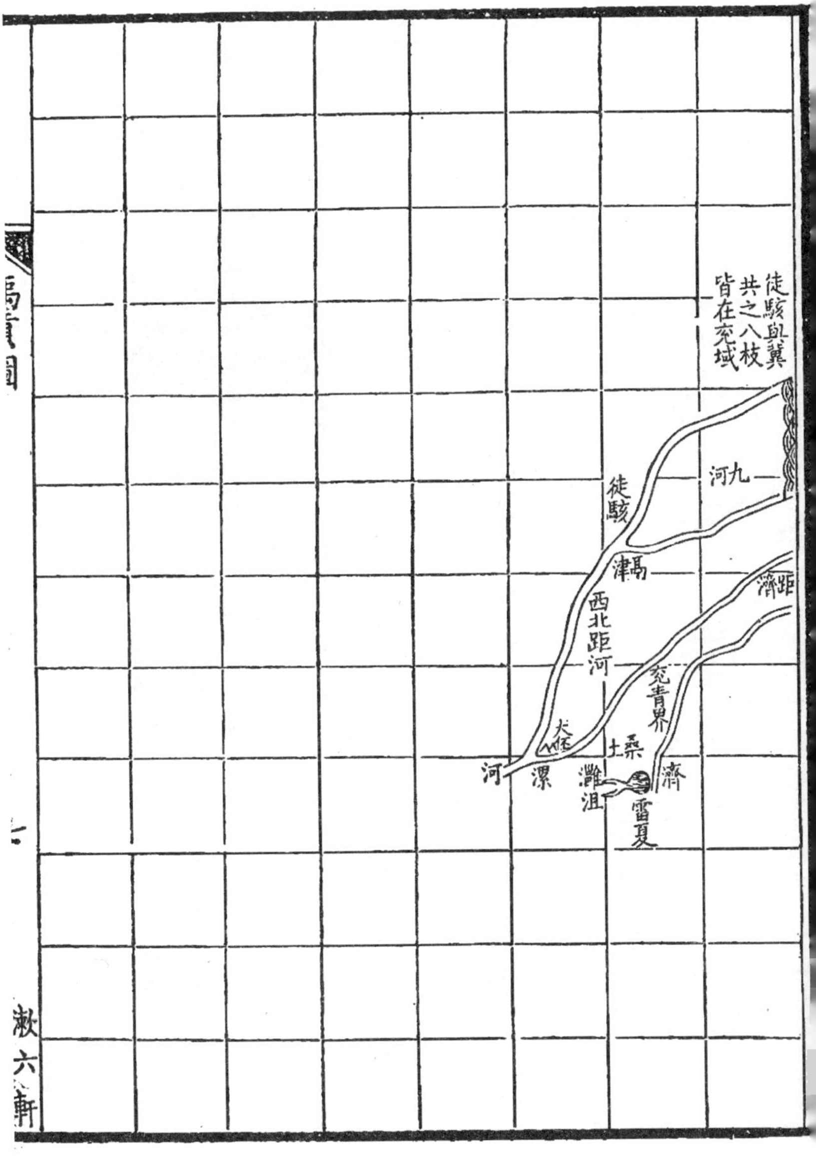

徒駭與冀共之八枝皆在兖域

九河

徒駭

鬲津

西北距河

距濟

兖青界

大伾

桑土

河

漯

灉沮

雷夏

濟

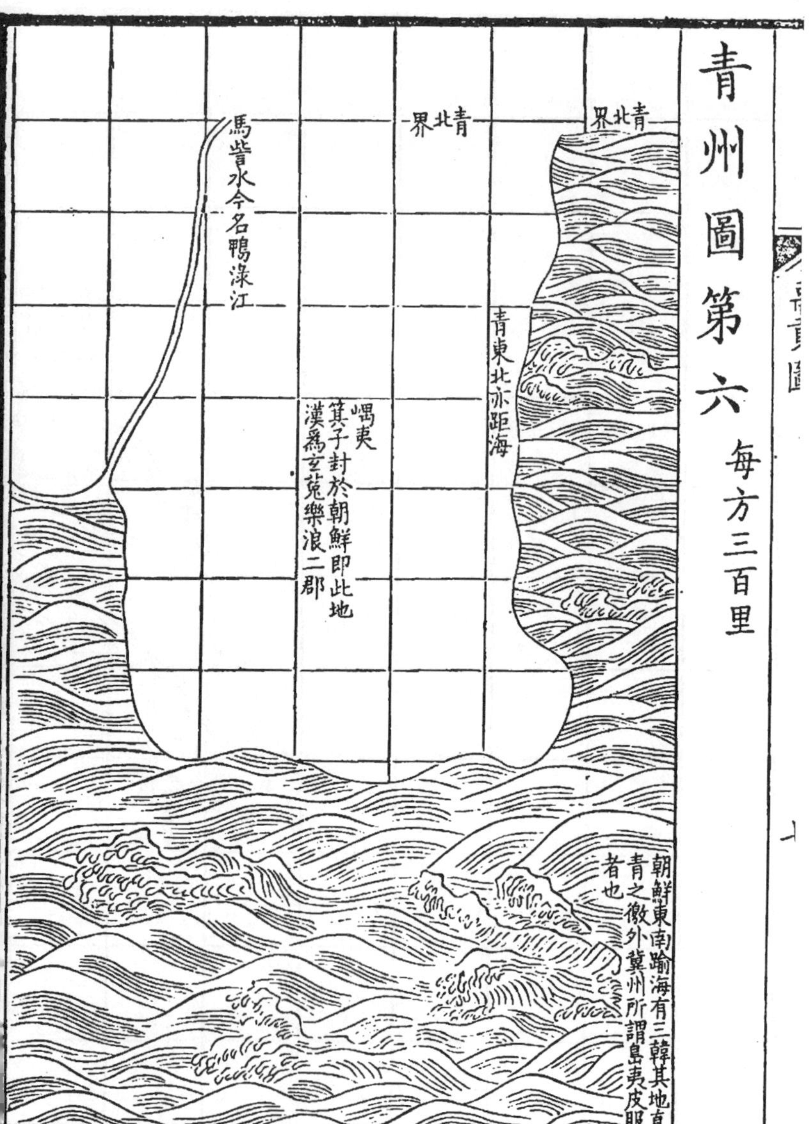
青州圖第六
每方三百里
青北界
青北界
馬訾水今名鴨渌江
青東北亦距海
嵎夷
箕子封於朝鮮即此地
漢爲玄菟樂浪二郡
朝鮮東南踰海有三韓其地直
青之徼外冀州所謂島夷皮服
者也

徐州圖第七

每方三百里

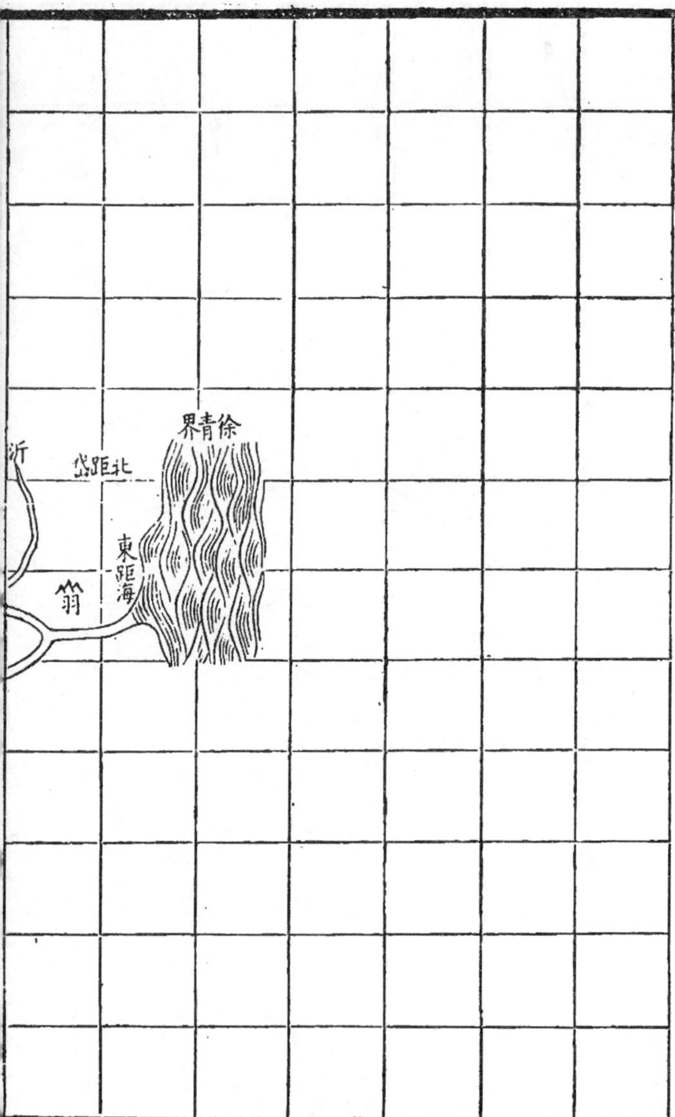

徐青界

北距岱

東距海

沂

羽

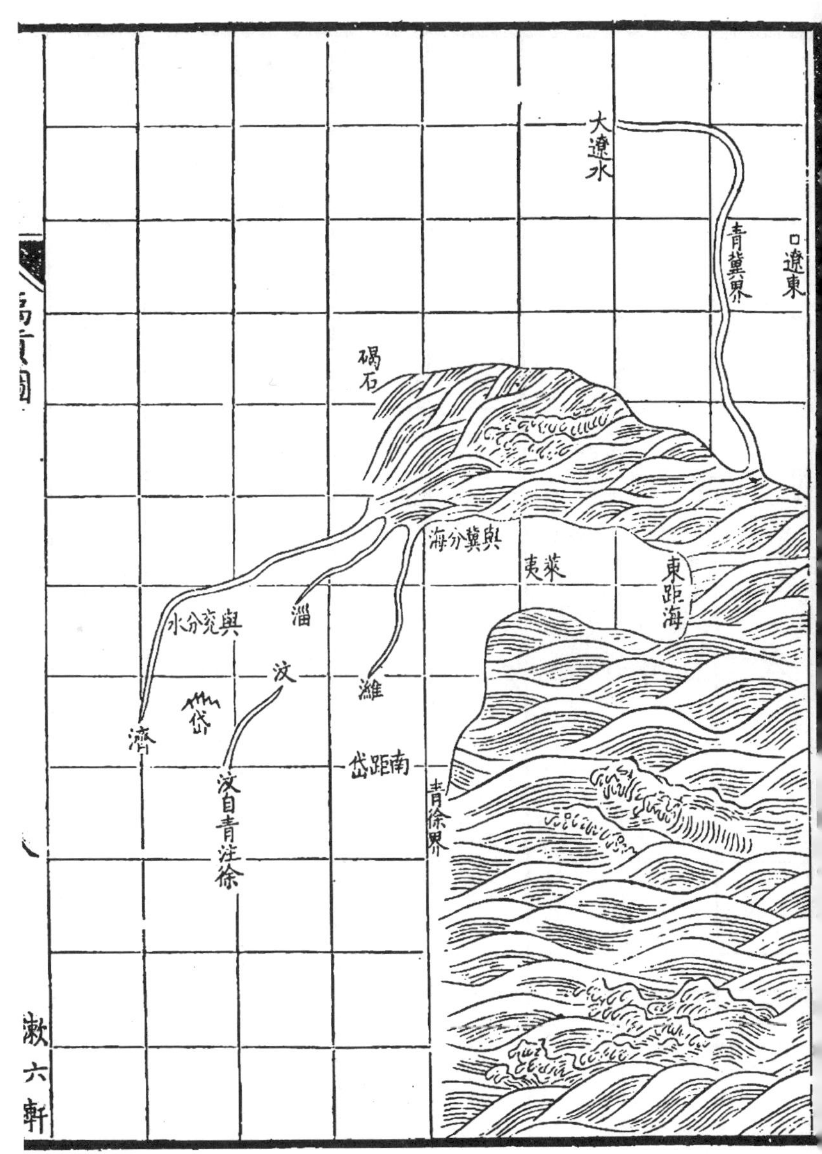

大遼水
青冀界
遼東
碣石
與冀分海
萊夷
東距海
與兖分水
淄
汶
濰
岱
濟
南距岱
青徐界
汶自青注徐
禹貢圖
漱六軒

岱
東原
汶
徐兗界
大野
濟
濟由菏北注于青
徐豫界
泗
蒙
淮
南距淮

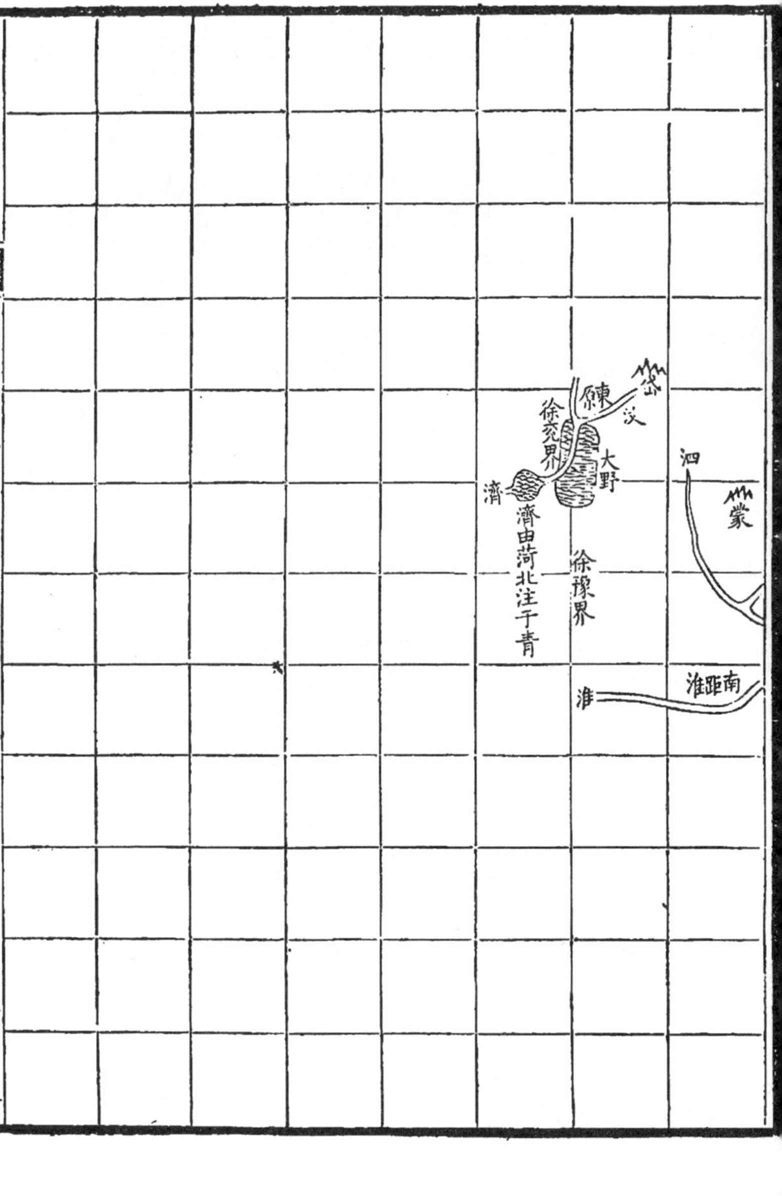

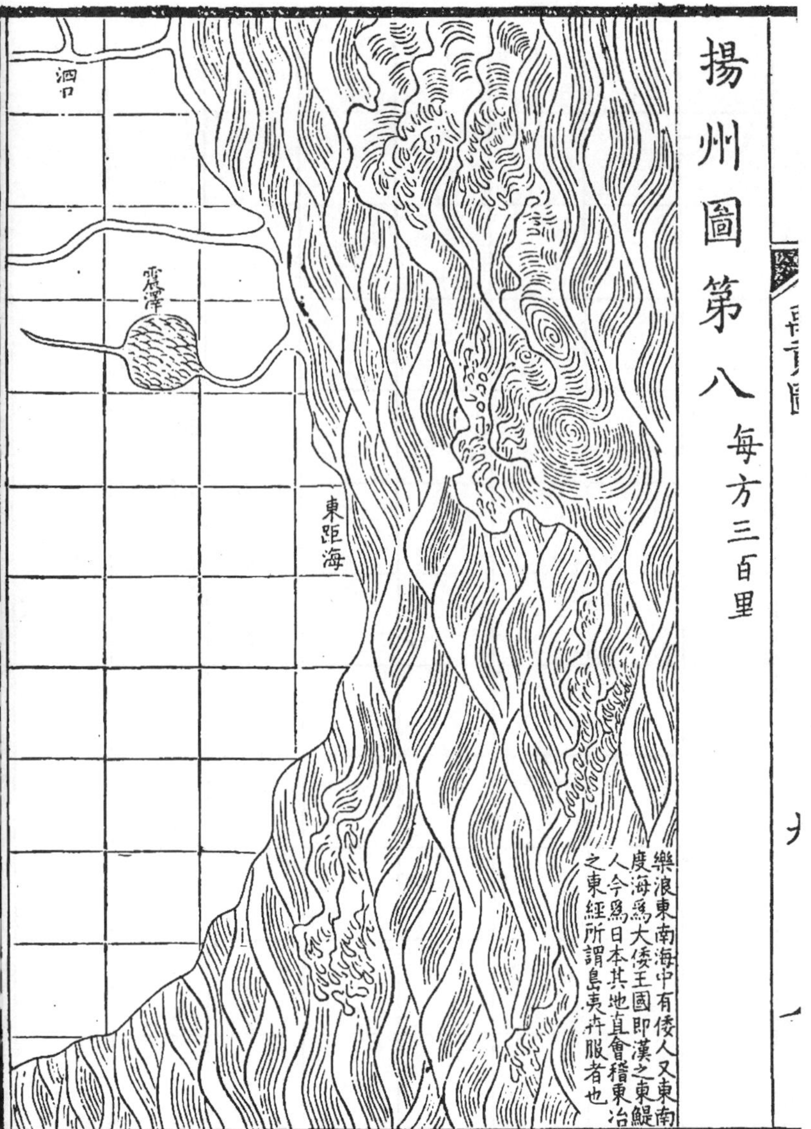
揚州圖第八
每方三百里
泗口
震澤
東距海
樂浪東南海中有倭人又東南度海爲大倭王國即漢之東鯷人今爲日本其地直會稽東冶之東經所謂島夷卉服者也

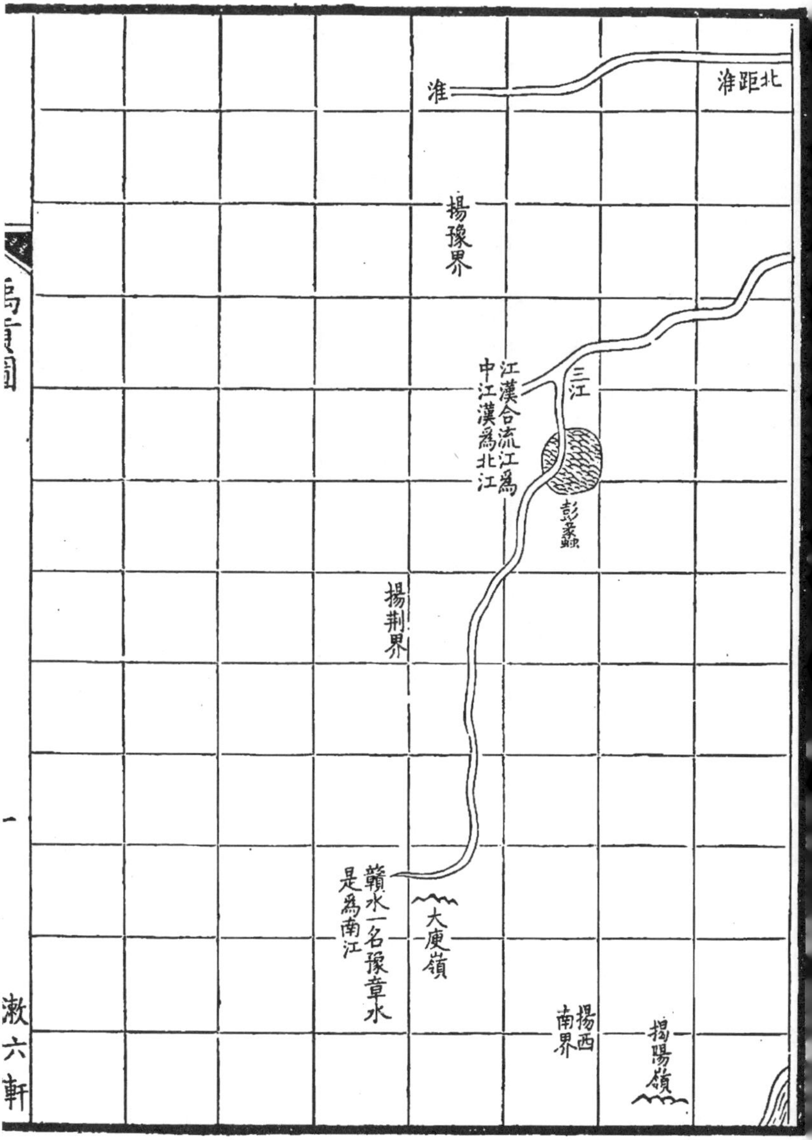

北距淮

淮

揚豫界

江漢合流江爲中江漢爲北江

三江

彭蠡

揚荊界

贛水一名豫章水是爲南江

大庾嶺

揚西南界

揭陽嶺

荊州圖第九

每方三百里

漢

荊豫界

潛

北距荊山

江漢朝宗于海

荊揚界

雲夢跨江之南北方八九百里

九江

荊揚界

衡

南距

騎田嶺

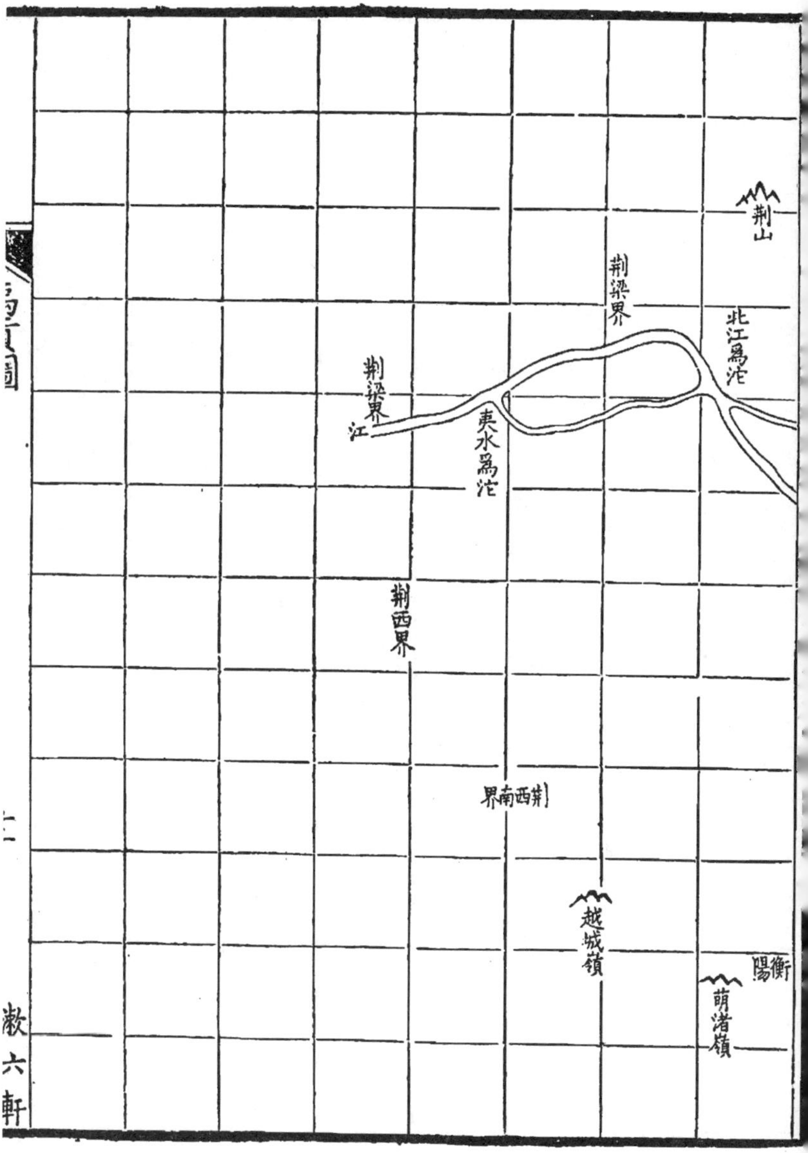

禹貢圖

荆山
荆梁界
北江爲沱
荆梁界
江
夷水爲沱
荆西界
荆西南界
越城嶺
衡陽
萌渚嶺

豫州圖第十

每方三百里

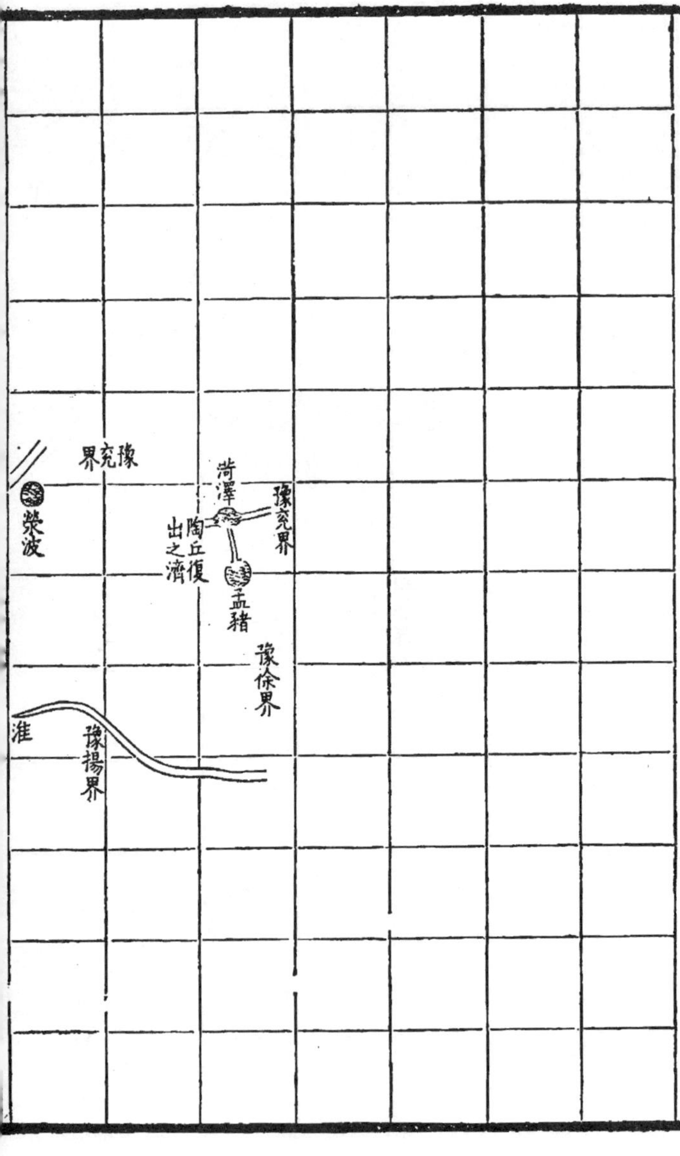

豫兖界
滎波
菏澤
陶丘復出之濟
豫兖界
孟豬
豫徐界
淮
豫揚界

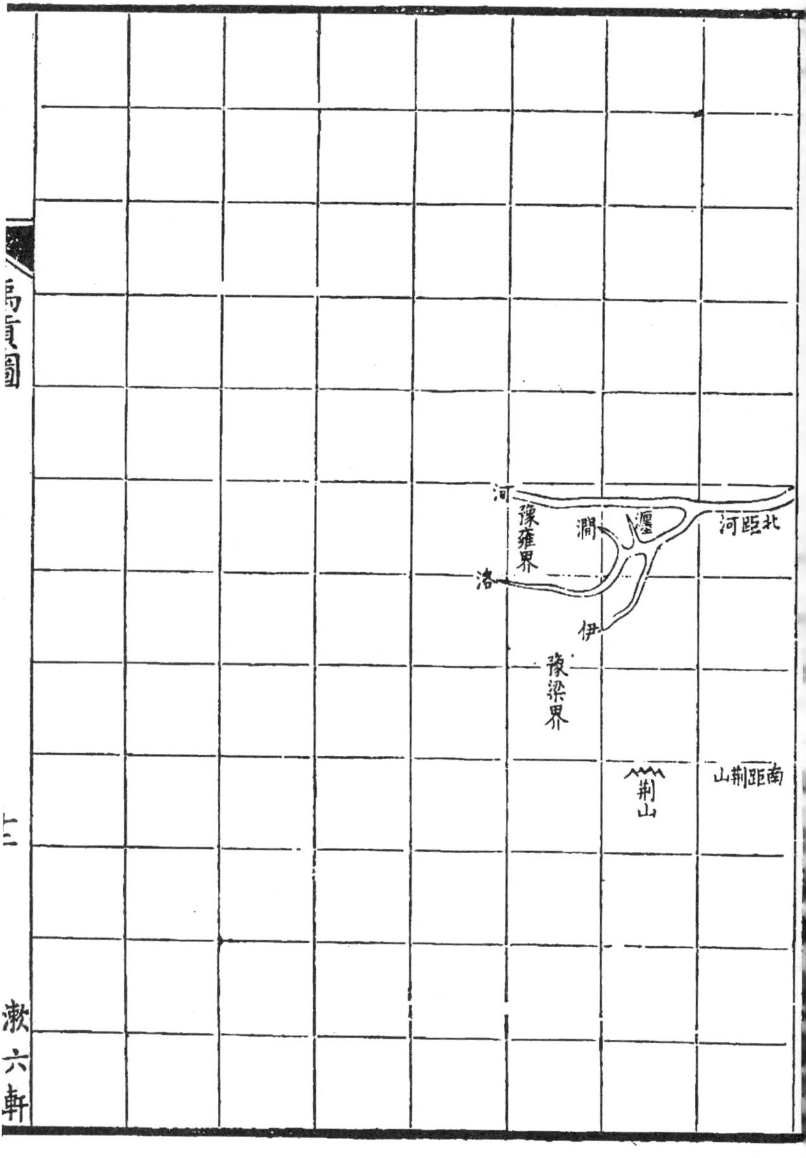

河
豫雍界
澗
瀍
北距河
洛
伊
豫梁界
荊山
南距荊山

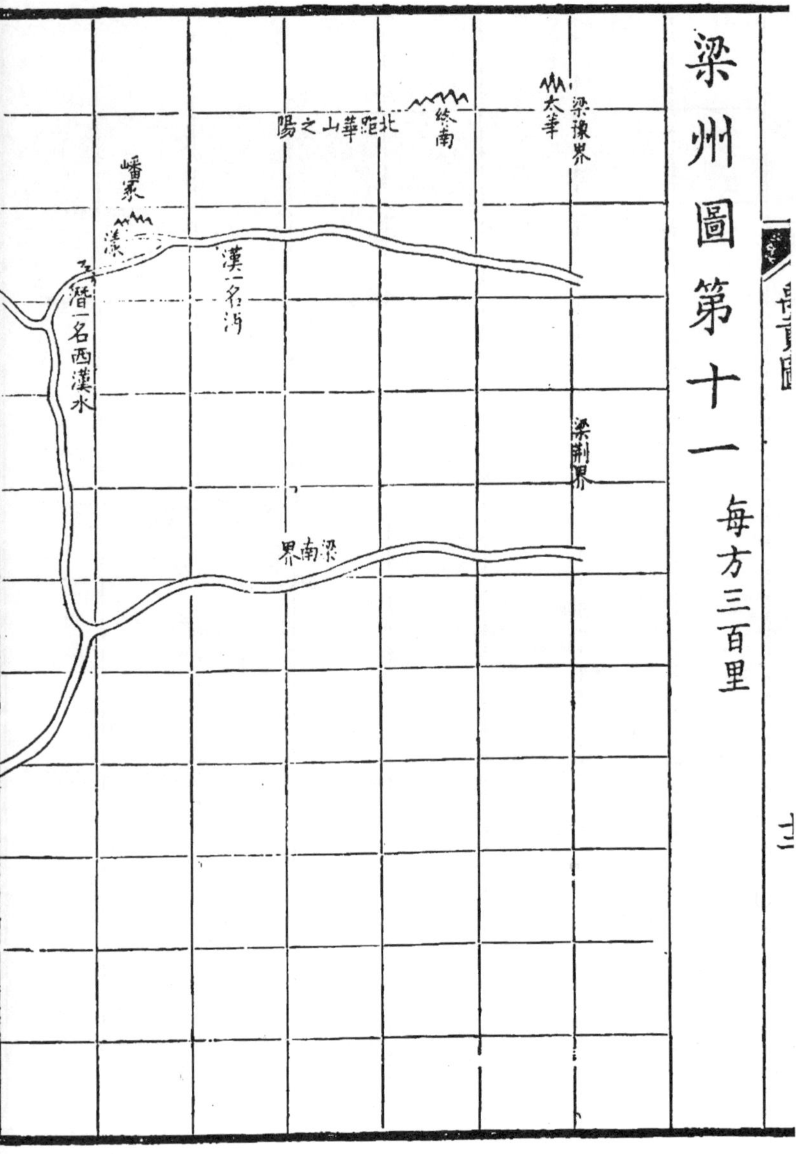
梁州圖第十一
每方三百里
梁豫界
太華
終南
北距華山之陽
嶓冢
漾
漢一名沔
潛一名西漢水
梁荊界
梁南界
禹貢圖

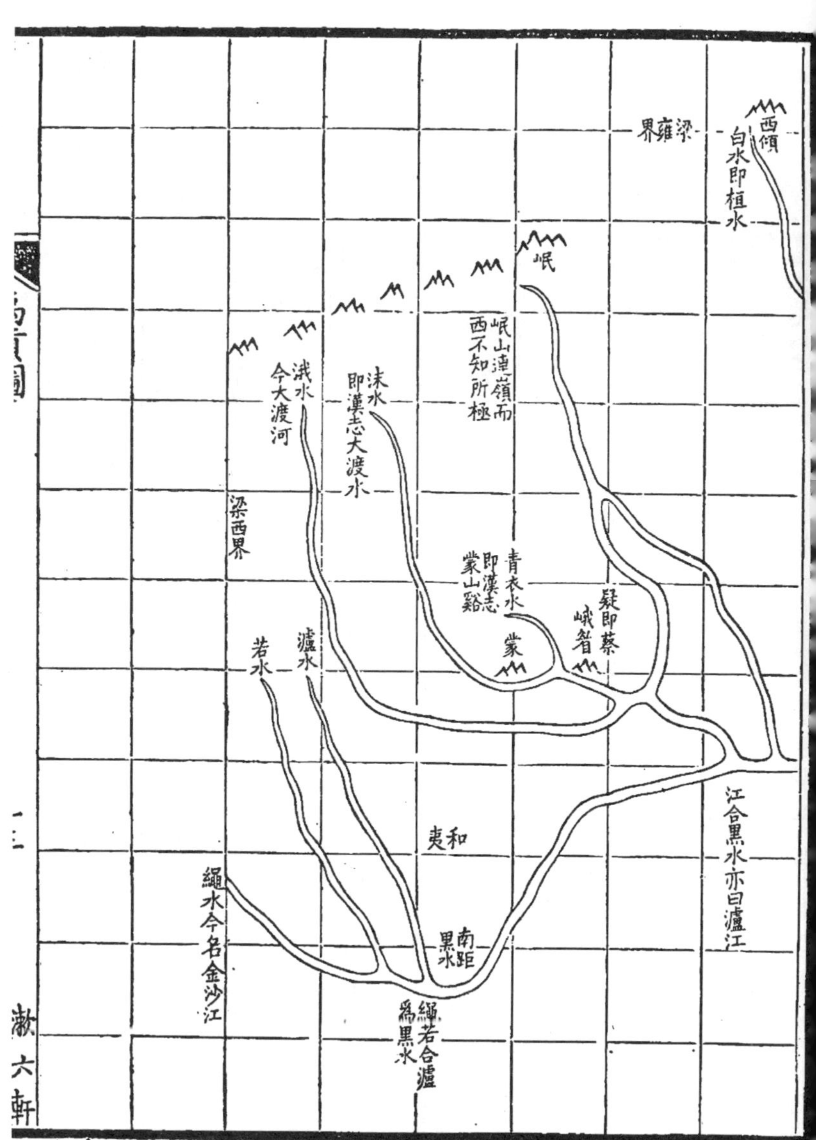
梁雍界
西傾
白水即桓水
岷
岷山連嶺而西不知所極
沫水即漢志大渡水
涐水今大渡河
梁西界
青衣水即漢志蒙山谿
蒙
蔡蒙即峨眉
若水
瀘水
江合黑水亦曰瀘江
和夷
繩水今名金沙江
南距黑水
繩若合瀘爲黑水
禹貢圖
漱六軒

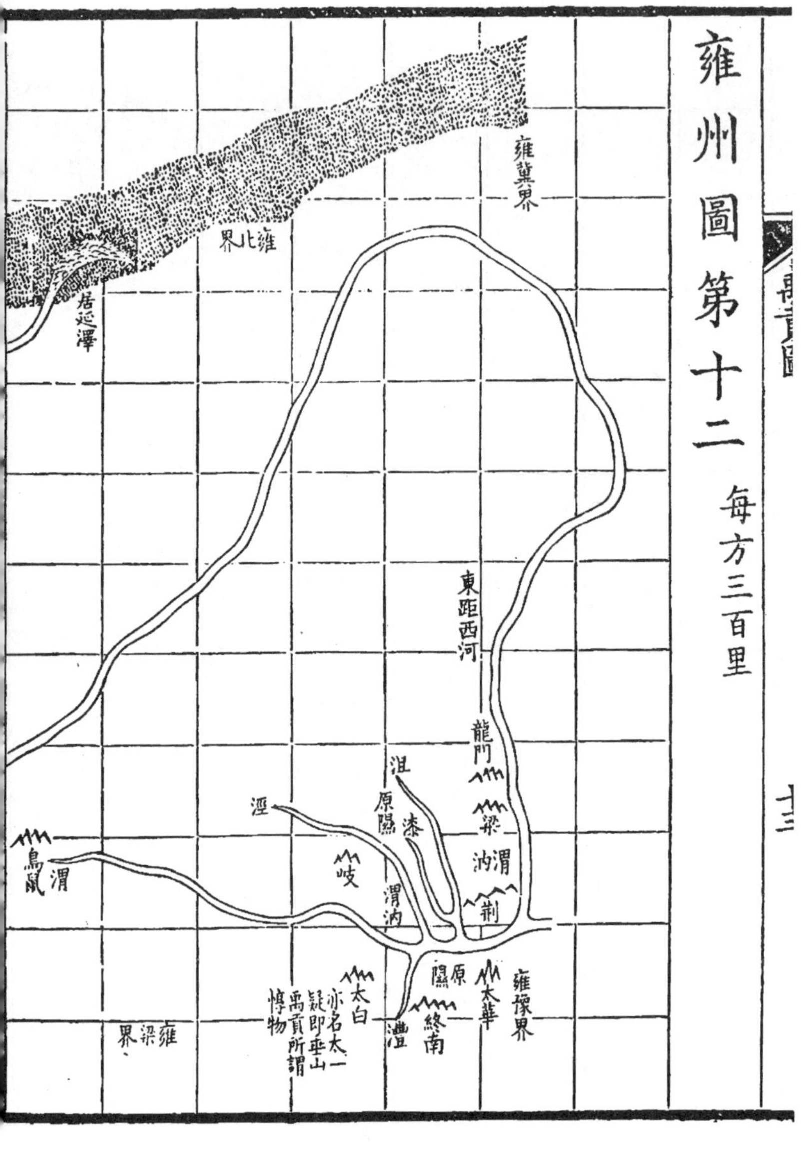

雍州圖第十二
每方三百里
雍冀界
雍北界
居延澤
東距西河
龍門
沮
涇
原隰
漆
梁
渭汭
渭
鳥鼠
岐
渭汭
荊
原隰
雍豫界
太白
亦名太一
疑即埀山
禹貢所謂
惇物
太華
終南
灃
雍梁界

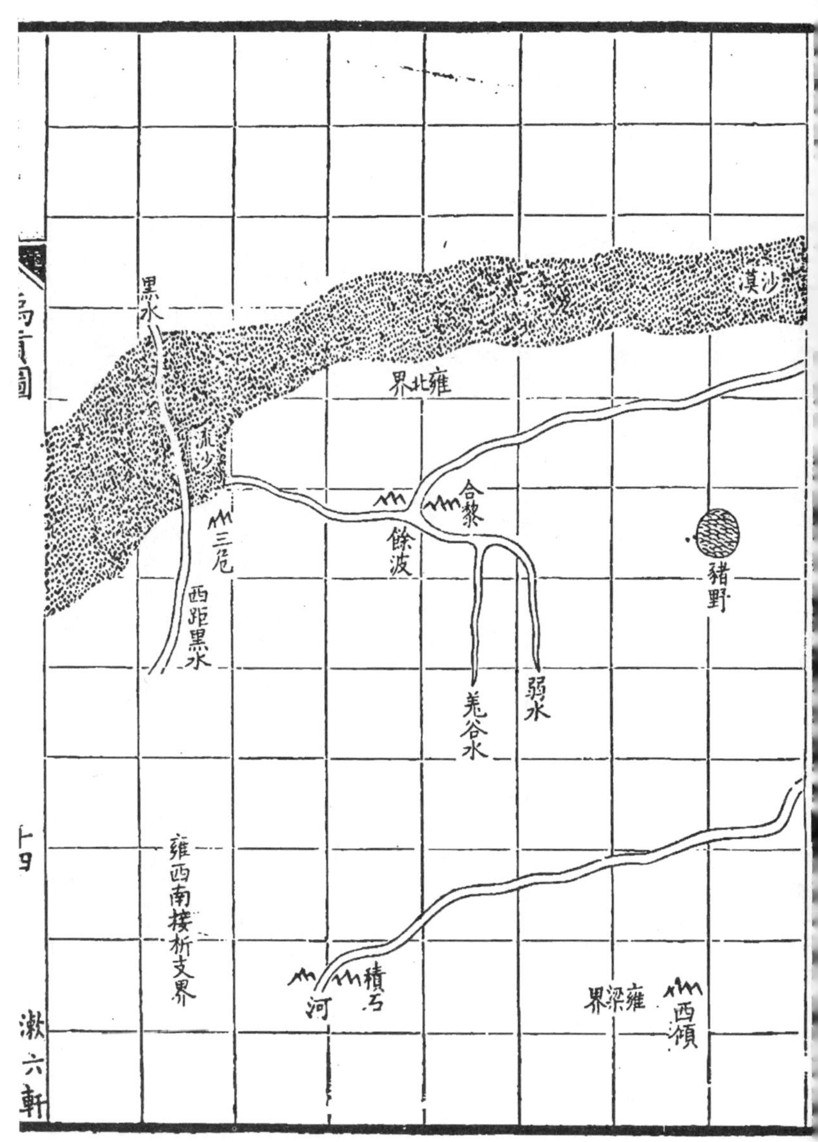
黑水
流沙
三危
西距黑水
雍北界
合黎
餘波
羌谷水
弱水
豬野
雍西南接析支界
積石
河
雍梁界
西傾
漱六軒

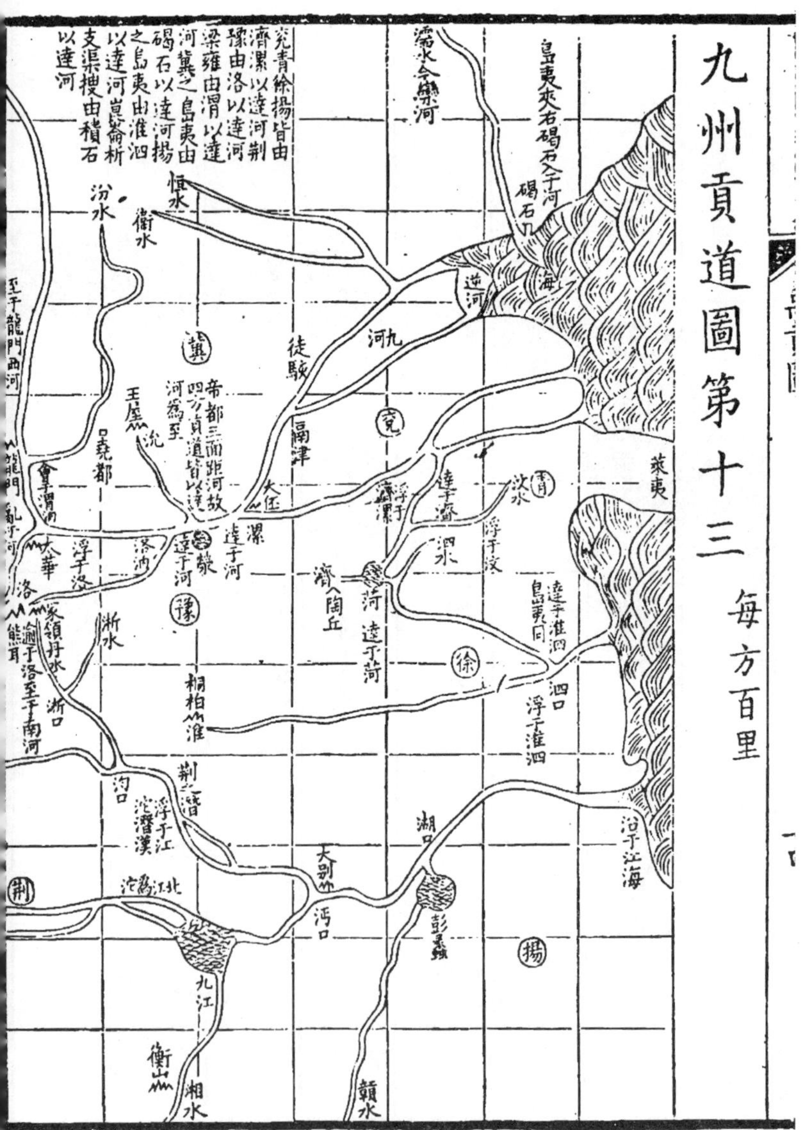

九州貢道圖第十三
每方百里
兗青徐揚皆由濟漯以達河荆豫由洛以達河梁雍由渭以達河冀之島夷由碣石以達河揚之島夷由淮泗以達河崑崙析支渠搜由積石以達河
島夷夾右碣石入于河
碣石
濡水合灤河
逆河
海
九河
徒駭
鬲津
恒水
衛水
汾水
冀
兗
帝都三面距河故四方貢道皆以達河爲至
王屋
沇
堯都
大伾
漯
達于河
浮于濟漯
達于濟
汶水
浮于汶
青
萊夷
島夷同
達于淮泗
泗水
濟入陶丘
菏
達于菏
徐
泗口
浮于淮泗
桐柏
淮
滎
洛汭
達于河
浮于洛
豫
太華
至于龍門西河
龍門
亂于河
會于渭汭
洛
熊耳
冢領
丹水
淅水
踰于洛至于南河
淅口
沔口
荆
潛
浮于江沱潛漢
沱爲江北
大別
漢口
湖口
彭蠡
沿于江海
揚
九江
衡山
湘水
贛水

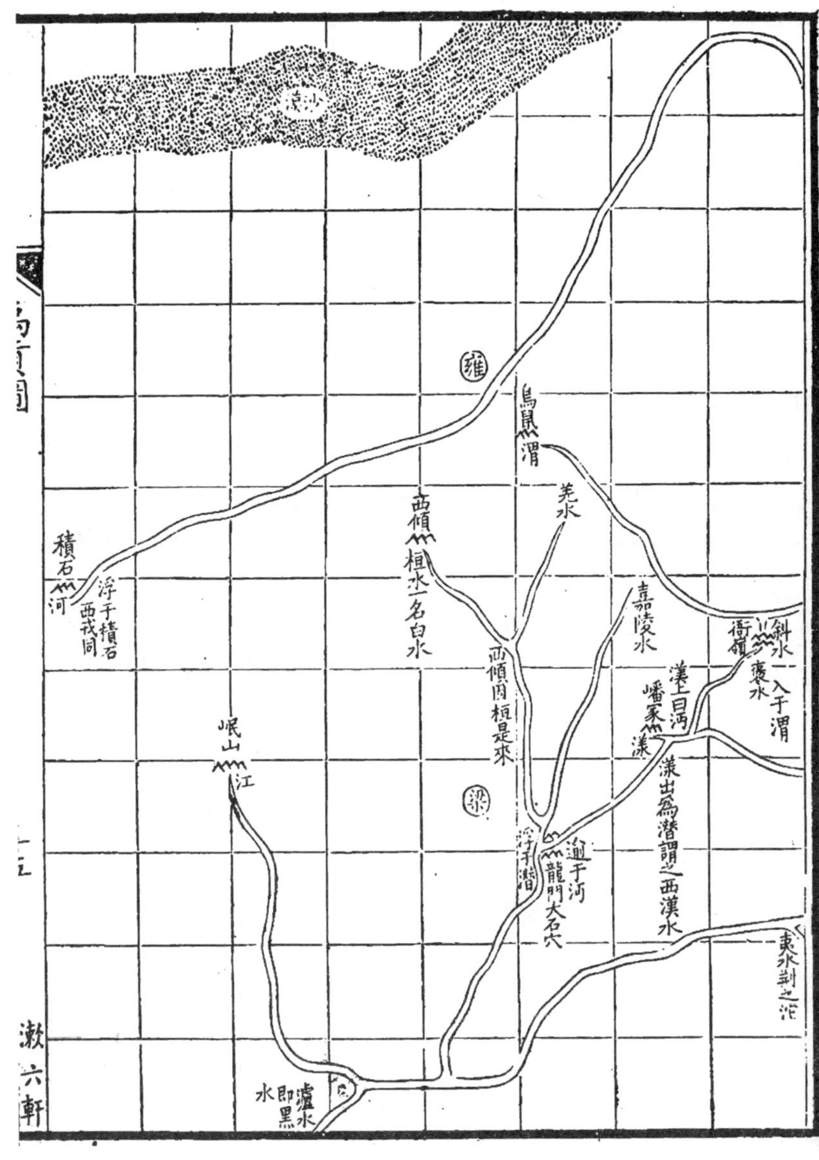
禹貢圖
流沙
雍
梁
鳥鼠
渭
羌水
西傾
桓水一名白水
積石
河
浮于積石
西傾因桓是來
嘉陵水
衙嶺
斜水
褒水
入于渭
嶓冢
漾
漢上曰沔
漾出爲潛謂之西漢水
岷山
江
浮于潛
逾于沔
龍門大石穴
瀘水即黑水
漱六軒

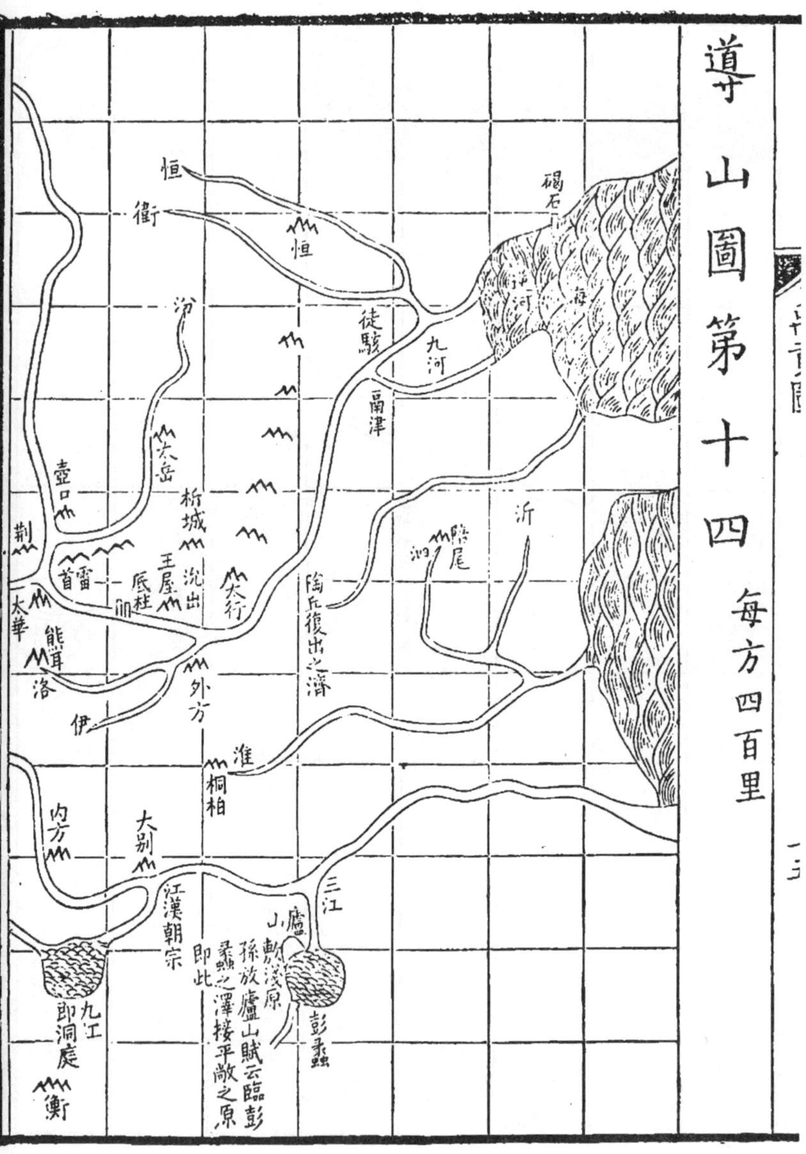
導山圖第十四
每方四百里
恒
衡
恒
碣石
九河
徒駭
鬲津
汾
太岳
壺口
荊
析城
王屋
沇出
首
雷
厎柱
太行
太華
熊耳
洛
伊
外方
陶丘復出之濟
泗
陪尾
沂
淮
桐柏
內方
大別
江漢朝宗
三江
廬山
即此
孫放廬山賦云臨彭蠡之澤接平敞之原
彭蠡
九江即洞庭
衡

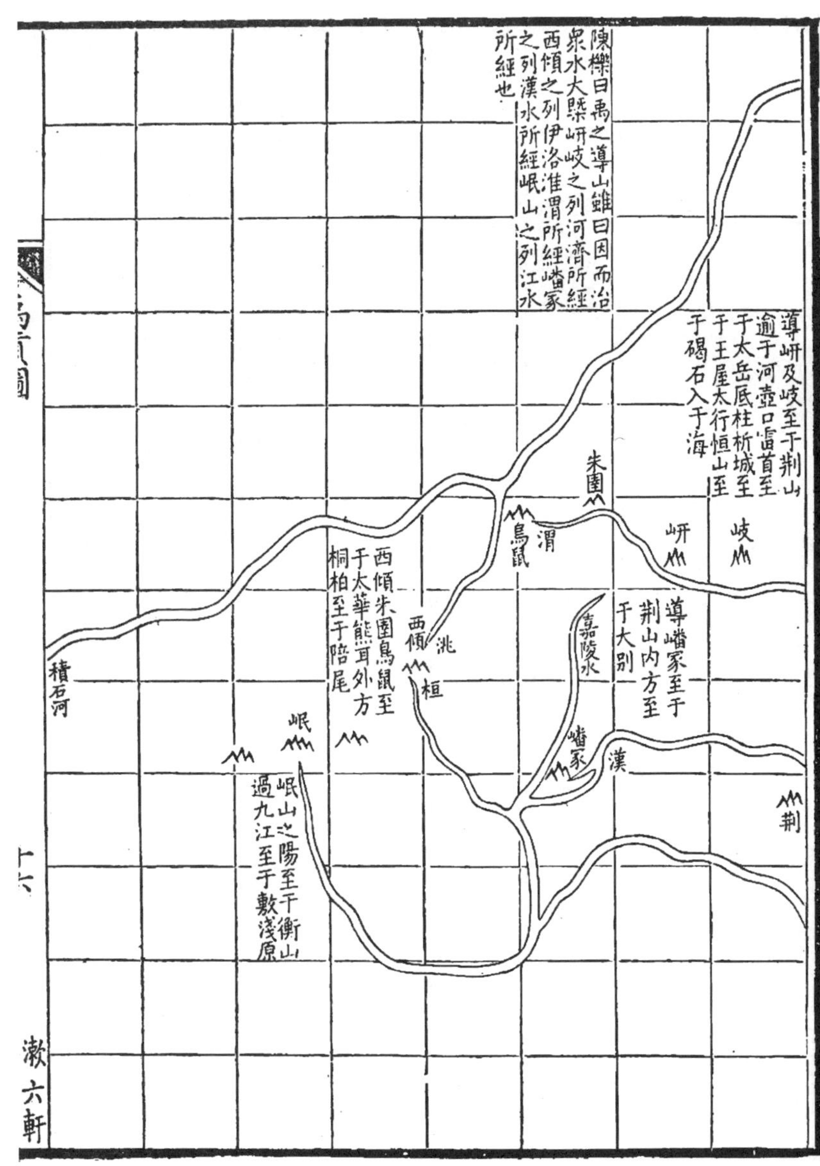
陳櫟曰禹之導山雖曰因而治泉水大槩岍岐之列河濟所經西傾之列伊洛淮渭所經嶓冢之列漢水所經岷山之列江水所經也
導岍及岐至于荆山逾于河壺口雷首至于太岳厎柱析城至于王屋太行恒山至于碣石入于海
朱圉
鳥鼠
渭
岍
岐
西傾朱圉鳥鼠至于太華熊耳外方桐柏至于陪尾
西傾
洮
桓
嘉陵水
導嶓冢至于荆山内方至于大别
積石河
岷
岷山之陽至于衡山過九江至于敷淺原
嶓冢
漢
荆
十六
漱六軒

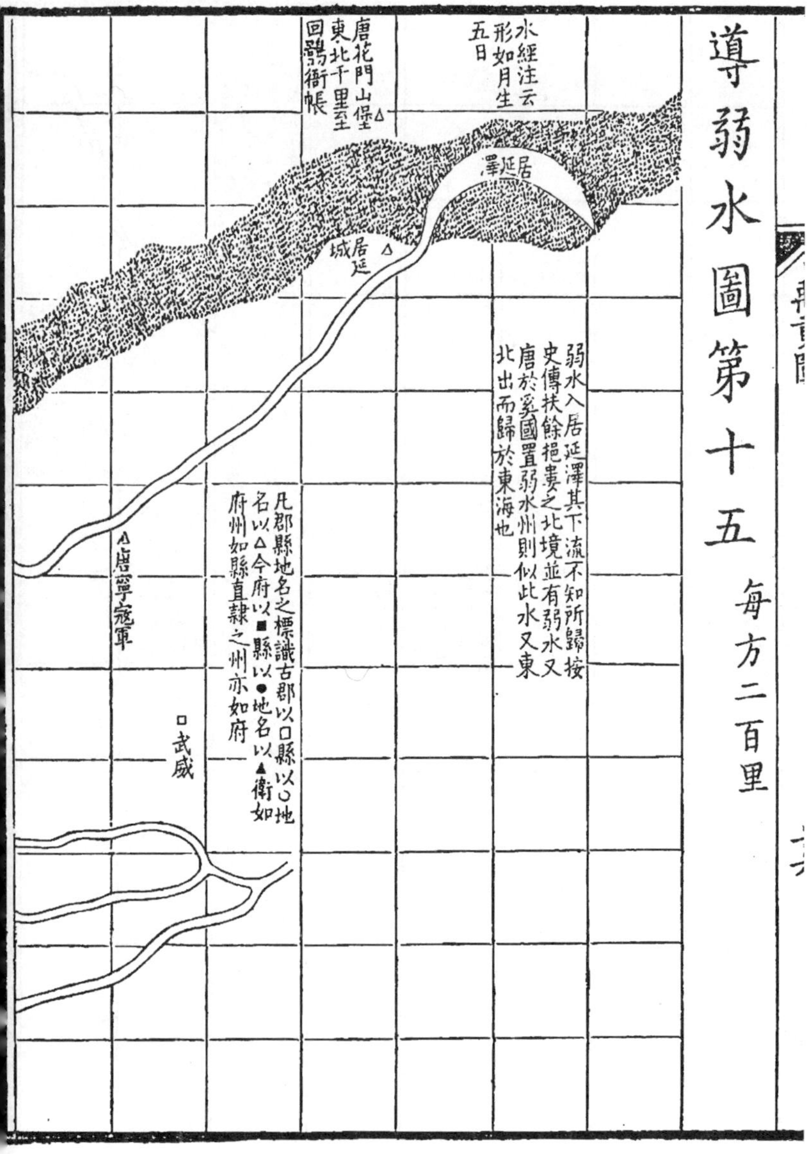

導弱水圖第十五

每方二百里

弱水入居延澤其下流不知所歸按史傳扶餘挹婁之北境並有弱水又唐於奚國置弱水州則似此水又東北出而歸於東海也

水經注云形如月生五日

唐花門山堡△東北千里至回鶻衙帳

居延澤

居延城△

△唐寧寇軍

□武威

凡郡縣地名之標識古郡以□縣以○地名以△今府以■縣以●地名以▲衛如府州如縣直隸之州亦如府

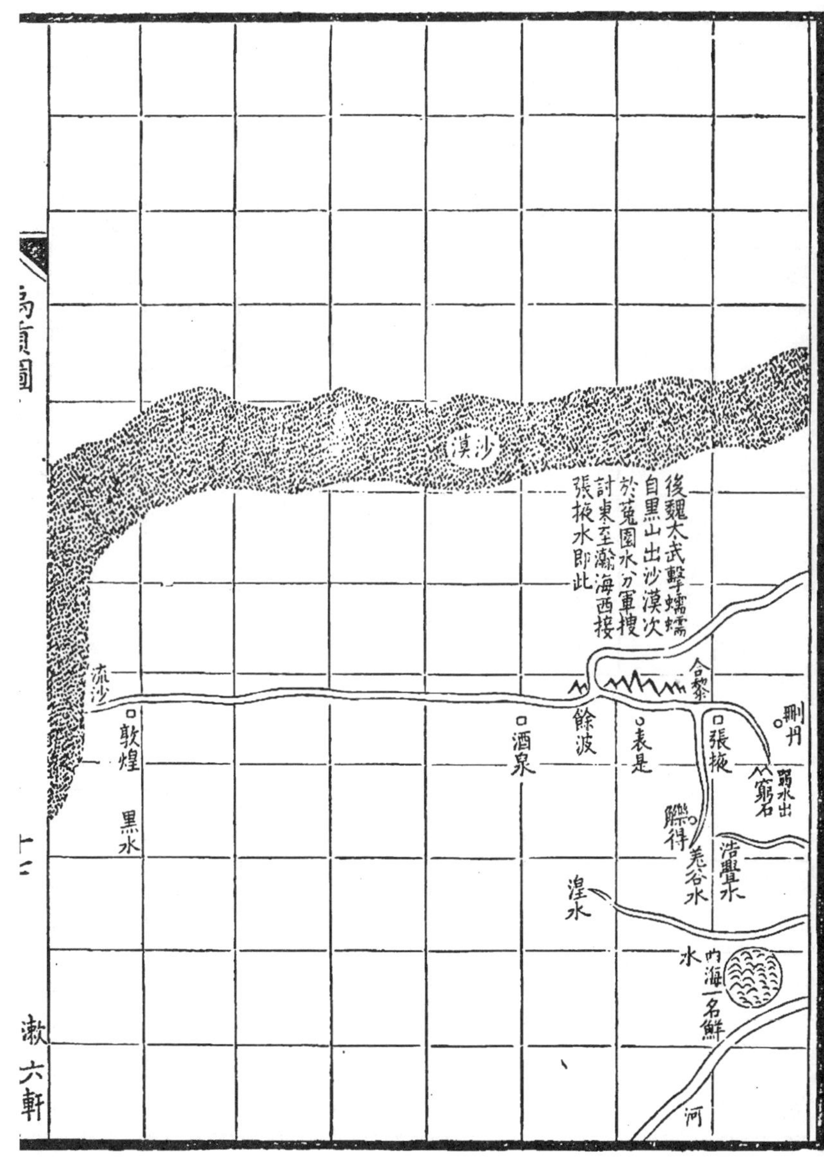
禹貢圖
沙漠
後魏太武擊蠕蠕自黑山出沙漠次於菟園水分軍搜討東至瀚海西接張掖水即此
流沙
敦煌
黑水
酒泉
餘波
表是
合黎
張掖
刪丹
弱水出窮石
樂得
羌谷水
浩亹水
湟水
水
鮮水一名西海
河
十二
漱六軒

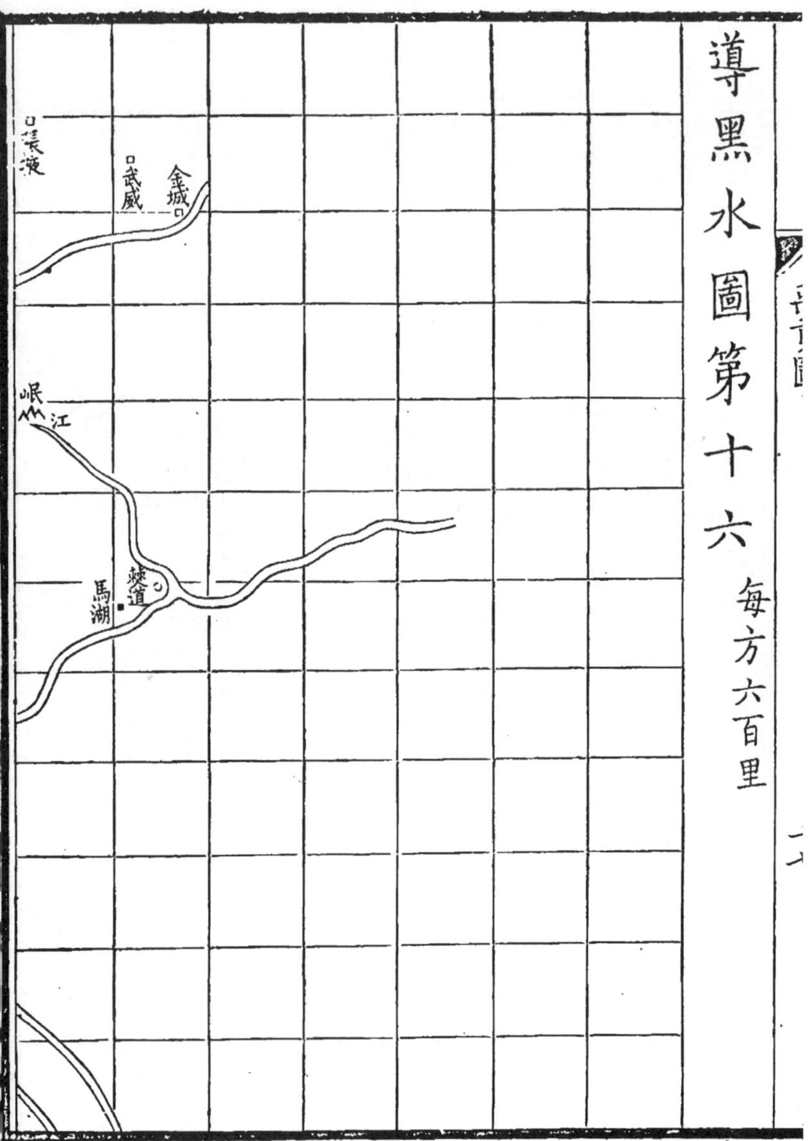
導黑水圖第十六
每方六百里
張掖
武威
金城
岷
江
馬湖
僰道

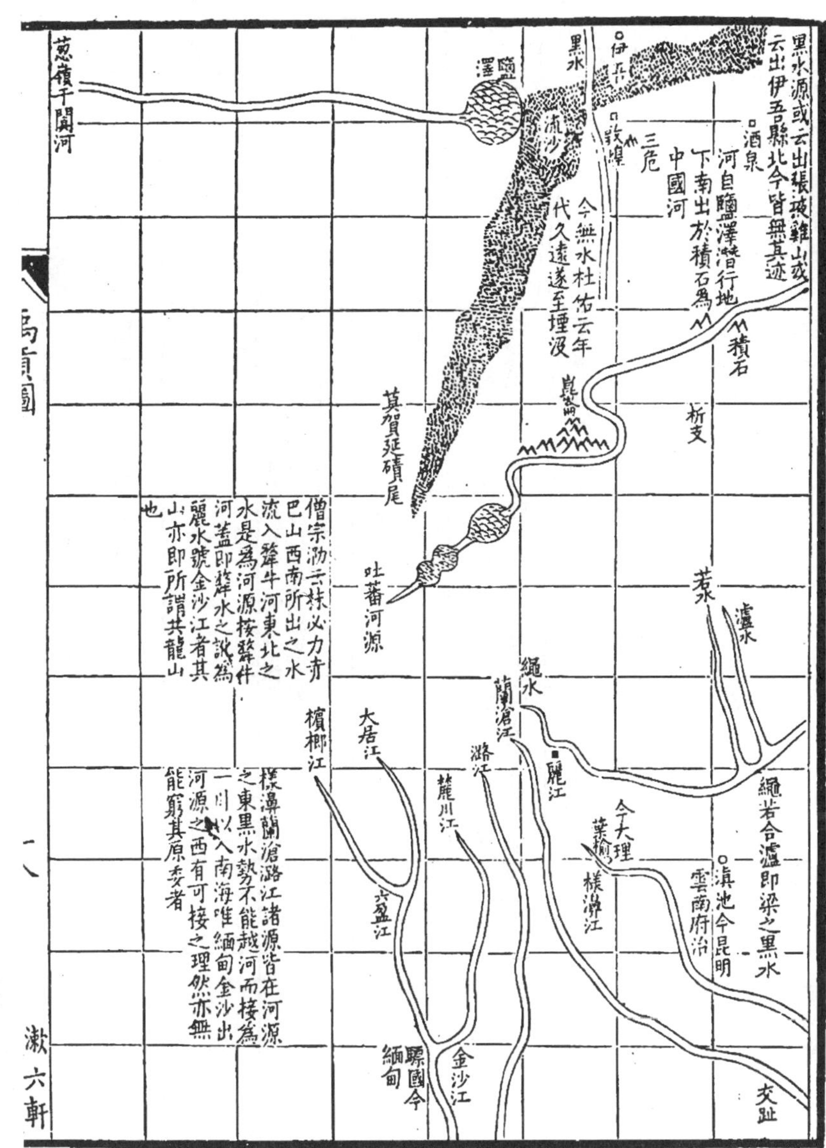

黑水源或云出張掖雞山或云出伊吾縣北今皆無其迹
酒泉
河自鹽澤潛行地下南出於積石為中國河
三危
敦煌
伊吾
黑水
鹽澤
流沙
葱嶺于闐河
今無水杜佑云年代久遠遂至堙沒
積石
析支
崑崙
莫賀延磧尾
吐蕃河源
僧宗泐云抹必力赤巴山西南所出之水流入犛牛河東北之水是為河源按犛牛河蓋即犛水之訛為麗水號金沙江者其山亦即所謂共龍山也
瀘水
繩水
瀾滄江
麗江
潞江
麓川江
大居江
檳榔江
大盈江
今大理
葉榆
樣濞江
滇池今昆明
雲南府治
繩若合瀘即梁之黑水
樣濞瀾滄潞江諸源皆在河源之東黑水勢不能越河而接為一川以入南海唯緬甸金沙出河源之西有可接之理然亦無能窮其原委者
緬甸
驃國今
金沙江
交趾
禹貢圖
漱六軒

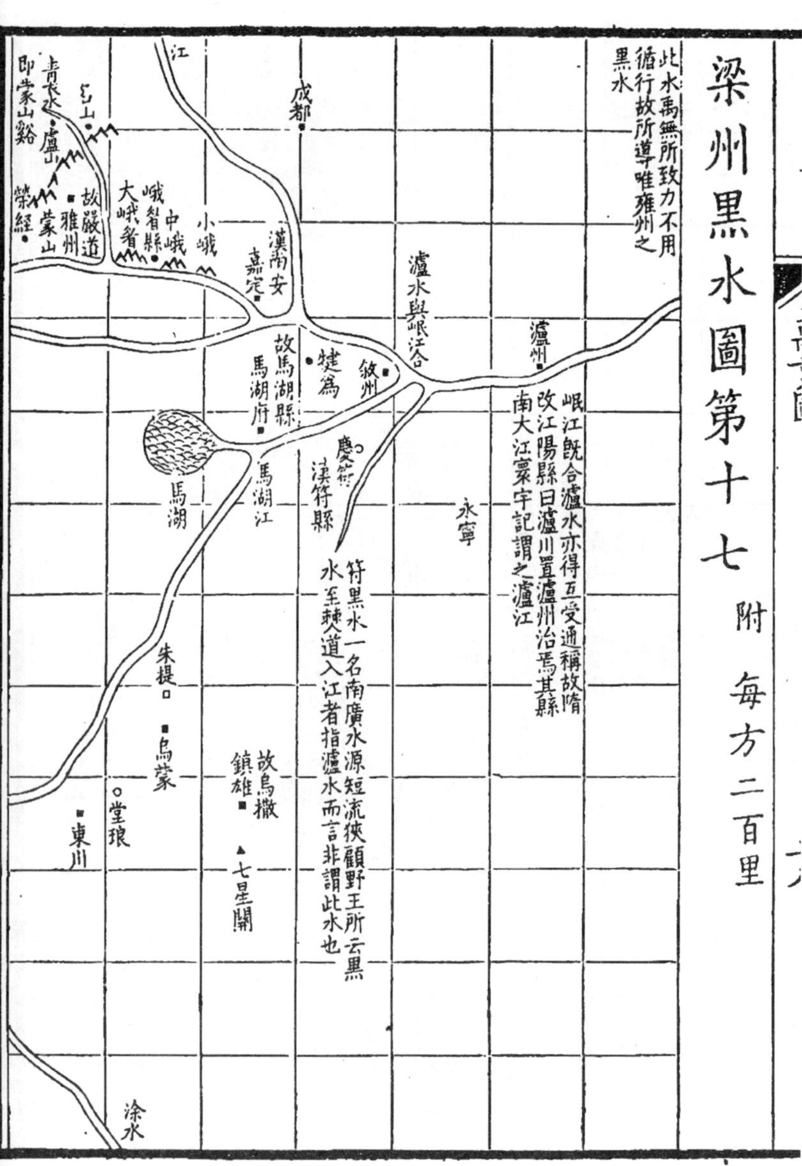
梁州黑水圖第十七
附 每方二百里
此水禹無所致力不用循行故所導唯雍州之黑水
岷江既合瀘水亦得互受通稱故隋改江陽縣曰瀘川置瀘州治焉其縣南大江寰宇記謂之瀘江
瀘州
瀘水與岷江合
成都
江
漢南安
嘉定
敘州
犍爲
故馬湖縣
馬湖府
慶符
漢符縣
永寧
馬湖
馬湖江
符黑水一名南廣水源短流狹顧野王所云黑水至僰道入江者指瀘水而言非謂此水也
小峨
中峨
峨眉縣
大峨眉
故嚴道
雅州
蒙山
盧山
青衣水
即蒙山谿
滎經
朱提
烏蒙
故烏撒
鎮雄
七星關
堂琅
東川
涂水

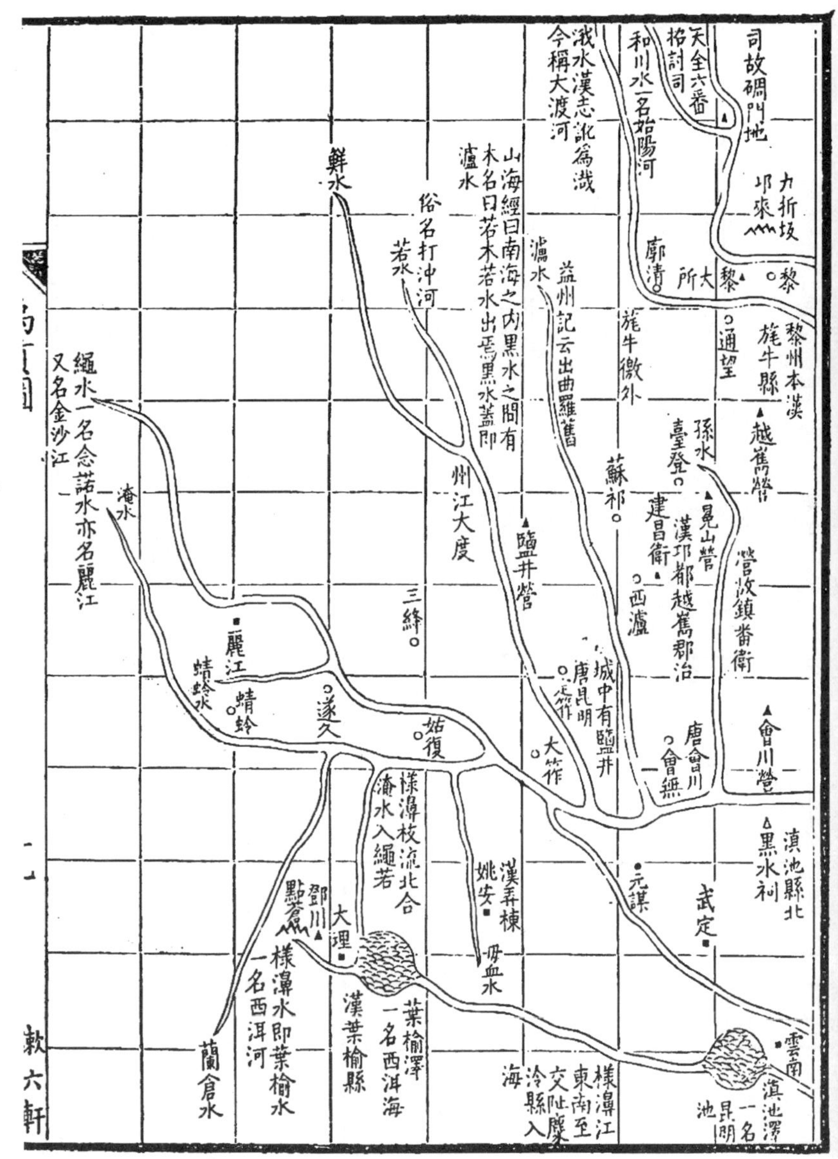
司故碉門地
天全六番
招討司
和川水一名始陽河
沫水漢志訛爲涐
今稱大渡河
山海經曰南海之内黑水之間有
木名曰若木若水出焉黑水蓋即
瀘水
鮮水
俗名打沖河
若水
瀘水
益州記云出曲羅舊
旄牛徼外
邛崍
力折坂
郿清
大所
黎
黎
通望
黎州本漢
旄牛縣
越巂營
孫水
臺登
蘇祁
建昌衛
晃山營
漢邛都越巂郡治
營汝鎮番衛
西瀘
州江大度
鹽井營
三絳
繩水一名念諾水亦名麗江
又名金沙江
淹水
麗江
蜻蛉水
蜻蛉
遂久
姑復
唐昆明
定筰
城中有鹽井
大筰
唐會川
會無
會川營
黑水祠
滇池縣北
樣濞枝流北合
淹水入繩若
漢弄棟
姚安
元謀
武定
點蒼
鄧川
大理
樣濞水即葉榆水
一名西洱河
漢葉榆縣
葉榆澤
一名西洱海
毋血水
蘭倉水
樣濞江
東南至
交阯麋
泠縣入
海
雲南
滇池澤
一名
昆明
池

敷六軒

導河圖第十八
每方二百里
濡水今訛爲灤
沽水
碣石
驪成
入于海
同爲逆河
平舒
成平
樂成
武隧
樂鄉
章武
浮陽
南皮
阜城
弓高
武邑
武強
東朝陽
著
漯陽
甲下
千乘二城今高苑
建信
漯入海
高唐
漯陰
博平
陽墟
聊城

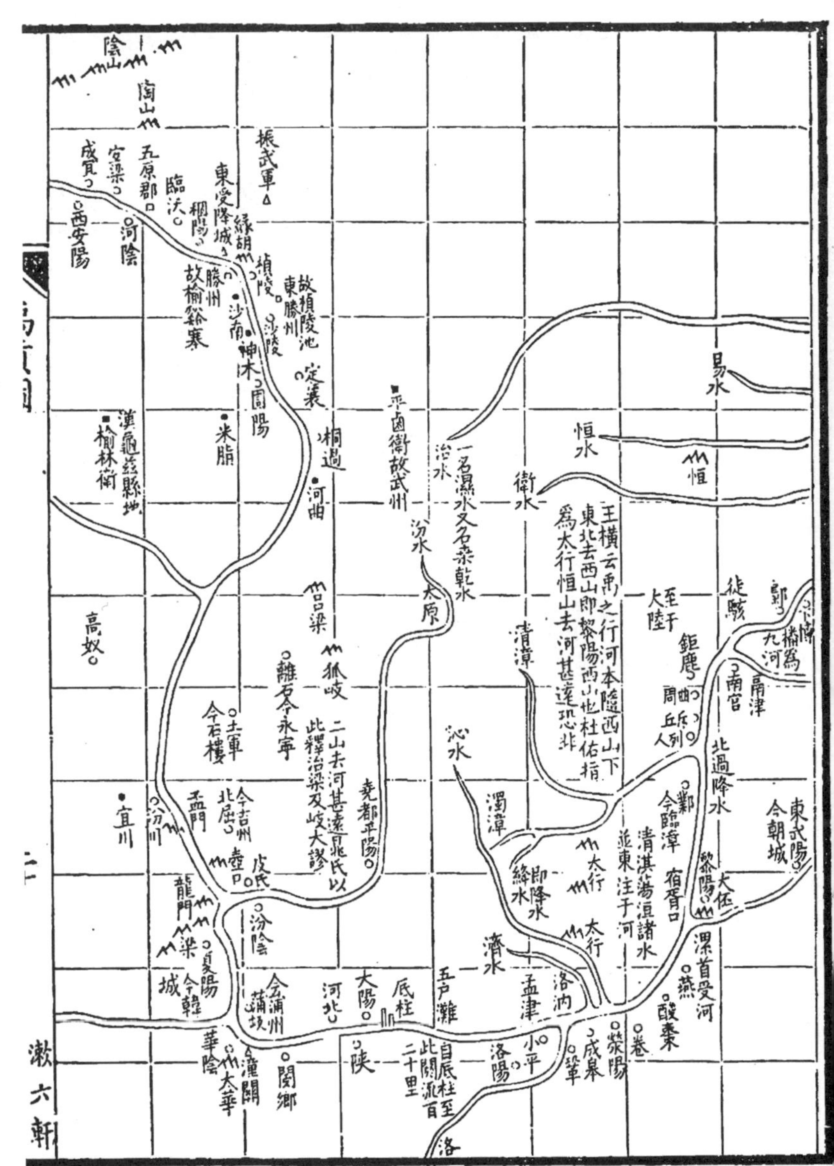
陰山
陶山
振武軍
東受降城
五原郡
臨沃
安梁
成宜
西安陽
河陰
勝州
故榆谿寨
沙南
神木
圁陽
故楨陵池
東勝州
定襄
米脂
漢龜茲縣地
榆林衛
河曲
平鹵衛
故武州
汾水
太原
一名㶟水又名桑乾水
治水
恒水
恒
易水
衛水
王横云禹之行河本隨西山下東北去西山即黎陽西山也杜佑指爲太行恒山去河甚遠恐非
至于大陸
鉅鹿
徒駭
鄃
九河
南宮
南津
清漳
沁水
濁漳
即降水
絳水
太行
清淇蕩洹諸水並東注于河
北過降水
東武陽
今朝城
黎陽
大伾
漯首受河
燕
酸棗
卷
滎陽
成皋
鞏
洛汭
孟津
小平
洛陽
濟水
五戶灘
自底柱至此關派百二十里
底柱
大陽
河北
陝
洛
蒲坂
今蒲州
汾陰
閿鄉
潼關
華陰
太華
夏陽
今韓城
梁
龍門
壺口
皮氏
孟門
北屈
今吉州
堯都平陽
二山去河甚遠鼂氏以此釋治梁及岐大謬
離石
今永寧
狐岐
呂梁
土軍
今石樓
宜川
汾川
高奴

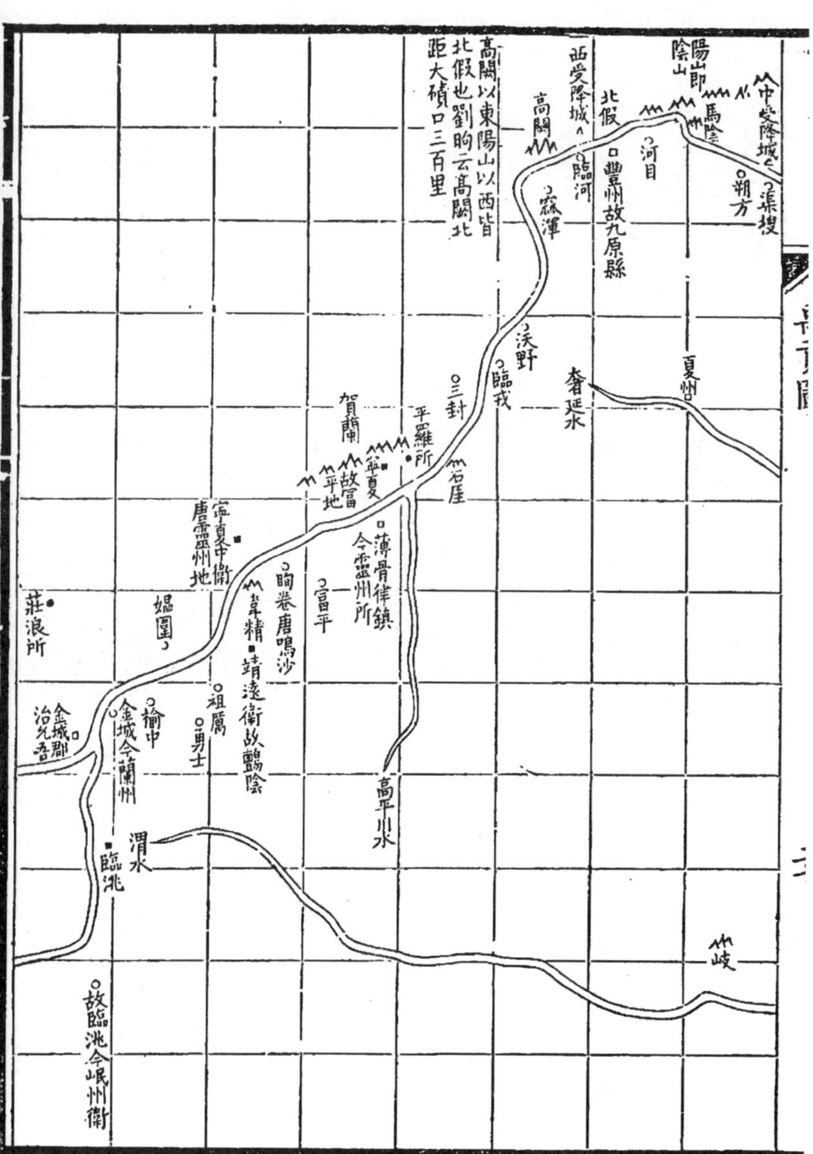
高闕以東陽山以西皆北假也劉昫云高闕北距大磧口三百里
西受降城
高闕
北假
臨河
豐州故九原縣
河目
陽山即陰山
馬陰
中受降城
朔方
渠搜
沃野
臨戎
三封
賀蘭
平羅所
寧夏
故富平地
石崖
奢延水
夏州
寧夏中衛
唐靈州地
薄骨律鎮
今靈州所
眴卷唐鳴沙
富平
莊浪所
媼圍
金城郡治允吾
榆中
金城今蘭州
祖厲
勇士
靖遠衛故鸇陰
高平川水
渭水
臨洮
故臨洮今岷州衛

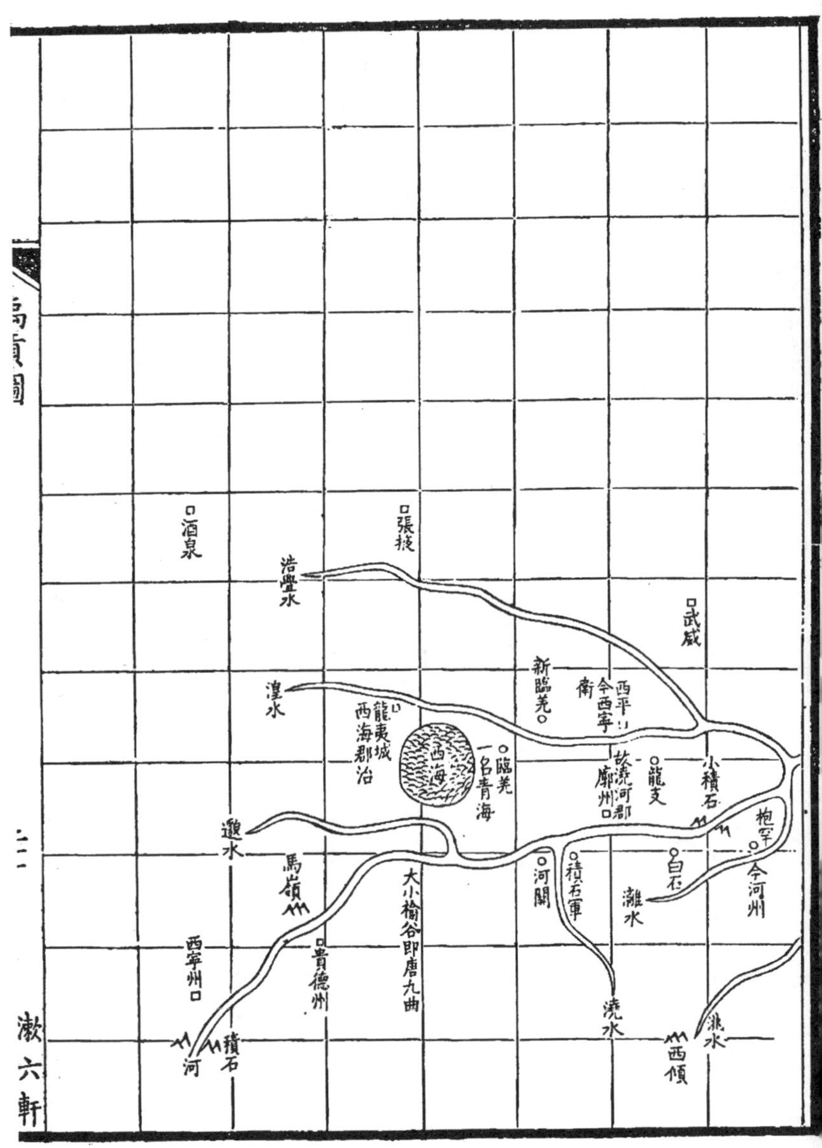
禹貢圖
三
潄六軒
酒泉
張掖
浩亹水
武威
新臨羌
衛
今西寧
西平
湟水
龍夷城
西海郡治
西海
一名青海
臨羌
故澆河郡
廓州
龍支
小積石
抱罕
今河州
馬嶺
大小榆谷即唐九曲
河關
積石軍
白石
灕水
西寧州
貴德州
澆水
洮水
西傾
河
積石

龍門呂梁圖第十九

附　每方五十里

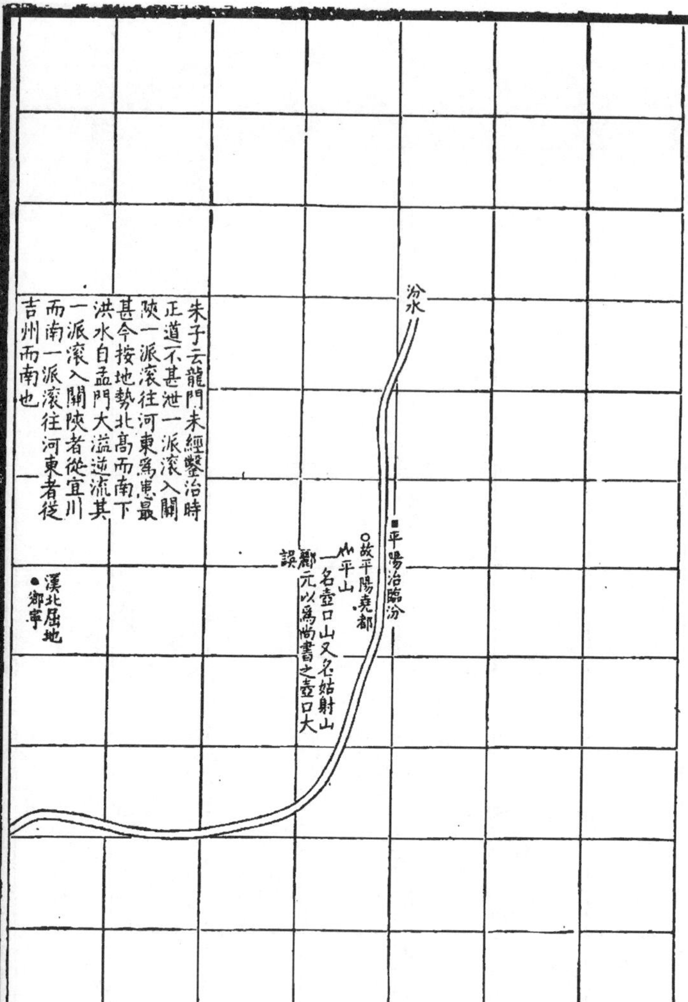
汾水
平陽治臨汾
故平陽堯都
平山
一名壺口山又名姑射山酈元以爲尚書之壺口大誤
朱子云龍門未經鑿治時正道不甚泄一派滾入關陝一派滾往河東爲患最甚今按地勢北高而南下洪水自孟門大溢逆流其一派滾入關陝者從宜川而南一派滾往河東者從吉州而南也
漢北屈地
鄉寧

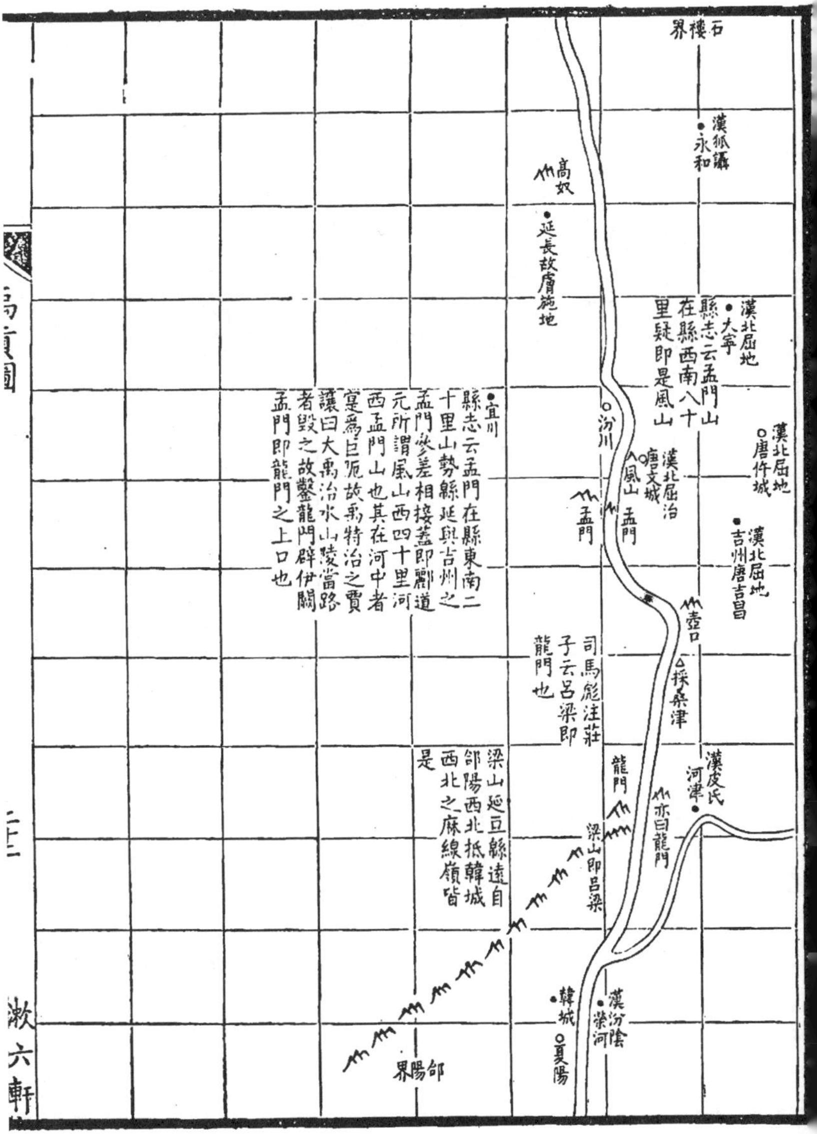

石樓界

漢狐讘
永和

高奴

延長
故膚施地

漢北屈地
大寧
縣志云孟門山在縣西南八十里疑即是風山

漢北屈地
唐仵城

漢北屈治
唐文城

風山
孟門

汾川

孟門

宜川
縣志云孟門在縣東南二十里山勢綿延與吉州之孟門參差相接蓋即酈道元所謂風山西四十里河西孟門山也其在河中者寔爲巨阨故禹特治之賈讓曰大禹治水山陵當路者毀之故鑿龍門辟伊闕孟門即龍門之上口也

漢北屈地
吉州
唐吉昌

壺口

採桑津

司馬彪注莊子云呂梁即龍門也

漢皮氏
河津

亦曰龍門

龍門

梁山即呂梁

梁山延亘縣遠自郃陽西北抵韓城西北之麻線嶺皆是

漢汾陰
榮河

韓城

夏陽

郃陽界

禹貢圖 二十二 漱六軒

鄴東故大河圖第二十 附 每方五十里

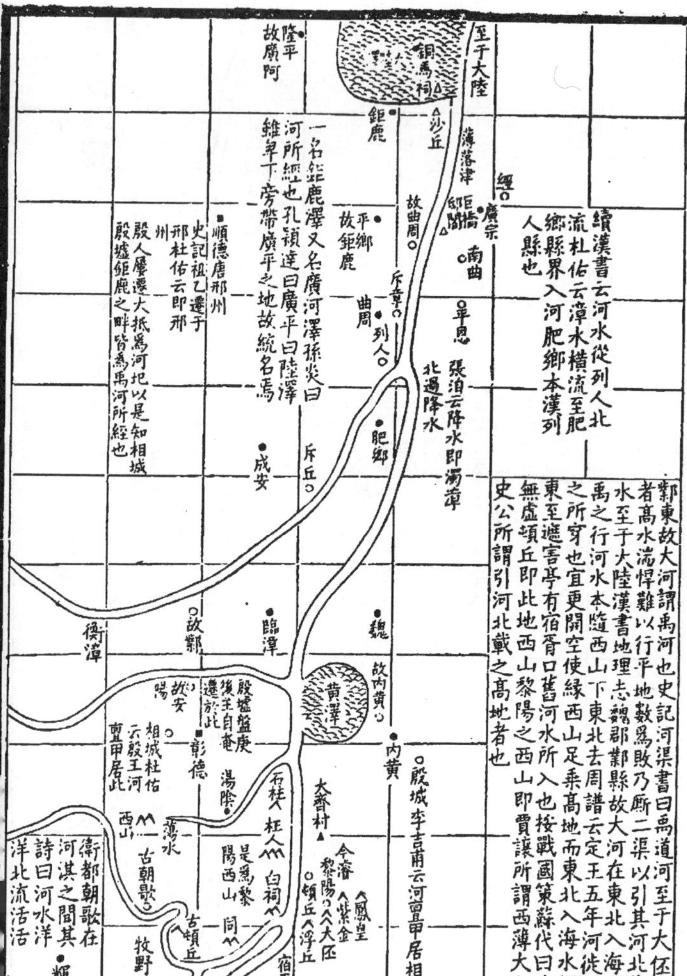

鄴東故大河謂禹河也史記河渠書曰禹道河至于大伾以爲河所從來者高水湍悍難以行平地數爲敗乃厮二渠以引其河北載之高地過降水至于大陸漢書地理志魏郡鄴縣故大河在東北入海溝洫志王横曰禹之行河水本隨西山下東北去周譜云定王五年河徙則今所行非禹之所穿也宜更開空使緣西山足乘高地而東北入海水經注曰自淇口東至遮害亭有宿胥口舊河水所入也按戰國策蘇代曰決宿胥之口魏無虛頓丘即此地西山黎陽之西山即賈讓所謂西薄大山者高地即太史公所謂引河北載之高地者也

續漢書云河水從列人北流杜佑云漳水横流至肥鄉縣界入河肥鄉本漢列人縣也

一名鉅鹿澤又名廣河澤孫炎曰河所經也孔穎達曰廣平曰陸澤雖阜下旁帶廣平之地故統名焉

順德唐邢州 史記祖乙遷于邢杜佑云即邢州

殷人屢遷大抵禹河北以是知相城殷墟鉅鹿之畔皆爲禹河所經也

張洎云降水即濁漳

殷城李吉甫云河亶甲居相築此

衛都朝歌在河淇之間其詩曰河水洋洋北流活活

殷墟盤庚遷于此 後至自奄

相城杜佑云殷王河亶甲居此

是爲黎陽西山

是爲黎陽東山

至于大陸 大陸 銅馬祠 沙丘 鉅鹿 隆平 故廣阿 經 廣宗 薄落津 巨橋 邸閣 南曲 平恩 平鄉 故鉅鹿 故曲周 斥章 曲周 列人 北過降水 肥鄉 斥丘 成安 臨漳 故鄴 魏 故內黃 衡漳 黃澤 故安陽 彰德 湯陰 內黃 石柱 柱人 大賚村 蕩水 西山 古朝歌 白祠 今濬 黎陽 大伾 紫金 鳳皇 頓丘 浮丘 同山 古頓丘 牧野 宿胥口 遮害亭 衛輝 故汲 今胙城 南燕 清水 輝

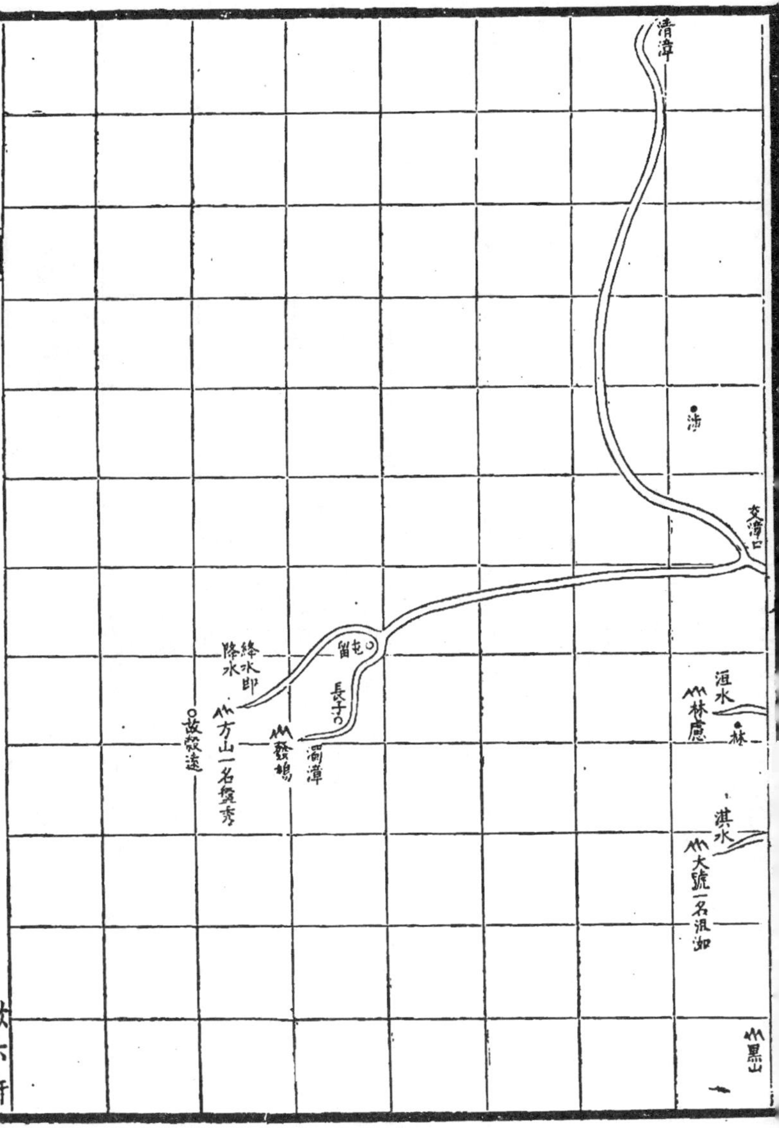

清漳
涉
交漳口
屯留
長子
濁漳
發鳩
絳水即降水
方山一名盤秀
故穀遠
洹水
林慮
林
淇水
大號一名沮洳
黑山

漱六軒

九河逆河碣石圖第二十一

附 每方百里

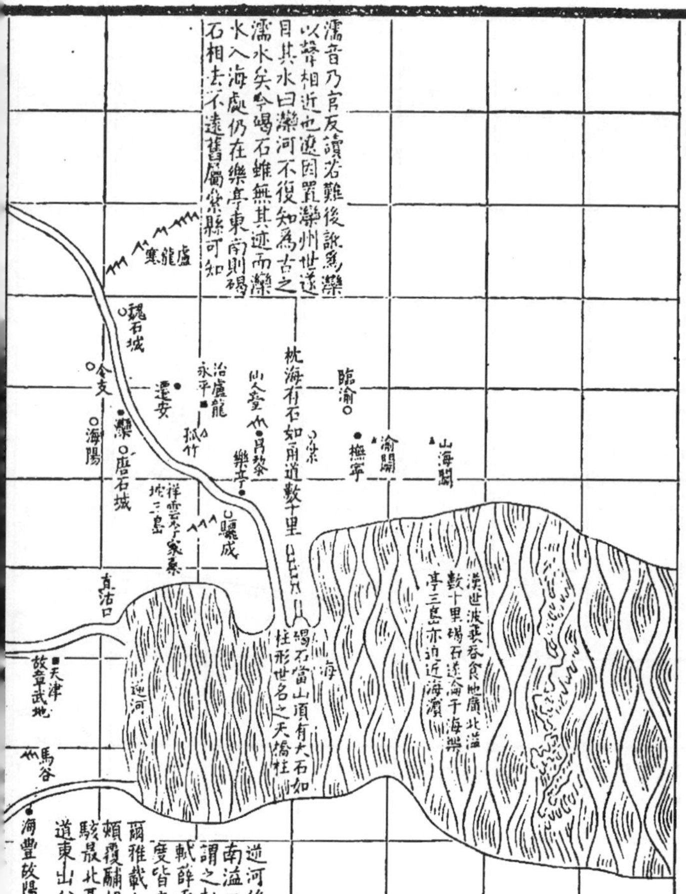

濡音乃官反讀若難後訛爲灤以聲相近也遼因置灤州世遂目其水曰灤河不復知爲古之濡水矣今碣石雖無其迹而灤水入海處仍在樂亭東南則碣石相去不遠舊屬絫縣可知

枕海有石如甬道數十里

碣石當山頂有大石如柱形世名之天橋柱

漢世波濤吞食地廣北溢數十里碣石遂淪于海樂亭三島亦逼近海濱

逆河後爲海水所漸南溢二百餘里世遂謂之勃海亦曰海蘇軾薛季宣程大昌黄度皆主此說

爾雅載九河之名云徒駭太史馬頰覆鬴胡蘇簡絜鉤盤鬲津也徒駭最北鬲津最南徒駭是河之本道東出分爲八枝

盧龍塞
碣石城
令支
遷安
永平
盧龍治
灤
海陽
唐石城
孤竹
仙人臺
昌黎
碣石
臨渝
撫寧
渝關
山海關
樂亭
祥雲島
三島
驪成
絫縣
直沽口
天津
故章武地
逆河
海
馬谷
海豐
故陽信

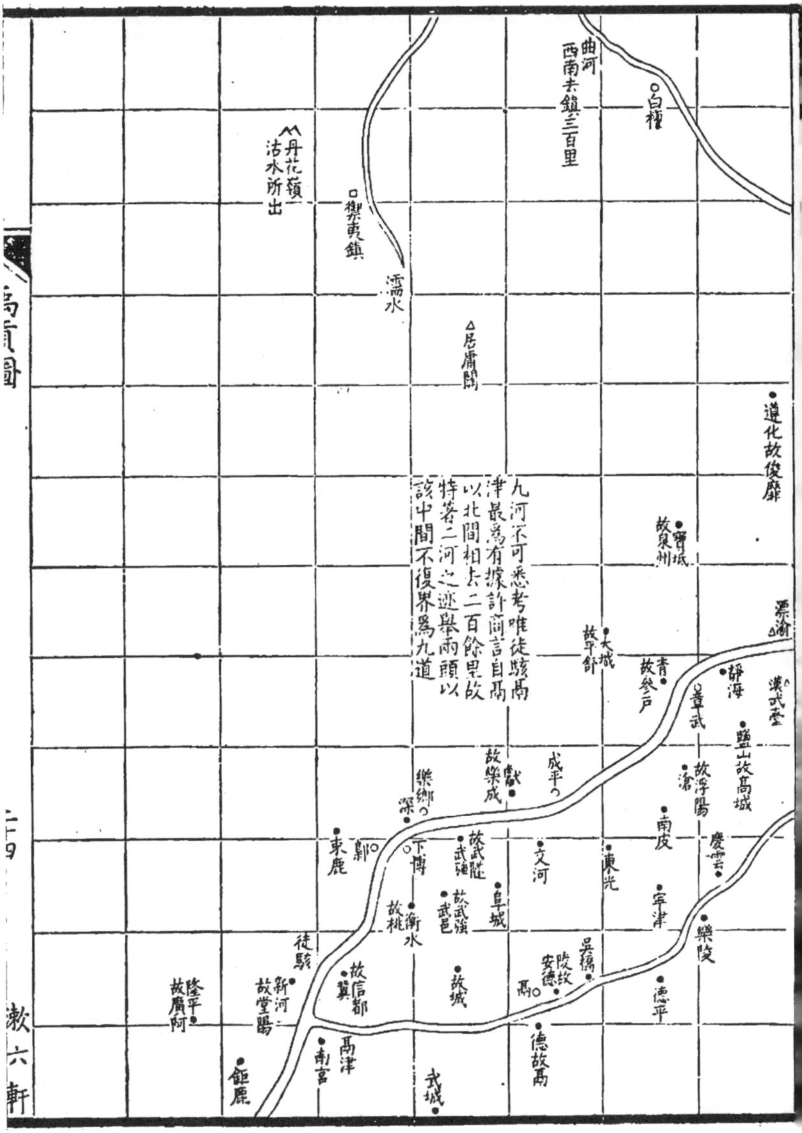

曲河西南去鎮三百里

白檀

丹花嶺沽水所出

漁陽

濡水

居庸關

遵化故俊靡

九河不可悉考唯徒駭鬲津最爲有據許商言自鬲以北間相去二百餘里故特著二河之迹舉兩頭以該中間不復界爲九道

寶坻故泉州

大城故平舒

青故參戶

靜海

章武

漢武臺

鹽山故高城

獻故樂成

成平

樂鄉

深

滄故浮陽

南皮

慶雲

東鹿

鄚

下博

故武隧武強

文河

東光

阜城

故武強武邑

衡水故桃

寧津

樂陵

徒駭

故信都冀

故城

吳橋

陵故安德

鬲

德平

隆平故廣阿

新河故堂陽

鉅鹿

南宮

馬津

武城

德故鬲

禹貢圖 二十四 漱六軒

西域河源圖第二十二

附　每方五百里

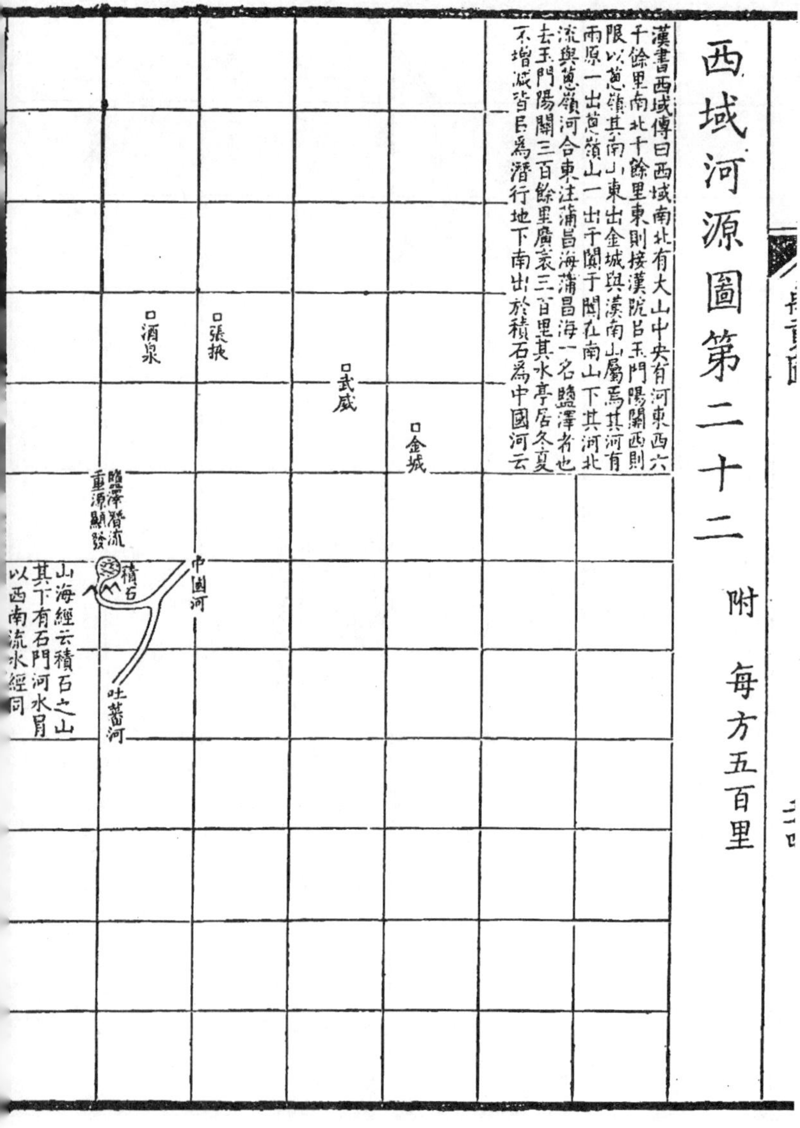

漢書西域傳曰西域南北有大山中央有河東西六千餘里南北千餘里東則接漢阸以玉門陽關西則限以葱嶺其南山東出金城與漢南山屬焉其河有兩原一出葱嶺山一出于闐于闐在南山下其河北流與葱嶺河合東注蒲昌海蒲昌海一名鹽澤者也去玉門陽關三百餘里廣袤三百里其水亭居冬夏不增減皆以爲潛行地下南出於積石爲中國河云

金城

武威

張掖

酒泉

鹽澤潛流重源顯發

積石

中國河

吐蕃河

山海經云積石之山其下有石門河水冒以西南流水經同

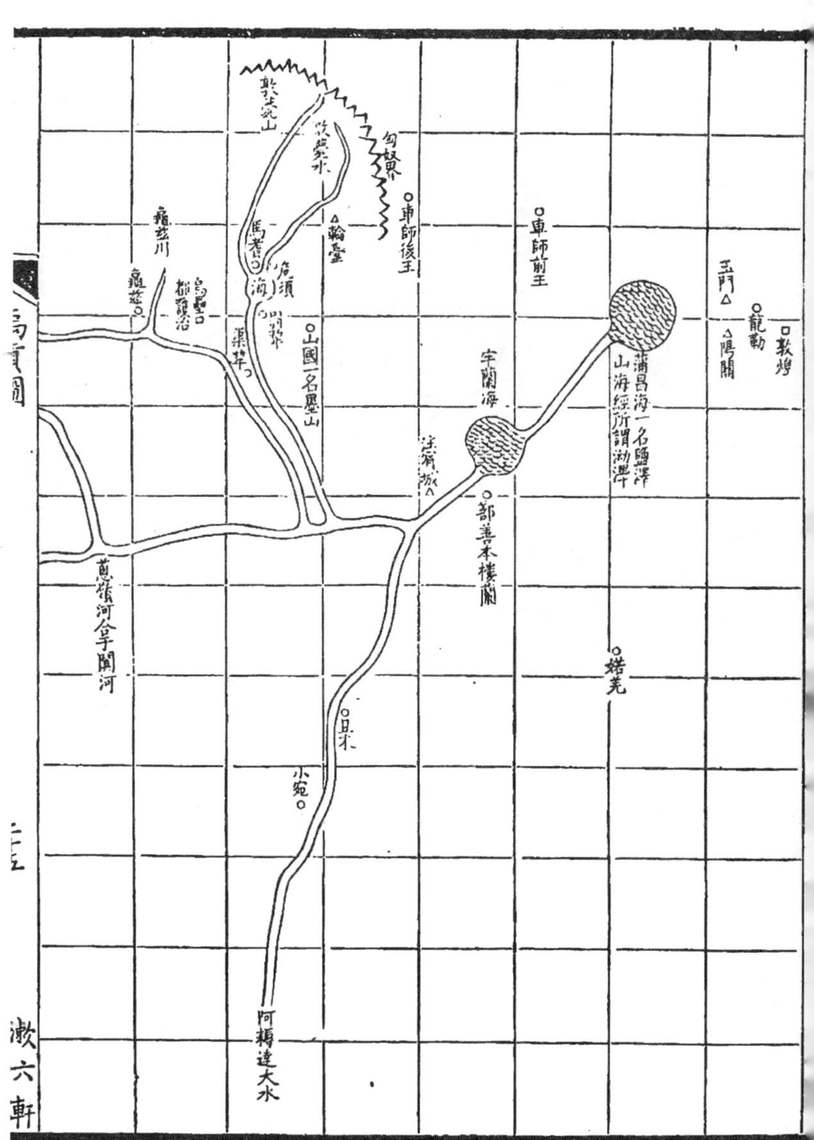
敦薨山
敦薨水
匈奴界
車師後王
車師前王
輪臺
焉耆
海
危須
尉犁
渠犁
山國一名墨山
烏壘
都護治
龜茲
龜茲川
葱嶺河合于闐河
牢蘭海
蒲昌海一名鹽澤
山海經所謂泑澤
注賓城
鄯善本樓蘭
玉門
龍勒
陽關
敦煌
婼羌
且末
小宛
阿耨達大水
禹貢圖
二十五
漱六軒

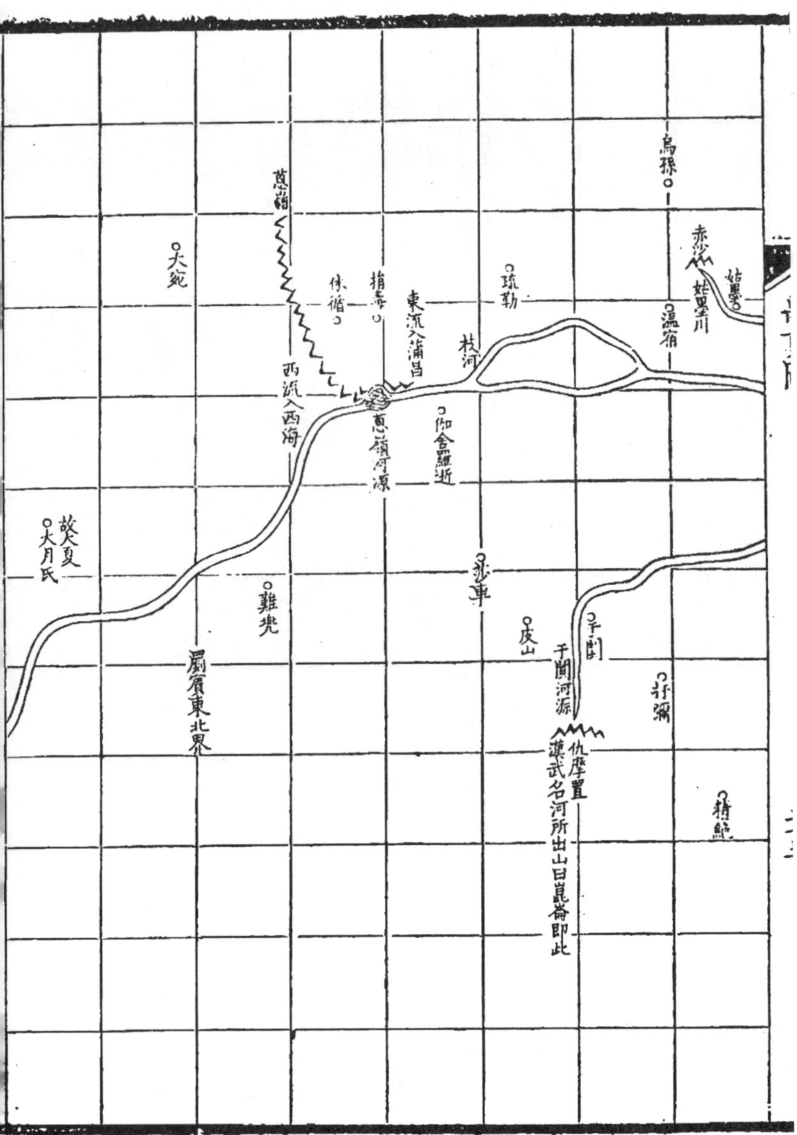
烏孫
赤沙
姑墨
姑墨川
溫宿
疏勒
枝河
捐毒
休循
蔥嶺
東流入蒲昌
西流入西海
蔥嶺河源
大宛
故大夏
大月氏
難兜
莎車
皮山
于闐
于闐河源
扜彌
仇摩置
漢武名河所出山曰崑崙即此
精絕
罽賓東北界

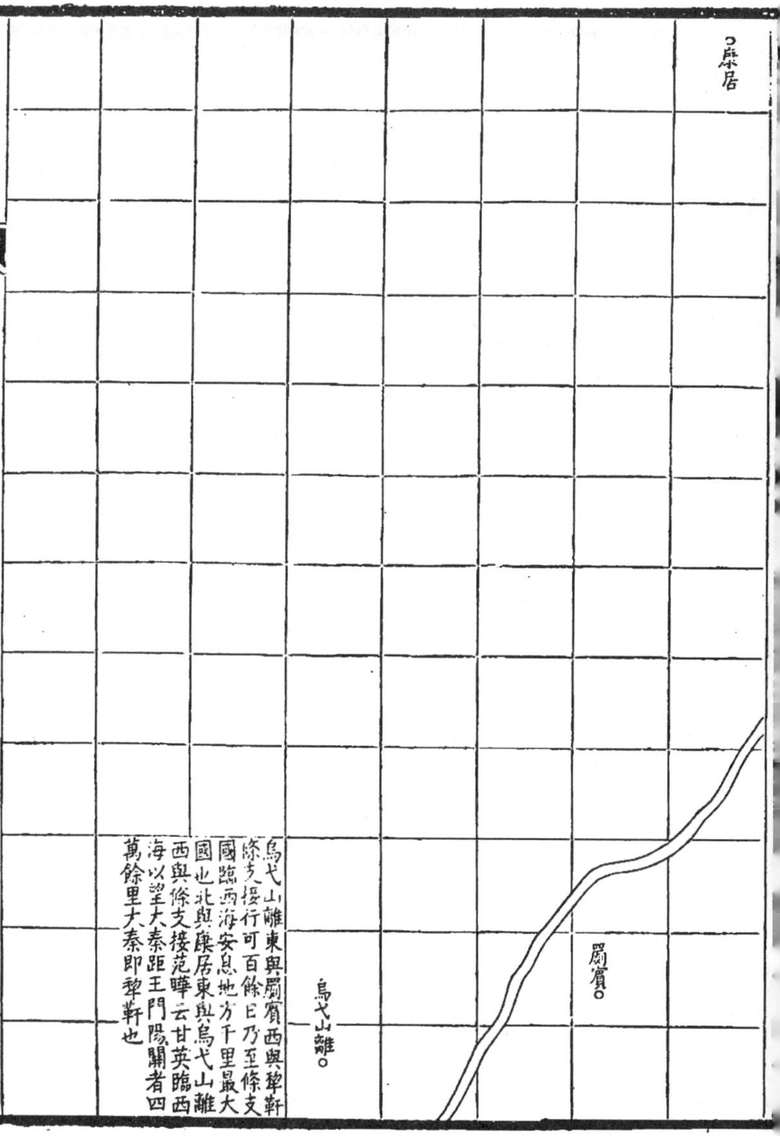

康居

罽賓

烏弋山離

烏弋山離東與罽賓西與犂靬條支接行可百餘日乃至條支國臨西海安息地方千里最大國也北與康居東與烏弋山離西與條支接范曄云甘英臨西海以望大秦距玉門陽關者四萬餘里大秦即犂靬也

吐蕃河源圖第二十三 附 每方三百里

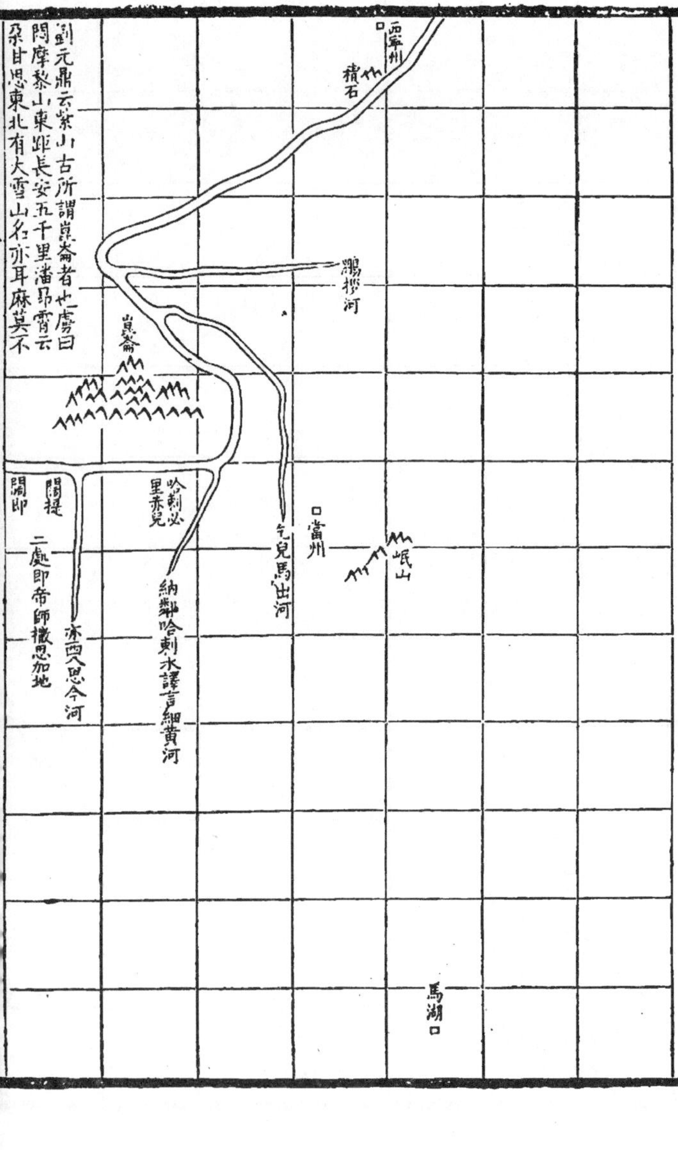

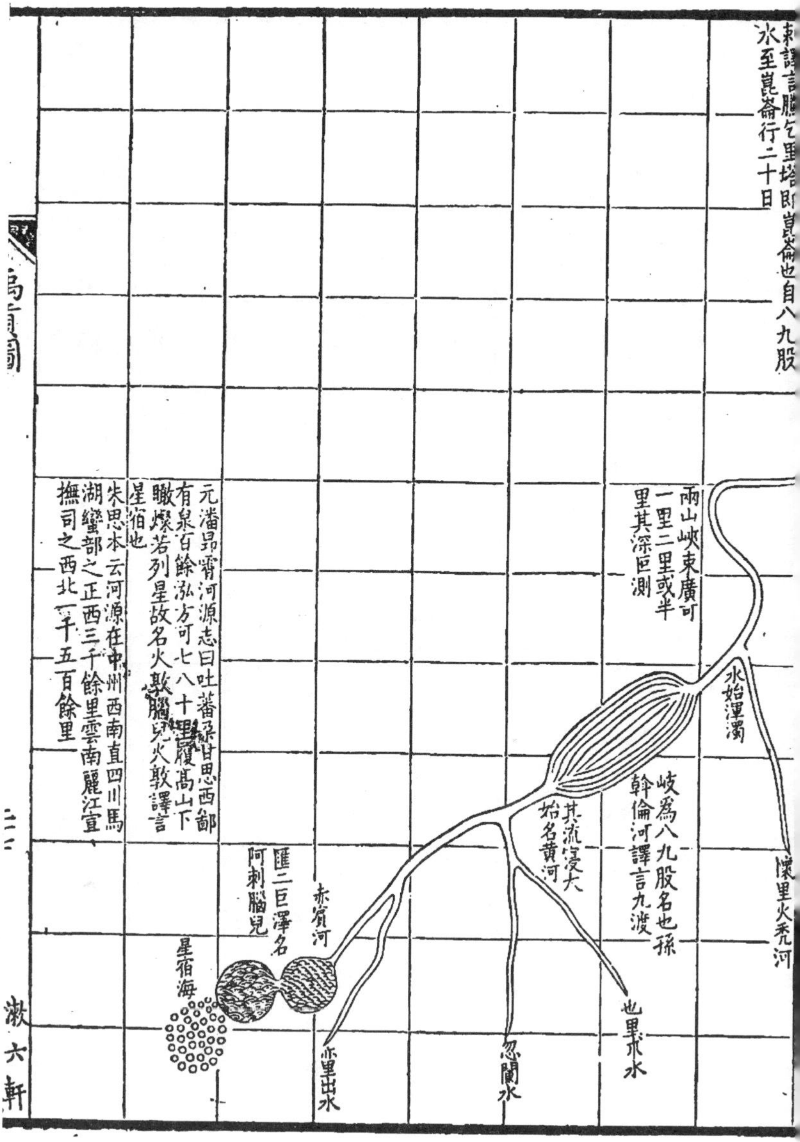

刺譯言騰乞里塔即崑崙也自八九股
水至崑崙行二十日

兩山峽束廣可一里二里或半里其深叵測

水始渾濁

岐爲八九股名也孫斡倫河譯言九渡

其流寖大始名黄河

懷里火秃河

也里朮水

忽闌水

赤里出水

赤賓河

匯二巨澤名阿刺腦兒

星宿海

元潘昂霄河源志曰吐蕃朶甘思西鄙有泉百餘泓方可七八十里履高山下瞰燦若列星故名火敦腦兒火敦譯言星宿也

朱思本云河源在中州西南直四川馬湖蠻部之正西三千餘里雲南麗江宣撫司之西北一千五百餘里

二二

歙六軒

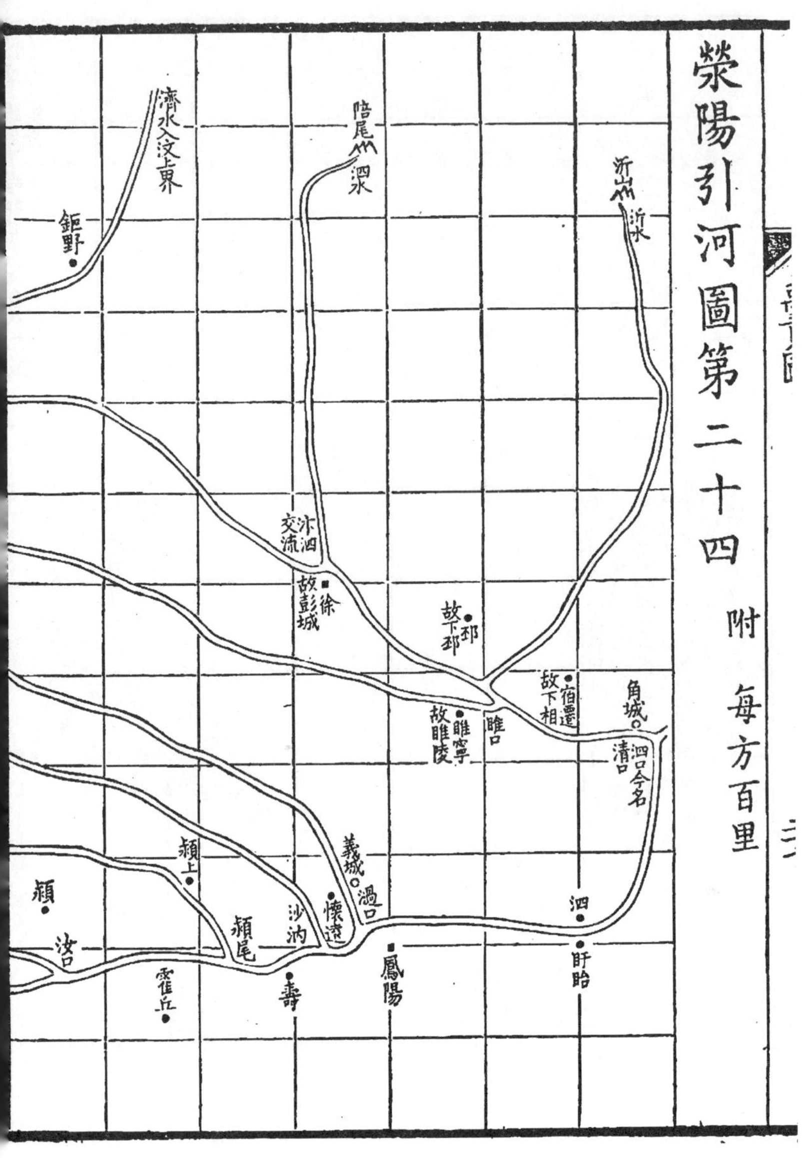

滎陽引河圖第二十四 附 每方百里

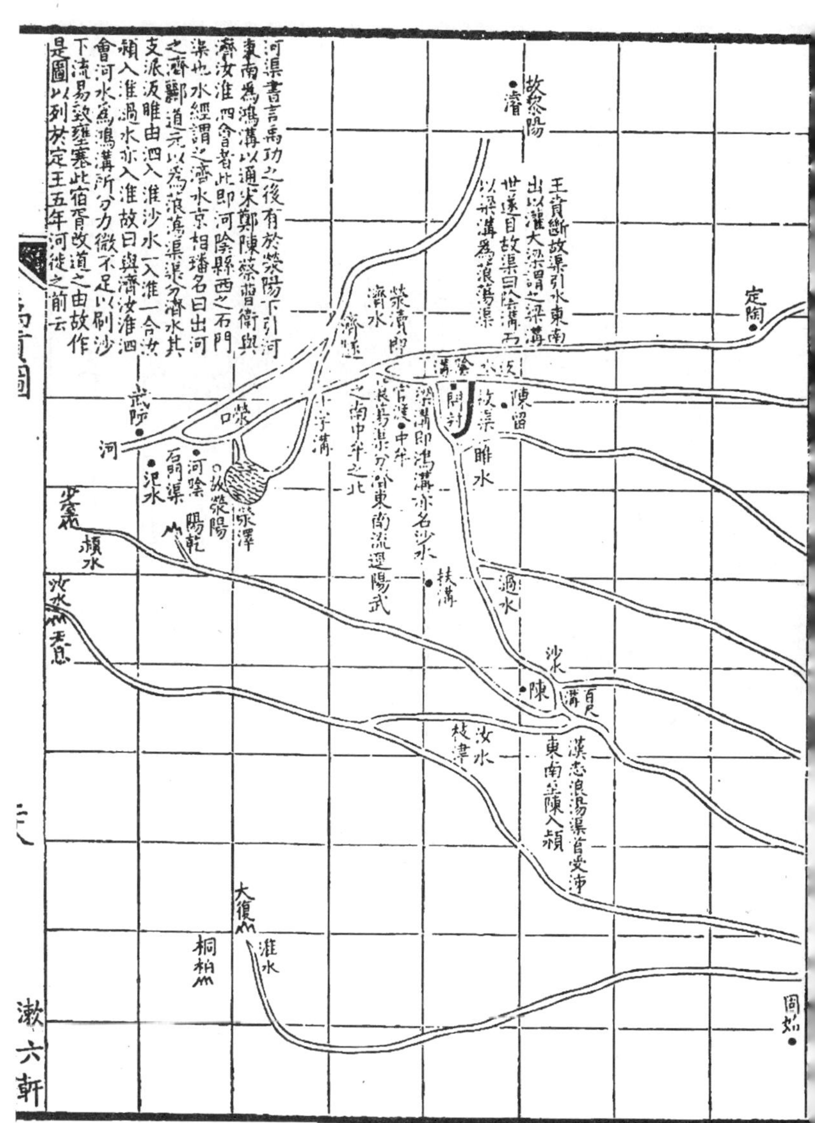
河渠書言禹功之後有於滎陽下引河東南為鴻溝以通宋鄭陳蔡曹衛與濟汝淮泗會者此即河陰縣西之石門渠也水經謂之濟水京相璠名曰出河之濟酈道元以為浪蕩渠渠分濟水其支派汳睢由泗入淮沙水一入淮一合汝潁入淮渦水亦入淮故曰與濟汝淮泗會河水為鴻溝所分力微不足以刷沙下流易致壅塞此宿胥改道之由故作是圖以列於定王五年河徙之前云
故黎陽
滑
王賁斷故渠引水東南出以灌大梁謂之梁溝世遂目故渠曰陰溝亦以梁溝為浪蕩渠
定陶
滎瀆即濟水
濟隧
汳水
陰溝
武陟
河
滎口
開封
陳留
故渠
睢水
十字溝
官渡
中牟
浪蕩渠分派東南流逕陽武之南中牟之北
梁溝即鴻溝亦名沙水
泥水
河陰
石門渠
故滎陽
滎澤
陽乾
少室
潁水
汝水
天息
扶溝
渦水
沙水
陳
百尺溝
汝水
枝津
漢志浪蕩渠首受泲東南至陳入潁
大復
淮水
桐柏
固始
漱六軒

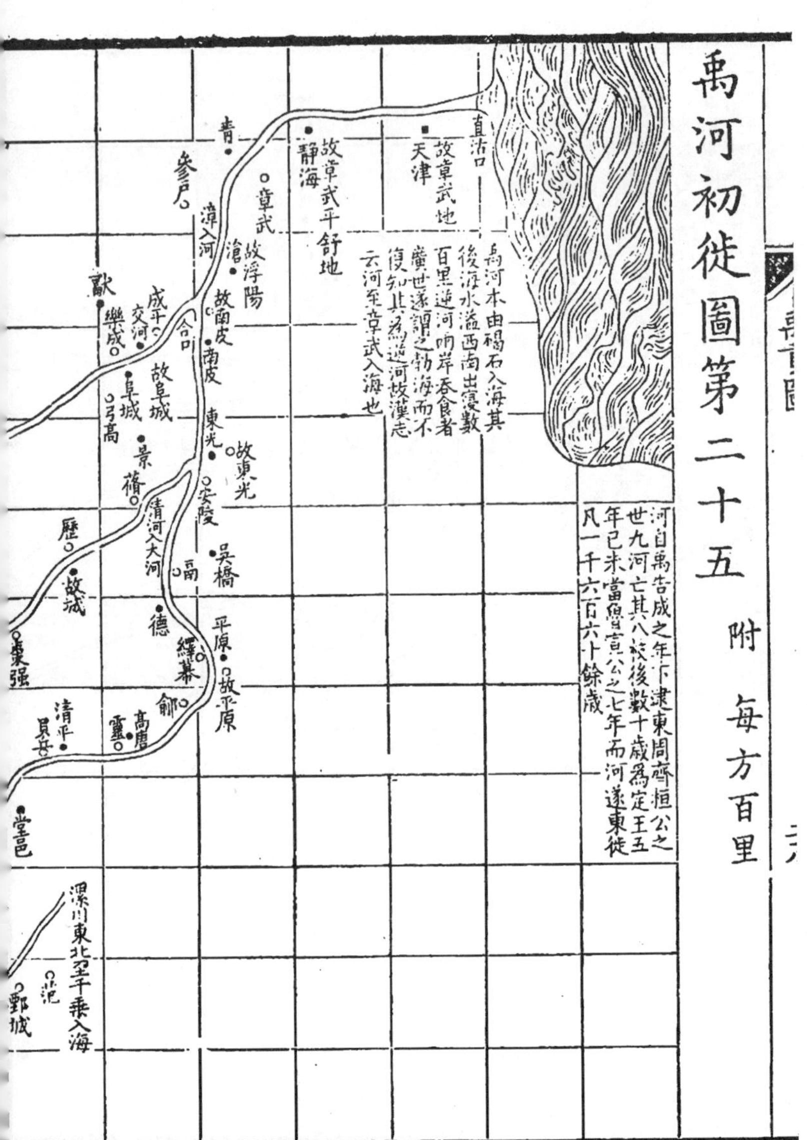

禹河初徙圖第二十五
附　每方百里
河自禹告成之年下逮東周齊桓公之世九河亡其八枝後數十歲爲定王五年己未當魯宣公之七年而河遂東徙凡一千六百六十餘歲
禹河本由碣石入海其後海水溢西南出寖數百里逆河兩岸吞食者廣世遂謂之勃海而不復知其爲逆河故漢志云河至章武入海也
直沽口
故章武地
天津
故章武平舒地
靜海
青
參戶
章武
漳入河
滄
故浮陽
故南皮
南皮
合口
成平
交河
樂成
獻
故阜城
阜城
弓高
景
蓨
東光
故東光
安陵
清河入大河
歷
故城
鬲
吳橋
德
平原
繹幕
故平原
鄃
高唐
靈
清平
貝丘
棗強
堂邑
漯川東北至千乘入海
茌
聊城

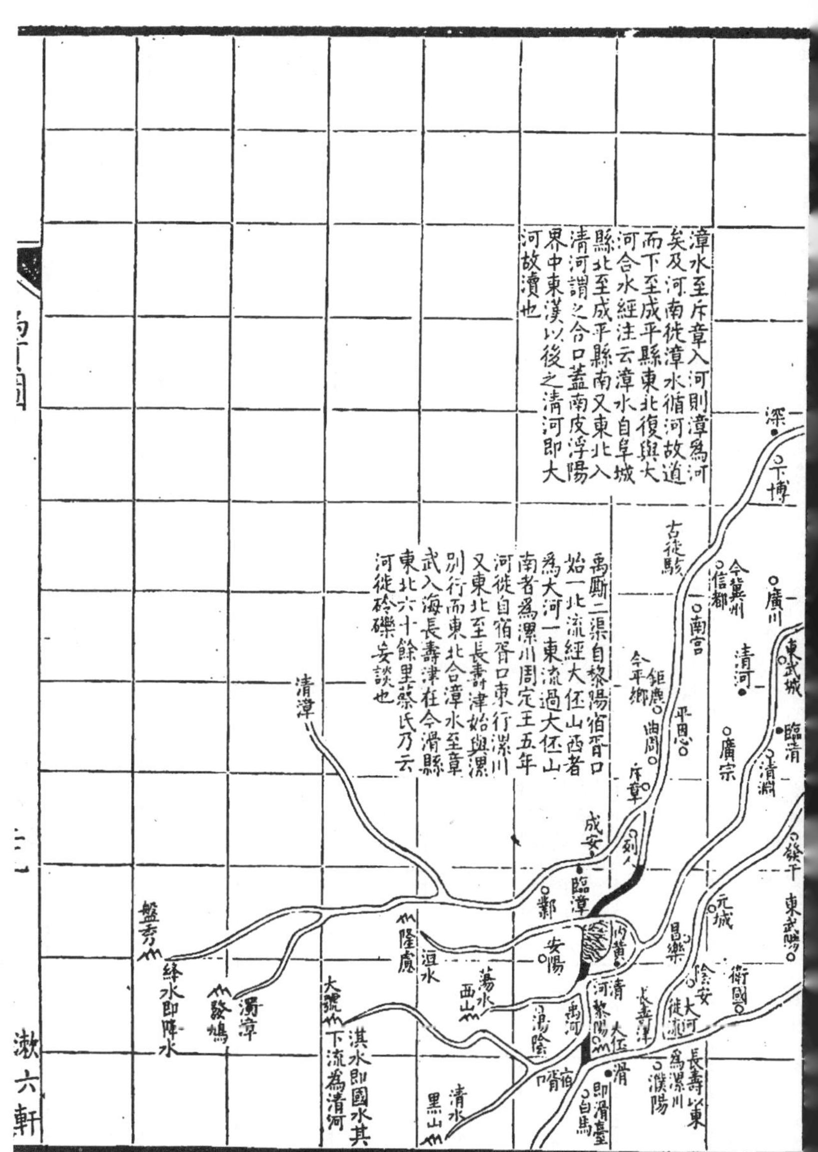

漳水至斥章入河則漳爲河矣及河南徙漳水循河故道而下至成平縣東北復與大河合水經注云漳水自阜城縣北至成平縣南又東北入清河謂之合口蓋南皮浮陽界中東漢以後之清河即大河故瀆也
禹斷二渠自黎陽宿胥口始一北流經大伾山西者爲大河一東流過大伾山南者爲漯川周定王五年河徙自宿胥口東行漯川又東北至長壽津始與漯別行而東北合漳水至章武入海長壽津在今滑縣東北六十餘里蔡氏乃云河徙砱礫妄談也
深
下博
古徒駭
今冀州
信都
廣川
南宮
清河
東武城
今平鄉
鉅鹿
曲周
平恩
廣宗
臨清
清淵
斥章
成安
列人
臨漳
鄴
發干
東武陽
元城
昌樂
衛國
陰安
大河徙流
長壽以東爲漯川
濮陽
清漳
盤秀
絳水即降水
發鳩
濁漳
隆慮
洹水
安陽
內黃
蕩水
西山
湯陰
禹河
清
黎陽
大伾
長壽津
宿胥
滑
即滑臺
白馬
大號
淇水即國水其下流爲清河
黑山
清水
漱六軒

漢屯氏諸決河圖第二十六 附 每方五十里

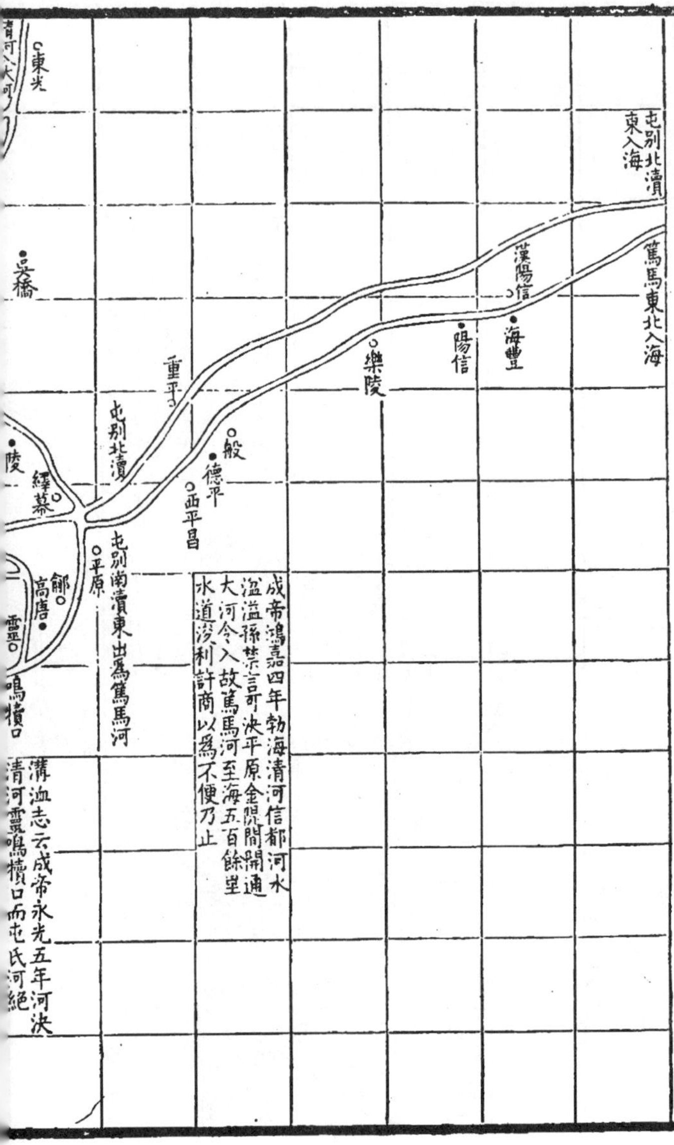
東光
屯別北瀆東入海
篤馬東北入海
漢陽信
海豐
陽信
樂陵
重平
吳橋
屯別北瀆
般
德平
西平昌
陵
繹幕
屯別南瀆東出爲篤馬河
平原
鄃
高唐
靈
鳴犢口
成帝鴻嘉四年勃海清河信都河水湓溢孫禁言可決平原金隄間開通大河令入故篤馬河至海五百餘里水道浚利許商以爲不便乃止
溝洫志云成帝永光五年河決清河靈鳴犢口而屯氏河絕

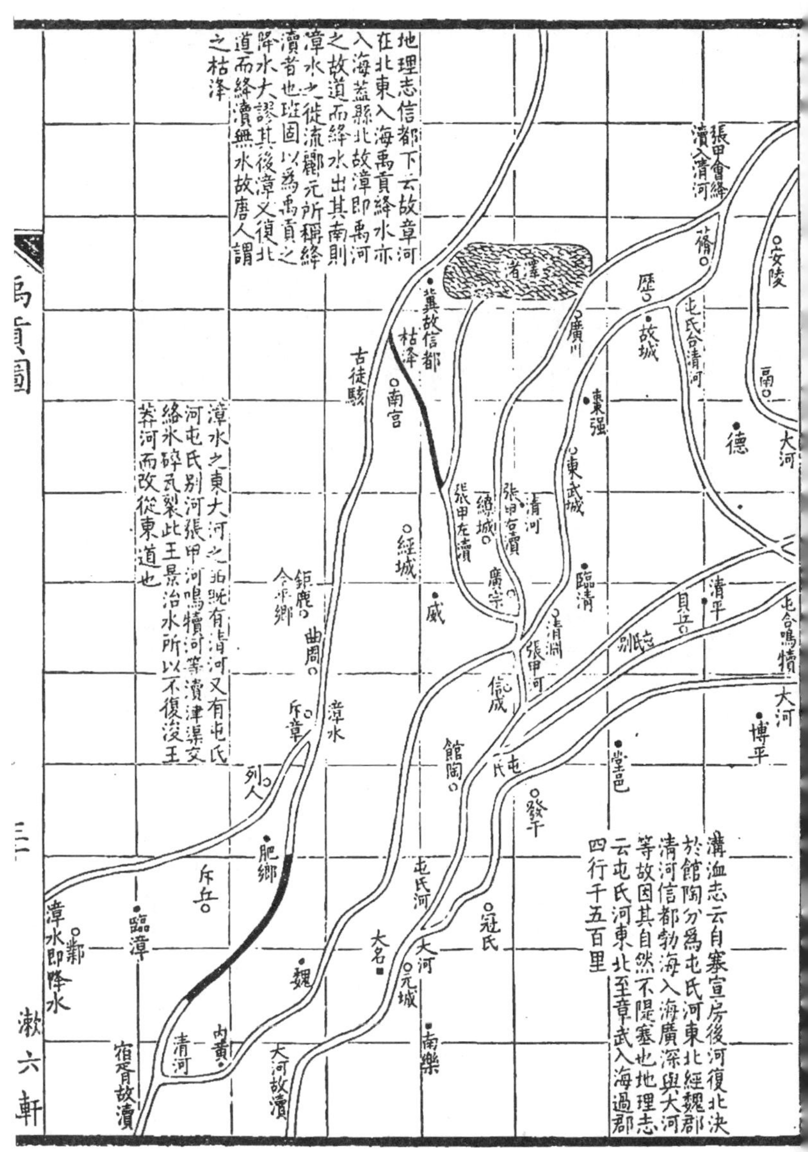
地理志信都下云故章河在北東入海禹貢絳水亦入海蓋縣北故漳即禹河之故道而絳水出其南則漳水之徙流酈元所稱絳瀆者也班固以爲禹貢之降水大謬其後漳又復北道而絳瀆無水故唐人謂之枯澤
漳水之東大河之北旣有清河又有屯氏河屯氏別河張甲河鳴犢河等瀆津渠交絡氷碎亂裂此王景治水所以不復浚王莽河而改從東道也
溝洫志云自塞宣房後河復北決於館陶分爲屯氏河東北經魏郡清河信都勃海入海廣深與大河等故因其自然不隄塞也地理志云屯氏河東北至章武入海過郡四行千五百里
張甲會絳瀆入清河
脩
安陵
歷
故城
屯氏台清河
鬲
德
大河
廣川
東强
東武城
冀故信都
枯澤
古徒駭
南宮
張甲左瀆
繹城
清河
張甲右瀆
臨清
經城
廣宗
威
鉅鹿
今平鄉
曲周
清淵
張甲河
信成
貝丘
別氏
清平
屯氏合鳴犢
大河
博平
斥章
漳水
館陶
屯氏
堂邑
發干
列人
肥鄉
斥丘
屯氏河
冠氏
漳水即降水
鄴
臨漳
大名
大河
元城
魏
南樂
清河
內黃
大河故瀆
宿胥故瀆
禹貢圖
漱六軒

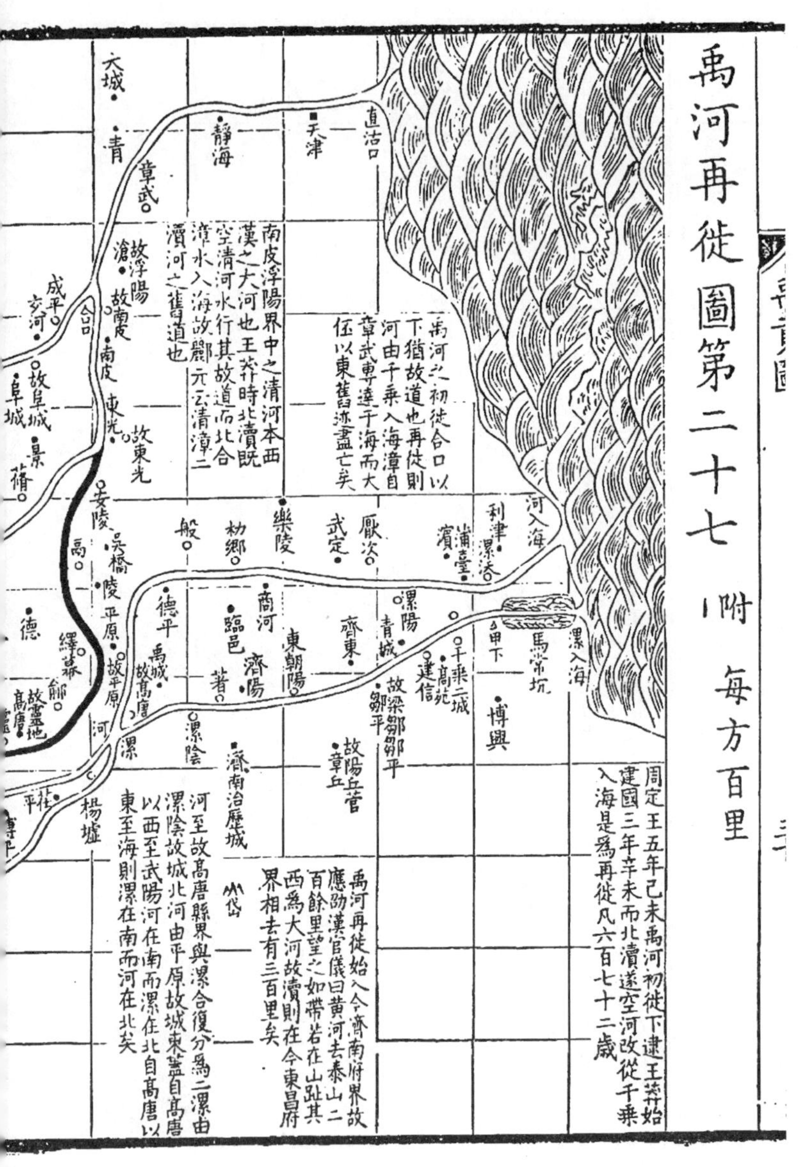
禹河再徙圖第二十七
附
每方百里
周定王五年己未禹河初徙下逮王莽始建國三年辛未而北瀆遂空河改從千乘入海是爲再徙凡六百七十二歲
禹河之初徙合口以下猶故道也再徙則河由千乘入海漳自章武專達于海而大伾以東舊迹盡亡矣
南皮浮陽界中之清河本西漢之大河也王莽時北瀆既空清河水行其故道而北合漳水入海故酈元云清漳二瀆河之舊道也
禹河再徙始入今濟南府界故應劭漢官儀曰黄河去泰山二百餘里望之如帶若在山趾其西爲大河故瀆則在今東昌府界相去有三百里矣
河至故高唐縣界與漯合復分爲二漯由漯陰故城北河由平原故城東蓋自高唐以西至武陽河在南而漯在北自高唐以東至海則漯在南而河在北矣
大城
青
章武
靜海
天津
直沽口
故浮陽
滄
故南皮
南皮
東光
故東光
成平
交河
合口
故阜城
阜城
景
蓨
安陵
吳橋
陵
平原
故平原
鬲
德
繹幕
鄃
故靈縣
高唐
般
朸鄉
樂陵
武定
厭次
濱
蒲臺
利津
漯沃
河入海
德平
商河
臨邑
東朝陽
濟東
漯陽
青城
千乘二城
高苑
建信
甲下
馬常坈
漯入海
博興
故梁鄒
鄒平
故陽丘
章丘
濟南治歷城
著
濟陽
禹城
故高唐
漯陰
漯
河
楊墟
岱

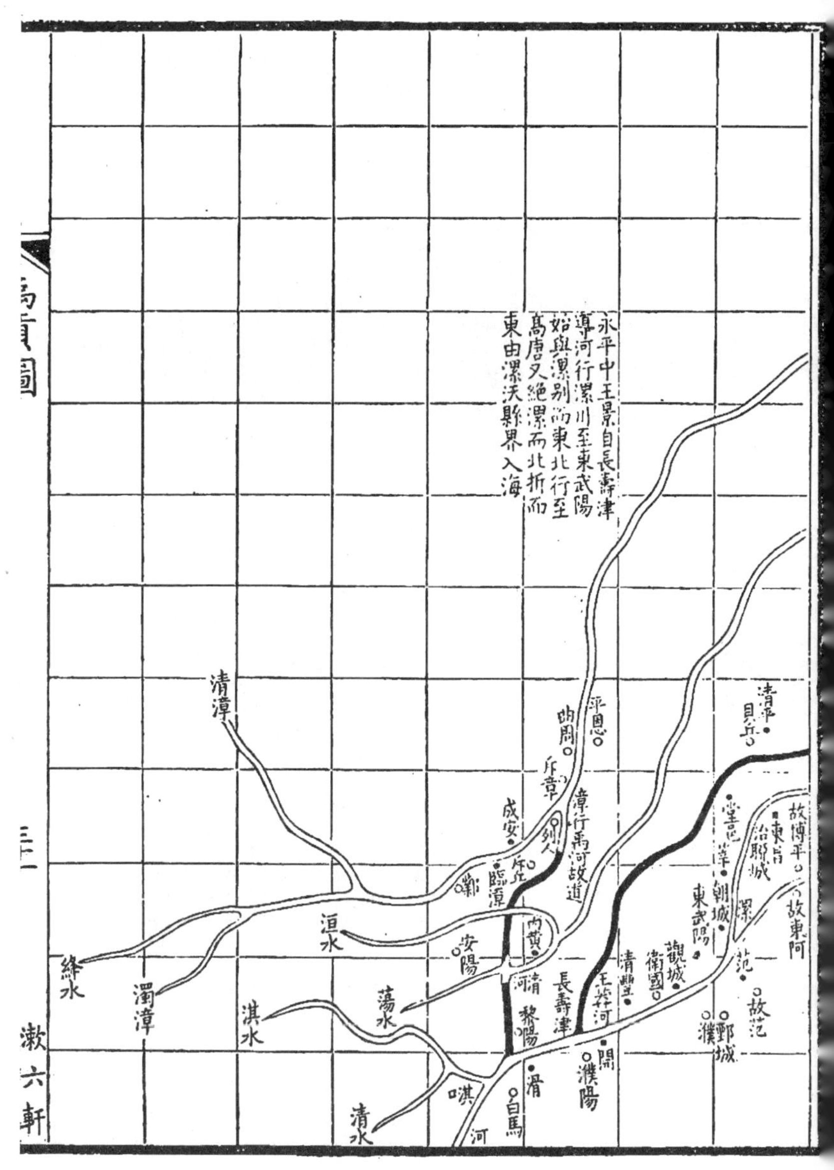
禹貢圖
三十一
漱六軒
永平中王景自長壽津
導河行漯川至東武陽
始與漯別而東北行至
高唐又絕漯而北折而
東由漯沃縣界入海
清漳
濁漳
絳水
洹水
淇水
蕩水
清水
安陽
臨漳
成安
曲周
平恩
列人
漳行禹河故道
內黃
清河
黎陽
長壽津
王莽河
濮陽
滑
白馬
河
東武陽
觀城
衛國
朝城
莘
聊城
故博平
故東阿
漯
范
故范
鄄城
濮

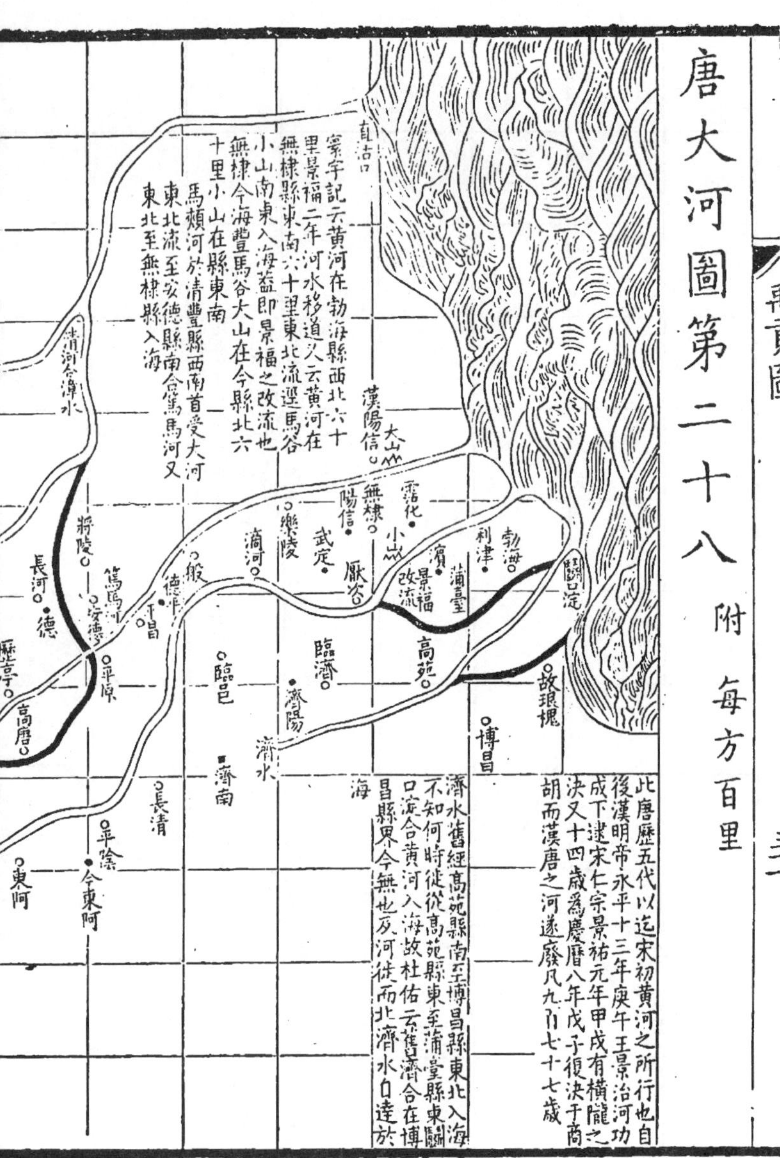
唐大河圖第二十八 附 每方百里
寰宇記云黃河在勃海縣西北六十里景福二年河水移道又云黃河在無棣縣東南六十里東北流逕馬谷小山南東入海葢即景福之改流也無棣今海豐馬谷大山在今縣北六十里小山在縣東南
馬頰河於清豐縣西南首受大河東北流至安德縣南合篤馬河又東北至無棣縣入海
此唐歷五代以迄宋初黃河之所行也自後漢明帝永平十三年庚午王景治河功成下逮宋仁宗景祐元年甲戌有橫隴之決又十四歲爲慶曆八年戊子復決于商胡而漢唐之河遂廢凡九百七十七歲
濟水舊經高苑縣南至博昌縣東北入海不知何時徙從高苑縣東至蒲臺縣東闘口淀合黃河入海故杜佑云舊濟合在博昌縣界今無也及河徙而北濟水自達於海
直沽口
漢陽信
大山
無棣
陽信
露化
小山
勃海
利津
樂陵
武定
厭次
滴河
蒲臺
景福改流
濱
闘口淀
清河合漳水
將陵
長河
德
篤馬河
安德
般
德州
平昌
歷亭
平原
臨邑
臨濟
高苑
故琅槐
高唐
濟陽
博昌
濟水
濟南
長清
平陰
東阿
今東阿
海

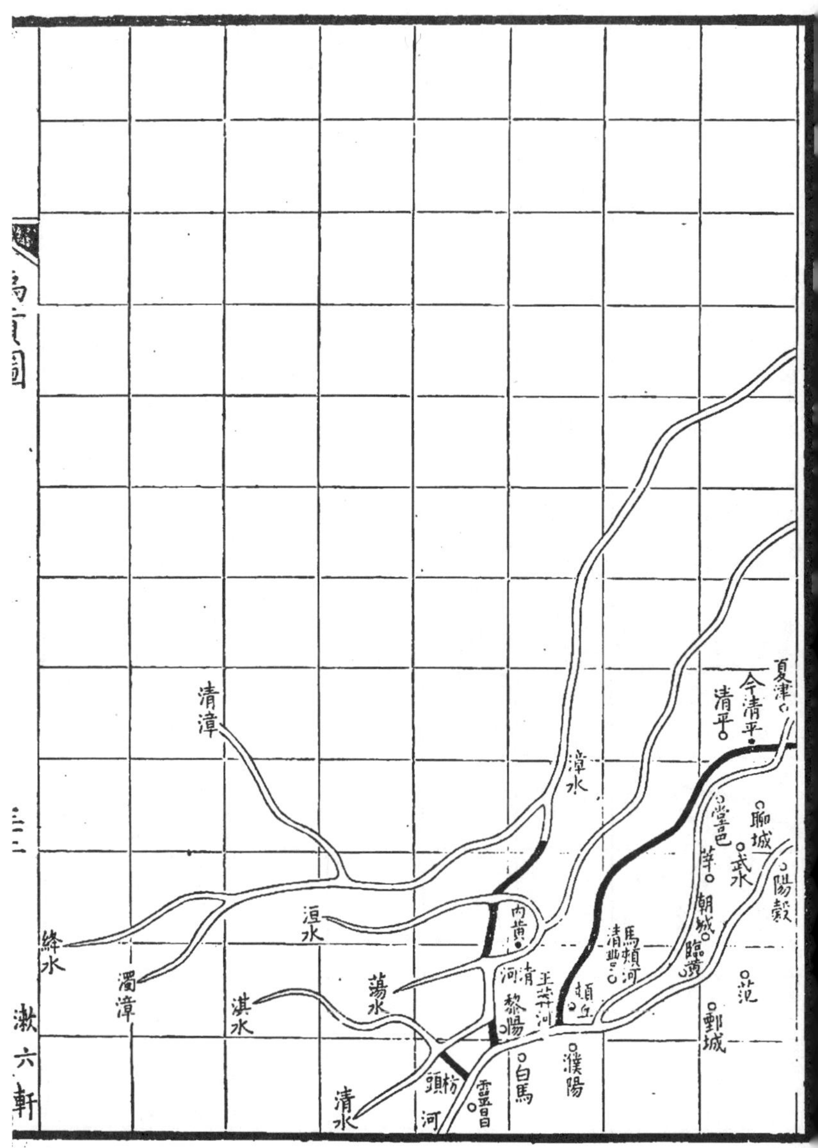

禹貢圖
三二
漱六軒
清漳
漳水
夏津
今清平
清平
聊城
堂邑
莘
武水
陽穀
朝城
臨黃
范
鄄城
絳水
濁漳
洹水
內黃
清豐
馬頰河
蕩水
淇水
清河
黎陽
王莽河
頓丘
濮陽
白馬
靈昌
清水
枋頭
河

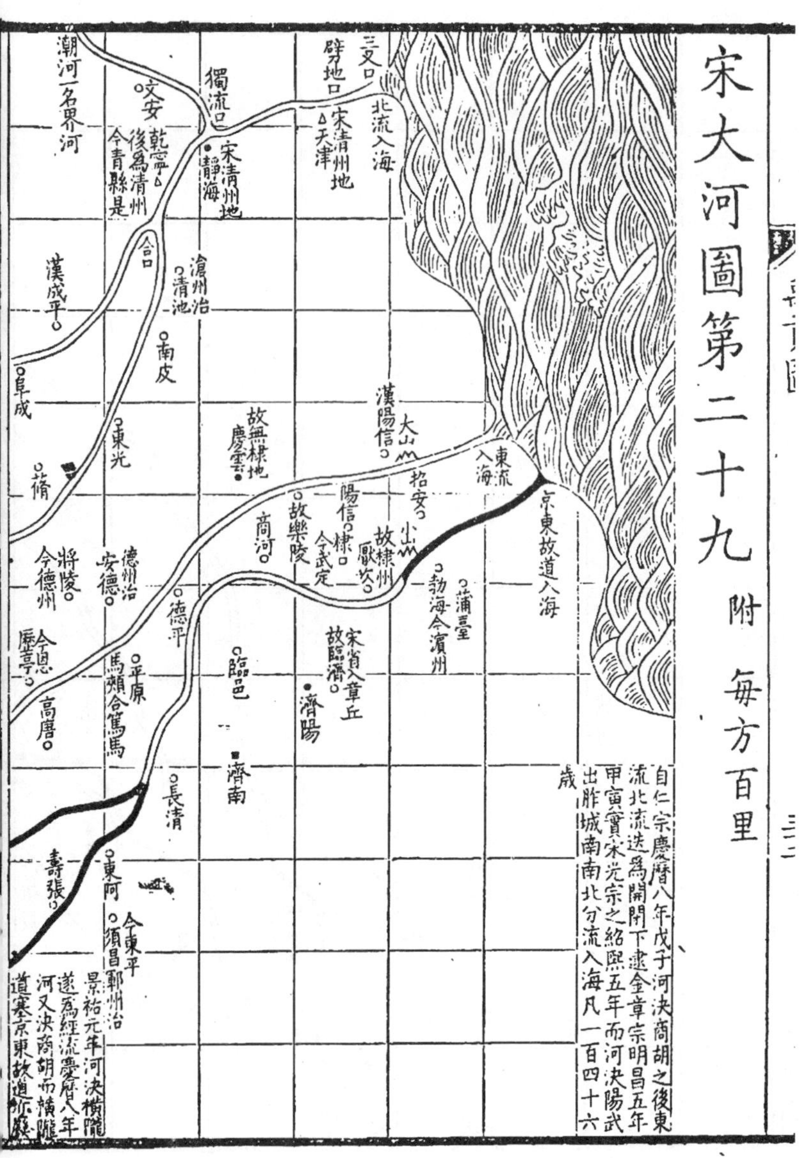
宋大河圖第二十九　附　每方百里
自仁宗慶曆八年戊子河決商胡之後東流北流迭爲開閉下逮金章宗明昌五年甲寅實宋光宗之紹熙五年而河決陽武出胙城南南北分流入海凡一百四十六歲
景祐元年河決横隴遂爲經流慶曆八年河又決商胡而横隴道塞京東故道亦廢
潮河一名界河
文安
乾寧後爲清州今青縣是
獨流口
三叉口
劈地口
宋清州地
天津
宋清州地
靜海
北流入海
合口
滄州治
清池
漢成平
南皮
阜成
東光
故無棣地
慶雲
漢陽信
大山
東流入海
京東故道入海
蓨
招安
陽信
故樂陵
商河
棣
今武定
故棣州
厭次
勃海今濱州
蒲臺
將陵今德州
德州治
安德
德平
今恩縣
歷亭
平原
馬頰合篤馬
臨邑
宋省入章丘
故臨濟
濟陽
高唐
長清
濟南
壽張
東阿
須昌鄆州治
今東平

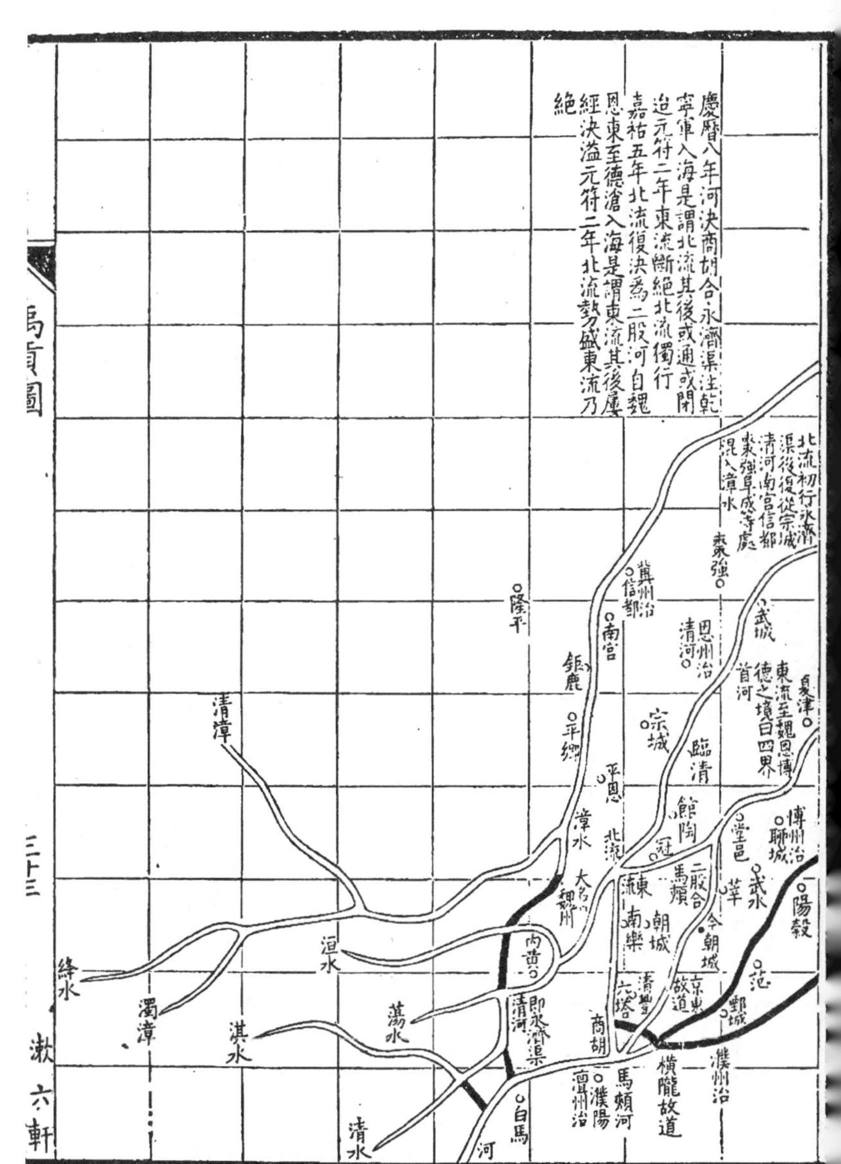
慶曆八年河決商胡合永濟渠注乾寧軍入海是謂北流其後或通或閉迨元符二年東流斷絕北流獨行嘉祐五年北流復決爲二股河自魏恩東至德滄入海是謂東流其後屢經決溢元符二年北流勢盛東流乃絕
北流初行永濟渠後復從宗城清河南宮信都棗强阜成等處混入漳水
東流至魏恩博德之境曰四界首河
禹貢圖
三十三
漱六軒
隆平
鉅鹿
平鄉
南宮
冀州治
信都
棗强
武城
恩州治
清河
宗城
臨清
館陶
冠
平恩
北流
漳水
大名
魏州
清漳
絳水
濁漳
洹水
內黄
淇水
蕩水
清水
即永濟渠
清河
商胡
白馬
河
濮陽
澶州治
馬頰河
橫隴故道
六塔
清豐
京東故道
朝城
南樂
東流
馬頰
二股合
今朝城
莘
武水
堂邑
聊城
博州治
陽穀
范
鄄城
濮州治
東津

金大河圖第三十

附　每方百里

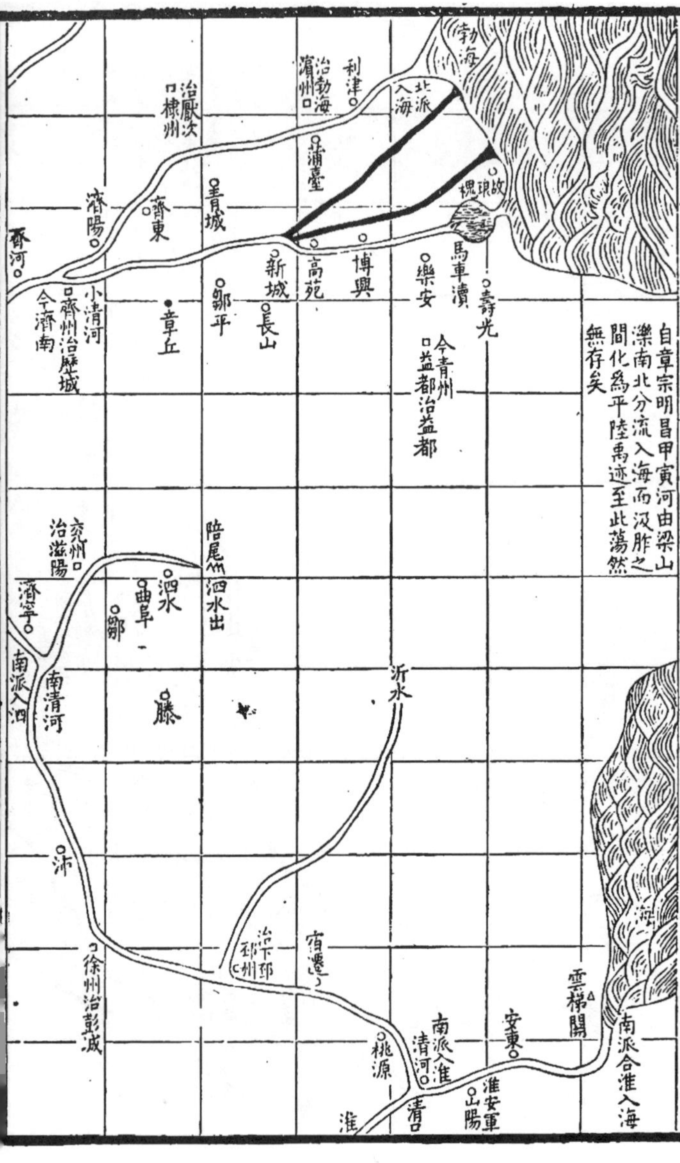

自章宗明昌甲寅河由梁山濼南北分流入海而汲胙之間化爲平陸禹迹至此蕩然無存矣

勃海
利津
治勃海 濱州
治厭次 棣州
北派入海
蒲臺
故琅槐
濟陽
齊東
青城
商河
新城
高苑
博興
樂安
馬車瀆
壽光
鄒平
長山
章丘
小清河
今濟南 齊州治歷城
今青州 益都治益都
兗州治滋陽
陪尾山泗水出
泗水
曲阜
鄒
濟寧
南派入泗
南清河
滕
沂水
沛
徐州治彭城
治下邳 邳州
宿遷
桃源
南派入淮
清河
淮安軍
山陽
安東
雲梯關
南派合淮入海
海
清口
淮

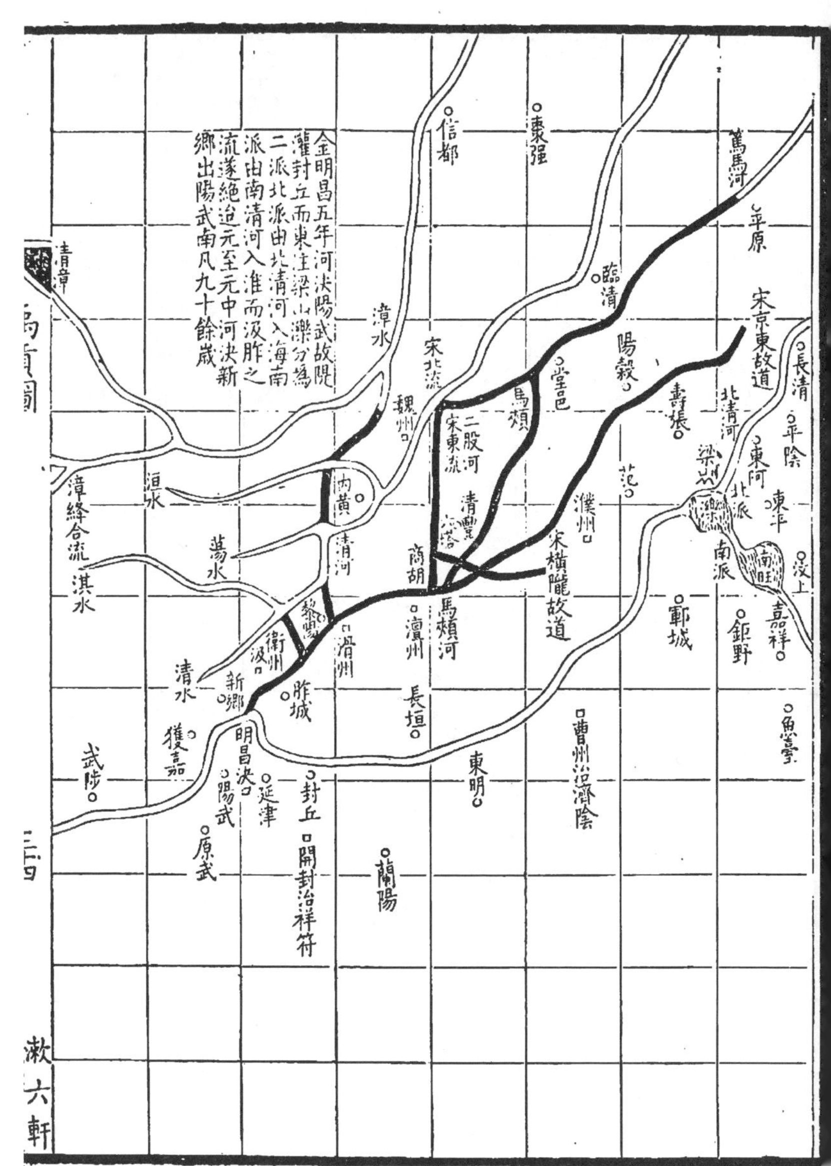
金明昌五年河決陽武故隄灌封丘而東注梁山濼分爲二派北派由北清河入海南派由南清河入淮而汲胙之流遂絶迨元至元中河決新鄉出陽武南凡九十餘歲
信都
棗强
篤馬河
平原
臨清
宋京東故道
長清
陽穀
漳水
宋北流
堂邑
魏州
馬頰
二股河
宋東流
壽張
北清河
平陰
東阿
范
清豐
濮州
梁山濼
北派
東平
内黄
洹水
漳絳合流
淇水
蕩水
清河
商胡
宋横隴故道
南派
南旺
汶上
黎陽
衛州
汲
澶州
馬頰河
滑州
鄆城
鉅野
嘉祥
清水
新鄉
胙城
長垣
獲嘉
明昌決
武陟
陽武
延津
封丘
東明
曹州治濟陰
魚臺
原武
開封治祥符
蘭陽
清漳
禹貢圖
三三
漱六軒

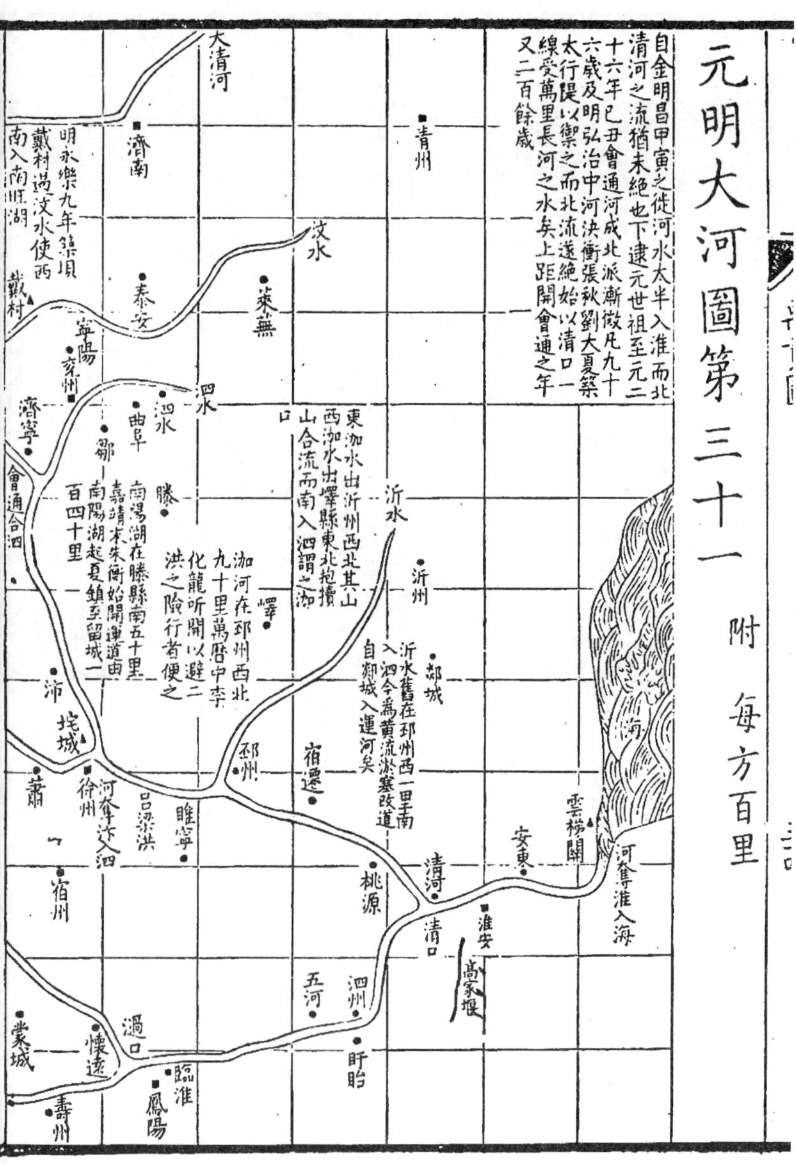
元明大河圖第三十一
附 每方百里
自金明昌甲寅之徙河水太半入淮而北清河之流猶未絕也下逮元世祖至元二十六年己丑會通河成北派漸微凡九十六歲及明弘治中河決衡張秋劉大夏築太行隄以禦之而北流遂絕始以清口一綫受萬里長河之水矣上距開會通之年又二百餘歲
大清河
濟南
青州
明永樂九年築壩戴村遏汶水使西南入南旺湖
汶水
戴村
泰安
萊蕪
寧陽
兖州
泗水
曲阜
泗水
濟寧
鄒
會通合泗
滕
南陽湖在滕縣南嘉靖末朱衡始開運道由南陽湖起夏鎮至留城一百四十里
東泇水出沂州西北其山西泇水出嶧縣東北抱犢山合流而南入泗謂之泇口
沂水
沂州
嶧
泇河在邳州西北九十里萬曆中李化龍所開以避二洪之險行者便之
沂水舊在邳州西一里南入泗今爲黃流淤塞改道自郯城入運河矣
郯城
沛
㳽城
邳州
宿遷
蕭
徐州
河奪汴入泗
呂梁洪
睢寧
雲梯關
安東
海
河奪淮入海
宿州
桃源
清河
清口
淮安
高家堰
五河
泗州
濠城
懷遠
渦口
臨淮
盱眙
鳳陽
壽州

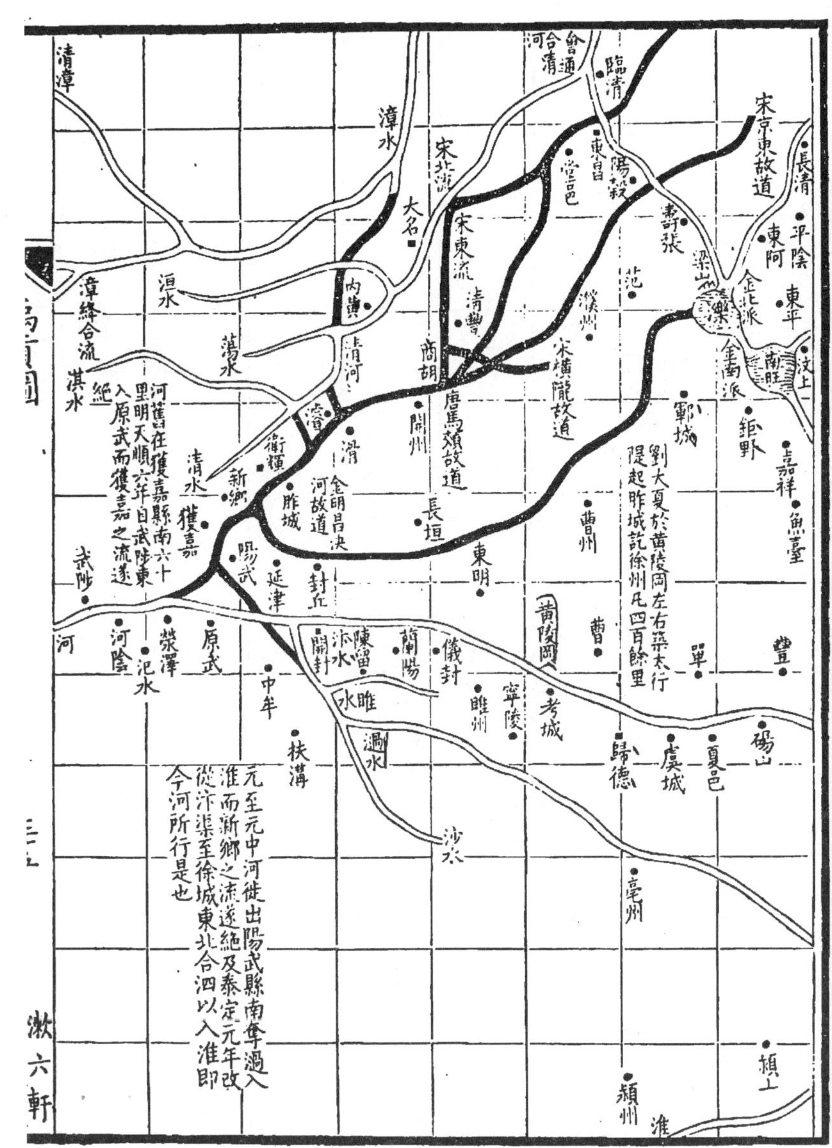

清漳
河合清
會通
臨清
漳水
宋北流
大名
宋京東故道
長清
東昌
堂邑
陽穀
壽張
平陰
東阿
宋東流
清豐
范
濮州
梁山濼
金北派
東平
金南派
南旺
汶上
宋橫隴故道
唐馬頰故道
商胡
開州
洹水
蕩水
內黃
清河
漳絳合流
淇水
濬
衛輝
滑
新鄉
清水
獲嘉
胙城
河故道
金明昌決
長垣
鄆城
鉅野
嘉祥
魚臺
曹州
河舊在獲嘉縣南六十里明天順六年自武陟東入原武而獲嘉之流遂絕
劉大夏於黃陵岡左右築太行隄起胙城訖徐州凡四百餘里
東明
陽武
延津
封丘
武陟
河
河陰
滎澤
原武
汜水
中牟
開封
汴水
陳留
蘭陽
儀封
曹
單
豐
黃陵岡
睢水
睢州
寧陵
考城
歸德
虞城
夏邑
碭山
扶溝
渦水
沙水
亳州
元至元中河徙出陽武縣南奪渦入淮而新鄉之流遂絕及泰定元年改從汴渠至徐城東北合泗以入淮即今河所行是也
潁上
潁州
淮
禹貢圖
漱六軒

導漾圖第三十二

每方百里

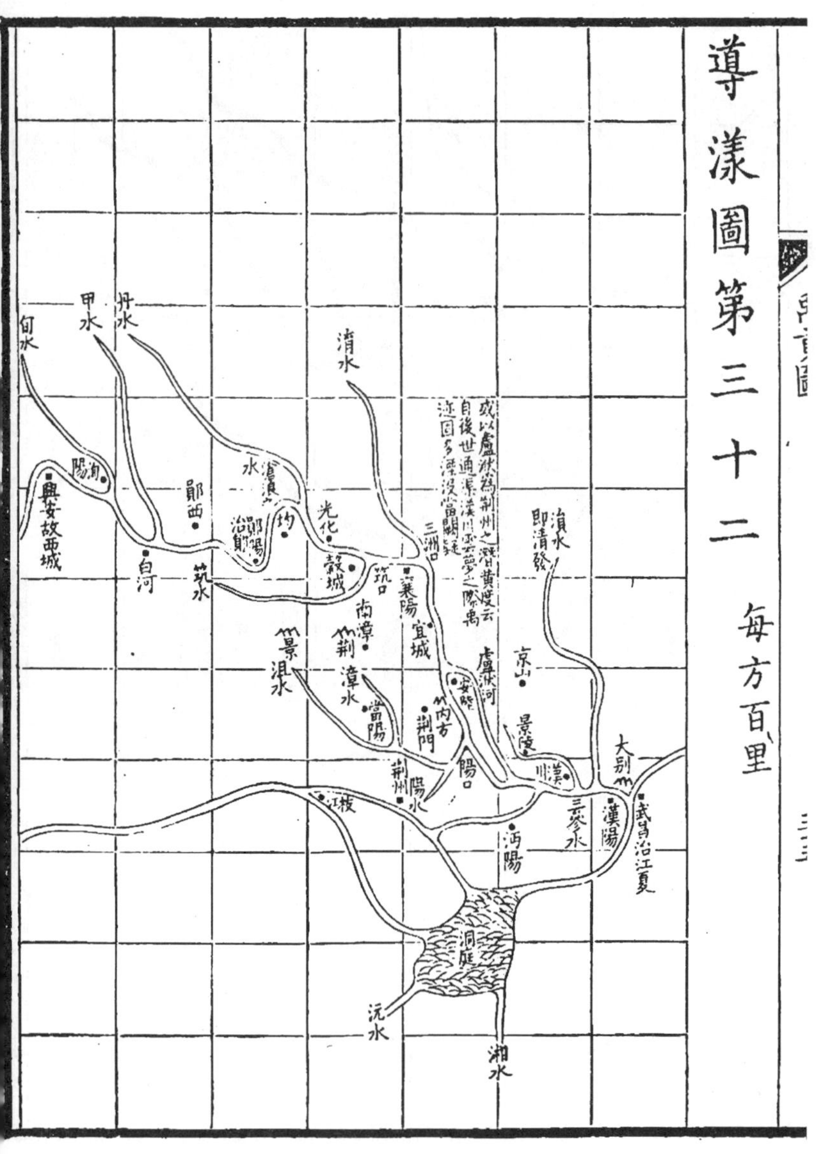

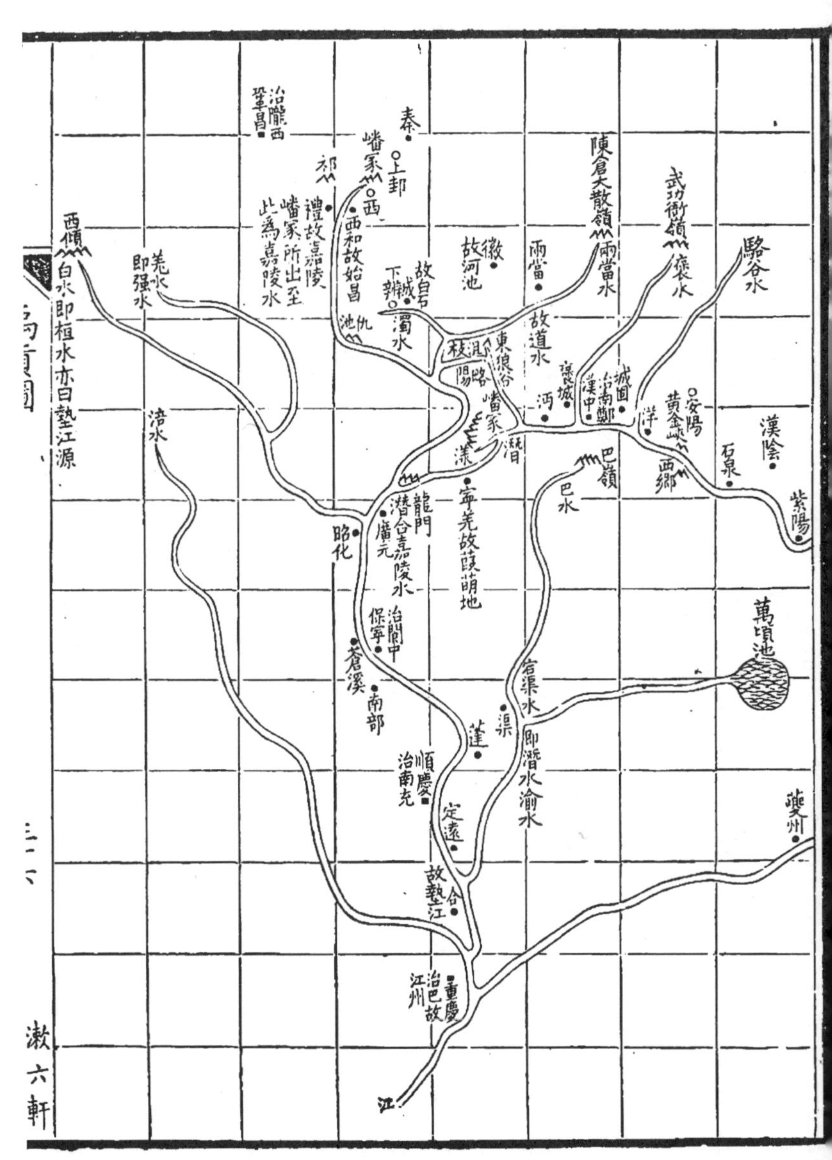
禹貢圖
三一
潄六軒
西傾
白水即桓水亦曰墊江源
羌水即强水
涪水
治隴西鞏昌
秦
嶓冢
上邽
西
祁
禮故嘉陵
嶓冢所出至此爲嘉陵水
西和故始昌
故白石
下辨城
濁水
仇池
徽
故河池
兩當
陳倉大散嶺
兩當水
武功衙嶺
褒水
駱谷水
故道水
東狼谷
沮
略陽
嶓冢
褒城
沔
漢中
治南鄭
城固
洋
安陽
黃金峽
西鄉
漢陰
石泉
紫陽
巴嶺
巴水
潛
漾
寧羌故葭萌地
龍門
潛合嘉陵水
廣元
昭化
治閬中
保寧
蒼溪
南部
宕渠水
渠
蓬
即潛水渝水
萬頃池
順慶
治南充
定遠
夔州
合
故墊江
重慶
治巴故江州
江

東西二源圖第三十三 附 每方百里

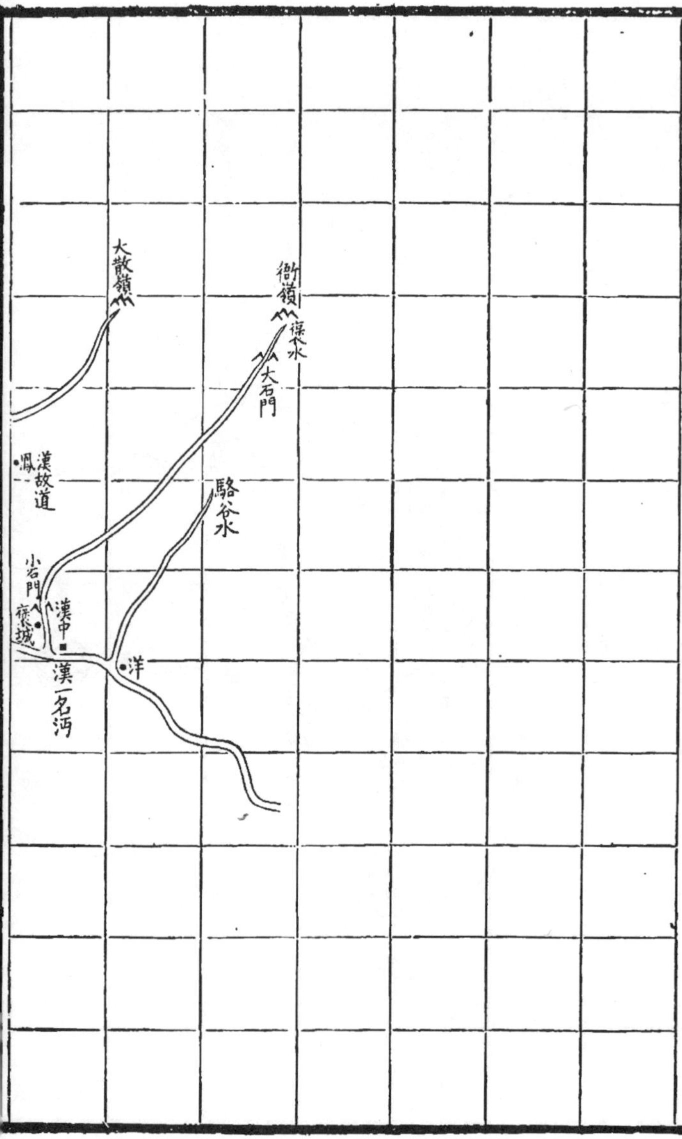

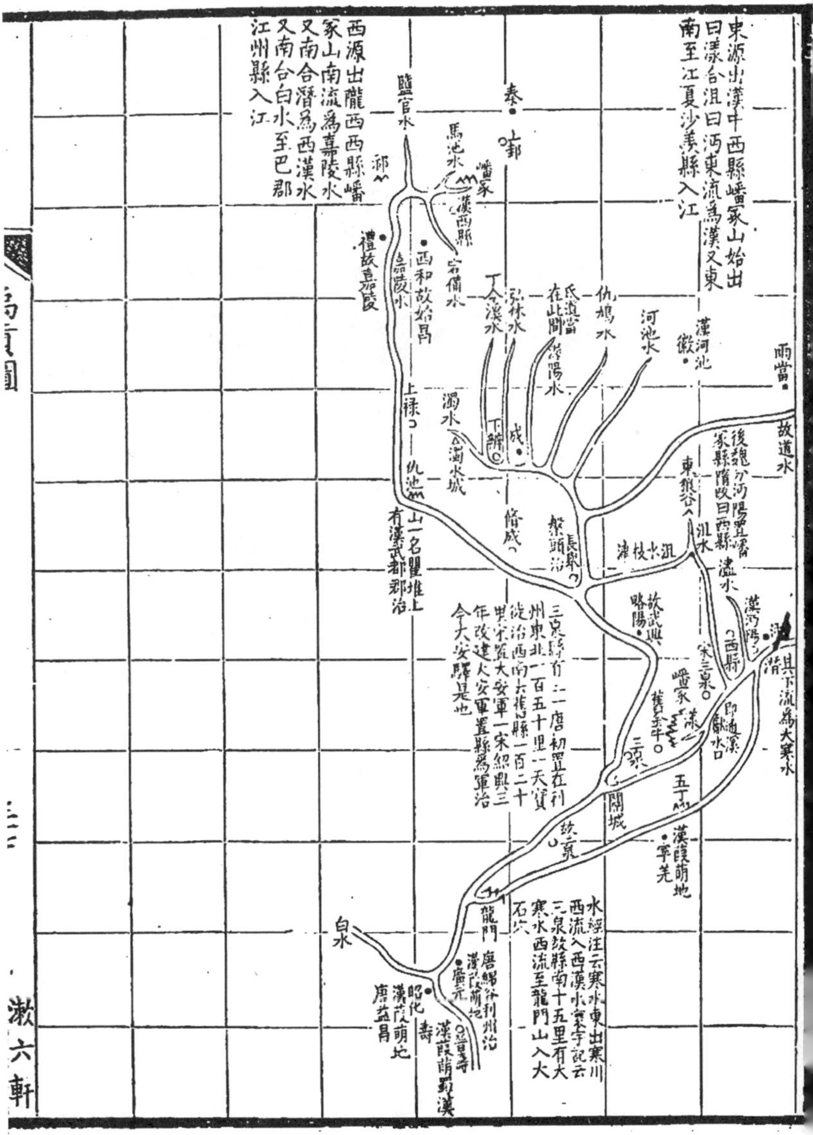

東源出漢中西縣嶓冢山始出曰漾合沮曰沔東流爲漢又東南至江夏沙羨縣入江

西源出隴西西縣嶓冢山南流爲嘉陵水又南合潛爲西漢水又南合白水至巴郡江州縣入江

兩當
故道水
漢沔池
徽
河池水
仇鳩水
氐道當在此間
修陽水
弘林水
丁令溪水
秦
嶓冢
馬池水
漢西縣
宕備水
西和故始昌
嘉陵水
禮故嘉陵
鹽官水
後魏分沔陽置嶓冢縣隋改曰西縣
東狼谷
沮水
漾水
漢沔陽
西縣
其下流爲大寒水
即漢沮水口
三泉
嶓冢
漢
關城
五丁
漢葭萌地
亭羌
故京
濁水
濁水城
下辨
成
上祿
仇池
山一名瞿堆上有漢武都郡治
脩城
長舉
槃頭治
沮水
津枝水
故武興
略陽

三泉縣有二一唐初置在利州東北一百五十里一天寶徙治西南大路縣一百二十里宋爲大安軍一宋紹興三年改建大安軍置縣爲軍治今大安驛是也

水經注云寒水東出寒川西流入西漢水寰宇記云三泉故縣南十五里有大寒水西流至龍門山入大石穴

龍門
唐昭化利州治
漢葭萌地
廣元
白水
昭化
漢葭萌地
唐益昌
壽
漢葭萌蜀漢

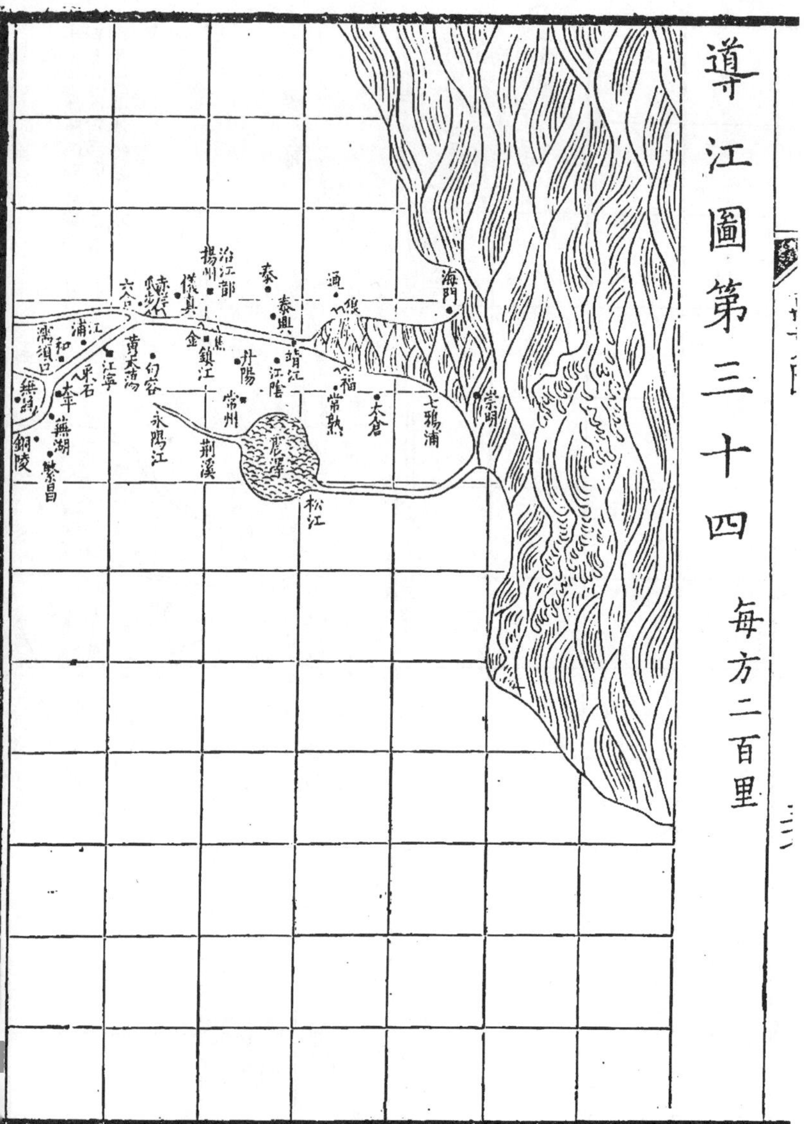
導江圖第三十四
每方二百里
海門
通
狼
泰
泰興
靖江
江陰
福
常熟
太倉
七鴉浦
崇明
揚州
江都
儀真
金
焦
鎮江
丹陽
常州
荊溪
震澤
松江
句容
永陽江
江寧
黄天蕩
六合
和
濡須口
無為
采石
太平
蕪湖
銅陵
繁昌

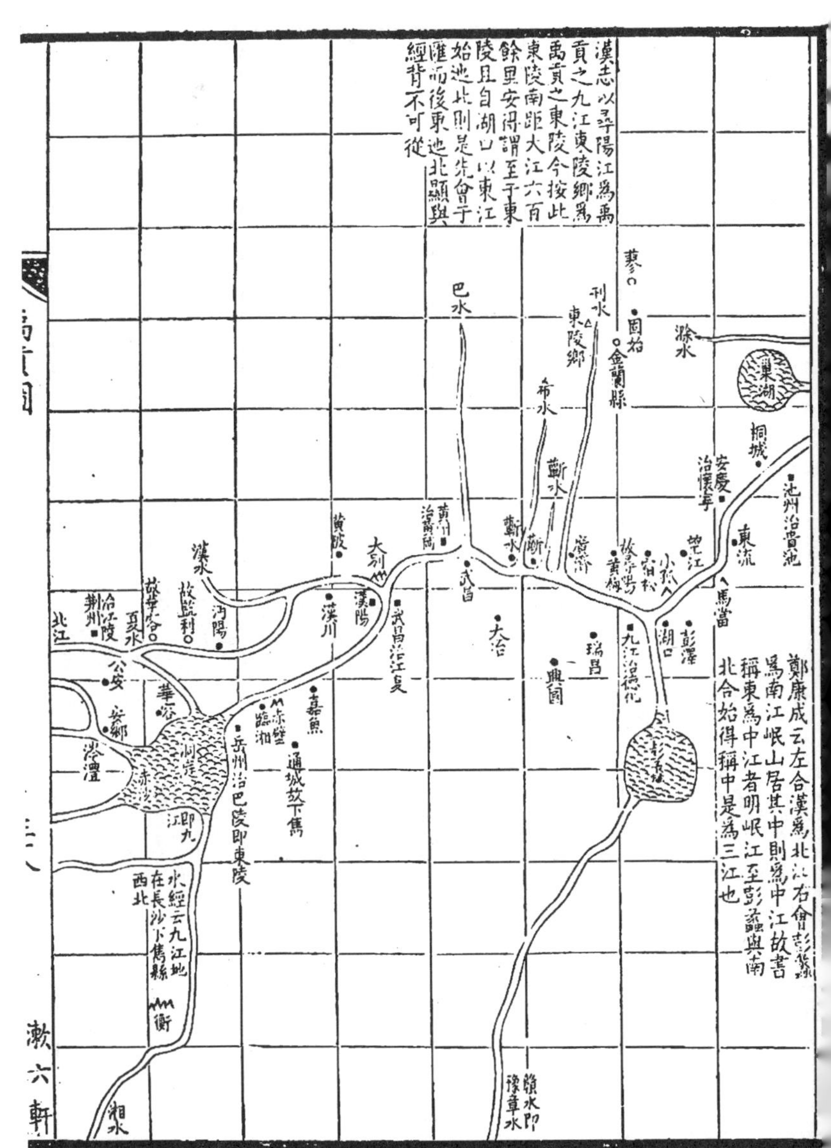
漢志以尋陽江爲禹貢之九江東陵鄉爲禹貢之東陵今按此東陵南距大江六百餘里安得謂至于東陵且自湖口以東江始迤北則是先會于匯而後東迤北顯與經背不可從
鄭康成云左合漢爲北江右會彭蠡爲南江岷山居其中則爲中江故書稱東爲中江者明岷江至彭蠡與南北合始得稱中是爲三江也
水經云九江地在長沙下雋縣西北
巴水
東陵鄉
金蘭縣
固始
滁水
巢湖
桐城
安慶
治懷寧
池州治貴池
東流
馬當
彭澤
湖口
九江治德化
瑞昌
興國
大冶
武昌
蘄水
蘄
黃梅
宿松
小孤
黃陂
大別
漢陽
漢川
漢水
沔陽
武昌治江夏
嘉魚
臨湘
赤壁
通城故下雋
岳州治巴陵即東陵
北江
荊州治江陵
公安
安鄉
華容
澧
衡
湘水
贛水即豫章水
洞庭
彭蠡
漱六軒

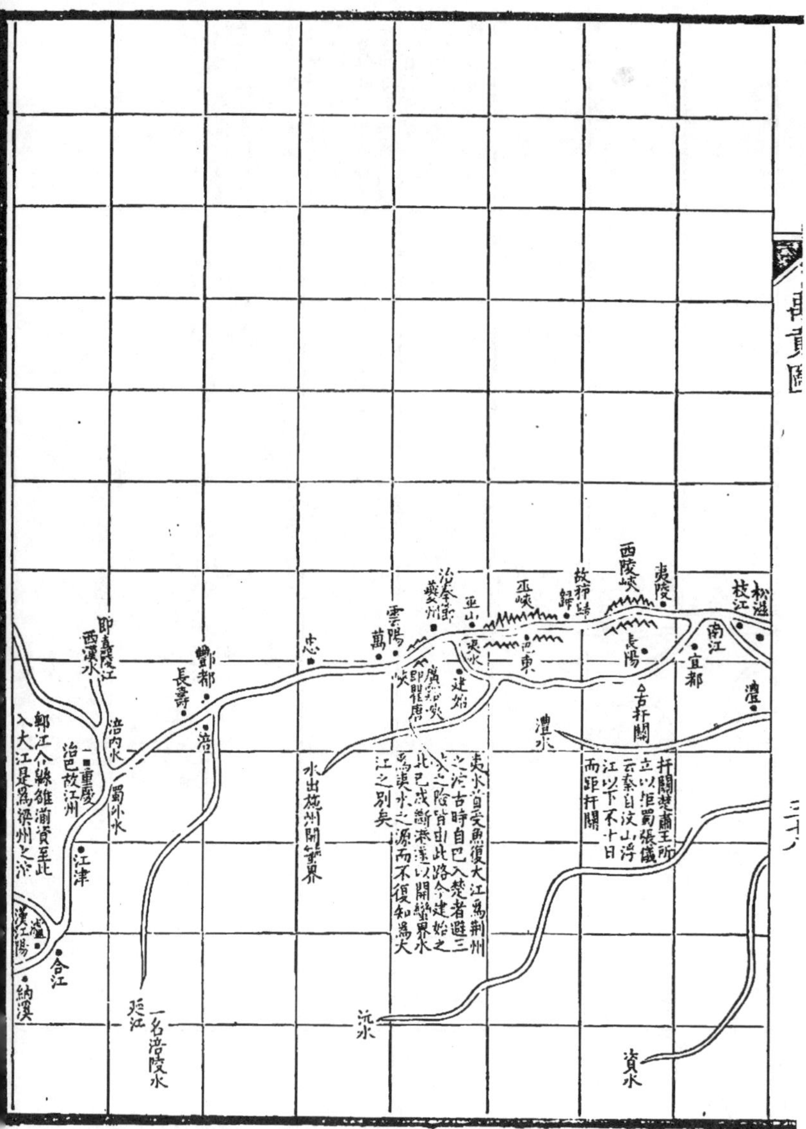
禹貢圖
松滋
枝江
南江
宜都
澧
夷陵
西陵峽
長陽
古扞關
故秭歸
巫峽
巫山
夷水
東
建始
夔州
雲陽
萬
峽
忠
酆都
長壽
涪
即涪陵江
西漢水
涪內水
重慶
治巴故江州
蜀外水
郪江今綿雒潼資至此入大江是爲梁州之沱
江津
合江
漢陽
納溪
延江
一名涪陵水
水出施州開縣界
澧水
沅水
資水
扞關楚肅王所立以拒蜀張儀云秦自汶山浮江以下不十日而距扞關
夷水自受魚復大江爲荆州之沱古時自巴入楚者避三峽之險皆由此路今建始之北已成斷港遂以開縣界水爲夷水之源而不復知爲大江之別矣

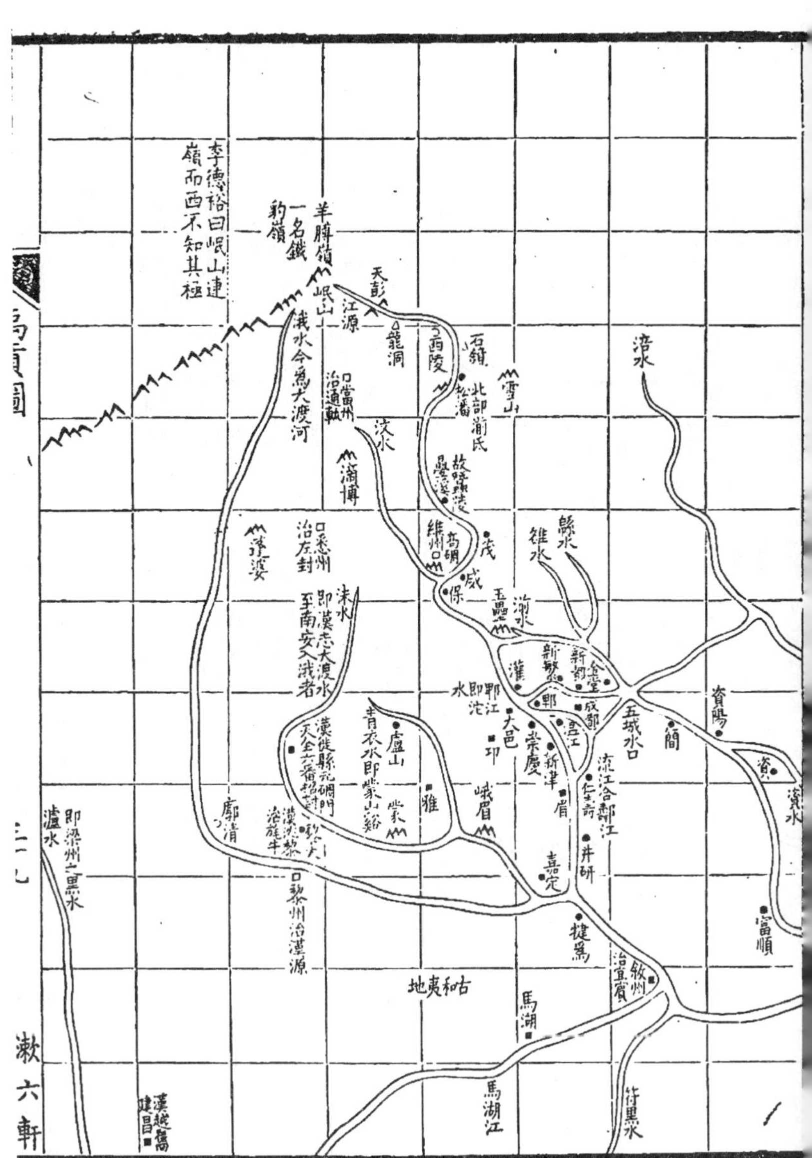

禹貢圖
李德裕曰岷山連嶺而西不知其極
羊膊嶺一名鐵豹嶺
岷山
天彭
江源
龍洞
西陵
石鏡
雪山
松潘
涐水今爲大渡河
當州治通軌
汶水
滴博
悉州治左封
沫水即漢志大渡水至南安入涐者
維州
茂
成
保
雒水
緜水
涪水
灌
新繁
新都
金堂
郫
成都
五城水口
郫江即沱水
資陽
簡
資
資水
青衣水即蒙山谿
盧山
雅
大邑
邛
崇慶
新津
峨眉
眉
仁壽
井研
嘉定
犍爲
富順
敘州治宜賓
瀘水即梁州之黑水
黎州治漢源
古和夷地
馬湖
馬湖江
漢越嶲建昌
漱六軒

三江異派圖第三十五

附　每方百里

庾仲初云太湖東注爲松江下七十里有水口分流東北入海爲婁江東南入海爲東江與松江而三也

咸淳臨安志云浙江之口起自會稽蓁風亭北望嘉興大山水闊二百餘里

曹娥江從此入海即浦陽江之下流也故韋昭以松江浙江與浦陽爲三江其直北通浙江者乃枝津非正道也

班固謂之北江

松江班固謂之南江

南江正流歷烏程通餘姚與浙江合

曹娥江亦曰上虞江

泰　通　海門　泰興　靖江　江陰　大江　丹陽　常州　無錫　常熟　太倉　七鴉浦　滬瀆　崇明　蘇州　崑山　嘉定　上海　黃浦　松江　青浦　婁江　笠澤　吳江　震澤　三江口　東江　嘉善　海鹽　乍浦　金山　澉浦　嘉興　五湖口　長興　長瀆　湖州　烏程　德清　餘杭　海寧　臨平湖　杭州　富陽　蕭山　三江口　餘姚　桐廬　諸暨　錢清江　紹興　上虞　浦江　義烏　新昌　剡溪

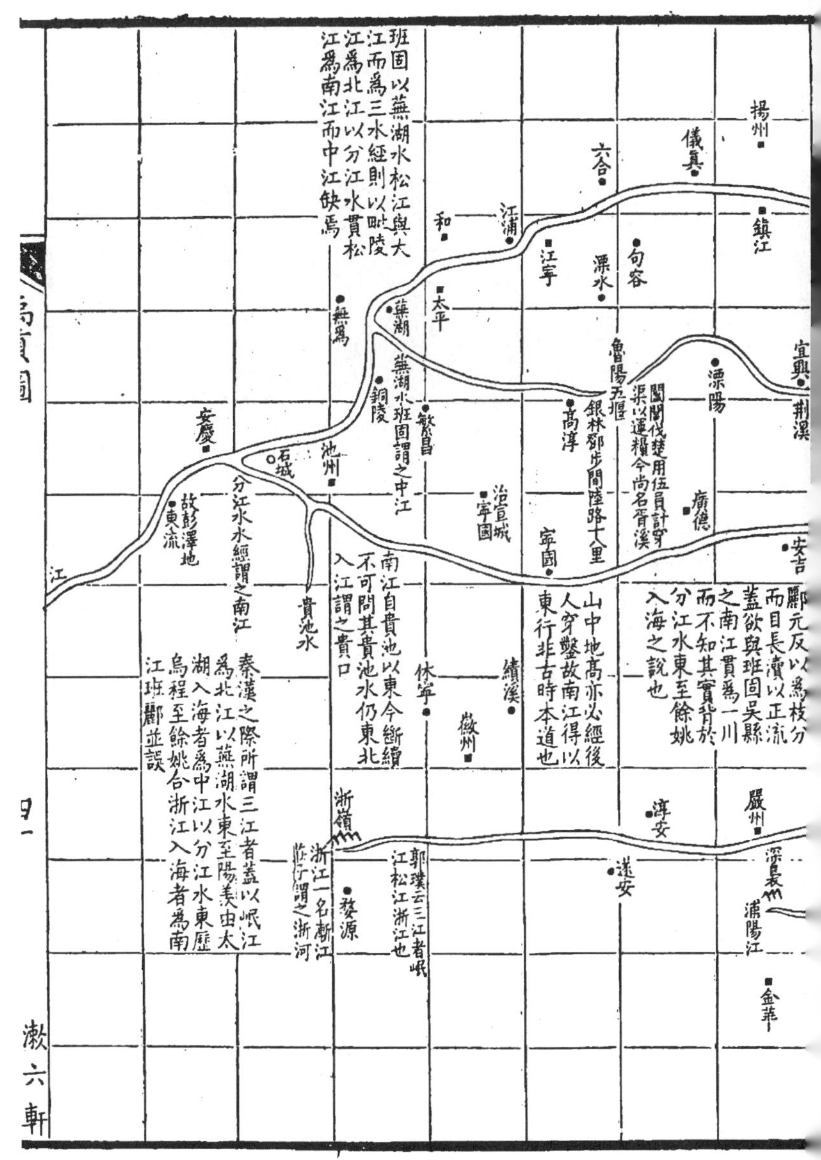

班固以蕪湖水松江與大江而爲三水經則以毗陵江爲北江以分江水貫松江爲南江而中江缺焉
酈元反以爲枝分而目長瀆以正流蓋欲與班固吳縣之南江貫爲一川而不知其實背於分江水東至餘姚入海之說也
闔閭伐楚用伍員計穿渠以運糧今尚名胥溪
銀林鄧步間陸路十八里
魯陽五堰
山中地高亦必經後人穿鑿故南江得以東行非古時本道也
蕪湖水班固謂之中江
南江自貴池以東今斷續不可問其貴池水仍東北入江謂之貴口
分江水水經謂之南江
故彭澤地
秦漢之際所謂三江者蓋以岷江爲北江以蕪湖水東至陽羨由太湖入海者爲中江以分江水東歷烏程至餘姚合浙江入海者爲南江班酈並誤
郭璞云三江者岷江松江浙江也
浙江一名漸江莊子謂之浙河
揚州
儀真
六合
鎮江
江浦
和
江寧
溧水
句容
太平
蕪湖
無爲
宜興
荊溪
溧陽
高淳
銅陵
繁昌
安慶
石城
池州
東流
江
治宣城
寧國
寧國
廣德
安吉
貴池水
休寧
績溪
徽州
浙嶺
淳安
嚴州
遂安
婺源
浦陽江
金華
禹貢圖
四一
漱六軒

導沇圖第三十六

每方百里

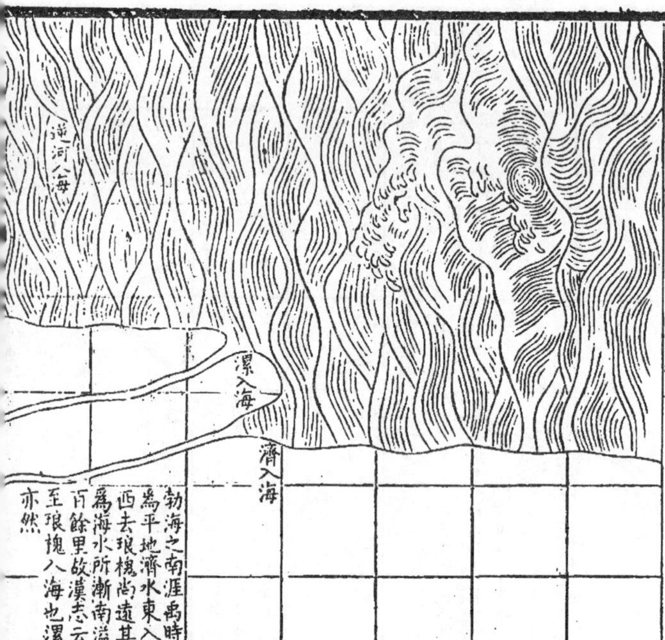

勃海之南涯禹時猶爲平地濟水東入海西去琅槐尚遠其後爲海水所漸南溢二百餘里故漢志云東至琅槐入海也漯水亦然

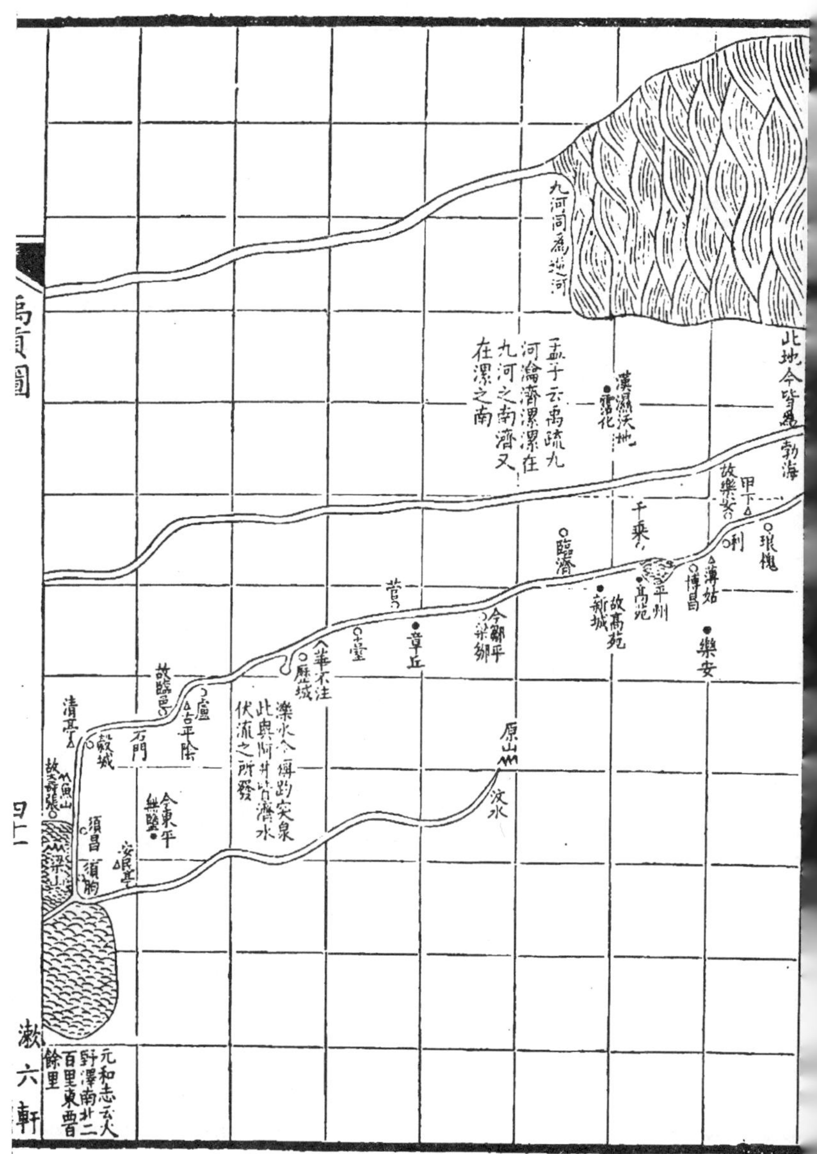
禹貢圖
漱六軒
九河間爲逆河
孟子云禹疏九河瀹濟漯漯在九河之南濟又在漯之南
渤海
故樂安
千乘
臨濟
琅槐
利
薄姑
博昌
平州
高苑
故高苑
新城
樂安
今鄒平
章丘
菅
華不注
歷城
故臨邑
盧
古平陰
濼水今趵突泉此與阿井皆濟水伏流之所發
原山
汶水
石門
穀城
須昌
須朐
今東平
無鹽
梁山
元和志云大野澤南北三百里東西百餘里

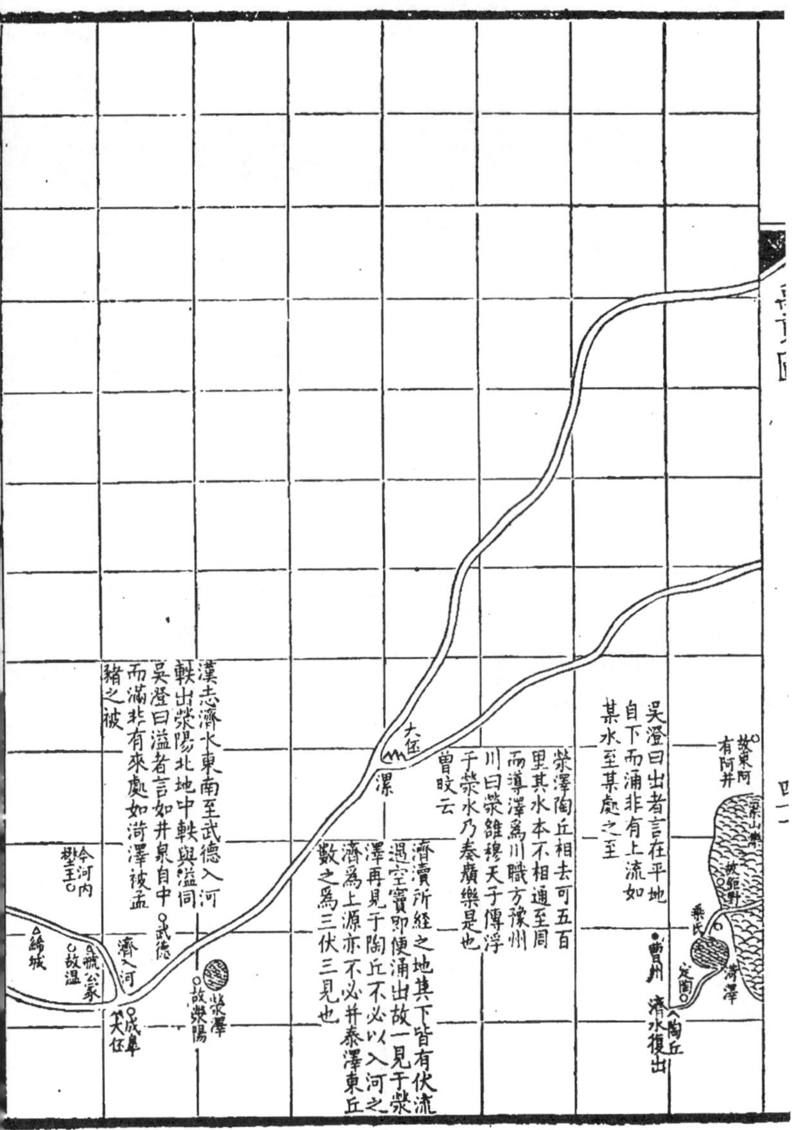
吳澄曰出者言在平地自下而涌非有上流如某水至某處之至
故東阿
有阿井
梁山濼
故鉅野
乘氏
曹州
定陶
菏澤
陶丘
濟水復出
滎澤陶丘相去可五百里其水本不相通至周而導澤爲川職方豫州川曰滎雒穆天子傳浮于滎水乃奏廣樂是也
曾旼云
濟瀆所經之地其下皆有伏流過空竇即便涌出故一見于滎澤再見于陶丘不必以入河之濟爲上源亦不必并泰澤東丘數之爲三伏三見也
大伾
漯
滎澤
故滎陽
漢志濟水東南至武德入河軼出滎陽北地中軼與溢同
吳澄曰溢者言如井泉自中而滿非有來處如菏澤被孟豬之被
武德
成皋
大伾
濟入河
今河內
埜王
故溫
虢公冢
絺城

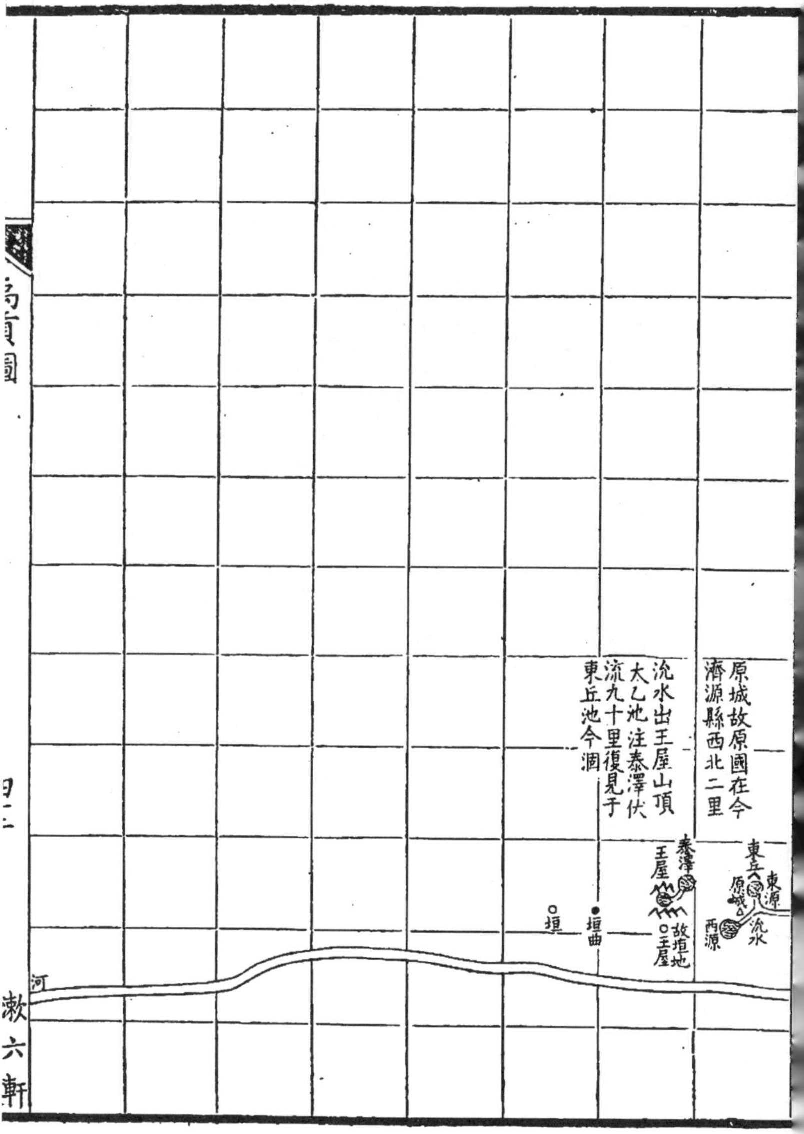

禹貢圖

日二

漱六軒

原城故原國在今濟源縣西北二里

沇水出王屋山頂太乙池注泰澤伏流九十里復見于東丘池今澗

泰澤

王屋

東丘

東源

原城

西源

沇水

故垣地

王屋

垣曲

垣

河

出河之濟圖第三十七 附

每方百里

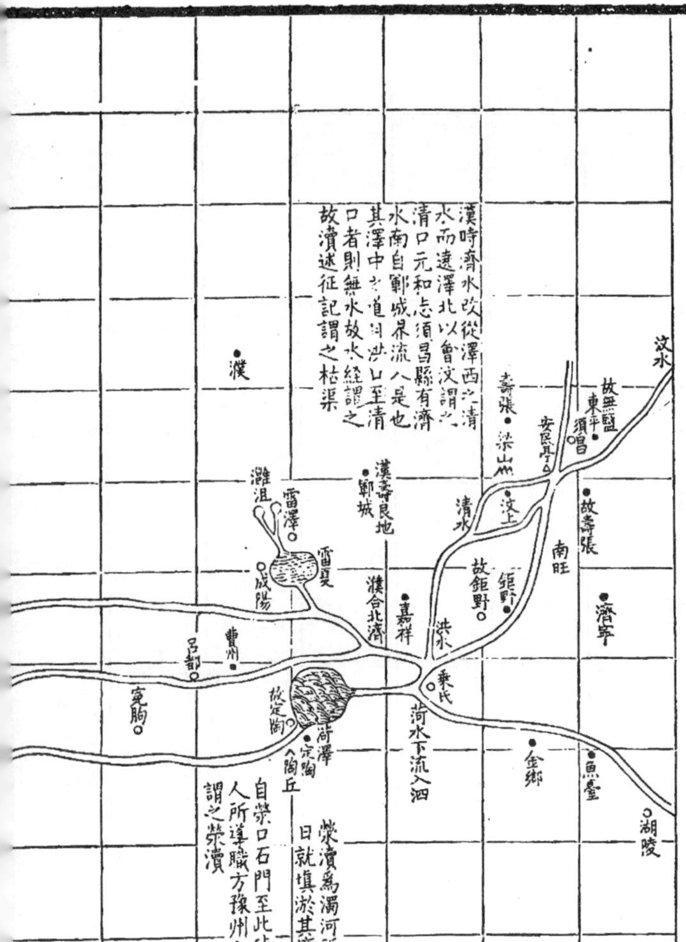

漢時濟水改從澤西之清水而遠澤北以會汶謂之清口元和志須昌縣有濟水南自鄆城界流入是也其澤中之道自洪口至清口者則無水故水經謂之故瀆述征記謂之枯渠

滎瀆爲濁河所亂陶丘之實日就塡淤其濟水亦不復出

自滎口石門至此皆禹後代人所導職方豫州之川水經謂之滎瀆

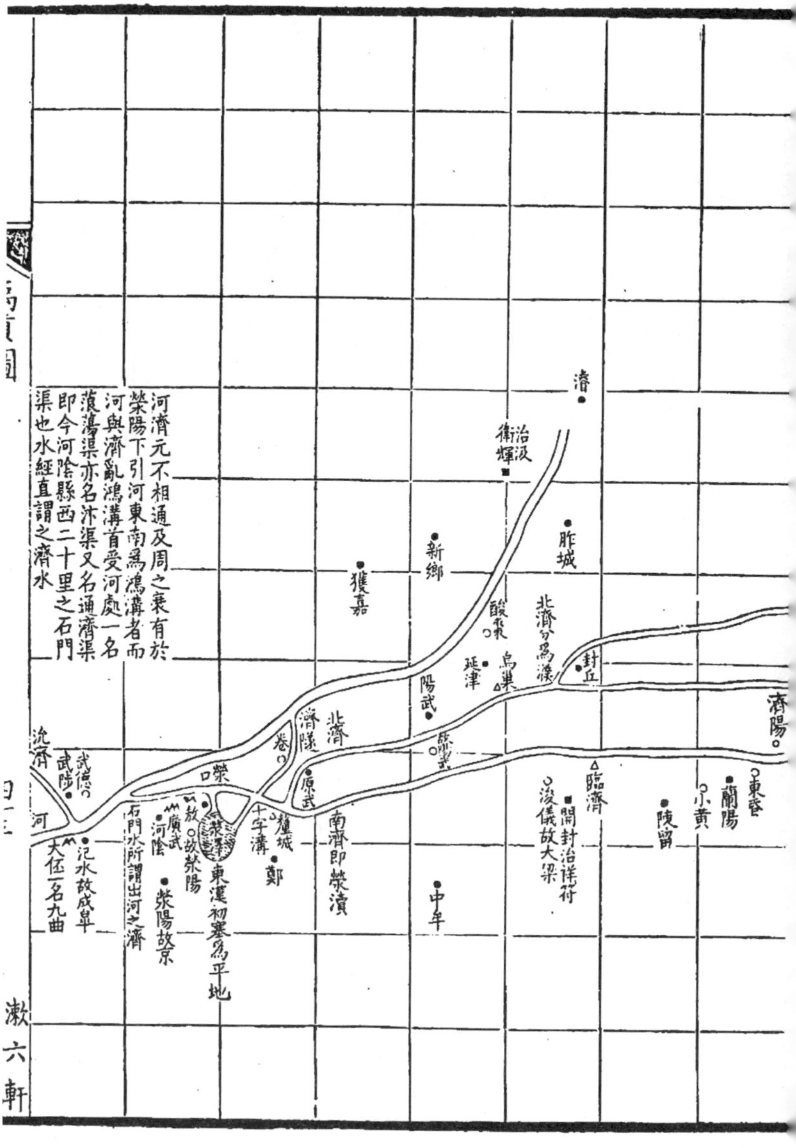

禹貢圖

河濟元不相通及周之衰有於滎陽下引河東南爲鴻溝者而河與濟亂鴻溝首受河處一名蒗蕩渠亦名汴渠又名通濟渠即今河陰縣西二十里之石門渠也水經直謂之濟水

濬
治汲
衛輝
新鄉
獲嘉
胙城
北濟分爲濮
酸棗
延津
烏巢
封丘
陽武
濟陽
北濟
濟隧
卷
滎口
原武
臨濟
東昏
蘭陽
小黃
陳留
開封治祥符
浚儀故大梁
南濟即滎瀆
中牟
流濟
武德
武陟
河
汜水故成皐
大伾一名九曲
石門水所謂出河之濟
河陰
廣武
敖
故滎陽
滎陽故京
滎澤
東漢初塞爲平地
十字溝
管城
鄭

漱六軒

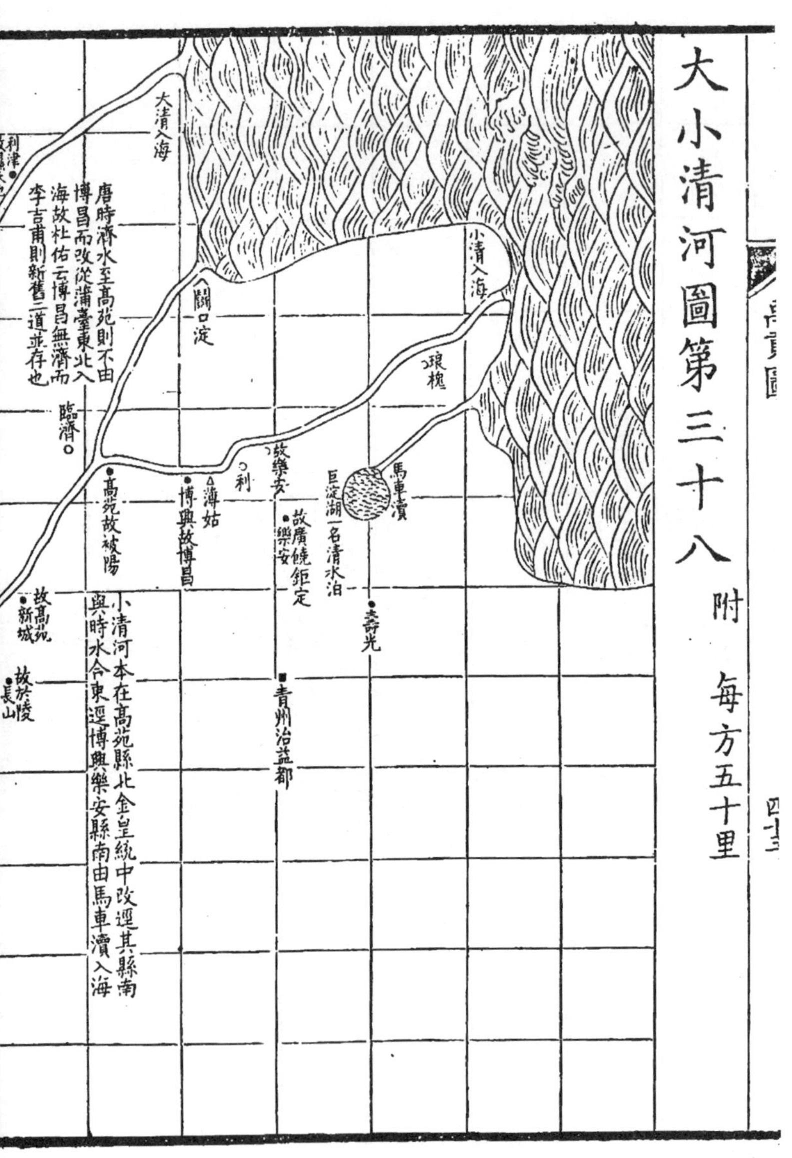
大小清河圖第三十八
附　每方五十里
大清入海
唐時濟水至高苑則不由博昌而改從蒲臺東北入海故杜佑云博昌無濟而李吉甫則新舊二道並存也
臨濟
闕口淀
小清入海
琅槐
故樂安
利
薄姑
博興故博昌
高苑故被陽
巨淀湖一名清水泊
馬車瀆
故廣饒
樂安
鉅定
壽光
青州治益都
故高苑
新城
故於陵
長山
小清河本在高苑縣北金皇統中改遷其縣南與時水合東遷博興樂安縣南由馬車瀆入海

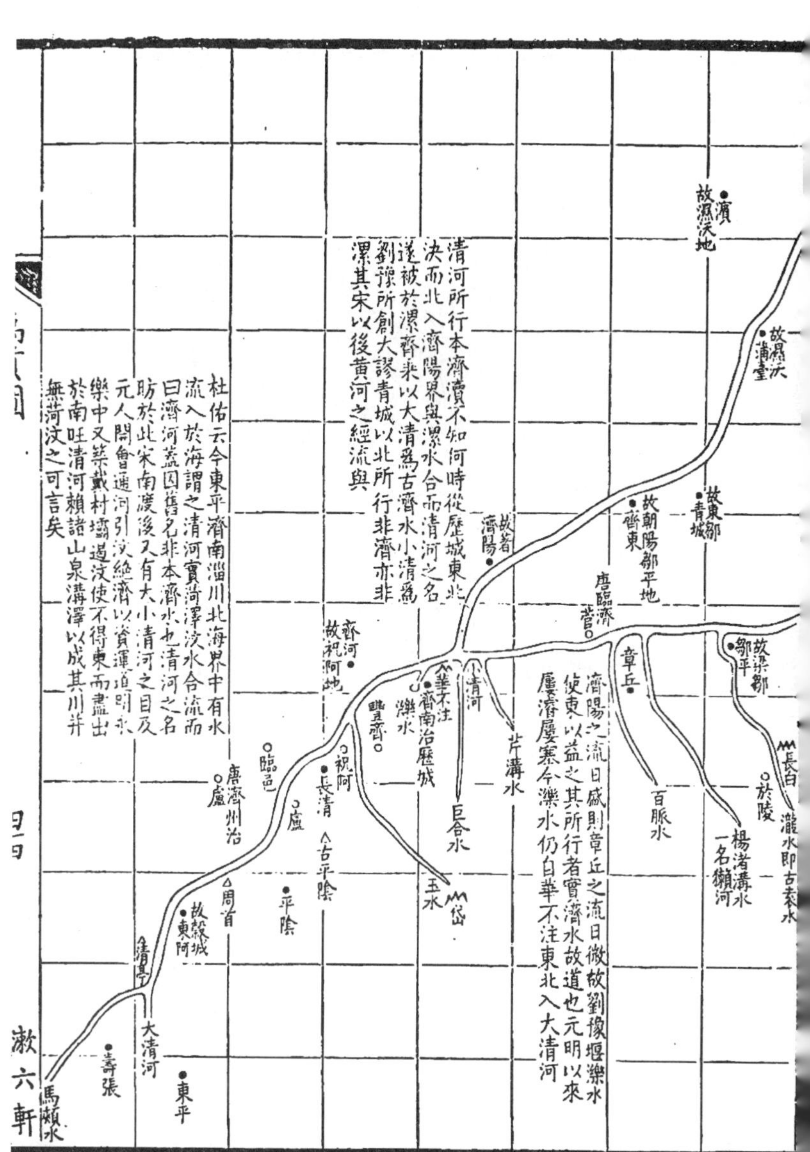
清河所行本濟瀆不知何時從歷城東北決而北入濟陽界與漯水合而清河之名遂被於漯齊東以大清爲古濟水小清爲劉豫所創大謬青城以北所行非濟亦非漯其宋以後黃河之經流與
杜佑云今東平濟南淄川北海界中有水流入於海謂之清河實菏澤汶水合流而曰濟河蓋因舊名非本濟水也清河之名昉於此宋南渡後又有大小清河之目及元人開會通河引汶絶濟以資運道明永樂中又築戴村壩遏汶使不得東而盡出於南旺清河賴諸山泉溝澤以成其川并無菏汶之可言矣
濟陽之流日盛則章丘之流日微故劉豫堰濼水使東以益之其所行者實濟水故道也元明以來屢濬屢塞今濼水仍自華不注東北入大清河
濱
故濕沃地
故濕沃
蒲臺
故東鄒
青城
故朝陽鄒平地
齊東
故著
濟陽
唐臨濟
章丘
故梁鄒
鄒平
長白
於陵
瀧水即古袁水
楊渚溝水一名瀰河
百脈水
芹溝水
巨合水
小清河
華不注
濟南治歷城
濼水
豐齊
齊河
故祝阿地
祝阿
長清
臨邑
唐濟州治
盧
盧
古平陰
周首
平陰
玉水
岱山
故穀城
東阿
大清河
壽張
東平
馬頰水

漱六軒

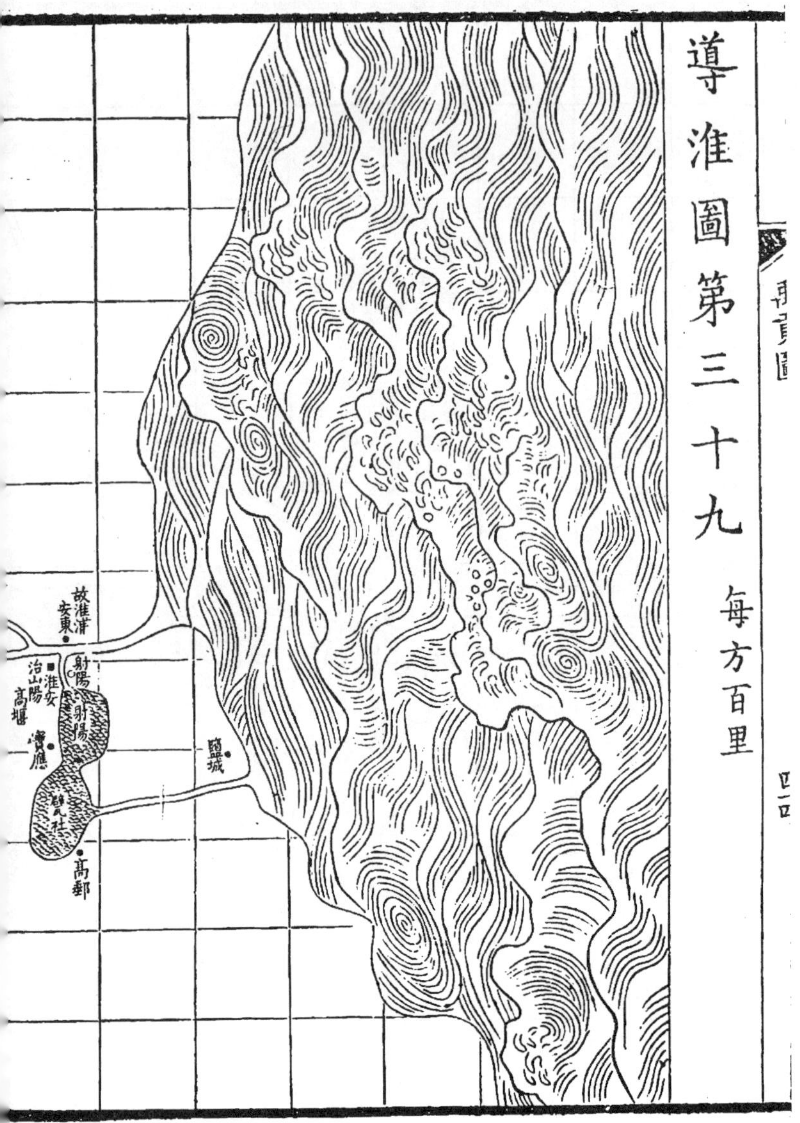
導淮圖第三十九
每方百里
故淮瀆
安東
治山陽
淮安
射陽
射陽
高堰
寶應
甓社
高郵
鹽城

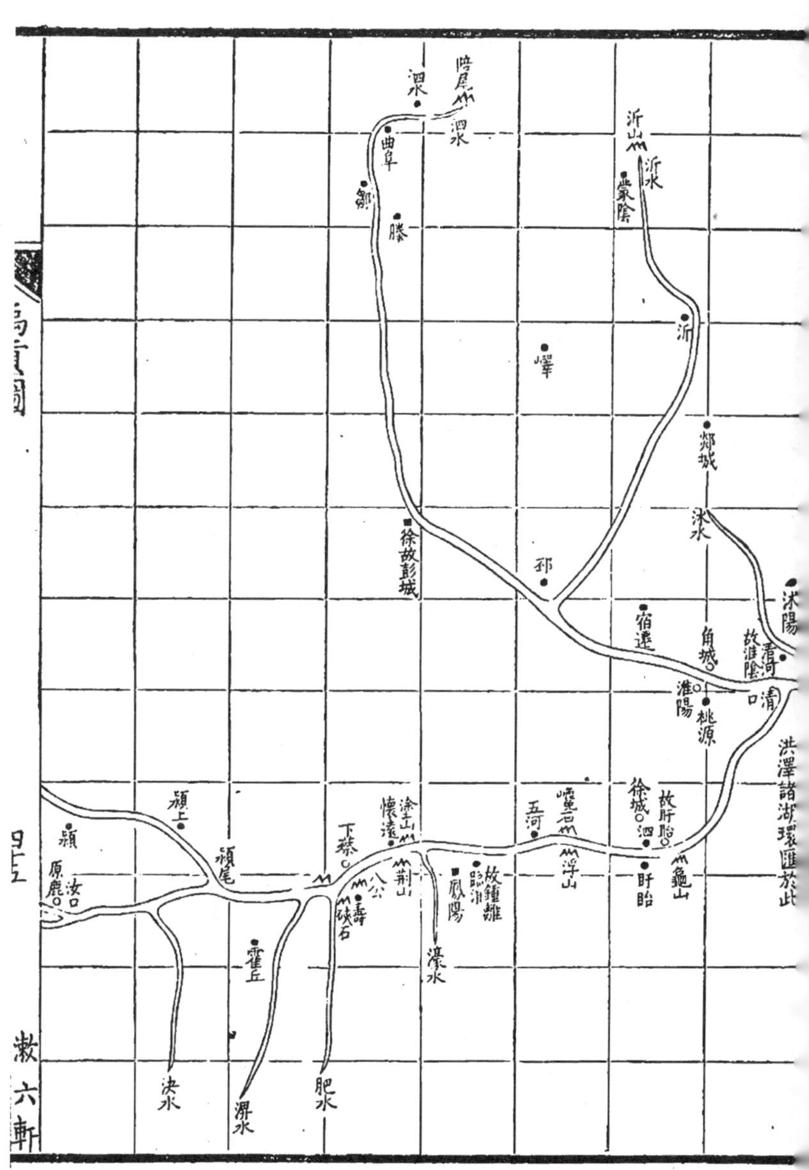

禹貢圖
泗水
陪尾山
泗水
曲阜
鄒
滕
沂山
沂水
蒙陰
沂
嶧
郯城
沭水
沭陽
徐故彭城
邳
宿遷
角城
故淮陰
清河
淮陽
清口
桃源
洪澤諸湖環匯於此
潁上
潁
原鹿
汝口
潁尾
下蔡
塗山
懷遠
荊山
八公
壽
硤石
五河
巉石山
浮山
徐城
泗
故盱眙
盱眙
龜山
臨淮
故鍾離
鳳陽
濠水
霍丘
決水
淠水
肥水

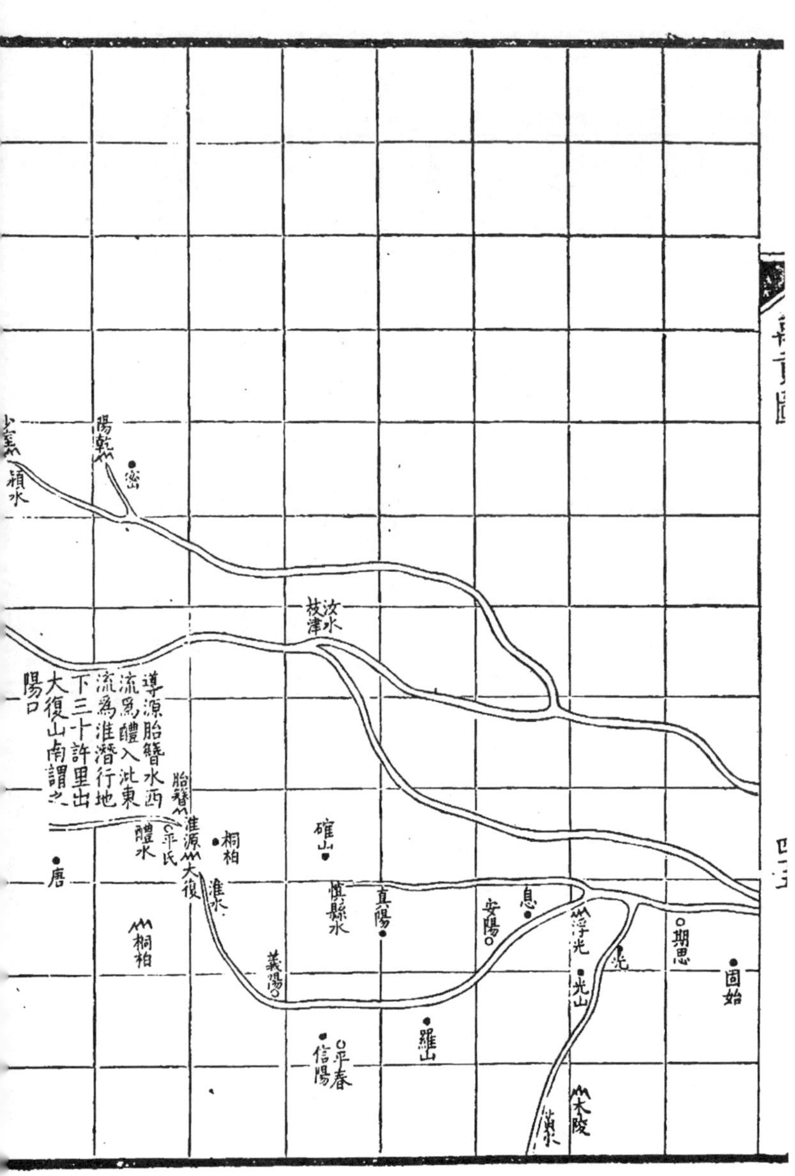

少室
潁水
陽乾
密
汝水
枝津
導源胎簪水西流爲澧入沘東流爲淮潛行地下三十許里出大復山南謂之陽口
胎簪
淮源
大復
平氏
澧水
桐柏
唐
桐柏
淮水
確山
慎縣水
真陽
安陽
息
義陽
浮光
光山
光
期思
固始
羅山
信陽
平春
木陵

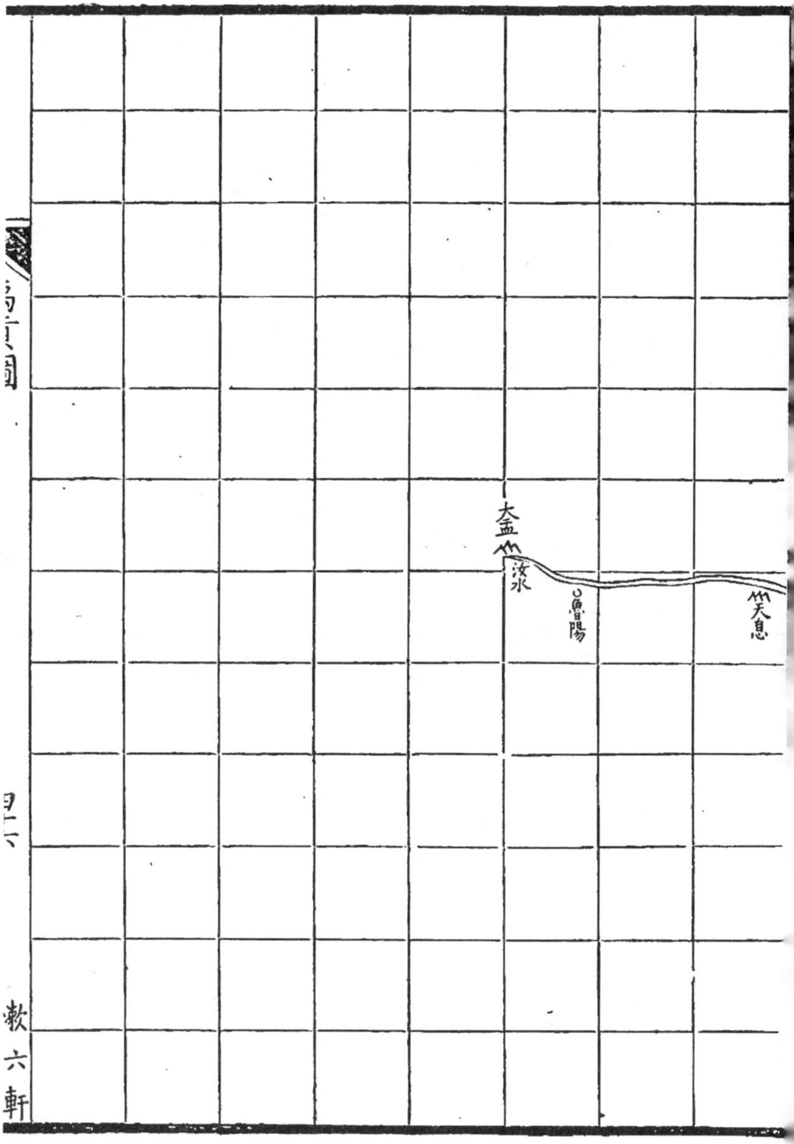

禹貢圖

卅六

大岳
汶水
魯陽
天息

斆六軒

溝通江淮圖第四十

附 每方四十里

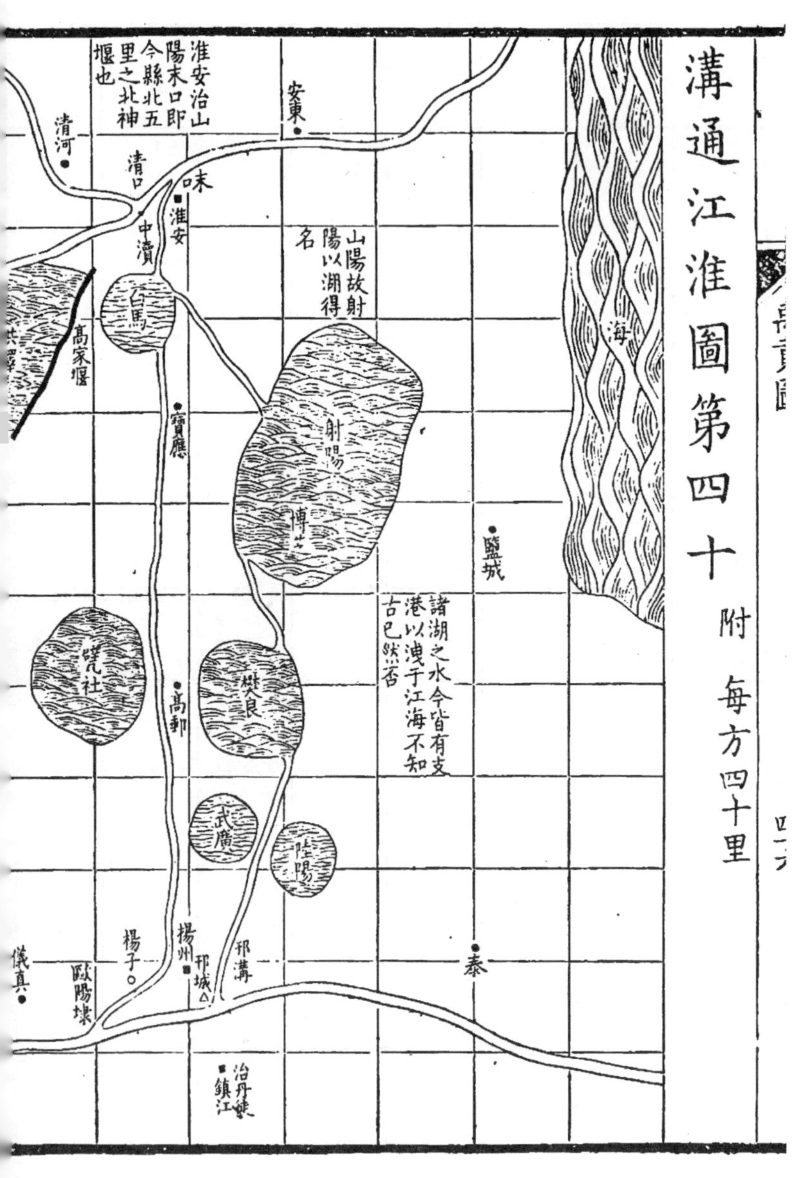

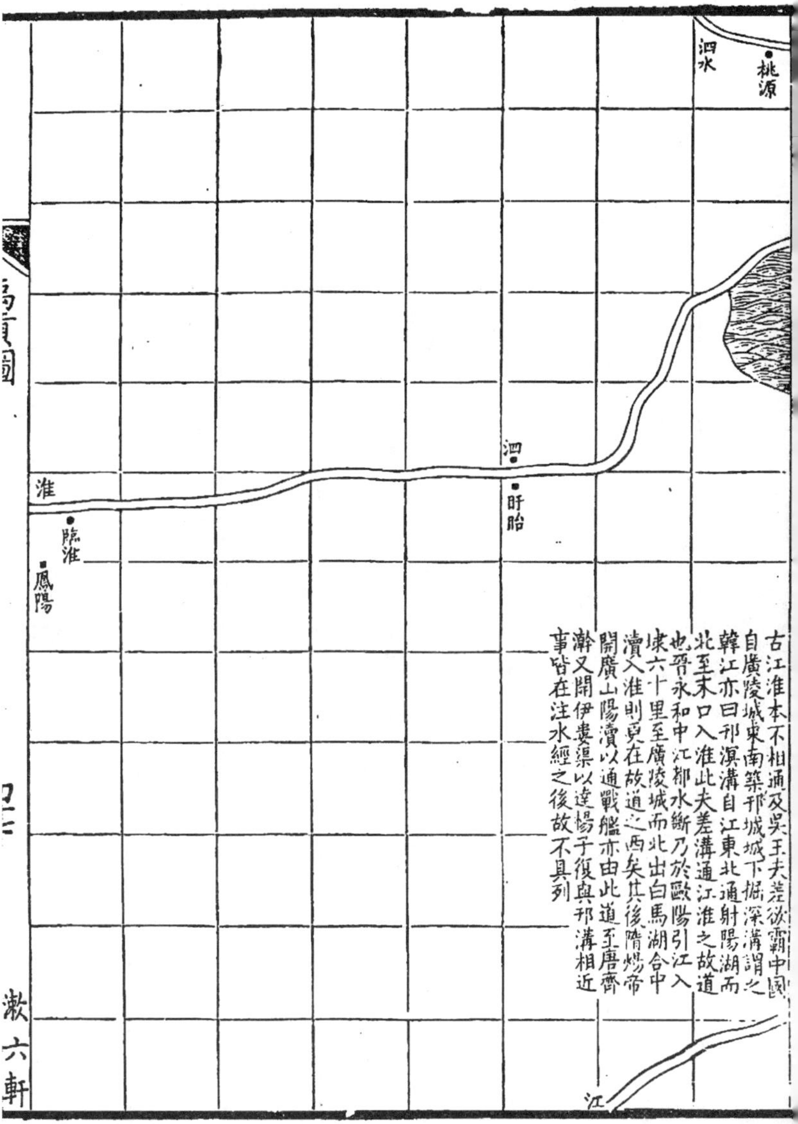

泗水
桃源
泗
盱眙
淮
臨淮
鳳陽
江

古江淮本不相通及吳王夫差欲霸中國自廣陵城東南築邗城城下掘深溝謂之韓江亦曰邗溟溝自江東北通射陽湖而北至末口入淮此夫差溝通江淮之故道也晉永和中江都水斷乃於歐陽引江入埭六十里至廣陵城而北出白馬湖合中瀆入淮則更在故道之西矣其後隋煬帝開廣山陽瀆以通戰艦亦由此道至唐齊澣又開伊婁渠以達揚子復與邗溝相近事皆在注水經之後故不具列

禹貢圖
漱六軒

導渭圖第四十一
每方百里
河
洛水
保安
洛源故歸德地
安塞
延安
治膚施故上郡
甘泉
直路
沮水
鄜
洛川
宜川
長武
故宜祿
邠
故漆
漆水
漆渠
鳳翔
麟遊
永壽
淳化
故雲陽
大黑泉即漆源
中部
宜君
同官
耀
古未有鄭白二渠漆沮入渭不入洛
白水
澄城
美陽
武功
扶風
郿
斜口
斜水
乾
醴泉
興平
咸陽
涇陽
高陵
三原
漆沮水
富平
蒲城
朝邑
同
郃陽
渭汭
潼關
華陰
太華
華
渭南
戲水
臨潼
藍田
滻水
灞水
西安
終南
潏水
鎬水
澇水
鄠
盩厔
洛谷水
駱谷
太白即惇物

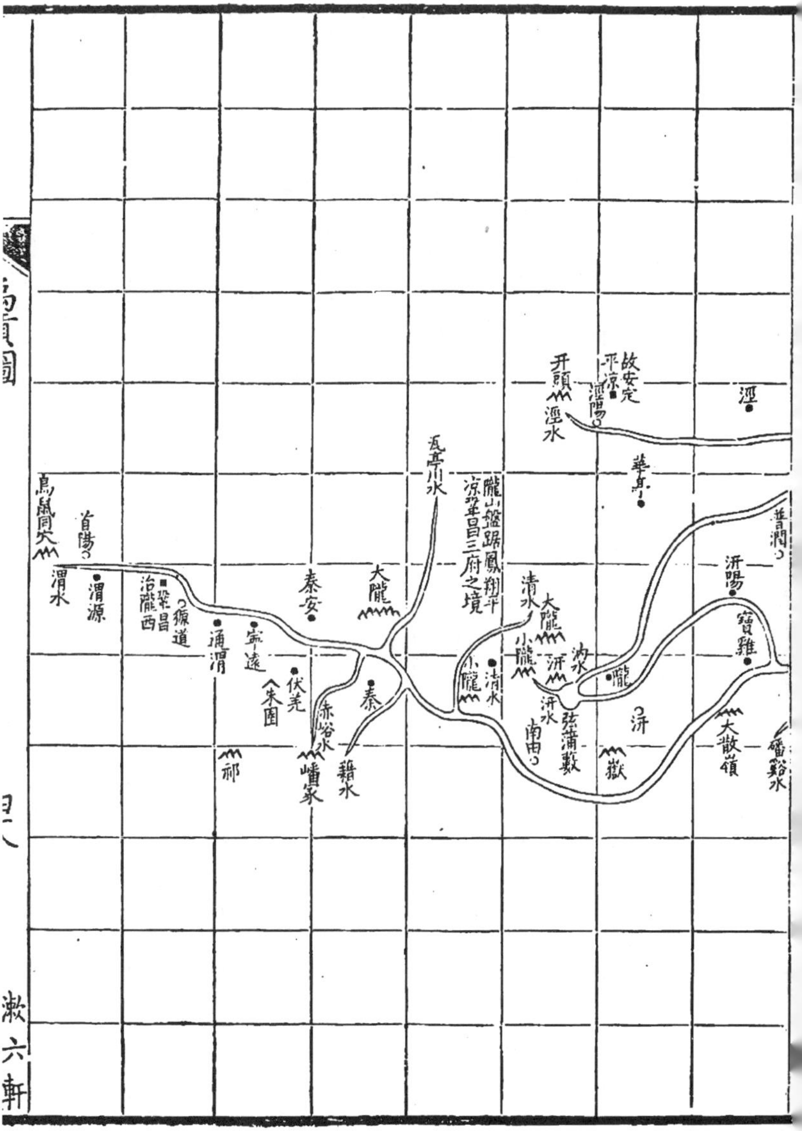

鳥鼠同穴
首陽
渭水
渭源
治隴西
鞏昌
狄道
通渭
寧遠
秦安
大隴
瓦亭川水
隴山盤踞鳳翔平涼鞏昌三府之境
伏羌
朱圉
赤峪水
秦
籍水
嶓冢
祁
故安定
平涼
涇陽
开頭
涇水
涇
華亭
清水
大隴
小隴
汧水
汭水
清水
小隴
汧水
南由
弦蒲藪
隴
汧
嶽
汧陽
寶雞
大散嶺
普潤
磻谿水

關中諸渠圖第四十二

附　每方五十里

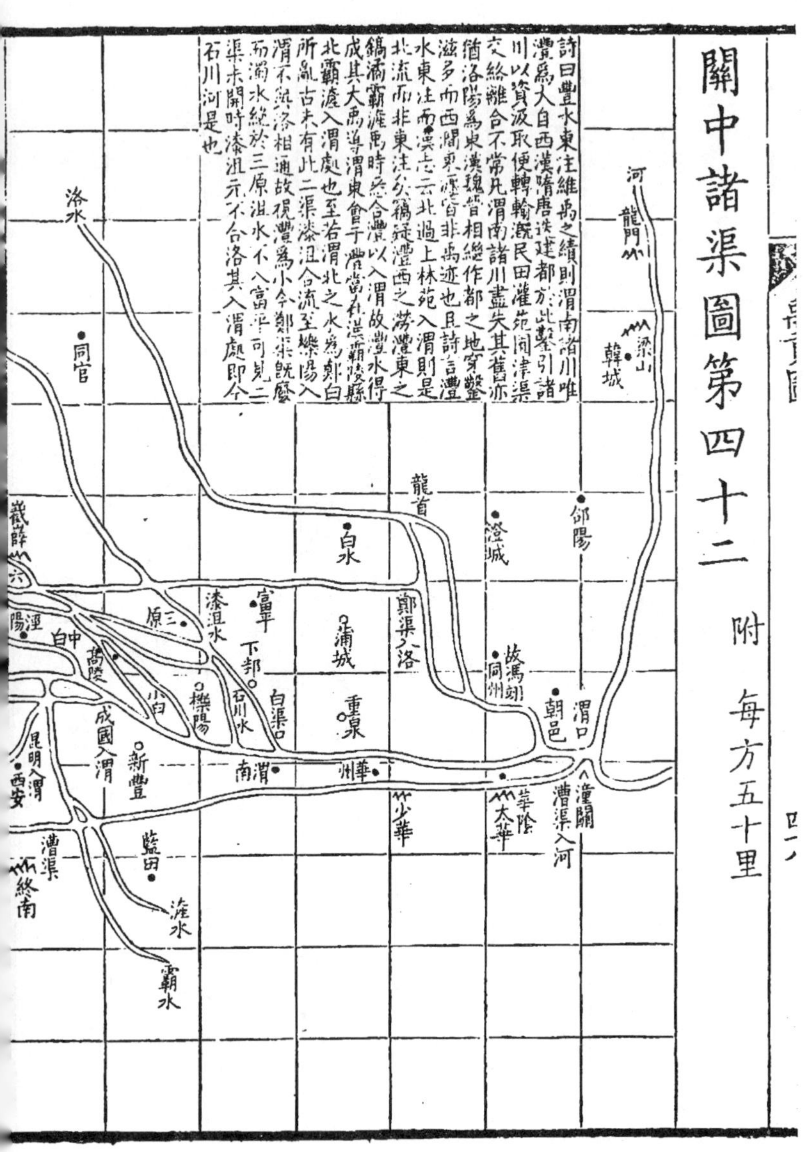

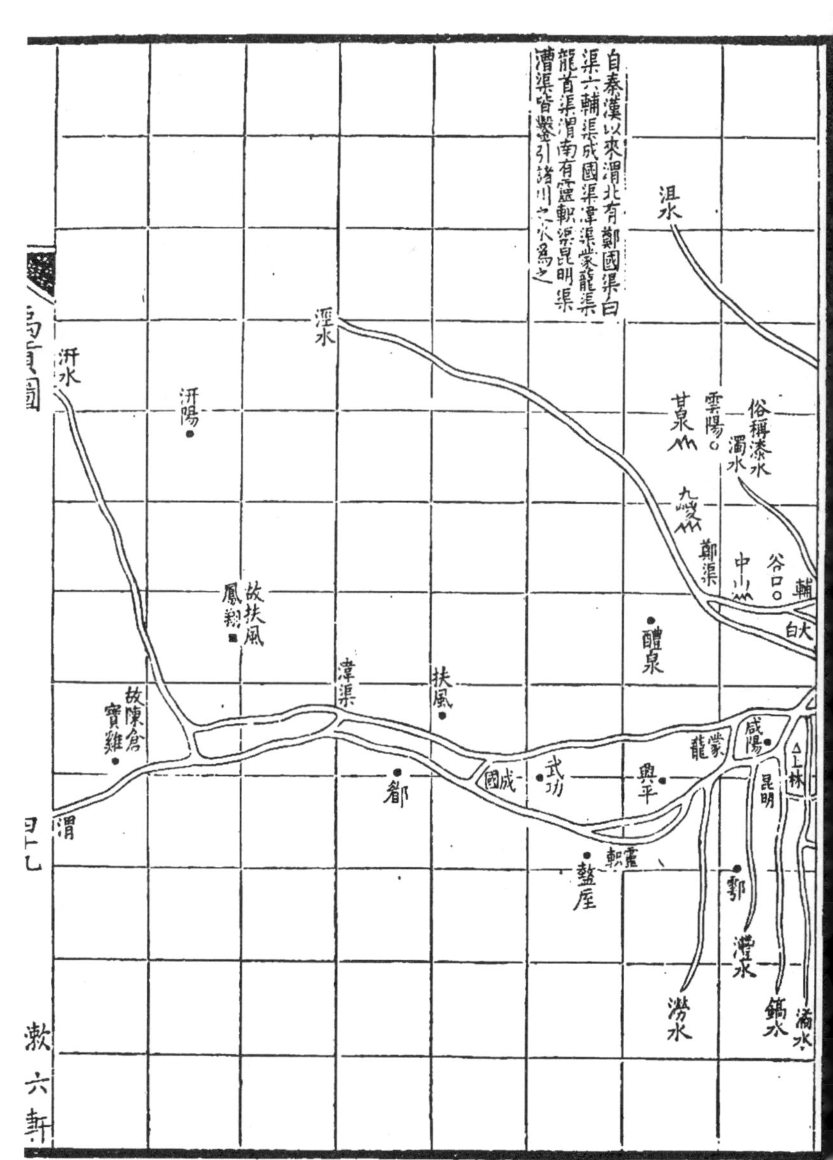
自秦漢以來渭北有鄭國渠白渠六輔渠成國渠漳渠蒙龍渠龍首渠渭南有靈軹渠昆明渠漕渠皆鑿引諸川之水爲之
汧水
汧陽
涇水
沮水
甘泉
雲陽
俗稱漆水
濁水
九嵕
鄭渠
中山
谷口
輔
白
大
故扶風
鳳翔
醴泉
故陳倉
寶雞
漳渠
扶風
郿
成國
武功
興平
蒙龍
咸陽
上林
昆明
渭
靈軹
盩厔
鄠
澇水
灃水
鎬水
滈水

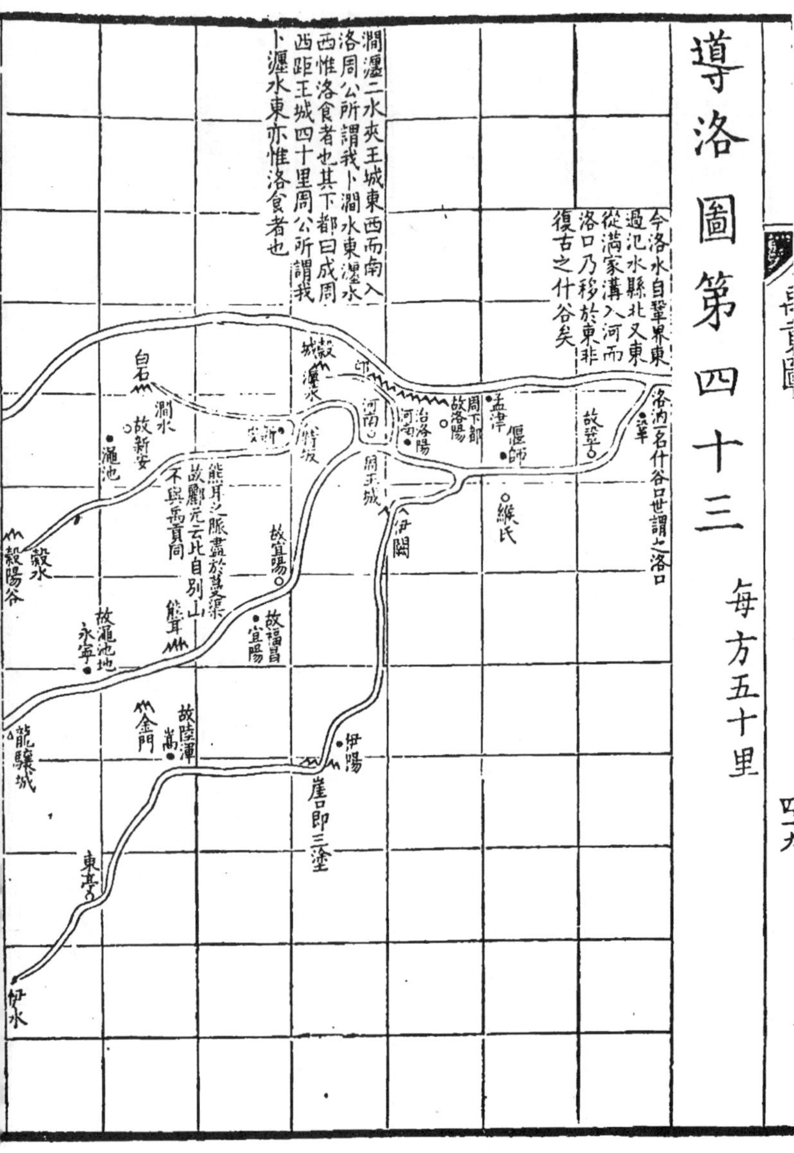
導洛圖第四十三
每方五十里
今洛水自鞏界東過汜水縣北又東從滿家溝入河而洛口乃移於東非復古之什谷矣
洛汭一名什谷口世謂之洛口
澗瀍二水夾王城東西而南入洛周公所謂我卜澗水東瀍水西惟洛食者也其下都曰成周西距王城四十里周公所謂我卜瀍水東亦惟洛食者也
熊耳之脈盡於甚渠故酈元云此自別山不與禹貢同
穀城
瀍水
澗水
故新安
澠池
穀水
穀陽谷
故宜陽
故福昌
宜陽
熊耳
故澠池地
永寧
河南
周王城
伊闕
治洛陽
故洛陽
周下都
孟津
偃師
緱氏
故鞏
鞏
金門
故陸渾
嵩
伊陽
崖口即三塗
龍驤城
東亭
伊水

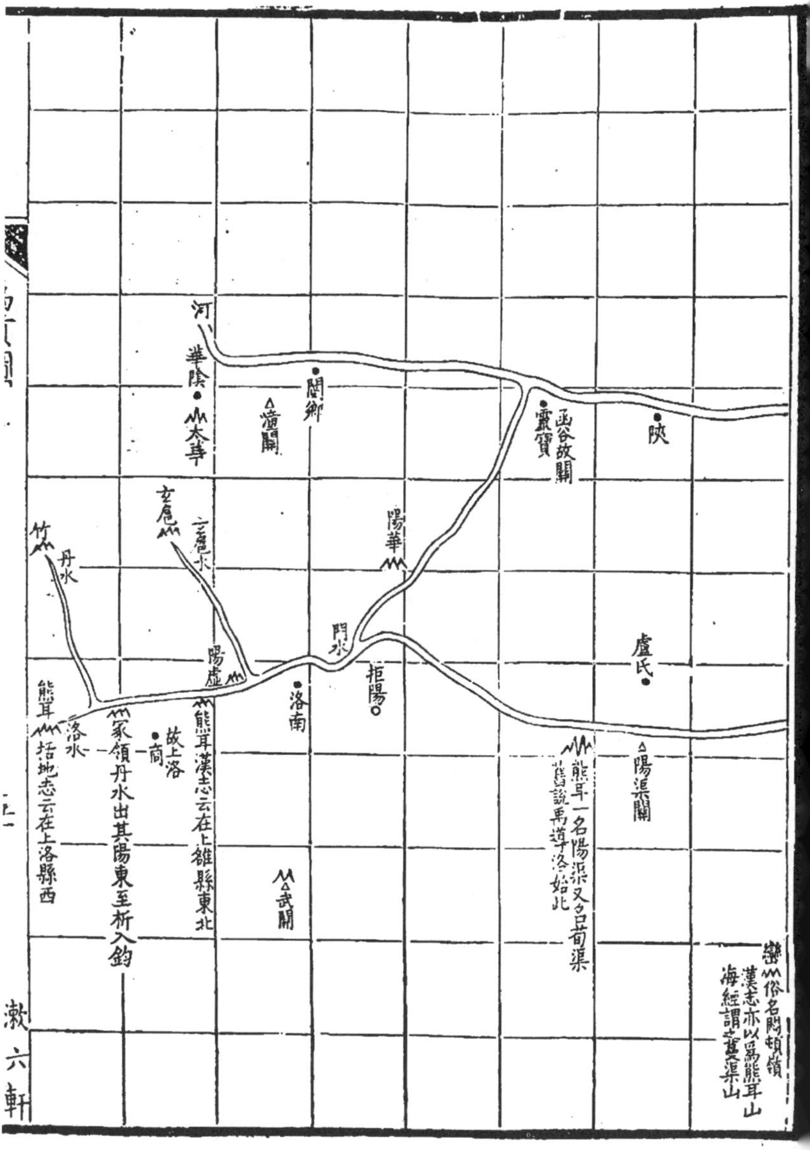

巒山俗名閼頓嶺 漢志亦以爲熊耳山 海經謂之蔓渠山

陝

函谷故關

靈寶

盧氏

陽渠關

熊耳一名陽渠又名呂荀渠 舊說禹導洛始此

陽華

閿鄉

潼關

河

華陰

太華

門水

拒陽

洛南

武關

玄扈

玄扈水

陽虛

熊耳漢志云在上雒縣東北

故上洛

商

冢領丹水出其陽東至析入鈞

竹

丹水

洛水

熊耳括地志云在上洛縣西

潄六軒

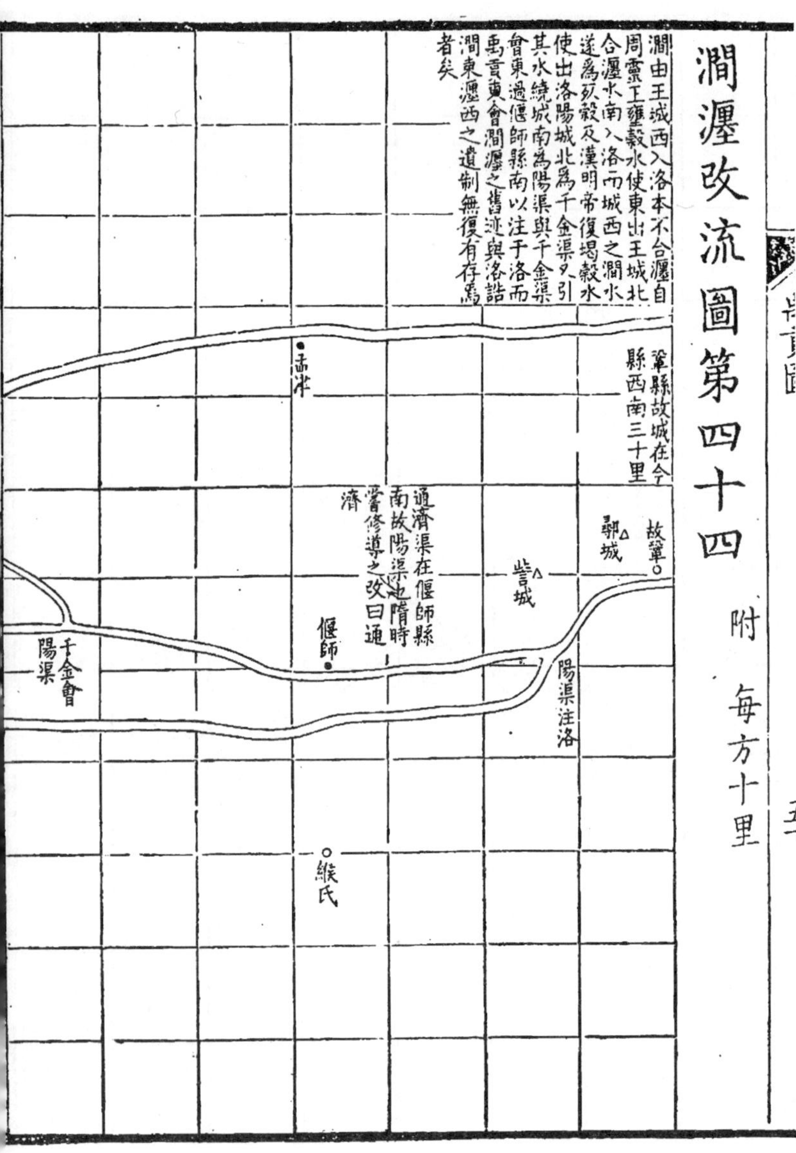
澗瀍改流圖第四十四
附
每方十里
澗由王城西入洛本不合瀍自周靈王壅穀水使東出王城北合瀍水南入洛而城西之澗水遂爲死穀及漢明帝復堨穀水使出洛陽城北爲千金渠又引其水繞城南爲陽渠與千金渠會東過偃師縣南以注于洛而禹貢東會澗瀍之舊迹與洛誥澗東瀍西之遺制無復有存焉者矣
鞏縣故城在今縣西南三十里
孟津
故鞏
鄩城
訾城
通濟渠在偃師縣南故陽渠也隋時嘗修導之改曰通濟
偃師
千金渠會陽渠
陽渠注洛
緱氏

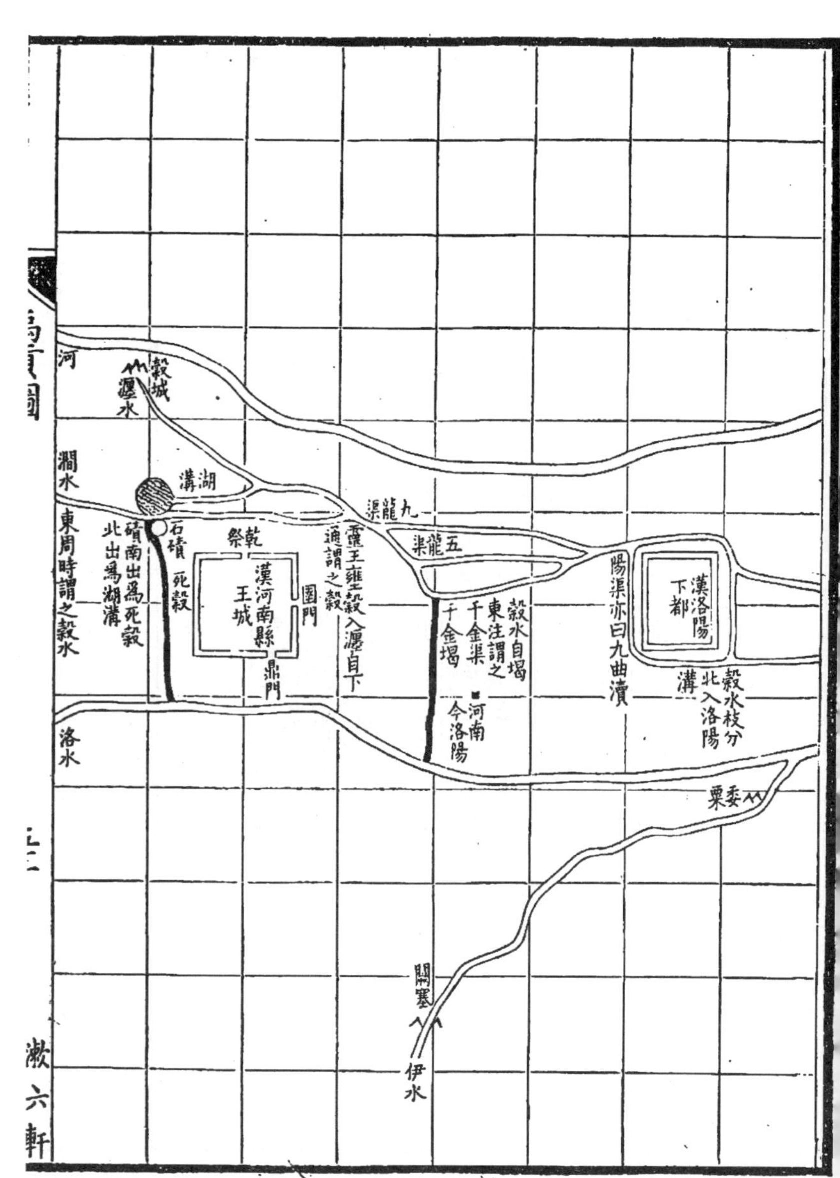

禹貢圖
三
河
穀城
瀍水
澗水
湖溝
東周時謂之穀水
石磧
死穀
磧南出爲死穀北出爲湖溝
九龍渠
五龍渠
乾祭
漢河南縣王城
圉門
鼎門
靈王壅穀入瀍自下通謂之穀
穀水自堨東注謂之千金渠
千金堨
河南今洛陽
陽渠亦曰九曲瀆
漢洛陽下都
穀水枝分北入洛陽溝
洛水
委粟
闕塞
伊水
潄六軒

五服圖第四十五

荒	荒	荒	荒	荒	荒	荒	荒	荒	荒
荒	要	要	要	要	要	要	要	要	荒
荒	要	綏	綏	綏	綏	綏	綏	要	荒
荒	要	綏	侯	侯	侯	侯	綏	要	荒
荒	要	綏	侯	甸	甸	侯	綏	要	荒
荒	要	綏	侯	甸	甸	侯	綏	要	荒
荒	要	綏	侯	侯	侯	侯	綏	要	荒
荒	要	綏	綏	綏	綏	綏	綏	要	荒
荒	要	要	要	要	要	要	要	要	荒
荒	荒	荒	荒	荒	荒	荒	荒	荒	荒

禹因高山大川之形勢別爲九州初不計幅員之廣狹道路之迂直及水土既平則規方五千里之地以爲五服之制周圍二萬里其中積方五百里者百方千里者二十五雖有絶長補短之處而大槩整齊劃如棊局若夫荒服之外尚有餘地所謂外薄四海咸建五長者則東漸于海直抵嵎夷西被流沙屆于黑水計其延袤當不下萬里

九州之地西南贏而東北縮禹制爲五服必有絶長補短之處而去古已遠不可得聞今姑用開方法畫爲百區區方五百里甸服爲方五百里者四侯服十二綏服二十要服二十八荒服三十六以見中外廣狹之數非謂禹當日所制四面均齊方正截然如棊路也學者觀象而得其意勿復爲扣槃捫燭之見則善矣

周九服圖第四十六 附

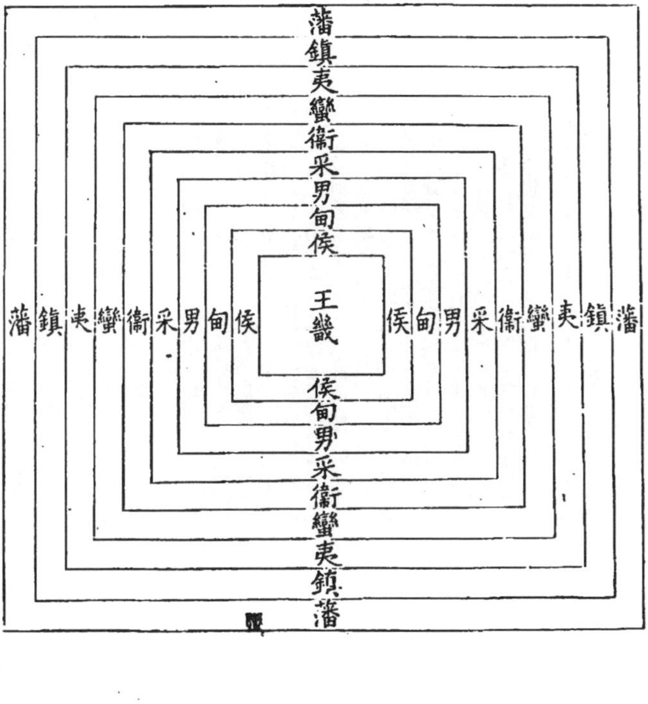

藩鎮夷蠻衛采男甸侯

藩鎮夷蠻衛采男甸侯 王畿 侯甸男采衛蠻夷鎮藩

侯甸男采衛蠻夷鎮藩

周禮職方氏辨九服之邦國方千里曰王畿其外方五百里曰侯服又其外方五百里曰甸服又其外方五百里曰男服又其外方五百里曰采服又其外方五百里曰衛服又其外方五百里曰蠻服又其外方五百里曰夷服又其外方五百里曰鎮服又其外方五百里曰藩服大司馬謂之九畿而王畿曰國畿

陸佃曰鄭氏謂周公斥大九州之界方七千里此讀周官之誤也蓋禹貢言面周官言方言方則外各二百五十里非一面五百里也

易祓曰禹五服帝畿在内帝畿千里而兩面各五百里數其一面故曰五百里甸服自甸至荒皆數一面每面各五百里總爲二千五百里兩面相距凡五千里職方氏所載則王畿不在九服之内自方五百里之侯服至方五百里之藩服其名凡九九服每面各二百五十里通爲二千二百五十里兩面相距通爲四千五百里并王畿千里通爲五千五百里增於禹者五百里之藩服耳然禹九州之外咸建五長東漸西被即成周藩服之域其名雖增而地未嘗增也

金履祥曰甸服方千里而曰五百里是舉一面言之周官方千里曰王畿又其外方五百里曰某服則舉兩面通計之然則禹貢所謂五百里者乃千里而周官所謂外方五百里者乃二百五十里也

四海圖第四十七

每方二千里

肅愼之北不知其所極

肅愼後漢曰挹婁

唐書言突厥部北海之北有骨利幹國在海北岸又流鬼國去京師萬五千里濱於北海是北海視西海較近也然自古無八聆至其地者

獯鬻周曰玁狁秦漢曰匈奴隋唐曰突厥

冀

青

雍

兗

徐

豫

梁

荊

揚

東海

三韓即冀州所云島夷皮服者也

辰韓

馬韓

弁辰

倭人

倭與東鯷即揚州所云島夷卉服者也

東鯷人

後漢謂之大倭王國即今日本

夷洲

亶洲

南海自揭陽起

夜郎

牂柯

故且蘭

鬱林

蒼梧

合浦

南海

儋耳

珠厓

今瓊州

交趾

今安南

九眞

漢所置儋耳珠厓南海合浦蒼梧鬱林交趾九眞日南九郡及牂柯益州永昌三郡皆在禹貢揚荊梁三州之徼外

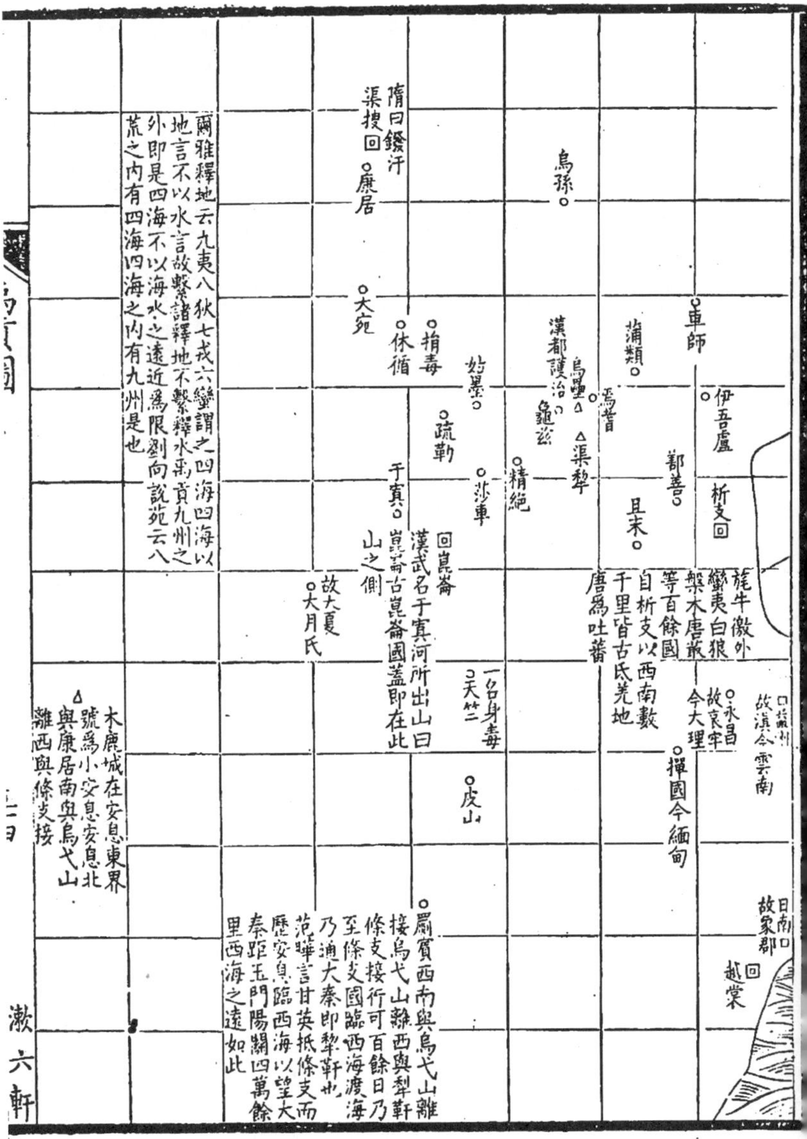

旄牛徼外蠻夷白狼槃木唐菆等百餘國自析支以西南數千里皆古氐羌地唐為吐蕃

益州 故滇今雲南

永昌 故哀牢 今大理

撣國今緬甸

日南 故象郡

越裳

車師

伊吾盧

析支

鄯善

且末

蒲類

焉耆

烏壘

渠犂

漢都護治

龜茲

精絕

烏孫

沙車

姑墨

疏勒

捐毒

休循

于窴

崑崙

漢武名于窴河所出山曰崑崙古崑崙國蓋即在此山之側

一名身毒 天竺

皮山

罽賓西南與烏弋山離接烏弋山離西與犂靬條支接行可百餘日乃至條支國臨西海渡海乃通大秦即犂靬也范曄言甘英抵條支而歷安息臨西海以望大秦距玉門陽關四萬餘里西海之遠如此

大宛

康居

隋曰鏺汗

渠搜

故大夏 大月氏

爾雅釋地云九夷八狄七戎六蠻謂之四海四海以地言不以水言故繫諸釋地不繫釋水禹貢九州之外即是四海不以海水之遠近為限劉向說苑云八荒之內有四海四海之內有九州是也

木鹿城在安息東界號為小安息安息北與康居南與烏弋山離西與條支接

潄六軒

右禹貢圖四十七篇，皆余所手摹也。凡九州之疆域，山海川流之條理，原隰陂澤之形勢，及古今郡國地名之所在，八方相距之遠近，大略粗具，而獨恨晉圖既亡，諸地記道里之數，無以得準望遠近之實也。裴氏序云：製圖之體有六。一曰分率，分，扶問切。率音律。所以辨廣輪之度也；二曰準望，所以正彼此之體也；三曰道里，所以定所由之數也；四曰高下，五曰方邪，六曰迂直，此三者各因地制宜，所以校夷險之異也。有圖象而無分率，則無以審遠近之差；有分率而無準望，則得之於一隅，必失之於他方；有準望而無道里，則施於山海絶隔之地，不能以相通；有道里而無高下、方邪、迂直之校，則徑路之數，必與遠近之實相違，失準望之正矣。故以是六者，參而攷之。然遠近之實，定於分率；彼此之實，定於道里；度數之實，定於高下、方邪、迂直之算。故雖有峻山鉅海之隔，絶域殊方之迥，登降詭曲之因，皆可得舉而定者。準望之法既正，則曲直遠近無所隱其形也。此三代之絶學，裴氏繼之於秦、漢之後，著爲圖説，神解妙合，而志家終莫知其義。今按：分率者，計里畫方，每方百里五十里之謂也。準望者，辨方正位，某地在東西某地在南北之謂也。古志言境界四正四隅爲八到，或又曰正東微南、正北微西，推此類則共有十六方，準望之法加密矣。道里者，人跡經由之路，自此至彼里數若干之謂也。路有高下、方邪、迂直之不同。高謂岡巒，下謂原野；方如矩之鉤，邪如弓之弦；迂如羊腸九折，直如鳥飛準繩：三者皆道路夷險之别也。人跡而出於高與方與迂也，則爲登降屈曲之處，其路遠；人跡而出於下與邪與直也，則爲平行徑度之地，其路近。

然此道里之數，皆以著直略切。地人跡計，非準望遠近之實也。準望遠近之實，必測虚空鳥道以定數，然後可以登諸圖，而八方彼此之體皆正。否則得之於一隅，必失之於他方，而不可以爲圖矣。古之爲圖者，必精於句音鉤。股之數，故準望絫黍不差。金吉甫云：句股算法，自禹制之，所以測遠近高深，而疆理天下、弼成五服者也。説本周髀經。句股之數密，則於山川迂迴之處，道里曲折之間，以句股之多計弦之直，而得遠近之實。大率句三股四弦直五，以正五斜七取之。仁山此説，蓋深有得於裴氏準望之法者。大抵里數之多寡，唯據人跡所由爲得其真，而特不可以爲圖，何也？高下、方邪、迂直之形，非圖之所能具也。圖唯據準望弦直之數，而弦直之數非攷之於書，而核其高下、方邪、迂直之形，則無從折算而得虚空鳥道之遠近，此圖與書所以相爲表裏也。書詳夷險之别，則道里之遠近不與準望相違；準望既定，爲圖則夷險之形亦若視諸掌矣。後之撰方志者，以郡縣廢置不常，而無暇以句股測遠近之實。其所書唯據人跡所由之里數，而高下、方邪、迂直之形一切不著，雖有精於句股者，亦孰從而測之。故四至八到之里數，與準望遠近之實，往往不相應，此圖之所以難成，而地理之學日荒蕪也。今杜氏通典、元和郡國志、太平寰宇記、九域志等書皆於州郡之下，列四至八到之里數，可謂詳矣，而夷險之形不著，吾未知其所據者，著地人跡屈曲之路乎，抑虚空鳥道徑直之路乎？至於近世之郡縣志，尤爲疎略，其道里亦未必盡覈，況可據以定準望邪！昔人謂古樂一亡，音律卒不可復。愚竊謂晉國一亡，而準望之法亦遂成絶學。嗚呼惜哉！有能毅然以復古爲任者，乞靈帝語，勅郡縣諸吏，循行水陸道路，徧籍其高下、方邪、迂直之形，以上之司徒。司徒徵天下之善筭者，覆案其狀，而以句股之贏餘，計弦直之實數，以正準望之法，而定爲一書。每郡縣之下分爲二條：一道路，曰東至某若干里，西至某若干里云云；一準望，曰某在東若干里，某在西若干里云云。如此則準望與道路可以互相參驗而各得其實，由是繪之以爲圖，則彼此之體皆正，而無得之一隅失之他方之患矣。裴氏之絶學復見於今，豈非千古之盛事乎。雖然此特爲方志言之也。若夫禹貢之圖，則但如吾之所爲，名山之位，方鄉不迷，大川之流，原委無誤，郡縣與山川相附，新形與舊迹並存，亦可以證明傳注，而爲學者之一助矣。壬午仲秋，月幾望，東樵山人識。

禹貢錐指卷一

禹貢

孔氏安國傳曰：禹制九州貢法。孔氏穎達正義曰：此篇史述時事，非應對言語。當是水土既治，史即録此篇。又曰：貢賦之法，其來久矣。治水之後，更復改新，言此篇貢法是禹所制，非禹始爲貢也。又曰：賦者，自上税下之名。治田出穀，經定其差等，謂之厥賦。貢者，從下獻上之稱。以所出之穀，市其土地所生以獻，謂之厥貢。雖用賦物，亦不盡也。又有全不用賦物，隨地所有，採取以爲貢者。此之所貢，即與周禮九貢不殊，但彼分之爲九耳。其賦與九賦全異，不言賦而言貢者，取下供上之義也。林氏之奇曰：禹貢一篇，蓋言禹之治水，其本末先後之序，無不詳備，名雖曰貢，實典之體也。張氏九成曰：此一篇以爲史官所記邪，而其間治水曲折，非史官所能知也。竊意「禹敷土，隨山刊木，奠高山大川」，此史辭也；「禹錫玄圭，告厥成功」，此史辭也。若夫自冀州至訖于四海，皆禹具述治水本末，與夫山川之主名，草木之生遂，貢賦之高下，土色之黑白，山之首尾，川之分派，其所以弼成五服、聲教四訖者，盡載以奏於上，藏之史官，略加删潤，敍結成書耳。王氏炎曰：九州有賦有貢。凡賦，諸侯以供其國用；凡貢，諸侯以獻于天子。挈貢名篇，有大一統之義焉。

顧炎武日知録曰：堯、舜、禹，皆名也。考之尚書，帝曰「格汝舜」、「格汝禹」，名其臣也。堯崩之後，舜與其臣言，則曰帝。禹崩之後，五子之歌則曰皇祖，胤征則曰先王，無言堯、舜、禹者，不敢名其君也。渭按：周禮外史：達書名於四方。鄭康成注云：書名，堯典、禹貢之類。夫書名達於天下，常爲人所稱道，而顧以君名著，何也？蓋記當時之言動，君不可與臣俱名，故名臣而稱其君曰帝。篇中稱名者，唯發端曰若稽古帝某。書名，則垂諸簡策，以詔來世，與敍述之文不同，故二典謨貢，不嫌以名著也。或曰：史遷云，舜名重華，禹名文命。由此推之，則放勳亦名也。孟子再稱放勳，屈原三稱重華，堯、舜、禹豈有二名哉。曰放勳、重華、文命，皆號也，而亦可謂之名。閻百詩曰：名者，號也。言舜號曰重華，禹號曰文命云爾。孔疏云：人有號、謚之名。余謂名曰重華、名曰文命，此生號之名也；孟子名之曰幽、厲，此死謚之名也，皆得謂之名。然則典貢之上，曷不繫以號。曰上古淳樸，無嫌於名，故不必以號著也。商則稍有所嫌矣。湯，號也，亦曰成湯、武湯，與放勳、重華、文命同。其名曰履，論語云「予小子履」是也。避名著號，故書有湯征、湯誓、湯誥。商人以十干爲號，自上甲微始。魯語展禽曰：上甲微能帥契者也，商人報焉。上甲者，十干之號；微，其名也。湯號天乙，而更有美號，故以湯著。後王無他美號，則亦以十干之號著而不名。故書有太甲、沃丁、仲丁、河亶甲、祖乙、盤庚。又有廟號，太甲爲太宗，太戊爲中宗，武丁爲高宗，故書有高宗肜日、高宗之訓、太甲三篇，及身而作，史亦不追改也。高宗二篇，據殷本紀爲其子祖庚時作，故稱廟號，序以爲祖己訓高宗，誤也。周人以諱事神，死則制爲謚，以易其名，故書有康王之誥，以謚著焉。文侯之命，臣亦稱謚。據左傳，成王命魯公以伯禽，命唐叔以唐誥。伯禽、唐誥皆誥命，篇名也。文侯之命，初亦當類此。其以謚著者，蓋史所追改。孔子曰：虞、夏之文，不勝其質；殷、周之質，不勝其文。即書之所以名篇，亦可得其梗槩矣。

九州有賦、有貢，而篇名獨以貢著。疏云「取下供上之義」，殊未分明。張子韶中其意曰：昏墊之餘，一旦平定，民安居樂土，自然懷報上之心，以其所有獻於上，故謂之貢。以言名雖曰賦，非强爲科率，民之願輸，亦若貢物然，此所以統名之曰貢也。夫賦出於百姓，貢出於諸侯。信如張氏所言，則貢即賦矣，經何爲別之曰厥賦、厥貢邪！林少潁云：別而言之，有貢、有賦，合而言之，則此貢與商之助、周之徹，皆一代取民之總名。蔡傳從之。夫五十而貢，取諸受田之民，任土作貢，供自有土之君，名同而實異。此篇貢自貢、賦自賦，混而一之，非矣。惟王氏之説近是。謹按：九州之末，皆言貢道。下文又云「錫土姓，祗台德先，不距朕行」，則所重在諸侯之脩職可知。甸、侯、綏服方三千里之地，謂之中邦，禹之所則壤以成賦者也。然惟甸服千里之内，天子所自賦。餘皆以封諸侯。諸侯取于民，謂之賦；而出其國用之餘，以獻于天子，則貢也，而非賦矣。外而要荒君長，若嵎夷、萊夷、淮夷、和夷、西傾之屬，皆有所獻，以效其慕義嚮化之誠，亦謂之貢。至於海外之島夷，及崑崙、析支、渠搜諸戎，莫不來享來王，各以其所貴琛爲摯，亦皆謂之貢。貢之爲言廣矣、大矣。賦止甸服，貢盡九州。賦止中邦，貢兼四海。言賦不可以該貢，而言貢則可以該賦。史臣挈貢名篇，實有大一統之義，東漸西被，聲教四訖之盛，皆於是乎見，晦叔之解經精矣。

虞、夏之制，不可得而詳已，請以周制喻。周禮職方氏曰：制其貢，各以其所有。注云：國之地物所有。賈公彦曰：諸侯無貢于王法，民間得税，大國半，次國三之一，小國四之一，依大司徒經以爲言。皆市取當國所有，以貢于王，即大宰九貢、小行人之春入貢及禹貢厥篚厥貢之類是也。左傳子産曰「列尊貢重」，謂公侯地廣，故所貢者多。蓋周制有，然在舜、禹之世，不知何如。要之，以什一之法賦於民，而出其國用之餘，市物以貢於天子，則古今一致矣。疏云：此之所貢，與周禮九貢不殊。按大宰以九貢致邦國之用，一祀貢，二嬪貢，三器貢，四幣貢，五材貢，六貨貢，七服貢，八斿貢，九物貢。先鄭云：祀貢，犧牲、包茅之屬；嬪貢，皮帛之屬；器貢，宗廟之器；幣貢，繡帛；材貢，木材也；貨貢，珠貝自然之物也；服貢，祭服；斿貢，羽毛；物貢，九州之外，各以其所貴琛爲摯，肅慎氏貢楛矢之屬是也。後鄭云：嬪貢，絲、枲；器貢，銀、鐵、石磬、丹漆也；幣貢，玉、馬、幣帛也；材貢，櫄、幹、栝、柏、篠、簜也；貨貢，金、玉、龜、貝也；服貢，絺、紵也；斿，讀如囿游之游，斿貢，燕好、珠璣、琅玕也；物貢，雜物、魚、鹽、橘、柚。此皆倣禹貢言之，然九州之物産，或昔有而今無，或前美而後惡，所貢之品，亦豈必盡同邪！

或問此篇如張氏説，則「祇台德先，不距朕行」，乃禹之自言也。曰台、曰朕，功歸於己，安在其爲不矜不伐乎！曰是無足疑也。非獨斯二語，皋陶謨言之屢矣。皋陶謨、益稷本一篇，古文分「帝曰來禹」以下爲益稷。「予乘四載，隨山刊木，暨益奏庶鮮食。予決九川，距四海，濬畎澮，距川，暨稷播，奏庶艱食鮮食，懋遷有無化居，烝民乃粒，萬邦作乂。」此非禹之自言於帝前者乎！「娶于塗山，辛壬、癸甲，啓呱呱而泣，予弗子。惟荒度土功，弼成五服，至於五千，州十有二師，外薄四海，咸建五長，各迪有功。」此又非禹之自言於帝前者乎！以常情觀之，於善則稱君之義，無乃有違，而禹曾不以爲嫌。臣曰祇台德，君曰迪朕德。聖人之心，浩浩其天，又焉知德之在上與在下也哉。程子曰：凡人避嫌者，皆内不足也。聖人自至公，何避嫌之有？即此可以知禹矣。問者唯唯而退。總之，虞、夏君臣，同心同德，元首股肱，聯爲一體。其更相告語有如此者，不可以叔季之人情妄爲測度也。張氏亦嘗以此自難，而所以解之者未當，故敢以鄙見參焉。

禹貢之爲夏書也，傳曰：此堯時事，而在夏書之首，禹之王以是功。正義曰：初必在虞書之内，蓋夏史抽入夏書，或仲尼始退其第，此不過順傳爲義耳。林少穎曰：自堯典至益稷，皆虞史所録，故謂之虞書。禹貢者，夏史所録，故謂之夏書。此即穎達「堯典非唐史所録，故謂虞書」之意，後儒皆遵用之。夫隋書修於唐，未嘗謂之唐書。唐書修於宋，未嘗謂之宋書。禹貢即夏史所録，而其事則皆舜相堯時事也，安得謂之夏書邪。今案董仲舒云：禹繼舜，舜繼堯，三聖相受而同一道，無救弊之政。故堯典可繫虞，而虞事可連夏。馬融、鄭玄、王肅別録題皆曰虞夏書。鄭序以爲虞夏書二十篇，商書四十篇，周書四十篇。贊云：三科之條，五家之教。是虞、夏同科也。揚子法言亦曰：虞夏之書渾渾爾，商書灝灝爾，周書噩噩爾。左傳僖二十六年，趙衰引夏書，杜預注云：尚書，虞夏書也。此皆與虞、夏同科之説無異。而今所行尚書本，獨判爲二書，故有疑虞、夏之分，自東晉梅賾所獻安國傳始者。然左傳屢引夏書，伏生虞夏傳外，仍有虞傳、夏傳，而太史公河渠書引夏書曰「禹抑鴻水」云云。許慎説文亦多引虞書，此皆在梅賾之前。虞書、夏書之分，恐不自東晉始也。或曰左傳所引夏書有在今虞書者，穎達云：以事關禹，故引爲夏書。若洪範本周書，以箕子所陳而傳引之，即曰商書也。推此例，則説文事關舜，引爲虞書；左傳、史記事關禹，引爲夏書，又何不可，豈必當時書題已判爲二邪？此言最近理。且帝告、釐沃、湯征、汝鳩、汝方，於鄭爲商書，而孔并於胤征之下，以爲夏書。由是夏得九篇，商止三十五篇。明係嫌夏書太少，故裒多益寡，以意爲遷就，斯亦大可疑者。至左傳文五年、成六年、襄三年，三引洪範，皆謂之商書，特以言出箕子耳。明豐坊僞撰古書世學，言其曾大父慶得箕子朝鮮本，自神農政典至微子止，後附洪範一篇。坊據左氏三引，以洪範終商書，非即判禹貢爲夏書之故智乎。

序云：「禹别九州，隨山濬川，任土作貢。」傅寅爲之解曰：隨山而濬川，任土而作貢。程氏所謂因其所自然者也。且四瀆之水，皆東行以入海，而弱水則西、黑水則南者，其所出所逕之山勢則然也。山之勢所向背，水因而趨避之。禹不能逆山以行水，亦猶不能强其所無以作貢，應變施設，雖曰多端，而經畫妙用，同乎順理。孔子序書凡三句十二字，而該貫首末，無復餘藴矣。然百篇之序，朱子謂決非孔門之舊，是周、秦間低手人作，漢書藝文志以爲孔子所纂，非也。同叔亦未之察耳。序本合爲一篇，古文引之，各冠其篇首，今不用。

禹敷土，陸氏經典釋文：敷，方無反。渭按：敷，史記夏本紀作「傅」。

傳曰：洪水汎溢，禹分布治九州之土。正義曰：洪水浸壞民居，故禹分布治之。知者，文十八年左傳云「舉八凱使主后土」，則伯益之輩佐禹多矣。葉氏夢得曰：辨九州之封域而分布之，使官各有守，以任其事。民各有宅，以任其力也。渭按：史記夏本紀，禹與益、后稷奉帝命，命諸侯百姓興人徒以傅土。裴駰曰：尚書「傅」作「敷」。馬融云：敷，分也。司馬貞曰：大戴禮作「傅土」，故此紀依之。傅即賦也，謂賦功屬役之事，令人分布治九州之土地也。

商頌曰：「洪水芒芒，禹敷下土方」，即此「敷土」之謂。古文「敷」與「傅」通。大戴記「敷土」作「傅土」。漢志以傅陽山爲敷淺原是也。又與「賦」通，左傳趙衰引夏書「賦納以言」是也。故索隱謂「傅」即「賦」。左傳：晉合諸侯之大夫城成周，士彌牟「屬役賦丈」，亦「傅土」意也。薛氏謂敷如敷治之敷，猶未相遠。張子韶始云：敷土即「別九州」之義，而蔡傳宗之，沿襲至今，經旨盡失。謹按：書序三句，總括一篇之旨，而經文篇首三句，則皆禹未施功時事。「敷土」又禹未出門時事也。「別九州」在「奠高山大川」句内，不得如張氏所言。

禹平水土，非一手足之爲烈。當時佐禹者必衆，内而百僚，外而羣牧，并有其人。禹自言暨益、暨稷，則三人同行，無時或離可知。周語：太子晉言共之從孫四岳，「能爲禹股肱心膂，以養物豐人民」。韋昭云：「共工從孫爲四岳之官，掌帥諸侯，助禹治水」。是四岳亦禹之佐也。殷本紀載湯誥之言曰：「古禹皋陶久勞於外，四瀆已修，萬民乃有居。」是皋陶亦禹之佐也。吕刑曰：「乃命三后，恤功于民。伯夷降典，折民惟刑。禹平水土，主名山川。稷降播種，農殖嘉穀。」是伯夷亦禹之佐也。疏惟引「八愷」，然杜預以八愷爲垂、益、禹、皋陶之倫，八元爲稷、契、朱虎、熊羆之倫，則八元亦有佐禹治水者。蓋益主焚刊，稷主播種，伯夷主秩祀，皋陶主象刑，偕禹循行天下。而四岳倡率九牧，牧各擇其州内諸侯之賢能者，賦功屬役以令之。事有專司，責無可諉。此所以八年而奏平成之績也。不然，禹雖櫛風沐雨，胼手胝足，亦何濟之有。

東萊書説云：史官作禹貢先言「禹敷土」三字，見禹有一定之規模在胸中，分布九州之土，甚處用此治，甚處用彼治，工役計用多少，然後施功。喻如築城，若尋常築，動是數年不能得成。至李光弼築萬里城，不過數月之功。蓋先擺布定甚處成隊，聲勢相接，故能速成。禹之治水，其規模在此而已。渭按：此喻甚切。左傳：宣十一年，楚令尹蔿艾獵城沂，使封人慮事，以授司徒，量功命日，分財用，平板榦，稱畚築，程土物，議遠邇，略基趾，具餱糧，度有司，事三旬而成，不愆于素。昭三十二年，晉士彌牟營成周，計丈數，揣高卑，度厚薄，仞溝洫，物土方，議遠邇，量事期，計徒庸，慮材用，書餱糧，以令役于諸侯，屬役賦丈，書以授帥，城三旬而畢。此皆所謂先定其規模，而後從事者。治水與築城不同，然事有大小難易，其理則一耳。

隨山刊木，釋文：刊，苦寒反。渭按：刊，漢書地理志作「栞」。顔氏云：古「刊」字。

傳曰：隨行山林，斬木通道。正義曰：禹必身行九州，規謀設法，乃使佐己之人，分布治之。於時平地盡爲流潦，鮮有陸行之路。故將欲治水，隨行山林，斬木通道。鄭云：必隨州中之山而登之，除木爲道，以望觀所，當治者，則規其形而度其功焉。是言禹登山之意也。蘇氏軾曰：山行多迷，刊木以表之，且以通道。史記云「行山表木」。

益稷：予乘四載，隨山刊木。傳曰：所載者四，謂水乘舟，陸乘車，泥乘輴，丑倫反。山乘樏，力追反。隨行九州之山林，刊槎其木，開通道路，以治水也。正義曰：史記河渠書云，禹湮洪水十三年〔一〕，三過家，不入門，陸行載車，水行載舟，泥行蹈毳，音蕝。山行即橋。丘遥反。徐廣曰：橋，一作「輂」，几玉反。直轅車也。尸子云：山行乘樏，泥行乘蕝。子絶反。漢書溝洫志云：泥行乘毳，山行則梮。居足反。毳形如箕，擿行泥上。如淳云：毳謂以板置泥上，以通行路也。慎子云：爲毳者，患塗之泥也。應劭云：梮或作「樏」，爲人所牽引也。如淳云：梮謂以鐵如錐頭，長半寸，施之履下，以上山不蹉跌也。韋昭曰：梮，木器也。如今轝牀，人轝以行也。輴與毳爲一，樏與梮、輂爲一。古篆變形，字體改易。説者不同，未知孰是。

書言刊木，而孟子云：舜使益掌火，益烈山澤而焚之。其説不同，何也？蓋刊乃常法，間有深林窮谷，薈蔚蒙蘢，斧斤不可勝除者，則以一炬空之，殊省人力，此聖人變通之智。

隨山刊木，有五利焉。遥望山川之形勢，規度土功，一也；往來之人，不迷厥道，二也；禽獸逃匿，登高避水者，得安其居，三也；奏庶鮮食，以救阻饑之民，四也；材木委積，可以供治水之用，五也。

奠高山大川。

釋文：奠，田遍反。

傳曰：奠，定也。正義曰：禮定器於地，通名爲奠。是奠爲定也。葉氏曰：高山大川，如荆、岐、江、漢是也。治水者，不逆其性，而行其所無事，則惟形勢之順而已。形勢以山川爲主，山川以其高且大者爲主。高山大川，各定其所而名正，則其餘可以類求。奠，定也。猶周官言「奠地守」也。黄氏度曰：高山，山之會也。谿壑隨大小行其中，衆水輳合於大川，大川所以紀理衆小水也。九州皆有高山大川，不獨五岳、四瀆，所謂「刊旅」、「滌源」者也。董氏鼎曰：自黄帝畫野分州，九州封域已定矣。禹治水，復取高山大川，以别識之，使各州之官，率民以趨事也。

傳云：高山、五岳；大川、四瀆，定其差秩祀禮所視。林少穎曰：此有司之常事耳，而乃言於刊木之下，冀州之上，非序也。故知孔説爲不然。渭按：史記集解引尚書大傳云「高山大川，五岳、四瀆之屬。」有「之屬」二字，即無病。

蔡氏云：定高山大川，以别州境。若兖之濟、河，青之海、岱，揚之淮、海，雍之黑水、西河，荆之荆、衡，徐之海、岱、淮，豫之荆、河，梁之華陽、黑水是也。渭按：吕刑：禹平水土，主名山川。正義曰：山川與天地并生，民應先與作名。但禹治水，萬事改新，古老既死，其名或滅。故當時無名者，禹皆主名之。不但如蔡氏所舉境上之山川，凡九州所言，如冀之壺口、岳陽，徐之蒙、羽，梁之岷、嶓、蔡、蒙，雍之梁、荆、岐、終南、惇物、鳥鼠、三危、積石、龍門，皆高山也；冀之衡漳、恒、衛，兗之漯，青之濰、淄，徐之沂、泗，揚之三江，荆之江、漢、九江，豫之伊、洛、瀍、澗，梁之江沱、桓、沔，雍之弱水、渭、涇、漆、沮、灃，皆大川也。禹既爲之主名，因定某山爲某州之山，某川爲某州之川，使守土者知所從事，不容他諉也。

敷土是禹未出門時事。冀土賦與某某，兗土賦與某某，此不過擇人而任之，猶未知某山某川爲當治也。及隨刊已畢，高山大川，歷歷可數。禹於是定某山爲某州之山，某川爲某州之川，使各治其所有，則法加詳矣。山川既奠，禹與益稷、四岳俾九牧各率其屬，發人徒以就役。或兩地先後興工，如自壺口而梁、岐，而太原、岳陽，而覃懷、衡漳，皆先後次第興工。或鄰封一時并作，如九河既道，則兗之雷夏、灉、沮，與冀之恒、衛、大陸，不妨分曹并作。或決川之餘，兼及畎澮，如呂梁既鑿，遂及岐山，淮、沂既乂，遂及蒙、羽是也。或距海之後，久乃滌源，如治兗時，河已從碣石入海。治揚時，江、漢已爲三江入海。而岷、嶓、積石之功，乃在治梁、雍時事。或爲二州之界，而臨事共協其力，如冀與雍、豫、兗共是河，禹在冀，三州協力治河。徐、兗共是濟，禹在徐，而兗協力治濟。徐、揚共是淮，禹在徐，而揚協力治淮也。或歷數州之域，而當境各任其勞，如江、漢歷梁、荆、揚三州之域，而揚治三江，荆治九江及江沱、潛、漢，梁治岷、嶓及沱、潛，是各州之力不相貸也。上下相維，彼此相應。如身之使臂，臂之使指，故能量功命日，不愆于素。八年而九州攸同，十三載而錫圭告成也。

敷土已畢，然後有導岍之行。奠山川已畢，然後有壺口之事。

【校勘記】

〔一〕正義曰史記河渠書云禹湮洪水十三年　「湮」，四庫本作「抑」。按今本史記作「抑」，索隱：抑者，遏也。孔穎達正義誤録。

禹貢錐指卷二

冀州：

釋文：冀，居器反。

傳曰：堯所都也。又曰：此州帝都，不説境界，以餘州所至則可知。正義曰：史傳皆云堯都平陽。五子之歌云：「惟彼陶唐，有此冀方。」是冀州堯所都也。又曰：兗州云濟、河，自東河以東也；豫州云荆、河，自南河以南也；雍州云西河，自西河以西也。明東河之西，西河之東，南河之北，是冀州之境也。又曰：九州之次，以治爲先後。以水性下流，當從下而泄，故治水皆從下爲始。冀州帝都，故首從冀起，而東南次兗，而東南次青，而南次徐，而南次揚；從揚而西，次荆；從荆而北，次豫；從豫而西，次梁；從梁而北，次雍。雍地最高，故在後也。自兗已下，皆準地之形勢，從下向高，從東向西。青、徐、揚三州并爲東偏。雍高於豫，豫高於青、徐；雍、豫之水，從青、徐而入海也。梁高於荆，荆高於揚；梁、荆之水，從揚而入海也。兗在冀之東南，冀、兗二州之水，各自東北入海也。冀州之水，不經兗州。以冀是帝都，河爲大患，故先冀而次兗。若使冀州之水，東入兗州，水無去處，治之無益，雖是帝都，不得先也。蘇氏曰：堯水，河爲患最甚，江次之，淮次之。河行冀、兗爲多，而青、徐其下流，被害尤甚。堯都於冀，故禹行自冀始，次兗、次青、次徐，四州治而河患衰矣。雍、豫雖近河，以下流既治，可以少緩也。故次揚、次荆，以治江、淮；江、淮治而水患平。故次豫、次梁、次雍，以治江、河上流之餘患，而雍最高，故終焉。渭按：堯都平陽，今山西平陽府臨汾縣西南平陽故城是也。李巡注爾雅，始解州名。孔疏以爲所言未必得其本。其後晉志、通典亦皆有説。林少穎云：九州命名之意，蓋出於一時之偶然，不可必求其義。傅同叔云：凡釋九州之名者，皆因字生義云爾。未必得古人命名之實，不足信也。此真通人之見，今一槩不録，以其言盡屬傅會，且非要義所關也。

古書言唐堯所居者三。一爲帝都，漢志云：河東本唐堯所居。應劭曰：平陽，堯都，在平水之陽是也。二爲始封之國：一在太原晉陽縣，漢志云：故詩唐國，周成王滅唐，封弟叔虞，晉水所出是也；一在中山唐縣，漢志云堯山在南，應劭曰故堯國，張晏曰堯爲唐侯國於此是也。鄭康成詩譜云：唐者，帝堯舊都，今曰太原晉陽。是堯始居此，後乃遷河東平陽。皇甫謐帝王世紀云：堯始封於唐，今中山唐縣，後徙晉陽，及爲天子，都平陽，此皆在冀州之域，故曰「惟彼陶唐，有此冀方」也。濟陰定陶縣，後漢郡國志亦云古唐堯所居，此則在兗州之域。水經注：永安本彘縣，汾水自縣西歷唐城東。瓚注漢書云：堯所都，東去彘十里。按：永安今霍州，霍太山在其東。揚雄冀州牧箴雖有「岳陽是都」語，然岳陽所該者廣，平陽亦在太岳之陽，恐不止永安，瓚説非是。

閻百詩尚書古文疏證曰：蔡傳堯初爲唐侯，後爲天子，都陶，故曰陶唐。按堯爲天子，實先都吾晉陽，後遷於平陽，從不聞有都陶之事，真屬臆語，即書疏、左氏杜注、孔疏亦不確。唯漢書臣瓚注：堯初居唐，後居陶，故曰陶唐。師古曰：瓚説非也。許慎説文解字云：陶，丘再成也，在濟陰。夏書曰：東至陶丘，陶丘有堯城，堯嘗居之，後居於唐，故堯號陶唐氏。斯得其解矣。吾欲取以易蔡傳。渭按：竹書帝堯九十年，游居于陶；一百年，帝陟于陶。瓚説本此。冀州不言境界，傳説爲正。馬、鄭皆云時帝都之，使若廣大。然孔疏非之曰：夫既局以州名，復何以見其廣大，是妄説也。晁以道云：亦所以尊京師，示王者無外之意。説本馬、鄭，班固所謂，非其本義，與不得已者。

或問：冀州欲言其境界，當云何？曰：若從爾雅曰兩河間，則漏却南河，未善也。古者河北之地，皆謂之河内。自戰國魏始有河内、河東之别，而秦、漢因之以置郡。周禮所謂河内，不止河内郡地也。今即兼幽、并言之，亦無不可，必欲書境界，曰河内惟冀州，庶幾得之。史記正義云：古帝王之都多在河東、河北，故呼河北爲河内，河南爲河外。又云：河從龍門南至華陰，東至衛州，東北入海。曲繞冀州，故言河内。蓋自大河以北，總謂之河内，而非若今之但以懷州爲河内也。然經文簡奥，可以互見，正不必爾也。

舜肇十有二州，以冀州之北廣大，分置并州、幽州，此馬融説也，孔傳同。至夏而復合於冀，與堯時同。爾雅之九州，有冀、幽而無并。郭璞以爲殷制「兩河間曰冀州」，注云：自東河至西河；「燕曰幽州」，注云：自易水至北狄。蓋殷分夏冀州之東北以爲幽，而正北并州之地仍屬冀，視虞之冀則大矣。周禮：「東北曰幽州」，「河内曰冀州」，「正北曰并州」，與虞制同。賈公彦疏云：周之冀州小於禹貢，以其北有幽、并。然不唯小於禹貢，亦小於爾雅也。

冀州爲中土，古軒轅、陶唐、有虞、夏后、殷人所都，及實沈、臺駘、孤竹之封皆在焉。春秋時可考者，晉、古實沈之虚，唐人是因以服事夏、商，及周成王滅之，以封弟叔虞爲唐侯，至子燮改名曰晉。魏、霍、冀、黎、書「西伯戡黎」，即此。今爲黎城縣。揚、郇、或作荀。賈、沈、姒、蓐、黄、帝封臺駘於汾川，沈、姒、蓐、黄，實守其祀。潞、赤狄、邯、鄘、衛、始封在朝歌。邢、共、凡、原、雍、邘、虞、檀、温、中山、鼓、肥、鮮虞、薊、北燕、韓、無終、山戎，凡三十五國。戰國時屬燕、趙、魏，而秦、衛亦兼得其地。秦并天下，置三十六郡，此爲鉅鹿、邯鄲、上谷、漁陽、右北平、遼西、河東、上黨、太原、代郡、鴈門、雲中、三川。北境是。漢武置十三州，此爲冀州、領郡國九。幽州、領郡國十。并州，領郡九。後漢、魏、晉並因之。晉冀州領郡國十三、幽州七、并州六。南北朝土地分裂，增置漸多，不可勝紀。唐承隋制，州即是郡。貞觀初，因山川形便，分天下爲十道。開元中，又析爲十五道。此爲河北道之汲郡衛州、鄴郡相、廣平洺。鉅鹿邢、信都冀、趙郡趙、常山鎮、博陵定、河間瀛、文安莫、饒陽深、上谷易、范陽幽、順義順、歸化、分順州置。歸德燕、嬀川嬀、漁陽薊、密雲檀、北平平、柳城營等郡；河東道之河東蒲州、絳郡絳、陜郡、陜北境是。平陽晉、高平澤、上黨潞、樂平儀、陽城沁、大寧隰、文城慈、西河汾、太原并、昌化石、鴈門代、定襄忻、安邊蔚、馬邑朔、雲中雲等郡；又都畿之河内郡懷州，開内道之單于大都護府。按：以上通典所列，信都當全屬兗，鄴郡之内黄、堯城、臨河、汲郡之黎陽東境，當分屬兗。以今輿地言之，山西太原、平陽、汾州、潞安、大同五府，澤、遼、沁三州；河南則懷慶、衛輝、彰德三府；唯衛輝之胙城縣，舊在大河之南，當屬兗。直隸則順天、永平、保定、廣平、順德五府及真定、河間二府之西北境，當以漢時漳水故道爲界，水西屬冀，水東屬兗。詳見後。大名府濬縣之西境，以宿胥故瀆爲界，西屬冀，東屬兗。又新置宣化府，舊爲萬全都司。及故遼東都司之西境，以大遼水爲界，西屬冀，東屬青。其北則踰塞直抵陰山下，西起東受降城之北，東訖于大遼水，皆古冀州域也。

冀西距河。河自今塞外東受降城南而東，至山西大同府廢東勝州界，折而南，經平鹵衛及太原府之河曲、保德、興縣，汾州府之臨縣、永寧、寧鄉、石樓，平陽府之永和、大寧、吉州、鄉寧、河津、滎河、臨晉、蒲州，是爲西河，與雍分界。

冀南亦距河。河自蒲州過雷首山，折而東，經芮城、平陸、垣曲及河南懷慶府之濟源、孟縣、温縣、武陟，衛輝府之獲嘉、新鄉、汲縣，是爲南河，與豫分界。

冀東亦以河與兗分界。自周定王五年河徙之後，禹河故道堙廢，而冀、兗之界難分。今按：漢志魏郡鄴縣下云「故大河在東，句。北入海。」故大河者，即王横所云「禹之行河水，本隨西山下東北去」者也。河自汲縣南，東北流，至黎陽縣西南，出大伾、上陽、三山之間。大伾山一名黎陽山，今在濬縣東南二里，即賈讓所謂東山也。枉人山一名善化山，在縣西北二十五里，俗名上陽。三山即賈讓所謂西山也。蘇代謂之宿胥之口，酈道元謂之宿胥故瀆，李垂謂之西河故瀆，濬縣舊志云在縣西十里。蓋禹迹也。河徙由縣東，故稱此爲西河。自此而北，歷蕩陰、安陽、鄴縣、斥丘，東接内黄，魏縣。至列人、斥章之境，左會衡漳，經所謂「北過降水」也。應劭曰：斥章縣，漳水出治北入河。杜佑曰：漳水横流，至肥鄉縣界入河。斥章今曲周縣地，肥鄉漢列人縣地。蓋漳水由二縣境注于河也。河自此東北入海。及定王時南徙，則衡漳東出循河故道而下，至東光縣西與大河合。王莽時河益徙而南，漳水遂專達於海。故斥章以下，水經通謂之漳水，東北歷平恩、曲周、鉅鹿、經縣、南宫、堂陽、扶柳、信都、昌成、西梁、桃縣、鄡縣、下博、樂鄉、武强、武隧、武邑、東昌、弓高、阜城、樂成、建成、成平、浮陽，至章武，平舒入海。蓋皆禹河之故道也。而説經者皆以王莽河爲禹河謬矣。大河故瀆一名北瀆，王莽時空俗遂稱王莽河。以今輿地言之，濬縣、屬直隸大名府。湯陰、安陽、臨漳、並屬河南彰德府。成安、肥鄉、曲周、並屬直隸廣平府。平鄉、廣宗、鉅鹿、並屬順德府。南宫、新河、冀州、並屬真定府。束鹿、屬保定府。深州、衡水、武邑、武强、並屬真定府。阜城、獻縣、交河、滄州、青縣、静海、天津，並屬河間府。皆禹時冀東瀕河之地，中流與兗分界。王制謂之東河。「北播爲九河」，其經流爾雅謂之徒駭；又「同爲逆河，東至碣石入海」，後世謂之勃海者也。詳見導河。

唐冀州治信都縣，貝州治清河縣。通典以冀入古冀域，貝入古兗域，而又據洚水以畫界。縣在水西者爲冀域，縣在水東者爲兗域。今按：漢志：故漳河在信都縣北，東入海。禹貢絳水亦入海。此水自南宫入經縣，折而東北，逕信都城東，注于廣川之張甲故瀆，其後水復行北道，絳瀆遂空，因謂之枯洚。蓋漳水一時之徙流也。詳見導河。杜意謂禹河在此間，故以枯洚爲降水，以深州之陸澤當大陸，是爲「北過降水，至于大陸」云爾。然枯洚實非禹迹，而冀、兗之分界，以徒駭不以枯洚也。杜承前謬，抑又甚焉。漳水故徒駭也。唐冀、貝所領諸縣，皆在漳東，安得有古冀地乎？

冀東北與青分界處，於古傳記無可考。今按：碣石以西之渤海，即禹時逆河也。自天津衛直沽口與兗分界，又北歷寶坻縣東南，折而東歷豐潤、灤州、樂亭、盧龍、昌黎縣南。昌黎漢絫縣，碣石在其地。渤海之北岸，皆冀域也。自此以東，則爲大海，東歷撫寧縣東南，又東歷山海關南，又東歷遼東寧遠、廣寧等衛南，是爲漢遼西郡地；又折而南歷海州衛西南，衛在故遼東都司城南一百二十里。曰梁房口關，大遼水於此入海。關在蓋州衛西北九十里，海運舟由此入遼河。水經注云：大遼水出塞外衛白平山，亦言出砥石山。東南入塞，直遼東之望平縣西，屈而西南流，逕襄平縣故城西，襄平，漢遼東郡治。明爲遼東都司郭下定遼中衛地。又南逕遼隧縣故城西，又南小遼水注之；水出玄菟高句麗縣之遼山。又東南逕房縣西，左會白狼水，水出右北平白狼縣。又東逕安市縣西南入于海。漢志：望平縣遼水出塞外，南至安市入海，行千二百五十里。明一統志：遼河自三萬衛西北入塞，南流經鐵嶺、瀋陽、都司之西境，廣寧之東境，又南至海州衛西南入海。望平、襄平、遼隊、房縣、安市皆漢遼東郡之屬縣，而遼水逕其西，是知遼西爲冀域，遼東爲青域，而碣石以東、梁房以西之海，則二州共之矣。

冀之北界亦無可考。約略言之，當得陰山。侯應曰：北邊塞至遼東，外有陰山，東西千餘里是也。昔戰國時趙北破林胡、樓煩，築長城，自代並陰山下，至高闕爲塞，師古曰：高闕，山名，在朔方之北。而置雲中、鴈門、代郡。燕亦築長城，自造陽至襄平，師古曰：造陽，地名，在上谷界。置上谷、漁陽、右北平、遼西、遼東郡以距胡。燕、趙所築長城，自雲中以迄遼西，延袤可三千里，疑即堯時冀州之北界。但今之長城，未必皆古跡，其詳不可得聞耳。北之西頭，當起東受降城，唐景龍二年張仁愿築，置振武軍。元和志云：在朔州北三百五十里。本漢定襄郡之盛樂縣也。武德四年於此置雲州。麟德三年置單于大都護府。即舜所分并州之西界。東頭當抵醫巫閭山，即舜所分幽州之東界。山在故遼東都司廣寧衛西五里。衛東去都司城四百二十里。職方氏「幽州山鎮曰醫巫閭」是也。明一統志云：舜分冀州東北爲幽州，即今廣寧以西之地，分青東北爲營州，即今廣寧以東之地。秦以幽州爲遼西郡，營州爲遼東郡。蓋仍燕之舊，以大遼水爲限也。

柳城縣，漢屬遼西郡，隋置營州治焉。唐因之。地理志：營州柳城縣西北接奚，北接契丹。通典云：東至遼河四百八十里，南至海二百六十里，西至北平郡七百里，北至契丹界五十里。其地遠在今之塞外。永平府舊志云：柳城在昌黎縣西南六十里。此蓋唐永泰元年所置柳城軍，非古之柳城。昌黎本金廣寧縣，大定末更名，亦非古之昌黎也。水經注曰：魏田疇引軍出盧龍塞，塹山堙谷，五百餘里，逕白檀，歷平岡，登白狼，望柳城。見濡水。又曰：燕慕容皝以柳城之北，龍山之南，福地也。使陽裕築龍城，改柳城爲龍城縣。見大遼水。此真古之柳城，禹貢冀州東頭之北界，當訖於此。今乃謂在昌黎縣西南，則冀之東北隅蹶地七八百里矣，豈不謬哉！

顧氏日知録云：古之天子常居冀州，後人因以冀州爲中國之號。楚辭九歌：覽冀州兮有餘。淮南子：女媧氏殺黑龍，以濟冀州。路史云：中國，總謂之冀州。穀梁傳曰：鄭，同姓之國也，在乎冀州。渭按：九歌云：覽冀州兮有餘，横四海兮焉窮。淮南子云：女媧氏殺黑龍，以濟冀州。又云：正中冀州曰中土。則號中國爲冀州。范甯注穀梁云：鄭，姬姓之國，冀州近京師，親近猶不能服，則疏遠者可知。楊士勛釋曰：冀州者天下之中，唐、虞、夏、殷皆都焉，是天子之常居。故後王雖不都冀州，亦得以冀州言之。則號王畿爲冀州，義亦微別。

冀、兖共此徒駭，八支皆在兖域。而孔疏云「冀州之水，不經兖州」，常深以爲疑。及讀河渠書，禹道河，「至于大伾，以河行平地，數爲敗，乃廝二渠以引其河，北載之高地，過降水，至于大陸。」忽憬然如夢初覺，知降水、大陸、九河之區，堯時尚未爲河所經也。孔義精絶，蘇説更暢於孔。或謂堯時青、徐無河患，青所治者，濰、淄及汶，徐所治者，淮、沂及泗耳，於河無涉。余按漢武帝時，河決瓠子，東南注鉅野，通於淮泗，是患及徐也。成帝時，河決東郡、平原，泛濫入濟南、千乘，是患又及青也。當二渠未廝之日，河自大伾以下，行平地數爲敗，安知青、徐之境不若後世之横被其害乎？執經文州界之所無，以譏子瞻，所謂夏蟲不可與語冰者也。

鄭樵六經奥論曰：洪範五行之序，一曰水，禹之治水，自冀州始。冀爲帝都，在北方屬水，故冀在先。冀州之水既治，水生木，木屬東方，故次兖、次青、次徐，皆東方也。兖、青、徐之水既治，木生火，火屬南方，故次揚、次荆，皆南方也。荆、揚之水既治，火生土，土屬中央，故次豫。豫居天下之中也。豫州之水既治，土生金，金屬西方，故終之以梁、雍焉。渭按：禹治水之序，不過先下而後高，更無他義。夾漈之説，類陰陽五行家言，以此説經，將流爲緯書之祆妄。然其言近理，足以惑人，故洪景盧亦載之隨筆，予不可以不辨。

既載壺口，治梁及岐。釋文：壺，音胡；治，如字。岐，其宜反。

傳曰：壺口在冀州，梁、岐在雍州，從東循山治水而西。正義曰：班固作漢書地理志，據前漢郡縣言山川所在。志云：壺口在河東北屈縣東南。梁山在左馮翊夏陽縣西北。岐山在右扶風美陽縣西北。然則壺口西至梁山，梁山西至岐山，從東而向西言之也。

曾氏旼曰：呂不韋云：龍門未闢，呂梁未鑿，河出孟門之上，大溢逆流，無有丘陵高阜滅之，名曰洪水。大禹疏通，謂之孟門。按地理志謂壺口在北屈之東南，而酈道元謂孟門在北屈之西南，則壺口、孟門之東山也。龍門在梁山北，則梁山、龍門之南山也。以是言之，其先河出孟門之上，横流而出，則知其東之壺口，其南之梁山，其西之岐山，皆墊於水矣。禹於壺口之西闢孟門，而始事於壺口，於梁山之北闢龍門，而終事於梁山，而其餘功又及岐山焉。蓋壺口、梁、岐一役也。其施功皆同時，不可分言於二州，故并言於冀也。葉氏夢得曰：詩言「奕奕梁山，維禹甸之」。則梁之施功爲多，而岐則因梁以及之者也。薛氏季宣曰：傳稱禹鑿孟門，儒者多未之信。夏書「既載壺口」，不可誣也。呂氏祖謙曰：壺口、龍門之上口，水之爲患，本於龍門狹隘。故禹鑿之以行水，此用工之最大者。渭按：既者，已事之辭；載，事也。鄭康成云載之言事，韋昭同。壺口山在今山西平陽府吉州西南七十里。梁山在今陝西西安府同州韓城縣西北九十里。岐山在今鳳翔府岐山縣東北十里。吉州、漢北屈，韓城則夏陽，岐山則美陽也。水患莫大於河，孟門、龍門乃河之上下口，山石當路，束流水泄不利，故首闢之。壺口事畢，遂西治梁。蓋自龍門治西河，南至於華陰，所謂決川距海也。治梁之餘，因而及岐。蓋決渭之下流入於河，兼治梁山之野，使可耕作，所謂「濬畎澮距川」也。

先儒以「既載」連上冀州讀，謂賦功屬役，載於書籍。經實無此意。且以「既載」連上讀，則「壺口」二字不成辭。當從蘇氏以「既載壺口」爲句。載本訓事，林少潁引詩「俶載南畝」爲例，謂始有事於壺口。愚按：詩傳：俶，始；載，事。以爲始有事宜也。此但言載無始義。爾雅：哉，始也。哉與載異。顔師古以載爲始，非是。當從鄭、韋之訓事，如請事斯語之事也。

冀三面距河，而不言治河。蓋河非一處，治非一時，不可渾言。故舉山與地以别之。壺口、梁山志龍門西河之治也，岳陽志南河厎柱之治也，覃懷志孟津、洛汭之治也，衡漳志東河之治也，大陸志徒駭之治，碣石志逆河之治也。雖不言治河，而河已無不治。聖經之書法，其微而彰也如此。

禹所治者水也，而或舉山以表水。唯壺口、梁山志西河，雍之三危志黑水，爲決川距海之事。岐、岳及徐之蒙、羽，梁之岷、嶓、蔡、蒙，雍之荆、岐、終南、惇物、鳥鼠，則皆濬畎澮距川之事，所謂滌源者也。

尸子、吕氏春秋、淮南子皆言龍門未闢，吕梁未鑿，河出孟門之上。孟門山在今平陽府大寧縣西南八十里，吉州西六十里，壺口之北，黄河中流。水經注云：河水南逕北屈縣故城西，有孟門山，即龍門之上口也。實爲黄河之巨阸。此石經始禹鑿，河中漱廣，夾岸崇深，傾崖返捍，巨石臨危，若墜復倚。其中水流交衝，鼓若山騰，濬波頽疊，迄於下口。元和郡縣志云：孟門山在慈州文城縣西南三十六里，今吉州西北六十五里有文城廢縣。俗名石槽。今河中有山，鑿中如槽，束流懸注七十餘尺。渭按：龍門之上口爲孟門，在今吉州西，西直陝西延安府之宜川縣；其下口即今河津縣壺口山盡處，近世亦謂之龍門者也。西與韓城之龍門相對，上口至下口約一百六十餘里。

孟門有二。一在龍門山北，三子言河出孟門之上者是也。一在太行山東，左傳：襄二十三年，齊侯伐晉，取朝歌，入孟門，登太行。史記：吳起謂魏武侯曰：殷紂之國，左孟門，右太行。戰國策作「右漳、滏。」呂氏春秋曰：通乎德之情，則孟門、太行不爲險矣。劉孝標廣絶交論曰：太行、孟門，豈云嶄絶。凡與太行連舉者皆非吉州之孟門也。杜預云：孟門，晉隘道。而不言其處所。司馬貞注吳起列傳云：劉氏按：紂都朝歌，則孟門在其西。今言左，則東邊別有孟門也。其注齊世家則曰：孟門在朝歌東。蓋據起言以立說，今其地實無山以應之。齊師自朝歌而西入，亦不當反在其東。然則孟門者，太行隘道之名，疑即今輝縣之白陘也。樂史太平寰宇記云：相州安陽縣有鯀隄，禹之父所築，以捍孟門，今謂三仞城。淮南子曰：夏鯀作三仞之城，諸侯背之。蓋亦指朝歌西之孟門，但不知從孟門來者爲何水，須築隄以捍之。若謂此孟門即龍門之上口，則築隄當在太原府瀕河之地。安陽距西河千里，山脊隔斷，何用爲孟門築隄。竊疑此隄爲清、淇、蕩、洹諸水而設，後人誤認兩孟門爲一山，遂附會其説以爲鯀所築以捍孟門耳。

漢賈讓奏云：昔大禹治水，山陵當路者毁之，故鑿龍門，辟伊闕，析厎柱，破碣石，墮火規反。斷天地之性。林少穎曰：鑿者，宜就狹處鑿而廣之，未必如賈讓所謂墮斷天地之性。渭按：性猶生也，謂非人功所造，對上文城郭、田廬、冢墓而言。山陵當水路則墮之，亦非謂本不通水者也。生而狹者，人功鑿之使廣，即是墮斷天地之性，讓言未爲過也。

三子所稱呂梁山即禹貢之梁山也。春秋：成公五年，梁山崩。公羊曰：梁山，河上山。穀梁曰：壅遏河三日不流。水經：河水南出龍門口。注云：昔大禹導河積石，疏決梁山，謂斯處也。即經所謂龍門矣。魏土地記曰：梁山北有龍門山，大禹所鑿，通孟津河口，廣八十步，巖際鐫跡，遺功尚存。河水又南逕梁山原東，山在夏陽縣西，臨於河上。渭按：梁山之崩，能壅河，則俯瞰河流可知，信爲禹鑿之餘。三子所稱呂梁即此山之別名矣。酈道元以爲在離石縣界，其言曰：善無水西流歷呂梁之山而爲呂梁洪，巨石崇竦，壁立千仞，河流激盪，震天動地。昔呂梁未闢，河出孟門之上。蓋大禹所闢以通河也。司馬彪曰：呂梁在離石縣西。今於縣西歷山尋河，並無遏岨，至是乃爲巨嶮，即古呂梁矣。在離石北以東可二百餘里。按：元和志：唐初分離石縣地置孟門縣，尋廢。後復置定胡縣，東至石州九十五里。黃河去縣西二百步，孟門關在縣西一百步。蓋誤據司馬彪以此地爲孟門，遂置縣及關。道元本言離石東北有呂梁，未嘗謂離石之西有孟門也。閻百詩爲之辯曰：道元言呂梁之水勢與龍門無異，而以爲在離石。離石，明之石州改名永寧州者，必求其地以實之。永寧州東北則今靜樂縣、岢嵐州之地，西去黃河約二百里，無所謂河流也。土人欲當以河曲縣西南二十五里天橋峽，亦有禹鑿之跡，天將陰雨，激浪如雷，幾相似矣，而無所謂千仞巨石，又南去離石四百餘里，皆與酈注不合，當闕疑。百詩言甚覈。今大同府平鹵衛西亦有吕梁山，近志以酈氏所言者當之，則更在河曲之北，去離石愈遠矣。總由不知吕梁即龍門之南山，而移其名於它處耳。且使吕梁果在離石縣北，則西南距孟門六七百里，未鑿不足爲其害。三子先言龍門，次言吕梁，其爲夏陽之梁山無疑也。列子又有吕梁爲孔子所觀者。酈道元謂在吕縣泗水之上，今徐州東南五十里吕梁山是也。其下即古泗水，金、元以後爲黄河所奪，而泗殫爲河。禹河未嘗經此，傅同叔以此爲禹鑿之吕梁，謬極矣。

王應麟困學紀聞曰：「治梁及岐」，若從古注，則雍州山距冀州甚遠，壺口、大原不相涉。晁以道用水經注以爲吕梁、狐岐。讀此始知蔡傳説宗晁氏，其言曰：梁、岐皆冀州山。梁山，吕梁山也，在今石州離石縣東北。爾雅云「梁山晉望」，即冀州吕梁也。又春秋「梁山崩」，左氏、穀梁皆以爲晉山，則亦指吕梁矣。岐山在今汾州介休縣。狐岐之山，勝水所出，東北流注於汾。二山河水所經治之所以開河道也。先儒以爲雍州梁、岐者，非是。渭按：蔡氏所指吕梁在今永寧州東北，本名骨脊山，一作穀積山，在州東北百里，與太原府交城縣接界，俗稱爲吕梁山。去河一百五十餘里，狐岐在今孝義縣西，一名薛頡山，與介休縣接界。去河三百三十餘里，安得謂河水所經而治之以開河道乎？且使二山果爲此經之梁、岐，則當在太原役中，不得與壺口連舉矣。晁説大謬。爾雅曰「梁山晉望」，正謂夏陽之梁山。夏陽，故少梁，秦地也。左傳：文十年，晉人伐秦，取少梁。梁山由是入晉。成五年，梁山崩，晉侯所以問伯宗，而行降服、徹樂之禮。下逮戰國，少梁猶屬魏，故梁山雖在雍域，而實爲晉望。蔡氏以爲在冀州即離石之吕梁，何其考之不詳邪？

或問尸子之言可信乎？曰可信。漢藝文志：尸子二十篇。名佼，晉人，秦相商君師之，鞅死，佼逃入蜀。春秋穀梁傳兩引尸子語。後漢書宦者傳注曰：尸子，晉人，作書二十篇，其一篇言九州險阻水泉所起。蓋即龍門、吕梁之説所自出也。尸子，晉人，必親見禹鑿之迹，故以爲言。吕不韋相秦，採入其書，淮南子亦載之。此或古書成語，非佼所造也。朱子語録云：龍門至今橫石斷流，水自上而下，其勢極可畏。向未經鑿治時，龍門正道不甚泄，故一派西滚入關陝，一派東滚往河東，爲患最甚。此言深得尸子之意，蔡氏親承師説，宜尊所聞，而集傳既從曾氏引吕不韋語，又從晁氏謂吕梁在離石，自相矛盾。明洪武中，劉三吾等奉敕撰書傳會通，亦仍謬而莫之正，何其憒與。

朱子語録云：今人説禹治水始於壺口，鑿龍門。某未敢深信。方河水洶湧，其勢迅激，縱使鑿就龍門，而下流水未分殺，必且潰決四出。蓋禹先決九川之水，使各通于海；又濬畎澮之水，使各通于川，只是先從低處下手。故嘗謂禹治水，當始于碣石、九河。此必朱子未定之論，而傅同叔宗之。又據孟子「禹疏九河，瀹濟、漯」二語，以爲禹之治水，實自兗始。但就冀一州而言，則龍門爲咽吭之害，故首及之。凡爲此論者，總由不察洪水之狀如何，而壺口、梁山所以必當先治之故耳。堯曰：湯湯洪水方割，蕩蕩懷山襄陵，浩浩滔天。孟子曰：當堯之時，水逆行，氾濫於中國，蛇龍居之，民無所定，下者爲巢，上者爲營窟。書曰：洚水警余。此亦是堯語，古文大禹謨作舜語。洚水者，洪水也。此水迫近都邑，堯親見其狀，故口能言之，而心實懼之。正尸子所謂河出孟門之上，大溢逆流；朱子所謂一派滾入關陝，一派滾往河東者，非泛言九州之水災也。蓋凡水逆流皆謂之洪水，而龍門、吕梁之河爲害尤甚。禹受命治水，無急於此者。此而能治，則無水之不可治；此而不能治，則帝都將有其魚之患，而又何暇救天下之昏墊哉。無論冀爲帝都在所當先，即非帝都，而滔天之勢若此，亦安得舍冀而事兖也。明嘉靖中，馬明衡撰尚書疑義，其論禹貢一條云：朱子謂禹貢記治水，始於壺口、龍門，不敢深信。蓋謂當自下流始，自下流則當自碣石、九河始。此意固是。余竊以爲自下流始者，此治水之大勢。然上流有壅遏之甚者，則亦必先達之，此治水之權宜也。況冀州帝都所在，吕梁河之所急，安得不先治之。凡後世觀古人之事，只當見其大綱，至於因時從宜，則去古益遠，不可執一論也。斯言深得經意，故備録於此。

宋儒以雍山不當入冀，故梁、岐有異論。曾彦和云：壺口、梁岐一役也，不可分言於二州。故并言於冀，疑者可涣然釋矣。愚嘗謂禹貢書法亦有變例，非故爲變也。事有所不同，則例因之以變耳。於冀得五焉：凡山皆繫本州，而雍之梁、岐獨書於冀，一也；凡治水皆繫土田之上，而「恒、衛既從，大陸既作」，獨書於田賦之下，二也；其三，則孔傳所云「不説境界，先賦後田，不言貢篚，皆殊於餘州」者是已。學者不知變例，則膠柱而鼓瑟，鍥舟以求劍，烏可與言禹貢哉！

冀州有三壺口。一在吉州西南，禹貢之壺口也。一爲汾陰縣西南之平山，平水所出，亦名壺口山，又名姑射山。酈道元謬以爲尚書之壺口。一在長治縣東南。左傳：哀四年，齊國夏伐晉，取壺口。杜注：潞縣東有壺口關。潞縣即今潞城縣，關以山爲名。此二山皆非禹貢之壺口也。近志洪洞縣西南亦有壺口山，一名蜀山，而傳記無之，此土俗所稱，故不數。雍州有二梁山。一在韓城縣西北，詩所云「奕奕梁山」者，禹貢之梁山也；一在乾州西北，西南接岐山縣界，即孟子所云「太王居邠，踰梁山」者，非禹貢之梁山也。元和志誤以此山爲治梁之梁。

壺口山，漢志在北屈縣東南。括地志云：在吉昌縣西南五十里。吉昌，今吉州也。後魏延興四年於此置定陽郡及縣。元和志云：北屈故縣在定陽郡北二十里。正今州直北之地，山當在其西南。漢志云東南，誤也。梁山，漢志在夏陽縣西北，而諸志所言皆不同。蓋是山綿亘百里，自今郃陽縣西北，抵韓城縣西北之麻線嶺，皆梁山也。然向南則益西而去河愈遠，唯韓城西北之山，首枕西河，北連龍門，當以是爲禹鑿之跡耳。

治梁所以終壺口之事，除河患也。其遂及岐者何？蓋呂梁既鑿，則河由地中行，而西河左右無洪水之患矣。然地上之積潦未經疏洩，不可以耕作，故并治之。禹曰：濬畎澮距川，暨稷播，奏庶艱食。梁、岐之間，其第一功也。然太原、岳陽，密邇帝都，禹不急治，而顧先此者何？蓋治梁已畢，若身遽渡河而東，則東方之事正多，不能速還，治雍當在數年之後，而梁、岐之間，其於帝都事勢，當日必有甚切而不容緩者，故治梁之餘，乘便施功及岐而止，數千載以下，神禹之經營，猶髣髴見之也。

詩大雅：奕奕梁山，維禹甸之。傳曰：甸，治也。禹治梁山，除水災。箋曰：梁山之野，堯時俱遭洪水，禹甸之者，決除其災，使成平田，定貢賦於天子。渭按：此言正可以發明治梁及岐之故。蓋洪水方割，自孟門大溢，而西入鄜、延之境。朱子語録云：長安山生過鄜、延。然長安却低，鄜、延是山尾却高，則梁、岐之間卑於鄜、延可知。水入鄜、延，必由此氾濫而南注于渭，勢若建瓴，平田皆爲巨浸，及洪水既除之後，梁山之野，始可以甸治。故禹先決渭之下流以入河，而尋濬畎澮之水以入渭，使嚮之巨浸，復爲平田，則耕作興而貢賦之法有所施矣。禹所以獨致力於此者，蓋渭南迫近南山，岐西漸偪汧、隴，地皆高印，洪水所不及，其受患者，唯是鄜、延之南，渭水之北，梁西岐東數百里之地。朱子所云一派西滚入關陝者耳。吕梁既鑿，舍此其曷先邪！

洪水初平，艱食未奏，冀田僅第五等。而梁、岐之間，去帝都最近，田既膏腴，轉輸又便，故禹汲汲於此地。昔秦輸粟於晉，自雍及絳相繼，命之曰汎舟之役。蓋由渭泝河，由河入汾，絳與平陽，均此一路。禹甸梁山之野，通渭水之漕，其爲帝都艱食計也，切矣。及岐而止者，蓋岐西地高印，洪水不爲災，而東方事急，亦無暇西略故也。

或問：治梁及岐，果爲岐東渭北之地，則「涇屬渭汭，漆沮既從」，「荆、岐既旅」，雍州又歷歷言之，不亦贅乎？曰：梁、岐之間，略爲疏濬，其功未畢，故必待涇、漆沮皆治，而後旅荆、岐以告平，此最後治雍之事，非冀州經始之事也，又何贅焉。

既修太原，至于岳陽。釋文：岳，又作「嶽」。

傳曰：高平曰太原，今以爲郡名。岳，太岳，在太原西南。山南曰陽。正義曰：太原，原之大者。漢書以爲郡名，即晉陽縣是也。釋地云：廣平曰原，高平曰陸。孔以太原地高，故言高平也。下文導山云「壺口、雷首，至于太岳。」知此岳即太岳也。地理志：太原，汾水之所出；岳陽，汾水之所經。「既修太原，至于岳陽」，道汾水故也。葉氏曰：太河東彘縣有霍太山。周禮職方氏：冀州其山鎮曰霍山。即此太岳是也。曾氏曰：傳言禹能修鯀之功，則鯀功不皆廢也，蓋有因而修之者焉。鯀惟知治太原，而不知道壺口以及梁、岐，此功所以不成。故禹必先事壺口、梁、岐，而後修鯀之舊迹，自太原以至岳陽也。朱氏鶴齡曰：今河北多有鯀隄，太原、岳陽，帝都所在，鯀必極意崇防，禹因其舊而修之，成先績也。然不以此爲始事者，蓋必河道通，而汾水之來，始有可受。禹急於河之大，鯀急於汾之小，此成功所以殊耳。渭按：晉陽，今太原縣，屬山西太原府。

彘縣，今霍州，屬平陽府。太岳在州東三十里，詳見導山。岳陽，凡太岳山南皆是其地，當直抵南河。賈讓言禹析厎柱，則南河亦施功之處，知必在治岳陽時矣。曰「至于」者，所以聯絡其兩頭，見中間相去之遠也。

高平曰原，廣平曰陸。釋地正相反。傳改言高平爲是。然不當連「太」字。疏云太原，原之大者，則「太」字別是一義，斯爲無病矣。鯀徒事太原而不知鑿龍門，所以無功。然壺口、梁山之役，非神禹何從措手，鯀即欲爲禹所爲，亦終不能耳。

水經注：汾水出太原汾陽縣北管涔山，山海經曰：管涔之山，汾水出焉，西流注于河。十三州志曰「出武州之燕京山」，亦管涔之異名也。按：今靜樂縣在太原府西北二百二十里，本漢汾陽縣地。地理志：汾陽北山，汾水所出，西南至汾陰入河，過郡二，行千三百四十里。管涔山一名燕京山，淮南子「汾出燕京」是也。隋志靜樂縣有管涔山。元和志云：在縣北一百三十里。南流與東西溫谿合，水出右近谿。又南逕汾陽縣故城東，〔丁晏曰：錐指太原下引汾水又南逕汾陽故城東，脱「又南逕秀容城東」七字。〕漢立屯農，積粟在斯，謂之羊腸倉。山有羊腸坂，在晉陽西北，石磴縈委，若羊腸焉。按：汾陽故城在今陽曲縣西北。元和志：羊腸山在交城縣東南五十二里。又南與酸水合，水西出少陽之山，東南注于汾。又南出山，東南流，洛陰水注之。水出新興郡，西南流逕陽曲城北，又西注于汾。又南逕陽曲城西，元和志：陽曲故城在太原縣東北四十五里。又東南逕晉陽縣東，晉水從縣東南流注之。太原郡治晉陽城。尚書所謂「既修太原」者也。大而高平者，謂之太原。晉水出晉陽縣西甕山。山海經曰：縣甕之山，晉水出焉。今在縣之西南。昔智伯遏晉水以灌晉陽，其川上泝，後人踵其遺蹟，蓄以爲沼，沼西有唐叔虞祠。晉水又東過其縣南，分爲二派，北瀆即智氏故渠，乘高東北注入晉陽城，以周園溉，東南出城注於汾水也。其南瀆於石塘之下，伏流，逕舊谿東南，出逕晉陽城南，又東南入于汾。漢志：龍山在晉陽縣西北，晉水所出，東入汾。元和志：懸甕山，一名龍山，在晉陽縣西南十二里。晉水初泉出處，砌石爲塘，自塘東分爲三派：其北一派，名智伯渠，東北流入州城中，出城入汾水；其次派，東流逕晉澤南，又東入汾，此即酈元所言分爲二派者也；其南派，隋開皇四年開，東南流入汾水。汾水北自陽曲縣界流入，經縣東二里。又南逕梗陽縣故城東，晉陽縣南六十里榆次界，有梗陽城。元和志云：在清源縣南一百二十步。又南，洞渦水從東來注之。洞渦水出沾縣北山，西流過榆次縣南，又西至晉陽縣南，西入于汾，出晉水下口者也。又南逕大陵縣東，汾水於縣左迆爲鄔澤。廣雅曰：水自汾出爲汾陂，陂南接鄔。地理志曰：九澤在北，并州藪也。呂氏春秋謂之大陸，又名漚洟之澤，俗謂之鄔城。按周禮并州澤藪曰昭餘祁，即班固所稱九澤也，今名鄔城泊。元和志云：在介休縣東北二十六里。大陵故城在文水縣北十三里。又南逕平陶縣東，文水從西來注之。水出大陵縣西山文谷，東到其縣，屈南到平陶縣東北，東入于汾。元和志：文水縣，本漢大陵縣地。汾水經縣東十五里，文水在縣西，漢平陶縣城在縣西南二十五里，後魏改爲平遥。又南與石桐水合。即緜水也，出介休縣之緜山。又西南逕介休縣故城西，又南逕冠雀津，在介休縣西南，俗謂之雀鼠谷。元和志：雀鼠谷在介休縣西十二里。汾水在縣北十二里。靈石縣，本介休地，汾河在縣北十步，深一丈，闊三丈。又南入河東界，逕永安縣西，故彘縣也。周厲王流于彘，即此。漢順帝改曰永安。又東與彘水合。〔丁晏曰：又南與彘水合，「南」誤作「東」。〕水出東北太岳山，禹貢所謂岳陽也，即霍太山矣。今在趙城縣東北四十五里。又南逕霍城東，故霍國，唐霍邑縣。今爲霍州。元和志：霍山在霍邑縣東五十里。元地理志：霍州有霍山，爲中鎮。又南霍水入焉。水出霍太山，西南逕趙城南，又西注于汾。又南逕揚縣西，應劭曰故揚侯國，今洪洞縣東南有揚縣故城。周語「史伯曰西有霍、揚」是也。又南逕高梁故城西，故高梁之墟也。秦穆公納公子重耳於晉，害懷公於此。

又南逕白馬城西，今平陽郡治。又南逕平陽縣故城東，城在今臨汾縣西南，汾水之西。又南與平水合，水出平陽西壺口山，東逕狐谷亭北。春秋時狄侵晉取狐厨者也。城在今縣東南，汾水在縣東一里。又南逕襄陵縣故城西，晉大夫郤犨之邑也。又屈從縣南，西流，逕絳縣故城北，晉新田，漢置絳縣，其故城在今曲沃縣南。又南逕臨汾縣東，天井水出東陘山，西逕堯城南，又西南入汾。又西逕虒祁宮北，宮地背汾面澮，西則兩川之交會也。今絳州南有虒祁宮。又西逕魏正平郡南，今絳州本漢臨汾縣，後魏改曰正平，并置郡。又西逕王橋，〔丁晏曰：「又西逕王澤」，誤作「王橋」。〕澮水入焉。水出絳縣東澮山，西過其縣南，又西南過虒祁宮南，又西至王橋，注于汾水。又西與古水合，水出臨汾縣故城西，西南入汾。又西南逕長修縣故城南，有修水出縣南，西南流入汾。又西逕清原城北，晉侯蒐清原作三軍處。又逕冀亭南，昔臼季使過冀野，見郤缺耨，即此處。杜預曰：平陽皮氏縣東北有冀亭。又西與華水合。水出北山華谷，晉卿士蔿食采華陽。今蒲坂北亭也。其水西南注于汾。又逕稷山北，山下有稷亭。春秋，宣公十五年，晉侯治兵于稷，以略狄土是也。又西逕鄈丘北，故漢氏之方澤。又西逕耿鄉城北，故殷都也。帝祖乙自相徙此，爲河所毁，故書序曰：祖乙圮于耿。又西逕皮氏縣南，漢河東太守番係穿渠，引汾水以溉皮氏縣，故渠尚存。按：今河津縣西二里有皮氏故城。又西至汾陰縣北，西注于河。水南有長阜，背汾帶河，長四五里，廣二里餘，高十丈，汾水歷其陰，西入河。漢書謂之汾陰脽。應劭曰：脽，丘類也。按漢書：武帝元鼎四年立后土祠於汾陰脽上。脽音誰。今滎河縣北有汾陰故城。唐改汾陰曰寶鼎。元和志：汾水在寶鼎縣北二十五里。舊經后土祠下，西注于河。明隆慶四年東徙，由河津縣葫蘆灘南入河。以今輿地言之，静樂、陽曲、太原、清源、交城、文水、祁縣、並屬山西太原府。平遥、汾陽、介休、孝義、並屬汾州府。靈石、汾西、霍州、趙城、洪洞、臨汾、襄陵、太平、絳州、曲沃、稷山、河津、榮河並屬平陽府。諸州縣界中，皆汾水之所經也。

周禮：冀州浸曰汾。詩魏風曰：彼汾沮洳。辛孔言晉有汾、河、涑、澮以爲淵，韓獻子言新田有汾、澮以流其惡。此四水者，晉之望也。涑水合洮水，互受通稱，故亦名洮。水經注：涑水出河東聞喜縣東山黍葭谷，至周陽與洮水合。水東出清野山，西流合涑水。又西逕董澤陂，又西逕桐鄉城北，又西南逕左邑縣故城南，故曲沃也。又西逕王官城北，又西南逕安邑縣西，禹都也。又西逕猗氏縣故城北，又西逕郇城。郇，瑕氏之墟也。又西南逕解縣故城南，又西南逕瑕城，又西南逕張陽城東，又西南屬于陂，陂分爲二，城南面兩陂，左右澤渚，東陂世謂之晉興澤，西陂即張澤也，西北去蒲坂十五里。左傳：子産曰：昔金天氏有裔子曰昧，爲玄冥師，生允格、臺駘。臺駘能業其官，宣汾、洮，障大澤，以處太原。帝用嘉之，封諸汾川。然則汾、洮之待治，自古有然。朱長孺云：智伯謂汾水可浸平陽。宋取北漢，亦壅汾水灌太原。是汾水爲河東害甚大，禹治之，自不容緩，豈獨以帝都所在哉！渭按：川宜宣，澤宜障，此一定之理。鯀欲繼臺駘之業，而以治澤者治川，以害人者救人，能無敗乎？

太原在平陽東北。左傳：臺駘能業其官，以處太原。即經所謂太原矣，亦謂之大鹵。春秋：昭公元年，晉荀吴帥師敗狄于大鹵。三傳皆作太原。穀梁云：中國曰太原，夷狄曰大鹵。又謂之大夏，左傳「遷實沈于大夏」；史記「禹鑿龍門，通大夏」；齊桓公「西伐大夏」是也。又謂之夏虚，左傳「命唐叔以唐誥，而封于夏虚」是也。又謂之晉陽，春秋：定公十三年，「晉趙鞅入于晉陽以叛」是也。蓋皆太原之異名。周時迫近戎狄，故祝佗言：成王封唐叔于夏虛，疆以戎索。籍談言：晉居深山，戎狄之與鄰。景王言：唐叔受分器以處參虛，匡有戎狄。杜預曰：太原近戎而寒，不與中國同。其地蓋華戎錯居，故穀梁有夷狄曰大鹵之説。

詩小雅：薄伐玁狁，至于太原。周語：宣王既喪南國之師，乃料民于太原。後漢書西羌傳：穆王西征犬戎，獲其五王，遂遷戎于太原。又云：夷王命虢公率六師伐太原之戎，至于俞泉，獲馬千匹。又云：宣王二十七年遣兵伐太原戎，不克。本竹書紀年。諸所稱太原，或以爲即禹貢之太原。日知録曰：「薄伐玁狁，至于太原。」毛、鄭皆不詳其地，其以爲今太原陽曲縣者，始於朱子，吕氏讀詩記、嚴氏詩緝並云。而愚未敢信也。古之言太原者多矣。若此詩則必先求涇陽所在，而後太原可得而明也。漢書地理志：安定郡有涇陽縣，幵頭山在西，禹貢涇水所出。後漢書靈帝紀：段熲破先零羌於涇陽。注：涇陽屬安定郡，在原州。郡縣志：原州平涼縣，本漢涇陽縣地。今縣西四十里涇陽故城是也。然則太原當即今之平涼，而後魏立爲原州，亦是取古太原之名爾。計周人之禦玁狁，必在涇、原之間。若晉陽之太原，在大河之東，距周京千五百里。豈有寇從西來，兵乃東出者乎？故曰「天子命我，城彼朔方。」而國語「宣王料民于太原」，亦以其地近邊而爲禦戎之備，必不料之於晉國也。若書禹貢「既修太原，至于岳陽」；春秋「晉荀吴帥師敗狄于太原」；及「子産對叔向，宣汾、洮，障大澤，以處太原。」則是今之晉陽，而豈可以晉之太原，爲周之太原乎？司馬相如上林賦「布濩閎澤，延蔓太原」。阮籍東平賦「長風振厲，蕭條太原」。高平曰原，蓋古人之通稱也。渭按：漢安定郡治高平縣，後廢。元魏改置曰平高，唐爲原州治。廣德元年没吐蕃，節度使馬璘表置行原州於靈臺縣之百里城。貞元十九年徙治平涼縣，西去故州一百六十里。故州即元開城縣，今固原州也。廢縣在州西南四十里。小爾雅云：高平謂之太原。則太原當在州界，非平涼縣，縣乃古涇陽，在固原之東，玁狁侵及涇陽，而薄伐之，以至于太原。蓋自平涼逐之出塞，至固原而止，不窮追也。

岳陽，就附近山南者言之，則爲今岳陽、趙城二縣。岳陽，漢猗氏縣；趙城，漢彘縣地，並屬河東郡。霍山在岳陽縣西北、趙城縣東北。蔡氏主岳陽一縣固非，然經之所指亦不止此二縣。揚雄冀州牧箴曰「岳陽是都」，則堯都平陽亦岳陽也。且如華山之陽，附近者爲商州，而山南之地非商州所可盡。衡山之陽，附近者爲衡陽縣，而荆之南界，非此縣所可盡。至若岷山之陽，更不知其所届，安得專指灌縣爲岷陽哉！夫岳陽亦猶是也，直抵南河又何疑焉。閻百詩曰：後「至于太岳」，專指山言；此「至于岳陽」，「陽」字所包者廣。蓋「既修太原」二句，直舉一千餘里用功而言也。

或問：下文云「至于衡漳。」衡漳者，水也。岳陽果包有南河，曷不云「至于南河」乎？曰：自華陰而底柱，而孟津、而洛汭、而大伾，皆南河也。言南河則混而無别，侵及覃懷矣。然則書「至于底柱」不亦可乎？曰：底柱者，河中之山也。言岳陽則底柱之功見，言底柱則太岳之功不見，故不言底柱而言岳陽也。

復齋集義曰：他所舉山川，皆先地後績者，觀成功而言也。壺口、梁、岐、太原，皆先績後地者，本用功之始而言也。邵氏簡端録曰：載、治及修、至于，皆言施功也，諸州言施功例諸此。厎績、至于，皆言成功也，諸州言成功例諸此。渭按：篇末云「告厥成功」，則九州所敍，似皆以成功言之。諸水土之功，率繫山川地名之下，而此載、治、修，獨繫其上，故以爲施功之辭。然皆冠之以「既」，則亦是成功矣。惟豫州導菏澤、被孟豬，實施功之辭，立文偶爾異同，不可强生義例。

覃懷厎績，至于衡漳。釋文：覃，徒南反；厎，之履反。衡如字。漳音章。渭按：漢書作「章」。

傳曰：覃懷，近河地名。漳水横流入河，從覃懷致功至横漳。正義曰：地理志河内郡有懷縣，在河之北。蓋「覃懷」二字共爲一地，故云近河地名。「衡」即古「横」字。漳水横流入河，故云横漳。漳在懷北五百餘里。地理志：清漳水出上黨沾縣，濁漳水出長子縣，東至鄴縣入清漳。曾氏曰：覃懷，平地也。當在孟津之東、太行之西。懷襄之時，平地致功爲難，故曰厎績。河自大伾折而北流，漳水東流注之，地形南北爲從，東西爲横，河北流而漳東流，則河從而漳横矣。夏氏僎曰：冀州三面距河，河爲大患。故禹所治自壺口至衡漳，皆所以治河之害，與夫別流之入於河也。金氏履祥曰：大行爲河北脊，脊上諸州並山險。唯太行之南，懷州瀕河之地，平夷廣衍，田皆腴美，俗稱小江南，即古覃懷也。渭按：懷縣故城在今河南懷慶府武陟縣西。衡漳一名降水，其入河在今直隸廣平府肥鄉、曲周二縣界，經所謂「北過降水」者也。詳見導河。「覃懷底績」，則孟津、洛汭之河治矣。「至于衡漳」，則自大伾引河，北載之高地，與降水會，衡漳治而中間大小諸水亦無不治矣。禹治冀至此，太原、衡漳之南，南河之北，西河之東，東河之西，水土悉平，可以則壤而成賦矣。

河内西阻王屋諸山，其北又有太行蔽之，與河東隔絕，孟門之洪水，及太原岳陽而止，不能東溢爲災，故其役可以差緩。

水經注：濁漳水出上黨長子縣西發鳩山，漢志云出鹿谷山，淮南子云出發苞山，後魏志云出廉山，蓋皆發鳩之異名也。東過其縣南，今山西潞安府長子縣西有長子故城。又東逕屯留縣南，屈逕其城東，絳水注之。屯留，本春秋晉純留邑，漢置屯留縣。其故城在今縣東南十三里。屯讀曰純。又東逕壺關縣北，今長治縣東南有壺關故城。又東北逕潞縣北，闞駰曰：有潞水，爲冀州浸，即漳水也。故世人亦謂濁漳爲潞水。今潞城縣西有潞縣故城。又東逕武安縣南，今彰德府武安縣西南有武安故城。清漳水自涉縣東南來注之，謂之交漳口。清漳水出上黨沾縣西北少山大黽谷。今涉縣西北有涉縣故城。又東出山，逕鄴縣西，又東逕三户津，孟康曰：三户津在鄴西四十里。今臨漳縣西有鄴縣故城。又東逕武城南，司馬彪曰：鄴縣有武城。又東逕梁期城南，地理風俗記曰：鄴北五十里有梁期城，故縣也。又東逕平陽城北，司馬彪曰：鄴有平陽城。又東逕斥丘縣北，即裴縣南，今成安縣西有斥丘故城。春秋晉乾侯邑。裴音非。應劭曰：列人縣西南六十里有即裴城，故縣也。又東北逕列人縣故城南，城在今肥鄉縣北。又東逕肥鄉縣故城北，城在今縣西二十二里。又東北逕斥漳縣南，今曲周縣東有斥漳故城。尚書所謂「覃懷厎績，至于衡漳」者也。渭按：漢志鄴縣東有故大河，北入海。又廣平斥章縣注：應劭曰漳水出治北入河。通典云：衡漳入河在肥鄉縣界。蓋河由鄴東而北，漳從鄴北橫流至肥鄉、斥章二縣界入河。故酈氏以爲禹貢之衡漳也。以今輿地言之：濁漳水出山西長子縣發鳩山，縣在潞安府西少南五十里。東流經長治縣西，又東北經屯留、潞城、襄垣、黎城、平順，又東經河南林縣，至涉縣東南，清漳水注之。清漳出山西樂平縣沾嶺，縣在太原府平定州東南五十里。縣西南有沾縣故城。南流經和順、遼州、黎城，又東經河南林縣，至涉縣與濁漳合流，東經安陽、彰德府治。臨漳，在府東北八十里。又東北經直隸成安縣，在廣平府西南六十里。入肥鄉、曲周二縣界，肥鄉在府東南四十里。曲周在府東北四十里。禹貢之漳、降盡於此矣。水經注所敍自平恩以下曰漳、曰絳，皆後起之名，非禹貢之漳、降也。

蔡傳：按桑欽云：二漳異源而下流相合，同歸于海。唐人亦言漳水能獨達于海，請以爲瀆，而不云入河者，蓋禹導河自降水、大陸，至碣石東北入海。周定王五年河徙砱礫，則漸遷而東。漢初漳猶入河，其後河徙日東，而取漳水益遠。至欽時，河自大伾以下，已非故道，而漳自入海矣。故欽與唐人所言者如此。說本夏氏。渭按：水經或以爲漢桑欽作。欽，成帝時人，河自大伾以下非故道，即自周定王五年始，豈待漢成帝時哉！且阜城以下之漳水，欽時猶爲大河之經流，漳未嘗自入海也。河徙砱礫乃無稽之妄談，辨見導河歷代徙流下。

衡漳者，河北之利害也。昔戰國時魏西門豹、史起先後爲鄴令，皆引漳水溉田，以富河内，舄鹵化爲稻粱。後漢元初二年，復修故渠以溉田。建安中，曹公平鄴，又堨漳水迴流東注，號天井堰，里中作十二墱，墱相去三百步，令互相灌注，一源分爲十二流，皆懸水門，水所溉之處，名曰晏澤陂。故左思魏都賦云「墱流十二，同源異口」也。東魏天平中，決漳水爲萬金渠，亦曰天平渠。在安陽之西北，臨漳之西南。唐咸亨三年，又引爲金鳳、菊花諸渠，以溉鄴南。至德後遂廢。宋天聖四年，王沿上言：今相、魏、磁、洺之田，并傍去聲。漳水者，斥鹵不可耕。請募民復十二渠，渠復則水分，無奔決之患，可以富數郡之民。詔河北漕司規度，而議者謂漳水岸高，難開導，渾濁不可溉田。沿又奏：渠田起於戰國，前載但言灌溉之饒，不言疏導之法。唯相州圖經載，天井堰，魏武所作，分十二墱，相距三百步，互相灌注。可見疏導之法，必就高阜鑿岸爲渠，截流爲堰，然後行水數里，方至平田。凡渠開二十四丈，則作堰之功，可損其半，日役萬人，五十日而罷。若采岯山之石，岯山，即大伾，在濬縣。取磻陽之木，磻陽在林縣。給利成之鐵，相州有利成鐵冶。用鄭、白渠之法，扼中流以作堰，下流大渠，分置斗門，餘水東入於御河，或水盛溢，則下流閉渠，以防奔注。復三百年之廢迹，溉數萬頃之良田，雖勞不可已也。議卒不行。後沿爲河北轉運使，導相、衛、邢、趙天平、晏陂諸渠，溉田至數萬頃。

由是觀之，漳水之爲利也大矣。然冬官不修，溝逆地防，水屬音注。不理孫，音遜。則亦有害。曹操、慕容垂、郭子儀之攻鄴，皆引漳水以灌其城。此雖出於人爲，亦以水勢乘高而下，能沈平地故也。明正德十五年，漳自安陽決而南，又東入衛，袤百餘里，廣四十里，土田悉成汙萊，其爲害不亦大乎。禹治河之餘，氾濫雖除，而田間積潦，不可不疏洩。況漳南河北五百里間，有沇水、出河東垣縣王屋山，東南流，至河內溫縣入河。沁水、出上黨涅縣謁戾山，南流，至河內武德縣入河。清水、出河內修武縣黑山，東流至朝歌縣合淇水。淇水、出河內隆慮縣沮洳山，東流合清水，至魏郡內黃縣爲白溝，亦曰清河。蕩水、出河內蕩陰縣西。蕩音湯。洹水出上黨長子縣洹山，洹音桓。蕩、洹二水皆東流至內黃縣入白溝。諸川，左右翼帶，禹時並注于河，亦猶河、汾之間，包有涑、澮等水，無論大小，皆當盡力，此濬畎澮距川之事，所謂滌源者也。

朱子言禹治水從低處下手，使先鑿龍門，而下流水未分殺，必且潰決四出，故以爲自九河、碣石始。愚謂懷襄之世，河從大伾以東，早已潰決四出。太史公云「行平地，數爲敗」是也。不待鑿龍門而始然。且龍門未鑿，水由地上氾濫而南，亦終入於河，河中之水不加少。龍門既鑿，水由地中行，復其故道，亦只是此水，河中之水不加多。鑿與不鑿，其利害皆在冀，於兗、青、徐無損益也。唯是「覃懷底績」之後，引河北載之高地，河東、河內大小諸水，悉歸於東河，崩騰北注，向之青、徐，分受其患者，至此兗獨當之，勢甚危急。此時兗受患獨深，故賦法與他州異，至十有三載而後同。而恒、衛、大陸亦瀰漫難治，非先疏九河不可。故經書二役於田賦之下，以見其從，其作在九河既道之後，不與覃懷之役相連，此化工之筆，非史臣所能與也。

厥土惟白壤。釋文：壤，若丈反。

傳曰：無塊曰壤，水去土復其性，色白而壤。正義曰：此土色白而壤，雍州色黃而壤，豫州直言壤，不言其色。蓋州内之土不純一色，故不得言色也。曾氏曰：冀州之土豈皆白壤，云然者，土會之法，從其多者論也。夏氏曰：周官大司徒辨十有二壤之物，而知其種，以教稼穡樹藝。以土均之法，辨五物九等，制天下之地征。則夫教民樹藝與因地制貢，固不可不先於辨土也。辨土之宜有二：白黑之類，辨其色也；壤墳之類，辨其性也。蓋草人糞種之法，騂剛用牛，赤緹用羊，墳壤用麋，渴澤用鹿，糞治田疇，各因色性而知其所當用。禹之辨土，所以必致意於此也。東陽陳氏大猷曰：白言色，壤言質，水患退，而後土性復，色質辨，始可興地利、定賦法也。渭按：夏氏引渴澤用鹿，不如引埴壚用豕，於經爲切。

疏云：鄭注周禮十有二壤曰：壤亦土也。變文耳。以萬物自生焉，則言土；以人所耕而樹藝焉，則言壤。壤，和緩之貌。按：此經上文言十有二土，即分野十二邦，上繫十二次。保章氏所謂「以星土辨九州之地」者，故云壤亦土也，變文耳。然則九州之土，皆可謂之壤，與冀、豫、雍之壤，對墳、埴、塗泥、壚、黎而言者有別。唯咸則三壤乃通九州言之，壤亦土也，與十有二壤正同也。

説文：壤，軟土也。釋文：馬融云：壤，天性和美也。劉熙釋名：壤，瀼也，肥濡意也。顔師古注漢志曰：柔土曰壤，皆與傳意合。若鄭所云和緩，則由人功所致，凡土皆然，非州別之質性，疏不當取以爲義。

周禮草人職曰：凡糞種，騂剛用牛，赤緹用羊，墳壤用麋，渴澤用鹿，鹹潟用貆，呼九反。勃壤用狐，埴壚用豕，彊㯺用蕡，彊，其兩反。㯺，呼覽反。輕爂用犬。爂，呼照反，又婦堯反。注云：凡所以糞種者，謂煮取汁也。赤緹，縓色也；渴澤，故水處也；潟，鹵也；貆，貒也；勃壤，粉解也。解，胡買反。下同。埴壚，黏疏者；彊㯺，彊堅者；輕爂，輕脆者。鄭司農云：墳壤，多蚠鼠也。玄謂墳壤潤解。疏云：禹貢白壤之屬九等，與此騂剛之屬九等不同者，以禹貢是九州，大判各爲一等，此九等無妨一州並有其類，故不同也。渭按：草人所言色質略具。張華博物志云：五土所宜，黄白宜種禾，黑墳宜種黍，蒼赤宜菽、芋。則但言其色而質不詳。職方氏云：揚、荆宜稻，豫、并宜五種，黍、稷、菽、麥、稻。青宜稻、麥，兖宜四種，黍、稷、稻、麥。雍、冀宜黍、稷，幽宜三種。黍、稷、稻。則但言九州之所宜，而色質皆不著，總不如草人之備，而草人又不如禹貢之精詳也。

厥賦惟上上錯，釋文：錯，倉各反。

傳曰：賦謂土地所生以供天子。上上，第一。錯，雜，雜出第二之賦。又曰：此州先賦後田，殊於餘州，不言貢篚，亦差於餘州。正義曰：往者，洪水爲災，民皆墊溺，九州賦稅，蓋亦不行。水災既除，土復本性，以作貢賦之差，故云賦謂土地所生以供天子也。因九州差爲九等，上上是第一，上上之下，即次上中，故云雜出第二之賦。孟子稱稅什一爲正。輕之於堯、舜爲大貊、小貊，重之於堯、舜爲大桀、小桀。則此時亦什一稅，俱什一而得爲九等差者，人功有强弱，收穫有多少。此州以上爲正，而雜爲次等，言出上上時多，而上中時少也。多者爲正，少者爲雜，故云第一。此州言上上錯者，少在正下，故先言上上而後言錯。豫州言錯上中者，少在正上，故先言錯而後言上中。揚州云下上上錯，不言錯下上者，以本設九等，分三品爲之，中下、下上本是異品，故變文言下上上錯也。梁州云下中三錯者，梁州之賦凡有三等，其出下中時多，故以下中爲正。上有下上，下有下下，三等雜出，故言三錯。足明雜有下上、下下可知也。九等所較無多，諸州相準爲等級耳。此計大率所得，非上科定也。然一升一降，不可常同。冀州自出第二，與豫州同時，則無第一之賦。豫州與冀州第一同時，則無第二之賦，或容如此，事不可恒也。林氏曰：九州之賦，計其歲入之總數，而多寡相較，有此九等。冀最多，故爲上上，兖最少，故爲下下，餘州率皆如此。非取民之時，有九等之輕重也。又曰：冀州之賦，獨先於田者，蓋王畿千里之地，天子所自治，并與園、廛、漆、林之類而征之。如周官載師之所任，非盡出於田也。故以賦屬於厥土之下，而餘州皆田之賦也。故先田後賦，所以異於畿内也。

龍子曰：貢者，校數歲之中以爲常。樂歲粒米狼戾，多取之而不爲虐，則寡取之。凶年糞其田而不足，則必取盈焉。此貢之所以爲不善也。愚謂貢異於助，唯無公田耳。其取民之制，雖云於一夫受田五十畝之中，税其五畝之所收。然亦每歲各視其豐凶，以爲所入之多寡，與助法無異。非上之人科定此五畝者出穀若干斗斛，以爲常也。藉令樂歲不多取，凶年必取盈，賦何以有上下錯乎。然則龍子之言非與？曰龍子蓋有爲言之也。夏元肅曰：戰國諸侯重斂掊克，立定法以取民，不能因豐凶而損益，且託貢法以文過，故孟子有激而云。其所謂不善者，特救戰國之失耳。禹法實不然也。柯山此解甚妙。蓋自魯宣公税畝以後，諸侯廢公田而行貢法，取民數倍於古。樂歲猶可勉供，凶年則不勝其誅求之苦，而皆藉口於夏后氏，以文其貪暴。龍子所以痛心疾首，而爲是言。孟子方勸滕君行助以革當時之弊，意在伸助，不得不抑貢。故舉龍子之言以相形，而未暇深求其義理。其實龍子所謂莫不善者，乃戰國諸侯之貢法，非夏后氏之貢法也。

或問：禹之取民，果如助法，因豐凶以爲多寡，則九州之賦，何以有定等？曰：此有其説也。消息盈虚，天行自然之理。州境廣大，一歲之中，豐凶並見，荒於東則稔於西，贏於高則詘於下。彼此乘除，相去不遠。故分而言之，則民之所供於上者，參差不齊，此國不同於彼國，此鄉不同於彼鄉。合而計之，則上之所得於民者，自有定數。此州常多於彼州，彼州常少於此州。雖或有升降之時，而要以多者爲正，少者爲雜，此其所以有定等也。苟曰五畝之稅，歲有常科，不問其豐凶，則真有如孟子所云，凶年必取盈，使民稱貸而益之者矣。曾謂堯、舜在上，大禹成賦，而有如是之敝法乎哉！

錯等之義，二孔闕如。林氏主豐凶立説。蔡傳以爲豐凶則九州皆然，何獨於冀、梁、豫、揚言之。蓋地力有上下，年分不同，如周官田一易再易之類。故賦之等第，亦有上下年分。然地力上下年分，亦非獨四州爲然也。傅氏云：錯之爲言，非雜也，差也。九州之賦，州内可均齊者，則無差等之例。如其不可均齊，則大槩幾何，而或升或降，亦任土隨宜可也。若此，則取民之時有輕重，而九等非計歲入之總數矣。以理揆之，林説近是。然其言曰：水旱必有所蠲以利民，故其所入之總數，自有增損。夫謂損由於蠲可也，而增豈加賦所致乎？且禹之立法，豐凶元與民共之，未嘗有待於蠲也。錯等或有或無，誠不可曉。竊謂禹貢所言，唯據各州定賦之後，錫圭告成之前，十餘年間，歲入之常數，而第爲九等。又據四州十餘年間，豐凶增損不齊之數，而名之曰錯。有則書，無則闕，非以是爲將來之定式，而餘州永無雜出之賦也。不然，天道有盈虧，地力有遺盡，人功有勤惰，語其極致，則錯而上下，相去有不止於一等者，禹安能以目前之所驗，而懸定數十百年之升降哉！諸家所説皆未允當，愚推測及此，自謂千慮之一得云。

疏云：冀出第二時，無第一；豫出第一時，無第二。是二州不相易等也。或言如此則九等有闕奈何？曰：就冀、豫觀之，謂二州互易其等亦可通。知不然者，以雍、揚、兗驗之也。使雍與揚相易，則雍當書下錯。梁與揚、兗相易，則揚當書三錯，兗當書上錯矣。而經文無之，故知二州不相易等也。然二州同年雜出，而互易其等，亦理之所有。孔預知之，故曰或容如此，事不可恒。大抵錯等之賦，隨時升降，即令餘州備言，亦不足以窮其變。此四錯者，猶之發凡起例，倣是以類推，則無不可見耳。

劉原父説此經云：聖人預爲推移通變之權，而通行於萬世。於是舉其輕重之尤者四州，而爲錯法焉。朱子亦云：歲有豐凶，不能皆如其常，故有錯法以通之。愚謂：錯等之賦，不期然而然，禹未嘗預立爲此法。凡言錯法者，非是。若夫推移通變之權，則五畝之税，視豐凶以爲多寡，歲歲如此，不獨在錯等之年也。

禹貢之所謂賦，鄭注、孔疏皆主穀税，而軍賦不與焉。蘇氏始云「賦，田所出粟米兵車之類」，而蔡傳取之。蓋以周時軍旅之征，亦謂之賦。周禮大司馬注曰：賦，給軍用者也。小司徒注曰：賦謂出車徒給繇役也。論語：千乘之國，可使治其賦。孔安國注云：兵賦也。左傳曰：天子之老，請帥王賦。又曰：悉索敝賦。又曰：韓賦七邑。又曰：魯賦八百乘，邾賦六百乘。又曰：鄫無賦於司馬。其所謂賦，皆軍賦也。故蔡以蘇説爲長，而其實不然。按周以前無謂兵爲賦者。左傳云：少康有田一成，有衆一旅。此即司馬法一成之賦也。詩正義云：成方十里，容有五百人，其出兵夫，則衆不盡行。故一車士卒，唯七十五人。少康盡舉大衆，故與出賦異也。而稱衆不稱賦，則唐、虞更可知矣。王耕野云：九州田賦，止是米穀，非必兵車。此言得之。然蘇説亦非獨創，仍出於鄭。鄭注詩韓奕云：禹甸之者，決除其災，使成平田，定貢賦於天子。與禹貢注所言治田出穀者合。及注信南山則又曰：禹治而丘甸之，六十四井爲甸，甸方八里，居一成之中，成方十里，出兵車一乘以爲賦法。夫禹甸之義，一也。何以梁山爲治田，而南山爲兵賦。是鄭自言之而自破之也。紛紛諸説，又何怪焉。觀甸服之賦，惟納總、銍、秸、粟、米，則經文自有明徵，不煩後人之聚訟矣。鄭以周之丘乘釋禹甸，猶以漢之口錢當九賦，並非經旨，不可援以入禹貢也。

冀州天子所自治，無貢名。其土之所生而供於上者，亦謂之賦。故賦特繫於土之下、田之上。林氏況之以載師園、廛、漆、林之征，亦但仿像其事，不可一一求合。新安陳氏云：場、圃等征，載師掌之；林木、蒲葦等，林衡、澤虞掌之；金、錫、禽、魚，卝人、牧人、罟人掌之。他以類推，則其法又加密矣。堯、舜之世，恐未必然。孟子言：王政之善，關市譏而不征，澤梁無禁。又云：市廛而不征，法而不廛。又云：數罟不入洿池，斧斤以時入山林。蓋山澤之利，但爲之厲禁，使民不妄取而已，未嘗有所征也。晏子告景公曰：山林之木，衡鹿守之。澤之萑蒲，舟鮫守之。藪之薪蒸，虞候守之。海之鹽蜃，祈望守之。此言齊之徵斂無度也。曾謂洪水初平，艱食方奏，正孟子所謂王道之始，而取民纖悉不遺，有如陳氏之所言邪。然則冀之土賦，其謂之何？曰：準以八州之貢物，則冀賦可知也。吕伯恭云：八州之貢，皆衣服器用之物，所謂惟正之供。冀之土賦，亦當如是。蓋惟吉凶禮樂之事，用之必不可闕者，則視其所有而量取之，初非藉以爲富國之資也。此不特與叔世無藝之征，相去懸絶，即周官九職之地貢，亦有不可同年而語者矣。

疏云：賦以收穫爲差，田以肥瘠爲等。若田在賦上，則賦宜從田。田美則賦重，無以見人功修否。故令賦先於田，以見賦由人功。此州既見此理，餘州從而可知。皆令賦在田下，欲見賦從田出也。渭按：孔説非是。欲見人功之修否，不在田賦先後之間，經殊不爲此。蓋餘州先田後賦，正例也。此州兼有土賦，故特變例書之，以見賦不皆出於田耳。林説確不可拔。

厥田惟中中。釋文：中，竹仲反。又如字。

傳曰：田之高下肥瘠，九州之中爲第五。正義曰：鄭玄云：田著高下之等者，當爲水害備也。則鄭謂地形高下爲九等也。王肅云：言其土地各有肥瘠。則肅謂定肥瘠以爲九等也。如鄭之義，高處地瘠，出物既少，不得爲上。如肅之義，肥處地下，水害所傷，不得爲上。故孔云高下肥瘠，共相參對，以爲九等。上言厥土，此言厥田。田、土異者。鄭玄云：地當陰陽之中，能吐生萬物者曰土。據人功作力，競得而田之，則謂之田。田、土異名，義當然也。又曰：鄭玄云：此州入穀不貢，下五百里甸服。傳云：爲天子服治田，是田入穀，故不獻貢篚，差異於餘州也。林氏曰：冀獨不言貢篚者，冀、天子畿内之地，無所事於貢篚也。夏氏曰：田之高下，既分九等，則賦亦當稱是。今乃有異同者，蓋地有廣狹，民有多少，則其賦税之總數，自有不同。不可以田之高下準之。況洪水初平，蕩析離居者，猶未復業，必有偏聚之處。故地力有闢不闢，人功有修不修，是以賦之所入，與田之等級，如此遼絶也。吴氏澄曰：田賦之等不同，何也？賦之九等，以各州歲入總數，較其多寡而爲高下也。數之最多者，爲上上。田之九等，以各州土地所宜，較其肥瘠而爲高下也。地之最肥者，爲上上。

劉敞七經小傳曰：九州之境，有大小之不齊，其定田也，以田之美惡爲等。州雖小而田美，則居上。州雖大而田惡，則居下。不復問其大小也。其定賦也，以賦之多寡爲差。州大者其賦多，州小者其賦少，不盡繫其美惡也。渭按：冀大，賦第一；兖小，賦第九。與劉説合。然雍、梁大於豫，豫賦第二，而雍乃第六，梁乃第八。青、徐小於揚，揚賦第七，而青乃第四，徐乃第五。是賦之多寡，不盡由於地之大小，故必兼人功言之，而後其義始備。

田賦之等，非九州攸同，無從相校而第其高下，然亦唯據告成時言之。其告成以後，豈竟無遷改。孔疏於雍州説九等云：治水之後，即爲此差，在後隨人少多，必得更立其等，此非永定也。斯言實獲我心。正者猶難永定，則雜出之等，愈可知矣。

周王畿千里之内，亦有貢。一是九職所税。太府謂之萬民之貢，其目則具於閭師：農貢九穀，圃貢草木，工貢器物，商貢貨賄，牧貢鳥獸，嬪貢布帛，衡虞各貢其物是也。一是采地所入。左傳：昭十三年，子産曰：卑而貢重者，甸服也。注云：謂天子畿内供職貢者。蓋畿内有三等采地，公卿大夫及王子弟，各以其所食之餘，輸之於王，名曰貢。此周制也。禹貢則不然。采地在侯服，而甸服無之。千里之内，皆天子所自治，民以其土之所生，上供天子，亦謂之賦。而九職所税，以人不以土，堯時未有，故冀無貢也。疏云：甸服止方千里，冀之北土境界甚遥，遠都之國，必有貢篚。此言良是。然禹治冀州之水，及太原、恒山而止。太原、恒山以北，未暇施功。冀之北土，尚無定賦，安得有貢篚？惟是衡漳、恒、衛、大陸之區，當爲侯服時，已就疆理，不知何以無貢。豈以帝都距西河裁三百餘里，而絶長補短，以充千里之數，故東方此等肥饒之地，皆入甸服，雖有所供于上，而不名爲貢與？義實難曉，姑識此以待來哲。

恒、衛既從，大陸既作。

釋文：從，才容反。

傳曰：二水已治，從其故道。大陸之地，已可耕作。正義曰：地理志云：恒水出常山上曲陽縣，東入滱水。衛水出常山靈壽縣，東入滹沱。大陸在鉅鹿縣北。釋地十藪云「晉有大陸」。孫炎等皆云今鉅鹿縣廣河澤也。廣平曰陸，澤雖卑下，旁帶廣平之地，故統名焉。曾氏曰：恒、衛二水在帝都之北而且遠，大陸地最卑，而河所經，故其成功在田賦之後。林氏曰：恒、衛、大陸成功在田賦既定之後，故不與覃懷、衡漳文勢相屬。黃氏度曰：河未入海，則恒、衛合而爲瀰漫之勢，大陸淪焉。自河北流不壅，恒、衛皆順從，大陸於是可耕作矣。東陽陳氏曰：謂大陸爲地者，蓋以陸名地也；謂大陸爲澤者，蓋大陸之旁有澤，而因地以名澤也。今經言「大陸既作」，則是其地已可耕作，而澤則非可以言作矣。故孔説爲當。渭按：上曲陽今爲曲陽縣，屬直隸真定府之定州，其故城在縣西。靈壽縣今屬真定府，其故城在縣西北。恒即滱水，衛即滹沱也，古今異名耳。據黃氏説，此二役當在兗「九河既道」之後，故不與覃懷、衡漳文勢相屬也。

或問：恒、衛、滱、滹沱，漢志明列爲四水，子謂恒即滱，衛即滹沱，亦有所據乎？曰：有之。水經注云：滱水東過上曲陽縣北，恒水從西來注之。自下滱水兼納恒川之通稱，即禹貢所謂「恒、衛既從」也。此非恒即滱之明證邪？水經無滹沱之目，見濁漳、易、滱、巨馬諸篇中，僅一二語，故衛水無考。然酈注凡二水合流言自下互受通稱者，不可枚舉，則滹沱受衛之後，亦得通稱衛水可知也。薛士龍云：恒水東流合滱水，至瀛州高陽縣入易水；衛水東北合滹沱河，過信安軍入易水。則宋人已知恒滱、衛滹沱爲一水矣。惜蔡傳述其言而不察耳。易水源短，滱、滹沱源長，當從小水會大水之例，謂滱、滹沱入易，非也。不然，恒水出曲陽縣西北，至縣東北入滱；衛水出靈壽縣東北，至縣東南入滹沲。其所歷不過數十里之地，曲陽東西相距六十里，靈壽東西相距四十里。曾謂是尋常之谿澗，而勤禹功之荒度乎哉！雖至愚者，亦知其無是理矣。

周禮職方氏并州山鎮曰恒山，其川虖池、嘔夷。釋文虖，喚胡反。池，徒多反。嘔，馬侯反；一音驅。嘔夷即後世所謂滱水也。應劭曰：滱音彄。顔師古曰：滱音寇；又音苦侯反。山海經曰：高是之山，滱水出焉，東流注于河。漢志代郡靈丘縣下云：滱河東至文安入大河，文安屬勃海郡。寰宇記云：文安故城在今縣東北三十里。過郡五，行九百四十里，并州川。周禮注云：嘔夷，即祁夷，出平舒。按漢志代郡平舒縣有祁夷水，北至桑乾入治。治即㶟水，亦名桑乾河。漢桑乾縣故城在今山西大同府蔚州西北，平舒則州屬廣靈縣也。縣南有壺流河，即古祁夷水，源出縣西，東北流至蔚州入桑乾河，不經曲陽縣界，鄭説非是。禮記：晉人將有事於河，必先有事於惡池。注云：「惡」當爲「虖」字誤也。山海經曰：大戲之山，滹沲之水出焉。戰國策蘇秦説燕曰：南有嘑沱、易水。漢志代郡鹵城縣下云：虖池河東至參合入嘑沱別，并州川。從河東至文安入海〔一〕，過郡六，行千三百七十里。「參合」當作「參户」，蓋傳寫者因郡有參合而誤。參合在漢鴈門郡平城縣東，今大同府陽和衛北。鹵城與參合大山隔絶，虖沱不得至其地。今河間府青縣南有參户故城。應劭云：平舒縣西南五十里有參户亭，故縣也。水經注：漳水自成平縣南，又東北，左會虖沱別河故瀆，又東北合清河，又東北逕章武故城西，枝瀆出爲濊水，又東北逕參户亭，分爲二瀆，一水逕參户亭北，又東北逕平舒縣，注虖沱。蓋即漢志所謂東至參户入虖沱別，從（泒）河東至文安入海者也。此即禹貢之恒、衛也。然禹主名山川，曲陽以下之滱，本名恒；靈壽以下之滹沱，本名衛。其出高是、泰戲者，則恒、衛之別源也。自周以虖池、嘔夷爲并州之川，其名著，而恒、衛之名遂隱。於是冀州二大川，以恒陽溪、雷溝河數十里之原委當之，蔡氏因目恒、衛爲小水，而經義幾不可通矣。

水經注：滱水出代郡靈丘縣西北高氏山，即漚夷之水也。山上有石銘，題言冀州北界，故世謂之石銘陘也。元和志：蔚州靈丘縣，漚夷水一名滱水，出縣西北高是山。今按：渾源州在山西大同府東南一百二十里，本漢緜畤、崞二縣，屬鴈門郡。州志云：州南七里有翠屏山，高千餘丈，周十里，滱水出其東。蓋即高是之别名，東南接靈丘界者也。東南流合温泉水，水出西北暄谷，温熱若湯，能愈百疾。又東逕靈丘縣故城南，入峽謂之隘門。高峰隱天，深溪埒谷。其故城在今渾源州西南一百三十里，西北去大同府二百七十里。又東逕廣昌縣南，縣今屬大同府之蔚州。飛狐口在縣北二十里。紫荆關在縣東北一百里。又東逕倒馬關，關山險隘，是爲深峭勢均，詩人高岡之病，故關受其名焉。今在廣昌縣南，唐縣西北，亦名常山關。又東南逕中山上曲陽縣北，恒水從西來注之。自下滱水兼納恒川之通稱，即禹貢所謂「恒、衛既從」也。按：曲陽，隋爲恒陽縣。地理志云：有恒陽溪，即恒水源也。元和志：恒山在恒陽縣北一百四十里。曲陽縣志：滱水在縣東北。又東逕中人亭南，左傳：昭公十三年，晉荀吴率師侵鮮虞及中人，大獲而歸者也。亭在今唐縣界。又東逕樂羊城北，史記稱魏文侯使樂羊滅中山。蓋其故城中山所造也。又東逕唐縣故城，南北二城俱在滱水之陽，故曰滱水逕其東。元和志：滱水一名唐河，西去唐縣一百五十步。又東逕安喜縣南，〔丁晏曰：安熹縣誤作「安喜」。〕中山記曰：縣在唐水之西。元和志云：滱水在安喜縣北八里，蓋其城南徙也。安喜今定州。又東逕安國縣北，漢安國縣。隋改曰義豐。今爲祁州。又東北逕解瀆亭北，漢順帝陽嘉元年，封河間孝王子淑於解瀆亭，爲侯國。孫宏即靈帝也。又東北逕侯世縣故城南，城在今博野縣西南。又東逕博野縣故城南，城在今蠡縣界。又東北逕蠡吾縣故城南，城在蠡縣東北。又東北逕陵陽亭東，又北左會博水，水出望都縣，東南流，逕其縣故城南，又東南潛入地下，又東南於瀆重源湧發，東南至陽城縣，散爲澤渚，世謂之陽城澱。其水又伏流，循瀆屆清梁亭西北，重源又發，東逕廣望縣故城北，又東北，左則濡水注之。春秋：昭公七年，齊與燕會于濡上。杜預曰：濡水出高陽縣，東北至河間鄚縣入易水。是濡水與虖池、滱、易互舉通稱矣。按：漢志中山望都下云：博水東至高陽入河。高陽屬涿郡。蓋博既合濡入滱，則東至文安入大河也。又東北逕依城北，世謂之依城河。依城即古葛城。郡國志曰：高陽有葛城，燕以與趙者也。今安州北有依城河。又東北逕阿陵縣故城東，寰宇記：阿陵故城在莫州任丘縣東北二十里，滱水枯瀆在縣西一里。又東北至長城，注於易水。長城在今文安縣界。易水有北易、中易、南易。此中易受北易而合流者。易水注云：易水於容城縣東南合滱水。故桑欽曰：易水出北新城西北，東入滱。自下滱、易互受通稱矣。寰宇記：南易水自容城縣南，流入瀛州高陽縣界，與滱水合。南易一名雹水。以今輿地言之，渾源、靈丘、廣昌、並屬山西大同府。曲陽、屬直隸真定府。唐縣、定州、慶都、祁州、博野、蠡縣、高陽、安州、新安、並屬保定府。任丘、屬河間府。文安屬順天府。諸州縣界中，皆古滱水之所行也。宋初猶未改。自咸平中，何承矩興塘濼，以限契丹戎馬之足。於是始引水歸北，而文安之瀆遂空。其後滱水仍自蠡縣改流，經肅寧、河間、雄縣、任丘以至文安，而不復北行。明時則又自雄縣改流入霸州保定界，爲玉帶河，不復入文安矣。此恒水下流變徙之大略也。晁以道云：今之恒水，西南流至行唐縣，東流入于滋水。元和志：滋水在行唐縣南二十六里。又東南流入于衡水。元和志：長蘆水即衡漳故瀆，在衡水縣南。然則恒水之源所謂恒陽溪者，亦改流南向，合於漳水，而曲陽以下，瀆同而源則非矣。

滹沱，大川也。水經當自爲一篇。頃閲寰宇記鎮州真定縣蒲澤下引水經注云：滹沱河水東逕常山城北，又東南爲蒲澤，濟水有梁焉，俗謂之蒲澤口。又滋水下引水經云：滋水又東至新市縣，入滹沱河。又深州饒陽縣枯白馬渠下引水經云：滹沱河，又東有白馬渠出焉。又瀛州河間縣大浦淀下引水經注云：大浦下導，陂溝競奔，咸注滹沱，是故人因決入之處，謂之百道口。此四條檢今本無之，則似水經元有滹沱水篇，宋初尚存，而其後散逸。滹沱原委，不可得詳，惜哉！歐陽玄補正水經序引崇文總目云：酈注四十卷亡其五。蓋涇、洛、滹沱等篇，皆在此五卷之中，今本仍爲四十卷，則後人析之以充其數耳。漢志代郡之鹵城，常山郡之蒲吾、靈壽、南行唐、新市，信都國之信都，河間國之弓高、樂成，勃海郡之成平、東光、參户、東平舒、文安皆有滹沱，弓高、樂成、參户又有滹沱別水，而發源經過之地未悉。今據元和志所載以補水經之闕：滹沱水出代州繁畤縣泰戲山，一名武夫山，在縣東南九十里。繁畤，本漢葰人縣。屬鴈門郡。漢末荒廢。晉改置繁畤縣。周省，隋復置。葰音璅。滹沱一名泒水，許氏説文：泒水出葰人縣戍夫山。郭景純以爲鹵城縣武夫山，括地志以爲孤阜山，寰宇記以爲平山，蓋皆泰戲之别名也。西南流逕唐林縣東，縣東北至代州一百十里。本漢廣武縣，隋爲五臺、崞二縣地。今州西有廣武廢縣，蓋即唐林縣界也。又西南逕崞縣東，縣東北至代州五十里。水去縣二百步。又西南逕秀容縣東，縣爲忻州治。水去縣三十二里。東轉逕定襄縣北，縣西至忻州四十五里。今治即陽曲故城，水去縣五里。又東逕五臺縣西南，縣西北至代州一百二十里。水去縣三十五里。又東逕盂縣北，縣西南至太原府二百二十里。水西自五臺縣界流入，南去縣百里。又東南逕靈壽縣西南，衛水注之。縣東至恒州五十里。水去縣二十里。縣志云：衛水在縣東十里，俗名雷溝河，源出縣東北十四里良同村，南流至縣東南，合滹沱河。又東南逕真定縣北，縣爲恒州治。水去縣一里。又東南逕九門縣西，縣西至恒州三十里。水去縣四十九里。今藁城縣西北二十五里有九門城。又東南逕藁城縣東，縣西北至州五十八里。水去縣二十九里。又東逕鼓城縣北，縣西至恒州九十五里。水去縣十三里。寰宇記云：隋開皇六年，分藁城地置昔陽縣，十八年改曰鼓城。又東逕深澤縣南，縣西北至定州九十里。水去縣二十五里，即冰合渡光武處，俗謂之危渡口。又東逕無極縣北，縣北至定州八十里。水去縣三十里。又東北逕鹿城縣西北，縣東至深州二十五里。水去縣四十二里，與博野縣分水。寰宇記：滹沱河在博野縣東南三十五里。又東逕安平縣南，縣東南至深州五十三里。水去縣二十三里。泒水今名礓河，西自定州義豐縣界流入。又東北逕饒陽縣北。縣西至深州三十里。水去縣四十五里。縣治晉魯口城也。公孫淵叛，司馬宣王征之，鑿滹沱入泒水，以運糧，因築此城。蓋滹沱有魯沱之名，因號魯口。後魏道武皇始三年，車駕幸魯口，即此地也。自此以下當入瀛、莫二州境，而元和志亦闕。案寰宇記瀛州河間縣西二十里，高陽縣東北十四里，莫州鄚縣南二里，霸州大城縣北一百三十里，文安縣西北三十里，皆有滹沱水。此即漢志所云「從（泒）河東至文安入海」者。以今輿地言之，繁畤、代州、崞縣、忻州、定襄、五臺、盂縣、並屬山西太原府。靈壽、真定、藁城、深澤、無極並屬直隸真定府。東鹿、博野、並屬保定府。安平、饒陽、並屬真定府。高陽、屬保定府。任丘、屬河間府。大城、文安並屬順天府。諸州縣界中，皆古滹沱水之所行也。宋初猶未改，自塘濼既興，引水歸北，而文安之瀆堙廢，遂以樂成今獻縣。之滹沱别水爲滹沱之正流，而故道不可復問。明天啓後，漸徙而南。至本朝順治二年，自束鹿南決入冀州，與漳水渾濤，而安平、饒陽之地，不復有滹沱矣。滹沱在河北羣川中，溢決尤甚，未有數年不變者，而從冀州合於漳水，亦猶黄河之與淮合，均爲古今水道之極變也。

東漢以後浮陽、今滄州。參户、今青縣。東平舒、今大城。章武、今静海、天津。泉州今寶坻。諸縣界中，漳、清合流之瀆，即古徒駭河，西漢時大河猶行之者也。故漢志云：滱水東至文安入大河；滹沱東至參户，合滹沱别，從(泒)河東至文安入海。是恒、衛皆於文安入河也。今文安縣在霸州南少東六十里。據水經注：易水逕容城縣南，又東合滱水，自下互受通稱，又東至文安縣與滹沱合，又東至泉州縣南東入于海。此即合漳、御，由潮河至獨流口入海之道也。御河即清河。潮河即界河。自塘濼興，而文安、大城諸水，多入白河，即潞河。其行潮河者，唯漳、御耳。古時滱、易、滹沱，混而爲一，自文安會大河入海。西漢時猶然。而程泰之謂滹、易中高，不與河通，何邪？惟二水皆入河，故禹必先道九河，而後治恒、衛，從河以入海。不然，海口壅塞，雖欲治二水，不可得也。

冀州有三大陸。一在鉅鹿郡北，班固繫諸禹貢，又名鉅鹿澤。吕氏春秋云：趙有鉅鹿，又名廣河澤。爾雅：晉有大陸。孫炎云：今鉅鹿縣廣河澤是也。此真禹貢之大陸也。詳見下文。一在河内修武縣。古甯邑，秦置修武縣，其故城在今獲嘉縣西北。左傳：定公元年，魏獻子田于大陸，還，卒于甯。杜預云：大陸疑即吴澤陂，近甯是也。一在太原鄔縣。今爲介休縣地。班固云：九澤在縣北，是爲昭餘祁，并州藪。酈道元云：吕氏春秋謂之大陸是也。斯二者，皆非禹貢之大陸也。今按：吕覽九藪既云「晉之大陸」，又云「趙之鉅鹿。」如謂大陸即鉅鹿，則一澤不應兩見，故道元以鄔澤當之。蓋晉爲唐叔始封，大陸宜在其境内，而鉅鹿當戰國時實爲趙地，故分爲二澤也。要之，廣平曰陸，是處有之，其大者，則謂之大陸。猶之高平曰原，亦是處有之，其大者，則謂之太原耳。然晉之大陸在漢大陵縣界，「陸」恐是「陵」字之誤。

蔡傳引程氏曰：大陸云者，四無山阜，曠然平地。杜佑、李吉甫以爲邢、趙、深三州之地者，得之。今按：漢志「鉅鹿縣禹貢大陸澤在北」，一而已。而唐人所言不一。通典有二：趙州昭慶縣，隋爲大陸縣有大陸澤；昭慶，本漢廣阿縣。隋曰大陸。唐曰昭慶。宋更名隆平。今在真定府趙州東南一百里。縣志云：「大陸澤在縣東北三十里杜家莊。」深州陸澤縣有禹貢大陸澤，陸澤，本漢下博縣。其故城在今深州南。唐先天二年，分下博及饒陽、鹿城地，置陸澤縣，爲深州治。今在真定府東二百里。是也。元和志有四。邢州鉅鹿縣，大陸澤，一名鉅鹿澤，在縣西北，東西二十里，南北三十里，葭蘆、菱蓮、魚蟹之類，充牣其中，澤畔又有鹹泉，煮而成鹽，百姓資之。鉅鹿，本漢南緣縣，亦兼得鉅鹿縣地，在今順德府東北一百二十里。漢路温舒，鉅鹿東里人，取澤中蒲截以爲牒，編用寫書。即此澤也。趙州昭慶縣，廣阿澤在縣東二十五里，即大陸別名。深州鹿城縣，大陸澤在縣南十里。鹿城，本漢鄡縣，今爲束鹿縣，在保定府祁州南一百三十五里。又陸澤縣南三里，即大陸之澤是也。故程泰之謂以邢、趙、深三州之地爲大陸，自杜、李始。愚竊謂：唐鉅鹿縣東境，亦漢鉅鹿縣地，澤在西北，接昭慶界。蓋一澤跨二縣之境，即班固所云「在鉅鹿縣北」，孫炎所云「今鉅鹿縣廣河澤」者也。而志家唯以平鄉爲古鉅鹿，求此澤而不得，遂言今盡爲丘隴。豈知元和志獨詳於鉅鹿，原不在平鄉界邪！宋河渠志云：大觀元年河決，陷鉅鹿縣，遷縣于高地。又以隆平下溼，亦遷之。則二縣地勢最卑，澤在其間明矣。通典：昭慶、陸澤縣有澤，而鉅鹿鹿城無之。可見四澤實止二澤。唐人亦似知漳水即禹河，故以南宮所出之洚瀆，爲「北過降水」，以深州之大陸澤，爲「至于大陸」。意謂如此，則大陸在過降之後，與經適合。故不主鉅鹿而取陸澤，然枯洚乃漢時漳水之徙流，實非禹迹。即以爲禹迹，此亦是河別爲降，不可謂之過也。大陸在邢、趙二州界，而深不與焉。傅同叔云：凡廣河澤以東，其地平廣，緜延千里，皆謂之大陸。是瀛、滄亦大陸矣。河自大陸又北，始播爲九河。誠如傅言則許商所謂「九河自鬲以北至徒駭間，相去二百餘里」者，將何所容其地邪？

大陸禹更有濬畎澮之功，非因「恒、衛既從」，而遂得耕作也。觀復言既可見。蓋大陸地形洿下，東有大河，北有恒、衛。先是九河未通，恒、衛未從，合而爲瀰漫之勢，平田皆成巨浸，至是二水從河以入海。禹乃濬其畎澮，達於支川，其澤亦爲之陂障，以資蓄洩，而耕作之事以興。故復言既，明其非一役也。

島夷皮服，夾右碣石入于河。釋文：島，當老反。夾音協。碣，其列反。渭按：島，史記、漢書並作「鳥」。鄭康成、王肅並稱「鳥夷」。疏云：孔讀「鳥」爲「島」，則唐初亦作「鳥」字。今本作「島」，蓋開元中所改也。

傳曰：海曲謂之島。碣石，海畔山。正義曰：島是海中之山，夷居其上爲島夷。王肅云：東北夷國也。地理志「碣石山在北平驪城縣西南」，是碣石爲海畔山也。蘇氏曰：河自碣石山南，渤海之北入海。夾，挾也。自海入河，逆流而西，右顧碣石，如在挾掖也。林氏曰：島夷皮服者，言水害既除，海曲之夷，獻其皮服也。禹貢於九州之末，皆載其達於帝都之道。周希聖謂天子之都，必求其舟楫之所可至，使夫諸侯之朝貢，商賈之貿易，雖其地甚遠，而其輸甚易。此説得之。冀州三面距河，是其設都之意，實有取於轉輸之利，朝貢之便也。禹貢所載，上言田賦貢篚之事，而於下言所由以達帝都之道，其始末曲折，莫不具備，而皆以河爲主，蓋達於河則達於帝都故也。朱子曰：碣石山負海，當河入海之衝，自海道夾出碣石之右，然後入河，而達帝都也。蔡氏沉曰：島夷以皮服來貢，自北海入河，南向西轉，而碣石在其右，轉屈之間，故曰夾右也。金氏曰：皮服即爾雅所謂東北方之文皮者。郭璞云：虎豹之屬，皮有縟綵。都昌陳氏大猷曰：此夷狄獻方物以自效，與冀州不言貢，不相妨礙。鄭氏曉曰：碣石與島夷連書，此即島夷入貢之道也。渭按：通典：三韓在海島之上，朝鮮之東南。蓋即此所謂島夷。驪成，後漢省。說文：碣，特立之石。東海有碣石山。據文穎、酈道元所說，當在直隸永平府昌黎縣東南，今其地無山以應之。辯見導山。河謂逆河，凡九州之末，皆言貢道，然亦所以紀治水之成功。曰夾右碣石入於河，則破碣石納河流之事，隱然可見矣。

九州之末，各載其通於帝都之道。傳以爲禹治一州之水既畢，遂還帝都，白所治，非也。禹欲白所治，不必身入帝都，即使身入帝都，亦何難於陸行，而必循各州紆迴之水道，以廢時失事哉。鄭康成謂治水既畢，更復行之，觀地肥瘠，定貢賦上下。如此則不當敍於田賦貢篚之後。王肅謂功主於治水，故詳記各州往還乘涉之水名。今按：所載皆達河之道，非有往還乘涉之事，諸説皆不可通。至周氏之言出，而其義始定。此實後人勝前人處，謂今必不古若者，曲士之見也。

鄭康成云：鳥夷，東方之民，搏食鳥獸者。史記正義以靺鞨爲鳥夷，引括地志云：靺鞨國，古肅慎也。在京東北萬里已下，東及北各抵大海，其人多勇力，善射，弓長四尺如弩，矢用楛，長一尺八寸，青石爲鏃。渭按：此即周初所貢之楛矢、石砮也。然史記言四海之内，咸戴帝舜之功，北有肅慎，東有鳥夷。則自是二種，鳥夷非即肅慎。且洪水初平，肅慎亦未遽通也。今本作「島夷」，薛士龍云：海上諸夷，濊貊、肅慎之屬。按海中之山，水繞其四面，斯謂之島。島夷唯倭、韓可以當之，濊貊、肅慎等國，止東面臨大海，餘皆通陸，不得爲島夷。

漢書朝鮮傳：真番、音潘。辰國欲上書見天子，又雍閼弗通。辰國即三韓地也。後漢書光武紀：建武二年，東夷韓國人率衆詣樂浪音洛狼。内附。東夷傳：韓有三種：一曰馬韓，二曰辰韓，三曰弁辰。晉、梁二書作弁韓。馬韓在西，有五十四國，其北與樂浪、南與倭接；辰韓在東，十有二國，其北與濊貊接；弁辰在辰韓之南，亦有十二國，其南亦與倭接。凡七十八國，百濟是其一國焉。大者萬餘户，小者數千家，各在山海間，地合方四千餘里，東西以海爲限，皆古之辰國也。馬韓最大，共立其種爲辰王，盡王三韓之地。北史：新羅者，本辰韓種也，地在高麗東南。辰韓亦曰秦韓，相傳言秦世亡人避役來適馬韓，割其東界居之，以秦人故名之曰秦韓。其言語名物有似中國人。辰韓王常用馬韓人作之，不得自立王。辰韓之始有六國，稍分爲十二，新羅則其一也。唐書東夷傳：高麗地東跨海、距新羅，南亦跨海、距百濟。百濟，扶餘别種也，南倭、北高麗皆踰海乃至。其東則新羅。新羅，弁韓苗裔也。地横千里，縱三千里。東距長人、東南日本、西百濟、北高麗。今按：新羅、百濟，本三韓七十八國中之二。至唐時，則有新羅、百濟而無三韓之目。遼史地理志有高州三韓縣。辰韓爲扶餘，弁韓爲新羅，馬韓爲高麗。開泰中，聖宗伐高麗，俘三國之遺人於遼東界中，僑置三韓縣。今以遼東爲三韓，非也。古韓國在朝鮮東南大海中，依山島而居，水環其四面，故曰島夷。元和志：大人故城在登州黄縣北二十里。司馬宣王伐遼東，造此城運糧，船從此入。今新羅、百濟往還，常由於此。蓋河自東漢已後，徙從千乘入海。故唐時島夷貢船，循渤海南岸入河。禹河由碣石入海。故西指碣石夾右而入河也。

傳云：島夷還服其皮，明水害除。林少穎曰：茹毛飲血而衣皮，夷狄之本性，不必水害既平，而後得服其皮也。乃改爲今説。王氏炎云：北方地寒，故服皮。南方地暖，故服卉。東陽陳氏曰：非也。此自言各有所出耳。北方皮服，豈夏亦服之乎。南方蕉葛，豈冬亦服之乎。如吉貝、木棉皆南方所出，然皆非暑服也。陳説良是。

王伯厚云：在高麗界者爲左碣石，在平州南者爲右碣石。蓋以經文「右」字屬下讀。愚謂：經有二荆山，不加南北字以别之。有二蒙山，不加東西字以别之。碣石一而已，何用目之曰右。果爾，則導山之文無「右」字，當爲左碣石矣。金吉甫取之，殊不可曉。

馬明衡云：行海者，有山可見，則望山爲準。無山可見，則望星爲準。意碣石是自海達河，所望以爲準者。固無妨於遠，豈必逼近肱腋之下，然後謂之右轉屈之間邪。徐常吉云：海水漫天，入河之道難認。碣石高峙其右，由海望之，如在右掖也。此皆以碣石爲離岸數十里之大山，故有是説。其實此山不過一海濱之巨石，負海當逆河之衝，故大禹鑿之以納河。自東北泛海而來者，帆拂其顛，舟檥其足，真如在肱腋之間，非但遥望之以爲準也。

程泰之云：冀北爲漢遼東西、右北平、漁陽、上谷之地，其水如遼、濡、滹、易，皆中高不與河通，故必自北海然後能達河也。渭按：大遼水出塞外，東南流，至安市縣西南入海。西去碣石五百餘里，此誠不與河通。濡水，一音人朱切，出涿郡故安縣，東南流，至范陽縣合易水入河。春秋，昭公七年，齊、燕盟于濡上。即此水。一音乃官切，讀若難，從塞外來，東南流，至絫縣碣石山入海。即今灤河。此正值逆河之尾，亦不可謂不與河通也。至若滱、易二水各流，至文安入河。它日幽、并貢道，正須由此，而以爲不與河通，北來者必由海入，大謬。且告成之時，冀北尚未制貢，此經專爲島夷而設，與五郡之地，全無交涉也。

【校勘記】

〔一〕從河東至文安入海　據楊守敬晦明軒稿漢志從河爲泒河之誤說，「從河」當爲「泒河」之誤。下同。

禹貢錐指卷三

濟、河惟兗州，

釋文：濟，子禮反。下同。兗，悦轉反。渭按：濟，漢書皆作「泲」。顔氏曰：泲本濟水之字。從水㢴聲。㢴音姊。林氏曰：濟，古文作「泲」。説文云：此兗州濟也。其從水從齊者，説文云：出常山房子縣贊皇山。濟、泲音同字異，當以古文爲正。吴氏曰：導水章所敍冀州之濟、兗州之濟實一水也。濟、泲二字通用，説文因二字，而以北濟、南濟爲二水，非也。兗，史記作「沇」。

傳曰：東南據濟，西北距河。正義曰：此下八州，發首言山川者，皆謂境界所及也。鄭氏樵曰：禹貢之書所以爲萬代地理家成憲者，以其地命州，不以州命地也。如兗州者，當時所命之名，後世安知其在南在北。故曰濟、河惟兗州，以濟水、河水之間爲兗州也。以荆山、衡山之間爲荆州，故曰荆及衡陽惟荆州。濟、河者，萬代不泯之川也。荆、衡者，萬代不泯之山也。使荆、兗之名，得附此山川，雖後世更改移易，爲不没矣。渭按：濟自菏又東北會于汶，又北東入于海。此兗之東南與豫、徐、青分界處。河自大伾北過降水，至于大陸，又北播爲九河，同爲逆河入于海。此兖之西北與冀分界處。

傳自兖州以下言「據」者六，言「距」者六。正義曰：據謂跨之。距，至也。學者師承其説，千有餘年於此矣。今按：「據」字義，説文云：杖持也，玉篇云：依也、持也，廣韻云：依也、引也、案也。「跨」字義，説文云：踞也[一]；玉篇、廣韻並云：越也。二字之義，絶不相謀，而疏乃以跨釋據何邪？賈生過秦論云：秦孝公據殽、函之固。班孟堅西都賦云：左據函谷、二殽之阻。此但言秦地東有殽、函，非謂殽、函之東亦秦地也。張平子西京賦云：於後則高陵、平原，據渭踞涇。蓋東起朝邑，西盡鳳翔，緜聯數百里，皆在渭北，故曰據渭，非謂跨渭而南也。涇水自北絶原而南入渭，則原實東西跨涇矣，故曰踞涇。跨本訓踞，踞即跨也。據、踞音同字異。踞有跨義而據無跨義，自俗書二字混用，如據鞍或作「踞」，虎踞或作「據」之類。而疏遂以跨釋據。昔人嫌宋儒訓詁多出己意，不謂唐初已有此弊也。然據之與距，傳似有異義而不可曉。推尋經旨，若河、若濟、若淮、若岱、若荆，皆謂二州之間，以是山是水爲界，彼此所共，不得專屬一州。徐、揚共是淮，何以一言「及」、一言「據」；荆、豫共是荆山，何以一言「據」、一言「至」；雍、豫、兖與冀共是河，何以豫、兖皆言「距」，而雍獨言「據」。又如衡陽、華陽同得山南之地，何以一言「及」、一言「據」；雍、梁之西並以黑水爲界，何以一言「據」、一言「距」；青、徐之岱，猶荆、豫之荆，何以荆有「據」而岱無「據」。凡此類紛然雜出，恐傳者涉筆偶爾異同，不可以一知半解，妄生分別也。自疏以據爲跨，而經義始有難通者矣。其説兗州曰：濟、河之間，相去路近，兗州之境，跨濟而過，東南越濟水，西北至東河也。此蓋本之漢志。漢志濟陰郡治定陶縣，唐爲濟陰縣。今曹縣、定陶縣是。山陽所領縣有成武、唐亦爲成武縣，即今城武。單父、唐亦爲單父縣，今單縣是。東緡、唐爲金鄉縣，即今金鄉。方與，音房預。唐爲方輿縣，今魚臺縣是。皆在濟水之南。二郡志並屬兗州，故以爲兗州之境，跨濟而過。不知漢武置十三州，自立疆界，不盡與古合。安得以漢之兗州爲禹之兗州乎？青之東北據海，以爲跨海而有遼東，猶可通也。荆之北據荆山，則曰此州北界至荆山之北。夫衡言陽，則知荆州南跨衡山。華言陽，則知梁州不得華山。荆山，二州無異辭，何以知荆北跨荆山，而豫獨不得荆山乎？至若雍之東據河，則侵入冀域，理尤不可通，故改從王肅西據東距之説。然黑水絶遠，而雍復跨之，亦無是理也。揚之跨淮而北，不識更以何地爲徐界。梁之跨華陽而東，不識更以何地爲豫界。疏亦不能有説以處此矣。竊謂「跨」之一字，大有害於經義。鄭漁仲謂禹貢以地命州，不以州命地，所以爲萬世不易之書。此最善言。禹貢者，蓋禹别九州，不論廣狹長短，唯因高山大川以表界，非若後世郡國犬牙相制之形，亦不必截然方整如棋局。兗之南界及濟水而止，何用割水之南以附兗；荆之北界及荆山而止，何用割山之北以附荆。如疏所言，事涉晚近，不可以説經。故曰「跨」之一字，大有害於經義也。蔡氏於據海、據淮、據荆山、據華山之南，皆改據曰至、曰距，而兗之據濟如故。雍之距黑水而據河，則從疏倒置其字。蓋亦以據爲跨，而理有可通者，則因之；必不可通者，則改之。其於夾漈之言，終未闚其奥妙也。

爾雅：濟、河間曰兖州。注云：自河東至濟。周禮：河東曰兖州。而賈疏以爲侵禹貢青、徐之地者，蓋以其山鎮曰岱山，其澤藪曰大野知之。殷之兖州，自河東至濟，與禹貢同。其徐州自濟東至海，亦與禹貢同。而周則言河不言濟，蓋其境越濟而東得岱矣。岱南爲徐、北爲青。徐州曰大野既豬，是知侵禹貢青、徐之地也。兖界跨濟，唯周制有然。以言乎禹貢之兖州，則悖矣。

兖州有古帝顓頊之虚，杜預曰：東郡濮陽縣，故帝顓頊之虚，故曰帝丘。鬲、觀、有窮、昆吾、韋、顧之封皆在焉。春秋時可考者，衛、文公遷于楚丘，成公又遷于帝丘。郕、胙、燕南燕，姞姓。凡四國。戰國時爲衛、魏、宋、齊、趙五國地。秦并天下置東郡、碭郡、東北境是。齊郡、北境是。鉅鹿、上谷。二郡東境是。漢復置兖州。領郡國八。後漢、魏、晋並因之。唐爲河南道之靈昌滑州、濮陽濮、濟陽濟、東平鄆等郡，河北道之清河貝州、魏郡魏、博平博、平原德、樂安棣、景城滄等郡。按以上通典所列，有當往屬者，東平之須昌、鉅野、宿城及壽張之東境，此爲東原大野之地。須昌、宿城、壽張三縣故城，並在今東平州界。鉅野故城在今鉅野縣西。魯郡之任城，龔丘任城今爲濟寧州及嘉祥縣之東境。龔丘今爲寧陽縣，並在古濟水東。改屬徐，濟陰之南華、在菏澤西今爲東明縣。靈昌之匡城在南華西，今爲長垣縣。改屬豫，濟陽之長清今屬濟南府。及東阿之東境，今東阿縣是。平陰之北境改屬青，其南境改屬徐也。平陰側岱跨南北，故分屬青、徐。又有當來屬者，冀域信都郡及鄴郡之内黄、堯城、臨河，内黄、堯城二縣故城，並在今内黃縣界。臨河故城在今滑縣北。汲郡之黎陽東境，其豫域則濟陰之乘氏也。乘氏在菏澤東，今爲曹州。以今輿地言之，河南衛輝府之胙城縣、胙城本在河南，自金明昌五年河徙出縣南，而縣始爲河北地。直隸大名府唯濬縣之西境當屬冀，長垣、東明二縣當屬豫。及真定、河間二府之東南境，當以漢時漳水故道爲界，東南屬兗，西北屬冀。山東則東昌府，其兗州府則曹州、陽穀、壽張、鄆城，濟南、青州二府則西北境，當以漢時濟水故道爲界，西北屬兗，東南屬豫、徐、青。皆古兗州域也。

東南據濟與豫分界。當自兗州府之曹州始。何以知之？按：導水：濟入河，溢爲滎，東出於陶丘北，又東至于菏。菏澤在今定陶縣境，經繫諸豫。雷夏在今曹州境，經繫諸兗。故知二澤之間爲兗、豫之界也。濟水至曹州西分爲二：一水東南流爲菏水，一水東北流入鉅野澤爲濟瀆。春秋：僖公三十一年，取濟西田。左傳云：分曹地自洮以南，東傅于濟。酈道元云：「濟水自是東北流出巨澤。」即此地也。濟水又北過東昌府之濮州、范縣，東與徐分界；又北爲陽穀、茌平，東與青分界；轉東爲濟南府之齊河、濟陽、齊東、青城，又東爲青州府之高苑、博興、樂安，樂安縣東北一百十里有琅槐故城，漢屬千乘郡，古濟水入海處也。南與青分界。今歷城以東有小清河，即濟水入海之故道，其北爲兗，南爲青也。

西北距河與冀分界。河自今河南衛輝府胙城縣北，東至直隸大名府濬縣大伾山西，折而北，經河南彰德府界中，又東北經直隸廣平、順德、真定、河間四府界中，東入于海。此禹河之故道，曲周以下即漢時漳水之所行也。詳見冀州。

九河、濟、漯入海，並在兗東，徒駭最北，八枝次之。漯在鬲津之南，濟又在漯之南，其所入皆勃海也。自天津衛直沽口與冀分界，南歷静海縣東，又南歷滄州東，又南歷霑化、利津、蒲臺縣東，折而東，歷樂安縣北，以小清河入海處與青分界。

九河既道，

傳曰：河水合爲九道，在此州界平原以北是。正義曰：河從大陸東畔北行，而東北入海。冀州之東境至河之西畔，水分大河東爲九道，故知在兗州之界，平原以北是也。釋水載九河之名云：徒駭、太史、馬頰、覆釜、胡蘇、簡、絜、鉤盤、鬲津也。漢書溝洫志成帝時河隄都尉許商上書曰：古記九河之名，有徒駭、胡蘇、鬲津，今見在成平、東光、鬲縣界中。自鬲津以北至徒駭，其間相去二百餘里。是知九河所在，徒駭最北，鬲津最南。蓋徒駭是河之本道，東出分爲八枝也。許商上言三河，下言三縣，則徒駭在成平，胡蘇在東光，鬲津在鬲縣，其餘不復知也。爾雅九河之次，從北而南，既知三河之處，則其餘六者，太史、馬頰、覆釜在東光之北，成平之南，簡、絜、鉤盤在東光之南，鬲縣之北也。其河填塞，時有故道。鄭玄云：今河間弓高以東，至平原鬲津，往往有其遺處。夏氏曰：九河之名，出于一時之偶然，初無義訓。李巡、孫炎、郭璞皆附會曲爲之説。渭按：漢成平、東光屬勃海郡，鬲縣屬平原郡，弓高屬河間國。今直隸河間府交河縣東有成平故城，東光縣東有東光故城，阜城縣西南有弓高故城，山東濟南府德州北有鬲縣故城，皆漢縣也。蓋河自大陸以北，禹疏爲九道，以殺其勢。然後恒、衛可得而治，大陸盡爲良田也。

漢時言九河以爲不可考者，平當云「九河今皆寘與填同。滅」，馮逡云「九河今既滅難明」，王橫云「九河之地已爲海所漸」是也。然許商所言，實有其地，就三河推之，其餘大概可知，九河豈真湮滅無遺迹邪！而近世學者又患求之太詳，凡後人所鑿以通水，而被新河以舊號者，悉據以爲禹之九河。杜氏通典於許商所得之外，又得其三，鉤盤在景城郡界，馬頰、覆釜在平原郡界。惟太史、簡、絜三河未詳處所。而史記正義云「簡在貝州歷亭縣界」，輿地廣記云「簡、絜在臨津」，金地理志云「南皮縣有潔河」，明一統志云「太史河在南皮縣北」，則此三河者，亦皆犂然有其處所矣。以漢人所不能知，而一一臚列如此，可信乎！不可信乎！蔡傳云：或新河而載以舊名，或一地而互爲兩説，皆似是而非，無所依據。此言是也。于欽齊乘以爲許商、孔穎達之言，簡而近實，後世圖志雖詳，反見淆亂。某嘗往來燕、齊，西道河間，東履清、滄，熟訪九河故道。蓋昔北流衡漳注之，河既東徙，漳自入海。安知北流之漳非古徒駭河歟？踰漳而南，清、滄二州之間，有古河隄岸數重，地皆沮洳沙鹵，太史等河當在其地。滄州之南有大連澱，西踰東光，東至海，此非胡蘇河歟？澱南至西無棣縣百餘里間，有曰大河、曰沙河，皆瀕古隄，縣北地名八會口，縣城南枕無棣溝，兹非簡、絜等河歟？東無棣縣北有陷河，闊數里，西通德、棣，東至海，兹非所謂鉤盤河歟？濱州北有士傷河，西踰德、棣，東至海，兹非鬲津河歟！士傷河最南，比他河差狹，是爲鬲津無疑也。于氏之論，可謂博而篤矣。然而求九河者，正不必尺寸皆合於禹之故道，亦不必取足於九。許商言「自鬲以北至徒駭間，相去二百餘里，今河雖數移徙，不離此域」。韓牧以爲「可略于禹貢九河處穿之，縱不能爲九，但爲四五，宜有益」。此真通人之見，知此者，可與窮經，可與治水矣。

曾彦和云：九河其一不名者，河之經流。先儒分簡絜爲二，非也。林少穎以爲不然。九河自大陸以北，播爲九道，其勢均也。安得以一爲經流，八爲支派哉。二説皆誤。漢書敘傳云：自兹距漢，北亡八支，其一存者，即是徒駭。孔疏：徒駭是河之本道，東出分爲八枝。説本於此。朱子亦以爲然。故孟子集注簡、潔（絜訛爲潔）仍爲二河，而蔡傳獨從曾氏，何邪？

夏允彝禹貢合注曰：桓譚新論云：河水濁，一石水，六斗泥，而民競引河溉田，令河不通利。至三月桃花水至，則決，以其噎不泄也。可禁民勿復引河。夫引河且不可，況分爲九乎。然則禹之導爲九河也，何居？蓋河不可分，謂其上流耳。若入海之處，泄之愈速，則河愈通利，又何害哉！今九河之下，即爲逆河。殆謂自此而下，即海潮逆入矣。蓋名雖爲河，其實即海也。海水内吞，九河外灌，不惟藉水力以刷沙，而海之潮汐，亦藉河力以敵之。禹之以水治水，所爲不可及也。又曰：要以入海之所，固宜分疏之使速泄，下流速泄，則上流不壅，河之利也。若未及於海，則流分力弱，無以刷沙，適壅之矣。故曰：河不兩行。兩行且不可，況九河歟！蘇轍謂無兩河並行之理。蓋當時有爲而發，非古今之通論。

春秋緯寶乾圖云：移河爲界在齊吕，填閼八流以自廣。尚書中候略同。鄭康成謂齊桓公塞之，蓋據此文。言塞其東流八枝，并使歸徒駭也。蔡傳曰：曲防，齊之所禁，塞河宜非桓公所爲。閻百詩云：此言近理。其實葵丘五命，特以約束諸侯，躬自犯者多矣。奚有於河？惟于欽齊乘曰：河至大陸趨海，勢大土平，自播爲九，禹因而疏之，非禹鑿之而爲九也。禹後歷商、周至齊桓時，千五百餘年，支流漸絶，經流獨行，其勢必然，非桓公塞八流以自廣也。論最確。余因思齊桓卒于襄王九年戊寅，至定王五年己未，甫四十二年。而周譜云是年河徙。蓋下流既壅，水行不快，上流乃決，理所宜然，河之患始此矣。渭按：百詩之言甚當。八流雖非桓所塞，而參以周譜，則壅自桓時亦非妄，緯書不盡無稽也。

九河之地爲海所漸，王横之言誠誤。若程大昌云酈道元亦謂九河苞淪于海，則善長實未之有也。按酈氏三言碣石淪于海中，而九河不從横説。第五卷河水注云：自鬲、盤、東光、河間、樂成以東，城地並存，川瀆多亡。第十卷漳水注云：九河既播，八枝代絶，遺跡故稱，往往時存。此與許商、鄭康成所言，如出一口，而程氏與碣石連舉，遂使酈亭負此長寃，吁！可怪也。

雷夏既澤，灉、沮會同，釋文：灉，徐音邕。王于用反。沮，七餘反。渭按：灉，史記、漢書並作「雍」。

傳曰：雷夏，澤名。灉、沮二水，會同此澤。正義曰：洪水之時，高原亦水，澤不爲澤。雷夏既澤，高地水盡，此復爲澤也。於澤之下，言「灉、沮會同」，謂二水會合而同入此澤也。地理志云：雷澤在濟陰成陽縣西北。黄氏曰：澤資二水灌輸。蔡氏曰：澤者水之鍾也。渭按：今山東兖州府曹州東北六十里有成陽故城，北與東昌府濮州接界。雷夏在曹之東北，濮之東南。史記云「堯作游成陽」，「舜漁於雷澤」，即此。灉、沮二水，漢志無文。括地志曰：雷夏澤在濮州雷澤縣郭外西北，通典：雷澤縣本漢成陽縣。元和志，雷澤縣西北至濮州九十里。按北齊廢成陽，隋復以其地置雷澤縣。唐、宋因之。金又廢。今曹州東北六十里故雷澤城是。灉、沮二水在澤西北平地。元和志曰：灉水、沮水二源俱出雷澤縣西北平地，去縣十四里。又曰：雷夏澤在縣北郭外，灉、沮二水會同此澤。與孔傳符矣。韓汝節云：雷夏既澤，志濟之治。非也。禹治濟之功，徐爲多，觀大野、東原之文可知。其於兖也，自九河而外，導雷澤之下流，以注於濟，而又濬灉、沮之故道，以歸於澤，使桑土復常，而其事畢矣。

周禮：兖州其浸盧、維。鄭注云：當作雷、雍。引此「雷夏既澤」爲證。蓋以雷爲雷澤，雍爲灉水也。通典不從鄭説，云：盧水在濟陽郡盧縣，濰水在高密郡莒縣。今按：濰，漢志一作「維」，故杜氏以職方之維，爲禹貢之濰。然周時徐并於青，兗不得越青而東有濰。濟陽之盧水，古不著名，他書亦少見。竊謂周禮多古字，靁似盧，雝似維，以字形相近而誤。鄭破盧、維爲雷、雍，殆不可易。二水合以注澤，則言雍固可該沮也。

水經注云：瓠子河故瀆自句陽縣西，句陽故城在今曹州北。又東逕雷澤北。澤在大成陽故城西北十餘里，其陂東西二十餘里，南北十五里，即舜所漁也。又云：雷澤西南十里許有歷山，山北有小阜，澤之東北有陶墟。郭緣生言舜耕陶所在，墟阜聯屬，濱帶瓠河。其北即廩丘縣。今范縣東南有廩丘故城。瓠河與濮水俱東流，經所謂「過廩丘爲濮水」者也。然則雷澤在瓠河之南，成陽故城之西北，陶墟之西南，歷山之東北矣。近志言雷澤處所，不甚分明，故詳録之。

山海經曰：澤中有雷神，龍身而人頭，鼓其腹則雷。此正太史公所不敢言者。酈善長注水經尚無取於此，而蔡氏引之以釋禹貢，何其不知所擇也。明李之藻曰：澤底有巉石深豎，冬至前，水吸而入，如巨雷鳴，故名雷澤。見孫氏九州山水考。此亦奇，不知出何典記，抑或身歷其地而得之，今復然否。

孫氏曰：既澤者，尚未爲澤，今始爲澤也。既豬者，向已爲澤，今復舊也。朱子語録言有一本孫曾書解。孫是孫徵，曾是曾彥和也。竊謂雷夏本非澤，而禹洿之使爲澤，豈行其所無事與！當從舊説。蓋兗地卑下，受患最深，橫流之時，雷夏不見其爲澤也。水退則復爲澤，故曰既澤。

他州雖有水患，而澤形如故。但其水時旁溢爲害，禹立陂以障之耳，故曰既豬。然下文云「九澤既陂」，則雷夏亦有陂可知。水經注所言陂東西二十餘里，南北十五里。蓋禹迹也。

蔡傳：灉、沮，二水名。曾氏曰：爾雅水自河出爲灉。許慎云：河灉水在宋。又云：汳水受陳留浚儀陰溝，至蒙爲灉水，東入于泗。水經：汳水出陰溝，東至蒙爲狙、獾。水經：汳水東至蒙縣爲濉水。又獲水出汳水於蒙縣北。並無狙、獾。蓋「濉」「獲」二字之誤。則灉水即汳水也。灉之下流入于睢水。地志：睢水出沛國芒縣。睢水其沮水歟！晁氏曰：爾雅自河出爲灉，濟出爲濋。求之於韻，沮有濋音。二水，河、濟之別也。二說未詳孰是。渭按：汳、沮皆出豫入徐於兗無涉。水經注云：濮陽縣北十里即瓠河口。禹貢：雷夏既澤，灉、沮會同。爾雅曰：水自河出爲灉。許慎曰：灉者，河灉水也。其意以瓠子爲灉，此則在兗域。然禹河不經濮陽，以瓠子爲禹貢之灉，亦非也。沮雖有濋音，今考水經注：氾水西分濟瀆，逕濟陰郡南。爾雅曰濟別爲濋。昔漢祖即帝位於氾水之陽。張晏曰在濟陰界也。氾音泛，今曹縣定陶皆有氾水。氾水又東合菏水，而北注於濟瀆。然則濋水即氾水，出入皆在豫域。安得讀沮曰濋以當之邪？韓汝節謂汳、睢在豫、徐之境，無預於兗，而兗州自有灉、沮。其說是矣。然以小清河爲沮，以章丘縣之漯水入小清河者爲灉，則又大非。括地、元和志明有灉、沮二水，出雷澤縣西北平地。寰宇記同。而諸儒皆莫之考，妄引他水，於經奚當焉。

爾雅，先儒以爲周公作，或以爲子夏作，皆無明徵。大抵多後人所附益。如水自河出爲灉，據汳水而言。禹時未有鴻溝。南河不與淮、泗通也。今曹州南二十五里有灉河，自東明縣流入，又東北入鄆城縣界。志以爲即禹貢之灉，妄也。此乃段凝決河之後，河水分流，始有此名耳。禹時河由大陸，去此甚遠，安得有別出之灉。竊謂灉、沮皆濟水所出，而河不與焉。何則？濟性勁疾，故屢伏屢見，皆自平地中涌出，於滎播、陶丘之外，復有此二源。唐書許敬宗傳云：濟洑而至曹、濮，散出於地，合而東。夫曰散、曰合，則非獨陶丘一竇可知矣。雷澤縣正在曹、濮之間，而灉、沮出其西北，其爲濟水無疑。它如管城之京水、新鄭之溱水、菅縣之百脈水、歷下之七十二泉，皆側近滎、濟，從平地中涌出，蓋亦此類，不得泥爾雅之文，謂灉出於河，沮出於濟也。

或疑灉、沮不入雷澤。余按：裴駰史記集解引鄭康成説云：雍水、沮水相觸而合入此澤中。百詩曰：下一「觸」字，鄭蓋以目驗知之，殆無可疑。惟雷澤之下流，未知何往，大抵不南注濟，則北注濮，濮亦終歸于濟也。

王晦叔云：九域志濮州有沮溝，即禹貢「灉、沮會同」者，而二源杳無蹤跡。蓋五代以後，河流經此，蕩滅無存也。今州境有古黄河二道：一在州北，自開州流入，又東北入范縣界，此東漢時經流，至唐、宋皆行之；一在州東六十里，自曹州流入，又北入范縣，此五代以後決河所經也。州東南九十里有成陽故城，與曹州接界。其西北爲雷澤縣，澤在縣之西北，二源又在澤之西北，去縣十四里。河舊行州北，距二源頗遠，故得無恙。迨梁末段凝決河水以限晉兵，而決口日大，屢爲曹、濮患。宋太平興國八年，天禧三年，河決皆泛濫曹、濮間，二源適當其衝，爲河所陷，久之河去，而空竇淤塞，水不復出矣。然史記集解、正義、元和、寰宇等書，幸而未亡，談禹貢者，豈竟束之高閣而不視邪？宋人惟易祓知之，而不能力主其説，惜哉！

桑土既蠶，是降丘宅土。釋文：蠶，在南反。

傳曰：地高曰丘，大水去，民下丘居平土。正義曰：宜桑之土，既得桑養蠶矣。洪水之時，民居丘上，於是得下丘陵居平土矣。釋丘云：非人爲之丘。孫炎曰：地性自然也。計下丘居土，諸處皆然，獨於此州言之者，鄭玄云：此州寡於山，而夾川兩大流之間遭洪水，其民尤困。水害既除，於是下丘居土，以其免於厄，尤喜，故記之。蔡氏曰：蠶性惡濕，故水退而後可蠶。然九州皆賴其利，而獨於兖言之者，兖地宜桑，後世之濮上桑間，猶可驗也。王氏炎曰：今德、博、河間産絲最多，其地宜桑可知。識之者，農桑衣食本故也。王氏樵曰：蠶性惡濕，於下土非宜。兖地宜桑，於水退始宜，故獨於兖志之。邵氏寶曰：桑土蠶，以物知土。陽鳥居，以物知水。渭按：爾雅「蟓，桑繭」。郭璞云：食桑葉作繭者，即今蠶。秦湛蠶書曰：考之禹貢，揚、梁、幽、雍不貢繭物，兖篚織文，徐篚玄纖縞，荊篚玄纁、璣組，豫篚纖纊，青篚檿絲，皆繭物也。而桑土既蠶，獨言於兗。然則九州蠶事，兗爲最。予游濟、河之間，見一婦不蠶，比屋詈之。故知兗人可爲蠶師也。見淮海後集。湛字處度，觀之子也。降丘宅土，傳謂就桑蠶。茅氏匯疏云：此所謂得平土而居之，不必言就桑蠶也。

衛之封域，東得桑土之野。楚丘、帝丘皆是也。其詩曰：降觀于桑。又曰：說于桑田。又曰：期我乎桑中。又曰：桑之未落，其葉沃若。此木屢見於歌詠，則其多可知。樂記云：桑間濮上。桑間即桑中，其地在濮水之上也。雷夏、灘、沮皆與濮州接壤。故桑土既蠶，相繼言之。濮州舊志云：兗之桑，濮爲上，入其境，蔭蔽阡陌。當蠶而治絲帛者比鄰，至不相往還。帛成，可以衣舉室，其餘則貿之。衛風稱「抱布貿絲」。蓋自昔而已然矣。渭按：左傳：晉公子重耳在齊，將行謀於桑下，蠶妾在其上，以告姜氏。而史記貨殖傳言：鄒、魯濱洙、泗，頗有桑麻之業。又曰：齊、魯千畝桑，其人與千户侯等。又曰：沂、泗水以北，宜五穀、桑、麻。是青、徐之土亦宜桑也。詩魏風曰：彼汾一方，言采其桑。又曰：十畝之間兮，桑者閑閑兮。貨殖傳曰：燕、代田畜而事蠶。是冀土有宜桑者。孟子言文王養老之政，樹牆下以桑，匹婦蠶之。而豳風七月之二章三章，詠蠶桑事甚悉。是雍土亦有宜桑者也。古者蠶桑之利，北土爲饒。觀秦氏蠶書及濮州舊志所言，則近世猶未之改。不知何時稍衰，而吴、越之間獨擅其名，賦斂亦因以加重，遂有杼柚其空之歎。古今事變之不同，有如此者。

兖少山而丘頗多，其見于經傳者曰楚丘、今在滑縣東北。帝丘今開州，本顓頊之虚，故稱帝丘。旄丘、在開州西。鐵丘、在州西南。瑕丘、清丘、並在州東南。廩丘、在今范縣東南。敦丘，在今觀城縣南。又頓丘在今濬縣西，當屬冀故不數。皆在濮水之濱，桑土之野。故經繫「降丘宅土」於「桑土既蠶」之下。説文「丘，土之高者」。廣雅「小陵曰丘」。兖地最卑，丘非山比。當氾濫之時，而其上猶可以居人。益信「懷山襄陵」謂孟門之洪水，而非泛言九州之災矣。

厥土黑墳，厥草惟繇，厥木惟條。釋文：墳，扶粉反。後同。韋昭音勃僨反。繇音遥。

傳曰：黑墳，色黑而墳起，繇，茂，條，長也。林氏曰：墳者，土膏脈起也。左傳公祭之地，地墳是也。九州惟此與徐、揚言草木者，孔疏云：三州偏宜草木也。此説不然。按三州最居下流，其地卑濕沮洳，洪水爲患，草木不得其生，至是或繇、或條、或夭、或喬而或漸苞。故於三州特言之，以見水土平，草木亦得遂其性也。東陽陳氏曰：兖、徐、揚居河、濟、江、淮下流。水未平則爲下濕，於草木非宜。水既平則爲沃衍，於草木尤宜。故三州特言草木。渭按：釋文：馬云：繇，抽也。視茂義爲優。吴幼清從之，言兖水最甚，草木至是始抽、始長，與徐、揚不同也。

孟子言洪水氾濫，草木暢茂。而三州之草木，必待水土既平，然後得遂其性，何也？蓋孟子所謂暢茂者，乃山陵林麓高卬之地，蒙蘢鬱塞之狀。經所謂繇、條者，乃平土樹藝五穀之地，必水退而後草木得遂其性，欣欣有向榮之意也。

厥田惟中下，厥賦貞，作十有三載乃同。釋文：載，馬、鄭本作「年」。渭按：史記、漢書並作「年」。

傳曰：田第六。貞，正也。州第九，賦正與九相當。正義曰：諸州賦無下下，貞即下下，爲第九也。林氏曰：兗州之賦，必待十有三載，然後同於餘州。非謂此州治水至十有三載而後成功也。果爾，則其文勢不應在「降丘宅土」之下。蔡氏曰：兗當河下流之衝，水激而湍悍，地平而土疏，被害尤劇。今水患雖平，而卑濕沮洳未必盡去，土曠人稀，生理鮮少，必作治十有三載，然後賦法同於他州。此爲田賦而言，故其文屬於厥賦之下。先儒以爲禹治水所歷之年，且謂此州治水最在後畢，州爲第九成功，因以上文「厥賦貞」者，爲賦亦第九，與州正相當，殊無意義。其説非是。王氏充耘曰：兗受患最深，水土既可耕作矣，又必寬之十三年，待其一紀之後，歲星一周，天道變於上，地力復於下，然後使供輸比同於他州。蓋因其受患之深，所以優恤之至。渭按：林、蔡、王三説，大概得之，而有所未盡。韓康伯注易貞勝曰：貞，正也，一也。貞訓正，兼有一義。厥賦貞，謂十二歲之中，賦法始終如一也。蓋禹制五畝之稅，視歲之豐凶以爲多寡，而兗獨有異，受患最深，墾辟不易，禹立一至少之則，歲以爲常，雖遇豐年，亦不多取，而寬以待之。至一紀之後，第十三載，然後賦法同於他州，亦視其豐凶以爲多寡也。九州之賦，唯缺下下。兗賦至少，固當第九，而經不言下下，何也？兗賦法異於他州，言貞，則其義見；言下下，則其義不見。故不曰厥賦惟下下，而曰厥賦貞也。

易文言曰：貞固足以幹事。是貞亦兼有固義。内卦爲貞，外卦爲悔；本卦爲貞，之卦爲悔。貞皆其不動不變者，厥賦貞，當作此解。蘇氏謂賦隨田高下者，正也。此州田中下，賦亦中下，田賦皆第六，故曰貞。夫九州之賦，相校爲等差。豈有雍賦既第六，而兗復第六之理。蔡傳云：兗賦最薄。言君天下者以薄賦爲正也。説本曾氏。然則他州之賦皆不正乎。袁良貴曰：什一者，堯、舜中正之法。重則桀，輕則貉，謂賦以薄爲正。殊非大道。朱氏云：貞者，隨所卜而定之之名也。蓋兗與他州不同，水患雖平，盈虛未卜，故必作十有三載，歷歷試之，然後得其一定之法，而賦始年年齊矣。按袁之砭蔡誠是，而以貞爲卜，義亦未當。金吉甫云：貞字，下下字也。古篆凡重字者，於上字下添二。兗賦下下，篆從下二，或誤作「正」，遂譌爲「貞」。此説尤非。經果曰厥賦下下，則下文義不可通矣。

禹貢言「作」者四：冀，大陸既作；青，萊夷作牧；荆，雲夢土作乂；及此，作十有三載乃同是也。彼三州皆以作爲耕作，則此州何獨以作爲治水邪？總由漢儒錯解此經，以十有三載爲洪水初平之年，後人遂踵其謬耳。今按：禹之治兖，疏九河，瀹濟、漯，澤雷夏，會雝、沮，而其功已畢，民皆降丘宅土矣。豈必遲之又久而後平，乃始有賦法也哉。以初年所入之數爲準，一紀之中，概從其薄，貞一而不變，此即是兖之賦法而與他州不同。至十有三載，地力加厚，人功益脩，乃同於他州耳。後世募民開墾之法，數年後起科，漸加與熟田等，亦即此意。春秋傳曰：美惡周必復。周，謂歲星十二年一周天也。十有三載，其惡復爲美之時乎。

厥貢漆絲，釋文：漆音七。

傳曰：地宜漆林，又宜桑蠶。正義曰：任土作貢，此州貢漆，知地宜漆林也。周禮載師云：漆林之征。故以漆林言之。林氏曰：八州之貢，揚、荆最多，兖、雍最寡，各因其地之所有，而不强之以所無也。雖有多寡，然皆以其所入，凖其高下，以充每歲之常貢，是以有多寡而無輕重。吕氏曰：九州之貢，皆服食器用之物，所謂惟正之供。渭按：衛文公遷于楚丘，其詩曰「樹之榛栗，椅桐梓漆」。是亦兖土宜漆之一證也。

厥篚織文。渭按：篚，漢書皆作「棐」。顔氏云：與「篚」同。

傳曰：盛之筐篚而貢焉。正義曰：織文，織而有文者也。鄭玄云：貢者，百工之府，受而藏之。其實於篚者，入於女功，故以貢篚别之。歷檢篚之所盛，皆供衣服之用，入於女功，如鄭言矣。其無厥篚者，州無入篚之物，故不貢也。曾氏曰：謂之織文，則繪畫組繡而有文者，不與矣。林氏曰：古者幣帛之屬，皆盛於篚。蘇氏引「篚厥玄黄」爲證是也。夏氏曰：參考餘州，徐篚玄纖縞，揚篚織貝，荆篚玄纁、璣組，豫篚纖纊，皆可充衣服之物。若夫青之檿絲，雖不充衣服，然爾雅注謂檿絲出東萊，以織繒，堅韌異常，則亦可充衣服，故篚之。梁、雍有貢無篚，以其不宜也。蔡氏曰：篚，竹器，筐屬也。吴氏曰：織文，綾羅之屬。渭按：篚供幣帛之類，入於女功，其即周官之幣貢、服貢與。疏云：漢世陳留襄邑縣置服官，使制作衣服，是兖州綾錦美也。按水經注引陳留風俗傳云：襄邑縣南有涣水。故傳曰睢、涣之間出文章，天子郊廟御服出焉。尚書所謂「厥篚織文」者也。襄邑在豫域，不當引兖篚爲證，疏承其繆。孔傳云：織文錦綺之屬。吴氏揚州注曰：染其絲五色織之，曰織貝；不染五色而織之成文者，曰織文。故以爲綾羅之屬，而不言錦，蓋錦必染絲以織也。其義較長，今從之。

浮于濟、漯，達于河。

釋文：漯，天答反。篇韻作他合反。

傳曰：濟、漯兩水名。因水入水曰達。正義曰：地理志云：漯水出東郡東武陽縣，至樂安千乘縣入海，過郡三，行千二十里。其濟則下文具矣。因水入水，謂不須舍舟而陸行也。蔡氏曰：舟行水曰浮。漯者，河之枝流也。兗之貢浮濟、浮漯以達于河也。帝都冀州，三面距河，達河則達帝都矣。渭按：今山東東昌府朝城縣西有東武陽故城，青州府高苑縣北有千乘故城，皆漢縣。河謂南河之尾，漯首受河處也。孟子曰「禹疏九河，瀹濟、漯」，皆在兗域。而經於濟、漯不言施功，以貢道見之。曰「浮于濟、漯」，則二水之治可知矣。其立文簡奧類如此也。

傳云：順流曰浮。張子韶取之以釋荆州之貢道，而傳同叔爲之辯曰：豫貢「浮于洛，達于河」，順流也；雍貢「浮于積石，至于龍門」，順流也。而濟、漯受河而東流，兗貢「浮濟、漯，以達于河」，果爲順流乎？況荆貢所謂「浮于江、沱、潛、漢」，正如程氏各隨其便之說。而逾洛則是泝漢而上，無水可以通河。故捨舟陸行以入洛，由洛以至于河耳。又安可謂浮漢爲順流乎？今按，傳説良是。浮者，舟行水上之謂，沿、泝同辭。貢道言浮者七，傳所舉五州之外，唯青貢「浮于汶，達于濟」，亦爲順流，而梁貢「浮于潛，逾于沔」，有沿有泝。安國不究經始末，而輕爲之解，其謬顯然，無垢猶有取焉，何也。

濟、漯之「漯」，説文本作「濕」。水出東郡東武陽入海。從水，㬎聲。桑欽云：出千乘、高唐。他合切。燥濕之濕，説文本作「溼」。幽，溼也。從水。一所以覆也，覆而有土，故溼也。㬎省聲，失入切。隸改「曰」爲「田」，又省一「糸」，遂作「漯」。而「濕」轉爲「溼」，濕、溼二字，混而無別。漢千乘郡有濕沃縣，漯水之所經，故名。而地理志訛爲「溼」，司馬彪、魏收皆承其誤，惟水經注作漯沃，當從之。

漢志東郡東武陽縣下云：禹治漯水，東北至千乘入海。東武陽即今朝城縣。應劭曰：在武水之陽。酈道元曰：漯水亦或武水也。其故城在今縣西。千乘縣爲千乘郡治，後漢始改郡爲樂安國。疏引班志不當加「樂安」二字。又平原郡高唐縣下云：桑欽言漯水所出。今按禹引河自大伾山西，折而北，循大陸東畔入海。而漯首受河自黎陽宿胥口始，不起東武陽也。水經注所敍河水自宿胥口，又東，右逕滑臺城，故白馬縣治，在今滑縣西南。又東北，逕黎陽縣南，黎陽故城在今濬縣東北。又東北，逕涼城縣，在今滑縣東北。又東北，逕伍子胥廟南，廟在晉頓丘郡界，今清豐縣之西境是。又東北爲長壽津，河之故瀆出焉。津在涼城廢縣東北六十里。河水又東逕鐵丘南，元和志：鐵丘在滑州衛南縣東南十里。衛南本漢濮陽縣地也。丘今在開州之西南。又東北逕濮陽縣北，開州西南二十里有濮陽故城。又東北，逕衛國縣南，縣故畔觀也。其故城在今觀城縣西，清豐之南境，開州之北境，皆得其地。又東逕鄄城縣北，今濮州東二十里有鄄縣故城。唐濮州治也。又東北，逕范縣之秦亭西，春秋書「築臺于秦」者也。今范縣東南二十里。有范縣故城。又東北，逕委粟津，寰宇記觀城縣東南六十七里有委粟城，蓋與津相近。皆古漯水也。自周定王五年河徙，從宿胥口東行漯川，至長壽津，始與漯別，其津以西漯水之故道，悉爲河所占，而上游較短矣。然河之故瀆不經東武陽，亦不經高唐。迨漢成帝建始末，河決館陶，屬魏郡。由東武陽絶漯水而東北，至高唐，又絶漯水，東北至千乘入海，雖嘗塞治而故道猶存。王莽始建國三年，復決於此。莽爲元城冢墓計，不隄塞。明帝永平中，王景修之，遂爲大河之經流。自是委粟津以西漯水之故道，又爲河所占，上游益短矣。漯水一出於武陽，再出於高唐，據成帝後言之耳。詳見導河歷代徙流下。水經注：委粟津河北即東武陽也，漯水出焉。河自此與漯別，東北逕東阿、茌平等縣，至千乘入海。水上承河水於武陽縣東南，而北逕武陽新城東，引水自東門石竇，北注於堂池，水帀隍塹，於城東北合爲一瀆，東北出郭，逕陽平縣之岡城西，陽平故城今爲莘縣治。岡城在縣西南七里。通典：莘縣，漢陽平縣地，有武陽城，無此水矣。元和志：武河在朝城縣東十步，蓋即漯水也。新志云：故流今堙，惟縣城西門外少南三里許有大陂，廣十餘里，其勢突城而東，與陽穀縣西大陂連，夏秋積潦，并成巨浸，相傳爲古漯河匯流處。又北，絶莘道城之西北，今莘縣西十三里有莘亭故城。又東北，逕樂平縣故城東，本漢清縣，後漢更名樂平。其故城在今堂邑縣東南三十里。又北，逕聊城縣故城西，城在今聊城縣西十五里。又東北，逕清河縣故城北，城在今清平縣南。清平，本漢貝丘縣，其西南有貝丘故城。又東北，逕文鄉城東南，城亦在清平縣南。又東北，逕博平縣故城南，城在今博平縣西北三十里。右與黃溝合。溝承聊城郭水，東北出，逕清河城南，又東北逕攝城北，春秋所謂「聊、攝以東」也。又東逕文鄉城，又東北出於高唐縣，東注漯水。又東北，逕援縣故城西，杜預釋地曰：濟南祝阿縣西北有援城。今在禹城縣西南。漢志作「瑗」。又逕高唐縣故城東。左傳哀公十年，趙鞅帥師伐齊，取黎及轅，毁高唐之郭。杜預曰：轅即援也。祝阿縣西北有高唐城。今在禹城縣西四十里。禹城本漢祝阿縣。桑欽地理志曰：漯水出高唐。余按穆天子傳稱：丁卯，天子自五鹿東征，釣于漯水，以祭淑人；丁巳，天子東征，食馬于漯水之上。尋其沿歷逕趣，不得近出高唐。桑氏所言，蓋津流出次於所間去聲。也，俗以是水上承於河，亦謂之源河矣。源河乃漯之再出者。桑欽唯知此而不知起東武陽，則疎矣。河既與漯合，復分爲二，漯由漯陰故城北，河由平原故城東，蓋自高唐以西，至武陽，河在南而漯在北；自高唐以東至海，則漯在南而河在北矣。今禹城縣南有源陽故城，唐縣，在源河之北，故名。漯水又東北逕漯陰縣故城北，伏琛謂之漯陽城。地理風俗記曰：平原漯陰縣，今巨漯亭是也。按臨邑縣西有漯陰故城。元和志：漯水北去臨邑縣七里。又東北逕著縣故城南，城在今濟陽縣西南。著，竹庶反。又東北逕崔氏城北，城在今章丘縣西北。又東北逕東朝陽故城南，城亦在章丘西北。又東逕漢徵君伏生墓南，碑碣尚存。又東逕鄒平縣故城北，城在今鄒平縣北，與齊東縣接界。又東北逕東鄒城北，今青城縣界有東鄒故縣。又東北逕建信縣故城北，應劭曰：在臨濟縣西北五十里。今在高苑縣西北。又東北逕千乘縣二城間，伏琛云：千乘城在齊城西北一百五十里，隔會水，即漯之别名也。元和志：千乘故城在淄州高苑縣北二十五里。又東北爲馬常坑。蓋亦在千乘縣界。玉篇：坑音而勇切，地名。今按下文里數，則坑乃澱泊之類。坑東西八十里，南北三十里，亂河枝流而入于海。第五卷河水注云：河水自千乘北城北，又東分爲二水，枝津東逕甲下城南，東南歷馬常坑注濟。又第八卷濟水注云：濟水自甲下邑南，東歷琅槐故城北，又東北河水枝津注之。蓋即漯之所亂者。此自西漢末以迄後魏漯川之原委也。以今輿地言之，濬縣、滑縣、開州、清豐，並屬直隸大名府。觀城、濮州、范縣、朝城、莘縣、堂邑、聊城、清平、博平、並屬山東東昌府。禹城、臨邑、濟陽、章丘、鄒平、齊東、青城、並屬濟南府。高苑屬青州府。諸州縣界中，皆古漯水之所經。自宋世河決商胡，朝城流絶，而舊迹之存者鮮矣。

蔡傳云：地志：漯水出東郡東武陽，至千乘入海。程氏以爲此乃漢河，與漯殊異。然亦不能明言漯、河所在，未詳其地也。陳師凱曰：程氏貢道圖云：漯受河於武陽，此漢河而非禹河。愚按其意非指漯爲漢河，蓋言今自漯入河處所受河水，乃漢以後所徙頓丘之河，非禹時澶、相以北之河也。其漯水仍以東武陽爲是。料河水未徙之前，其自漯入河處，則又過武陽以北之地也。即無「與漯殊異」之文，故不別言漯所在耳。此言足以正蔡氏之謬，且水經注所敍漯水原委，極其明確。蔡氏東諸高閣而不觀，乃以爲其地不可得詳，僅以河之枝流一語了之。如此顢頇，亦何裨於禹貢邪！

困學紀聞曰：太史公、班孟堅謂禹釃二渠以引其河：一貝丘，一漯川。李垂導河形勢書云：東爲漯川者，乃今泉源赤河；北出貝丘者，乃今王莽故瀆。而漢塞宣房所行二渠，蓋獨漯川，其一則漢決之，起觀城入蒲臺，所謂武河者也。渭按：赤河在今東平州西北及東阿縣北。五代周顯德初，命宰相李穀治楊劉決河，其不復故道者，離爲赤河及游、金二河，歐陽脩所稱游、金、赤三河是也。古漯川不行東平界中，以赤河爲漯川，殊謬。武河者，武水也。水經注云即漯水，亦不聞爲漢決之。凡垂書所言舊迹，多不可信，大抵如此。

孟康云：河自王莽時遂空，唯用漯耳。其實河行漯川，獨武陽以上則然，而武陽以下，河、漯仍自別行。應劭曰：河盛則通津委海，水耗則微涓絶流。謂漯自高唐以東，以河之消長爲盈涸，非謂河行漯以入海也。觀水經河、漯各有其道。酈善長云：河于濟、漯之北，别流注海，今所輟流者惟漯水耳。見第八卷濟水注。然則漯入海處，後魏時雖已輟流，而故道猶存，未嘗爲河所占，況東漢之世乎！今大清河自歷城以東皆漯川故道，五代晉後屢爲黄河所行，其濱州以下，則又非漯矣。漯入海處，終未嘗爲河所占也。

明一統志云：漯河在章丘縣北七里，源出長白山，西北流入小清河。焦弱侯指爲禹貢之漯。渭按：漯上承河水，非山源也，亦不於章丘縣北入小清河。據元和志，章丘縣有濟水，即今小清河也。水經注云：濟水東逕菅縣故城南，城在章丘縣西北二十五里。右納百脈水，水出土鼓縣故城西，又東北流注于濟。濟水又東有楊渚溝水，出於陵故城西南，而北逕土鼓城東，又西北逕章丘城東，又北流注于濟也。於陵故城在今長山縣西南，楊渚溝水由章丘城東而北入小清河。寰宇記謂之獺河。齊乘云：在章丘縣東七里，出長白山之王村峪山在長山縣西南三十里。元和志引齊記曰：於陵城西三里有長白山。其後小清之上流淤塞，章丘、鄒平、長山界中故瀆爲獺河之所行，俗遂以獺爲漯。齊乘云：小清河自鄒平又東逕長山、新城，今爲漯河經流矣。此即楊渚溝一名獺河者，字隨聲變，與禹貢之漯全無交涉也。

或問：河南之濟，伏見斷續，若以爲貢道，則必有舍舟從陸之事，法當如荆、梁書逾，而經無其文，何也？曰：滎澤渟而不流，其水潛行地下，至陶丘復出爲濟，詳見導沇。中間相去約四百里，皆須陸行。聖人重勞民，貢道必不由此。其所謂「浮于濟、漯，達于河」者，蓋自陶丘之東，浮濟而北，由漯以達河，本無所逾，故不言逾也。或又曰：漢與洛、潛與沔，皆二水而異名，故言逾。陶丘、滎澤，一濟也，故不言逾。曰：苟有舍舟從陸之事，則必書逾，何論一水二水乎！唯本無所逾，故不言逾也。

濟、漯二水爲東南四州貢道之所必由，非獨兖也。青承兖，曰達于濟，則由濟入漯可知矣。徐承青，曰達于菏，則由菏入濟可知矣。揚承徐，曰達于淮、泗，則由淮入泗、由泗入菏可知矣。淮通泗，泗通菏，菏通濟，濟通漯，漯通河，四州之貢道無不由濟者，而總與陶丘、滎澤之間無涉，此其所以不言逾也。

禹時，濟實通漯。林少穎云：案經文無濟、漯相通之道。非也。但孔疏云從漯入濟，自濟入河，則必有舍舟行陸之事，是爲大謬耳。周希聖更定其文曰：由濟而入漯，由漯而入河，經旨灼然矣。近惟朱長孺深知此意，其所著禹貢長箋曰：古時濟、漯通流，漢以後遂不相屬，孔疏與經文所次水道不合，當是從濟入漯，從漯入河。鄭端簡亦云：舊作二道者非是，此適與周氏闇合也。新唐書許敬宗傳云：高宗東封泰山，次濮陽，問書稱「浮于濟、漯」，今濟與漯斷不相屬，何故？敬宗對曰：沇、濟自溫入河，伏地南出爲滎澤，又伏而出曹、濮之間，汶水從入之。故書又言浮汶達濟，不言合漯者，漯，自東武陽至千乘入海也。或據此以駿濟與漯通之說。余曰：濟、漯本相附近，逮西漢末，河行濟、漯之間，高唐以西至東武陽，二水爲河所隔，唐世猶然。故高宗謂濟、漯斷不相屬，敬宗不知古今水道之變遷，而憑臆以對，殊失經旨，未可以證禹貢也。然則濟與漯通當在何處？曰是不可知。按：水經：鄧里渠與將渠合，北逕茌平縣東，臨邑縣故城西北，流入于河。河水又東北逕四瀆津。注云：河水東分濟，亦曰濟水受河也。水經注「濟」或作「泲」，又因「泲」而訛爲「沛」，今悉改從「濟」。自河入濟，自濟入淮，自淮達江，水徑周通，故有四瀆之名。蓋其時濟、漯之間爲河所隔，故云河分濟，又云濟受河。在禹時則固漯分濟，或濟受漯也。漢臨邑縣在今茌平縣東，通典：漢臨邑故城在盧縣東。按：今長清縣西南二十五里有盧縣故城，西與茌平接界。漢臨邑當在此間。今臨邑本漢漯陰縣，劉宋僑置臨邑，非漢縣也。四瀆津在臨邑故城東北，寰宇記：四口故關在聊城縣東八十里，一名四瀆口。當爲古濟、漯通波處，此亦不敢定以爲是。然濟與漯通，必在會汶之後，又北將東之際，而臨邑適當其地，東北接高唐故城，爲漯之所經，枝津徑通，理無可疑。

黄文叔云：或浮濟，或浮漯，而皆達于河。愚謂兗之北境可徑浮漯以達河，而其南境則必由濟入漯也。準此以推，則青之汶，徐之淮，揚之江、海，荆之江、沱、潛、漢，雍之龍門，雖並列于經，而或由、或不由，各隨其便。唯豫之洛，梁之潛、沔、渭，爲道所必由耳。

水患莫大於河。堯時河從大伾以東行，平地數爲敗，青、徐之菑特甚，降水、大陸、九河之區，尚未爲河所行。孔疏云：冀州之水，不經兗州，故得先冀而後兗。此篤論也。謂治河當自兖始，而不信龍門、吕梁之事，總由讀河渠書不熟耳。九河既道，青、徐之河患息，其所當治者，濟與淮而已。雍之西河，豫之南河，治冀時早已就緒。及治豫、雍，則唯決諸川，使由洛、渭以入河，而其功已畢，河無事焉。禹治水，勢如破竹，青、徐以下，所謂數節之後，迎刃而解者也。

【校勘記】

〔一〕跨字義説文云踞也　「踞」，四庫本作「据」。按檢説文作「跨，渡也」。「踞」、「据」均誤。

禹貢錐指卷四

海、岱惟青州，釋文：岱音代。

傳曰：東北據海，西南距岱。顔氏師古曰：岱，即太山也。渭按：成王賜太公履曰：東至于海。季札聞齊音曰：表東海者，其太公乎！齊湣王謂張儀曰：齊僻陋，隱居東海之上。是東據海也。而傳兼言北。楚子謂齊侯曰：君處北海。蘇秦説齊王曰：北有勃海。蓋自今成山以至樂安者是也。故云東北據海。然自朝鮮以至日照皆青也，所遺多矣。專言東，則固可該琅邪與朝鮮也。地理志：岱山在泰山郡博縣西北。今山東濟南府泰安州東南有博縣故城，山在州北五里，於故城爲西北也。公羊傳曰：越在岱陰齊。蘇秦説齊王曰：南有泰山。史記曰：泰山之陽則魯，其陰則齊。岱主南，言與徐分界也。而傳兼言西，則岱不足以表其界。蓋青西以濟爲兗界。齊語：正封疆「西至于濟」，其明徵也。北自琅槐以西，亦以濟爲兗界。故王莽改漢齊郡曰濟南，而經不言濟者，蒙兗、濟、河之文，從可知也。傳兼言西，則欲密而反疎。甚矣，説經之難也。

正義云：海非可越而言據者，東萊東境之縣，浮海入海曲之間，青州之境非至海畔而已。故言據也。漢末有公孫度者，竊據遼東，自號青州刺史，越海收東萊諸郡。堯時青州當越海而有遼東也。舜爲十二州，分青州爲營州，營州即遼東也。渭按：安國傳出魏、晉間，其釋舜典云分青爲營，襲馬、鄭也。此云青州東北據海，蓋直案當時輿地。遼東屬幽州，以爲青之北境至勃海而止，故曰東北據海。若忘乎其營之出於青者，而穎達善爲傅會，訓據曰跨，以求合於前説。夫青之跨海固也，而以傳之據爲跨，則非也。以青之據海爲跨海，猶之可也；推而至於兗之據濟，揚之據淮，荆之據荆山，梁之據華山之南，雍之據河，皆以爲跨之，則大不可矣。穎達豈未之思邪？先儒謂分青爲營，據爾雅「齊曰營州」以立義。康成云：舜以青州越海，分置營州。是堯時遼東本屬青也。而王明逸非之曰：中國疆界固有非至海畔止者，如珠崖在大海中，自爲一隅，而屬於嶺南。然雖越海而土俗相接，又他無可附。遼東固中國東境，豈有不屬接壤之冀，而遥屬隔海之青乎？周時遼東即營州，而并於幽州，則堯時決非屬青矣。斯言亦近理。然孫炎以爾雅爲殷制，殷必有所受。遼東苟非青域，殷何由改青曰營。馬、鄭諸儒相沿已久，當從之。古今疆域或因或革，未可據周之屬幽，以證堯時不屬青也。

周禮：正東曰青州。其疆域與禹貢大異。鄭注云：青州則徐州地也。蓋以「其山鎮曰沂山，其川淮、泗，其浸沂、沭」知之。經曰「海、岱及淮惟徐州」，又曰「淮、沂其乂」，又曰「浮于淮、泗」。是知徐并於青也。賈疏云：周之青州，於禹貢侵豫州之地。蓋以「其澤藪曰望諸」知之。望諸即孟豬。經於豫州曰：導菏澤，被孟豬。是知侵豫之地也。疏又云：周時幽州南侵徐州之地。蓋以「其澤藪曰豯養」知之。地理志琅邪長廣縣西有奚養澤。琅邪郡屬徐州，是知侵徐之地也。渭按：長廣故城在今登州府萊陽縣東，漢屬徐州，實古青州域。幽之所侵乃青地，非徐地也。不但此也，其川河、泲，其浸菑、時，皆青地爲幽所侵，而賈不言，何其疎也。蓋今青、登、萊三府之地，在青域者，周時皆割入幽，其西又爲兖所侵，而損豫之東南境以益之。徐則岱山、大野皆入於兖，是青亦不全得徐也。鄭云青州即徐州，亦言其大略而已。

林少穎云：爾雅不言青州者，青并於徐也。蔡傳取之。渭按：「齊曰營州。」注云：自岱東至海。邢昺疏云：營州即青州地也。博物志云：營與青同海，東有青丘，齊有營丘，豈是名乎？蓋殷改青曰營，青地入營，未嘗并於徐也。林氏徒以越海之艱，當合徐而不合營，故爲此言。然邢疏鑿鑿可據，蔡氏汩於近説而不知攷，亦獨何哉。

唐營州治柳城縣。西南距平州七百里。此隋開皇三年平高寶寧，以其地置營州，大業初改爲柳城郡者，實在禹冀州、舜幽州之域，於青州無涉也。水經大遼水注云：渝水首受白狼水，南逕營丘城西。營丘在齊，僑置於此也。寰宇記引開元十道略云舜築柳城，以證古時已有柳城之地。蓋皆因爾雅「齊曰營州」之文，而附會爲此說。不知柳城漢屬遼西郡，隋始於此置營州，名同而地異，非舜之分青爲營者也。

青州有古爽鳩氏之虛，爲季萴、有逄伯陵〔一〕、蒲姑氏之所因，及斟灌、斟尋、寒、過之封皆在焉。春秋時可考者，齊、紀、譚、州、夷、介、萊凡七國。戰國時爲齊、燕二國地。秦并天下置齊郡、琅邪、東境是。遼東。漢復置青州。領郡國六。後漢、魏並因之。領郡國五。晉分置平州，青州領郡國六，平州領郡國五。後改曰幽州。唐爲河南道之北海青州、濟南齊、淄川淄、高密密、東萊萊、東牟登等郡，河北道之安東都護府。按以上通典所列，高密之莒縣及諸城之南境，當往屬徐。又有當來屬者：兗域，濟陽之盧縣及東阿之東境，後漢穀城縣地，在濟東者即今東阿縣。平陰之北境；徐域，魯郡乾封、萊蕪之北境是也。以今輿地言之，山東登州、萊州二府，其青州府則益都、臨淄、昌樂、安丘、壽光、臨朐及諸城、高苑、博興、樂安之南境，濟南府則肥城、長清、歷城、章丘、鄒平、長山、新城、淄川及泰安萊蕪之北境，兗州府則唯東阿及平陰之北境，三府之地，南以齊長城故址與徐分界，西及北以漢時濟水故道與兗分界。其東北跨海爲故遼東都司之東境及朝鮮國，皆古青州域也。

青之東境，登、萊二府之地斗入大海中，東西長八九百里，形如吐舌。史記齊世家云：齊自泰山屬之琅邪，北被於海，膏壤二千里。蓋并登、萊計之也。海水自日照縣東與徐分界，日照本漢海曲縣，屬琅邪郡。今屬青州府莒州。北歷諸城縣東，折而東北，歷膠州、即墨、萊陽、棲霞、文登諸縣南，又東北出而西折，歷寧海州及福山、蓬萊二縣北，蓬萊，登州府治也。海在府城北五里，北與遼東相望。自新開海口而東北，抵遼東金州衛南之旅順口，三百里而近。有沙門、砣磯、鐵山諸島，可以泊舟避風，一帆徑度，亦不甚險。漢書：元封二年，遣樓船將軍楊僕從齊浮勃海擊朝鮮。元和志：大人故城在登州黃縣北二十里。司馬宣王伐遼東，造此城運糧，船從此入。今新羅、百濟往還常由於此。又西歷招遠、掖縣、昌邑、濰縣北與兗分界。

禹河自碣石入海，碣石以西爲逆河，其東則海，無所謂勃海也。勃海之名，始見於戰國策。蘇秦説齊曰「北有勃海」是也。然春秋時已有之。左傳：楚子使屈完謂齊桓公曰：君處北海。韓非子曰：齊景公與晏子遊於少海。北海、少海即勃海也，亦作勃澥。説文云：海之別，又謂之裨海。齊語：渠弭於有渚。韋昭注云：渠弭，裨海是也。列子曰：勃海之東有大壑，名曰歸墟。歸墟者，尾閭也。應劭曰海之横出者曰勃。史記索隱：崔浩曰勃，旁跌也。旁跌出者，横在齊北，故齊都賦云「海旁出爲勃。」徐幹、左思皆有齊都賦。漢置勃海郡，治浮陽縣，即今河間府之滄州。又置北海郡，治營陵縣，即今青州府之昌樂縣。二郡皆在勃海之濱，一屬兗，一屬青也。元和志：萊州掖縣北有渤海。則已入東萊郡界，過碣石二百餘里矣。元人又以鐵山爲碣石。于欽齊乘曰：青州東北跨海。跨小海也。蓋太行、恒岳北徼之山，循塞東入朝鮮。海限塞山，有此一曲。北自平州碣石，南至登州沙門島，是爲渤海之口，闊五百里，西入直沽，幾千里焉。于氏所謂碣石，蓋即鐵山也。鐵山南對沙門島，北與旅順口相接，正當渤海之口。若在昌黎者，與此地遥隔五六百里，安得舉以爲言。勃海初不若是之遠。經云：夾右碣石入于河。又云：至于碣石入于海。漢天文志云：中國山川東北流，其維首在隴、蜀，尾没於勃海碣石。碣石者，河、海分界處也。碣石以西至直沽口，禹時爲逆河，戰國時謂之勃海，勃海止此耳。以鐵山、沙門爲勃海之口，而旅順以東爲大海，近志之失也。詳見導河。

舜典：歲二月，東巡守至于岱宗。傳云：泰山爲四岳所宗。周禮：兖州山鎮曰岱山。爾雅：河東岱。李巡云：東岳，泰山也。史記：黄帝東至於海，登岱宗。漢書五行志曰：泰山岱宗，五嶽之長，王者易姓告代之處也。山有天門、日觀。馬第伯封禪儀記云：仰視天門，窔遼如從穴中視天，直上七里，賴羊腸逶迤，名曰環道，往往有絙索，可得而登也。應劭漢官儀云：泰山東南山頂，名曰日觀。雞一鳴時，見日始欲出，長三丈許，故以名焉。唐六典云：泰山周一百六十里，高四十餘里。今泰安州境有云云、亭亭、梁父、社首、高里、石閭、徂徠等山，新泰縣境有龜山、新甫山，雖隨地異名，實泰山之支峯別阜也。

岱南與徐分界處，嘗考齊長城故址而約略得之。管子曰：長城之陽，魯也；長城之陰，齊也。是春秋時已有長城矣。竹書紀年曰：梁惠成王二十年，齊築防以爲長城。城緣河，徑泰山千餘里，東至琅邪臺入海。齊記曰：齊宣王乘山嶺之上築長城，東至海，西至濟州千餘里。水經注云：濟水自臨邑縣東，又北逕平陰城西。京相璠曰：平陰，齊地，在濟北盧縣故城西南十里。今長清縣西南二十五里有盧縣故城。南有長城，東至海，西至濟。河道所由名防門，去平陰三里。齊侯塹防門即此也。其水引濟，故瀆尚存。見濟水。又云：朱虛縣泰山上有長城，泰山，東泰山也，亦名小泰山，在臨朐縣南百里。朱虛故城在縣東。西接岱山，東連琅邪巨海，千有餘里，蓋田氏之所造。見東汶水。括地志云：長城西北起濟州平陰縣，緣河，歷泰山北岡上，經齊州、淄州，東至密州琅邪臺入海。臺在州治諸城縣東南百四十里琅邪山上。元和志云：故長城首起平陰北二十九里。通典云：盧縣有長城，東至海。蘇代説燕王曰：齊有長城鉅防。鉅防即防門也。寰宇記云：諸城縣南四十里有長城，東南自海迤邐上大朱山，盡州南界二百五十里。大朱山南距琅邪臺六十里。今按：齊長城橫絶泰山，緜地千餘里，自平陰而東，歷肥城、在縣北。長清、在縣南。泰安、在州西北六十里。萊蕪、在縣北。淄川、在縣南。沂水、在縣北九十五里。臨朐、在縣南。又有穆陵關在大峴山上，西接沂水縣界。莒州，在州北。以訖於諸城，在縣南七十里。皆有故址。此雖後人所築，然皆因岡阜自然之勢爲之，禹時青、徐分界，亦必以此也。

青西及北以濟爲界。鄭漁仲云：不言濟者，以兗州見之也。按：水經注濟水自臨邑過平陰、盧縣、歷城、臺縣、梁鄒、臨濟、安平、樂安、利縣至琅槐入海。以今輿地言之：平陰、長清、齊河、歷城界中之大清河，及章丘、鄒平、常山、新城、高苑、博興、樂安界中之小清河，即漢時濟水會汶入海之故道，古青、兗分界處也。

青之東北界無可考。疏云：越海而有遼東之地。恐未盡。通典云：青州之界，東跨海，從岱山東歷密州，東北經海曲、萊州，越海分遼東、樂浪、三韓之地，西抵遼水。此説近是。然三韓地太遠，而玄菟不可遺。竊疑漢武所開二郡，皆古嵎夷之地，在青州之域者，而三韓不與焉。蓋嵎夷，羲和之所宅，朝鮮，箕子之所封，不應在化外。先儒但云有遼東，非也。漢書言東夷天性柔順，異於三方之外，故孔子悼道不行，設浮於海，欲居九夷。後漢書言東夷率皆土著，喜飲酒歌舞，或冠弁衣錦，器用俎豆，所謂中國失禮求之四夷者也。觀其土俗，則青之東北界，不止於遼東明矣。史記秦始皇本紀云：地東至海，暨朝鮮，北據河爲塞，並陰山至遼東。朝鮮列傳云：自始全燕時略屬真番、朝鮮，爲置吏，築鄣塞。秦滅燕，屬遼東外徼。燕、秦之所經略，蓋禹貢嵎夷之地。唐一行所謂「北戒山河，抵恒山之右，乃東循塞垣，至濊貊、朝鮮，以限戎狄者」是也。星傳謂北戒爲胡門。

明遼東都指揮使司兼轄漢遼東、西二郡之地，都司城西四百二十里爲廣寧衛，本遼東無慮縣也。衛西幽州域，衛東營州域，都司城東至鴨緑江五百六十里，與高麗分水。太康地志云：樂浪遂城縣有碣石，長城所起。通典云：在今高麗舊界。蓋即蒙恬所築起臨洮至遼東者也。東漢以來，故阯湮没。都司城北至三萬衛三百三十里，古肅慎氏地。衛西有開元城，金置會寧府，號爲上京。禹貢青州之北界當極於此。衛東北距長白山千餘里，其水北流爲混同江，南流爲鴨緑江。唐書東夷傳云：高麗馬訾水出靺鞨之白山，色若鴨頭。即此江也。都司城南至旅順海口七百三十里，去登州不遠，順風揚帆，信宿可達。明初遼東士子附山東鄉試，後以渡海之艱，改附順天，猶周之并營於幽也。

嵎夷既略，釋文：嵎音隅。

傳曰：嵎夷，地名。正義曰：即堯典「宅嵎夷」是也。王氏曰：略，爲之封畛也。曾氏曰：地接於夷，不爲之封畛，則有猾夏之變。金氏曰：首書嵎夷，諸州無此例也。但青州實跨海而有東夷，兼堯命羲和宅嵎夷，以候正東之景，故特表於前。渭按：後漢書：東夷有九種，曰：畎夷、于夷、方夷、黄夷、白夷、赤夷、玄夷、風夷、陽夷。昔堯命羲仲宅嵎夷，曰暘谷，蓋日之所出也。贊曰：宅是嵎夷，曰乃暘谷；巢山潛海，厥區九族。是以九夷爲嵎夷也。金説本此。蓋碣石之功畢，禹即東行至遼東，經略嵎夷，然後渡海而南治濰、淄二水也。

嵎夷，堯典疏云：尚書考靈曜及史記作「禺銕」。渭按：五帝本紀作「郁夷」。張守節曰「郁音隅」。夏本紀仍作「嵎夷」。司馬貞曰：今文尚書及帝命驗並作「禺鐵」，在遼西。「鐵」古「夷」字也。緯書已亡，檢史記無作「禺銕」者，唯説文作「嵎銕」，銕字見金部，云古文鐵從夷。從夷則可讀爲夷，不當作「鐵」，其作「鐵」者，蓋後人傳寫之誤。

九州唯此書「略」，必有精義。傳云：用功少曰略。非也。按左傳曰：天子經略，諸侯正封，古之制也。封略之内，何非君土？又曰：封畛土略。又曰：侵敗王略。略皆訓界，經略猶言經界也。王説本此，而曾氏尤善，林少穎稱之。

堯典傳云：東表之地稱嵎夷。暘，明也。日出於谷而天下明，故稱暘谷。暘谷、嵎夷一也。正義曰：青州在東，界外之畔爲表。故云東表之地。據日所出，謂之暘谷，指其地名，即稱嵎夷。故云暘谷、嵎夷一也。然不言在何郡縣。説文：崵山在遼西，一曰嵎銕，暘谷也。既在遼西，則冀域而非青域，不可以當禹貢之嵎夷。薛士龍云：嵎夷今登州。齊乘因以寧海州爲嵎夷，近世皆宗其説。余按封禪書，秦始皇東游海上，祠齊之八神，其七曰日主，祠成山。成山斗入海，最居齊東北隅，以迎日出云。韋昭曰：成山在東萊不夜縣。今文登縣東北一百八十里有成山是也。不夜故城在縣東。自古相傳爲日出之地，謂羲仲之所宅在此，頗近理。然文登與萊州接壤，禹既略嵎夷，不應越萊夷而西治濰、淄，是則可疑耳。且朝鮮更在成山之東，寅賓出日，尤爲得宜。元史天文志言：郭守敬爲太史，四海測景之所凡二十七，東極高麗，西至滇池，南踰朱崖，北盡鐵勒，皆古人之所未及。按高麗即古朝鮮，北極出地三十八度，與登州同。後世朝鮮爲外國，測景但可在登州。堯時嵎夷爲青域，測景自當在朝鮮也。元之初起，威行塞外，諸國罔不臣服，故測景窮河源，悉聽其所爲。范史以東夷九種爲嵎夷，必有根據。杜氏通典亦用其説，今從之。通鑑：唐高宗顯慶五年，命蘇定方伐百濟，以新羅王春秋爲嵎夷道行軍總管。是亦以東夷爲嵎夷也。

漢書武帝紀云：元封三年，朝鮮斬其王右渠降，以其地爲樂浪、臨屯、玄菟、真番郡。地理志云：玄菟、樂浪，武帝時置，皆朝鮮、濊貊、句驪蠻夷。應劭曰：玄菟，故真番國；樂浪，故朝鮮國也。後漢書東夷傳云：濊及沃沮、句驪，本皆朝鮮之地也。漢元封三年，滅朝鮮，分置四郡；至昭帝始元五年罷臨屯、真番，以并樂浪、玄菟。玄菟復徙居句驪，自單大領已東，沃沮、濊貊悉屬樂浪。然則此二郡之地，東窮大海，皆古嵎夷也。玄菟北與夫餘、挹婁連壤，故爲之封畛，使北國不得南侵。樂浪南與三韓分海，故爲之封畛，使島夷不得北侵，而中外之防峻矣。

濰，淄其道。釋文：濰音惟，本亦作「惟」，又作「維」。淄，側其反。渭按：濰、淄，漢書作「惟」、「甾」。顔氏云：「惟」字今作「維」，「甾」字或作「淄」，古今通用也。

傳曰：濰、淄二水，復其故道。正義曰：地理志云：濰水出琅邪箕屋山，山見說文。班志無之，此誤增。北至都昌縣入海。淄水出泰山萊蕪縣原山，東北至博昌縣入海。今漢書本作「入泲」。北至都昌縣入海，過郡三，行五百二十里。林氏曰：河、濟下流，兗受之；淮下流，徐受之；江、漢下流，揚受之。青雖近海，然不當衆流之衝，但濰、淄二水順其故道，則功畢矣。比之他州，用力最省者也。蔡氏曰：上文言「既道」，禹爲之道也。此言「其道」，氾濫既去，水循其道也。渭按：都昌屬北海郡，博昌屬千乘郡。今山東青州府莒州東有箕縣故城，益都縣西南有萊蕪故城，博興縣東南有博昌故城，萊州府昌邑縣西有都昌故城，皆漢縣也。

顧氏日知録曰：濰水出琅邪郡箕屋山。在今莒州西北九十里。書禹貢「濰、淄其道」，左傳襄公十八年「晉師東侵及濰」是也。其字或省水作「維」，或省糸作「淮」，又或從心作「惟」，總是一字。漢書地理志琅邪郡朱虚下、箕下作「維」，靈門下、横下、折泉下作「淮」，上文引禹貢「惟、甾其道」，又作「惟」，一卷之中，異文三見。馬文煒曰：漢書王子侯表。城陽頃王子東淮侯類封北海。按北海郡别無淮水。蓋亦「濰」字之異文。通鑑梁武帝紀：魏李叔仁擊邢杲於惟水。胡三省注：「惟」當作「濰」。古人之文，或省、或借其旁，並從鳥隹之隹，則一爾。後人誤讀爲「淮、沂其乂」之「淮」，而呼此水爲槐河，失之矣。按「淮」字當從佳人之佳，乃得聲，今本説文亦誤。

水經注：濰水出琅邪箕縣濰山，許慎、吕忱云：濰水出箕屋山。淮南子曰：濰水出覆舟山。蓋廣異名也。元和志：濰山在密州莒縣東北八十三里，濰水所出。渭按：説文：濰水出琅邪箕屋山。謂琅邪郡箕縣之屋山，非山名箕屋也。東北逕其縣故城西，又東北逕諸縣故城西，城在今諸城縣西南。又東北逕東武縣故城西，故城，漢琅邪郡治也。今爲諸城縣治。元和志：濰州故堰在諸城縣東北四十六里，蓄以爲塘，方二十餘里，溉水田萬頃。又北逕平昌縣故城東，城在今安丘縣南。又北逕高密縣故城西，城在今縣西南。元和志：濰水在高密縣西南，去縣四十里。韓信與楚將龍且夾濰水而陳，即此處。又北逕淳于縣東，今安丘縣東北有淳于故城。濰水在縣東五十里。又北左會汶水，此東汶也，出朱虚縣小泰山。北逕平城亭西，又東北逕密鄉亭西，應劭曰：淳于縣東北有平城亭，又四十里有密鄉亭，故縣也。今昌邑縣南有平城故城，東南有密鄉故城。又東北逕下密縣故城西，城在昌邑縣東南，與濰縣接界。濰縣本唐北海縣，元和志：海在北海縣東北一百二十里。濰水南去縣五十五里。又東北逕都昌縣故城東，晉省都昌入掖縣。宋建隆三年始以其地改置昌邑縣。又東北入于海。元和志：萊州掖縣，海在縣北五十二里。以今輿地言之，濰水出莒州東北濰山，歷諸城、屬青州府。高密、屬萊州府。安丘、屬青州府。濰縣，至昌邑東北五十里入海也。並屬萊州府。

説文有「甾」字、「菑」字而無「淄」字。淄，作「甾」或作「菑」。周禮「幽州浸曰菑、時」是也。水經注：淄水出泰山萊蕪縣西南原山下，世謂之原泉。淮南子曰：淄水出自飴山。蓋山別名也。括地志曰：淄州淄川縣東北七十里原山，淄水所出。俗傳云：禹治水功畢，土石黑，數里之中波若漆，故謂之淄水。齊乘曰：淄水出今益都縣岳陽山東麓，地名泉河，古萊蕪地。岳陽即原山也。淄多伏流，俗謂上下有十八漏。益都新志：淄水源曰泉河，頭泉在縣西南一百三十里。東北流，逕萊蕪谷，谷在今益都縣西南。元和志：淄水西去益都縣五十五里。屈而西北流，逕其縣故城南，述征記曰：城在萊蕪谷，當路岨兩山間，道由南北門。元和志：萊蕪縣故城在今淄州東南六十里。按故城明初割屬益都，今在其西南，或仍謂在淄川縣界者，誤也。今萊蕪本漢嬴縣。唐貞觀元年，省入博城。長安四年，復以其地置萊蕪縣。在泰安州東一百二十里。又西北轉逕城西，又北出山，謂之萊蕪口。齊乘曰：淄水自萊蕪谷又北逕長峪。青州舊志：自臨淄西南至古萊蕪，有長峪，界兩山間，踰二百里，中通淄河。按長峪本名馬陘，亦名弇中。見春秋傳。東北流，逕牛山西，又東逕臨淄縣故城南，東得天齊水口。水出南郊山下，謂之天齊淵，五泉並出，山即牛山也。水在齊八祠中，北流注于淄。又北逕其城東，城中有營丘。爾雅云：水出其前，左爲營丘也。漢齊郡治此。又東逕利縣東，晏謨曰：利縣在齊城北五十里。齊城即青州府北五十里之臨淄故城也。今博興縣東有利縣故城。又東北逕東安平城北，應劭曰：博昌縣西南三十里有安平亭，故縣也。按淄水自利縣東，又東北流，不得過博昌之西南。今臨淄縣東有安平故城，若以爲是，則當先安平後利縣。豈注文偶爾失次邪？不然則道元誤引，利縣東北當别有東安平城也。又東逕巨淀縣故城西，城在今樂安縣東北。又東北逕廣饒縣故城南，城亦在樂安東北。漢廣饒、巨淀二縣屬齊郡。後漢省。晉復置廣饒。劉宋改曰千乘，歷代因之。金改曰樂安。元和志：淄水南去千乘縣二十八里。又東入馬車瀆，瀆水首受巨淀，即濁水所注也。在今樂安縣東北。齊乘云：今樂安高家港也。縣志云：在縣東五十里清水泊北。亂流東北，逕琅槐故城南，應劭曰：博昌東北八十里有琅槐鄉，故縣也。今樂安縣東北一百十里琅槐故城是。又東北逕馬井城北，與時、繩之水合，互受通稱。時水出齊城西南二十五里，平地出泉，即如水也，亦謂之源水。因水色黑，俗又目之爲黑水。澠水出營城東，世謂之漢溱水，北逕博昌南界，入時水，自下通謂之澠。又東北至廣饒故城北，東北入淄水。孔子曰：淄、澠之水合，易牙嘗而知之。謂斯水矣，「繩」當作「澠」，齊乘云：時水之源，南近淄水，詳其地形，蓋伏淄所發，土人名曰烏河，一名耏水。亦名如水。澠水北流，勢極屈曲，俗稱九里十八灣。又東北至皮丘沈，入于海。沈，疑是「坑」。如馬常坑之類，下同。故晏謨、伏琛並言淄、澠之水，合于皮丘沈西。元和志：壽光縣，淄、澠二水，西自千乘縣界流入，去縣四十里。地理志曰：馬車瀆至琅槐入海。蓋舉縣言也。謂言琅槐而不言皮丘坑。以今輿地言之，淄水出益都縣東南岳陽山，歷臨淄、博興、樂安，至壽光縣北，由清水泊入海。並屬青州府。元和志：渤海在壽光縣東北一百十里。據琅槐故城在今樂安縣界，則淄水入海不當在壽光。然清水泊跨二縣之境，必皆漢琅槐地。馬車瀆近海處，豈即古之皮丘坑與！元和志：千乘縣北有青丘。齊景公畋于青丘。即此。齊乘云：今清水泊是也。朱長孺曰：淄水，地志云入濟，水經獨云入海者，馬車瀆以下乃濟水入海處。淄水入海之道與濟水正同，非經、志互有齟齬也。渭按：濟由馬車瀆入海。

自金皇統中始，前此不爾也。河渠書云：「於齊，通淄、濟之間。」故淄得由博昌入濟。地志謂淄入濟，水經謂淄入海，杜預謂淄入汶。鄭樵以入汶爲是。今按：左傳：昭二十六年，成人伐齊師之飲馬於淄者。注云：淄水出泰山梁父縣西北入汶。此淄即柴汶也。杜注左傳不誤。鄭據以爲禹貢之淄則誤耳。

青與兗以濟爲界，則濟之下流青亦受之。但瀹濟之功在治徐時，故此州專紀濰、淄；亦猶徐、揚共是淮，而排淮之功，治徐時已畢。故獨書其乂，而揚不復言也。敢以補林氏之闕。

厥土白墳，海濱廣斥。釋文：濱，必人反。斥，徐音尺。渭按：濱，漢書作「瀕」，後同。斥，史記、漢書並作「潟」。

傳曰：濱，涯也。言復其斥鹵。正義曰：説文：鹵，鹹地也。東方謂之斥，西方謂之鹵。海畔迥闊，地皆斥鹵，故云廣斥。言水害除，復舊性也。林氏曰：此州之土有二種，平地則色白而性墳，至於海濱，則彌望皆斥鹵之地。斥者，鹹土可煮以爲鹽者也。金氏曰：斥鹵可煮爲鹽，故齊有魚鹽之利。今登州千里長沙是其地。

管子曰：齊有渠展之鹽，燕有遼東之煮。渠展今不知所在。水經注云：平度縣有土山。膠水北歷土山注于海。海南、土山以北，悉鹽坑相承，修煮不輟。平度，漢屬東萊郡，故城在今掖縣東北。自此以西，歷昌邑、濰縣、壽光、樂安，其北境濱海之地，疑即是古之渠展。爾雅十藪，齊有海隅。郭璞以海濱廣斥當之。渠展蓋海隅之別名也。然廣斥恐不止於此。按齊語：桓公通齊國之魚鹽於東萊，使關市譏而不征，以爲諸侯利。韋昭曰：言通者，則先時禁之矣。東萊，齊東萊夷也。漢置東萊郡。今爲萊州、登州二府地。取魚鹽者不征税，所以利諸侯、致遠物也。由是觀之，則東萊出鹽最多。鄭康成周禮注云：東西曰廣，古曠切。南北曰輪。禮記注云：横量曰廣，從量曰輪。廣者東西之地形也。今登、萊二府，東西長八九百里，三面濱海，皆可以煮鹽。海濱廣斥，蓋謂此也。金説良是。管子注云：渠展，地名，泲水入海之處。

冀、兗皆濱勃海。今静海縣東有鹹水沽，即古豆子魧地，斥鹵數十里。鹽山縣東有鹹土，周百五十里，長蘆鹽利出此者，十之五六，皆兗域也，而經不書。徐、揚皆濱大海，自吳濞煮鹽以富其國，會稽於是乎有鹽官。唐以後，淮、浙之鹽，甲於天下。二州鹹土更多，而經亦不書。獨於此書海濱廣斥，何也？蓋他州鹹土唯沿邊一帶，冀、兗、徐各數百里，揚據禹迹之所及，亦止千餘里。而東萊之地斗入大海中，長八九百里。以三面計之，鹹土不下二千里。是一州而兼數州之斥，地形卓詭，故特書之。昔太公以齊地負海，舃鹵少五穀，迺通魚鹽之利，而人物輻輳。桓公、管仲復脩其業，通魚鹽之利於東萊。及靈公滅萊而有其地，爲利益博。故晏子曰：魚鹽蜃蛤，弗加於海。言陳氏厚施，通東萊之利於國中也。檢漢志北海郡唯都昌、壽光有鹽官，而東萊郡則曲成，東牟、惤、音堅。昌陽、當利五縣並有鹽官，則萊夷之產倍於齊國，又可知已。齊之所出，不足以給諸侯，故弛禁而通萊夷之產以濟之。齊資萊，萊無藉於齊，愚故以爲廣斥在東萊也。通齊國之魚鹽於東萊，謂使萊夷之產，得售於齊而輸之遠方。不然，則何以言利諸侯邪？此古人倒裝文法，慎勿錯解。抑又思之，人性不能食淡，艱鮮已奏，則鹽亦食之最急者。故禹既制貢以給國家之用，而又懋遷有無，使四方之人，各得其所欲。青之廣斥所以利民者甚大，又安得而不書？傳意謂經志土復其性，審爾，則濱海之州皆然，何獨書於青。茅氏匯疏云：以鹽利早開，故特標土質，爲貢鹽張本。庶幾得之。

樂安縣志云：海濱廣斥，謂如今高家港以往，其地都無所生，婦人有白首而不識五稼。歲時盤薦，唯魚飱耳。知府朱鑑詩曰：海若生潮成碧浪，天如不雨盡黃塵；可堪二月無花柳，踏遍孤邨不見春。渭按：斥鹵之地，五穀不生，大率類此。高家港即古馬車瀆，在縣東北五十里，謂此亦齊之渠展，則可。若以爲青之廣斥盡於此，則非也。

斥、鹵對言，則東方爲斥，西方爲鹵。單舉，則斥亦鹵也。故鄭康成云斥謂地鹹鹵。史、漢並作「廣潟」。廣韻云潟鹹土。周禮草人鹹潟。疏云：逆水之處水寫去，其地爲鹹鹵，通作「舄」。溝洫志：民歌史起曰：終古舄鹵兮生稻粱。注云：舄即斥鹵。吕氏春秋「舄」作「斥」，蓋古字「斥」與「潟」、「舄」通也。黄氏日抄曰：案管子「斥者，薪芻所生之地」。鹵乃鹹地，於斥不相干。今嘉興府瀕海人呼產蘆之地爲斥塹。渭按：海濱鹹土不生他物，唯蘆生之，可充薪芻，以給煮鹽之用，取之甚便。故曰「斥者，薪芻所生之地」，未見斥之非鹵也。嘉興之斥塹亦即鹽場。先儒之義，殆不可易。

厥田惟上下，厥賦中上。

傳曰：田第三，賦第四。

厥貢鹽、絺，海物惟錯，釋文：鹽，餘占反。絺，勑其反。

傳曰：絺，細葛。錯，雜，非一種。林氏曰：鹽即廣斥之地所生。海物，水族之可食者。蔡氏元度曰：貢物不以精麤爲敍，而以多少爲敍。青州鹽居多，故敍於先也。他倣此。吴氏曰：海物，水族排蜃羅池之類〔二〕。渭按：海中之物，詭類殊形，非止江河鱗介之族，故謂之錯。

史記貨殖傳云：山東食海鹽，山西食鹽鹵。宋史食貨志云：鹽類有二：引池而成者，曰顆鹽，周官所謂盬鹽也；盬鹽，周禮作「苦鹽」。苦讀曰盬。説文：盬，河東鹽池。從鹽省，古聲。鬻古煮字。海、鬻井、鬻鹻而成者，曰末鹽，周官所謂散鹽也。按：今解州鹽池密邇帝都，其所出豈不足以給甸服千里之食，而必有藉於青者，蓋洪水之後，土性未復，不能凝結成鹽故耳。水經注云：河東鹽池出石鹽，自然印成。朝取夕復，終無減損。唯水暴雨澍，甘潦奔泆，則鹽池用耗。洪水之爲害於盬也，明矣。舜作五弦之琴以歌南風，其詩曰：南風之時兮，可以阜吾民之財兮。説者謂池遇南風則結鹽多，故曰可以阜財。蓋盬鹽未幾即興也。然周官鹽人之文，諸鹽用各有所宜，則後此盬鹽雖興，青之貢恐亦終不可廢耳。

詩：爲絺爲綌，服之無斁。傳云：精曰絺，麤曰綌。周官：掌葛以時徵絺、綌之材于山農。蓋取諸畿内，此經爲邦國之貢，故獻其布之精者，内外事不同也。曲禮：爲天子削瓜者副普逼反。之，巾以絺。則絺又可用作巾矣。禹時青、豫既貢絺，揚之島夷又貢卉服。先儒以爲即葛越。左思吴都賦云「蕉葛升越，弱於羅紈」是也。後世專以出南土者爲佳。攷杜氏通典貢蕉葛者凡十餘郡，皆南土也。唯臨淄貢絲葛十五疋，猶有禹貢之餘制焉。

周禮醢人：饋食之豆，有蠃古螺字。醢、蠯音排。醢、蜃、蚳音遲。醢。又鼈人：祭祀共蠯、蠃、蚳以授醢人。故林氏以海物爲蠃、蠯、蜃、蚳之類，然蚳乃蚍蜉子，非水族也。鄭康成庖人注云：青州之蟹胥。後漢伏隆傳：張步遣使獻鰒音雹。魚。斯實經之海物矣。又按：本草烏賊、海鷂、牡蠣、馬刀、魁蛤、文蛤、車螯，東海中皆有之。馬刀即蠯，魁蛤即蚶也。禮：王者大饗，有四海九州之美味。禹非飲食而致孝乎鬼神，故此等亦令貢之，非以奉上之口腹也。青距帝都不過二千餘里，而又獻藁，古老反。不獻鱻，悉然反。則於民固無害矣。後世海物莫盛於嶺海，而海岱則微。如郭璞江賦所言王珧、海月、三蝬、虷江、洪蚶、石蛙、鱟蝐之類，皆嶺海産也。遠方馳貢，煩擾疲費。唐元和中，孔戣奏罷明州歲貢淡菜、蚶、蛤之屬。長慶中復貢。元稹觀察浙東又奏罷之。明州且以爲苦，況粤、閩乎。以是知禹貢海物唯青有之，而不及徐、揚，其爲斯民慮也，蓋詳。

惟錯有別解。林少穎云：先儒謂海物錯雜非一種，此説不然。夫既謂之海物，而不指其名，則固非一種矣，何須更言惟錯。竊謂此與揚州齒、革、羽、毛、惟木，文勢正同。錯別是一物，如豫州之磬錯也。吴幼清云：惟或在句中，猶言與、及、暨也；或在句端，猶如越、如若也。錯，石可磨礪者也。詩云：他山之石，可以爲錯。渭按：此錯果爲石，則荆何必又貢礪、砥。「惟」字在句中亦不盡如吴氏訓。「海岱惟青州」，豈可謂與青州暨青州邪。

岱畎絲、枲、鈆、松、怪石，釋文：畎，工犬反。徐本作「畎谷」。枲，思似反。鈆，寅專反。字從㕣。㕣，音以選反。怪如字。

傳曰：畎，谷也。怪異好石似玉者。岱山之谷，出此五物，皆貢之。正義曰：釋水云：水注川曰谿，注谿曰谷。谷是兩山之間流水之道，故言畎。去水故言谷也。怪石，奇怪之石。故云好石似玉也。枲，麻也；鈆，錫也。岱山之谷有此五物，美於他方所有，故貢之也。陸氏德明曰：怪石，碔砆之屬。王氏曰：黑錫曰鉛。林氏曰：凡貢不言其所出之地者，一州所出皆可貢。言所出之地者，以此地所産爲良也。又曰：怪石之貢，誠爲可疑。竊意當時制禮作樂，資以爲器用之飾，有必不可闕者，非貢無益之物，以充玩好也。程氏大昌曰：質狀色澤似石而非石，故命爲怪，非抑之也，所以高之也。古者用玉比後世特多，其勢不得不以似玉者充之，玖、瑰、琫、琇之類是已。蓋貢怪石以足用，非如今靈璧、太湖之石、嵌空玲瓏可爲戲玩者也。按：尹文子云：魏田父得玉，以告鄰人。鄰人詐之曰：此怪石也。怪石似玉，故可以相誑。

益稷：濬畎澮，距川。傳曰：一畎之間，廣尺、深尺曰畎。方百里之間，廣二尋、深二仞曰澮。正義曰：匠人：爲溝、洫，耜廣五寸，二耜爲耦，一耦之伐，廣尺、深尺謂之畎。田首倍之。廣二尺、深二尺謂之遂。九夫爲井，井間廣四尺、深四尺謂之溝。方十里爲成，成間廣八尺、深八尺謂之洫。方百里爲同，同間廣二尋、深二仞謂之澮。是畎、遂、溝、洫、澮皆通水之道。惟言畎、澮者，舉大小而略其餘也。與此釋「岱畎」不同。渭按：二義不可偏廢。山勢已盡，平原曠野之鄉，可以備五者之制，自當依匠人說。若在山中，崎嶇偪側，安所得成、同之地而爲之，自當依釋水說。蓋谷是澗壑之流，直出山中以注谿，即禹所謂畎。谿則谷口横截一道，受澗壑諸水以注川，即禹所謂澮也。匠人之溝、洫，乃人爲之。谿、谷天成，不必五者俱備，秩然整齊。

周禮太宰九職，其一曰嬪婦化治絲、枲，又有典絲、典枲，掌其藏與其出，以待興功之時，頒之於外内工。賈疏云：按喪服傳，牡麻者，枲麻也。則枲是雄麻，對苴是麻之有蕡實者。桓寬鹽鐵論曰：古者庶人耋老而後衣絲，其餘則麻枲而已，故命曰布衣。是枲賤於絲也。兗、豫通州之絲皆可貢，青所出不盡美，故繫之以岱畎。

説文：鉛，青金也。本草：鉛，一名黑錫。今泰山之下，不聞有鉛。蘇頌曰：鉛生蜀郡平澤，今有銀坑處皆有之。蓋礦利漸開，不必以岱畎爲良，遂隱而不傳矣。鉛不知其所用。案胡粉、黄丹皆化鉛爲之。土宿真言：本草云「鉛乃五金之祖，變化最多。一變而成胡粉，再變而成黄丹」是也。胡粉一名白粉，黄丹一名朱粉，可以代丹堊，故貢其材使煉冶之，以給繪畫塗飾之用也。

魯頌閟宫之卒章曰：徂來之松，新甫之柏，是斷是度，是尋是尺。松桷有舄，路寢孔碩。徂徠山在今泰安州東南四十里，實岱之支峯，特異其名耳。水經注云：徂徠山多松柏，詩所謂「徂徠之松」也。鄒山記曰：徂徠山在梁父、奉高、博三縣界，猶有美松。見第二十四卷汶水。昔秦始皇登泰山避風雨於松下，因封其樹爲五大夫，岱畎之多松明矣。齊、魯以岱分界，徂徠在南，與新甫俱爲徐域，故其材魯得用之也。

金吉甫云：怪石，如今萊之温石，可爲器。今青州黑山紅絲石，紅黄相參，文如林木，或如月暈、如山峯、如雲霞、如花卉，即古怪石也。淄川梓桐山石門澗石，色若青金，紋如銅屑，理極細密，亦奇石，但不如紅絲石之堅。凡此諸品皆可爲器用，今取以爲硯。登州府志云：怪石出萊陽縣五龍山，色類崑山石而文理過之。渭按：經之怪石，本出岱畎。青、萊、登之地去岱絶遠，泛引無當也。名醫别録言：白、紫石英皆生太山山谷。白石英大如指，長二三寸，六面如削，白澈有光，長五六寸者彌佳。寇宗奭曰：紫石英明徹如水精，但色紫而不匀。李時珍曰：太平御覽云：自大峴至太山皆有紫石英，太山所出甚瓌瑋。斯二英者，其經之所謂怪石乎。「英」通作「瑛」。説文：瑛，玉光也。徐鍇曰：案符瑞圖，玉瑛仁寶，不斲自成，光若白華。漢文帝時渭陽玉瑛見。今白石、紫石瑛皆石之似玉有光瑩者。由是觀之，二英之可代玉，益信矣。詩齊風：尚之以瓊英。傳云：石似玉。亦可證石英之義。但近世器服之飾，此石罕用，人唯知爲藥物。故言怪石者，不復以二英當之耳。魏文帝黄初元年，取白石英、紫石英及五色大石，起景陽山於芳林園。此則與結瑶構瓊無别，非大禹作貢之意也。

萊夷作牧，釋文：萊音來。牧，徐音目，一音茂。

顔氏曰：萊夷，萊山之夷也。林氏曰：史記齊世家，太公東就國，萊夷來伐，與之争營丘。左傳夾谷之會，萊人欲以兵劫魯侯。孔子曰：兩君合好，而裔夷之俘以兵亂之。萊之爲夷無疑矣。先儒但以爲地名，非也。吴氏曰：作，謂耕作；牧，謂放牧，夷人以耕牧爲業也。渭按：今萊州、登州二府皆禹貢萊夷之地，其成功獨後，故書「作牧」於賦貢之下，與冀之恒、衛、大陸，同一變例。

元和志云：故黄城在登州黄縣東南二十五里。古萊子國。春秋傳：齊侯滅萊。杜注：今東萊黄縣是也。萊山在縣東南二十里。封禪書齊之八祠，六曰月主，祠萊山。此萊國之所都也。今高密縣在膠州西北五十五里，縣治即夷安故城，古夷維邑。水經注：膠水北過夷安縣東。應劭曰故萊夷邑。太史公曰：晏平仲，萊之夷維人也。西去濰水四十里。然則高密亦萊地，其境越膠水而西，去濰水不遠矣。即墨在州東而爲齊邑，蓋滅萊後始有其地耳。然春秋時又有夷、介二國與萊錯壤而居。夷在即墨縣西，介在膠州之南。隱元年「紀人伐夷」，僖二十九年「介葛盧來」是也。嵎夷既略，便當治萊夷，而禹不然者，蓋以其水入海路近，爲患不深，而濰、淄内地，宜先治之，此成功所以獨後也。

孔傳云：萊夷，地名，可以放牧。説者皆因之，以作牧爲一事。唯吴幼清不然。今按：萊夷之地，三面瀕海，皆爲斥鹵，五穀不生，中間又有萊、膠、勞、成、羽、金與、之罘、文登、不其、距艾等山及貕養澤。元和志云：澤在萊州昌陽縣西北四十里。今爲登州府萊陽縣地也。其可耕者無幾。齊地負海，潟鹵少五穀，況萊夷乎？耕田不足以自給，故必兼畜牧而後可以厚其生。經所以言作又言牧也。若從舊解則「作」字頗贅，且經凡書作皆謂耕作，此不當獨異。故改從吴氏。金吉甫曰：萊夷地宜畜牧，取其畜以供。此臆説也。禹貢、周官未有以畜貢者，唯周書王會篇言外國所獻有紈牛、露犬之類，蓋非常畜，不可據以釋此經。

厥篚檿絲，釋文：檿，烏簟反。渭按：檿，史記作「酓」。蓋從古文本也。

傳曰：檿桑蠶絲，中琴瑟弦。正義曰：釋木云：檿桑，山桑。郭璞曰：柘屬也。檿絲是蠶食檿桑所得絲，韌，中琴瑟弦也。枚乘七發之言琴曰：野繭之絲以爲絃。蘇氏曰：檿桑出東萊，以織繒。堅韌異常，東萊人謂之山繭。渭按：絲不入篚而檿絲入篚，蓋貴重之。諸篚皆織成之物，而此獨以絲，蓋或弦或繒，聽其所爲也。蘇氏云：檿絲出東萊，萊夷作牧而後有此，故書篚在其後，亦不言獨萊夷貢之也。登州府志云：檿絲出棲霞縣，文登、招遠等縣亦有之。其繭生山桑，不浴不飼。居民取之，製爲紬，久而不敝。斯所謂出東萊，堅韌異常者也。今青州、濟南、兗州等處皆有繭紬，其蠶乃人放椿樹上，食葉作繭，絲不甚堅韌。嘗詢諸土人，野蠶食山桑葉，作繭高巖之上，樵者往往得之，不過數枚，欲製爲紬，須廣收積多，乃成一匹，所出至少，官長欲市取，亦無從得也。蓋必此種而後可以當禹貢之檿絲，古今事變不同，以今之徧地皆有，而疑古之獨出於東萊也，亦過矣。

劉原父曰：青、徐、揚三篚皆三夷之貢也。孫黴取之。今按：揚之貝錦，果出島夷，則下文厥包橘、柚，豈亦島夷貢之乎？其不可通也，明矣。檿絲雖出萊夷，他國可市取以貢，亦猶藍田出玉，而貢璆琳者，非獨藍田在其境内者也。説見雍州。

困學紀聞曰：地理志謂齊俗彌侈，織作冰紈、綺、繡、純麗之物，號爲冠帶衣履天下。臨淄有服官。墨子曰：錦、繡、絺、紵，亂君之所造。其本皆興於齊。景公喜奢而忘儉，幸有晏子以儉鐫之。然猶幾不能勝，齊俗之侈，蓋自景公始。渭按：漢世齊有三服官，春獻冠幘縰爲首服，紈素爲冬服，輕綃爲夏服，又有冰綺、方空、音孔。縠吹綸絮之目。齊俗之工於織作如此。然自春秋以前皆未嘗有也。故青州貢絺、篚檿絲而已矣。豫貢絺、紵，揚篚貝錦。舜觀古人之象以作繡，四者自唐虞有之，而墨子以爲亂君之所造，不亦誖乎？蓋一意尚儉，譏齊俗之侈，而不自覺其言之過耳。

浮于汶，達于濟。

正義曰：地理志云：汶水出泰山萊蕪縣原山，西南入濟。蔡氏曰：不言達河者，因於兖也。渭按：此經蒙兖之文，曰達于濟，則由漯以入河可知矣。其東北境徑浮濟，不必從汶也。

水經注：汶水出泰山萊蕪縣原山。萊蕪縣在齊城西南，原山又在縣西南六十許里。從征記曰：汶水出縣西南流，自入萊蕪谷，夾路連山數百里，水隍多行石澗中。按：原山在今萊蕪縣東北七十里，東接益都，西接章丘，北接淄川縣界，高聳出羣山之上，亦名馬耳山。魏收志：嬴縣有馬耳山，汶水出。是馬耳即原山矣。今又名岳陽山。西南逕嬴縣故城南，城在今萊蕪縣西北。又東南逕奉高縣北，今泰安州東有奉高廢縣。屈從縣西南流，與一水合，俗謂之牟汶。水出牟縣故城西南阜下，俗謂之胡盧堆，西南逕奉高縣故城，而西南流注于汶。今萊蕪縣東有牟縣故城，牟汶水在縣南門外，西流至泰安州東入汶。又南，右合北汶，水出分水谿。東南流，逕泰山東，合天門下谿水，又東南流，逕南明堂下。昔漢武令奉高作明堂，引水爲璧雍，世謂之石汶。又左，入于汶水。今泰安州南有泮水，出泰山分水嶺。考其源流，蓋即北汶也。又西南逕徂徠山西，山在州東南四十里。又南逕博縣故城東，城在州東南。漢置，唐改曰乾封。又西南逕龍鄉故城南，又西南逕亭亭山，山在州南五十里。又南，左會淄水，世謂之柴汶。水出泰山梁父縣東，西南流逕菟裘城北，又逕梁父故城南，又西南逕柴縣故城北，又逕成邑北。春秋齊師圍成，成人伐齊，飲馬於斯水者也。淄水又西逕陽關城南，西流注于汶水。今按：州南有廢柴縣，梁父故城西南有陽關城。柴汶水在州東三十五里，俗名司馬河。又南逕鉅平縣故城東，城在州西南。又西南逕魯國汶陽縣北，又西逕汶陽縣故城北，城在今寧陽縣東北。又西洸水出焉。呂忱曰：洸水出東平，上承汶水於岡縣西，闡亭東。爾雅「汶別爲闡」，其猶洛之有波矣。洸水西南流逕乘丘縣故城東，又東南注于洙水。按：乘丘故城在今滋陽縣西北。又西逕蛇丘縣南，今肥城縣南有蛇丘故城。本魯蛇淵囿，漢置縣。又西南逕岡縣〔丁晏曰：剛縣誤作「岡」。〕北，縣本魯闡邑，在今寧陽縣境。又西南逕東平章縣南，今東平州東有章縣故城。又西南逕桃鄉縣故城西，城在今汶上縣東北四十里。又西南逕壽張縣北，壽張本壽良，後漢光武更名。又西南至安民亭入于濟。今州西南十里安山鎮即故安民亭。汶水自桃鄉四分，當其派別之處，謂之四汶口，即今戴村壩地。其左二水雙流，西南至無鹽縣之郈鄉城南，又西南逕東平陸故城北，又西逕危山南，世謂之龍山。又西合爲一水，西南入茂都澱；即今南旺湖。次一汶西逕郈亭北，又西至壽張故城東，遂爲澤渚；其右一汶西流逕無鹽縣故城，城在今東平州東。又西逕洽鄉城南，又西南逕壽張縣故城北，城在州西南。又西入于濟。以今輿地言之，汶水自萊蕪歷泰安、肥城、寧陽至東平入濟，合流以注于海。此禹迹也。迨元人引汶絶濟爲會通河。明永樂中又築戴村壩，遏汶水盡出南旺以資運，而安山入濟之故道填淤久矣。

元和志：乾封縣界有五汶，源別而流同。五汶者，曰北汶、嬴汶、柴汶、牟汶，其一則經流也。四汶口乃下流歧分處，不在五汶之數。按：酈注無嬴汶。嬴汶在今萊蕪縣南三十里，源出宮山之陰，流合牟汶。宮山者，新甫之別名也。山在新泰縣西北。泮水源出泰山分水嶺，即北汶。州志謂之塹汶，在今泰安州南。五汶之外，有小汶，在州東南七十里，源出宮山，流逕徂徠山南，又西入汶水所謂大汶口也。嬴汶流合牟汶，故酈注不言五汶，以小易嬴斯爲當矣。又有水出萊蕪縣寨子村流合牟汶者，近志指爲浯汶。據漢志：琅邪靈門縣有高柘山浯水所出，東北入濰。説文云：水出靈門山，世謂之浯汶。浯水合東汶入濰，故有此名。在今莒州界，與萊蕪無涉，志妄言耳。東汶出朱虛縣小泰山，北流至淳于縣入濰，在今臨朐、安丘界。淮南子曰：汶出弗其，西流入濟。高誘云：弗其，山名，在朱虛縣東。是即入濰之東汶，言入濟者，淮南之誤也。

曾彦和曰：汶水有二，出萊蕪縣原山入濟者，徐州之汶也；出朱虚縣泰山入濰者，青州之汶也。渭按：原山北接淄川，延袤跨青、徐之境，汶雖徐水，其導源處猶爲青域，故青之貢道書「浮于汶」云。

【校勘記】

〔一〕有逄伯陵　「逄」，四庫本作「逢」。據左傳昭公二十年，晏子對曰：昔爽鳩氏始居此地，季萴因之，有逢伯陵因之，則作「逄」是。

〔二〕吴氏曰海物水族排蜃羅池之類　按「排蜃羅池」爲何物費解。四庫本改作「蠯蜃蠃蚳」，無據。

禹貢錐指卷五

海、岱及淮惟徐州：

傳曰：東至海，北至岱，南及淮。林氏曰：一州之境必有四至，七州皆止二至，蓋以鄰州互見。至此州獨載其三邊者，止言海、岱，則嫌於青，止言淮、海，則嫌於揚，故必曰海、岱及淮，而後徐州之疆境始別也。渭按：地理志：桐柏大復山在南陽平氏縣東南，淮水所出，東南至淮陵入海。「陵」當作「陰」，字之誤也。過郡四，行三千二百四十里。詳見導淮。徐西不言所至。然爾雅云「濟東曰徐州」，則知其西亦距濟，而經不言者。鄭漁仲云：岱山之陽，濟東爲徐，岱山以北，濟東爲青，言濟不足以辨，故略之。愚謂此蒙兖、濟、河之文，猶夫青耳，非爲其不足以辨而略之也。

爾雅：濟東曰徐州。郭注云：自濟東至海。似爲禹貢徐州之舊域，然堯時揚州之境跨江北至淮。而爾雅云「江南曰揚州」，蓋殷割淮南江北之地以益徐，視堯時之徐則大矣。周禮「正東曰青州」，禹貢徐州之山水皆在焉。蓋以徐爲青，青地太半入幽，而徐之西則又入于兖云。呂氏春秋：泗上曰徐州。鄭漁仲釋之曰：泗水出陪尾山，至下邳入淮。源委皆在徐州，非若淮之與揚共、濟之與兖共也。故不韋亦得以爲説焉。

徐州有古大庭、少皞之虚，左傳梓慎登大庭氏之庫。注云：大庭，古國名，在魯城内。或曰大庭即炎帝也。劉楨魯都賦云：戢武器于有炎之庫。有緡、大彭、奄、邳之封皆在焉。春秋時可考者，魯、滕、茅、薛、徐、邾、莒、蕭、郯、遂、任、宿、須句、顓臾、鄫、鄅、陽、鄣、郳、後爲小邾。向、極、牟、鑄、鄟、邿、偪陽、根牟、鍾吾、甲父，凡二十九國。戰國時屬魯，而宋、齊、楚亦兼得其地。秦并天下，置泗水、琅邪、西境是。薛郡。漢改置東海郡，復以其地爲徐州。領郡國四。後漢、魏、晋並因之。魏、晋領郡國七。唐爲河南道之彭城徐州、臨淮泗、魯郡兖、東海海、琅邪沂等郡。按以上通典所列，唯魯郡乾封、萊蕪之北境，當往屬青。其當來屬者，兖域東平之須昌、鉅野、宿城及壽張之東境，濟陽平陰之南境；青域高密之莒縣及諸城之南境是也。以今輿地言之，江南徐州及鳳陽府之懷遠、五河、虹縣、泗州、宿州、靈璧，淮安府之桃源、清河、安東、邳州、宿遷、睢寧、海州、贛榆，山東兖州府則滋陽、曲阜、寧陽、鄒縣、泗水、滕縣、嶧縣、金鄉、魚臺、濟寧、嘉祥、鉅野、東平、汶上、沂州、郯城、費縣及平陰之南境，濟南府則新泰及泰安、萊蕪之南境，青州府則蒙陰、沂水、莒州、日照及諸城之南境，皆古徐州域也。

海自江南山陽縣東，折而西北，爲淮水入海之口，其北岸則安東縣也，是爲徐域。海自縣東而北歷海州東，中有鬱林山，亦名鬱洲。北齊置東海縣。元和志云：本漢贛榆縣地，俗謂之鬱州，亦謂之田橫島。又北歷贛榆縣東，又東北歷山東日照縣東，又東北歷諸城縣東，至琅邪臺，過此則爲青域矣。

徐北至岱，岱之西南爲東平，其南爲泰安，所謂「汶陽之田」者也。東南爲萊蕪、新泰、沂州、莒州、諸城，皆以長城故址與青分界。詳見青州。

淮水今自鳳陽府壽州界州在淮南。東流經懷遠、五河、泗州南，又東北經淮安府清河縣南，與黃河合。又東經安東縣南，而東北入于海。中流與揚分界，故曰南及淮也。

岱、濟之間，與兗分界，蓋在東平、汶上、鉅野之西。濟、淮之間，與豫分界，蓋在金鄉、碭山、宿州、懷遠之西。

淮、沂其乂，

釋文：沂，魚依反。

傳曰：二水已治。正義曰：乂，訓治也。故云二水已治。地理志云：沂水出泰山蓋縣臨樂子山，南至下邳入泗。過郡五，行六百里。淮出桐柏山，發源遠矣。於此州言之者，淮水至此而大，爲害尤甚。喜得其治，故於此記之。渭按：桐柏山在南陽平氏縣東南，其故城在今南陽府桐柏縣西北四十里。詳見導淮。蓋縣故城在今青州府沂水縣西北。淮納沂，不決淮距海，則沂無所歸，故必先淮而後沂也。曾彦和云：淮出豫境，至揚、徐之間始大，其泛濫爲害，尤在於徐，故淮之治於徐言之。此説非也。徐、揚共是淮，而揚地較卑，豈獨能無患？蓋當時淮患孔急，不可須臾待，故禹在徐即令揚屬役，與徐協力治之，揚所以不復言治淮也。

水經注：沂水出泰山蓋縣艾山，鄭玄云：出沂山。亦或云臨樂山，水有二源，南源世謂之柞泉，北水俗謂之魚窮泉，俱東南流，合成一川。齊乘曰：鄭康成云沂水出沂山。按今蒙陰縣東北地名南河川，小阜之下有曰狗泉，此沂源也。東南逕馬頭固山，有泉東流與之合，北望沂山五十里，殊無别源。疑沂山水源古流今竭耳。明萬曆中，傅履重著水利論曰：沂源出蒙陰、魯、艾諸山，皆涓滴細流，自石罅中出，經數十里，近縣稍大，而河形散漫，不可灌溉。渭按：東鎮沂山在今青州府沂水縣北一百十里，接臨朐縣界。寰宇記云：即東泰山也。無沂源。又雕崖山在縣西北一百七十里，南接蒙陰縣界，去縣治一百三十里，沂水於此發源，是謂狗泉。蓋即康成所謂沂山也。黄子鴻云：周禮青州鎮曰沂山。鄭康成謂沂水所出。今沂水實出雕崖山，北去東泰山尚五十餘里，則古沂山當即指此。隋、唐時始移沂山之名於東泰山，而祀之以爲東鎮，其實二山不可混也。子鴻此言甚覈。臨樂、艾山、雕崖，疑即沂山支阜之異名，山跨蒙、沂二縣之境，故縣志各載爲沂源耳。齊乘所謂狗泉者，即北源之魚窮泉，其出馬頭固山者，即南源之柞泉也。又東逕蓋縣故城南，齊乘曰：沂水過馬頭固南流，逕蓋縣故城。按顔師古云：蓋讀如本字。又東逕浮來山，浮來之水注之。春秋書「公及莒人盟于浮來」，即此地。又南逕爆山西，山有二峰，相去一里，雙巒齊秀，員峙若一。又西南逕東莞縣故城西，城即今沂水縣治，其北有故鄆城。與小沂水合。水出黄孤山，西南流逕其城北，西南注于沂。又南逕東安縣故城東而南，合時密水。水出時密山。莒人歸共仲于魯，及密而死是也。東安故城在沂水縣西南。又南合桑泉水，水北出五女山，東南流，合巨圍水、堂阜水、叟崮水、廬川水及蒙、陰二水入沂。又南逕陽都縣故城東，縣故陽國城，在沂水縣西南。又南與蒙山水合。水出蒙山之陰。又南逕中丘城西，春秋「城中丘」，即此。又南逕臨沂縣故城東，城在今沂州北。治水注之；「治」本作「洛」，今據漢志改正。俗謂之小沂水。治水出泰山南武陽縣之冠石山。地理志曰：冠石山，治水所出。應劭云：武水出焉。蓋水異名也。東流逕蒙山下，又東南逕顓臾城北，又東南逕費縣故城南，又東南逕祊城南，又東南注于沂。齊乘曰：沂水自諸葛城，又南逕王祥墓，孝感水入焉。又南至沂州城東，小沂水西南入焉。又南分流入三十六穴湖，東通沭水。宋慶曆間沂州修城碑云：大小二沂環流外轉，而小沂尤湍於西北，平日波如簟紋，清淺可愛，及山雨水至，如百萬陳馬，摩壘而來。謂此水也。明知州何格議曰：治沂有二難，一隘於石溝，一隘於廟山。自石溝以上有坊口，通長溝、温泉入沭之故道，廟山以下有馬兒灣，通五丈溝、蘆塘諸湖入邳之故道，實乂沂之故跡也。坊口既塞，每遇淫雨，石溝以上不得由長溝入沭，決汊口而橫流沂水之東南鄉。州北之孝感鄉，此長溝不可不開以殺石溝之溢者也。沂水自入州境合治、浚、洪、祊諸水，并趨廟山，河流既盛，山麓亢隘，反趨馬兒灣入五丈溝，又過郯之馬頭，以出宿遷，而州之擅湖利者，謀塞馬兒灣水，合出於廟山下，無所分洩，泛濫逆行，上自費之朱紀等口十二處，州境之白龍等口二十九處，屢見衝決，近河鄉郭，轉爲沮洳，而郯之港口、馬頭等十七處，又下於沂、費者，墊溺滋甚，此馬兒灣不可不開以疏廟山之隘者也。渭按：費縣故城在今費縣西北二十里。治水逕其南，土人謂之浚河。沂水又南逕開陽縣故城東，縣故鄅國，春秋：哀公三年，城啓陽。即此。故城在沂州北。又東逕襄賁縣東，今沂州西南有襄賁故城。賁音肥。又屈從縣西南流，又屈南逕郯縣西，縣故郯國。今郯城縣西南有郯縣故城，西南去邳州治百五十里。又南逕良城縣南，左傳：昭十三年，晉侯會吴子于良。即此地。今邳州北有良成故城。又南逕下邳縣北，今邳州東三十里有下邳故城。分爲二水，一水於城北、西南入泗，一水逕城東，屈從縣南，亦注泗，謂之小沂水。水上有橋，徐、泗間以爲圯。張子房遇黃石公于圯上，即此。邳州志云：沂河舊在州西一里，今其道爲黃流淤塞，水自郯城入運河。以今輿地言之，沂水出沂水縣，屬青州府。歷沂州、郯城，並屬兖州府。至邳州合泗水，又東南至清河縣入淮。邳州、清河並屬淮安府。導淮云「東會于泗、沂」是也。此經沂與淮並書而不及泗者，蓋泗之上流不爲患，至合沂而始大，沂則自下邳以上爲患已深，觀齊乘及何格之言可見。故禹特治之，經所以言沂不言泗也。

蔡傳引曾氏曰：徐州水以沂名者非一。酈道元謂水出尼丘山西北，徑魯之雩門，亦謂之沂水；水出太山武陽之冠石山，亦謂之沂水。而沂水之大，則出於泰山也。按水經注出尼丘之沂水，流逕魯縣故城南，北對稷門。稷門一名高門，亦曰雩門，水即曾點所浴也，西入泗水，與經文之沂無涉。水經注有小沂水者三，曾僅舉其一。沂水出泰山郡之蓋縣，今但云出於泰山，非也。疑脱「蓋縣」二字。

蒙、羽其藝。釋文：藝，魚世反。渭按：藝，漢書作「蓺」。

傳曰：二山已可種藝。正義曰：地理志云：蒙山在泰山蒙陰縣西南。羽山在東海祝其縣南。詩云「藝之荏菽」，故藝爲種也。渭按：此濬畎澮距川之事，非淮、沂乂而二山遂可藝也。今山東青州府蒙陰縣南有蒙陰故城，江南淮安府贛榆縣南有祝其故城，皆漢縣也。方耕曰作，既種曰藝。

蒙山在今蒙陰縣南四十里，西南接費縣界。詩魯頌：奄有龜、蒙。論語：季氏將伐顓臾，孔子曰：昔者先王以爲東蒙主。邢昺疏云：山在魯東，故曰東蒙也。漢志：蒙陰縣有蒙山祠，顓臾國在山下。後魏志：新泰縣有蒙山。宋省蒙陰。後魏以其地改置新泰縣。劉芳徐州記：蒙山高四十里，長六十九里，西北接新泰縣界。元和志：蒙山在新泰縣東八十八里，費縣西北八十里。東蒙山在費縣西北七十五里。是謂蒙與東蒙爲二山也。齊乘曰：龜山在今費縣西北七十里，蒙山在龜山東，二山連屬，長八十里。禹貢之蒙、羽，論語之東蒙，正此蒙山也。後人惑於東蒙之説，遂誤以龜山當蒙山，蒙山爲東蒙，而隱没龜山之本名，故今定正之。邑人公鼐論曰：蒙山高峯數處，俗以在東者爲東蒙，中央者爲雲蒙，在西者爲龜蒙，其實一山。龜山自在新泰，其北有沃壤，所謂龜陰之田，亦非即龜蒙峯也。參之以邢疏，東蒙即蒙山，非有二山明矣。

漢志：祝其縣南有羽山。杜預左傳注亦云在祝其縣西南。縣之故城在今贛榆縣界。而隋志朐山縣有羽山。元和志云：羽山在朐山縣西北一百里。又云：在臨沂縣東南一百十里，與朐山縣分界。朐山今海州，臨沂今沂州也。近志郯城縣東北亦有羽山，接贛榆界。齊乘云：羽山舊在朐山縣東北九十里。今屬沂州在東南百二十里。時郯城未復，故在州境也。諸説不同。要之，此山在沂州之東南，海州之西北，贛榆之西南，郯城之東北，實一山跨四州縣之境也。明一統志云：在贛榆縣西北八十里。則誤矣。説者皆以此山爲舜殛鯀處，山下有羽潭，即左傳所云「其神化爲黄熊，入于羽淵」者也。愚謂此地太近，非荒服放流之宅。孔安國舜典傳云：羽山東裔在海中。今登州府蓬萊縣有羽山。寰宇記云：在縣東十五里，即殛鯀處。有鯀城在縣南六十里，以近殛鯀之地而名。此與孔傳謂在海中者合，當從之。齊乘：九目山東北二十里有龍山，又北即羽山。蓬萊新志云：在縣東南三十里。禹貢之羽在徐域，舜典之羽在青域，不可以無辨。

蘇傳云：二水既治，則二山可治。後儒皆遵其説。今按：蒙山南去淮水約五百餘里，羽山亦幾三百里。淮之横溢，不到二山，及其既乂，二山亦未必悉治。唯沂水歷蒙、羽之間，利害頗切。然二山仍自有畎澮之水，當濬之以距川者，亦非但治沂而已也。

淮不乂則沂不可得而治，沂不乂則蒙、羽不可得而治。然淮、沂既乂，而二山畎澮距川之處，施功正不少也。沂水介於二山之間，其西爲蒙山，蒙山水、蒙陰二水皆出焉。又有治水、桑泉水、堂阜水、叟崮水並歷蒙陰縣界中，東南注于沂。此蒙山畎澮之流，章章可考者也。其東爲羽山有沭、游二水，並山而行，畎澮之水皆入焉。沭自北而南，合泗以入淮，游分淮而北，會沭以入海，沂東通沭，沭東通游，苞絡灌注，繇地數百里。按：沭水，漢志作術水，出琅邪東莞縣南，至下邳入泗。行七百一十里。今沂水縣治即東莞故城。臨淮淮浦縣有游水，北入海。今安東縣西有淮浦故城。水經注云：沭水出東莞縣大弁山，與小太山連麓而異名也。元和志云：沭水俗名漣水。東南逕其縣東，又南逕陽都縣東，沂水縣西南有陽都故城。齊乘曰：水出沂山東麓。傅履重水利論曰：沭水汛濫奔潰，淤沙彌望，竭力修築，隨復淤塞。又南逕即丘縣，故春秋之祝丘。桓公五年，「城祝丘」，是也。今沂州東北有即丘故城。齊乘曰：沭水自莒州又南，温泉水西來入焉。又東南經倉山、馬嶺、羽山、由吾，羣山聯絡，沭東沂西，夾山而行，山峽之間有山口池者，俗云禹鑿沂水，由三十六穴湖，貫北峽口，與沭相通。按：今莒州東有沭水，自沂水縣流入，至州南折而西南，逕沂州東，又南入郯城縣界。蓋即丘故城雖在沂州境，而莒州亦得其縣地故也。又南逕厚丘縣，今沭陽縣北有厚丘故城。分爲二瀆，齊乘曰：沭水自厚丘縣分爲二，今名南漣、北漣也。一南逕建陵縣故城東，故城在沭陽縣西北一百五里建陵山下。至下邳入泗；下邳故城在今邳州東三十里，有直河入泗，即古沭水也。其左瀆東南逕司吾城東，今宿遷縣北有司吾故城。又東南歷柤口城中，東南至朐縣，入游注海也。今海州南有朐縣故城。又云：淮水於淮浦縣枝分，北爲游水，歷朐縣與沭合，逕朐山西，山在海州南四里。又北逕利城縣故城東，寰宇記云：故利城在贛榆縣西六十里。又北歷羽山西，又北逕祝其縣故城西，左傳：祝其實夾谷。服虔曰：地二名也。贛榆志云：祝其故城在縣南五十里，夾谷山西南十五里。又左逕即丘縣故城西，又東北逕贛榆縣北，又東北逕紀鄣故城南，左傳：昭十九年，齊伐莒，莒子奔紀鄣。杜預曰：紀、鄣地二名。贛榆縣東北有故紀城。寰宇記云：在縣東北七十五里，平地近海也。又東北入海。爾雅曰淮別爲滸。游水亦枝稱者也。以今輿地言之，沭水出沂水縣，歷莒州、沂州、郯城至沭陽縣西北分爲二水：其一南至邳州入泗，即齊乘所謂南漣水也；其一爲左瀆，北至海州與安東之游水合，自下游、沭通稱，又北至贛榆入海，即齊乘所謂北漣水也。說者皆云淮、沂既治，則蒙、羽可藝，而不知禹更有施功之處。羽山尤不明白，故沭、游二水特詳著之。茅氏匯疏曰：山之可藝者衆矣，而獨舉徐之蒙、羽與梁之岷、嶓，以例餘州。岷、嶓，江、漢所出，其山高大，蒙、羽非其匹也。意其壤地沃饒，亦略有同者，與經言徐田上中。齊乘云：沂州東南芙蓉山下有湖，溉田數千頃，香粳畝鍾，古稱琅邪之稻。元和志：承縣界有陂十三所。漢承縣屬東海郡。承音證。今嶧縣西北有承縣故城。今沂、嶧二州元沂州治臨沂縣，嶧州治嶧縣。仰泇、承二水溉田，青、徐水利莫與爲匹，皆十三陂之遺跡。齊乘又云：東泇河出沂州西北之其山，南流至卞莊站，東分一枝入芙蓉湖；西泇河出嶧州東北抱犢山，東南流至三合村，與東泇合。又有魚溝水出浮丘山，亦合於此，故名三合，南貫四湖，又南合武河入泗，謂之泇口，淮、泗舟楫通焉。則蒙、羽爲沃壤可知。渭按：嶧近蒙，沂近羽，然齊乘所言諸水皆在蒙山之野，去羽山尚遠。羽之側近，則唯沭、游爲大，橫流之後，水道填淤，大川已治，而畎澮之水，不得所歸，則良田長爲汙萊矣。此蒙、羽之間所以必勤荒度也。所治者衆，大小諸水，役均功敵，不可偏舉一二，故言山以包之。

大野既豬，東原厎平。釋文：豬，張魚反。劉東胡反。厎，之履反。渭按：野，漢書作「壄」。豬，史記作「都」。後同。酈道元云：水澤所聚謂之都，亦曰豬。

傳曰：大野，澤名。水所停曰豬。東原致功而平，言可耕。正義曰：地理志：大野澤在山陽鉅野縣北。鉅即大也。檀弓曰：汚其宮而豬焉。又澤名孟豬，停水處也。故云水所停曰豬。往前漫溢，今得豬水爲澤也。東原即今之東平郡。蔡氏曰：東原在徐之西北，而謂之東者，以在濟東故也。漢東平國，景帝亦名濟東國。益知大野、東原所以志濟也。渭按：今山東兗州府鉅野縣西有鉅野故城。何承天曰：鉅野湖澤廣大，南通洙泗，北連清、濟，舊縣故城正在澤中是也。何語見水經濟水注。漢東平國治無鹽縣，其故城在今東平州東。東原乃汶、濟之下流。禹陂大野，使水得所停，而下流之患以紓，又濬東原之畎澮，注之汶、濟，然後其地致平，可以耕作也。

周禮：兗州澤藪曰大野。夏元肅云：大野在徐之西、兗之東。周無徐州，故以屬兗。

爾雅十藪魯有大野。左傳：哀十四年，西狩于大野獲麟。杜注云：在高平鉅野縣東北大澤是也。秦、漢之際稱鉅野澤。史記：彭越漁於鉅野澤中。後又稱巨澤，水經注濟水東北出巨澤，是皆大野矣。元和志云：大野澤在鉅野縣東五里，南北三百里，東西百餘里。近志云：鉅野澤在縣城北。按鉅野故城在今縣之西，而何承天云舊縣故城皆在澤中，則澤必不起自今縣之東北可知也。蓋此地屢遭河患。漢元光三年河決濮陽瓠子，注鉅野，通淮、泗。後二十餘年始塞。自是之後，五代晉開運初、宋咸平三年、天禧三年、熙寧十年、金明昌五年，河皆決入鉅野，溢於淮、泗，或由北清河入海。自漢以來衝決填淤，凡四五度，高下易形，久已非禹迹之舊。逮元至正四年，河又決入此地，鉅野、嘉祥、汶上、任城等縣皆罹水患。及河南徙，澤遂涸爲平陸，而畔岸不可復識矣。

吴幼清曰：大野澤俗稱梁山濼。于欽齊乘亦云澤即梁山泊也。梁山在壽張縣東南七十里，東平州西南五十里，東接汶上縣界。史記：梁孝王嘗北獵良山。漢書作梁山。服虔曰：在壽張縣南。括地志云：在壽張縣西南二十五里。此漢壽張縣也，故城在今東平州西南。汶水西南流，與濟水會於山之東北，迴合而成濼。志云：大野澤之下流也，水常匯於此。金時河益南徙，梁山濼漸淤。今按水經注：濟水自乘氏縣西分爲二，一水東南流，一水從縣東北流，入鉅野澤，是爲濟瀆。又北右合洪水，又東北逕壽張縣西，此亦漢縣，非今壽張縣治王陵店者也。安民亭南，汶水從東北來注之。亭北對安民山，東臨濟水，水東即無鹽縣界。濟水又東北逕梁山東，袁宏北征賦曰「背梁山，截汶波」，即此處也。梁山跨東平、壽張之境，而汶、濟會於其東北，匯成此濼。志以爲大野澤之下流。「下流」二字，視吴于獨有分刌。

王明逸謂大野即南旺湖。按湖在汶上縣西南三十五里，會通河之西岸。志云：湖即鉅野澤之東偏，縈迴百五十餘里。宋時與梁山濼合而爲一，圍三百餘里，亦曰張澤濼。熙寧十年河道南徙會于梁山張澤濼是也。明永樂九年開會通河，遂畫爲二隄，漕渠貫其中，渠之東岸有蜀山湖，謂之南旺東湖，周六十五里，中央有蜀山，北有馬踏湖，亦謂之南旺北湖，周三十四里有奇。南旺地特高，號爲「水脊」，賴有閘以節其流，去閘則南北分瀉一空矣。澤體洿下能鍾水，似不應爾。東湖蓋即水經注所稱茂都澱也。酈道元云：汶水自桃鄉四分，桃鄉故城在今汶上縣東北四十里。謂之四汶口，今東平州東戴村壩即四汶口之地。其左二水雙流，西南逕無鹽、東平陸，今汶上縣治即東平陸故城。又西合爲一水，西南入茂都澱，澱水西南出，謂之巨野溝，又西南入桓公河；次一汶西逕壽張故城東，遂爲澤渚，蓋即今南旺北湖也。三汶皆在汶上縣界。其右一汶西南流逕無鹽故城南，又西南逕壽張故城北，又西南入濟，此汶在東平州界，即舊注安山湖合濟水者也。茂都澱水西南出爲巨野溝，則澤在南旺之西，雖相去不遠，而湖之不得即爲澤也，明矣。自宋時梁山濼與南旺湖混而爲一，世遂指南旺爲大野，説經者惑焉。焦弱侯云：大野澤元末爲黄河所決，後遂涸，而志家以南旺湖當之。譬諸好古者，執今之所鑄，而堅以爲商彝也，不亦過乎。

史記集解曰：鄭玄云：東原，地名。今東平郡即東原。索隱曰：張華博物志云：兖州東平郡即尚書之東原。孔疏本此。今東平州及泰安之西南境是也。其地在岱之西南，濟之東，汶之北。左傳：僖元年，公賜季友汶陽之田。注云：汶水北地。水經：蛇水出岡縣東北太山，西南流，逕汶陽之田，齊所侵也。自汶之北，平暢極目。見汶水。元和志：汶陽故城在龔丘縣東北五十四里，其城側土田沃饒，故魯爲汶陽之田。龔丘今寧陽也，縣本魯闡邑。杜氏春秋釋地曰「闡在岡縣北」者也。讙邑亦在縣界，即定十年齊人所歸之讙田矣。東原土田沃饒，而地勢下溼，故先儒言水患既平，始可耕作也。

濟水自梁山東，又北逕須朐城西，城在東平州西南。又北逕微鄉東，京相璠曰：壽張縣西北三十里有故微鄉。又北逕須昌縣西。州西有須昌故城。經所云「會汶而又北」者。春秋：莊公三十年，公及齊侯遇于魯濟。又襄公十八年，諸侯會于魯濟，同伐齊。杜預曰：濟水歷齊、魯界，在齊界爲齊濟，在魯界爲魯濟，蓋魯地也，謂是水之濱矣。濟西係兗域，大野、東原之役，乃二州協力爲之。

厥土赤埴墳，草木漸包。釋文：埴，市力反。鄭作「戠」。徐、鄭、王皆讀曰熾。韋昭音試。「漸」如字本。又作「蔪」字。林才冉反。包，必茅反。字或作「苞」。

傳曰：土黏曰埴。漸，進長；包，叢生。正義曰：戠、埴音義同。考工記：用土爲瓦，謂之搏埴之工。是埴爲黏土。易漸卦彖云：漸，進也。釋言云：苞，稹也。孫炎曰：初叢生曰包。郭璞曰：今人呼叢緻者曰稹。漸苞，謂長進叢生，言其美也。曾氏曰：埴，膩也。黏昵如脂之膩也。周有搏埴之工。老子言埏埴以爲器。惟土之膩，故可搏可埏也。林氏曰：徐受淮之下流，其地墊溺已甚，草木不得遂茂久矣。至此始進長叢生，故特書曰「草木漸包」。

厥田惟上中，厥賦中中。

傳曰：田第二，賦第五。

厥貢惟土五色，

傳曰：王者封五色土爲社，建諸侯，則各割其方色土與之。使立社，燾以黄土，苴以白茅，茅取其潔，黄取王者覆四方。正義曰：燾，覆也。苴以白茅，用白茅裹土與之。韓詩外傳云：天子社廣五丈，東方青，南方赤，西方白，北方黑。上冒以黄土，將封諸侯，各取其方色土，苴以白茅以爲社，明有土謹敬絜清也。蔡邕獨斷云：天子太社，以五色土爲壇。皇子封爲王者，授之太社之土，以所封之方色，苴以白茅，使之歸國以立社，謂之茅土。林氏曰：前言赤埴墳，此又兼五色者，蓋此州之土大抵赤色者最多，青、黄、白、黑僅有之而已。

漢書：武帝賜齊王閎策曰受茲青社，燕王旦曰玄社，廣陵王胥曰赤社，蓋古之遺制猶存，故郊祀志元始五年令徐州牧歲貢五色土各一斗也。元和志云：徐州彭城郡，開元貢五色土各一斗。寰宇記亦云：徐州歲貢五色土各一斗，出彭城縣北三十五里之赭土山。徐州新志：蕭縣東南山出白土，西山出紅土。今按水經注：姑幕縣有五色土，王者封建諸侯，隨方受之。見潍水。姑幕，漢屬琅邪郡，其故城在今諸城縣西北，縣本魯諸邑，今縣西南有諸縣故城，春秋城諸，即此。亦齊琅邪邑今縣東南有琅邪山，山上有琅邪臺，齊景公云遵海而南放於琅邪，即此。古青、徐接壤處也。漢琅邪郡隸徐州，元始之貢，疑即是此地所出。李、樂並云出彭城，恐非古時貢物，蓋後人唯知彭城爲徐州，遂專以郡界所出當之。竊意此土經不言所出之地，則徐域必在處多有，但他縣或止三兩色，而姑幕五色俱全，故其名特著耳。

羽畎夏翟，釋文：夏，行雅反；翟，徒歷反。渭按：翟，漢書作「狄」。

傳曰：夏翟，翟雉名。羽中旌旄。羽山之谷有之。正義曰：釋鳥云：翟，山雉，此言夏翟，則夏翟共爲雉名。周禮立夏采之官，取此名也。司常云，全羽爲旞，析羽爲旌，用此羽爲之，故云羽中旌旄。林氏曰：周禮天官夏采，鄭注云：夏翟，羽也。禹貢徐州貢此夏翟之羽，有虞氏以爲緌，後世或無故染鳥羽，象而用之。又染人「秋染夏」。鄭注云：染五色也。以是知夏翟乃雉之具五色者，古之車服器用，以雉爲飾者多矣，不但旌旄也。吴氏曰：夏，五色具也。茅氏瑞徵曰：禹濬畎不遺窮谷，以「岱畎」、「羽畎」知之。徐州土五色，雉羽亦五色，物華土產，適相符合。豈天壤靈氣有獨鍾，而禽鳥亦得氣之先也與。

師曠禽經：五采備曰翬，亦曰夏翟。注云：雉尾至夏則光鮮也。渭按：夏讀若「櫝」，非春夏之夏，注謬。郭璞爾雅注曰：伊、雒而南，雉素質，五采皆備曰翬[一]。詩云「如翬斯飛」，言其文之奐散也。翬即夏翟審矣。

嶧陽孤桐，釋文：嶧音亦，一音夕。

傳曰：孤，特也。嶧山之陽特生桐，中琴瑟。正義曰：地理志云：東海下邳縣西有葛嶧山。即此山也。林氏曰：詩云：梧桐生矣，于彼朝陽。蓋桐之生以向日者爲良，必以孤桐者，猶言孤竹之管也。陸農師云：梧桐性便濕地，不生於岡。引毛傳曰：梧桐不生高岡，太平而後生朝陽，則是山陽之桐難得，其孤生者，尤難得也。渭按：後漢郡國志：下邳東海縣有葛嶧山，本嶧陽山。劉昭補注云：山出名桐。伏滔北征記曰：今槃根往往而存。山在今淮安之邳州西北六里。

林少穎云：嶧山即詩所謂「保有鳧、繹」。非也。渭按：漢志：東海下邳縣，葛嶧山在西，古文以爲嶧陽。魯國騶縣，故邾國，嶧山在北。「嶧」、「繹」古字通。今兖州府鄒縣東南有嶧山，一名邾繹，亦曰鄒嶧，此即鳧、繹之繹。左傳：邾文公卜遷於繹。史記秦始皇刻石頌功德者也。水經注：泗水歷下邳縣，逕葛嶧山東，即奚仲所遷之邳繹。元和志謂之嶧陽山。邳州新志云：俗名距山，以其與沂水相距也。此乃禹貢之嶧陽，漢志極其分明，林氏混而一之，大謬。蔡傳主葛嶧是也，而黄文叔以爲在鄒縣，非唯不見北征記語，亦不知有地理志矣。嶧山自北而南，葛嶧乃鄒嶧之盡處，故嶧陽當在下邳也。

應劭風俗通義曰：梧桐出嶧陽山，採東南孫枝爲琴，聲甚清雅。金吉甫云：桐性虚特，生於山陽，則清虚特異，貢之以爲琴瑟，後世難得，則取凡桐之舊者爲之。謂桐不百年，則木之生氣不盡，木生氣盡，而後能與天地陰陽之氣相應也。渭按：桐不限何地，唯以生高山者爲良。周官大司樂：雲和之琴瑟，於圜丘奏之；空桑之琴瑟，於方丘奏之；龍門之琴瑟，於宗廟奏之。是其時琴瑟之材，不必取諸嶧陽也，後世龍門特著。枚乘七發云：龍門之桐，高百尺而無枝，其根半死半生，使琴摯斫斲以爲琴是已。嵇康琴賦云：惟椅梧之所生兮，託峻岳之崇岡。含天地之醇和兮，吸日月之休光。張協七命云：寒山之桐，出自太冥，含黄鍾以吐幹，據蒼岑而孤生。蓋凡桐之特生於山岡者，皆足貴也。禹時則嶧陽饒有其材，遂令貢之耳。

琴瑟堂上之樂，與人聲相比，故材取嶧桐，弦以檿絲，蓋其重也。

泗濱浮磬，釋文：泗音四。

傳曰：泗水涯水中見石，可以爲磬。正義曰：泗水傍山而過石，爲泗水之涯，水中見石，若水上浮然。此石可以爲磬，故謂之浮磬。茅氏曰：此州制貢，大略並供禮樂之用。渭按：泗濱，先儒但云泗水之涯，而不言在何縣。水經注：泗水自彭城又東南過吕縣南，水上有石梁焉，故曰吕梁。晉太康地記曰：水出磬石，書所謂「泗濱浮磬」者也。括地志亦云：泗水至彭城吕梁，出磬石。今徐州東南六十里有吕梁洪。高誘淮南子注云：吕梁在彭城吕縣，石生水中，禹决而通之。蓋即磬石之所出也。金、元以來，泗殫爲河。明嘉靖中，惡其石破害運船，鑿之使平，而浮磬愈不可問矣。

浮磬之浮，諸家所説不一。周希聖云：浮，過也。與「名浮於實」之「浮」同。惟泗濱之石，其高過於水上者，可以爲磬。此一説也。林少穎云：磬之爲器，必取其石之最輕者，然後其聲清越以長，但以輕，故謂之浮。此又一説也。黄鎮成云：浮磬出泗水之濱，非必水中，蓋浮生土中不根著者。金吉甫云：浮磬如今硯石之取子石者，蓋石根不著巖崖而特生，故謂之浮。此又一説也。三説皆不如舊解。周氏小與孔疏異，猶不相背云。

浮磬，先儒皆以爲貢石。曾彦和曰：不云浮石而云浮磬者，成磬而後貢之。蔡傳二義兼收。愚謂曾説非是。夔曰：予擊石拊石。石即磬也。已成之磬可稱石，則石之宜爲磬者，因其用以名其質，亦可稱磬。磬即石之名。太康地記謂之磬石，是其義也。秦刻嶧山以頌德曰「刻此樂石」。或云嶧山近泗水，樂石即磬石也。隋志下邳縣有磬石山。陳師凱曰：輿地要覽云：磬石山在下邳縣西南八十里。寰宇記云：泗水中無此石，其山在泗水南四十里。今取磬石上供樂府，大小擊之，其聲清越。恐禹治水之時，水至此山矣。渭按：下邳今邳州也，西南與鳳陽之靈璧縣接界。縣北七十里有磬石山，浮磬於水平後貢之。禹必不以懷襄之狀狀其石，水至此山，殊屬傅會。竊意晉初去漢未遠，太康地記當有所本。磬石蓋實出呂梁水中，歷年已久，水上之石採取殆盡，餘皆沒水中。呂梁湍激，艱於採取。上下二洪，相距凡七里，巨石齒列，波流洶湧。靈璧石聲亦清越，乃改用之。但不知始於何時。隋志有磬石山。疑隋以前改用。後人見呂梁水上，不復有可用之石，遂疑地記爲虛，而以靈璧石爲禹貢之浮磬矣。焦弱侯云：今泗濱絶無磬石，惟靈璧縣北山之石，色蒼碧，琢之可爲磬。或當時泗濱石，取之已盡，若今端溪下巖之石者，亦未可知。此說是也。又按，今陝西西安府之耀州，本唐華原縣。州東有磬玉山，出青石，扣之鏗然有聲。白居易華原磬詩序云：天寶中，始廢泗濱磬，用華原石代之。詢諸磬人，則曰：故老云泗濱聲下，調不能和，得華原磬考之，乃和，由是不改。其詩曰：磬襄入海去不歸，長安市人爲樂師。華原磬與泗濱石，清濁兩聲誰得知？刺樂工非其人也。泗濱磬廢已久。樂史，宋人，而云今取磬石上供樂府。豈當時華原又廢，而復用靈璧邪？蘇軾遊戲馬臺詩云：坐聽郊原琢磬聲。是亦復用靈璧之一證也。

日知録曰：先王之制樂也，具五行之氣。夫水火不可得而用也，故寓火於金，寓水於石。鳧氏爲鐘，火之至也；泗濱浮磬，水之精也。石生於土而得夫水火之氣，火石多，水石少，泗濱磬石，得水之精者也，故浮。用天地之情以制器，是以五行備而八音諧矣。

淮夷蠙珠暨魚，釋文：蠙，丘，蒲邊反。徐扶堅反。字又作「玭」，韋昭音薄迷反。渭按：暨，史記、漢書並作「泉」。蓋古「暨」字，後同。

傳曰：蠙珠，珠名。正義曰：蠙是蚌之别名。此蠙出珠，遂以蠙爲珠名。鄭玄以爲淮水之上，夷民獻此珠與魚也。蔡氏曰：夏翟、孤桐、浮磬、珠魚，各有所産之地，非他處所有，故詳其地云。吴氏曰：淮夷，淮北之夷。渭按：魚未詳，二孔不指言何種。薛氏以爲文魮，蔡氏以爲淮白魚。愚未敢信也。

孔傳：淮、夷二水，出蠙珠及美魚。正義曰：蠙與魚皆水物，而以「淮夷」冠之，知淮、夷是二水名。淮即四瀆之淮，夷蓋小水，後來竭涸，不復有其處耳。王肅亦以「淮夷」爲水名。渭按：淮夷見經傳非一處，即孔注費誓亦云：淮浦之夷。此獨以爲二水名，不應前後相戾。及檢陸氏釋文曰：淮夷，鄭云淮水之夷民，馬云淮夷二水名。孔傳云淮夷之水，本亦作「淮夷二水」。始知「二」字乃傳寫之訛。穎達不知而曲爲之説，殊可笑也。晁以道謂和、夷二水名，誤本於此。王肅解經專反鄭學，宜其從馬而違鄭也。

淮南北近海之地，皆爲淮夷。書序曰：武王崩，三監及淮夷叛。又曰：成王東伐淮夷，遂踐奄。費誓曰：徂兹淮夷，徐戎並興。詩序：宣王命召公平淮夷，常武曰：率彼淮浦，省此徐土。又曰：截彼淮浦，王師之所。魯頌曰：奄有龜蒙，遂荒大東，至于海邦，淮夷來同。左傳：僖十三年淮夷病杞。此皆淮北之夷在徐州之域者也。江漢之詩曰：江、漢浮浮，武夫滔滔。匪安匪遊，淮夷來求。春秋：昭公四年，楚子召諸侯及淮夷會于申。此皆淮南之夷，在揚州之域者也。經所稱淮夷，乃淮北之夷。漢臨淮郡有淮浦縣，今爲安東縣，屬淮安府，淮水從此入海，即詩所謂淮浦矣。淮夷蓋在東方荒服之内，故亦謂之東夷。今淮、揚二府近海之地皆是也。

陸德明云：蠙，一作「玭」，音薄迷反，蚌也。今按説文：玭，珠也。从玉比聲。宋弘云：淮水中生玭珠，玭珠之有聲。下又出「蠙」字，云夏書「蠙」从虫賓。是蠙、玭實一字也。薛士龍云：山海經：文魮音毗。之魚，背如覆釜，鳥首蛇尾，是生珠玉。今鰒魚似之。鰒魚又名石決明，珠之所生，蓋蚌屬也。唐李珣海藥本草云：真珠出南海，石決明産也。薛依此爲言。説文引宋弘説，蠙珠，珠有聲者。未詳。蓋薛因玭亦有魮音，故以爲文魮之魚。又按郭璞江賦：文魮磬鳴以孕璆。善注引山海經曰：文魮之魚，其狀如覆銚，鳥首而翼魚尾，音如磬之聲，是生珠玉。與薛所引不同。宋人援古，輒改易字句類如此也。魮聲如磬，豈即所謂珠之有聲者邪！薛遺此句，故曰未詳。然文魮據山海經所説，其狀與蚌不相似，亦不類石決明，未知果即是蠙否。文魮世所罕見，又兼生玉，不可强爲附會。陸佃埤雅云：龍珠在頷，蛇珠在口，魚珠在眼，鮫珠在皮，說文：鮫，海魚，皮間有珠。音交。鼈珠在足，蚌珠在腹。皆不及蚌珠，此言最爲明晰。蓋他物皆能生珠，而蚌珠獨多且美，故經言蠙珠以别之，蠙只是蚌之别名，非殊形詭類之物也。

金吉甫云：淮出唐州，其百餘里内，尚淺而多潭，有蠙珠潭，今其地凡十四潭，而不復生珠矣。若蠙珠玉磬，古今風氣不同，蓋不常有。今按唐州爲豫域，地非要荒，淮上居人安得謂之夷。潭名蠙珠，亦近世附會爲之也。

珠有以爲幣者，管子曰「先王以珠玉爲上幣」是也。有爲器飾者，「佩玉之組，貫以蠙珠」，是也。有爲寶藏者，楚語：王孫圉曰「珠足以禦火災，則寶之」，是也。虞夏之幣無珠玉，蓋以爲器飾寶藏。荆州之璣，唯宜貫組，故爲璣組以獻。淮夷之蠙珠所用者廣，則貢珠以聽其所爲也。

黄文叔云：蠙魚生珠，既貢珠又枯其魚貢之，説本薛氏。文魮之枯魚，可致遠也。以蠙魚爲一物，并「曁」字亦抹殺矣。況文魮又不聞爲蘽獨美乎。蔡傳云：珠爲服飾，魚用祭祀。今濠、泗、楚皆貢淮白魚，亦古之遺制歟。按寰宇記：楚州産淮白魚，又漣水軍産淮白魚、海鰌魚。蔡説本此。然淮魚之美者，豈獨一白魚。以宋制釋禹貢，終無根據。竊謂海物非中土所有，故使青貢之，魚則非其例也。帝都在冀，河、汾、渭、洛之間，魚不可勝食，何藉於徐，意者其王鮪乎。説文：鮪，鮥也。今謂之鱘魚。鱘，一作「鱏」。郭璞爾雅注曰：鱣屬，大者名王鮪，小者叔鮪。月令：季春，天子薦鮪于寢廟。是魚莫重於鮪也。張衡東京賦：王鮪岫居。薛綜注云：山有穴曰岫，長老言王鮪從南方來，出此穴中，入河水，見日目眩，浮水上，釣人取之以獻，天子用祭。其穴在河南小平山。水經注：河水東過鞏縣北，有山臨城，謂之崟原丘。其下有穴，謂之鞏穴，言潛通淮浦，今本水經注脱「淮」字。後漢光武紀注引此文云「潛通淮浦」。今從之。北達于河。直穴有渚，謂之鮪渚。成公子安大河賦曰：鱣鯉王鮪，暮春來遊。周禮春薦鮪。然非時及他處則無。河水注云：爾雅曰鱣，鮪也。出鞏穴，三月則上渡龍門，得渡爲龍矣。否則點額而還。初學記云鱣魚，三月中從河上，常於孟津捕之，淮水亦有。河中無鮪，唯淮浦有之，故令淮夷貢鮪。後世鮪由鞏穴而出。周頌曰「有鱣有鮪」。漆、沮之魚也。衛風曰「鱣鮪發發」。東河之魚也。上下游泳，中土往往有之，不必遠取之徐方矣。推尋事迹，容或如此，識之以待博物者。

酈善長云：地理潛閟，變化無方。鞏穴南通淮浦，不可謂理之所無。禹時王鮪未由鞏穴出，亦容有其事。但此魚果爲王鮪，經何不言蠙珠暨鮪，是則可疑耳。嘗考水中之獸有名魚者，詩小雅采薇曰「象弭魚服」，采芑曰「簟茀魚服」。傳云：魚服，魚皮也。正義云：以魚皮爲矢服。左傳：歸夫人魚軒。服虔曰：魚，獸名。則魚皮又可以飾車也。陸璣疏曰：魚獸似豬，東海有之。其皮背上斑文，腹下純青。今以爲弓鞬步叉。黄氏韻會：靫，埤蒼云鞴靫。盛箭室。鞴音步。子虛賦作「步叉」。其皮雖乾燥爲弓鞬，矢服經年，海水潮及天將雨，其毛皆起，海潮還及天晴，則毛復如故。雖在數千里外，可以知海水之潮，自相感也。初學記引張華博物志云：牛魚目似牛，形似犢子，剥皮懸之，潮水至則毛起，去則毛伏。楊孚臨海水土記云：牛魚象獺，毛青黄色似鱣，知潮水上下。此牛魚似即陸璣所謂魚獸者。周書王會解言禹四海異物，有南海魚革。注云：今以飾小車，纏兵室之口。又揚州貢禺禺魚，注云：説文作鰅。鰅，魚名，皮有文，出樂浪東暆。神爵四年，初捕輸考工。少府屬官，有考工令丞。則此魚之皮，亦似可以飾器物，故輸之考工也。淮夷屬徐，臨海屬揚，樂浪屬青，三者恐只是一種，東海中處處有之。禹時徐貢而青、揚不貢，亦猶瀕海皆煮鹽，而獨貢於青。荆、梁亦産橘柚而獨貢於揚耳。魚之名見於毛詩、左傳，其皮可以飾器物，故貢之。以魚爲水中之獸，殊不費辭，似又勝前説。

厥篚玄纖縞。釋文：纖，息廉反。縞，古老反。徐古到反。

顔氏曰：玄，黑也；纖，細繒也；廣韻：繒，疾陵切。讀若情。縞，鮮支也。即今所謂素，言獻黑細繒及鮮支也。曾氏曰：玄，赤而有黑色。黄氏曰：徐水宜染玄。渭按：周禮染人：六入爲玄，其色緅緇之間，是赤而有黑色也。説文：縞，鮮色。爾雅：縞，皓也。豫篚之纖非一色，故言質而不言色。此州之篚唯玄，故兼言色以别之。曰玄纖，縞薄於纖而不染，言色即可以見質也。

傳云：玄，黑繒；縞，白繒；纖，細也。纖在中，則二物皆當細。渭按：荆州「雲土夢作乂」。蘇氏説云：雲、夢，二土名，而云「雲土夢」者，古語如此。猶曰玄纖縞云爾。此依孔傳立義，謂以「土」字關上下，猶以「纖」字關上下也。然文勢終覺不順。曾彦和云：先儒以黑經白緯爲纖。徐州之篚，玄也、纖也、縞也，凡三物。釋者以玄縞爲二物，誤矣。渭按：説文：繒，帛也。漢書灌嬰販繒。注云：繒者，帛之總名。則無論疏密厚薄，皆可稱繒。傳云「黑繒、白繒」，未失也。但玄纖連讀，不當以「纖」字關上下耳。鄭康成禮記注：白經赤緯曰縞，黑經白緯曰纖。蓋當時别有此一種，纖作爲祥禫之服，它書所稱纖縞，非必盡然也。曾氏據此以釋禹貢，曰纖縞皆去凶即吉之服。夫祥而縞、禫而纖，三年之喪，變除之節次也。使貢篚專爲此設，是歲歲豫凶事矣。有是理乎？參考諸家，總不如顔説之當。

縞薄於纖，何以知之。按毛公詩傳：縞，薄繒，不染故色白。黄氏韻會：縞，繒之精白者，曲阜之俗善作之，尤爲輕細。又喪服之變除，以布帛之疏密爲次，故祥縞而禫纖，縞薄於纖明矣。纖用絲多，密而厚；縞用絲少，疏而薄。纖，蓋今之所謂紬；縞，則今之所謂絹也。

曲阜出縞，故謂之魯縞。漢書：韓安國云「彊弩之末，力不能入魯縞」是也。李斯上書云：阿縞之衣。徐廣曰：齊之東阿縣，繒帛所出。水經注：東阿縣出佳繒縑。故史記云：秦昭王服阿縞之衣。按東阿在兖域，齊爲阿邑，與魯接壤。阿縞蓋自齊景公以後倣魯縞而爲之。今兖州府滋陽縣猶出文綾，有鏡花雙距之號，雅稱輕靡，其魯縞之遺乎。說文：紈，素也。東齊謂布帛之細者曰綾。廣韻：綾，紈也。則綾亦縞素之類。

曾氏云：玄以之爲衮，所以祭也；以之爲端，所以齊也；以之爲冠，人冠之以爲首服者也。纖、縞皆去凶即吉之服。記曰再期而大祥，素縞麻衣，中月而禫，禫而纖。按纖乃細繒，隨所染而用之，非黑經白緯之謂。王者以喪禮哀死亡，邦國之憂，縞固可以爲賻，然其用不止於此。周禮齊服有玄端，又有素端、大札、大荒、大烖，皆素服。王后命婦之服有素沙。鄭注云：今白縛。縛即絹也。詩曰「素衣朱襮」，又曰「縞衣綦巾」。論語「素衣麑裘」，禮記「弟子縞帶」，左傳「季札見子産與之縞帶」。縞之爲用甚多，不可以喪紀盡之，亦非但有虞用爲燕服矣。

浮于淮、泗，達于河。釋文：「河」如字。說文作「菏」，工可反。渭按：史記、漢書並作「河」。

金氏曰：達于河，古文尚書作「達于菏」，說文引書亦作「菏」，今俗本誤作「河」耳。菏澤與濟水相通，而泗水上可以通菏，下可以通淮。徐州浮淮入泗，自泗達菏也。青州書

「達于濟」，則達河可知。故徐州書「達于菏」，則達濟可知。渭按：菏謂菏澤，在今兗州府定陶縣東北。説文「菏」字下云：禹貢浮于淮、泗，達于菏。从水苛聲。徐鉉音古俄切，隸从艸作「菏」，俗遂訛爲「荷」，又訛爲「河」也。許慎時經猶作「菏」，而史記、漢書並作「河」，蓋後人傳寫之誤。濟水豬爲菏澤，此經蒙青之文，曰達于菏，則由濟入漯可知矣。徐之東北境可浮沂、泗以達濟，不必從淮，其西北境亦可浮汶以達濟，不必從泗也。兗、青、徐、揚四州之貢道，前後相承，不複不亂。汶與濟連，故青曰浮于汶，達于濟。徐、揚道由淮、泗，從泗入濟，必由菏澤，故書曰達于菏。若作「河」，則複而無理，河、漯青且不言矣，而徐復云達于河，陵亂失次，禹貢必無此書法，而人猶謂作「河」爲是者，總由不知菏澤之原委耳。

水經注：泗水出魯卞縣故城東南、桃墟西北，左傳：昭七年，以孟氏成邑與晉，而遷于桃。杜預曰：魯國卞縣東南有桃虚也。墟有澤，方十五里。澤西際阜，俗謂之嬀亭山，西北連岡四十餘里，岡之西際，便得泗水之源。博物志曰：泗水陪尾，蓋斯阜者矣。石穴吐水，五泉俱導，穴各徑尺。元和志：泗水出泗水縣東陪尾山，其源有四，四泉俱導，因以爲名。今兗州府泗水縣東五十里有陪尾山。又西逕其縣故城西，城在今泗水縣五十里。縣志云：陪尾山下有泗水神祠，祠前有泉林寺，寺之左右皆深林茂樹，有大泉十數，渟泓澄澈，互相灌輸，會而成溪，是爲泗水。南經卞城東，有橋曰卞橋，自卞橋西至縣城，復有大泉數十，南北交會入于泗水以達曲阜。大抵縣境數十里內，泉如星列，皆泗水也。又西南逕魯縣北，分爲二，今曲阜縣治即魯故城。北爲洙瀆，春秋：莊公九年浚洙。杜預曰：洙水在魯城北。音殊。南則泗水。洙、泗之間即夫子領徒之所。從征記曰：闕里有四門，其北門去洙水百餘步。今泗水南有夫子冢。

泗水又南逕魯城西南，合沂水。水出魯城東南尼丘山西北，平地發泉，流逕魯縣故城南。水北對稷門，亦曰雩門，門南隔水有雩壇，曾點所欲風舞處也。又西逕瑕丘縣東，瑕丘，魯邑，即負瑕。今滋陽縣西有瑕丘故城。元和志：瑕丘縣，泗水東自曲阜縣界流入，與洙水合。屈從縣東南流，逕平陽縣故城西，縣即山陽郡之南平陽縣也。故城在今鄒縣西。又南逕高平縣故城西，洸水注之。泗水南逕高平山，縣取名焉。洸水者，洙水也。蓋洸、洙相入受通稱矣。故城在鄒縣南。又南逕方與縣東，菏水從西來注之。水經注「菏」或作「荷」，又作「河」。今悉改從「菏」。酈云：菏水即濟水之所苞注以成湖澤也。而東與泗水合於湖陵縣西六十里穀庭城下，俗謂之黄水口。黄水西北通巨野澤。蓋以黄水沿注於菏，故因以名焉。按菏水入泗，經言在方與縣東，注言在湖陵縣西，必二縣以是水爲界，非有兩處也。今魚臺縣北有方與故城，縣東南有湖陵故城，與沛縣接界。湖陵，秦置。後漢章帝改曰湖陸。又屈東南過湖陸縣南，左會南梁水。水出蕃縣之東北平澤，俗以南鄰於漷，亦謂之西漷水。蕃音皮。又南漷水注之，水出東海合鄉縣，西南流入泗。春秋：哀公二年，季孫斯伐邾，取漷東田及沂西田，是也。又南逕薛之上邳城西，奚仲自薛遷于邳，則下邳也。有下故此爲上。今滕縣西北有薛縣故城。又南逕沛縣東，黄水注之。水出小黄縣黄溝。國語曰「吴子會諸侯于黄池」者也。元和志：沛縣，泗水自西北流入，東去縣五十步。又南逕小沛縣東，縣治故縣南垞上，東岸有泗水亭，漢祖爲泗上亭長是也。元和志：泗水亭在沛縣東南一里。按寰宇記：沛縣東南微山下有故沛城尚存。後漢吕布傳注云：小沛即沛縣也。又東南逕廣戚縣故城南，城在沛縣東北。又逕留縣而南，逕垞城東，元和志：故留城在沛縣東南五十五里，故垞城在彭城縣北二十六里。兗州人謂實中城曰垞也。今徐州北有垞城。垞音茶。又東南逕彭城縣東北，元和志：泗水在彭城縣東，去縣十步。今徐州即彭城，百步洪在州東南二里，泗水所經也。水中若有限石，懸流迅急，亂石激濤，凡數里始静，俗名徐州洪。又南逕彭城縣故城東，城在徐州東南。又東南逕吕縣南，吕，宋邑。春秋：襄元年，楚子辛侵宋吕、留是也。縣對泗水，水上有石梁焉，故曰吕梁。懸濤崩浹，實爲泗險。孔子所謂「魚鼈不能游」，又云「懸水三十仞，流沫九十里。」今則不能也。元和志：吕梁在彭城縣東南五十七里。按徐州北有吕梁故城。州志：吕梁山在州東南五十里山下，即吕梁洪也。有上下二洪，相距凡七里，巨石齒列，波濤洶湧。明嘉靖二十三年，管河主事陳洪範鑿吕梁洪，平之。自是運道益便。又東南逕下邳縣葛嶧山東，又東南逕其故城西，元和志：嶧陽山在下邳縣西六里，泗水西自彭城縣界流入。下邳故城在今邳州東三十里。又東南沂水注之。又東南得睢水口，睢水注云：出陳留縣西蒗蕩渠，東流逕下相縣故城南，又東南入泗謂之睢口。元和志：下相故城在宿遷縣西北七十里。又逕宿預城西，又逕其城南，故下邳之宿留縣也。今宿遷縣東南有宿預故城。又東逕陵柵南，西征記曰：舊陵縣治也。按漢志泗水國有淩縣，其故城在今宿遷縣東南。又東南逕淮陽城北，今桃源縣西北有淮陽故城。又東南逕魏陽城北，陸機行思賦曰：行魏陽之枉渚。故無魏陽，疑即泗陽縣故城也。今在桃源縣東。又東逕角城北，而東南流注于淮。角城縣故城在今清河縣西南。晉義熙中置。以今輿地言之，泗水出泗水縣，歷曲阜、滋陽、濟寧、鄒縣、魚臺、滕縣，並屬山東兖州府。沛縣、徐州，沛縣屬徐州隸江南。邳州、宿遷、桃源，至清河縣入淮。並屬淮安府。此禹迹也。今其故道自徐城以南，悉爲黄河所占，而淮不得擅會泗之名矣。

漢志山陽郡湖陵縣下云：禹貢「浮于淮、泗，達于河」，水在南。漢時湖陵縣安得有黄河，此「河」字明係「菏」字之誤。水在南，謂菏水在縣南也。酈道元泗水注引此文云菏水在南。水經濟水篇言菏水過湖陸縣南，東入泗。皆確證，不獨許慎作「菏」也。今按水經注：菏水分濟于定陶東北，自菏澤分流。東南逕乘氏縣故城南，縣即春秋之乘丘。在今鉅野縣西南。又東逕昌邑縣故城北，城在今金鄉縣西北。又東逕金鄉縣故城南，城即今縣治。城北有金鄉山。又東逕東緡縣故城北，城在金鄉縣東北。又東逕方與縣北，又東逕武棠亭北，有高臺，下臨水。昔魯侯觀魚于棠，謂此。在方與縣故城北十里，經所謂菏水也。今魚臺縣北十三里有武唐亭。又東逕泥母亭北，春秋僖公七年盟于甯母，即此也。甯、泥聲相近，遂訛爲泥母。今魚臺縣東有甯母亭。又東與鉅野黄水合，又東逕湖陸縣南，東入于泗水。今魚臺東二十里穀亭鎮，即酈注所謂穀庭城，菏水入泗處也。元和志：兗州魚臺縣，菏水一名五丈溝，西自金鄉縣流入，去縣十里，又東南流合泗水。泗水東北自任城縣界流入，經縣東，與菏水合。又東北入徐州沛縣界。任城即今濟寧州也。魚臺縣在湖陵故城西六十里，而菏水更在縣北十里，與地志、水經所云在湖陵縣南者不合，蓋水道改矣。以今輿地言之，定陶、鉅野、金鄉、魚臺界中，並屬兗州府。皆菏水之所經也。然此水乃菏澤之枝流，泗水與澤相通之道。經所謂「菏」，主澤而言。自乘氏以至湖陵，名曰菏水，乃出自後人，禹時未有也。

地記之言水也，凡二水大小相敵，既合流，自下皆得通稱，多至五六水亦然。漢志魯國卞縣泗水至方與入泲，説文泗受泲水東入淮，其所謂泲即菏水也。又漢志蕃縣南梁水西至湖陵入泲渠。酈善長云：泲在湖陸西，而左注泗。泗、泲合流。地記或言泲入泗，泗亦言入泲，故有入泲之文。渭按：觀魚臺下臨菏水，而公羊傳以棠爲濟上邑，則以菏爲濟，漢初已然。故班固謂泗入濟，許慎謂泗受濟，而不言菏，以菏即濟也。水經濟水篇所敍，自乘氏以至湖陸，即分濟之菏，自沛縣以至睢陵，即入淮之泗，而皆以爲濟水。蓋本漢志以立文也。然又云濟水東至乘氏縣西，分爲二，南爲菏水，北爲濟瀆。而泗水篇則自方與受菏，以至睢陵入淮，皆以爲泗水。是又與禹貢合。水經非一時一手作，觀於此而益驗。竊謂濟雖小水，而能專達於海，故得與四瀆之列。使合泗入淮者亦濟，則是因淮以達海矣，安得謂之瀆？禹主名山川，不相假借。故河之别曰漯，江之别曰沱，漢之别曰潛，不使與正流同名，昭其辨也。而後世地記以菏、泗爲濟，本支不分，大戾經旨，不詳爲之辨，何以使禹貢之書，著明如日月哉。

二水既合，可以通稱。然不得追溯其上流，而被以所合之名。如菏既合泗，謂菏爲泗可也。并湖陵以上之菏而稱之曰泗，則大不可矣。漢志濟陰乘氏縣，泗水東南至睢陵入淮。按泗水不經是縣。酈善長云此乃菏、濟，即所謂「菏水分濟於定陶東北」者也。志以其下流合泗，而於乘氏縣即謂之泗，是猶以泗之下流合菏，而於下縣即謂之菏也。可乎不可乎？班氏往往有此失。如禹自沔陽導潛，至葭萌爲西漢水，而志并其别源之嘉陵水亦以西漢水目之，以爲出西縣之嶓冢山，其失正與此同。

蘇傳云：自淮、泗入河，必道于汴。世謂隋煬帝始通汴入泗，禹時無此水道。以疑禹貢之言。按漢書：項羽與漢約中分天下，割鴻溝以西爲漢，以東爲楚。文穎注云，於滎陽下引河東南爲鴻溝，以通宋、鄭、陳、蔡、曹、衛，與濟、汝、淮、泗會。即今官渡是也。魏武與袁紹相持於官渡，乃楚、漢分裂之處。蓋自秦、漢以來有之，安知非禹迹邪？禹貢九州之水皆記入河水道，而淮、泗獨不能入河。帝都所在，理不應爾。意其必開此道以通之，其後或爲鴻溝，或爲官渡，或爲汴，上下百餘里間不可必，然皆引河水而注之淮、泗也。故王濬伐吴，杜預與之書曰：足下當徑取秣陵，自江入淮，逾于泗、汴，泝河而上，振旅還都。濬舟師之盛，古今絶倫，而自泗、汴泝河，可以班師。則汴水之大小，當不減於今。又足以見秦、漢、魏、晉皆有此水道，非煬帝創開也。吴王夫差闕溝通水，與晉會于黄池，而江始有入淮之道，禹時則無之。故禹貢曰：沿于江、海，達于淮、泗。明非自海入淮，則江無入淮之道。今直云「浮于淮、泗，達于河，」不言自海，則鴻溝、官渡、汴水之類，自禹以來有之明矣。渭按：蘇氏因説者有謂「河」當作「菏」，而以爲不必然，故發此論。元黄公紹爲之辨曰：浮于淮、泗，達于河。説者牽合傳會，或指鴻溝引河入泗爲禹迹，或謂當時必有可達之理。朱氏書傳亦莫知所折衷。今按，説文「菏」字注引禹貢此文，是則達于菏，非達于河也。許慎所見蓋古文尚書，後人傳寫，例以上下文「達于河」之句，改「菏」爲「河」。陸德明又以「河」音如字，遂啓後人淮、泗不能達河之疑。然其下復云，説文作「菏」，工可切，水出山陽湖陵南。則非九河之河明矣。如字之音，陸氏誤也。見韻會。閻百詩曰：禹貢濟入于河，南溢而爲滎，而陶丘、而菏、而汶、而海，此禹時之濟瀆發源注海者也。史記河渠書：禹功施乎三代，自是之後，滎陽下引河東南爲鴻溝，以通宋、鄭、陳、蔡、曹、衛，與濟、汝、淮、泗會。此禹後代人於滎澤之北，引河東南流，故水經謂「河水東過滎陽縣，蒗蕩渠出焉」者是；亦引濟水分流，故漢志謂「滎陽縣有狼湯渠，首受泲東南流」者是。又自是之後，代有疏濬，枝津別瀆，不可勝數，則酈氏注所謂「滎波、河、濟，往復逕通」者也。雖然，其來古矣。蘇秦説魏襄王曰：大王之地，南有鴻溝。則戰國前有之。晉、楚之戰，楚軍于邲，邲即汳水，則春秋前有之。爾雅「水自河出爲灉」，灉本汳水，則爾雅前有之。然莫不善於道元之言，曰：大禹塞滎澤，滎澤莽時方枯，豈禹塞之乎？又曰：昔禹塞其淫水，而於滎陽下引河，滎陽河非禹引，而謂禹之時已有乎？余是以斷自河渠書，參以滎陽下引河，不見禹貢之書，爲出禹以後，頗自幸，其考比蘇氏差詳矣。渭按：「河」當作「菏」，得黄氏之辯而愈明。蘇氏引高紀文穎注，而忘其出於河渠書也。又安知上文有「自是之後」四字乎？非但蘇氏，酈道元亦不察也。今百詩唯據此四字判鴻溝非禹迹，真老吏斷獄手。而愚更有進焉者，謂由泗入菏，由菏入濟是矣。而自陶丘以西，舍鴻溝無達河之道也，焉得不指爲禹迹乎？謂滎陽下引河出禹以後，是矣。而由濟達河，莫知其所經，不顯示以一塗，終何以破千古之疑乎。是當於濟、漯之間求之。蓋兖、青、徐、揚之貢道，皆由濟入漯，以達河。而宋儒謂濟、漯二水無相通之處，則浮濟者，泝陶丘而西且北，勢不得不出於滎陽。此蘇氏之論所以近理，而人不敢深折其非也。誠知經所謂「浮于濟」者，乃至菏會汶之濟，而非陶丘、滎澤之濟，則濟之所以通河者，漯也。非鴻溝、官渡、汴水也，而紛紜之説，不攻自破矣。詳見兗州。

蔡傳：許慎曰：汳水受陳留浚儀陰溝，至蒙爲灉水，東入于泗。則淮、泗之可以達于河者，以灉至于泗也。許慎又曰：泗受泲水，東入淮。蓋泗水至大野而合泲，然則泗之上源自泲亦可以通河也。渭按：前説即道汴入河之意，後説不知許氏所謂泗受泲者，泲即湖陵入泗之菏，而乃云泗水至大野而合泲，謬甚。蓋泗水南流合菏，不西注大野也。上源亦可通河，仍是鴻溝爲禹迹之説。

【校勘記】

〔一〕郭璞爾雅注曰伊雒而南雉素質五采皆備曰翬　按自「伊雒而南」以下十三字係爾雅釋鳥所言。胡渭誤記。四庫本改「郭璞爾雅注曰」爲「按爾雅釋鳥曰」，是。

禹貢錐指卷六

淮、海惟揚州：

傳曰：北據淮，南距海。渭按：海岸雖自東北迤西南，而經云「東漸于海」，則青、徐、揚之海，皆主東言可知也。傳於青兼言北，既爲失之。而於揚專言南，則失之愈甚。通典曰：揚州北距淮，東南距海。舊曰南距海，今改爲東南。自晉以後，歷代史皆云五嶺之南至于海，並是揚州之地。案禹貢物産貢賦，職方山藪川浸，皆不及五嶺之外。且荆州南境至衡山之陽，若五嶺之南在九州封域，則以鄰接宜屬荆州，豈有捨荆而屬揚，此近史之誤也。杜氏此言良是，改南爲東南，視傳爲優。其所距者，即秦、漢南海郡之揭陽縣，唐潮陽郡，今潮州府是也。南海郡治番禺，其極東界爲揭陽縣，王莽改縣曰南海亭。蓋至此始爲南海，而揭陽以北猶爲東海。故知揚州之海，經亦主東言也。黄文叔云：揚州吴、越之域，地盡南海，皆揚土也。杜佑分嶺南爲古南越，以爲非禹貢九州之域，何所據依哉。禹貢冀北界標碣石而著島夷，則地窮沙漠，凡今雲、朔、燕、薊諸夷居於山者皆是也。揚南界表海而著島夷，則地窮漲海，凡甌、閩、交、廣諸夷居於山者皆是也。是蓋聲教所暨，聞盛德而皆徠臣，爲唐虞之盛，安有四海之内而非禹貢九州之域者。渭按：説文：島，海中有山，可依止也。雲、朔、燕、薊、甌、閩、交、廣之地，皆不在海中，安得謂之島夷？且雲、朔、燕、薊，杜氏已列在冀域，甌、閩亦列在揚域，獨交、廣爲南越耳。交、廣南距海，謂海内皆九州之域可也。若北海、西海不知所極，匈奴爲北海内地，西域三十六國皆西海内地，豈亦在九州之域者哉？此不足深辨。唯裴駰史記集解於「略定揚越」下引張晏曰：揚州之南越。顔師古漢書敍例，張晏字子博，中山人，次張揖、蘇林之後，如淳、孟康之前，皆三國魏人。而晉太康地志云：交州本屬揚州，取交阯以爲名，虞之南極也。二説相承已久，習非不悟，今駁正如左。

古有百越之稱。一在禹貢揚州之域。史記秦始皇本紀二十五年，王翦悉定荆江南地，降百越之君，置會稽郡。東越列傳：秦并天下，廢閩越王無諸及越東海王摇，以其地爲閩中郡是也。一即南越，又名揚越，在五嶺之南，揚、荆、梁三州之徼外。秦始皇本紀：三十三年，發諸嘗逋亡人、贅壻、賈人，略取陸梁地，索隱曰：嶺南之人，多處山陸，其性强梁，故曰陸梁。爲桂林、象郡、南海，以適讀曰謫。遣戍是也。漢復立無諸爲閩越王，王閩中故地，都冶；徐廣曰今侯官。又立摇爲東海王，都東甌。徐廣曰今永寧。此皆句踐之後在揚域，地理志以會稽爲吴分者是也。漢會稽郡有冶縣。師古曰本閩越地。戰國策：蔡澤云吳起爲楚南收揚越。史記吳起列傳：楚悼王時相楚，南平百越。南越列傳云：秦已并天下，略定揚越，置桂林、南海、象郡。又云：漢立尉佗爲南越王，使和集百越。太史公自序云：漢既平中國，而佗能集揚越，以保南藩。賈誼過秦論云：南取百粵與越同。之地，以爲桂林、象郡。鼂錯上書云，揚粵之地，少陰多陽，秦之戍卒，不能其水土。嚴安上書云：秦使尉佗、屠睢將樓船之士，南攻百越。此百越即揚越，秦時號陸梁地。地理志以蒼梧、鬱林、合浦、交阯、九真、南海、日南爲粵分者是也。漢分秦三郡地爲七郡，屬交州。揚越猶於越、閩越、駱越之類，字義古無可考。安見爲揚州之南越邪？自張晏倡爲此說，而顔師古、張守節皆從之。師古曰：本揚州之分，故云揚越。守節曰：夏禹九州本屬揚州，故云揚越。學者翕然宗之。至杜佑作通典，始於九州之外，別列南越，且云嶺南鄰接荆州，不當捨荆而屬揚。今按兩廣輿圖，唯南雄、韶州、廣州、惠州四府地在古揚州之徼外，而自肇慶以西至潯州，縣地千餘里，皆在古荆州之徼外，南寧以西至安南，則又在古梁州之徼外矣。禹分九州，揚地不當斗入西南數千里。據後漢獻帝紀，建安十八年復禹貢九州。注云：省交州以并荆州、益州。則南越縱在九州之域，亦當分繫荆、梁。張晏，魏人，乃不諳故事，而以南越專屬揚州，又誤中之誤。據揚雄交州箴曰：爰自開闢，不羈不絆，周公攝祚，白雉是獻。則自周以前南越未嘗通中國，況有其地乎？太康地志雖有交州本屬揚州之說，然沈約、蕭子顯撰宋齊州郡志，並不言交、廣爲禹貢某州之域。至唐人修晉書，始據太康地志於交、廣二州直書曰禹貢揚州之域，隋書同。而其説遂牢不可破。然神功元年狄仁傑上疏，以爲北横大漠，南阻五嶺，天所以限戎狄而隔中外。是亦不從晉書。至杜氏於九州之外，别列南越，頗協經義，而世猶不信。愚請以一事折之。舜以青州越海，分齊爲營。今五嶺横絶南北，曷不分揚之南境，自爲一州。冀州南北太廣，分衛爲并，燕以北爲幽，今揚南之廣大，不啻如冀北，曷不分後世交、廣之地，增置二州，而乃止於十有二乎？近史之誤明甚。它如南交之宅，交阯之撫，蒼梧之崩，韶石之奏，傳記淆訛，貽惑後人，尤不可以無辨。詳見朔南暨下。

殷割淮南江北之地以益徐，故爾雅云江南曰揚州。蓋視夏之揚爲小。然其西又得禹貢荆州之地。何以知之。按導水文，漢至大别入江，而爾雅云漢南曰荆州。蓋漢水之名至大别山而止，其曰漢南者，謂大别以西、漢水之南也。曰江南者，謂大别以東、江水之南也。荆、揚之界當於此分。然則殷揚州之境，縮於北而贏於西，與夏之揚廣狹適相當矣。周禮東南曰揚州，其藪澤川浸不殊於禹貢，特未知與殷制異同如何耳。

揚州有古汪芒氏之封。春秋時可考者，蓼、六、越、楚、東境是。吴、蔣、弦、黄、舒、宗、巢、舒庸、舒鳩、英、桐、鍾離、濮，左傳：昭元年吴、濮有釁。杜注云：吴在東，濮在南。今建寧郡南有濮夷。凡十七國。戰國時，初屬越，後楚滅越而有其地。秦并天下置九江、鄣郡、會稽、閩中、南海。東境今潮陽郡是。漢復置揚州。領郡國七。後漢、魏、晉並因之。晉領郡國二十二。唐爲淮南道之廣陵揚州、淮陰楚、鍾離濠、壽春壽、永陽滁、歷陽和、廬江廬、同安舒、蘄春蘄、弋陽光等郡，江南東道之丹陽潤、晉陵常、吴郡蘇、吴興湖、餘杭杭、新定睦、新安歙、會稽越、餘姚明、臨海台、縉雲處、永嘉温、東陽婺、信安衢、建安建、長樂福、清源泉、漳浦漳、臨汀汀、潮陽潮等郡，江南西道之豫章洪、鄱陽饒。潯陽江、臨川撫、廬陵吉、宜春袁、南康虔等郡。按以上通典所列，無可更定者。以今輿地言之，浙江、江西、福建皆是。江南則江寧、揚州、廬州、安慶、池州、太平、寧國、徽州、鎮江、常州、蘇州、松江十二府，滁、和、廣德三州，其鳳陽府則鳳陽、臨淮、定遠、壽州、霍丘、盱眙、天長，淮安府則山陽、鹽城，河南則汝寧府之光州、光山、固始，湖廣則黄州府之羅田、蘄水、蘄州、廣濟、黄梅，廣東則潮州府，皆古揚州域也。

淮水自今河南汝寧府息縣南東流，經光山縣北，是爲揚域。又東經光州北，又東經固始縣北，又東北經江南鳳陽府潁州北，又東經霍丘縣北、潁上縣南，又東經壽州北，與豫分界。又東北經五河縣東南，又東經泗州南、盱眙縣北，又東北經淮安府清河縣南，又東經山陽縣北，又東經安東縣南，而東北注于海，與徐分界。

海自山陽縣東北，折而東南，歷鹽城、興化、如皋縣東，又南至通州東，爲江水入海之口，其南岸則太倉州也。自州東，又東南歷上海縣、金山衛東，又南歷浙江鎮海、象山縣，折而西，歷寧海縣東，又西南歷黄巖、太平、樂清、瑞安、平陽縣東，又南歷福建福寧州東，又西南歷羅源、連江、長樂、福清縣東，又西南歷莆田、惠安、同安縣南，又西南歷海澄、漳浦、詔安縣東南，又西歷廣東澄海縣南，又西至潮陽縣南，揚州之海於斯極矣。昔周宣王命召公平淮夷，帥師自江、漢循流而下。故其詩曰：江、漢浮浮，武夫滔滔。又曰：于疆于理，至于南海。淮夷者，淮南之夷。南海即揚東南所距之海。韓退之南海神廟碑云：廣州治東南海道八十里，扶胥之口，黄木之灣。此番禺之海也。潮州刺史謝上表云：州南近界，漲海連天。此揭陽之海也。詩所謂「至于南海」者，亦至揭陽而止耳。豈必踰嶺以至番禺哉！左傳：僖四年，楚子使屈完言於齊侯曰：君處北海，寡人處南海。注云：楚界猶未至南海，因齊處北海，遂稱所近。蓋夸大之辭。其襄十三年，子囊述共王之德曰：撫有蠻夷，奄征南海。征與處不同。蓋楚至悼王時，吴起爲楚南收揚越，楚地始踰嶺而瀕南海，共王則征之而已。此却非夸大之辭。

揚之南界，經無可見。據通典以潮陽隸古揚州。蓋自江西大庾嶺東南，羣山緜亘，以達於廣東潮州府之揭陽，即揚之南界也。大庾嶺在南安府大庾縣南八十里，縣本漢豫章郡南壄縣地。南接廣東南雄府保昌縣界。縣亦南壄縣地。水經注以爲五嶺之最東，亦名東嶠。漢書謂之塞上。南越相吕嘉破漢將軍韓千秋于石門，送漢節至于塞上。即此地也。後漢志名臺領山，唐以後又稱梅嶺，其西爲聶都山，贛水所出，與湖廣郴州宜章縣接界。裴淵廣州記曰：五嶺，大庾、始安、臨賀、桂陽、揭陽也。此與水經注小異。桂陽即騎田，而無都龐，有揭陽。顔師古云：嶺者，西自衡山之南，東窮於海，一山之限耳，而别標名則有五。蓋依裴氏。五嶺訖揭陽。揭陽山一名揭嶺，在今揭陽縣西北百五十里，南北二支，直抵惠州府興寧、海豐二縣界，山南揭陽故城漢縣也。今西自越城、騎田、萌渚陂陁相屬，直趨大庾嶺，又循脊而下，東包揭陽，屬之海堧，與江西、福建分險。唐一行所謂「南戒山河至衡陽，東循嶺徼達東甌、閩中，以限蠻夷」者是也。星傳謂南戒爲越門。

揚之西界，經亦無可見。今據通典所隸郡縣約略言之。蓋自河南光山縣與豫分界，其南爲湖廣之羅田、蘄水、蘄州、廣濟，舊謂九江在黄州黄梅界，故光山以下並屬荆。今以洞庭爲九江，當屬揚也。踰江而南，則爲江西之瑞昌，又西南爲武寧、寧州、萬載、萍鄉、永新、永寧，又東南爲龍泉、崇義、大庾，皆與荆分界處也。

彭蠡既豬，陽鳥攸居。釋文：蠡音禮。渭按：攸，漢書作「逌」，後同。

傳曰：彭蠡，澤名。隨陽之鳥，鴻鴈之屬，冬月所居於此澤。正義曰：日之行也，夏至漸南，冬至漸北，鴻鴈九月而南，正月而北。左思蜀都賦所云「木落南翔，冰泮北徂」是也。此鳥南北與日進退，隨陽之鳥，故稱陽鳥。林氏曰：攸居者，水退其地可居也。蔡氏曰：陽鳥謂鴈也。今惟彭蠡洲渚之間，千百爲羣。吴氏曰：彭蠡澤跨豫章、鄱陽之境，廣數百里，受歙、信、饒、撫之水及洪東境之水，豬者名鄱陽湖。流出名揚瀾、左蠡，虔、吉、袁、筠之水及洪西境之水皆會，過南康至湖口縣入江。渭按：地理志豫章彭澤縣西有彭蠡澤。今江西湖口、彭澤、都昌三縣，皆漢彭澤縣地。湖口、彭澤屬九江府，都昌屬南康府。呂覽云：禹爲彭蠡之障，乾東土。謂斯役也。

彭蠡澤後稱彭蠡湖，在今江西南昌府城東北一百五十里，饒州府城西四十里，南康府城東五里，九江府城東南九十里，周迴四百五十里，浸四郡之境，亦曰鄱陽湖，以中有鄱陽山而名。俗因號在都昌者爲東鄱湖，在南昌者爲西鄱湖。湖又隨地而異名，其在星子縣東南接南昌界者，曰宮亭湖。水經注云：廬山南嶺下有神廟，號曰宮亭廟，故彭湖亦有宮亭之稱。湖中有落星石，周迴百餘步，高五丈。其在都昌縣西南者曰揚瀾湖，又北曰左里湖。通典云：地在章江之左，因名。元和志云：揚瀾湖北曰左里，一作左蠡，今縣西南九十里有左里城是也。其在餘干縣西北者曰擔石湖。通典云：鄱陽郡西百七十里至擔石湖是也。輿程記云：自湖口縣入彭蠡湖，經大孤山至南康府百二十里，又二百五十里至南昌府，自縣而東南渡湖抵饒州，凡三百七十里。鄱陽山本名力士山，亦名石印山，東南去鄱陽縣百五十里，漢爲歷陵縣地。湖中又有康郎山，在餘干縣北八十里，爲風帆之表幟。大孤山在九江府德化縣東南四十里，與南康分界。水經注云：有孤石介立湖中，周迴一里，竦立百丈，矗然高峻，特爲瓌異，疑即謂此山。唐顧況詩「大孤山盡小孤出。」蓋彭澤縣之小孤山與此遥相望也。

彭蠡所受有九水。劉歆云：湖漢等九水入彭蠡是也。或曰十川。酈道元云：贛水總納十川，注于彭蠡是也。漢志豫章郡贛縣下云：豫章水出西南，北入大江。贛縣今贛州府治。如淳曰音感。雩都縣下云：湖漢水東至彭澤入江，行千八百九十里。雩都故縣在今縣東四里。又鄱陽縣有鄱水，鄱陽故城在今饒州府鄱陽縣東六十里。餘汗縣有餘水，今餘干縣即其故城。應劭曰：汗音干。艾縣有修水，艾縣故城在今寧州西一百里。南城縣有盱水，南城今建昌府治。建城縣有蜀水，建城今高安縣，瑞州府治。宜春縣有南水，宜春今袁州府治。南壄縣有彭水，南壄故縣在今南安府南康縣西南。又長沙國安成縣有廬水，安成故城在今吉安府安福縣西五十里。皆入湖漢水。湖漢水與豫章水源異而流同，故志並云入江。彭水即豫章水之上源，非有二水。是湖漢、豫章與鄱、餘、修、盱、蜀、南、廬爲九水也。水經注則湖漢、豫章總謂之贛水。其言曰：贛水出豫章南野縣西，一名豫章水，山海經云：漢水出聶都山，東北流，注于江，入彭澤。班固稱南野縣彭水所發，東入湖漢水。庾仲初謂大庾嶠水北入豫章，注于江者也。固又云：豫章水出贛縣西南，而北入江。蓋控引衆流，總成一川，雖稱謂有殊，言歸一水矣。雷次宗云：雖十川均流，而此源最遠，故獨受名焉。今按次宗豫章記，十川者贛、廬、牽、淦、盱、濁、餘、鄱、僚、循也。此源謂贛水也。贛即豫章、湖漢，牽即南水，濁當作蜀，循當作脩，淦、僚則漢志所無。酈元悉從雷記。聶都山在南安府崇義縣西南六十里。王象之曰：章水所經，非所出也。府志云：章水出湖廣郴州南三十六里黄岑山，自宜章縣流入崇義縣界，經聶都山。漢志謂之彭水。是知彭、豫章實一水，在南壄爲彭，行至贛爲豫章，猶禹貢嶓冢導漾，東流爲漢，導沇水，東流爲濟，隨地而異名也。東北流逕南野縣北，贛川石岨，水急行難，傾波委注六十餘里。又北逕贛縣東，右會湖漢水。水出雩都縣。西北流逕金雞石，又西北逕贛縣東，西入豫章水。按劉澄之云，贛縣東南有章水、西有貢水，縣治二水之間，二水合「贛」字，因以名縣。酈元非之。然近世皆宗其説，以豫章爲章水，湖漢爲貢水，二水合流，自縣至萬安縣凡十八灘，唯黃公灘最險，俗訛稱惶恐灘。又西北逕廬陵縣西，廬水注之。此漢廬陵縣也。故城在今吉安府泰和縣北三十里。又東北逕石陽縣西，又東逕其縣南，今廬陵縣北六十里有石陽故城，晉廬陵郡治也。又東北過漢平縣南，晉太康元年改漢平曰吴平。又東北逕新淦縣西，牽水注之，又與淦水合。牽水西出宜春縣，東逕吴平縣，又東逕新淦縣，而注於豫章水。湖漢及贛並通稱也。又淦水出其縣下，注於贛水。按漢志新淦縣注，應劭曰，淦水所出，西入湖漢。師古曰：淦音紺，又古含反。今臨江府清江縣東六十里有新淦故城。又北逕南昌縣西，縣即今南昌府治。盱水注之，水出南城，西北流逕南昌縣南，西注贛水。又與濁水合。水出康樂縣，東逕建成縣，又東至南昌縣東，入贛水。按今瑞州府新昌縣東有康樂故城，本漢建成縣地。又北逕縣城西，縣本秦廬江南部，漢高帝六年始命灌嬰以爲豫章郡治。城即灌嬰所築也。又東北逕郡北爲津步，水之西岸有盤石，謂之石頭。又北逕龍沙西，沙甚潔白，高峻而陂，有龍形，連亘五里。又北逕椒丘城，又北逕鄡陽縣，今鄱陽縣西北一百二十里有鄡陽故城，鄡音口堯反。餘水注之，水東出餘汗縣，北至鄡陽注贛水。又與鄱水合，水出鄱陽縣東，西逕其縣南，又西注于贛。又有僚水入焉。水導源建昌縣，東北逕昌邑，而東出豫章大江，謂之慨口。今南康府建昌縣西六十里有昌邑城，豫章大江謂贛水，非潯陽江也。又北過彭澤縣西，循水注之。水出艾縣，東北逕永循縣，又東北注贛水。今南康府安義縣西南四十里有永脩廢縣。漢志云：脩水東北至彭澤入湖漢，行六百六十里。贛水總納十川，同湊一瀆，俱注彭蠡，而北入于江。大江南，贛水總納洪流，東西四十里，清潭遠漲，绿波凝净，而會注于江川。以今輿地言之，贛水自湖廣郴州宜章縣流入江西，崇義縣界，歷上猶、南康、並屬南安府。贛縣、贛州府治。萬安、泰和、廬陵、吉水、永豐、並屬吉安府。峽江、新淦、清江、並屬臨江府。豐城，至南昌入彭蠡湖，並屬南昌府。又北歷星子、都昌、並屬南康府。德化、湖口，並屬九江府。注于大江。春夏時，彭蠡浩蕩無涯，及乎霜降水涸，則贛川如帶而已。此水自昔有南江之稱。鄭康成説三江云：右會彭蠡爲南江。南史王僧辯傳，陳霸先自嶺南起兵討侯景，出南江，行至湓口。胡三省云：贛水謂之南江。唐張九齡都督洪州有望南江入始興郡路詩，又自豫章南還江上作云：歸去南江水，磷磷見底清。豫章水之爲南江，其來已久，非宋人臆説也。

林少穎云：治水下言「陽鳥攸居」，九州無此例。古之地名取諸鳥獸，如虎牢、犬丘之類多矣。左傳：昭二十年，公如死鳥。杜注云：死鳥，衛地。以是觀之，安知陽鳥之非地名乎！鄭有鳴鴈，在陳留雍丘縣，漢北邊有鴈門郡，皆以鴈之所居爲名。陽鳥意亦類此。蓋鴈之南翔所居，故取以爲地名。渭按：此當與「桑土既蠶」、「三苗丕敍」作一例看，不必致疑。陽鳥爲地名，終無根據，影響揣度之言，亦何足信邪？

金吉甫云：禹豬彭蠡，廢其旁地爲蘆葦，以備浸滛，故陽鳥居之。如漢築隄去河各二十五里，以防泛濫，其後民頗居作其間，故河水漲溢之時，動成漂没。以此知神禹廢彭蠡之濱，以居陽鳥，其爲民防患之意蓋深。渭按：此説近理而實不然。鴻鴈之居，以近水遠人爲得所。易漸之初六曰鴻漸于干，六二曰鴻漸于磐，皆近水地也，故吉。九三曰鴻漸于陸，則失其所矣，故凶。横流之際，彭蠡入江處，必有淤澱，澤水瀰漫，冬夏不殊，鴻鴈之來，唯可陸居。及禹疏濬之後，下流通利，因爲陂以障之。水潦大至，亦不過抵陂而止。背秋涉冬，則兩涯涸如平野，葦花蘆葉，到處可棲矣。想禹治彭蠡功畢，適當鴻鴈來賓之候，故因所見而紀其事。陽鳥攸居，正在陂中，霜降水涸，自成蘆葦之區，非禹特廢其旁地以爲蘆葦也。夏小正：正月，鴈北鄉。月令：仲春，始雨水。然則水發之時，鴈去已久矣。故知經特就當日所見書之，昔惟陸居，今乃遵渚，非彭蠡既豬之明效與。

三江既入，震澤厎定。

正義曰：地理志云，會稽吴縣，故周泰伯所封國也。具區在西，古文以爲震澤。蘇氏曰：豫章江入彭蠡，而東至海，爲南江。岷江，江之經流，會彭蠡以入海，爲中江。漢自北入江，會彭蠡，爲北江。三江入海，則吴、越始有可宅之土，而水所鍾者，獨震澤而已。曾氏曰：具區之水，多震而難定，故謂之震澤。震即三川震之震，若今湖翻。厎定者，言厎於定而不震蕩也。易氏曰：三江自入于海，不通震澤，而經何以言震澤厎定。蓋江、湖在今日雖無相通之勢，而當時洪水實有横流之理，想其際震澤與江水莽爲一壑。自大禹疏導，而三江入海，震澤乃厎於定，自然之勢也。見王天與尚書纂傳。渭按：蘇氏三江之説，人或疑之。及閲徐堅初學記引鄭康成書注以證三江曰：左合漢爲北江，右會彭蠡爲南江，岷江居其中，則爲中江。故書稱東爲中江者，明岷江至彭蠡與南北合，始得稱中也。始知蘇氏所説，東漢時固已有之。馬中錫云：斯言也，百世以俟聖人可也。

金吉甫云：大江之南，西偏莫大於彭蠡，東偏莫大於震澤，二患既平，則揚之土田皆治矣。故特舉二澤以見揚之告成。若其南偏，率是山險，浙亦山谿，計不勞施功，故餘不書也。

禹貢三江之不明，誤自班固始。漢志會稽吴縣下云：南江在南，東入海；毗陵縣下云：北江在北，東入海，今本漢書脱上一「北」字，此據宋本增入。後漢志亦云北江。丹陽蕪湖縣下云：中江出西南，東至陽羨入海。皆揚州川也。蓋北江爲經流，至江都入海。中江由吴松入海，南江合浙江入海，皆北江之枝瀆也。導水明言漢自彭蠡東爲北江，江自彭蠡東爲中江，誠如班氏所言，則蕪湖之中江，何以知爲江水之所分，毗陵之北江何以定爲漢水之所獨乎！以此當禹貢三江之二，雖愚者亦知其非矣。

孔傳於本經云：言三江已入，致定爲震澤。導漾傳云：自彭蠡江分爲三，入震澤，遂爲北江而入海。正義曰：言三江共入震澤，出澤復分爲三，此水遂爲北江，而入于海。鄭玄以爲三江既入，入于海，不入震澤也。導江傳又云：有北，有中、南可知。正義引漢志三江以證之。渭按：班固所説南北中之名雖同，而實非禹貢之三江。孔傳説與之合，又欲諱其所自出，掩抑摧藏，半吞半吐，其爲僞撰無疑。或曰傳果出魏、晉間手，曷不用鄭注？曰此説起自東漢，代棘下生作傳，不得入東漢語，并不得全録班志，君當亮彼苦心也。

漢志丹陽石城縣下云：分江水首受江，東至餘姚入海，過郡二，行千二百里。石城縣故城在今池州府貴池縣西七十里。此即南江之源委。過郡二，謂丹陽、會稽也。其在吳縣南者，即吳松江，乃中江之下流。班氏不知分江水至餘姚入海者，即古之南江，遂誤以松江當之耳。水經：沔水與江合流，又東過彭蠡澤，又東北出居巢縣南。古巢國也。按居巢漢屬廬江郡。今爲無爲州，屬廬州府。又東至石誠縣，晉屬宣城郡。分爲二，其一過毗陵縣北爲北江，詳見導江。其一爲南江。地理志曰：江水自石城東出，逕吳國南，爲南江。按志以分江水繫石城，南江繫吳縣，至酈元始貫穿爲一條。南江東與貴長池水合，水出縣南郎山，北流爲貴長池。又東逕宣城之臨城縣南，又東合涇水，按吳分漢陵陽、涇二縣地置臨城縣，其廢阯在今青陽縣南。韋昭云：涇水出蕪湖。又東與桐水合，按桐水出廣德州西南白石山，西北流，逕建平縣南，蓋即舊入南江處。左傳所謂桐汭也。晉時南江已堙，故杜預云西北入丹陽湖。今桐水自建平又西北入高淳界，注丹陽湖也。又東逕安吳縣，晉太康元年分宛陵置。又東旋谿水注之。水出陵陽山下，北逕安吳縣東，又北注南江。又東逕寧國縣南，晉太康元年分宛陵置。又東逕故鄣縣南、安吉縣北，按故鄣今爲廣德州，安吉後漢分故鄣南鄉置。今爲安吉州，屬湖州府。又東北爲長瀆，歷湖口，南江東注于具區，謂之五湖口。按經文此下有「東則松江出焉。江水奇分謂之三江口」，蓋注也。而混入于經，何以知之？南江既入太湖，而東爲松江，則無更從餘姚入海之理。故知酈元曲爲此説，以應漢志南江在吳南之文也。又東至會稽餘姚縣東入于海。今餘暨之南，餘姚西北，浙江與浦陽江同會歸海，但水名已殊非班固所謂南江也。郭景純曰：三江者，岷江、松江、浙江也。然浙江出南蠻中，不與岷江同。作者述誌多言江水至山陰爲浙江，今南江枝分，歷烏程縣南，通餘杭縣，則與浙江合。故闞駰十三州志曰：江水至會稽與浙江合也。按餘杭乃「姚」字之誤，班固所謂南江者，實松江也。闞駰所謂江水至會稽與浙江合者，即分江水，水經謂之南江者也。或以爲北江，大謬。酈元篤信班固，故不能無疑於此。今按大江自西南來，至石城枝分爲分江水，至餘姚入海。又東北流，至蕪湖枝分爲永陽江，由吴松入海。其經流則東逕毗陵，至江都入海。毗陵、江都最北，故謂之北江，石城、餘姚最南，故謂之南江；蕪湖、吴縣居二江之中，故謂之中江。雖與禹貢導江之義不合，而辨方命名，次第秩然。與郭景純之松江、浙江，源異而流則同也。蓋中江貫震澤，松江即其下流，不得復析爲南江。南江首受石城之大江，其自湖口洩入具區者，乃枝流，而東至餘姚入海者，其正流也。酈元恐違漢志，反以歷烏程縣南者爲枝流，而中江盡於荆溪，南江即是吴松矣。非古人命名之本意也。

酈道元云：江水自石城東入爲貴口，東逕石城縣北。今考池州府志，分江水、貴池水皆在貴池縣西，貴池水入江處，名曰貴口。蓋分江之流，久已中絶，故其水還注於江。而自湖口以東，歷烏程縣南，通餘姚與浙江合者，其故道亦無可考。蓋從烏程縣南以東達餘姚，則必經今歸安、德清、石門界中，至海寧由浙江以入海。海在海寧縣南十里，有捍海塘，縣東南至餘姚石棋山六十里。海寧地獨高，境内諸水皆北流，故宋元嘉及梁大通中，以滬瀆不通，嘗欲穿渠引吴興之水，以瀉浙江，而功卒不立。蓋水性就下，地勢有所阻故也。南江必衰周時，吴、越以人力爲之，易致壅塞，歷世久遠，不可得詳。而南江即分江水，與松江之非南江，則固可以理斷也。

漢志中江出蕪湖西南者，即今蕪湖之縣河，本中江，俗稱縣河，流經市中，東連黄池，入三湖，至銀林止。高淳之胥溪，在縣東南三十里，俗稱胥河。溧陽之永陽江，在縣北，上承溧水，即瀨水。宜興之荆溪也。自溧陽流逕縣南，又東北匯爲洮湖，又東入震澤，寰宇記云：荆溪即漢志蕪湖之中江也。漢、魏間，蕪湖水已不復東，故水經有北江、南江而無中江。韓邦憲廣通垻音霸，俗作壩，非。考曰：廣通鎮在高淳縣東五十里。與溧陽接界，即宋鄧步鎮。世所謂五堰者也。西有固城、石臼、丹陽南湖，受宣、歙、金陵、姑孰、廣德及大江水，東連三塔湖、長蕩湖、荆溪、震澤，中有三五里頗高阜。春秋時，吴王闔廬伐楚，用伍員計，開渠以運糧。今尚名胥溪及傍有伍牙山云。土音員，訛爲牙。左傳：襄公三年，楚子重伐吴，克鳩兹，至于衡山。杜注，鳩兹，吴邑，在丹陽蕪湖縣東。衡山在吴興烏程縣南。太平府志云：蕪湖縣東三十里故蕪湖城，即春秋吴鳩兹也，亦曰臯夷。哀公十五年，楚子西、子期伐吴，及桐汭。杜注：宣城廣德縣西南有桐水，出白石山，西北入丹陽湖。汭，水曲也。蓋由此道。鎮西有固城邑遺址，則吴所築，以拒楚者也。自是湖流相通，東南連兩浙，西入大江，舟行無阻矣。而漢、唐來言地理者，遂以爲水源本通。漢書地理志云：中江出蕪湖縣西南，至陽羨入海。後漢書郡國志云：中江在蕪湖縣西。孔穎達書義疏亦引漢史爲證。蓋皆指吴所開者，爲禹貢三江故道耳。邦憲字子成，高淳縣人。嘉靖乙未進士，官屯田員外郎，著爲此論，真前人所未發。或曰胥溪爲吴開，出何典記？曰：河渠書云：於楚，西方則通渠漢川、雲夢之際，東方則通溝江、淮之間；於吴，則通渠三江、五湖。蓋通江於淮，即夫差所開之邗溝，通湖於江，即闔廬所開之胥溪也。韓氏之言信而有徵矣。石城分江水亦是此類。古時大江與震澤元不相通，安得以後世鑿引之枝流，當禹貢三江之二哉。

越語：子胥曰：吴之與越也，三江環之，民無所移。韋昭注云：三江，松江、錢唐、浦陽江也。言此二國之民，三江繞之，遷徙非吴則越也。又范蠡曰：與我争三江、五湖之利者，非吴邪？三江亦當從韋解。然此但可以解國語耳。禹合諸侯於會稽，事在攝位之後。治水時，浙江並未施功，安得以此爲禹貢之三江乎！

水經沔水下篇注引郭景純曰：三江者，岷江、松江、浙江也。璞先有水經注三卷，今不傳，此所引蓋出其中。愚謂以此當國語之三江，更長於韋。何也？漢志毗陵縣季札所居，北江在北。是岷江正環吴之境，而韋獨遺之。酈元云浙江於餘暨東合浦陽江。是浦陽、錢唐渾濤入海，而韋强分爲二，故以岷江易浦陽較長也。然終不可以釋禹貢。蓋松江乃震澤之下流，而浙江則禹功所不及，且以松江爲中江，浙江爲南江，與導水之文相背戾。歸熙甫三江論主景純説，吾不敢以爲然也。舍康成、子瞻固無可從者矣。

職方氏：荆州曰其川江、漢，揚州曰其川三江。此正與禹貢同。蓋荆州未會彭蠡，故但稱江、漢；及至揚州，則江、漢與彭蠡參會，故有三江之目。二經若合符節，或因職方與五湖連舉，又班志以蕪湖之中江、吴縣之南江爲揚州川，遂以三江口當之，大非。

水經注：松江上承太湖，東逕笠澤，流七十里，江水奇分，謂之三江口〔一〕。吴越春秋稱范蠡去越，乘舟出三江之口，入五湖之中者也。此亦别爲三江、五湖，雖稱相亂，不與職方同。庾仲初名杲之，南齊人。揚都賦注曰：今太湖東注爲松江，下七十里，有水口分流，東北入海爲婁江，東南入海爲東江，與松江而三也。三江口者，始見於吴越春秋。酈氏固云不與職方同，諸家亦未有以此當禹貢之三江者也。唯陸德明釋文於「三江既入」下引吴地記，晉顧夷撰。見隋書經籍志。與仲初説同。而孔疏主班固之三江，不取其説。曰今南人以大江不入震澤，震澤之東别有松江等三江。案職方揚州宜舉州内大川，其松江等雖出震澤，入海既近。周禮不應捨岷山大江之名，而記松江等小江。此言良是。其後張守節解夏本紀，始以三江口爲言。至蔡傳則排棄蘇氏而專主仲初，相沿至今，牢不可破。推尋其故，蓋自唐以後吴越間爲財賦之藪，及五代時，錢鏐保有此一方，徵歛頗急，而松江入海之口亦漸淤塞。宋元祐中，宜興人單鍔著吴中水利書，以濬松江爲第一義。南渡都臨安，仰給於浙西者尤重。時人熟見習聞，遂覺揚州之水，無大且急於松江者，而以爲禹時亦然。因專主仲初之説。元、明以來，浙西之財賦甲於天下，而松江之淤塞日甚。凡言吴中水利者，皆引禹貢以自重。蔡傳又立於學官，爲士子所誦習。於是揚州之大川，以太湖入海之支港當之。而康成、子瞻之言，棄如糞土矣。

楊慎曰：禹貢之三江，當於上流發源求之。徐鉉注説文云：江出岷山，至楚都名南江；至潯陽爲九道，名中江；至南徐州名北江入海。郭璞山海經注：岷山，大江所出也；崍山，南江水所出也；崌山，北江水所出也。三江皆發源於蜀，而注震澤。禹貢紀其源而及其委耳。今按：説文五音韻譜無江出岷山等語。唯黄氏韻會「江」字引釋名下有「徐按」云云，與此同。蓋出鉉弟鍇説文繫傳，非鉉語也。徐堅初學記略同。疑唐以前已有此説。如鍇所言，則南江與揚全無交涉，安得書「三江」。其所引山海經注，即江賦所謂「源二分於崌、崍」者也。山海經又云：岷，三江首，大江出岷山，北江出曼山，南江出高山。是又一三江矣。要皆在梁州之域。用脩，蜀人，欲舉揚州之三江而移之蜀，乃云當於上流發源求之。不知三江以會彭蠡得名，故特書於揚。若發源之三江，曷不於梁書之。且東爲北江、中江，皆在彭蠡以下，用脩其忘諸乎，謂皆注震澤，尤謬。丹鉛著述，大抵如此。陳晦伯之正楊所以作也。

蔡傳云：蘇氏三江之説，若可依據。然江、漢會於漢陽，合流數百里，至湖口而後與豫章江會，又合流千餘里，而後入海。不復可指爲三矣。蘇氏知其説不通，遂有味别之説。禹之治水，本爲民去害，豈如陸羽輩辨味烹茶爲口腹計邪！渭按：江、漢合彭蠡，謂之三江。經紀其合，不紀其分也，何必更指爲三。蘇氏味别之説，自予人以可攻之隙，然誤亦有所從來。唐書許敬宗爲高宗論濟水曰，古者五行皆有官，水官不失職，則能辨味與色，潛而出，合而更分，皆能識之。蘇説本此，非出自陸羽輩也。

蔡傳又云：或曰：江、漢之水，揚州巨浸，何以不言。曰：禹貢書法。費疏鑿者，雖小必記；無施勞者，雖大亦略。江、漢荆州而下，安於故道，無俟濬治，故在不書。況朝宗于海，荆州固備言之，是亦可以互見矣。此正禹貢之書法也。渭按：禹治水，先揚而後荆。唯揚之三江既入，故荆之江、漢得朝宗于海。今乃云荆州固備言之，是亦可以互見，不成顛倒邪。禹貢所紀皆成功，而施功即在其中。懷襄之世，大江自彭蠡以東，豈無泛溢。剖判之後，未經疏鑿，其入海處亦必多潮沙壅塞。管子、荀子、淮南子皆云「禹疏三江」，正謂此耳。凡言三江者，皆有大江在。而蔡氏主庾仲初，則大江不與焉。遂以爲無施勞者，雖大亦略，其可信乎。

三江，孔穎達主班固，陸德明兼舉韋昭、顧夷而無所專主。蔡沈主庾仲初，歸有光主郭璞，是數者余既一一辨之矣。今更有要言不煩，可以折聚訟之紛紛者。富順熊過云：黄帝正名，百物未嘗假借，後世乃通之耳。竊謂禹主名山川亦然。南方流水通呼爲江，北方流水通呼爲河。故傳記多隨俗之稱。而禹貢則無所假借，唯水之出自河者衆，不可勝名，則總其數而謂之河，九河是也。衆水之會而入於江者，混爲一川，大小相敵，則亦總其數而謂之江，三江、九江是也。然漯亦河之别，而不名河，江之别曰沱，漢之别曰潛，則其名有所不輕與矣。而況松江爲震澤之下流，錢唐、浦陽之出自浙東者哉。夫江、河者百川之宗也。非江而被以江名，是猶吴、楚僭王，春秋之所誅絶也。禹貢、職方豈有是與！總之，三江紀其合，不紀其分。苟以派别者當之，則必與導水之義有礙。故或以爲錯誤，或以爲衍文，而聖經亦不足信矣。諸説唯蘇軾同鄭康成爲無病，以其非異派也。先儒曾旼、程珌、易祓、夏僎、程大昌、黄度、陳普、王充耘皆主蘇説，近世蔡傳單行，而鄭曉、周洪謨、馬中錫、邵寶、張吉、章潢、郝敬、袁黄亦以蘇説爲是。此心此理之同，終不容泯也。傳曰三卿爲主，可謂衆矣。有諸君子以爲之證明，吾何懼而不從乎。

〔丁晏曰：夫禹貢水道之大者，莫如三江、九江。錐指於三江取蘇子瞻説，復引鄭康成注「左合漢爲北江，會彭蠡爲南江，岷江居其中，則爲中江」，以證蘇説之確。案此非鄭注也。東樵所引鄭説本徐堅初學記引鄭玄、孔安國注。今考正義引鄭云「三江分於彭蠡，爲三孔，東入海」。是鄭意江分彭蠡爲三，與初學記所引不合，則知徐堅所引非鄭君之注也。又三江，孔傳云「三江已入，厎定爲震澤」；北江，孔傳「自彭蠡江分爲三，入震澤」。亦與初學記所引不合。然則徐堅所引非鄭注并非孔注也。惟導江孔傳云「有北有中、南可知」。疏又引鄭云「東迆者爲南江」，徐堅因此造爲北江、中江、南江之説。緣飾己意，冠以先儒之名，類書中往往有之。東樵據初學記而不考正義，以爲鄭注，此誤之甚者也。且三江莫確於班志，於會稽郡吴下：南江在南，東入海。毗陵下：江在北，東入海。丹陽郡蕪湖下：中江出西南，東至陽羨入海。水經禹貢山水澤地所在篇中江、北江並同班説。沔水注引地理志：江水自石城東，逕吴國南爲南江。案地志於石城下、吴下，江水入海分爲二，道元融貫爲一。蓋以石城爲南江之始，吴縣爲南江之委正與班氏相證明也。司馬彪續郡國志、盛宏之荆州記、徐鍇説文繫傳悉依班志，不獨唐孔氏正義也。東樵獨取鄭説，即使真出康成，亦未見其有當，況非康成注乎。〕

孔傳云：震澤，吴南太湖名。山海經：浮玉之山，北望具區。注云：太湖也。爾雅十藪，吴、越之間曰具區。注云：具區，今吴縣西南太湖，即震澤也。今按：周禮揚州澤藪曰具區。班固以爲即震澤。蓋澤自吴西南境，東出爲松江，一名笠澤，在今吴江縣界，北去吴五十里。水經注云：笠澤在吴南松江左右。國語：越伐吴，吴禦之笠澤，越軍江北，吴軍江南者是也。孔、郭指此爲太湖則誤矣。越絶書曰：太湖周三萬六千頃。水經注引韋昭曰：方員五百里。盧熊蘇州府志引顔真卿石柱記曰：四萬八千頃。王鏊姑蘇志曰：東西二百餘里，南北一百二十里，占蘇、湖、常三州。唐志云：占蘇、湖、常、宣四州之境。考宣州界無太湖。志誤。今按：蘇之吴、吴江，湖之烏程、長興，常之宜興、武進、無錫，此七縣者，皆瀕太湖。楊脩五湖賦云：頭首無錫，足蹄松江，負烏程於背上，懷大吴以當胷。數言可作圖經也。湖中有七十二山，其最著者曰包山，山有洞室，入地潛行，俗謂之洞庭。江賦云「包山、洞庭，巴陵地道，潛達旁通，幽岫窈窕」是也。夫椒山、左傳：哀元年，吴伐越，敗之於夫椒。杜注云：吴縣西南太湖中椒山也。胥毋山、越絶書：闔閭旦食於紐山，晝遊於胥毋。史記正義謂之莫釐山。盧熊府志云：莫釐山本名胥毋山，即今所稱洞庭東山也。大雷山、小雷山、五湖賦云：大雷、小雷，湍波相逐。三山，張玄之吴興山墟名云：三山在太湖中，白波天合，三點黛色。其上源西北有宣、歙、金陵九陽江之水，由常州之百瀆以下，西南有苕、霅諸水，由湖州之七十二漊以入焉。百瀆在宜興者七十四，在武進者二十六；七十二漊在烏程者三十八，在長興者三十四。見王同祖太湖考。七十二漊本在湖州之境，近世割湖面全屬蘇州，故吴江縣志有七十二漊，云皆在西南，受湖州入太湖之水。其實漊屬湖州者尚多。吾友歸安鄭元慶茝畦語余曰：按程大昌修湖漊記云，湖漊三十六，其九屬吴江，其二十七屬烏程。宋紹興二年知湖州王回脩之改二十七漊名曰：豐、登、稔、熟、康、定、安、樂、瑞、慶、福、禧、和、裕、阜、通、惠、澤、吉、利、泰、興、富、足、固、益、濟，而皆冠以「常」字。今烏程諸漊之外，尚有大錢小梅二港，而長興有三十四港，無一名漊者。總計苕、霅水入湖之口共七十二，不專名漊，亦不盡屬湖州也。余竊謂港即是漊，大錢、小梅二港通三十六漊，計之得三十八，恰與太湖考之數相符。蓋吴江之九漊割烏程以往屬，而長興則依然如故，特以俗呼爲港，遂忘其爲漊耳。皆所以宣通脈絡，殺其奔衝之勢，而歸於太湖者也。其下流爲松江，江水東北流，岐分爲三江口。史記正義云：震澤在蘇州西南四十五里。三江者，在蘇州東南三十里，名三江口。一江西南上七十里至太湖，名曰松江，古笠澤江；一江東南上七十里至白蜆湖，今在吴江縣東南四十里。名曰上江，亦曰東江；一江東北下三百餘里入海，名曰下江，亦曰婁江：於其分處，號曰三江口。松江東歷夏駕浦，又東爲青龍江，至南蹌浦口入海。浦在上海縣東。而太湖枝津，則有崑山之劉家河，常熟之白茆港，兩縣境中又有三十六浦，在常熟者二十四，水入揚子江，在崑山者十二，水入于海，皆所以決壅滯而防泛濫，使民田無漂没之憂者也。今東埧堅固，宣、歙、金陵九陽江之水，雖不入太湖，而東江久已淤塞，松江日漸淺隘，諸港浦亦多陻廢，湖水不能速達于海，事與禹時不同，此籌水利者，所以汲汲於下流之疏濬與。王同祖三江考曰：朱長文吴郡續圖經云，崑山塘自郡城婁門至崑山入海，即婁江。指今之劉家港。蓋謂松江東口入海者爲東江，劉家港入海者爲婁江，太湖東入吴江縣長橋合龐山湖者爲松江，三江之迹具存，東江未嘗塞也。然婁江自吴縣東南迤邐而來，過崑山東南，至嘉定界入海，曰吴淞江口甚明。雖其支流有與劉家河相通者，而非江之正道，豈遂可指劉河爲婁江哉。按今太湖自吴江長橋東北合龐山湖者，又東南分流出白蜆江，入急水港、澱山湖，迤東入海者爲東江，此單鍔水利書所謂「開白蜆江，使水由華亭青龍江入海者」是也。但澱湖之東已塞，不復徑趨入海，而北流仍合松江，故曰東江已塞耳。自龎山湖過大姚浦，東北流入崑山縣界，經崑山南，又東南過石浦，出安亭江，過嘉定縣黄渡入青龍江，由江灣青浦入海者，爲婁江。其安亭江在宋時已塞。單鍔所謂開安亭江使水由華亭青龍江入海是也。渭按：松江自吴縣西南下七十里爲三江口，則婁江之分派必不自婁門始，崑山塘之非婁江也明矣。但其下流或合劉家河入海，未必如單鍔所言由青龍江入海耳。東江久廢難考。水經注云：吴記曰：一江東南行七十里入小湖爲次谿，自湖東南出謂之谷水，逕由拳縣故城下，即吴之柴辟亭，故就李鄉，春秋之檇李城也。又東南逕嘉興縣城西，又東南逕鹽官縣故城南，又東出五十里有武原鄉，故越地也。秦於其地置海鹽縣，縣南有秦望山，谷水於縣出爲敢浦，以通巨海。此即庾仲初所謂「東南入海爲東江」者也。其分江入海，皆在今浙江嘉興府界中，近世由澱山湖注青龍江入海者，疑是後來之改道，非古谷水之所經也。謂東江已塞，亦不誤。曹胤儒海塘考云：自唐開元以來，修築捍塘，禦鹹潮以便耕稼，起杭之鹽官迄吴淞江，長一百五十里，而東江遂堙無考。斯言得之矣。

周禮：揚州浸曰五湖。據國語、史記、吴越春秋則即是太湖。虞翻曰：太湖東通松江，南通霅溪，西通荆溪，北通滆湖，東連韭溪，吴郡續圖經云在嘉興。凡有五道，故名五湖。韋昭曰：五湖者，胥湖、蠡湖、洮湖、滆湖就太湖而五，實一湖也。前說較長。張勃、酈道元、張守節、陸龜蒙、李宗諤諸家之説，雖名稱各殊，道里互別，然皆在太湖上下二三百里之間。唯李善以洞庭、彭蠡、震澤、巢湖、鑑湖爲五湖，司馬貞以具區、洮、滆、彭蠡、青草爲五湖。夫洞庭、青草在荆域，而以爲五湖之一，則顯與職方相背矣。不可從。韓非子謂洞庭爲五湖，猶言五渚耳。此洞庭自爲五湖，與揚之五湖無涉。

具區、五湖明是兩處，而孔傳謂太湖名震澤，正義爲之辭曰：餘州浸藪各異，而揚州浸藪同處。論其水謂之浸，指其澤謂之藪。此説非也。葉少藴云：凡言藪者，皆人所資以爲利，故曰藪以富得民，而浸則但水之所鍾也。揚州之藪爲震澤，今平望、八赤、震澤之間，平望鎮在吴江縣南四十五里。八赤市在縣南二十里。震澤鎮在縣西南八十五里。水瀰漫而極淺，其蒲魚蓮茨之利，人所資者甚廣。亦或可隄而爲田，與太湖異，所以謂之澤藪。然積潦暴至無以洩之，則溢而爲害，所以謂之震澤。黄子鴻申其義曰：今土人自包山以西，謂之西太湖，水始淵深，自莫釐武山以東，謂之南湖，水極瀰淺。蓋即古之震澤，止以上流相通，後人遂混謂之太湖，誤矣。渭按：此辨周官之藪浸，極其明晰。蓋自莫釐武山以東，至平望、八赤之間，松江左右笠澤之地，皆古具區，禹貢謂之震澤者也。鄭莒畦曰：烏程有震澤上下二鄉，今南潯、上林，軋村濱湖一帶數十里皆是，亦即古具區，禹貢所謂震澤者也。故顔魯公作石柱記其辭甚簡，必以震澤、太湖兩處見之。班志曰在吴西，亦未當。

禹貢長箋曰：按職方具區即禹貢震澤。孔氏書傳、鄭氏周禮注所云在吴南者是也。但以爲即五湖，則未然。職方氏諸州皆有澤藪，不應揚州水國反獨無之，而與浸同處。孔、鄭所云吴南者，漢吴縣治之南也。吴縣治之南，爲今吴江至嘉興一帶，禹時懷襄未平，三吴一壑，具區當於其地求之。若五湖即今太湖自環吴縣境之西北，豈可合之爲一哉。具區之源，當與太湖俱來苕、霅，而水草所鍾，淺而易溢。太湖水西來氾濫，則澤水奔騰震蕩。自底定之後，始可陂障，沮洳數十百里，民仰其利。故爾雅謂之藪，職方謂之澤藪，而五湖則別之曰浸。迨乎日久填淤，生殖漸繁，遂成沃壤。漢後諸儒求其地而不得，遂合五湖而一之，正義又曲爲之説。豈知三代以前固有澤浸不同者哉。吾意今吴、越之交，凡濱湖而沃衍者，皆古震澤地。特世代荒遠，川隰更移，故其蹟不可詳耳。抑非獨此也。爾雅、周禮所載諸州澤藪，如陽紆、貕養、大陸、甫田、焦穫等，今皆變爲原陸，不能定其所在。蓋川浸通流，終古不改，藪澤稀水，最易澱淤，歷數千年而陻没不可考，無足怪者，奚獨具區爲然邪。

以大江爲三江，而其水不入震澤，則震澤之底定，與三江絶不相謀，而各爲一事矣。及觀易氏之言，而知「既」字之義，仍可與下句聯屬也。古時三江不與震澤通，而横流之際，江水溢入震澤，此理之所有。問水從何處入，曰即今高淳、溧水之間，魯陽五堰之地是已。京口本不通江，自秦始皇鑿京峴山以泄王氣，其水乃與江通，故禹時横流，唯此處可入。傅同叔云：自宜興航太湖，經溧陽至鄧步，凡兩日水路。自鄧步登岸，岸上小市名東壩。自東壩陸行十八里至銀林，復行水路百餘里，乃至蕪湖入大江。銀林之港、鄧步之湖，止隔陸路十有八里。今按此十八里中，有三五里高阜，而苦不甚高。平時可以遏水之東入，或遇暴漲，則宣、歙、金陵之水，皆由荆溪入太湖。此高阜者，不足以遏之，五堰之所以作也。而況懷襄之世，大江泛溢，挾宣、歙、金陵之水以來，浙西諸郡其能不淪爲大壑乎？但此災與孟門之洪水相似，宇宙所不再見，而又無古書如尸子等者以證之，世或不能無疑耳。

傅同叔云：班固所説中江，古蓋有之。堯水横流爲震澤害，禹因塞之也。自是不復有中江，震澤亦不被其害矣。故曰三江既入，震澤底定。渭按：蕪湖中江水古不入震澤，胥溪開而後通，五堰築而復塞，非本通而禹塞之。且禹唯道大江入海，不使横溢由銀林、鄧步以南，而震澤固已底定，未嘗有所塞也。如傅氏所言，則經當書曰「三江既塞，震澤底定」矣。語云「差若毫釐，繆以千里」。

胥溪，禹時未有，殆無可疑。然銀林、鄧步之間，地不甚高，暴漲便能溢入，非獨胥溪一竇可以洩水也。如所患惟在此竇，則塞之而已，奚必更築五堰哉。韓邦憲云：正統六年，江水泛漲，上壩大決，蘇、常潦甚，國税無所出。又嘉靖庚申、辛酉，大浸稽天，決下壩，溧陽、宜興而下，勢若懷襄。夫高阜之上，加以兩壩之堅厚，而暴漲尚能決之，則堯時滔天之水，未有所障。此高阜者，能遏之使不東乎？胥溪之有無，可不論也。

大江入震澤，自戰國時有此説。墨子曰：禹治天下南爲江、漢、淮、汝，東流注之五湖。蓋誤以後世溝通江、湖之道爲禹迹也。沈括夢谿筆談曰：江、漢至五湖，自隔大山，其末乃繞出五湖之下流，徑入于海，何緣入于五湖。又震澤之源皆山環之，了無大川，震澤之東，乃多大川，亦莫知孰爲三江者。渭按：江、湖雖爲大山所隔，然銀林、鄧步之間，江水實有通湖之理，均此蕪湖中江水也。謂自古有然則非，謂後世所通則是；謂平時分受則非，謂横流溢入則是。歐陽永叔云：勝者所用，敗者之棋也。易置之而已。信夫！或曰分江水亦通震澤，將若之何！曰此水禹時亦必不入震澤，乃後人溝通之耳。想山中有地特高，易致斷絶。

故今自貴池以東，舊迹不可復尋，其地勢與銀林、鄧步不同，雖當横流，大江水亦不能溢入也。

禹貢書「既」，不盡與下句聯屬。如「弱水既西，涇屬渭汭」是也。程泰之云：必謂「既」之一字爲起下文，則弱水未西，其能越秦、隴而亂涇、渭乎！此語誠足解頤。然揚州兩「既」，玩其文勢，當皆與下句聯屬。得易氏之義，始無遺憾。

五堰皆在今溧水縣境。周應合景定建康志云：唐景福三年，楊行密將臺濛作五堰，拖輕舸饋糧，而中江之流始狹。其後東垻既成，遂不復東，惟永陽江水入荆溪。志又云：銀林堰在溧水縣東南一百里，長二十里。自銀林少東曰分水堰，長十五里。又東五里曰苦李堰，長八里。又五里曰何家堰，長九里。又五里曰余家堰。長十里。所謂魯陽五堰也。渭按：元和志當塗縣有蕪湖水，在縣西南八十里，源出縣東南之丹陽湖，西北流，入于大江。則似元和以前此地已置堰，故水不東經溧陽，而西北入江，臺濛特因而加築之耳。然五堰雖成，而胥溪之水尚通。周必大南歸録云：由鄧步、東垻、銀澍可通舟至固城黄池。其明證也。「澍」當作「淋」。輿地紀勝云：舊以石窒五堰路，又液鐵以錮石，故曰銀淋。今訛爲「林」。明初因五堰之舊迹而立爲東垻。韓邦憲曰：洪武二十五年浚胥谿，建石閘啓閉，命曰廣通鎮。至永樂元年始改築上垻。自是宣、歙諸水，希入震澤。而垻猶低薄，水間漏洩，舟行猶能越之。正德七年增築垻三丈，自是水盡壅，高淳之圩田日就圮。嘉靖三十五年復自垻東十里許，更築一垻。即古分水堰處，今謂之下垻。兩垻相隔，湖水絶不復東矣。然東坡奏議云：五堰既廢，宣、歙、金陵之水或遇暴漲，皆由宜興之荆谿以入震澤。則平時之水，雖無堰亦入大江而不入太湖可知矣。乍來乍去，何以謂之江，中江之名徒浪傳耳。

禹治澤，陂之使豬焉而已。故曰九澤既陂，雷夏、大野、滎播是也。唯菏澤言導，乃分殺其下流。今震澤云底定，亦只是不震蕩，未見有分殺下流之意。想其時松江深闊，與今之沙漲茭塞者大異，故不煩疏導而水自歸海也。其壅滯不知起於何代，嘗考宋書：元嘉二十二年，揚州刺史始興王濬上言：二吴、晉陵、義興四郡之水，同注太湖，而松江滬瀆壅噎不利，故處處涌溢，浸漬成災。欲從武康紵溪今爲德清縣地開河，直出海口一百餘里。以是知松江之壅滯，自晉、宋間始矣。又梁書吴興郡屢以水災失收，有上言當漕大瀆，以瀉浙江。中大通二年，詔遣前交州刺史王弁，一作「奕」。假節發吴郡、吴興、義興三郡人丁就役，而不果行。蓋亦滬瀆不通，故欲於太湖之上流分殺其勢也。自是之後，不聞有以吴中水利爲言者。歷五代至宋，而松江之壅滯日甚。郟亶、單鍔之徒，並有著書，講究最悉。其策下流者：曰先開江尾茭蘆之地也，曰鑿吴江堤爲木橋千所也，曰開白蜆、安亭二江也，曰通白茆港及三十六浦也。策上流者：曰五堰必不可廢也；曰開夾苧干瀆，使北下江陰之大江也；曰決松江之千墩、金城諸匯，開無錫之五瀉堰，以洩太湖而入於北江也；導海鹽之蘆瀝浦，以分吴淞而入於海也。紛紛諸説，無非爲松江壅滯，水害民田，而多方設策以救之耳。而歸熙甫之論則異於是。曰吴松江自湖口距海不遠，有潮泥填淤反土之患。湖口膏腴，往往爲民所圍占，故松江日隘。議者不循其本，別濬港浦以求一時之利，而松江之勢愈失，僅與支流無辨，或至指大於股，豈非治水之過與？單鍔書爲蘇子瞻所稱，然欲修五堰，開夾苧干瀆，絶西來之水，不入太湖。殊不知揚州藪澤，天所以豬東南之水，今以人力遏之。夫水爲民之害，亦爲民之利，就使太湖可涸，於民豈爲利哉。余以爲治吳之水，宜專力於松江。松江既治，則太湖之水東下，而他水不勞遺力矣。然而松江之役有二難：江尾漲塞，幾成平陸，欲即開濬，灩沙泥淤，浮泛動盪，難以施工，一也；姦民豪右，圍占湖田，以遏水道，方事之興，浮言四布，百計阻撓，二也。有此二難，雖以夏原吉、周忱、崔恭、畢亨之開濟明敏，而卒不能復禹之迹，況其下焉者哉！夫苟能復禹之迹，則宣、歙、金陵之水，不足爲浙西諸郡患。如其未能，則東垻斷不可廢，而高淳之民相怨一方無已時。百詩嘗謂余曰：廢東垻者，多出於垻上之人，至追咎蘇軾、單鍔之言行；廢高堰者，出於泗州之人，至恐潘季馴以毀陵之罪，殊可痛疾。善乎歐陽公有言：天下事不能全利而無害，惟擇利多害少者行之。其此垻與堰之謂哉。雖然垻上垻下之民，均吾赤子也。韓邦憲云：以蘇、松、常、湖諸郡所不能當之水，而獨一高淳爲之壑，税又弗捐，民何以堪之。此亦平心之論。子成嘗倡減税議，得蠲米八百餘石，邑人德之。蓋浙西諸郡財賦甲於天下，權輕重而爲之，高淳不得不代受其患，而其税則固可減也。輕一縣之税，以慰民心，而取償於數大郡，其所得不已多乎。書曰「無黨無偏，王道平平」。爲政者當如此矣。

篠簜既敷，厥草惟夭，厥木惟喬，厥土惟塗泥。釋文：篠，西了反；簜，徒黨反；或作「篡」，他莽反；夭，於嬌反；喬，其嬌反。徐音驕。

傳曰：篠，竹箭。簜，大竹。水去已布生。少長曰夭。喬，高也。塗泥，地泉濕也。正義曰：釋草云：篠，竹箭。郭璞曰：别二名也。又云簜，竹。李巡曰：竹節相去一丈曰簜。孫炎曰：竹闊節者曰簜。郭璞曰：竹别名。是篠爲小竹，簜爲大竹。夭是少長之貌。詩曰「桃之夭夭」是也。喬，高；釋詁文。詩曰「南有喬木」是也。王氏炎曰：南方地暖，故草皆少長，而木多上竦。河朔地寒，雖合抱之木，不能高也。兖、徐言草木皆居厥土之下，凡土無高下燥濕，其性皆然。兼山林言之，若揚之塗泥，惟言沮洳之多，山林不與，故先草木也。

爾雅上句曰喬，如木楸曰喬。郭注云：楸樹性上竦，詩「南有喬木」是也。邢疏云：木枝上竦而曲卷者名喬，如木楸上竦者亦曰喬。

厥田惟下下，厥賦下上上錯。

傳曰：田第九，賦第七，雜出第六。王氏炎曰：土塗泥，故其田下下。大抵南方水淺土薄，不如北方地力之厚也。金氏曰：古人尚黍稷，田雜五種。故雖水潦旱乾，而各有所收。塗泥之土，其田獨宜稻，不利他種，故第爲最下，厥賦第七。又有時雜出於七等之上，則人功亦稍修矣。自唐以來，則江、淮之田號爲天下最，漕餉皆仰給於東南。

今天下號爲財賦之藪者，江東、浙西數百里之地，蘇、松、常、嘉、湖五郡而已。五郡或瀕太湖，或夾松江，自唐宋以來，其田日增，大率圍占江湖以爲之者也。禹之治河也，空其旁近地以居水，故水潦大至而得所豬，其於震澤亦當若是。紹興二十三年，諫議史才言：浙西民田最廣，平時無甚害者，太湖之利也。近年瀕湖之地多爲兵卒侵據，累土增高，長堤彌望，名曰壩田。旱則據之以溉，而民田不沾其利；澇則遠近泛濫，不得入湖，而民田盡没。此上流圍田之害也。其下流則吴南古有笠澤，在松江左右。春秋時此澤尚存，不知何代始變爲田。其地蓋即葉少藴所云平望、八赤、震澤之間，水瀰漫而極淺，與太湖相接，可隄而爲田者也。在今吴江縣界。五代梁開平三年，吴越分吴縣之松陵鎮置吴江縣。故蘇子瞻云：若欲吴松江不塞，吴江一縣之民，可盡徙於他處。庶上源寬闊，清水力盛，沙泥自不能積，何致有湮塞之患。單鍔云：松江漲塞，是以三春霖雨，則蘇、湖、常、秀皆憂瀰漫，雖增吴江一邑之賦，顧三州逋失者不貲。圍田之貽害如此。笠澤既盡爲田，僅存松江衣帶之水，上源狹隘，水不清駛，故江尾之潮沙日積，茭蘆叢生，而太湖之水入海逾緩矣。好利者因其塞而隄之以爲田，潮沙茭蘆之地，悉成隴畝。元潘應武曰：澱山湖中有山寺，宋時在水中心。歸附後，權勢占據爲田，今山寺在田中。雖有港漊皆淺狹，潮水湖水不相往來。歸熙甫云：旁江之民，積占茭蘆，指以告佃爲名。所納升斗之税，所占即百頃之田，而税又多吏胥隱没。昔宋時圍田皆有禁約，今奸民豪右占田以遏水道，更經二三年，無吴松江矣。此又下流壅塞，以鄰爲壑，五郡同菑者也。蓋自江左偏霸，限於一方，務盡地力，以給軍興，而不暇計久遠。此與戰國時大河隄内之地，利其填淤肥美，耕田築室於其中，其弊正同。而後之論墾田者，謂人功之修，浙西最盛。不知揚州土塗泥，故田下下，而圍田之土，則塗泥之尤者。十年之中，不能五稔，而又累及於上流，得不償失。田之日增，民之所以日困也，烏足道哉！然宋時兩浙之田，每畝税不過一斗，見杜宗桓上巡撫侍郎周忱書。按熙寧三年郟亶上水利書曰：國朝之法，一夫之田爲四十畝，出米四石。此即杜説所自出。民猶易辨。自景定公田之法行，丞相賈似道主其議。浙西於是乎多官田。下逮元、明，籍没之田愈多，皆按其租簿以爲輸額，而浙西之税糧，天下莫比矣。丘文莊濬云：韓愈謂賦出天下，而江南居十九。以今觀之，浙東、西又居江南十九，而蘇、松、常、嘉、湖五府，又居兩浙十九也。即蘇州一府計之，以準其餘，墾田九萬六千五六百頃，居天下八百四十九萬六千餘頃田數之中，而出二百八十萬九千石税糧，於天下二千九百四十餘萬石歲額之内，其科徵之重，民力之竭，可知也已。蓋蘇州一府，無慮皆官田，而民田不過十五分之一，故税糧爲五郡之冠。夫奪民之産以爲官田，而重税之，殊非爲民父母之道。然其所奪者皆豪家富人之田，與小民無涉。小民佃官田，亦與輸豪家富人之租，不甚相遠，而私田之賦自若也。

迨其後，版籍淆訛，逋租無算，國家有官田之名，而無官田之實。有司考成，坐此爲累。至嘉靖二十六年，嘉興知府趙瀛創議，田不分官民，税不分等則，一切以三斗起徵。蘇、松、常三府從而效之。自官田之七斗六斗，始官租每畝有多至一石以上者。宣德五年，詔遞減三分二分，故止於七斗。下至民田之五升，通爲一則。而州縣之額，各視其所有官田之多少輕重爲準。多者長洲至畝科三斗七升，少者太倉畝科二斗九升矣。顧寧人云：國家失累代之公田，而小民乃代官佃納無涯之租賦。事之不平，莫甚於此。宋世嘗以官田鬻諸民矣。今官租不入，議變法者，唯當請於朝。鬻此田以充餉，而糧則與民田同科，斯爲無弊之道。彼趙瀛者，輕於創議，流毒無窮，何其不思之甚邪！但當時不聞有鬻田之事，而此田遂作民田，不知誰爲其主。竊意承平既久，法弛民玩，其時所謂官佃，皆姦豪賂吏胥，詭名爲之。故積年逋租，有司不能督責。及變法之後，不惟他人分任其租税，而彼竟得擅官田爲己産，以傳其子孫，此又不平中之不平者也。嗟乎！田猶是下下之田也，而賦則不啻倍蓰於上上。三江、震澤之區，昔之民溺於水，今之民溺於賦。溺於水者，禹從而拯之，使登於衽席。溺於賦者，日朘月削，如水益深，數百年於此矣，而卒未有拯之者。有能惻然於東南民力之竭，而爲之曠然壹變其法，使水復底定之迹，而賦不失則壤之規，斯真所謂功不在禹下者矣。

厥貢惟金三品，

傳曰：三品，金、銀、銅也。正義曰：金既總名，而云三品，黃金以下，惟有銀與銅耳。故謂金、銀、銅也。渭按：史記平準書：虞夏之幣，金爲三品，或黃或白或赤。漢書食貨志：古者金有三等。黃金爲上，白金爲中，赤金爲下。黃、白、赤即金、銀、銅。鄭康成謂銅三色。非也。

漢志：豫章鄱陽縣武陽鄉右十餘里有黃金采。師古曰：采者，謂采取金之處也。初學記引王隱晉書云：鄱陽樂安出黃金，鑿土十餘丈，披沙，沙中所得者大如豆，小如粟米。山海經曰：會稽之山，其上多金玉。又曰：餘句之山多金玉。後漢書：永平十一年，漅湖出黃金，廬江太守取以獻。臨江府志云：金谿縣東有金窟山，相傳爲前代采金處。是山陰、餘姚、巢縣、金谿亦出黃金矣。然其著者在鄱陽。通典鄱陽郡貢麩金十兩。陳藏器云：麩金出水沙中，氈上淘取，或鵝鴨腹中得之。猶易辨也。而馬端臨土貢考言：遇聖節，天下進奉金一千三百兩，而江東路獨當一千，皆出自饒州。乾道間洪文敏公洪邁謚。奏減七百兩。然視唐之數且三十倍矣。按史記貨殖傳云：豫章出黃金。然廑廑物之所有，取之不足以更費更償也。言其地雖名出金而不多，民採取之，不足以償其功費也。近世黃金一直白金十，歲供千兩，其何以堪之。

揚州之銀礦最著者有二所，今皆爲江西地。一在今饒州府德興縣。縣本漢餘汗縣地，唐爲樂平縣地。元和志云：樂平縣東百四十里有銀山，每歲出銀十萬兩，收税七千兩，亦名銀峯山。宋馬志開寶本草曰：生銀出饒州樂平諸坑銀鑛中，狀如硬錫，文理粗錯，自然者真。程迥廳事記曰：唐貞觀中，權萬紀言宣、饒銀大發，帝斥之。蓋謂銀峯也。總章初用鄧遠議，置場榷銀，號曰鄧公場。至宋天聖間，山穴傾摧，而銀課未除。范仲淹守郡奏罷之。唐於縣置德興場，取其地産銀，惟德乃興之義，南唐因以名縣云。一在臨江府金谿縣。縣本唐臨川縣之上幕鎮，其東二里有銀山，唐嘗置監於此。周顯德二年，南唐立金谿場，復置爐以烹銀鑛。宋初廢，升場爲縣。今銀山西里許爲白馬塢，蓋南唐李煜時採銀場也。

地理志云：吴東有章山之銅。吴王濞傳云：吴有豫章郡銅山。韋昭曰：此有「豫」字，誤也。但當云章郡，今故章。此説是也。地理志云：丹陽故鄣郡，元封二年更名。有銅官。其屬故鄣縣，即今江南廣德州。鄣、章古字通。桓寬鹽鐵論曰：丹、章丹陽、章郡。有金銅之山。孟康注食貨志曰赤金，今丹陽銅也。元和志：當塗縣北十里有赤金山，出好銅，與金類。淮南子、食貨志所謂丹陽銅也。南陵縣西南八十五里有銅井山出銅，又縣西一百十里有利國山出銅，供梅根監及宛陵監，每歲共鑄錢五萬貫。渭按：越絶書云：若耶之谿，涸而出銅。淮南子云：苗山之鋌。許慎曰：鋌，銅、鐵璞也。高誘曰：苗山利金所出。苗山者，會稽山之别名也。是越中亦有銅山，而名不甚著。史稱吴濞鑄山，以富其國，錢布天下。故丹陽有銅官，而會稽無銅官。信惟章山之産爲多矣。

食貨志：黄金方寸，而重一斤；二十四銖爲一兩，十六兩爲一斤。錢圜函方，輕重以銖。孝文鑄四銖錢，孝武更鑄五銖錢，五銖行獨久。王莽竊國，廢五銖錢，自造錢貨，六品。小錢重一銖，直一；最大者，重十二銖，直五十。黄金重一斤，直錢萬；朱提銀重八兩爲一流，直一千五百八十。他銀一流直千。渭按：此漢世金、銀、銅相直之數也。律曆志二十四銖爲兩，十六兩爲斤。平準書一黄金一斤。臣瓚曰：秦以一鎰爲一金，孟康曰：二十四兩曰鎰。按趙岐孟子注云：古者以一鎰爲一斤，一鎰是爲二十四兩也。與孟康説同。漢書張良傳，漢王賜良金百溢。服虔云二十兩曰溢。與孟康説異，未知孰是。溢、鎰通。漢以一斤爲一金，是漢之金已減於秦矣。古者黄金皆以完質相授，無剪鑿鎔銷之事。有當予萬錢，則以此方寸重一斤者授之，是爲一金。故東方朔曰：酆，鎬之間，號爲土膏，賈畝一金。文帝曰：百金，中人十家之産。韋賢賜黄金百斤。玄成詩曰：厥賜祁祁，百金洎館也。錢之輕重無常。今且以五銖計之，十枚重二兩二銖，百枚重一斤四兩二十銖，千枚重十三斤八銖。今世所傳五銖錢，大抵皆隋物也。每千重四斤二兩，當由今稱重於古三之二耳。孔穎達云，今一百二十斤，於古稱三百六十斤。黄金一斤直錢萬，則每兩直六百二十五，爲銅八斤二兩有奇矣。銀一流直錢千，則每兩直百二十五，爲銅一斤十兩有奇矣。金一兩才抵銀五兩，則金視今頗賤，而銅一斤十兩换銀一兩，則銅視今亦甚貴矣。自晉、宋以降，金漸少而價日昂。元史云：至大銀鈔一兩準至元鈔五貫，白銀一兩赤金一錢。此赤金即黄金之最美者。是金價十倍於銀也。明初直又減，洪武中每金一兩當銀四兩或五兩，永樂中當銀七八兩，崇禎中十換，江左至十三換。金愈貴則政愈亂，君子可以觀世變焉。近制：銅錢每千約重八斤有奇，直銀一兩、金一錢。則金之直銀一倍於漢，銀之直銅四倍於漢，金、銀益貴而銅乃極賤矣。虞夏三品，相直之數，不可得而聞。然古之善理財者，大率以銅錢權百貨之輕重，而又以金、銀權銅錢之輕重。遇有用錢之多者，即以金、銀代之，其或金、銀少，則當予金、銀者，亦以錢代之。漢書惠帝紀注師古曰：諸賜金不言黃者，一斤與萬錢。使三品互相流通，公私綽乎其有餘，而百貨之貴賤，常得其平，此足國富民之道也。

黃金之爲物，生於天地之間，百鍊而不耗，雖遇改鑄亦無虧損。故古時黃金最多，上下通行。陶朱公以黃金千鎰進莊生，趙肅侯以千鎰使蘇秦約諸侯，齊威王使淳于髡之趙，亦齎千鎰。齊餽孟子兼金百鎰，宋七十鎰，薛五十鎰。平原君以千金爲魯連壽，越賜虞卿百鎰，嚴仲子奉聶政母百鎰。漢文帝賜周勃黃金至五千斤，宣帝賜霍光至七千斤，而武帝以公主妻欒大，至齎金萬斤。衛青出塞斬捕首虜之士，受賜黃金二十餘萬斤。梁孝王薨，藏府餘黃金四十餘萬斤。館陶公主近幸董偃，令中府曰：董君所發，金滿百斤，錢滿百萬，帛滿千匹。乃白之。王莽禁列侯以下不得挾黃金，輸御府受直。至其將敗，省中黃金萬斤者爲一匱，尚有六十匱，黃門鉤盾藏府中尚方處處各有數匱。而後漢光武紀言：王莽末天下旱蝗，黃金一斤，易粟一斛。是民間亦未嘗無黃金也。董卓死，塢中有金二三萬斤、銀八九萬斤。昭烈得益州，賜諸葛亮、關羽、張飛金各五百斤、銀千斤。南齊書蕭穎胄傳：長沙寺僧業富，沃鑄黃金爲龍數千兩，埋土中，歷相傳付，稱爲下方黃鐵。梁書武陵王紀：黃金一斤爲餅，百餅爲簉，至有百簉，銀五倍之。自此以後，則罕見於史。舜典疏云：漢、魏贖罪，皆用黃金。後魏以金難得，金一兩收絹十匹，今律乃贖銅。自漢文帝至此，本日知録。然則黃金之耗減，實自南北朝始也。宋太宗問學士杜鎬曰：兩漢賜予多用黃金，而後代遂爲難得之貨，何也？對曰：當時佛事未興，故金價甚賤。此固其一端矣。然摹畫宫闕，塗餙器服，有銷金、泥金、貼金、剔金及爲絲、爲線之類，名號非一，皆耗金之由也。草木子云：金一爲箔，無復再還元矣。故齊武帝禁不得以金、銀爲箔。宋世亦屢申銷金之禁，良有以也。且海内産金之地無幾，鑿山披沙，積累於銖兩之微，其得之甚難矣。而用金之費，不啻如上所言，浮圖、宫闕、器服之外，又加以和戎之歲幣，通番之欵市，掖庭之私藏，權門之賂遺，皆一入而不復出，金安得不日耗乎！夫金飢不可食，寒不可衣，但使菽粟布帛，公私充羡，金少亦非所憂。而或倡爲開採之説，則貽害不可勝道。元時採金之處益多，至求之内地不足，而移其患於滇中。滇出金亦少，蠻方甚以爲苦。嗟乎，投珠抵璧之風，不可再見矣。昔有言我治天下十年，當使黃金與土同價者，彼獨何人，而乃竟爲絶德邪！

古者白金爲中幣，亦以完質相授，無剪鑿鎔銷之事。銀，一名鐐。説文：鐐，白金也。詩小戎曰「陰靷鋈續」，又曰「鋈以觼軜」，又曰「厹矛鋈錞」，則器物亦有以銀爲餙者。秦制幣二等，黃金爲上幣，銅錢爲下幣，而銀爲器飾，寶藏不爲幣。漢初因之。至武帝造白金三品，銀復爲幣。唐、宋時上下通行之貨，亦皆以錢。唯嶺南用銀。迨金之季年，寶泉日賤，民間但以銀市易。上下用銀，由此始也。近世權百貨以行於海内者，唯銀最爲流通，其數當亦不減於昔。而每患其寡，則以兩税之折色，歲輸白金，存留者少，而上供者多，民間之銀，一往而不返也。古未有以錢爲田賦者，自唐楊炎兩税之法行，始以錢當租庸之歲入矣。亦未有以銀準錢而爲賦者，自明正統末，倉糧折輸變賣，無不以銀，而錢遂不行於上矣。夫以錢爲賦，責農之所無，當時尚有錢荒之患。況地之産銀，倍少於銅，而歲輸白金，動以千萬計。彼田野之氓，不爲商賈，不爲官，不爲盜賊，銀奚自而來哉。勢必賤鬻穀帛以赴公程，遇凶年則舉倍稱之息，將有如聶夷中詩所云「二月賣新絲，五月糶新穀」者，民何以爲生。故由今之道，無變今之俗，縱令餘糧棲畝，野蠶成繭，而正供無辦，衣食不充，財終不可得而阜也。

銅之爲用甚廣。一曰鑄幣。管子云：先王以珠玉爲上幣，黄金爲中幣，刀布爲下幣。刀布即銅錢也。又云：禹始以歷山之金鑄幣，以贍民於厄。湯以莊山之金鑄幣，而贖民之無糧賣子者。食貨志云：太公立九府圜法，錢圓函方，輕重以銖。單穆公曰：古者天降災戾，於是乎量貨幣，權輕重，以救民。師古云：凡言幣者，皆所以通貨物，易有無，故金之與錢，皆名爲幣是也。二曰鑄律度量衡。律曆志云：凡律度量衡用銅者，所以同天下也。銅爲物至精，不爲燥濕寒暑變其節，不爲風雨暴露改其形，是以用銅是也。三曰鑄樂器。鐘、鎛、鉦、鐲、錞于之類，凡金奏之所用是也。四曰鑄鼎。左傳云：夏之方有德也，貢金九牧，鑄鼎象物。郊祀志云：黄帝采首山之銅，鑄鼎於荆山下是也。五曰鑄兵。左傳：楚子賜鄭伯金，盟曰無以鑄兵。注云：古者以銅爲兵。食貨志：賈誼言收銅勿令布，以作兵器。韓延壽傳：取官銅物，候月蝕，鑄作刀、劍、鉤、鐔是也。銅雖下品，而其用於世也，視金銀尤爲切要，是以先王寶之。後世唯鑄幣爲多，而耗銅之事更有三焉。一曰鑄佛像。吴志劉繇傳：笮融大起浮圖祠，以銅爲人。魏書釋老志：天安中，造釋迦立像，用赤金十萬斤是也。二曰鑄柱。董安于治晉陽，公宫令舍之堂，皆以鍊銅爲柱。荆軻擊秦王於殿上，中銅柱是也。三曰鑄人物。始皇聚天下兵器，鑄銅人十二，各重二十四萬斤。魏明帝鑄銅人二，號曰翁仲。又置黄龍、鳳凰各一，他如銅馬、銅駝之屬是也。是皆衰世之事，非先王之法，而民間所用之銅器，日新月異，尚不在其數。此銅之所以益少，錢之所以漸惡，而唐、宋峻禁銅之令，亦補偏救敝之一術與。

周禮揚州曰：其利金、錫。考工記曰：吴、粤之金、錫。是錫亦揚州之美利也，而禹貢無之，未詳何故。説文：五色之金，黄爲長，青曰鉛，赤曰銅，白曰銀，黑曰鐵，而錫則曰銀、鉛之間，是爲五金之間色矣。竊意五金之名，起自秦、漢以後，唐虞之世，鉛、鐵自稱鉛、鐵，周禮錫與金對言。可見鉛、鐵、錫皆不名，金三品之中，不容有錫也。考工記：鳧氏爲鐘，㮚氏爲量，段氏爲鎛器，桃氏爲刃，皆以錫齊才細反。金爲之。食貨志言秦始以銀錫爲器飾寶藏，而不爲幣。則周以銀、錫爲幣可知。漢武帝以少府多銀、錫，乃造銀、錫、白金。如淳曰：雜鑄銀、錫爲白金也。參考諸書，錫次於銀，亦用之不可闕者，鉛、鐵皆貢而錫獨無，殊不可曉。豈寶藏之興，各有其時，禹時揚州之錫礦未開，抑或開而猶未盛行於世邪！

瑶、琨、篠、簜，齒、革、羽、毛、惟木，釋文：瑶音遥，琨音昆，馬本作「瓓」。韋昭音貫。渭按：篠簜，史記作「竹箭」。

傳曰：齒，象牙；革，犀皮；羽，鳥羽；毛，旄牛尾；木，楩、梓、豫章。正義曰：瑶、琨，王肅云「美石次玉」者也。詩云「元龜象齒」，知齒是象牙也。説文云：齒，口齗骨也。牙，牡齒也。隱五年左傳云：齒牙骨角。牙、齒小别，統而名之齒，即牙也。考工記犀角七屬，兕甲六屬。宣二年左傳云：犀兕尚多，棄甲則那。是甲之所用，犀革爲上，革之所美，莫過於犀，知革是犀皮也。説文云：獸皮治去其毛爲革。革與皮去毛爲異耳。説文云：羽，鳥長毛也。知羽是鳥羽。南方之鳥，孔雀翡翠之屬，其羽可以爲飾，故貢之也。説文云：犛，西南夷長旄牛也。此犛牛之尾，可爲旌旗之飾。經傳通謂之旄。牧誓云「右秉白旄」，詩云「建旐設旄」，皆謂此牛之尾。故知毛是旄牛尾也。直云惟木，不言木名，故言楩、梓、豫章，此三者是揚州美木，故傳舉以言之。所貢之木，不止於此。曾氏曰：周禮太宰之職，享先王，則贊玉爵。内宰之職，后祼獻，則贊瑶爵。禮記曰：

尸飲五，君洗玉爵獻卿；尸飲七，以瑶爵獻大夫。公劉之詩曰「何以舟之，維玉及瑶」。則知瑶者，玉之次也。琨，按説文云「石之美者」，則琨次於瑶，又可知矣。

孔傳云：瑶、琨皆美玉。説文云：瑶，玉之美者。琨，石之美者。按真玉亦有差等。瑶或是玉之次者，於詩、禮分别玉瑶之義，亦未有害也。但不當以爲玉之美者耳。若琨則未有以爲玉者。傳謬。薛士龍云：瑶，今「珧」字，蜃甲似玉者。大非。金吉甫云：琨即今崐山石。恐亦未必然。要之，瑶、琨不如美玉，而優於怪石，則可以理斷也。

周禮揚州曰：其利竹箭。爾雅曰：東南之美者，有會稽之竹箭焉。郭注云：篠也。邢疏云：篠是竹之小者，可以爲箭幹。竹譜云：箭竹，高者不過一丈，節間三尺，堅勁中矢，江南諸山皆有之。會稽所生最精好。劉逵吴都賦注云：箭竹細小而勁實，可以爲箭，通竿無節，江東諸郡皆有之。然通典撫州貢箭簳百萬莖。則江西亦有是竹矣。周禮掌節：凡邦國之使節，以英簜輔之。鄭注云：以竹爲函，加以畫飾。盛節器也。蔡傳云：簜可以爲符節。誤矣。郭注爾雅簜竹引儀禮，「簜在建鼓之間」，謂簫管之屬，與孔傳大竹解不合，人皆疑之。渭按：篠定是小竹，簜大而節更疎，然亦有小者。吴都賦注引異物志曰：篔簹生水邊，長數丈，圍一尺五六寸，一節相去六七尺，或相去一丈，廬陵界有之。始興以南，又多此竹，闊節而大，至圍尺五六寸。周官符節之函，蓋取諸此也。簫管之材，大於箭幹。王褒洞簫賦曰：原夫簫幹之所生兮，于江南之丘墟。洞條暢而罕節兮，標敷紛以扶疎。李善注云：江圖曰：慈母山出竹，作簫笛有妙聲。丹陽記曰：江寧縣慈母山臨江，生簫管竹。王褒賦云「于江南之丘墟」，即此處也。其竹圓異衆處，自伶倫採嶰谷後得此奇，故歷代常給樂府，而呼鼓吹山。罕，稀也。言節稀而相去，標竹之扶疎也。此竹蓋簜屬之最小者，儀禮所謂「簜在建鼓之間」者也。篠中實，故中箭幹。簜中虛，故大者中節函，小者中簫管。郭注不誤。人泥孔傳大竹之説，反以爲非耳。

林少穎云：齒、革、羽、毛，謂凡鳥獸之體，可以爲器飾者皆是。孔氏以齒爲象牙，革爲犀皮，毛爲旄牛尾，似不必如此拘定。渭按：周禮角人掌以時徵齒角，凡骨物；羽人掌以時徵羽翮之政，于山澤之農，以當邦賦之政令；掌皮秋斂皮，冬斂革。左傳臧僖伯曰：皮革齒牙，骨角毛羽，不登於器，則公不射。此皆謂平常鳥獸，近地之所生者。若夫荆、揚之貢，即不盡如二孔所舉，亦必貴美之材，他州所無，故禹特令貢之。不然，則徵諸甸服而已足矣，舍近取遠何爲也哉？

象、犀、孔翠之屬，皆出嶺南。故有據此以爲今兩廣、雲貴、交趾之地，本在禹貢九州之内者，而其實非也。蓋諸侯之貢，有獻其土之所出者，亦有市取其附近之所出以獻者。荆、揚南抵五嶺，商旅往來，百貨流通，以其所有，易其所無，遠方之珍奇，不難致也。魯頌曰：憬彼淮夷，來獻其琛，元龜、象齒，大賂南金。淮夷在徐域，三者皆非其産也，而淮夷獻之。齒、革、羽、毛之貢，從可知已。

島夷卉服，釋文：卉，徐許貴反。

傳曰：草服葛越。正義曰：釋草云：卉，草。舍人曰：凡百草一名卉。知卉服是草服葛越也。葛越，南方布名，用葛爲之。左思吴都賦云「蕉葛升越，弱於羅紈」是也。蘇氏曰：島夷績草木爲服，如今吉貝、木綿之類。渭按：地理志：樂浪海中有倭人，分爲百餘國，又會稽海外有東鯷音題。人，分爲二十餘國，皆以歲時來獻見。蓋即此之島夷。百草總名卉，卉服殆非一種，去古已遠，不可得詳。葛越、吉貝、木綿，亦仿像言之而已。島夷在揚州東南海中。孔傳云：南海島夷。誤由以州界爲南距海也。吴幼清云：東海南海島上之夷，分東南爲二。亦未當。薛士龍云：島夷，朝鮮、甌駱之屬。朝鮮在東北，甌駱非島居者，唯古倭人、東鯷諸國可以當之。韓退之送鄭尚書帥嶺南序云：海外雜國若躭浮羅、流求、毛人、夷亶之洲、林邑、扶南、真臘、干陀利之屬，東南際天地以萬數。今按林邑以下在西南海中，不得言東南，此等距揚海絶遠，告成時，並未來貢也。

漢志會稽郡有冶縣。師古曰：本閩越地。志云東鯷在會稽海外。今直福建東南諸國是也。後漢東夷傳：倭在韓東南大海中，依山島爲居，凡百餘國。其大倭王居邪馬臺國。樂浪郡徼去其國萬二千里，其地大較在會稽東冶之東。魚豢魏略曰：倭在帶方東南大海中，依山島爲國。度海千里，復有國，皆倭種。蓋倭國有二，其在帶方東南者，即漢之倭人。

後漢書所謂倭在韓東南大海中者也。度海千里復有倭者，即漢之東鯷人，後漢書所謂大倭王國直會稽東冶之東者也。東鯷今爲日本。按唐書：日本古倭奴也。直新羅東南，在海中島而居，東西五月行，南北三月行。左右小島五十餘，皆自名國而臣附之。故後漢時稱大倭王云。

舊唐書云：婆利國有古貝草，緝其花以爲布，麤者名古貝，細者名白氎。文昌雜録：陳襄曰：閩嶺以南多木綿，土人競種之，採其花爲布，號吉貝。南史言林邑等國出古貝木，其華成對如鵝毳，抽其緒紡之以作布，與苧不異，亦染成五色，織爲斑布，蓋俗呼古爲吉耳。王氏日記云：卉服，蔡傳兼以木綿爲言。丘文莊亦以爲唐虞時島夷或以充貢，而中國未有也。故嬪婦之治，止於絲枲，民未有其服，官未有其調也。宋、元間種始傳入中國，關陝、閩、廣首獲其利。閩、廣通商舶，關陝接西域故也。今按唐虞時果已充貢，豈有歷代傳記略無及之者。元史食貨志亦不之載，是當再考也。渭按：卉服非一種，猶皮服之不可專指爲貔、爲豹、若羆也。説者以葛越爲中國所有，而必求一異物以當之，故有吉貝、木綿之説。要之，二者皆未可定，且吉貝出閩中，古貝出林邑、婆利。尚不知是一是二，又安見其果爲當日之所貢邪？

以皮卉爲島夷所服，然則淮夷蠙珠、暨魚，亦將爲自佩此珠、自食其魚乎？大抵漢儒解經，逐句立説，不能貫穿前後，故往往有此弊。

厥篚織貝，

正義曰：鄭玄云：貝，錦名。詩云：萋兮斐兮，成是貝錦。凡爲織者，先染其絲乃織也，則文成矣。禮記曰：士不衣織。吴氏曰：染其絲五色，織之成文者，曰織貝。不染五色，而織之成文者，曰織文。

孔傳云：織，細紵；貝，水物。夫既以織、貝爲二物矣，但曰織，安知其爲細紵乎？林少穎云：古人以珠貝爲貨，珠既入篚，則貝亦可以入篚。渭按：蠙珠不入篚，其璣組入篚者，璣貫於組，以組爲主，亦服貢，故篚之不可與貝同論也。又按：虞夏之世，珠玉爲器飾，寶藏而不爲貨，貢龜則尊之曰納錫，其不爲貨可知。貝亦未聞爲貨，爲貨自夏始。桓寬鹽鐵論曰：幣與世易，夏后氏以玄貝。易震之六二曰億喪貝。書盤庚曰：同位具乃貝玉，顧命，大貝在西房。傳云：大貝如車渠。陸德明云：渠，車輞也。伏生書大傳云：散宜生之江、淮，取大貝如大車之渠。鄭康成書傳云：閎夭之徒，求盈箱之貝，以賂紂。周書王會云：若人玄貝。孔晁注曰：若人，吴越之蠻。玄貝，班貽貝也。王應麟補注曰：爾雅：玄貝，貽貝注，黑色貝也。漢食貨志言秦并天下，龜貝始不爲幣。則周固以貝爲貨，此玄貝所以貢也。禹致貢在堯時，猶未尚貝，作錦名爲是。貝有玄、黄、紫、白之文，象五色之織，故取以名焉。漢世美錦出成都，則又不在揚而在梁矣。左思蜀都賦云「貝錦斐成，濯色江波」是也。

蘇氏云：吉貝，文斑爛如貝。亦引詩「貝錦」爲證。故蔡傳謂南夷木綿之精好者，亦謂之吉貝。海島之夷，以卉服來貢，而織貝之精者，則入篚焉。王明逸云：吉貝之名，但昉見於南史，不可因布名吉貝，而遂以爲織貝之精者，且篚屬通州，實非出於島夷也。

厥包橘、柚錫貢。

釋文：橘，均必反；柚，由究反。

傳曰：小曰橘，大曰柚，其所包裹而致者，錫命乃貢，言不常。正義曰：橘、柚二果，其種本别。以實相比，則柚大橘小。小曰橘，大曰柚，猶詩傳云「大曰鴻，小曰鴈」，亦别種也。此物須之有時，故待錫命乃貢。與荆州納錫大龜、豫州錫貢磬錯，皆爲非常，並在篚下。顔氏曰：柚似橘而大，其味尤酸，橘、柚皆不耐寒，故包裹而致之。蘇氏曰：橘、柚常貢則勞民害物，如漢永平、唐天寶荔枝之害矣。故錫命乃貢。張氏曰：必錫命乃貢者：供祭祀燕賓客則詔之，口腹之欲則難於出令也。

説文曰：柚，條也，似橙而酢。橙，橘屬。郭璞爾雅注曰：柚似橙實酢，生江南。金吉甫曰：沈存中謂本草柚皮甘。今所謂柚，其皮極苦，而橙皮甘，古之柚蓋橙云。葉夢得曰：橘性極畏寒，今吴中橘亦惟洞庭東、西兩山最盛。地必面南，爲屬級次第，便受日。陳襄曰：洞庭四面皆水也，水氣上騰，尤能辟霜，所以洞庭柑橘最佳。渭按：今浙東、江西橘柚更多，福建多且美，皆在揚域。唐時杭、台、洪貢柑橘，而蘇、常、湖無之。然古今事變不同，震澤爲禹功所及，以洞庭言，亦未爲不可也。

考工記曰：橘踰淮而化爲枳，此地氣然也。屈原橘頌曰：受命不遷，生南國兮。王逸注云：言橘受天命生於江南，不可移徙，種於北地，則化而爲枳也。吕氏春秋曰：江浦之橘，雲夢之柚。史記曰：蜀漢、江陵千樹橘。漢志巴郡朐忍、魚復二縣有橘官。故蜀都賦云：户有橘、柚之園。然則荆、梁之域，皆産橘柚，而獨揚貢之者，蓋揚産特美。禹時揚已令貢之，此物不常供，須用頗少，故後至荆、梁不復使貢也。孔傳謂包匭之包，亦橘、柚。而正義曲爲之説，曰文在篚上者，荆州橘、柚爲善，以其常貢，揚州則不常也。王肅云：橘、柚錫命而後貢之，不常入，當繼荆州乏無也。謂揚少而荆多且善，殊爲顛倒。至於截「包」字爲句，而以爲橘、柚，猶以織貝之織爲細紵也。其謬妄不待辯而可見矣。

鄭康成説錫貢云：此州有錫而貢之，或時無則不貢，錫所以柔金也。此蓋據職方言揚州産錫，故以此文當之。然則豫州之錫貢，亦爲金、錫之錫邪。豫不聞産錫也。且貢錫而謂之錫貢，又繫於「厥包橘、柚」之下，其不通甚矣。聖經豈有是乎！

沿于江、海，達于淮、泗。釋文：沿，悦專反。鄭本作「松」，「松」當爲「沿」。馬本作「均」。渭按：史記亦作「均」。集解鄭玄云均讀曰沿。

傳曰：順流而下曰沿。沿江入海，自海入淮，自淮入泗。正義曰：文十年左傳云，沿漢泝江。泝是逆，沿是順，故順流而下曰沿。沿江入海，順也；自海入淮，自淮入泗，逆也。易氏曰：揚之貢在北者，可徑達淮、泗；在南者，邗溝未開，無道入淮，必沿江、海，以達淮、泗也。渭按：此經蒙徐之文，曰達于淮、泗，則由菏入濟可知矣。經敍東南四州之貢道，首尾相銜，層層脱卸。化工也，非畫筆也。

陳大猷曰：循行水涯曰沿。水之險者，莫如江、海，遇風濤多沿岸而行，所以獨言沿，不言浮，以著其險也。此説亦通。然吴語：夫差曰：余沿江泝淮。又越師沿海泝淮，以絶吴路。則沿對泝言，明是順逆之辭，與左傳「沿漢泝江」同，當仍舊説。

揚之貢道，自常熟縣北之大江順流而下，至太倉州北七鴉浦入海，而東北經通州東，又北經如皋、興化、鹽城、山陽縣東，而西入淮口，泝流而上，歷安東縣南，山陽縣北，又西至清河縣西南之清口入泗，所謂沿于江、海，達于淮、泗也。清口本名泗口，今其道爲黄河所奪。

左傳：哀九年，吴城邗，音寒。溝通江、淮。杜注云：於邗江築城，穿溝，東北通射陽湖，西北至末一作宋。口入淮，通糧道也。今廣陵韓江是。吴越春秋：吴將伐齊，自廣陵闕江通淮，亦曰渠水。漢志：江都縣有渠水，首受江，北至射陽入湖是也。又名中瀆水，水經注：中瀆水首受江於江都縣，縣城臨江，昔吴將伐齊，北霸中國，自廣陵城東南築邗城，城下掘深溝，謂之韓江，亦曰邗溟溝。自廣陵出山陽白馬湖，逕山陽城西，又東謂之山陽浦，又東入淮，謂之山陽口是也。山陽本漢射陽縣，屬臨淮郡。晉義熙中，改曰山陽縣，射陽湖在縣東南八十里，縣西有山陽瀆，即古邗溝，其縣北五里之北神堰，即古末口也。

林少穎云：禹時江、淮未通，故揚之貢必由江入海，以達于淮、泗。至吴王夫差掘溝通水，與晉會于黄池，然後江、淮始通。説本蘇傳。今按：溝通江、淮事在左氏哀九年，黄池之會則在十三年，即吴語所云：夫差起師北征，爲深溝于商、魯之間，北屬之沂，西屬之濟，以會晉公午于黄池者也。一自江通淮，一自淮通濟，本二役，亦二地，東坡誤合爲一。

朱子偶讀漫記曰：孟子：决汝、漢，排淮、泗，而注之江。此但作文取其字數，以足對偶而云爾。若以水路之實論之，便有不通，而亦初無所害於理也。説者見其不通，便欲强爲之説，然亦徒爲穿鑿而卒不能使之通也。如沈存中引李習之來南録云：自淮沿流至于高郵，乃泝于江。因謂淮、泗入江，乃禹之舊迹，故道宛然。但今江、淮已深，不能至高郵耳。今按來南録中無此語，未詳其故。此説甚似，其實非也。按禹貢淮水既專達于海，故得列於四瀆。若如此説，則禹貢當云南入于江，不應言東入于海，而淮亦不得爲瀆矣。且習之「沿泝」二字，似亦未當。蓋古今往來淮南，只行邗溝運河，皆築埭置閘，儲閉潮汐，以通漕運，非流水也。故自淮至高郵不得爲沿，自高郵以入江不得爲泝，而習之又有自淮順潮入新浦之言，則是入運河時，偶隨淮潮而入，有似於沿，意其過高郵後，又迎江潮而出，故復有似於泝，而察之不審，致此謬誤。今人以是而説孟子，是以誤而益誤也。

閻百詩四書釋地曰：左傳哀九年，吴城邗，溝通江、淮。杜註明謂於邗江築城，穿溝，東北通射陽湖，西北至末口入淮。乃引江達淮，與孟子排淮入江者不合。直至隋文帝開皇七年，丁未，開山陽瀆；煬帝大業元年，乙丑，開邗溝，皆自山陽至楊子入江，水流與前相反。蓋孟子後九百餘歲，其言始驗，若預爲之兆者，亦屬異事。

漢志：江都，渠水首受江，北至射陽入湖。水經注：中瀆水首受江，自廣陵至山陽入淮。是其水乃自南入北，非自北入南也，即以邗溝既開時言之，孟子云「淮注江」，亦誤。然班固言渠水入湖，而不言入淮，頗有分寸。撰水經者乃云：淮水過淮陰縣北，中瀆水出白馬湖，東北注之。酈道元遂以爲此水直至山陽口入淮，而其説牢不可破矣。竊疑高郵、寶應、地勢最卑，若釜底然。潘季馴兩河議曰：高家堰去寶應高丈八尺有奇，去高郵高二丈二尺有奇。邗溝首受江水，東北流至射陽湖而止。杜預云：自射陽西北至末口入淮。此不過言由江達淮之糧道耳。路可通淮，而水不入淮也。水經殆不如地志之確。

酈道元云：晉永和中，江都水斷，其水上承歐陽，引江入埭。則邗溝之首受江處固已改矣，而水之北流如故也。據史所稱則南流當起隋世。又程大昌云：邗溝南起江，而北通射陽湖，以抵末口入淮者，吴故渠也。隋開皇七年，開山陽瀆以通漕運，比射陽末口則爲西矣。八年，數道伐陳，燕營舟師，乃不出淮，而出東海。則山陽之瀆，雖稍增廣，猶不勝戰艦。至大業初，大發淮南兵夫十餘萬，開邗溝自山陽至揚子入江，三百餘里，水闊四十步，可通龍舟，而後淮始達江也。宋史河渠志一詔云：邗溝曾爲吴王濞所開廣。不知何據。由是言之，則淮、湖之水，南流入江，實自煬帝大業初始。蓋溝闊至四十步，而又變曲爲直，北水南奔，浩瀚倍常，江流反爲其所遏，而不能北入。朱子所以云：自高郵入江，不得爲泝也。李習之不知水流已改，故其來南也，有泝江之説，與古時闇合，在當時却相反。

吴幼清云：江北淮南，地高於水，雖曰溝通江、淮，二水之間，掘一横溝，兩端築隄，壅水在溝中，若欲行舟，須自江中拽舟上溝，行溝既盡，又拽舟下淮。江、淮二水，實未嘗通流也。渭按：後世堰閘之法，可以隨時啓閉，舟至則開，舟過則閉。今運河諸閘皆然，不聞有拽舟之事，邗溝當亦如此。且左氏明言溝通江、淮，何以云未嘗通流邪。

或問：吴自哀九年溝通江、淮之後，十年伐齊，十一年又伐齊，十二年會魯于橐皋，十三年會晉于黄池。國語云：夫差既退，使告勞于周，曰余沿江泝淮，闕溝深水，出于商、魯之間。其所沿泝者，非即邗江至末口之道乎？曰：非也。射陽以南之水，引江以通湖，不可謂之江；射陽以北之路，由湖以達淮，不可謂之淮。其所稱沿江泝淮，蓋即禹貢揚州之貢道耳。何以知之。邗溝之開，杜注但云通糧道，其水未必能深廣。觀隋開皇中，山陽瀆既開，而猶不勝戰艦，則吴人所乘餘皇戈船之類，不可由此瀆明矣。故哀十年公會吴伐齊，左傳云：徐承帥舟師，將自海入齊，齊人敗之，吴師乃還。十三年黄池之役，於越入吴。國語云：越師沿海泝淮，以絶吴路。嚮使伐齊由邗溝，則徐承何獨帥舟師汎海，其自會而歸，越師欲絶其路，亦必泝江而不泝淮矣。故知吴王沿江泝淮，仍用禹貢揚州之貢道也。

近世言海運者，皆以禹貢爲口實，且謂事始於秦。今按：主父偃上書言：秦使天下蜚芻輓粟，起於東腄、琅邪負海之郡，轉輸北河。北河在秦九原郡界，與東海無涉。唯唐人實用海運。開元二十七年以李適爲幽州節度河北海運使。見唐會要。杜甫詩云：漁陽豪俠地，擊鼓吹笙竽。雲帆轉遼海，粳稻來東吴。又云：幽、燕盛用武，供給亦勞哉。吴門持粟布，汎海淩蓬萊。此元人海運之鼻祖也。元法用平底海船運糧，自江出海，北抵直沽，行一萬三千餘里。初更兩月，後乃僅月餘，省費不訾。然風濤叵測，人舟漂溺，無歲無之。而議者謂雖有此患，視河漕之役，所得實多。故終元之世，海運不廢。明人亦嘗用之，尋被漂溺，遂罷。蓋都幽、燕者，脱有意外之梗，不得已而出於斯，以紓朝夕之急，是或一策。若夫揚州之貢道，則自江口以至淮口，汎海不過六七百里，並岸而行，本不甚險，豈可與元人同日而語。議者乃藉口禹貢，欲復海運，委民命於不測之淵，以偷取一時之便，仁人君子，爲之寒心。嗟乎，勃、碣之間，膏壤千里，水田可興，農政可修，說見第十九卷甸服下。太平之基，萬世之利，端在於此。謀國者，慎無輕言海運哉。

【校勘記】

〔一〕江水奇分謂之三江口　「奇」，四庫本作「岐」。明朱謀㙔水經注箋云：「奇分當作岐分」。全祖望、戴震改作「歧」。趙一清又云：按廣韻，奇，異也。言所出異道也。字不誤。

禹貢錐指卷七

荆及衡陽惟荆州：

傳曰：北據荆山，南及衡山之陽。正義曰：以衡之南，無復有名山大川，可以爲記，故言陽，見其境過山南也。渭按：地理志：禹貢南條荆山在南郡臨沮縣東北，衡山在長沙國湘南縣東南。今湖廣襄陽府南漳縣有荆山，本漢臨沮地。衡州府衡山縣有衡山，本漢湘南地也。詳見導山。

殷有荆而無梁。爾雅：漢南曰荆州。注云：自漢南至衡山之陽。漢水出嶓冢，梁州山也。自嶓冢以東，至大别，凡在漢水之南者，皆爲荆州。然則禹貢梁州之地，荆亦兼之，不盡歸於雍。自大别以東，江南之地，爲揚所侵，而大别以西，漢東之地，亦皆入於豫。荆州之境縮於東北而贏於西南，殷因於夏，所損益可知也。周禮：正南曰荆州。衡山、雲瞢、江、漢皆禹貢荆州之山水，唯其浸潁、湛〔一〕，則有可疑。鄭云：潁出陽城，宜屬豫州，在此非也。湛未聞。今按：漢志潁水出潁川陽城縣陽乾山，東至下蔡入淮。湛水見杜預左傳注，襄十六年，晉、楚戰于湛阪。注云：襄城昆陽縣北有湛水，東入汝。水經注：湛水出犨縣北魚齒山，東南流，歷山下爲湛浦。春秋：襄公十六年，晉伐楚，楚公子格及晉師戰于湛阪，楚師敗績，遂侵方城之外。今水北山有長阪，蓋即湛水以名阪，故有湛阪之名。湛水又東南逕昆陽縣蒲城北，而東入汝。杜預亦以是水爲湛水。周禮：荆州其浸潁、湛。鄭玄云：未聞，蓋偶有不照也。今考地則不乖其土，言水則有符經文矣。然湛與潁實皆在河南、淮北之地。若割以屬荆，則斗入豫域七八百里，略似後世郡國犬牙相制之形，非帝王分疆建牧之意。「潁、湛」二字，或古文傳寫譌繆，如兖州盧、維之類，未可知也。周承殷制，亦有荆而無梁。李巡注爾雅言雍兼梁地，賈公彦疏周禮言雍、豫並兼梁地，而皆不及荆。殆未察「漢南曰荆」之義耳。蓋殷、周之荆、豫，皆以漢水爲界，梁州漢北之地，豫兼之；漢南之地，荆兼之；其嶓冢以西，則雍兼之。故二代無梁焉。

漢志云：周改禹徐、梁二州，合之於雍、青。顔注謂省徐以入青，併梁以合雍。諸儒皆從其説，而林少穎獨疑之曰：職方氏於青州，其山鎮曰沂山，其川淮、泗，其浸沂、沭。則徐合於青，無足疑者。若夫雍州，其山鎮曰嶽山，其澤藪曰弦蒲，其川涇、汭，其浸渭、洛。梁州之山川，無一存者，果何所據而謂梁合於雍乎！荆州其川江、漢，據江、漢之水發源於梁，由荆而東至揚，然後入於海。今以江、漢爲荆之川，則禹貢之梁州，其無合於職方氏之荆州乎！按林氏此言，發前人所未發，愚意實與之闇合。

荆州之建國，春秋時可考者，楚、夔、耼、權、䢵、與鄖同。州、左傳，桓十一年，州、蓼伐楚師。杜注云：州國在南郡華容縣東南，今爲監利縣地。羅、貳、軫凡九國。戰國時屬楚，而韓、秦亦少得其地。秦并天下，置南郡、黔中、長沙、南陽。東境是。漢復置荆州。領郡國八。後漢、魏、晉並因之。晉領郡十九。唐爲山南東道之江陵荆州、竟陵復、富水郢、齊安黄、漢陽沔、夷陵峽、巴東歸等郡，江南西道之江夏鄂、巴陵岳、長沙潭、衡陽衡、零陵永、江華道、桂陽郴、邵陽邵、武陵朗、澧陽澧等郡，黔中道之黔中黔、寧夷思、涪川費、盧溪辰、盧陽錦、靈溪溪、潭陽巫、清江施、播川播、夜郎珍、義泉夷、龍標業、溱溪溱等郡，又淮南道之安陸安、義陽申及嶺南道之連山連等郡。按以上通典所列，連山郡當出隸古南越，騎田嶺北爲桂陽嶺，南爲連山。連山亦古南越地，不當入荆域。黔中、寧夷、涪川、播川、夜郎、義泉、溱溪七郡皆梁南徼外蠻夷，非古黔中地，不在九州之限。元和志云：黔州本漢涪陵縣理。晉永嘉後，地没蠻夷，經二百五十六年，至周保定四年，涪陵蠻帥田恩鶴以地内附，因置奉州。建德三年改爲黔州，大業三年又改爲黔安郡，因周、隋州郡之名，遂與秦、漢黔中地犬牙難辨。其秦黔中郡所理在今辰州西二十里黔中故郡城是。漢改黔中爲武陵郡，移理義陵，即今辰州敍浦縣是。後魏移治臨沅，即今州是。今辰、錦、敍、奬、溪、澧、朗、施等州，實秦、漢黔中之地，而今黔中及夷、費、思、播隔越峻嶺，東有沅江水及諸溪並合，東注洞庭湖，西有延江水，一名涪陵江，自牂柯北歷播、費、思、黔等州，北注岷江。以山川言之，巴郡之涪陵與黔中故地，炳然分矣。然則此五州及珍、溱二州，皆梁南徼外蠻夷。今敍、瀘、重、夔之江南諸縣及遵義府是也。其東有峻嶺爲限，荆不當越此而西斗入六七百里，總因黔中名亂嶺東嶺西諸州混而爲一道，杜氏遂有此誤。敍州即巫州，奬州即業州也。又有當來屬者，豫域：襄陽之南漳、漢東之光化及南越始安郡全義縣嶺北之地是也。全義今爲興安縣，屬廣西桂林府。文獻通考云：自荔浦以北爲楚，以南爲越，今静江有中州清淑之氣，荔浦相距纔百餘里，遂入瘴鄉，是天所以限楚、越也。此蓋就當時風氣言之，近志遂以桂林、平樂二府爲禹貢荆州之域，恐未必然。杜氏以始安、平樂屬古南越爲是，唯全義縣嶺北之地當入荆域。以今輿地言之，湖廣武昌、漢陽、安陸、荆州、岳州、長沙、衡州、常德、辰州、寶慶、永平十一府，郴、靖二州、施州衛，其襄陽府則唯南漳縣，德安府則安陸、雲夢、孝感、應城、應山及隨州之南境廢光化縣地，黄州府則黄岡、麻城、黄陂、黄安，四川則夔州府之建始，廣西則桂林府之全州本漢零陵縣，屬零陵郡。隋改置湘源縣。唐屬永州。五代晉改曰清湘，於縣置全州。明省縣入，又改屬桂林。及興安縣嶺北之地，縣在府東北一百二十里，越城嶺在縣北三里。皆古荆州域也。

荆之北界，判自南漳縣之荆山，山在縣西北八十里，漳水所出。其西爲遠安、興山，北與梁接界。荆山之西百餘里爲景山。水經：沮水出漢中房陵縣。注云：出沮陽縣西北景山，即荆山首也。故淮南子曰：沮出荆山。元和志云：沮水出房州永清縣西南景山，永清本漢房陵縣地也。縣南一百一十三里有建鼓、馬騣二山，並高峻。又竹山縣西南三十五里有白馬塞山，孟達歎爲金城千里。蓋皆景山之餘脈矣。南漳以東爲荆門、鍾祥、京山元和志：大洪山在京山縣西北二百里，孤秀爲衆山之傑。及隨州之南境廢光化縣地。光化故城在今隨州東南三十餘里。唐隨州管縣四，通典云唯光化爲荆域，餘皆屬豫。又東爲應山縣，縣北有義陽三關，見齊書州郡志。義陽，唐申州治也。一曰平靖關，元和志云：在安州應山縣北六十五里，北至申州九十里，東至百鴈關一百六十里。申州今汝寧府之信陽州也。一曰黃峴關，又名百鴈關。元和志云：在應山縣北九十里，北至申州九十里，東至澧山關一百里。一曰武陽關，又名澧山關。元和志云：在應山縣東北一百三十里，北至申州一百五十里。即古之大隧、直轅、冥阸也。左傳：定四年，吴伐楚，自淮涉漢，楚左司馬戌請還塞大隧、直轅、冥阸，自後擊之。大隧即武陽，直轅即黃峴，冥阸即平靖也。三關又總名曰城口，楚史皇所謂塞城口而入也。「冥」亦作「黽」，又作「鄳」，皆讀若盲。又東爲黃安縣，有大活關、白沙關，本唐黃岡、麻城、黃陂三縣地，明嘉靖四十二年析置黃安縣。元和志云：大活關在黃州黃陂縣北二百里，東北至光州二百八里，西至安州澧山關一百里。白沙關西至大活關六十里，在州北二百四十里，北至光州界二十五里。又東爲麻城縣，有穆陵關、陰山關。元和志：穆陵關西至白沙關八十里，在麻城縣西北一百里，北至光州一百四十九里。陰山關西至穆陵關一百里，在縣東北一百一里，北至光州殷城縣二百里。按穆陵關在穆陵山上，或曰「齊之四履，南至穆陵」即此也。定四年吴、楚戰于柏舉，亦在縣界。諸關依山爲阻，與荆山東西準望相直，皆荆、豫接界處。

荆之南界，越衡山之陽，大抵及嶺而止。史記曰：秦有五嶺之戍。晉地理志曰：自北徂南，入越之道，必由嶺嶠，時有五處，故曰五嶺。據水經注，五嶺，大庾最東，爲第一嶺，在揚域，餘皆屬荆；第二騎田嶺，在郴州南；即黃岑山，亦名黃箱山，今謂之臘嶺，郴水所出，高千餘丈，南接廣東陽山縣界，北寒南燠，氣候頓殊。第三都龐嶺，在衡州府藍山縣南；亦稱都龐嶠，即黃蘗山。龐音龍。水經注作部龍，南接廣東連州界。鄧德明謂都龐在九真，大謬。第四萌渚嶺，在永州府江華縣南；亦稱萌渚嶠，即古臨賀嶺，又名白芒嶺，今名桂嶺，高三千餘丈，南接廣西平樂府賀、富川二縣界。第五越城嶺，在桂林府興安縣北，五嶺之最西嶺也。亦稱越城嶠，又名始安嶠。嶺北一百三十里接寶慶府城步縣界。經曰衡陽，未知所極。然酈氏有言，古人云五嶺者，天地以隔內外。見水經溫水注。韓退之曰：衡之南八九百里，地益高，山益峻，水清而益駛，其最高而横絶南北者，嶺。中州清淑之氣，於是焉窮。藉此表界，差爲近理耳。

荆之東界，準揚約略言之，蓋自麻城、黄岡，踰江而南爲武昌縣，又西南爲通山、咸寧、崇陽、通城，又南爲瀏陽、醴陵、攸縣、茶陵，又東南爲興寧、桂東、桂陽，又西南爲宜章，皆與揚分界處也。

荆之西界，經無可見。今據戰國時巴、楚分地約略言之，蓋自巴東踰江而南爲建始、施州、麻陽、沅州，又東南爲黔陽、靖州通道，以訖於興安，與貴州廣西接界。

江、漢朝宗于海。釋文：朝，直遥反。

傳曰：二水經此州而入海，有似於朝，百川以海爲宗。宗，尊也。正義曰：老子云：江、海所以能爲百谷王者，以其下之，是百川以海爲宗。鄭云：江水、漢水，其流遄疾，又合爲一，共赴海也。猶諸侯之同心尊天子，而朝事之。王氏樵曰：此僅六字耳，而江、漢趨海之勢，如在目前。嘗於武昌夏口望之，見其渺瀰奔瀉，如人之有所往，而意專行速，不遑他顧，狀以朝宗，傳水之神也。渭按：揚之三江入海無壅，故禹於此州疏江決漢，至大别合流，雖去海尚遠，而有朝宗之勢，説者謂紀此以該彼，非也。

江水自四川夔州府雲安縣東流，經奉節、巫山，又東出巫峽，至巴東縣入荆域，又東經歸州、夷陵、宜都、枝江、松滋、江陵、公安、澧州、華容，至安鄉會洞庭之水，又東經巴陵、沔陽、臨湘、嘉魚，又東北至江夏西，與漢陽分界，漢水從西北來注之。漢水自襄陽府宜城縣南流入荆域，又南經鍾祥、荆門，又東南經潛江、景陵、沔陽，又東經漢川，又南至漢陽與江水會，又東歷武昌、大冶至興國，其北岸爲黄州府之麻城，與揚接界。此禹在荆時所治也。詳見導漾、導江。

郭璞江賦云：巴東之峽，夏后疏鑿，絶岸萬丈，壁立赮駮。水經：江水東逕廣谿峽。注云：三峽之首，自昔禹鑿以通江。郭景純所謂「巴東之峽，夏后疏鑿」者。又江水東逕西陵峽，歷禹斷江。注云：南峽北有北谷村，兩山間有水清深，潭而不流。耆舊傳言：昔是大江，及禹治水，此江小，不足瀉水。禹更開今峽口，水勢并衝，此江遂絶，謂之斷江。今夷陵州西南有斷江山，是其遺跡。金吉甫云：三峽天險，非入都通道，計不施工，故不書。非是。蓋江之有三峽，猶河之有龍門也。禹治冀之河，自龍門始，則治荆之江，亦必自三峽始。

朝宗，孔、鄭義已備，不必引周禮春朝、夏宗爲證。鄭又云：荆楚之域，國有道則後服，國無道則先强，故記其水之義，以著人臣之禮。此臆説也。

九江孔殷，

正義曰：鄭云：九江從山谿所出，謂各自別源，非大江也，下流合於大江耳。晁氏曰：洞庭，九江也。曾氏曰：沅、漸、元、辰、敍、酉、湘、資、醴水，「元」當作「無」，蓋「無」訛爲「无」，又轉作「元」也。漢志：武陵無陽縣，無水。首受故且蘭，南入沅，行八百九十里。「醴」與「澧」同。皆合洞庭中，東入于江，是爲九江。導江云：過九江，至于東陵。今之巴陵。巴陵之上即洞庭也，因九水所合，遂名九江。水經：九江在長沙下雋縣西北。楚地記云：巴陵瀟、湘之淵，在九江之間是也。程氏曰：一江而名九江，亦猶嶓、岷、蠡三大派，合爲一流，而經以三江總之，即其例也。若其九江之所以名九，當時必有所因，不容鑿爲之說。渭按：今岳州府巴陵縣，本漢下雋縣地。下雋故城在今武昌府蒲圻縣界。縣西南有洞庭湖。山海經云：洞庭之山，帝之二女居之。是常遊於江淵，澧、沅之風，交瀟、湘之浦。「浦」本作「淵」，水經注引此作「浦」，今從之。是在九江之間，出入必以飄風暴雨，楚地記本此。説文：殷，作樂之盛稱。引易「殷薦之上帝」，周禮「陳其殷」，又「殷見曰同」。鄭注云：殷，衆也。則殷有衆盛之義。孔殷謂衆水所會，其流甚盛也。

孔傳云：江於此州分爲九道。正義曰：傳以江是此水大名，謂大江分而爲九，猶大河分爲九河也。潯陽記有九江之名，雖名起近代，義或當然。陸氏釋文曰：九江，尋陽地記云：一曰烏白江，二曰蜯江〔一二〕，三曰烏江，四曰嘉靡江，五曰畎江，六曰源江，七曰廩江，八曰提江，九曰箘江。張須元緣江圖云：一曰三里江，二曰五州江，三曰嘉靡江，四曰烏土江，五曰白蚌江，六曰白烏江，七曰箘江，八曰沙提江，九曰廩江，參差隨水長短，或百里，或五十里，始於鄂陵，終於江口，會於桑落洲。太康地記曰：九江，劉歆以爲湖漢九水，入彭蠡澤也。湖漢九水已見揚州。渭按：秦始皇滅楚，以其都壽春置九江郡。太史公曰：余南登廬山觀禹疏九江。淮南子曰：禹鑿江而通九路。地理志廬江尋陽縣下云：禹貢九江在南，皆東合爲大江。王莽改豫章曰九江郡，柴桑縣曰九江亭。應劭曰江自尋陽分爲九。郭璞江賦曰：流九派乎尋陽。自西漢以迄東晉，皆言大江至尋陽分爲九江，禹之所疏鑿。而尋陽記、緣江圖又備列其名。元和志云：江州尋陽郡，禹貢揚、荆二州之境。揚州云「彭蠡既豬」，今州南五十二里彭蠡湖是也。荆州云「九江孔殷」，今州西北二十五里九江是也。彭蠡以東爲揚州界，九江以西爲荆州界。此亦遵舊説。九江，孔、鄭異義而不言其處所，諸家皆謂在潯陽。其以洞庭爲九江者，自宋初胡旦始，而晁以道、曾彦和皆從之。朱子九江辨曰：九江，若曰派别爲九，則江流上下洲渚不一。今所計以爲九者，若必首尾短長均布如一，則横斷一節，縱别爲九，一水之間，當有一洲；九江之間，沙水相間，乃爲十有七道，於地將無所容。若曰參差取之，不必齊一，則又不知斷自何許而數其九也。況洲渚出没，其勢不常，江陵先有九十九洲，後乃復生一洲，是豈可以爲地理之定名乎？此不可通之妄説也。若曰旁計横入小江之數，則自岷山以東入于海處，不知其當爲幾千百江矣。此又不可通之妄説也。且經文言「九江孔殷」，正以見其吐吞壯盛，浩無津涯之勢，決非尋常分派小江之可當。又繼此而後及夫沱、潛、雲夢，則又見其決非今日江州甚遠之下流，此又可以證前二説者爲不可通之妄説也。九江即洞庭，既有山、水二經爲根據，而又得朱子此辨，其不在潯陽亦明矣。

尋陽記曰：今蘄州界古蘭池城，亦謂之潯水城，即漢尋陽縣也。通典曰：尋陽舊縣在江北蘄春郡界。今黄州府黄梅縣東北尋陽故城是也。故班志云九江在其南。東晉時温嶠移縣於江南，則九江在縣北矣。緣江圖所云「九江始於鄂陵，終於江口，會於桑落洲」者，今已無考。桑落洲在九江府城東北五十里大江中，鄂陵即武昌縣，縣界有峥嶸洲、蘆洲、楊葉洲。舊志云，江入縣境，播爲三江，過中洲至雙柳夾，又自峥嶸洲過磧磯，至大洲爲三江口。疑即其類。又按水經注：江水東逕軑徒系反。縣故城南，城對五洲江，中有五洲相接，故以五洲爲名。漢軑縣即今蘄水縣，五洲江當在此縣界也。寰宇記云：畎江五阜洲在黄梅縣南一百十里。可考者唯此而已。唐藝文志有九江新舊録三卷，不知其書尚存否。此等沙水相間，當時必實有。但洲渚出没不常，以近事驗之，枝江百里洲至明嘉靖初，江水衝斷爲二；又江夏鸚鵡洲爲東漢以來著名之古蹟，而崇禎中蕩決無存。則九派之湮滅，從可知已。然張須云：此九江隨水參差長短。則又犯朱子所駮。不知斷自何許而數其九者，禹之命名必不以此等洲渚也。

九江至春秋時爲江南之夢，戰國時稱洞庭五渚，韓非子謂之五湖，而九江之名遂隱，傳記鮮有言九江者。及秦滅楚，始置九江郡。酈道元云：秦立九江郡治壽春縣，兼得廬江、豫章之地，故以九江名郡。見淮水注。是即尋陽之九江矣。然洲渚參差長短，其在當時九派原不甚分明，故鄭亦疑焉，而有出自山谿之説。必求其水以實之，則水經所稱巴水、希水、赤水、蘄水、刊水、富水等，亦皆入江，而初無總會之處，則自岷山以東至海，小江千百，何可勝數。誠有如朱子所言者，程泰之云：古來名水，不比後世錯雜。如漾、漢入江，嘗得與江並大，而名爲北江矣。然其未入江時，止得名漢，不得名江。安有九小谿者，望江未至而得名爲江乎！此其説又不可通。故劉歆以湖漢九水爲九江，此九水者，同注彭蠡以入大江，謂之九江亦可。然彭蠡揚州之澤也，而指爲九江則荆之水而移於揚矣，其可乎？禹貢之九江，信非洞庭不足以當之也。

宋儒所據以辨尋陽之九江者，曰「過九江，至于東陵」，今巴陵也。夷陵一名西陵，故此爲東陵，而漢人則固自有其東陵矣。地理志廬江郡下云：金蘭西北有東陵鄉，淮水出。「淮」當作「灌」。雩婁縣下云「灌水北至蓼入決」是也。水經：江水東逕西陵縣故城南，故城在今黄州府蘄州西。又東逕下雉縣北，今武昌府興國州東有下雉故城。刊水從東陵西南注之。酈道元云：江夏有西陵縣，故是言東。尚書曰「江水過九江，至于東陵」者也。見江水注。又云：灌水導源廬江金蘭縣西北東陵鄉大蘇山，金蘭蓋漢初有是縣，中廢。故志不書。晉、宋間復置，故酈注據以爲言。按蓼縣故城在今河南光州固始縣北，灌水出金蘭縣西北之東陵鄉，而東北至蓼縣入決水。則金蘭當在固始之西南，南直黄梅之北矣。薛士龍以爲東陵在漢陽蘄州間，非是。褚先生所謂「神龜出於江、灌之間，嘉林之中」，蓋謂此也。灌水東北逕蓼縣故城西，而北注決水。見決水注。江、灌，史記龜策傳作江、淮，與漢志均爲誤字也。今按黄梅縣西南九十里有蔡山，西接廣濟縣界。通典云：廣濟縣蔡山出大龜，書曰「九江納錫」即此。凡此類鑿鑿言之，蓋秦、漢以來相傳之語，不但東陵確有其所，并大龜亦真出此矣。先入爲主，頗難摇動，而愚以三事折之，曰：巴陵臨江，而金蘭之東陵去江六百餘里，安得云至于東陵，一非也；江自巴陵以東，至沙羨即迆北，胡三省曰：江水東流自武昌以下，漸漸向北，蓋南紀諸山所迫，陂陁之勢，漸使之然也。使九江在尋陽，東陵在金蘭，則是先迆北而後至于東陵，二非也；書「江、漢朝宗于海」，盡之矣，而復於其下流書「九江孔殷」，不亦贅乎，三非也。朱子之辨，昭昭若揭日月，敢以是爲爝火之助云。

水經：湘水出零陵始安縣陽海山，即陽朔山也，在縣北。湘、灕同源，分爲二，南爲灕水，北則湘川。今廣西桂林府興安縣，本漢始安縣地，山在縣南九十里。應劭謂之零陵山。東北流逕長沙下雋縣西，又北至巴丘山入于江。注云：湘水會資、沅、微、澧四水，微水從東來注于湘，世謂之麋湖口。今巴陵縣東南微湖是也。同注洞庭，而北會大江，名之五渚。戰國策曰：秦與荆戰，大破之，取洞庭五渚也。史記：蘇代説燕王云：秦正告楚曰，漢中之甲，輕舟出於巴，乘夏水而下江，四日而至五渚。湖水廣圓五百餘里，日月若出没於其中。湖中有君山、一名湘山，又名洞庭山。編山，相次去數十里，迴峙相望，孤影若浮，所謂三苗之國，左洞庭者也。巴丘山在湘水右岸，山有巴陵故城，本吴之巴丘邸閣也。晉太康元年立巴陵縣於此，即今岳州府治。西對長洲，洲南磨湘浦，北對大江，三水所會，謂之三江口。在巴陵縣西北。元和志云：巴陵城對三江口。岷江爲西江，澧江爲中江，湖湘江爲南江。巴陵舊志云：洞庭湖一名五湖，又名三湖。三湖者，洞庭之南有青草湖，西有赤沙湖，而洞庭周回三百六十里，南連青草，西吞赤沙，橫亘七八百里，因名三湖，又謂之重湖。重湖者，一湖之内，南名青草，北名洞庭，有沙洲間之也。今道出湖、湘間者，必問津於洞庭。洞庭吐納羣川，而大江西來，橫亘其口，每歲六七月間，岷、峨雪消，水暴漲，自荆江逆入洞庭，清流爲之改色。瀕湖之縣，巴陵居其東，華容、安鄉居其北，常德府之龍陽居其西，沅江居其南，長沙府之湘陰居其東南。渭按：周禮荆州無九江，蓋已包在藪澤雲夢之中矣。然自是九江之名遂不著，故或稱江南之夢，或稱洞庭五渚，或又稱巴丘湖。郭璞爾雅注云：雲夢，今華容縣南巴丘湖是也。後世既不知洞庭爲九江，見尋陽江中多沙水相間處，遂指其九派爲九江。而導山、導江之文義，皆不可得通矣。太史公不敢言山海經，然其中亦有可信者，如謂澧、沅、瀟、湘在九江之間，賴此一語，而九江遺跡猶可推尋，其有造於禹貢不小也。

曾氏説九江，一曰沅，出牂柯且蘭縣，東北注洞庭湖入江。二曰漸，一名澹水，出武陵索縣東入沅。三曰無，出牂柯且蘭縣，東南入沅。按説文，「無」本古「舞」字，故無水或加水作潕，又作潕。四曰辰，出武陵辰陽縣東入沅。五曰敍，一作序，出武陵義陵縣西北入沅。六曰酉，出武陵充縣，東南入沅。七曰湘，已見前。八曰資，一作澬，出零陵都梁縣，東北入沅。九曰澧，出武陵充縣，東北注洞庭湖入江。朱子考定九江，去無、澧二水，而易以瀟、蒸，一曰瀟江亦名營水。出營陽泠道縣留山，北流注湘水。二曰湘江，三曰蒸江，漢志作「承」，後漢志作「烝」。出邵陵縣界，至臨承縣北，東注于湘。四曰澬江，五曰沅江，六曰漸江，七曰敍江，八曰辰江，九曰西江。按朱子據導江文，江先合澧而後過九江，故不數澧。然澧實會南江以東注洞庭，非上流自入江也，安得而不數？「無」字誤作「元」，朱子以爲亡是水，故置之。古無瀟水，酈道元云：瀟者，水清深也。湘中記曰湘川清，照五六丈下，見底石如樗蒲，是納瀟湘之名矣。然則瀟湘猶言清湘，非別有瀟源。隋、唐以後，始謂瀟水出九疑山，北合湘水，是曰瀟湘耳。武陵、零陵、長沙之水，皆入沅、湘，如蒸水者頗多。金吉甫云：郴水亦入湘，舊不列九江，未知與漸、敍二水，大小若何？然則朱子所更定，亦未有以見其爲必然也。善乎，林少穎之言曰：九江之名與其地，世久遠不可强通。然各自別源，而下流入江，則可以意曉也。斯真通人之見。傅同叔云：九江不必求其有九，如太湖一湖而得名五湖，昭餘祁一澤而得名九澤，皆不可以數求也。此説本程泰之。恐又不然。當時必實有九水會同，故以爲名。但水道通塞離合，古今不常。自戰國時唯知有湘、沅、資、微、澧而名之五渚矣，況後世乎！與其出此入彼，不若闕疑之爲得耳。

正義云：江以南水無大小，俗人皆呼爲江。或從江分出，或從外合來，故孔、鄭各爲別解。此説非也。禹貢山川豈有俗稱，漢合於江，而後謂之北江，彭蠡合於江、漢，而後謂之三江。當其未合不得名江也。九水亦必俱會於洞庭，而後謂之九江。凡湘江、沅江等稱，皆後世俗稱也，不可以説經。巴陵所對之長洲，禹時蓋未曾有，江身與湘浦莽爲一壑。九江即大江也，特以其流爲九水之所匯，因號九江耳。九河主其分，九江主其合。河自一而分爲九，故曰播；江自九而合爲一，故曰殷。當其未合，非獨此九水不得冒江之名，即漢與彭蠡不得冒江之名也。

孔殷，傳云甚得地勢之中，頗費解。蔡氏云：殷，正也。九江水道甚得其正。蓋指其分處言之，亦非經旨。鄭康成云：殷，猶多也。九江從山谿所出，其孔衆多。孔字作孔竅解，則涉於怪矣。今竊取朱子吐吞壯盛，浩無津涯之義，以釋「孔殷」，而從説文訓盛，視舊説差覺穩當。

〔丁晏曰：錐指於九江主洞庭之説。東樵既知洞庭説自宋初胡旦始，則宋以前無是説矣。東樵又引山海經「江淵澧沅之風，交瀟湘之淵」是在九江之間，以爲九江在洞庭之證。然山海經此注謂潯陽九江，引書「九江孔殷」，則非洞庭明矣。太史公不敢言山海經，東樵取以證經可乎？東樵又引水經「九江在長沙下雋西北」全謝山校正水經，謂長沙下雋之説，非水經之本文，乃後世所竄入也。且水經江水篇缺佚不完，淮水注秦立九江郡治壽春縣，兼得廬江、豫章之地，故以九江名郡。是即尋陽之九江矣。史記河渠書：余南登廬山，觀禹疏九江。太史公從孔安國問古文，以九江近廬山，則爲尋陽之九江無疑。班志廬江郡尋陽自注：禹貢九江在南，皆東合爲大江。應劭注云：江自潯陽分爲九道。鄭康成、孔穎達並依地理志，司馬彪續志、杜佑通典亦同。東樵不取漢、唐相傳之古義，而取宋人之肊說，誤矣。錐指既取九江洞庭之説，而於「過九江至於東陵」，亦取宋人説，以東陵爲巴陵。案班志廬江郡自注：金蘭西北有東陵鄉，水經釋禹貢東陵同。決水注：灌水導源廬江金蘭縣西北東陵鄉大蘇山。錢氏坫謂大蘇山即東陵是也。而東樵以巴陵當之，又誤。」

沱、潛既道，說文：沱，徒河反。潛，捷廉反。渭按：潛，史記作「涔」，漢書作「灊」，後同。

傳云：沱，江别名。正義曰：導江言「東别爲沱」，是沱爲江之别名也。釋水云：水自江出爲沱，漢爲潛。渭按：詩召南曰江有沱。荆州之沱也。一在江北，寰宇記「江自枝江縣百里洲首派别，北爲内江」者是。一在江南，水經注「夷水出魚復縣江，至夷道縣北，東入江」者是。潛水或云在今安陸府鍾祥、潛江二縣境，然漢東之地津渠交通，未知孰爲古潛水。黄文叔云：自後世通渠漢川、雲夢之際，禹跡固多湮没，誠然。

水經注：江水自夷道縣北，今宜都縣西有夷道故城。又東逕上明城北，晉荆州刺史桓沖築此城，移州治焉。在今松滋縣界。江汜枝分，東入大江。縣治洲上，故以枝江爲稱。今枝江縣東北六十里有百里洲，延袤百里，與江陵分轄。枝江故城在縣東。地理志曰「江沲出西南東入江」是也。志無「南」字，疑此衍。

江水又東會沮口，又南逕江陵縣南，縣江有洲，號曰枚迴洲，洲在縣西南六十里。「枚」或作「枝」。江水自此兩分而爲南、北江。寰宇記云：百里洲首派別，南爲外江，北爲内江。王晦叔云：枝江縣百里洲，夾江、沱二水之間，其與江分處謂之上沱，與江合處謂之下沱。渭按：南江在古時爲岷江之經流，北江爲沱。南江自枝江縣南，又東逕公安縣西，又東南流爲涔水。隋志松滋縣有涔水。蓋東與公安接界。九歌：望涔陽兮極浦，横大江兮揚靈。王逸注云：涔陽，江碕名，附近郢，即此水之北也。涔水入澧州界，爲四水口，歷州之東北，又東南合澧水，經華容縣南，入赤沙湖，又東南逕安鄉縣西，而東南入洞庭湖，與北江會。此即禹導江，「東至于澧，過九江，至于東陵」之道也。北江自枝江縣北，又東逕松滋縣北，又東逕江陵縣南，又東逕公安縣北，又東逕石首縣北，又東逕監利縣南，夏水出焉。北江又東至巴陵縣西北，會洞庭之水，此即江北之沱，寰宇記所謂内江者也。其後北江之流漸盛，而南江日微，世反以南爲沱，北爲江。説者遂謂「東至于澧」不可解，以澧水北去江二百餘里故也。詳見導江。

正義引鄭注云：今南郡枝江縣有沱水，其尾入江耳，不於江出也。華容有夏水，首出江，尾入沔。蓋此所謂沱也。渭按：枝江沱水爲江洲所隔而成，何言不於江出。華容夏水自江陵縣東南，首受北江，東北流逕監利、沔陽與潛江縣分界，又東北至京山縣東南，而注于漢。此本沱水岐分而爲夏，非出於大江。鄭以爲沱者，蓋北江久已盛大，世目爲岷江之經流，因以其所出者爲沱耳。禹時無此沱也，不可從。

漢志：南郡巫縣，夷水東至夷道入江，過郡二，行五百四十里。今巫山縣東北有巫縣故城。水經：夷水出巴郡魚復縣江，今奉節縣西十五里有魚復故城。東南過很山縣南，今長陽縣西有很山故城。又東過夷道縣北，今宜都縣西有夷道故城。東入于江。注云：夷水即很山清江也，江水注謂之夷谿。水色清，照十丈分沙石，因名清江。昔廩君浮此水，據捍關而王巴。捍與扞同。是以法孝直有言：魚復扞關臨江據水，實益州禍福之門。夷水又東逕建平沙縣，「沙」下當有「渠」字。江水篇云：烏飛水北流，逕建平郡沙渠縣南。元和志：施州清江縣，本漢南郡巫縣地，吴沙渠縣也。縣有巫城，南岸水山道五百里，其水歷縣東，自沙渠入很山縣，水流淺狹，裁得通船。又東逕很山縣故城南，縣即山以名。孟康曰音恒。今世以銀爲音。南對長楊溪。溪水出西南射堂村谷中石穴，北流注于夷水。隋改很山曰長楊，以溪得名。唐又改「楊」爲「陽」。又東北逕夷道縣北，又東逕宜都縣北，今縣治即宜都故城。東入大江，有涇、渭之比，亦謂之很山北溪。渭按：夷水首出魚復江，尾入宜都江，行五百餘里，是亦荆州之沱也。古時自巴入楚，避三峽之險，皆由此路。史記：張儀説楚王曰：秦西有巴、蜀，大船積粟，起於汶山，浮江以下，至楚三千餘里。舫船載卒，一日行三百餘里，不至十日而拒扞關。扞關驚，則從境以東盡城守矣，黔中、巫郡非王之有。黔中，漢爲武陵郡，即今常德府。巫郡，漢爲巫縣，即今巫山、巴東、建始三縣及施州衛地也。此言舟師由夷水入楚也，何以知之？楚世家：肅王四年，蜀伐楚，取茲方。於是楚爲扞關以拒之。後漢書：李熊説公孫述曰：東守巴郡，拒扞關之口。徐廣曰：巴郡魚復有扞水、扞關。後漢志同。章懷太子賢曰：扞關故基在今峽州巴山縣。寰宇記云：廢巴山縣在長陽縣南七十里，即古捍關是也。唐志：巴山縣，隋分很山縣置。天寶八載省入長陽。水經注：江水自江關東逕弱關、捍關。江關在今奉節縣東瞿唐峽口。注云：弱關在建平秭歸界。秭歸今歸州也。蓋大江出三峽，逕弱關；江沱出很山，逕捍關，劃然兩道。儀言浮江以下拒捍關，則不經巫峽明矣。夷水受江處，不知何時日就陻塞。後漢建武中，公孫述遣將田戎等乘枋箄下江關，拔夷道、夷陵。光武命岑彭、吴漢伐之。彭擊破戎等，率舟師長驅入江關。漢留夷陵，裝露橈船將三萬人，泝江而上。則皆取道於三峽，而不復由夷水矣。蓋其時水已淺狹，不勝戰艦。自後荆梁有事，苟用舟師，未有不由峽江者。然酈注云沙渠裁得通船，則後魏時水道猶存。下逮唐初，建始之北遂成斷港。故章懷注西南夷傳云：今施州清江縣夷水，一名鹽水，源出縣西都亭山。清江廢縣亦在長陽縣界。寰宇記云：夷水自施州開蠻界，流入長陽縣。明一統志云：夷水源出舊施州開蠻界，流經建始、巴東、長陽，至宜都入江。蓋不復知此水出西北奉節之大江，而以爲西南施州衛之山源矣。其所謂都亭山者，即在開蠻界也。然自漢志已不言首受江，未知何故。班氏疎略頗多，水經注原委詳明，而又有張儀之言以爲證，無可疑者。禹導江自梁入荆，必浮此水也。

陸氏釋文：馬云：其中泉出而不流者，謂之潛。言泉出則可，言不流則非。韻會：潛水，伏流也。左思蜀都賦「演以潛、沫」，劉逵注云：水潛行曰演，此二水伏流，故曰「演以潛、沫」。荆州之潛，雖不如出龍門石穴之奇，亦必漢水伏流從平地涌出，故謂之潛。承天府志云：漢水自鍾祥縣北三十里分流爲蘆伏河，經潛江縣東南，復入于漢，即古潛水也。按潛江縣本漢竟陵、江陵二縣地，唐大中十一年置徵科巡院於白洑。見寰宇記。宋乾德三年升爲潛江縣。韻會：洑，伏流也。或作「洑」。今漢水之分流者名蘆伏，而其地又名白洑，在縣西四十里。皆取伏流之義。此水起鍾祥縣北，訖潛江縣東南，行可三百里，以爲古之潛水，庶幾得之。蓋禹時本自伏流涌出，復入于漢。及乎後世通渠漢川、雲夢之際，見河渠書。則開通上源，以資舟楫之利，禹迹遂不可考耳。其他沔陽、漢陽之境，凡漢水枝津大抵皆通渠者之所爲，志家槩指爲潛水，真妄談不足信。

王晦叔曰：隋志南郡松滋縣有涔水。「涔」即古「潛」字。故史記云沱、涔既道。今松滋分爲潛江縣矣。渭按：松滋之涔乃大江分流，首尾皆與漢無涉，安得因史記作「涔」，而以此水當之。潛江縣在江北，本竟陵、江陵二縣地，亦非析松滋置也，並誤。

正義曰：孔梁州注云：沱、潛發源此州入荆州，以二州沱、潛爲一者，蓋以水從江、漢出，皆曰沱、潛。但地勢西高東下，雖於梁州合流，還於荆州分出，猶如濟水入河，還從河出耳。蘇傳曰：以安國、穎達之言考之，味別之説，古人蓋知之久矣。梁、荆相去數千里，非以味別，安知其合而復出邪。林少穎云：據爾雅是凡水之出於江、漢者，皆有此名。出於荆者，荆之沱、潛也；出於梁者，梁之沱、潛也，不必有合流味別之説。斯言足以正孔、蘇之謬。

〔丁晏曰：錐指以荆州之潛爲潛江水。漢水分流蘆伏河，經潛江縣東南入於漢，即古潛水也。案鄭於此注云：潛則未聞象類，蔡傳亦謂潛水未有見，深得闕如之旨。昔程大昌進講禹貢，孝宗宣諭宰執曰：古經斷簡，闕疑可也，何必强爲之説。此真通人之論。東樵從傳寅説，指爲潛江，所謂强爲之説也。且此縣至宋乾德始置，潛江「潛」乃後起之名，其不可引以釋經亦明矣。」

雲土夢作乂。

釋文：雲，徐本作「云」。夢，亡弄反，一音武仲反。徐莫公反。

傳曰：雲夢之澤，其中有平土丘，水去可爲耕作畎畝之治。正義曰：此澤既大，其内平土有高丘也。渭按：雲土夢，漢書作「雲夢土」，史記水經注並作「雲土夢」。沈括筆談云：石經倒「土夢」字。唐太宗得古本尚書，乃「雲土夢作乂」，詔改從古本。雲夢，澤名也，方八九百里之中，有澤、有湖、有土，而江、沱、潛、漢亦灌注於其間。職方主藪澤，禹貢主土田。孔子曰：夫言豈一端而已，夫各有所當也。雲夢土作乂，謂江、漢、九江、沱、潛之功畢，則水去而雲夢之土已耕治也。

雲夢，經傳諸書有合稱者，有單稱者。周禮：荆州藪澤曰雲瞢。爾雅十藪：楚有雲夢，吕覽、淮南子同。戰國策：楚王游於雲夢，結駟千乘。宋玉高唐賦曰：楚襄王與宋玉遊於雲夢之臺。司馬相如子虛賦曰：雲夢者方八九百里。此合稱雲夢者也。左傳：定四年，楚子涉睢，濟江，入于雲中。此單稱雲者也。宣四年，䢵夫人棄子文于夢中。昭三年，楚子以鄭伯田江南之夢。宋玉招魂曰：與王趨夢兮課後先。此單稱夢者也。單稱特省文耳。雲可該夢，夢亦可該雲。故杜元凱注夢中云：夢，澤名。江夏安陸縣東南有雲夢城，則夢在江北。注雲中云：入雲夢澤中，所謂江南之夢。則雲在江南。注江南之夢云：楚之雲夢跨江南北。則南雲、北夢，單稱合稱，無所不可，絕無江北爲雲、江南爲夢之說。自唐太宗詔改此經爲「雲土夢作乂」，而穎達引左傳以爲之説曰：此澤亦有單稱雲單稱夢，經之「土」字在二字之間，蓋史文兼上下也。司馬貞史記索隱亦云：雲、夢本二澤，人以其相近，或合稱雲夢，宋沈括、羅泌、易祓、郭思、鄭樵、洪邁、洪興祖等，襲其説而爲之辯曰：雲在江北，夢在江南，而古注棄若塵羹矣。蘇子瞻申疏意云：雲與夢，二土名也，而云雲土夢者，古語如此，猶曰玄纖縞云爾。此於文義頗不順，故王氏更爲之解曰：雲之地土見而已，夢之地則非特土見，草木生之，人有加功乂之者矣。蔡氏云：雲夢之澤，地勢有高卑，故水落有先後，人工有早晚也。自後無不遵此説。今按史記賈誼傳云：長沙卑溼。巴陵故長沙下雋地也，諸湖萃其西南，安得爲特高。江北雖亦有湖澤，然楚都及漢東諸國皆在焉，豈反卑於江南。此事理之難信者。若從石經本，則傳云：澤中有土，可以耕作。義甚愜當。愚嘗反復於斯，而覺太宗此一改殊多事，不若仍舊之爲得也。

〔丁晏曰：錐指于「雲土夢作乂」引沈括筆談云：石經倒土夢字，唐太宗得古本尚書乃

「雲土夢作乂」，詔改从古本。今考夢溪筆談云：舊尚書禹貢云「雲夢土作乂」，太宗皇帝時得古本尚書作「雲土夢作乂」，詔改禹貢从古本。沈括所稱太宗謂宋太宗，故稱皇帝，所以尊本朝也。東樵加「唐」字，大誤。又引石經倒土夢字，今筆談亦無此語。唐開成石經亦係「雲土夢作乂」，東樵謂从石經本，則傳云「澤中有土」，義甚愜當。此石經又不知何據？蓋一誤再誤也。且東樵謂太宗此一改殊多事，然經作「雲土夢」不始于宋初之改本，史記夏本紀、水經沔水注皆作「雲土夢」，正義云：經之「土」字在二字之間，史文兼上下也。疑漢、唐傳本如是。宋太宗所得古本，當即東晉古文書。所云舊尚書作雲夢，蓋馬、鄭舊本。班志亦作「雲夢」，疑今文書作「雲夢」也。東樵誤謂唐太宗改尚書，邵晉涵爾雅正義亦謂唐人改「雲土夢作乂」，則又沿東樵之誤也。」

漢志：南郡華容縣，雲夢澤在南，荆州藪。編縣有雲夢宮。江夏西陵縣有雲夢宮。華容今監利、石首二縣，監利在江北，石首在江南。編縣今荆門州，西陵今蘄州及黄岡、麻城，皆在江北。水經注云：雲杜縣東北有雲夢城。見沔水。雲杜今京山縣。又云：夏水東逕監利縣南，縣土卑下，澤多陂陁，西南自州陵東界，逕於雲杜、沌陽，爲雲夢之藪。韋昭曰：雲夢在華容縣。郭景純言縣東南巴丘湖是江南之夢。杜預曰：枝江縣、安陸縣有雲夢。蓋跨川亘隰，兼苞勢廣矣。見夏水。州陵今沔陽州，沌陽今漢陽縣也。元和志云：雲夢澤在安陸縣南五十里，東南接雲夢縣界。以上諸州縣皆在江北。由是言之，東抵蘄州，西抵枝江、京山以南，青草以北，皆爲雲夢。孔疏云：雲夢一澤，而每處有名者。子虛賦云：雲夢者，方八九百里。則此澤跨江南北，每處存名焉。此説是也。賦家之言，華而不實，唯此語爲可信。然上文云：楚有七澤，其小小者名曰雲夢，則仍是浮夸之習。七澤疑即雲夢之别名，如雲連徒州之類。

傳云：雲夢之澤在江南。大誤。穎達順傳爲義曰：左傳楚子與鄭伯田於江南之夢，是雲夢之澤在江南也。已又欲遵詔改之文，則曰此澤跨江南北，亦得單稱雲單稱夢。及解「作乂」，復與傳同。首尾横決，殊爲可笑。爾雅之雲夢所包亦廣，而郭景純以巴丘湖當之，蓋本漢志。然彼華容之外，尚有編縣、西陵之雲夢，郭唯舉此湖，則遺漏多矣。

左傳：吴師五戰及郢。楚子涉睢，濟江，睢即沮水，古字通。入于雲中。盜攻之，遂奔鄖，又奔隨。沈存中云：鄖即今之安州，涉江而後至雲，入雲然後至鄖，則雲在江北也。因以江南之夢爲證。渭按：吴師自東來，故昭王自郢西走，至枝江縣界，涉睢濟江而南，東行入雲中。杜注以爲江南之夢，則雲中在江南明甚。即今石首、華容等處。沈意謂奔鄖時，自江南涉江而北至雲，誤矣。傳稱江南之夢，對江北之夢言，非謂江北爲雲，江南爲夢也。劉昭曰：巴丘湖，江南之雲夢。杜注極其分明，總由經文一改，説者必欲判雲夢爲兩地，故有此誤。或曰：古注誤者亦多，何以知杜説爲必然。曰：方吴之勝楚也，循江北岸而西，昭王若東走，則遺之禽矣。迨入郢處宫之後，始可從東道奔鄖耳。涉睢是西行，濟江乃南渡，所入之雲中，必不在江北也。鬭伯比淫於䢵子之女，䢵，國名，字亦作「鄖」。生子文。䢵夫人使棄諸夢中。䢵子田，見之。䢵都即今安陸縣，德安府治。西南距巴丘可五百里。計夫人棄此兒當在近地，豈使涉江而南？䢵子所田亦必非江南之夢。以是知元凱之精覈，而唐、宋諸家之説爲鹵莽也。

邵氏簡端録云：雲夢，澤歟？非澤也。非澤而以爲澤，何居？雲夢皆土也，當是時洪水懷山襄陵，何有於雲夢哉。水聚焉而爲澤，因名之宜也，於是而土焉，於是而乂焉，雲夢之宜也。不然宜澤而土且乂，其將能乎！縱能之，其得謂之行所無事乎！周職方：荆州澤曰雲夢，蓋兼洞庭有之。渭按：雲夢之地，雖不盡爲澤，然大勢卑下，鍾水獨多，故職方目之曰藪澤。夏秋潦集爲澤，霜降水涸爲藪。其淵深而四時不竭者，則謂之湖。自剖判以來有之，非待懷襄始。然亦非禹功既遠，至周時胥化爲湖澤也。傳云：澤中有平土高丘，水去則可以耕作。最有分刌。土其所固有，氾濫之水去而民乃作乂，依然行所無事也。經於此特揭一「土」字，正以其水多而土少耳。若大陸、萊夷、蒙、羽、岷、嶓，則直書曰作、曰藝，奚必更言土哉！

或問：江南之夢，果爲巴丘湖，湖其可田乎！曰：孫光憲北夢瑣言云：湘江北流至岳陽，達蜀江。夏潦後，蜀江漲，遏住湘波，溢爲洞庭湖，凡數百里，而君山宛在水中。秋水過，此山復居於陸，唯一條湘川而已。岳陽風土記云：青草湖，夏秋水泛與洞庭爲一水，涸則此湖先乾，青草生焉。巴陵舊志云：赤沙湖，當夏秋水泛則與洞庭爲一，涸時唯赤沙彌望。縣東南又有灉湖，一名翁湖，又名閣子湖。趙冬曦灉湖詩序曰：灉湖者，沅、湘、澧、汨之餘波，夏潦奔注，則泆爲此湖。冬霜既零，則涸爲平野。諸湖迎冬輒涸，茂草叢生，禽獸居之，此其所以可田也。然則九江亦涸乎？曰：九江指湘水入江之口，回聚淵深，四時不竭者。愚嘗謂禹時湘浦未有沙洲，江身與九水之尾，混爲一壑，故得稱九江，非統三湖言之。水經云：九江在下雋縣北。蓋即楚辭所謂北渚，南史所謂三湘浦也。

厥土惟塗泥，厥田惟下下，厥賦上下。

傳曰：田第八，賦第三，人功修。林氏曰：土雖與揚州同，而地勢稍高，故田加於揚州一等。

厥貢羽、毛、齒、革，惟金三品，渭按：毛，漢書作「旄」。

傳曰：土所出與揚州同。正義曰：揚州先齒、革，此州先羽、毛者，蓋以善者爲先。由此言之，諸州貢物多種，其次第皆以當州貴者爲先也。林氏曰：揚先金三品，而此先羽、毛、齒、革，揚先齒、革，而此先羽、毛。孔氏謂以善者爲先，薛氏謂以多者爲先，二説皆通。按職方揚州其利金、錫，荆州其利丹、銀、齒、革，則荆、揚之産不無優劣可見矣。渭按：楚語：王孫圉曰：楚之所寶，齒、角、皮、革、羽、毛，所以備賦用，以戒不虞者也。韋注云：角所以爲弓弩。齒，象齒，所以爲弭。皮，虎豹皮也，所以爲茵鞬。革，犀兕也，所以爲甲冑。羽，鳥羽也，所以爲旌。毛，旄牛尾，所以注竿首。觀於此言，則羽、毛、齒、革信惟荆産最良，而其爲用亦大略可覩也。

左傳：晉重耳對楚子曰：羽、毛、齒、革，君地生焉，其美於揚信矣。然周禮言荆州之利，有齒、革而無羽、毛。左傳：鄭聲子曰：如杞、梓、皮、革，自楚往也。荀子曰：楚人鮫革犀兕以爲甲，鞈如金石。則楚之齒、革亦美，不知何以獨後於羽、毛。意者孔翠、旄牛之屬，皆出徼外，物貴而致之亦難。而揚之羽、毛則唯取諸境内之鳥獸，此其所以有先後之殊也與。

揚州傳以毛爲旄牛之尾。今按地理志言蜀西近邛、筰馬、旄牛。師古曰：邛、筰之地出馬及旄牛。故蜀郡有旄牛縣。後漢書云：冉駹夷出旄牛是也。今甘肅臨洮亦有之，皆去揚絶遠。唯荆則來自梁域，較易耳。然雍、梁又不以爲貢，殊不可解。

爾雅曰：南方之美者，有梁山之犀、象焉。地理志言南粤近海多犀、象。陶弘景注名醫別録云：犀出武陵、交州、寧州諸遠山。蘇頌圖經本草曰：今象多出交趾、潮、循諸州，世傳荆蠻山中亦有野象。然楚、粤之象皆青黑，惟西方拂林、大食諸國乃多白象。樊綽雲南記備言其事。渭按：象、犀嶺南皆有之，荆、揚致此並易，齒、革二物當無優劣也。犀革爲甲，吴語：奉文犀之渠。韋注：謂楯也。吴都賦云：户有犀渠。是犀革亦可以飾楯。牛尾爲旌旄，此用之必不可已者也。詩小雅曰：象弭魚服。禮記玉藻曰：孔子佩象環五寸。楚辭離騷曰：雜瑶象以爲車。則象齒中器服之飾。後世又有用爲牀者，戰國策：孟嘗君至楚獻象牀。注云：象齒爲牀是也。至其所謂羽者，傳但云鳥羽，韋昭國語注同。而疏以孔雀、翡翠當之。南方異物志云：孔雀出交趾、雷、羅諸州，南人生斷其尾，以爲方物。按左傳：楚子翠被豹舄，鄭子臧好聚鷸冠。鷸即翠鳥。九歌曰：孔蓋兮翠旍。與旌同。注云：言以孔雀之翅爲車蓋，翡翠之羽爲旗旍也。招魂曰：砥室翠翹，挂曲瓊些。翡翠珠被，爛齊光些。又曰：翡帷翠帳，飾高堂些。李斯諫逐客書曰：建翠鳳之旗。此皆衰世之事，不見於經。古風淳樸，不知有此等否。竊謂雉羽文明可用爲儀。説文：雉，伊、洛以南曰翬，江、淮而南曰摇。雗、鷂同。徐鉉曰：古名雉爲翟。鄭康成周禮注云：伊、雒而南，素質，五色皆備成章曰翬。江、淮而南，青質，五色皆備成章曰摇。故王后五路有重翟、厭翟，六服有揄狄、闕狄。通作翟。蓋羽畎、夏翟不足以供其用，而南方之翬、摇亦必取給焉。又有鷩雉，爾雅所謂鷩山雞者，周書謂之采雞，一名鵕鸃，出南粤諸山中，湖南、湖北亦有之。周有鷩冕，漢有鵕鸃，冠皆以其羽爲飾。王會解鸞揚之翟注云：揚州之鸞貢翟鳥。經所言恐只是此類，聖人不貴難得之貨，未必用孔翠之屬也。

管子曰：金起於汝、漢。韓子曰：荆南之地、麗水之中生金。此黄金也。周禮：荆州曰其利丹銀。此白金也。左傳：鄭伯朝於楚，楚子賜之金，既而悔之，曰：無以鑄兵。遂以鑄三鐘。此赤金也。三品荆皆有之。楚語王孫圉言金生雲連徒洲之藪，而周禮獨言銀，則銀必多且美。按後魏書，銀出始興陽山縣，又出桂陽陽安縣。元和志：銀坑在郴州平陽縣南三十里，所出銀至精，俗謂之偈子銀。别處莫及。通典衡、巫二州貢麩金，邵州貢銀，皆荆域也。而嶺南桂、賀、昭、潯、高、廉、端、柳等二十四州出銀作貢，並在荆之徼外，壤地密邇，得之甚易，此職方所以獨稱銀與。

王氏日記云：古者以珠玉爲上幣，黄金爲中幣，刀布爲下幣。三幣握之則非有補於暖也，食之則非有補於飽也。先王以守財物，以御人事，而平天下，則有時而用焉。其取之有時，其用之有節，其貢也致之邦國，而天子無私求與私藏也。周之衰，荆、揚之貢金不入，而周王求之於魯，春秋譏之。漢元帝時，貢禹請罷採珠、玉、金、銀鑄錢之官，毋復以爲幣，租税禄賜皆以布帛及穀，使百姓一意農桑。貢禹之言，固先王之意也。然泉貨所以交通百物，布帛不可以尺寸分裂。禹因後世之弊，而遂欲廢先王之制幣，則過矣。渭按：此論甚正。莊子稱聖人捐金於山，藏珠於淵，不過寓言以諷世主之奢靡，而實非事情。使其果然，則禹貢非聖人之書矣。捐金藏珠謂不自採取則可，并邦國之貢亦却之，而唯以布帛菽粟相授受，堯、舜中正之道不如是也。

杶、榦、栝、柏，釋文：杶，勑倫反。徐勑荀反。又作「櫄」。「榦」本又作「幹」，故旦反。栝，古活反。

傳曰：榦，柘也。柏葉松身曰栝。正義曰：榦爲弓榦。考工記云：弓人取榦之道七，以柘爲上。知此榦是柘也。釋木云：栝，柏葉松身。陸璣毛詩義疏云：杶槫栲漆，相似如一。則杶似槫漆也。杶、栝、柏皆木名也，以其所施多矣。柘木惟用爲弓榦，弓榦莫若柘木，故舉其用也。顔氏曰：杶木似樗而實。曾氏曰：揚州貢木，不言名者，不可勝名也。此言杶、榦、栝、柏，其所貢止此耳。金氏曰：榦，材中弓弩之幹，周官所謂「荆之幹」是也。渭按：考工記：弓榦柘爲上，檍次之，檿桑次之，橘次之，木瓜次之，荆次之，竹爲下。林氏謂不必專指柘，凡木可以爲弓榦者皆是。似勝舊説。蓋榦材頗多，不可偏舉，故括之曰榦。

説文云：杶，木也。夏書曰：杶榦栝柏。或从熏作櫄。又云：橁，杶也。左傳：孟莊子斬其橁以爲公琴。杜注云：橁，木名。杶也，琴材。徐鍇曰：杶木似樗，與槫同。中車輮，實不堪食。杶又作椿。蘇恭曰：椿、樗二樹形相似，但樗疎、椿實爲別也。蘇頌曰：椿木實而葉香，樗木疎而氣臭，樗最無用。莊子所謂「其木擁腫，不中繩墨；小枝曲拳，不中規矩」者。李時珍曰：椿、樗、栲一木而三種，樗、栲皆不材之木，不似椿堅實可入棟梁也。渭按：杶、櫄、橁、椿爲一木，字異而音義並同。杶與樗、栲雖相似而樗、栲不材，貢之何爲，則杶與樗、栲實異種也。杶一作櫄，蓋椿葉香故從熏，杶之爲椿明矣。其材大抵中琴、中車輮，蘇傳曰：杶，柘也，以爲弓榦。是以杶、榦爲一木，考諸書無言杶即柘中弓榦者，恐非。

爾雅：樅，松葉柏身。檜，柏葉松身。説文同而栝作桰。解云：檃也。一曰：矢栝築弦處，檜亦音古活切。集韻云：檜古作桰，通作栝。書「杶、榦、栝、柏」，爾雅翼云：檜性耐寒，其材大可爲棺槨及舟。詩曰：檜楫松舟。左傳曰：棺有翰檜。今人謂之圓柏。韻會引字説云：檜，柏葉松身，則葉與身皆曲。樅，松葉柏身，則葉與身皆直。樅以直從，檜以曲會。李時珍本草曰：檜葉尖硬，亦謂之栝，今人名圓柏，以别於側柏。茅氏匯疏云：澠水燕談載，亳州法相禪院矮檜，一郡珍玩，目其寺曰矮栝。似栝、檜一也。渭按：傳訓「栝」與爾雅「檜」同，説文解「檜」如爾雅而「桰」下不復出，則栝、檜實一木。北音讀栝爲古外切，故又有木旁从檜之字〔三〕。栝乃柏之類，葉扁而側生者爲柏，俗謂之側柏；葉尖硬而向上者爲栝，俗謂之圓柏。

王氏日記云：古荆、揚之木貢，有則貢之。棟宇器用有所須則用之，甚儉而易供也。後代有營繕，則工師求大木，至於深山窮谷，人跡不到之處，懸崖吊橋，艱難萬倍，比至深澗，必待夏秋洪水泛漲，方抵大江。嗚呼！林麓盡矣。帝省其山則何辭以對，是故禹卑宮室，而作訓以峻宇彫牆爲戒，豈非人君之所當守哉。

韓非子稱堯、舜茅茨不翦，採椽不斲，土階三尺，其言或太甚，當時未必若是之樸陋。然禹卑宮室，固堯、舜家法，後世陵雲概日之構，我知其無有也。荆、揚貢木，或以爲其中有宮室之用。余按魯頌曰「徂來之松，新甫之柏。」商頌曰「陟彼景山，松柏丸丸。」皆言作寢廟事。可見古人之宮室，唯以松柏爲之，不須奇木，而周禮冀州之利曰松柏，則帝都附近之地，供之而有餘，何必遠取諸他州。竊意：岱畎之松，嶧陽之桐，及荆之杶、榦、栝、柏，皆器用之材，而揚之貢木雖多，亦未必有梗楠、豫章合抱之木，長至十餘丈者也。大禹作貢，必不貽害於民。近世採皇木者，輒求之楚、蜀深山之中，林麓盡而民力與之俱盡，此義明，庶乎其知儆矣。

礪、砥、砮、丹，釋文：礪，力世反。砥音脂，徐之履反；韋昭音旨。砮音奴，韋昭乃固反。渭按：礪，漢書作「厲」。

傳曰：砥細於礪，皆磨石也。砮，石中矢鏃。丹，朱類。正義曰：砥以細密爲名，礪以麤糲爲稱。鄭云：礪，磨刀刃石也。精者曰砥。魯語曰：肅慎氏貢楛矢石砮。賈逵云：砮，矢鏃之石也。丹者，丹砂。王肅云：可以爲采。夏氏曰：山海經謂荆山首自景山至琴鼓山，凡二十有三，而獲多砥、礪。則荆州貢砥、礪亦宜矣。金氏曰：礪、砥，今郢石是也。砮則今思、播有之。丹，朱砂也。今辰、錦所出光明砂，及溪洞老鴉井所出尤佳。渭按：此四者皆石之類。子虛賦言雲夢之石曰：瑊玏玄厲。張揖云：玄厲，黑石，可用磨也。是礪、砥出雲夢。穀梁傳曰：天子之桷，斲之、礱之，加密石焉。范注云：以細石磨之，細石即砥也。

魯語：仲尼在陳，有隼集於陳侯之庭而死，楛矢貫之，石砮，其長尺有咫。八寸曰咫。陳惠公使人以隼如仲尼之館問之。仲尼曰：隼之來也遠矣！此肅慎氏之矢也。昔武王克商，通道於九夷、八蠻，於是肅慎氏貢楛矢，石砮，其長尺有咫，銘其栝曰「肅慎氏之貢矢」，栝，箭羽之間。以分大姬，配虞胡公而封諸陳，君若使有司求諸故府，其可得也。使求，得之金櫝，如之。蘇子瞻石砮記曰：余自儋耳北歸，江上得古箭鏃，槊鋒而劍脊，其廉可劌，而其質則石，此即所謂「楛矢石砮」，孔子不近取之荆、梁，而遠取之肅慎，則荆、梁之不貢此久矣。王明逸云：女直即古肅慎之地，今尚産楛矢石砮。石砮出黑龍江口，名水花石，堅利入鐵。子瞻之所見，古荆、梁外徼固宜有之也。渭按：孔子知爲肅慎之矢者，亦以其長尺有咫耳，非以荆、梁不貢而徵諸肅慎也。荆、梁即不貢，中國豈絶無此物，而射隼者必肅慎乎，子瞻説未當。然因此可見古荆、梁石砮之狀，亦佳話也。

周禮揚州曰：其利丹銀。説文：丹，巴、趙之赤石也〔四〕。外象采丹井，中丹形。徐鍇曰：得丹穴而富，穴即井也。蘇頌圖經本草曰：丹砂今出辰州、宜州、階州，辰最勝，謂之辰砂。其魂大者如雞子，小者如石榴顆、芙蓉頭，箭鏃連狀者碎之，嶄巖作牆壁，真辰砂也。渭按：周書王會：卜人以丹砂。孔晁注曰：卜人，西南之蠻，丹砂所出。王應麟補注曰：太平御覽：卜人，蓋今之濮人也。伊尹爲四方獻，令正南百濮。牧誓注：濮在江、漢之南。左氏傳：巴濮吾南土也。然則卜人寔荆域，故貢丹砂也。通典：辰州貢光明砂四斤。是辰産最勝，丹砂與金銀爲一氣。封禪書：李少君曰：丹砂可化爲黄金。後世方士又用諸藥合丹砂鍊制爲銀。孝經援神契云：石潤苞玉，丹精生金。鶴頂新書云：丹砂始生鑛石，二百年成丹砂，三百年而成鉛，又二百年而成銀，又二百年復化而爲金。李時珍曰：今毋砂銀生五溪丹砂穴中，色理紅光。丹砂與金銀爲一氣，信矣。

惟箘、簵、楛，釋文：箘，求隕反。簵音路。楛音户。

傳曰：箘、簵，美竹，楛中矢榦，三物皆出雲夢之澤。正義曰：鄭云：箘、簵，聆風也。竹有二名，或大小異也。肅慎氏貢楛矢，知楛中矢榦。顔氏曰：箘、簵，竹名；楛，木名也，皆可爲矢。曾氏曰：董安于之治晉陽也，公府之垣，皆以荻蒿苦楚廧之，其高丈餘。趙襄子發而試之，其堅則箘、簵之所不能過也。則箘、簵竹之堅勁者，其材亦中矢之笴。簵，一作「簬」。説文：箘簬也，一曰博棊。又云：簬，箘簬，竹名。引夏書「惟箘、簬、楛」。箘，或作「箟」，招魂曰：箟蔽象棊有六簙。洪興祖補注云：箟，竹名，故説文以箘爲博棋。呂氏春秋曰：駱越之箘。則南越亦産此竹。箘簵或以爲二種，或以爲一種，未知孰是。鄭謂大小異名，理或然也。詩大雅曰：瞻彼旱麓，榛楛濟濟。陸璣草木疏云：楛形似荆而赤，莖似蓍，上黨人織以爲牛筥箱器，又屈以爲婦人釵。然則楛亦北地所有，但不中矢幹，故必取諸荆耳。

正義云：三物皆出雲夢之澤，當時驗之猶然。渭按：楚語王孫圉云：有藪曰雲連徒洲，金木竹箭之所生也。韋昭謂即雲夢之藪。故孔傳據以爲言，非必當時驗之。傳出魏、晉間人手，此又一證矣。金者，金三品也。木者，杶、榦、栝、柏、楛也。竹箭者，箘、簵也。周禮曰：藪以富得民。雲夢之藪富矣哉。

古矢笴之材，有竹有木。竹二：一爲揚之篠，一爲荆之箘簵也。木二：一爲荆之楛，一爲冀之蒲也。左傳：宣十二年，晉廚子曰：董澤之蒲。注云：蒲，楊柳，可以爲箭。河東聞喜縣東北有董池陂，是蒲柳亦中矢笴，禹時在甸服，故無貢。

三邦底貢厥名，

呂氏曰：凡杶榦及楛十物，非朝廷所常用，必使之貢則勞民，不使之貢則有用而或闕，故惟使貢其名。名者，列其條目而貢之也，聖人處事之精審如此。渭按：底貢厥名與錫貢意相似，但揚、豫所言止一物，而此則爲物甚多。故列其所須之名，而使致貢於京師。經所以異其文曰厎貢厥名也。

林少穎云：三邦之地，經無明文，難以考據。按考工記：材之美者，有妢胡之笴。鄭注云：胡子之國在楚旁。意者即三邦之故地歟。渭按：胡，歸姓之國也。漢志汝南汝陰縣故胡國。杜預左傳注同。今鳳陽府潁州西北有胡城廢縣是也。胡國後爲楚所并，其初亦不可謂在楚旁。禹貢爲豫州之域，去雲夢絶遠，三邦當闕疑，林説殊屬附會。

傳云：箘、簵、楛三物皆出雲夢之澤，近澤三國皆致貢之，其名天下稱善。張氏曰：三物貢其尤美者，厥名，猶言尤美也。以此句專承三物，恐非。蘇氏曰：三邦，大國次國小國也。杶、榦、栝、柏，礪、砥、砮、丹，與箘、簵、楛，皆物之重者，荆州去冀最遠，而江無達河之道，難以必致重物。故使此州之國，不以大小，但致貢其名數，而準其物，易以輕賫，致之京師，重勞人也。林少穎云：此説不然。夫所謂「任土作貢」者，皆其服食器用之物而不可闕。故使準其本歲所輸之賦，而貢於京師。若謂當貢之物，準其名數，易以輕賫，正非作貢之本意也。渭按：林説良是。且揚州貢木更多，梁州貢鐵砮等，皆重物也。而路尤遠於荆，何以獨不易輕賫乎！吕説勝孔亦勝蘇，灼然可從。

包匭菁茅，

釋文：匭音軌。菁，子丁反。徐音精，馬同。

傳曰：匭，匣也。茅以縮酒。正義曰：匣是匱之小者，菁茅所盛，不須大匱，故用匣。僖四年左傳，齊桓公責楚云：爾貢包茅不入，王祭不共，無以縮酒。郊特牲云縮酒，用茅明酌也。特令此州貢茅，茅當異於他處。杜預云：茅之爲異未審。鄭玄以爲菁茅、茅之有毛刺者。王氏曰：包匭菁茅者，包且匭也。物或篚、或包，至菁茅則包且匭者，正以供祭祀，故嚴之也。朱子曰：古人榨酒不以絲帛，而以編茅。王室祭祀之酒，則以菁茅，取其至潔也。吳氏曰：揚州先篚後包，此先包後篚者，以菁茅祀貢重物，包而且匭，故升在篚前。渭按：水經注云：晉書地道志曰：泉陵縣有香茅，氣甚芳香，言貢之以縮酒。見湘水。泉陵爲零陵郡治。蓋此茅潔且芳，異於他處所産，宜縮祭祀之酒，故特令包匭而貢之。

孔傳截「包」字爲句，而謂即橘柚。王肅云：揚州厥包橘柚，從省而可知也。此不須多辯，只以左傳「包茅」二字折之足矣。傳又以菁、茅爲二物，曰：菁以爲葅，茅以縮酒。正義曰：周禮醢人有菁葅、鹿臡，故知菁以爲葅。鄭云：菁，蕪菁也。蕪菁處處有之，而令此州貢者，蓋以其味善也。渭按：吕氏春秋云：具區之菁。則菁以揚産爲美，未聞荆州味善也，且菁爲七葅之一，何獨與縮酒之茅同其貴重。鄭注此經以菁茅爲一物，符合左傳，確不可易。

鄭云：匭猶纏結也。重之，故既包裹而又纏結也。張子韶云：安國謂匭爲匣而礙於包，故以包爲橘、柚。康成以包爲裹而礙於匭，故謂匭爲纏結。余謂此物專供祭祀，故以匭藏之，又以複帕包匭而致嚴也。學欲通古今，不因見今日複帕包盤杅之屬，則包匭之説，終爲孔、鄭所惑矣。渭按：菁茅菁菁然，華盛而氣更芬芳，貢之者欲其色香不變，故包而加之以匭。包在内、匭在外也。恐與複帕包盤杅不同。

周禮：甸師祭祀供蕭茅。鄭興云：蕭字或爲莤，莤讀爲縮。束茅立祭前，酒沃其上，酒滲下若神飲之，故謂之縮。杜注左傳用其説，魏華父云：古無灌茅之義，所謂縮酒，只是醴有糟，故縮於茅以清之。若曰滲下去如神飲，此臆説也。渭按：周禮司尊彝曰醴齊縮酌。注云：以茅縮去滓也。解縮字甚明，仍不用先鄭祭前沃酒之説。

茅氏匯疏云：蠻溪叢笑云：麻陽包茅山，茅生三脊。孟康曰零茅，揚雄曰璚茅，皆三脊也。爾雅謂之藐，廣雅謂之茈萸。本草云：生楚地，三月採，陰乾，傜人以社前者爲佳，名鴉銜草。今辰、常並出。包茅山在麻陽縣東九十里。靖州亦多有之。渭按：封禪書：管仲謂桓公曰：江、淮之間，一茅三脊，所以爲藉也。其用不同，恐別是一種。易曰：藉用白茅者是。且江、淮之間，謂淮南、江北也。其在古荆州域者，今爲德安、黄州二府地，而未聞有異茅焉。晉地道志亦不言香茅有三脊。荆州所貢，殆非管仲之所稱也。湖南産茅處雖多，終當以泉陵之香茅爲正。泉陵今永州府治零陵縣及所領祁陽縣皆其地也。吴幼清云：菁茅所以供祭祀縮酒之用，三邦厎貢其有名者。舊以「三邦厎貢厥名」屬上文「箘、簵、楛」，非是。渭按：孔疏云：鄭玄以「厥名」下屬「包匭菁茅」，吴說本此。審爾，則經何不曰：包匭菁茅，三邦厎貢厥名乎！其非可知。

厥篚玄纁、璣、組，釋文：纁，許云反。璣，其依反，又音機。馬同。玉篇：渠依、居沂二反。組音祖。

傳曰此州染玄纁色善，故貢之。璣，珠類，生於水。組，綬類。正義曰：釋器云：三染謂之纁。李巡云：三染其色，已成爲絳。纁，絳一名也。考工記云：三入爲纁，五入爲緅，七入爲緇。鄭云：纁者三入而成，又再染以黑，則爲緅。又再染以黑，則爲緇。玄色在緅、緇之間，其六入者，是染玄纁之法也。說文云：璣，珠不圓者，故爲珠類。玉藻說佩玉所懸者，皆云組綬。是組綬相類之物也。張氏曰：組，此州所善織紝者。吴氏曰：玄，染黑六入者，七入則爲緇，深黑矣。纁，染絳三入者，四入則爲朱，深赤矣。璣組，以璣穿結爲組也。渭按：玄纁之質，蓋繒也。其不言繒者，蒙徐玄纖之文，從可知也。此州産璣善爲組，故貫珠於組以獻。珠不入篚，貫於組故篚之。璣組是一物，當從吴說。

沈氏筆談云：古人謂幣爲玄纁。五兩者，一玄、一纁爲一兩。玄，赤黑，象天之色。纁，黄赤，象地之色。故天子六服皆玄衣纁裳，以朱漬丹秫染之。爾雅曰：一染謂之縓。縓，今之茜也，色小赤。再染謂之竀。竀，赬也。三染謂之纁，蓋黄赤色也。玄纁二物，今之用幣以皂帛爲玄纁，非也。渭按：考工記：鍾氏染羽，以朱湛丹秫，湛，子潛反。三月而熾之，淳而漬之。三入爲纁，五入爲緅，七入爲緇。鄭謂六入爲玄，合諸爾雅，唯四入不知爲何色。吴幼清云四入爲朱。理或然也。

璣，珠之不圓者。字書又云：小珠也。呂氏春秋曰：人不愛崑山之玉，江、漢之珠，而愛己之蒼璧小璣。李斯諫逐客書曰：宛珠之簪，傅璣之珥。是亦爲婦人首飾。璣小而不圓，故薛士龍云：今荆州多蚌珠，不足貴也。

禮記玉藻曰：天子佩白玉而玄組綬，公侯佩山玄玉而朱組綬，大夫佩水蒼玉而純組綬，世子佩瑜玉而綦組綬，士佩瓀玟而緼組綬，此佩玉之組也。玄冠丹組纓，諸侯之齊冠；玄冠綦組纓，士之齊冠，此冠纓之組也。天子素帶終辟，大夫素帶辟垂，士練帶率下辟，居士錦帶，弟子縞帶并紐約，用組三寸長，齊于帶，此帶紐約之組也。組之爲用有三，唯佩玉之組貫珠，餘則否。其制有珩、璜、瑀、琚之名，上横曰珩，繫三組，貫以蠙珠。中組之半貫瑀，末懸衝牙，兩旁組各懸琚璜。又兩組交貫於瑀，上繫珩、下繫璜，行則衝牙擊璜而有聲也。此州所貢正佩玉之組，君臣佩玉，尊卑有等，故或用珠或用璣焉。

九江納錫大龜。

傳曰：尺二寸曰大龜，出於九江水中。正義曰：史記龜策傳云：龜千歲滿尺二寸。漢書食貨志云：元龜距髯[五]，長尺二寸。故以尺二寸爲大龜。蘇氏曰：寶龜不可常得，有則納之。若以下錫上者，然不在常貢之例。薛氏曰：大龜，國之所守，其得不時，不可以爲常，又不可錫命使貢。唯使有之，則納錫於上。林氏曰：大龜至靈之物，不可以求而得。九江之地有倘而得之，若豫且者，則使之納錫於上。錫者與「師錫帝曰」、「禹錫玄圭」之錫同意，重其事也。陳氏櫟曰：錫貢如敷錫之錫，上錫下也。納錫如師錫之錫，下錫上也。吴氏曰：謂納不謂貢，明其非貢物也。故於貢包篚之外，別出此條。邵氏曰：前知神物，大疑是稽，重其事必異其禮，書法云乎哉！

孔傳云：龜不常用，錫命而納之。林少穎云：如此則何以異於錫貢。薛説爲當然，東坡已先得之，不待薛也。龜策傳曰：神龜生於江水中，廬江郡常歲時生龜，長尺二寸者二十枚輸太卜官。是與常供無異。食貨志曰：元龜爲蔡，非四民所得居，有者，入大卜受直。則王莽制也。莽有所興造，必欲依古得經文，此令殆規摹納錫之意。

易曰：或益之十朋之龜，弗克違，元吉。楚語：王孫圉曰：龜足以憲臧不則寶之。食貨志：元龜岠冉長尺二寸，直二千一百六十，爲大貝十朋。孟康曰：冉，龜甲緣也。岠，至也。度背兩邊緣尺二寸也。蘇林曰：兩貝爲朋。朋直錢二百一十六，元龜卜朋，故二千一百六十也。蓋商、周之際，以龜貝爲幣。元龜一直大貝二十，是謂十朋之龜。虞、夏以龜神物而不爲幣，非財貨比，故重其事曰納錫也。

祖伊曰：格人元龜，罔敢知吉。元龜與格人並稱，尊之至矣。箕子所陳洪範，大禹之法也。有大疑謀及卜筮，龜從、筮逆，猶可以作，而龜逆則必不可以作。古人之信龜篤於信筮，故史蘇有「筮短龜長」之説。邵氏云：重其事必異其禮。此意先儒所未及。按周禮鄉老及鄉大夫羣吏獻賢能之書于王，王再拜受之，登於天府。小司寇：孟冬祀司民，獻民數于王，則拜受之。受大龜之錫，當亦用此禮也。

浮于江、沱、潛、漢，逾于洛，至于南河。釋文：逾，羊朱反。

傳曰：逾，越也。河在冀州南東流，故越洛而至南河。正義曰：浮此四水乃得至洛。本或「潛」下有「于」，誤耳。王氏曰：凡曰逾，皆水道不通，遵陸而後能達也。曾氏曰：漢與洛不相通，故曰逾于洛。自洛以至豫州之河，故曰至于南河。程氏曰：不徑浮江、漢兼用沱、潛者，隨貢物所出之便，或由經流、或循支派，期便事而已。渭按：江北之地可徑浮潛、漢，而江南則必由江、沱以入潛、漢。江、沱、潛或由或否，漢則其所必由者也。

漢水北距洛水六七百里，欲自漢逾洛，則必泝山源而上，其惟丹水乎。漢志弘農郡丹水縣下云：水出上雒冢領山，東至析入鈞。師古曰：鈞亦水名。按今南陽府内鄉縣西南百二十里有丹水故城，南去丹水二百步。縣西有淅陽故城，本漢析縣也。上雒縣下云：禹貢雒水出冢領山，東北至鞏入河。今陝西西安府商州治，即漢上洛縣也。洛南縣亦上洛地。鞏縣今屬河南府。水經注：丹水出京兆上洛縣西北冢領山，商州志：秦嶺在州西八十里，其地有澗曰息邪澗，丹水所出。東南流，與清池水合。水出東北清池山。又東南逕其縣南，楚水注之。水出縣西南楚山，昔四皓隱於此。丹水自倉野又東歷菟和山，左傳：哀四年，楚人謀北方，司馬起豐、析以臨上洛，左師軍於菟和，右師軍於倉野。杜預曰：上洛縣東有菟和山。今商州南百四十里有倉野聚。又東南逕商縣南，歷少習，出武關，應劭曰：秦之南關也，通南陽郡。左傳：哀四年，楚左司馬使謂晉陰地大夫曰：將通於少習以聽命。京相璠曰：楚通上洛阨道也。漢祖下析、酈，攻武關。文穎曰：武關在析縣西一百七十里。按今商州東有商洛廢縣即漢商縣也。商南、山陽、鎮安三縣亦商縣地。武關在州東一百八十里。又東南流入臼口，歷其戍下，又東南淅水注之。水出析縣西北盧氏縣大蒿山，南流逕修陽故城北，又東逕析縣故城北，春秋之白羽也。又歷其縣東，南流至丹水縣注于丹水。又東南逕三户城，又逕丹水縣故城西南，縣有密陽鄉，古商密之地。楚申、息之師所戍。春秋之三户也。今内鄉縣西南有三户城。又東南流，至其縣南，水南有丹崖山，頳壁霞舉。又南逕南鄉縣故城東北，城在今南陽縣西南百里，本漢析縣地。又東歷於中之北，所謂商於者也。張儀説楚絶齊，許以商於之地六百里，即此。裴駰曰：有商城在於中，故曰商於。杜佑曰：今内鄉西七里有於村，亦曰於中。丹水又南合汋水，汋，音市若切。蓋「汮」字之誤。「汮」與「均」同。謂之淅口。均水注云：均水出盧氏縣熊耳山，東南流，逕其縣下，南逕南鄉縣，又南與丹水合，又南逕順陽縣西，有石山，南臨汋水。汋水又南流，注于沔水，謂之汋口。按今南陽府淅川縣東北三十里有順陽故城，本漢淅縣之順陽鄉也。此注「汮」亦誤爲「汋」。渭按：沔水注云：沔水自武當縣城東，城即今襄陽府均州治。又東南逕涉都縣東北，本筑陽縣之涉都鄉。均水於此入沔，謂之均口，在今穀城縣界。均、鈞同，或从水作「汮」。韻會「均」字下云：隋置均州，取汮水名之。是「汮」即「均」也。史承水經之誤曰汋口，晉桓温伐秦，水軍自襄陽入汋口至南鄉是也。或又曰汋均口，齊陳顯達攻魏馬圈軍入汋均口是也。楚通少習，漢入武關，皆在丹水之旁，而南朝北伐，其舟師必由均口而進，可見爲南北水陸之孔道。商州西北諸山皆秦嶺也，冢領亦秦嶺之別名。丹水出其東南，洛水出其東北，中隔一嶺，陸行當不甚遠。禹貢逾洛之道，計無便於此者。以今輿地言之，浮漢水至穀城縣東北入均口，泝丹水而上，經淅川、南陽、内鄉，抵商州導源之處，越冢領而北，浮洛水經盧氏、永寧、宜陽、洛陽、偃師至鞏縣，以達于南河。此荆州之貢道也。

自漢逾洛之道，黄文叔云：舍舟陸運出汝、葉。金吉甫云：自漢入丹河、白水河，即踰山路入洛。今按：陸行出汝、葉，則必更天息、女几、嵩、少、轘轅諸山中，崎嶇二三百里，貢道必不由此。丹河即丹水，白水河蓋謂淯水，是兩道。淯水出盧氏縣熊耳山，泝此水而上，亦可逾于洛。然洛水在縣南五里，淯源北去縣百五十里。宋元嘉中，伐魏，龐季明、柳元景皆從山谷中度軍出盧氏，不聞有水道。淯、洛之間，陸運百五十里，殊費民力。唯丹水爲自楚入秦之捷徑，水多陸少，逾洛從此無疑。唐書崔湜建言：山南可引丹水通漕至商州，自商鑱山出石門，北抵藍田，可通輓道。以湜充使，開大昌關，役徒數萬，竟不通。按此亦用丹水而欲鑿山爲輓道，直抵藍田。即令其道得通，而傷財害民，與逾洛之事，大不侔矣。或問：厎柱三門之險，古今所同患。荆、豫及兖、青、徐、揚與冀之東北境，貢入帝都，必由南河經厎柱，將若之何？曰：唐裴耀卿於三門東西置倉，開山十八里爲陸運，以避其險。疑禹時亦用此法，貢物輕約易齎，與漕穀不同。避險從陸，而改舟以達平陽，無難也。然厎柱初析，闕流之害除，或不若後世之險絶，亦未可知。

【校勘記】

〔一〕唯其浸穎湛　「穎」，四庫本作「潁」，是。以下均同，不一一出校。

〔二〕二曰蜯江　「蜯」，中華書局影印宋本經典釋文作「蚌」。

〔三〕故又有木旁从檜之字　「檜」，四庫本作「會」。

〔四〕説文丹巴趙之赤石也。　「趙」，今本説文作「越」，是。

〔五〕漢書食貨志云元龜距髯　「距髯」，今本漢書作「岠冉」。

禹貢錐指卷八

荆、河惟豫州：

傳曰：西南至荆山，北距河水。曾氏曰：臨沮之荆山，其陰爲豫州，其陽爲荆州。渭按：荆山已見荆州。河，南河也，後同。其不言南者，蒙上「至于南河」，省文而可知也。荆山主南言，傳不當兼西，亦猶青之岱主南言，不當兼西也。

爾雅：河南曰豫州，漢南曰荆州。蓋荆、豫二州，禹貢以荆山爲界，爾雅則以漢水爲界。故郭注豫州云：自南河至漢也。禮記王制曰：自南河至于江，千里而近。鄭注云：豫州域。自江至于衡山，千里而遥。鄭注云「荆州域」，則二州又似以江爲界矣。以爲殷制，則與爾雅不合。以爲周制，則與職方不合。周禮：河南曰豫州，其山鎮曰華山，其澤藪曰圃田，其川滎、雒，其浸波、溠。華山、圃田、滎、雒皆在禹貢豫州之域，唯波、溠可疑。鄭注云：波讀爲播。禹貢曰：滎播既都。釋文：播音波。春秋傳曰：楚子除道梁溠，音側嫁反。營軍臨隨。

則溠宜屬荆州，在此非也。今按：滎即滎澤，至周而已導爲川，故曰其川。波則別是一水，非滎播也。水經滍水注云：波水出霍陽西川大嶺東谷，俗謂之歇馬嶺。霍陽故縣在今汝州東南二十里霍山下。即應劭所謂「孤山，波水所出」也。馬融廣成頌曰：浸以波、溠。其水南逕蠻城下，又南分三川於白亭東，而俱南入滍水。滍水自下兼波水之通稱也。蓋洛別百答之外，又有此波水。道元以爲豫州之浸，浸可以爲陂灌溉者也。章懷注馬融傳云：波水出歇馬嶺，在汝州魯山縣西北。汝州今屬河南，州西四十里廣成澤，一名黄陂，周百里，有灌溉之利。後漢於其地置廣成苑，爲遊獵之所。澤水出狼皋山，東南流，合温泉水，波水自西來注之，又東南合滍水入汝。此即「波、溠」之波也。馬融精於周官，其頌廣成，明言浸以波、溠。鄭違其義，非是。禹貢之滎波，自當作播。職方之波、溠，當讀如字，不可牽合。溠水，杜預云：在義陽厥縣西，東南入鄖。水經注：溠水出隨縣西北黄山，南逕㵐西縣西，又東南逕隨縣故城西。春秋：莊公四年，楚武王伐隨，除道梁溠。謂此水也。又南流，注于溳。溠水流短。溳水出蔡陽縣大洪山，一名清發水，東南逕隨縣，至安陸入于沔。溠既合溳，自下可以通稱。經所謂溠，蓋即溳也。豫州南界至漢，殷時已然，周人因之。吕氏春秋云：河、漢之間曰豫州。溠水在漢北，其爲豫浸，又何疑焉。周無梁州，賈疏云：周之雍、豫，於禹貢兼梁州之地。豫所兼者，當在華山之陽，漢水之北，嶓冢之東。以華爲豫鎮、漢爲荆界知之。其王制所言，不過言南河至江，江至衡山之道里耳。鄭以爲豫、荆二州之域，恐非記者本意。邢氏爾雅疏云：豫州自南河至漢，職方與此同。可以證殷、周之荆、豫，皆以漢爲界，而不以江爲界矣。

豫州有古太皞、祝融之虚，及帝嚳、成湯所都，虞、舜後，即少康所奔。戈、邳、封、葛、三鬷諸國皆在焉。春秋時可考者，管、蔡、郜、曹、鄭、東虢、西虢、凡、蔣、祭、杞、宋、焦、申、許、蓼、左傳：哀十七年，楚子穀曰：武王克州、蓼。即此。一作「廖」。漢志：南陽縣，故廖國。密、隨、厲、唐、戴、沈、息、房、周語：內史過曰：昭王娶于房。後漢志：汝南吳房縣，故房國，楚靈王所滅。滑、鄶、鄀、穀、鄧、賴、項、頓、胡、江、黄、道、柏、州來、紋、蠻、陸渾凡四十一國。戰國時屬宋、魏、韓，而秦、楚亦兼得其地。秦并天下，置三川、碭郡、潁川、南陽、東境、北境是。南郡。北境是。漢復置豫州。領郡國五，其今河南府、陝郡、弘農之地，則屬司隸。陳留、濟陰之地，則屬兖州。後漢爲司隸、治河陽。豫州。迨譙，領郡國六。魏因之。晉分置司州。領郡十一，豫州領郡國十。唐爲都畿之河南府洛州、陝郡陝南境、臨汝汝、滎陽鄭等郡，河南道之陳留汴、睢陽宋、濟陰曹、譙郡亳、潁川許、淮陽陳、汝陰潁、汝南豫等郡，山南東道之淮安唐、南陽鄧、襄陽襄、漢東隨、武當均等郡及河東道之弘農郡虢。按以上通典所列。濟陰之乘氏，當往屬兖；襄陽之南漳、漢東之光化，當往屬荆。又有當來屬者，兖域靈昌之匡城，梁域上洛之上津東境廢長利縣地是也。以今輿地言之，河南則河南、開封、歸德、南陽、汝寧五府及汝州，直隸則大名府之東明、長垣，山東兖州府之定陶、曹縣、城武、單縣，江南則鳳陽府之潁州、潁上、太和、亳州、蒙城，湖廣則襄陽府之襄陽、光化、宜城、棗陽、穀城、均州，鄖陽府之鄖縣、保康及鄖西之東境，德安府隨州之北境，皆古豫州域也。

豫之南界，亦判自南漳縣之荆山，西起保康，歷宜城、棗陽及隨州之北境故隨縣地，州之南境廢光化縣，地入荆域。又東爲信陽、羅山，皆與荆接界處也。詳見荆州。

豫北濱冀之南河，其西與華陰接。華陰，雍域也。按職方豫州山鎮曰華山。通典云：即今華陰郡山連延東出，故屬豫州。九域志云：華山四州之際，東北冀，東南豫，西南梁，西北雍，十字分之。四隅爲四州也。豫之北界，由華山而東爲閿鄉、靈寶、陝州、澠池、新安、洛陽、孟津、鞏縣、汜水、河陰、滎陽、滎澤，又東北爲陽武、延津，皆在南河之南，陽武自元時河從原武決而東南流，始爲河北地。又東北抵濬縣大伾山，冀、兗、豫三州之交也。

豫東接兗、徐、揚三州之界，自封丘而東爲長垣、東明，又東爲考城、定陶、曹縣、城武、單縣，與兗接界；又南爲夏邑、永城、亳州、潁州，又東爲潁上、蒙城，皆在淮北，與徐接界；自潁州以西爲商城、息縣、真陽，踰淮而南爲信陽，與揚接界。

豫西自閿鄉以南爲盧氏、鄖縣及鄖西之東境，故鄖縣地與雍、梁接界，豫居中央，爲輻輳之地。接界者七州，唯青爲兗、徐所隔，與豫不相接云。

伊、洛、瀍、澗既入于河，釋文：瀍，直然反；澗，故晏反。渭按：洛，漢書作「雒」。

傳曰：四水合流而入河。正義曰：地理志云：伊水出弘農盧氏縣熊耳山，東北入洛。洛水出弘農上洛縣冢領山，東北至鞏入河。瀍水出河南穀城縣潛亭北，東南入洛。城，志作「成」。潛，志作「朁」。澗水出弘農新安縣，東南入洛。伊、瀍、澗三水入洛，合流而入河。言其不復爲害也。傅氏曰：導洛言東北會于澗、瀍，又東會于伊，序水之次第。此言伊、洛、瀍、澗乃治水之先後。渭按：漢上洛縣即今陝西西安府商州治。盧氏、新安二縣今屬河南府。穀城故縣在今洛陽縣西北。

孔傳云：伊出陸渾山，洛出上洛山，澗出澠池山，瀍出河南北山，與漢志異。正義既引漢志又爲之説曰：熊耳山在陸渾縣西，冢領山在上洛縣境内，澠池在新安縣西，穀城朁亭北，此即河南境内之北山也。志詳而傳略，所據小異耳。渭按：漢陸渾、盧氏本二縣，熊耳山在盧氏縣西南五十里，不與陸渾接界，安得謂陸渾縣西之山，而云伊出陸渾山。新安、黽池亦本二縣，澗水出新安，穀水出黽池，流同而源異。今乃云澗出澠池山，是以穀源爲澗源也。此不惟略也，而且誤矣。至於河南、穀城亦本二縣，魏始省穀城入河南；而傳云瀍出河南北山，是西漢時穀城山已爲河南縣地也。穎達嘗云孔爲武帝博士，地理志無容不知，而其言如此，豈西漢孔博士之所爲乎？

林少穎云：據伊、瀍、澗入于洛，而洛入于河。此言伊、洛、瀍、澗，則以四水列言者。曾氏曰：漢水入于江以入海，而荆州言江、漢朝宗于海，與此同意。蓋其水之大小相敵也。傅同叔非之曰：三水入洛，而洛得兼三水而爲大，顧謂之相敵可乎？因以爲伊、洛、瀍、澗乃治水先後之序，甚善。昔賈讓言大禹鑿龍門、辟伊闕。伊闕者，伊水之所經也。當時爲害必甚，略與龍門相似。故禹治此四水，以伊爲先，伊既入洛，乃疏洛以入河，最後治瀍、澗。故立言之序如此，非以其水大小相敵也。

漢志：伊水出弘農盧氏縣熊耳山，東北入雒，過郡一，行四百五十里。熊耳山在今河南府盧氏縣西南五十里，東連永寧，南接内鄉。水經注：伊水出南陽縣西蔓渠山，山海經曰：蔓渠之山，伊水出焉。淮南子曰：伊水出上魏山。地理志曰出熊耳山。即麓大同，陵巒互别耳。伊水自熊耳東北逕鸞川亭北，世謂之鸞水。按蔓渠山在今南陽府盧氏縣東南〔一〕，蓋即熊耳之支峰也。括地志云：伊水出盧氏縣東巒山，一名悶頓嶺，今在縣東南百六十里。元和志云：伊水出鸞掌山。疑即是巒山。參考諸書伊水出盧氏縣熊耳山審矣。縣志云：熊耳雖有伊源之名，而無流衍之跡，其實出於悶頓嶺之陽。豈知古熊耳山盤基甚廣，即悶頓亦熊耳乎。酈氏云「即麓大同，陵巒互别」。兩言盡之矣。蔡傳據郭璞云熊耳在上洛縣南，以爲地志言出盧氏者非是。大謬。東北逕東亭城南，又屈逕其亭東，今嵩縣西南七十里有東亭故城。又東北逕郭落山，又東北逕陸渾縣南，王母澗水注之。水出陸渾縣西南。山海經曰：滽滽之水，出於釐山，南流注於伊水。即王母澗也。陸渾今爲嵩縣。又北歷崖口下，崖口壁立若闕，即古三塗山也。杜預曰：在陸渾縣南。按今嵩縣西南十里有三塗山，俗呼爲水門。逸周書：武王曰南望三塗。左傳：司馬侯以三塗爲九州之險，晉伐陸渾請有事於三塗是也。又東北逕伏流嶺東，嶺在崖口北三十里許。今嵩縣北有伏流城。

又東北逕伏睹嶺，又東北涓水注之。水出陸渾西山。又東北逕新城縣南，今洛陽縣南七十五里有新城，春秋戎蠻子邑，漢以爲縣。又北逕新城東，大狂水入焉。水東出陽城縣。山海經曰：大𦵏之山，其陽狂水出焉，東南流。又北逕高都城東，城在今洛陽縣西南。又東北逕前亭西，左傳：昭三十二年晉箕遺、樂徵取前城[二]。京相璠曰：今洛陽西南五十里前亭也。又北過伊闕中，昔大禹疏以通水，兩山相對，望之若闕，伊水歷其間北流，春秋之闕塞。昭二十六年，趙鞅使女寬守闕塞是也。闕左壁有石銘云：黄初四年六月二十四日辛巳，大出水舉高四丈五尺，齊此以下。蓋紀水之漲滅也。右壁亦有石銘云：永康五年，河南府君循大禹之軌，斬岸開石，平通伊闕。按闕塞亦曰龍門山，故傅毅反都賦云：因龍門以暢化，開伊闕以達聰也。一名闕口山，又名鍾山，在洛陽縣西南三十里。又東北至洛陽南，逕員丘東，又東北入洛。以今輿地言之，盧氏、嵩縣、伊陽、伊陽屬汝州，以伊水與嵩縣分界。洛陽界中，皆伊水之所經也。

漢志：雒水出弘農上雒縣冢領山，東北至鞏入河，過郡二，行千七十里。豫州川。水經注：洛水出京兆上洛縣讙舉山，山海經曰：出上洛西山，又曰讙舉之山，洛水出焉。東逕熊耳山北，山在漢上洛縣東北，今爲洛南縣地。又東北逕盧氏縣故城南，城在今縣東。又東逕蠡城南，今永寧縣西有洛水廢縣，即故蠡城也。又東逕檀山南，山在永寧縣西五十里。又東北逕宜陽縣故城南，城在今宜陽縣東北十四里。又東逕河南縣南，今洛陽縣西北有河南故城，周王城，漢河南縣也。又東逕洛陽縣南，伊水從西來注之。又東逕偃師故縣南，與緱氏分水。今偃師縣治即偃師故城，古西亳也。縣南二十里有緱氏故城。又東北逕鞏縣故城南，城在今縣西南三十里。又東北入于河，謂之洛汭。劉昭曰：洛汭在鞏縣東北三十里。

以今輿地言之，商州、盧氏、永寧、宜陽、洛陽、偃師、鞏縣界中，皆洛水之所經也。近世乃過汜水縣北入河，則洛口又移於東矣。詳見導洛。

洛誥：周公曰：「我乃卜澗水東、瀍水西，惟洛食」，謂王城也。「我又卜瀍水東，亦惟洛食」，謂下都也。漢志：瀍水出河南穀城縣朁亭北，東南入雒。後漢志：瀍水出河南穀城縣，劉昭引博物記曰：出朁亭山。括地志云：故穀城在河南縣西北十八里苑中，西臨穀水。左傳：定八年，周大夫儋翩叛，單子伐穀城〔三〕，即此。漢置穀城縣。魏省入河南縣。自故縣西北又三十二里有穀城山，東連孟津縣界，即博物記所謂朁亭山也。水經：瀍水出河南穀城縣北山，東與千金渠合，又東過洛陽縣南，又東過偃師縣，又東入于洛。注云：縣北有潛亭，瀍水出其北梓澤中，歷澤東而南，水西有一原，其上平敞，古舊朁，訛爲「舊」。亭之處。潘安仁西征賦所謂「越街郵」者也。瀍水又東南流，注于穀。穀水自千金堨東注，謂之千金渠也。渭按：王城即郟邑，漢爲河南縣，其故城在今洛陽縣西北。後漢志云：河南，周公所城雒邑也。春秋時謂之王城。劉昭引博物記曰：王城方七百二十丈，郛方一十里，南望雒水，北至郟山。地道記曰：去雒城四十里。下都即成周，漢爲洛陽縣，河南郡治，其故城在今洛陽縣東北二十里。後漢志云：雒陽，周時號成周。劉昭引帝王世紀曰：城東西六里，南北九里。元和志引華延儁洛陽記曰：東西七里。二城東西相去四十里，而今洛陽縣居其中。隋大業初，營新都，始移二縣於都城內。金又省河南入洛陽。古時，澗水經河南故城西入洛，瀍水經河南故城東入洛，故澗水東、瀍水西爲王城，而瀍水東爲下都。洛誥之文甚明也。自周靈王壅穀水，使東出於王城之北，則其勢必入于瀍水，而合流歷王城之東，以南注于洛。時二水猶未經洛陽城也。迨東漢建都於此，自河南縣東十五里之千金堨，引水繞都城南北以通漕，而瀍水始與穀水俱東注矣。古時瀍不合澗，亦不過洛陽縣南，而東至偃師也。

穀水注云：河南城西北，穀水之右有石磧，磧南出爲死穀，北出爲湖溝。魏太和七年，暴水流高三丈，此地下停流以成湖渚，造溝以通水，東西十里，決湖以注瀍水。按曹魏明帝、元魏孝文帝皆有太和年號，明帝之太和終於六年。故方輿紀要謂穀水入瀍，經城北，自元魏時始。然瀍水出穀城山，東南流，至王城東北而南入于洛。周靈王壅穀使東注，勢必與之合。韋昭云「穀在王城之北，東入于瀍」是也。其元魏所決者，磧北之湖水耳。澗、瀍之合，實不自元魏時始也。

漢志：弘農新安縣下云：禹貢澗水在東，南入雒。黽池縣下云：穀水出穀陽谷東北，至穀城入雒，水經注：澗水出新安縣南白石山，山海經曰：白石之山，澗水出其陰，北流注于穀，世謂是山曰廣陽山，水曰赤岸水，亦曰石子澗。按新安無雒，漢志云澗入雒，要其歸也。其實澗東合穀，至河南入雒。東北流，歷函谷東八特阪。在今新安縣東。周書所謂「我卜澗水東」者也。舊與穀水亂流，南入于洛。今穀水東入千金渠，澗水與之俱東入洛矣。穀水出弘農黽池縣南墦冢林穀陽谷，山海經曰：傅山之西有林焉，曰墦冢，穀水出焉，東流注于洛。今穀水出崤東馬頭山穀陽谷。東北流，歷黽池川，亦或謂之彭池。又東逕秦、趙二城南，世謂之俱利城。耆喭曰：昔秦、趙之會，各據一城，秦王使趙王鼓瑟，藺相如令秦王擊缶處也。

又東逕土崤北，所謂三崤也。又東左會北溪，溪水北出黽池山，東南流注于穀。又東逕新安縣故城，南北夾流而西接崤、黽。括地志云：秦新安故城在今澠池縣東十二里。又東逕千秋亭南，潘岳西征賦曰：亭有千秋之號，子無七旬之期。謂是亭也。又東逕缺門山，廣陽川水注之。水出廣陽北山，東南流注于穀。又逕白超壘南，壘在缺門東十五里。又東會石默溪，水出微山東麓，東北流入穀。又東逕函谷關南，東北流，皁澗水注之。水出新安縣，東南流，逕函谷關西。漢樓船將軍楊僕以家僮徙關於新安，即此處也。皁澗水又東流入穀。又東北逕關城東，又合桑爽之水，山海經曰：白石山西五十里曰穀山，桑爽之水出焉，世謂之紵麻澗。又東澗水注之。自下通謂之澗水，故尚書曰「伊、洛、瀍、澗既入于河」，而無穀水之目。又東波水注之，山海經曰：婁涿之山，波水出其陰，謂之百答水，北流注于穀。又東少水注之，山海經曰：瞻諸之山，少水出其陰，東流注于穀，世謂之慈澗。今在新安縣東三十里。又東俞隨之水注之，山海經：廆山，俞隨之水出其陰，北流注于穀，世謂之孝水。在河南城西十餘里。又東逕穀城南，又東逕河南王城北，地理志曰：故郟鄏地也。周定鼎爲東都，謂之王城，其東南名曰鼎門。又東逕乾祭門北，按左傳昭公二十四年，子朝爭立，晉使士伯立於乾祭而問於介衆。注云：王城北門曰乾祭。此周靈王壅穀入瀍之故道也。下文「東至千金堨」以下，則東漢以後陽渠、九曲、千金、五龍諸渠之故道，瀍、澗二水自此東注，而不復至王城東南入洛矣。道元曰：河南縣城東十五里有千金堨，舊堰穀水。魏時更修此堰，開溝渠五所，謂之五龍渠。蓋魏文帝脩王、張故績也。逮於晉世，溝瀆泄壞。太始七年，更於西開泄，名曰代龍渠，即九龍渠也。又曰：陸機、劉澄之皆言城之西面有陽渠，周公制之也，亦謂之九曲瀆。河南十二縣簿云：九曲瀆在河南鞏縣西，西至洛陽。傅暢晉書云：都水使者陳良鑿運渠，從洛口入注九曲，至東陽門。阮嗣宗詩所謂「逍遥九曲間」者也。今按：後漢書王梁傳，建武五年爲河南尹，穿渠，引穀水注洛陽城，東寫鞏川。及渠成，而水不流。張純傳：建武二十三年爲大司空，明年上時丈反。穿陽渠，引洛水爲漕，百姓得其利。太子賢注云：陽渠在洛陽城南，以酈注考之，堨東穀水有二道：一在洛陽城北，自臯門橋在城之西北。潘岳西征賦曰：秣馬臯門，即此處。東歷大夏門、北城之西頭一門，故夏門也。穀水枝分，南入華林園，東注天淵池，又東注于狄泉。廣莫門，北城之東頭一門故穀門也，北對芒阜〔四〕，連嶺修亘。屈南逕建春門石橋下。東城之北頭一門，即上東門也。橋之右柱銘云：陽嘉四年，詔書以城下漕渠東通河、濟，南引江、淮，方貢委輸，所由而至，使中謁者馬憲監作。其水依石柱文，自樂道里屈而東出陽渠也。蓋即王梁之所引，道元所謂舊瀆者也；一在洛陽城南，自閶闔門西城之北頭一門，故上西門也。陽渠水枝分入城，東歷故金市、銅駝街，出東陽門石橋，下注于陽渠。南歷西陽門、城之正西門，故西明門也，亦曰雍門。西明門，西城之南頭一門，故廣陽門也。屈東歷津陽門、南城之最西一門，故津門也。宣陽門、南城之次西一門，故小苑門也，亦曰謻門。平昌門、城之正南門，故平門也。開陽門，南城之東頭一門，故建陽門也。穀水於城東南隅枝分，北注逕青陽門東，又北逕東陽門東，又北逕故太倉西，又北入洛陽溝。青陽，東城之南頭一門，故清明門，東陽城之正東門，故中東門也。又東逕偃師城南，又東注于洛。蓋即張純之所穿。洛水篇云：洛水東過偃師縣南，又北陽渠水注之是也。此皆周靈王壅穀後，歷代遞遷之水道，非禹迹也。

澗、穀二源至新安東而合流，自下得通稱，古謂之澗，周室東遷，謂之穀，而澗之名遂晦。周語：靈王二十二年穀、洛鬭，將毀王宮。王欲壅之，太子晉諫曰：不可，引共工、伯鯀之事以爲戒。王弗聽，卒壅之。韋昭注云：鬭者，兩水格有似於鬭。洛在王城之南，穀在王城之北，東入于瀍。至靈王時，穀水盛，出於王城之西，而南流合于洛水，毀王城西南，將及王宮，故齊人城郟。壅之者，壅防穀水使北出也。郭緣生述征記曰：穀、洛二水，本於王城東北合流，所謂穀、洛鬭也。今城之東南缺千步，世又謂穀、洛鬭處。酈道元引韋昭語以折緣生之謬。愚謂郭固失之，而韋亦未爲得也。穀水出王城之西，而南合于洛水者，其故道也。靈王時，偶值暴水大至，兩川相觸如格鬬然，故謂之鬬。非穀水本由城北入瀍，而今忽改道由城西入洛也。使穀水本由城北而東入于瀍，則洛誥何以指王城爲澗水東邪！且使穀水故道果在城北，則靈王壅之使北出，是爲復禹之迹。太子晉亦何爲引共、鯀防川之害，以戒王哉！此理甚明，不待多辯。道元言靈王壅穀，其遺堰三隄尚存，今亦不可得詳。竊意此三隄者，皆在王城之西北，當時堰穀水使東出於城北與瀍水會，折而南，歷城東至千金堨處，又南入洛。此蓋自靈王以迄西漢穀水會洛之故道也。何以知之？以東漢作堨於河南城東十五里知之也。使穀水不由此入洛，堨何爲在此乎？道元云：河南城西北穀水之右有石磧，磧南出爲死穀。潁容春秋條例言：西城梁門枯水處，世謂之死穀是也。死穀云者，以其有瀆而無水，蓋即靈王壅穀後，城西所存之枯渠矣。方輿紀要云：自東漢引穀、洛之水以通漕，而瀍、穀非復故道。曹魏文明之世，大營宮殿，分引支流，灌注苑囿。延及晉代，川谷漸移。及元魏遷都，更加營治。大約時所務者，都邑之漕渠而已。隋大業元年，改建東都，并河南、洛陽而一之，大變成周之轍，隋東都城即今河南府治，前直伊闕之口，後依邙山之塞。自周敬王、漢光武、魏文帝、晉武帝、後魏孝文帝皆都故洛城，至是西移十八里置都城焉。而通濟之渠復起，隋書：煬帝大業元年，開通濟渠，自西苑引穀、洛水，達于河；自板渚引河通于淮。於時又以穀、洛二水周帀都城爲急，故復引穀南流以會洛，從城西遶城而南，以達城東，經偃師、鞏縣之間，而注於洛口，其於千金、九曲之故迹，又未嘗過而問矣。元和志：洛水在洛陽縣西南三里。西自苑内上陽之南，瀰漫東流，宇文愷斜堤束令東北流，形如偃月，謂之月坡。伊水在河南縣東南十八里。瀍水在河南縣西北六十里。西從新安縣東流入縣界。又曰通津渠在河南縣南三里。隋分洛水西北，名千步磧渠者，東北流入洛。渭按：瀍、澗水道之變，自東周始。靈王壅穀使東出，一變也；東漢引水爲漕渠，二變也；魏、晉引水灌苑囿，三變也；元魏決湖注瀍水，四變也；隋煬引水帀都城，五變也。更此五變，禹迹豈可復問？韋、酈諸人，據後世之水道，以爲禹迹而莫之辨，恃有洛誥數言，推得其大略而已。其潁容所言死穀，抑亦古澗水歷王城西之明證也。

四水洛爲大，伊次之，澗又次之，瀍最小，而其爲害，三水不減於洛。漢吕后三年，伊、洛溢，流千六百餘家。魏黄初四年，伊、洛溢，殺人民，壞廬宅。唐開元十年，伊水溢，毁東都城東南隅。咸通元年，暴水自龍門毁定鼎、長夏等門，漂溺居人。伊水之爲害如此，禹所以先伊而後洛也。澗水自穀、洛鬬毁王城之後，至晉太始七年，暴漲高三尺，蕩壞二堨。唐開元八年，穀、洛溢，入西上陽宫，宫中人死者什七八，畿内諸縣田廬蕩盡。十五年，澗、穀溢，毁澠池縣。此澗水之害也。瀍水源流自穀城山，至故洛陽不過七十里，而其患亦甚。開元五年，瀍水溢，溺死千餘人。十八年，瀍水溺揚、楚等州租船。天寶十三載，瀍、洛溢壞十七坊。此瀍水之害也。計禹當日治瀍、澗之功，不少於伊、洛。故四水並書，正程泰之所謂嘗經疏導，則雖小而見録者也。

滎波既豬，釋文：滎，户扃反。波如字。馬本作「播」。渭按：史記亦作「播」，唯漢書作「波」。

正義曰：沇水入河，溢爲滎。滎是澤名。鄭云：今塞爲平地，滎陽民猶謂其處爲滎澤，在其縣東。馬、鄭、王本皆作滎播，謂此澤名滎播。渭按：地理志：沇水出河東垣縣王屋山，東南至武德入河，軼出滎陽北地中。蓋即滎澤，經所謂溢爲滎也。今河南開封府滎澤縣，本漢滎陽縣地。隋分置滎澤縣，澤在其縣南。而班云出縣北，鄭云在縣東者，蓋滎陽故城在今縣西南，班、鄭據以爲言。澤起縣北，歷其東也。滎澤故城在今縣北五里。隋置。明洪武八年爲河水所圮，移今治。

孔傳云：滎澤波水，已成遏豬。正義曰：洪水之時，此澤大水，動成波浪。今壅遏而爲豬，不泛濫也。閻百詩云：案馬、鄭、王本「波」並作「播」，伏生今文亦然。惟魏、晉間書始作「波」，與漢書同。余向謂其書多出漢書者，此又一證。然安國解猶作一水，非二水，以爲二水自顔師古始。宋林之奇本之，以周官、爾雅爲口實。蔡氏又本之，下到今。余嘗反覆參究，而覺一爲濟之溢流，一爲洛之枝流，兩不相蒙而忽合而言之，與大野、彭蠡同一書法，不亦參雜乎。善夫傅氏寅曰：上文言導洛，此則專主導濟言，不當又泛言洛之支水。職方所記山川，非治水次第，不必泥也。且鄭注職方「其浸波」，讀爲「播」，引禹貢「滎播既都」，仍當作「播」，證一。賈疏案禹貢有播水無「波」，仍當作「播」，證二。史記索隱引鄭氏曰：今塞爲平地，滎陽人猶謂其處爲滎播。仍當作「播」，證三。山海經：婁涿之山波水出於其陰，北流注於穀水。今本「波」作「陂」，郭璞云：世謂之百答水。非屬波水，證一。惟酈注引作「波」，然亦出於山，不出於洛，非屬波水，證二。水經：洛水又東，門水出焉。注云：爾雅所謂「洛別爲波」也。惟此堪引，然余考門水下流爲鴻關水，今謂之洪門堰，在商州洛南縣東北，至靈寶縣而入河。何曾見水豬爲澤乎，非屬波水，證三。百詩此論精覈，吾無以易之。且職方豫州之波出魯山縣，鄭注謂即滎播固非，詳見上文。而洛南之波水，則與滎澤相距五六百里，中隔大山，總撮而言之，曰滎、波既豬，經無此書法也。以滎、波爲二水，終無是處。

滎澤，鄭康成、杜預並云在滎陽縣東，京相璠云在縣東南，未審孰是。今滎澤縣南相傳爲古滎澤。左傳：宣十二年，楚潘黨逐晉魏錡及滎澤，即此也。元和志，滎澤在滎澤縣北四里。恐誤。括地志云：滎陽故城在滎澤縣西南十七里。今治與隋置皆在其東北，故此澤舊在滎陽縣東，隋、唐至今則在滎澤縣南也。自東漢時已塞爲平地，故周徑里數，志家莫能言之，不知其大小幾何。正義曰：馬、鄭、王皆謂此澤名滎播。春秋：閔二年，衛侯及狄人戰于滎澤。今左傳本作熒澤。字從「火」。不名「播」也。鄭謂衛、狄戰在此地，杜預云：此滎澤當在河北，以衛敗始渡河，戰處必在河北。蓋此澤跨河南北而多得名耳。渭按：衛、狄戰地或河北自有一滎澤，如魏獻子之所田，别是一大陸，非禹貢之大陸，亦未可知。如謂經之滎播跨河南北，則導流何以言入于河，溢爲滎邪！

導菏澤，被孟豬。釋文：導音道，下同。菏，徐音柯，又工可反。韋胡阿反。被，皮寄反。徐扶義反。豬，張魚反。又音諸。渭按：菏，史記、漢書並作「荷」，後同。孟豬，史記作「明都」，漢書作「盟豬」。師古曰：盟音孟。

正義曰：地理志云：菏澤在濟陰定陶縣東，孟豬在梁國睢陽縣東北。左傳、爾雅作孟諸，周禮作望諸，聲轉字異，正是一地也。顔氏曰：言治菏澤之水衍溢，則使被及孟豬，不常入也。林氏曰：菏澤水盛，然後覆被孟豬，亦猶弱水之餘波入于流沙也。周禮：青州澤藪曰望諸。此乃屬豫者，周無徐，徐并於青，青在豫東，故得兼有孟豬。金氏曰：自菏澤至孟諸，凡百四十里，二水舊相通。王氏樵曰：澤無言導者，此二澤相通，可以導此之溢被彼之地，故言導也。渭按：此治陶丘復出之濟也，二澤本有相通之道，禹因而疏之，洩餘波入焉，以殺濟瀆之勢也。定陶今屬山東兗州府之曹州，其故城在今縣西北四里。睢陽今爲商丘縣，河南歸德府治，其故城在今治南二里。通典云：菏澤在曹州濟陰縣東北九十里故定陶城東北。宋州虞城縣有孟豬澤。元和志云：孟諸澤在虞城縣西北十里，周迴五十里。今在商丘東北接虞城界也。

孔傳云：菏澤在胡陵。孟豬，澤名，在菏東北，水流溢覆被之。正義曰：地理志山陽郡有胡陵縣，不言其縣有菏澤也。又云：菏澤在定陶，孟豬在山陽。以今地驗之，則胡陵在睢陽之東，定陶在睢陽之北，其水皆不流溢東北被孟豬也。然郡縣之名，隨代變易。古之胡陵，當在睢陽之西北，故得東出被孟豬也。傳同叔爲之辯曰：許氏說文云：菏澤水在山陽胡陵。正與孔傳同。而班固以爲在定陶，何也？蓋在定陶者，其澤也；在胡陵者，其流也。其流東與泗合，在今單州之魚臺，魚臺在單之東北百里而近，正古胡陵地也。而孟豬在睢陽東北，則所謂「被孟豬」者，導菏流之在定陶、魚臺間者，以被之於南也。安國惟說菏之源委不明，且誤言孟豬在菏東北，是以致穎達疑甚，而有古胡陵當在睢陽西北之說。百詩云：傳氏引說文分别菏水與菏澤所在不同，班、許二氏殊塗同歸。余因悟僞孔傳出說文後，菏澤在胡陵正本說文來，但遺一「水」字。書出魏、晉間又得一證。渭按：水經：濟水東過方與縣北爲菏水。注云：菏，濟别名也。漢方與縣今爲魚臺縣，胡陵故城亦在焉。縣北之菏水正說文所云在胡陵者也。詳見徐州。

漢志濟陰郡下云：禹貢荷澤在定陶。「荷」乃「菏」字之誤。師古曰：荷音和。非也。括地志：菏澤在曹州濟陰縣東北九十里故定陶縣東，今名龍池，亦名九卿陂。近志：菏澤在曹州東南三十里，接定陶縣界。菏山在州東三十里，以近菏澤而名。菏水源出於此，説本寰宇記。蔡傳曰：濟陰縣南三里有菏山，故名其澤爲菏澤。渭按：菏澤爲濟水之所經，其所鍾者即是濟水，謂源出菏山，妄也。山以澤得名，非澤以山得名也。傅氏云：導菏流之在定陶、魚臺間者，以被之於南。亦誤。魚臺之水東合泗以注淮，不入孟豬。經所導者，是定陶之澤水，於胡陵之枝流無涉也。

周禮：青州澤藪曰望諸。爾雅十藪：宋有孟豬。左傳：僖十八年楚子玉夢河神賜以孟諸之麋〔五〕。文十年，宋道楚子田孟諸。杜預曰：宋大藪也。水經注云：尚書曰導菏澤，被孟豬。孟豬在睢陽縣東北。闞駰十三州記曰：不言入而言被者，明不常入也。水盛方乃覆被矣。寰宇記云：虞城孟諸澤，俗呼爲湄臺。蓋澤中有臺也。渭按：今虞城縣西北十里有孟諸臺，接商丘縣界，即此。爾雅：水草交曰麋。麋，古「湄」字，臺蓋以孟諸之麋得名也。自元至元二十三年以後，歸德府城南北屢被黄河衝決，禹迹不可復問。然余考漢書梁孝王傳，築東苑方三百里，則孟諸澤皆在其中矣。孝王大治宫室、臺榭、陂池，高高下下，澤形盡失。故酈元於睢陽故城絶不言孟諸，而敍臺池甚詳。蓋澤之畔岸蕩夷無存久矣。元和志云周廻五十里，亦彷彿言之耳。

王明逸云：孟諸之藪可田，則有水草而淺涸時多，故導菏澤之溢時乎被孟豬也。渭按：左傳：宋道楚子田孟諸，楚子以鄭伯田江南之夢，衛懿公及狄人戰于熒澤，事皆在冬。魏獻子田于大陸焚焉，事在春正月。周之冬自八月始，正月爲夏之仲冬，時方水涸，故其地可田可戰，凡澤藪皆然。孟諸當水發之時亦自淼漫，禹導菏澤以被之。蓋因地勢之便，非以孟諸常淺涸能容水也。

豫西南之水有丹、淯皆入漢，東南之水有汝、潁皆入淮，亦名川也。而禹功曾不一及，蓋其時不爲害耳。孟子言決汝而經絶無其事，不知孟子於此何以獨多誤。竊謂此文當云：禹疏九河，瀹濟、漯，決江、漢，排淮、泗，而注之海。則字字與禹貢相符矣。

豫州之水莫大於河，而無所施功者。蓋禹治冀時，已令豫協力治之，岳陽、覃懷之役是也。河既治則西偏之水，莫大於洛，東偏之水，莫大於濟。禹疏伊、瀍、澗注洛以入河，豬滎導菏以防濟之氾濫，而豫州之水土悉平矣。傅同叔云：伊、洛、瀍、澗横流浩蕩，滎澤承其害，故禹必先疏四水以循故道，而後次及於滎、菏。此説非也。今按自滎澤河口以至南陽縣西，有敖、鄗、浮戲、陽城、嵩高、少室、轘轅、鳴臯、三鵶諸岡嶺，東西隔絶，四水横流，不能東入爲害。禹治豫先西而後東，亦以四水之患最急，而滎、菏差緩故耳。傅氏不諳地理，輕於立説，且自喜謂禹之規畫如在吾目，予不可以無辯。

厥土惟壤，下土墳壚。釋文：壚音盧。

傳曰：高者壤，下者墳壚。陸氏曰：説文：壚，黑剛土也。顧氏臨曰：玄而疏者，謂之壚。王氏炎曰：下土，下等之土也。壤則爲沃，墳壚則爲瘠。金氏曰：其壤者，無塊而柔。其下者，或膏而起、或剛而疏。如今轘轅之濘淖，汜關之沙陷，皆所謂下土者。渭按：冀州疏云豫州直言壤，不言其色。蓋州内之土，不純一色，故不得言色也。釋名：土黑曰盧，盧然解散也。呂覽云：凡耕之道，必始於壚，爲其寡澤而後枯也。壚，本作「盧」，後人於旁加土耳。墳、壚是二種，金説較密。若以爲一，則與兖土之色黑而墳起無别矣。

厥田惟中上，厥賦錯上中。

傳曰：田第四，賦第二，又雜出第一。

厥貢漆、枲、絺、紵，釋文：紵，直吕反。

顔氏曰：紵，織紵，爲布及練也。林氏曰：職方氏：豫州其利漆、枲。載師：漆林之征二十有五。周以爲征，而此則貢之者，時豫州在畿外，故爲貢。推此則知冀不言貢之意。吴氏曰：紵，麻屬。茅氏曰：豫貢略與兖似。蓋二州皆近冀，冀甸服專供粟米，二州近京師，則專供服御。禹制貢先食服，器用次之，珍幣又次之。

周禮：豫州之利曰林、漆。其地有在畿内者，故漆林之征，載師掌之，其征獨重，則漆多而利厚可知。貨殖傳云：陳、夏音檟。千畝漆。陳謂陳縣，夏謂陽夏，並屬陳國。李肇國史補云：襄州人善爲漆器，天下取法。亦以其地産漆故耳。寰宇記云：宋州産漆。陽夏、襄、宋皆古豫域也。韓非子述由余對秦穆公曰：舜作食器，流漆墨其上，國之不服者十三。禹作祭器，墨染其外，朱畫其内，國之不服者三十三。此雖寓言非實事，然當時兖既貢漆而豫又貢之，則漆之爲用亦廣矣。彤鏤之器，實始於此。文明之運將啓，聖人因時以立制，非所以導奢而致畔也。

詩陳風曰：東門之池，可以漚紵。陸璣草木疏云：紵亦麻也，科生數十莖，宿根在地中，至春自生，不歲種也。荆、揚之間，一歲三收。今南越紵布皆用此麻。左傳：襄二十九年，吴公子札聘于鄭，見子産與之縞帶，子産獻紵衣焉。杜注云：吴地貴縞，鄭地貴紵，故各獻己所貴，示損己而不爲彼貨利。陳、鄭皆豫域，紵固其土宜也。迨晉世有白紵舞，江左歌辭極狀舞衣之精妙，則吳地亦貴紵矣。延及唐時，通典言貢苧布者，宣、常、湖、吉、袁、郢、復、岳、郴、朗凡十州，皆荆、揚之産，陸璣所謂一歲三收者矣。此古今風土之變也。

林少穎云：顔師古謂織紵爲布及練，然經但言貢紵，成布與未成布，不可詳也。蔡傳取之。渭按：葛成布，有絺綌之名。紵成布無他名，仍謂之紵而已。紵在絺下，則亦布也。綀，傅氏集解引顔注作「綀」，説文：綀，布屬，从糸，東聲。唐韻在魚部，音所菹切。韻會云：綀、綌屬。後漢禰衡著綀巾，今漢書注既作「綀」，而文苑傳又作「疎」，皆字之誤也。當從傅氏。

厥篚纖、纊，釋文：纊音曠。渭按：纊，史記作「絮」。

林氏曰：纖與纊，二物也。吳氏曰：纊，綿也。渭按：纖亦繒也。徐色玄，荆色玄纁。此不言色者，五采具備，猶土非純一色，不得言色也。説文：纊，絮也。春秋傳曰：皆如挾纊。或作「絖」。小爾雅曰：纊，絮之細也。

圈稱陳留風俗傳云：襄邑縣南有渙水，縣北有睢水。故傳曰：睢、渙之間出文章，天子郊廟御服出焉。任昉述異記云：睢、渙二水波文皆若五色，其地多文章，故名繢水。漢志陳留襄邑縣有服官。故曹洪與子桓書曰：遊睢、渙者，學藻繢之采。左思魏都賦云襄邑錦繡。襄邑今睢州，屬歸德府，自古號爲文章藻繢之區，則織具五采可知也。按近志府界所出有漆、有枲、有絺、有綿，則豫之貢篚太半出於宋，又不獨藻繢爲工矣。

孔傳云：纊，細綿，是以纖爲細也。按絮之細者曰纊，不聞纊更有麤細之分，且貢綿必細，何待言纖。纖、纊爲二物無疑。疏引喪大記屬纊注，以纊爲新綿，尤可笑。纊只是綿，曰細曰新，皆贅辭也。招魂曰：秦篝、齊縷、鄭綿絡些。晉陽秋曰：有司奏調睢陽綿。元和志：宋州出黄綿。豫産也。莊子云：宋人有世世以洴澼絖爲事者。是亦宋地出綿之一證。魏都賦：綿纊房子。劉逵注云：房子出御綿。縣屬常山郡，斯爲冀域而非豫矣。

錫貢磬錯。

傳曰：治玉石曰錯，治磬錯也。林氏曰：揚子雲云：有刀者礲諸，有玉者錯諸，不礲不錯焉攸用。蓋作器者，必賴此以爲用也。荆州之礪、砥，所以治刀。此州之錯，所以治玉磬。磬錯與橘柚皆待上之命而後貢。然揚先言橘柚而此先言錫貢者，施博士説云：橘柚言包，則與厥篚之文無嫌，故言錫貢在後。磬錯與厥篚之文嫌於相屬，故言錫貢在先。此立言之法也。渭按：此石不獨治玉磬，徐貢浮磬未成器，亦須此石治之。

金吉甫云：磬玉不可多琢，以錯磨成。錯，鑄鐵爲之，今鑢是。渭按：説文：鑢，錯銅鐵也。韻會云：即考工記注曰：摩鑢之器。然則鐵與石皆可爲錯，而鑢則所以錯銅，非治玉石之具也。詩曰：他山之石，可以攻玉。知玉錯亦唯以石爲之，不用鑢也。但豫産或精細堅利，特宜於磬，故錫命貢之耳。

浮于洛，達于河。

林氏曰：豫州去帝都甚近，浮舟于洛，則達于河，達于河，則達于帝都矣。蔡氏曰：豫之東境，徑自入河；豫之西境，則浮于洛而後至河也。蔡氏此例，諸州略同。但豫東之水，禹時概不通河。先儒以鴻溝爲禹迹，故其説如此。然鴻溝禹時實未嘗有，滎川始見於周官，濟隧亦僅見春秋傳，類皆非禹迹。其通河者，唯汜水耳。汜水出浮戲山，北流逕虎牢城東，而北注于河。源委頗短，鄭地之舟，或當由此入河。而宋、許、陳、蔡之郊，自南而北，非浮於汝、潁不可。鴻溝未開，汝、潁皆不與河通，舟行不知從何處入河。今按酈道元云：汝水出魯陽縣之大盂山，其西即盧氏界也。大盂山在今汝州魯陽縣西南七十里，而伊水出河南盧氏縣之巒山，一名悶頓嶺者，在縣東南百里。伊、汝二源相去甚近，其間必有可逾之地，陸行若千里，浮伊入洛，度亦不多也。然則經曷不書逾？

曰貢道，亦紀其大略，州境廣遠，間有小小絶水處，若欲書逾，何可勝書。且豫之西境無所逾，不得言逾于伊，浮于洛，故略而不書，此等當以意會也。

【校勘記】

〔一〕在今南陽府盧氏縣東南　按盧氏縣清初屬河南府，雍正十二年改隸陝州直隸州。四庫本改「南陽府」爲「河南府」，是。

〔二〕左傳昭三十二年晉箕遺樂徵取前城　按據清阮元重刻十三經注疏本左傳，事在昭二十二年。四庫本改，是。

〔三〕左傳定八年周大夫儋翩叛單子伐穀城　按據清阮元重刻十三經注疏本左傳定七年春二月「周儋翩入于儀栗以叛」；八年「二月己丑，單子伐穀城」。兩事不在同一年。

〔四〕北對芒阜　「芒」，四庫本作「邙」。

〔五〕左傳僖十八年楚子玉夢河神賜以孟諸之麋　按十三經注疏本左傳，事在僖二十八年。四庫本改，是。

禹貢錐指卷九

華陽、黑水惟梁州：

釋文：華，胡化反，又胡瓜反。

傳曰：東據華山之南，西距黑水。曾氏曰：華山之陰爲雍州，其陽爲梁州，則梁州之北，雍州之南，以華爲畿，周禮注：畿，限也。而梁實在雍州之南矣。薛氏曰：梁州北界華山，南距黑水。黑水今瀘水也。酈道元説黑水亦曰瀘水、若水、馬湖江，出姚州徼外吐蕃界中，東北至敍州宜賓縣入江也。渭按：華即西岳華山。地理志京兆華陰縣南有太華山，在今陝西西安府華陰縣南八里。詳見導山。華陽今商州之地是也。黑水，諸家遵孔傳謂出雍歷梁入南海，爲二州之西界。故其説穿鑿支離，不可得通。唯韓汝節疑梁州自有黑水爲界，與導川之黑水不相涉，而不謂薛士龍已先得之。蓋古之若水即禹貢梁州之黑水，漢時名瀘水，唐以後名金沙江，而黑水之名遂隱。然古記間有存者，地理志滇池縣有黑水祠，一也；山海經黑水之間有若水，二也；水經注自朱提音殊時。

至僰蒲北反。道有黑水，三也；輿地志黑水至僰道入江，四也。今瀘水西連若水，南界滇池，東經朱提、僰道，其爲梁州之黑水無疑矣。故斷從薛氏。以南北易孔傳之東西，亦甚明確也。姚州本漢弄棟、青蛉、遂久三縣地，弄棟屬益州郡，青蛉、遂久屬越巂郡。今爲雲南之姚安府。宜賓本漢僰道縣，犍爲郡治。今爲四川敍州府治。

孔疏云：周禮職方氏華山在豫州界内。此梁州境，東據華山之南，不得其山。故言陽山之西，則雍州境也。竊謂職方九州之山川與禹貢不同，雍既有嶽山爲鎮，故華屬豫。今以禹貢之太華爲豫州山，彼兖之鎮曰岱，亦將以禹貢之岱爲兖州山乎！其不可也明矣。蓋境上之山，非一州所得專。青、徐共是岱，荆、豫共是荆，而太華則雍、梁、豫共之。華北爲雍，華南爲梁，華東爲豫，豫雖不言西界，覩雍、梁可見也。九域志云：華山四州之際，東北冀，東南豫，西南梁，西北雍。十字分之，四隅爲四州，此言實獲我心。然冀境三面距河，華山在河外，冀又與三州微别耳。

武成云：歸馬于華山之陽，放牛于桃林之野。樂記、周本紀並有此文。華山之陽即禹貢之華陽也。水經注曰：湖水出桃林塞之夸父山，廣員三百仞。武王伐紂，天下既定，王及嶽濱放馬華陽，散牛桃林，即此處也。其中多野馬，造父於此得驊騮、緑耳、盜驪之乘，以獻周穆王。又曰：洛水枝流自上洛縣東北出爲門水，又東北歷陽華之山，即華陽。山海經所謂「陽華之山，門水出焉」者也。見第四卷河水。渭按：周禮豫州鎮曰華山。杜氏謂其山連延東出，故屬豫州。夸父正所謂「連延東出」者，乃西嶽支峯，古通謂之華山。夸父山在今閿鄉縣東南二十五里。桃林在夸父北，寔華山之陰。山海經曰：夸父山其北有桃林。杜預注左傳云：桃林在華陰東，即潼關也。而陽華在夸父西南，今洛南縣東北，故以爲華山之陽。秦魏冉同父弟芊戎封華陽君，昭王立太子愛姬爲華陽夫人皆此地。又按吕氏春秋九藪有秦之陽華，在今華陰縣與洛南接界。縣志云：西南之甕谷爲商洛徑道，入谷五十里至甕嶺，東轉爲華陽川，即古陽華之藪也。蓋藪因山而得名，山藪並在華山之陽，正禹貢之華陽。或謂今洛南、商南二縣當屬豫，非也。

漢志：若水出蜀郡旄牛縣徼外，南至大莋入繩。今黎大所南有旄牛故城，即漢縣。師古曰：西南之徼，猶北方塞也。徼，工釣反。繩水出越嶲郡遂久縣徼外，東至僰道入江，行千四百里。嶲，先蕊反。今建昌衛治，即漢越嶲郡邛都縣也。遂久，蜀漢改屬雲南。水經注：若水出蜀郡旄牛徼外，東南至故關爲若水。司馬相如傳曰：略定西南夷，邊關益斥，西至沬若水。又曰關沬若。是若水故有關也。山海經曰：南海之内，黑水之間，有木名曰若木，若水出焉。若水沿流，間關蜀土。黄帝長子昌意降居斯水爲諸侯，娶蜀山氏女，生顓頊於若水之野。若水東南流，鮮水注之，一名州江大度。漢志：鮮水出旄牛徼外，南入若水。又南逕越嶲邛都縣西，有嶲水，漢武帝置越嶲郡，治邛都縣。言越此水，以章休盛也。縣故邛都國，越嶲水即繩，若矣。又有温水，冬夏常熱。昔李驤敗李流于温水是也。按此温水源流不遠，非漢志牂柯鐔封縣下之温水，東至廣鬱入鬱者。金吉甫謂漢志以「瀘」爲「温」字，從省誤，非也。邛都，唐爲嶲州越嶲縣，今建昌衛四川行都司治，領營四：會川、鹽井、冕山、越嶲。又南逕大莋縣入繩，繩水出徼外。山海經曰：巴遂之山，繩水出焉。東南流逕髦牛道，至大莋與若水合，自下亦通謂之繩水。又南逕會無縣，元和志：會川縣北至嶲州三百七十里。本漢會無縣也。今爲會川營地。與孫水合。孫水出臺登縣，一名白沙江，南流逕邛都縣。司馬相如定西夷，橋孫水即此。又南至會無入若水也。漢志：臺登縣，孫水南至會無入若，行七百五十里。元和志：嶲州臺登縣正南微西至州一百七十里。念諸水本名繩水，流入瀘水，在縣西北七百里，自羌戎界流入長江。水本名孫水，出縣西北胡浪山下。今冕山營東北有孫水。繩水南逕雲南郡之遂久縣，蜻蛉水入焉。縣本屬越嶲。蜀漢建興三年，分益州永昌置雲南郡，以遂久來屬。蜻蛉水出蜻蛉縣西，東逕其縣下，又東注于繩水，漢志青蛉縣禺同山有金馬、碧雞。又逕三絳縣西，三絳一曰小會無。又逕姑復縣北，對三絳縣。淹水注之。淹水出遂久徼外，東南至蜻蛉縣，又東過姑復縣南，東入于若水。按漢志會無、臺登、遂久、蜻蛉、三絳、姑復並屬越嶲郡。又東與毋血水合，漢志：益州郡弄棟縣，東農山，毋血水出，北至三絳南入繩，行五百一十里。毋音無。又東涂水注之。漢志：牧靡縣，南臘，涂水所出，西北至越嶲入繩，過郡二，行千二十里。靡音麻，涂音途。又東北至犍爲朱提縣西爲瀘江水。後漢書建武十九年，武威將軍劉尚擊西夷反者棟蠶，度瀘水入益州郡。注云：瀘水一名若水，出旄牛徼外，經朱提至僰道入江。在今嶲州南。名。應劭曰：在縣西南，以氏焉。犍爲，屬國也，在郡南千八百許里。建安二十年立朱提郡。朱提，山治縣故城，尋廢。諸葛亮南征復置。自梁、陳已來，不復賓屬。隋開置恭州，唐改爲曲州。元和志云：曲州南北四百里，東西七百里。窮年密霧，未嘗覩日月輝光，樹木皆衣毛深厚，時時多水溼，晝夜沾洒，上無飛鳥，下絶走獸。唯夏月頗有蝮蛇，土人呼爲漏天也。郡西南二百里，得所綰堂琅縣。西北行上高山羊腸繩屈八十餘里，或攀木而升，或繩索相牽而上，緣陟者，若將階天。按後漢志無堂琅，蓋省入朱提也。劉昭曰：朱提縣西南有堂琅山，多毒草，盛夏之月，飛鳥過之不能得去。有瀘津，東去縣八十里，水廣六七百步，深十數丈，晉明帝大寧二年，李驤等侵越巂，攻臺登縣。寧州刺史王遜遣將軍姚岳擊之，戰于堂琅，驤軍大敗，追之至瀘水，赴水死者千餘人。兩岸皆山，高數百丈，瀘峯最爲高秀，孤高三千餘丈。是山晉太康中崩，震動郡邑。水之左右，馬步之徑裁通，而時有瘴氣，三月四月經之必死，非此時猶令人悶吐，五月以後，行者差得無害。故諸葛亮表言五月渡瀘也。自朱提至僰道有水步道，有黑水、羊官水三津之阻，行者苦之。又有牛叩頭、馬搏頰坂，其艱嶮如此也。若水逕越巂之馬湖縣，又謂之馬湖江，馬湖縣今爲四川之馬湖府。繩水、瀘水、孫水、淹水、大渡水隨決入而納通稱。是以諸書録記羣水，或言入若，又言注繩，亦咸言至僰道入江。華陽國志云：僰道治馬湖江，會水通越巂。正是異水沿注通爲一津，更無別川可以當之。今按府縣圖志，若水在建昌衛，俗名打冲河，自冕山營西徼外，營故寧番衛，在建昌衛東北。東南流，至衛西鹽井營東南，與雲南金沙江合。營在衛西。元和志：巂州昆明縣東北至州三百里，本漢定笮縣也。出鹽鐵，夷皆用之。漢將張嶷殺其豪率，遂獲鹽鐵之利。鹽井在縣城中，取鹽先積柴燒之，以水洗上，即成黑鹽。凡言笮者，夷人於大江水上置藤橋，謂之「笮」，其定笮、大笮皆是。近水置笮橋處。「笮」與「筰」同。金沙江源出吐蕃界，至共龍山犛牛石下，南流漸廣，本名犛水，後訛爲麗水，東南流，經麗江府北，又東經姚安府北，即鹽井衛東南。合打冲河，又東合瀘水，又東經會川營南，通典：會川縣有瀘水，「五月渡瀘」即此。元和志：巂州南至瀘渡四百五十里。又東至東川府西，折而東北，經烏蒙府西北，又東北經馬湖府南，又東經敍州府南，而北入大江。雲南無水路，行者以爲艱。唯由蜀浮金沙江，可以直達南中。明正統、嘉靖、隆慶時，屢議開通而不果行。至天啓時安酋倡亂，貴陽道阻，復議開通。按察使莊祖誥議云：自金沙江巡檢司開，由白馬口歷普隆、紅巖石、剌鮓至廣翅塘皆祿勸州地，其下有三灘，水溢没石，乃可放舟。涸則躋岸纜空舟以行，又歷直勒村、罵剌、土色皆會禮州地，其下有雞心石，石如堆者三，纍纍江中，舟者相水勢緩急可行。又歷踏照、亂得、頭峽、剌鮓至粉壁灘甚駛，皆東川地。又歷驛馬河、新灘至虎跳灘，陰溝洞皆巧家地。虎跳湍瀉陡石，不可容舟。陰溝二山頹集，水行山腹中，皆從陸過灘易舟而下。又歷大小流灘，爲蠻夷司地。又歷黄郎、木鋪、貴溪寨、業灘至南江口，爲烏蒙府地，始安流。自廣翅塘至南江，木商行之可十日，又至文溪、鐵索、江邊數灘，歷麻柳灣、教化巖爲馬湖府地，又歷洩灘、蓮花三灘、會溪石角灘至敍州府。其説甚詳晰，然是時明運將終，救敗不暇，徒託諸空言而已。鹽井營東南，蓋即漢大莋縣界，繩、若合流處。若爲建昌衛西之打沖河，繩則姚安府北之金沙江也。此水禹無所致力，不用循行，故所導唯雍州之黑水。

「瀘」本作「盧」，如盧弓、盧矢、盧橘之類，皆訓黑。劉熙釋名：土黑曰盧。沈括筆談云：夷人謂黑爲盧。漢中山盧奴縣有盧水。酈道元云：水黑曰盧，不流曰奴。尤盧水爲黑水之切證也。牧誓八國有盧人，疑即居盧水上者，其字後加水作「瀘」。章懷太子注後漢書云：瀘水一名若水。則瀘、若似非異源。而酈元引益州記曰：瀘水源出曲羅舊，下三百里曰瀘水，兩峯有殺氣，暑月舊不行，故武侯以夏渡爲艱。瀘水又下合諸水而總其目焉，故有瀘江之名矣。據此則瀘水自出曲羅舊，其地當在若水之東，下流合若水，故若水兼瀘水之目，所謂隨決入而納通稱者也。元和志云：巂州西瀘縣東北至州二十七里，本漢邛都縣地。瀘水在縣西一百十二里，水峻急而多石，土人以牛皮作船而渡，一船勝七八人。蓋即曲羅舊出之瀘水也。考其源流不出漢越嶲、犍爲二郡界，而杜氏通典云：吐蕃有可跋海，去赤嶺百里，方圓七十里，東南流入西洱河，合流而東，號漾濞水，又東南出會川爲瀘水。瀘水即黑水也。程大昌、金履祥之説，皆出於此。漾濞水見唐書〔一〕，在今大理府西百里。西洱河即葉榆河也，出大理鄧川州點蒼山，匯爲巨湖。周三百里，亦曰西洱海。今按水經注：葉榆河出益州郡葉榆縣，縣東有葉榆澤，葉榆水之所鍾也。其水自縣南枝分，東北流，逕遂久縣東、姑復縣西，與淹水合。淹水雖合繩、若入蜀江，而葉榆初無黑水之名也。何以知爲黑水之源，其經流則自邪龍縣東南流，逕滇池縣南，又東與盤江合，又東南至交趾麋泠縣入海。此與會川相去懸絶，並不合繩、若入蜀江，安得謂漾濞水東南出會川爲瀘水，即滇池縣北所祠之黑水哉！杜説非是。又按水經注：永昌郡有蘭倉水出博南縣，漢武帝時，通博南山道，渡蘭倉津，土地絶遠，行者苦之。歌曰：漢德廣，開不賓，度博南，越倉津。其水東北流，逕不韋縣與類水合，又東與禁水合，又北注瀘津水。然則此蘭倉水仍東北合瀘水入蜀江也。若今之所謂闌滄江，元人指以爲禹貢之黑水者，則東南流至交趾入海，與梁州絶無交涉影響，附會之談，殊不足信。

漢志：滇池澤在滇池縣西北，有黑水祠。後漢志：縣北有黑水祠。或以爲武帝開置益州郡始立之，非也。使帝知郡界有黑水而立此祠，則班史必知其所在而能言之矣。竊謂此祠蓋彼中相承已久，黑水即金沙江，東經會無縣南，南直滇池縣，縣故滇王國，於其北立祠祭之宜矣。自周衰以迄漢初，聲教阻絶，故尚書家莫能言梁州黑水之所在，千載而下，尚賴有此祠可以推測而得之。語云「天子失官，學在四夷」。又云「禮失而求之野」。此亦其一端也。

杜佑以漾濞水經會川縣者爲黑水，樊綽以麗水合瀰渃江者爲黑水，程大昌以西洱河貫葉榆澤者爲黑水，元人則以闌滄江至交趾入海者爲黑水，而明李元陽引張立道之事以爲證。此皆轉相附會，以求合於入南海之文，非實有所驗也。以是爲雍界之黑水，吾不敢知。如謂梁界之黑水亦即斯川，則梁州奄有雲南，極於交趾。以一州而兼數州之地，何至若是之廣遠，此可以理斷之，而信其必不然者也。詳見導黑水下。

梁州之黑水，自繩、若而外又有五黑水焉。漢志：符黑水出犍爲南廣縣汾關山，北至僰道入江。一也。符黑水者，符縣之黑水也，一名南廣水。水經注：黑水出漢中南鄭縣北山，南流入漢。諸葛亮牋云「朝發南鄭，暮宿黑水」。二也。又黑水出羌中，西南入白水。通典：扶州尚安縣有黑水。元和志云：出縣西北素嶺山。三也。在今陝西文縣。近志疊溪營城西北有黑水，即古翼水，源出黑水生番，東南經茂州，至安縣入于羅江。四也。又崇慶州西北有黑水入江。元大一統志云：源出常樂山，溪石皆黑。五也。此皆水之小小者，非禹貢之黑水也。杜氏云：顧野王撰輿地志，言黑水至僰道入江，與禹貢不合。蓋謂其不入南海是爲異耳。而薛士龍以爲野王指符黑水言之。今顧書不傳，未知然否。按南廣水在敍州府城東十餘里，出西南夷吕部蠻部，自冢蛾夷囤過慶符縣，東北至南廣洞入江。源短而流狹，野王之所指豈謂是與？韓汝節謂梁州別自有黑水，千古卓識，而乃以疊溪黑水當之，將以界南北乎？抑以界東西乎？吾不意韓氏復舛謬至此也。

殷有徐而無青，營即青也。周有青而無徐，青即徐也。青、徐二州迭爲有無，獨梁則二代皆無之，其故何也。余按：武王伐紂，誓于牧野，諸侯會師者，稱之曰友邦冢君，而庸、蜀、羌、髳、微、盧、彭、濮八國，則稱之曰人，不以諸侯待之。傳曰：八國皆蠻夷戎狄屬文王者。正義曰：此皆西南夷也。通典曰：梁州當夏、殷之間爲蠻夷之國，所謂巴、賨、彭、濮之人。由是觀之，殷、周之世，梁地大半變於夷，故此州遂廢。先儒多言梁併於雍，唯賈公彦云雍、豫皆兼梁地，而林少穎又云江、漢發源梁州，而職方爲荆州川，則荆亦兼梁地，此言尤爲精核。蓋殷、周之荆、豫，皆以漢水爲界。梁州之地，自嶓冢以東分屬荆、豫，而嶓冢以西則雍兼之。其地皆爲蠻夷，雖併於雍而禹貢梁州之山川，無一入職方者，大抵如唐、宋之羈縻州，元、明以來之土司，簡其政令，寬其賦歛，以柔擾之，使爲不侵不叛之臣而已。建州設牧，非其所宜，故終殷、周之世，梁州不復置也。

史記：黄帝之子玄囂降居江水，昌意降居若水。索隱曰：江水、若水皆在蜀，即所封國也。帝子所封必不在九州之外，至唐虞時，岷、嶓、沱、潛、蔡、蒙、和夷皆禹迹之所及。殷季武王伐紂，八國來從，蜀何嘗不通中國？或言秦以前未嘗通，至秦鑿山開道，蜀始通中國，非也。二代所以不置梁州者，蓋以其地僻在西南隅，亂則先畔，治則後服，故以雍、豫、荆三州分攝其地，而不必特建一牧以治之，損益隨宜，先王因時立政之道也。

梁州有古蜀山氏、蠶叢氏之國，又玄囂、昌意所封，及牧誓所稱庸、蜀、羌、髳、微、盧、彭、濮諸國皆在焉。春秋時可考者，庸、巴、濮、麋、褒凡五國。戰國時屬秦，而楚亦兼得其地。秦并天下置漢中、巴郡、蜀郡、隴西、南境是。內史。南境是。漢改置益州。領郡八。漢志云改梁曰益。魏分置梁州，晉初因之，益、梁二州並領郡八。後又分益州南境置寧州。領郡四。唐爲山南西道之漢中梁州、洋川洋、通川通、潾山渠、南平渝、清化巴、始寧壁、咸安蓬、符陽集、巴川合、河池鳳、順政興、益昌利等郡，山南東道之房陵房、南賓忠、南浦萬、雲安夔等郡，劍南道之蜀郡益、唐安蜀、濛陽彭、德陽漢、通義眉、梓潼梓、巴西綿、普安劍、閬中閬、資陽資、臨邛邛、通化茂、交川松、越巂巂、南溪戎、遂寧遂、仁壽陵、犍爲嘉、盧山雅、瀘川瀘、陽安簡、安岳普、江源當、陰平文、同昌扶、油江龍、臨翼翼、歸誠悉、靜川靜、蓬山柘、恭化恭、維川維、雲山奉、和義榮、盛山開、南充果、洪源黎、雲南姚等郡，又京畿之上洛商、安康金、隴右道之武都武、同谷成、懷道宕、合川疊、黔中道之涪陵涪、南川南等郡。按以上通典所列，雲南、涪陵、南川三郡，乃梁南徼外蠻夷，不在九州之限。其雲安之建始縣，當往屬荆；上洛之上津東境廢長利縣地，當往屬豫；而黔中、寧夷、涪川、播川、夜郎、義泉、溱溪七郡，列在荆域者，雖附近蜀江之南，亦係徼外蠻夷，不在九州之限。以今輿地言之，陝西漢中府、興安州及西安府之商州、洛南、山陽、鎮安、商南，鞏昌府之鳳縣、兩當、徽州、成縣、階州、文縣，湖廣鄖陽府之房縣、竹山、竹溪及鄖西縣之西境，四川則成都、保寧、順慶、龍安、馬湖五府、潼川、嘉定、邛、眉、雅五州及敍州、瀘州、重慶、夔州之江北諸州縣，松潘衛、疊溪營、天全六番招討司、黎大所、建昌衛，皆古梁州域也。其遵義府、永寧衛及東川、烏蒙、鎮雄故烏撒。三府並在瀘水之外，雲南郡唐於昆明之弄棟川置，即今姚安府，其非梁域，又不待言矣。

梁北自洛南、商州、鎮安並屬西安府。以西爲洋縣，城固、褒城、鳳縣、並屬漢中府。兩當、徽州、成縣並屬鞏昌府。及唐宕、疊二州之地，北與今岷州、洮州二衛接界，衛屬臨洮府。又西爲西傾山南、唐松州徼外羈縻之地，貞觀二年，於松州置都督府，督羈縻二十五州。其後多至百有四州，悉生羌部落。皆與雍接界。其間大山長谷遠者或數百里。終南山東連二華，竦峙長安之南，有子午道直達漢中，岡巒綿亘，歷盩厔音周質。至武功、郿縣爲太一山，亦名太白山，駱谷、斜谷之口皆當其地，又西過寶雞訖於隴首山之深處，高而長大者曰秦嶺。西京記云：長安正南山名秦嶺，東起商、洛，西盡汧、隴，東西八百里是也。關中指此爲南山，漢中指此爲北山，斯實雍、梁之大限矣。寶雞西南爲鳳縣，即漢故道縣，屬武都郡。縣東北大散嶺與寶雞分界，嶺上有大散關，當秦、隴之會，扼南北之交，雍、梁有事，在所必争。又西爲徽州，州東南有鐵山，懸崖萬仞。劉子羽曰：蜀口有鐵山棧道之隘是也。州西有木皮嶺甚高險，唐黄巢之亂，王鐸置關於此，以遮秦、隴。又西爲成縣，縣有鷲峽、羊頭峽、龍門戍，皆在仇池山北，北兵攻仇池，必由此入。又西爲洮州衛之西傾山，山東北去衛四百餘里，屬雍州，其南則屬梁州，所謂「西傾因桓是來」者也。以上諸山皆隴、蜀之阸塞，西傾與華陽，東西準望相直。曾彥和云：梁北雍南，以華爲畿。不兼言東，最得經旨。而林少穎以爲華山在梁、雍之東，當云梁之東北，雍之東南，以華爲畿。夫兼言東則不足以該其西，是謂欲密而反疎。林氏蓋習聞西南距岱之説，而不知其非，故有此論。

梁東自洛南、商南以南，二縣並屬西安府。爲鄖西之西境，故上津縣地。上津，唐屬商州，其故城在今鄖西縣西北一百十里。又南爲房縣，鄖西、房縣並屬鄖陽府。與豫接界，又南爲竹山縣，屬鄖陽府。又南爲巫山縣，屬夔州府。與荆接界。

梁南自宜賓以西至會川，諸州縣凡在瀘水、馬湖江之北者，皆梁域。宜賓以東至巫山諸州縣，凡在大江之北者，皆梁域。蓋大江既合瀘水，亦得互受通稱。故隋改江陽縣曰瀘川，置瀘州治焉。其縣南大江，寰宇記謂之瀘江。瀘水即黑水，則梁左之南鄙亦當以此水表界也。或曰：梁州之水，莫大於江，經曷不界以江？曰：江自岷山導源，大勢皆南行，至敍州始折而東，苟界以江，則江右之地悉遺之域外矣。故言黑水可以見左界，而言江則不可以該右界也。

梁西自西傾山歷唐羈縻州以南爲當州、奉州、柘州，又西南爲始陽鎮，又南爲雅州、黎州，又西南爲巂州，皆與蠻夷接界。今松潘衛、威州、天全六番招討司、雅州、黎大所及越巂冕山營之北境、鹽井營之西境是也。唐當州在今松潘衛西南三百里，州治通軌縣。隋志縣有甘松山。元和志云：甘松嶺在嘉誠縣西南十五里。唐開元十九年，吐蕃請互市於甘松，宰相裴光庭曰：甘松嶺中國之阻，不如許赤嶺。即此也。赤嶺在今陝西西寧衛界。奉、柘二州在今疊溪、威州之西。奉州西七十里有的一作滴。博嶺，韋皐嘗分兵出此圍維州。柘州西北百里有大雪山，一名蓬婆山，杜甫詩「已收滴博雲間戍，欲奪蓬婆雪外城」。是蓬婆又在滴博之西也。威州北有高碉山，山上有薛城廢縣，唐維州治，亦曰姜維城。邊略云：自松達茂不三百里，夷碉棋布，山巖如蜂房。宋史有碉門，元有碉門宣撫司，即今天全六番招討司也。蓋夷碉起自松州，訖於始陽，故謂之碉門矣。廣韻無「碉」字，不知其音。今按後漢書：冉駹夷皆依山居，止累石爲室，高者至十餘丈，爲邛籠。注云：今彼土夷人呼爲彫也。蓋「碉」本作「彫」，後改從石作「碉」耳。音當與彫同。唐雅州治嚴道縣，領羈縻吐蕃四十六州，黎州治漢源縣，管羈縻州五十七，並蠻夷部落。寰宇記云：雅州西去大渡河五日程，羌蠻混雜，連山接野，鳥路沿空，不知里數。黎州西至廓清縣一百八十里，其城西臨大渡河，河西則生羌蠻界，高山萬重，更無郡縣。今黎大所北有邛來山、九折坂。後漢永平中，白狼、槃木、唐菆等百餘國，舉種奉貢，越山坂繦負而至，皆旄牛徼外蠻夷也。嶲州即今建昌衛。通典云：南至姚州界五百六十里，西至磨迷生蠻六百六十里。昔司馬相如略定西南夷，關沫若，徼牂柯，鏤靈山，橋孫水，蓋皆在此地矣。

岷、嶓既藝，釋文：岷，武巾反。嶓音波。徐甫何反。韋音播。渭按：岷，史記作「汶」，後同。

傳曰：岷、嶓皆山名，水去已可種藝。王氏炎曰：江、漢發源此州。方江、漢之源未滌，水或氾濫二山下，其地有荒而不治者，今既可種藝，知二水之順流也。渭按：此江、漢滌源之事。地理志云：崏山在蜀郡湔氐道西徼外，江水所出。崏，古「岷」字。縣有蠻夷曰道。今四川松潘衛即漢湔氐道也，山在衛西北。後魏地形志云：華陽郡嶓冢縣有嶓冢山，漢水出焉。括地志云：嶓冢山在梁州金牛縣東二十八里。今在陝西漢中府寧羌州北九十里，州本漢廣漢郡葭萌縣地也。詳見導山。

貨殖傳：卓氏之先曰：岷山之下沃野，下有蹲鴟，至死不飢。地理志云：巴、蜀、廣漢土地肥美，有江水沃野，山林竹木疏食果實之饒。溝洫志：武帝拜張卬爲漢中守，通褒斜道，以漕致漢中之穀。蜀志：法正説先主取漢中，廣農積穀以觀釁。然則岷、嶓二山之下實膏腴之地，宜於播種，民食皆仰給焉。故經特書藝。

禹暨稷播，奏庶艱食，烝民乃粒，萬邦作乂，治水與教稼相爲表裏。書作、書藝，而稷之功見矣。

沱、潛既道，

正義曰：鄭注梁州云：二水亦謂自江、漢出者。郭璞爾雅音義云：沱水自蜀郡都安縣湔山與江別而東流。又云：有水從漢沔陽縣南流，至梓潼漢壽入大穴中，通峒山下，西南潛出，一名沔水。舊俗云即禹貢潛也，見荆州疏。渭按：地理志：禹貢江沱在蜀郡郫縣西，東入大江。此即今之郫江。郭氏所謂沱也。括地志云：潛水一名復水，「復」當作「澓」，與「洑」同。今名龍門水，源出綿谷縣東龍門大石穴下。元和志云：龍門山在利州綿谷縣東北八十二里，潛水所出。此即郭氏所謂潛也。今成都府灌縣東有都安故城。漢中府沔縣東南有沔陽故城。漢壽，晉改曰晉壽，其故城在今保寧府昭化縣東南。綿谷亦晉壽地，今爲廣元縣。

河渠書：蜀守冰鑿離碓，古「堆」字。辟沫水之害，穿二江成都之中。溝洫志同，「確」作「崔」。注引杜預益州記云：二江者，郫江、流江也。隋經籍志有益州記三卷，李氏撰，而無杜預之書。李氏者，李膺也，字公偁，梁益州別駕。初學記引任豫益州記曰：郫江者，大江之支也，亦曰涪江，亦曰湔水。在蜀與洛水合。又劉逵蜀都賦注丙穴下、劉昭注補郡國志廣都縣下，並引任豫益州記。此杜預當是任豫。「豫」通作「預」，「任」與「杜」字形相似而誤。揚雄蜀都賦曰：兩江珥其前。應劭風俗通曰：李冰開成都兩江，溉田萬頃。左思蜀都賦曰：帶二江之雙流。常璩華陽國志曰：李冰壅江作堋，穿郫江、檢江，即流江。別支流雙過郡下。蓋自漢以來皆以郫江爲沱水，流江爲大江。水經所敍江水自都安以至成都者，攷其原委皆流江也。然流江實非大江。江原縣𨞪水，江原今崇慶州。應劭曰：𨞪音壽。近世謂之大皁江者，元和志：𨞪江一名皁江。蓋「壽」音轉爲「皁」。則岷江之正流也。而班氏以爲首受江，故鄭康成云：沱之類𨞪與郫俱爲沱，而流江於是乎爲大江矣。推尋事理，李冰所穿之二江，一是流江，乃冰所創造；一是郫江，即禹貢之沱。時必淤淺，冰復從而濬之，遂并數爲二江。茲二江者，或稱內江、外江，或稱南江、北江，彼此參錯，未知誰是。其湔水不經成都縣界。元史河渠志以郫、湔爲冰所穿之二江，大謬。郫江之爲沱水無疑矣。然世皆以灌縣西南至廣都北岸合流江者，爲郫江之起止，今成都城東南岸曲有合江亭，郫江入流江處也。則所行不過三百餘里。今按漢志：緜虒縣，湔水東南至江陽入江，江陽今瀘州。行千八百九十里。水經注云：緜、雒二水與湔水合，亦謂之郫江。郫江者，沱水也。既與湔水渾濤，則直至瀘州入江矣。安得以五城水口之枝津，爲沱水西合大江之正道哉！水經注云：湔水東絶緜洛，逕五城界，至廣都北岸，南入于江，謂之五城水口。蓋禹治梁州，特紀沱、潛。潛自廣元至巴縣入江，行千餘里。沱自灌縣至瀘州入江，行千五百餘里。羣流湊集，源遥波濬，雖江、漢之別，而實爲州界兩大川，荒度之功，不遺餘力，此沱、潛所以與岷、嶓並志也。

蜀中江、沱禹迹，至李冰而一變。其後文翁穿湔洩以溉繁田，則又一小變。如五城水口者，未必非後人之所爲。及唐末高駢築成都羅城，遂從西北作縻棗堰，塞故瀆，更鑿新渠，導外江繞城西而北，謂郫江。内江繞城西而南，謂流江。下流仍合於舊渚，見宋元豐成都志，舊渚者。合江亭也。則又一大變，冰之遺迹亦不可復問矣。

李冰鑿離堆是一事，穿二江又一事。水經注云：沫水自蒙山至南安而溷崖，水脈漂疾，破害舟船，歷代爲患。李冰發卒鑿平溷崖，通正水路。據此則李冰所鑿當在漢南安界沫水中。南安今嘉定州地。離堆蓋即道元所謂溷崖者是也。説者合兩事而爲一，遂謂離堆在今灌縣西南，因穿二江而鑿之，此地與沫水無涉，恐非。大抵岷山左右，其地名多古今舛戾。如羊膊嶺在天彭山北，而後世移之於汶山縣；天彭闕在湔氏道徼外，而後世移之於導江縣；靈關道屬越巂郡，而後世移之於漢嘉郡。談禹貢者，終當以古爲是，灌縣之離堆亦此類也。

漢志：蜀郡汶江縣又有江沱在西南，東入江。近志以威州玉輪江當之。玉輪江即汶水也。水出岷山西玉輪坂下，非首受江者，不可謂沱。漢志所言蓋即緜虒縣界，開明之所鑿。郭璞云：玉壘作東別之標者也。開明，蜀王杜宇之相，七國時人，始鑿此渠，前古未有也。故蜀郡二江沱，於郫繫禹貢，而汶江不言禹貢。

梁州之潛一而已。漢廣漢郡有葭萌縣。蜀改曰漢壽，屬梓潼郡。故郭璞云「西南流至梓潼漢壽縣入大穴中」，即樂史所謂「三泉故縣南有大寒水，西流至龍門山入大石穴」者也。晉改漢壽曰晉壽，故庾仲雍云：墊江有別江出晉壽縣，即潛水。見水經潛水注。太元中分晉壽置興安縣。隋改曰綿谷，唐因之。故隋志云綿谷縣有龍門山。元和志云：潛水出綿谷縣龍門山。明改曰廣元縣。故近志縣東北有龍門山，潛水出焉。縣名五變，其地一也。今縣北有龍門洞。王象之輿地紀勝曰：龍門洞在綿谷縣北，凡爲洞者三，自朝天程入谷十五里有石洞，及第二第三洞，有水自第三洞發源，貫通兩洞，下合嘉陵江。渭按：此即禹貢之潛水也。然廣元舊志云：源出縣北一百三十餘里木寨山，流經神宣驛，又南二十里經龍洞口，至朝天驛北，穿穴而出，入嘉陵江。與括地、元和志不同。意者木寨山乃水自沔陽來之所經，而人誤以爲出歟。元和志：龍門山在縣東北八十里。今以舊志所言考之，木寨山南十餘里爲神宣驛，又南二十里爲龍洞口，又南二十里爲朝天驛，去縣八十里，恰與龍門之里數相符。蓋朝天驛之穴，即龍門山之穴也。其輿地紀勝所謂「自第三洞發源貫通兩洞」者，即舊志所謂「經龍洞口至驛北，穿穴而出」，郭璞所謂「入大穴通峒山下，西南潛出」者也。王尚書士禛秦蜀驛程後記云：神宣驛即諸葛忠武侯籌筆驛也。龍門閣松栝皆參天，潛水流經洞門灘，石拒之有聲，甚厲。梁州記所云「蔥嶺山有石穴，高數十丈，號爲龍門者也。下山十五里宿朝天鎮，潛水入嘉陵江處，行六十里，登舟出朝天峽。自此以下，歷昭化、劍州、蒼溪、閬中、南部、並屬保寧府。蓬州、南充、並屬順慶府。合州，至巴縣並屬重慶府。入大江。禹通謂之潛，後人稱爲西漢水，至唐又稱嘉陵江，而潛之名遂晦。其水出隴西西縣嶓冢山者，自爲嘉陵江之發源，下流與潛水合，而潛水實不出於彼也。龍門洞處處有之。輿地紀勝三泉縣西二里有龍門洞。又大安軍西五里有龍門山。漢中府志：沔縣西一百八十里有龍門洞。寧羌州東北百里亦有龍洞，西南四十里又有龍洞山。其名雖同，而地則異，去廣元遠矣。

正義引鄭注云：梁州之潛，蓋漢出嶓冢，東南至巴郡江州入江。謂潛水出隴西嶓冢山，誤由班志。水經注引鄭説云：漢別爲潛，其穴本小，水積成澤，流與漢合。大禹自導漢疏通即爲西漢水也。故書曰「沱、潛既道」。此勝前説。西漢水之爲潛水，康成固已知之，不待景純也。

左思蜀都賦云：演以潛、沬。劉逵注潛水與郭璞同。其於沬水則曰：水出岷山之西，東流過漢嘉，南流有高山，上合下開，水經其中，曰沬水。水潛行曰演，此二水伏流，故曰演以潛、沬。斯言可證潛之爲伏流，其出龍門石穴與沬水出蒙山下之狀略相似，二水原委秩然。劉昭於犍爲武陽下引蜀都賦注，以爲潛水從縣南流，至漢嘉縣入大穴中。大謬。

漢志：巴郡宕渠縣有潛水，西南入灊。水經：潛水出巴郡宕渠縣，又南入于江。注云：漢水枝分潛出，故受其稱，今爰有大穴，潛水入焉。通岡山下，西南潛出，謂之伏水。或以爲古之潛水。此與郭璞説同。下文又引康成之言以爲證。渭按：漢宕渠故城在今順慶府渠縣界。酈元云：宕渠水即潛水，見江水注。出南鄭縣南巴嶺，謂之北水，東南流逕宕渠縣，謂之宕渠水，又東南入于漢。見漾水注。今渠縣之渠江源出夔州府太平縣東萬頃池，自南江、通江二縣界，西南流，至合州入嘉陵江者是也。此水本山源，不出於漢，徧考近志，其地亦無所謂「大穴通岡山下」者，且漢志云西南入灊。灊即禹貢之潛，而此水與之合，則是班固原不以此水爲禹貢之潛也。水經改云入江，故酈援郭、鄭之説以立注，而不知二氏所言主漢壽，與宕渠無涉，移彼入此，舛謬殊甚。且此水源出巴嶺，巴嶺在南鄭縣南百餘里，綿亘深遠，高聳千尋，冬夏積雪不消，中包孤雲、兩角、米倉諸山。賈耽曰：興元之南，路通巴州，中有孤雲、米倉山，行者必三日始達於嶺。王子韶所謂「孤雲兩角，去天一握」也。其險且遠如此，禹必不以爲貢道，潛不在宕渠無疑矣。蔡傳乃據酈注以釋經，而爾雅音義見於孔疏者，反置若罔聞，何其不知所擇邪。

漢志：漢中安陽縣有鬵谷水，出西南，北入漢。師古曰：鬵音潛，其字亦或從水。正義曰：鄭云安陽之潛尾入漢耳，首不於漢出也。今按水經作涔水，曰：漢水東過魏興安陽縣南，涔水出自旱山北注之。鄭説良是。潛、涔、鬵、灊，古字或通用，而其水之所出，則不可以無辨。史記索隱因夏本紀「潛」作「涔」，遂以安陽之涔水當之。蔡傳亦引漢志以爲言，非也。安陽，魏改置黄金縣，宋倂入真符縣，其故城在今洋縣東北一百三十里。

項平甫云：江、漢夾蜀山而行，自梁至荆數千里，凡山南谿谷之水，皆至江而出，山北谿谷之水，皆至漢而出。其水衆多，不足盡録，故南總爲沱，北總爲潛。蓋當時之方言，猶今言谿谷云爾。後之讀爾雅者，誤以江、漢爲沱、潛所出之源，不知其爲沱、潛所出之路也。吴幼清云：凡江、漢支流，或大或小，或長或短，皆名沱、潛，不拘一處。渭按：項説大謬，吴説亦汗漫。總由不知荆、梁之沱、潛實有其處所，遂各爲異義耳。

蔡、蒙旅平，

傳曰：蔡、蒙二山名。祭山曰旅，平言治功畢。正義曰：地理志云蒙山在蜀郡青衣縣。應劭云順帝改曰漢嘉縣。蔡山不知所在。論語云：季氏旅於泰山。是祭山曰旅也。蘇氏曰：蒙山今曰蒙頂。渭按：今雅州北有青衣廢縣，蒙山在州南。後漢志：蜀郡屬國漢嘉縣故青衣，陽嘉二年改。有蒙山。元和志云：蒙山在雅州嚴道縣南十里。今每歲貢茶爲蜀之最。嚴道，雅州治。本漢嚴道縣地。西魏分置始陽縣。隋改曰嚴道，非漢縣也。今爲滎經縣治。寰宇記云：始陽山在盧山縣東七里，本名蒙山。唐天寶六年敕改始陽山，高八十里，東道控川，歷嚴道縣，橫亘入邛州火井縣界。盧山縣，本漢青衣縣地，西魏爲始陽縣地，隋分置盧山縣。今作「蘆」。火井廢縣在今邛州東六十三里。又云：蒙山在名山縣西七十里，北連羅繩山，南接嚴道縣，山頂全受陽氣，其茶芳香。茶譜言：山有五嶺，出中頂上清峯者，所謂「蒙頂茶」也。名山縣亦漢青衣縣地。西魏分置蒙山縣。隋改曰名山。以今輿地言之，蒙山盤基跨雅、邛、蘆山、名山四州縣之境，歷歷可考。祝穆方輿勝覽云：禹貢梁州之山四，岷、嶓、蔡、蒙。西山皆岷，北山皆嶓，南山皆蒙也。此等顢頇之説，但可以欺俗學耳。

史記集解引鄭玄曰：地理志蔡、蒙在漢嘉縣，漢嘉即青衣。今按：志有蒙山無蔡山，而鄭云然。蓋以蔡蒙爲一山也。孔疏云蔡山不知所在，而歐陽忞輿地廣記乃云在雅州嚴道縣。葉少蘊則以縣東五里周公山當之。寰宇記云：周公山在嚴道縣東南，山勢屹然，上有龍穴，常多陰雲。明一統志遂大書曰：蔡山在雅州東五里。又有地名旅平，在州東十里。禹治水功成，旅祭於此，今俗呼爲落平。此皆無稽之言也。閻百詩云：蔡山，班志、酈注並闕。唐孔穎達、司馬貞並言不知所在。而宋政和中歐陽忞出曰蔡山在嚴道縣，可信乎？及偏考隋、唐地理志、元和志、通典、寰宇記、九域志，嚴道無所謂蔡山也。忞同時葉少蘊傳禹貢，復指周公山以當之，又可信乎？或曰：然則蔡山終竟不知邪？曰：要就禹貢蒙山以求，最爲近之。如太史河不知所在，就九河間以求，惇物山不知所在，就漢武功縣東以求，雖不中不遠。而必鑿鑿指實，恐涉傅會，論篤者弗取矣。渭按：百詩言最善。就蒙山以求，其唯峨眉乎。左思蜀都賦曰：抗峨眉之重阻。華陽國志曰：犍爲南安縣南有峨眉山，去縣八十餘里。水經注曰：平鄉江東逕峨眉山在南安縣界，去成都南千里。然秋日清澄，望見兩山相峙如峨眉焉。此山之名亦不見於漢志。蓋自周衰蜀不通中國，蔡山失傳，後人但以其山形名之曰峨眉，卒莫有知蔡山之所在者。元和志云：峨眉大山在嘉州峨眉縣西七里，中峨眉山在縣東南二十里，峨眉縣在今嘉定州西六十里，本漢南安縣地。後周爲平羌縣地，隋分置峨眉縣。小峨眉山在綏山縣南六里。綏山廢縣在今峨眉縣東。隋置宋省入。方輿勝覽云：大峨山在縣西南一百里。中峨山在縣南二十里，一名覆篷山，又名綏山。小峨山在縣南三十里，一名鏵刃山，與中峨、大峨相連，是爲三峨。以此當蔡山有可信者三：峨眉在蒙山之東，禹治梁自東北而西南，先蔡後蒙，地望相符，一也；蔡、蒙之區，禹所治者，青衣、沫水耳，二水自蒙山下合流，東經峨眉山下入涐水，二也；蒙山之東，唯峨眉高大與之匹，旅平豈獨遺此，三也。然自漢、魏以來未有指此爲蔡山者。愚何敢執以爲然，聊附數言，以俟來哲而已。

〔丁晏曰：錐指疑蔡、蒙之蔡爲峨眉。案漢志：蜀郡青衣有禹貢蒙山。鄭注蔡蒙在漢嘉縣。以蔡蒙爲一山。僞孔傳以蔡、蒙爲二山。疏云：蔡山不知所在。蓋本無此山也。歐陽忞輿地廣記云：蔡山在雅州嚴道縣。葉少藴以縣東五里周公山當之。蔡傳從其説。閻潛邱謂蔡山不可信，是也。東樵以爲峨眉，鄉壁虛造，其説又可信乎！〕

漢志：青衣縣有蒙山谿、大渡水。蒙山谿即青衣水，大渡水即沫水也。水經注：青衣水出青衣縣西蒙山，縣故有青衣羌國。後漢順帝改縣曰漢嘉。三國蜀置漢嘉郡。與沫水合。沫水出廣柔徼外，廣柔故城在今威州西。東南逕旄牛縣北，縣即今黎大所。又東至越嶲靈道縣，出蒙山南，靈道縣一名靈關道。沫水出岷山西，東流過漢嘉郡，南流衝一高山，山上合下開，水逕其間，山即蒙山也。按漢靈關道屬越嶲郡，去此地甚遠。今蘆山縣西北有靈關廢縣，通典雅州盧山縣有靈山關是也。其地當爲沫水之所經。蓋漢後别置。宋書符瑞志云：晉咸寧二年黃龍見漢嘉靈關。則縣屬漢嘉郡，非越嶲之靈關道也。經、注並誤。東北與青衣水合。華陽國志曰：二水於漢嘉青衣縣東合爲一川。自下亦謂之青衣水，又東逕臨邛縣，邛水注之。水出嚴道邛來山。又東逕平鄉，謂之平鄉江。元和志嚴道縣有平羌水，即此。又東逕峨眉山，又東注于大江。昔沫水自蒙山至南安而溷崖，水脈漂疾，破害舟船，歷代爲患。李冰發卒鑿平溷崖，通正水路，開處即冰所穿也。按今嘉定州及所領五縣皆漢南安縣地，故南安治在今夾江縣西，縣東南去州八十里。以今輿地言之，青衣水自蘆山縣北，東流入雅州，與沫水合。沫水自威州徼外東南流，經天全六番招討司西北，司本漢徙縣，晉改曰徙陽，元爲碉門宣撫司。又東南經蘆山至雅州東，青衣水注之。又東經洪雅、夾江、峨眉至嘉定州，會涐水入大江。二水本異源，酈道元云濛水即大渡水，據下流合處言之耳。禹導此二水而治功已畢，蔡、蒙所以旅平也。

和夷厎績。釋文：和如字，又作「龢」。

傳曰：和夷之地，致功可藝。正義曰：和夷，平地之名。蘇氏曰：和夷，西南夷名也。渭按：水經注引鄭説云：和夷，和上夷所居之地。和水即涐水，和涐聲相近，字從而變。地理志云：青衣縣，禹貢蒙山谿大渡水東南至南安入渽。渽水出汶江縣徼外，南至南安，東入江，過郡三，行三千四十里。「渽」乃「涐」字之誤。説文：涐水出蜀汶江徼外，東南入江。從水我聲。徐鉉音五何切。故知「渽」當作「涐」，和夷者，涐水南之夷也。汶江今茂州，南安今嘉定州。

水經：江水東南過犍爲武陽縣，故城在今眉州北，新津、仁壽、井研三縣皆武陽地。青衣水、沫水從西南來合而注之。此即二水會涐水入江處也。酈注云：江水自武陽東至彭亡聚曰外水，又東南逕南安縣西，有熊耳峽連山競險，接嶺争高，縣治青衣江會，衿帶二水矣。縣南有峨眉山，有濛水即大渡水也。水發蒙溪東南流，與涐水合。水出徼外，逕汶江道。吕忱曰：涐水出蜀，許慎以爲涐水也。從水我聲。南至南安入大渡水，大渡水又東入江也。班固謂大渡入涐，道元謂涐入大渡。然涐水源長，當以漢志爲正。道元敍涐水甚略，自漢志「涐」誤作「渽」，而師古曰音哉，世遂不知有涐水，且不知渽水之所在，徒以其下流與南安之沬水號爲大渡者，合而入江，因目涐水曰大渡河。元和志云：黎州西至廓清城一百八十里，其城西臨大渡河，河西生羌蠻界。黎州本漢沈黎郡旄牛縣地，唐置黎州治漢源縣。今黎大所南三十里漢源廢縣是也。又云：通望縣北至黎州九十里。大渡水經縣北二百步。通望本漢旄牛縣，隋爲大渡戍，尋置陽山縣。唐改曰通望。今黎大所東南通望故城是也。旄牛故城在所南。牧誓有髳人，蓋國於此地。李膺益州記云：羊膊嶺水分二派，一南流爲大江，一西南流爲大渡河。王應麟地理通釋云：大渡河一名羊山江，源出鐵豹嶺。嶺即岷山羊膊嶺之異名也。大渡河即涐水，羊膊嶺即汶江徼外之山，涐水所出。以今輿地言之，涐水自茂州徼外，南流經黎大所西，舊有黎州所、大渡所。本朝并爲一，曰黎大所，附屬雅州。折而東，經所南，又東經建昌衛越巂營北，南去營二百二十里，歷鬼皮落野夷界，水勢浩大，煙瘴特甚。又東經峨眉縣南，又東至嘉定州南，合青衣、沬水，又東入大江。此水之南，蓋即經所謂和夷也。禹導和水使入江，而其地已底績矣。或曰：何以知不在水北？曰：古者桓有和音，故鄭康成破「和」爲「桓」。晉地道記云：梁州自桓水以南爲夷，書所謂「和夷底績」。此說是也。但不當破「和」爲「桓」耳。方輿勝覽云：大渡河於黎州爲南邊要害之地。唐時大渡之戍一不守，則黎、雅、邛、嘉、成都皆擾。建隆三年，王全斌平蜀，以圖來上，議者欲因兵威復越嶲，藝祖以玉斧畫此河，曰外此吾不有也。於是爲黎之極邊。曩時河道平廣，可通漕舟。自玉斧畫河之後，河之中流忽陷下五六十丈，河流至此澎湃如瀑，從空而落，舂撞號怒，波濤洶湧，船筏不通，名爲噎口，殆天設險以限羌蠻也。政和末，大理通貢有上書，乞於大渡河外置城邑，以便互市。詔問得失。知黎州宇文常言：太祖觀地圖畫大渡河爲境，歷百五十年無恙。今若於河外建城邑，開邊隙，非中國之福也。議遂寢。以是知大渡河南，當爲禹貢外薄之地。唐韋臯拒吐蕃，李德裕拒南詔皆扼此水爲險要。和夷在大渡河南、馬湖江北，爲宋祖玉斧畫而棄之者無疑矣。馬湖江即古若水、漢瀘水，禹貢梁州之黑水也。

和夷鄭云：和上夷所居之地是也。而讀桓曰和，謂和水即桓水，則非矣。寰宇記云：和川路在雅州嚴道縣界，西至吐蕃大渡河五日程。又云：和川水在滎經縣北九十里，從羅巖古蠻州東流來。晁以道因謂和川即禹貢之和水，而曾彦和從之曰：自嚴道而西，地名和川，夷人居之。今爲羈縻州者三十有七，則經所謂和夷者也。林少穎云：今雅州猶有和川鎮即和夷故地。渭按：新志：沫水在天全六番招討司北，而和川水在其南，源出蠻界，一名始陽河，東流過碉門爲多功河，又東經蘆山縣與沫水合，出飛仙關入雅州。是和川水乃沫水之別源，疑即漢志所謂大渡水者，其下流仍爲青衣、沫水與涐水合也。經文簡嚴，如和夷果在雅州界中，則「蔡、蒙旅平」足以包之，何必更書曰「和夷厎績」乎。和夷固當在涐水之南，離蔡、蒙自爲一地也。寰宇記云：大渡河一名沬水，在羅目縣南，羅目廢縣在今嘉定州西南九十五里。源出巂州界，來經縣東入龍游縣界。龍游今嘉定州。則又誤以沬水爲唐之大渡河矣。嘗因是思之，當時必有以唐之大渡河爲和水者，而志家考之不詳，以漢志所謂大渡水者當之，名曰和川水。樂史承其誤，相沿至今。然和川水出羅巖蠻界，歷磵門、盧山而東。涐水出汶江徼外，歷通望、漢源而東。一在雅，一在黎，在雅者爲漢之大渡水，在黎者爲唐之大渡河。源委各殊，豈可混而爲一邪？其鮮水入若水一名州江大度者，則又自爲一水，而與黎、雅之大渡絶不相涉矣。

馬融云淮、夷二水名。晁以道倣其例謂和、夷二水名。和水今雅州榮經縣北和川水，自蠻界羅巖州東而來，逕蒙山，所謂青衣水而入岷江者也。夷水出巴郡魚復縣，東南過很山縣南〔二〕，又東過夷道縣北，東入于江。今按夷水在荆域，與和川東西相距千五六百里，總撮而書之曰和夷，有是理乎？蔡傳云：和夷，地名。嚴道以西有和川、有夷道，或其地也。夷道，漢屬南郡。今爲荆州府之宜都縣，夷水所經。若嚴道以西之夷道，則未有聞也。其謬更甚於晁氏。

〔丁晏曰：錐指於「和夷厎績」謂和水即涐水。漢志溨水乃「涐」字之誤。當從説文作「涐」。案顔注：溨音哉。玉篇水部、廣韻十六咍：溨，水名。非誤字也。近段若膺注説文又改「泲」字作「沋」，即「減」字。紛紛肊改，皆杜撰也。考鄭君注：和讀曰桓。引地理志桓水出蜀郡蜀山西南，行羌中。水經注：桓水出蜀郡岷山西南，行羌中，入於南海。自桓水以南爲夷書所謂「和夷厎績」也。如氏注漢書云：陳留之俗，言桓聲如和。鄭讀和爲桓，其説確矣。下文「因桓是來」，正義及史記索隱俱謂蜀郡之桓水，甚是。東樵於「和夷」既改爲泲水，於「因桓」又指爲白水，何其勇於改經也。

厥土青黎。釋文：黎，鄭力兮反；徐力私反。渭按：黎，史記作「驪」。

正義曰：王肅云：青，黑色。黎，小疏也。説本馬融。顔氏曰：色青而細疏。金氏曰：黎，細而疏也。梁土色青，故生物易；性疏，故散而不實。向聞吏牘謂成都土疏，難以築城，蓋此也。

孔傳云：色青黑而沃壤。是以黎爲黑沃壤，即金氏色青故生物易之意。張子韶云：言色而不言性，其性不一也。王明逸云：考之經文，辨土有因色不一而不言色者矣。未有言色而不言質者也，亦未有兩言其色者也。此言出，遂覺王肅義長。

厥田惟下上，厥賦下中三錯。

傳曰：田第七，賦第八，雜出第七第九三等。正義曰：傳以既言下中，復云三錯，舉下中第八爲正，上下取一，故雜出第七第九與第八爲三也。

曾彦和云：梁州山多，兖州、揚州水多，故其賦比他州爲下等。傅同叔云：獨言色之青黑而不及其性，則非壤非墳，爲土之剛瘠可知矣。使其果爲沃壤，如孔氏之説，則田宜上品，而顧乃止居下上，何邪？秦少游云：今天下之田稱沃衍者，莫如吴、越、閩、蜀，其一畝所出，視他州輒數倍。彼吴、越、閩、蜀者，古揚州、梁州之地也。案禹貢二州之田，在九州等最爲下，乃今以沃衍稱，何哉！地狹人衆，培糞灌溉之功至也。渭按：梁州雖不盡爲沃壤，而岷山江水之區，素稱肥美，不可謂全是剛瘠。山水終古不易，而揚、梁之賦近世極其浩繁，則禹時賦居下品，亦非以山水多故。田昔瘠而今肥，賦昔少而今多。秦氏謂「地狹人衆，培灌功至」，兩言盡之矣。蜀自李冰作都安之堰，以便蓄泄，時無荒年。故記曰：水旱從人，不知饑饉，沃野千里，世號陸海，謂之天府。下逮唐、宋，利孔日開，財賦亞於吴、越。時有「揚一益二」之諺，而雍、徐之田，冀、豫之賦，反不足稱。古今風土之變，其相去懸絶有如此者。然此猶就後世論之也。吾恐告成之後，數十百年即未必盡與經同。孔疏云：在後隨人少多必得更立其等。此通人之見，未可爲膠柱鼓瑟者道也。

厥貢璆、鐵、銀、鏤、砮、磬。釋文：璆音虯。徐居虯反。又閭幼反。鐵，天結反。鏤，婁豆反。

傳曰：璆，玉名。鏤，剛鐵。正義曰：釋器云：璆、琳，玉也。郭璞云璆、琳，美玉之別名。鏤者可以刻鏤，故爲剛鐵。曾氏曰：蜀郡卓氏至以鐵冶，富擬邦君。則梁州之利尤在鐵，故鐵先於銀也。鄒氏近仁曰：漢志犍爲郡朱提縣山出銀。每銀八兩爲一流，直一千五百八十，他銀一流但直一千。犍爲正梁州之境，其銀獨美於他州，故以爲貢。金氏曰：磬，石磬。漢於犍爲水濱得古磬十六枚，蓋其土人所琢也。渭按：華陽國志云：臺登縣山有砮石，禹貢所賦。元和志云：鐵石山在臺登縣東三十里，有砮石，火煉成鐵極剛利。山在今建昌衛冕山營東也。

陸氏釋文曰：璆，韋昭、郭璞云紫磨金。又引爾雅注爲證。今按釋器云：黄金謂之盪〔三〕，其美者謂之鏐。注云：鏐即紫磨金也。鏐與璆不同。説文：鏐，黄金之美者，从金翏聲。徐音力幽切，讀若劉。球，玉磬也。从玉求聲，或從翏作璆。徐音巨鳩切，讀若虯。字音義皆別，不知韋、郭何以謂璆爲紫磨金。豈不從經字而破璆爲鏐歟，抑亦陸氏之誤也。然左思蜀都賦云：金沙銀礫，暉麗灼爍。後漢書云：益州金銀之所出。華陽國志云：廣漢剛氏道涪水所出，有金銀鑛。又云：葭萌縣有水通于漢川，有金銀鑛，民洗取之。通典：眉、資、嘉、雅、龍五州並貢麩金。元和志成都温江縣大江，眉州通義縣大江，蜀州唐興縣鄗江，龍州江油縣涪水，瀘州瀘川縣綿水，資州盤石縣牛鞞水，並出麩金。是金固梁産也。又永昌蘭倉水出金如糠在沙中，説者謂金生麗水即其地。水經注云：華俗謂上金爲紫磨金，夷俗謂上金爲楊邁金。則梁南徼外之夷，多出紫磨金，市取亦易，且此州貢物凡六，唯璆玉不知出何地，餘皆有證據。古不聞此州出美玉，去于闐又遠，頗難得，「璆」或「鏐」字之訛，亦未可知。鏐、鐵、銀、鏤皆金，砮、磬皆石，義似較長也。

荆、揚貢金銀，不限高下。梁則獨致其最美者紫磨之金、朱提之銀而已，故特表其名曰鏐、曰銀。

漢書：文帝賜鄧通蜀嚴道銅山，得自鑄錢。故鄧氏錢布天下。南齊書：益州行事劉悛言：蒙山南有古掘銅坑，即漢文帝所賜鄧通銅山也。元和志：銅山在雅州榮經縣北三里。即文帝賜鄧通鑄錢之所，後以山假卓王孫，取千疋。今出銅鑛。按此地禹跡之所及，而制貢以鐵不以銅，蓋當時銅利未開耳。覩此可以識揚不貢錫之故矣。

按漢志漢中之沔陽、蜀之臨邛、犍爲之武陽並有鐵官，則産鐵之多可知。後漢志巴郡之宕渠、越嶲之臺登、會無亦皆出鐵，故蜀中獨行鐵錢。凡鐵柔曰鐵、剛曰鏤。元和志：陵州始建縣東南有鐵山，出鐵，諸葛亮取爲兵器。其鐵剛利，堪充貢焉。又邛州臨溪縣東孤石山有鐵鑛，大如蒜子，燒合之成流，支鐵甚剛，因置鐵官。又涪州涪陵縣東有開池，出剛鐵，土人以爲文刀。此即經所謂鏤也。夢溪筆談曰：世間所謂鋼鐵者，用柔鐵屈盤之，乃以生鐵陷其間，泥封煉之，鍛令相入，謂之團鋼，亦謂之灌鋼。此乃僞鋼耳。暫假生鐵以爲堅，二三煉則生鐵自熟，仍是柔鐵。予出使至磁州鍛坊觀煉鐵，方識真鋼。凡鐵之有鋼者，如麪中有筋，濯盡柔麪，則麪筋乃見。煉鋼亦然，但取精鐵鍛之百餘火，每鍛稱之，一鍛一輕，至累鍛而斤兩不減，則純鋼也，雖百煉不耗矣。此乃鐵之精純者，其色明瑩，磨之則黯然青而且黑，與常鐵迥異。亦有煉之至盡而全無鋼者，皆繫地之所産也。蓋鏤乃百煉之精鐵，鑄爲刀可以刻鏤，故別以其用名之。猶木之中弓幹者，名之曰幹也。

鐵石山，寰宇記云：在定筰縣，有砮石。定筰與臺登並屬越嶲郡，蓋一山跨二縣之境。又云：火燒之成鐵，爲劍戟極剛利。則與荆之唯中矢鏃者異矣。

玉磬，特磬也，陳於堂上。石磬，編磬也，陳於堂下。周官磬師曰：擊編磬。小胥曰：凡縣鐘磬半爲堵，全爲肆。謂編鐘編磬也。左傳：襄十一年，鄭人賂晉侯以歌鐘二肆及其鎛磬。注云：肆，列也。縣鐘十六爲一肆，二肆三十二枚，磬亦如之。漢禮樂志云：成帝時犍爲郡於水濱得古磬十六枚。蓋適符一肆之數，故議者以爲善祥。此州出磬石，又工爲磬，乃成器以貢，當時亦必以肆計也。

熊、羆、狐、貍、織皮。西傾因桓是來，釋文：熊音雄。羆，彼宜反。貍，力宜反。傾，窺井反。渭按：傾，漢書作「頃」。

傳曰：西傾，山名。桓水自西傾山南行，因桓水是來，浮于潛。正義曰：地理志云西傾山在隴西臨洮縣南。顏氏曰：言貢四獸之皮，又貢雜罽。蘇氏曰：以罽者曰織，以裘者曰皮。曾氏曰：地多山林，獸之所走，熊、羆、狐、貍之皮，制之可以爲裘，其毳毛可以織之爲罽。葉氏曰：雍言「織皮崑崙、析支、渠搜、西戎即敘」，則織皮非中國之貢矣。「熊、羆、狐、貍、織皮」文當與「西傾因桓是來」相屬，謂此四獸之織皮，乃西傾之戎因桓水而來貢也。夏氏曰：西傾後世所謂強臺山，其南桓水出焉，一名白水。傅氏曰：「是來」云者，是指梁州言也。吴氏曰：熊似豕，羆似熊而黄，狐類犬而長尾，貍則狐之小者。西傾山雖屬雍州，然山趾必廣，西傾之戎蓋在梁州境内。此句特爲織皮之貢而言，章末乃總言一州貢物達於帝都之道，舊注以此句屬下文者，非是。渭按：今陝西洮州衛本漢臨洮縣地。唐爲臨潭縣，屬洮州。括地志云：西傾山在臨潭縣西南三百三十六里。詳見導山。西傾之戎在山之西南，唐爲吐蕃地，北連吐谷渾，西接党項，党項故析支也。山海經曰：白水出蜀，而東南注于江。郭璞云：色微白濁。今在梓潼白水縣，從臨洮之西西傾山來，經沓中，東流過陰平，至漢壽縣入潛。酈道元云：桓水自西傾至葭萌入于西漢，即鄭玄之所謂潛水者也。

爾雅：羆似熊，黄白文。郭璞曰：似熊而長頸高脚，猛憨多力，能拔樹木，關西呼曰貑羆。陸璣鳥獸疏云：熊能攀緣上高樹，見人則顛倒自投地而下。冬多入穴而蟄，始春而出脂，謂之熊白。羆有黄羆、有赤羆，大於熊，其脂如熊白而麤理，不如熊白美也。西京雜記云：熊、羆毛有緑光，長二尺者，直百金。

孔傳云：貢四獸之皮，織金罽。紀例反。正義曰：與「織皮」連文，必不貢生獸。故云貢四獸之皮。釋言云：氂，罽也。舍人曰：氂謂毛罽也。胡人績羊毛作衣。孫炎曰：毛氂爲罽，織毛而言皮者，毛附於皮，故以皮表毛耳。是以織皮爲一物。吴幼清云：通外國之俗者爲澄言曰：織皮者，獸皮熟之去毛，削令至薄，裁令極細如縷，以金傅之，織而爲布，非縫皮爲裘，亦非織毳爲褐也。此亦順孔而爲之説。然經舉四獸之名，以其毛文采可觀也。若去毛而裁其皮，以織爲布，則凡獸皆可，何獨取於四獸，而經舉其名。且四獸之皮宜爲裘，詩有明徵。小雅曰：舟人之子，熊羆是裘。豳風曰：取彼狐貍，爲公子裘。顔、蘇、曾之説，終不可易。

西傾山一名嵹臺山，洮水出其東，桓水出其南。桓水一名白水。水經漾水注云：白水出臨洮縣西南西傾山，水色白濁，東南流，與黑水合。水出今鞏昌府文縣西素嶺山。又東逕洛和城南，又東南逕鄧至城南，城在文縣西南。鄧至者，羌之别種也。又東南逕陰平故城南，城在文縣南四里。

又東逕偃城北，又東北逕橋頭，今文縣城東南有橋跨白水上，即所謂陰平橋頭也。蜀景曜五年，姜維在沓中，聞有魏師，請護陰平橋頭以防未然，即此。沓中在今洮州衛西南。又東與羌水合，自下得其通稱。羌水出羌中參谷，彼俗謂之天池。白水東南流逕葭蘆城，又東南至橋頭合白水。又東南逕建陽郡東，又東南逕白水縣故城東，城在今昭化縣西北。九域志云：縣有白水鎮，即故縣也。又南逕武興城東，又東南逕吐費城南，即西晉壽之東北也。東南流注漢水。西晉壽即葭萌，劉備改曰漢壽。太康中又曰晉壽。水有津關。按漢葭萌故城在今昭化縣界，白水至此謂之葭萌水。津關即今縣北白水關也，與寧羌州接界。以今輿地言之，白水自洮州衛流經文縣、平武、龍安府治。劍州至昭化縣東，入西漢水。此即禹貢之桓水，西傾之戎所因以來者也。

魏書吐谷渾傳：阿豺田於西彊山，觀墊江源，問水所經，長史曾和曰：此水經仇池，過晉壽，出宕渠，號墊江，至巴郡入江。渭按：西彊即西傾，墊江源即白水。段國沙州記曰：墊江水源出嵹臺山南是也。仇池在今鞏昌府成縣西北一百里。水經注所敘白水不經其地。近志云：白水江即濁水，自洮州衛界東流，逕岷州衛，又東逕西和縣，又南逕成縣，與階州分界。又東南逕略陽縣及寧羌州，折而西南，復逕階州南爲白龍江，去州二百餘里。或謂此即西傾所出之白水。今攷水經注：濁水亦名白水，出濁城北，今成縣有濁水戍，亦曰濁水城。東流逕武街城南，故下辨縣治也。今成縣西三十里下辨故城即武街城。後魏爲廣業郡治。又東逕白石縣南，白石屬廣業郡，即唐同谷縣。今成縣也。又東南與河池水合，今徽州本漢河池縣。有河池水。又東南兩當水注之。兩當水即故道水，自徽州流至今略陽西北，與濁水合。又南逕槃頭郡東，而東注於西漢水。長舉廢縣在略陽縣西北一百里，後魏置槃頭郡治焉。其所出似止在成縣界，不自洮、岷下流至略陽，而入西漢，並無所謂過寧羌州，折而西南，逕階州至文縣者，既非濁水，又非羌、白，不知爲何水？志家多附會，不可盡信如此。然曾和言西彊之水經仇池，則淆訛有自來矣。釋桓水者，當以酈注所敍之白水爲正。

漢志蜀郡下云：禹貢桓水出蜀山，元和志：茂州通化縣，本漢廣柔縣地。蜀山在縣東北六里。西南行羌中，入南海。水經同。今按此別是一水，行羌中，入南海，不復經中國。班氏指爲禹貢之桓水，何其謬也。酈道元云岷山、西傾俱有桓水，此亦爲班、孔作調人耳。「桓」字古有和音，漢書尹賞傳注云：陳、宋間言桓聲如和。鄭康成讀和夷之和曰桓，謂水上即夷所居。晉地道記云：梁州之地，自桓水以南爲夷，書所謂「和夷底績」也。依鄭說，其所指者當爲漢之沘水、唐之大渡河，而謂此水即西傾所因之桓，大非。鄭既破和爲桓，其於「因桓是來」，則又云：桓是，隴坂名。其道盤桓旋曲而上，故名曰桓。支離舛錯，殊不可通。

鄭云：西傾，雍州之山也。雍、戎二野之間，人有事於京師者，道當由此州而來。朱子亦從其說。渭按：梁雖不得其山，而山南之戎，則在梁域，故貢道因桓爲便，非雍人假道於梁也。

浮于潛，逾于沔，入于渭，亂于河。釋文：渭音謂。

傳曰：漢上曰沔，越沔而北入渭，浮東渡河。正絶流曰亂。正義曰：下傳云：泉始出山爲漾水，東南流爲沔水，至漢中東行爲漢水。是漢上曰沔也。正絶流曰亂，釋水文。孫炎云：横，渡也。渭按：地理志：渭水出隴西首陽縣西南鳥鼠同穴山，東至船司空入河。詳見導渭。河謂西河。水經注云：西漢即潛水，自西漢遡流而屆于晉壽界，阻漾枝津，南歷岡穴，迤邐而接漢，沿此入漾。書所謂「浮潛而逾沔」矣。歷漢川至南鄭縣，屬于褒水，遡褒暨于衙嶺之南，溪水支灌于斜川。「水支」本作「川皮」，字之誤也。屆于武功而北達于渭水。此乃水陸之相關，川流之所徑，復不乖禹貢入渭之宗，實符尚書「亂河」之義也。見桓水。林、蔡所引皆有脱誤，謹依原文備録於此。南鄭今爲漢中府治。其故城在縣東北。武功故城在鳳翔府郿縣東四十里渭水之南。

沔水一名沮水，出武都沮縣東狼谷，東南流至沮口與漾水合。漾於是兼有沔稱。故傳云「漢上曰沔」。凡水有隨地異名者，漾東流爲漢，又東爲滄浪之水是也。有因他水決入而互受通稱者，漢上曰沔是也。降漢志作「絳」。水出上黨屯留縣，東流至魏郡鄴縣，清漳水決入。經謂之衡漳亦其例。導水之文凡互受通稱者不志，故導河不言漳，導漾不言沔，此經欲明浮潛入渭，中間所由之路，在漾下漢上，故特稱沔以别之。

漢志右扶風武功縣下云：斜水出衙領山，北至郿入渭，褒水亦出衙領，至南鄭入沔。按衙領山在今郿縣西南三十里，俗呼馬鞍山。褒、斜本谷名。李善西都賦注引梁州記云：萬石城泝漢上七里有褒谷，萬石城在今漢中府褒城縣東。南口曰褒，北口曰斜，長四百五十里。溝洫志曰：作褒斜道五百餘里。曹孟德以此谷爲五百里石穴。孔穎達云漢在渭南五百餘里，皆與梁州記合。程大昌謂漢中北距斜口八九百里，妄也。水經注：漢水自西樂城北，城在今沔縣東南，漢水南岸。又東合褒水。水東北出衙嶺山，東南經大石門，歷故棧道下谷，又東南逕三交城，城在褒城縣西北，以三水之會名。又東南得丙水口，水上承丙穴，穴出嘉魚。故左思稱「嘉魚出於丙穴，良木攢於褒谷」。又東南歷小石門，門穿山通道，六丈有餘。蜀都賦曰「岨以石門」，即此。門在漢中之西，褒中之北。按今褒城縣西北十五里箕谷口，有石如門，曰石門。又東南歷褒口，即褒谷之南口。北口曰斜，所謂北出褒。又南逕褒縣故城東，褒中縣也，本褒國。按褒中故城在褒城縣南。又南流入于漢。渭水自郿縣故城南，城在今郿縣東北十五里，渭水之北。又東逕武功縣北，斜水自南注之。水出縣西南衙嶺山，北歷五丈原東，原在郿縣西三十里，渭水南。亦謂之武功水。諸葛亮表云「臣遣虎步監孟琰據武功水東」是也。以今輿地言之，褒谷口在褒城縣北十里，斜谷口在郿縣西南三十里。褒水自衙嶺南流，經褒城縣東，又南入于漢。斜水自衙嶺北流，經郿縣東，又東北入于渭。褒之流長，而斜之流短，兩谷高峻，中間褒水所經，皆穴山架木而行，名曰連雲棧。陸贄所云「緣側徑於嶺嵓，綴危棧於絶壁」者也。

酈元云：自西漢泝流而至晉壽，阻漾枝津南。枝津即郭璞所云「水從沔陽縣南流至漢壽」，寰宇記所謂「三泉故縣南大寒水西流」者也。歷岡穴迤邐而接漢，岡穴即郭璞所謂嶓山，括地志所謂龍門山大石穴者也。以今輿地言之，浮嘉陵江至廣元縣北龍門第三洞口，舍舟從陸，越岡巒而北，至第一洞口，出谷乘舟，至沔縣南，經所謂「浮潛而逾沔」也。自沔入南鄭縣界，抵褒城東，歷褒水、斜水，至郿縣東北入渭，沿流而東歷武功、興平、盩厔、鄠縣、咸陽、長安、高陵、咸寧、臨潼、渭南、華州，朝邑至華陰縣之渭口，絶河流而東抵蒲州，經所謂「入渭而亂河」也。自蒲州並東岸而行，至滎河縣北，泝汾水而上，歷河津、稷山、絳州、太平、襄陵至臨汾縣，是爲平陽，堯之所都。此梁州及西傾之貢道也。

水經注以褒、斜二水，爲自沔入渭之道。曰：歷漢川至南鄭，屬於褒水，遡褒暨衙嶺之南，溪水支灌於斜川，届武功而北達於渭。水道相貫，與經文符合。而考諸漢、史，則猶有可疑者。河渠書云：武帝時有上書欲通褒斜道及漕，事下御史大夫張湯。湯問之，言抵蜀從故道，縣屬武都郡，即今漢中府之鳳縣也。故道多阪，回遠。今穿褒斜道，少阪，近四百里；而褒水通沔，斜水通渭，皆可以行船漕。漕從南陽上沔入褒，褒絶水至斜，間百餘里，以車轉，從斜下渭，如此，漢中穀可致，而山東從沔無限，便於底柱之漕。上以爲然。拜湯子卬爲漢中守，發數萬人作褒斜道五百餘里，道果便近，而水多湍石，不可漕。溝洫志同。蘇氏據此以説經曰：沔無入渭之道，漢人所言褒、斜，則其道也。然褒、斜之間，絶水百餘里，故曰逾于沔。蓋禹時通謂褒爲沔也。傅同叔爲之辨曰：據唐孔氏言，越沔陸行，而北入渭。則是以漢爲即沔，自浮潛至沔，即舍舟陸行，而北入渭也。然經言「浮于潛，逾于沔」，則是自潛逾沔非謂自沔逾渭也。若以逾于沔爲逾于渭，則以逾于洛爲逾于河可乎？蘇氏求褒斜之道得之矣。然亦以漢爲即沔，以禹時通謂褒爲沔，而説「逾」字，與潁達無異，吾固質之經而莫敢信也。渭按：褒、斜之間，絶水百餘里，則渭不言逾而言入，誠有可疑，即通謂褒爲沔，亦無解於百餘里之阻隔。傅同叔云：上文既言逾沔，可以該下而省文。此説亦未當。褒、斜之間，若更有一逾，安得以逾沔該之。愚竊謂褒、斜二水，禹時必有相通之道，如水經注所云「衙嶺之南，溪水支灌於斜川」者。及夏、殷之際，梁俗變爲蠻夷，貢職不修，貢道遂廢。周武王牧野之師，八國雖嘗來會，其後巴、蜀恃險，復不與中國通。逾沔入渭之道，其誰知之？嘗觀江、河之枝流，日久亦多堙塞。如夷水首受魚復江，戰國時，巴、楚相攻，舟師常出此路。洎乎隋、唐，遂成斷港。汴水引河爲轉運之通渠，宋南渡後廢而不用，日就淺澀，今水道斷續幾不可問，而況深山窮谷之中溪流一線？裁得通舟，自禹至漢，多歷年所，豈能長存而不變。褒、斜二水相通之道，禹時自有，漢時自無。不得據漢、史而疑聖經，亦不得據酈注而疑漢、史也。

史記嚴安上書云：秦使尉佗、屠睢將樓船之士，南攻百越，使監禄鑿渠，運糧深入。韋昭曰：監御史名禄也。其所鑿之渠，今名靈渠，在廣西桂林府興安縣北五里，又西南經靈川縣界，合大融水入灕江。范成大桂海虞衡志曰：靈渠在桂之興安縣，湘水於此下融江。融江爲牂柯下流，本南下興安，地勢最高，二水遠不相謀。秦監禄始作此渠，派湘之流而注之融，使北水南合，北舟逾嶺。其作渠之法，於湘流沙磧中，壘石作鏵觜，鏵，呼瓜切。音華。鍫别名，俗呼鍤。説文作「苿」，云兩刃臿也。鋭其前，逆分湘流爲兩，激之六十里行渠中，以入融江，與俱南。渠繞興安界，深不數尺，廣丈餘，六十里間置斗門三十六，土人但謂之斗。舟入一斗，則復閘斗，俟水積漸進，故能循崖而上，建瓴而下。千斛之舟，亦可往來。治水巧妙，無如靈渠者。渭按：湘、灕之源同出陽朔山，西北流，至興安東五里分水嶺上，始分爲二水，南曰灕，北曰湘，見柳開湘灕二水説。二水遠不相謀，猶褒、斜之爲衙嶺所隔也。自秦時監禄鑿渠，引湘入融，轉注于灕，而北舟始得逾嶺。孟子云：激而行之，可使在山。真有其事，此法巧妙，或傳自上古禹時。褒、斜二水相通之道，蓋亦是人力所爲，故不脩即廢。靈渠自秦至唐，裁千餘年。寶曆初，道已崩壞，賴觀察李渤修之，餽運復通。況褒水通斜之道，自禹至漢垂二千年，豈有不壞之理。酈元云溪水支灌於斜川，亦想當然耳。漢以後必無此道也。靈渠斗閘之法，今會通亦用之。但南旺地勢雖高，不如衙嶺之峻，其爲力較易耳。

或問古今之地勢一也。褒、斜之水，漢時多湍石，不可漕，禹時何獨不然。曰：漢之所漕者穀也，禹之所漕者貢物而已。梁州所貢，皆金石之類，體質雖重，亦豈若珂峩大艑，每船載至數百石，水稍淺狹，即不能行者哉。蓋惟物少而舟輕，故山谿無礙，急湍可挽。苟有水道，則必從之，至不得已，而舍舟行陸。雖輕約易齎，亦必擇其路之最近者。如自潛逾沔，中間所歷岡穴不過二十餘里，聖人之重民力也如此。惜乎張湯刀筆吏，不知經術，其子卬亦庸才，不能推尋舊迹，而輕用其民，以車轉穀百餘里，曾不以爲勞，且使沔、渭之間，貢道斷續不明，真千載恨事。

孔疏云：帝都在河之東，故渡河陸行而還帝都。此從傳謂禹還都白所治，故有陸行之說。若貢物則自蒲州陸行，以至平陽約三百餘里，轉輸之勞，人何以堪。按左傳：僖十三年，晉饑，秦輸粟於晉，自雍及絳相繼，命之曰汎舟之役。正義曰：秦都雍，雍臨渭。晉都絳，絳臨汾。渭水從雍而東，至華陰入河；從河逆流而北上，至河東汾陰乃東入汾，逆流東行而通絳。此即堯時雍、梁之貢道，一水可達，焉用陸行哉。

【校勘記】

〔一〕樣濞水見唐書　「樣」，新唐書吐蕃傳、通典邊防典均作「漾」，亦見本書上文作「漾鼻水」。四庫本改作「漾」，是。

〔二〕東南過很山縣南　「很」，四庫本改「佷」，是。佷山縣見漢書地理志武陵郡。

〔三〕今按釋器云黄金謂之盪　「盪」，四庫本改作「璗」，是。見爾雅釋器。

西曰雍州。疏云：周之雍、豫，於禹貢兼梁州之地。按梁併於雍，說本漢志。然雍州西北二邊，世有戎翟之患。自夏桀時，畎夷入居豳、岐之間，成湯既興伐而攘之。及殷室中衰，諸夷皆叛。至于武丁征西戎、鬼方，三年乃克。故其詩曰：昔有成湯，自彼氐羌，莫敢不來享，莫敢不來王。言武丁能繼湯之烈也。及武乙暴虐，犬戎寇邊，周古公踰梁山而避於岐下。及太丁之時，季歷伐燕京之戎，戎人大敗周師。文王爲西伯，西有昆夷之患，北有玁狁之難，遂攘戎翟而戍之，莫不賓服。厲王無道，戎狄寇掠，乃入犬丘，殺秦仲之族。宣王承厲王之後，玁狁孔熾，整居焦穫，侵鎬及方，至于涇陽。雍州之域爲戎翟所侵陵如此，則其疆埸未必能悉如禹貢。又禹貢梁州之山水，無一入職方者。故杜氏言梁州當夏、殷之間爲蠻夷之國，蓋即牧誓所稱庸、蜀、盧、彭等是也，雍之併梁亦虛名耳。今據周禮言之，正東曰青州，其南則有揚，其北則有幽，而西則不然，自雍州以正西，其西北西南兩隅皆缺焉。然則梁地爲羈縻之國，固不待言。而雍之西境如西傾、積石、豬野、流沙、三危、黑水之區，皆沒於戎翟。禹貢之舊疆，不可復問矣。爾雅目雝州以河西，則華山以南不在界中可知。其西北亦當虧損，殷、周之雍，實小於禹貢。或因併梁之說，而反以爲大，此耳食之學，未可與道古也。

雍州爲奧區神皋，后稷始封於邰，一作「駘」，又作「斄」。公劉處豳，太王徙岐，文王作豐，武王治鎬，及扈、崇、密、須之封皆在焉。春秋時可考者，虢、文王弟所封曰西虢。周、召、畢、豐、鄭、初封咸林之地，漢爲鄭縣，屬京兆。今華州是。秦、芮、梁、崇、密、驪戎、白狄、晉西境是。凡十四國、戰國時屬秦，而魏、趙亦兼得其地。秦并天下置内史、上郡、北地、九原、隴西、雲中。西南境唐榆林郡是。漢以其地之西偏，置涼州，領郡十，漢志云改雍曰涼。而三輔則領於司隸。後漢並因之。魏分置秦州，晉又分置雍州。領郡國七，治京兆。涼州領郡國八，治武威。秦州領郡六，治上邽。唐爲京畿之京兆府雍州、華陰華、馮翊同、扶風岐、新平邠等郡，關内道之汧陽隴、安定涇、彭原寧、安化慶、平涼原、靈武靈、五原鹽、寧朔宥、洛交鄜、中部坊、延安延、咸寧丹、上郡綏、銀川銀、新秦麟、朔方夏、九原豐、榆林勝、安北大都護府，分豐、勝二州界置。等郡，隴右道之天水秦、隴西渭、金城蘭、會寧會、安鄉河、臨洮洮、和政岷、寧塞廓、西平鄯、武威涼、張掖甘、酒泉肅、晉昌瓜、燉煌沙、伊吾伊、交河西、北庭庭州後爲都護府、安西都護府。等郡。按以上通典所列，伊吾、交河、北庭、安西，自古爲戎狄，不在禹貢九州之限。又河、湟之間，吐谷渾故地，未嘗爲郡縣，故不入雍域。以今輿地言之，陝西臨洮、平涼、慶陽、延安、鳳翔五府，其西安府則唯商州、洛南、山陽、鎮安、商南，鞏昌府則唯鳳縣、兩當、徽州、成縣、階州、文縣爲梁域，餘皆屬雍。又榆林衛、寧夏衛、寧夏中衛及靖遠、岷州、洮州三衛，行都司所領甘州、莊浪等諸衛所，其在化外者，南至西傾、積石，西踰三危，北抵沙漠，皆古雍州域也。

黑水今不可得詳。據括地志言，出伊吾南流，絶三危山。則當自燉煌北大磧外流入郡界，南經白龍堆東、三危山西，又南經吐谷渾界中，又南經吐蕃界中，繞出河源之外，而入于南海。梁州之黑水別是一川，非爲雍西界者也。說見導水。

西河東與冀分界。自今榆林衛故勝州東北，折而南，且西經府谷、神木，又西南經葭州、吴堡，又南經綏德、清澗、延川、延長，又東南經宜川，並屬延安府。又南經韓城、郃陽、朝邑，以至于華陰，並屬西安府。與豫接界。河行凡一千七百餘里。

雍之南界，自華陰太華山以西，爲華州、渭南、藍田、鄠縣、盩厔、並屬西安府。郿縣、寶雞，並屬鳳翔府。皆以南山與梁分界。又西爲鳳縣，有大散嶺，又西爲徽州，有鐵山、木皮嶺，又西爲成縣，有鷲峽、羊頭峽、龍門戍，並屬鞏昌府。又西爲岷州衛，又西爲洮州衛，有西傾山，皆與梁分界處也。詳見梁州。自西傾又西歷吐谷渾，南至大積石；自積石又西歷吐谷渾南，党項、白蘭之北，至于黑水。吐谷渾本遼東鮮卑種也。東晉初徙居枹罕。宋景平中，其子孫有阿豺者，升西彊山，觀墊江源，則其地南至西傾矣。又數傳爲夸吕，始自號可汗，治伏俟城，在青海西十五里。據有甘松之南，洮水之西，南極於白蘭，其地東西三千里，南北千餘里。党項羌在古析支之地，漢時燒當羌亦嘗居之。白蘭者，羌之別種也，其地皆與吐谷渾接。吐谷渾在河、湟之間，即先零、燒當諸羌故地。積石在其西南，南枕賜支河曲，禹導河自此始。則湟水之南，積石之北，西傾之西，其爲雍州之域無疑矣。

雍之北界，經無可見。約略言之，自今塞外東受降城之西，與冀分界。元和志云：東受降城在勝州榆林縣東北八里。又西四百里爲中受降城，元和志云：南至麟州四百里。又西四百餘里爲西受降城。元和志云：在豐州西北八十里。唐景龍二年張仁愿所築。南直今榆林衛，黃河經三城之南，謂之北河。河北有陰山，爲華夷大限。侯應曰：北邊塞至遼東外有陰山，東西千餘里是也。又西爲高闕山，戰國時，趙築長城並陰山下，至高闕爲塞。及秦始皇斥逐匈奴，城河上爲塞，又使蒙恬度河取高闕、陶山、北假中，築亭障以逐戎人是也。其地又有光禄塞、雞鹿塞、漢受降城。皆雲中、五原二郡境也。又西爲河西四郡之北鄙，漢太初中收匈奴休屠、渾邪王地，置武威、張掖、酒泉、敦煌，以通西域，隔絶羌胡往來。武威姑臧縣北三百里有白亭軍，元和志云：在馬城河東岸，天寶十年哥舒翰置，因白亭海爲名也。張掖東北一千五百餘里有地曰居延，元狩二年，霍去病出北地二千餘里，過居延，太初三年，使路博德築居延澤上。今甘州衛塞外居延故城是也，亦曰居延塞。元爲亦集乃路，地理志云：在甘州北一千五百里，城東北有大澤，西北俱接沙磧，乃漢居延故城。明洪武初，馮勝拔肅州，進至掃林山亦集乃路是也。合黎山在張掖縣西北二百里，弱水由此東北入居延澤。遮虜障在肅州酒泉縣北二百四十里，李陵與單于戰處。敦煌即今廢沙州衛，衛北抵大磧，磧外即古伊吾盧地。唐置伊州，今爲廢哈密衛也。自雲中至敦煌六郡，皆古雍州之域，後爲戎翟所據，至秦、漢始收復者。其北皆臨大磧，大磧即沙幕，（漢人謂之幕，唐人謂之磧。）東西數千里，南北遠者千里，無水草，不可駐牧，雖禽獸亦不能居之。

通典曰：梁州境宇雖遐遠，而雜以夷獠，中夏唯冀州最大。渭按：九州雍爲大，冀、梁次之，雍東西相距約三千七百餘里，南北相距約二千五百餘里，四隅無大空缺，禹導山水所行無外國地。河自積石入雍域，爲中國河，禹導河自此沿流而下，直至于龍門，則金城、朔方之河，必不在戎翟界中可知也。杜氏誤以龍支之積石爲禹貢之積石，遂謂河、湟之間，自古爲羌戎，非中國所有。雍西南境虧，地廣二千里輪千餘里矣，故語大不數雍云。

弱水既西，

傳曰：導之西流，至于合黎。正義曰：諸水言既道，此言既西，由地勢導之使西流也。鄭云：衆水皆東，此水獨西，故記其西下也。程氏曰：弱水初必壅遏而東，既導之西，則逆者順矣。渭按：地理志：張掖删丹縣，桑欽以爲道弱水自此，西至酒泉合黎。今陜西行都司之山丹衛，故删丹縣也。詳見導水。

傳同叔云：橫流之時，弱水亦東侵而被於河，河不安而涇亦受其患。禹導之使西，以復其故道，則河西無氾濫之水，河安而涇亦安矣。渭按：弱水在大河之西，其地雖遠而氾濫特甚，雍州之患無急於此者，故禹先治之。河大矣，弱水之去來，不足爲重輕，其爲災亦止河西耳。涇水更不相及，不可以「既」字連下爲義。

涇屬渭汭。

釋文：涇音經。屬，之蜀反。汭本又作「内」，同。如鋭反。

傳曰：屬，逮也。水北曰汭，言治涇水入于渭。正義曰：屬謂相連屬，故訓爲逮。逮，及也。言水相及。毛詩傳云：汭，水涯也。鄭云：汭之言内也。蓋以人皆南面望水，則北爲汭也。且涇水南入渭，而名爲渭汭。知水北曰汭，言治涇水使之入渭，亦是從故道也。地理志云：涇水出安定涇陽縣西幵頭山，東南至馮翊陽陵縣入渭，行千六十里。渭按：涇陽故城在今陝西平涼府平涼縣西南，幵頭山在縣西一百里。陽陵故城在今西安府高陵縣西南三十里。説文：汭，水相入也。左傳：閔公二年，虢公敗犬戎于渭汭。杜預曰：水之隈曲曰汭。

周禮雍州其川涇、汭。詩大雅曰：淠彼涇舟，烝徒楫之。邶風曰：涇以渭濁，湜湜其沚。皆禹貢之涇水也。水經無涇水之目，渭水篇中於入渭處僅附見一語。而寰宇記原州平高縣笄頭山一名崆峒山，下引水經注云：蓋大隴山之異名，莊子謂黄帝學道於廣成子，蓋在此山。百泉縣涇水下引水經：涇水出安定涇陽縣高山。注云：山海經曰高山，涇水出焉，東流注于渭。入關謂之八水。彈箏峽下引水經注云：涇水逕都盧山，山路之内，常有如彈箏之聲，行者聞之，鼓舞而去。又云：絃歌之山，峽口水流，風吹滴崖，響如彈箏之韻，因名。涇州靈臺縣蒲川下引水經注云：蒲川水出南山蒲谷，東北合細川水，又東北合且氏川水。

邠州宜禄縣芮水下引水經注云：汭水又東逕宜禄川，俗謂之宜禄川水。芹川下引水經注云：出羅山縣千子山，山一名千子嶺，東流逕宜禄縣北。真寧縣大陵水下引水經注云：大陵、小陵水出巡和南殊川，西南逕寧陽城。故豳詩云「夾其皇澗」，陵水即皇澗也。乾州永壽縣高泉下引水經注云：甘泉即高泉山也。耀州雲陽縣涇水下引水經注云：涇水東流歷峽，謂之涇峽。五龍谷泉下引水經注云：五龍水出雲陽宮西南。雍州醴泉縣谷口城下引水經注云：九嵕山東、仲山西，謂之谷口，即寒門也。此皆言涇水，而今本無之。是水經元有涇水篇，宋初尚存，後乃亡之耳。今據通典、元和志、寰宇記、長安志及近世州縣志所載以補水經之闕：涇水出平涼府平涼縣西笄頭山，縣爲府治，本漢涇陽縣幵頭山，在崆峒山西，亦作笄頭。史記：黄帝西至于崆峒，登笄頭之山是也。又作雞頭，秦始皇巡隴西北地至雞頭山是也。元和志，原州平高縣，笄頭山，一名崆峒山，在縣西一百里。又百泉縣西至州九十里，涇水源出縣西南涇谷。地理志，涇陽縣，笄頭山，涇水所出。淮南子云：笄頭山一名薄落山，故涇水亦曰薄落水，又南流逕都盧山，山路之中，常如彈箏之聲，故行旅因謂之彈箏峽。按百泉本漢朝那及涇陽地。今爲平涼縣地，故山入其界。平高即今固原州，元和志云：笄頭山在平高縣西一百里。誤也。平高當作平涼。東南流逕其縣南，又東南逕華亭縣東北，華亭在府南一百二十里，本漢汧縣地。又東逕涇州南，涇州在府東一百五十里，本漢安定縣。唐爲保定縣，涇州治。元和志：涇水在縣東一里。又東逕長武縣北，汭水入焉。長武在邠州西北八十里，本漢鶉觚縣地，唐爲宜禄縣。汭水源出鳳翔府隴州西四十里弦蒲藪，東流過長武縣南，而東注于涇。汭，一作「芮」。又東南逕邠州北，邠州在西安府西北三百五十里。本漢漆縣。唐爲新平縣，邠州治。元和志：新平縣，涇水西北自宜禄縣界流入。又東南逕淳化縣西，淳化在州東少南一百四十里。本漢雲陽縣。元和志：涇水在雲陽縣西南二十五里。**又南逕永壽縣東**，永壽在西安府乾州北九十里。本漢漆縣地。元和志：涇水自新平縣界流入。舊志：涇水在縣東五十里。**又南逕醴泉縣東**，醴泉在府西北一百二十里。本漢谷口縣。九嵏山在縣東北五十里。長安志云：醴泉縣在九嵏山東、仲山西，當涇水出谷之處，故謂之谷口。今縣東四十里谷口城是。**又東南逕涇陽縣南**，涇陽在府北七十里。本漢池陽縣。晉惠帝析置涇陽縣。元和志云：苻秦置今縣東南涇陽故城是也。隋移今治。池陽故城在今縣西北二里。後周廢入涇陽。溝洫志云：秦令水工鄭國鑿涇水，自中山西邸瓠口爲渠，並北山，東注洛，三百餘里。注填閼之水，溉舄鹵之地四萬餘頃，收皆畝一鍾。於是關中爲沃野，無凶年，秦以富彊，卒并諸侯，因名曰鄭國渠。至武帝元鼎六年，百三十六歲。兒寬爲左内史，奏請穿鑿六輔渠，以益溉鄭國旁高卬之田。後十六歲，大始二年，趙中大夫白公復奏穿渠，引涇水，首起谷口，尾入櫟陽，注渭中。袤二百里，溉田四千五百頃，因名曰白渠。民得其饒，歌之曰：田於何所？池陽谷口，鄭國在前，白渠起後。舉臿爲雲，決渠爲雨。涇水一石，其泥數斗，且溉且糞，長我禾黍。衣食京師，億萬之口。言此兩渠饒也。渭按：中讀曰仲，即今九嵏之東仲山也。邸，至也。瓠口即冶谷，亦稱瓠中。北山，即巀嶭諸山也。涇水在今涇陽縣南七里。左傳：成十三年，晉師及秦戰于麻隧，秦師敗績，晉師濟涇及侯麗而還。襄十四年，晉帥諸侯之師伐秦，濟涇而次，秦人毒涇上流，師人多死，即此水也。仲山在縣西北七十里，東北接嵯峨山西麓，中隔冶谷，西南連九嵏山，涇水經其中。冶水出谷處，俗謂之東谷口，西距谷口二十餘里，即封禪書所謂「寒門谷口」也。宋至道初，議脩鄭、白渠，詔皇甫選、何亮相度。選等言：鄭渠並仲山而東，鑿斷岡阜，首尾三百餘里，連亘山足，岸壁頹壞，堙廢已久。度其制置之始，涇河平淺，直入渠口，暨年代寖遠，涇河陡深，水勢漸下，與渠口相懸，水不能至，峻崖之處，渠岸久廢，實難致力。三白渠溉涇陽、櫟陽、高陵、雲陽、三原、富平六縣田三千八百五十餘頃，宜增築隄堰，以固護之。自是以後，三白渠屢加修治，頗得其利，而鄭渠卒不可興復。元和志云：大白渠在涇陽縣東北十里。中白渠首受大白渠，東流入高陵縣界。南白渠首受中白渠，東南流，亦入高陵縣界也。六輔渠在鄭渠上流之南，三白渠在鄭渠下流之南。**又東南逕高**

陵縣，西南入于渭水。縣志云：涇水至縣西南上馬渡入渭。

汭之言内，其字或作「内」。河内曰冀州，州在河北也。漢中郡亦在漢水之北。閻百詩云：渭汭，汭字解有作水北者，有作水之隈曲者，有作水曲流者，有作水中州者，總不若説文「汭，水相入也」，於此處爲確解。左氏一書，莊四年曰漢汭，閔二年曰渭汭，宣八年曰滑汭，昭元年曰雒汭，四年曰夏汭，五年曰羅汭，二十四年曰豫章之汭，二十七年曰沙汭，定四年曰淮汭，哀十五年曰桐汭，水名下繫以汭者衆矣。又何疑於禹貢。渭按：汭，水相入與水之隈曲曰汭，二義適相成而不相悖。蓋兩水相入，其水會襟帶處，必有隈曲。詩大雅「芮鞫之即」。芮即職方「涇、汭」之汭，水名也。漢志扶風汧縣下云：芮水出西北東入涇。詩芮陀，雍州川也。師古曰：陀讀與鞫同。余因此悟水北曰汭之義。蓋涇水東南流，至邠州長武縣東，芮水自平涼府靈臺縣界流經縣南，而東注于涇。公劉所居故豳城，正在二水相會内曲之處。及其後人衆而地不能容，則又營其外曲以居之，故曰「止旅迺密，芮鞫之即」。鄭箋曰：水之内曰隩，水之外曰鞫。外即南，内即北也。推之洛汭亦然。召誥：太保以庶殷攻位于洛汭。傳云：洛水北今河南城也，漢河南縣即周之王城，東去鞏縣之什谷，尚百有餘里。召公治都邑之位，豈逼側洛水入河之口乎。知洛汭則知渭汭矣。或曰雍州有二渭汭，從孔義，則凡渭北之地皆爲渭汭。此渭汭當爲漢高陵縣地，後渭汭當爲漢襃德縣地。今朝邑。同一渭汭而前後所指各別，經豈支離若是邪？曰地異而其爲渭汭則同。高陵者，涇、渭二水之會專指水口也。

也。褒德者，河、渭二水之會也。均爲水北，均爲水相入，均爲水之隈曲。渭汭兼地而言，不專指水口也。

易氏曰：洛入河處，謂之洛汭。渭入河處，謂之渭汭。涇至雲陽而入渭，又至華陰之永豐倉而入河。此二百八十里間，涇與渭相連，故曰涇屬渭汭。吴幼清取之。今按詩邶風「涇以渭濁，湜湜其沚」。傳云：涇、渭相入而清濁異。故辛氏三秦記附會其辭曰：涇、渭合流三百里，清濁不雜。此山齋之説所自出也。然詩人之意亦謂涇水得渭而形其濁耳。毛傳云相入，正所謂水相入者，專指渭汭而言，未必如辛氏所云也。蓋自先儒有濟與河亂南出還清之説，世因謂涇、渭亦然，又專指渭口爲渭汭，故復作是解。草廬舍舊而從新，好異之過也。

蔡傳云：涇、渭、汭三水名。屬，連屬也。涇水連屬渭、汭二水也。黄東發非之曰：古説涇入于渭水之内，而「漆、沮既從，灃水攸同」，皆主渭言之，文意俱協。若以汭爲一水而入涇，則「涇屬渭汭」者，是涇既入渭，汭又入涇，下文「漆、沮之從，灃水之同」，孰從孰同耶！職方氏「其川涇、汭」。易氏解云：汭，非禹貢之汭，禹貢言汭皆水内，此川名。鄒季友亦曰：涇水先會汭水，後入渭水，則經當言涇屬汭、渭，不當先渭而後汭，況下文即有「渭汭」字，不可異説。一言破的，蔡説可以永廢矣。

漆沮既從，釋文：沮，七徐反。

傳曰：漆沮之水，已從入渭。顔氏曰：漆沮即馮翊之洛水。吴氏曰：從如「恒、衛既從」之從。渭按：地理志：沮水出北地直路縣西，東入洛。洛水至馮翊褱懷同。德縣，東南入渭。直路縣自後漢已廢，其故城在今延安府鄜州中部縣西北二百里。褱德今西安府同州之朝邑縣也，縣西南四十三里有懷德故城。水經注云：渭水東過華陰縣北，洛水入焉。闞駰以爲漆沮之水。華陰縣北即懷德縣南也。

導渭傳云：漆、沮二水名，亦曰洛水，出馮翊北。正義云：地理志漆水出扶風漆縣，依十三州記漆水出岐山東入渭，則與漆沮不同矣。此云會于涇，又東過漆沮，是漆沮在涇水之東，故孔以爲洛水，一名漆沮。水經：沮水出北地直路縣東入洛。又曰：鄭渠在太上皇陵東南，濁水入焉，俗謂之漆水，又謂之漆沮，其水東流，注於洛水。志云：在馮翊懷德縣東南入渭。以水土驗之，與毛詩古公「自土沮、漆」者别也。彼漆即扶風漆水，彼沮則未聞。渭按：此説是也。本疏引扶風漆水，蓋未定之論，失於刊正耳。

水經：沮水出北地直路縣，東過馮翊祋丁活反。祤音詡。縣北，東入于洛。今延安府之宜君縣、西安府之耀州及同官縣，皆漢祋祤縣地。注云：沮水自直路縣東南，逕燋石山，東南流，歷檀臺川，俗謂之檀臺水，屈而夾山西流，又西南逕宜君川，世又謂之宜君水。在今鄜州宜君縣界，縣北去鄜州二百十里。又得黃嶔水口，水西北出雲陽縣石門山黃嶔谷，東南流，注宜君水。雲陽今淳化縣。東南流，逕祋祤縣故城西，城在今耀州東一里。又南合銅官水。水出東北，而西南逕銅官川，謂之銅官水，又西南逕祋祤縣東，而南逕其城南原下，西南注宜君水。今同官縣北有銅官川水，蓋即寰宇記所謂漆水也。唐書，神龍元年，同官縣水溢，漂居民五百餘家。太和三年，同官暴水漂沒二百餘家。又南出土門山西，復謂之沮水，山在今耀州東南四里。又東南歷土門南原下，東逕懷德城南，城在今富平縣西南，非朝邑之懷德故城也。又東逕漢太上皇陵北，元和志：漢太上皇陵在櫟陽縣東北二十五里。今爲臨潼縣地。而東注鄭渠。又東，濁水注焉，水上承雲陽縣東大黑泉，東南流，謂之濁谷水，又東南注鄭渠，又東逕太上陵南，北屈與沮水合。分爲二水：一水東南出，即濁水也，至白渠與澤泉合，俗謂之漆水，又謂之漆沮水。漆，本作「柒」，古「桼」字也。澤泉水自鄭渠合沮水，又直絶注濁水，至白渠合焉。故濁水得漆沮之名。絶白渠，東逕萬年縣故城北爲櫟陽渠，萬年故城即櫟陽故城，在今臨潼縣東北七十里。又南屈，更名石川水，括地志云：沮水一名石川水。源出富平縣東南入櫟陽。蓋即此與濁水合流者也。又西南逕郭獂城西，與白渠枝渠合，又南入于渭水。今濁水至三原縣界，散絶白渠，亦不入富平縣境。縣所恃以溉者，唯石川水而已。其一水東出即沮水也，東與澤泉合。水出沮東澤中，與沮水隔原，相去十五里，東流逕懷德城北，東南注鄭渠，合沮水。長安志云：澤多泉在富平縣西十三里，東南入漆沮。即此水也。縣志謂之温泉水，云出縣西北仲山麓。沮循鄭渠，東逕當道城南，城在頻陽縣故城南。頻陽故城在今富平縣東北五十里。又東逕蓮勺縣故城北，今渭南縣東北有蓮勺廢縣，蓮音輦。又東逕漢光武故城北，又東逕粟邑縣故城北，今白水縣界有粟邑故城。又東北注於洛水。洛水在白水縣東。渭按：酈元以濁水爲漆水，宋人則以銅官川水來合沮水者爲漆水。近志皆承其說。云沮水出中部縣西北子午嶺，中部在延安府鄜州南一百四十里。本漢馮翊翟道縣。姚秦改置中部縣，直路故城在焉，唐屬坊州。寰宇記云：沮水自坊州昇平縣北子午嶺出，俗號子午水，下合榆谷、慈馬等川，遂爲沮水。按昇平廢縣在今宜君縣西北三十五里，沮水所經，非所出也。子午山在中部縣北，亦曰子午嶺，沮水出焉。嶺綿亘慶陽、延安二府之間，其南麓抵縣界，或云即橋山也。東南流，逕宜君縣東北，又東南逕同官縣西，同官在今耀州北七十里。又南逕耀州西，而東會漆水。耀州在西安府北少東一百六十里。本唐華原縣。漆水出同官縣東北，西南流，至縣城東北，注于銅官水。又西南至州南，與沮水合。寰宇記云：華原縣，漆水自東北同官縣界來，合沮水。長安志云：漆水經華原縣界十五里，南流合沮水，入富平縣界，俗名石川水。同官志云：漆水在縣東北五十里，源出北高山，以其地多漆木而名，西南流合銅官川水。耀州志云：沮水經州城西，循西乳山，東會漆水。漆水自同官縣西南流入州境，尹師澗水入焉。又南經五臺山西，至乳山與沮水合。韓邦奇曰：嘗至同官縣，見一大潭，水湧出，三面皆青石山如壁立，水流出東壑，問其居人，曰漆潭。正所謂自同官縣界來者。沮水又東南逕富平縣西南，今鄭渠堙廢，沮水不復東入洛。又東南逕白水縣南，而東注于洛。白水縣在同州西北一百二十里。白水即沮水。今其水不至，縣南之水乃烏泥川之下流耳。然漆水原委宋人始言之，他無所考據也。

禹貢豫有洛而雍無洛。洛水之名，其昉于殷、周之際乎。周禮：雍州之浸曰渭、洛。詩小雅曰：瞻彼洛矣，維水泱泱。毛傳云：洛，宗周溉浸水也。周語：幽王時三川震。韋昭云：涇、渭、洛也。史記周本紀：西伯獻洛西之地於紂。晉世家：文公攘戎翟，居於河西圁、洛之間。魏世家：築長城，自鄭濱洛以東，有上郡。漢志：洛水出北地歸德縣北蠻夷中，入河。山海經曰：白於之山，洛水出于其陽，而東流注于渭。元和志云：白於山，一名女郎山，在洛源縣北三十里。按歸德廢縣在今慶陽府安化縣東北。隋改曰洛源，五代時廢。寰宇記云：廢洛源縣在慶州東北二百七十里。白於山又在其北也。慶陽舊志云：山在合水縣北二十里。誤。水經無洛水之目，唯沮水、渭水注中各一見。然寰宇記慶州安化縣尉李下引水經注云：尉李城亦曰不窋城。白馬水下引水經注云：洛川南逕尉李城東北，合馬嶺水，號白馬水。華池縣，子午山舊名翟道山，一謂雞山。引水經云：有烏雞水出焉，西北注于洛水。樂蟠縣有水出縣西北，引水經注云：與青山水合。寧州安定縣洛水下引水經：一名馬嶺川水。注云：洛水又南逕栒邑故城北，與新陽川水合。珊瑚谷水下引水經云：珊瑚水東南至栒邑入洛。襄樂縣大延水下引水經注云：大延，小延水出油水南延溪，西南流，逕襄樂縣南，於延城西，二水合流。油水下引水經云：與追語川水並出東翟道山。鄜州洛交縣白水下引水經云：白水源出分水嶺。三川縣葦谷水下引水經注云：自葦谷東南流，入三川。黄原水下引水經注云：砂羅谷水南流，逕黄原祠東，合葦川。坊州中部縣石堂山下引水經注云：猪水西出翟道縣西石堂山，本名翟道山。穆天子傳曰：癸酉，天子命駕八駿之駟，造父爲御，南征朔野，逕絶翟道，升于太行。翟道即縣西之石堂山也。郭璞以爲隴右狄道，非也。淺石川下引水經云：淺石川水出翟道山。香川水下引水經注云：香川水出中部縣北香山，在縣西南三十七里，自宜君縣界來。南香水在縣南三十五里，出遺谷。泥水下引水經云：

泥水出翟道縣泥谷。蒲水下引水經注云：蒲谷水源出中部縣蒲谷原。丹州宜川縣丹陽川下引水經云：蒲川水自鄜州洛川縣流入丹陽川。延州膚施縣清水下引水經注云：清水出上郡，北流至老人谷，俗謂老人谷水，又東逕高奴縣合豐水。同州馮翊縣商原下引水經注云：洛水南逕商原西，俗謂許原也。沙阜下引水經注云：洛水東逕沙阜北，其阜東西八十里，南北三十里，俗名之曰沙苑。澄城縣新城下引水經注云：雲門谷水源出澄城縣界。朝邑縣朝坂下引水經注云：洛水東南歷彊梁原，俗所謂朝坂。此皆言洛水，而今本無之。是水經元有洛水篇，宋初尚存，後乃亡之耳。今據通典、元和志、寰宇記、長安志及近世州縣志所載以補水經之闕：洛水出安化縣東北白於山，安化，慶陽府治。本漢郁郅縣，屬北地郡。今縣治即其故城。南流，逕廢洛源縣，府志云：有蘆草溝在安化縣北百七十里，即洛水之源。又東逕保安縣西南，保安在延安府西北一百八十里。本唐永康鎮，宋置保安軍。又東南逕安塞縣西，安塞在府西南四十里。本漢高奴縣地。又南逕甘泉縣西，甘泉在府西南九十里。本漢雕陰縣。寰宇記云：洛水逕雕陰縣。秦望山今縣南二十里雕陰山是也。又東南逕鄜州東，鄜州在府南一百八十里。本漢雕陰縣地。唐爲洛交縣，鄜州治。又南爲三川水，在州南六十里。慶陽之華池水、黑水流經此會，因名，亦謂之洛交水。又南逕洛川縣西南，洛川在州東六十里，本漢鄜縣地。又南逕中部縣東北，縣志云：縣東十里有古川口，即沮、洛交會處，亦曰龍首川。渭按：此不過沮水之枝津，至近世下流壅塞，不由富平入洛，則此遂爲二水交會之通川耳。又南逕宜君縣東，又東南逕白水縣東，與沮水合。沮水舊循鄭渠，東至此入洛，今自富平界已絕。又東南逕澄城縣西，與蒲城縣分水。澄城在同州北一百里。本漢徵縣。溝洫志云：武帝用嚴熊言，穿渠自徵引洛水，至商顏下，溉重泉以東萬餘頃故惡地，穿得龍骨，故名曰龍首渠。商顏即今同州北三十五里之商原也。蒲城在華州北少西一百二十里。本漢重泉縣。長安志：洛水在蒲城縣東五十里。又南逕同州西南，同州在西安府東北二百八十里。本漢臨晉縣。又東逕沙阜北，寰宇記云：沙苑一名沙阜，在馮翊縣南十二里，其阜東西八十里，南北三十里。又東南逕朝邑縣西之朝坂，即彊梁原。元和志云：朝邑縣以北據朝坂爲名。又南自趙渡鎮歷華陰縣西北葫蘆灘入渭。水經注云：渭水至華陰縣北，洛水入焉。闞駰以爲漆沮之水是也。明成化中，洛水改流，而東過鎮南，徑趨於河，不復至華陰入渭矣。漢志歸德下云洛入河。褱德下云入渭。蓋雜採古記，故有不同。其曰入河者，以二水合流，渭亦可稱洛耳。或疑禹時漆沮本入河，其後改流入渭。明成化中，乃復故非也。然黄文叔云：今洛入河處，與渭稍離，亦水道改矣。則似不始于成化，當考。

詩大雅：民之初生，自土沮、漆。傳云：沮水、漆水也。周頌：猗與漆、沮，潛有多魚。傳云：漆、沮，岐周二水也。此皆謂扶風之漆、沮。而林少穎以「猗與漆、沮」釋「漆沮既從」。恐非。小雅：瞻彼洛矣。傳以爲宗周溉浸之水。亦不言洛即漆沮。謂漆沮亦曰洛水，實自安國書傳始。而闞駰、酈道元從之。孔穎達復援以釋詩，於是洛與漆沮合而爲一水矣。其濁水上承雲陽大黑泉，名漆沮水者，乃土俗之稱。而洛水之爲漆沮，則先儒皆以爲然。故顔師古注漢書亦用其說。然直路之沮，自櫟陽縣界合濁水，分爲二水，一循鄭渠而東注洛，其間二百餘里，實鄭國之所鑿。漢志云沮入洛，亦據既有鄭渠後言之耳。自鄭渠一廢，而濁水絶於三原，沮水不抵富平，可見此水在古時元合濁水，至櫟陽入渭，而不與洛通也。程大昌雍録謂禹貢漆沮惟富平石川河正當其地，確不可易。

扶風有二漆水，而沮則無聞。漢志漆縣下云：水在縣西。不言其所出入。水經云：出杜陽縣俞山，東北入于渭。杜陽今爲麟遊縣。説文云：出杜陽岐山，東入渭。闞駰云：出漆縣西北岐山，東入渭。酈道元云：周太王去邠度漆，踰梁山，止岐下。故詩曰：民之初生，自土沮、漆。又曰：率西水滸，至于岐下。此一漆也。闞駰云：有水出杜陽縣岐山北漆溪，謂之漆渠，西南流，注岐水。酈道元云：杜水出杜陽山，東南流，合漆水。水出杜陽之漆谿，謂之漆渠，南流合岐水，至美陽縣注于雍水。美陽今爲岐山、扶風二縣地。隋志扶風普潤縣有漆水。括地志同。普潤故城在今麟遊縣西一百二十里。此又一漆也。元和志云：漆水在新平縣西九里。漆縣唐爲新平縣，今邠州是。北流，注于涇。今麟遊縣東南亦有漆水，與此異。寰宇記云：按注水經曰漆水自宜禄界來，又東過漆縣北。今本水經注無此文。元和志云：宜禄縣東至邠州八十一里。今長武縣是。即今邠州所治也。今縣西九里有白土川，東北流，經白土原東、陳陽原西，又東北注涇水。恐是漢之漆水，但古今異名耳。麟遊之漆水南流與杜陽水合，非漢之漆水也。渭按：涇水今自邠州北，東南流，入永壽縣界。漆水東北流，必注於涇，言入渭者非。漆縣之漆，注涇以入渭；普潤之漆合杜、岐、雍以入渭，皆在涇水之西，其不得爲禹貢之漆也，明矣。二漆中必有一沮。在麟遊之漆，當是沮水，土俗音訛，以沮爲漆耳。

灃水攸同。釋文：灃，芳弓反。

傳曰：灃水所同，同之於渭。正義曰：渭發源遠，以渭爲主，上云涇屬渭是矣。「漆沮既從」，已從於渭，「灃水所同」，亦同於渭，以渭爲主故也。地理志：灃水出扶風鄠縣東南，北過上林苑入渭。渭按：鄠縣今屬陝西西安府，其故城在今縣北二里。上林苑在今長安縣西南，灃水至咸陽縣西南入渭。詩曰：豐水東注，維禹之績。言同於渭也。灃，一作「豐」，又作「酆」。漢志：扶風鄠縣，古國。有扈谷亭。扈，夏啓所伐。酆水出東南，又有潏水，皆北過上林苑入渭。水經無灃水之目，其附見渭水篇中者曰：渭水自槐里縣故城南，槐里今爲興平縣，在西安府西少北一百里。又東合甘水，水出南山甘谷，北流至鄠縣，合澇水入渭。甘誓云「大戰于甘」，即此地。又東，豐水從南來注之。地說云：渭水與豐水會于短陰山內。水會無他高山異巒，所有唯原阜石激而已。漢書音義張揖曰：酆水出鄠縣南山酆谷，北入渭。長安志：豐水出長安縣西南五十五里終南山豐谷，其源闊一十五步。其下闊六十步，水深三尺。自鄠縣界來，終縣界，由馬坊村入咸陽，合渭水。咸陽縣在西安府西北五十里。昔文王作豐，武王治鎬，詩詠其事。鄭康成云：豐在豐水之西，鎬在豐水之東，相去蓋二十五里也。

相如上林賦曰：終始灞、滻，出入涇、渭，酆、鎬、潦、潏，紆餘委蛇，經營乎其內，蕩蕩乎，八川分流，相背而異態。李善注引關中記云：涇、渭、灞、滻、酆、鎬、潦、潏，凡八川也。按八川唯涇在渭北，餘皆在渭南，出南山谷中，北入渭。灃水禹功之所及，獨著於經。餘詳見導渭。

蘇傳云：從，如少之從長。渭大而漆沮小，故言從。涇、渭相若，故言同。林少穎以爲曰屬、曰從、曰同，但變其文耳，無異義也。

雍州先涇、次漆沮、次灃，禹治水之序也。導渭先灃次涇、次漆沮，渭納水之序也。

林少穎云：雍州之地，東距龍門之河。當夫河流泛濫，未折而東，雍州亦被其害。及禹既載壺口，治梁及岐，二山在孟門、龍門之間，實河之所經。河自此順流而東，則治河之功既見於冀州矣。故經序此州治水之迹，唯弱水既西，渭合衆水，以歸於河，則其功畢矣。自「荆、岐既旅」而下，遂言平地，川澤皆已有成績也。

荆、岐既旅，終南、惇物，至于鳥鼠。渭按：惇，史記作「敦」。

傳曰：已旅祭言治功畢。此荆在岐東，非荆州之荆。終南、惇物、鳥鼠，三山名。正義曰：治水從下，自東而西，先荆後岐，荆在岐東也。地理志云：禹貢北條荆山在馮翊懷德縣南。三山空舉山名，不言治，意蒙上「既旅」之文也。地理志云：扶風武功縣有太一山，古文以爲終南。垂山，古文以爲惇物，皆在縣東。渭按：荆、岐、鳥鼠並詳見導山。鳥鼠山在今陝西臨洮府渭源縣西，渭水出焉。上文言入渭者唯三水，而禹之所治不盡於此也。故於渭北舉荆、岐，渭南舉終南、惇物以包之。梁、岐之役，渭亦既治矣，而自岐以西則未也。至是旅及于鳥鼠，則滌源之事畢矣。

詩秦風曰：終南何有，有紀有堂。傳云：周之名山曰終南，亦作中南。左傳：司馬侯曰：中南，九州之險是也。漢書東方朔傳曰：南山出玉石，金、銀、銅、鐵，良材百工所取給，萬民所仰足也。又有秔稻、梨栗、桑麻、竹箭之饒，土宜薑芋，水多䵷魚，貧者得以人給家足，無饑寒之憂。地理志曰：鄠、杜竹林，南山檀柘，號稱陸海，爲九州膏腴。關中記曰：終南一名中南，言在天下之中，居都之南也。釋文曰：三秦記云終南，又名地肺。

終南之名，唯見於秦風，而小雅則稱南山，不一而足。又有北山，蓋南山謂都南諸山，終南、太一在焉。北山謂都北諸山，九嵕、甘泉、嶻嶭等也。古終南止於盩厔，自秦襄公取周地爲諸侯，徙都於汧，國人作詩以美之，以終南起興。終南遠接岍、岐，蓋自此始。説者遂以終南蔽南山，謂西起秦隴，東徹藍田，横亘八百里，皆終南矣。漢人又以都南之山爲秦嶺，西都賦云「睎秦嶺」是也。而終南則以武功之太一當之，若盩厔以東無終南焉。殊不可曉。今按張衡西京賦云：於前則終南、太一。潘岳西征賦云：面終南而背雲陽。又云：太一巃嵸。李善注云：漢書武功縣有太一，古文以爲終南，此賦下云太一，明與終南别山。西京賦云於前則終南、太一，二山明矣。此説是也。竊意太一、垂山皆禹貢之惇物，後人改名，離爲二山耳。水經注云：太一山亦曰太白山，在武功縣南，武功故縣在今鳳翔府郿縣東四十里。渭水逕其北，南對太白山。去長安二百里，不知其高幾何。俗云武功、太白去天三百。杜彥達曰：太白山南連武功山，於諸山最爲秀傑，冬夏積雪，望之皓然。郿縣志云：太白山在縣東南四十里，渭水之南，東連武功縣界。武功志云：太白山在縣西南九十里。亦名太乙山，接郿縣及盩厔界。而垂山則但述漢志語，其形體若何，高大幾何，莫能言之。蓋垂山即太一之北峯，無二山也，俱在縣東，故莫得而判焉。後人又以太一之南爲武功，其北爲太白，在禹貢則總爲惇物，郭景純所謂一實而數名者也。程大昌雍録云：終南山既高且廣，多出物産，故禹貢曰終南惇物，不當別有一山自名惇物。此臆説也。經文簡奥，「鳥鼠同穴」已省却二字，而終南之下加以「惇物」，不幾成附贅懸疣耶。

〔丁晏曰：錐指於終南下謂終南、太一爲二山。案漢志右扶風武功自注：大壹山，古文以爲終南。孟堅所稱即孔壁古文説也。初學記終南山引五經要義云：終南山，長安南山也，一名太一。要義劉向所撰，在班氏之前。向親校中秘古文，與漢志合，則知孟堅所據者真古文書也。續郡國志太一山，本終南。水經渭水注引杜預曰：中南亦曰太白山，太一亦名太白山也。初學記引秦州記、福地記皆以終南、太一爲一山。東樵沿薛綜之誤，以爲二山，非也。錐指既以終南、太一爲二，於惇物下謂垂山爲大一，皆是惇物。案漢志：垂山古文以爲惇物。「垂」字誤也。水經禹貢篇：華山爲西嶽，在弘農華陰縣西南。注古文之惇物山也。如酈之説，則「垂山」當作「華山」，字形之誤。華山與終南綿亘相望。鳥鼠爲渭水所出，華山在渭水南，地勢接連，故曰：終南、惇物，至于鳥鼠。東樵以惇物爲太一，大謬。又不知「垂山」之譌。孫星衍疏知「垂」字之誤，然改「垂山」爲「岳山」，亦非也。」

傳言三山相望。正義云：至于爲首尾之辭，故言相望。按終南與惇物接，謂之相望可也。惇物西北距鳥鼠且千里，安得謂之相望。

陳大猷云：古人舉事必祭，況治水大事乎。然旅獨於梁、雍言之者，蓋九州終於梁、雍，以見諸州名山皆有祭也。旅獨於蔡、蒙、荆、岐言之者，蓋紀梁之山，終於蔡、蒙，紀雍之山，始於荆、岐，以見州内諸名山皆有祭也。故下文復以「九山刊旅」總結之。渭按：陳説自佳，然恐非經旨。壺口治河，梁、岐治河兼治野，故曰載、曰治。蒙、羽、岷、嶓專治野，故曰藝。蔡、蒙、荆、岐、終南、惇物、鳥鼠專治谿谷之水，非田野，不可言藝，故曰旅。三危治黑水，兼治谿谷之水，使人可居，故曰宅。其言各有所當，要皆紀水土之功，書旅意不在祀典也。

原隰厎績，至于豬野。

傳曰：下溼曰隰。豬野，地名，言皆致功。正義曰：下溼曰隰。釋地文。地理志云：

武威縣東北有休屠音除。澤，古文以爲豬壄澤。鄭玄以爲詩云「度其隰原」，即此原隰，是也。原隰，豳地，從此致功，西至豬野之澤也。渭按：今西安府邠州及三水縣皆豳地。漢武威縣屬武威郡。今爲陝西行都司鎮番衛地。休屠澤在衛東北。

爾雅：廣平曰原，下溼曰隰。原本作「邍」。周禮夏官有邍師，掌辨丘陵墳衍。邍隰之名。說文：邍，高平之野人所登。隰，坂下溼也。詩云：畇畇原隰，曾孫田之。又云：原隰既平，泉流既清。又云：皇皇者華，于彼原隰。又云：原隰裒矣，兄弟求矣。原隰處處有之。公劉云：「度其隰原」，當亦與流泉夕陽相類，非一定之地名也。又如「復降在原」，「脊令在原」，「隰有荷華」，「隰有萇楚」之類。或單稱原，或單稱隰，二字可合可離。故公劉稱隰原與泉單爲韻，若一定之地名，則豈可顛倒以就韻乎。周禮大司徒：以土會之法，辨五地之物生。其五曰原隰。禮記孟春之月：善相丘陵，阪險原隰，土地所宜。他書言原隰者尚多，皆非一定之地名也。以公劉之隰原，爲禹貢之原隰，義實未安。然論其地望，則渭南渭北皆已旅平，唯豳地尚宜致功，且從此西北逾河以至武威，道塗順便，而原隰又無地以應之，故諸家皆從鄭氏。

水經：都野澤在武威縣東北。注云：縣在姑臧城北三百里，東北即休屠澤也。古文以爲豬野，其水上承姑臧武始澤，澤水二源，東北流爲一水，又東北逕馬城東，謂之馬城河。城即休屠城也。本匈奴休屠王都。漢志武威郡休屠縣有休屠城。元和志云：在涼州姑臧縣北六十里。河水又東北與橫水合，水出姑臧城下。武威郡涼州治也。漢元朔三年改雍曰涼州，遷於冀。晉徙治此，其水側城北流，注馬城河。今涼州衛治即姑臧故城也。北至鎮番衛一百九十里。又東北清澗水入焉。俗亦謂之五澗水。水出姑臧城東，而西北流注馬城河。又與長泉水合，水出姑臧東揟次縣西北，歷黃沙阜而東北流，注馬城河。漢志揟次屬武威郡。其故城在今莊浪所西北。又東北逕宣威縣故城南，漢志宣威屬武威郡。西魏省入姑臧。今爲鎮番衛地。又東北逕武威縣故城東，漢太初四年，匈奴渾邪王殺休屠王降，以其衆置武威縣。地理志曰：谷水出姑臧南山，北至武威入海。届此水流兩分，一水北入休屠澤，俗謂之西海，一水又東逕一百五十里入豬野，世謂之東海，通謂之都野矣。太康地記云：河北得水爲河，塞外得水爲海。晉省武威入姑臧，故括地志云豬野澤在涼州姑臧縣東北二百八十里也。舊志謂白亭海即豬野澤。今按元和志：白亭軍在姑臧縣北三百里，馬城河東岸，因白亭海爲名。白亭海一名會水，在肅州酒泉縣東北百四十里，以北有白亭，故名白亭海。是軍與海東西相距八九百里，徒遥取爲名耳。後人以軍在姑臧而名白亭，遂混爲一處。陝西行都司志云：白亭海一名小闊端海子，五澗谷水流入此海。蓋誤以休屠澤爲白亭海也。

禹貢稱厎績者三，冀覃懷、梁和夷及此原隰是也。孔傳不言原隰爲地名，漢志亦闕。愚按原隰雖處處有之，而秦中之原獨多，地勢高下相因，有原則必有隰，其卑於原者即隰也。西京賦曰：於後則高陵平原，據渭踞涇，澶漫靡迤，作鎮於近。此言渭北諸原也。今涇陽縣有石安原、百頃原、覆車原、豐稔原、西成原、清涼原；其西則咸陽縣有畢原、咸陽原、短陰原，興平縣有始平原，郿縣有積石原，亦稱北原。武功縣有西原、亦稱雍原。東原，扶風縣有三時原，岐山縣有周原，鳳翔縣有石鼓原、西時原；其東則高陵縣有奉政原、鹿苑原，三原縣有天齊原、豐原、孟侯原、白鹿原，富平縣有掘陵原、羊蹄原、中華原、北鹵原、南鹵原、八公原，同州有商原、即商顏。許原，朝邑縣有彊梁原；即朝坂。其北則長武縣有鶉觚原、一名淺水原。黄蕢原，耀州亦負高原，故縣名華原，澄城縣有臨高原，韓城縣有韓原、高門原。此皆原之在渭北者。西都賦曰「鄭白之沃，衣食之源，提封五萬，疆埸綺分，溝塍刻鏤，原隰龍鱗」是也。渭南亦有原，凡南山之麓，陂陀漫衍者皆原也。長安縣有細柳原，其東則咸寧縣有畢原、畢，終南之道名。神禾原、少陵原、即鴻固原。樂遊原，藍田縣有白鹿原。涼風原，亦稱風涼原。臨潼縣有普陀原、或云即藕原。斷原，渭南縣有新豐原，一名光明原，又名青原。其西則郿縣有五丈原。詩小雅云「信彼南山，維禹甸之。畇畇原隰，曾孫田之。我疆我理，南東其畝」是也。原多則隰亦多。不可勝名，故總謂之原隰。其地則盡今之西安府境，兼得鳳翔府之東鄙。張良所謂沃野千里，班固所謂九州之上腴者也。梁岐之役，固嘗施功於渭矣。至是兼治其南北，使涇、漆、沮、灃皆由渭入河，此決川距海之事也。五山主谿谷而言，原隰主田野而言，皆濬畎澮距川之事也。厥田上上，密邇帝都，故禹治之也。加詳詩兩稱禹甸，一爲梁山，一爲南山。南山明言原隰，梁山之野，平原最多。班固敘鄭白之沃，亦稱原隰。原隰所該甚廣，與大陸相似。謂公劉之隰原亦在底績中，則可。謂禹貢之原隰專在豳地，則不可也。世宗鄭氏已久，故仍存其説，而以管見附焉。

自原隰以至豬野，中間所歷之地，不可復考，未知從何處渡河。按今莊浪所本漢武威郡地，延袤千餘里，號爲沃壤，東阻黄河，與靖遠衛分水。衛治即唐會州會寧縣。疑當時從此渡河，歷莊浪抵鎮番也。若夫豬野之治，則亦不專治此澤，必併其上源而治之。姑臧皆在厎績中矣。漢書稱涼州之畜爲天下饒。東漢時目姑臧爲脂膏之地。後魏書：太武滅北涼，敕太子晃曰：姑臧城東西二門外，湧泉合於城北，其大如河，自餘溝渠流入漠中，其間仍無燥地，水草既豐，土田亦美。此禹貢所以志豬野也。

三危既宅，三苗丕敘。渭按：宅，史記作「度」。

傳曰：西裔之山已可居，三苗之族大有次敘。正義曰：左傳稱舜去四凶，投之四裔。舜典云：竄三苗于三危。是三危爲西裔之山也。地理志：杜林以爲敦煌郡即古瓜州。昭九年左傳云：先王居檮杌於四裔，故允姓之姦，居於瓜州。杜預云：允姓之祖與三苗俱放於三危。瓜州，今燉煌也。禹治水未畢，已竄三苗，水災既除，彼得安定。故云三苗之族大有次敘。吕氏曰：三苗不道，竄于三危。自後世觀之，凡以罪流放者，聽其自殘自生，在所不恤。聖人之心不如此，方其有罪，必行竄棄，刑行之後，施仁發政，自當同及。故禹治水至三危，亦爲畫其居宅。傅氏曰：三危既宅，此治黑水之成功也。

渭按：漢敦煌唐分爲瓜、沙二州。水經注云：三危山在敦煌縣南。括地志云：在沙州燉煌縣東南四十里，山有三峯故名，亦名卑羽山。今爲嘉峪關外廢沙州衛地，衛本屬行都司，後棄之化外。既宅，謂降丘宅土也。治黑水及三危而止，兼有濬畎澮之事，故言山以包之。自豬野至黑水，中隔弱水，弱水先已治，故豬野功畢，即繼以黑水也。三苗今爲湖廣岳州府地。吴起曰「三苗之國，左洞庭，右彭蠡」是也。舜臣堯竄其君及民于三危，至是禹安定之。

正義云：三危山必是西裔，未知山之所在。鄭玄引地記書曰：三危之山在鳥鼠之西，南當岷山，則在積石之西南。地記乃妄書，其言未必可信。要知三危之山，必在河之南也。

渭按：水經注兩引山海經，以證尚書之三危。一云：三危之山，三青鳥居之，廣圓百里，在鳥鼠山西。見第四十卷末。一云：三危在燉煌南，與岷山相接，山南帶黑水。見第三十一卷江水。與地記略同。鳥鼠之西，南當岷山，則在今臨洮府南岷州衛北矣。又云在積石之西南，殊不可曉。山南帶黑水，蓋以扶州之黑水出素嶺山入白水者當之也。妄言無疑。三危山，自當以在沙州者爲是。後魏書太平真君六年，討吐谷渾，杜豐追被囊，度三危，至雪山。即沙州之三危也。肅州舊志云：白龍堆沙東倚三危，北望蒲昌，是爲西極要路。推其地望，可以得三危之形勢矣。

上句統居人言之，下句則經理三苗之事。苗雖竄，其頑梗之性未必盡除，與良民雜處或爲害，及是措置得宜，俾各安其業，不相侵擾。人皆以爲仁之至。而不知其義之盡也。

今文虞夏書，凡言苗者五：「何遷乎有苗」，堯在位七十載中事也；「竄三苗于三危」，舜攝位時事也；「三苗丕敍」，禹治雍州時事也；「苗頑弗即工」，禹弼成五服時事也；「分北三苗」，舜即位九載後事也。苗自是不復爲惡矣。晚出大禹謨，更有「徂征」之事，在禹攝位之後。舜竄其族而無所難，禹用大師而反不服，識者疑之。

厥土惟黄壤。

林氏曰：天下之物，得其常性者最貴。土色本黄，此州黄壤，故其田爲上上，而非餘州之所及。

厥田惟上上，厥賦中下。

傳曰：田第一，賦第六，人功少。正義曰：此與荆州賦田，升降皆較六等。荆州升之極，故云人功修。此州降之極，故云人功少。其餘相較少者，從此可知也。王制云：凡居民量地以制邑，度地以居民，地邑民居必參相得也。則民當相準而得，有人功修人功少者，記言初置邑者，可以量之。而州境闊遠，民居先定，新遭洪水，存亡不同。故地勢有美惡，人功有多少。治水之後，即爲此差，在後隨人少多，必得更立其等，此非永定也。

九州田賦之高下，先儒皆云以人功修不修故。人功一以開墾多爲修，否則爲不修。一以糞多而力勤爲修，反是則爲不修。雍田第一，而賦居第六，斯爲人功少之極矣。今按詩云「奕奕梁山，維禹甸之」。經所謂「治梁及岐者」是也。鄭白之沃皆在焉，秦、漢資以富饒，其西爲岐陽，西北爲豳地。詩詠太王之遷岐曰：「周原膴膴，堇荼如飴」。詠公劉之遷豳曰「度其隰原，徹田爲糧」。則豳、岐之土，亦膏腴也。此皆田之在渭北者也。詩曰「信彼南山，維禹甸之」。則田之在渭南者。東方朔云「豐、鎬之間，號爲土膏，賈畝一金」是也。史記貨殖傳曰：自汧、雍以東，至河、華，膏壤沃野千里，虞夏之貢，以爲上田。然則雍地雖大，其在中邦之限，禹所則壤以成賦者，不過方千里。其間又有高山長谷，可以爲田者少，不若冀之平原曠野，一望皆良田。又則壤之地居多，即令雍他日人功益修，亦未能及冀賦之第一。由是推之，田美而少，則賦亦不甚多；田惡而多，則賦亦不甚少。不盡係乎人功之修否也。

九等之賦，只就告成時言之。疏云：在後隨人少多，必得更立其等。真通人之見。愚謂此不但賦等爲然，即貢物之多少，他日亦未必盡同也。

曰：腰下寶玦青珊瑚。珊瑚之青者，即琅玕也。琅玕又頗與瑟瑟木難相似。瑟瑟即今寶石中之碧色者，木難亦碧色似珠。但瑟瑟出坑井中，寶石出西番回鶻地方諸坑井內，雲南、遼東亦有之，有紅綠碧紫數色。碧者唐人謂之瑟瑟，紅者宋人謂之紅靺鞨，今通呼爲寶石，以鑲首飾器物，大者如指頭，小者如豆粒，皆碾成珠狀。木難乃鳥沫所成，美人篇曰：明珠交玉體，珊瑚間木難。善注引南越異物志云：木難，金翅鳥吐沫所成碧珠也。大秦國珍之。而琅玕則生山厓間，森挺若樹，以是爲別云。

古者任土作貢，責其所有，不責其所無固也。然當時亦必有通融之法，凡貢物繫之以地者，如岱畎之絲、枲、鉛、松、怪石，羽畎之夏翟，嶧陽之孤桐，泗濱之浮磬，但以出此地者爲良，非謂地在其境內者貢之，他國則不貢也。余素持此論，然諸州貢物頗多，又有篚，此理不易見。及觀雍州所貢，而益信前説之不妄也。球、琳、琅玕非州產，又無篚，即以藍田之玉當球琳，所貢亦止此耳。雍州據王制言之，大小二百一十國，苟惟藍田在其境內者貢玉，而餘國則偃然坐享其賦稅，一無所獻於天子，有是理乎？其必令市取以貢無疑也。魯頌曰：憬彼淮夷，來獻其琛。元龜象齒，大賂南金。淮夷，徐州之夷也。元龜出九江，象齒出嶺表，南金出荊、揚之域，非市取之境外，何從得此以獻魯邪？

聖人不貴遠物，然禮樂文章之事，有必須此以給其用者，則亦令諸侯市取之外國以獻，如象齒、翠羽、球、琳、琅玕之屬是也。想其時賈胡各以其國之所出，來相貿易。禹曰懋遷有無化居。此亦其一端，州境附近彼土者，市取之良易，後世或謂交、廣之地，在古荊、揚之域，以象齒、翠羽爲證。然則球、琳、琅玕出自崑崙，將西域三十六國亦在古雍州之域邪，其不通甚矣。

浮于積石，至于龍門西河，會于渭汭。

傳曰：積石山在金城西南，河所經也。沿河順流而北，千里而東，千里而南，龍門山在河東之西界。正義曰：地理志云：積石山在金城河關縣西南羌中。龍門山在馮翊夏陽縣北。林氏曰：此州達於帝都有二道：浮于積石，至于龍門西河者，一道也；自渭汭以達于河者，又一道也。蔡氏曰：雍之貢道有二，其東北境，則自積石至于西河，其西南境則會于渭汭。王氏樵曰：東北當云西北。蓋雍東距河，若東北境，則直浮西河，不須浮于積石也。渭按：漢河關縣在今陝西西寧衛西南塞外。夏陽今西安府之韓成縣也。積石龍門見導河。渭汭見上文。雍之西北境遠近不同，各從其便，以至龍門，不盡由積石，其曰「浮于積石」者，舉遠以該近耳。「會于渭汭」，言出渭之舟逆流而上，與浮河之舟相會於渭水之北，今韓城縣北龍門山南是其地也。

或問：雍西北境與西南境分爲二道，當作何界別。曰：西傾、鳥鼠之西，漢朔方、五原及河西五郡地，皆浮河是爲北道。太華、終南、惇物以北，漢隴西、天水、安定、北地、上郡之地，皆浮渭，是爲南道。人欲避龍門之險，苟有水可以通渭者，無不由南道矣。「織皮」以下十二字，即不從蘇氏更定，其三國之貢道，亦必浮積石下龍門也。

渭汭在河之西岸，華陰、朝邑、韓城之地皆是也。東與蒲州榮河分水，此言雍之貢道，故特以西岸言之。韓汝節云：今蒲州，舜所都也。渭水之北，今朝邑縣南境，渭水至此東入河，折而北三十里即蒲州，故舟皆會于渭北。今按北船出龍門，至榮河縣北汾水入河處，便當東轉泝汾，無緣更順流而下，至朝邑與南船會也。且禹告成當堯時，帝都平陽，距蒲阪三百餘里，韓成北連龍門，東對汾口，南北貢船相會當在其間，曷爲引蒲州以證乎？

傳云：逆流曰會，不必泥。又云：自渭北涯逆水西上。「西」當作「而」，謂南船出渭之後，逆河水而上，與北船相會也。孔疏不知爲誤字，釋曰：禹白帝訖從此西上，更入雍州界。真是郢書燕説。

閻百詩據金城郡爲漢昭帝所置，以辨孔傳之僞。黄子鴻難之曰：安知傳所謂金城非指金城縣而言乎！百詩未有以應也。今按安國卒於武帝之世。昭帝紀始元六年，以邊塞闊遠，始取天水、隴西、張掖郡各二縣，置金城郡。此六縣中不知有金城縣否？地志：積石山繫河關縣下，而金城縣無之。觀「羌中」「塞外」四字，則積石山不可謂在金城郡界矣，況縣乎？且水經注所敍金城縣在郡治允吾音鉛牙。縣東，唐爲五泉縣，蘭州治，宋曰蘭泉，即今臨洮府之蘭州也。與積石山相去懸絶，傳所謂金城，蓋指郡言，而郡非武帝時有也。此豈身爲博士者之手筆乎。

蔡傳曰：按邢恕奏乞下熙河路造船五百隻，於黃河順流放下，至會州西小河内藏放。熙河路漕使李復奏：竊知邢恕欲用此船載兵，順流而下，去取興州，契勘會州之西小河鹹水，其闊不及一丈，深止於一二尺，豈能藏船？黃河過會州入韋精山，石峽險窄，自上垂流直下，高數十丈，船豈可過？至西安州之東，大河分爲六七道散流渭之南山，逆流數十里，方再合逆溜，水濺灘磧，不勝舟載，此聲若出，必爲夏國侮笑。事遂寢。邢恕之策，如李復之言可謂謬矣。然此言貢賦之路，亦曰「浮于積石，至于龍門西河」，則古來此處河道固通舟楫矣。而復之言乃如此，何也？金吉甫云：李復所奏河道，一則恐出於吏民之託辭，一則故道久廢，岸谷變遷，亦恐非復禹迹之舊。渭按：孟門以上，河患絕少，未必有岸谷變遷之事。恕邪人，將開邊釁，吏民之所苦，復因人情而奏寢其事。所陳二處湍險，恐亦非欺罔。然韋精山石峽懸流，豈能及龍門竹箭之駛。西安州逆溜灘磧，亦不過如厎柱闕流之艱。龍門可下，而厎柱可度，此二處何遂不可行。大槩是不欲興作，故極言其害。

織皮崑崙、析支、渠搜，西戎即敘。釋文：崙，魯門反。析，星歷反。搜，所由反。渭按：崑崙，史記作「昆侖」，漢書作「昆崘」。搜，漢書作「叟」，顏師古云：叟讀曰搜。

顏氏曰：崑崙、析支、渠搜，三國名也。林氏曰：三國皆西戎之種，故以西戎總括於下。

又曰：蘇氏謂三國皆篚織皮，但古語有顛倒詳略耳。其文當在「厥貢惟球琳、琅玕」之下，「浮于積石」三句，當在「西戎即敘」之下，以記入河水道，結雍州之末。簡編脱誤，不可不正。某竊謂不然。經所敘有先後之不同者，皆據當時事實而言之。如冀州「恒、衛既從，大陸既作」，獨在田賦之下，亦據當時事實而言之。必如蘇説，則亦當屬「至于衡漳」之下矣。蘇氏多變易經文，以就己意，此類是也。傅氏曰：梁州言熊、羆、狐狸、織皮，此獨言織皮者，蒙上文也。渭按：三國皆西戎，而西戎不止於三國，三國乃西戎之大者，皆來入貢，則其餘無不賓服，故曰西戎即敘。

輕改經文，此學者之大患。然古經實有脱誤，不可曲爲附會，蹈郢書燕説之弊者。如雍州「織皮」以下十二字是也，不必遠證，第參以梁州之文，則此爲錯簡明甚。其曰「織皮」，即熊、羆、狐狸織皮也。但文有詳略耳。曰「崑崙、析支、渠搜」，猶西傾也，但國有多少耳。曰「西戎即敘」，猶言「因桓是來」也，但辭有同異耳。曰「浮于積石，至于龍門、西河，會于渭汭」，猶言「浮于潛，逾于沔，入于渭，亂于河」也，但彼爲一道，此爲二道耳。梁西傾貢物在貢道之前，雍何獨不然。其「浮于積石」三句爲雍闔州之貢道，猶「浮于潛」四句爲梁闔州之貢道也。然三國之貢，非積石無由入，而雍之西北境，則不由積石者多，是又不可執一而論矣。推尋事理，蘇説爲長。余不敢變置經文，故順經立義於前，而重伸其説於後。林氏引冀州「恒、衛」「大陸」之例，以折其非，是或一義。然八州之貢物，未有列於貢道之後者，而雍獨如此，則「織皮」以下十二字，定當在「厥貢球、琳、琅玕」之下，安得謂蘇氏變置經文以就己意哉。蔡傳宗林氏，而仍存蘇説於圈外，蓋亦心知其長，而不能盡廢也。

崑崙，國名，蓋附近崑崙山者。傳記言崑崙凡四處。一在西域。山海經云：崑崙墟在西北，河水出其東北隅。釋氏西域記謂之阿耨達山。水經注云：按山海經自崑崙至積石一千七百四十里。又引涼土異物志曰：蔥嶺之水，分流東西，西入大海，東爲河源。禹紀所云崑崙者是也。一在海外。大荒經云：西海之南，流沙之濱，有大山，名曰崑崙，其下有弱水之淵環之。此山與條支、大秦國相近。禹本紀云「去嵩高五萬里」者是也。一在酒泉。漢志金城臨羌縣西北有西王母石室，西有弱水、崑崙山祠。崔鴻十六國春秋云：張駿時，酒泉太守馬岌上言，酒泉南山即崑崙之體。周穆王見西王母，樂而忘歸，謂此山也。上有石室、王母堂，珠璣鏤飾，煥若神宫。禹貢崑崙在臨羌之西，即此明矣。括地志云：在酒泉縣西南八十里。今肅州衛西南崑崙山是也。一在吐蕃。通典云：吐蕃自云崑崙山在國中西南，河之所出。唐書吐蕃傳云：劉元鼎使還言，自湟水入河處西南行二千三百里，有紫山，直大羊同國，古所謂崑崙，虜曰悶摩黎山，東距長安五千里，河源其間是也。渭按：酒泉在雍州之域，不可謂西戎。西海距玉門、陽關四萬餘里，而崑崙更在西海之南，去積石太遠，其非禹貢之崑崙國明甚。西域、吐蕃未知孰是，吐蕃悶摩黎山以劉元鼎言計之，東北距大積石不過千餘里，浮河甚便。然自唐以前未有言崑崙在羌中者，何可深信。西域之崑崙，據山海經云至積石一千七百餘里，則浮河亦不難。蓋崑崙與析支、渠搜皆在雍州之外，禹治雍，身歷其境，三國聞風慕義，爭先入貢，其過化存神之妙，有如此也。

水經注云：積石在西羌之中，燒當所居也。延熹二年，西羌燒當犯塞，護羌校尉段熲討之，追出塞至積石山，斬首而還。司馬彪曰：西羌者，自析支以西，濱於河首，在右居也。河水屈而東北流，逕於析支之地。是爲河曲矣。應劭曰：禹貢析支屬雍州，在河關之西，東去河關千餘里，羌人所居，謂之河曲羌也。後漢西羌傳云：西羌之本，出自三苗，姜姓之別也。其國近南岳，及舜流四凶，徙之三危，河關之西南羌地是也。濱於賜支，至乎河首，緜地千里。賜支者，禹貢所謂析支者也。南接蜀漢徼外蠻夷，西北鄯善、車師。渭按：漢人以西域兩河合流，至鹽澤，潛行地下，南出於積石，爲中國河，故謂積石爲河首。北音讀「析」如「賜」字，從聲變，故一作「賜支」，其地後爲党項所居。通典云：党項羌在古析支之地，漢西羌之別種，北連吐谷渾也。

傅同叔云：陸氏曰：漢志朔方郡有渠搜縣，武紀云「北發渠搜」是也。以余考之，漢朔方之渠搜，非此所謂渠搜，此亦當是金城以西之戎也。後世種落遷徙，故漢有居朔方者，若禹時渠搜居朔方，則不應浮積石，陸説非也。渭按：水經：河水自朔方東轉，逕渠搜縣故城北。注云：禮三朝記曰：北發渠搜，南撫交阯。此以北對南，禹貢之所云析支、渠搜矣。誤始道元，陸氏因之。大戴禮：漢武帝詔並有三朝記語。渠搜與交阯對舉，則不在朔方可知。

龜茲音丘慈。王國治去長安七千四百八十里，而上郡有龜茲縣。師古曰：龜茲國人來降附者，處之於此，故以名云。朔方之渠搜亦此類也。周書王會篇曰：渠搜以鼩犬。注云：露犬也，能飛食虎豹。涼土異物志曰：古渠搜國在大宛北界。隋書西域傳曰：鏺汗國都葱嶺之西五百餘里，古渠搜國也。本裴矩西域圖記。渠搜之在西域有明徵矣。據漢書：大宛北與康居接，並在葱嶺西，而異物志言渠搜在大宛北界，豈漢時康居部落即古渠搜之地與？或曰：鏺汗在葱嶺之西，以爲渠搜，毋乃太遠。曰奚有於是。條支國臨西海，去玉門、陽關四萬餘里，漢時猶且來獻。今鏺汗國都去長安不過一萬二千二百五十餘里，浮河而下，至平陽，則視長安又差近，何言太遠也。西域傳云：康居國王治去長安萬二千三百里。大宛國王治去長安萬二千五百五十里。古渠搜在大宛北界，道里當略同。又水經注引西河舊事曰：葱嶺在敦煌西八千里。通典云：燉煌郡去西京三千七百五十五里。并葱嶺西五百餘里計之，則鏺汗去長安一萬二千二百五十餘里，恰與康居里數相符，其爲古渠搜國又何疑焉。且後世德不足以及遠，尚能威行萬里之外，況舜、禹之德，聲名洋溢，無遠弗屆者哉。經首崑崙、次析支、次渠搜，蓋以入貢之序爲先後也。

傳云：四國在荒服之外，流沙之內，羌髳之屬。蓋以西戎與三國並列而爲四。孔疏分渠搜爲二國，非傳意也。然西戎乃總名，安得與三國並列而爲四。王肅云：西戎，西域也。吴幼清云：西戎又在三國之外，如漢之西域，亦總三十六國。今按漢之羌、唐之吐蕃皆西戎也，非獨西域。三國亦西戎。不可謂西戎在三國之外，析支爲羌種，崑崙、渠搜乃西域，要之皆西戎也。諸説並未當。

或問璆、琳、琅玕出崑崙，而三國顧以織皮貢，何與？曰班固西域傳贊云：書曰西戎即序，禹既就而序之，非上威服致其貢物也。島夷貢皮服、卉服，西傾，崑崙、析支、渠搜貢織皮，蓋自上古有然，遠人嚮化，苟以是物至，則受之而已。非若九州之貢制，有常品相循爲歲事也。李善文選注引世本曰：舜時西王母獻白環及佩，則告成之後，亦或有以寶玉獻者。然魯語云：昔武王克商，通道於九夷八蠻，各以其方賄來貢。而肅慎氏所貢惟楛矢、砮石。則亦不必皆寶玉。若王會篇所列，則與蒲梢、龍文、鉅象、師子、猛犬、大雀之類無異矣。漢文却千里之馬，世爲美談。聖人不貴異物，縱彼以是貢，吾豈不能却之。周書固未可盡信也。

禹貢錐指卷十一上

導岍及岐，至于荆山，逾于河；

釋文：導音道。岍音牽。字又作「汧」。馬本作「開」。

傳曰：三山皆在雍州，河謂梁山龍門西河。正義曰：地理志云：吴岳在扶風汧縣西，古文以爲汧山。岐山在美陽縣西北。荆山在馮翊懷德縣南。蔡氏曰：逾者，禹自荆山而過于河也。孔氏以爲荆山之脈逾河而爲壺口、雷首者，非是。渭按：導者，循行之謂。導山猶曰隨山。蘇氏云：自此以下至敷淺原，皆隨山之事是也。導山時尚未施功，先儒皆以此爲通水，曰導山之澗谷而納之川，殊失經旨。汧縣今爲鳳翔府之隴州，州南三里有汧縣故城。岍、岐、荆並在河西、渭北。禹首導此三山，而逾河以抵壺口，則冀州之所先治者，其規畫早定於胸中矣。

導山之義，傳云：治水通山，故以山名之。正義云：所治之山，本以通水，舉其山相連屬，言此山之傍，所有水害：皆治訖也。王氏云：導澗谷之水而納之川。葉氏云：濬兩山之川，屬之大川，以同入于海。傅氏云：畎澮之水，不勝其記，故禹即山以表之。以上諸說，皆以導山爲通水，相沿至今。吾不知其所謂導者，導之於敷土之後乎，抑導之於九州功畢之日乎。林少穎云：洪水懷山襄陵，凡故山舊瀆〔一〕，不復可見，將欲施功，無所措也。必先順因其勢，以高山爲表識，自西決之，使歸於東，以少殺其滔天之勢。於是川瀆之迹，稍稍可求，乃決九川而距四海，此謂導之於敷土之後也。張子韶云：山而謂之導者，以向者洪水滔天，首尾不辨。今水患既除，使山川復其本性，隨山之勢，窮極其首尾，以遂其風土之宜，此謂導之於九州功畢之日也。如林所言，則九川未決，平地皆爲巨浸，導此澗谷之水將安歸乎？如張所言，則禹每治一州畢，即周知其風土之宜，貢賦已定，何必更煩跋履。二者皆無當於經旨。導山只是「予乘四載，隨山刊木」之事，其施功則分見於九州，篇首「隨山刊木」句是史辭，導山四節，則禹歷敘所經以告於上，元非重複。導者，循行之謂，非通水之謂也。

「岍」一作「汧」。說文有「汧」字，而無「岍」字。汧縣，唐爲汧源縣，隴州治，明省縣入焉。周禮：雍州山鎮曰嶽山。漢志以吴山爲雍州山，是吴山即嶽山也。爾雅：河南華、河西嶽、河東岱、河北恒。朱長孺云：商、周之世，疑以岍爲西嶽，故爾雅、職方皆名嶽山。水經注：汧水出汧縣之蒲谷鄉弦中谷，決爲弦蒲藪。爾雅曰：水決之澤爲汧也。汧水東逕汧縣故城北，會龍魚川水，又東會一水，發南山西側，俗以此山爲吴山，三峯霞舉，疊秀雲天，崩巒傾返，山頂相捍，望之恒有落勢。地理志曰吴山在縣西，古之汧山也，國語所謂虞矣。古字「虞」與「吴」

同。今按：吴嶽，班、酈皆謂即古之岍山，然史記封禪書言，自華以西名山七：曰華山、薄山、嶽山、岐山、吴嶽、鴻蒙、瀆山，而無岍山，又析吴嶽與嶽山而爲二。唐六典關内道名山曰吴山，亦謂之西鎮，山有五峯，於諸山中最爲秀異。肅宗在鳳翔，改吴山爲西嶽，以祈靈助。隴州志則以州西四十里之吴山爲岍山，州南八十里之嶽山爲吴嶽。諸説互異，未知孰是。愚竊謂吴山漢志雖云在縣西，而岡巒綿亘，延及其南，與嶽山只是一山，自周尊岍山曰嶽山，俗又謂之吴山，或又合稱吴嶽。史記遂析嶽山與吴嶽爲二山，而岍山之名遂隱。其實此二山者，周禮總謂之嶽山，禹貢總謂之岍山，當以漢志爲正。蔡傳引晁氏説，又謂今隴山、天井、金門、秦嶺，皆古之岍山，不知何據。

漢志美陽縣下云：禹貢岐山在西北。中水鄉，周太王所邑。詩曰「率西水滸，至于岐下」。又曰「彼徂矣，岐有夷之行」是也。水經注：岐水逕周城南，城在岐山之陽而近西，所謂居岐之陽也。非直因山致名，亦指水所稱矣。又歷周原下，北則中水鄉。成周聚，故曰有周也。水北即岐山矣。今按岐山一名天柱山，其峯高峻，狀若柱然。國語：周之興也，鸑鷟鳴于岐山。故俗呼爲鳳凰堆。山之南，周原在焉。詩所稱「周原膴膴」者也。東西横亘，肥美寬平，在今岐山縣東北四十里。

史記周勃從定三秦，賜食邑懷德，尋置褢德縣。漢志云：禹貢北條荆山在南，下有彊梁原。洛水東南入渭。帝王世紀云：禹鑄鼎於荆山，在馮翊懷德之南，今其下有荆渠也。水經注云：渭水東逕平舒城北，城南面通衢。昔秦始皇將亡，江神反璧於華陰平舒道，謂此也。渭水之北，沙苑之南，即懷德縣故城。地理志曰：禹貢北條荆山在南，山下有荆渠，即夏后鑄鼎處也。括地志云：懷德故城在同州朝邑縣西南四十三里，平舒故城在華州華陰縣西北六里，蓋二城隔水南北相直也。富平縣亦有懷德故城，水經注云：沮水東南歷土門南原下，東逕懷德城南，城在北原上。又澤泉水東逕懷德城北，東南注鄭渠，合沮水。此皆富平之懷德城也。通典云：晉自彭原移富平於今縣西南懷德城。寰宇記云：懷德故城在今富平縣西南十一里，非漢褱德縣也。蓋後漢末及三國時因漢舊名於此立縣，今有廢城存。然則荆山當在今朝邑縣境，而隋志云富平縣有荆山。括地志云：荆山在雍州富平縣，今名掘陵原。元和志云：在富平縣西南二十五里。長安志云：在縣西南二十里。縣志云：山下有荆渠，近渠即彊梁原也。而朝邑並無之。二懷德城未知孰爲西漢之舊縣。然愚嘗以理揆之，有可證者二：寰宇記引水經注云：洛水東南歷彊梁原，俗謂之朝坂。今富平無洛水，而朝邑有洛水，歷彊梁原入渭。原在荆山下，一證也。同州志云：華原在朝邑縣西，繞縣西而北而東，以絶於河，古河壖也，一名朝坂，亦謂之華原山。蓋華原即朝坂，朝坂即彊梁原。周建德二年於原上置長春宫。荆山之麓直抵河壖，禹從此渡河，故曰「至于荆山，逾于河」。若富平則東距河二百餘里，與經意不合，二證也。朝邑實西漢之褱德，荆山當在其境。唐人所以致誤者，蓋由先儒謂漆沮即洛水，而澤泉逕富平懷德城北，東南絶沮，注濁水，得漆沮之名。遂以此爲漢志東南入渭之洛，并荆山亦移之富平耳。

王氏日記云：荆山，蔡氏以爲即今耀州富平縣掘陵原，而三原馬伯循理則以此原爲唐之獻陵，非山也。四夷郡縣圖記謂黄帝鑄鼎處，在今三原嵯峨山。蓋嵯峨即荆山也。其山高出雲表，登其巔則涇、渭、黄河俱在目前，俯視秦川，其平如掌，其别嶺有西原、中原、東原，乃縣之所由名也。山陽有鼎州，即黄帝鑄鼎處。岐東惟嵯峨爲大，嵯峨之爲荆山明矣。渭按：漢志：嶻嶭山在馮翊池陽縣北。師古曰：即今俗所呼嵯峨山也，音截嶭。寰宇記云：嶻嶭山在雲陽縣東北十里，一名慈娥山。王褒雲陽宫記「東有慈娥山」是也。土人謂之嵯峨山，昔黄帝鑄鼎於此。然未嘗指嵯峨爲荆山也。唯劉昭注補郡國志曰：雲陽縣有荆山，引皇甫謐帝王世紀爲證。是以此爲懷德之荆山矣。然昭於池陽縣下仍云：有嶻嶭山在北，亦未嘗以荆山當嶻嶭也。余以圖志考之，今涇陽縣本漢池陽、雲陽二縣地，嵯峨山在縣北，接淳化、三原二縣界。淳化亦雲陽地，三原亦池陽地也。蓋此山跨三縣之境，昭所謂雲陽之荆山，與池陽之嶻嶭，實一山也。伯循之説與昭闇合，而愚竊謂不然。富平東距河二百餘里，三原更在富平西六十里，禹至此何得便云「逾于河」。伯循三原人，欲引禹貢之荆山以爲其鄉重，獨不顧經意之離合乎。禹自岐至荆，九嵕、甘泉、嶻嶭其所必由也，當包在「至于」二字中。唯荆山之麓爲彊梁原者，直抵河壖，禹從此渡河，故特志之，不必其山高出雲表如嵯峨也。唐高祖獻陵，長安志云在富平縣東十八里。伯循謂即掘陵原。然蔡説本括地志，志魏王泰撰也。豈有園陵所在，而襲此「掘陵」之惡名，以筆之書乎。且元和志云掘陵原在富平縣西南二十五里，而獻陵在縣東十八里，相去頗遠，此原必非獻陵也。地理之學，至宋爲已疎，明人尤多不根之談，當痛絶之。

荆山有三：一在雍域，襃德北條之荆，大禹鑄鼎處也；一爲荆、豫界臨沮，南條之荆，卞和得玉處也；一在豫域，與禹貢無涉。漢郊祀志公孫卿曰：黄帝采首山銅，鑄鼎於荆山下。按唐志虢州湖城縣有覆釜山，一名荆山。元和志：山在縣南，即黄帝鑄鼎處。晉灼以爲在馮翊懷德縣，非也。湖城，元省入閿鄉縣，山今在縣南二十五里。縣屬河南府陝州。韓愈詩云「荆山已去華山來，日照潼關四扇開」。李商隱詩云「楊僕移關三百里，可能全是爲荆山」，即此山也。蘇傳以此爲北條之荆，因晉灼而誤。

河爲西河，在朝邑縣東三十五里，與山西之蒲州分水。禹四載水行乘舟，逾河入海，過九江，皆乘舟之事也。所涉之川，不可勝舉。河、海、九江，其最大者，故特志之。

壺口、雷首，至于太岳；

傳曰：三山在冀州太岳上黨西。正義曰：地理志云：壺口在河東北屈縣東南，雷首在河東蒲坂縣南，太岳在河東彘縣東。是三山在冀州，以太岳東近上黨，故云在上黨西也。渭按：漢上黨郡今山西潞安府是。蒲坂今爲平陽府之蒲州，其故城在州東南，漢縣舜所都也，餘見冀州。

導山自荆逾河爲壺口，故於冀言壺口，於雍言龍門。漢志亦云壺口在北屈，龍門在夏陽。則兩山夾河而峙，東爲壺口，西爲龍門明矣。自後魏太平真君七年，改漢河東皮氏縣曰龍門縣，而龍門之名遂被於東岸。故顔師古注司馬遷傳曰：龍門山，其西在今同州韓城縣北，其東在今蒲州龍門縣北也。龍門縣宋改曰河津縣，縣西北二十五里有龍門山，蓋即壺口之南支，古時東岸無龍門之名也。

河水傾注其中，形如壺然，故名壺口。據吉州志。江海大魚至此不得上，上則爲龍，故名龍門。據辛氏三秦記。兩山對峙，體分而勢合，東必得西而始成其爲口，西亦必得東而始成其爲門，舉此可以見彼壺口之治，即龍門之治。故冀州與導山言壺口而不言龍門，至于龍門，即至于壺口，故雍州與導河言龍門而不言壺口，其文互相備云。

雷首山在今蒲州南。一名首陽山，詩唐風「采苓采苓，首陽之顛」。論語伯夷、叔齊餓於首陽之下。馬融曰首陽山在蒲坂河曲之中。寰宇記云：首陽即雷首之南阜也。或稱首山，漢地理志蒲反有首山祠。郊祀志黄帝采首山銅即此。亦稱獨頭山，闞駰曰：首陽山一名獨頭山，夷、齊所隱也。又名襄山，穆天子傳云：東巡自河首襄山。又名薄山，穆天子傳云登薄山寘軨之隥，史記封禪書云：薄山者，襄山也。又名堯山，漢地理志蒲反有堯山。水經注云：雷首山臨大河，北去蒲坂三十里，俗亦謂之堯山也。又名中條山，元和志云：雷首一名中條，在河東縣南十五里，永樂縣北三十里。寰宇記云：中條山在芮城縣北十五里，亦曰薄山也。又名陑山，寰宇記云：堯山在河東縣南二十八里，即雷首山，山有九名，亦即陑山。湯伐桀升自陑，注在河曲之南，即此也。括地志云：此山西起雷首，東至吳坂，長數百里，隨地異名。通典云：雷首在今河東縣。此山凡有八名：歷山、首陽山、薄山、襄山、甘棗山、中條山、渠豬山、獨頭山也。蒲州新志：首陽山在州南四十五里。又中條山在州東南十五里，山狹而長，西起雷首，迤邐而東，直接太行，南跨芮城、平陸，北跨臨晉、解州、安邑、夏縣、聞喜、垣曲諸境，凡數百里。中條之北有數峯，攢立拱對，州城在州南十五里，中高旁下，俗名爲筆架山。又南五里爲八盤山。又南十里爲麻谷山。又南爲鳳皇山，去州七十里，與潼關相對，爲中條南麓盡處。今按雷首之脈爲中條，東盡於垣曲，王屋在焉。禹至此顧不東行，而北抵太岳，蓋以帝都爲急也。

太岳即霍山，又名霍太山，在平陽府霍州東三十里，及岳陽縣西北九十里，趙城縣東北四十五里。周禮：冀州山鎮曰霍山。漢志「河東彘縣有霍太山在東，冀州山」是也。爾雅：西方之美者，有霍山之珠玉，亦稱景霍。晉語宰孔曰景霍以爲城。韋注云：景，大也。大霍，晉山名。今在河東彘。史記周武王滅殷，飛廉先爲紂使北方，還，無所報，乃爲壇於霍太山而致命焉。水經注：汾水南過永安縣西，故彘縣也。又東與彘水合，水出東北太岳山，禹貢所謂岳陽即霍太山矣。山有岳廟，甚靈。汾水又南逕霍城東，故霍國也。又逕趙城西南，穆王以封造父，趙氏自此始。元和志：霍山一名太岳，在霍邑東三十里。今州治即霍邑故城也。新志云：山高百餘丈，長八十里，周二百餘里，南接趙城、岳陽，北跨靈石，今謂之中鎮。渭按：隋開皇十四年，詔以霍山爲冀州鎮，歷代因之，號曰中鎮。蓋即古之中岳也。降而爲鎮，爲嵩高所壓耳。閻百詩云：崧高維嶽，謂崧然而高者，維是四嶽之山。非以太室山爲嶽，名曰崧高也。爾雅撰於三百篇後，緣此遂實指嵩高爲中嶽。太史公又出爾雅後，并補注堯典曰：中岳，嵩高也。是殆忘却禹貢之太岳矣。將堯有二中岳邪？漢武登禮太室，易曰崈高，中岳名益顯，皆爲爾雅所誤者。或曰：然則周竟無中嶽乎？予曰：周仍以唐虞時太岳爲中岳矣。觀職方河内曰冀州，鎮曰霍山可知。蓋自有宇宙便有此山，黄帝正名百物，蚤已定五嶽之稱。禹主名山川，又從而奠之。下迄周、秦，悉不敢移。豈有如武帝以衡山遠移南嶽之祀於灊霍山者乎！予最愛鄭康成注大司樂四鎮五嶽，取諸職方九州之山而偏足，少嫌其以嶽山爲西嶽，而不以霍山爲中嶽，又嫌其大宗伯注乃襲爾雅雜以嵩高，忘却大司樂注，殆由未善讀崧高之詩也哉。

太岳，冀州傳云在太原西南，此傳又云在上黨西。按此山本在河東彘縣，而安國云云，畏人議其襲班固耳。使作者果身爲武帝博士，具見圖籍，何不直指其所在之郡縣，而顧迂其辭，若隱謎然。蓋竊人之物以爲己有，唯恐人識之，聊一改頭換面，所謂欲蓋而彌章者也。

厎柱、析城，至于王屋；釋文：厎，之履反。柱如字。韋知父反，又知女反。渭按：厎，史記作「砥」。後同。

傳曰：此三山在冀州南河之北，東行。正義曰：地理志云：析城在河東濩澤縣西，王屋在河東垣縣東北。地理志不載厎柱。厎柱在大陽關東、析城之西。渭按：濩澤今爲山西澤州之陽城縣，其故城在縣西三十里。垣縣今爲平陽府絳州之垣曲縣，其故城在縣西四十里。大陽今爲解州之平陸縣，其故城在縣東北，皆漢縣也。大陽關在今河南府陝州東。王屋山在今懷慶府濟源縣西北，唐王屋縣地，西與垣曲接界。隋志河北縣有厎柱山。後周改大陽縣曰河北縣。唐又改曰平陸。水經注：厎柱亦名三門，在大陽縣東。通典：陝州硤石縣有厎柱山。貞觀中太宗巡幸，命魏徵勒銘。今按陝州東南七十里有硤石故城，北與平陸縣分水。厎柱山在平陸縣東南五十里，陝州東四十里大河中，最北有兩柱相對，距岸而立，是謂三門。故傳云在南河之北，其實山在水中，不與其岸相連也。詳見導河。

吴幼清曰：析城在王屋縣西北七十里，山峯四面如城，有南門焉。今在陽城縣西南。水經注云：山甚高峻，上平坦，下有二泉，東濁西清，左右不生艸木，數十步外，多生細竹。括地志云：山在澤州濩澤縣西南七十里。天寶元年改縣曰陽城。故通典云陽城縣有析城山濩澤水也。史記正義引古今地名云：山方七百里，高萬仞。寰宇記云：山頂有湯王池，俗傳湯旱祈雨處。今池四岸生龍鬚草。陽城縣志云：山巔東巖有龍洞，深不可測。又云：厎柱山在縣南五十里，山有三峯，中峯最高秀，其下皆土，唯起峯處爲石，若石柱然，故名。自此山西南至析城三十里，又西南至王屋五十里。余按禹貢之三山自厎柱，而東爲析城，王屋，故傳曰東行。而志所言乃反之，知爲土俗之謬稱，因析城而附會也。

王屋山在濟源縣西北，山有三重，其狀如屋，與山西垣曲、陽城二縣接境。隋志王屋縣有王屋山。括地志云：山在縣北十里。元和志云：在縣北十五里，周一百三十里，高三十里。今濟源縣西有王屋故城，隋、唐縣也，分漢垣縣地置，元省入濟源。河南通志云：山在濟源縣西八十里，形如王者車蓋，故名。其絶頂曰天壇，蓋濟水發源之處。按天壇在縣西北百二十里，王屋山之北，山峯突兀，其東曰日精，西曰月華，絶頂有石壇，名清虛，小有洞天。李濂遊王屋山記云：天壇，世人謂之西頂，上有黑龍洞，洞前有太乙池，即濟水發源處也。

太行、恒山，至于碣石，入于海。釋文：行，户剛反。又如字。

傳曰：此二山連延，東北接碣石而入滄海，正義曰：地理志云：太行山在河内山陽縣西北。恒山在常山上曲陽縣西北。太行去恒山太遠，恒山去碣石又遠，故云此二山連延，東北接碣石而入滄海也。渭按：山陽今爲河南懷慶府之修武縣，其故城在縣西北。上曲陽今爲直隸真定府定州之曲陽縣，其故城在縣西。地理志，河南壄王縣西北有太行山。山陽縣北有東太行山。壄王今爲河内縣，其故城即今懷慶府治。孔疏引山陽而遺壄王，非也。恒山北岳在今曲陽縣西北。碣石見冀州。海在碣石之東，逾河爲禹渡河，則入海亦禹涉海也。

太行，列子作太形，則「行」讀如字亦可。故陸氏兼存之。太行一名五行山。淮南子：武王欲築宮於五行之山。高誘注云：太行山也。河圖括地象曰：太行，天下之脊。漢志以在壄王者爲太行，而在山陽者爲東太行，其太行之支峯乎。又上黨郡有上黨關、壺口關、石研關、研音形。天井關，壺關縣有羊腸坂，蓋皆在太行山上。括地志：太行山在河内縣北二十五里，南屬懷州，北屬澤州。隋志丹川縣有太行山。元和志云：在晉城縣南四十里。通典云：澤州晉城縣，漢曰高都，隋曰丹川，有天井關在南太行山上。又潞州壺關縣有羊腸坂，王莽命左威將軍王嘉曰「羊頭之阨，當燕、趙」即此也。括地志云：河内縣北有羊腸坂。元和志云：太行陘在懷州北，闊三步，長四十里，羊腸所經，瀑布縣流，實爲險隘。今按蔡澤謂應侯決羊腸之險，塞太行之道。劉歆遂初賦曰：馳太行之險峻，入天井之高關。曹孟德樂府詩曰：北上太行山，艱哉何巍巍。羊腸坂詰屈，車輪爲之摧。則太行亘絶東西，天井、羊腸爲道路之險阨可知矣。又按金史地理志云：濟源縣有太行山，以沁水爲界，西爲王屋，東爲太行。則此山實起於濟源，蓋自河南懷慶府入山西澤州，迤而東北，跨陵川、壺關、平順、潞城、黎城、武鄉、遼州、和順、平定、樂平，以及河南之輝縣、武安，直隸之井陘、獲鹿諸州縣界中，皆有太行山，延袤千餘里焉。林少穎曰：太行在今懷州之北，連亘數州，爲河北脊，以接恒岳。程子謂太行千里片石，衆山皆石上起爾。朱子語録曰：太行山一千里，河北諸州皆旋其趾。潞州上黨在山脊最高處，過河便見太行在半天，如黑雲然。

舜典：十有一月，朔，巡守至于北岳。傳云：北岳恒山。周禮：正北曰并州，其山鎮曰恒山。注云：在上曲陽。爾雅：恒山爲北嶽。管子曰：恒山北臨代，南俯趙。漢書：恒山北岳在常山郡上曲陽縣西北，有祠。并州山。張晏曰：恒山在西，避文帝諱，故改曰常山。武帝元鼎三年，常山王徙，然後北嶽在天子郡内。天漢三年，泰山修封，還過祠常山，瘞玄玉。宣帝神爵元年，祠北岳常山于上曲陽，隋改曲陽曰恒陽，故其志云恒陽縣有恒山。又滋陽縣有大茂山。韓琦岳廟碑云：恒山一名大茂山也。在今阜平縣東北七十里，接曲陽界，乃恒山之脊，俗名神尖。石晉與契丹分界處。今阜平、曲陽、唐縣，皆緣大茂之麓。括地志云：恒山在恒陽縣西北一百四十里。元和志云：漢改恒山爲常山。至周武平齊，復曰恒山。唐地理志：元和十五年更恒岳曰鎮岳。名山記云：恒山高三千九百丈，上方三十里。沈括筆談云：北岳謂之大茂山，岳祠舊在山下，祠中多唐人故碑。晉王存勗滅燕，還過定州，與王處直謁岳廟是也。石晉之後，稍遷近裏，今其地謂之神棚，新祠之北，有望岳亭，新晴氣清，則望見大茂山。今按阜平縣在真定府西北二百十里，本漢靈壽、南行唐二縣地。金析置阜平。大茂山在縣東北七十里，與括地志所指爲恒山者，道里相符。蓋大茂乃北岳之絕頂，舊祠在其下，故舉此以表恒山也。

天下之山，莫大於太行，然亦必有所止。經曰：太行、恒山，至于碣石。決無越恒山而仍爲太行之理。元和志云：連山中斷曰陘。述征記曰太行首始於河内，自河内北至幽州，凡有八陘：第一軹關陘，第二太行陘，第三白陘，此三陘今在河内；第四滏口陘，在鄴西；第五井陘，第六飛狐陘，一名望都關，第七蒲陰陘，此三陘在中山；第八軍都陘，在幽州。述征記，郭緣生所撰也。括地志云：太行山連亘河北諸州，凡數千里，爲天下之脊。蓋亦據彼文言之。渭按：爾雅：山中絕曰陘。軹關陘在今濟源縣。太行陘在今河内縣。十六國春秋云：慕容永屯軹關，杜太行口，以拒慕容垂。即此二陘也。白陘在今衛輝府之輝縣。左傳：襄二十三年，齊侯伐晉，取朝歌，入孟門，登太行。杜預云：孟門，晉隘道。蓋即所謂白陘也。滏口陘在今彰德府磁州之武安縣。後魏永安中，高歡就食山東，自晉陽出滏口，太昌初，歡自鄴入滏口，擊爾朱兆於晉陽。蓋并鄴往來，斯爲孔道矣。歷觀傳記所載：齊桓公懸車束馬，踰太行。莊公入孟門，登太行。范睢曰：北斷太行之道，則上黨之師不下。蔡澤曰：決羊腸之險，塞太行之道。韓桓惠王十年，秦擊韓於太行，上黨降趙。秦昭王四十四年，白起攻太行道絕，而韓之野王降。酈食其曰：塞成皋之險，杜太行之道。後漢永平十三年，登太行，幸上黨。元和二年，北登太行山，至天井關。隋大業三年，鑿太行山，達於并州，以通馳道。其所指爲太行者，皆在漢河内、上黨二郡，唐懷、澤、潞三州之境。蓋滏口以南四陘，實太行山也。又東北跨遼州入直隸真定府界爲井陘，亦謂之土門，在今獲鹿縣。廣武君所謂「車不得方軌，騎不得成列」者也。古未有指是爲太行者，然此在恒山之南，即以爲太行，亦無不可。若飛狐陘南直恒山之北，今山西大同府蔚州之飛狐口是也。又東爲蒲陰陘，在今直隸順天府易州境。又東爲軍都陘，在今昌平州境。此三陘者皆爲恒山所隔，不得爲太行。太行雖大，亦千里而止耳。後世沿述征之説，遂謂太行連亘訖於幽州，有數千里之遠，而其實不然。伊川、考亭皆云太行千里，此據經立言，不爲近志所惑者也。且恒山之北，禹功所未及。禹導山本爲治水，既抵恒山，便當循恒、衛二水之間東行，並逆河以至碣石，無緣更北歷飛狐而蒲陰而軍都也。此三陘指爲恒山且不可，況太行乎？説禹貢者，當以程、朱爲正。

大同府渾源州南二十里亦有恒山。水經注云：崞縣南面玄嶽。即此山也。州本漢鴈門郡繁畤、崞二縣。古北岳恒山，歷代史志皆云在上曲陽，並無異論。自宋世以恒山没於遼，從曲陽望祀之。因廢曲陽之恒山，而指此爲禹迹。近志謂與在曲陽西北者實一山，然州距大茂約三百餘里，雖或峯巒相接，未可强合爲一也。北岳在曲陽又何疑焉。閻百詩云：後之建都於燕者，以爲曲陽在南，渾源少北，於方位宜。余按孔氏詩崧高疏曰：若必據所都以定方位〔二〕，則五岳之名，無代不改。何則軒居上谷，處恒山之西；舜居蒲阪，在華陰之北。豈當據己所在改岳祠乎！此名儒之言也。金世宗大定間，或言今既都燕，當别議五岳名，不得仍前代，太常卿范拱輒援崧高疏數語以對，事遂寢。明弘治六年，兵部尚書馬文升建言北岳當改祠渾源，下禮部議。侍郎倪岳持不可，乃止修渾源州舊廟。而祭祀仍在曲陽。萬曆十六年，大同巡撫胡來貢疏請改北岳，沈文端鯉爲宗伯，覆疏詳駁，議者口塞。本朝順治七年，始改祭祀於渾源。當其時惜無如范太常、沈宗伯引經史以正之者。

漢志右北平驪成縣下云：大揭石山在縣西南，莽曰揭石。遼西郡絫縣下云：有揭石水南入官。謂下官水。不言有山也。及文穎注武紀曰：碣石在遼西絫縣。絫縣今罷入臨渝，此石著海旁。師古曰：碣，碣然特立之貌。穎字叔良，南陽人，爲荆州從事，見干寶搜神記。即王粲贈詩送聘劉璋者也。謂此山臨渝海旁之孤石，與班固異自穎始。水經有魏、晉間人所附益，故亦云碣石在臨渝。後漢志無驪成，劉昭補注遂於臨渝言碣石。晉省臨渝入肥如，故後魏志碣石在肥如。隋省肥如入新昌，尋又改新昌曰盧龍。故隋志碣石在盧龍。自後漢迄隋，言此山之所在曰絫縣、曰臨渝、曰肥如、曰盧龍，縣名四變，而山則一，要皆在今昌黎縣東、絫縣故城之南也。至括地志始云碣石在盧龍縣南二十三里。與文穎異。唐志及寰宇記則云石城縣有碣石，而歐陽忞輿地廣記曰石城故驪成也。易祓據之以釋禹貢。按石城有四：一在今大寧廢衛界，漢舊縣，屬右北平；縣去龍城可百里。一在今永平府西北，後魏置，屬建德郡，通典平州西北到石城一百四十里者是。此二縣皆不瀕海；一在今灤州南，唐置，屬平州；縣北去灤州三十里。一即今撫寧縣，唐臨渝改曰石城，亦屬平州，有臨渝關、大海、碣石山。此二縣皆瀕海。忞所稱石城故驪成者，今之撫寧乎，抑灤州之南境乎？撫寧本漢臨渝，今縣北有臨渝故城。爲遼西郡之東偏，勢不得越令支、今遷安。絫縣、今昌黎。肥如、今盧龍。海陽，今灤州。而屬右北平也。驪成必不在此地。嘗試案圖而索之，今灤州所領樂亭縣，縣在州東南，唐初爲石城縣地，後爲盧龍縣地，又爲馬城縣地。金大定末析置樂亭縣。有古城在西南三十里，似即漢驪成治。忞所稱石城，蓋指此地；非臨渝更名之石城，今爲撫寧者也。然樂亭縣境平衍無山，即以州南瀕海之地爲驪成地，而亦無山，唯縣西南四十里有祥雲、李家、桑坨三島，迫近海濱，豈即所謂大碣石與！通典平州盧龍縣下云：有碣石山，碣然而立在海旁，故名之。仍用文穎說。金、元以來人皆知昌黎爲絫縣，而碣石在焉。求之海旁不得，求之水中又不得，乃更求之向北之地，故明一統志云碣石在昌黎縣北二十里。或又以仙人臺上之巨石爲天橋柱，蓋皆依文穎言之。然其山去海八九十里，殊違夾右入河之義，不可從也。

欲辨碣石之所在，莫若以今所謂灤河者證之。灤河即濡水也。漢志：遼西肥如縣，濡水南入海陽。師古曰：濡音乃官反，讀若難，後訛爲灤，以聲相近也。遼因置灤州，世遂目其水曰灤河，不復知爲古之濡水矣。今碣石雖無其迹，而灤河仍自遷安、盧龍、灤州至樂亭東南入海，與酈注濡水入海之道無異，則碣石舊在灤口之東可知矣。贊水、卑耳之谿淪於海中者，當亦在樂亭縣西南也。

山有名同而繫之以大小者，如大別、小別、太華、少華、太室、少室之類是也。古書「太少」與「大小」通用。驪成之山稱大碣石，則必有小碣石在，蓋即絫縣海旁之石矣。酈道元既宗文穎以爲碣石在絫縣，又引驪成大碣石以證之，若以其山爲跨二縣之境也者。今按濡水從塞外來，東南逕令支故城東，又南逕孤竹城西，又東南逕牧城西，分爲二水：北水枝出，世謂之小濡水，東逕樂安亭北，東南入海；濡水東南流，逕樂安亭南，東與新河故瀆合，新河即魏武征蹋頓時所開也。又東南至絫縣碣石山，而南入于海。樂安亭者，蓋即今樂亭縣東北之樂安故城也。東晉於此置樂安縣。絫縣在其南、驪城在其西。據濡水歷亭南而東，又東南至碣石。則碣石在亭之東南，與驪成西南之大碣石相去闊絶，安得連爲一山？郭璞注山海經，曰碣石在臨渝，或云在驪成，蓋兩存之。愚謂在臨渝者爲是。或云：漢志其可違乎？曰：班氏所言，間有紕繆。西縣之嶓冢，氐道之養水，武都之東漢水，其尤甚者也。他如安豐之大別，安陸之陪尾，尋陽之九江，居延之流沙，後人皆以爲非而不從，豈獨一驪成之碣石哉！嶓冢、漢水承誤數百年，至魏收而始正，世皆遵用其說。文穎以建安時，正班固之碣石；猶王横以新莽時，正史、遷之禹河也。不遠而復，理無可疑。横説長於遷，固即採之。地理志云：故大河在鄴東，敍傳云：商竭周移，皆横説也。穎説長於固，今奚不可用邪！

山海經曰：碣石之山，繩水出焉，西流注于河。此驪成之大碣石也，何以知之？絫縣之碣石，在濡水之東，繩水苟出其山，勢不得越濡水而西注于河也。又有二碣石。史記索隱引太康地志云：樂浪遂城縣有碣石，長城所起。通典云：秦築長城起自碣石，在今高麗舊界。非盧龍之碣石。北齊文宣帝紀：天保四年，大破契丹於青山，還至營州，登碣石山，臨滄海。唐志：營州柳城縣北接契丹，有東北鎮醫巫閭祠，又東有碣石山。此即文宣之所登，與前在遂城者，皆非禹貢之碣石也。劉昭注補郡國志言常山九門縣有碣石山。按孔疏引鄭説云：戰國策碣石山在九門縣。蓋別爲碣石，不與此同。今驗九門無此山也。今真定府藁城縣西北二十五里有九門城，故縣也，四面五百餘里皆平地，無一山。至若燕昭王所築之碣石宮以事騶衍者，史記正義云在幽州薊縣西三十里寧臺之東。旁近無此山，特取爲宮名耳。凡言九門薊縣有碣石山者皆妄也。

史記：秦始皇三十二年之碣石，使燕人盧生求羨門、高誓，刻碣石門。日知録云：始皇刻石之處凡六，史記書之甚明，於鄒嶧、泰山、之罘、琅邪、會稽，無不先言立後言刻者，惟於碣石則云「刻碣石門」，門自是石，不須立也。二世元年，東行郡縣到碣石。漢書：武帝元封元年，東巡海上，至碣石。此海濱之山斗入海者。封禪書：成山斗入海。索隱曰：謂斗絶曲入海也。故成帝時賈讓言禹之治水，鑿龍門，闢伊闕，析厎柱，破碣石。凡山陵當路者毁之。蓋伊闕類龍門，夾峙兩岸，水出其間者也。碣石類厎柱，横絶中流，當河之衝者也。析之、破之，不容已矣。但此石猶著海旁，不知何年苞淪於海。水經曰：碣石山在遼西臨渝縣南水中。酈注云：大禹鑿其石，右夾而納河。説本賈讓，鑿即破也。秦始皇、漢武帝皆嘗登之，海水西侵，歲月逾甚，而苞其山，故言水中矣。見第十四卷末禹貢山水。又云：漢司空掾王璜漢書儒林傳：琅邪王璜平仲傳古文尚書。溝洫志作王橫。言，往昔天嘗連北風，海水溢，西南出，侵數百里。故張君云碣石在海中，蓋淪於海水也。後漢志注、禹貢正義並引張氏地理記。張氏不知其名，豈即此所稱張君邪！程大昌以爲張揖。按隋經籍志有魏博士張揖撰廣雅二卷，而無張氏地理記，未審張君是揖否？

〔丁晏曰：錐指于碣石下謂後漢志、禹貢正義並引張氏地理記，張氏不知其名，疑爲張揖。案爾雅釋鳥「鳥鼠同穴」郭注引張氏地理記云「不爲牝牡」。水經禹貢篇注稱張晏言「不相爲牝牡」。則張氏即張晏也。晏注漢書音釋，小顏注引之，東樵疑爲張揖，亦非也。〕

齊遼曠，分置營州。今城届海濱，海水北侵，城垂淪者半。王璜之言，信而有徵。碣石入海，非無證矣。見第五卷河水。又云：濡水自樂安亭南，與新河故瀆合。又東南至絫縣碣石山。文穎曰：碣石在遼西絫縣。絫縣并屬臨渝。地理志曰：大碣石山在右北平驪成縣西南，王莽改曰碣石也。漢武帝亦嘗登之，以望巨海，而勒其石於此。今枕海有石，如甬道數十里，當山頂有大石，如柱形，往往而見立於巨海之中，潮水大至。此句下似有闕文。及潮波退，不動不没，不知深淺，世名之天橋柱也。今遼東廣寧前屯衛西南七十里，有孤石屹立海中，高百餘尺，周圍三十餘步，天橋柱即此類。狀若人造，要亦非人力所就。韋昭亦指此爲碣石，濡水於此南入海。又按管子齊桓公征孤竹，至卑耳之谿，涉贊水，今亦不知所在。昔在漢世，海水波襄，吞食地廣，當同碣石苞淪洪波也。見第十四卷濡水。酈氏三言碣石淪於海，有其故、有其時、有其證、有其狀，鑿鑿可據如此。而世或詆爲妄談，以自伸其無稽之説，不亦傎乎？曹孟德詩曰：東臨碣石，以觀滄海，水何澹澹，山島竦峙。建安十二年征烏桓過此而作。濡水注云：魏太祖征蹋頓，與泃口俱導者，世謂新河。新河會濡水，東南至碣石山，而南入海。則曹公征烏桓時道經碣石可知。後魏文成帝太安四年，東巡登碣石山，望滄海，改山名樂遊。蓋此山雖淪於海，而去北岸不遠，猶可揚帆攬勝。車駕東巡，大軍出塞者，率皆登山觀海，以修故事。道元家酈亭。距臨渝纔五六百里。所謂碣石苞淪洪波者，乃以目驗知之。而引王璜以爲證，豈若程泰之生於南宋，目不覩溟渤，而徒憑古人之一言，以恣其臆斷者哉！世因程氏之妄，而并疑酈氏之真，亦惑矣。所可恨者，此山不知至何時復遭蕩滅。今昌黎縣南海中無一山，自撫寧以東更二三百里海中亦無一山。此酈氏之説，所以不信於今也。按道元卒於魏孝昌二年，歲在丙午，下距齊文宣登碣石之歲天保四年癸酉，凡二十八年，而文宣所登乃在營州，前此營州未聞有碣石。疑是時平州之碣石已亡，故假營州臨海之一山爲碣石而登之，以修故事。不然豈有舍此登彼之理，自是以後登碣石者無聞焉。隋煬帝大業八年，親征高麗，三月渡遼水，七月班師，九月至東都，而不聞登碣石。唐太宗貞觀十九年，親征高麗，大破之。九月班師，十月丙午次營州，而不登碣石。蓋以其山非真，而高洋之故事不足修耳。丙辰入臨渝關，戊午次漢武臺，刻石紀功。水經注云：魏氏土地記章武縣東一百里有武帝臺，基高六十丈，俗云漢武帝東巡海上所築。困學紀聞曰：九域志滄州有漢武臺。唐太宗紀：貞觀十九年，伐高麗，班師次漢武臺，刻石紀功。臺餘基三成，燕、齊之士爲漢武求仙處。今名望海臺，在滄州東北一百五十里。而不刻碣石，則時無此山可知矣。妄意推測碣石之亡，當在魏、齊之世，丙午至癸酉二十八年間也。宋儒不加考覈，而沿襲舊聞，謂在平州南海中，去岸五百餘里。宋時平、灤二州陷於契丹，唯據滄州地望言之，故云然。非謂去北岸五百餘里也。豈知曩立於巨海之中者，後并化爲波濤也哉。近世有郭造卿著碣石叢談，以昌黎縣北十里仙人臺當之，曰臺即碣石之頂也，絶壁萬仞，上凌霄漢，其臺崇廣，頂有巨石，爲天橋柱，人莫能至。夫天橋柱者，酈氏明言在海中，其又可移之平陸邪！劒去遠矣，而鍥舟以求之，非大愚不至此也。

客有難余者曰：自剖判以來，碣石不知歷幾何年，何以一旦忽淪於海中？酈氏之言殆不可信。余曰：凡物之成毁，各有氣數，山川亦然。如謂歷年之多者，終古不毁，則岐山何以忽崩於周幽之三年，梁山何以忽崩於魯成之五年，岷山何以忽崩於漢成之元延乎！仙傳有桑田滄海之説，人皆知其誕。然高岸爲谷，深谷爲陵，詩人不我欺也。嘗以近事驗之，小孤山本連北岸宿松縣，明成化中，江流衝斷，獨立江心，此與碣石之淪海何異。酈氏親見營州之城垂淪者半，因知渤海之北岸多爲水所吞食，致碣石苞淪，斯實録也。又何疑焉！難者曰：誠如是，則史何以不書？曰：酈不云乎，歲月逾甚，而苞其山，蓋非一朝一夕之故，人莫得而識之，郡不以上聞，故不書也。且史所不載，而見於他書者多矣。其可盡以爲妄乎！難者曰：是則然矣，謂其後復遭蕩滅，事無可徵，理亦難信。曰：地理潛閟，變化無方，不可以常情測也。山有土戴石者，有石戴土者，碣石安知非土戴石者乎！初在平地，盤基牢固，及其淪於海也，洪濤颶風，四面撞擊，山根之土，日漸搜空，一旦頹陷，理之所有。古語云：水非石鑿而能入石。況土也哉。難者又曰：河包厎柱，至今無恙。它如瞿唐之灩澦，京口之金山，皆特立江心，屹然不動，即海中島嶼，亦未聞有忽遭蕩滅者，何獨碣石有此大變。曰：山體當有不同，本在水中者，必全體皆石，深入厚地，牢不可拔，故歷久而存。本在平地者，或土上戴石，山根浮脆，苞淪之後，海水日夜漱齧，下空上重，傾仆海底，此碣石所以獨異於諸山也。難者又曰：山有朽壤則崩，一隅之變耳，何至全體皆没。曰：如梁、岐等山在平地，緜亘數十里，故雖有所崩，而全體無傷。碣石孤立海濱，與梁、岐等山大小懸絶，又爲海水所剥，山根瘦削，一傾則俱傾矣，何留餘之有？金吉甫云：大抵天地之間，山陵土石，自有消長。顧其消長之數甚長，而人之年壽有限，則不及見其消長，遂以爲古今有定形耳。朝菌不知晦朔，夏蟲不可語冰，其斯之謂矣。碣石本在臨渝海中，昔有而今亡，正所謂土石消長之變也。人不信其爲崩，亦朝菌夏蟲之見耳。

言有似是而非者，爲害最甚。如經云「太行、恒山，至于碣石」，說者謂碣石與二山並舉，則必高大相敵，故以昌黎縣北之山爲碣石，昌黎本漢絫縣。後漢省入臨渝。晉以後爲肥如縣地。隋、唐爲盧龍縣地。後僑置營州柳城縣。遼改縣曰廣寧。金又改曰昌黎。而其實不然。經云「厎柱、析城，至于王屋」，今厎柱見在，其能與析城、王屋爭雄乎？觀厎柱則碣石可知矣。不信海中之碣石，而以昌黎縣北之山爲碣石，則亦將不信河中之厎柱，而以陽城縣南之山爲厎柱。陽城縣在山西澤州西八十里。近志縣南有厎柱山，而傳記無之，與昌黎縣北之碣石，正是一類。然厎柱無異論，而碣石多枝辭，何也？一在一亡故也。善言禹貢者，當憑古記以推尋，不可以在亡爲疑信。海中之碣石，水經注具有明文。若昌黎縣北離海數十里之碣石，孰言之而孰傳之邪？蘇秦説燕曰南有碣石。國人必皆識其處，秦之滅燕未久也，始皇豈誤刻？漢之去秦亦未久也，武帝豈誤遊？曹孟德、魏文成相望在數百年間也，豈皆誤登？道元北人，家又近碣石，其本朝故事亦必熟諳，豈誤認海中一山爲先帝之所幸而改名。如其誤也，必別有一處，爲秦、漢諸君之古跡，號曰碣石者，而它書絶無聞焉，舍道元之所説將安據乎？世之言禹貢者，抱攣拘之識，廢昭曠之觀，謂碣石無亡理，而必求見在之山以實之。斥古記爲荒唐，奉近志爲典要，吾末如之何也已矣。

樂亭西南三島，迫近海濱，指爲禹貢之碣石，亦無不可，而吾終主文穎，何也？蓋古時勃海北岸之地，未爲水所吞食，則此島去海尚遠，不當河流之衝，禹亦無所用其破，故惟絫縣海旁之石，可以當之。酈云：漢世波襄，吞食地廣，由今以觀，穎時石猶著海旁，而張君者始言在海中，苞淪之事，恐又出漢後也。世之言碣石者，不信吞岸苞山之説，則求之樂亭西南，猶未爲大失。若昌黎縣北之山，離海八九十里，既違孟堅，又背叔良，而且與「夾右入河」之義不合，失之遠矣。金吉甫以在高麗者爲左碣石，而沙門島對岸之鐵山，當勃海之口者，爲禹貢之右碣石。此地非驪成，亦非絫縣，西距昌黎四五百里，傳記無徵，其何以取信於天下乎！

碣石，冀州山，後世有因黃河改道，而移之於兗域者，元王充耘、明劉世偉之説是也。充耘著讀書管見，言今合口御河入海處，北岸有石山，聳立狀如小孤山，北俗呼爲碣石，古人嘗鐫銘其上，或云此即古黃河道，謂之逆河，而自海道入河者，碣石亦正在右轉屈之間，與經文脗合。渭按：御河即衛河，亦名永濟渠，今河間府青縣南二里有合口鎮，爲漳、衛合流處。其地有中山，山巖聳峙，懸瀑數十丈，俗呼爲高土岡，豈即所謂石山聳立，狀如小孤者邪：蓋宋時商胡北流，合永濟渠，至乾寧軍入海。軍在青縣南，其對岸爲滄州。故金、元之世，流爲妄談，王氏採入經解，無識甚矣。世偉陽信人，著論言海豐縣北六十里陽信海豐並屬濟南府之武定州。有馬谷山，一名大山，高三里，周六七里，縣志：山多石，無草木。疑即古之碣石，爲河入海處。渭按：水經注：篤馬河東北逕陽信縣故城南，又東北入海。陽信故城在今海豐縣界。縣志云：鉤盤河北派，經縣西北三十里，又東北經馬谷山前入海。蓋即古篤馬河，亦名陷河者。宋二股河下流合篤馬河，經此山入海，非禹迹也，安得指馬谷爲碣石。劉氏鑿空無據，或乃賞其新奇而筆之書，亦獨何與！

「入于海」，正義云：言山傍之水皆入海，山不入海也。渭按：碣石之西爲逆河，其東則海，禹導山至此，須浮海觀其形勢，此句當與「逾于河」作一例看。言山入海固非，言山傍之水入海，則尤非。禹痛先人之功不成，而勞身焦思，八年於外，險阻艱難，備嘗之矣。何獨於海憚風濤之危，而不敢一涉邪！

傳云：百川經此衆山，禹皆治之，不可勝名，故以山言之。正義云：謂漳、潞、汾、涑在壺口、雷首、太行經底柱、析城。濟出王屋，淇近太行，恒、衛、滹沲、滱、易近恒山、碣石之等也。渭按：懷襄之時，平地盡爲流潦，故必升高以望，審其所當治者。禹實隨山以行，非百川不可勝名，而姑舉山以表之也。此義施之於壺口、梁、岐、蒙、羽之類則可耳。且自導岍以至碣石，皆爲治河張本，漳、潞諸川，悉歸于河。言河則諸川在其中矣。疏舉細而遺大，殊失要領。

西傾、朱圉、鳥鼠，至于太華；釋文：圉，魚吕反。華如字，又户化反。

傳曰：西傾、朱圉、鳥鼠三者，雍州之南山，至于太華，相首尾而東。正義曰：地理志云：朱圉在天水冀縣南。鳥鼠東望太華大遠[三]，故傳云「相首尾而東」也。曾氏曰：岍與西傾皆北條山，故西傾不言導，其文蒙於導岍也。渭按：今鞏昌府伏羌縣南有冀縣故城，即漢縣也。西傾、鳥鼠、太華並見前。西傾在鳥鼠之西南，鳥鼠，渭水所出，朱圉、太華皆在渭水之南。

西傾山在陝西洮州衛西南四百餘里。唐洮州臨潭縣故城在衛西南七十里。括地志云：西傾山在臨潭縣西南三百三十六里。是衛治距山四百有六里也。明一統志云：在衛西南二百五十里。大誤。一名嵹臺山。水經注引沙州記曰：洮水與墊江水俱出嵹臺山，山南即墊江源，山東則洮水源。山海經曰：白水出蜀。郭景純注云：從臨洮之西傾山東南流，入漢而至墊江，故段國以爲墊江水也。洮水同出一山，故知嵹臺西傾之異名也。見第二卷河水。又名西彊山。宋書「景平中，吐谷渾阿豺升西彊山觀墊江源」是也。隋大業三年，裴矩撰西域圖記，從西傾以去，縱橫所亘將二萬里。蓋此山直西域之正東也。通典云：西傾山在臨潭縣西南，吐谷渾之界。衛志云：西傾山延袤千里，外跨諸羌，今鞏昌府漳縣西北七十里亦有西傾山。明一統志謂即禹貢之西傾，誤也。孔疏言西傾在積石東，爲河所經。今按此山北距金城河四五百里，東北距渭源亦六七百里，似於河、渭無涉。其所出者，唯洮水、白水。白水即梁州之桓水也。西傾之戎，貢道所由，不可以不治，故禹特往視之。

漢志天水郡冀縣下云：禹貢朱圄山在縣南梧中聚。師古曰：圄讀與圉同。水經注云：開山圖謂之天鼓山，有石鼓不擊自鳴，鳴則兵起。漢五行志：成帝鴻嘉三年，天水冀南山有大石自鳴。即此山也。通典：秦州上邽縣有朱圉山，俗名白岩山。元和志：朱圉山在伏羌縣西南六十里。渭水經縣，北去縣一里。伏羌縣志：朱圉山在縣西南三十里。縣治移向西南，故山較元和志近三十里。又石鼓山在縣南四十里，西連朱圉。蓋即其别峯，諸家互異。説者遂謂縣西南錦纜、石鼓、木梅、天門等山，皆朱圉之隨地異名者也。百詩謂余曰：據漢志，山在梧中聚。夫一聚可容，則其址不甚廣，安得有如上所云云者。吾嘗親經其山，在今伏羌縣西南三十里，山色帶紅，石勒四大字曰「禹奠朱圉」。余因思禹導山本爲治水，唯大川出入經過之處，則行之。非是，則雖有名山弗由也。岱爲四岳之長，而隨刊不及焉，他可知已。其山不必皆危峻干霄，故若北條之荆、若敷淺原，不得以其澶漫靡迤也而疑之，不必皆連峯疊嶂縣地數十百里。故若厎柱、若碣石、若朱圉，不得以其孤露狹小也而疑之。彼謂朱圉非一山，凡縣西南之山皆是者，坐不知此義也。九域志云大潭縣有朱圉山。亦非，大潭故城在今西和縣西南三百里，本漢隴西西縣地。蔡傳謂冀縣即大潭，謬甚。

西魏改漢首陽縣曰渭源縣。隋屬渭州。唐因之。元和志云：鳥鼠山今名青雀山，在渭源縣西七十六里。此即導水文所謂鳥鼠同穴者也。水經注云：鳥鼠山，同穴之枝幹也。渭水出其中，東北流，過同穴枝間。則鳥鼠與同穴爲二山，恐非。又云南谷山在鳥鼠山西北，渭水出焉。按縣志：鳥鼠山在縣西二十里。南谷山在縣西二十五里。鳥鼠與南谷相去才五里，當是一山，後人强生分别耳。禹導山固有不直前而盤旋往復者，如既抵雷首而不東行，乃北至太岳，蓋所急在帝都也。若鳥鼠居洮水之東，禹自西傾循洮水以至鳥鼠，最爲徑便。今乃先抵朱圉，復西行至鳥鼠，然後東南行，以至太華，殊覺無謂。竊疑古經元作「鳥鼠、朱圉，」自秦禁學，口説流行，顛倒其字耳。

太華山在今西安府華州華陰縣南十里，即西岳也。舜典：八月西巡守，至于西岳。周禮：豫州山鎮曰華山。山海經曰：太華之山，削成而四方，其高五千仞，其廣十里。郭緣生述征記曰：華山從麓至頂，升降紆迴，凡三十三里。水經注曰：華陰縣有華山，遠而望之若華狀，西南有小華山也。又曰：山上有二泉，東西分流，至若山雨滂湃，洪津泛灑，挂溜騰虚，直瀉山下。寰宇記曰：華岳有三峯，直上數千仞，基高而峯峻，疊秀迄於嶺表。三峯者，芙蓉、明星、玉女也。少華山在華州南十里，東去太華八十里，峯勢相連，視華山差小，故曰少華。西京賦云「綴以二華」，謂太華、少華也。今按二華與終南，氣勢緜延，雍州之旅平也。曰終南、惇物，至于鳥鼠。禹隨刊，自鳥鼠而東，亦必由惇物、終南，以至于太華。篇末云「九山刊旅」。刊始事，旅終事，旅不言西傾、朱圉，刊不言終南、惇物，其文蓋互相備也。

熊耳、外方、桐柏，至于陪尾。釋文：陪音裴。渭按：陪，史記作「負」，漢書作「倍」。顏氏云：倍讀曰陪。

傳曰：四山相連，東南在豫州界。正義曰：地理志云：熊耳山在弘農盧氏縣東；嵩高山在潁州密高縣，古文以爲外方；桐柏山在南陽平氏縣東南；横尾山在江夏安陸縣東北，古文以爲陪尾。是四山接華山而相連，東南皆在豫州界也。吴氏曰：按唐志泗水縣有陪尾山，泗水出焉。蓋即此也。以橫尾爲陪尾者，非是。朱氏鶴齡曰：凡言「至于」者，以相去之遠也。太華去鳥鼠遠，故曰至于。則陪尾亦應遠，觀經文導淮，自桐柏東會于泗、沂，其爲徐州之陪尾明矣。渭按：盧氏今屬河南府。嵩高今爲登封縣地。平氏今爲南陽府桐柏縣，其故城在縣西北四十里。安陸今屬湖廣德安府。泗水今屬山東兗州府，本漢魯國卞縣，陪尾山在縣東也。

熊耳山在今盧氏縣西南五十里，東連永寧，南接内鄉，有東西兩峯，相競如熊耳然，故名。水經注云：洛水東逕熊耳山北，禹貢所謂導洛自熊耳是也。陽渠水出南陽渠山，即荀渠山也。山海經曰：熊耳之山，浮豪之水出焉，西北流，注于洛。疑即是水。荀渠蓋熊耳之殊稱。又云均水發源盧氏縣熊耳山，雙峯齊秀，望若熊耳，因以爲名。齊桓公召陵之會，西望熊耳。即此山也。太史公司馬遷皆嘗登之。又云：洛水東北過宜陽縣南，水北有熊耳山，雙巒競舉，狀同熊耳，此自别山，不與禹導洛自熊耳同也。昔漢光武破赤眉樊崇，積甲仗與熊耳平，即是山也。渭按：漢志弘農上雒縣下云：熊耳獲輿山在東北。是上雒亦有熊耳也。山海經云：讙舉之山，洛水出焉。「讙舉」疑是「獲輿」之誤。字形相似。又云：熊耳之山，伊水出焉。郭璞曰：熊耳在上洛縣南。史記五帝本紀：黄帝南至于江，登熊、湘。封禪書：齊桓公南伐至于召陵，登熊山。正義並引括地志云：熊耳山在商州上洛縣西十里也。

蓋此山自上洛以至盧氏，緜亘二百餘里。洛水出上洛，伊水出盧氏，總屬禹貢之熊耳。唯在宜陽者，爲後起之名。唐書地理志虢州湖城縣又有熊耳山。今在陝州東百五十里，乃達摩葬處。雖同在豫域，與伊、洛無涉。

漢書武帝紀：元封元年，登禮嵩高，置奉邑，名曰崇高。地理志：潁川崈高縣，武帝置，以奉太室山，是爲中岳。有太室、少室山廟。古文以崈高爲外方山也。師古曰：崈，古「崇」字。今名嵩山，在河南府登封縣北十里。左傳：昭四年，司馬侯曰四嶽三塗，陽城、太室。太室即嵩高也。於四嶽外別言之，亦可見嵩高時不爲嶽矣。爾雅嵩高爲中嶽，蓋後人所附益耳。後漢書：熹平五年，復崈高爲嵩高。韋昭曰：嵩高有太室、少室之山，山有石室，故名。戴延之西征記曰：東曰太室，西曰少室，相去十七里，嵩高其總名也。元和志云：嵩高山在告成縣西北二十三里，唐改陽城縣曰告成，其故城在今登封縣東南四十里。登封縣北八里，高二十里，周一百三十里。少室山在告成縣西北五十里，登封縣西十里，高六十里，周三十里。渭按：古時皆指嵩高爲太室，而韋昭、戴延之則兼二室並稱。然前賢題咏猶以太室稱嵩山，而少室則仍其本名，故有嵩少之目。其山東跨密縣，西跨洛陽，北跨鞏縣，緜亘百五十里，太室中爲峻極峯，左右列峯各十二，凡二十四。少室峯三十六。先儒皆以嵩高爲外方。金吉甫曰：嵩高世名中嶽，安得與江夏內方相爲內外哉。據唐志陸渾山一名方山，蓋古外方云。此說非是。嵩高當禹時未爲中嶽，即爲中嶽，而仍名外方，與東岱、西華、南衡、北恒一例。

理無可疑，且陸渾方山亦何以知其爲外方乎。

詩大雅：崧高維嶽，駿極于天。兼五嶽言之。爾雅釋山曰：山大而高崧。郭璞注云：今中嶽嵩高山。蓋依此名。邢昺疏云：李巡曰：高大曰崧。此則山高大者自名崧，本不指中嶽。今之中嶽名嵩高，或取此文以立名乎。無正文，故云蓋以疑之，是亦不以詩之「崧高」爲中嶽也。自劉熙釋名云：「嵩」字或爲「崧」。則二字通作一字，世遂以降神生甫，專歸之中嶽。文士錯解，貽誤至今，間有能正之者，反以爲非，可歎也。

漢志南陽平氏縣下云：禹貢桐柏大復山在東南，淮水所出。水經：淮水出平氏縣胎簪山，東北過桐柏山。注云：山海經曰淮出餘山，在朝陽東義鄉西。尚書「導淮自桐柏」即此也。淮水潛流地下三十許里，東出桐柏之大復山南，謂之陽口水，南即復陽縣也。其山今在桐柏縣境。元和志云：唐州桐柏縣，本漢平氏縣東界。梁置義鄉縣。開皇十八年改以桐柏山爲名。山在縣西南九十里，一名大復山。渭按：此山東南接湖廣德安府隨州界，西接襄陽府棗陽縣界，峯巒奇秀，餘山乃桐柏之異名。縣志云：大復山在縣東三十里，胎簪山在縣西北三十里。蓋皆其支峯，禹貢則總謂之桐柏也。

傳云：洛經熊耳，伊經外方，淮出桐柏，經陪尾。今按安陸縣北有橫山，即漢志所謂「橫尾山」，古文以爲陪尾」者也。元和志云：陪尾山一名橫山，在縣北六十里。淮水曷嘗經此？傳謬。禹導山至陪尾，蓋實爲泗水。泗之與淮，猶伊之與洛也。水經注云：泗水出卞縣東南、桃墟西北，桃墟世謂之陶墟，舜所處也。墟有澤方十五里，澤西際阜，俗謂之嫣亭山。自此連岡通阜西北四十許里。岡之西際，便得泗水之源。博物志曰：泗出陪尾。蓋斯阜者矣。隋志泗水縣有陪尾山。今在縣東五十里。百詩云：周禮保章氏疏曰：外方、熊耳以至泗水陪尾，屬搖星。賈公彦實從春秋緯文來，則漢人早作是解。博物志固有所受之也。又按禹自桐柏東北行，至陪尾。蓋由今歸德府界，出曹、單之間，陶丘正在其地，河南復出之濟，亦入禹經營中矣。不然濟雖細而列於四瀆，禹何獨不一爲留意邪？

〔丁晏曰：錐指于陪尾下謂泗水縣陪尾山。宋毛晃曰：博物志泗出陪尾。此自魯國泗水之所出，俗呼嫣亭山，偶名陪尾。非安陸之陪尾山也。漢志江夏郡安陸自注：横尾山古文以爲倍尾山。鄭康成注、水經禹貢篇、晉地理志並謂陪尾在安陸。今湖北德安府安陸縣有横尾山，在縣北六十里，即禹貢之陪尾。東樵謂泗水之陪尾，非也。〕

【校勘記】

〔一〕凡故山舊瀆　「山」，林之奇尚書全解（通志堂本）作「川」。四庫本改，是。

〔二〕孔氏詩崧高疏曰若必據所都以定方位　「方位」，今查清阮元重刻十三經注疏本作「方岳」。四庫本改，是。

〔三〕鳥鼠東望太華大遠　「大」，四庫本改作「太」，是。

禹貢錐指卷十一下

導嶓冢，至于荆山，

傳曰：漾水出嶓冢，在梁州。經荆山，荆山在荆州。正義曰：梁州云「岷、嶓既藝」，是嶓冢在梁州也。渭按：後魏地形志：華陽郡嶓冢縣有嶓冢山，漢水出焉。唐六典山南道名山曰嶓冢。嶓冢縣故城在今陝西漢中府沔縣西南四十里，西南接寧羌州界。山今在州北九十里。荆山見荆州，在今湖廣襄陽府南漳縣西。通典云：南漳，漢臨沮地，有荆山也。

山海經云：漢水出鮒嵎山。蓋嶓冢之異名也。本在漢中郡沔陽縣界。沔陽故城在今沔縣東南十里。後魏正始中，析沔陽置嶓冢縣，屬華陽郡。故地形志云：其縣有嶓冢山。隋省沔陽入嶓冢，屬梁州，大業初改置西縣。其故城在沔縣界，西北去唐西縣治白馬城五里。故隋志云：西縣有嶓冢山。唐武德二年分利州綿谷縣之通谷鎮置金牛縣，金牛故城在寧羌州西北，本漢廣漢郡葭萌縣地。蜀爲漢壽縣地。晉爲晉壽縣地。東晉爲緜谷縣地。而山入其境。故括地志云：嶓冢山在金牛縣東二十八里。通典云：金牛縣有嶓冢山。四年又分綿谷置三泉縣。其故城在今寧羌州西北，東至西縣一百五十里、天寶初徙治於此，西南去舊縣一百二十里。寶曆初省金牛入三泉。故寰宇記云：嶓冢山在三泉縣東。宋至道二年升三泉縣爲大安軍。紹興三年改建軍於西縣界，復置三泉縣隸軍。今爲大安驛，在沔縣西南九十里，接寧羌州界。故輿地紀勝引宋朝郡縣志云：今之言漢水以西縣之嶓冢山爲源。後又省三泉入軍。故地理通釋云：嶓冢山在大安軍西。元降軍爲縣。故大一統志云[二]：漢水源出大安縣嶓冢山。明初以其地改置沔縣，又於縣西南置寧羌衛。成化二十二年即衛置州，而山入其境。故漢中府志云：嶓冢山在寧羌州北九十里。蓋此山本在漢沔陽界，西南接葭萌。自後魏以來言山之所在曰嶓冢、曰西縣、曰金牛、曰三泉、曰大安、曰寧羌，地名六變，而山則一，皆在古梁州之域，其爲禹貢之嶓冢無疑也。

金牛故城有二：一在通谷鎮，元和志云「武德二年分緜谷縣通谷鎮置金牛縣」者是；一在白土店，寰宇記云「廢金牛縣本名白土店，開元十八年移治於此，西去舊縣三十里，南臨東漢水」者是。通谷鎮今在寧羌州西北，白土店即金牛鎮，今爲驛，在州東北七十里也。嶓冢山，元和志云在金牛縣東二十八里，蓋襲括地志之文，據舊縣言之也。吴幼清不知，乃云在金牛鎮東二十八里，大謬。續通典、九域志皆云金牛鎮在三泉縣東六十里，則舊縣西距三泉三十里；而寰宇記云山在三泉縣東二十八里，則反出舊縣之西矣。蓋「二」乃「五」字之誤。

三泉東至舊縣三十里，又東二十八里爲嶓冢山，共五十八里也。

嶓冢山，孔傳不言所在之郡縣，而正義引地理志以實之，曰隴西郡西縣嶓冢山，西漢水所出。夫此水即嘉陵水之上源，非禹貢之所謂「嶓冢導漾，東流爲漢」者也。而班固以西縣之嶓冢爲禹貢之嶓冢，謬矣。自是以後，言嶓冢者，率依班氏。如張衡西京賦云「終南、太一連岡乎嶓冢」；潘岳西征賦云「面終南而背雲陽，跨平原而連嶓冢」。玩其辭意，皆主隴西而言。司馬彪郡國志亦云：漢陽郡西縣有嶓冢山。無異議也。自後魏正始中，析沔陽地置嶓冢縣，以表其山，而名始著。酈道元卒於孝昌二年，上距正始置縣之時，凡二十餘歲。本朝典故，生所親見。而注水經不言，豈事在成書之後，不及追改，抑亦因其晚出而疑之乎？然漾水注引漢中記曰：嶓冢以東，水皆東流，嶓冢以西，水皆西流，故俗以嶓冢爲分水嶺。作者亦似知班志之謬，而以禹貢嶓冢爲當在漢中也者。不然，於漢中記奚爲詳及隴西之山邪！由此觀之，則魏收以前已有知嶓冢在漢中者，不待地形志出而後知也。穎達豈未之考乎！然班志雖以西縣嶓冢爲禹貢之山，而養水則自繫氐道之下，不言出某山。「養」與「漾」通，或作「瀁」。自水經云漾水出氐道縣嶓冢山，而氐道亦有嶓冢矣。常璩華陽國志云：東源出武都氐道縣漾山爲漾水。而氐道之嶓冢且有漾山之目矣。郭璞注山海經云：嶓冢今在武都氐道縣南。酈道元注水經云：東西兩源俱出嶓冢。而同爲漢水，則似一山跨二縣之境，而在西縣者爲西源，在氐道者爲東源矣。輾轉迷惑，愈久愈謬，說經者不能出其窠臼，而禹貢之嶓冢幾不可問矣。西縣故城在今秦州西南。氐道今不知所在。蓋自晉永嘉之亂，隴西没於氐、羌，郡縣荒廢。常璩、郭璞皆云氐道屬武都，而晉志武都郡無之，則此縣之不可考久矣。要之二縣在隴西，皆古雍州域也。而禹貢嶓冢乃梁州之山，不應闌入雍域，故唯魏收所言爲得其實。秦州之嶓冢與寧羌之嶓冢，南北相距五六百里。

〔丁晏曰：錐指於嶓冢謂寧羌州西北之嶓冢東流爲漢水。案班志隴西郡西下：禹貢嶓冢山，西漢所出。氐道下：禹貢養水所出，至武都爲漢。武都郡武都下：東漢水受氐道水，一名沔。水經禹貢篇云：嶓冢山在隴西氐道縣之南。今甘肅秦州即漢隴西地。嶓冢山在秦州西南，是禹貢之嶓冢也。東西漢同出嶓冢，西漢水出嶓冢之西，東漢水出嶓冢之東，即沮水也。與氐道漾水合流，又稱沔水。漢志於氐道下雖不言出嶓冢，然氐道、西縣俱屬隴西郡，相距甚近，酈注及山海經郭注皆言嶓冢在武都氐道縣南。蓋山勢綿亘，氐道亦得有嶓冢甚明。志文互見，不重出也。東樵沿後魏地志之誤，以寧羌州之嶓冢爲東漢水之源，不知寧羌州爲漢葭萌縣地。水經：漾水西源出西縣，逕葭萌入漢。寔爲西漢水所經，至東漢水即沮水，並不經寧羌之地，其謬甚矣。東樵反詆漢志之誤，於氐道水則存而不論。自謂理亂絲、解連環，不已傎乎。〕

漢志南郡臨沮縣下云：禹貢南條荆山在東北，漳水所出。通典云：臨沮故城在當陽縣北，而南漳亦臨沮地。按隋志：西魏析臨沮置重陽縣。後周改曰思安。開皇十八年改曰南漳。有荆山。今南漳縣西少北八十里之荆山是也。左傳：昭四年，司馬侯曰：荆山，九州之險；十二年，右尹子革曰：昔我先王熊繹，辟在荆山。後漢志臨沮縣有荆山。劉昭曰：荆州記云：西北三十里有清谿，谿北即荆山，首曰景山，即卞和抱璞之處。水經注云：沮水出東汶陽郡沮陽縣西北景山，即荆山首也，高峯霞舉，峻竦層雲。山海經曰：金玉是出，亦沮水之所導。故淮南子曰沮出荆山。杜預曰：水出新城縣西南發阿山。蓋山異名。又云：漳水出臨沮縣荆山。荆山在景山東一百餘里新城沛鄉縣界，雖羣峯競舉，而荆山獨秀。元和志云：荆山在南漳縣西北八十里，三面險絶，唯東南一隅纔通人徑。寰宇記云：南漳縣荆山頂上有池，喬松翠柏，列繞其旁。

内方至于大别，

傳曰：内方、大别二山名，在荆州，漢所經。正義曰：地理志云：章山在江夏竟陵縣東北，古文以爲内方山也。地理志無大别。鄭玄云：大别在廬江安豐縣。杜預解春秋云：大别闕不知何處，或曰大别在安豐縣西南。左傳云：吴既與楚夾漢，然後楚乃濟漢而陳，自小别至于大别。然則二别近漢之名，無緣得在安豐。如預所言，雖不知其處，要與内方相接，漢水所經，必在荆州界也。蘇氏曰：二别山皆在漢上。蔡氏曰：内方在今荆門軍長林縣，大别在今漢陽軍漢陽縣。渭按：地理志六安國安豐縣下云：禹貢大别山在西南。鄭、杜説所自出。正義謂志無大别，何也？安豐後漢屬廬江郡，其故城在今江南廬州府霍山縣西北。竟陵故城在今湖廣安陸府鍾祥縣南。長林故城在今荆門州東。漢陽縣即今漢陽府治，大别山在其東北，水經注所謂翼際山也。

後漢志：竟陵縣有章山，本内方。劉昭曰：荆州記云：山高三十丈，周百餘里。水經：沔水自荆城東南流，逕當陽縣之章山東。注云：山上有古城，太尉陶侃伐杜曾所築，禹貢所謂「内方至于大别」者也。既濱帶沔流，寔會尚書之文矣。括地志云：章山在長林縣東北六十里，漢水附山之東。傅同叔曰：五代晉改竟陵曰景陵。通典云：長林縣有章山。今景陵隸安州，長林隸荆門。以地勢觀之，今其山不復景陵有矣。渭按：漢竟陵故城在今鍾祥縣界。劉宋析竟陵置長壽、宵城二縣。後周省竟陵入長壽。明嘉靖初更名鍾祥。章山本在此地。自晉析編縣置長林，割竟陵西境以益之，故章山在長林界中。景陵故宵城。後周改曰竟陵，雖襲漢縣之名，而章山元不在其地也。唐貞元末析長林置荆門縣，宋爲荆門軍，元降爲州，明省長林縣入焉。故章山今在州東北與鍾祥接界。此山在長壽不在宵城之明證也。水經以章山繫當陽，豈以古當陽本在今縣東百四十里緑林長坂之南，故山在其境與？元和志云：内方山在沔州汉川縣南九十里。汉音義。汉川今爲漢川縣，屬漢陽府。此别是一山，寰宇記謂即禹貢之内方，非也。

大别山在漢陽府城東北半里，漢水西岸。左傳：定四年，吴伐楚，自豫章與楚夾漢，子常濟漢而陳，自小别至于大别。杜預云：禹貢漢水至大别南入江。然則此二别在江夏界。水經注：江水東逕魯山南，古翼際山也。地説曰：漢與江合于衡北翼際山傍者也。山上有吴江夏太守陸涣所治城，蓋取二水之名。地理志曰：夏水過郡入江，故曰江夏也。舊治安陸，吴乃徙此，山左即沔口矣。沔左有却月城，故曲陵縣，後乃沙羨縣治也。羨音夷。元和志：魯山一名大别山，在漢陽縣東北一百步，其山前枕蜀江，北帶漢水，山上有吴將魯肅神祠。渭按：禹貢大别山，杜元凱已知在江夏，不在安豐。酈氏亦主杜説，而終不能指魯山爲大别。至唐人始能言之。小别一名甑山，在漢川縣東南十里。詳見導漾。

〔丁晏曰：錐指於大别依杜預，謂在江夏不在安豐。引元和志魯山一名大别山在漢陽縣東北一百步。案漢志六安國安豐自注：禹貢大别山在西南。水經云大别山在廬江安豐縣西南。今安徽潁州府霍邱縣即安豐地，縣西南九十里有大别山，一名安陽山是也。若東樵所稱魯山，水經江水注所云古翼際山也。唐人妄以爲大别，東樵從之，誤矣。〕

岷山之陽，至于衡山，渭按：岷，漢書作「崏」，後同。

傳曰：岷山，江所出，在梁州。正義曰：梁州云「岷、嶓既藝，」是岷山在梁州也。地理志云：衡山在長沙湘南縣東南。曾氏曰：岷、嶓皆南條山，故岷山不言導，其文蒙於導嶓冢也。吴氏曰：蜀以西近江源者皆爲岷山，連峯接岫，青城、天彭諸山之所環繞，皆岷也。岷山之陽，其山非一。衡山，南岳也。在衡州衡陽縣北七十里，南一峯曰岣嶁山。自縣西北以至湘南縣東南，皆衡山也。渭按：岷山，地理志云：在蜀郡湔氐道徼外。湔氐道今爲四川松潘衛，山在衛西北。衡山縣本漢湘南縣，今屬湖廣衡州府，唐志衡山縣有南岳祠。元和志云：岳廟在縣西三十里。衡陽今府治也。

古今言岷山者凡四處。一在今四川松潘衛，衛東南去布政司七百六十里。史記作汶山。封禪書云：自華以西名山七，有瀆山，蜀之汶山也。漢書地理志云：岷山在湔氐道西徼外，江水所出。蜀志：秦宓曰：蜀有汶阜之山，江出其腹。華陽國志云：岷山一名沃焦山，其跗曰羊膊，江水所出。任豫益州記云：大江泉源始發羊膊嶺下，東南下百餘里，至白馬嶺，而歷天彭闕。水經注云：岷山在蜀郡氐道縣，即瀆山也，又謂汶阜山，在徼外，江水所導。隋志汶山在汶山郡左封縣。唐悉州治，東至翼州一百九十里。今疊溪營西有廢翼州。此皆謂在松潘者也。一在今成都府之茂州。州本冉駹國，漢以其地置汶山郡，治汶江縣。晉改曰廣陽。隋又改曰汶山。山海經注云：岷山在廣陽縣。水經注云：汶水出汶江道徼外嶓山玉輪坂下。元和志云：汶山縣有汶山，即岷山。去青城山百里，天色晴明，望見成都，即隴山之南首。張栻西岳碑云：岷山在茂州列鵝村，其跗曰羊膊也。輿地廣記云：岷山在汶山縣西北，俗謂之鐵豹嶺。王氏地理通釋云：大渡河一名羊山江，源出鐵豹嶺，嶺即羊膊之異名也。此皆謂在茂州者也。一在成都府之灌縣。縣本漢緜虒、郫、江原三縣地。周武帝分江原置青城縣，因山爲名。元和志云：青城山在蜀州青城縣西北三十二里。杜光庭成都記云：岷山連峯接岫，千里不絶，灌縣青城山乃其第一峯也。縣志云：汶山在縣北三十里。蓋即青城矣。一在今陝西岷州衛。衛本漢隴西郡地。西魏置溢樂縣，今衛治即其故城。括地志云：岷山在岷州溢樂縣南，連綿至蜀幾二千里，皆名岷山。元和志云：山在溢樂縣南一里。此皆謂在岷州衛者也。然則岷山最大，志家各就其所在言之。陸游曰：自蜀郡之西，大山廣谷，峆谺起伏，西南走蠻箐中，皆岷山也。薛季宣曰：今自岷、洮、松、疊以南，其大山峻嶺，班班可考者，皆岷山之隨地立名者耳。此説是也，觀漢志云山在徼外，則固不可以湔氐一縣限之矣。大抵岷山北起於溢樂，實跨古雍州之境。而南則訖於青城，綿地千餘里，與太行伯仲，或專指在松潘亦非篤論。然大江所出，則必直氐道西徼外者也。

舜典：五月南巡守，至于南岳。傳云：衡山也。後漢志長沙郡湘南縣下云：衡山在東南。劉昭曰：郭璞云：山别名岣嶁。湘中記云：遥望衡山如陳雲，沿湘千里，九向九背，迺不復見。水經注云：湘水北逕衡山縣東，山在西南有三峯，一名紫蓋，一名容峯，此處恐有脱誤。盛弘之荆州記云：衡山有三峯：一名紫蓋，一名石囷，一名芙蓉。容峯最爲竦傑，自遠望之，蒼蒼隱天。故羅含云：望若陳雲，非清霽素朝，不見其峯，丹水湧其左，醴泉流其右。山經謂之岣嶁山，爲南嶽也，山下有舜廟，南有祝融冢。衡山東南二面臨映湘川，自長沙至此七百里中，有九向九背，故漁者歌曰：帆隨湘轉，望衡九面。山上有飛泉，下映青林，直注山下，望之若幅練矣。徐靈期南岳記云：南岳周回八百里，回鴈爲首，嶽麓爲足。嶽麓在長沙。故唐志潭州湘潭縣有衡山。長沙記云：衡山軒翔，聳拔九千餘丈，尊卑差次七十二峯，最大者五：芙蓉、紫蓋、石廩、天柱、祝融。祝融爲最高。韓退之曰：五岳於中州，衡山最遠。南方之山，巍然高而大者以百數，獨衡爲宗。顧璘遊衡山記云：登祝融之顛，俯視四極，蒼然一色。山川雜陳，瑣細莫辨。風自遠來，其力甚勁，候與地下絶殊。比曉觀日出海，體象洞見，近若疆中，東餘游氛，浩漫無際。

爾雅釋山云：江南衡。李巡曰：南岳，衡山也。下文又云：霍山爲南岳。郭璞曰：霍山今在廬江灊縣，灊水出焉。别名天柱山。漢武帝以衡山遼曠，故移其神於此。今彼土俗人皆呼之爲南岳，南岳本自以兩山爲名，非從近來也，而學者多以霍山不得爲南岳。又云：漢武帝來，始乃名之。即如此言，謂武帝在爾雅前乎，斯不然矣。渭按：徐靈期記云：衡山爲南岳。其來尚矣。至于軒轅，乃以灊、霍之山爲其副焉。故爾雅云霍山爲南岳，此蓋本方士家言。漢武信之，遂移衡山之祭於灊、霍。其實南岳曰衡山，初無二名。釋山後一條，當是漢人所附益。璞據不經之言，以衡山一名霍山，自古已然，非由漢武，不亦謬乎。

或問：岷山之陽，從何起。曰：當起於灌縣。杜光庭云：青城乃岷山第一峯。可證也。曰：斯言其足信乎。曰：酈道元云：青城山上有嘉穀，山下有蹲鴟，即芋也。所謂「下有蹲鴟，至死不飢」，卓氏之所以樂遠徙也。見水經第三十三卷江水注。按史記卓氏之言曰：吾聞岷山之下沃野，下有蹲鴟，至死不飢，乃求遠遷，致之臨邛。卓氏云岷山下有蹲鴟，而道元以青城山當之。是青城亦岷山也。自南數之，則爲第一峯耳。禹導山，蓋從此始，循江而南且東，以至於巫山，乃不出三峽而並夷水，以東且南，逾澧水、沅水以至于衡山也。難者曰：岷山之陽，極其莽蒼，子何以的知其所經。余曰：禹導此專爲江水，觀導江文云「東別爲沱，又東至于澧」，則不經三峽可知矣。「至于衡山」，觀九江之上流也。及衡而止，不過其山南，故衡不言陽。

傳云：衡山，江所經。非也。江水南距衡山五六百里，山乃湘水所經，於大江無涉。安説如此，此豈身爲博士具見圖籍者之所爲乎！

過九江，至于敷淺原。

傳曰：敷淺原一名傅陽山，在揚州豫章界。正義曰：地理志：豫章歷陵縣有博陽山，古文以爲敷淺原。朱子曰：「過九江至于東陵」者，言導岷山之水，而是水之流横截乎洞庭之口，以至東陵也。是漢水過三澨之例也。「過九江，至于敷淺原」者，言導岷陽之山，而導山之人，至于衡山之麓，遂越洞庭之尾，東取山路，以至敷淺原也。是導岍、岐、荆山而逾于河，以盡恒、碣之例也。見九江彭蠡辨。渭按：九江即洞庭，説見荆州。漢志傅易山，傅讀曰敷，今注疏本作「博」，字之誤也。晁以道云：饒州鄱陽縣界中有歷陵故縣及傅陽山，其説近是。禹導山至此爲豬彭蠡計也。而三江形勢亦大略可見。他日揚之所治，唯兹二水，豈非其明效哉。

蔡傳云：過，經過也。與導岍逾于河之義同，孔氏以爲衡山之脈，連延而爲敷淺原者，非是。蓋岷山之脈，其北一支爲衡山，而盡於洞庭之西，其南一支度桂嶺北，經袁、筠之地，至德安。所謂敷淺原者，二支之間，湘水間斷，衡山在湘水西南，敷淺原在湘水東北，其非衡山之脈，連延過九江而爲敷淺原者，明甚。渭按：蔡説本朱子彭蠡九江辨，以經義觀之，此過者自當爲導山之人，若與之辨山脈，則又安知岷之北支爲衡者。果盡於九江之西，而廬阜爲南支之盡處也邪。朱子本謂禹所表識諸山，非若今論葬法者之所言，即以山脈言之，亦不如此。所以深見其説之謬，語意圓活。蔡氏述之，則未免實且滯矣。差之毫釐，繆以千里，此之謂也。焦弱侯云：蔡氏之説，蓋本其祖、父牧堂、西山。此亦能窺見其微山脈與地脈何異，恐未足折東坡於泉下也。

禹既至衡山，循湘水西岸而北，渡湖至巴陵，所謂越洞庭之尾也。自巴陵循江水南岸而東，踰廬阜，抵歷陵，所謂東取山路以至敷淺原也。古三苗之國，左洞庭，右彭蠡。禹導山自九江以至敷淺原，所行皆在其境，而蔡傳謂：江淮地偏，禹或不親行，且三苗負其險阻，頑不即工，官屬之往者，亦未敢深入。故誤以彭蠡爲江、漢之所匯，豈其然乎，殆不然矣。

古文以歷陵之傅陽山爲敷淺原，當有所本。今欲知山在何處，必先明縣在何境。通典云：江州潯陽縣有蒲塘驛，即漢歷陵縣也。驛前有敷淺原，原西數十里有敷陽山。渭按：唐武德八年於潯陽縣置蒲塘驛，後改爲埸。五代時，楊吳升爲德安縣。今治故驛也。杜佑以驛爲漢歷陵縣，不知何據，豈因王莽改歷陵曰蒲亭，而遂以蒲塘附會邪！黄子鴻深疑之，嘗爲之辯曰：漢志豫章郡領歷陵縣，晉志歷陵與餘汗、鄡陽俱割屬鄱陽郡，而柴桑則屬武昌郡，不應歷陵反出柴桑之西也。因謂晁氏云歷陵在鄱陽者爲是。且曰吴志歷陵有石印山，即今饒州府之鄱陽山，亦歷陵在鄱陽之一證也。今按鄱陽山在府治鄱陽縣西北一百五十里鄱陽湖中，亦名石印山。鄱陽縣故城在今府城東六十里。三國吴至隋皆爲鄱陽郡治。唐移於今所。然則府城西當即爲故歷陵地，敷淺原蓋在鄱湖之西落星之畔也。説文：原，高平之野，人所登。原固有山體，故謂之傅陽山。猶彊梁原亦稱華原山。杜氏析山與原爲二處，非也。禹導山至此，彭蠡、三江之形勢皆在其目中，而鄱陽以東，亦率是山谿，無甚水患，禹自此還矣。

德安縣即唐蒲塘驛。據杜氏所言，則傅淺原當在縣南，而敷陽山在原西，相去數十里。宋羅泌曰：按驛西數十里，惟有一望夫山。潯陽志謂傅陽山在德安縣南十三里，望夫山在德安縣西北十五里。邑人或云縣有古敷淺原，登此可以望之。然則此望夫山即杜所謂傅陽山，而此傅陽山乃杜所謂敷淺原也。文獻通考德安縣有傅淺水。吴幼清云德安即漢歷陵縣地。敷淺原蓋兼山水而名，敷陽乃其中間之小山，廬阜則其盡處之大山也。是皆遵通典之説。渭按：周景式廬山記：山高二千三百六十丈。山圖云：周四百餘里，疊嶂之巖萬仞。酈道元曰：秦始皇、漢武帝及太史公司馬遷咸升其巖，望九江而眺鍾、彭焉。然則禹導山至此，胡不一登其巔，覽彭蠡、三江之形勢，而乃抵蒲塘而遂止，此亦事理之難信者。且其所謂敷陽山小而卑，北距大江，東南距鄱湖，皆一百五六十里。禹登之不足以望遠，彭蠡、三江之形勢未悉，奚爲遽改轅而北邪！以德安爲歷陵，而指縣南之山爲敷淺原，恐屬不根之談，未可以其出於杜佑而信之也。

朱子九江彭蠡辨曰：今之所謂敷淺原者，爲山甚小而庳，不足以有所表見，而其全體正脈，遂起而爲廬阜，則甚高且大，以盡乎大江、彭蠡之交，而所以識夫衡山東過一支之所極者，唯是乃爲宜耳。又答程泰之書曰：詳經文敷淺原是衡山東北一支盡處，意即今廬山。若如晁氏説以爲江入海處，所過之水又非特京口而已。是其意以廬阜爲敷淺原也。然此山高峻，似不可名之曰原。金吉甫云：敷，古文作「傅」。傅陽山在廬阜之西南，則是敷淺原之陽也。蓋廬山雖高，而其中原田連亘，人民奠居，所以有敷淺原之名，是亦善解矣。然原田連亘，要不過山中高平之地耳。若此者不一而足，安得舉體而名之曰原。王耕野云：敷淺原恐非廬山，高平曰原，而又名敷淺，則必平曠之地，不爲高山可知。近朱長孺亦云：傅陽山，漢志得之古文可據也。朱子疑庳小不足表識，繹敷淺之名，正不當求之高大。蓋傅陽在古本高平之地，後人名之爲山耳。導江、漢之山至大别、敷淺原而即止者，以江、漢至此合流赴海，不煩殫力隨刊。況導水合舉，源流可以互見，豈必求之山脈盡處邪。此説是也。今按水經注引孫放廬山賦曰：尋陽郡南有廬山，臨彭蠡之澤，接平敞之原。是廬山下固有平原也。山今跨德化、星子二縣之境。南唐改尋陽縣曰德化，今爲九江府治。宋升德化之星子鎮爲縣，今爲南康府治。縣以落星石得名，水經注云：廬山之南湖中有落星石，周迴百餘步，高五丈。今在城南五里湖中。梁書：王僧辯破侯景于落星灣，即此地。星子舊以爲漢鄡陽地。然鄡陽故城在今鄱陽縣西北一百二十里，鄱湖之東北，則都昌爲是，星子似非其地。竊疑星子地本歷陵，而敷淺原即孫放所謂平敞之原，乃廬山東南之麓瀕於彭蠡澤者。蓋柴桑故城在德化縣南九十里。故蒲塘驛今爲德安縣。在德化縣西南一百五十里，此必漢柴桑地，西連武昌郡界，故晉以柴桑屬焉。而歷陵與鄡陽俱屬鄱陽郡，歷陵在柴桑之東，鄡陽之西，則唯星子可以當之。歷陵故治當在湖西，今星子縣地。其境則跨湖而東。宋元嘉初廢歷陵。蓋舉石印以東併入鄱陽，而其西則併入柴桑，故星子鎮屬德化耳。廬山盤基廣大，其陽必有平敞之原，但曠衍無奇，選勝者所不道，而志家又因仍舊説，不能詳考指言其狀耳。以此求之，庶不失朱子之意，而又不即以高山爲平原，犯學者之所疑，準諸地望，揆諸經旨，視晁氏爲少優云。

廬山最高且大，禹不以其山表識，而顧紀敷淺原，蓋以所導之盡處爲言耳。自岍、岐以至荆山，巖嶭其所必經也，而不言巖嶭言荆山；自九江以至敷淺原，廬阜其所必經也，而不言廬阜言敷淺原，皆其盡處。巖嶭、廬阜則包在「至于」二字中也。廬阜爲衡山東過一支之所極，乃堪輿家説。愚謂敷淺原在廬山東南之麓，迫近彭蠡，禹導山至此而還，故特書之，不必擇高大者以爲表識，亦無論其山脈之盡與不盡也。

正義云：從導岍至敷淺原，舊説以爲三條。地理志云：禹貢北條荆山在懷德，南條荆山在臨沮。是三條之説也。故馬融、王肅皆爲三條，導岍北條，西傾中條，嶓冢南條。鄭玄以爲四列，導岍爲陰列，西傾爲次陰列，嶓冢爲次陽列，岷山爲正陽列。鄭創此説，孔亦當爲三條也。渭按：三條之説，昉於班固。四列之説，出於鄭康成。蔡傳云：三條、四列之名，皆未當。今據導字分之，以爲南北二條，而江、河以爲之紀，於二之中，又分爲二焉。導岍爲北條大河北境之山，西傾爲北條大河南境之山，嶓冢爲南條江、漢北境之山，岷山爲南條江、漢南境之山。此朱子之意，而蔡氏述之精且詳矣。然以岍、岐、荆爲大河北境之山，則猶未當。蓋三山在北河之南，渭水之北，不得槩言大河北境也。吴幼清説此節云：岍、岐、荆三山在渭北，北條之北之一；壺口至碣石九山在河北，北條之北之二也；如此即無病矣。朱子於二之中，各分爲二。吴氏又於四之中，各分爲二。首節以逾河入海爲限，後三節則以至于某爲限也。四列長於三條，或嫌其陰陽之名近於怪。余曰陰陽字只作南北字用，於義無害。朱子據導字分南北，實本康成，而又參以一行「山河兩戒」之説，唐天文志：僧一行言山河兩戒曰：北戒，自三危、積石，負終南地絡之陰，東及太華，逾河，至雷首、底柱、王屋、太行，北抵恒山之右，乃東循塞垣，至濊貊、朝鮮，是謂北紀，以限戎狄。南戒，自岷山、嶓冢，負地絡之陽，東及太華，連商山、熊耳、外方、桐柏，自上洛南逾江、漢，攜武當、荆山，至于衡陽，乃東循嶺徼，達東甌、閩中，是謂南紀，以限蠻夷。故星傳謂北戒爲「胡門」，南戒爲「越門」。遂立此義。大路之制，託始於椎輪。學者習朱、蔡而忘其所自，輒詆康成，殊可笑也。然當日導山，本意不過視大川之所經，爲導者之所行。初未嘗預設爲四列，以繩其轍迹也。洪慶善云：春秋本無例，學者因行事之迹以爲例。猶天本無度，治曆者即周天之數以爲度也。余謂導山亦然，本無列之可言，自説經者，就大禹之迹以爲列，遂覺九州之山，實有此四列耳。孔傳云：凡此皆先舉所施功之山於上，而後條列所治水於下，互相備。蔡傳云：山之經理者，已附於逐州之下，於此又條列而詳記之，而山之經緯皆可見矣。世皆宗其説。然此章紀隨刊之實事，自不可少，非故設爲導水張本，亦非因逐州之下不相聯貫，而復條列之，以見其經緯也。然則本意云何？曰莫善於陳壽翁櫟之言。曰：禹之導山，雖曰因而治衆水，大槩岍、岐之列，河、濟所經；西傾之列，伊、洛、淮、渭所經；嶓冢之列，漢水所經，岷山之列，江水所經也。明此義，則枝蔓之辭，一切無庸矣。

蘇傳云：隨山者，隨其地脈而究其終始。何謂地脈？地之有山，猶人之有脈也。有近而不相連者，有遠而相屬者，雖江、河不能絶也。自秦蒙恬始言地脈，而班固、馬融、王肅治尚書，皆有三條之説，古之達者，蓋已知此矣。北條之山，首起岍、岐而逾于河，以至太岳，東盡碣石，以入于海，是河不能絶也。南條之山，首嶓冢、岷山至于衡山，過九江至于敷淺原，是江不能絶也。非地脈而何？朱子非之曰：禹之治水，隨山刊木，其所表識諸山之名，必其高大可以辨疆域，廣博可以奠民居，故謹而書之，以見其施功之次第。初非有意推其脈絡所自來，若今論葬法者之所言也。渭按：地脈之説，出於蒙恬，其流弊爲郭璞之葬經。味别之説，出於許敬宗，其緒餘爲陸羽之茶經。蘇氏所解者禹貢也，而以地脈言山，以味别論水，真通人之一蔽，朱子闢之是也。然其説亦有不盡然者，王耕野云：導山不論山之高大，但於水有干涉則録之。若謂其所表見者，必高大可以辨疆域，廣博可以奠民居，則五岳中之岱山，揚州灊山、茅山、九華山之類，其綿亘皆數百里，何故略不紀載邪？此言規朱不爲妄，愚所以獨有取於壽翁也。

山有見於九州之下，而導山無之者，隨刊不及，而施功及之，亦或州境之所分，與貢道之所經也。冀之梁，青、徐之岱，徐之蒙、羽，梁之蔡、蒙，雍之終南、惇物、積石、龍門是也。有見於導水之下，而導山無之者，以其山之臨水也，而特志之，隨刊則未嘗及也。弱水之合黎，黑水之三危，河之積石、龍門、大伾，江之東陵是也。有見於導山之下，而他無所見者，岍、雷首、析城、王屋、太行、恒山、朱圉、外方、陪尾、内方、敷淺原是也。有再見者，北條之荆、壺口、太岳、厎柱、碣石、西傾、熊耳、桐柏、大别、衡山是也。有三見者，岐、鳥鼠、太華、嶓冢、岷山、南條之荆是也。或有或無，或單或複，皆有至理存焉，學者不可以不察也。

【校勘記】

〔一〕元降軍爲縣故大一統志云　「大」，四庫本改作「元」，是。

禹貢錐指卷十二

導弱水，至于合黎，

釋文：弱，本或作「溺」。合如字。黎，力兮反。

傳曰：合黎，水名，在流沙東。正義曰：顧氏云：地説書合黎，山名。但此水出合黎，因山爲名也。鄭玄亦以爲山名。地理志：張掖郡删丹縣，桑欽以爲導弱水自此，西至酒泉合黎。又居延縣有居延澤在東北，古文以爲流沙。如志之言，酒泉郡在張掖郡西，居延屬張掖，合黎在酒泉，則流沙在合黎之東，與此傳不合。案經弱水西流，水既至于合黎，餘波入于流沙。當如傳文合黎在流沙之東，不得在其西也。蘇氏曰：合黎，山名。易氏曰甘州即漢張掖郡，弱水出删丹縣南山下，合黎山在張掖縣西北二百里，俗名要塗山。薛氏曰：弱水出吐谷渾界窮石山，自删丹西至合黎山，與張掖河合。渭按：導亦循行之謂，與導菏澤之導異。禹治水或躬親其事，或遣官屬往治之。及九州功畢，其水之大而切於利害者有九，禹舟行從源至委，核其治否，故謂之導，非疏瀹決排之謂。

先儒皆以導爲治。夫治河先積石，治江先岷山，有是理乎？經旨鬱而不明，可歎也。張掖郡今爲甘州衛，陝西行都司治。酒泉郡今爲肅州衛。删丹縣即今山丹衛。居延故城在甘州衛東北塞外，其澤曰居延海。弱水正流出合黎峽口，而東北注之，非經所謂流沙也。

書序云「隨山濬川」，故諸家皆以導山爲隨山，導水爲濬川。夫導山即隨山之事信矣，而以導水爲濬川則大不可。何以明其然也。水性就下，從下而泄，故治水必自下始。禹之言曰：予決九川，距四海，濬畎澮距川。此自下而高也。九州之序，首冀，次兗、青、徐、揚、荆、豫、梁、雍，亦自下而高也。説禹貢者，無不奉此爲指要。獨至於導水，而以爲濬川，何其與向者之意相背乎？誠如所言，則治水先弱、次黑、次河，而九州之序，當以雍次冀而不以兗次冀矣。河先積石而後龍門，則壺口之役不得爲第一功矣。漢先嶓冢而後三澨，江先岷山而後九江，則荆不得越梁而前矣。漢先大別而後彭蠡，江先東陵而後匯澤，則揚不得越荆而前矣。淮先桐柏而後泗、沂，則徐不得越豫而前矣。渭、洛治之最後，則豫又當次雍而居九州之末矣。種種悖謬，總由不知導水在功畢之後，而求合於書序之所言耳。林少穎亦知此處有不可通，而不能尋究其故，遂謂治水之先後，不在於九州，非惑之甚與！

九州所紀諸水，是禹施功之次第；導水所紀九川，是禹循行之次第。蔡傳云：水之疏導者，已附於逐州之下，於此又派别而詳紀之，而水之經緯皆可見矣。

渭按：禹乘舟而行核其治否，此文蓋紀實爾，非爲逐州之下，諸水源流不貫，又派别而詳記之，以相爲經緯也。

弱水，經不言所出，桑欽以爲出張掖删丹縣。鄭康成曰：衆水東流，此獨西流。而水經注無之，其所經與所入不可得詳。今按近志弱水出山丹衛西南窮石山，離騷「夕次於窮石」即此，淮南子云：弱水出窮石山也。衛在陝西行都司東一百二十里，本漢删丹、日勒二縣，屬張掖郡。後魏改删丹曰山丹，隋復故，元升爲山丹州，明改置山丹衛。衛西南有窮石山，在吐谷渾界。十六國春秋：乞伏孔子擊吐谷渾，覓地于弱水南，即此水也。元和志：弱水在删丹縣南山下。括地志云：蘭門山一名窮石，在删丹縣西南七十里。十六國春秋云：北凉永安元年，沮渠蒙遜與從兄男成期同祭蘭門山是也。隋志删丹縣有祀山、弱水。行都司志：祁連山在山丹衛南一百五十里，弱水所出，蓋皆窮石之異名。又按説文：屼，山也，或曰弱水之所出。从山几聲。居履切，隋志祀山疑即「屼」字之誤。北流逕其衛西，又西北逕甘州衛北，寰宇記：弱水在甘州北二十三里。又西逕合黎山，與張掖河合。行都司志：删丹河在城西，源出祁連山，西流入張掖河，即弱水也。西陲今略云：此水春夏之間，褰裳可涉，及其漲也，亦可浮舟。但土人不知造舟耳。自與張掖河合，其下通名爲張掖河，今俗謂之黑河。按此地無舟，後人遂以不勝毛芥皮船可渡之説，附會於其間，並屬虚妄。張掖河古羌谷水也，一名合黎水，出衛西吐谷渾界，北流逕張掖縣北，合弱水，爲張掖河，自下通兼弱水之目。漢志：張掖觻得縣有羌谷水，出羌中，東北至居延入海。括地志：羌谷水一名鮮水，一名合黎水，一名覆表水，今名副投河，亦名張掖河。自吐谷渾界，北流入張掖縣。史記正義云：合黎水源出臨松縣山東，而北流逕張掖故城下，又北流至縣北二十三里，合弱水。明一統志云：張掖河在都司城西十里，源出擺通州，流經祁連山，西出合黎山，名合黎水，入亦集乃界。行都司志云：張掖河原名黑河，自鎮城西南山流出，經祁連山，積雪消融，其流益盛，傍合黎山，出羌谷口，北入亦集乃。弱水又西北逕高臺所北，所在行都司西一百六十里，本漢表是縣，屬酒泉郡。後漢曰表氏。後周廢入張掖縣。明初爲甘州衛地，景泰七年，分置高臺所，所北十里有合黎山。行都司志云：黑河在高臺所北二百步，即弱水也。西陲今略云：黑河自所南發源，東北流，逕甘州復折而西北，流入所北，環所三面，其在甘州尚散漫，自板橋西至九壩，皆合爲一，水深沙浮，不可徒涉。又西逕鎮夷所南，所在行都司西北三百里，高臺所西北一百六十里。本漢酒泉郡地，明置鎮夷所。高邑李濚禹門云：鎮夷黑水即張掖郡西門外十里之黑水也，其水由南山甘峻堡西番地面出來，直下趨北山，約寬十里，北行百餘里，匯爲大河，西行至鎮夷所，出口外，水由上岸而下，迅疾與沙石偕行，土人呼爲黑河。其水遠望之，黝然而黑，掬之實白水也。但與黑沙滾行，望之若黑水耳。此水大小分爲七十二渠，溉田數萬頃，居民不鑿井，皆飲此水。其南爲天山，西北爲合黎山。余於順治戊子之冬，曾渡此河，比西黃河尤寬，上流甚淺，可及馬腹，下流非浮舟不能渡。按黑河之狀，禹門以目驗得之，最爲詳確。然黑河即張掖河，自南山流至甘州衛，與弱水合。則鎮夷之黑水亦弱水矣。禹門從韓汝節以此爲界雍之黑水，非也。又西北出合黎山峽口，合黎山自甘州衛西，接鎮夷所界，其峽口即都司志所謂羌谷口也。蓋張掖河本名羌谷水，經此峽而出，因名羌谷口。又東北逕居延故城，又東北入居延澤。漢書：元狩二年，將軍去病、公孫敖出北地二千餘里，過居延。師古曰：居延，匈奴中地名也。韋昭以爲張掖縣，失之。張掖所置居延縣者。以安處所獲居延人而置此縣。括地志：居延故城在張掖東北一千五百三十里。唐志：張掖河西北出合黎山峽口。傍河東壖，屈曲東北行千里，有寧寇軍，故同城守捉也。軍東北有居延海，又北三百里有花門山堡，又東北千里至回鶻衙帳。史記正義云：弱水自合黎山，折而北流，經流沙磧之西，入居延澤。行千五百里。元志：亦集乃路在甘州東北一千五百里，城東北有大澤，西北俱接沙磧，乃漢居延故城。按此城太初三年路博德所築，亦曰居延塞，非居延縣也。班志以澤繫縣下未當。其下流不知所歸。據後漢書東夷傳：夫餘國北有弱水。晉書四夷傳：挹婁國東濱大海，北極弱水。唐書北狄傳：貞觀三年以奚國阿會部爲弱水州。則似弱水自居延澤東北流，歷夫餘、挹婁之北境，而歸於東海。其所行之遠，當亦不下黑水也。

合黎山自甘州衛西北，綿延而西，接高臺所界，又西接鎮夷所界。隋志張掖縣有合黎山。元和志：合黎山俗名要塗山，在張掖縣西北二百里。括地志云蘭門山一名合黎。誤。行都司志：合黎山在甘州衛北四十里，迤邐至鎮夷所石硤口三百里。一作合離。水經：合離山，在酒泉會水縣東北。注云：合黎山也。按漢會水縣故城在今肅州衛東北。十六國春秋：吕光遣吕纂討段業，戰于合離。「離」即「黎」字之訛也。羌谷水北至張掖縣合黎山下，與弱水合，故因山爲名，曰合黎水。是合黎水即弱水也。經所謂合黎，果主水而言，則其文當曰導弱水，西爲合黎之水矣。而經不然。傳曰水名，非也。

程大昌禹貢論曰：自西漢以來，指言弱水之地，其顯著者凡六，而班固地志已三出矣。條支，一也；酒泉、崑崙，二也；張掖删丹本桑欽説，以爲西至酒泉合黎，三也；自漢志以外，賈耽以張掖郡之張掖河當之，唐史以小勃律之娑夷河、東女之康延川當之。其多如此。臣惟取條支嬀水之西入西海者，以應經文，而他皆不取，爲其地望不與經合也。經曰「弱水既西」，桑、班、賈三家所稱，皆不出乎甘、肅兩州之間，其水未嘗西流，故臣深所不據。而本漢書初通西域時長老所傳條支弱水以爲經證，其水西流注于西海，以聲教訖于四海者槩之，故敢主其説。按史記大宛傳：大月氏居嬀水北，其南則大夏。漢書西域傳安息臨嬀水。是此水歷三國之境，而條支無之，何以知嬀水即弱水邪。蔡傳云：按通鑑：魏太武擊柔然，至栗水西行，至菟園水，分軍搜討；又循弱水西行，至涿邪山。則弱水在菟園水之西、涿邪山之東矣。事在宋文帝元嘉六年。北史載太武至菟園水，分軍搜討，東至瀚海，西接張掖水，北度燕然山。與通鑑小異。豈瀚海、張掖水於弱水爲近乎。程氏據西域傳以弱水爲在條支，援引甚悉。然長安西行一萬二千二百里，又百餘日方至條支。其去雍州如此之遠，禹豈歷窮荒而導其流也哉。其説非是。渭按：魏書：神麚二年，帝討蠕蠕，自黑山出沙漠，至栗水，緣水西行，過竇憲故壘，次于菟園水，去平城三千七百里，分軍搜討，東至瀚海，西接張掖水，北度燕然山，東西五千餘里，南北三千里。張掖水即張掖河，通鑑所謂弱水者也。瀚海與張掖水東西相距五千餘里，安得爲近。此皆不詳考之過。賈耽以張掖河當弱水是也。程氏乃以條支之嬀水爲禹貢之弱水。夫黑水入于南海，經志之矣。向使弱水果與條支之嬀水通爲一川，經何不言入于西海，而云餘波入于流沙乎。游談不根，蔡氏闢之當矣。而又引柳宗元之説，云西海之山有弱水。夫西海即條支國之所臨也。在柳則以爲然，在程則以爲否，何義乎？

韓氏禹貢詳略曰：弱水出自西海之山，西海今在西寧衛城西三百餘里，窮石之山當在其左右。自東而西一千五十里至甘州古張掖地，過合黎山。又五百一十里至肅州古酒泉地，又八百餘里至沙州古燉煌地，以上皆雍域也。又二萬餘里至條支，以入西海。蔡傳以此西海爲弱水所出，故非之。然荒遠之外，禹雖未嘗至，豈可以其未至而遽疑其非一水哉。則夫菟園水、涿邪山皆其所經過之地也，但遠之外夷，無可考其接續之所耳。渭按：柳説本山海經，西海之山即崑崙丘，弱水即郭注所謂不勝鴻毛者也。而林少穎云西海即鮮水，王莽置西海郡處。韓氏誤承其説，以爲在西寧衛西。凡塞外得止水則謂之海，非真海也。西海本名卑禾羌海，亦名青海，又名鮮水，在漢金城郡臨羌縣西北塞外。詳見導河積石下。隱測其地，當在删丹南數百里。然窮石一名蘭門山，括地志云在删丹縣南七十里，去青海尚遠，古未有謂此山在青海旁者。且青海在湟水之南，弱水果出其左右，勢不得越湟水、浩亹水而北至張掖也。韓氏云云，蓋由羌谷水亦名鮮水，其下流與弱水合爲張掖河，故遂以此鮮水爲西海，而窮石山亦在其左右耳。至其敍弱水之所經，自東而西至燉煌，又二萬餘里至條支入西海，謬妄尤甚。夫黑水，大川也，亘絶雍之西界，弱水流至燉煌，不滲入沙中，則注於黑水矣。其能越黑水而西南，以至條支入西海乎。今黑水既堙，亦不聞燉煌界中有水自流沙入西域者，其爲無稽之言審矣。且菟園水、涿邪山在張掖之東北，弱水出合黎峽口入居延澤者之所經也。韓氏亦錯認在西域，書生不諳地理，憑臆而談，徒來識者之笑耳。韓氏，雍産也。以雍人言雍水，世或謂必得其實，故詳辨之。

漢志觻音鹿。得縣下云：羌谷水出羌中，東北至居延入海，過郡二，行二千二百里。按羌谷水者，張掖河之上源也。其下流與弱水合，則弱水入居延海可知矣。過郡二者，張掖、酒泉也。自合黎山至居延海，行千五百里。遡其源而計之，則有二千二百里矣。就禹貢言出删丹者，爲弱水之正源；出觻得者，爲弱水之别源。正源，主也；别源，客也。志家徇今而忘古，往往主客易位。故云羌谷水入居延海，而删丹弱水之下，則闕而不言，讀者以意會可也。

餘波入于流沙。

傳曰：弱水餘波，西溢入流沙。顔氏曰：流沙在燉煌西。林氏曰：弱水溢其餘波，以被于流沙。猶導菏澤，被孟豬也。薛氏曰：流沙，大磧也。在沙州西八十里，其沙隨風流行，故名。陳氏曰：弱水之正者入合黎，其餘則入于流沙也。金氏曰：大抵西北之地，多是沙磧。史書所謂河沙諸國，佛書所謂沙界恒河沙是也。沙則水滲而下，如沙州以西，山北之地，即連流沙。弱水滲其下也。鄭氏曉曰：弱水正派至于合黎，過此無事疏鑿矣。其餘波入于流沙，聽其流衍耳。志合黎見其經流有所歸，志流沙見其支流有所洩。渭按：弱水入流沙，而謂之餘波。蓋時遇衍溢，則分泄於流沙，不常入也。其正流自合黎山峽口，東北入居延澤，故此云餘波。

水經：流沙地在張掖居延縣東北。注云：居延澤在其縣故城東，尚書所謂流沙，形如月生五日。弱水入流沙，流沙與水流行也。元和志：居延海即居延澤，其沙風吹流行，故曰流沙。按弱水自合黎峽口以北，水不爲患。禹治此水止於合黎，未嘗及其北。故雍州云「弱水既西」，而導水則有「入流沙」之文，無「入居延澤」之文。後人以目驗之，見弱水實入居延澤，則以是爲流沙云爾，亦莫計其在合黎之西，與合黎之東也。雖然經云「西被于流沙」，苟在居延，是北而非西矣。經豈有二流沙哉。若夫風吹流行，則磧中往往有之，未可以是定爲禹貢之流沙也。

通典：燉煌郡，古流沙地，其沙風吹流行，在郡西八十里。今爲嘉峪關外廢沙州衛地。衛在肅州衛西八百六里。楚辭招魂云：西方之害，流沙千里，旋入雷淵，靡散而不可止。山海經云：流沙出鍾山西行，又南行昆侖墟，西南入海。晉書：咸康元年，張駿使楊宣越流沙，伐龜兹。又苻堅建元十九年，吕光討西域，自高昌進及流沙三百餘里，無水，俄而大雨，得濟。魏書：太平真君中，沮渠無諱自敦煌度流沙，西據鄯善，其士卒經流沙，渴死者太半。九年，帝遣萬度歸自敦煌，以輕騎度流沙，襲鄯善，下之。周書：鄯善西北有流沙數百里，夏日有熱氣，爲行旅之患。風之欲至，唯老駝知之，即鳴而聚立，埋其口鼻於沙中，人每以爲候，亦即將氊擁蔽鼻口，其風迅駛，斯須過盡，若不防者，必至危斃。北史：自鄯善西至且末七百里而遥，且末國有大流沙數百里。裴矩西域記：自高昌東南去瓜州千三百里，並沙磧，乏水艸，四面茫然。唐書西域傳：吐谷渾西北有流沙數百里，夏有熱風，傷行人，風將發，老駝引項鳴，埋鼻沙中，人候之以氊蔽鼻口，乃無恙。郭義恭廣志：流沙在玉門關外，東西數百里，有三斷，名三隴云。渭按：以上諸書所言，皆禹貢之流沙也。自玉門、陽關出西域有兩道，從鄯善並南山，北渡河，行至莎車爲南道。是鄯善當流沙之路，故周書特繫之鄯善。金吉甫云：嘗問西域賈人識流沙否，曰識之。非惟沙流，石亦隨之流也。此沙西南出數千里。唐書吐蕃傳：河源東北直莫賀延磧尾殆五百里，磧廣五十里，北自沙州，西南入吐谷渾，寖狹，故號磧尾。隱測其地，蓋劍南之西此磧尾者，乃流沙之盡處也。又有白龍堆，在廢壽昌縣陽關之西，東倚三危，北望蒲昌，蓋亦流沙之屬。漢西域傳：鄯善本樓蘭國，最在東垂，近漢當白龍堆，乏水草。元始中，車師後王國有新道，出五船，北通玉門關，往來差近。戊己校尉徐普欲開以省道里半，避白龍堆之阸。贊曰：通西域近有龍堆，遠則葱嶺，此天地所以界別區域絶外内也。又有鳴沙山，在廢沙州衛南。通典：沙州燉煌縣有鳴沙山。五代史：高居誨使于闐記云：瓜州南十里鳴沙山，冬夏殷殷有聲如雷，即禹貢流沙也。明一統志云：古沙州城南七里有鳴沙山，沙如乾糖，天氣清朗，沙鳴聞數里外。夫三危、黑水皆在敦煌，而又有龍堆、鳴沙以爲之證，禹貢之流沙不在居延明矣。然弱水至敦煌滲入沙中，宜也。而自鎮夷所迄嘉峪關，亦不聞有西流出塞之水。以今驗古，殊爲可疑。嘗按高居誨云：自甘州始涉磧，磧無水。然則張掖郡界已有沙磧。高邑李濼曰：西北山高多風，不惟河水與沙俱流，抑且風勢與沙俱滚。余己丑往肅州時，過高臺所，竟日行沙漠之地。驛路僅辨馬跡，遇十數廢莊，墻垣尚在，房屋皆空。問之土人，云：此處風猛沙飛，院中擡沙如擡雪，遇一年西北風大，將一莊水田墩院半被沙埋。而平昔沙地，却被大風卷盡，露出腴田，因而别築莊院，引渠灌田，又成富庶。則流沙之名，不止沙州矣。此皆禹門所目驗而得之者。可見合黎之地，即是流沙。弱水餘波，從此西溢，滲入沙中，無迹可尋，而東北入居延之流，滔滔不絶，治尚書者安得不以其澤爲流沙也哉。近世經生，既不見西溢之故瀆，又不知有東北之正流，宜其倀倀而無所適從也。

經曰「餘波」，則必有正流在矣。説者皆忘此二字，但據雍州之文，則以爲弱水西流，而不知有東北流也。據導水之文，則以爲弱水逕合黎，入流沙，而不知其正流遶合黎山東北，以入居延也。蓋禹所施功者，止西流之道，故曰弱水既西。禹所循行者，止合黎山南，故曰至于合黎，入于流沙。然有「餘波」二字，則東北正流，仍未嘗抹摋，此化工筆也。世都憒憒，千年暗室，唯陳氏一言爲之炳燭矣。

〔丁晏曰：錐指于流沙謂正流入居延澤，其餘波别入流沙之地。案漢志張掖郡居延自注：居延澤，古文以爲流沙。水經禹貢篇同。元和志謂：居延海即居延澤，其沙風吹流行，故曰流沙。東樵泥于「餘波」之文，謂禹貢之流沙不在居延。背古文而創新説，非解經之善者也。〕

古之言弱水者不一。山海經：西海之南，流沙之濱有大山，曰崑崙之丘，其下有弱水之淵環之。郭璞曰：其水不勝鴻毛。史記大宛傳：安息長老傳聞有弱水西王母，而未嘗見。

漢書地理志金城臨羌縣：西有西王母石室，弱水、昆侖山祠。司馬相如傳：經營炎火而浮弱水兮，杭絶浮渚涉流沙。師古曰：弱水謂西域絶遠之水，乘毛車以渡者耳，非張掖弱水也。楚辭嚴夫子哀時命曰：擥瑶木之橝枝兮，望閬風之板桐。弱水汨其爲難兮，路中斷而不通。後漢書西域傳：大秦國西有弱水、流沙，西王母所居處，近於日所入也。十洲記：禹乘蹻車，渡弱水，祠上帝於北河。博物志：漢武帝時，西域胡來獻香，乘毛車以渡弱水。柳宗元愚溪對：西海之山有水焉，散涣無力，不能負芥，投之則委靡墊没，及底而後止，故名曰弱。史記正義：弱水有二源，皆出女國北阿耨達山，即崑侖也。南流合於女國東，去國一里，深丈餘，闊六十步，非毛舟不可濟，南流入海。舊唐書：東女國王居康延川中，有弱水南流，用牛皮爲船以渡。新唐書：東女國有弱水南流，縫革爲船。以上所言皆在絶域，史固云傳聞有之，而未嘗見。且鴻毛不勝，草芥難負，而顧可乘毛車皮船以渡乎？此齊諧志怪之流，不足深論，藉令有之，亦與禹貢之弱水無涉。而韓汝節乃曲護程大昌之説，以爲禹所導者，雖在雍地，而其水實與條支之弱水通爲一川。嗜痂之癖，吾所不解。

導黑水，至于三危，入于南海。

林氏曰：三危距南海凡數千里。禹導黑水至三危，即得其故道，遂從此以達南海。蓋其間數千里，不加人功修治，故經載此水至于三危，即曰入于南海也。薛氏曰：黑水至沙州燉煌縣，經三危山，流出徼外。書謂南流入海，其當時之所見邪。夏之西境，極於流沙，而知黑水之所歸，則當時即敍之戎大略爲可知也。渭按：黑水、三危並見雍州。梁之黑水，別是一川，非界雍之西者。黑水自三危以北，杜氏謂今已堙涸。自三危以南，則水行徼外，不可得詳，亦莫知其從何處入南海也。南海自揭陽以西至象林皆是，經所謂海，盡東海也。唯黑水所入爲南海，故言南以別之。

傳云：黑水自北而南，經三危，過梁州，入南海。正義云：地理志益州郡計在蜀郡西南三千餘里，故滇王國也。武帝元封二年始開爲郡。郡内有滇池縣，縣有黑水祠。止言其有祠，不知水之所在。鄭云：今中國無也。傳之此言順經文耳。案酈元水經：黑水出張掖雞山，南流至燉煌，過三危山，南流入于南海。然張掖、燉煌並在河北，所以黑水得越河入南海者。河自積石以西皆多伏流，故黑水得越而南也。渭按：滇池所祠之黑水即金沙江，與雍州無涉，說見梁州。山海經曰：灌湘之山，又東五百里曰雞山，黑水出焉，而南流注于海。見南山經。雞山不知在何郡，郭璞無注，而孔疏引水經以爲出張掖之雞山。顔師古注漢書同。檢今本無此文，蓋其書有散逸耳。太平御覽引張掖記曰：黑水出縣界雞山，亦名玄圃。昔有娀氏女簡狄浴於玄止之水，即黑水也。據此則雞山當在甘州張掖縣界，漢爲觻得縣地。今陝西甘州衛西有張掖河，即古羌谷水，出羌中，北流至衛西爲張掖河，合弱水，東北入居延海，俗謂之黑河。此水並不經三危入南海，安得以此爲禹貢之黑水邪！山海經明言南流注于海，必非東北入居延之張掖河，其雞山恐亦不在縣界也。

張守節史記正義引括地志云：黑水源出伊吾縣北百二十里，又南流二千里而絕。三危山在燉煌縣東南四十里。而又自爲之説曰：按南海即揚州東大海，岷江下至揚州東入海也。其黑水源在伊州，從伊州東南三千餘里至鄯州，鄯州東南四百餘里至河州，入黃河。且曰南海去此甚遠，阻隔南山、隴、岷之屬，當是洪水浩浩處，西戎不深致功，古文故有疏略。渭按：南海，焦弱侯以爲交趾、二廣之海是也。其在揚州東者，正謂之東海，焉得爲南海乎？今河州黃河之北，唯湟水合浩亹水入河，不聞有水自沙州東南流經鄯州至此入河者，所謂黑水將安在乎？黑水自三危南流，其當路之山，亦非隴、岷之屬。西戎荒遠，故禹功不及。三危以北之黑水，近爲雍界，何言不深致功？洪水浩浩，九州在處有之，古文所紀之水，豈皆疏略而不足信乎？且水之入河者，同歸於海，渭、洛入河，經書入河而不書入海，黑水果隨河而東，經安得書曰入于南海乎？瞽説欺人，真書田之稂莠，鋤而去之，斯爲快也。

易氏云：樊綽蠻書載蠻水之入南海者有四：西洱河與瀾滄江合，一也；麗水與瀰渃江合，二也；新豐川合勃弄諸水，三也；唐蒙所見盤江，四也。綽指麗水爲黑水，一名樣禅江；而羅些城北有山，即三危山。其水從羅些城三危山西南行，上流出於西羌、吐蕃，下流南至蒼望城，又南至雙王道勿川，有瀰渃江西南來會，南經驃國之東而入海。蔡傳云：樊綽謂西夷之水南流入于南海者凡四：曰區江、曰西洱河、曰麗水、曰瀰渃江，皆入于南海。其曰麗水者，即古之黑水也，三危山臨峙其上。渭按：蔡氏述蠻中四水，與易氏異。麗水諸家以爲即金沙江，出今麗江府界者。然金沙江有二：一即古繩水，東北流合若水。至僰道入岷江，不入南海；一在緬甸東，即明正統中王驥征麓川，兵抵金沙江，諸酋震怖，曰自古漢人無至此者也。綽云：麗水南經驃國，東入海。驃即緬，元史曰古朱波也。漢謂之撣，唐謂之驃。麗水從此入南海，其爲緬甸之金沙，而非麗江之金沙也明矣。此江東北距麗江府二千餘里，易氏謂樊綽所稱麗水即漾濞江，大謬。雲南諸巨川若漾濞、或作「裨」，又作「備」。瀾滄、潞一作「怒」。江，亦入南海。然其源皆在吐蕃河源之東，黑水勢不得越河而南與諸川會。唯緬甸之金沙，其源在河源之西，黑水自三危南流，或爲崑崙墟所阻，折而西南，絶莫賀延磧尾而南，合此水於驃國東入海，亦理之所有，綽説近是，但不當目此爲麗水耳。然驃國去梁州遠甚，苟以梁之西界亦即此水，則其地西被吐蕃，南跨雲南，極於交趾，方五六千里，以一州而兼五服之地，雖禹别九州，大小不拘，亦不應懸絶至此。余故謂界梁州者，當爲麗水，而緬甸之金沙江，縱是古之黑水，亦但可以其上源爲雍界，不可以其下流爲梁界也。

唐藝文志有樊綽蠻書十卷，注云：咸通蔡襲從事。今按懿宗咸通三年，以蔡襲爲安南都護，綽佐其幕時，南詔阻兵，綽所案行者，唯交趾地，目未窺滇，況梁與雍乎！故南詔改麗水曰金沙江，而綽遂與驃東入海之金沙江混而爲一。三危，雍州山也，而綽乃指南詔羅些城北一山爲黑水所經之三危，此無異睋目而道黑白，宋儒多襲其説，識何淺也。

蔡傳云：中國山勢岡脊，大抵皆自西北而來，積石、西傾、岷山岡脊以東之水，既入于河、漢、岷、江；其岡脊以西之水，即爲黑水，而入于南海。渭按：蔡氏以龍支之積石爲禹貢之積石，故其山南直西傾，又南爲岷山，而以岡脊分東西，岡脊以東之水皆入河、漢、岷、江信矣。若夫岡脊以西之水，則勢必入河，安得越河而西爲黑水以入南海乎。案圖而察之，粲然一笑也。

蔡傳述程大昌之論曰：樊綽以麗水爲黑水，恐其狹小，不足爲界。其所稱西洱河者，却與漢志葉榆澤相貫，廣處可二十里，既足以界別二州，其流又正趨南海。又漢滇池即葉榆之地，武帝初開滇嶲時，其地古有黑水舊祠，夷人不知載籍，必不能附會。而綽及道元皆謂此澤以榆葉所漬得名，則其水之黑似榆葉積漬所成。且其地乃在蜀之正西，又東北距宕昌不遠，宕昌即三苗種裔，與三苗之敍于三危者，又爲相應，其證驗莫此之明也。而傅同叔非之曰：程公駮酈道元等説，求漢志益州郡葉榆縣葉榆澤爲黑水之正源，又以滇池縣滇池澤爲黑水之下流，蓋以滇池澤傍有黑水祠爲證也。又據道元等敍載葉榆入海之地，在交趾麊泠縣，今化外瀼、陸等州。爲入南海之的，信其有驗也。而「黑水、西河惟雍州」，則雍州無黑水矣。故又求唐史東女弱水爲黑水之上源，東女之地正東以及東南，皆與今蜀茂、雅二州接境，則正在漢益州之北，去雍州河廓界地望甚順。東女弱水之來，即雍州鄰境也，遂以葉榆一水爲界梁、雍兩州，以應經「黑水、西河惟雍州」之文，信其善辯也。而東女弱水前此未有黑水之稱。稱黑水自程公始，其殆可深據乎。又孔穎達云：滇池有黑水祠，而不見水。程公乃疑更世既久，祠或移之他地，遥設而望祀，是亦臆度之説也。又三危山無所證著，以三苗遺種在宕昌，即今化外宕州。宕，達浪反。疑其當在東女弱水旁，凡此皆余所未敢執以爲實者也。渭按：程氏小變樊説，以葉榆水爲黑水之源，而又援滇池黑水祠以證。即如所言，此亦在梁域，去雍絶遠，而程氏必欲以一水貫二州，因復求東女弱水以爲葉榆黑水之上源，而三危山當在其旁，支離舛錯，至此而極。傅氏駮之，深得其輾轉附會之情。大昌之謬，甚於樊綽，杳溪之識，遠過九峯矣。葉榆本蠻語，與中國文義不同，安知爲榆樹之葉澤，以榆葉所漬得名。檢酈注無此言，蓋亦出樊綽、韓汝節云。此説尤不通，源之黑或由榆葉所漬，若流去數千里，其色尚不變，有是理乎？且他處黑水甚多，未聞皆有樹葉落其下也。宕昌國，唐爲宕州地，州南至扶州四百一十里，北至岷州二百五十里。蓋古梁州之北界。而程氏云葉榆在蜀之正西，東北距宕昌不遠。計宕州西南距大理凡三千餘里，而猶謂之不遠，豈生不見圖籍乎。且葉榆縣在益州郡西七百餘里，縣東有葉榆澤，其下流雖逕滇池縣南，而未嘗有黑水之稱，安得謂即其所祠黑水之源哉？周密齊東野語曰：程泰之以天官兼經筵，進講禹貢，闕文疑義，疏説甚詳，且多引外國幽奥地理。阜陵頗厭之，宣諭宰執云：六經斷簡，闕疑可也，何必强爲之説？且地理既非親歷，雖聖賢有所不知，朕殊不曉其説。想其治銓曹亦如此也。既而補外，其所謂多引外國幽奥地理者，蓋即條支嬀水、東女弱水之類，小辯破義，不惟無益於經，而且有害於經，坐此左官，非不幸也。

李元陽黑水辯曰：黑水之源，固不可窮，而入南海之水，則可數也。夫隴、蜀無入南海之水，唯今滇之瀾滄江、潞江，皆由吐蕃西北來，蓋與雍州相連，但不知果出張掖否？水勢洶湧，並入南海，豈所謂黑水者乎！然潞江西南趨，蜿蜒緬中，内外皆夷，其於梁州之境，若不相屬。唯瀾滄由西北迤邐向東南，徘徊雲南郡縣之界，至交趾入海。今水内皆爲漢人，水外即爲夷緬，則禹之所導以分別梁州界者，唯瀾滄足以當之。元史：至元八年，大理勸農官張立道使交趾，並黑水，跨雲南，以至其國。觀此則瀾滄之爲黑水益明矣。三危山即不在麗江，當亦不遠。大都爲論傳者，未嘗知三省地形，但謂隴在蜀之北，蜀在滇之東北，而禹貢言黑水爲梁、雍二州之界，又入南海，故不得不疑其跨河，知跨河非理，又不得不疑其堙涸。曾不知隴、蜀、滇三省，鼎足而立，隴則西南斜長入蜀，滇則西北斜長近隴，蜀則尖長入滇、隴之間，正如三足旛然。黑水之源，正在旛頭。故雍以黑水爲西界，對西河而言也；梁以黑水爲南界，對華陽而言也。蓋各舉兩端，若曰西河在雍東，黑水在雍西，華山在梁北，黑水在梁南云爾。渭按：元人以瀾滄江爲黑水，因指雲龍州東江上一山爲禹貢之三危。州屬蒙化府。不知與樊綽所云在羅些城北者，是一是二。要以雍州之山移之於雲南，其謬則均也。元陽大理人，自謂熟知其鄉之山川，據張立道事以證瀾滄之當爲黑水。瀾滄雖出吐蕃中，元陽亦嘗泝流而上，至燉煌之南，親見其與北來之黑水接續爲一川乎？若猶未也，謂此江與雍州相連，吾不敢信也。吐蕃河源直雲南麗江宣撫司西北一千五百餘里，而今闌滄之源近在麗江府西北五百餘里，其地居河源之東，黑水自三危而南，則必入于河矣，安能越河而南與闌滄相接以入南海乎？闌滄非雍州黑水之下流，又甚明也。

焦弱侯禹貢解云：孔穎達援水經曰：黑水出張掖雞山，南流至燉煌，過三危山，南流入于南海。蓋交趾、二廣之海也。今輿地圖肅州有黑水，南流至積石幾及三百里，不與積石河通，此爲禹貢之黑水無疑。但其去南海遼遠，而交南久棄，無從考其入海之道耳。是孔說其可信者也。然張掖在黄河之外，若入于南海，則亦當截河而過，不然當繞出星宿海之外，此諸儒紛紛求之於絶域也。樊綽之所案行者西南諸夷，而未及於西北，其所稱麗水西行入驃始得至南海，是得其下流而不知上源也。金仁山又謂瀘水即黑水，經雲南，至交趾，名歸化水，廣處如江，東南入海，而海道圖自名黑水口。按四川行都司城南有瀘山，即瀘水所出，而交趾海口，並無所謂黑水口，則金說不足信。要之，孔得其上源，樊得其下流。孔得所謂「至于三危」者，而「入于南海」之說未通；樊得所謂「入于南海」者，而「至于三危」之說未通也。

渭按：焦說近是。然雞山不知何在。自燉煌西北大磧，以至三危，不聞有黑水可以目驗而知之者，安見孔之果得其上源乎！麗水上源與三危之黑水，斷續總不可知，苟上源不接，則下流亦差矣，安見樊之真得其下流乎！肅州衛志云：衛西北十五里有黑水，自沙漠中南流，經黑山下，又南合於白水。白水在衛西南二十里，源出衛北山谷中，南流與黑水合。又有紅水在衛東南三十里，源出衛南山谷中，西流會於白水，入西寧衛之西海。然則此黑水合白水與紅水俱入臨羌僊海，未嘗過三危入南海也。而顧以爲禹貢之黑水乎！凡此類，弱侯特綱羅舊聞，而審擇則有所未遑也。瀘水源出建昌衛西北，南合繩、若二水，東北流入蜀江，不經交趾入海，宜其無黑水口也。金說實謬。

夏、殷之衰，雍州西北境皆爲戎翟所據，及周室東遷，舊都八百里之地，悉棄以予秦。秦染夷俗，諸侯擯之，不與中國會盟，輶軒之使，莫有過而問焉，況三危西裔之區乎！故屈原天問曰：黑水玄趾，三危安在？蓋自戰國時，此地之山川，已與崑崙、弱水同其渺茫，僅得之傳聞而無從目驗矣。秦火之後，載籍淪亡。漢興，治尚書者不能言黑水、三危之所在。武帝通西域，玉門、陽關之外，使者往來數十輩，不聞涉大川而西有可以當古之黑水者，故班志張掖、酒泉、敦煌郡下，並無其文。司馬彪亦無可言，至酈道元始云「黑水出張掖雞山」，而其所謂「南流至燉煌，過三危，入南海」，亦不過順經爲義，與他水歷敍所過之郡縣者，詳略相去遠矣。故杜佑云：道元注水經，鋭意尋討，亦不能知黑水所經之處。唐初魏王泰撰括地志，又云黑水出伊吾縣北，此與張掖雞山未知孰是。然其所謂南流絶三危者，竟亦不可復尋。按伊吾縣，唐伊州治也，本伊吾盧地，貞觀初内附，乃置郡縣。自甘州以至伊州，凡一千五百餘里，郵傳不絶，宦游之士，商旅之徒，與夫出使西域者，往來如織，而不聞言燉煌之西有黑水焉。此杜佑所以復有年代久遠，或至堙涸之説也。難者曰：黑水行及萬里，黄河之亞也，何至於堙涸。余曰：堙涸之故，嘗觀於黄河而知之矣。夫下流壅塞，則上流必決而徙道，水之常也。齊桓公時，九河填閼，下逮周定王五年，不過四五十歲，而全河南徙。鄴東之故大河，黎陽之宿胥故瀆，漢世已不可得詳矣。黑水當亦如此。蓋三危以南，禹功不及，易致壅塞，下流既然，則上流決而徙道從塞外行，不復經燉煌界中，此三危之西、鹽澤之東，所以終不見有黑水也。難者又曰：水即不至，其枯瀆寧無遺跡乎！曰：凡黄河既徙之後，其枯瀆風沙填塞，未幾而化爲平陸。況黑水經流沙之域，風吹沙擁，抑又甚焉，遺迹無存，固其所矣。周定王時河徙，史遷亦不能言，賴有周譜載其事，王横始得據此以推知禹河本從西山下，東北去。彼黑水者，不由中國入海，又雍西久没於戎翟，新流故道，夫孰爲紀之，而孰爲傳之邪！禹治黑水，不若治河之詳。河歷千六百餘年，而亦不免於徙，則黑水之改流較速，疑當在定王之前。自屈原已不能知，而況伏生輩乎！自古文尚書家已不能知，而況班固、司馬彪、酈道元、魏王泰諸人乎！至若樊綽、程大昌、金履祥、李元陽等，紛紛辨論，如繫風捕景，了無所得，徒獻笑於後人而已。

南海者，漲海也。秦置南海郡治番禺，其下縣揭陽，王莽改曰南海亭。蓋南海自此始。韓愈潮州刺史謝上表云：州南近界，漲海連天是也。謝承後漢書：交趾七郡土獻，皆從漲海出入。七郡謂南海、鬱林、蒼梧、交趾、合浦、九真、日南也。南史：扶南國東界即大漲海，海中有大洲，洲上有諸薄國。是東起揭陽，西訖林邑、扶南，東西相距六七千里，並稱漲海，即禹貢所謂南海者也。黑水繞出吐蕃河源之外，所向或正南、或東南、西南，皆未可知，而説者多以闌滄爲黑水，徒以東南至交趾入海，差近梁州之徼外耳。其實黑水下流之爲闌滄，與東南至交趾入海，既非出於古記，又非得之目驗，憑虚測度，終難取信，何如闕疑之爲善乎！合黎之北，禹未嘗身歷其地，則略而不言，而黑水獨言入于南海者，蓋「西戎即敍」之後，其人必有能言黑水之所歸者，故因而志之。

或問元世祖使都實求河源，當時若更遣一使與都實俱發，一窮河源，一求黑水，豈不甚善。曰求河源易，求黑水難。河源但自積石泝流而上，見其山下之水與吐蕃之河相接，則以爲源在吐蕃矣。黑水異於是，燉煌之西既無其迹，即逢黑水之源，安知爲古之過三危入南海者乎！三危以南，未悉其形，即逢入南海之流，安知爲古之出張掖過三危者乎！幽荒之域，載籍無徵，非若禹河之南徙，有周譜以紀其事；漢河之故瀆，有水經以詳其道也。雖復遣使，古今源流，無可參驗，亦何所得哉。

〔丁晏曰：錐指於導黑水下謂，秦置南海郡，今水經注脱此文。南海距張掖黑水絶遠，孫星衍今古文疏謂海即居延海之屬。太康地記云：河北得水爲河，塞外得水爲海，不謂大海也。此説近之。若如東樵南海之説，則今粵海距張掖之黑水、燉煌之三危不下萬有餘里。東樵亦謂水行徼外，莫知其從何處入南海，其辭支矣。且東樵略例言導水九章，唯黑水原委杳無蹤跡，又强爲之説，何也。」

雍州自禹貢黑水而外，有十黑水焉。一在今榆林衛西北，廢夏州界。水經注云：黑水出奢延縣之黑澗，東流，合奢延水入河。赫連勃勃築統萬城于黑水之南是也。沈氏筆談云：余奉使慶州，嘗宿大幕北黑山，山長數十里，土石皆紫黑，似今之磁石，有水出其下，所謂黑水也。蓋即出奢延縣者。一在今鞏昌府伏羌縣縣西，有落門聚。水經注云：渭水自落門聚至黑水峽，水出南山，北流入渭是也。一在今秦安縣。水經注云：黑水出黑城北，西南逕黑城西，至懸鏡峽，又西南合瓦亭川入渭是也。一在今延安府洛川縣。水經注云：黑水出定陽縣西山，東南流，逕其縣北，又東南合定水入河是也。一在今西安府盩厔縣。水經注云：就水出槐里縣南山，歷竹圃北，與黑水合，北流注于渭是也。一在今平涼府固原州北。志云：大黑水北流合小黑水，至寧夏衛入河是也。一在今慶陽府安化縣。志云：源出太白山，西南流經環縣、寧州，會九龍川，至西安府長武縣入涇是也。一在今延安府安定縣，合白水東流至延川縣入河。志云：舊置黑水堡，因水以名。宋元豐五年，种諤遣曲珍攻黑水安定堡是也。一在今行都司高臺、鎮夷二所境，即弱水，合張掖河，出塞入居延海者，俗謂之黑河，亦稱黑水是也。一在今肅州衛西北，自沙漠南流，合白水、紅水至西寧衛入西海。寰宇記云：酒泉縣有鴻鷺山。穆天子傳天子循黑水至于璧玉之山是也〔一〕。鴻鷺山今名嘉峪山，在肅州衛西。舊志云即璧玉山也。此皆水之小小者，不經三危入南海。韓汝節以在鎮夷者爲禹貢之黑水，焦弱侯以在肅州者爲禹貢之黑水，並誤。易氏曰：欲正主水，先清客水。弱、黑東爲中國病，禹先經理之，二川安流，而中國之川可以次第治矣。渭按：此主客先後之序，山齋就雍言之乎，抑統九州言之乎？就雍言之，則首治弱，末治黑，何以均客水也，而先後殊；統九州言之，則雍最高，治二水最後，而何以反居其先，皆於經旨不合。不知九水次第，乃循行先後之序，而非施功先後之序。時禹方在雍，水土功畢，乘舟案視，自弱水始，導至合黎，又西即爲黑水，導至三危，轉而東南爲積石，順道塗之便，故首弱次黑，以及于河，非先客後主之謂也。

【校勘記】

〔一〕寰宇記云酒泉縣有鴻鷺山穆天子傳天子循黑水至于璧玉之山是也 「璧」，今本太平寰宇記（金陵書局本）作「碧」。

禹貢錐指卷十三上

導河積石，至于龍門，

傳曰：施功發于積石，至于龍門。正義曰：河源不始於此，記其施功處耳。林氏曰：孔傳云：或鑿山，或穿地以通流。此説不然。使自積石而下，龍門而上，果有鑿山穿地之迹，則經無緣略而不載也。傅氏曰：自積石至于龍門，計應三千餘里。禹記河之所逕，疏闊若此者，以龍門而上，積石而下，地高而水不爲患，禹功所不加，故不言也。渭按：積石、龍門見雍州。導者，循行之謂。先儒皆以爲施功，故其説多誤。洪水爲帝都切近之災，龍門未闢，而先從事於積石，舍近圖遠，無是理也。辯見導弱水下。漢志金城郡河關縣下云：積石山在西南羌中，河水行塞外，東北入塞内。西域傳云：鹽澤水潛行地下，南出於積石，爲中國河。後漢縣屬隴西郡，志云：積石山在西南，河水出此，禹貢之積石也。段熲傳：自張掖追西羌，且鬭且行，四十餘日至河首積石山，出塞二千餘里。唐書：侯君集等追吐谷渾王伏允至星宿川，又達柏海，北望積石山，觀河源之所出。是皆河關縣西南羌中之積石。自隋大業二年平吐谷渾，於赤水城置河源郡，以境有積石山名。唐儀鳳二年，改置河源軍，在鄯州西百二十里。鄯州即西平郡，治湟水縣，今爲西寧衛治。又於澆河故城置積石軍，在廓州西南百五十里，廓州治化城縣，其故城在今西寧衛南一百八十里。元和志云：積石軍西臨大澗，北據黄河。即隋澆河郡所治。而積石之名遂移於塞内。杜氏通典云：積石山在今西平郡龍支縣南，即禹貢「導河積石」。蔡傳承其誤曰：地志積石在金城郡河關縣西南羌中，今鄯州龍支縣界也。閻百詩爲之辯曰：漢河關縣，宣帝神爵二年置。後梁呂光龍飛二年克河關，凡四百五十七年爲郡縣。後没入吐谷渾，遂不復，況積石又在其西南羌中乎。當在漢西海郡之外，是真當日大禹導河處。龍支縣近在今西寧衛東南八十里。本漢金城允吾音鉛牙。縣地。後漢爲龍耆音支。城。元和志：積石山在龍支縣西九十八里，南與河州枹音孚。罕縣分界。枹罕，今臨洮府之河州，積石山在州西北七十里，積石關則又在西北百二十里，所謂兩山如削，可流經其中，是較禹所導之積石河，隔千有餘里，豈在其縣界者乎！縣界之積石，乃小積石山，即酈注之唐述山耳。大小積石之名，莫明辨於唐人。魏王泰曰：大積石山在吐谷渾界，小積石山在枹罕縣西北。張守節曰：河自鹽澤潛行入吐谷渾界大積石山，又東北流至小積石山。李吉甫曰：河出積石山西南羌中，今人目彼爲大積石，此爲小積石。然則蔡傳當云何？曰：引地志下當云今鄯州西南塞外山也。漢在羌中，唐在吐谷渾界。今河州枹罕縣鄯州龍支縣界有積石山，雖河所經，非禹所導者。渭按：應劭云：析支東去河關千餘里，河首積石，南枕析支。則縣距此山亦千餘里可知矣。自東晉之後，縣爲吐谷渾所據，遂以枹罕爲華戎之界。故唐初太子賢注後漢書，誤認龍支之積石爲禹貢之積石。後漢桓帝紀：延熹二年，燒當等八種羌叛，寇隴右，護羌校尉段熲追擊於羅亭。破之。注云：東觀記曰：追到積石山，即與羅亭相近，今鄯州。三年燒當羌叛。段熲追擊於積石。大破之。注云：積石山在今鄯州龍支縣南，即禹貢「導河積石」是也。而中葉已知其非，獨杜佑不審耳。宋咸平四年，真宗指甘、沙、伊、涼等州圖謂輔臣曰：此圖載黃河所出之山，乃在積石外，與禹貢所述異。蓋亦以龍支之積石爲禹迹也。蔡氏承誤以釋經，學者宗之。故元都實窮河源，仍以廓州西南之積石州爲積石。州即唐積石軍。而至正中修宋史，其河渠志亦云：黃河自貴德西寧之境，至積石，經河州。昔郭景純注山海經曰：名實相亂，莫矯其失，習非勝是，終古不悟，此之謂矣。

〔丁晏曰：錐指於積石謂西羌塞外大積石山去小積石千餘里，去龍門應三千餘里。案：漢志金城河關下積石山在西南羌中，續郡國志隴西河關縣積石在西南，水經禹貢篇云積石在隴西河關縣西南，即今甘肅蘭州府河洲小積石山也。毛晃指南云：積石本無異說。元和志乃有大積石、小積石。大積石首受于闐河源，小積石在河、鄯之間。或謂大積石爲導河之始，然禹導江不過岷山，未嘗遠入西域。河源乃深跨羌、戎絶迹之地，説者流於荒誕不經也。萬斯同羣書疑辨云：唐置積石軍，今河州境。禹之導河始於此，過此即爲西域，不必導，且河不爲患也。惟唐張守節正義謂河源出吐谷渾界大積石山，又東北流至小積石山。夫張騫、都寔尋河源，皆不言經大積石。張氏果何所據而云然乎。蔣廷錫地理今釋云：積石山在今河州北，諸家多以此爲小積石，别有大積石。其實禹施功即此積石，更無所謂大積石也。東樵反駁蔡傳小積石之誤。至西羌大積石山，東樵亦莫能指其山所在，鑿空騖遠，抑又誣矣。〕

漢志馮翊夏陽縣下云：禹貢龍門山在北。劉昭注補郡國志云：太史公曰遷生龍門。韋昭謂在縣北也。水經注引魏土地記曰：梁山北有龍門山。後魏志夏陽縣有龍門山，隋改縣曰韓城，故括地志云龍門山在韓城縣北五十里。此河西之山，東與壺口隔水相望。通典云：同州韓城、絳州龍門二縣有龍門山，即禹所鑿。是河東亦有龍門山矣。然經所謂龍門在雍域，不在冀域。杜説本顔師古，辯見導山。

〔丁晏曰：錐指於龍門謂禹貢龍門在雍域，不在冀域，專指韓城之龍門。案：漢書司馬遷傳：遷生龍門。蘇林曰：禹所鑿龍門也。師古曰：龍門山，其東則在今秦州龍門縣北，其西則在今同州韓城縣北，而河從其中下流。通典同州韓城、絳州二縣有龍門山，即禹所鑿，初學記亦指絳州龍門，今絳州龍門山與韓城龍門對峙，龍門一山實兼二處言之，而河流其下。東樵知熊耳一山跨有盧氏、上雒之境，而不知龍門亦跨兩境，是知其一，未知其二也。〕

水經注：河自蒲昌有隱淪之證，重源出於積石之山，禹貢所謂導河自積石也。山在西羌之中，燒當所居。延熹二年，燒當犯塞，護羌校尉段熲討之，追出塞至積石山，斬首而還。司馬彪曰：西羌者，自析支以西，濱於河首左右居也。河水屈而東北流，逕於析支之地，是爲河曲矣。應劭曰：禹貢析支屬雍州，在河關之西，東去河關千餘里，羌人所居，謂之河曲羌也。河水又東自河曲逕西海郡南，漢平帝時，王莽諷羌獻西海之地，置西海郡。而築五縣焉。尋廢。按漢志：金城臨羌縣西北塞外有僊海、鹽池。古音西與僊同。僊海即西海也，一名卑禾羌海，亦曰青海又曰鮮水海。趙充國請治湟陿以西道橋。令可至鮮水左右。王莽誘塞外羌獻鮮水海、允谷鹽池是也。郡治龍夷城。在臨羌新縣西三百十里。元和志云：鄯州西至西海三百七十里。龍夷城即今西北三百五十里威戎城也。今爲西寧衛西塞外地。臨羌故城在衛西二百八十里浩亹河南。又東逕允川，而歷大榆、小榆谷北，羌迷唐鍾存所居也。永元中無復聚落。隃麋相曹鳳上言：大小榆谷土地肥美，又近塞内，有西海、鹽池之利，宜建復西海郡縣，規固二榆，廣設屯田，隔塞羌胡交關之路。從之。後羌反，遂罷。按允川在西寧衛西南塞外，大小榆谷即唐之九曲也，東去積石軍三百里，水甘艸良，宜畜牧。睿宗時，楊矩爲鄯州都督，奏請黄河九曲之地，以爲金城公主湯沐之所。吐蕃既得頓兵畜牧，又與唐境接近，自是復叛。至天寶中，哥舒翰爲隴右節度使，復收九曲，置澆河、洮陽二郡。高適作九曲詞以美其功。又東過隴西河關縣北，澆水從東南來注之。河水又逕沙州北，段國曰澆河西南一百七十里有黄沙。沙南北一百二十里，東西七十里，都不生艸木，沙州於是號焉。按「澆」經誤作「洮」，今據注改正。

丁晏曰：又水經河水篇：東過隴西河關縣北，洮水從東南來流注之。東樵于導河下引此文，據注改洮水爲澆水，不知下云「河水又東洮水注之」，此八字亦注文，俗刻本混爲經。東樵因誤分爲二條，此大惑也。説文水部洮水出隴西臨洮東，北入河。班志洮水出隴西臨洮。皆與水經洮水合，即今甘肅洮州廳南之洮水，東樵經、注淆亂，臆改爲「澆」，失之矣。」又東流入西平郡界，左合二川，後漢建安中，析金城郡臨羌等縣置西平郡，治西都縣。後魏置鄯州。隋改縣曰湟水，其故城即今西寧衛治也。元和志云：湟水縣本漢破羌縣地。又東逕澆河故城北，有古城東西角倚，東北去西平二百二十里。按南涼秃髮烏孤以河南地爲澆河郡，治此城。唐於此復置澆河郡，其東爲積石軍。又東逕石城南，昔段熲擊羌於石城，投河墮坑而死者八百餘人。按後魏石城縣，廢帝改曰化隆，唐改曰化城，廓州治焉。元和志云黄河在縣南八十里。又東北逕黄河城南，西北去西平二百十七里。又東逕邯川城南，有三水，導自北山，南逕邯川，注于河。按廢廓州城東南有邯川城，秃髮傉檀所置邯川護軍也。又東逕臨津城北、白土城南，左南津西六十里有白土城，在大河北，爲濟渡處。魏涼州刺史郭淮破羌遮塞於白土，即此矣。按臨津城在今河州西北一百二十里。隋曰臨津關。大業五年自將伐吐谷渾，出臨津關，渡黄河，至西平，即此城也。白土城在西寧衛南。又東左會白土川水，水出白土城西北，東南注於河。又東北右會二水，河北有層山，山甚靈秀，有石室曰積書巖，時見神人往還，俗不悟其仙，乃謂之鬼，彼羌目鬼曰唐述，因名唐述山。按西寧衛東南八十里有龍支故城，本漢允吾縣地。後漢置龍耆城，和帝以曹鳳爲金城西部都尉屯龍耆是也。後魏於此置北金城縣。西魏改曰龍支。元和志：積石山，一名唐述山，今名小積石山，在鄯州龍支縣西九十八里，河州枹罕縣北七十里。黄河在龍支縣西南六十里，枹罕縣北五十里。又東歷鳳林北。鳳林，山名，五巒俱峙。按鳳林在今河州北。隋志枹罕縣有鳳林山。元和志云：在縣北三十五里。又東與灕水合。灕水導源塞外羌中，東北流，逕石門山，疑即皋蘭山門。漢元狩三年，霍去病出隴西至皋蘭是也。灕水又東北逕枹罕縣故城南，又東北出峽，北注于河。地理志曰：灕水出白石縣西塞外，東至枹罕入河也。元和志：石門山在鳳林縣北二十八里，灕水西去縣二百步。按枹罕故城即今河州治，白石故城在州西。又東逕左南城南，石城南一百四十里有左南城。今在西寧衛東南。又東逕赤城北，即河夾岸也。秦州記曰：枹罕有河夾岸，岸廣四十丈。今河州西北赤岸戍是。又東洮水注之。沙州記曰：洮水出强臺山東。强臺，西傾之異名也。其水東北流。逕吐谷渾中，又東北逕曾城北，又東逕臨洮縣故城北，又北逕降狄道故城西，左會大夏川水。又北入河。地理志曰：洮水北至枹罕東入河是也。按曾城即臨潭故城，在洮州衛西南七十里。元和志云：城東北二面並枕洮水。臨洮故城即今岷州衛治。降狄道故城即今臨洮府西南狄道故城也。元和志：大夏縣西北至河州七十里。大夏川水經縣南去縣十步。近志云大夏河即灕水，謬也。又東逕金城允吾縣南，湟水從西來注之。允吾，金城郡治也。西有湟水，水出塞外，東南流，逕龍夷城，又東南逕卑禾羌海北，又東逕湟中城北，又東逕臨羌縣故城北，又東逕臨羌新縣故城南，又東逕西平城北，又東逕樂都城南，又東逕破羌縣故城南，又東與閤門河合，即浩亹河也。又東逕允吾縣北，又東逕允街縣故城南，又東注于金城河，即積石之黄河也。元和志：湟水名湟河，亦謂之樂都水，出青海東北亂山中，東南流，至蘭州西南入黄河。按蘭州本漢金城縣，允吾、浩亹、枝陽今皆在其境，州西百二十里有允吾故城，後漢光和六年，金城河水溢出二十餘里，即此河也，浩音誥，亹音門。又東逕石城南，謂之石城津。闞駰曰在金城西北。今蘭州西有石城津。又東南逕金城縣故城北，十三州志曰：大河在金城北門東流，梁泉水注之。按故城即今蘭州治。又東逕榆中縣北，昔蒙恬爲秦北逐戎人，開榆中之地，金城之屬縣也。章懷太子賢曰：榆中在金城縣東北。又東逕天水北界，苑川水出勇士縣南山，東北流，逕牧師苑，而北注于河。有東西二苑城，西城即乞佛所都也。按今靖遠衛西有苑川城。黄河自蘭州界東北流，越亂山中二百餘里，入衛界，始瀉落巨川如瀑布然，土人沿山引水，灌田甚廣。又北逕武威媪圍縣東北，今寧夏中衛西南有温圍水，下流入黄河。通鑑：晉咸寧五年，馬隆討涼州鮮卑，度温圍水。胡三省曰：漢武威郡有媪圍縣，此水或因以名「媪」譌「温」也。又莊浪所本漢武威郡地。宋元嘉十六年，魏主燾議伐涼州，李順等請自温圍水以西至姑臧。則此水當出媼圍縣界，縣在河西莊浪之東南，中衛之西南也。又東北逕天水勇士縣北，今靖遠衛西二百里有勇士故城。又東北逕安定祖厲縣故城西北，漢武帝元鼎五年，幸雍，遂踰隴，登空同，西臨祖厲河而還。即於此也。水出祖厲南山，北流注于河。按祖厲音罝賴，其故城在靖遠衛西南一百三十里。又東北逕麥田城西，又東北逕麥田山西，在安定西北六百四十里。按麥田城在靖遠衛北。晉咸和四年，乞伏述延見趙亡，懼，自苑川遷于麥田，即此。又東北高平川水注之。即苦水也。水出高平大壟山苦水谷，東北流，逕高平縣故城東，又北出秦長城，又北逕廉城東，又北逕三水縣西，西南去安定郡三百四十里，其水又北入于河。元和志：秦長城在平高縣北十里。按今平涼府莊浪縣西二十里有苦水川，自靜寧州流入，又北入鎮原縣界爲高平川。高平故城在今固原州西二里，建武八年光武討隗囂進至高平第一城是也。又東北逕眴卷縣故城西，地理志曰：河水別出爲河溝，東至富平北入河，河水於此有上河之名。按眴卷音旬箘，其故城在今寧夏中衛東，唐爲靈州鳴沙縣地。又北逕北地富平縣西，河側有兩山相對，水出其間。即上河峽，世謂之青山，亦稱峽口。今寧夏衛西南一百四十里有峽口山。又北逕富平縣故城西，北地都尉治，今在靈州所西南。又北逕薄骨律鎮城，城在河渚上，赫連果園也。唐朔方節度治所。元和志：靈州理迴樂縣，本漢富平縣，縣枕黃河。後魏刁雍爲薄骨律鎮將，上表請開富平西三十里艾山舊渠，通河水，溉公私田四萬餘頃，人大獲其利。又薄骨律渠，在縣南六十里，溉田千餘頃。靈武縣東南至靈州十八里。黃河自迴樂縣界流入。漢渠在縣南五十里，從漢渠北流四十餘里始爲千金大陂，其左右又有胡渠、御史、百家等八渠，溉田五百餘頃。按五代唐長興中，朔方帥張希崇亦引河渠興屯田，以省漕運，民夷愛之。今靈州所境田多沃饒，恒無暵涸之患，賴黃河之灌溉也。又逕典農城東，又逕北典農城東，二城皆上河典農都尉馮參所治也。在今靈州所界。又東北逕廉縣故城，漢屬北地郡，其故城當在今所西南。又北與枝津合。水受大河，東北逕富平城，所在分裂以溉田圃，北流入河。

今無水。又東逕渾懷鄣西，元和志：懷遠縣在靈州東北，隔河一百二十里。廢靈武城在縣東北，隔河一百里。其城本蒙恬所築，古謂之渾懷鄣。又東北歷石崖山西，山石自然有文，若戰馬之狀，亦謂之畫石山。今在平羅所東。又北逕朔方臨戎縣西，河水東北逕三封縣故城東，在臨戎縣西一百三十里。按三封屬朔方郡，其故城在今榆林衛界。廢夏州西南，長澤縣北二十里。又北逕臨戎縣故城西，舊朔方郡治。又東逕沃野故城南，元和志：沃野故城在天德軍城北六十里，即後魏六鎮從西第一鎮也。刁雍上表云：臣鎮去沃野鎮八百里，道多深沙，輕車往來，猶以爲難。又北屈南河出焉。見後。又北迤西溢於窳渾縣故城東，朔方西部都尉治，自縣西北出雞鹿塞。漢甘露三年，董忠送呼韓邪單于出雞鹿塞；後漢永元初竇憲出雞鹿塞伐匈奴是也。城今在廢夏州西北。又屈而東流爲北河，漢元朔二年，衛青絶梓嶺，梁北河。杜佑曰：河經靈武郡西南便北流，凡千餘里，過九原郡乃東流，漢人謂之西河。自九原以東，漢人謂之北河。然北河之名，秦已有之。史記：惠文王後五年，遊北河；昭襄王十八年，又之上郡北河是也。東逕高闕南，史記：趙武靈王自代並陰山下至高闕爲塞。山下有長城，長城之際，連山刺天，其山中斷望若闕焉，故有高闕之名。漢元朔四年，衛青敗右賢王於高闕，即此處也。按高闕在廢豐州城西黄河外。劉昫曰：高闕北距大磧口三百里。又東逕臨河縣故城北，城在今榆林衛西北。又東逕陽山南，漢書注曰：陽山在河北。指此山也。北假，地名。自高闕以東，夾山帶河，陽山以西，皆北假也。史記：秦使蒙恬北擊胡，渡河取高闕，據陽山北假中是也。按陽山即陰山也，山在中國之極北，故名陰山。水北曰陽，山在河水之北，故亦謂之陽山。徐廣云「陰山在河南，陽山在河北」，非也。漢書：侯應曰：北邊塞至遼東，外有陰山，東西千餘里，艸木茂盛，多禽獸，本冒頓依阻其中。治作弓矢，求出爲寇，是其苑囿也。孝武出師征伐，斥奪此地，攘之於幕北，建塞徼，起亭隧，築外城，列屯戍以守之。然後邊境得用少安。計陰山緜亙千餘里，直抵遼東，非河南所能容，益信徐説之謬。又南屈逕河目縣左，括地志云：五原郡河目縣故城在北假中。北假在河北，今屬勝州銀城縣。漢書王莽傳云：五原北假，膏壤殖穀。又南合南河，上承西河，東逕臨戎縣故城北，又東逕臨河縣南，又東逕廣牧縣故城北，流二百許里，東會于河。又南逕馬陰山西，史記音義曰：五原安陽縣北有馬陰山。又東南逕朔方縣故城東北，漢朔方郡治。元和志什賁故城在夏州朔方縣理北，即漢朔方縣之故城。詩所謂「王命南仲，城彼朔方」，是也。漢武帝元朔二年，收河南地置朔方、五原郡，使校尉蘇建築朔方，亦謂此。自漢至今，常爲關中根植。什賁之號，蓋蕃語也。無定河一名朔水，一名奢延水，源出縣南百步。赫連勃勃於此水之北、黑水之南，改築大城，名統萬城。酈道元云：蒸土加功，雉堞雖久，崇墉若新。又東轉逕渠搜縣故城北，朔方中部都尉治。在廢夏州北，此非禹貢之渠搜。説見雍州。又東逕西安陽故城，漢屬五原郡，城在廢豐州東北。又東逕田辟城南，漢志五原郡成宜縣下云：中部都尉治原亭，西部都尉治田辟。辟讀曰壁。原亭、田辟蓋皆縣界之地名。又東逕成宜縣故城南，城在廢豐州界。又東逕原亭城南，五原中部都尉治。又東逕宜梁縣故城南，五原西南六十里，世謂之石崖城。今在廢豐州東。又東逕稒陽城南、河陰縣故城北，稒陽城即稒陽塞，在稒陽縣西北。後漢永元初，竇憲出雞鹿塞，鄧鴻出稒陽塞，即此城。河陰，漢屬五原郡。又東逕九原縣故城南，秦置九原郡治此。漢元朔二年更名五原。秦始皇逐匈奴，並河以東，屬之陶山，築亭鄣，爲河上塞。徐廣曰：陶山在五原北。元和志：敬本古城在中受降城北四十里。鄭虔軍録曰：時人以張仁愿河外築三城，自古未有。敬本城周一萬八百七十二步，壕塹深峻，亦古之堅守。賈耽古今述曰：以地理求之，前代九原郡城也。又東逕臨沃縣南，又東石門水南注之。水北出石門鄣，東南流，逕臨沃縣東，注于河。按臨沃屬五原，當在稒陽縣西。又東逕稒陽故城南，五原東部都尉治。在榆林衛廢勝州西南。漢志：稒陽縣北出石門障，得光禄城。太初三年，光禄徐自爲出五原塞。築亭障，西北至盧朐山，謂之光禄塞，即此。按中受降城本秦九原郡地，唐置天德軍。元和志云：武川城在軍北三百里。後魏六鎮從西第三鎮也。自北出石門障，即光祿城，古入匈奴大路，又東逕塞泉城南，又東逕雲中楨陵縣南，又東逕沙南縣北，河水南入楨陵縣西北緣胡山，歷沙南縣東北兩山二縣之間而出。余以太和中從高祖北巡，親所經涉，縣在山南，北去雲中城一百二十里，縣南六十許里有東西大山，山西枕河。河水南流，脈水尋經，殊乖川去之次。按緣胡山今在山西平鹵衛西北，黄河西來折而南流處。楨陵即廢東勝州也，其故城在衛西北河東岸。沙南故城在西岸榆林塞外，唐爲勝州地。經文當云「又南逕雲中楨陵縣西，又南逕沙南縣東」，則與酈元所見者符矣。從縣東屈南，逕沙陵縣西，白渠水注之。水出塞外，西南流入河。沙陵，漢屬雲中郡。又南逕赤城東，又南逕定襄桐過縣西。河水於二縣之間，有君子濟。今在平鹵衛西。又南樹頹水注之，水出東山，西南流，至沃陽故城西，而南注于河。沃陽，漢鴈門西部都尉治。又南大羅水注之。水上承樹頹河，南流西轉，逕武縣故城南，又西南注于河。武縣在善無西百五十里。又左得湳水口，水出西河郡美稷縣，西流合吕梁洪水，而注于河。按平鹵衛西有吕梁山，湳水口當在今河曲縣西北天橋峽也。又南逕西河圁陽縣東，圁水注之。水出上郡白土縣圁谷，東逕圁陰縣北，又東逕圁陽縣南，又東注于河。按今米脂縣西北有圁陰故城，圁陽當在其東北也。圁音銀。史記：晉文公攘戎翟，居於圁洛之間，即此水。又南諸次之水入焉。水出上郡諸次山，東逕榆林塞入長城，又東注于河。按榆林塞在廢勝州南界，亦謂之長榆。又南逕離石縣西，奢延水注之。水西出奢延縣西南赤沙阜，東流合黑水，又東合走馬水，又東入于河。離石，今永寧州。奢延故城在廢夏州西南。又東逕土軍縣西，漢屬西河郡。今爲石樓縣。又南逕上郡高奴縣東，今膚施縣北百里有金明城，即漢高奴縣也。又南逕河東北屈縣西，即夷吾所居邑。今吉州北二十里有北屈故縣。又南爲採桑津，春秋：僖公八年，晉里克敗狄于采桑是也。又南逕皮氏縣西，今河津縣西有皮氏故城。書序「祖乙圮于耿」，即此。北屈故城西十里有風山，元和志風山在慈州吉昌縣北三十里。風山西四十里有孟門山。淮南子曰：龍門未闢，吕梁未鑿，河出孟門之上，大溢逆流，無有丘陵高阜滅之，名曰洪水。大禹疏通，謂之孟門。孟門即龍門之上口也。實爲黄河之巨阨。此石經始禹鑿，河中漱廣，夾岸崇深，傾崖返捍，巨石臨危若墜，復倚其中，崩浪萬尋，縣流千丈，鼓若山騰，迄於下口，方知慎子下龍門，流駛竹箭，非駟馬之追也。魏土地記曰：梁山北有龍門山，大禹所鑿，通孟津河口，廣八十步，巖際鐫迹，遺功尚存。以今輿地言之，河自大積石山東北流，逕陝西西寧衛西南塞外，至河州西七十里入塞，衛在行都司東南七百餘里，黄河西自塞外流入，經衛之東南，與河州分水。州在臨洮府西一百八十里，西至生番界七十里。有小積石山，兩崖如削，河流其中，西南去大積石山千餘里。又東北逕州北，合灕水，又東北合洮水，二水已見上文。又東北逕蘭州西南，湟水合浩亹水自西來注之。州在臨洮府北二百十里，黄河去州二里，闞駰所謂金城河也。湟水自州西一百八十里入河。唐書吐蕃傳：湟水出蒙谷，抵龍泉與河合。河之上流，由洪濟梁西南行二千里，世舉謂西戎地曰河湟。又東北逕州北，夾河有灘，宜播五穀，引河灌溉，甚爲民利。又東北逕金縣北，縣在蘭州東九十里，黄河去縣六十里。又東北逕靖遠衛北，舊名靖虜，屬陝西都司。本漢鸇陰縣地。後漢建初中，趙沖追擊叛羌於鸇陰河，即此。衛北有韋精山，黄河自金縣亂山中來，至衛西南百里烏蘭關，漢祖厲縣地也。唐置烏蘭縣，屬會州，有黄河堰。刺史安敬忠所築，以捍河流。又東北逕寧夏中衛南，衛屬陝西都司。黄河去衛十五里，地勢稍平，河流益盛。衛東南一百五十里有鳴沙城。西枕黄河，人馬行經此，沙隨路有聲，故號鳴沙。又東北逕靈州所北，所在寧夏衛南少西九十里。本漢靈洲、富平二縣地。舊志云：黄河千里一曲，自澆河至故眴卷縣率東北流，至富平始曲而北流，亦謂之河曲。折而北逕寧夏衛東南，衛屬陝西都司。宋爲懷遠鎮。乾興二年，李德明城此爲興州以居。景祐中，元昊升爲興慶府。衛西至賀蘭山邊界六十里，北至鎮遠關邊界二百里，東至榆林衛界三百五十里。黄河去衛四十里。元和志：保静縣西南至靈州六十里，本漢富平縣地。賀蘭山在縣西五十三里，東望雲山形勢相接〔一〕，迤邐向北經靈武縣，又西北經保静縣西，又北經懷遠縣西，又北逕定遠城西，又東北抵河。其抵河之處亦名乞伏山，在黄河西，從首至尾，有像月形，南北約長五百餘里，真邊城之巨防。山之東，河之西，有平田數千頃，可引水灌溉，如盡收地利，足以贍給軍儲也。顧景范云：自寧夏以上，民多穿渠溉田，而寧夏之利尤博。蓋上流勢少緩，無溢決之患。且泥沙未甚，故引河爲宜也。又北逕平羅所東，舊名平虜，在寧夏衛東北一百二十里。河去所十五里，賀蘭山在所西六十里，鎮遠關在所北六十里。又北逕榆林衛西，出塞逕廢豐州西，衛本漢上郡龜兹縣地。金、元爲米脂縣地，名榆林莊。明正統二年，築榆林城，天順七年置榆林衛治焉。北至邊牆十里，其外皆戰國時雲中、九原地也。黄河自靈州所横城堡西，折而北逕寧夏平羅入衛界。廢豐州城在衛西北塞外七百里。本漢朔方郡之廣牧縣，後魏爲懷朔鎮，隋始置豐州治九原縣。明初廢。杜佑曰：豐州西至黄河百三十里，北至黄河四十里，東北至黄河八十里。折而東逕三受降城南，元和志：三受降城，景雲三年朔方總管張仁愿所置也。先是朔方軍北與突厥以河爲界，河北岸有拂雲堆神祠，突厥將入寇，必先詣祠祭酹求福，因牧馬料兵而後渡河，時突厥默啜盡衆西擊突騎施娑葛，仁愿奏請乘虚奪取漠南之地，於河北築三受降城，首尾相應，絶其南寇之路。從之。六旬而三城俱就，以拂雲祠爲中城，與東西兩城相去各四百餘里，遥相應接。北拓三百餘里，於牛頭、牟那山北置烽堠一千八百所〔二〕，自是突厥不得度山放牧，朔方無復寇掠，減鎮兵數萬人。顧景范云：中城在廢夏州北八百里，西城在廢豐州北八十里，東城在廢勝州東北二百里。今按東城本漢定襄郡之盛樂縣，後魏嘗都此。唐置振武軍，元和六年以韓重華爲振武營田和糴水陸運使，重華請募人爲十五屯，屯置百三十人，而種百頃。令各就高爲堡，東起振武，轉而西過雲中界，極於中受降城，出入河山之際六百餘里，屯堡相望，寇來不能爲暴，人得肆耕其中，少可以罷漕輓之費。朝廷從其議。秋，果倍收，歲省度支錢千三百萬。見韓愈送重華歸所治序。折而南逕廢勝州東入塞。其東岸則平鹵衛，廢勝州城在榆林衛東北四百五十里。本漢雲中、五原二郡地。隋置勝州治榆林縣。元和志云：北近榆林，即漢之榆林塞。雲中故城在縣東北四十里。東受降城在縣東北八里。榆林關在縣東三十里，東北臨河。自夏州朔方縣流入，又經河濱縣東十五步，闊一里，不通舡楫，即河濱關，渡處名君子津。杜佑曰：勝州東至黃河四十里，北至黃河五里，西北至黃河二十里。平鹵衛在山西大同府西少南二百四十里，明置。本漢鴈門郡之武州縣，隋、唐以後爲朔州地。元和志：黃河在朔州鄯陽縣西三百里。遼自河西移置勝州於此，曰東勝州。其故城在今衛西北。元志云：唐徙東受降城於綏遠烽南。即今州治也。明洪武初，改建左右二衛，兵民皆耕牧河套中，寇益稀少。二十六年城東勝。永樂初移就延綏，其地遂墟。今按自廢豐州西至廢勝州東，黃河三面圍繞之地，周數千里，謂之河套。周曰朔方，秦曰新秦，漢爲朔方郡地。隋、唐爲豐、勝二州地。明爲榆林衛北境。自國初舍受降而衛東勝，已失二面之險。其後又撤東勝，以就延綏，則外險盡失，寇來莫禦。天順六年，元孽毛里孩、阿羅山、孛羅出三部，始入居河套，屢爲邊患。隆慶中，吉能以俺答内附，亦來款塞，因而羈縻之。本朝屬理藩院。榆林新志曰：河套之地，南抵邊牆，北濱黃河，遠者八九百里、六七百里，近者亦一二百里。唯黃甫川之南焦家坪及娘娘灘、羊圈渡口爲最近云。又南逕府谷縣東，其東岸則河曲縣、保德州，府谷在陝西葭州東少北三百四十里。黃河南流，逕黃甫川東九里入縣界，又南逕縣東，去縣百步。河曲在山西太原府西北五百二十八里。黃河在縣西北。府志云：自縣東北故東勝州境，轉而西南流八十里，至縣西北平泉村，復轉西流九十里，至天橋峽，又南流入保德州界。偏頭關在縣東北一百十里，東接鴉角山，西逼黃河，其地東仰西伏，因名偏頭。保德在府西北五百里。黃河在州西北一里。迆西逕神木縣南，又南逕葭州東，其東岸則興縣，神木在葭州東北一百二十里。黃河去縣十里。葭州在延安府東北五百八十里，黃河去州一里。興縣在太原府岢嵐州西一百五十里，黃河在縣西五十里。元和志：嵐州合河縣，黃河在縣西二里。按今興縣西北五十里有合河故城。舊志云：山西自河曲至蒲津千五百里，俱鄰陝西，河最狹，而於神木渡河爲尤易。又南逕吴堡縣東，又南逕綏德州東，其東岸則臨縣、永寧州、寧鄉縣，吴堡在葭州南八十里，黄河去縣一里。綏德在延安府東北三百六十里，黄河去州一百二十里。無定河在州城東，即古奢延水，以潰沙急流，深淺不定，故名。臨縣在山西汾州府西北三百里，黄河在縣西八十里。永寧州在府西少北一百二十里。寧鄉在州西南五十里，黄河並在其西。元和志：石州平夷縣，黄河西去縣一百四十五里。定胡縣，黄河去縣西二百步。按平夷故城即今寧鄉縣治。定胡當在永寧州界。永寧本石州，明隆慶三年更名。又南逕清澗縣東，又南逕延川縣東，又南逕延長縣東，其東岸則石樓縣、永和縣、大寧縣，清澗在延安府東北二百三十五里，黄河去縣百里。延川在府東北二百里，黄河去縣四十五里。延長在府東少南百五十里，黄河去縣三十五里。元和志：延州延水縣，黄河在縣東八里。門山縣，黄河在縣東三十五里。按延水故城在今府東北一百十里。門山故城在府東南一百八十里。石樓在汾州府西少南二百六十里，黄河在縣西九十里。永和在山西平陽府隰州西九十里，黄河在縣西六十里。大寧在州西南九十五里，黄河在縣西六十八里。孟門山在縣西南八十里，與吉州分山。又南逕宜川縣東，其東岸則吉州鄉寧縣，宜川在延安府東南二百八十里，黄河去縣八十里。元和志：丹州汾川縣，西南至州七十里，黄河在縣北七里。河岸頓狹，狀似槽形，鄉人呼爲石槽。蓋禹治水，鑿石導河之處。石槽長千步，闊三十步，懸水奔流，黿鼉魚鼈所不能游。按汾川故城在今宜川縣東七十里。孟門山在縣東南二十里，黄河西岸。山勢綿延，與吉州孟門山參差相接，即文城故縣西南三十六里河中之石槽山也。吉州在平陽府西二百四十里，黄河在州西六十里。壺口山在州西南七十里。鄉寧在州東南六十里，黄河在縣西七十九里。又南至韓城縣東北，龍門山在焉。其東岸則河津縣，韓城在西安府同州東北二百里，黄河去縣十五里。龍門山在縣北五十里。河津在平陽府蒲州東北二百里，黄河在縣西。元和志云：去縣二十五里即龍門口。三秦記曰：河津一名龍門，水陸不通，魚鼈之屬，莫能上。江海大魚集龍門下數千，不得上。上則爲龍，故曰曝鰓龍門。水經注曰：其魚出鞏縣鞏穴，每三月則上渡龍門，得渡爲龍，否則點額而還。此「導河積石，至于龍門」之所經也。

蔡傳：李復云：同州韓城北有安國嶺，東西四十餘里，東臨大河，瀕河有禹廟，在山斷河出處。禹鑿龍門，起於唐張仁愿所築東受降城之東，自北而南至此山盡，兩岸石壁峭立，大河盤束於山峽間千數百里，至此山開岸闊，豁然奔放，怒氣噴風，聲如萬雷。余按舊説禹鑿龍門，而不詳其所以鑿，誦説相傳，但謂因舊脩闢，去其齟齬，以決水勢而已。今詳此説，則謂受降以東，至于龍門，皆是禹新開鑿。若果如此，則禹未鑿時，河之故道不知却在何處，而李氏之學極博，不知此説又何所考也。渭按：安國傳言禹治河，或鑿山，或穿地以通流。此亦有所本。鑿山即闢龍門，穿地即鑿吕梁也。但不當云起自積石耳。穎達復爲之説曰：釋水云：河千里一曲一直。則河從積石北行，又東乃南行至于龍門，計應三千餘里。龍門、底柱鑿山也，其餘平地穿地也。言自龍門以下亦然，則其所穿鑿更遠矣。李復謂起自東受降城，較安國所言爲近。然計東城至安國嶺，亦有千四五百里。如必須處處穿鑿，豈人力所能及。禹勞民亦不應至此，而二孔之妄，又無論矣。總由以導爲施功，遂積誤相承而不覺耳。至其所謂鑿山穿地者，亦只是因舊修闢，非本無水道而始開之。蔡氏云云，則又疑所不當疑也。

孔疏謂積石在龍支，又據釋水之文，故云「至龍門三千餘里」。然其實不止於此，約計有四千三百餘里。若禹貢之積石，更在龍支縣西南塞外一千二百餘里，則自積石至于龍門，當有五千五百餘里也。龍門以下，記河行方向甚詳，而其上絶不言方向。蔡傳云：荒遠其所略也。今按龍門以上，禹功所不加，故數千里之河，總括爲一句。河自積石東北流，至寧夏折而北，至廢豐州折而東，至東受降城折而南，方向不一，難於屬辭，故略之，非爲荒遠也。河自積石至龍門，所行皆雍州之域，不可謂荒遠。宋人見朔方、西涼不入其版圖，遂以荒遠目之耳。

禹導自積石爲中國河，其水不復行戎翟之境。及三代之季，雍州西北二隅，每爲戎翟所侵。秦、漢以來，屢復屢失。大抵河湟之外，悉屬羌渾，雲中、五原盡歸獯鬻。河行其間，出且入者再。唐之中葉，吐蕃盛强，盜有隴西州縣，遠近有司，不復傳。宰相賈耽乃繪布隴右山南九州，具載河所經受，爲圖曰吐蕃黄河録，貞元十四年上之。藝文志有賈耽吐蕃黄河録四卷。其繫之吐蕃者，蓋本中國河行之地，而時爲吐蕃所據。耽志存經略，故詳著之，非謂河源之在積石外者也。宋世亦陷吐蕃及西夏。元乃混一，罔不賓服。明仍以河州爲入塞之始，而天順六年元孽毛里孩等入居河套，覊縻不絶。以迄於今。漢雲中、五原二郡地，遂不登版圖。黄河之行其境者，世將不知爲弼成之所及，而州縣舊蹟，置之不問矣。故余解導河於大積石以下，黄甫川以上，備攷古記，敍次特詳。

附論河源

山海經曰：槐江之山，丘時之水出焉，而北流注於泑水。實惟帝之平圃，南望崑崙，其光熊熊，其氣魂魂。西南四百里，曰崑崙之丘，是實惟帝之下都。河水出焉，而南流注于無達。赤水出焉，而東南流，注于氾天之水。洋水出焉，而西南流注于醜塗之水。黑水出焉，而西流注于大杅。是多怪鳥獸。又曰積石之山，其下有石門，河水冒以西南流。郭璞注云：下都，天帝都邑之在下者。河水出山東北隅，赤水出山東南隅，洋水出山西北隅，黑水亦出山西北隅。無達、氾天、醜塗、大杅皆山名。冒猶覆也。積石山在今金城河關縣西南羌中，河水行塞外，東入塞内。

渭按：此第二卷西次三經文也。是書山川之方鄉里至，不可爲典要，後世無從測算。崑崙疑當在西域，而不知其在何國，去玉門、陽關凡幾許也。

又曰：海内崑崙之墟，在西北，帝之下都。崑崙之墟，方八百里，高萬仞。赤水出東南隅，以行其東北，西南流注南海厭火東。河水出東北隅，以行其北，西南流入渤海，又出海外，即西而北，入禹所導積石山。洋水、黑水出西北隅，以東，東行，又東北，南入海，羽民南。弱水、青水出西南隅，以東，又北，又西南，過碧方鳥東。郭注云：言海内者，明海外復有崑崙山。方八百里，高萬仞，謂其墟廣輪之高卑耳。自此以上，二千五百餘里，上有醴泉華池，去嵩高五萬里。蓋天地之中也。見禹本紀。吳任臣廣注云：此文王崇慶疑其重出，非有二崑崙也。

按此第十一卷海内西經文也。其山即西次三經之崑崙，唯多弱水、青水耳。海内，謂西海之内。郭注云海外復有崑崙者，即大荒經之所言也。是書非一時一手作，故文多冗複，謂此條重出者，近是。但考其河行之方鄉，自崑崙東北隅，西流，逕其北，又西南出渤海外，又西轉北，入禹所導積石山，則崑崙反在積石之東矣，有是理乎？

又曰：西海之南，流沙之濱，赤水之後，黑水之前，有大山，名曰崑崙之丘。其下有弱水之淵環之，其外有炎火之山，投物輒然。有人，戴勝，虎齒，有豹尾，穴處，名曰西王母。此山萬物盡有。郭注云：弱水其水不勝鴻毛，河圖玉版亦曰：西王母居崑崙之山。

按此第十六卷大荒經文也。漢書西域傳云：條支國臨西海，安息長老傳聞條支有弱水、西王母，亦未嘗見也。後漢書西域傳云：條支國西有弱水、流沙，近西王母所居處。據此則海外崑崙當在條支國西海之南，故經有弱水、西王母之説。范曄西域傳論云：甘英臨西海以望大秦，距玉門、陽關四萬餘里，而崑崙更在西海之南，遠斯極矣。禹本紀所云「去嵩高五萬里」者，當指此山。水經引以説西北之崑崙，非也。

爾雅釋水曰：河出崑崙虛，色白，所渠并千七百一川，色黄，百里一小曲，千里一曲一直。郭璞注云：虛，山下基也。潛流地中，汨漱沙壤，所受渠多，衆水溷淆，宜其濁黄。

按爾雅比山海經差爲可據，河出崑崙信矣。離騷曰：朝吾將濟於白水兮，登閬風而緤馬。閬風在崑崙之上，白水其即山下之河源乎。然自漢以前，但知崑崙在中國西北，終未明在外國某地也。

史記大宛列傳：張騫使西域還，爲天子言：于窴徒賢反。之西，水皆西流，注西海；其東則東流，注鹽澤。鹽澤潛行地下，其南則河源出焉。多玉石，河注中國。而樓蘭、姑師邑有城郭，臨鹽澤。鹽澤去長安可五千里。其後騫死，漢使窮河源，河源出于窴，其山多玉石，采來，天子案古圖書，名河所出山曰崑崙云。太史公曰：禹本紀言「河出崑崙。崑崙其高二千五百餘里，日月所相避隱爲光明也。其上有醴泉、瑶池」。今自張騫使大夏之後也，窮河源，烏睹本紀所謂崑崙者乎？故言九州山川，尚書近之矣。至禹本紀、山海經所有怪物，余不敢言之也。

按張騫及後使者，皆未嘗指于窴之山爲崑崙，武帝自案古圖書以名之耳。故太史公云不睹。今其圖與書並不傳後世，必欲求崑崙之墟，唯葱嶺河所本者近是。山海經之方鄉里至，不足憑也。以理度之，則崑崙當在葱嶺之西北，而遠近終未可知，多方推測奚爲乎！法言病子長愛奇，而子長却不敢言山海經之所言。今人説河源，動輒引崑崙以證，是何其好學深思不逮子長遠甚，而愛奇獨過之也。

漢書西域傳：西域以孝武時始通，本三十六國，其後稍分至五十餘，皆在匈奴之西，烏孫之南。南北有大山，中央有河，東西六千餘里，南北千餘里。東則接漢，阸以玉門、陽關，西則限以葱嶺。其南山，東出金城，與漢南山屬焉。其河有兩原：一出葱嶺山，一出于闐。與窴同。于闐在南山下，其河北流，與葱嶺河合，東注蒲昌海。蒲昌海，一名鹽澤者也，去玉門、陽關三百餘里，廣袤三百里。其水亭居，冬夏不增減，皆以爲潛行地下，南出於積石，爲中國河云。

按史敍兩源，歷歷如畫，了無可疑。河神物也，潛流所在多有，何獨至於河而疑之。但積石出爲中國河處，恨古來無人目驗其狀耳。然鹽澤受西域數大川之水，隱淪之脈，豈無所發越而遂止，揆之以理，殆非妄言。

水經：崑崙墟在西北，去嵩高五萬里，地之中也。酈注曰：禹本紀與此同。高誘稱河出崑山，伏流地中萬三千里。禹導而通之，出積石山。按山海經自崑崙至積石一千七百四十里，自積石出隴西郡至洛，準地志可五千餘里。又按穆天子傳天子自崑崙山入于宗周，乃里西土之數；自宗周瀍水以西，北至于河宗之邦、陽紆之山三千有四百里，自陽紆西至河首四千里，合七千四百里。外國圖又云，從大晉國正西七萬里得崑崙之墟，諸仙居之。數說不同，淺見末聞，非所詳究，不能不聊述聞見，以誌差違也。其高萬一千里，河水出其東北陬，屈從其東南流，入于渤海。山海經曰：南即從極之淵也，深三百仞，唯馮夷都焉。渭按：此渤海當在蔥嶺西塞外，凡大澤謂之海，渤海即蒲昌、雷翥、牢蘭之類，非真海也。下文云：又出海外，南至積石山，下有石門，河水冒以西南流。酈注曰：余考羣書，咸言河出崑崙，重源潛發，淪於蒲昌，出於海水，逕積石而爲中國河。而經文在此，似於不比，積石宜在蒲昌海下矣。酈意以此二十字爲錯簡，蓋以下文「南入蔥嶺」觀之，則積石反在蔥嶺之北，必無是理也。今移在後又東注于泑澤之下，則自崑崙而蔥嶺而蒲昌而積石，原委秩然，方位悉當矣。又南入蔥嶺山，河水重源有三，非惟二也。一源西出身毒之國，蔥嶺之上，西去休循二百餘里，南屬蔥嶺，高千里。西河舊事曰：蔥嶺在敦煌西八千里，河源潛發，其嶺分爲二水，一水西逕休循國南，在蔥嶺西，又逕難兜國北，西南去罽賓國三百四十里。渭按：身毒當作捐毒。漢書：捐毒國王治衍敦谷，東至都護治所二千八百六十一里，至疏勒南，與蔥嶺屬，無人民，西上蔥嶺，則休循也。西北至大宛千三十里，北與烏孫接。先儒以爲即身毒，非也。張騫曰：身毒國在大夏東南，可數千里，有蜀物，去蜀不遠。大夏即大月氏所居之地也。今捐毒在大月氏之東北，西去休循二百餘里，豈身毒乎。酈注蓋承其誤。氏音支。又西逕罽賓國北，又西逕月氏國南，又西逕安息南。城臨嬀水，地方數千里。竺枝扶南記曰：國土臨海上，即漢書天竺、安息國也。涼土異物志曰：蔥嶺之水。分流東西，西入大海，東爲河源。禹紀所云崑崙者焉。張騫使大宛而窮河源，謂極于此，而不達于崑崙者也。河水自蔥嶺分源，東逕伽舍羅國。渭按：此中國之河源也，其逕休循、難兜、罽賓等國者，則西流入西海。河水與蜺羅跂禘水同注雷翥海。釋氏西域記曰：蜺羅跂禘出阿耨達山西之北，逕于闐國。又西逕四大塔北，釋法顯所謂竺刹尸羅國也。又西逕陀衛國北，是阿育王子法益所治邑。渭按：自罽賓至陀衛，皆西流注西海之水。水經乃拙手所作，提挈不清，賴有酈注爲之發明，人始知蔥嶺之河，東西分流。不然則似河水自蔥嶺西行，至陀衛而復東行，以入蔥嶺之東，大惑不解矣。河水又東逕皮山國北，治皮山城，西北去莎車三百八十里。渭按：自此以下，皆東流注鹽澤之水。又東與于闐河合。南源導于闐南山，俗謂仇摩置自置，北流，逕于闐國西治西城，西去皮山三百八十里，東去陽關五千餘里。南河又東逕于闐北，漢書西域傳曰：于闐已東，水皆東流。渭按：南河即于闐河也。又東北逕扜彌國北，西去于闐三百九十里。南河又東逕精絶國北，西去扜彌四百六十里。又東逕且末國北，又東右會阿耨達大水，釋氏西域記曰：阿耨達山西北有大水，北流注牢蘭海者也。其水北流，逕且末南山，又北逕且末城西，又東北逕且末城北，左會南河，合流東逝，通爲注賓河，又東逕鄯善國北，故樓蘭也。其水東注澤，澤在國北。扜泥城去陽關千六百里。西域記曰：南河自于闐東北三千里，至鄯善入牢蘭海者也。渭按：澤即牢蘭海。北河又東北流分爲二水，枝流出焉。上承北河于疏勒之西，東北流，逕疏勒國南，又東北與疏勒北山水合。北河自疏勒流逕南河之北，疏勒城南去莎車五百六十里，西當大月氏、大宛、康居道。渭按：北河即蔥嶺河也。又東逕莎車國南，渭按：漢書莎車國王治東北至都護治所四千七百四十六里。「南」當作「北」。又東南逕温宿國，北至烏孫赤谷六百一十里，東通姑墨二百七十里，於此枝河右，入北河。又東逕姑墨國南，姑墨川水導姑墨西北赤沙山。東南流，逕姑墨國西，又東南注大河。大河又東，右會敦薨之水，其水出焉耆之北。敦薨之山在匈奴之西，烏孫之東。山海經曰：敦薨之水出焉，而西流注于坳澤，出於崑崙之東北隅，實惟河源者也。河水又東逕墨山國南。渭按：漢書都護治烏壘城，去陽關二千七百三十八里，於西域爲中。姑墨國王東至都護治所一千二十一里。焉耆國王西南至都護治所四百里。山國王去長安七千一百七十里，墨山即山國也。又東逕注賓城南，渭按：此即上文所謂注賓河。又東逕樓蘭城南，又東注于坳澤，即經所謂蒲昌海也。水積鄯善之東北，龍城之西南。龍城故大國，地方千里，皆爲鹽而剛堅，故蒲昌亦有鹽澤之稱。其中洄湍電轉，爲隱淪之脈，即河水之所潛而出於積石也。又出海外，南至積石山，下有石門，河水冒以西南流，渭按此二十字錯簡在前，今移置於此，海謂蒲昌海。又東入塞，過敦煌、酒泉、張掖郡南。河自蒲昌有隱淪之證，並間關入塞之始。自此經當求實致也。河水重源，又發於西塞之外，出於積石之山。山海經曰：其下有石門，河水冒以西南流，禹貢所謂導河自積石也。

按水經敍西域兩源，較漢書尤爲明備。唯是積石一山，錯簡在渤海之下，蔥嶺之上，遂來後人之彈射，并其全經而疑之，而不知此非其本文，乃妄庸人之所竄易也。彼見山海經云「河水出渤海，西北入積石山」，遂以此經海外之海爲渤海，殊不知泑澤之亦名蒲昌海也。彼見此經云「河水東入塞，過敦煌、酒泉、張掖郡南」，遂謂積石距敦煌遼遠，而坳澤最近，故移積石於渤海之下，使坳澤與敦煌相接。殊不思三郡界中實無河也。蓋漢世河關以西，皆爲羌中地，河水所經，人莫能覩，故聊假三郡之南以表之，非真謂河自鹽澤東流入玉門、陽關也。杜佑不察此意，而以爲纂集之不詳，固其宜矣。若夫道元之注，惟渤海以上，博引釋氏怪誕之説，甚覺無謂。至葱嶺以下，發明頗多。其言崑崙墟也，曰淺見末聞，非所詳究；其言積石山也，曰宜在蒲昌海下；其言葱嶺河也，曰河源潛發，分爲二水；其言蒲昌海也，曰洄湍電轉，爲隱淪之脈。正其謬而補其闕，亦可謂精審之至矣。杜佑詆水經，并詆道元，豈通論哉。

又按：山海經有兩崑崙，一在中國西北，帝之下都，河水出其東北隅者是也；一在西海之南，西王母所居，弱水之淵環其下者是也。水經敍河水主在西北者言，而亦不能確指在某國。其曰南流入渤海者，猶鹽澤之隱淪也；其曰又南入葱嶺山者，猶積石之顯發也。然則自崑崙以至積石，有二重源矣。葱嶺之顯發，莫有能言其狀者，而鹽澤潛行地下，南出於積石爲中國河，則山海經有云「積石之山，其下有石門，河水冒以西南流」，此蓋與梁州之潛水入龍門大石穴下，西南潛出者相似。鹽澤之伏有奇狀，則積石之出亦必有奇狀。惜乎！自漢以來，二千餘歲，曾未有一驗之者也。

又按酈注言敦薨之水出敦薨之山。而引山海經以爲即西流注于泑澤，出崑崙之東北隅，實惟河源者也。夫敦薨在焉耆之北，匈奴之西，烏孫之東，而崑崙近直其西南，則崑崙之處所，未有明確於此者，是水爲河源無疑。而葱嶺于闐之水，皆旁源而非正源矣。然釋氏西域記以阿耨達爲崑崙，其山所出之水，有北流入牢蘭海者，苟以爲河源，有何不可。彼亦一崑崙，此亦一崑崙，安見敦薨之獨是也。間嘗綜而論之，西域之水注鹽澤者，其源有四：一曰葱嶺，二曰于闐，三曰敦薨，四曰阿耨達，終不知何者爲正。今所急者，但當驗積石重源之有無，以辨西域、吐蕃之是非耳。其孰爲崑崙，孰非崑崙，孰爲河源，孰非河源，愚不敢臆爲決也。

唐書吐谷渾傳：太宗時，其王慕容伏允數入寇。貞觀九年，詔李靖、侯君集、任城王道宗等率兵擊之。道宗破伏允於庫山，俘斬四百，伏允西走，靖等分軍追之，又數破之。君集、道宗行空荒二千里，閱月，次星宿川，達柏海上，望積石山，覽觀河源。

舊唐書吐谷渾傳：侯君集與江夏王道宗趣南路，登漢哭山，飲馬烏海，經塗二千餘里空虛之地，又達于柏海，北望積石山，觀河源之所出焉。李靖傳：軍次伏俟城，吐谷渾退保天非谷〔三〕，靖深入敵境，遂踰積石山。侯君集傳：君集、道宗歷破邏真谷，踰漢哭山，轉戰過星宿川，至于柏海，北望積石山，觀河源之所出，乃旋師與李靖會于大非川，平吐谷渾而還。

按此河源與史、漢所謂河源者不同。彼河源在西域，此河源只在吐谷渾界積石山，流入爲中國河處。蓋鹽澤潛流，重源顯發，禹導河由此始，故亦謂之河源也。昔後漢段熲追西羌至河首積石山，亦出塞二千餘里。而道宗謂諸將曰：柏海近河源，古未有至者。何也？蓋柏海在積石之南，熲纔及其山而止，未嘗度山南也。今舊史曰踰積石山，又曰北望積石山，觀河源之所出。則山海經所云「山下有石門，河水冒以西南流」者，皆在其目中矣。惜乎，一時皆武人，即有記室，亦不過詞章之士，不能諦視重源，證明古志耳。

杜氏通典曰：水經所云「河出崑崙山」者，宜出於禹本紀。山海經所云「南入葱嶺及出于闐南山」者，出於漢書西域傳。而酈道元都不詳正，所注河之發源，亦引禹紀、山經、釋法顯遊天竺記、釋氏西域記所注南入葱嶺，一源出于闐山，合流入蒲昌海，雖約漢書亦不尋究。又水經云：出海外，南至積石山，下有石門，然後南流入葱嶺。據此則積石山當在葱嶺之北。又云：入塞過敦煌、酒泉、張掖郡南。並今郡地也。夫山水地形固有定體，自葱嶺、于闐之東，燉煌、張掖之間，華人來往非少。從後漢至大唐，圖籍相承，注記不絕，大磧亘數千里，未有桑田碧海之變，陵遷谷移之談，此處豈有河流？纂集者不詳斯甚。西域傳云：河水一源出葱嶺，一源出于闐，合流東注蒲昌海，皆以潛流地下，南出積石，爲中國河。比禹紀、山經猶校附近，終是紕繆。此唯憑張騫使大夏，見兩道水從葱嶺、于闐合流入蒲昌海。其于闐出美玉，所以騫傳遂云窮河源也。案古圖書名河所出曰崑崙山，疑所謂古圖書即禹本紀，以于闐山出玉，乃謂之崑崙，即所出便云是河也。窮究諸説，悉皆謬誤。孟堅又以禹貢云「導河自積石」，遂疑潛流從此方出，且漢時羣羌種類雖多，不相統一，未爲强國。漢家或未嘗遣使詣西南羌中，或未知自有河也。寧有吐蕃中河從西南數千里向東北流，見與積石山下河相連，聘使涉歷，無不言之。吐蕃自云崑崙山在國中西南，則河之所出也。又按尚書云「織皮，崑崙、析支、渠搜，西戎即敍」。范曄後漢書云：西羌在漢金城郡之西南，濱于賜支。

續漢書云：河關西千餘里，河曲羌謂之賜支，蓋析支也。然則析支在積石之西，是河之上流明矣。崑崙在吐蕃中，當亦非謬，而不謂河之本源，乃引葱嶺、于闐之河，謂從蒲昌海伏流數千里，至積石方出，斯又班生之所未詳也。

按吐蕃歷周及隋，猶隔西羌，未通於中國。唐貞觀八年，始遣使朝貢。太宗遣行人馮德遐往撫慰之，尋復遣使隨德遐入朝，奉表求婚。十五年，以文成公主妻之。杜佑所謂聘使涉歷，從此始也。積石，秦、漢時爲西羌地。晉永嘉以後，其地爲吐谷渾所據。及高宗龍朔三年，吐蕃滅吐谷渾，積石遂爲吐蕃地。自後使命往來，皆指吐蕃中水西南來與積石山下河相連者爲黃河，而吐蕃亦自言崑崙在國中西南，河之所出矣。

唐書吐蕃傳：穆宗長慶元年，以大理卿劉元鼎爲吐蕃會盟使，歐陽忞輿地廣記作薛元鼎，蔡傳從之。元史亦作「薛」，恐非。使還，踰湟水，至龍泉谷，西北望殺胡川，哥舒翰故壁多在。湟水至濛谷，抵龍泉與河合。河之上流，由洪濟梁西南行二千里，元和志：積石軍西南一百四十里有洪濟橋。水益狹，春可涉，秋夏乃勝舟。其南三百里三山，中高而四下，曰紫山，直大羊同國，古所謂崑崙者也，虜曰悶摩黎山，東距長安五千里，河源其間，流澄緩下，稍合衆流，色赤，行益遠，它水并注則濁，故舉世謂西戎地曰河湟。河源東北直莫賀延磧尾殆五百里，磧廣五十里，北自沙州，西南入吐谷渾，寖狹，故號磧尾。隱測其地，蓋劍南之西。元鼎所經見大略如此。

按舊唐書吐蕃在長安西八千里，蓋以其都城言之。今元鼎所見紫山，東距長安裁五千里，度其地望，當在都城東北三千里矣。吐蕃自言崑崙山在國中西南，而元鼎所指以爲崑崙者，乃在其東北，與吐蕃所謂崑崙者，相去懸絶，是大可疑也。

元史地理志河源附録曰：河源古無所見。禹貢導河，止自積石。漢使張騫持節到西域，度玉門，見二水交流，發葱嶺，趨于闐，匯鹽澤，伏流千里，至積石而再出。唐薛元鼎使吐蕃，訪河源，得之於悶磨黎山。然皆歷歲月，涉艱難，而其所得不過如此。世之論河源者，又皆推本二家。其説怪迂，總其實，皆非本真。意者，漢、唐之時，外夷未盡臣服，而道未盡通，故其所往，每迂迴艱阻，不能直抵其處而究其極也。元有天下，薄海内外，人迹所及，皆置驛傳，使騎往來，如行國中。至元十七年，命都實爲招討使，佩金虎符，往求河源。都實既受命，是歲至河州。州之東六十里有寧河驛，驛西南六十里，有山曰殺馬關，林麓穹隘，舉足浸高，行一日至巔。西去愈高，四閲月，始抵河源。是冬還報，并圖其城傳位置以聞。其後翰林學士潘昂霄從都實之弟闊闊出得其説。撰爲河源志。臨川朱思本又從八里吉思家得帝師所藏梵字圖書，而以華文譯之，與昂霄所志，互有詳略。今取二家之書，考定其説，有不同者，附注於下。按河源在土蕃朵甘思西鄙，有泉百餘泓，沮洳散涣，弗可逼視，方可七八十里，履高山下瞰，燦若列星，以故名火敦腦兒。火敦，譯言星宿也。思本曰：河源在中州西南，直四川馬湖蠻部之正西三千餘里，雲南麗江宣撫司之西北一千五百餘里，帝師撒思加地之西南二千餘里。水從地湧出如井。其井百餘，東北流百餘里，匯爲大澤，曰火敦腦兒。羣流奔湊，近五七里，匯二巨澤，名阿剌腦兒。自西而東，連屬吞噬，行一日，迤邐東鶩成川，號赤賓河。又二三日，水西南來，名亦里赤，與赤賓河合。又三四日，水南來，名忽闌。又水東南來，名也里朮，合流入赤賓，其流浸大，始名黄河，然水猶清，人可涉。又一二日，岐爲八九股，名也孫斡倫，譯言九渡，通廣五七里，可度馬。又四五日，水渾濁，土人抱革囊，騎過之。聚落糾木幹象舟，傅髦革以濟，僅容兩人。自是兩山峽束，廣可一里、二里或半里，其深叵測。朵甘思東北有大雪山，名亦耳麻不莫剌，其山最高，譯言騰乞里塔，即崑崙也。山腹至頂皆雪，冬夏不消。土人言，遠年成冰時，六月見之。自八九股水至崑崙，行二十日。思本曰：自渾水東北流二百餘里，與懷里火禿河合。又東北流一百餘里，過郎麻哈也。又正北流一百餘里，又折而西北流二百餘里，又折而正北流一百餘里，又折而東流，過崑崙山下，番名亦耳麻不莫剌。其山高峻非常，山麓綿亘五百餘里，河隨山足東流，過撒思加闊即、闊提地。河行崑崙南半日，又四五日，至地名闊即及闊提，二地相屬。又三日，地名哈喇別里赤兒，四達之衝也，多寇盜，有官兵鎮之。近北二日，河水過之。思本曰：河過闊提，與亦西八思今河合。亦西八思今河源自鐵豹嶺之北，正北流凡五百餘里。而與黄河合。崑崙以西，人簡少，多處山南。山皆不穹峻，水亦散漫，獸有髦牛、野馬、狼、狍、羱羊之類。其東，山益高，地亦漸下，岸狹隘，有狐可一躍而越之處。行五六日，有水西南來，名納鄰哈剌，譯言細黄河也。又兩日，水南來，名乞兒馬出。二水合流入河。思本曰：自哈剌河與黄河合，正北流二百餘里，過阿以伯站，折而西北流，經崑崙之北二百餘里，與乞里馬出河合。乞里馬出河源自威、茂州之西北，岷山之北，水北流，即古當州境，正北流四百餘里，折而西北流，又五百餘里，與黄河合。河水北行，轉西流，過崑崙北，一向東北流，約行半月，至貴德州，地名必赤里，始有州治官府。州隸吐蕃等處宣慰司，司治河州。又四五日，至積石州，即禹貢積石。五日，至河州安鄉關。一日，至打羅坑。東北行一日，洮河水南來入河。思本曰：自乞里馬出河與黃河合，又西北流，與鵬拶河合。折而西北流三百餘里，又折而東北流，過西寧州、貴德州、馬嶺凡八百餘里，與邈水合。邈水源自青唐宿軍谷，正東流五百餘里，過三巴站與黃河合。又東北流，過土橋站古積石州來羌城、廓州構米站界都城凡五百餘里，過河州與野龐河合。野龐河源自西傾山之北，水東北流凡五百餘里，與黃河合。又東北流一百餘里，過踏日城銀川站與湟水、浩亹河合。又東北流一百餘里，與洮河合。又一日，至蘭州，過北卜渡。至鳴沙河，過應吉理州，正東行。至寧夏府南，東行，即東勝州，隸大同路。自發源至漢地，南北澗溪，細流傍貫，莫知紀極。山皆草石，至積石方林木暢茂。世言河九折，彼地有二折，蓋乞兒馬出及貴德必赤里也。思本曰：大概河源東北流，所歷皆西番地，至蘭州凡四千五百餘里，始入中國。又東北流，過達達地，凡二千五百餘里，始入河東境内。又南流至河中，凡一千八百餘里，通計九千餘里。

按河源出吐蕃之崑崙，自唐貞觀後，已有是説。杜佑歷詆前載，劉元鼎從而證明之，其説遂牢不可破。唯源發紫山，尚未分曉，故元遣都實往探之，果得之朵甘思西鄙，東北去崑崙有一月程。明太祖實録云：鄧愈、沐英討土蕃追至崑崙山〔四〕。宣宗實録云：李英追安定曲先賊，踰崑崙山，即都實之所謂騰乞里塔也。然則古書言河出崑崙者，皆屬虛記，即吐蕃自云崑崙爲河之所出，亦妄談而不足信矣。

錢謙益列朝詩集宗泐小傳曰：洪武十一年，太祖以佛書有遺，命僧宗泐領徒三十餘人，往西番求之。十五年，得經還朝。潞有望河源詩自記云：河源出自抹必力赤巴山，番人呼黄河爲扶處，犛牛河爲必力處。赤巴者，分界也。其山西南所出之水，則流入犛牛河。東北之水是爲河源。予西還宿山中，番人戲相謂曰：漢人今飲漢水矣。其源東抵崑崙可七八百里，今所涉處尚三百餘里，下與崑崙之水合流中國。相傳以爲源自崑崙，非也。崑崙名麻琫剌，其山最高大，四時常雪，有神居之。番書載其境内祭祀之山有九，此其一也。

按宗潞取經還其所涉處，南距河源尚數百里，則是所謂抹必力赤巴山，亦聞之番人，非目覩也。犛牛河者，雲南之麗江源也。蓋因朱思本言河源直麗江宣撫司西北一千五百里，故又附會爲此説。然都實謂河源自平地湧出，而宗潞云出抹必力赤巴山。都實自河源至崑崙行三十日，而宗潞云可七八百里。百餘年間見聞異辭，吾誰適從哉？

王鏊河源辨曰：西域之跡，發自張騫。騫所歷諸國甚久且遠。東漢之世，大秦、條支、安息至於海濱四萬里外，重譯貢獻。班超遣掾甘英窮臨西海而還，皆未覩所謂崑崙也。何元使得之易乎？禹本紀言「河出崑崙，去嵩高五萬里」。外國圖云「從大晉西七萬里得崑崙之墟」。今元使行不及五千里，云已踰之，何崑崙之近乎。自昔言崑崙者，皆在西北。元使所圖，迺在西南，何也？然則元使所謂崑崙者，果崑崙乎？所謂星宿海者，果河源乎？未可知也。又曰：吾嘗考之，河有兩源，一出于闐，一出崑崙之墟。且漢使亦嘗窮河源矣，謂出于闐，其山多玉石，采來獻。天子案古圖書名其山爲崑崙，然非古所謂崑崙也。元使所見其殆是乎！若崑崙之墟，彼固未之覩也。又曰：佛圖調謂鍾山西六百里外，有大崑崙，又有小崑崙。然則崑崙果非一乎！崑崙之遠近不一，河源惡乎定？曰：水經云：崑崙在西北，河水出其東北陬，東南流入渤海。其一源出于闐之南山，北流與葱嶺水合，東注蒲昌海。郭璞云：河出崑崙，潛行地下，至于闐國復分流岐出，合而東注鹽澤，復行積石爲中國河。此定論也。予見近世之論河源者，每以一夫之目，輒廢千古之論，故爲之辨。

按：文恪以都實所謂崑崙，未必真崑崙；所謂星宿海，未必真河源，不可以一夫之目，廢千古之論。此言是也。至其論崑崙與河源，大意謂葱嶺之河，不始於葱嶺，自其西北崑崙之墟，潛行地下，東出爲葱嶺河，又東與于闐河合而東注於鹽澤。鹽澤水復潛行地下，南出於積石爲中國河也。其説本山水二經及郭、酈之注，頗有根據。然昔之言崑崙者，實有二處，一在西北爲河源之所出，一在西南爲弱水之所環，不得云皆在西北也。若夫元使所見之崑崙，明在吐蕃中，而以爲即漢武所名之山，誤矣。

又按：吐蕃之源，都實親見之，殆非妄言。西域之源，具載於史、漢，豈爲虚記？然近世往往疑西域而信吐蕃，何也？則以吐蕃之水與積石山下河相連，爲有目者所共見。而鹽澤潛行地下，南出積石爲中國河者，幽闕難知故也。理有固然，無足怪者。故吾以爲欲辨二源之是非，其樞要全在於積石。積石之河果爲鹽澤潛流之南出也，則必有卓詭之狀與凡水不同者。山海經云：不周之山，東望泑澤，河水所潛也，其源渾渾泡泡。泑澤即鹽澤。酈道元云：洄湍電轉，爲隱淪之脈。當其濆流之上，飛禽奮翮霄中者，無不墜於淵波。河水之洑也如是，則其南出於積石，自地中而上奮，溢溢洶湧之狀，倍奇於鹽澤可知也。水經云「山下有石門，河水冒以西南流」。而道元絕無所發明，則以積石久没於羌中，人不得至其地，驗其形，故無可言也。獨怪唐人頗有知大積石者，聘使往來，身歷其地。見吐蕃之水自西南來，即以爲河源，而不能於積石之下，詳察重源之有無，是爲可恨耳。元柯九思序河源志云：太祖征西夏，取西涼府，遂至黄河九渡。九渡即也孫斡倫河也。世祖狃於舊聞，久謂黄河出吐蕃中，特以九渡之南，導源未悉，故遣都實一探之。都實往還驛路，畢景奔馳，經史遺文，絕不留意。即如積石爲大禹導河之始，漢時東去河關縣千餘里，今以朱思本記求之，當在河折而東北過西寧州處。都實身歷其地而不知，而以唐之積石軍爲積石，況能察重源之有無邪！元之君臣，不學無術，無足深責。後之學者，憑一時之記注，而直斥史、漢爲誕妄，則過矣。自王文恪著辨以來，學者始稍稍尋繹前載。然天下之事理，有古是而今非者，亦有古非而今是者，執一以論，即非通人。使積石之地，果有重源顯發之迹，則漢、史爲是，元史爲非。苟無其迹，而唯西南一大川，自吐蕃來數千里，與積石之河相連，則亦不可謂非河源矣。蓋山川出没靈變無方，必得淹通經術之士，及一二精於物理者，足踐其境，目察其形，心識其所以然，而後可以斷古今之是非。非張騫、都實輩所能辨，亦非書生之筆舌所能争也。

【校勘記】

〔一〕賀蘭山在縣西五十三里東望雲山形勢相接　「五」，按中華書局點校本元和郡縣圖志作「九」。又該書校勘記云：王右丞集趙殿成注引作「其山阿東望雲中」，當是原文，各本多誤。

〔二〕於牛頭牟那山北置烽堠一千八百所　「牛頭、牟那山」見元和郡縣圖志豐州。新舊唐書張仁愿傳均作「牛頭、朝那山」，四庫本改「牟」爲「朝」當據此。清張駒賢元和郡縣圖志考證謂唐書、通典作「朝」並誤。

〔三〕吐谷渾退保天非谷　新舊唐書李靖傳均云「退保大非川」，新唐書地理志鄯州鄯城縣云「又經公主佛堂、大非川二百八十里至那録驛，吐渾界也」。四庫本改「天」爲「大」，是。

〔四〕鄧愈沭英討土蕃追至崑崙山　「沭」當爲「沐」之刊誤，見明史沐英傳。四庫本改，是。

禹貢錐指卷十三中之上

南至于華陰，

傳曰：河自龍門南流，至華山北而東行。易氏曰：河自龍門口又二百里，至陝州之西北，對河爲華州華陰縣。蔡氏曰：華陰，華山之北也。

水經注：河水自皮氏縣西，又南出龍門口，汾水從東來注之。汾水出太原汾陽縣管涔山，西南流至汾陰縣北，而西注于河。詳見冀州。昔大禹導河積石，疏決梁山，謂斯處也。又南逕梁山原東，梁山，晉之望也。在馮翊夏陽西臨於河上，山崩壅河，三日不流。又南崌谷水注之。水出梁山，東南注于河。昔韓信襲魏王豹，以木罌自此渡。又南逕高門，又東南逕華池南，池在夏陽城西北四里許，高門東去華池三里。又東南逕司馬子長墓北，太史公自敘曰：遷生於龍門。是其墳墟所在矣。昔魏文侯與吳起浮河而下，美河山之固，即於此也。又南逕子夏石室，在今郃陽縣東。又南逕汾陰縣西，今滎河縣北有汾陰故城。又逕郃陽城東，故有莘邑，爲太姒之國。詩云「在郃之陽，在渭之涘」，謂此也。城南有瀵水，東流注于河，即郃水，縣取名焉。今縣東四十里有郃陽故城。又南瀵水入焉。水出汾陰縣南四十里平地開源，濆泉上涌，大幾如輪，深則不測，俗呼爲瀵魁，與郃陽瀵水夾河。河中渚上，又有一瀵水，皆相潛通，其水西南流，注于河。又南逕陶城西，元和志云在臨晉縣北四十里。又南逕蒲坂縣西，舜所都也。今蒲州東南有蒲坂故城。又南逕雷首山西，山臨大河，北去蒲坂三十里，有夷齊墓。又南涑水注之。水出河北縣雷首山，亦曰雷水，西南流注于河。左傳謂之涑川。又南歷船司空與渭水會。今華陰縣東北五十里有船司空故城。又南流潼激關山，因謂之潼關。灌水北流，逕通谷，又東北注于河。述征記所謂潼谷水者也。元和志云：關西一里有潼水，因以名關。以今輿地言之，河自韓城縣龍門山南流，與汾水合。縣志云：河自龍門而南，距郃陽不百里，河壖多客土，遇潦輒潰。又南逕郃陽縣東，其東岸則榮河縣、臨晉縣，郃陽在陝西同州東北一百十里，黄河去縣四十里。榮河在山西蒲州東北一百二十里，黄河舊在縣西五里。明時漸徙而東，正德二年遂至城下，今去縣僅七十步。臨晉在州東北七十里，黄河在縣西三十里。又南逕朝邑縣東，又南至華陰縣東北，與渭水合。其東岸則蒲州。朝邑在同州東三十里，黄河去縣二十八里，有臨晉關。華陰在華州東七十里，黄河去縣九十里。蒲州在平陽府西南四百五十里，黄河舊在州西蒲津門外。明萬曆八年河決，東齧城闉，甃石岸以障之。今漸徙而西，去城十餘里有蒲津關，與臨晉關夾河相對。又南逕雷首山西，至潼關衛北，衛在陝西都司東。明析華陰地置。西至華陰縣界一里，黄河在衛北一里。潼關故城在衛東南四里。左傳所謂桃林之塞，元和志云自靈寶縣以西至潼關，皆是。折而東是爲河曲。春秋：文公十二年，秦、晉戰于河曲，即此地也。此河水南至華陰之所經，雍州文所稱龍門西河者也。

穿渠引水非古也，自溝洫之制廢，而灌溉之事興，利於田而河則病矣。關中引水溉田，自鄭國渠始。及漢武時用鄭當時言，穿渠引渭以漕，且溉南山下。用番係言，引汾溉皮氏、汾陰下，引河溉汾陰、蒲坂下。又用嚴熊言，引洛溉重泉以東，爲龍首渠。宣房既塞，用事者益争言水利，朔方、西河、河西酒泉皆引河及川谷以溉田，關中則有靈軹渠、成國渠、漳渠、六輔渠、白渠，皆溉田各萬餘頃。它小渠及陂山通道者，不可勝言。故王莽時大司馬長史張戎議曰：水性就下，行疾則自刮除，成空而稍深。河水重濁，號爲一石水而六斗泥。今西方諸郡以至京師東行，民皆引河、渭山川水溉田，春夏乾燥少水時也，故使河流遲貯淤而稍淺，雨多水暴至則溢決，而國家數隄塞之，稍益高於平地，猶築垣而居水也。可各順從其性，毋復灌溉，則百川流行，水道自利，無溢決之害矣。蓋河水多泥，急則通利，緩則淤澱。今滎陽之下既有鴻溝，華陰以上復有諸渠，分水太多，則河流日遲，河身日高，故水暴至不能容。漢人知此者鮮，唯戎知之。

東至于厎柱，渭按：厎，史記作「砥」。

傳曰：厎柱，山名。河水分流，包山而過，山見水中若柱然。在西虢之界。渭按：西虢今河南府之陝州是也。厎柱在州東四十里黄河中。

水經注：河水自華陰潼關東北流，水側有黄卷坂，傍絶澗，涉此坂以升潼關，所謂泝黄卷以濟潼矣。歷北出東崤，謂之函谷關。關之直北，隔河有層阜巍然獨秀，世謂之風陵。戴延之所謂風塠者也。寰宇記云：河東縣風陵是女媧之墓，秦、漢以來，俱係祀典。按函谷關在今河南靈寶縣南十一里。「黄卷」，潘岳西征賦作「黄巷」。又東北玉澗水注之。水南出玉溪，北流逕閿鄉城西，而北注于河。又東逕閿鄉，與全鳩澗水合。水出南山，北流注于河。述征記云：全節，地名也。其西名桃原，古之桃林。按圖經全節即漢書全鳩里，戾太子死處，在閿鄉縣東十里鳩澗西。又東逕河北縣南，與湖縣分河。按河北今芮城，湖縣今閿鄉。又東永樂澗水注之。水北出薄山，南流入于河，即渠豬之水也。又東逕芮城，芮，伯萬之故畺也。按今芮城縣北有河北故城。唐貞觀十一年，河溢壞陝州河北縣，即此。又東逕湖縣故城北，湖水出桃林塞之夸父山。武王伐紂，天下既定，王及嶽濱放馬華陽，散牛桃林，即此處也。三秦記曰：桃林塞在長安東四百里。若有軍馬好行，則牧華山，休息林下。惡行，則決河漫延，人馬不得過矣。湖縣故城在閿鄉縣東四十里。又東合柏谷水，水出弘農縣山，北流入河。又東右合門水，洛水之枝流也。東北歷陽華山，又北逕弘農縣故城東，而北注于河。又東得七里澗，澗在陝西七里，故名。元和志云：曹陽墟俗名七里澗，在陝縣西南七里。黄河自靈寶界流入，後漢獻帝東歸至陝，議者欲天子浮河東下。太尉楊彪曰：從此以東有三十六灘，非萬乘所當從也。乃止。又東逕陝縣北，河北對茅城津，亦取名焉。春秋：文公三年，秦伯伐晉，自茅津濟，封殽尸而還是也。河南即陝城，昔周、召分伯，以此城爲東西之別。戴延之曰：城南倚山原，北臨黄河，縣水百餘仞，臨水者咸悚惕焉。西北帶河，水湧起方數十丈。蓋史記所云，魏文侯二十六年，虢山崩，壅河所致耳。按今陝州治即陝縣故城，古焦國也。茅津亦謂之大陽津，與虢山俱在州西北三里。又東逕大陽縣故城南，城在今平陸縣東北。地理志謂之北虢。又東沙澗水注之，北出虞山，東南逕傅巖。孔安國云：傅說隱於虞、虢之間，即此處也。傅巖東北十餘里有顛軨坂，左傳所謂「入自顛軨」者也。其水南流注于河。又東過砥柱間。砥柱，山名也。昔禹治洪水，山陵當水者鑿之，故破山以通河。三穿既決，水流疎分，指狀表目，亦謂之三門矣。山在虢城東北大陽城東也。元和志云：底柱山，俗名三門山，在硤石縣東北五十里黄河中。硤石，本陝縣地。河之右則殽水注之，水出河南盤殽山，東北流，與石殽水合。水出石殽山，山有二陵，南陵夏后皋之墓也，北陵文王所避風雨矣。殽水又北注于河。又東千崤之水注焉。水南導於千崤之山，北流注于河。河水翼岸夾山，巍峰岐舉，重嶺干霄。按崤在今河南府永寧縣北六十里。元和志云：自東崤至西崤，長三十五里。在秦關之東，漢關之西。「崤」與「殽」同。鄭玄云：地說：河水東流貫砥柱，觸閼流，今世所謂砥柱者，蓋乃閼流也。砥柱當在西河。余按：鄭説非是。西河當無山以擬之，自砥柱以下，五户以上，其間一百二十里，河水竦石桀出，勢連襄陸。蓋亦禹鑿以通河，疑此閼流也。其山雖闢，尚梗湍流，激石雲洄，澴波怒溢，合有一十九灘，水流迅急，勢同三峽，破害舟船，自古所患。漢鴻嘉四年，楊焉言：從河上下，患砥柱隘，可鐫廣之。上乃令焉鐫之，裁没水中，不能復去，而令水益湍怒，害甚平日。魏景初二年二月，帝遣都督沙丘部監運諫議大夫寇慈帥衆五千人，歲常修治，平河岨。晉泰始三年五月，武帝遣監運太中大夫趙國□□、都匠中郎將河東樂世帥衆五千餘人，修治河灘。事見五户祠銘。雖世代加功，水流漰湃，濤波尚屯，及其商舟是次，鮮不踟蹰難濟，故有衆峽諸灘之言。五户，灘名，有神祠，通謂之五户將軍。按：今陝州東一百六十里有五户灘，在河中，爲湍激之處。自此而東，河流稍爲寬衍。以今輿地言之，河自潼關衛北折而東，逕閿鄉縣北，又東逕靈寶縣北，其北岸則芮城縣。閿鄉在河南陝州西少北一百三十里，黄河南去縣七里。靈寶在州西六十里，黄河南去縣十里。芮城在山西解州西南七十里，黄河在縣南二十里，薄山在縣北十五里。又東逕陝州北，其北岸則平陸縣。又東過底柱，陝州在河南府西三百里。平陸在解州東南九十里。砥柱山在黄河中，西去陝州四十里，西北去平陸五十里。唐趙冬曦三門賦序曰：砥柱山之六峯者，皆生河之中流，蓋夏后之所開鑿。其最北有兩柱相對，距崖而立，即所謂三門也。次於其南，有孤峯揭起，峯頂平闊，夏禹之廟在焉。西有孤石數丈，圓如削成。復次其南，有三峯，東曰金門，中曰三堆，西曰天柱。河水從黃老神前東流〔一〕，湍激蹙於蝦石，折流而南，漱於三門，苞於廟山，乃分爲四流，淙於三峯之下，抵於曲限，會流東注，加以兩崖夾水，盤紆激射，天下罕比。都穆曰：砥柱在陝州東五十里黃河之中，循河至三門集津。三門者，中曰神門，南曰鬼門，北曰人門，水行其間，聲激如雷，而鬼門尤爲險惡，舟筏一入，鮮有得脱。三門之廣約二十丈，其東百五十步，即砥柱，崇約三丈，周數丈。蔡氏書傳以三門爲砥柱。州志亦謂砥柱即三門山，皆未嘗親履其地，故繆誤若此。按此説與趙賦小異，要之諸峯在當時總爲一巨石，禹析之以通河，三門亦砥柱也，後人强生分別耳。此河水東至底柱之所經也。

底柱之險不減於龍門，自古患之。漢武帝時，河東守番係言漕從山東西，歲百餘萬石，更底柱之艱，敗亡甚多。成帝鴻嘉四年，使楊焉鐫廣之，而水益湍怒，爲害甚於故。魏、晉之世，兩經修治，功卒不集。隋開皇十五年，詔鑿底柱。大業七年，底柱崩，偃河逆流數十里。唐貞觀十一年，河溢壞陝州河北縣。二十年，幸河北，觀底柱，令魏徵勒銘。是時自洛至陝，皆運於陸，行三百里。自陝至京乃運於水。顯慶中，大匠楊務廉鑿棧以輓漕舟，人以爲苦。開元二十二年，從京兆尹裴耀卿言，開三門山北路十八里，謂之北運。時於三門東西各置一倉，東曰集津，西曰鹽倉。漕舟輸其東倉，而陸運以輸西倉，復以舟漕達關中。既避水險，而陸運庸錢亦省數十萬緡。

二十九年，陝州刺史李齊物鑿厎柱爲門，以通漕，開山顛爲輓路，燒石沃醯而鑿之。天寶元年，上言三門運渠成，然棄石入河，激水益湍怒，舟不能入新門，候水漲以人輓舟而上，歲漕經厎柱覆者幾半。貞元二年，陝虢觀察使李泌益鑿集津倉山，西逕爲運道，屬於三門倉，遂罷南路陸運。見食貨志。按李泌事新書摭杜氏通典，而舊書無之，或以爲疑，非也。五代建都於汴，漕不由厎柱，非其所急。宋乾德初，詔重鑿厎柱三門。慶曆中，陝西用兵，歐陽修請案裴耀卿舊迹以通漕運，而不果行。自是之後，無復有以厎柱爲言者矣。大抵三門之險，非鐫鑿所能除。以余觀之，三門之險，不專在厎柱，其下兼有閼流爲之阻。蓋自厎柱以東，夾河羣山之水，並注于河。禹功既遠，泥沙日積，河上激六峯，下阻十九灘，湍波倍加洶湧。昔人計不及此，但欲鐫廣三門，一試于楊焉，再試于李齊物，不惟無益，而害且滋甚，則以鐫石落水，河身愈淺，三門雖廣，不能勝百二十里之閼流故也。禹治河率自下始。孔傳云：或鑿山，或穿地，度禹當日必先浚閼流，而後析厎柱。析厎柱者，鑿山也。浚閼流者，穿地也。二險並去，則貢舟直達帝都，不必參用陸運矣。嗟乎！世患無神禹耳，豈患厎柱之不可漕哉。

又東至于孟津，釋文：「孟津」如字。渭按：孟，史記、漢書並作「盟」。

傳曰：孟津，地名。在洛北，都道所湊，古今以爲津。正義曰：在孟地置津，謂之孟津。傳云地名，謂孟爲地名耳。杜預云：孟津，河内河陽縣南孟津也。在洛陽城北，都道所湊，古今常以爲津。武王渡之，近世以來，呼爲武濟。渭按：河陽本晉邑，漢置縣，屬河内郡，其故城在今河南懷慶府孟縣西南三十里。

左傳：隱十一年，王與鄭田，有盟。杜預曰：盟即河陽縣南孟津。孔疏於秦誓序云：孟者，河北地名，春秋所謂向盟是也。「盟」古通作「孟」，其地本在河北。閻百詩曰：孟津之漸譌而南也，自東漢始。考更始二年，使朱鮪等屯洛陽，光武亦令馮異守孟津以拒之。是時孟津猶在北。安帝永初五年，羌入寇河東，至河内，百姓驚奔南渡河，使朱寵將五營士屯孟津。靈帝中平六年，何進謀誅宦官，使丁原燒孟津，火照城中。城中者，洛陽城中也。則已移其名於河之南。猶蒲津關在蒲州，臨晉關在朝邑，而史記正義於漢王出臨晉關下云「即蒲津關，在臨晉縣」。唐臨晉屬蒲州，是移河西之關名於河東也。黎陽津在濬縣，白馬津在滑縣，而通典於黎陽下曰「有白馬津」，則又移河南之津名於河北。大抵歷代浸久，土俗傳譌，類如此也。渭按：延津在延津縣北，而唐志新鄉縣有延津關，棘津在胙城縣北，而寰宇記云在汲縣南七里，此皆移河南之津名於河北，與前事相類。杜預云「河陽縣南孟津」。確不可易。又曰「在洛陽城北」者，謂其地南直洛城，居天下之中，欲明都道所湊，故舉以爲言，非謂在河之南也。西漢時，河南無孟津，孔傳不言河陽，似以爲河南洛北。傳出魏、晉間手，此又一證。

林少穎云：河自華陰至于厎柱，夾兩山之間，其流皆湍悍。至于孟津，然後其勢稍緩，可以横舟而渡也。渭按：大陽縣南有茅津，秦穆公封殽尸，自此濟河，不待至河陽始可渡。林説非是。大河津濟處甚多，唯孟津以都道所湊，四通五達之衢，故其名古今特著耳。

水經注：河水自大陽縣砥柱山東五户灘，又東清水從西北來注之，水出清廉山西，東南流逕垣縣壺城東，而注于河。當在今垣曲縣西。又東與教水合，水出垣縣北教山，南流，逕鼓鐘山，伏入石下，謂之伏流，水復出，而南入于河。今垣曲縣西四十里有垣縣故城。又東與畛水合，水出新安縣青要山，北流注于河。又東會濝水，水出垣縣王屋西山，東南流，歷軹關南，而東注于河。今濟源縣西有濝水。又東逕平陰縣北，湛水從北來注之。〔丁晏曰：孟津下引河水又東過平縣北，湛水從北來注之。「平縣」誤作「平陰」。〕縣故晉陰地。陰戎之所居，三老董公説高祖處，陸機所謂「皤皤董叟，謨我平陰」者也。湛水篇云：湛水出河内軹縣西北山，東南流，當平陰縣之東北，南入于河。今濟源縣西南有湛水。又東逕河陽縣故城南，春秋書天王狩于河陽。十三州志曰：治河、上河，孟津河也。又逕臨平亭北，帝王世紀曰：光武葬臨平亭南，西望平陰者也。按後漢明帝紀原陵注云：臨平亭南去洛陽十五里。又東逕洛陽縣北，河之南岸有一碑，北面題云「洛陽北界」。按洛陽故城漢河南郡治，在今洛陽縣東北二十里。又東逕平縣故城北，俗謂之小平，河北側岸有二城相對，置北中郎府。河水南對首陽山，春秋所謂首戴也。按漢河南郡有平縣，即今孟津縣西北小平城也。杜佑曰：在鞏縣西北有津曰小平津。河南有鈎陳壘，世傳武王伐紂，八百諸侯所會處，河水至斯有盟津之目。論衡曰：武王與八百諸侯咸同此盟，故孟津，亦曰盟津。尚書所謂「東至于孟津」者也。又名富平津。晉陽秋云，杜預造橋于富平津，所謂「造舟爲梁」者也。又謂之陶河。魏尚書僕射杜畿以帝將幸許，試樓船覆于陶河，謂此也。以今輿地言之，河水自陝州又東，逕澠池縣北，其北岸則垣曲縣，澠池在河南府西少北一百六十里。垣曲在絳州西南二百十里，黄河在縣南五里，與澠池分水。又東逕新安縣北，又東逕洛陽縣北，又東逕孟津縣北，新安在河南府西北七十里，黄河去縣七十里。洛陽，河南府治，黄河去縣二十里，繞北邙山之麓。孟津縣在府東北五十里，黄河去縣五里，有陶渚，其西有峽石、馬渚、高渚、委粟津，皆大河津濟處。縣西北十五里有羅家灘，又西爲楊家灘、柳灘、杏灘及耕子、馬墳二灘，皆在大河中。其北岸則濟源縣、孟縣，濟源在懷慶府西七十里，黄河在縣南七十里，與新安、洛陽分水。孟縣在府南少西五十五里，黄河在縣南二十里，南對小平津，廣二里，有南城、北城、中潬城。唐貞觀十一年，河溢毁中潬城，帝幸白司馬坂觀之。河陽三城記云：北城南臨大河，長橋架水；南城三面臨河，屹立水濱；中潬表裏二城，南北相望。黄河兩派，貫于三城之間，每秋泛溢，南北二城，皆有濡足之患，而中潬屹然如故。容齋隨筆云：河中一洲，名曰中潬，上有河伯祠，水環四周，喬木蔚然。嘉祐八年，秋，大水馮襄，了無遺迹，中潬由是遂廢。孟縣新志云：即今河中郭家灘也。潬，徒旱反。此河水又東至孟津之所經也。

自古論河患者，皆云孟津而下，地平土疏，移徙不常，失禹故道。然吾觀孟津以上，亦不能無患。自杜預建浮梁之後，更三百餘年，不聞爲水所毁。至唐貞觀十一年，河溢壞中潬城，始見於史。逮宋而其患彌甚，史不絕書。嘉祐八年，大水，馮襄中潬之城遂廢。推原其故，蓋隋、唐以來，底柱閼流之害，倍於曩時，延及孟津，河身亦淺，水暴至，不能容故也。宋世北河淤澱，水不通行，今南岸灘渚更多，非止一中潬矣。潘季馴兩河經略疏曰：黃河經行之地，唯河南之土最鬆。禹導河入海，一經河南，其水未必如今之濁。今去禹導河之時，復三千餘年，流日久，土日鬆，土愈鬆，水愈濁。故平時之水以斗計之，沙居其六，一入伏秋，則居其八矣。以二升之水，載八分之沙，非極湍急，即至停滯，故水分則流緩，流緩則沙停，勢所必至也。其所以不至遠氾濫者，徒以夾河之山脈未盡，地高土堅耳。然上流之怒不泄，則害必鍾於下流。漢明帝詔曰：左隄彊，則右隄傷，左右皆彊，則下方傷。孟津之隄，所謂左右皆彊，則下方傷者也。至滎陽則左隄彊，而右隄傷矣。治河者，欲使洛汭以東，永無溢決，其可置孟津、底柱於度外乎！

東過洛汭，至于大伾，釋文：「伾」或作「岯」，音丕，又皮鄙反。徐扶眉反，又敷眉反。韋音嚭，郭撫梅反，或作「阫」。渭按：史記作「邳」。

傳曰：洛汭，洛入河處。山再成曰伾，至于大伾而北行。正義曰：洛入河處，河南鞏縣東也。釋山云：再成英，一成岯。李巡曰：山再重曰英，一重曰岯。傳云再成曰伾，與爾雅不同，蓋所見異也。鄭玄云：大岯在脩武、武德之界。張揖云：成臯縣山也。漢書音義有臣瓚者，以爲修武、武德無此山也，成臯縣山又不一成。今黎陽縣山臨河，豈不是大岯乎？瓚言當然。程氏曰：洛既北入河，河之南，洛之北，其兩間爲汭。汭之爲言，在洛水之内。渭水入河之間，亦名渭汭，是其義也。黎陽山在大河垂欲趨北之地。經之於河，方其自南而東，嘗即華陰以記折東之始。今其流東已遠垂欲折北，亦當以地之極東者記之。參揣其敍，則黎陽實爲愜當，而成皋則爲太蚤也。渭按：鞏縣，漢屬河南郡，其故城在今河南府鞏縣西南三十里。修武、武德，漢屬河内郡。修武故城在今衛輝府獲嘉縣西北。武德故城在今懷慶府武陟縣東。成皋，漢屬河南郡，其故城在今開封府鄭州汜水縣西北。黎陽，漢屬魏郡，其故城在今大名府濬縣東北，大伾山在縣東南二里。

書序：太康失邦，昆弟五人須于洛汭，作五子之歌。召誥曰：太保乃以庶殷，攻位于洛汭。史記周本紀：武王曰：自洛汭延于伊汭，居易毋固，其有夏之居。左傳：昭元年，天王使劉定公勞趙孟于潁，館于雒汭。劉子曰：美哉禹功，明德遠矣。微禹吾其魚乎！杜注云：雒汭在河南鞏縣南。水曲流爲汭。酈道元曰：洛汭即什谷。張儀説秦云：下兵三川，塞什谷之口。史記音義云：鞏縣有鄩谷水者也。渭按：杜元凱云水曲流爲汭。蓋洛水自故洛陽城南，東流至偃師縣東南，折而北，逕鞏縣東，又北入于河，謂曲流爲汭，亦無不可也。

薛士龍曰：大伾山，許慎説今黎陽之黎山，是其説不始于臣瓚矣。今按「岯」、「⿰𠂤不」二字，説文俱無。「伾」字下引詩「以車伾伾」。「坏」字下云「丘再成者」，與孔傳同。並無薛所稱語。愼有五經異義，或出其中。然宋時此書已亡，薛何由見？且鄭康成生於愼後，云大伾在修武、武德之界。張揖，三國魏人，亦云成皋縣山。成皋河北岸即修武、武德也。可見漢、魏時未有指黎山爲大伾者，實臣瓚倡之，酈元猶不從，從瓚自穎達始。此後人勝前人處。薛所稱，疑是徐鍇説文繫傳。語出楚金，誤爲叔重耳。志家漫載，不復討論，故辨之。

黎陽山一名黎山。水經注云：黎陽縣，黎侯國也。晉灼曰：黎山在其南，河水經其東，其山上碑云「縣取山之名」，取水在其陽以爲名也。劉楨黎陽山賦曰：南蔭黄河，左覆金城，青壇承祀，高碑頌靈。隋志黎陽縣有大伾山。括地志云：大伾山今名黎陽東山，又名青壇山。山在衛州黎陽縣南七里。顧炎武肇域記云：爾雅：山一成曰伾。孔安國曰：山再成曰伾。今觀山形，當以安國爲是。山上有青壇，漢光武平王郎還至黎陽，築壇祭告天地百神。劉楨賦所謂「青壇承祀，高碑頌靈」者也。濬縣新志云：大伾山周五十里，高四十丈有奇，峯巘秀拔，若倚屏幛。今按縣北六里，又有紫金山，在大伾之東北，翠石稜稜，山無餘土。縣東有鳳皇山，與紫金東西並峙。縣西南一里有浮丘山，高三十餘丈，縣治正跨其上，皆大伾之支隴，賈讓所謂東山也。縣西南四十餘里有同山，縣西二十里有白祀山，縣西北二十五里有善化山，即古枉人山，俗名上陽三山，周三十里，高六十餘丈，此皆賈讓所謂西山也。上陽三山當指同山、白祀、枉人，而李垂導河書以大伾、上陽、太行爲三山，大謬。宋河渠志又有居山、汶子二小山，在大山之東北，蓋即縣志所稱紫金、鳳皇也。

〔丁晏曰：錐指於大伾謂黎陽山。案正義引鄭云：大岯在修武、武德之界。張揖曰：成皋縣山也。水經禹貢篇：大邳地在河南成皋縣北。河水注云：河水又東逕成皋大伾山下。爾雅云：山一成謂之伾。許慎、呂忱並以爲邱一成也。今説文作「邱再成者」，蓋後人據僞孔傳妄改，非許君之本文也。大伾在成皋。今開封府汜水縣有成皋故城，大伾在縣西北一里。薛瓚注漢書始誤疑爲黎陽山。顔監注地理志謂大伾在成皋。不從薛説。溝洫志注引張晏曰成皋縣山，復引臣瓚説今黎陽臨河，豈是乎？顔又兩岐其説。隋志及括地志、通典並沿薛氏之誤。然黎陽石山甚高且大，非一成之伾。薛氏之誤甚明。東樵不取水經，反崇俗説，不可解也。〕

水經注：河水自平縣故城北，又東逕鞏縣北，河水於此有五社津，縣北有山臨城，謂之崟原丘，其下有穴，謂之鞏穴，直穴有渚，謂之鮪渚。呂氏春秋：武王伐紂至鮪水，紂使膠鬲候周師，即是處也。按五社津在今鞏縣北五里。崟原丘在縣西北三十里。洛水從縣西北流注之，洛汭北對琅邪渚，入于河，謂之洛口，清濁異流，皦焉殊别。又東逕成皋縣北，濟水從北來注之。河水自洛口，又東，左逕平皋縣南，又東逕懷縣南，濟水故道之所入，與成皋分河水。按平皋廢縣在今温縣東。懷縣故城在今武陟縣西南。又逕黄馬坂北，謂之黄馬關。今在汜水縣西十五里。又東逕旋門坂北，今成皋西大坂。曹大家東征賦曰：望河、洛之交流，看成皋之旋門者也。今在汜水縣西南十里。又東逕大伾下，成皋縣故城縈帶伾阜，絶岸峻周，河水南對玉門，昔漢祖與滕公潛出濟於是處也。按大伾山在汜水縣西一里，有大澗九曲，一名九曲山，西去洛口裁四十里，非禹貢之大伾明甚。又東合汜水，水南出浮戲山，世謂之方山，北流逕虎牢城東，又北注于河。按方山在汜水縣南四十里。又東逕板城北，有津謂之板城渚口。按板渚在汜水縣東北二十里，即板城渚。隋大業初，開通濟渠，自板渚引河，歷滎陽入汴是也。又東逕滎陽縣，蒗蕩渠出焉。漢平帝之世，河、汴決壞，未及得修，汴渠東侵，日月彌廣，水門故處，皆在水中。明帝永平十二年，議治汴渠。乃詔王景與將作謁者王吳，築隄修堨，起自滎陽，東至千乘海口，千有餘里。景乃商度地勢，鑿山開澗，防遏衝要，疏決壅滯，十里一水門，更相洄注，無復潰漏之患。順帝陽嘉中，又自汴口以東，緣河積石爲堰，通古淮口，咸曰金堤。靈帝建寧中，又增修石門，以遏渠口，水盛則通注津，耗則輟流。按古滎陽今爲滎澤、河陰二縣地，蒗蕩渠首受河處，即今河陰縣西二十里之石門渠是也。河渠書言滎陽下引河。東南爲鴻溝，亦即其處。班志河南滎陽縣下云：有浪湯渠，首受泲。泲即河也。漢人謂濟水。截河而南，故曰首受泲。京相璠所謂出河之濟，宋張洎云即鴻溝也。蒗蕩渠東南流爲滎瀆、濟水，爲官渡水，爲陰溝、汳水、浚儀渠，其在大梁城南者爲鴻溝，鴻溝南流兼沙水之目，沙水枝津又爲睢水、渦水，名稱不一，要皆河陰石門河水爲之，委別而原同也。志家不曉，繫鴻溝於今滎陽縣漢京縣地，繫蒗蕩於滎澤縣，繫石門渠於河陰縣，似各爲一水，原委不相貫者，而又以河陰石門與滎口石門混爲一處，故詳辨之。若隋煬引板渚口水入汴，則在汜水縣東北二十里漢成皋縣地，其非古滎陽引河處亦明矣。河水又東北逕卷之扈亭北，左傳：文公七年，晉趙盾與諸侯盟于扈。竹書紀年：晉出公二十二年，河絶于扈。即於是也。按杜預云：扈，鄭地，在滎陽卷縣西北。今原武縣西北有扈亭。又東逕八激堤北，漢安帝永初七年，令謁者于岑於石門東積石八所，皆如小山，以捍衝波，謂之八激堤。又東逕卷縣北，楚莊祀河告成而還，即是處也。按卷縣故城在原武縣西北七里，城東有濟隧，濟水上承河水於卷縣北，河南與出河之濟會。又東北逕武德縣東，沁水從西來注之，沁水篇云：沁水出上黨涅縣謁戾山，東南流，逕武德縣南，又東南至滎陽縣北，東入于河。又東北逕酸棗縣西，濮水東出焉。漢孝文時，河決酸棗，東潰金堤，大發卒塞之。今無水。按酸棗故城在今延津縣北十五里。濟水注云：濮水受河於酸棗縣，漢世塞之。即此濮水也。河水又東北通謂之延津，元和志云：滑州靈昌縣有延津，即靈昌津，在縣東北二十二里。今滑縣西南有靈昌廢縣，津在白馬津之西南。又東逕燕縣故城北，河水於是有棘津之名，故南津也。春秋：僖公二十一年，晉將伐曹，曹在縣東假道于衛，衛人不許，還，自南河濟。即此也。按今胙城縣東有東燕故城，棘津又名石濟，宋元嘉中，垣護之以水軍守石濟是也。又東淇水入焉。淇水口亦名清河口，以淇、清二水合流入河，故互受其名也。詳見北過降水下。又東逕遮害亭南，溝洫志曰：在淇水口東十八里，有金隄，隄高一丈，自淇口東，地稍下，隄稍高，至遮害亭四五丈。按淇水口，賈讓云在黎陽南七十餘里，遮害亭西十八里。是河先合淇水，而後經遮害亭也。有宿胥口，舊河水北入也。按宿胥口在濬縣西南、遮害亭東。詳見北過降水下。以今輿地言之，河水自孟津縣北，又東逕鞏縣北，洛水入焉。其北岸則温縣，濟水入焉。鞏縣在河南府東少北一百三十里，黄河南去縣十里，洛水舊於此入河。今又東過汜水縣至滿家溝入河。温縣在懷慶府東南五十里，黄河在縣南。新志云：河舊離城二十里，今漸徙而北，逼近城隈矣。濟水古於武陟縣東入河，後徙流逕温縣南至平皐入河，今故道盡陷河中。又東逕汜水縣北，又東逕滎陽縣北，其北岸則武陟縣，沁水入焉。汜水在開封府鄭州西一百一十里，黄河南去縣二十五里。滎陽在鄭州西七十里，黄河南去縣二十五里。武陟在懷慶府東一百里，黄河在縣南十五里。沁水源出山西沁州沁源縣之綿山，穿太行而東南流，歷濟源、河内、脩武，至武陟縣東一里入河，名南賈口。方輿紀要云：明永樂九年，沁河溢，淹没縣境田廬，詔修決口以禦之。蓋沁水多沙而横暴也。又東逕河陰縣北，又東逕滎澤縣北，其北岸則獲嘉縣。河陰在鄭州西北五十里，黄河南去縣十里。滎澤在州北五十里，黄河舊去縣十里。近時河益南侵，直逼縣城矣。獲嘉在衛輝府西南九十里，黄河舊在縣南六十里。明天順中，河自武陟徙入原武，而縣界之流遂絶。又東逕原武縣北，原武在開封府西一百二十里，黄河南去縣二十里。又東逕陽武縣北，陽武在府西北九十里，黄河舊在縣北二十三里，與新鄉分水。元至元中，河徙出陽武縣南，而縣北之流遂絶。又東逕延津縣北，又東逕胙城縣北，其北岸則新鄉、汲縣。延津在府西北九十里，黄河舊在縣北。明成化中，河徙從縣南入封丘界，而縣北之流遂絶。胙城在衛輝府東南三十五里，黄河舊在縣北一里。金明昌五年，河徙自陽武，灌封丘而東，而胙城之流遂絶。新鄉在府西南五十里，黄河舊在縣西南。元至元九年，新鄉縣廣盈倉南，河北岸決五十餘步，尋又崩一百八十三步，命修完之。其後河徙自原武，出陽武南，而新鄉之流遂絶。汲縣爲府治，黄河舊在縣東南十七里，與胙城分水。府志云：自獲嘉縣西南四十里，至新鄉縣南，又東北至胙城縣，又北接汲縣，皆有漢古隄。城東南有杏園鎮，爲河津戍守處。自金明昌中，河徙，而汲縣之流遂絶。又東北至濬縣西南古宿胥口，大伾山在其東北，其南岸則滑縣。濬縣在大名府西南一百八十里。滑縣在府西南二百里，黄河舊在濬縣東南、滑縣西北。自金明昌中河離汲縣，而濬、滑之流遂絶。此河水東過洛汭，至于大伾之所經也。

凡二水並行，一盛則一微，自然之勢也。宋元祐初，蘇轍上疏有云：黄河之性，急則通流，緩則淤澱，既無東西皆急之勢，安有兩河並行之理。此格言也。蓋上流宜合而不宜分，合則流急而沙去，分則流緩而沙停。而禹顧於大伾之南，釃爲漯川者，則以河勢欲東，不得不分之以泄其怒。以漯川一道，分河流十之一二，不使指大如股，亦未爲害耳。及周之衰，王政不修，水官失職，諸侯各擅其山川以爲己利。於是有滎陽下引河爲鴻溝者，自是以後，日漸穿通，枝津交絡，宋、鄭、陳、蔡、曹、衛之郊，無所不達。至定王五年，河遂南徙，無他，河水之入鴻溝者多，則經流遲貯，不能衝刷泥沙故也。宿胥之塞，實鴻溝致之。不然，禹功歷千餘歲而不敝，何獨至春秋一旦變遷也哉！

河自孟津以下，出險就平，兼會濟、沁、伊、洛，漸有奔放之勢。然南岸聳至滎澤，山脈不斷，瀕河地形高卬，河不能決而南，故廣武以東無河患，禹但豬滎播，而其事畢矣。自鴻溝既開，不惟害及禹河，而豫之東境，亦被其災。漢平帝之世，河侵汴渠，歲月逾甚，滎澤塞爲平地，陶丘不辨壤墳，後雖修治，而決溢時有。邊韶滎口石門碑云：一有決溢，彌原淹野，蟻孔之潰，害起不測。此鴻溝之遺患也。故黄文叔曰：蒗蕩出河，斷非禹迹。禹之行河，本以河湍悍難行平地，故釃二渠以引河，而載之高地，二渠非得已也。後世不識聖人之意，妄鑿河爲瀆，或不順地防，或附屬不理孫，故其勢易決，考工記：凡溝逆地防，謂之不行，水屬不理孫，謂之不行。注云：溝謂造溝，防謂脈理。屬讀爲注。孫，順也，不行謂決溢也。禹鑿龍門，播九河，爲此逆防，與不理孫也。孫音遜。蓋非獨蒗蕩也。其下濮水通河，而酸棗決，瓠水通河，而瓠子決，汴渠亦屢決。至王景治汴，鑿山開澗，十里置門，使水更相回注，紊亂渠脈，而禹迹益壞矣。且所爲通淮、泗者，以舟楫之利也。苟已通矣，而何更用通蒗蕩哉！其曰禹塞淫水而鑿之者，春秋、戰國之世，商榷功利而忽遠圖，並植私徇欲而不顧大經。策謀之士，託其名於禹，而世不察也。河渠書云：滎陽下引河，東南爲鴻溝，以通宋、鄭、陳、蔡、曹、衛，與濟、汝、淮、泗會。其在春秋、戰國之際明矣。偉哉此論，善發禹貢之藴，并可以證徐州達于河之誤。昔漢武帝云：河迺大禹之所道也。聖人作事爲萬世功，通於神明，恐難改更。唯英主能爲是言。周衰，列國之君不明斯義，苟欲便轉輸、資灌溉，則妄引河流，貫注境内，狃于一時之小利，而不顧萬世之大害。穿渠之禍，甚于曲防，真夏王之罪人也。

【校勘記】

〔一〕河水從黄老神前東流　「神」，四庫本改作「祠」，是。見全唐文卷二九六趙冬曦三門賦序。

禹貢錐指卷十三中之下

北過降水，至于大陸，

釋文：降如字。鄭户江反。渭按：降，漢書作「洚」，字之誤也。

傳曰：降水，水名，入河。渭按：宋張洎云：降水即濁漳也。字或作「絳」。地理志上黨屯留縣下云：桑欽言絳水出西南，東入海。酈道元引此文作「入漳」，云：絳水發源屯留，下亂漳津，與漳俱得通稱也。通典云：漳水横流而入河，在今廣平郡肥鄉縣界。大陸，地名。見冀州。河渠書云：禹道河至于大伾。以爲河所從來者高，水湍悍，難以行平地，數爲敗，乃廝二渠，以引其河。北載之高地，過降水，至于大陸。二渠其一爲漯川，自黎陽大伾山南，東北流，至千乘入海。其一則河之經流，自大伾山西南，折而北爲宿胥口，又東北逕鄴縣東，至列人、斥章縣界合漳水，是爲北過降水。溝洫志：王横曰：禹之行河水，本隨西山下，東北去。周譜云「定王五年河徙」，則今所行非禹之所穿。宜更開空，使緣西山足，乘高地，而東北入海。即此道也。水經所敍漳水，自平恩以下，皆禹河之故道。河自斥漳，又東北逕平恩、曲周，以至鉅鹿，其西畔爲大陸也。漢鉅鹿縣，唐爲平鄉、鉅鹿二縣，屬邢州，今屬順德府。鉅鹿故城即今平鄉縣治。正義云：地理志降水在信都縣。案漢書以襄國爲信都，在大陸之西，或降水發源在此。下尾至今之信都，故得先過降水，乃至大陸。鄭以降讀爲下江反，聲轉爲共。河内共縣，淇水出焉，東至魏郡黎陽縣入河。此近降水，周時國於此地者，惡言「降」，故謂之「共」。此鄭胸臆不可從也。渭按：襄國今爲邢臺縣，縣界絕無降源。孔説非是。酈注濁漳引鄭玄尚書注，言降水字不當作「絳」，是也。而讀「降」爲「郕降于齊師」之「降」，以淇水爲降水，共城爲降城，則謬。又曰：今河所從，去大陸遠矣。館陶北屯氏河，其故道與酈以爲近是。今攷地理志館陶縣下云：河水別出爲屯氏河，東北至章武入海。今館陶、臨清、清平、高唐、景州、南皮、滄州、鹽山界中，並有古屯氏河。則屯河行清河之東，大河故瀆之西，其爲禹河故道理或有之。然鄴縣故大河在東北入海。地志有明文，禹河既自宿胥口北行至鄴，豈復東行至館陶，而與屯氏相接哉，其非禹迹亦明矣。

水經注：濁漳水出上黨長子縣西發鳩山，元和志云：在縣西南六十五里。東逕長子縣故城南，城在今縣西。屈從縣東北流，陶水注之。水自城北東注于漳。又東逕屯留縣南，又屈逕其城東，東北流，有絳水注之。絳水西出穀遠縣東發鳩之谷，爲濫水，發鳩谷一名盤秀嶺，又名方山、鹿瀆山、盤石山。後魏地形志：藍水出寄氏縣盤秀嶺南，北流入濁漳。元和志：絳水出屯留縣西南方山，去縣八十四里。寰宇記引冀州圖謂之鹿濆山。屯留新志：盤秀山在縣西南九十里，一名盤石山。按漢志上黨有穀遠縣，在今屯留縣界，寄氏故城在縣西南七十里。藍水即濫水，絳水之上源也。或分藍、絳爲二水，謂藍出其陽，絳出其陰，非是。東逕屯留縣故城南，東北流，入于漳。故桑欽云：絳水出屯留西南，東入漳也。地形志：屯留縣，絳水自寄氏界來，入濁漳，因名交漳。漳水又東，陳水注之。水出西發鳩山，東注于漳。〔丁晏曰：又水經濁漳水云：漳水又東，涑水注之。許慎云：水出發鳩山，入漳。從水東聲。東樵于洚水引此文，誤以涑水爲陳水。案說文：涑水出發鳩山入河。玉篇水部，涑又水名。廣韻一東：涑水出發鳩山入于河。俗刻偏旁訛錯，誤「涑」爲「陳」。東樵不知，是正直引爲「陳水」，其謬甚矣。〕漳水又東北，逕壺關縣故城西，縣有壺口關，今在黎城縣東北太行山上。屈逕其城北，歷鹿臺山，與銅鞮水合。元和志：鹿臺山在襄垣縣南二十里，濁漳水在縣南二十一里。又東逕襄垣縣故城南，城在今縣北。又東北逕潞縣北，元和志：漳水一名潞水，在潞城縣北。又東北逕望夫山，涅水注之。山在今黎城縣東北。元和志：清漳水在黎城縣東北五十里，濁漳水在縣西北五十六里。又東逕磻陽城北，倉石水入焉。水出林慮縣，東北流，至磻陽城東，而北注于漳。按磻陽城在今林縣北八十里。又東逕武安縣，清漳水自涉縣東南來注之，世謂之交漳口。元和志清漳水一名涉河，在涉縣南一里。又東出山，逕鄴縣西，故鄴城在今臨漳縣西，可四十里，西接林縣界，有太行、林慮、倚陽、天平諸山，漳水之所經也。又東逕三户津，在故鄴城西四十里。又東逕武城南，故鄴城北漳水上有講武城，曹操所築。蓋即此也。又東北逕西門豹祠前，昔魏文侯以西門豹爲鄴令，引漳以溉鄴，民賴其用。其後魏襄王以史起爲鄴令，又堰水以溉鄴田，咸成沃壤，百姓歌之。又北逕祭陌西，西門豹沉巫處，田融以爲紫陌，在故鄴城西北五里。又東逕梁期城南，城在故鄴城北五十里。又逕平陽城北，括地志云：臨漳縣西二十五里有平陽故城。又東，右逕斥丘縣北，即裴縣故城南，元和志：成安縣，濁漳水西自滏陽縣界流入。斥丘故城在縣東南三十里。又東北逕列人縣故城南，右合白渠故瀆。白渠水出魏郡武安縣，東南流，逕肥鄉縣故城北，又逕列人，右會漳津，今無水。地理志曰：白渠東至列人入漳是也。按肥鄉故城在今肥鄉縣西二十二里，魏分邯鄲縣地置。列人故城在縣北三十里列人堤上。又東北逕斥漳縣南，今曲周縣東有斥漳故城。元和志漳水在曲周縣西二十九里。尚書所謂「覃懷厎績，至于衡漳」者也。以今輿地言之，屯留、壺關、襄垣、潞城、黎城，並屬山西潞安府。林縣、涉縣、鄴縣，並屬河南彰德府。成安、肥鄉、曲周並屬直隸廣平府。界中，皆禹貢降水之所經也。

漢志雜採古記，故漳、絳二水並存，實一川也。漳、絳本入河，及河徙之後，漳、絳循河故道而下，故酈元云：水流閒關，所在著目，信都復見絳名，而東入于海也。然漢志信都之絳水，則又有別。志云：故章河在北，東入海。禹貢絳水亦入海。蓋縣北故漳即禹河之故道，而絳水出其南，則漳水之徙流，酈元所謂絳瀆者也。濁漳注云：漳水自南宮縣故城西，城在今縣西北。又北絳瀆出焉。今無水。故瀆東南逕九門城南，城在今藁城縣西北二十五里。又東南逕南宮城北，元和志：絳水故瀆在南宮縣東南六里。又東南逕繚城縣故城北，十三州志曰：經縣東五十里有繚城故縣也。按河水注云：張甲河左瀆北逕經城東、繚城西，又逕南宮縣西，又注絳瀆。即此水也。繚城在今南宮縣東南，經城在今威縣北。左逕安城南，故信都之安鄉也。今在冀州東南。又東北逕辟陽亭，今冀州東南二十五里有辟陽故城。又北逕信都城東，散入澤渚，信都城即今冀州治。西至于信都城，句。東連于廣川縣之張甲故瀆，同歸于海。今棗强縣東三十里有廣川故城。河水注云：張甲河右瀆自廣川縣東北，逕其故城西，又東北至脩縣東，會清河入漳。「脩」與「蓨」同，音條。故地理志曰：禹貢絳水在信都，東入于海也。淇水注云：清河東逕脩縣南，又東北，左與張甲屯絳故瀆合，又東北逕東光，會大河故瀆，又東北逕南皮、浮陽，滹沱別瀆注焉。濁漳注云：漳水會滹沱別瀆，又東北入清河，又東北逕章武平舒入海。此即信都絳水入海之道也。蓋漢時信都之漳水徙從其縣南，故地志以此爲絳水，而目縣北之瀆曰故漳河。其後漳又復北道，故水經敍漳水仍自信都縣西，東北過下博縣，而酈元云絳瀆今無水。唐人遂謂之枯絳。通典云：清河郡經城縣界有枯絳渠，北入信都郡界是也。此渠乃漳水一時之徙流，漢志以爲禹貢之絳水，大謬。而杜佑據以分冀、兗之界，自後説經者，動稱枯絳以證導河之所過，皆班固「禹貢」二字誤之也。

大陸，地也，非澤也。以地爲澤，自班固始。安國於冀州云地名，而導河又云澤名，前後違戾，反若乞靈於班固者，朱子疑孔傳爲後人僞撰，有以也。若爾雅十藪，自當主澤言，孫炎解不誤，穎達引以證經之「大陸」，則誤耳。然自禹河徙後，去古日益遠，大陸不知所在，賴有其澤名大陸，猶可因澤以表地耳。穎達云：澤雖卑下，旁帶廣平之地，故統名焉。此説得之。

冀州疏曰：春秋魏獻子田於大陸焚焉，還，卒于甯。杜氏嫌鉅鹿絶遠，以爲汲郡脩武縣吳澤也。甯即脩武。然此二澤相去甚遠，所以得爲大陸者，以爾雅廣平曰陸。但廣而平者，則名大陸，故異所而同名焉。渭按：此説允當。脩武今獲嘉縣，縣西北有吳澤陂，其旁近地即大陸也。水經濁漳注曰：鄭玄注尚書引地説云：大河東北流，過絳水千里，至大陸爲地腹。今淇水東至黎陽入河，近所謂降水，蓋以淇口應「北過降水」之文也。道元疑之曰：黎陽、鉅鹿非千里之逕，是矣。而其下又云：自甯迄於鉅鹿，出於東北，皆爲大陸。則以南北兩大陸聯爲一地。以應千里之數，何其無定見也。信如酈言，則淇口在黎陽西南，距脩武二百餘里，河之所經，當先大陸而後降水矣。鄭説亦豈可通乎。

程氏禹貢論曰：古洚瀆自唐貝州經城北入南宮，貫穿信都，大抵北向而入故河於信都之北，爲合「北過降水」之文。又曰：大陸，地志謂在鉅鹿縣，其地遠在枯洚上流，不與經應。當以深之陸澤爲大陸，則古河之行貝、冀者，可用枯洚以應「北過降水」之文，其逕深而入滄者，可以謂之「至于大陸」也。今按：程氏所稱故河即禹河也。據水經濁漳注云：絳瀆北逕信都城東，東連廣川縣之張甲故瀆。河水注云：張甲故瀆東北至脩縣，東會清河。淇水注云：清河自脩縣南，又東北過東光縣西，又東北，左與張甲、屯、絳故瀆合，又東北，右會大河故瀆。然則信都之北爲絳瀆所入者，乃張甲河，非漳水也。安得謂入故河乎？絳瀆合張甲，又東北至脩縣合清河，又東北至東光合大河故瀆，即王莽河。又東北至阜城合漳水，漳水即禹河故道，漢志所云「東北至阜城入大河」者也。絳瀆至此始入故河，非信都界。深州在阜城西北，縱移大陸於此，亦枯洚之上流。河之所行，仍先大陸，而後降水，不與經相應。而況大陸在鉅鹿，班固、孫炎俱有明文，其可以意爲遷就邪！

禹河自汲縣東北流入黎陽縣界，至大伾山西南，折而北爲宿胥口。蘇代曰：決宿胥之口，魏無虛、頓丘。虛在朝歌界，今濬縣西南有古朝歌城，本殷虛。衛世家云：封康叔居河、淇間。故商墟即此。頓丘在黎陽界。今濬縣西有頓丘故城，本衛邑。詩曰「送子涉淇，至于頓丘」即此。時河已徙而東，宿胥口塞，故秦欲決之以灌二邑。水經河水注云：自淇口東至在遮害亭，亭在濬縣西南五十里。又有宿胥口，舊河水北入也。淇水注云：淇水東流逕枋城南，元和志：枋頭故城在衛州衛縣東一里。建安九年，魏武在淇水口下大方木爲堰，遏淇水，令入白渠，以開運漕，故號其處爲枋頭。今在濬縣之西南，即所謂淇門渡也。右合宿胥故瀆。瀆受河於頓丘縣遮害亭東、黎山西，句。北會淇水處，立石堰遏水，令更東北注，魏武開白溝，因宿胥故瀆而加其功。故蘇代曰決宿胥之口，魏無虛、頓丘。即指是瀆也。淇水又東北逕雍榆城南，春秋：襄公二十三年，叔孫豹帥師救晉，次于雍榆者也。按杜注云，晉地汲郡朝歌縣東有雍城。今在濬縣西南。又東北逕同山東，明一統志：同山在濬縣西南四十五里。新志云：其麓綿亘四十餘里，有龍脊岡，岡之西有山，相輔而行，西屬太行，曰達西岡。又北逕其城東，東北逕帝嚳冢西，皇覽曰：帝嚳冢在頓丘城南臺陰野中者也。其地有白祠陂、同山陂，二陂所結，即臺陰野矣。元和志：帝嚳陵在澶州頓丘縣北三十里。又北逕白祠山東，歷廣陽里，逕顓頊冢西，帝王世紀曰：顓頊葬頓丘城南廣陽里大冢者是也。元和志：顓頊陵在頓丘縣西北三十五里。又有秋山，山海經云帝嚳所葬。濬縣新志曰：白祀山在縣西二十里。又北逕頓丘縣故城西，古文尚書以爲觀地。蓋太康弟五君之號曰五觀者也。竹書紀年：晉定公三十一年城頓丘。其故城在今濬縣西。又東北逕枉人山東、牽城西，春秋：定公十三年，公會齊侯、衛侯于牽。杜預曰：黎陽東北有牽城，即此。按枉人山，元和志云：在黎陽縣西北四十五里，俗言紂殺比干於此，故名。寰宇記云：在縣西北十三里，俗名上陽三山。明一統志云：在濬縣西北二十五里，内黄縣西南六十里，北連跨巨岡，左右谿澗，不啻數百。又按蕩水注云：宜師溝東逕蕩陰縣南，又東逕枉人山東北，至内黄澤，右入蕩水。湯陰縣志云：枉人山在縣東南二十五里，與濬縣接界。是一山而跨三縣之境也。又東北逕石柱岡，枉人山北連跨巨岡，石柱之類也。又東過内黄縣南爲白溝也。即漢志所謂清河。

今按宋李垂上導河形勢書，請自汲郡東推禹故道，出大伾、上陽三山之間，復西河故瀆。即酈元所謂宿胥故瀆也。濬縣舊志，故瀆在縣西十里，亦曰西河。蓋禹迹漢時則流經縣東，又縣北四十里有大齊村，相傳亦黄河故道也。然淇水自東過内黄縣南爲白溝，而向北之河道，不可得聞。據本注云：内黄縣故城右對黄澤，即賈讓所見内黄界中，有澤方數十里環之有隄者也。内黄故城在今縣西北，澤大方數十里，當接安陽縣界，疑此地亦禹河之所經，河徙乃鍾爲黄澤耳。昔殷王河亶甲居相，其子祖乙圮焉，而又遷。書序：仲丁遷于囂，河亶甲居相，祖乙圮于耿。傳云：相，地名，在河北。祖乙，亶甲子圮于相，遷于耿。河水所毁曰圮。通典：相州治安陽縣，殷王河亶甲居相，即其地。元和志：相州内黄縣東南十三里有故殷城，河亶甲居相築此。則禹河出内黄、安陽之間明矣。自此而北，則爲鄴東之故大河。洹水注云：洹水出山逕鄴縣南、殷墟北。竹書紀年曰：盤庚即位，自奄遷於此，遂曰殷也。奄未詳處所。據書序，盤庚所遷之殷在河南，與竹書異。孔穎達云：盤庚後王或有從河南亳地遷於洹水之南者，非盤庚也。今按楚語：白公子張曰：昔殷武丁能聳其德，至於神明，以入於河，自河徂亳。韋昭云：從河内徙都亳也。此必盤庚後王有自亳遷於奄者，又有自奄遷於鄴南之殷者。故武丁即位時，殷都仍在河北，尋復徂亳，蓋亦圮而遷焉。殷本紀曰：武乙復去亳徙河北。此即紂都朝歌也。武丁自鄴南復遷於亳，至武乙則又自亳遷於朝歌。淇水注引晉書地道記謂武丁遷居沬邑。蓋誤以武乙爲武丁耳。禹河行臨漳之東又明矣。自此東北歷成安至肥鄉而合漳，是爲「北過降水」也。漳、絳至此并爲河矣。及河南徙，漳、絳循河故道而下，故東川復有漳、絳之目。水經注云：漳水自斥漳縣南，又東北逕平恩縣故城西，平恩故城在今東昌府丘縣西，舊在曲周縣東南五十里。金省入曲周。丘縣志云：漳水舊經平恩城西北至曲周，今唯經曲周，不入縣界。又東北逕南曲縣故城西，應劭曰：平恩縣北四十里有南曲亭，故縣也。今在丘縣西北。又東北逕曲周縣故城東，城在今縣東北，漳水故瀆在縣東。志云：漳水舊自縣東北入威縣，其後自魏縣東出，經流遂爲枯瀆。又北逕巨橋邸閣西，昔武王伐紂，發巨橋之粟。服虔曰：鉅鹿水之大橋也。又北逕鉅鹿縣故城東，鉅鹿郡治，其故城即今平鄉縣。魏收志云：平鄉縣治鉅鹿城是也。史記：項羽救鉅鹿，軍漳南。括地志云：今俗名柳河，在平鄉縣南。元和志云：濁漳水在縣西南十里。明成化十八年漳河東決，入廣宗縣界，是爲新漳，而舊漳遂涸。又歷經縣故城西，有薄落津。經縣故城在今廣宗縣東二十里。本後漢經縣地，後魏析置二縣，此爲西經。漳水自平鄉流入縣界，即古薄落水。戰國策：趙武靈王曰：吾國東有河、薄落之水。後漢初平四年，袁紹擊公孫瓚于薄落津。郡國志云：經縣西有漳水，津名薄落津也。又逕沙丘臺東，紂所成也。在鉅鹿故城東北七十里。

按通典平鄉縣有沙丘臺。今在廣宗縣界。廣宗，唐平鄉地也。又逕銅馬祠東，漢光武廟。按寰宇記銅馬祠在鉅鹿縣北七里，漳水舊在縣東，唐鉅鹿縣故城在縣南。宋北流決入漳水。大觀元年，邢州言河決陷鉅鹿縣，詔遷縣於高地，即今治。其後河復南出，漳亦隨之，故道多塞。皆漢鉅鹿縣境也。昔殷王祖乙遷於邢。杜佑云即邢州。今爲順德府。蓋亦瀕河之地，故其後盤庚又圮，而遷于亳、殷。書序：祖乙圮于耿，作祖乙。傳云：圮于相，遷于耿。殷本紀云：祖乙遷于邢。其説不同。按耿在漢河東皮氏縣，今爲河津縣地。傳直以圮爲遷，未安。從史記較長。抑或序「圮于耿」下脱「遷于邢」三字。皇極經世云：祖乙踐位，圮于耿，徙居邢。此説是也。仲丁、河亶甲、盤庚皆爲遷事作書，祖乙但圮而不遷，何用作書，其爲遷邢而作無疑矣。禹河行鉅鹿之東又明矣。以今輿地言之，河自濬縣西南，折而北歷内黄、並屬直隸大名府。湯陰、安陽、臨漳、並屬河南彰德府。魏縣、屬直隸大名府。成安、肥鄉、曲周、並屬廣平府。平鄉、廣宗，至鉅鹿縣並屬順德府。大陸澤在焉。此即禹河「北過降水，至于大陸」之故道也。

王横所稱西山，即賈讓所謂「放河使北，西薄大山」者；高地，即史遷所謂「至大伾引河，北載之高地」者也。皆在黎陽。大伾一名黎陽東山，則上陽三山爲黎陽西山可知矣。杜佑曰：西山者，太行、恒山也。今按：太行在輝縣西，東距濬縣可二百里，又東北，則在林縣西，東距臨漳可一百五十里。恒山在曲陽縣西北，南距鉅鹿可四百里，至濬縣則八百餘里。其禹河所行，在唐衛、相、洺、邢、冀、深、瀛、滄諸州之境，安得隨二山之足而東北去乎！杜説非是。程大昌云：禹河自澶、相以北，皆行西山之麓。又云：古河之在貝、冀以及枯洚之南，率皆穿西山踵趾以行。今按：澶非禹河所經，自黎陽已行西山之麓，不始於相、貝、冀界中，亦更無西山踵趾，殊不可解也。或曰：水性就下，載之高地，是拂其性也。疑遷與横之言爲妄。余曰：高地非謂高於河之上流也。賈讓云：淇水口金隄高一丈，自是東，地稍下，隄稍高，至遮害亭高四五丈。因欲決是隄，放河使北入海。則亭北之地固下於河矣。禹引河使北，豈有難行之理。其曰高地者，特以大伾之東地益卑，以彼視宿胥口，則宿胥口之地較高耳。高地對上文平地而言，非謂高於河之上流也。讀者其可以辭害意乎。

或問：禹始引河北載之高地，然則水未治以前，河從何處行。曰：堯時河從大伾山南東出，或決而北，或決而南，氾濫兖、豫、青、徐之域，即太史公所謂行平地數爲敗者也。及禹治水，乃廝爲二渠，一引而北載之高地，爲大河之經流，而餘波循故道以東者，名之曰漯。漯川受水不多，雖平地不爲害。先是全河東注，則猶瀉杯水於掌上，潰溢四出，與後世東郡平原之決，當亦相似也。溝洫志云：王莽時長水校尉關並言：河決率常於平原、東郡左右，其地形下，而土稍惡。聞禹治河時，本空此地，以爲水猥，盛則放溢，少稍自索。雖時易處，猶不能離此。上古難識，近察秦、漢以來，河決曹、衛之域，其南北不過百八十里者，可空此地，勿以爲官亭民室而已。竊意平恩以下，本漳水之所行。禹穿地自宿胥口，以至鄴東，引河合漳水入海，是謂「北過降水」耳。清河行漳水之東，宋時大河北流合清河入海，輒決而西，則清河之地，高於漳水之地可知。滹沱行漳水之北，自古迄今，但聞滹沱決而南，不聞漳水決而北，則漳水之地卑於滹沱之地又可知也。漳雖善徙，爲南北兩厓所東，終不能遠氾濫。禹引河由此入海，所以爲聖人之智，後世易之，宜其數敗也。

王横所稱周譜，如淳注云：世統譜諜也。今其書已亡，不知體製若何。又怪太史公以武帝導河行北瀆爲復禹舊迹，似不曾見此書。嘗以問百詩，百詩曰：案梁書劉杳傳，王僧孺被敕撰譜，訪杳血脈所因。杳曰：桓譚新論云太史三代世表，旁行邪上，並效周譜。以此而推，當起周代。則王横所引即此譜也。太史公曰：殷以前諸侯不可得而譜，周以來乃頗可著。又曰：太史公讀春秋，歷譜諜，周譜遷所讀。或者於河徙事未及討論，古人讀書儘有疏略者。余聞之宿疑頓釋。因思遷書疏略頗多，言北載之高地，而不知大伾以東非高地。讀周譜而三代世表不書河徙，亦疏略之一端也。或曰：遷非不知今所行非禹所穿，時武帝自多其功，以爲復禹舊迹，故因而書之。但遷於武帝之事，未嘗少有所諱，何獨於此爲之隱，而使禹河之故道，不白於天下後世哉！以爲疏略者近是。雖然禹河至勃、碣入海，漢河亦至勃、碣入海，即以爲復禹舊迹，亦無不可。不必過降水，至大陸，而後爲復禹舊迹也。當今之世，有能回河北行使入于勃海，吾亦謂之復禹舊迹也已。

王横云：禹河隨西山下，東北去。其言有可證者十五：書序河亶甲居相。相城在今安陽、内黄二縣界，而其後爲河所圮。證一也。楚語武丁自河徂亳。注云從河内徙都亳。河内即鄴南殷墟。自河徂亳，蓋亦爲河所圮。證二也。史記殷本紀：祖乙遷于邢，其後盤庚又自邢遷于亳。下篇曰：今我民用蕩析離居，罔有定極。蓋亦爲河所圮，鉅鹿界明有禹河。

證三也。殷去夏不遠，其所居相、殷，在漢魏郡界。邢在鉅鹿界，以殷都證禹河最確，故首著之。詩衛風曰：河水洋洋，北流活活。河至大伾山西南，折而北，逕朝歌之東，故謂之北流。證四也。禮記王制曰：自東河至于西河，千里而近。蓋西河自華陰，折而東爲南河，又東至大伾，折而北，是爲東河，計所行不滿千里，故曰千里而近。若漢河則東過大伾山南，至白馬縣之長壽津，始折而北，西去宿胥口又一百五六十里，則爲千里而遥矣。證五也。史記衛世家封康叔爲衛君，居河、淇間故商墟。商墟即古朝歌城，在今濬縣西南，淇縣東北。淇水逕其西，河水逕其東，是爲河、淇之間。故淳于髡曰：王豹處于淇，而河西善謳。證六也。戰國策：蘇代曰決宿胥之口，魏無虛、頓丘。二邑在今濬縣西南。酈道元云：宿胥故瀆受河於頓丘縣遮害亭東、黎山西。證七也。史記河渠書曰：禹自大伾，廝二渠，以引其河，北載之高地。據賈讓言遮害亭東地益下，則黎陽西山之足，實爲高地。證八也。漢書溝洫志：賈讓曰：決黎陽遮害亭，放河使北入海，西薄大山，東薄金隄。大山即王横之所謂西山。證九也。敍傳曰商竭周移。正指定王五年事，固已知武帝所道，非禹舊迹。證十也。地理志鄴縣有故大河在東。苟非隨西山下，東北去，安得至鄴。證十一也。孫炎曰：大陸，鉅鹿北廣河澤，河所經。蓋此澤本禹河之所匯，故亦名廣河。證十二也。水經注：漳水北逕祭陌西，俗巫爲河伯娶婦祭於此陌。蓋鄴本有河，故以河伯惑人。證十三也。杜佑曰：漳水横流，至肥鄉縣界入河。曾旼曰：河自大伾，折而北流，漳水東流注之。地形南北爲從，東西爲横。河從而漳横，故謂之横漳。證十四也。李垂曰：自汲郡東推禹故道，出大伾、上陽三山之間，復西河故瀆。證十五也。愚以漢時漳水自平恩以下爲禹河之故道，亦有可證者五。漢書地理志：漳水東北至阜城入大河，又滱水東至文安入大河，滹沱東至參户合滹沱别，從河東至文安入海。是水經所敍漳水自成平以下、至章武入海者，在西漢時猶爲大河。證一也。又成平縣有滹沱河，民曰徒駭河。與許商所言正合。蓋漳水自東昌縣會滹沱河，又東逕弓高、阜城至成平，世遂謂之滹沱。然漳故徒駭也，土俗猶能識之，不言漳、滹沱，仍曰徒駭。證二也。水經濁漳注曰：鬲、般踦其東北，徒駭瀆聯漳、絳。則漳、絳即徒駭之上流，通爲一川，證三也。唐書地理志清池縣西五十里有徒駭河西隄。是浮陽參户之漳水亦古徒駭，證四也。齊乘曰：河昔北流，衡漳注之。河既東徙，漳自入海。安知北流之漳，非古徒駭河歟，證五也。無徵不信，庶乎其免矣。

凡河所經之地，納山源大川，則河徙而瀆不空，漳水循河故道以專達于海是也。不然則經流一去，枝瀆皆空，久之化爲平陸矣。漢北瀆於東光納清河，於阜城納漳水。王莽時，河空而漳、清納流之地不空，則以有二川行其故道也。東漢以後之河，無山源之可納，則一空俱空矣。宋北流合清河入海，故金明昌中河徙，而清河自若。其下流分爲二派，一由南清河入淮，一由北清河入海。及元至元中，河徙而南北清河亦自若。今河行汴、泗入淮，淮、泗之外，亦更無山源之可納。他日河復北道，則汴空而淮、泗不空，此理固甚明也。周定王時河徙，自肥鄉以下有漳水行其故道，猶可推尋其肥鄉以上雖有清、淇、蕩、洹諸山源之水，皆横絶故河而東入於白溝，不能南北灌注，所以多致堙塞。反覆參驗，益信漳水東出爲禹河之故道，非臆説也。

漢河隄率謂之金隄。文帝時河決酸棗，東潰金隄。在今延津縣界。成帝時河水盛溢，泛浸瓠子金隄。在今開州界。酈道元云：河水舊於白馬縣南泆通濮、濟、黄溝，金隄既建，故渠水斷。在今滑縣界。若賈讓所云「決黎陽遮害亭，放河使北入海，西薄大山，東薄金隄」者，則在今濬縣界。其言曰：黎陽南故大金隄，從河西西北行，至西山南頭，迺折東與東山相屬。此隄蓋即讓所欲決以放河使北入海者。劉楨黎陽山賦曰：南蔭黄河，左覆金城。金城即金隄，又在東山之東矣。禹引河北載之高地，使隨西山下，東北去，無藉於隄，而亦不妨有隄。李垂導河書言曹公所開運渠，東北有伯禹古隄，蓋鯀所作也。而禹修之，世遂目之曰禹隄。讓所謂東薄金隄即此也。鯀用之以防川，而河有逆行之患，禹因之以導水，而河得就下之宜。勝棋所用，敗棋之著也，良庖所宰，俗庖之刀也，而善敗則相去遠矣。

漢志河内共縣下云：北山，淇水所出，東至黎陽入河。隆慮縣下云：國水東北至信成入張甲河，過郡三，行千八百四十里。魏郡内黄縣下云：清河水出南。水經：淇水出隆慮縣西大號山，東過内黄縣南爲白溝，又東北過廣宗縣東爲清河。清水出脩武縣北黑山，東北過獲嘉縣，又東過汲縣北，又東入于河。酈注云：謂之清河口，即淇河口也。地理志曰：清河水出内黄縣南。無清水可來，所有者唯鍾是水耳。蓋河徙南注清水，瀆移唯留逕絶餘目。故東川有清河之稱。曹公開白溝，遏水北注，方復故瀆矣。渭按：水經隆慮所出之淇水即國水，宿胥故瀆乃禹河之所行，國水自西來注之，勢不得東出内黄縣南爲清河。清河蓋禹河下流漸淤決而爲此川，猶漢屯氏河之類。及周定王時，宿胥口塞，大河之水不至，國水循宿胥故瀆，東北逕内黄縣南爲清河。漢志所謂「東北至信成入張甲河，行千八百四十里」者也。其後故瀆又塞，清河隨淇水至黎陽入河，故淇水口亦名清河口。及曹公堰淇口，因宿胥故瀆而加其功，使東北流爲白溝，是爲復故瀆也。蘇秦説趙曰東有清河，説齊曰西有清河。清河之來已久，疑春秋前有之。愚嘗以鴻溝爲禹河致塞之由，今清河又分河於此間，則下流緩弱，不能衝刷泥沙，鄴東河道之塞，未必不由此也。

地理志鄴縣故大河在東北入海，水經注宿胥故瀆受河於遮害亭東、黎山西者，即王横所云禹之行河，隨西山下，東北去者也。自黎陽以下，水經所稱大河故瀆，一名北瀆，俗謂之王莽河者，即周定王時所徙，西漢猶行之，至王莽時遂空者也。所稱河水自鐵丘南，東北流，至千乘入海者，即王景所治，東漢以後見行之河也。禹河舊迹久失其傳。漢、魏諸儒皆以北瀆爲禹河。司馬遷知禹引河北載之高地矣，而不知當時所行者非禹河。王横知禹河隨西山下，東北去矣，而不能實指其地名。班固知有鄴東故大河矣，而不知其上承宿胥口。酈道元知宿胥故瀆爲白溝矣，而不知其下流即鄴東之河。杜佑知衡漳至肥鄉入河矣，而不知其河即北過降水之河。故自大伾以下凡降水、大陸、九河、逆河之所在，皆不得其真。獨宋程大昌著禹貢論及山川地理圖，確然自有其所爲禹河者，迨考其歸趣，則以河水至千乘入海者，爲元光改流出頓丘東南之河，而鄴東故大河即禹之舊迹，孟康以爲王莽河。非也。今按孟康所謂出貝丘西南，自王莽時遂空者，即大河故瀆，一名北瀆者也。未嘗指鄴東故大河爲王莽河，且康既知此河出貝丘，豈復與在鄴東者混而爲一？頓丘東南之決河，未幾即塞，安得以河水爲元光改流之道。始建國三年之徙，見漢書王莽傳，而大昌謂禹河空於元光，不待莽時。世惡莽居下流，故河遷濟竭皆歸之，本無此事。然則漢人紀漢河亦不足信邪！蓋唯不知漢時漳水自平恩以下皆禹河之故道，故謂鉅鹿去古河絶遠，而以枯絳應降水，移大陸於深州，種種謬誤，皆由此出也。大昌鋭意求禹河，動稱王横、班固，而其言猶方枘圓鑿之不相入，蔡傳隨聲附和，世儒墨守不移，禹河之所以日晦也。

又北播爲九河，

傳曰：北分爲九河，以殺其溢，在兖州界。顔氏曰：播，布也。林氏曰：凡言爲者，皆從此而爲彼也。程氏曰：自大陸以北，河播列爲九，則其地不復平衍，而特爲卑窪故也。渭按：徒駭與冀分水，八枝皆在兖域。說見兖州。

見北過降水下。

水經注：漳水自鉅鹿縣銅馬祠東，又北逕南宮縣故城西，又北絳瀆出焉。漳水又北逕堂陽縣西，長蘆水出焉。衡水自堰分爲二水，一北出逕縣故城西，其右，水東北注，出石門，謂之長蘆水。蓋變引葭之名也。元和志：堂陽縣，長蘆水亦謂之堂水，在縣南二百步，縣因取名。按堂陽今爲新河縣，其故城在南宮縣西北。衡水即漳水。漳水又東北逕扶柳縣北，今冀州西南有扶柳故城。又北逕昌成縣故城西，在今冀州西北。又逕西梁縣故城東，在扶柳故城西北五十里。元和志：信都縣，衡水亦曰長蘆水，即濁漳水之下流也，西北去縣六十二里。寰宇記，長蘆枯溝在州西二里。漳水在州西北六十里。又東北逕桃縣故城北，合斯洨故瀆，斯洨水首受大白渠，東北入衡水。衡水又東爲袁譚渡。元和志：長蘆水在衡水縣南二百步。按桃縣故城亦在冀州西北。又北逕鄡縣故城東，在今束鹿縣東，接深州界。元和志：衡漳水在鹿城縣南。又右逕下博縣故城西，城今在深州南。元和志云：在下博縣南二十里。又東北歷下博城西，逶迤東北注，謂之九爭，〔丁晏曰：「九錚」誤作「九争」。〕元和志長蘆橋在下博縣南，架長蘆水。西逕樂鄉縣故城南，引葭水注之。城在深州東北，引葭即長蘆也。自此以下，衡漳與長蘆互受通稱。又東北逕阜城縣北，此阜城當在今武邑縣界。又東北逕武邑郡南，魏所置。元和志：武邑縣，長蘆水北去縣三十二里。又東北逕武强縣北，元和志：武强故城在武强縣西南二十五里。按今縣南有武强故城二：一魏置，一西晉置。寰宇記衡漳在武强縣南五里。又東北逕武隧縣故城南，元和志：武隧故城在武强縣東三十一里。又東逕武邑縣故城北，晉分武邑、武隧、觀津爲武邑郡治此。當在今武邑縣界。縣志云：漳河在縣西北二十里。又東北至昌亭，與滹沱河會。衡漳又逕東昌縣故城北，經所謂昌亭，又東北，左會滹沱故瀆，謂之合口。今武邑縣東有東昌廢縣。又東逕弓高縣故城北，在今阜城縣西南。又東逕阜城縣故城北、樂成縣故城南，阜城故城在今縣東二十二里。樂成故城在今獻縣東南。又東北逕成平縣南，衡漳東逕建成縣故城南。成平縣故城在北。按二城並在今交河縣東。又東，左會滹沱別河故瀆。漢志成平縣有虖沱河，民曰徒駭河。又樂成縣，虖沱別水首受虖沱河，東至東光入虖沱河。此虖沱河即漳水，古之徒駭也。滹沱別河故瀆即虖沱別水，自樂成來者，志云至東光入虖沱河，蓋與成平接界處也。又東北合清河，謂之合口。河水篇曰：大河故瀆東北至東光縣故城西，而北與漳水合是也。縣界清河本西漢大河之經流，王莽時河徙，清河由此北會漳水。故酈元云：清、漳二瀆，河之舊道也。合口在今青縣南二里，接滄州界。又東北濊水出焉。濊水東北逕參户亭北，又東逕東平舒縣故城南，又東北注滹沱，謂之濊口。按青縣宋爲乾寧軍，本漢參户縣，兼得章武地。縣南有參户故城，即酈注所謂參户亭也。元和志云：一名木門城，在長蘆縣西北四十里。青縣新志云：濊水東北流逕天津鎮東南十里爲大直沽，地勢平衍，羣流漲溢，茫無涯涘，故得厥稱。長蘆縣即今縣南七十里衛河西岸之長蘆鎮也。又東北逕章武縣西，又東北逕平舒縣南，東入海。章武漢屬勃海郡，唐爲魯城縣，在滄州北一百里。東平舒故城在今大城縣界。淇水篇云：清河自濊邑北，又東北至泉州縣北，入滹沱，又東逕漂榆邑故城南，入于海。按今静海縣本漢章武、平舒二縣地。縣北有漂榆城，清、漳合流經此入海。寰宇記云：御河自乾寧軍東北九十里入潮河，合流向東七十里於獨流口入海。潮河即界河也。縣東北九十里有小直沽，天津衛設焉。本漢章武縣地。元爲静海縣之海濱鎮。明永樂二年築城置衛。本朝改衛爲鎮，小直沽即古沽水。後魏志章武縣有沽水。水經云：沽水東南至泉州縣與清河合，東入于海是也。泉州今爲寶坻、漷縣地。小直沽受南北諸水，東逕天津城北，又東南合大直沽，而東注于海。漢志所云「河水東北至章武入海」者也。海即勃海。元和志云：在魯城縣東九十里。今在静海縣東北一百五十里，南接滄州，折而東北，接寶坻縣界。禹貢之逆河，後世則爲勃海，亦謂之海也。以今輿地言之，漳水自鉅鹿，又北歷南宮、新河、冀州、並屬直隸真定府。東鹿、屬保定府。深州、衡水、武邑、武强、並屬真定府。阜城、獻縣、交河、青縣、静海、並屬河間府。大城、寶坻、並屬順天府。至天津鎮屬河間府。注于勃海，即古徒駭河之故道也。

許商云：徒駭在成平，胡蘇在東光，鬲津在鬲縣。徒駭前已悉。今德平、樂陵、齊河、濟陽、慶雲、海豐界中有土河，志以爲徒駭，妄也。漳水不經此，安得有徒駭？且徒駭最北，豈反出鬲津之南哉。今東光、寧津、南皮、滄州、慶雲、海豐界中並有胡蘇河。元和志云：胡蘇河在饒安縣西五十里。寰宇記云：一名赤河，自臨津流逕饒安、無棣入海。漢志東光縣有胡蘇亭，水經注云：清河東至東光縣西南逕胡蘇亭是也。今寧津縣本東光縣地，其西有胡蘇亭，蓋即在東光者。齊乘以滄州南之大連澱爲胡蘇河，得之。隋書平原東有豆子䴚。通鑑云：豆子䴚負海帶河，地形深阻，蓋在漢平原、勃海、河間三郡之交。顧炎武肇域記云：即今滄州南之大連澱也。鬲津最南最長，較諸河差有考據。今德州北有鬲津枯河，漢志鬲縣，平當以爲鬲津。通典：鬲縣故城在安德縣西北。元和志：鬲津枯河在德州安德南七十里。按唐德州治安德，今爲陵縣。東逕陵縣北，北接吴橋縣界。元和志：鬲津枯河南去將陵縣二十里。金志安德縣有鬲津河。按唐將陵縣南至德州治五十里，其故城當在今陵縣北五十里。吴橋志云：古鬲津河在縣南里許，亦名吴川。又東逕德平縣北，去縣十五里，北接寧津縣界。德平本平昌，五代唐更名。又東逕樂陵縣北，北接南皮縣界。寰宇記：樂陵縣有鬲津枯河，在縣西三里。金志樂陵縣有鬲津河。南皮新志云：在縣東南四十五里。又東逕慶雲縣南，金志無棣縣有鬲津河。其故城在今縣東。元分無棣於此置西無棣縣。明永樂初改今名。縣東南二里有臥龍岡，在鬲津河中。又東北逕鹽山縣東南，新志云：鬲津河自慶雲北入縣界。又東北逕海豐縣西北，此元東無棣縣也。明永樂初改今名。又東北入海。渤海在縣東北一百五十里，東南接霑化，北接鹽山。齊乘以濱州北士傷河爲鬲津，云即漢時所輔求代劉雄處。今按輔代雄處爲厭次津，在今武定州南，東漢大河之經流。士傷河在濱州北，蓋即唐景福後黃河所徙之道，自勃海縣西北六十里東北流，逕無棣縣東南六十里，又東北逕馬谷小山南，而東注于海者，見寰宇記。非輔代雄處也。齊乘指此爲鬲津，未審是否。據許商言自鬲以北至徒駭間相去二百餘里，則當在此地。海豐新志云：經縣西北五十里，又東北入海。則徒駭、鬲津南北相距太狹，殆非也。

太史、馬頰、覆釜三河，據爾雅次序，以許商言證之，當在成平之南，東光之北。通典云馬頰、覆釜在平原郡界，又云安德縣有覆釜河。按郡即德州，治安德，所領有蓚縣，寰宇記云馬頰河逕蓚縣界是也，而又云篤馬河即古馬頰河，人皆斥其謬。然唐自有馬頰河出澶州新豐縣界，東北流，至平昌縣合篤馬河，二水合流，並得通稱。以篤馬爲馬頰，不可謂謬，謬在一「古」字，指爲九河之第三耳。元和志：馬頰河在安德縣南五十里，又在平昌縣南十里，久視二年開決，亦名新河。近志平原、商河、陽信界中並有馬頰河，皆唐之馬頰也。在鬲津之南，與九河無涉。太史河自昔無考，而明一統志云在南皮縣北，此臆說。滄州志又云：覆釜河在慶雲縣南二十里，即鉤盤北派。亦不足信。齊乘以爲太史等河在漳南，清、滄二州之間，庶幾得之。元清州治會川，即今青縣。滄州治清池，即今滄州。簡、潔、鉤盤三河，據爾雅次序，以許商言證之，當在東光之南，鬲縣之北。史記正義云簡在貝州歷亭縣界，輿地廣記云簡、潔在臨津，金志云南皮縣有潔河。按唐歷亭縣今東昌府之恩縣是也，簡河在此，則出鬲津之南矣，大謬。慶雲新志以縣南篤馬河爲簡河，亦非。臨津今寧津，北與南皮接界，謂簡、潔在此，理或有之。齊乘曰：滄州大連澱南至西無棣縣百餘里間有大河、沙河，蓋即簡、潔也。漢志平原有般縣。韋昭曰：音逋垣反。師古曰：爾雅說九河云鉤般，郭璞以爲水曲如鉤流。般，桓也。今土俗用韋音。按般縣故城在今德平縣東北，縣南二十里有盤河。後漢初平二年，公孫瓚破黃巾于槃河，又瓚與袁紹相攻，瓚引軍屯槃河，即此。後魏志般縣有故般河。水經注云：篤馬河自西平昌縣故渠川派，東入般縣爲般河，蓋亦九河之一道也。通典古鉤盤河在樂陵縣東南。元和志：陽信縣北四十里有鉤盤河。寰宇記：樂陵縣東南五十里有鉤盤河。金志：將陵縣有鉤盤河。近志陵縣、德平、樂陵、商河、武定、海豐、陽信、霑化界中，並有鉤盤八枝，自鬲津而外，此河亦有可據。齊乘曰：東無棣縣北有陷河，闊數里，疑即鉤盤河。按此河自樂陵分爲南北二派。海豐舊志云：南派在縣南，名鉤盤河，東經霑化縣北，又東至久山鎮入海。新志云：北派在縣西北三十里，自慶雲流入，又東北經馬谷山前，抵土河口入海。今縣北盤河村，尚以此爲名。蓋北派即齊乘所謂陷河也。或曰陷河即篤馬河之別名。許商云在九河南。齊乘指此以爲古鉤盤。恐非。然許商亦就上流言之耳。

鬲津出鬲縣，篤馬出平原，鬲在平原之西北，故曰孫禁所欲開者，在九河南。篤馬河若其下流入海處，則商固未之悉也。篤馬首受大河，大河潰溢，縱其所之，遇水即合，安知篤馬下流非即鉤盤之故道乎？

撰水經者，不知漳水即徒駭，而以王莽河爲禹河。故云：大河故瀆東北逕元城縣西北沙丘堰，至于大陸，北播爲九河。按漢元城縣故城在今大名府元城縣東，沙麓之側。沙丘堰北去鉅鹿尚百餘里，謂播爲九河自此始，與經自大陸又北之文不合。唐人疑鉅鹿廣阿東去平原太遠，故又以深州之陸澤當禹貢之大陸。然自陸澤以東南距鬲縣可三百里，禹河亦必不至此始分爲鬲津，而南入鬲縣也。且古之九河並東北出，至章武、高城、柳縣之東，高城縣故城在今鹽山縣南，柳縣故城在縣東。合爲逆河，至碣石入海。及周定王時，河徙自東光、南皮、浮陽，絶八枝而北合徒駭，漢人指此爲逆河，是九河之所同。故王莽改勃海郡曰迎河郡，南皮縣曰迎河亭，而其實非也。以意度之，徒駭大勢北行亦迤東，八枝太史最北，宜最短，向南則漸加長，鬲津最南最長，首受大河當在南宮縣界也。要之，九河所在，後人率多附會，其名爲某河者，未必即古之九河，不名爲某河者，又未必非古之九河。如滱水、浮水、無棣溝、篤馬河之類。馮逡云：九河今既滅難明。班固云：自兹距漢，北亡八枝。酈道元云：城地並存，川瀆多亡。斯爲實録，無事深求。近志雜亂者勿論，即如孔穎達、于欽準許商三河以爲言，亦未可盡信也。

顧景范川瀆異同曰：黄河自鞏洛以東，已出險就平，大伾以北，地勢益廣衍，大陸則又鍾水之區也。乘建瓴之勢，注沮洳之鄉，奔騰横溢，必不能免。禹因而疏之，順其性之所便，從其地之所近，而九河以名，此在洚洞之際，最爲當機而扼要也。計初時氾濫乍平，九河必勢均力敵，既而横流益殺，更復冬春消減，九河之或盈或涸，或通或湮，亦理所必有。歷時既久，後人但見安瀾之效，而忘其弭患之功，遂置九河於度外，壅遏逾遠，淫潦乘之，河於是起而發大難之端矣。凡九河之壞也，非一朝一夕之故，則九河之興也，抑豈僅一手一足之烈哉，故曰神禹也。

同爲逆河，入于海。

傳曰：同合爲一大河，名逆河，而入於渤海。正義曰：鄭玄云：下尾合名爲逆河，言相向迎受。王肅云：同逆一大河，納之於海。其意與孔同。蘇氏曰：逆河者，既分爲九，又合爲一，以一迎八，而入於海，即渤海也。薛氏曰：河入海處，舊在平州石城縣，東望碣石，其後大風逆河，皆漸於海，舊道堙矣。程氏曰：逆河，世之謂渤海者也。逆河之地，比九河又特窪下，故九水傾注焉。雖其兩旁當有涯岸，其實已與海水相合，不止望洋向若而已。黄氏曰：逆河、碣石，今皆淪於海。渭按：經所謂海乃東海，在碣石之東，而説者以爲渤海，由不知渤海故逆河，後爲海所漸耳。此先儒之通患，唯子瞻、士龍、泰之、文叔能辨之。石城縣，唐初析平州盧龍縣地置，其故城在今直隸永平府灤州南三十里。

碣石之東爲滄溟，經之所謂海也。其西則逆河，後世謂之渤海。河渠書曰：同爲逆河，入于渤海。溝洫志同。蓋漢人以渤海爲海，而不知其爲逆河，遂謂逆河在南皮、浮陽。河自章武入海，不至碣石矣。千年積謬，至蘇、薛、程、黄四公而一正，蔡氏不收，何以爲集傳。

王横曰：往者天嘗連雨，東北風，海水溢西南出，寖數百里，九河之地已爲海所漸矣。九河但堙塞耳，而横云爲海所漸，世莫不痛詆之。百詩獨爲余言曰：九河若作逆河，則未爲不是。余領之而未有以見其誠然，百詩亦更無所發明也。及讀薛氏語，始知古人先得我心，益歎百詩之敏悟。蓋横雖博聞彊記，而討論不精，臨文多誤。如秦決河溝，以灌大梁。河溝者，鴻溝也。而横誤以爲大河，西山不言黎陽，亦其疎漏處。逆訛爲九，即此可證也。高忠憲有言，萬世之心目，固有漸推而愈明，論久而後定，信夫！

勃海之名，古未嘗有也。韓非子云：齊景公與晏子遊於少海，登柏寢之臺。少海即勃海，景公時已有之。不但此也，左傳：僖四年，楚子使言於齊侯曰：君處北海。北海亦即勃海，則桓公時已有之。逆河南岸之地爲海所漸，當在其前。王横云往者，猶言昔者，其時之遠近不可知，而必非謂漢世，網羅舊聞，自有所據。議者以此事不見於正史，疑横言爲妄。

吾不知其所謂正史者，秦、漢之史邪？抑古史邪？如謂古史，則諸侯史記皆爲秦所燒，世無由見，安知其書與不書？如謂秦、漢之史，則海水西南出數百里，漢書溝洫志固已明載之矣。豈必大書特書曰某年某月，而後爲可信乎？且變異之事，正史無文而見於它書者多有，歷陽之國没爲湖，見淮南子；邛都縣陷爲邛池，長水縣淪爲谷水，海鹽縣淪爲柘湖，武原縣淪爲當湖，並見水經注。而正史不書，可盡以其言爲妄邪？揚州舊有海門縣，南對太倉州，其海口即江尾也。東北境爲海水所侵，吞食寖廣，西南出數十里。本朝康熙初，縣治遂淪於海，今又過其西四十里矣。風濤撞擊，其聲如大礮，日夜不絶，每沙岸將崩，必先有龜坼之痕，居人指以爲候，輒遷去，而縣遂廢。計三十餘年中，四十里之地，化爲海水，過此以往三四百年，安知此江尾者，不與勃海同其深廣邪！天下事固有不可以常理論者，此類是也。

許商云：九河自鬲以北至徒駭間，相去二百餘里。則其同爲逆河也，雖大當亦不及三百里，而今渤海南北相距有五百里之遠，則兩岸之地，其爲海水所漸者多矣。酈道元云：昔燕、齊遼曠，分置營州，今城届海濱，海水北侵，城垂淪者半。王横之言，信而有徵，碣石入海，非無證矣。此不過借營州以證碣石，而實與横所言之事不同。横事在南岸，故曰：天嘗連雨，東北風，海水溢西南出，寖數百里。事當在春秋之前，是逆河變爲渤海之由也。道元所言在北岸，是碣石淪於海中之由，事出漢後，故又曰：漢世波襄，吞食地廣，贊水卑耳之谿，當同碣石苞淪洪波也。自碣石以西北岸所侵者，漢驪成、絫縣地，今爲灤州、樂亭、昌黎地，其所吞食南北裁數十里；南岸所漸者，漢漯沃、琅槐、廣饒、鉅定、壽光、平壽界，今爲霑化、利津、蒲臺、樂安、壽光、濰縣界，其所溢出南北殆二百餘里。古之逆河，北起寶坻南界，歷靜海、滄州、鹽山、海豐及霑化北界而止耳。竊意禹時濟、漯、濰、淄入海之口，去今入海處尚遠也。

九河之所以入海而無壅者，賴逆河之復合爲一也。逆河既漸於海，則八枝之亡無日矣。淮南水利考云：百詩謂余：此書二卷，沭陽胡應恩作。蓋侍郎璉之後。海水潮汐日二至，每入也以二時，其出也亦二時。二時之出係湖水，二時之入則海水。海水遏湖水不得流者，每日有八時，黃沙寧無停乎？此最精於物理者，然此猶就清水言之耳。若黃河則一石水而六斗泥，海之所入者沙，河之所出者亦沙也。以沙遇沙，如膠之投漆，唯受以廣二百餘里之逆河，踴躍翻騰而入海，而又有碣石以當其衝，則潮汐不能踰而西，內沙不停，外沙不入，此禹河所以千載無患也。自逆河變爲勃海，而潮汐直抵九河之口，九河勢分力弱，不足以攻沙，外沙日至，內沙不出，徒駭猶能相敵，八枝立就陻廢矣。漢人不知此義，而唯以九河爲急，縱令穿爲四五，亦不旋踵而淤耳。蓋逆河既淪，則河不宜分而宜合，合則行疾而湍悍，力能衝刷泥沙。故周定王時，上流雖徙，而章武入海之道自若。宋北流入海之道唯一獨流口，闊六七百步，深八九丈，趨海之勢甚迅，其明效也。

臣瓚曰：禹貢：夾右碣石入于河。則河入海乃在碣石。武帝元光三年，河徙，從東郡更注勃海。禹時不注也。今按：武帝紀：元光三年春，河水徙從頓丘東南，句。流入勃海。蓋河奪漯川之道，至千乘入于勃海。以上句文勢不可但已，故用此四字足之，非河先不入勃海；至元光徙流而始入勃海也。尋瓚之意，蓋以禹貢九河同爲逆河，自碣石入于海，故云禹時不注，而不知漢人所謂勃海者，其北一半即逆河之故道也。河豈能越勃海而至碣石哉？總之，勃海甚廣，占漢遼西、右北平、勃海、千乘、北海、東萊六郡之境，跨古冀、兗、青三州之界，自禹時以迄唐、宋，河之所入皆勃海也，濟、漯、濰、淄之所入亦勃海也。但禹河、漢河及宋之北流，俱自章武入海，碣石正當其衝，而東漢以後之河及濟、漯、濰、淄諸水，其入海處，則遠在碣石之西南耳。

冀州云：夾右碣石入于河。則逆河在碣石之西可知。導山云：至于碣石入于海。則海在碣石之東又可知矣。導河不言碣石，以行至逆河而止耳，非省文也。碣石者，河海之限；勃海者，逆河之變也。自漢志云「河至章武入海」，而人不復知有逆河、碣石在章武之東矣。然臣瓚云：禹時河入海在碣石。酈道元云：河之入海舊在碣石，又云：大禹鑿其石，右夾而納河。是猶據經而不從志也。自唐人指盧龍縣南二十三里之山爲碣石，則碣石與河不相值，而瓚、道元之説棄若土梗矣。

黄文叔云：禹河自碣石入海。此不言已見也，蓋以爲省文互相備。今按禹導山至碣石，故言碣石，導河抵逆河，知其下已治不復東，故不言碣石，皆紀實，非故爲詳略也。然則中間相去不太遼闊乎？曰奚有於是。碣石距九河之尾裁三百里耳，江、漢之匯彭蠡，濟之會汶，淮之會泗、沂，去海甚遠，三危之去南海，更不知幾千里，皆據身所及而止，不復言海口之地，何獨疑於此章。

章武，漢屬勃海郡，郡治浮陽，即今之滄州。故孔疏云：郡北距碣石五百餘里。寰宇記：滄州東北至平州五百里。河入海處，遠在碣石之南，禹行碣石不得入河。蓋遠行通水之處，北盡冀州之境，然後南迴入河而逆上也。近世學者皆宗其説，斥瓚、道元之謬，是何也。碣石在盧龍縣南二十三里，離海七八十里，而河欲至此入海，則必自今天津北行，歷寶坻界，轉東自豐潤逕灤州廢石城縣南，又東過盧龍縣南，而南入于海。取道迂遠，地勢益高，無是理也。宋人憂河尾入契丹界。蘇子由曰：契丹之水，皆南注于海，地形北高，河無北徙之道。故據導河無碣石之文，以爲河不至碣石入海。是殆未有以蘇、薛、程、黄之解示之者也。誠知勃海即逆河，而碣石負海，當逆河之衝，則紛紛諸説，不攻而自破矣。漢志云：河自羌中積石山，東北至章武入海，過郡十六，按水經注，黎陽以上河水所過有金城、天水、武威、安定、北地、朔方、五原、雲中、定襄、鴈門、西河、上郡、河東、馮翊、河南、河内凡十六郡，黎陽以下大河故瀆所過有魏郡、東郡、清河、平原、信都、勃海又六郡，共二十二郡。而班固云過郡十六，殊不可曉。今攷禹河所過有魏郡、廣平、鉅鹿、信都、勃海而無東郡、清河、平原，過郡凡二十一也。行九千四百里。以經言之，河乃自章武東出爲逆河，逕驪成至絫縣碣石山入海，又過郡二，右北平、遼西，并上二十一，爲過郡二十三。行三百餘里也。自禹告成之年，下逮東周齊桓公之世，九河亡其八枝，後數十歲爲定王五年己未，當魯宣公之七年，而河遂東徙，凡一千六百六十餘歲。

地理志：勃海郡，莽曰迎河；南皮縣，莽曰迎河亭。溝洫志亦云：同爲迎河，入于勃海。迎河即逆河。説者謂莽多忌諱，改「逆」曰「迎」也。寰宇記云：迎河在清池縣西南二十三里，從南皮來。清池即浮陽。余初不解逆河何以在此地，求之數月，始得其故。水經淇水注云：清河自東光縣西，又東北，右會大河故瀆，又東北逕南皮縣故城西，又北逕浮陽縣故城西，又東北，滹沱別瀆注焉。漳水注云：衡漳自成平縣南，又東，左會滹沱別河故瀆，又東北入清河，謂之合口。蓋莽時大河南徙，清河自東光縣西行其故瀆，歷南皮、浮陽至成平與漳水合。水經東漢時作，故指爲清河，實西漢大河之經流也。漢人以九河播自元城之沙丘堰，東北至南皮、浮陽縣西，仍歸大河，是謂「同爲逆河」云爾。不知禹河自成平東逕二縣之北，未嘗由東光而北歷其西，九河下尾東北出抵高城、柳縣、章武之東，同合爲一大河以入海，南北廣二百餘里，東西長三百里，占地甚多，非逆河縱而九河横，東流至二縣之西，爲逆河所截，而各注之也。總之，大伾以東，漢人不詳禹河之所經，而以北瀆爲禹河。禹河一差，則降水、大陸、九河、逆河無所不差矣。逆河以班志言之，似爲横絶之河，而鄭、王以爲迎受之河，其義較長。然終不能指言逆河在某地，至東坡始云逆河即勃海，薛士龍又因王横之言，更定其義云。逆河皆漸於海，而後經旨乃大明，與鄭、王之義亦甚協也。

河之播而爲九也，勢至此不得不分，非禹有意分之也。其同爲逆河也，勢至此不得不合，非禹有意合之也。所以名逆者，鄭義盡之。自漢人以勃海爲海，而逆河無所容其地，唐人亦不明逆河在何處。徐堅初學記曰：逆，迎也。言海口有朝夕潮以迎河水。此義最優。至宋而謬論迭出，貽惑滋甚矣。林氏曰：王介甫謂「逆河」者，逆設之河，非並時分流也。其意以「同爲逆河」句，釋上文「播爲九河」之義，如此則逆河即是九河矣。羅泌曰：聖人於冀、兗間，逆設爲河，以防暴至之患。未至則不妨民耕，既至則不墮民舍。程珌曰：禹因地之形而逆設爲九河，凡河之道，則不建都邑，不爲聚落，不耕不牧，故謂之逆河。董鼎曰：格言云：逆河是開渠通海，以泄河之溢，秋冬則涸，春夏則泄。此皆踵介甫之謬，以九河爲逆河，而緣飾其辭也。陳師道曰：逆河者，爲潮水所逆行千餘里。邊海又有潮河，自西山來，經塘泊。按潮河一名界河，在今靜海縣西北，受滹沱、易、巨馬三水，巨馬即淶水。合御河東至獨流口入海。此河在直沽口西，亦不得指爲逆河。明丘文莊濬又言：當於直沽入海之後，依禹貢逆河法，截斷河流，橫開長河一帶，收其流而分其水。以逆河爲橫絶之河，承西漢之誤。以上諸説，總由不知勃海即逆河，而求逆河於勃海之外，遂愈求愈遠耳。

禹貢錐指卷十三下

附論歷代徙流

禹釃二渠，自黎陽宿胥口始，一北流爲大河，一東流爲漯川。周定王五年，河徙自宿胥口，東行漯川，右逕滑臺城，故鄭廩延邑，下有延津，今謂之延壽津。按滑臺城在今滑縣西南，即唐滑州治也。北直黎陽相距三十里。又東北逕黎陽縣南，黎山東北即黎陽故城，東岸有鹿鳴津，亦曰白馬濟。按黎陽故城在今濬縣東北。漢溝洫志：賈讓奏言：河從河内北至黎陽爲石隄，激使東北，百餘里間，河再西三東，迫阨如此，不得安息。今行上策，徙冀州之民當水衝者，決黎陽遮害亭，放河使北入海。河西薄大山，東薄金隄，勢不能遠汎濫，朞月自定。又東北逕涼城縣，在滑縣東北。劉宋置，北齊併入白馬。又東北爲長壽津。河至此與漯別行，而東北入海，水經謂之大河故瀆。述征記曰：涼城到長壽津六十里，河之故瀆出焉。一曰北瀆，王莽時空，故世俗名是瀆爲王莽河。按水經，東漢人所撰，凡稱故瀆者，皆時已無水。戚城以下，東光以上，河水不至，又無他水行其中，孟康所云王莽時遂空者，唯此耳，故謂之大河故瀆。其自長壽津以西至宿胥口，爲東漢見行之河，則敍入河水。東光以北至章武，時爲清河、漳水之所行，則敍入清河、漳水，並不列大河故瀆。大河故瀆東北逕戚城西，春秋：哀公二年，晉趙鞅率師納衛太子蒯聵于戚，宵迷。陽虎曰：右河而南必至焉。今頓丘衛國縣西戚亭是也，爲衛之河上邑。按杜預云：是時河北流過元城界，戚在河外，晉軍已渡河，故欲出河右而南。今開州西北有戚城。又逕繁陽故城東，城在今内黄縣東南，繁水之陽，繁水即春秋之澶淵。杜預云：在頓丘縣南也，亦謂之浮水。又北逕陰安縣故城西，城在今清豐縣北，通典頓丘縣北有陰安城。寰宇記云：王莽河在頓丘縣北十里。又東北逕昌樂縣故城東，城在今南樂縣西北。元和志：王莽河西去昌樂縣十六里。又東北逕平邑郭西，竹書紀年：晉烈公四年，趙城平邑是也。按今南樂縣北有平邑故城。又東北逕元城縣故城西北，而至沙丘堰，堰南分屯氏河出焉。大河故瀆北出爲屯氏河，逕館陶縣東。溝洫志曰：自塞宣房後，河復北決於館陶縣，分爲屯氏河，其故瀆又東北，屯氏别河出焉。屯氏别河故瀆又東北逕信成縣，張甲河出焉。地理志曰：張甲河首受屯氏别河於信成縣者也。張甲故瀆北絶清河於廣宗縣，又東北至脩縣會清河。屯氏别河自信成城南，東北至繹幕縣南分爲二瀆，其北瀆東北至陽信縣故城北，而東注于海；南瀆自平原城北首受大河故瀆東出，亦謂之篤馬河，東北至陽信縣故城南，東北入海。屯氏河故瀆東逕靈縣北，又東北逕鄃縣與鳴犢河故瀆合。地理志曰：河水自靈縣别出爲鳴犢河者也。按屯氏河自館陶東北至章武入海，過郡四，行千五百里。屯音豚。通典魏州治貴鄉、元城二縣，貴鄉有大河故瀆，俗曰王莽河。元和志：王莽河西去貴鄉縣三里，古堰今名愜山，在縣西九里。成帝時河決，王延世募人益運土塞河之處，以其愜當人情，故謂之愜山。今在大名府北，蓋即沙丘堰也。館陶故城在今館陶縣西。元和志：王莽河在縣東四里。隋析館陶地置冠氏縣，其故城在今冠縣北。元和志：王莽河北去縣十八里。大河故瀆又東北逕發干縣故城西，又屈逕其北，今堂邑縣西南五十里有發干故城。寰宇記：王莽河在堂邑縣北十里。又東逕貝丘縣故城南，城在今清平縣西南。溝洫志：宣帝地節中，光禄大夫郭昌使行河，北曲三所，水流之執，皆邪直貝丘縣，恐水盛，隄防不能禁，迺各更穿渠，直東經東郡界中，不令北曲，渠通利，百姓安之。成帝初，清河都尉馮逡奏言：郭昌穿直渠，後三歲，河水更從故第二曲間，北可六里，復南合。今其曲埶復邪直貝丘，百姓寒心，宜復穿渠東行。寰宇記：王莽河在清平縣南十八里。蓋即孟康所謂「出貝丘西南二折」者也。「二折」疑當作「三折」。又東逕甘陵縣故城南，城在今清河縣東南。又東逕艾亭城南，風俗記曰：甘陵故城直東二十里有艾亭城。蓋近今博平縣界。又東逕平晉城南，未詳，疑當在博平縣北。寰宇記：王莽河在博平縣北十八里。又東北逕靈縣故城南，別出爲鳴犢河。城在博平縣東北四十里，高唐州西南二十里。漢志：鳴犢河東北至蓚入屯氏河。大河故瀆又東逕鄃縣故城南，城在今平原縣西南五十里。又東逕平原故城西，而北絕屯氏三瀆。括地志：平原故城在平原縣東南十里。元和志：王莽枯河在縣南五里。蓋本在其北，縣徙而北，故水出其南。屯氏三瀆謂屯氏河及屯氏別河之南北二瀆也。北逕繹幕縣故城東北，寰宇記：繹幕故城在平原縣西北二十里。西流逕鬲縣故城西，地理志曰鬲津也。按鬲縣故城在今陵縣北。左傳「靡奔有鬲氏」，即其國也。陵縣本安德，唐德州治。州西五十里有長河故城，州北五十里有將陵故城。元和志：王莽枯河在長河縣東五里，又在將陵縣西十里。長河即今德州治，將陵在州之東北。州志云：古黃河在州東南二十餘里，今謂之黃河崖。又北逕脩縣故城東，城在今景州南。脩音條，一作「蓨」。括地志云：俗名南條城在今蓨縣南十二里。又北逕安陵縣西，地理風俗記曰：脩縣東四十里有安陵鄉，故縣也。今吴橋縣西北有安陵故城。又東北至東光縣故城西，而北與漳水合。故城在今東光縣東。淇水篇云：清河自東光縣西南，又東北右會大河故瀆。濁漳篇云：漳水自阜城縣故城北，又東北逕成平縣南，又東北入清河，謂之合口。清河，故大河也。按魏收志合口在浮陽縣西。浮陽今滄州，漳、清合流當在州界。大河自宿胥口徙流，至成平合漳水，復歸禹河故道，又東北歷浮陽、參户、平舒，至章武入海也。詳見「播爲九河」下。以今輿地言之，濬縣、滑縣、開州、内黄、清豐、南樂、大名、元城、並屬直隸大名府。冠縣、館陶、堂邑、清平、並屬山東東昌府。清河、屬直隸廣平府。博平、高唐、並屬東昌府。平原、德州、並屬山東濟南府。景州、吴橋、東光、交河、滄州、青縣、静海、天津並屬直隸河間府，北接大城、寶坻，並屬順天府。諸州縣界中，皆周定王五年至西漢末大河之所行也。定王五年歲己未，下逮王莽始建國三年辛未而北瀆遂空，凡六百七十二歲。

蔡傳曰：周定王五年河徙砱礫。砱礫不知在何處。按溝洫志賈讓治河奏有滎陽漕渠，如淳曰：今礫谿口是也。師古曰：礫谿，谿名，即水經所云泲水東過礫谿者。阿誰讀誤本漢書，以「今」爲「令」，又加「石」作「砱」，廣韻：砱石。砱，郎丁切。殊足使人噴飯。即以礫谿言之，水經：濟水東至北礫溪南，東出過滎陽縣北，又東，句。南礫溪水注之。酈元云：水出滎陽城西南李澤，澤中有水，即古馮池。地理志曰：滎陽縣馮池在西南是也。東北流，歷敖山南，逕虢亭北，又東北過滎陽縣北，斷山東北注于濟，世謂之礫石澗，即經所謂礫溪矣。礫溪口即南礫溪水入濟處也。古之決口皆在大伾之東，金、元時所決漸西，至明天順中，河自武陟徙入原武，而獲嘉之流遂絶，變斯極矣。滎陽今爲滎澤縣，與獲嘉相對，周時河徙寧遽在此邪。唯漢平帝之世，河侵汴、濟，謂徙從礫溪口則可，然亦無砱礫之名也。此説當必有所本。頃閲王伯厚河渠考引程氏曰：周時河徙砱礫，至漢又改向頓丘東南流。程氏疑即大昌，及檢禹貢論其第十一篇有云：周定王五年，河徙故瀆；漢元光三年，河水徙從頓丘東南，流入渤海。却無「砱礫」字。又圖説茛蕩渠口辨引如淳注亦作今礫溪口，不作「砱礫」，則二字明係杜撰，絶無根據，誕妄乖謬，莫甚於此。而學者宗之。以王伯厚之淹博，亦不能正其失，而且累及於程氏。地理之學，談何容易。

水經大河故瀆東北逕元城縣西北而至沙丘堰。其下文曰「至于大陸，北播爲九河」。酈注云：郭東有五鹿墟，故沙鹿。春秋僖公十四年「沙鹿崩」是也。縣北有沙丘堰者，不遵其道曰降。堰，障水也。「播爲九河」自此始。及齊桓霸世，塞廣田居，同爲一河。故自堰以北，館陶、貝丘、鬲、般以東，城地並存，川瀆多亡。今按：水經以王莽河爲禹河，故以沙丘堰爲禹迹。推其意似謂古河本東行，禹作此堰以障之使北，而九河自此播焉。不遵其道是爲降水。唐人云河自貴鄉縣界分爲九道。宗此説也。然禹河不經元城，此堰必非禹所作。黄文叔云：今澶州臨河有鯀隄，自黎陽入，北至恩州清河、歷亭皆有之。然則降水者，自元城以北隄堨之水是也。蓋以堰爲鯀所作，或曰元城爲戰國魏地，北與趙接壤。賈讓云：隄防之作，近起戰國。雍防百川，各以自利。齊與趙、魏以河爲竟，趙、魏瀕山，齊地卑下，作隄遏水使西泛趙、魏，趙、魏亦爲隄以防之。沙丘堰者，疑趙所作以障水，使不得北而注于齊、魏，所謂以鄰國爲壑者也。史記趙世家：肅侯十八年，齊、魏伐我，我決河水灌之。惠文王十八年，王再之衛東陽，決河水伐魏氏。以趙地高而齊、魏卑也。水經清水注引馬季長曰：晉地自朝歌以北，至中山爲東陽，朝歌以南至軹爲南陽。東陽，春秋晉地，戰國屬衛，後屬趙。

史記：秦始皇二十二年，王賁攻魏，引河溝灌大梁，大梁城壞，其王請降。河溝者，鴻溝也。即漢志所謂狼湯渠。據水經注，陰溝本蒗蕩渠，在浚儀縣北，自王賁斷故渠引水東南出以灌大梁，謂之梁溝。於是水出縣南而不逕其北，遂目梁溝爲蒗蕩渠，亦曰鴻溝。浚儀故縣在今開封府西北，即大梁城，魏所都也。自智伯引汾水以灌晉陽，世皆知水之可以亡人國。蘇代云：秦正告魏曰，決滎口，魏無大梁。其後王賁竟用之以滅魏。按滎口水即職方之滎川，後世亦謂之濟水。水經注：濟水自陽武縣故城南，又南逕封丘縣南，又東逕大梁城北。故亦可決之以灌也。賁所引是蒗蕩渠非滎瀆，然水不同而其地則總在大梁之北。王横曰：秦攻魏，決河灌其都，決處遂大，不可復補，宜卻徙完平處，更開空，使緣西山足，乘高地而東北入海，迺無水災。則似謂賁所引者，大河之經流。蓋蘇代述秦告魏又云：決白馬之口，魏無黄、濟陽；決宿胥之口，魏無虛、頓丘。二口一在白馬，一在黎陽。横以是謂賁所引者在此間，決處即白馬口，西山足即宿胥口也。然史記明言引河溝，則非大河之經流亦審矣。水經注云：河水舊於白馬縣泆通濮、濟、黄溝，故蘇代説燕曰，決白馬之口，魏無黄、濟陽。竹書紀年：梁惠成王十二年，楚師決河水以水長垣之外者也。按黄即外黄。外黄城在今杞縣東北六十里。濟陽城在今蘭陽縣東五十里，去魏都尚遠。且蘇代所稱皆秦恐喝之辭，未嘗實見諸行事。白馬之口楚決，非秦決也。漢書敍傳曰：秦決南涯。如淳注云：秦決河灌大梁，遂滅之。通爲溝入淮泗。皆承横之誤。近世河徙經開封城北。宋端平元年，蒙古決寸金淀灌趙葵軍。淀在城北二十餘里。明崇禎十五年賊決朱家寨隄以灌城。寨在城西北十七里，即古大梁城之北。其所引者皆大河之經流也，與王貢地同而水異。嗚呼，不仁者之作俑，禍及萬世而未有艾，痛哉！

漢書武帝紀：元光三年春，河水徙從頓丘東南，流入勃海，「河水徙從頓丘東南」是一句。通鑑考異曰：武紀云「東南流入勃海」。按頓丘屬東郡，勃海乃在頓丘東北，恐誤；因删去「入勃海」三字。蓋誤以「東南」二字屬下讀也。夏五月，河水決濮陽，氾郡十六，發卒十萬，救決河。元封二年，祠泰山，至瓠子，臨決河，命從臣將軍以下皆負薪。塞河隄，作瓠子歌。溝洫志：孝武元光中，河決於瓠子，東南注鉅野，通於淮、泗。上使汲黯、鄭當時興人徒塞止，輒復壞。是時武安侯田蚡爲丞相，其奉邑食鄃。鄃居河北，河決而南，則鄃無水災，邑收入多。蚡言於上曰：江、河之決，皆天事，未易以人力彊塞。而望氣用數者，亦以爲然。是以久不復塞也。後二十餘歲，歲數不登，梁楚之地尤甚。迺使汲仁、郭昌發卒數萬人，塞瓠子決河。於是上以用事萬里沙，則還，自臨決河，湛白馬玉璧。時東郡燒草，以故薪柴少，而下淇園之竹以爲揵。如淳曰：樹竹塞水決之口，稍稍布插按樹之，水稍弱，補令密，謂之揵。以草塞其中，乃以土填之。有石，以石爲之。揵音其偃反。瓠子歌：隤林竹兮揵石菑。師古曰：謂臿石立之，然後以土就填塞之也。菑亦臿耳，音側其反，義與剚同。卒塞瓠子，築宮其上，名曰宣防。而道河北行二渠，復禹舊迹，而梁、楚之地復寧，無水災。成帝紀：建始四年秋，大水，河決東郡金隄。王尊傳：尊爲東郡太守，河水盛溢，泛浸瓠子金隄。尊躬率吏民，祀水神河伯，使巫策祝，請以身填金隄。溝洫志：河隄使者王延世使塞，以竹落長四丈，大九圍，盛以小石，兩船夾載而下之。三十六日河隄成。元和志：揵尾堰在彭州導江縣西南二十五里，李冰作之，以防江決，破竹爲籠，圓徑三尺，長十丈，以石實中，累而壅水。漢成帝時，瓠子河決，王延世塞之，用此法也。漢書所謂「下淇園之竹以爲揵」。上曰：東郡河決，流漂二州，謂兗、豫。延世隄防，三旬立塞。其以五年爲河平元年。按元光三年河水決濮陽瓠子，溝洫志言之甚詳，而頓丘之決口及入海處，與中間經過之地，皆不可得聞。今以水經注考之，北瀆初經頓丘縣西北，至是改流。蓋自戚城西決而東北，過其縣東南，歷畔、觀至東武陽，奪漯川之道，東北至千乘入海者也。漯川狹小不能容，故其夏又自長壽津溢而東，以決於濮陽，則東南注鉅野，通淮、泗，而北瀆之流微，漯川之水涸矣。及武帝塞宣房，道河北行二渠，則正流全歸北瀆，餘波仍爲漯川，頓丘之決口，不勞而塞，故志略之。程大昌以爲元光已後，河竟行頓丘東南，非也。漢世河兩決瓠子，一塞於武帝，再塞於王延世，河自是不復決而南，輒泛濫入平原、濟南、千乘，駸駸乎有向東之勢矣。

溝洫志云：自塞宣房後，河復北決於館陶，分爲屯氏河，東北經魏郡、清河、信都、勃海入海，廣深與大河等，故因其自然，不隄塞也。元帝永光五年，河決清河靈鳴犢口，而屯氏河絕。成帝初，靈鳴犢口又不利，清河都尉馮逡奏言：郡承河下流，土壤輕脆易傷，屯氏河絕未久，宜復浚以助大河，泄暴下。此思患豫防之道也。而博士許商行視，以爲方用度不足，且勿浚。後三歲，河果決館陶及東郡金隄，灌四郡三十二縣，遣王延世塞之。後二歲，河復決平原，流入濟南、千乘，又遣延世塞之，費更不貲。鴻嘉四年，勃海、信都河水湓溢，灌縣邑三十一。許商與丞相史孫禁共行視圖方略。禁以爲可決平原金隄間，開通大河，令入故篤馬河，至海五百餘里，水道浚利，此因利乘便之術也。而商以爲禁所欲開者，在九河南，失水之迹，不可許。公卿皆從商言。又以谷永、李尋、解光等奏竟止不塞，遺患八十餘年，至永平十三年而後已。嗟乎，商以治尚書善爲算稱，故丞相御史白遣行視，而其方略乃如此。欲省費而費益多，欲循九河之迹，而九河不可復，經術竟何爲哉。故諺曰：以書御者，不盡馬之情。以古制今者，不達事之變。

漢書王莽傳：始建國三年，河決魏郡，泛清河以東數郡。先是莽恐河決爲元城冢墓害，及決東去，元城不憂水，故遂不隄塞。元和志：王翁孺墓在元城縣東二百步。元后之祖也。後漢書王景傳：永平十二年，議修汴渠。夏，發卒數十萬，遣景與王吴修渠築隄，自滎陽東至千乘海口千餘里。明年夏，渠成。帝親自巡行，詔濱河郡國置河隄員吏，如西京舊制。渭按：司馬彪不志河渠，東漢以後無可考據，賴有水經注存，其所敍當時見行之河，自涼城縣長壽津東逕鐵丘南，左傳：哀公二年，衛太子登鐵，望見鄭師。京相璠曰：鐵，丘名也。杜預曰：在戚南。元和志：鐵丘在衛南縣東南，本漢濮陽縣地。今在開州西南。又東北逕濮陽縣北爲濮陽津，故城在南，與衛縣分水。城北十里有瓠河口，有金隄、宣房堰。按濮陽故城在今開州西南二十里。瓠子水注云：王景治渠築隄防，遏衝要，瓠子之水絶而不通，唯溝瀆存焉。又東北逕衛國縣南，漢東郡有畔觀縣，世祖更名衛國。今觀城縣地及清豐之南境、開州之北境皆是。又東逕鄄城縣北，故城在河南十八里。今在濮州東二十里。又東北逕范縣之秦亭西，春秋書築臺于秦者也。又東北逕委粟津，河北即東武陽縣。左合浮水故瀆，上承大河於頓丘縣而北出，東絶大河故瀆，又東北至東武陽縣東入河。又有漯水出焉。上承河水於武陽縣東南，詳見兗州。又東北逕東阿縣北，河水於范縣東北流爲倉亭津，在武陽縣東北七十里。按漢東阿故城在今陽穀縣東北，倉亭津在縣西北。又東北逕茌平縣西，河東北逕碻磝城西。述征記曰：碻磝，津名也。魏立濟州治此，即故茌平縣，按今茌平縣南有濟州故城，即古碻磝城也。縣西二十里有漢茌平故城。又東北逕四瀆津，河水東分濟，亦曰濟水受河也。自河入濟，自濟入淮，自淮達江，水徑周通，故有四瀆之名。按通典盧縣東有漢臨邑故城。盧縣今爲長清縣。四瀆津當在縣界臨邑故城東北。又東北逕楊墟縣東，商河出焉。楊墟，平原之隸縣。城在高唐城西南。商河首受河，亦漯水及澤水所潭也。北逕平原縣東，又逕安德、平昌、般縣、樂陵、枊鄉故城南，又東北逕富平縣故城北，而東北注于海。元和志云：漢鴻嘉四年，河水泛溢，河隄都尉許商鑿此河通海，故以「商」爲名。按商河行大河之南，漯水之北。河水又東逕高唐縣界，漯水注之。上承於河亦謂之源河。詳見兗州。又東北逕高唐縣故城西，城在今禹城縣西四十里。本齊高唐邑。齊、趙以河爲竟。威王曰：吾臣有盼子者，使守高唐，則趙人不敢漁於河。即此河也。又北逕張公城，有津曰張公渡，今在平原縣南六十里。又北逕平原故城東，故城在今縣南。又左逕安德東，而北爲鹿角津，今陵縣治即安德故城。縣東南有故鹿角關，以津爲名，與臨邑縣接界。又東北逕般縣，故城在今德平縣東北。樂陵，故城在今樂陵縣界。枊鄉，故城在今商河縣西北。厭次縣南爲厭次河，今武定州東有厭次故城，本富平，後漢改曰厭次。永初二年，劇賊畢毫等寇平原，厭次令劉雄門下小吏所輔，浮舟追至厭次津。即此地也。又逕漯陰縣故城北，此北漯陰縣也。按漯水下注云：北漯陰城，伏琛謂之漯陽城。當在今青城縣界，漯水之北。又東北爲漯沃津，在漯沃縣故城南，地理風俗記曰：千乘縣西北五十里有大河，河北有漯沃城故縣也。今蒲臺縣東有漯沃故城。又東逕千乘城北，伏琛所謂千乘北城也。今高苑縣北有千乘故城，未知是北城否？又東北逕利縣城北，本作黎城縣北，今據濟水經文改正。彼注云：地理志齊郡有利縣。晏謨曰：縣在齊城北五十里。今博興縣東有利縣故城。又東分爲二水：枝津東逕甲下城南，東南歷馬常坑注濟；濟水注云：濟水東北至甲下邑南，東歷琅槐縣故城北，又東北河水枝津注之。漯水注云：漯水逕千乘縣二城間，又東北爲馬常坑，亂河枝流而入于海。即此水也。甲下蓋亦千乘縣地。河水東北逕甲下邑北，又東北入于海。河水入海處當在甲下邑之東北、馬常坑之北。按元和志海在勃海縣東一百六十里。今分屬利津縣，即古千乘海口。利津，金析唐蒲臺、勃海二縣置，本漢漯沃縣地。蓋南與千乘縣共此海口也。以今輿地言之，滑縣、開州、并屬直隸大名府。觀城、濮州、范縣、朝城、並屬山東東昌府。陽穀、屬山東兗州府。茌平、屬東昌府。禹城、平原、陵縣、德平、樂陵、商河、武定、青城、蒲臺、並屬山東濟南府。高苑、博興、並屬山東青州府。利津屬濟南府。諸州縣界中，皆東漢以後大河之所行也。

成帝建始四年，河決館陶，入平原、濟南、千乘。河平三年，又決平原，入濟南、千乘。雖兩經脩塞，而水道猶存。王莽時，河決魏郡，泛清河以東數郡，即平原、濟南、千乘也。蓋自元城循此道東出館陶、東武陽，絕漯水，而東北至高唐，又絕漯水，東北至千乘入海也。水經所敍長壽至委粟之道，皆在東郡界中。殊不合常，深以爲疑。今按永平十三年，詔云：自汴渠決敗，六十餘歲。蓋河自平帝之世，行汴渠東南入淮，亦行濟瀆東北入海，與後世南北清河之分派，幾相類矣。歲月逾甚，滎陽以下，正流漸微，迄於永平，莽時館陶決口，亦必淤淺。故王景治河，棄而不用，河、汴既分，遂從漯川導河至東武陽，始合莽時故道，此武陽之西所以異也。然史稱景鑿山開澗，防遏衝要，則其間多所變更，即武陽以東，豈盡與莽時同哉。東漢之河，起自始建國三年，亦言其大略而已。

王景脩渠築堤，自滎陽東至千乘海口千餘里，則其所治者，即東漢以後大河之經流也。而史稱脩汴渠，又曰汴渠成，始終皆不言河。蓋建都洛陽，東方之漕，全資汴渠，故惟此爲急。河、汴分流，則運道無患，治河所以治汴也。自平帝之後，汴流東侵，日月益甚。建武十年，陽武令張汜上言：河決積久，侵毁濟渠，漂數十許縣。是其時濟亦決敗矣。水經河水注載王景事在滎陽蒗蕩渠下，太子賢曰：汴渠即莨蕩渠也。則河水當從此決入。然滎陽以下，南岸山脈已盡，地平土疏，隨處可以決入，不獨石門渠口也。濟隧亦通河，至于岑造八激隄而其流始絶。莽時河入濟南、千乘，則侵濟處更多，故築堤自滎陽至千乘海口千餘里。永平十三年，詔曰：河、汴分流，復其舊迹，陶丘之北，漸就墳壤。十五年，景從駕東巡至無鹽，帝美其功，拜河隄使者，賜車馬縑錢。陶丘今定陶，無鹽今東平，皆濟水所經之地也。二渠既脩，則東南之漕，由汴入河，東北之漕，由濟入河，舳艫千里，輓輸不絶，京師無匱乏之憂矣。

武帝雄才大略，足以有爲。若移其征伐四夷、神僊土木之費，以復禹河故道，當亦無難，而竟不及，此則以疎於討論，執北瀆爲禹河故也。及哀、平之世，人始有知禹河之所經者。賈讓請決黎陽遮害亭，放河使北入海，王横請徙河緣西山足，乘高地而東北入海，意皆欲復禹河故道，而國祚阽危，事不可爲矣。永平上距平帝時僅六十餘歲，故道豈遽堙滅，而王景治河唯從事汴、濟。蓋當時所急在運道，就其利便者爲之，不暇遠圖耳。史稱景鑿山阜，截溝澗，防遏衝要，疏決壅滯，十里立一水門，費以百億計，財力之充裕。若是向使講求禹河故道而復之，則河流歸北，汴、濟不勞而治，功施到今，五代以降，潰溢横流之禍可以免矣。惜乎！其不及此也。河雖徙自周定王時，而東光以下至章武入海，猶是徒駭之故道。至王莽時，始改從千乘入海。而景遂因之，禹迹蕩然無存，君子於此有遺憾焉。或曰：景即以復禹河爲難，王莽河新絶未久，豈不可復乎？曰：不可。漳水之東，王莽河之西，既有清河，又有屯氏河、屯氏別河、張甲河、鳴犢河等瀆，津渠交絡，冰碎瓦裂，若導河行此，不久即敗。景商度地勢，然後興工，不復禹河，則必用新河，固已籌之熟矣。

賈讓議決黎陽遮害亭，放河使北入海。曰：大漢方制萬里，豈與水争咫尺之地。蓋讓欲復禹河故道，故曰：遵古聖之法，定山川之位，此功一立，千載無患。非謂任河之所向，雖横流失道，亦棄地予之也。李尋、解光云：因其自決，可且勿塞，以觀水勢。關並云：河決曹、衛之域，南北不過百八十里，可空此地勿以爲官亭民室。則其言稍涉孟浪矣。建武中，張汜請脩濟渠，而樂俊沮之。永平中，議脩汴渠，或以爲河流入汴，幽、冀蒙利。故十三年詔述其言曰：左隄彊，則右隄傷，左右皆彊，則下方傷。宜任水勢所之，使人隨高而處，公家息壅塞之費，百姓無陷溺之患。此即李尋、解光、關並之説也。宋神宗之所以語宰執者，意亦如此。愚謂斯言不善，用之則爲害非細。夫故道難復，而新河所行，頗得地宜，兩崖完固，勢不能遠氾濫。如賈讓所云「西薄大山，東薄金隄」者，任其所之可也。若平地横流，則亟宜脩塞，使歸故道，苟任其所之，則兗、豫、青、徐數州之地，皆爲縱横糜爛之區矣，所争豈僅萬里中之咫尺而已哉。至若田蚡利鄃邑之歲收，勸武帝勿塞，望氣用數者，亦以爲然，未必非蚡教之言也。谷永黨於王氏，成帝時河決，言修政以應之，則災變自除，安知不陰爲元城冢墓計乎。此正皐陶謨所謂「巧言令色」，孔壬、盤庚所謂「聒聒起信險膚」、「胥動以浮言」者也。投諸四裔，殄滅之，無遺育，當施此輩矣。

晉書亦不志河渠，無可考據。今按左傳：僖四年，管仲言齊之四履曰「西至于河」。杜氏釋例云：河自河東、河内之南界，東北經汲郡、頓丘、陽平、平原、樂陵之東南入海。杜所舉有郡而無縣，河道或小有變遷，亦未可知。要其大致，則與東漢時同也。正義曰：杜之此言，據其當時之河耳。汲郡以東，河水東流，秦、漢以來始然。古之河道，自大伾而北過降水，至于大陸，北播爲九河。計桓公時齊之西境，當在九河之最西徒駭，此説良是。蓋管仲誇實征之所至，當極其遠，曰「東至于海，西至于河」者，即王制所云自東河，至于東海，千里而遥者也。燕王謂蘇代曰：齊有清濟、濁河以爲固。賈讓曰：齊與趙、魏，以河爲竟。則定王五年所徙之河也。桓公時，禹河尚未改道，杜以東漢之河，當四履之河，失之遠矣。吴幼清云：近世河與淮合爲一瀆，不考古者，非惟不知禹河所在，雖漢河故道，漸莫能知已。今以杜氏觀之，自西晉之人，已不知有漢河，何待近世哉。

隋志兼綜南北朝事，而無河渠。唐新舊二史，亦不志河渠，事多缺略。今按唐有河北道、河南道，以河晝界。其自大伾以東，河北衛、魏、澶、博、德、棣、滄七州，河南滑、濮、濟、齊、淄五州，皆瀕河之郡也。謹摭元和志、寰宇記所載各縣界之黄河，略爲銓次，以補史志之闕。

黄河自汲縣南胙城縣北，東北逕靈昌縣北，又東北逕白馬縣北，其北岸則黎陽縣。靈昌東北至滑州七十里，其廢址在今滑縣西南。元和志：黄河在靈昌縣北十里。白馬，滑州治。元和志：州城即古滑臺城，河去外城二十步。唐書五行志：乾寧三年，河漲，將毁滑州，朱全忠決其隄，因爲二河，夾城而東，爲害滋甚。黎陽西南至衛州一百二十里，今爲濬縣。又東逕頓丘縣南，又東逕清豐縣南，其南岸則濮陽縣。頓丘，澶州治。元和志：黄河在縣南三十五里。清豐東至澶州二十五里。其故城在今縣西。元和志，黄河在縣南五十里。濮陽東至濮州八十里。元和志：黄河北去縣十五里。又東逕臨黄縣南，其南岸則鄄城縣。臨黄西至澶州六十七里，其故城在今觀城縣東南。元和志：黄河南去縣三十六里。鄄城，濮州治。其故城在今濮州東二十里。元和志：黄河在縣北二十一里。又東北逕朝城縣東，其東岸則范縣。朝城西北至魏州一百里，其故城在今縣西。元和志：黄河在縣東二十九里。范縣西南至濮州四十里，其故城在今縣東南二十里。又東逕范縣北，其北岸則武水縣。武水東北至博州六十里，其故城在今聊城縣西南。元和志：黄河在武水縣南二十二里。又東逕陽穀縣北，其北岸則聊城縣。陽穀東南至鄆州七十五里。元和志：本屬濟州，天寶十三年，濟州爲河所陷没，以縣屬鄆州。黄河在縣北十二里。聊城，博州治。元和志：黄河在縣南四十三里。按水經河水逕茌平縣西。唐貞觀中省入聊城，故不言茌平，非河改道也。又東逕平陰縣北，又東逕長清縣北，其北岸則平原縣、安德縣。平陰西南至鄆州一百二十里，元和志：本屬濟州，天寶十三載，州廢，縣隸鄆州。黄河北去縣十里。長清東北至齊州八十里。元和志：本屬濟州，貞觀十七年，廢濟州，縣屬齊州，黄河北去縣五十五里。平原屬德州，元和志：黄河在縣南五十里。安德，德州治。其故城在今陵縣界。元和志：黄河南去縣十八里。又東逕臨邑縣北，臨邑南至齊州六十里。元和志：黄河在縣北七十里。又東逕臨濟縣北，臨濟西南至齊州一百二十里。元和志：黄河在縣北八十里。今爲濟陽縣地。又東北逕鄒平縣西北，鄒平東南至淄州一百二十里。元和志：黄河西北去縣八十里。按唐鄒平故城在今齊東縣界。其北岸則滴河縣、厭次縣。滴河東北至棣州八十里。元和志：黄河在縣南十八里。滴音商。厭次，棣州治，其故城在今武定州東四十餘里。元和志：黄河在縣南三里。自此以下，有新舊二道，舊東北逕蒲臺縣南，又東北入海。蒲臺西北至棣州七十五里，今爲蒲臺、利津二縣地。元和志：黄河西南去縣七十三里，海在縣東一百四十里，海畔有一沙阜，高一丈，周二里，俗呼爲鬬口淀。是濟水入海之處，海潮與濟相觸故名。景福後，自厭次縣界決而東北流，逕勃海縣西北，又東北至無棣縣東南，而東注于海。勃海縣西至棣州七十里，其故城在今濱州東。寰宇記云：黄河在勃海縣西北六十里，景福二年後，河水移道無棣，西北至滄州一百二十里。其故城在今海豐縣西，接慶雲縣界。寰宇記云：黄河在無棣縣東南六十里，東北流逕馬谷小山，而東入海，蓋即景福之改流也。馬谷小山在海豐縣東南。昭宗景福上距李吉甫撰志之年約六十餘歲。以今輿地言之，濬縣、清豐、觀城、聊城、平原、陵縣、商河、齊東、武定、蒲臺、利津南接滑縣、開州、濮州、范縣、陽穀、茌平、平陰、長清、臨邑、濟陽，後徙經濱州、海豐，不入蒲臺、利津。諸州縣界中，皆唐歷五代以迄宋初黄河之所行也。自王莽始建國三年，辛未，河徙由千乘入海。後五十九歲，爲後漢明帝永平十三年庚午，王景治河功成。下逮宋仁宗景祐元年甲戌，有横隴之決，又十四歲，爲慶曆八年戊子，復決於商胡，而漢、唐之河遂廢，凡九百七十七歲。

魏、晉、南北朝河之利害，不可得聞。唐自長壽以來，時有溢決，見之於史，而無大變遷，故不志河渠。閻百詩云：其説有二，一程子曰：漢火德，多水災，唐土德，少河患。一宋敏求曰：唐河朔地，天寶後，久屬藩臣，縱有河事，不聞朝廷。故一部唐書所載者，僅滑帥薛平、蕭倣二事耳。唐會要云：元和八年，河溢瓠子，泛滑州。州帥薛平按故道出黎陽西南，遣使請於魏帥田弘正，共發卒鑿古河十四里，經黎陽山東，會於故瀆，名曰新河。唐書蕭倣傳：倣爲義成軍節度使，滑州瀕河，累歲水壞西北防，倣徙其流遠去，樹隄自固，人得以安。渭按：伊川之意，欲明宋多河患，以火德故。然東漢亦火德，而河患絶少，何也？且禹功既壞，河行未久，輒復徙，遠者數百年，近者或百餘年，或數十年，獨東漢之河，垂千歲而後變，則王景之功不可誣也，豈皆德運爲之哉！肅、代以後，强藩跋扈，並帝制自爲。次道云：縱有河事，不聞朝廷是也。而愚更有説焉。河災羨溢，首尾亘千里之外，非一方可治。當四分五裂之際，爾詐我虞，唯魏、滑同患，故田弘正從薛平之請，協力共治。否則動多掣肘，縱有溢決，亦遷城邑以避之而已。此河功所以罕紀也。據史所書謂唐少河患，亦未爲篤論云。

宋初河道與唐、五代略同，歐陽脩所稱京東故道是也。景德元年，河決澶州橫隴埽，在今開州東。尋復脩塞。大中祥符四年，遣使滑州，經度兩岸，開減水河。河決通利軍，合御河，壞州城田廬。五年，知滑州陳堯佐築大隄疊埽，以護州城。復於舊河開枝流，以分導水勢。是歲著作佐郎李垂上導河形勢書，大略欲自汲郡東推禹故道，挾御河，出大伾、上陽三山間，復西河故瀆，北注大名西、館陶東南，北合赤河入海。又欲自滑州而北，以漸派爲六渠，導入漳河、滹沱、易水以注于海。議者以爲不便。天禧三年，滑州河溢城西北天臺山傍，俄復潰於城西南岸，歷澶、濮、曹、鄆注梁山濼；又合清水、古汴渠東入于海，發丁夫九萬人治之。四年，河塞。垂又言疏河利害，命垂與長吏計度。垂請「自上流灑爲二渠，北載之高地，大伾二山脽股之間，復合於澶淵舊道，則滑州不治自涸」。朝議慮其煩擾，罷之。是歲，河復決於天臺山。天聖五年始塞，名曰天臺埽。自是以後，滑州之患，大抵移於澶州矣。景祐元年，又決橫隴，遂爲大河之經流。迨慶曆八年，河又決州之商胡埽，在開州東北三十里。而橫隴斷流，歐陽脩謂之橫隴故道。今濮州東，河去州六十里，自開州入。按五代梁龍德三年，段凝以唐兵漸逼，乃自酸棗決河，東注於鄆，以限唐兵，謂之護駕水。決口日大，屢爲曹、濮患。唐同光二年，命婁繼英塞之。未幾復壞。宋橫隴決河蓋由此東注。鄆州治須昌縣，今東平州西須昌故城是也。東平州西，范縣東，河去州七十里，西接范縣界。周顯德初，命宰相李穀治楊劉決河，其不復故道者，離而爲赤河，在州西北。又有游河、金河，歐陽脩所謂游、金、赤三河也。三河俱上接開州界，今堙滅不可考。陽穀縣東南，河去縣六十里。東阿縣北，縣志云黄河故道在縣北四十里，西南自陽穀界來，經銅城南，又東經清泠口，又東經陵山，又東北經楊劉南，又東北入長清縣界。按銅城鎮在縣北少西三十八里。楊劉鎮在縣北，有城舊臨河津。皆有舊黄河，即宋橫隴決河之所行也。自長清而下，則與京東故道合矣。時黄河在長清縣北五十五里。至和二年，李仲昌議開六塔河，引歸橫隴故道，從之。六塔，地名，今清豐縣西南三十里六塔集是也。宋時穿渠自今開州北十七里，引商胡決河流經此地，東南入橫隴故道，是爲六塔河。嘉祐元年，四月壬子朔，塞商胡北流，入六塔河，不能容，是夕復決，溺兵夫、漂芻藁不可勝計，脩河官皆謫竄。自是之後，無復言橫隴者，而京東故道遂廢。皇祐二年，河決大名府館陶縣之郭固。四年，塞郭固，而河勢猶壅。議者請開六塔，以披其勢。至和元年，賈昌朝欲塞商胡，開橫隴，回大河於故道。因遣使行度，且詣銅城鎮及海口，約其高下之勢。二年，歐陽脩奏疏，以爲橫隴堙塞已二十年，商胡決又數歲，故道已平而難鑿，安流已久而難回。不報。已而河渠司李仲昌議欲納水入六塔河，使歸橫隴舊河。詔臣僚詳定。脩又上疏曰：開六塔者云，可以全回大河，使復橫隴故道。今六塔止是別河下流，已爲濱、德、棣之患，若全回大河，顧其害何如，此近乎欺妄之謬也。且河本泥沙，無不淤之理。淤常先下流，下流淤高，水行漸壅，乃決上流之低處，此勢之常也。避高就下，水之本性，故河流已棄之道，自古難復。初，天禧中，河出京東，水行於今所謂故道者。水既淤澀，乃決天臺埽，尋塞而復故道。未幾，又決於滑州南鐵狗廟，今所謂龍門埽者。其後數年，又塞而復故道。已而又決王楚埽，所決差小，與故道分流，然而故道之水終以壅淤，故又於橫隴大決。是則決河非不能力塞，故道非不能力復，所復不久終必決於上流者，由故道淤而水不能行故也。及橫隴既決，水流就下，所以十餘年間，河未爲患。至慶曆三、四年，橫隴之水，又自海口先淤，凡一百四十餘里；其後游、金、赤三河相次又淤。下流既梗，乃決於上流之商胡口。然則京東、橫隴兩河故道，皆下流淤塞，河水已棄之高地。京東故道，屢復屢決，理不可復，不待言而易知也。今若因水所在，增治隄防，疏其下流，浚以入海，則可無決溢散漫之虞。已而中書奏開六塔，脩又請罷其役。時宰相富弼尤主仲昌議，疏奏亦不省，仲昌，垂之子也。

後漢書五行志書河溢者二：一桓帝永興元年，秋，河水溢，漂害人物，而不言某郡。一靈帝光和六年，秋，金城河溢，水出二十餘里。蓋王景治河未久，滎陽以東至千乘海口，皆安流如故也。魏、晉迄隋，史無可考。唐書五行志，滎陽之下有河災，自長壽二年決棣州始，開元十年博、棣二州河決，十四年魏州河溢，十五年冀州河溢，河患由是漸多。唐會要云：元和八年河溢瓠子，泛滑州。則澶、滑之間禍自此始矣。其後歲月逾甚，而其所以治之者，不過築隄、置埽、開減水河而已。殊不知河之淤澱，常先下流，下流既淤，則上流必決，徒治澶、滑無益也。分水愈多，經流愈緩，海沙日進，河沙不出。故太和二年棣州河決，至壞其城。則蒲臺以東，塞可知已。景福二年，河徙從勃海縣北，至無棣縣入海，職是故也。迨宋時滄州海口又淤，故大中祥符三年決於棣州，五年大決，河勢高民屋丈餘，徙州於陽信界中，而澶、滑之間歲不得寧矣。蓋自唐以來，治河者皆不知此理，故勞而罔功，終有橫隴之決。然河雖改流，而京東故道猶未盡堙，苟疏其壅滯，先自海口訖於德、博，則故道可復，而澶滑之患亦紓，王景千年之舊迹，至今存可也。橫隴既通，又不治其下流，而海口先淤，游、金、赤三河亦淤，故復有商胡之決。是時縱欲回河，亦當先治其下流，則橫隴故道復亦無難，而顧從事於六塔，北流一閉，當夕而敗，李仲昌之罪所以不可逭也。歐陽公奏云「下流梗澀，終虞上決，爲患無涯」，此深得大禹治水之旨。宋議河者，尚有可採，而水官皆不得其人，舌敝耳聾，不見成功，有以也。

河渠志曰：初，商胡決河自魏之北，至恩、冀、乾寧入于海，是謂北流。嘉祐五年，河流派於魏之第六埽，遂爲二股，自魏、恩東至德、滄入于海，是謂東流。今按二股河者，商胡決河之別派也，決口廣二百尺，行一百三十里，至魏、恩、博、德之境，曰四界首河。時以合永濟渠者爲北流，故此有東流之目。都轉運使韓贄言：四界首古大河所經，即溝洫志所謂「決平原金隄，開通大河入篤馬河，至海五百里」者也。自春以丁壯三千浚之，可一月而畢。商胡決河自魏至恩、冀、乾寧入海，今二股河自魏、恩東至德、滄入海，分爲二，則上不壅，可以無決溢之患。乃上四界首二股河圖。古大河即王莽河，二股河出其東，兩絕王莽河而東北入海，蓋即唐馬頰河之故道也。考之近志，馬頰河自清豐縣西南，東北流，逕朝城縣東，元和志：

黄河在清豐縣南五十里。馬頰河首受河水，蓋即於縣西南三十里六塔集與開州接界處也。歐陽公曰：今六塔止是別河下流，已爲濱、德、棣之患。是當時已有六塔河，東北經濱州入海者。六塔河即馬頰河之別名，但李仲昌所開引商胡北流，絶六塔河東南入横隴故道，而二股河則派於魏之第六埽，東合馬頰河，而東北至滄州入海，此其所以異耳。宋朝城縣城在今南樂縣東二十五里，俗稱韓張堡，東與今朝城縣接界。又北逕莘縣西，又北逕堂邑縣西，又東北逕博平縣西北，絶王莽河而北逕清平縣東，又東北逕夏津縣東南，又東北逕高唐州西北，唐爲高唐縣。又東北逕恩縣南，唐爲歷亭縣。又東北與平原縣分水，又東北絶王莽河，逕陵縣南。唐爲安德縣。元和志云：馬頰河在安德縣南五十里是也。又東北合篤馬河，篤馬河自平原流入縣界。水經注曰：屯氏別河南瀆自平原城北，首受大河故瀆，東出，亦通謂之篤馬河，漢志，平原縣，有篤馬河，東北入海，五百六十里。孫禁欲決金隄，令大河入篤馬河，即此也。東北逕西平昌縣故城北，城在今德平縣西南。後魏去「西」字。元和志：平昌縣，有馬頰河。在縣南十里。久視二年開，亦名新河。蓋即安德縣南馬頰河，東北合篤馬河之道也。又東北逕般縣故城北，城在德平縣東北，德平北接寧津縣界。寧津志云：縣南二十五里有土河，自陵縣流入，又東入樂陵界，相傳即古篤馬河。又東逕樂陵縣故城北，城在今縣東。寰宇記云：馬頰河在樂陵縣東六十里，從滴河縣北界來，即古篤馬河也。金志樂陵縣有篤馬河。按二水既合，例得通稱，故篤馬亦名馬頰，水出其東，蓋縣自故城徙而西也。又東北逕陽信縣故城南，城在今海豐縣界，北齊移治馬嶺城，在今陽信縣南。又東北入海。渤海在海豐縣東北一百五十里。慶雲、海豐皆漢陽信縣。慶雲志云：有馬頰河，自樂陵流入，至城東南注鬲津河，又云：長城嶺在縣南四十里，勢如岡陵，或謂禹所築九河隄也。按此亦未是禹迹，蓋宋時東流之所經，築此以爲隄耳。海豐新志云：鉤盤北派在縣西北三十里，自慶雲流入，又東北經馬谷山前，抵土河口入海。按此即古篤馬河，亦名陷河。齊乘曰：東無棣縣北有陷河，闊數里，西通德、棣，東入海是也。舊志云：自樂陵至縣界，有古黄河堤在縣西三里，繞城北至東北七里而止，舊爲大河所經，蓋即宋東流由篤馬河入海處也。陽信劉世偉因指其山爲禹貢之碣石，大謬。以今輿地言之，二股河合馬頰河，東北至德平縣合篤馬河，又東北經樂陵、海豐入海。海豐本無棣，與樂陵俱屬滄州，故韓贄云：二股河自魏、恩東至德、滄入海也。治平二年，始命都水監浚二股、五股河，以紓恩、冀之患。熙寧二年，從宋昌言、程昉議，開二股以導東流，裁及六分，而北流閉。河自其南四十里東決，氾濫大名、恩、德、滄、永静五州軍境。三年，令河北轉運司開脩二股上流。四年，北京新隄第四、第五埽決，下屬恩、冀貫御河。五年，二股河成，深十一尺，廣四百尺，而新隄決口亦塞。又以水或横決散漫，常虞遏壅，命范子淵於第四、第五埽開修直河，使大河還二股故道。十年，大決於澶州之曹村，在今開州西南。河道南徙，東匯於梁山、張澤濼，分爲二派，一合南清河入淮，一合北清河入海，凡灌郡縣四十五，而濮、濟、鄆、齊尤甚，壞田逾三十萬頃。元豐元年，決口塞，詔改曹村埽曰靈平。四年，澶州小吴埽大決，河復注御河。詔：東流已填淤不可復，將來更不修閉。元祐中，復議回河，久之不決。而紹聖初，吴安持、李偉卒行之，然東流隄防未固，瀕河多被水患。元符二年，河決内黄口，東流斷絶。詔：大河水勢十分北流，其共力救護隄岸。是後不復開二股矣。

河渠志：慶曆八年，河決澶州商胡埽，決口廣五百五十七步。皇祐元年，河合永濟渠，注乾寧軍。今按：永濟渠即古之清河，漢志之國水，水經之清、淇二水。曹公自枋頭遏其水爲白溝，一名白渠。隋煬帝導爲永濟渠，一名御河，今稱衛河者也。先是大中祥符四年，河決通利軍，治黎陽。合御河，尋經塞治。至是河自州東北三十里商胡埽，決而北逕清豐縣西，縣在今大名府東南九十里。又北逕南樂縣西，縣在今府東南四十里。又北至大名府東北，合永濟渠；元城縣志：衛河在縣東北。又東北逕冠氏縣西北，今冠縣北有冠氏故城。又東北逕館陶縣西，與平恩縣分水。今丘縣西有平恩故城，衛河在縣東南四十里。又東北逕臨清縣西，元和志：永濟渠在臨清縣城西門外。又東北逕宗城縣東，水經注：白溝東北逕廣宗縣東爲清河。其故城在今威縣界。宋宗城即故廣宗，今爲廣宗、威縣地。清河在威縣東。又東北逕清河縣東，今縣東有衛河。廣平府志：清河縣有黃河故道，在縣北一里，亦名黃蘆河，北入南宮縣界，又東北逕夏津縣西北，衛河去縣四十里，與清河縣分水。又東北逕武城縣西，縣西十里有東武城故城。水經注云清河逕其西也。今衛河在縣西，與清河縣分水。又東北逕棗强縣西，棗强故城在今縣東南。熙寧元年，都水監言「近歲冀州而下，河道梗澀，致上下埽岸屢危。今棗强抹岸，衝奪故道，雖創新隄，終非久計」，已而棗强埽決，北注瀛。又東逕將陵縣西北，將陵唐屬德州。五代周省長河入焉。宋景祐元年，移將陵治長河鎮，改屬永靜軍。永靜今景州也。元分將陵地置故城縣。今衛河在其南，與恩縣分水，又東逕德州入吴橋界。金志吴橋縣有永濟渠。吴橋本安陵縣，宋景祐二年廢入將陵。今衛河在縣西二十里也。寧津志云：縣西三十里有古黃河，自吴橋入，又北入南皮，廣可二里，兩岸廢隄，窿然峭立，居人謂之臥龍岡。蓋即永濟渠，爲宋北流之所經也。又東逕蓨縣南，蓨縣今爲景州。州志云：衛河在州東二十里。又東北逕東光縣西，水經注：清河自胡蘇亭，又東北右會大河故瀆，逕東光縣故城西。寰宇記云：永濟渠在東光縣南二百步。「南」蓋「西」字之誤。東光新志云：衛河在縣西三里。又東北逕南皮縣西。水經注：清河自南皮縣西，又東北無棣溝出焉，東北逕鹽山東北入海，清河又東北逕南皮縣故城西。按故城在今縣東北，衛河在縣西二十里，與交河縣分水。元豐五年，河溢滄州南皮上下埽。通典云：無棣溝隋末填廢。永徽元年，薛大鼎爲刺史奏開之，外引魚鹽於海，百姓歌其利。又東北逕清池縣西，而北與漳水合；水經注：清河自浮陽縣西，又東北浮水故瀆出焉。詳見後清河；又東北逕浮陽縣故城西。按浮陽漢勃海郡治，唐改曰清池，置滄州治焉。寰宇記云：永濟渠在清池縣西三十里。水經濁漳篇云：衡漳自成平縣北，又東北入清河，謂之合口。今青縣南有合口鎮。又東北逕乾寧軍東，軍在今青縣南，唐乾寧中析長蘆、魯城二縣地置乾寧軍，周置永安縣爲軍治。宋改曰乾寧縣，大觀三年，升軍爲清州。今爲青縣。衛河在縣東。寰宇記云：御河在乾寧縣南十步是也。縣南二里有中山，山巖聳峙。宋時以黃河所經，呼爲碣石，或鐫銘其上。元王充耘據以爲禹貢之碣石，大謬。水經注：清河東北過濊邑，濊水出焉。詳見播爲九河下。又東北逕獨流口，又東至劈地口入于海。水經注：清河東北至泉州縣北入滹沱，又東逕漂榆邑故城南，入于海。泉州今寶坻。漂榆城在今静海縣北。熙寧元年，都水監言商胡北流，於今二十餘年，自澶州下至乾寧軍，創隄千有餘里，公私勞擾。願相六塔舊口，并二股河道使東流，徐塞北流。提舉河渠王亞等謂：黃、御河一帶北行入獨流東砦，經乾寧軍、滄州等八砦邊界，直入大海。其近大海口闊六七百步，深八九丈，三女砦以西闊三四百步，深五六丈。其勢愈深，其流愈猛，天所以限契丹。議者欲再開二股，漸閉北流，此乃未嘗覩黃河在界河内東流之利也。元豐四年，李立之言自決口相視河流，至乾寧軍分入東西兩塘，次入界河，於劈地口入海，通流無阻，宜修立東西隄，從之。元祐初，有回河東流之議。范百禄等言：昨按行黃河獨流口至界河，又東至海口，熟觀河流形勢；并緣界河至海口鋪砦地分使臣各稱：界河未經黃河行流以前，闊一百五十步下至五十步，深一丈五尺下至一丈，自黃河行流之後，今闊至五百四十步，次亦三二百步，深者三丈五尺，次亦二丈。乃知水就下，行疾則自刮除成空而稍深，與漢張戎之論正合。自元豐四年河出大吳，一向就下，漸入界河，行流勢如傾建。經今八年，不舍晝夜，衝刷界河，兩岸日漸開闊，連底成空，趨海之勢甚迅。雖遇泛漲非常，而大吴以上數百里，終無決溢之患，此乃下流深快之驗也。竊謂本朝以來，未有大河安流合于禹迹如此之利便者。紹聖元年，復議回河。范祖禹言：今之河流方稍復大禹舊迹，入界河趨海，初無壅底，萬壑所聚，其來遠大，必無可塞之理。大觀二年都水使者吴玠言：自元豐間小吴口決，北流入御河，下合西山諸水，至清州獨流砦三叉口入海。雖深得保固形勝之策，而歲月浸久，侵犯塘隄，衝壞道路，齧損城砦。臣奉詔修治，禦捍漲溢。然築八尺之隄，當九河之尾，恐不能敵。乞逐旋增修。從之。按静海縣本宋清州地，縣境有界河，亦曰潮河，即易、滹沱、巨馬三水所會，自文安縣流經縣西北，合衛河入海。塘濼既興，文安、大城之水，多入白河，其行界河者，唯漳、衛耳。獨流口在縣北二十里。九域志云：乾寧軍有獨流北、獨流東二砦，俱在軍北百二十里。即此地也。劈地口在縣東北，又東爲三叉口，蓋即天津衛東北之三岔河。志云：漳、衛水西南自静海縣來，經衛北，其流濁。潞水西北自武清縣來，經衛北，其流清，至衛東北而合流，又東南出小直沽入于海。天津亦宋清州地也。以今輿地言之，開州、大名、元城、並屬直隸大名府。冠縣、館陶、丘縣、臨清、並屬山東東昌府。威縣、清河、並屬直隸廣平府。夏津、武城、並屬東昌府。棗强、屬直隸真定府。故城、屬直隸河間府。恩縣、屬東昌府。德州、屬山東濟南府。吴橋、景州、東光、南皮、交河、滄州、青縣、静海、天津並屬河間府。青縣、静海、天津北接順天府大城、寶坻界。諸州縣界中，皆宋時黄河北流之所經也。商胡決後二十一歲，爲神宗熙寧二年己酉，導東流而北流閉。又十二歲，爲元豐四年辛酉，河復北流。哲宗紹聖初，又閉。後數歲爲元符二年己卯，東流斷絶，河竟北流。蓋自仁宗慶曆八年戊子，下逮金章宗明昌五年甲寅，實宋光宗之紹熙五年，而河決陽武，出胙城南，南北分流入海，凡一百四十六歲。

北流初行永濟渠，其後兼混入漳水。河渠志：熙寧元年，河溢瀛州樂壽埽。元豐五年，河溢永静軍阜城下埽。元祐五年，南宫等五埽危急，詔固護。紹聖元年，趙偁請修平鄉鉅鹿埽。崇寧三年，臣僚言：奉詔措置大河，由西路歷沿邊州軍，回至武强縣，循河隄至深州，又北下衡水，乃達于冀。四年，尚書省言：大河北流，合西山諸水，在深州武强、瀛州樂壽埽，俯瞰雄、霸、莫州，萬一決溢，爲害甚大。詔增二埽隄及儲蓄，以備漲水。大觀元年，邢州言：河決陷鉅鹿縣。詔徙縣於高地。又以趙州隆平縣下溼，亦遷之。又冀州河溢，壞信都、南宫兩縣。宣和二年，河溢信都。今按阜城、平鄉、鉅鹿、武强、衡水、樂壽、信都、南宫等縣，皆漳水之所經，御河不入其界，而屢被大河決溢之害，此北流混入漳水之明驗也。今廣平府曲周、平鄉、廣宗、鉅鹿縣界中，並有黄河故道。縣志云：宋元豐中，北流決入漳水，遂爲大河之所經。又清河縣北有黄河故道，北入南宫界，蓋自宗城、清河二縣之御河決入。趙偁言：初決南宫，再決宗城，三決内黄，皆西決，則地勢西下，較然可見，即其事矣。其在阜城、樂壽者，則自棗强之御河決而北。熙寧元年，河決冀州棗强埽，北注瀛。政和五年，孟揆言「若修閉棗强上埽決口，其費不貲」是也。然北流雖混入漳水，仍自兩行，其下流至清池縣西，還與之合。故徽宗即位，張商英議引大河自古漳河、浮河入海。蓋欲導全河以入漳，而廢永濟之故道。浮河即浮水，在今滄州東南。水經注所稱浮水故瀆也。淇水注云：浮水首受清河於浮陽縣界，東北逕高城縣之宛鄉城北，又東逕章武縣故城，又東逕篋山北，又東北逕柳縣故城南，又東北逕漢武望海臺，又東注于海。應劭曰：潮汐往來日再，今溝無復有水也。按今鹽山縣東北七十里有武帝臺。地勢東高西下，北流屢決而西，導全河入漳，尤合於禹迹。但河由界河趨獨流口入海，極其通利，而顧欲改從久淤之浮瀆至鹽山縣界入海，殊爲多事，商英亦非知水者也。漳水故禹河也。清河行漳水之南，大河故瀆之北，去禹河最近。治河者欲復禹舊迹，莫如導黄河入白溝，以人力爲之，其可也，而況商胡自決，北流通快，海口廣深，此誠千載一遇，因禍而爲福，轉敗而爲功，在此時矣。爲當日計，但能於魏、恩、冀、滄之境，寬立隄防，約攔水勢，疏其壅積，遏其衝要，則此河雖不逮禹功，猶得比王景之所治，千年可以無患。而朝議紛紜，必欲回河使東，六塔既敗，二股更興，至元豐四年，河又北流，而神宗之意怠矣。王安石委任程昉、范子淵濬川之杷，幾於以河爲戲。陳祐甫援李垂之策，請復西河故瀆，帝愛惜民力，亦莫之許也。哲宗即位，復議回河，大略謂河尾北向，恐入契丹之地，則其界踰河而南，彼必爲橋梁，守以州郡，中國全失險阻。而蘇轍駁之，以爲「契丹之河南注于海。地形北高，河無北徙之道，而海口深浚，勢無徙移。」范百禄亦云「界河向去深闊，加以朝夕海潮往來渲蕩，必無淺澱，河尾安得直注北界」，是亦足以解其惑。已而紹聖諸臣，力主東流，閉斷北口，蓋借河事以伸其紹述之説，意不在河，更無足論。元符二年，河復決而北，地勢可知。而建中靖國初，猶有獻東流之議者，蜩螗沸羹，一唱百和。自慶曆以來，五十餘年，凡發言盈庭之日，皆坐失機會之日也。卒委其地於金源氏，而河益南徙，濬、滑、汲、胙之間，化爲平陸，豈不惜哉！

禹河本隨西山下，東北去。賈讓請決黎陽遮害亭，放河使北入海是也。時不見用，而宋之北流，實行其道，河入海之路，宜近不宜遠。孫禁議「決平原金隄，令入故篤馬河，行五百餘里入海」是也。許商阻之。而宋之東流，卒由篤馬河入海。蓋訏謨遠猶，雖爲人所格，而天必從之，屈於一時，伸於萬世，惟其言之當於理而已矣。

宋君臣之論治河，往往有格言。熙寧五年，神宗語執政曰：河決不過占一河之地，或東或西，若利害無所較，聽其所趨，如何？元豐四年，又謂輔臣曰：水性趨下，以道治水，則無違其性可也。如能順水所向，徙城邑以避之，復有何患？雖神禹復生，不過如此。此格言也。然施之於商胡北流，適得其宜，若地平土疏，潰溢四出，所占不止一河之地者。豈亦當順水所向，遷城邑以避之乎？歐陽修曰：河本泥沙，無不淤之理。淤常先下流，水行漸壅，乃決上流低處。故大河已棄之道，自古難復。此格言也。然瓠子決二十餘歲，而武帝塞之。河復北行二渠。河侵汴、濟，注淮、泗，六十餘年，而王景治之，仍由千乘入海。今橫隴之徙，裁二十年，安見必不可復。但北流實爲利便，不當更事橫隴耳。蘇轍曰：黄河之性，急則通流，緩則淤澱，既無東西皆急之勢，安有兩河並行之理。此格言也。然吾觀古河未有不兩行者，禹廝二渠，爲萬世法。自參以上則必敗，宋之二股即唐之馬頰，以此爲枝渠，受河水十之一二，亦自無害，但不可令指大如股耳。張商英曰：治河當行其所無事，一用隄障，猶塞兒口止其啼。此格言也。語出賈讓，然讓意謂正道常流，不可傚戰國爲之曲防耳。若衝激之處，潰溢可虞，非增卑倍薄，何以禦之。任伯雨曰：昔禹之行水，不獨行其所無事，亦未嘗不因其變以道之。此格言也。然必如北流之合於禹迹者，不妨因其勢而利導之。若注鉅野通淮、泗，安得不反之使北邪！此數説者，譬如弈者必勝之著，而低手混施之，則全局皆空。古今經驗之方，而庸醫誤用之，則殺人無算。是故治河之道，或新或舊，或合或分，或通或塞，或無事，或有事，或小有事，或大有事，神而明之，存乎其人，苟非其人，則必有害，孟子所以惡執一也。

金始克汴，兩河悉畀劉豫。豫亡，河遂盡入金境。數十年間，或決或塞，遷徙無定。范成大北使録云濬州城西南有積水若河。蓋大河剩水也。按宋史隆興再請和，以成大充金祈請國信使。見范成大傳。孝宗隆興之元二即金世宗之大定三年四年也。時濬州城下僅有剩水，則河離濬、滑在隆興之前可知矣。朱子語録一條云：元豐間河北流，自後中原多事；後來南流，金人亦多事。近來又北流，見歸正人説。蓋其時河嘗南流，尋復歸北也。據金史河渠志：大定八年，河決李固渡，水潰曹州城，分流於單州之境。新河水六分，舊河水四分。十一年，河決王村，南京孟、衛州界多被其害。十二年，尚書省奏言：水東南行，其勢甚大。可自河陰廣武山循河而東，至原武、陽武、東明等縣，孟、衛等州增築隄岸，從之。二十年，河決衛州及延津京東埽，瀰漫至于歸德府。詔南北兩岸增築隄，以捍湍怒。二十一年，以河移故道，令築隄以備。二十六年，河決衛州隄，壞其城，泛濫及大名。其所載不過如此，他無可考。然大定二十七年，令沿河京、府、州、縣長貳官結銜並帶河防。自滎陽以下，如南京府之延津、封丘、祥符、開封、陳留、胙城、杞縣、長垣，歸德府之宋城、寧陵、虞城，衛州之汲、新鄉、獲嘉，徐州之彭城、蕭、豐，曹州之濟陰，滑州之白馬，睢州之襄邑，滕州之沛，單州之單父，濟州之嘉祥、金鄉、鄆城，皆爲沿河之地。則當時河流之所經，亦大略可覩也。雖數有遷徙，而汲、胙之間如故。迨明昌五年八月，河決陽武故隄，灌封丘而東。尚書省奏，都水監官見水勢趨南，不預經畫。詔各削階罷職。蓋河流至是又一大變矣。金吉甫云：河至紹熙甲寅，南連大野，并行泗水，以入于淮。於是有南北清河之分，北清河即濟水故道，南清河并泗入淮，今淮安之西二十里對岸清河口是也。按宋光宗紹熙五年甲寅，即金章宗之明昌五年也。是歲河徙自陽武而東，歷延津、封丘、長垣、蘭陽、東明、曹州、濮州、鄆城、范縣諸州縣界中，至壽張注梁山濼分爲二派；北派由北清河入海，今大清河自東平歷東阿、平陰、長清、齊河、歷城、濟陽、齊東、武定、青城、濱州、蒲臺至利津縣入海者是也；詳見導沇入海下。南派由南清河入淮，即泗水故道，今會通河自東平歷汶上、嘉祥、濟寧，合泗水至清河縣入淮者是也。詳見徐州貢道下。河匯梁山濼，分二派入南北清河，自宋熙寧十年始，尋經塞治，至是復行其道，而汲、胙之流遂絶。朱子語録又一條云：因看劉樞家中原圖，黄河却自西南貫梁山泊，迤邐入淮來。神宗時河北流，故金人盛；今却南來，故其勢亦衰。謂此事也。時朱子年六十五。下逮元世祖至元間，而河又徙自新鄉出陽武之南，凡九十餘歲。

自南渡以來，河離濬、滑，勢益趨而南。至金明昌五年，淫於濟、泗，分派入海，汲、胙之河遂空，其去禹迹益遠矣。先是都水監丞田櫟言黃河利害云：前代每遇古隄南決，多經南、北清河分流，南清河北下有枯河數道，河水流其中者長至七八分，北清河乃濟水故道，可容二三分而已。因欲於北岸墻村決河入梁山濼故道，依舊作兩清河分流。未及行，而八月河決，竟如其言。蓋是時決勢既成，櫟欲因而利導之，故爲此議。然前代河行淮、濟，未幾即塞。曷嘗以是爲正道，而任其所之也哉。金以宋爲壑，利河之南，而不欲其北。迨貞祐五年，延州刺史温撒可喜言：近世河離故道，自衛東南流，由徐、邳入海，以此，河南之地爲狹。竊見新鄉縣西河水可決使東北流，其南有舊隄，水不能溢，行五十餘里與清河合，由清州柳口入海，清河即衛河。清州今青縣。柳口，静海縣志云：即楊柳青渡，在縣北四十五里。此河之舊道也。皆有故隄，補其缺罅足矣。如此則山東、大名等路，皆在河南，而河北諸郡亦得其半，退足以爲備禦之計，進足以壯恢復之圖。議者以爲河流東南已久，決之恐故道不容，衍溢而出。遂寢。蓋國勢已蹙，實無暇及此矣。原其禍皆宋人築室道旁，不盡力於北流，馴致此大變，金何責焉。元至元九年，河決新鄉縣廣盈倉岸。時河猶在新鄉、陽武間也。不知何年徙出陽武縣南，而新鄉之流遂絶。據史，至元二十三年，河決，衝突河南郡縣凡十五處。二十五年，汴梁路陽武等縣河決二十二所。水道一變，蓋在此時矣。元大一統志殘缺，僅存十之一二。河之所經，不可得詳。大抵初由渦至懷遠入淮，如明正統十三年決河所行之道。後三十餘歲爲泰定元年，始行汴渠，至徐城東北合泗入淮。謹摭近志各州縣界中見行之河，銓次如左：黃河自武陟縣南，東逕原武縣

北，原武在開封府西北一百二十里，河去縣二十里，獲嘉新志云：河舊在獲嘉縣南六十里。明天順六年，自武陟東入原武，不經縣界。洪武二十四年，河決原武之黑陽山，東逕開封城北五里，又南行至項城經潁州潁上，東至壽州正陽鎮入淮，而故道遂淤。永樂九年復疏入故道。正統末，決滎陽，衝張秋，又決孫家渡，全河南徙。景泰中，復決張秋，徐有貞作九堰八閘。濬漕渠四百餘里，名廣濟渠。河流始安。弘治二年，決原武，支派爲三，一自封丘金龍口直衝張秋，一出中牟下尉氏，一氾蘭陽至宿州合汴渠，詔白昂修塞之。張秋在山東兗州府東阿縣西南六十里，運河所經，與壽張、陽穀二縣接界。**又東逕陽武縣南**，陽武在府西北九十里，河去縣十餘里。自此至徐州城東北，黃河所行，大抵皆汴水故道也。元至元二十五年，陽武諸縣河決二十二所。泰定二年，決陽武，漂民居萬六千五百餘家。尋復塞治。明洪武十五年，河決陽武。天啓元年，決脾沙岡，由封丘、曹、單至考城復歸舊河。**又東逕延津縣南**，延津在府西北九十里，河舊在縣北，明成化十四年決縣西之㬎村，泛濫七十餘里。十五年，徙經縣南入封丘界。**又東逕祥符縣北**，祥符，河南布政司開封府治、河舊去城四十里。宋端平元年，趙葵入汴，蒙古引軍南下，決黃河寸金淀水灌之，官軍多溺死者，遂引還。明洪武中，河決原武東，經城北五里。正統十三年，河決滎陽東，過城西南，而城遂隔在河北。景泰四年塞之，始復故道。嘉靖十三年，決趙皮寨入淮，忽又自夏邑趨東北，經蕭縣出徐州小浮橋下二洪。趙皮寨尋塞。十九年，決野雞岡，由渦口入淮，二洪大涸。崇禎十五年，賊於朱家寨決河以灌城，城陷，河自陳、潁諸州漫入淮、泗。今河在城北十里，朱家寨在城西北十七里。**其北岸則封丘縣**，河舊在縣西北四十餘里。元時徙經縣南，去縣五十一里。至大二年，決封丘。順帝至元初，復決。明弘治二年，決原武，其支流自荆隆口漫祥符，下曹、濮，衝張秋。五年，復決荆隆口，潰儀封之黃陵岡，更犯張秋，壞會通河。命劉大夏治之。七年，決陳橋集。嘉靖七年，復決於此。萬曆五年，決荆隆口，長垣、東明幾於淪没。荆隆口即金龍口，在縣西南三十餘里。陳橋集在縣東南四十餘里，與祥符接界。**又東逕陳留縣北**，陳留在府東五十里，河去縣三十里。按元大德元年，河決杞縣蒲口，則河當自陳留入杞，其後河徙而北，則自陳留入蘭陽、儀封，而杞界遂無河矣。**又東逕**

蘭陽縣南，蘭陽在府東北九十里，河去縣十五里。又東逕儀封縣南，儀封在府東北一百十五里，河去縣二十里。縣東北五十里有黃陵岡，與曹縣接界。元時賈魯治河，功始於此。明正德四年，河自儀封小宋集決，衝黃陵岡埽壩，溢入賈魯河。賈魯河下流淤塞，遂南出曹、單二縣城下，直趨豐、沛，命官塞之。按蘭陽、儀封之河，舊出其縣北，與長垣、東明分水。金大定十二年，尚書省奏請增築隄岸，東明亦在其中。二十七年，令沿河州縣官結銜並帶河防，而長垣與焉，可證也。元至元中，河屢決汴梁路，遂出蘭陽、儀封之南，而長垣、東明界中無河矣。又東南逕睢州北，睢州在歸德府西一百七十里，河去州七十里。又東南逕考城縣北，考城在州東北九十里，河去縣三里，多衝決。賈魯河在縣北三十里。又東南逕商丘縣北，其北岸則曹縣，商丘，歸德府治，城舊在河北。自元至元迄明正德，屢經河決，城或南或北。今河在城北三十里，賈魯河在城北四十里，其新集口、丁家道口皆河濱衝要也。嘉靖三十七年，新集河淤。河流於是一變。四十四年，河淤益甚，而運大受其病。未幾，河復決新集，塞寵家屯，東出沛之飛雲橋。穀亭、沙河、留城、境山一帶盡塞。河臣潘季馴於三沽故道濬渠築隄，躬行督相，不三旬而告成。曹縣在山東兗州府東南一百二十里，河在縣南四十里。黃陵岡在縣西南六十里。賈魯河在縣西北四十里。自黃陵岡至楊青村，皆元至正中賈魯所開也。明初猶爲運道，及弘治中，河決衝張秋。劉大夏先疏祥符、滎澤上流，又疏賈魯舊河四十里。然後於黃陵岡東西各築長隄二百里，金龍口亦築二百里。河由歸德、徐州以達于淮，決口始塞，名張秋曰安平鎮。正德四年，河決曹縣楊家口，奔流入單縣，直抵豐、沛，由飛雲橋入運。八年，又自曹縣西決，從縣北東行，曹、單以北，城武以南，田廬盡被漂没。萬曆二十九年，河決商丘蒙城集東南之蕭家口，復南徙，北去曹縣五十里，爲縣境患。又東逕虞城縣北，虞城在府東北六十里，河去縣十五里。又東逕夏邑縣北，夏邑在府東一百二十里，河去縣二十二里。其北岸則單縣，單縣在兗州府西南二百十里，河去縣四十里。萬曆三十年，河決單之蘇莊，衝魚臺、豐、沛。明年復決於此，衝入沛縣太行隄，灌昭陽湖入夏鎮，橫衝運道。於是泇河之議起。湖在沛縣東北，地勢窪下。又東逕碭山縣北，碭山在江南徐州西北一百七十里，河舊在縣南三十里。

嘉靖三十七年，河徙始出縣北。又東逕豐縣南，豐縣在州西北一百五十里，河去縣三十里。秦溝在縣東三十里。華山之北。又東逕沛縣南，其南岸則蕭縣，沛縣在州西北一百十里。蕭縣在州西五十里。沛縣西南有鬵桑亭。瓠子歌曰「鬵桑浮兮淮、泗滿」，即此地也。河舊在蕭縣北五十里，去沛甚近，及萬曆三十四年河歸故道，自是蕭去河裁十五里，而沛則去河五十餘里矣。河渠考云：舊河自虞城達蕭縣北冀門集，出徐州小浮橋，所謂賈魯故河也。嘉靖三十七年，河決秦溝，自新桃溝至朱珊渡一帶俱淤。唯冀門渡以東，僅存舊流。四十四年，大河淤塞，自趙家圈泛濫而北，蕭縣境內一望瀰漫。朱衡始開新河，起夏鎮至留城一百四十里，以避河水之險，而運道以安。隆慶四年，河決崔家口。萬曆五年復南衝縣界。又東逕徐州北與泗水合；徐州在江南布政司西北一千里，河自州北東南流，至城東北合於泗水。泗水自沛縣入州境，循城而東，一曰清河，又曰泉河，其後爲運河，亦名閘河。元初黃河由渦入淮，至泰定元年由汴河決入清河，自是遂爲大河之經流，舊從城東北小浮橋合運河。明嘉靖三十七年，河決自商丘之新集，出豐縣之秦溝，衝徐州之垞城，而小浮橋一帶漸淤。新河比故道高出三丈有餘，停阻泛濫，妨運殃民。萬曆初議復老黃河故道，潘季馴疏言有五利，而不果行。迨三十四年，河臣李化龍濬舊河，自碭山縣朱旺口東至小浮橋，由是河歸故道。天啓四年，大漲灌州城，乃遷治於雲龍山。又東南逕靈璧縣北，靈璧在鳳陽府宿州東一百十里，河去縣一百二十里。又東南逕睢寧縣北，其北岸則邳州，邳州在淮安府西北三百二十里。睢寧在州南六十里，河去縣五十里。其地有羊山，東北去州三里。明萬曆中，潘季馴於羊山、龜山、土山相接處，創築橫隄數十里，以防泛濫，即此。又半戈山在縣北五十里，東去州五里。州志云：黃河舊繞半戈山北，崇禎未改流羊山之南，水勢散漫，沙墊底高，於是青墩營、張家灣、大壩等處，屢報口決，而邳歲受河患。泇河在州西北九十里，萬曆三十一年李化龍所開也。源出費、嶧諸山，左合沂、武，南入于淮。孫承宗曰：漕河如身，然河南之蘭陽而上爲肩，山東之單縣而下爲腹，夏鎮而南爲股。河決蘭陽，經東、長，濫曹、濮，則橫決張秋，而肩背潰；決單縣，則橫截穀亭、沽頭入昭陽湖，而胸腹潰；決夏鎮之蘇莊，則東西鎮口遂爲河奪，而股脛潰。劉公大夏治其上，法在以河避運，於是塞黄陵岡以保張秋。朱公衡治其中，法在以運避河，於是開南陽湖以安徐、沛，近開泇河，稍倣南陽之役，遏黄河之入沛者，歸秦溝而疏支河，殺薛、沙水之勢，今欲全泇河，則朱旺口之大挑，何可緩也。又東逕宿遷縣南，宿遷在邳州東南一百二十里，河去縣四里。又東逕桃源縣北，桃源在府西北一百十里，河去縣百餘步，縣西北四十里有九里岡，南臨黄河。又東逕清河縣南，與淮水合，清河縣在府西少北五十里，河去縣一里，入淮處謂之清口，本名泗口，自徐城東北至此，皆古泗水爲河所奪也。顧景范云：縣西三十里有三汊河口，泗水至此分爲大小二清河。大清河經縣治東北入淮，俗稱老黄河，今堙。其小清河於縣治西南入淮，即今之清口也。又東逕山陽縣北，山陽，淮安府治。河去縣五里。清江浦在城西，即今運河也，舊名沙河。宋志：楚州北有山陽灣，淮流迅急，每致沉溺。雍熙中，漕臣劉蟠議開沙河，避淮水之險是也。高家堰在府西南四十里。又東逕安東縣南，而東北入于海。安東在府東北六十里，河去縣二里。自清口至此，皆古淮水爲河所奪也。海自鹽城縣東北，逕山陽縣東，折而西北，爲黄、淮入海之口。其北岸則安東也。縣志云：過縣南，東流五十里，又東北過雲梯關，折旋入海。按雲梯關在縣東北一百里，又東北一百二十里爲海岸墩臺，又東北六十里爲大海。淮南水利考云：海道自兗而北，以至於薊；自揚而南，以至於廣，其海口内外皆有山有島。唯淮口獨有沙，潮落微露其形，潮來則翻騰其上，勢若排天也。明隆慶中，黄決崔鎮以北，淮決高堰以東，清、桃塞，海口堙，而高、寶諸州縣幾爲巨浸。於是復起潘季馴再董河道，塞崔鎮，隄歸仁，而黄水悉歸故河，築高堰，黄浦，而淮水復出清口，會黄東入于海，海口遂闢。蓋自金明昌甲寅之徙，河水太半入淮，而北清河之流，猶未絕也。下逮元世祖至元二十六年己丑，會通河成，於是始以一淮受全河之水，凡九十五歲。

河一過大伾而東，不決則已，決則東南注于淮，其勢甚易。丘文莊以宋熙寧十年河決爲入淮之始，非也。先是天禧三年河決滑州，歷澶、濮、曹、鄆注梁山濼，合清水、古汴渠東入于淮矣。又先是咸平三年河決鄆州，浮鉅野入淮、泗矣。又先是太平興國八年河大決滑州，泛澶、濮、曹、濟，東南流至彭城入于淮矣。溯而上之，則漢元光三年河決濮陽瓠子，東南注鉅野，通于淮、泗矣。但皆未幾即塞，其歷久而不變，至今五百餘歲，河、淮并爲一瀆，則自金明昌五年始耳。

元順帝至正四年五月，河北決白茅隄。六月，又北決金隄，瀕河郡邑皆罹其害，水勢北侵安山，在碭山縣南。延入會通運河，朝廷患之。會脱脱復相，躬任其事，用賈魯言，請挽河東行，以復故道。從之。十一年四月，命魯鳩工。七月，疏鑿成。八月，決水故河。九月，舟楫通行。十一月，水土工畢。河乃復故道，南匯于淮，東入于海。歐陽原功撰至正河防記，以爲是役也，朝廷不惜重費，不吝高爵，爲民辟害。脱脱能體上意，不憚焦勞，不恤浮議，爲國拯民。魯能竭其心思知計之巧，乘其精神膽氣之壯，不惜劬瘁，不畏譏評，以報君相知人之明，此實録非溢美也。然魯爲會通所窘，河必不可北，其所復者，仍是東南入淮之故道耳。使魯生漢武之世，則導河入魯巧慧絶倫，奏功神速，前古所未有，惜乎其大才而小試之也。宿胥故瀆，當無所難。不僅如史遷所謂復禹舊迹者，生明帝之世，亦必能導河入清河，合漳水至章武入海。豈徒與王景等烈哉。所遭不偶，功成而亂作，遂使庸人以魯爲口實，余深痛之，兹特爲發憤一道。

余闕曰：南方之地，本高於北，河之南徙難，而北徙易。自宋南渡至今，殆二百年，而河旋北。議者慮河之北，則會通之漕廢，當築隄起曹南、訖嘉祥，東西三百里，以障遏之，不使之北。予則以爲河北而會通之漕不廢，何也？漕以汶而不以河也。渭按：余闕此言，正與挽河之議相左。蓋河在梁、衛之郊，北流爲順，其曰「南徙難而北徙易」是也。謂河北而會通之漕不廢，則大非。明之中葉，河屢貫會通，挾其水以入海，而運道遂淤，河之不可北也，審矣。嚮使河北而無害於漕，則聽其直衝張秋，東北入海，數百年可以無患。奚必歲歲勞費，防其北決邪？

日知録云：丘仲深大學衍義補言禮曰：四瀆視諸侯，謂之瀆者，獨也，以其獨入于海。故江、河、淮、濟謂之四瀆。今以一淮而受黄河之全，蓋合二瀆而爲一也。自宋以前，河自入海，尚能爲並河州郡之害，況今河、淮合一，而清口又合汴、泗、沂三水，以同歸於淮也哉。曩時河水猶有所瀦，如鉅野、梁山等處，猶有所分，如屯氏、赤河之類，雖以元人排河入淮，而東北之道，猶微有存焉者。今則以一淮而受衆水之歸，而無涓滴之滲漏矣。邵國賢作治河論，以爲禹之治水，至於地平、天成、六府三事允治，其功可謂盛矣。以今觀之，其所空之地甚廣，所處之勢甚易，所求之效甚小。今之治水者，其去禹也遠矣。而所空之地乃狹於禹，所處之勢乃難於禹，所求之功乃大於禹。禹之導河，自大伾以下，分播合同，隨其所之而疏之，不與争利，故水得其性而無衝決之患。今夫一杯之水，擧而注之地，必得方尺，乃能容之，其勢然也。河自大伾以上，水之在杯者也。大伾以下，水之在地者也。以在地之水，而欲拘束周旋如在杯之水，大禹不能，而況他人乎！今河南、山東郡縣棋布星列，官亭民舍相比而居，凡禹之所空以與水者，今皆爲吾有。蓋吾無容水之地，而非水據吾之地也，固宜其有衝決之患也，故曰所空之地狹于禹。禹之治水，隨地施功，無所拘礙。今北有臨清，中有濟寧，南有徐州，皆轉漕要路，而大梁在西南，又宗藩所在，左顧右盼，動則掣肘，使水有知，尚不能使之必隨吾意，況水無情物也。其能委蛇曲折，以濟吾之事哉。故曰所處之勢難于禹。況禹之治水，去其墊溺之害而已，此外無求焉。今則賴之以漕。不及汴矣，又恐壞臨清也；不及臨清矣，又恐壞濟寧也；不及濟寧矣，又恐壞徐州也；使皆無壞也，又恐漕渠不足於運也。了是數者，而後謂之治，故曰所求之功大於禹。由二文莊之言觀之，則河水南趨之勢已極，而一代之臣不過補苴罅漏，以塞目前之責而已，安望其爲斯民計百世之長利哉！

潘季馴河防一覽曰：議者因海壅河高，致決隄四溢，遂以濬海爲上策。不知漲沙當海口之中，嘉、隆間雲梯關口有漲沙甚大。潮退則見，潮長則没，無可施功之處。縱乘潮退施功，而一没之後，濁流淤泥，隨復如故矣。故海無可濬之理，惟當導河以歸之海，繕治河隄，俾無旁決，則合流勢勇，沙隨水去，海口自不虞淤。若隄日繕而決日聞，非庳薄不能支，即迫近不能容，與雜以浮沙，而不能久耳。誠多築縷隄近河濱者。以束之，又爲遥隄，離河六七里。使水有所遊盪，築必以真土，則復何患哉。如上流聽其旁決，下流復岐而分之，水勢益分，則其力益弱，安能導積沙以達之海乎。支河一開，正河必塞，近事良可鑒也。

袁黄曰：昔陳平江瑄、宋司空禮之治會通河也，驅汶水逆流至南旺，北至安民山。地降九十尺，因析六分之水北達臨清；為閘二十有一。南至沽頭，地降百十有六尺，因析四分之水南接徐、沛。為閘十有七。貯六分之水者，其閘長；貯四分之水者，其閘短。後人以意增損，而水之分數紊矣。紊而常淤，固其宜也。顧不此之察，乃更閘而東焉。當時故閘由茶山而南，地甚峻，勢如建瓴，故入河無礙。後更夏鎮以南，地平而水緩，黄强清弱，每會必淤，此河渠之一壞也。宋司空不可。徐州、吕梁二洪，其流甚駛，其石如牙。永樂間，運道初開，人惡其傷舟，欲稍平之。蓋欲藉山之險，激水之流，使泥沙先下，而河流不壅。後人相繼磨其崖石，而吕梁無洪矣。無洪則水平，而河身漸高，此河渠之再壞也。至淮河入海之處，平曠無山，而海沙逆上，尤易壅塞。陳平江就山陽之滿浦坊，在淮安府城西北四里。累石為山，蜿蜒千尺，即古鋸牙遺制，鋸牙見宋史。水得翻騰踴躍以入海，俗謂之磯觜，取相激而名。今皆没於土中，此河渠之三壞也。磯觜之制，下布七星樁，樁上甃以石，石有筍，筍相入縫，有錠，錠三膚，灌以糯汁，砌以油灰，長千尺，袁氏以為陳平江所創。或云天順間，遣都水郎中督工於滿浦坊，作石鋸牙，未知孰是。磯觜為治河要策，萬曆初，漫入水中，微露形跡，今清江浦尚有之。其濁流不入運河，河不勞挑濬者，磯觜之力也。

顧氏一柔，字剛中，無錫人，景范之父。山居贅論曰：大河之流，自漢至今，遷移變異，不可勝紀。然孟津以西，則禹迹具存，以海為壑，則千古不易也。自孟津而東，由北道以趨於海，則澶、滑其必出之途。由南道以趨於海，則曹、單其必經之地。衡澶、滑必由陽武之北，而出汲縣、胙城之間；衡曹、單必由陽武之南，而出封丘、蘭陽之下，此河變之託始也。由澶、滑而極之，或出大名，歷邢、冀，道滄、瀛以入海，或歷濮、范，趨博、濟，從濱、棣以入海。由曹、單而極之，或溢鉅野，浮濟、鄆，謂濟寧、東平。挾汶、濟以入海，或經豐、沛，出徐、邳，奪淮、泗以入海。此其究竟也。要以北不出漳、衛，南不出長淮，中間數百千里，皆其縱横糜爛之區矣。

又曰：自陽武而入封丘，河益東南流荆隆口，直東則經長垣、東明，出曹、濮直趨大清河矣，較之出徐、沛合淮、泗以入海者，道爲徑易。夫河行之道，宜直不宜紆，入海之口，宜近不宜遠，河之兩岸宜闊，而歸流宜深，歸流即俗語所謂落槽也。平水則宜置斗門，且多置之，用王景更相迴注之意，使不至旁溢，河未必不可東也。後世遥隄之法，即兩岸宜闊之意，縷隄之法，即歸流宜深之意。滚水石壩及格隄之法，即斗門迴注之意。雖然，大河東則會通河廢，會通河不廢，則大河不可得而東，兩者不並立矣。此大河所以屢決而東，終抑之使南也與。

川瀆異同曰：淮水清而流疾，恒無壅決之患，患自河合淮始也。河從北來，河之身比淮爲高，故易以遏淮。淮從西來，淮之勢比清江浦又高，河渠考云：泗州淮身視清江浦高一丈有餘，自高趨下，勢常陟激。故易以齧運。然而河不外飽，則淮不中潰。淮并流而北，其勢盛，力足以刷河；淮却流而南，其勢殺，河且乘之以潰運矣。病淮必至於病運者，莫如河；利河即所以利運者，莫如淮。黄、運兩河之樞機，實自淮握之。則今日之治淮，乃治河治運之先務也。然則何以治之。曰吾亦以淮治淮而已。高厚其隄防，使淮無所旁出，修明平水之制，使淮不至漲溢，此陳平江之治淮，所以二百年無事者與。河渠考云：隆慶四年，淮決於高堰，河亦決於崔鎮，漕臣王宗沐修塞之。宗沐決河記云：是年淮決高堰，河躡淮後，徑趨大澗口，破寶應黄浦口入射陽湖，清口遂淤，海口幾爲平陸。萬曆三年，高堰復決，於是山、鹽、高、寶、興、泰諸處，悉爲巨浸。黄水躡淮之後，濁流西溢，浸及鳳、泗，清口填淤，海口亦復阻塞，而漕、黄交病矣。河臣潘季馴以爲高堰者，淮、揚之門户，而黄、淮之關鍵也。欲導河以入海，勢必藉淮以刷沙，淮水南決，則濁流停滯，清口亦堙，河必決溢，上流水行平地，而邳、徐、鳳、泗不免皆爲巨浸。是淮病而黄病，黄病而漕亦病，相因之勢也。於是築高堰長八十里，起自武家墩，在高堰北十餘里。經大小澗，大澗在高堰南十三里，又南五里即小澗也。大澗口爲衝決要處，築石隄以護之，長數百丈。歷阜陵湖、在堰西南二十餘里。周家橋、北去堰四十餘里。翟壩，在周家橋南二十餘里，爲山陽、盱眙接界處。或曰周橋、翟壩長二十五里，與高郵南北金門兩閘及西隄四十里石工相對。周橋、翟壩決，則高郵南北衝溢無時矣。以捍淮之東侵。又以淮水北岸有王簡、張福二口，淮水每從此洩入黄河，致淮水力分，而清口淤淺，且黄水泛漲，亦往往由此倒灌入淮。於是并築隄捍之，隄在清口西三里，後議者又以東淮太迫，於張福隄窪處黄韶、王簡二口置減水二閘，淮溢則縱之外出，黄溢則遏其内侵。王簡口亦曰王家口。使淮無所出，黄無所入，全淮畢趨清口，會黄以入海，而河與漕俱治。蓋高堰之築，始於漢末之陳登，修治於明初之陳瑄，而復於季馴云。隆慶四年，王宗沐修築高堰，卑薄無所加，隨即圮壞，至是經理始盡制焉。二十一年，淮復決於高良澗，在淮安府西南七十里，志云九十里。凡二十二口，旋築塞之。明年，黄水大漲，清口沙墊阻遏，淮水不能東下，於是挾上源阜陵諸湖與山溪之水，暴浸泗州陵，州城湥没。科臣張企程請導淮分注江海，以救祖陵。二十三年，淮復決高堰、高良澗諸處，尋築塞之。明年，河臣楊一魁以黄、淮衝溢，乃議分黄導淮，闢清口沙七里，達淮之經流，建武家墩、涇河閘，涇河在寶應縣北三十里。以洩淮之旁溢。又建高良澗減水石閘、子嬰溝、在寶應南六十里。周家橋減水石閘，一自岔河下涇河，一自草子湖、在寶應縣西南五十里。寶應湖下子嬰溝，俱通廣洋湖在寶應縣東南四十里。及射陽湖入海。猶慮淮水宣洩不及，南注各湖爲患，又開高郵西南之茆塘港，在州西南六十里。通邵伯湖，開金家灣下芒稻河在揚州府東三十里。入江，以殺淮漲。一魁所舉行，大抵本企程之説。自是淮患漸平，雖時有決溢，而培固高堰，增置壩閘之外，無所爲治淮長策矣。季馴兩河議曰：高堰去寶應高丈八尺有奇，去高郵高二丈二尺有奇。高寶隄去興化、泰州田高丈許或八九尺，其去堰不啻卑三丈有奇矣。昔人築堰，使淮不南下，而北趨者，亦因勢而導之。不然淮一南下，因三丈餘之地勢，灌千里之平原，安得有淮南數郡，儼然一都會邪！萬曆二十一年，淮漫高堰隄，上且數尺，周家橋口原自通行，又加決焉。決高良澗至七十餘丈，南奔之勢若倒海，高、寶、邵伯諸湖隄，一日崩者百十餘處，于時泗城亦復灌溢，而所減之水不過尺許。則以淮南之地，自高、寶而東則下，由邵伯而南則又昂，自興、鹽以東濱海諸鹽場比内地亦復昂也。泗州之地比高堰爲下，與高、寶諸州縣，皆若釜底然，安能免淮之浸哉。今高堰一帶，修守不嚴，奸商鹽販之徒，無日不爲盜決計。泗州之人未究利害之源，但見高堰增築，勢必遏淮以入泗，惟恐堰之不速潰也。且淮之旁流日多，則正流日弱，於是刷沙無力，而黄水益横，清口就淤，勢不得不倒灌淮南，決隄堰而敗城郭，委運道於茫無畔岸中矣。善乎！先哲之言曰：禦黄如禦敵，淮日退則黄日進。論者以導淮爲秘計，而不察其爲弱淮之先徵也，淮之患曷有窮已邪！

元末河復北徙，自東明、曹、濮下及濟寧，而運道壞。明洪武初，命徐達自曹州東引河，至魚臺入泗，以通運。永樂九年，又命宋禮自曹疏河，經濮州東北入會通河，是北流猶未絶也。迨遷都之後，仰給於會通者重。始畏河之北，北即塞之。弘治中，兩決金龍口，直衝張秋。議者爲漕計，遂築斷黄陵岡支渠，而北流於是永絶。始以清口一綫，受萬里長河之水。焦弱侯云：明興河之自汴出者，猶有六，其二入淮，其四合漕，以入于淮。出滎澤者，至壽入淮；出祥符者，至懷遠入淮；出長垣者，至陽穀入漕；出曹州者，至魚臺入漕；出儀封者，至徐之小浮橋入漕；出沛之南者，從飛雲橋入漕；出徐、沛之中境山之北者，從溜溝入漕。是猶有禹分之遺意也。其後或塞或微，而以一徐受全河之灌矣。顧寧人云：丘仲深謂以一淮受黄河之全。然考之先朝，徐有貞治河猶疏分水之渠於濮、汜之間，不使之并趨一道。自弘治六年築黄陵岡以絶其北來之道，而河流總於曹、單之間，乃猶於蘭陽、儀封各開一口，而洩之於南，今復塞之。故河之在今日，欲北不得，欲南不得，唯以一道入淮。淮狹而不能容，又高而不利下，則頻歲決邳、宿以下，以病民而妨運，而邳、宿以下，左右皆有湖陂，河必從而入之。吾見劉貢父所云别穿一粱山濼者，將在今淮、泗之間，而生民魚鼈之憂，殆未已也。陽武以下，河之所經，繕完故隄，增卑倍薄，但期不害於漕，而漢之下策，轉爲明之上策矣。至於黄、淮既合，則唯以堰閘爲務。堰者，高家堰；家，一作「加」。閘者，淮南諸湖閘口也。堰閘以時修固，則淮不南分，助河衝刷黄沙，使海口無壅。故潘尚書季馴論治河之要曰：河之性宜合不宜分，宜急不宜緩。合則流急，急則蕩滌而河深；分則流緩，緩則停滯而沙淤，此以隄束水，借水攻沙，爲以水治水之良法也。又曰：通漕於河，則治河即以治漕。會河於淮，則治淮即以治河。合河、淮而同入於海，則治河、淮即以治海。自漢以來，治河者莫不以水分爲長策，唯張戎之論不然，潘公深得其意。觀其所言，若無赫赫之功。然百餘年來，治河之善，卒未有如潘公者。蓋會通必不可廢，則河唯宜注淮以入海，雖有賈魯之才智，亦無所施。故邵文莊有「治之以不治，乃所以深治之」之説。古語云「守病不治，常得中醫」，此之謂也。

自河合淮入海，潘公所以治之者，有二要焉。一在海口，一在高堰。按淮南水利考云：海口本自無淤，近日之淤，以黄沙而然。正口減半入旁口，旁口數十道不啻也。蓋海水潮汐日二至，每入也以二時，其出也亦二時。二時之出係淮水，二時之入則海水。海水遏淮水不得流者，每日有八時，黄沙能無停乎？又聞諸海濱之夫曰：海之深不知其幾千萬丈，而沙出其上，人工所去，每日不能尺寸，而潮汐一至，頃刻而平，況未可施功邪！由是觀之，雲梯關海口漸淤，亦由旁口之太多，苟非借水攻沙，而恃人力以通之，則海口終不能開也。高家堰者，郡志云：後漢建安中，太守陳登所築。閻百詩曰：此堰不見於史籍，考三國志登嘗爲典農校尉，巡土田之宜，盡鑿溉之利。登固精於水利者，又嘗爲廣陵太守，虞溥江表傳云治射陽。則此堰距治所甚邇，登築隄以障淮水，理勢宜然也。由是觀之，漢世河未合淮，尚不聽其南奔，況今欲藉此清湍以刷沙乎。苟非以隄束水，使淮并力東注，則自清口以至海口，終不能無壅也。是故河之出海旁口日多，則正口日塞，淮之會河，支流益分，則經流益弱，皆潘公之所禁也。易曰「神而化之，使民宜之。」善治水者，必有道以處此矣。

太史公天官書曰：中國山川東北流，其維首在隴、蜀，尾没于勃、碣。漢書天文志云勃海、碣石。一行言山河兩戒，以河、濟爲北紀，江、淮爲南紀。由此觀之，禹河從勃、碣入海，上應天文，下協地理。漢武帝所謂聖人作事爲萬世功，通於神明，恐難改更者也。殷本紀載湯誥之言曰：東爲江，北爲濟，西爲河，南爲淮，四瀆已修，萬民乃有居。四瀆之由來尚矣。爾雅江、河、淮、濟爲四瀆。四瀆者，發源注海者也。劉熙釋名曰：瀆，獨也。各獨出其所而入海也。自王莽時河徙從千乘入海，而北去碣石遠矣，然猶未離乎勃海也。自金明昌中河徙，而河半不入勃海矣。元至正中又徙，而河全不入勃海矣。河南之濟久枯，河或行其故道。今又與淮渾濤而入海，淮不得擅瀆之名，四瀆亡其二矣。世習爲固然，恬不知怪。愚嘗爲杞人之憂，萬一清口不利，海口愈塞，加之以淫潦，而河、淮上流一時並決，挾阜陵、洪澤諸湖，衝蕩高堰，人力倉卒不能支，勢必決入山、鹽、高、寶諸湖，明隆慶四年、萬曆三年，淮挾湖水以東，兩決於高堰，山陽、高、寶、興、鹽諸境，悉爲巨浸。而淮南海口沙壅更甚於曩時，怒不得泄，則又必奪邗溝之路，直趨瓜洲，南注于江，至通州入海，四瀆并爲一瀆，拂天地之經，奸南北之紀，可不懼與！欲絶此患，莫如復禹舊迹。然河之南徙日以遠矣，濬、滑、汲、胙之間無河，新鄉、獲嘉亦無河矣。賈讓、李垂之策將安所用之？或曰：金温撒可喜請於新鄉縣西決河水，使東北合清河，至清州柳口入海，其説不可行乎？曰：今新鄉流絶，欲自武陟之東濬其故道，約一百三四十里，更於新鄉縣西決河，使東北流，鑿生地五十餘里，勞費不貲，民何以堪？且滎陽以下，每決必潰右隄，未聞有決左隄而北者，疑此地北高南下，新鄉縣西之故道，去清河雖近，未必能導之使北也。然則河竟將若何？曰：封丘以東，地勢南高而北下，河之北行其性也，徒以有害於運，故遏之使不得北，而南入於淮。南行非河之本性，東衝西決，卒無寧歲。故吾謂元、明之治運，得漢之下策，而治河則無策。何也？以其隨時補苴，意在運而不在河也。設會通有時而不用，則河可以北，先期戒民，凡田廬冢墓當水之衝者，悉遷於他所，官給其費，且振業之。兩岸之隄，增卑倍薄，更於低處，創立遥隄，使暴水至得左右游波，寬緩而不迫，諸事已畢，然後縱河所之，決金龍，注張秋，而東北由大清河入于勃海，殊不煩人力也。蓋禹河本有可復之機，一失之於元封，再失之於永平，三失之於熙寧，至明昌以後，事無可爲。居今日而規復禹河，是猶坐談龍肉，終不得飽也。河之離舊愈遠，則反本愈難，但得東北流入勃海，天文地理兩不相悖，而河無注江之患，斯亦足矣。求如西漢之河不可得，即如宋之北流亦不可得，而況降水、大陸之區也。嗚呼！禹河其不復矣乎？

禹貢錐指卷十四上

嶓冢導瀁，東流爲漢，

渭按：瀁，史記作「瀁」；漢書氐道下又作「養」，古字通也。

傳曰：泉始出山爲瀁水，東南流爲沔水，至漢中東流爲漢水。易氏曰：瀁水東流百八十里，經興元之南鄭縣，名漢水。黄氏曰：漢有沔、瀁之名，皆東漢水也。地理志：西漢水出西縣嶓冢山，南入廣漢白水。蓋潛漢也，經不著其所出。自古皆以爲東、西兩漢，俱出嶓冢，則或然矣，而西漢固無沔、瀁之名。地理志：瀁水出隴西氐道，至武都爲漢。武都東漢水受氐道水名沔。是則沔、瀁俱爲東漢也。獨氐道、武都脈絡不通，川渠阻隔，武都受瀁爲不可據。而桑欽遂徙氐道瀁水爲西漢之源，由是愈紛錯，酈道元委曲遷就，通之以潛伏之流，證之以難驗之論，更覺齟齬。故當盡廢諸説，而一之以經文。杜佑通典：秦州上邽縣嶓冢山，西漢水所出，經嘉陵曰嘉陵江，經閬中曰閬江。漢中金牛縣嶓冢山，禹導瀁水，東流爲漢水，亦曰沔水。其説爲可據。渭按：嶓冢見導山。

魏地形志：華陽郡嶓冢縣有嶓冢山，漢水出焉。元和志：嶓冢山在興元府金牛縣東二十八里，漢水出焉。經南鄭縣南，去縣一百步。禹貢「嶓冢導漾，東流爲漢」是也。南鄭今陝西漢中府治，其故城在今府城東北。嶓冢故城在今沔縣白馬城東南五里。上邽故城在今鞏昌府秦州西南。金牛舊縣在今漢中府寧羌州西北。其嶓冢山在今沔縣西南，接寧羌州界。

漢郊祀志：秦祠沔於漢中。地理志漢中有沔陽縣，武都下云：東漢水一名沔。則沔、漢互稱，其來已久。而沮縣下又曰：沮水出東狼谷，南至沙羨南入江。荆州川。沮，子余反。羨音夷。按周禮荆州川曰江漢，而無沮，是沮即沔也。水經注：沔水出武都沮縣東狼谷中，一名沮水，闞駰曰：以其初出沮洳然，故曰沮水，縣亦受名焉。導源南流，泉街水注之。水出河池縣，東南流入沮縣，會于沔。元和志：沮水出興州順政縣東北八十二里。按沮縣故城在今漢中府略陽縣界。晉永嘉後没于氐羌，縣廢。後魏改置武興縣，又僑置略陽縣。西魏改略陽曰漢曲。隋又改曰順政。唐爲興州治。宋復改順政曰略陽。今在寧羌州北二百二十里。河池今徽州，屬鞏昌府。泉街水在略陽縣北。東南逕沮水戍，在略陽縣東南。沔縣志云：沮水在縣西七十里，與略陽接界。又東南流注漢，所謂沔漢者也。尚書曰：嶓冢導漾，東流爲漢。山海經所謂漢出鮒嵎山也。東北流，得獻水口，庾仲雍云：是水南至關城，合西漢水。又東北合沮口，漢水自寧羌州東北流，逕沔縣故大安軍南，又東北至青羊驛，沮口在焉。宋開禧二年，金人陷大散關，叛將吴曦退屯罝口，旋還興州。罝口即沮口也。同爲漢水之源。故孔安國曰漾水東流爲沔。蓋與沔合也。至漢中爲漢水，是互相通稱矣。班固曰：東漢水一名沔。鄭康成曰：或謂漢爲沔。如淳曰：北方人謂漢水爲沔水。沔水又東逕白馬戍南，濜水入焉。水北發武都氐中，南逕張魯城東，又南逕張魯治東，張魯治東對白馬城，一名陽平關，濜水南流入沔。其城西帶濜水，南面沔川，二水之交，故亦曰濜口城矣。按地形志沔陽縣有白馬城。今在沔縣西南即漢陽平關，亦曰白馬戍。濜水在縣西三十里。又東逕武侯壘南，諸葛武侯所居也，亦名石馬城。在今沔縣南。又東逕沔陽縣故城南，城蕭何所築也，南對定軍山，諸葛亮遺令葬此。按沔陽故城，寰宇記云在西縣東南十六里。今在沔縣東南十里。又東逕西樂城北，城在今沔縣西南，漢水南岸。又左得度水口，在沔縣南二里。又東右會温泉水口，在沔縣東南。又東，黄沙水左注之；水南有女郎山。按沔縣東四十里有沙水，女郎山在褒城縣西南。又東合褒水，西北出衙嶺山，東南流入漢。元和志：褒谷山在褒城縣北五里，南口爲褒，北口爲斜，長四百七十里。按褒水在今褒城縣東。又東逕萬石城下，在褒城縣東。又東逕漢廟堆下，在今南鄭縣西南。又東逕南鄭縣南。漢高祖入秦，項羽封爲漢王。蕭何曰天漢美名也。遂都南鄭。以今輿地言之，漾水出寧羌州北嶓冢山，寧羌在漢中府西北三百八十里。東北流，逕沔縣西南，合沔水，又東逕沔縣南，沔縣在府西少北九十里。又東逕褒城縣南，在府西北四十里，沔水去縣二十四里。又東逕南鄭縣南，爲漢水，水去縣三里。經所謂「嶓冢導漾，東流爲漢」者也。

陸游曰：嘗登嶓冢山，有泉涓涓出山間，是爲漢水之源。此務觀入蜀，塗歷金牛，目驗而得之。涓涓細流，安國傳所謂「泉始出山爲漾水」者也。新城王尚書士禛，昔典試四川，撰蜀道驛程記，其言嶓漢最爲詳覈。記曰：出沔縣西門，曲折行亂山中，沔水流經其中，略如棧道，但山庳無林木，沔流舒緩，不及褒水湍悍耳。西涉沮水，抵大安驛，有土城廢址，宋置大安軍。沔、沮之間，闊者未丈許，狹者才二三尺，沙石磷磷，深不没踝，自大安西南，亂山益稠，至金牛驛，北望見嶓冢山，峨然雲表，一小水自西東流，即所謂「嶓冢導漾」者也。水纔濫觴，不没鳧鴈，合五丁峽水，東流爲沔，其流始大。金牛驛西三里，稍南入五丁峽，一名金牛峽，在寧羌州北三十里。峽口懸崖萬仞，陰風颯然，水自峽中噴薄而出。寧羌州在亂山中，無城堞，本沔縣羊鹿坪地。明洪武中，以山寇作亂，置寧羌衛于此。成化中即衛建州治，自州行十里，渡水過百牢關，關下有分水嶺。嶺東水皆北流，至五丁峽，北合漾水入沔。嶺西水皆南流，逕七盤關龍洞，合嘉陵水爲川江。常璩言沔出嶓冢合白水爲西漢，明與導漾之文相悖。按通典嶓冢山有二：一在天水上邽，一在漢中金牛。雍大記云：西漢水在西和縣，源出嶓冢山，西流與馬池水合。此乃上邽之嶓冢，在今秦州。又云：漢江源出沔縣嶓冢山，東流入金州。此乃金牛之嶓冢，禹貢「嶓冢導漾」，乃沔縣之嶓冢，非秦州之嶓冢。知嶓冢有二，則東西二漢源流，各自了然。漾之與沔，本爲一流，與隴西之嶓冢都無交涉。常氏之誤可不辯而明矣。公使車閱歷較陸氏所得更備，且大有裨于經學，非徒紀遊覽之勝而已。故掇其要著於篇。

漢志隴西氐道下云：禹貢養水所出，至武都爲漢。師古曰：氐，夷種名。氐之所居，故曰氐道。按邑有蠻夷曰道。晉永嘉之後，地没于氐、羌，縣多荒廢。氐道今不知所在。武都郡武都縣下云：東漢水受氐道水，一名沔，過江夏謂之夏水入江。武都本白馬氐地。漢元鼎六年開，以爲武都郡，治武都縣。今鞏昌府成縣西北百里有仇池山，山上有仇池城，城東南有武都縣故城，即漢武都郡治也。水經：漾水出隴西氐道縣嶓冢山，東至武都沮縣爲漢水。常璩華陽國志：漢水有二源，東源出武都氐道縣漾山爲漾水。氐道晉改屬武都郡。禹貢「導漾，東流爲漢」是也。此皆依漢志以爲言，然氐道漾水至武都爲東漢水，卒莫有能言其所經者。今按酈注：濁水出濁城北，今成縣有濁水戍，亦曰濁水城。胡三省云：在上禄縣東南，武街城西北。東流與丁令溪水會，水北出丁令谷，南逕武街城西，東南入濁水。又東逕武街城南，故下辨縣治，今廣業郡治。按此城在今成縣西三十里。又東，弘休水注之。水北出溪南，逕武街城東，而南注于濁水。又東逕白石縣南，續漢書曰：下辨城東三十餘里有峽，峽中白水生大石，障塞水流。濁水即白水之異名也。按白石縣今爲成縣治。又東南渥陽水注之。水北出渥谷南，逕白石縣東，而南入濁水。又東南與仇鳩水合，水發鳩溪南，逕河池縣故城西，而西南流注濁水。又東與河池水合。水出河池北谷，南逕河池戍東，西南入濁水。又東南，兩當水注之。水出陳倉縣之大散嶺，西南流，入故道川，謂之故道水，西南逕故道城東，又西南入廣業郡界，與沮水枝津合，謂之兩當溪。水上承武都沮縣之沮水瀆沮縣今略陽，沮水在縣東。西南流，注于兩當溪，又西南注于濁水。濁水南逕槃頭郡東，今略陽縣西北一百里有長舉廢縣，後魏于此置槃頭郡。而南合鳳溪水，水上承濁水於廢廣業郡，南逕鳳溪，出鳳凰臺下，東南流，左注濁水。又東注于漢水。謂西漢水。觀此文，則漢志以沮水枝津上承氐道水下爲東漢水可知也。氐道雖未詳其處所，以地望度之，當在西縣之東，河池之西，上邽之南，下辨之北。濁水所受有丁令溪水、弘休水、渥陽水，皆出其北，蓋自氐道來也。其中或有漢志所謂養水者，但今無可攷耳。然沮水枝津上承沮瀆，自東入西，非自西入東也。昔之觀水作記者，不察地勢之高下，不辨川流之去來，遂以爲氐道養水合濁水、兩當溪，由枝津以達沮、沔，是爲東漢之源，而不知其非也。班固因之，故有此誤。水經于武都下加「沮縣」二字，蓋亦以氐道水下通沮水爲東漢之源也。然漢志不言養水出何山，而水經復附會之曰嶓冢，則氐道亦有嶓冢山矣。常璩知其非是，故又因水以名其山曰漾山，而爲之殊目。要之氐道水所出別是一山，非嶓冢也。近世言漢水者，皆知班固之誤，而不知其誤所由來，故詳著其原委如此。

漢志隴西西縣下云：禹貢嶓冢山，西漢水所出，括地志：秦西垂宮即漢西縣，在秦州上邽縣西南九十里。元和志：嶓冢山在上邽縣西南五十八里。然則山在故西縣東北，去西縣三十二里也。上邽漢屬隴西郡。唐爲秦州治。今鞏昌府秦州是。志云：西縣故城在州西南一百二十里，嶓冢山在州西南六十里，山不甚高，而峰岫延長，連屬若冢。是山在西縣故城東北六十里也。與括地、元和志里數不同。蓋唐之上邽在今州之西南，去西縣故城當較近，但山不當更差二十八里耳。州志城與山必有一誤。南入廣漢白水，東南至江州入江。元和志：利州景谷縣，本漢白水縣，屬廣漢郡。宋爲平興縣，隋改曰景谷。今四川保寧府昭化縣之白水鎮是也。鎮在縣西百里。白水在縣北二十里，至縣東三里合嘉陵江。漢巴郡治江州縣，其故城在今重慶府巴縣西，大江在縣東南，嘉陵江至此入大江。過郡四，隴西、武都、廣漢、巴郡。行二千七百六十里。此與氐道之養水全無交涉。水經非一時一手作。漾水篇首云：漾水出隴西氐道縣嶓冢山，東至武都沮縣爲漢水。此不過依漢志氐道一條以立文，惟加嶓冢、沮縣爲不同耳。其所謂漢水即東漢也，亦與西縣之西漢全無交涉。及觀下文東南逕白水、葭萌、閬中至江州入江，則又確是西漢水，與武都一條全無交涉矣。首尾橫決，必魏、晉間人所續也。經文有曰廣魏者，故廣漢也。蓋曹氏改名。漢後人續經，此亦其一證。尋其意指，蓋以氐道水南合濁水、兩當溪，歷槃頭郡東而南，爲西漢水也。槃頭治長舉，亦漢沮縣地。故酈注以爲東西兩川俱出嶓冢，而同爲漢水，其言曰：劉澄之云：有水從沔陽縣南至梓潼漢壽，入大穴，暗通罡山，郭景純亦言是矣。罡山穴小，本不容水，水成大澤而流與漢合。庾仲邕又言漢水自武遂川南入蔓葛谷，越野牛，逕至關城，合西漢水。故諸言漢者，多言西漢水至葭萌入漢，則兩川通波，更在沮縣之南矣。嘗試以圖志考之，漾、沮雖有枝津與西漢通，要皆自東入西，非自西入東也。蓋嶓冢亘絶東西，俗謂之分水嶺，地勢東高而西下，故西漢水自略陽縣南入寧羌州界，即折而西南，避高就下，其性則然，豈有東入之理。澄之所言即禹貢之潛，仲邕所言即通谷水也。二水皆東漢之枝津，西流入西漢水，而説者乃謂西漢水至葭萌入漢，顛倒之矣。今嶺東漾、沮枝津，皆入西漢，嶺西谿澗之水，亦皆入西漢。川流去來，有目者盡能驗之，其可是古而非今乎！

凡川流去來，以平日爲主。時值暴漲，則急水溢入緩水，而東者反西，南者反北，漲稍退則如常矣。洞庭、彭蠡之水，皆北入大江，及夏秋江漲，迴流入湖，清湍爲之改色，此其尤彰明較著者。昔人以西漢水東合沮、沔，蓋亦據暴漲之時，溢入東川，故有此誤耳。余家臨餘不溪，溪水分流，自清河橋入經縣前，出西水門，西北合前溪水，又西北與苕霅會，即古北流水也。此水本自東入西，投之以物，輒西流，及溪水暴漲，乃自其上流溢入馬厄河，而東入西水門，出清河橋，投之以物，則東流矣。使客游者觀之，能不以暫爲常乎。故夫山川之向背，非熟察情形，參詳圖志，未有能得其真者也。

酈道元雖有東西兩川俱出嶓冢之説，而終以西漢爲主。注云：今西縣嶓冢山，西漢水所導也，西流與馬池水合，寰宇記云：馬池源出嶓冢山。又西南合楊廉川水，水出西谷，東南流。逕西縣故城北，又東南入西漢水。又西南逕始昌峽、始昌縣故城西，城在今西和縣北。又西南逕宕備戍南，戍在西和縣東北。又西南逕祁山軍南，祁山在嶓冢之西七十許里。今在西和縣西北七十里。又西逕蘭倉城南，今禮縣東南有蘭倉故城。又南入嘉陵道，而爲嘉陵水，禮縣本漢嘉陵道地，屬武都郡。西漢水至此爲嘉陵水。傅同叔云：嘉陵江出鳳州大散關西南嘉陵谷，至興州北境，當會東漢水而東行，安得越東漢而爲西漢乎！宋人以故道水爲嘉陵江，大非。近志皆承其謬，故道水合濁水，至槃頭郡入西漢水，至今猶然，何言會東漢而不爲西漢邪！又東南逕瞿堆西，又屈逕瞿堆南，孤嶮雲高，望之形若覆壺，開山圖謂之仇夷。漢武帝元鼎六年開以爲武都郡，左右悉白馬氏矣。按瞿堆即仇池山，在今成縣西北百里。又東南逕濁水城南，亦曰濁水戍，在成縣西。又東南逕脩城道南，今略陽縣西北有脩城廢縣。漢志作循城，屬武都郡。又東南於槃頭城南，與濁水合，詳見前。又東逕武興城南，今略陽縣治即武興故城。唐爲興州順政縣。元和志：嘉陵江經順政縣南，去縣百步。又西南逕關城北，除水出西北除溪，東南流入漢。按關城即今陽平關在寧羌州西北八十里，東至沔縣一百七十里。又西南逕通谷，通谷水出東北通溪，上承漾水，西南流爲西漢水。按唐武德二年，分綿谷縣之通谷鎮置金牛縣，在今寧羌州金牛驛西三十里。庚仲邕曰：漢水自武遂川南入蔓葛谷，越野牛，逕至關城，合西漢。蓋即此通谷水也。通溪上承漾水曰獻水口。**又西南寒水注之。**水東出寒川，西流入西漢。寰宇記云：大寒水在三泉故縣南十五里，西流至龍門山，入大石穴。按龍門山在故三泉縣西七十里，今在廣元縣東北八十二里，其水即禹貢之潛，郭璞所謂「從沔陽南流，至漢壽入大穴中，通峒山下，西南潛出」者也。詳見梁州。**又西逕石亭戍，**廣平水西出百頃川，東南流注漢。又有平阿水出東山，西流注漢水。**又逕晉壽城西，又南合漢壽水，**水出東山，西逕東晉壽故城南，而西南入漢。按今廣元縣南有漢壽水。**又東南逕葭萌縣東北，與白水合。**白水西北出臨洮縣西傾山，又東南逕白水縣故城東，又東南逕小劍戍北，西去大劍三十里，又東南至吐費城南，即西晉壽之東北也，東南流，注漢水，水有津關。按元和志：晉壽故城在利州益昌縣東南五十里。本漢葭萌縣也。此爲西晉壽。今在昭化縣界。白水即桓水，詳見梁州。嘉陵江自陝西寧羌州界，東南流逕四川廣元縣西，又西南逕昭化縣東南，又南逕劍州東，又東南入蒼溪縣界。白水關在寧羌州西南九十里，接昭化界，東北去關城一百八十里。**又東南逕巴郡閬中縣，**巴西郡治也。閬水出閬陽縣，而東逕其縣南，又東注漢水。按三巴記云：閬、白二水，南流，曲折三回如「巴」字，即嘉陵江也。自蒼溪縣界，東南流，逕閬中縣西南，又東南逕南部縣東北，又東南逕蓬州東，又西南逕南充縣東，又南入定遠縣界。寰宇記云：嘉陵水又名閬中水，亦曰閬江，亦曰渝水。華陽國志曰：閬中有渝水，賨民多居水左右，天性勁勇，鋭氣善舞，今所謂巴渝舞也。**又東南逕宕渠縣，又東南合宕渠水，**水北出南鄭縣南巴嶺，謂之北水，東南流，與難水合，又東南流，逕宕渠縣，謂之宕渠水，又東南入漢。按宕渠故城在今渠縣東北七十里，宕渠水亦名渠江。重慶府志云：嘉陵江自定遠縣流入合州界，又一百九十里合渠江，又十里至州城東南，合涪江，又南四十里入巴縣。酈道元以宕渠水爲禹貢之潛，非是。辯見梁州。**又東南逕江州縣東南，入于江。**涪水注之，故仲雍謂涪内水者也。按江州本作江津，誤。今據漢志改正。**以今輿地言之，秦州、西和、禮縣、成縣、**

並屬陝西鞏昌府。略陽、寧羌、並屬漢中府。廣元、昭化、劍州、蒼溪、閬中、南部、並屬四川保寧府。蓬州、南充、並屬順慶府。定遠、合州、巴縣並屬重慶府。諸州縣界中，皆西漢水之所經也。禹貢雖無西漢水，然必周知其所歷之地，而後可以折東漢受氐道水之妄，且廣元以下，即禹貢之潛，昭化合白水，亦即禹貢之桓，皆有關于經，故備著之。

禹貢以嶓冢繫梁州，而漢志嶓冢在雍域之隴西，一誤也。禹貢云嶓冢導漾，而漢志以嶓冢所出爲西漢水，其漾水則出氐道，二誤也。禹貢之潛乃漾水枝津，西出爲西漢水，而漢志西漢水出西縣之嶓冢，三誤也。漢志不言漾水出何山，而水經云出氐道縣嶓冢山，是氐道亦有嶓冢，四誤也。漾者，東漢之源，而續水經者，以西漢接漾水爲一川，五誤也。漾、沔枝津皆自東入西，而酈注從舊説，云西漢水至葭萌入漢，六誤也。川流離合，地上灼然可見，而酈注惑闞駰之説，以爲原始要終，潛流或一，故東西俱受漢漾之名，七誤也。羣言殽亂，學者靡所折衷，今説漢水，當排棄諸家，專主禹貢，以沮、沔爲漢之別源，以西漢爲漾之枝津，而氐道水則存而不論，是亦理亂絲、解連環之術也。

蔡傳：漾，水名。水經曰：漾水出隴西郡氐道縣嶓冢山，東至武都。遺「沮縣爲漢水」五字。常璩曰：漢水有兩源，此東源也，即禹貢所謂「嶓冢導漾」者。其西源出隴西嶓冢山會泉，始源曰沔，逕葭萌入漢。東源在今西縣之西，西源在今三泉縣之東也。酈道元謂東西兩川俱出嶓冢，而同爲漢水者是也。水源發于嶓冢爲漾，至武都爲漢。今按酈注引常璩華陽國記曰〔一〕：漢水有二源，東源出武都氐道縣漾山爲漾水，禹貢「導漾，東流爲漢」是也；西源出隴西嶓冢山會泉，逕葭萌入漢，始源曰沔。而蔡氏所引，割裂顛倒，文義盡失。「泉」本「白水」二字，傳寫者誤，合爲「泉」字，當作「會白水」，逕葭萌入漢，而蔡氏不悟，意「會泉」爲泉名，即「始源曰沔」，乃易置四字於「逕葭萌入漢」之上，殊爲可笑。常璩承地志、水經之謬，而又撰漾水之名，以西源爲沔，其謬滋甚。自魏收謂漢水出嶓冢縣，而杜佑復從而證明之，世亦知東西兩川原委，劃然爲二矣。王象之輿地紀勝引宋朝郡縣志云：今之言漢水，以西縣之嶓冢山爲源，此即後魏之嶓冢縣，隋更名西縣者，非隴西之西縣，今在秦州境者也。周廢西縣入上邽，隴西之西縣絶已久矣。蔡氏云：東源在今西縣之西。亦似從郡縣志主隋之西縣，而謂西源在今三泉縣之東，則大非。三泉本漢葭萌縣地。唐武德初分置三泉縣，在利州東北一百五十里。天寶初移治嘉陵江東一里，關城倉陌沙水之西，西南去故城一百二十里，見寰宇記。即宋故大安軍也。今在寧羌州西北金牛驛西六十里，宋紹興三年，改建大安軍於今沔縣界，復置三泉縣隸軍，即今縣西南九十里大安驛也。蔡氏所指三泉縣，蓋在沙水西者。北距隴西嶓冢山六百餘里，而謂西源在三泉之東，相去懸絶。總由不知宋之西縣即隋之西縣，隋之西縣非漢之西縣，故輾轉迷惑，終無是處。酈元所謂兩川俱出嶓冢者，仍指隴西之山。蔡氏誤認在漢中，故又實其言以爲東源出嶓冢山東，則當在西縣之西，西源出嶓冢山西，則當在三泉之東，是謂東西兩川俱出嶓冢，而同爲漢水云爾，而不知其舛錯爲已極也。又云：水源發于嶓冢爲漾，至武都爲漢。夫武都縣遠在漢中之西北，兩源既並出漢中，豈復有西北流至武都者哉！隋人改嶓冢縣曰西縣，五百年後蔡氏獨受其誤，吾不能不爲蔡氏轉恨隋人也。

蔡氏「岷、嶓既藝」傳云：嶓冢山，地志云：在隴西氐道縣，漾水所出。又云：在西縣。今興元府西縣、三泉縣也。蓋嶓冢一山跨于兩縣云。今按漢志氐道無嶓冢，水經始有之。西縣亦屬隴西，與隋之西縣相去懸絶，而蔡氏云一山跨兩縣，蓋以興元之西縣爲隴西之西縣，又以興元之三泉當隴西之氐道也。既不知有二西縣，又不知有二嶓冢。故此傳云：東源在今西縣之西，西源在今三泉縣之東。支離之説，所自來矣。大抵東源出漢中，宋人皆以爲然。而謂西源亦出漢中，則自蔡氏始。以余觀之，西漢水之名，實以漾水枝津西南潛出，故謂之西漢。鄭康成云：漢别爲潛流與漢合。大禹自道漢疏通即爲西漢水，此古人名水之本義也。自班固以西縣所出爲西漢之源，而其指乖矣。今若以從沔陽南流者爲西漢之源，即謂西源在三泉之東，亦無不可。然傳者之意，初不若是也。郢書燕説，聊爲仲默解嘲云爾。

又東爲滄浪之水，釋文：浪音郎。渭按滄，史記作「蒼」。

林氏曰：張平子南都賦云：流滄浪而爲隍，廓方城而爲墉。李善注引左氏傳：屈完所謂楚國方城以爲城，漢水以爲池。則是滄浪即漢水也。蓋漢水至于楚地，則其名爲滄浪之水也。易氏曰：漢水自興元南鄭縣，又七十二里至城固縣北，又三百里至洋州興道縣南，又五百里至金州西城縣北，又六百八十里至均州武當縣西北四十里，水中有滄浪洲，又名滄浪水。渭按：武當漢屬南陽郡，今爲均州，屬湖廣襄陽府。

傳云：別流在荆州。正義云：傳言別流，似分爲異水。按經首尾相連，不是分別，當以名稱別流也。渭按：水經夏水注云：鄭玄注尚書滄浪之水，言今謂之夏水來同，故世變名焉。劉澄之著永初山水記云：夏水，古文以爲滄浪，漁父所歌也。因此言之，水應由沔。今按夏水是江流沔，非沔入夏，假使沔注夏，其勢西南，非尚書「又東」之文也。此辨最爲明晰。孔傳實出康成之後，以夏水爲滄浪，故曰別流。滄浪者，漢水之色也，非因洲而得名。李白襄陽歌云：漢水鴨頭綠。正所謂滄浪。說卦：震爲蒼筤竹。漢童謠：木門倉琅根。字雖不同，而音義則一，皆言其色青也。水經注：漢水自南鄭縣東南，又東逕胡城南，在今城固縣西四十里。又東黑水注之。在城固縣西北五里。又東逕城固縣南，元和志：漢水逕城固縣南，去縣二里。按今城固縣北有城固北城，漢置，即大城固也。又東逕魏興安陽縣南，涔水出自旱山北注之。蔡傳云：安陽今洋州真符縣也。按真符在今洋縣東六十里，元省入洋州。旱山在今南鄭縣東南。漢志：安陽，鬵谷水出西南，北入漢。師古曰：鬵音潛，其字亦或從水。涔、灊古字通，或以爲禹貢之潛，非是。酈注云：涔水即黃水也。又東會益水，在洋縣西北二十五里。又東至灙城南，與洛谷水合。水北出洛谷，北通長安。按灙城今洋縣東北二十三里興勢故城是也。「洛」當作「駱」，儻谷在縣北，即駱谷之南口。又東逕小城固南，州治大城固，移縣北，故曰小城固。漢水東歷上濤，而逕於龍下。龍下，地名。自白馬迄此，則平川夾勢，水豐壤沃，利方三蜀矣。度此溯洄從漢，爲山行之始。按今洋縣治即興道故城，小城固城在縣東。元和志：漢水經興道縣南，去縣一百步。寰宇記云：漢水自發源至此，屈曲行三百七十里，入金州漢陰縣界。又東逕石門灘，在洋縣東五十里。又東逕猴經灘，〔丁晏曰：滄浪水下注引沔水東逕猴徑灘，誤作「猴經」。〕山多猴猿，好乘危綴飲，故灘受斯名。又東逕大小黄金南，水北對黄金谷，在洋縣東八十里。又東合蘧蒢溪口，水北出就谷，在長安西南，其水南流，逕陽都坂東，又南歷蘧蒢溪，而南注于漢，按陽都坂、蘧蒢水皆在洋縣東北。又有子午道，在縣東一百六十里。元和志云：黄金縣有驛，即子午道也。舊道在金州安康縣界，梁王神念别開此路。又東右會洋水，水導源巴山，東北流入漢。隋志西鄉縣有洋水。元和志云：經縣東八里。又東歷敖頭，水陸嶮湊。魏興安康縣治。又東合直水，水北出子午谷，東南逕直城西，而南注漢。按直城西與今石泉縣接界。寰宇記云：漢水在石泉縣東百步。又東逕直城南，又東至千渡，而至蝦蟇嶺，歷漢陽潕口，而届於彭溪、龍竈矣，並溪澗灘磧之名也。按魏地形志金城郡治直城縣。其故城在今漢陰縣西。又東逕晉昌郡之寧都縣南，寧都故城在漢陰縣東七十里。晉置，屬晉昌郡。唐改曰漢陰。寰宇記云：漢水在漢陰縣南二里。今在縣西。又東逕魏興郡廣城縣，沈約宋志，魏興郡有廣城縣。其故城在今紫陽縣東南，漢水在縣南門外。又東得魚脯溪口，〔丁晏曰：又東得魚脯谷口，誤作「溪口」。〕舊西城、廣城二縣，指此谷而分界。又東過西城縣南，又東逕鼈池而鯨灘。蜀都賦曰「流漢湯湯，驚浪雷奔，望之天回，即之雲昏」者也。又東逕西城縣故城南，漢中郡之屬縣。漢末爲西城郡，魏改爲魏興郡治焉。按漢水自紫陽界，折而東北流入興安州界。州本漢西城縣，唐爲金州治。元和志：漢水去州城百步，水出麩金。又東合旬水，謂之旬口，在今洵陽縣東南。漢志：漢中旬陽縣北山，旬水所出，南入沔。又東逕木蘭南，左岸壘石數十行，爲木蘭塞。云吳朝遣軍救孟達於此。又東左得甲水口，水出秦嶺山，東南流，逕魏興之洵陽縣，又東右入漢水。按漢志上雒縣，甲水出秦嶺山，東南至錫入沔。當在今白河縣界，白河漢錫縣地也。又東逕錫縣故城北，爲白石灘，故春秋之錫穴也。錫音陽。又東逕長利谷南，漢志漢中長利縣有鄖關。其故城在今鄖西縣西南。又東逕堵陽縣堵水入焉。水自建平郡界，東北流，逕堵陽縣西，而北注于漢。在今鄖縣南。又東逕鄖鄉縣故城南，鄖鄉，唐屬均州。元改曰鄖縣。元和志：鄖鄉縣，漢水西自豐利縣界流入，南去縣三里。東有澇灘，冬即水淺，而下多大石。又東爲淨灘，夏水急迅，行旅苦之，歌曰「冬澇夏淨，斷官使命。」豐利今白河也。又東逕琵琶谷口，梁、益二州分境於此，故謂之琵琶界。又東北流，屈而東南逕武當縣。今爲均州。在襄陽府西北三百九十里，西去興安州七百里。縣西北四十里漢水中有洲，名滄浪洲。庾仲雍漢記謂之千齡洲，非也。是世俗語訛，音與字變矣。地說曰：水出荊山，東南流，爲滄浪之水，是近楚都。故漁父歌曰：滄浪之水清兮，可以濯我纓。滄浪之水濁兮，可以濯我足。余按尚書禹貢言「導漾水，東流爲漢，又東爲滄浪之水。」不言過而言爲者，明非他水決入也。蓋漢沔水自下有滄浪通稱耳。纏絡鄢、鄀，地連紀、郢，咸楚都矣。以今輿地言之，漢水自南鄭縣南，又東逕城固縣南，城固在漢中府東少北七十里，水去縣四里。舊志云：縣東二里有飲馬灘，每子午二時，潮響如雷。又五里爲上濤、下濤。龍亭廢縣在縣東龍亭山下，即龍下也。又東逕洋縣南，洋縣在府東南一百二十里，水去縣二里。又東逕西鄉縣東北，西鄉在府東南二百二十里。又東南逕石泉縣南，石泉在興安州西二百五十里，水去縣五十步。又東逕漢陰縣南，漢陰在州西少北一百六十里，水去縣八十里。又東逕紫陽縣南，紫陽在州西南一百八十里。州志云：有怯灘在縣西十五里，水陡如闕。又大力灘在縣西八里，兩岸夾石，左右有兩石揹，最爲舟楫患。又石梁灘在縣西，當任河水口。中宮灘在縣東南一里，極高險，中流有柱石，怒濤之聲如雷。長灘在縣東四里，近汝河灘不甚險，商舟停集，漁火絡繹，皆漢水所經也。又東北逕興安州北，州志云：州境漢江多灘，麩灘、串灘、二郎灘爲險，而神灘尤甚。明成化十三年，知州鄭福於沍冬時，用火燒石，疏鑿以殺其勢，舟行利焉。萬曆十一年，漢水溢壞州城，公私廬舍皆盡溺，死者數千人。州東一里有長春隄，成化八年爲水衝壞，十五年鄭福增築高堅。萬曆二十年復加修築。又東逕洵陽縣南，洵陽在州東一百二十里，水在縣南門外。又東逕白河縣北，白河在州東南二百七十里。又東逕鄖西縣南，鄖西在湖廣鄖陽府西一百四十里，水去縣五十里。又南逕鄖縣南，明成化十二年置鄖陽府，治鄖縣。舊志云：漢江自城西遶城南，寶蓋、天馬諸山，皆錯列漢濱。又東逕均州北，均州在襄陽府西北三百九十里，水去州四十里。經所謂「又東爲滄浪之水」者也。自均州以至漢陽，皆名滄浪之水，故曰是近楚都。

葉少蘊云：滄浪，地名，非水名。大抵禹貢水之正名，而不可單舉者，則以水足之，黑水、弱水、灃水是也；非水之正名，而因地以爲名，則以水別之，滄浪之水是也。沇水伏流至濟而始見，沇亦地名，可名以濟，不可名以沇，故亦謂之沇水，乃知聖言一字未嘗無法也。渭按：水名或單舉、或配水字，各有所宜。如「漆、沮既從」，自不可加水字；「灃水攸同」，無水字則不成辭矣。如灃必配水，導渭何以云「東會于灃」乎。弱、黑並配水，漾單舉，沇配水，皆屬辭之體應爾，非有他義也。山海經凡山水以一字爲名者，其上必加「之」字，猶此經滄浪之水也，亦古人屬辭之體，安見滄浪爲地名而非水名乎。信如葉言，則山海經曰嶓冢之山，嶓冢亦是地名，而非山名矣。

過三澨，至于大別，南入于江，釋文：澨，市制反。

傳曰：三澨，水名，入漢。大別，山名，觸山迴南入江。易氏曰：漢水自滄浪洲東南流三百六十里，至襄陽府襄陽縣，又三百二十里至郢州長壽縣，又三百里至復州景陵縣，又東至漢陽縣大別山之東北入江。渭按：説文：澨，埤增水邊土，人所止也。大別見導山。孔傳以三澨爲水名，不如説文之精確。按詩汝墳，傳曰：汝，水名；墳，大防也。箋以爲汝水之側。淮濆，傳曰：濆，涯也。箋以爲淮水大防。毛、鄭彼此互異。正義遂謂濆從水，濆從土〔二〕，故其義有別。而實不然。爾雅釋丘：濆，大防。李巡曰：謂厓岸狀如墳墓，名大防也。康成注大司徒墳衍云：水厓曰墳。酈道元以澨爲水側之濆。是知「濆」與「墳」字別而義同，其互異者，乃所以互相備耳。參以説文，水邊即厓，埤增之土即大防，防大故爲人所止也。左傳：成十五年，華元決睢澨。睢即睢水，澨則其防也。故曰決。王逸注西澨云水涯，杜預注漳澨云水邊，義皆與説文合。然其地必有名川來入漢，患其衝激，故大爲之防。以爲水名猶可，蔡傳直謂之澨水，則大謬不然矣。水經第四十卷末言禹貢山水澤地所在，曰三澨池之南，在邔縣之北。池，今本作「地」，爲是。

然自酈元時已譌。觀注云池流可見。傳寅集解引此亦作「池」。明「地」字乃近世所改。「之南」上恐有脱文。酈注云：尚書曰：道漢水，過三澨。地説曰：沔水東行，過三澨，合流觸大别山陂。故馬融、鄭玄、王肅、孔安國等咸以爲三澨水名也。許慎言：澨者，埤增水邊土，人所止也。按春秋傳文公十六年，楚軍次于句澨，以伐諸庸。宣公四年，楚令尹子越師于漳澨。定公四年，左司馬戌敗吴師于雍澨。昭公二十三年，司馬薳越縊于蓬澨。今左傳本作「薳澨」，蓋以上有「薳」字而誤。服虔或謂之邑，或謂之地。京相璠曰：杜預亦云水際及邊地也。今南陽、淯陽二縣之間，淯水之濱，有南澨、北澨矣。而諸家之論，水陸相半，又無山源出處之所津途關路。唯鄭玄及劉澄之言在竟陵縣界。經云邔縣北池。然池流多矣，論者疑焉，而不能辨其所在，渭按：左傳澨有五。睢澨，宋地。故酈注不引。今就其所引者論之，不知何者可當禹貢三澨之目。蔡傳以漳澨、薳澨與汉水爲三澨，而句澨、雍澨其地皆有可攷却不數。韓汝節宗之，以汉澨、漳澨、薳澨爲三澨。汉澨古無此名，薳澨不知所在，紛紛推測，終無定論。所可知者，三澨爲漢水之三大防，其地當有名川來入漢，上不越滄浪，下不踰大别而已。愚意三澨當在淯水入漢處，一在襄城北，即大隄，一在樊城南，一在三洲口東，皆襄陽縣地，在邔縣之北也。言在竟陵者非是。邔縣故城在今襄陽府宜城縣東北，孟康曰：邔音忌。其北即襄陽縣之東境是也。史記索隱曰：三澨，地名。在南郡邔縣北。蓋即水經所言，今無地以應之。按淯水注云：淯水左右舊有二澨，所謂南澨、北澨者，水側之濆。此京相璠云在南陽、淯陽之間者，漢志：南陽郡育陽縣有南筮聚，在東北。與邔縣無涉。若以爲入漢之水名，則二澨不可爲三澨。又按水經：沔水從襄陽縣東，屈西南，淯水從北來注之。注云：襄陽城東有東白沙，白沙北有三洲，東北有宛口，即淯水所入也。淯水今名唐河，在襄陽縣東北，及會白水，一名濁水，一名弱溝水。又謂之唐白河，而淯水之名遂晦，其入漢處名三洲口。三國時吴將朱然攻樊，司馬懿救之，追至三洲口，大獲而還。又王昶屯新野，習水軍于三洲，謀伐吴。水經邔北之三澨，豈即此三洲邪！然洲、澨不同，水中可居者曰洲，埤增水邊土，人所止者曰澨，以洲爲澨，吾終不能無疑也。

鄭、劉皆言三澨在竟陵界，故後世説三澨者，多求之此地。索隱曰：今竟陵有三參水，俗云是三澨水。參音去聲。蔡傳曰：三澨，水名。今郢州長壽縣磨石山發源，東南流者名澨水，至復州景陵縣界，又名汉水。韓汝節云：汉，楚駕反。今按唐沔州有汉川縣。杜佑曰汉音乂。宋避太宗嫌名，改汉川曰漢川縣，則汉與義同音可知。廣韻：汉，魚肺切，水名。蔡傳作「汉」，從俗也。元和志云：汉川水在汉川縣南二里。漢陽府志云：楊子港自景陵縣流逕漢川縣北，又東入溳水，即汉水也。疑即三澨之一。據左傳漳澨、薳澨，則爲水際，未可曉也。湖廣通志曰：沔陽州黄蓬之山，下枕大江，其東南有三澨焉，北爲滄浪之水。按山臨大江，而所稱三澨者，又在其東南，與漢水絶無交涉。通志大謬。承天府志以司馬河爲一澨，即出磨石山者。馬溪河爲一澨，石家河爲一澨。自京山合流入景陵界，謂之三汉水蓋即索隱所稱三參水也。參去聲，讀若篡。蓋土音由汉轉而爲參也。蔡氏謂即三澨之一者，專指司馬河而言。〔丁晏曰：錐指於三澨謂當在淯水入漢處，一在襄城北大隄，一在樊城南，一在三江口東，皆襄陽縣地，在邔縣之北。言在竟陵者非是。案鄭注謂三澨在江夏竟陵界。水經謂在南郡邔縣北沱。東樵蓋依水經而增其説也。然酈注於三澨已謂論者疑焉，不能辨其所在。東樵不知闕疑，又復强爲之説，甚無謂也。〕

左傳：定四年，吳子伐楚，舍舟于淮汭，自豫章與楚夾漢。史皇謂子常必速戰，乃濟漢而陳，自小別至于大別。三戰，子常知不可，欲奔。史皇止之。十一月庚辰，陳于柏舉〔三〕，吳師大敗，楚師子常奔鄭。孔疏云：小別當在大別之東，何則？子常從小別與吳戰，退而至大別，明自東而漸西也。今按豫章，杜注云：漢東江北地，自豫章與楚夾漢，謂吳軍漢東，楚軍漢西也。子常濟漢而陳，自小別至于大別，言其師衆爲長陳，自西及東，若此其遠，兩軍合戰，則自大別以東。尋傳文無從小別與吳戰退而至大別之事也，小別當在大別之西。孔説正相反。今漢川縣東南有甑山，即小別山。元和志云：小別山在汉川縣東南五十里。唐汉川縣在今漢川縣北三十里，故里數不同。寰宇記云：山形如甑，土諺謂之甑山。索隱曰：大別山土人謂之甑山，蓋承孔疏之誤。二別相去一百二十餘里。

水經注：漢水自武當縣東北，又東爲很子潭，潭中有石磧洲，長六十丈，廣十八丈。又東南逕武當縣故城北，又東南逕縣城東，縣南有武當山，一曰太和山，亦曰嵾上山。又東逕龍巢山下，山在沔水中，高十五丈，廣員一里二百三十步。又東南逕涉都城東北，故鄉名也。郡國志：筑陽縣有涉都鄉。均水於縣入沔，謂之均口。按涉都城在今穀城縣界。均水自南陽府淅川縣流逕均州，至穀城入漢。今故道已湮。又東南逕酇縣之西南，今光化縣北有酇縣故城。又東逕穀城縣南，今穀城縣北有故穀城。又東南逕陰縣故城西，城在今光化縣東北。又東逕闕林山東，闕林一作開林，在穀城縣西北四里。又南逕筑陽縣東，又南筑水注之。杜預以爲彭水，水出新城郡魏昌縣界，東南流。逕筑陽故城南，又東入于沔。筑音逐，今穀城縣治即筑陽故城也。筑水在縣南。又南逕高亭山東，又東爲漆灘，山都與筑陽分界于斯灘。又東逕山都縣東北，沔陽有固城，即新野山都縣治。沔水又東偏淺，冬月可涉渡，謂之交湖。兵戎之交，多自此濟。今襄陽縣西北有山都故城。又東逕樂山北，昔諸葛亮好爲梁父吟，每所登遊，故名。今襄陽縣西北六十里獨樂山是也。又東逕隆中，歷孔明舊宅北。今襄陽縣西三十里隆中山是也。又東逕襄陽縣北，又東逕方山北，方山一名萬山。元和志：萬山一名漢皋山，在襄陽縣西十一里，與南陽鄧縣分界處。古諺曰「襄陽無西」，言其界促近。又東合檀溪水，水出縣西柳子山下，東北注于沔。一水東南出。應劭曰：城在襄水之陽，故曰襄陽。是水當即襄水也。按今襄陽縣治即襄陽故城，謂之壘城，在郡治之西。唐書：神龍元年，漢水齧城。張柬之罷政事，還襄州，因壘爲隄，以遏湍怒。自是郡置防禦守隄使，隄在縣東北。樂府有大隄曲謂此也。唐盧鈞、宋葉衡、明聶賢、徐學謨屢加修築。又東逕平魯城南，城魯宗之所築，東對樊。建安中，關羽圍于禁於此城。會沔水汎溢三丈有餘，城陷，禁降。按樊城在縣北三里。舊志云：隄防至切者，在襄、樊二城間。蓋二城並峙中流，如峽口，且唐、鄧之水，從白河南注，橫截漢流，以故波濤激射城隄，爲害最切也。又從縣東屈西南，淯水從北來注之。淯水入漢處名三洲口，在襄陽縣東北。詳見上文。又逕桃林亭東，亭在襄陽縣東南。又逕峴山東，羊祜鎮襄陽嘗登之，山在縣南七里，亦曰峴首。又東南逕蔡洲，在峴山南。漢長水校尉蔡瑁居之，故名蔡洲。又東合洞口，水出安昌縣大父山，西南流，謂之白水，又西南注于沔。按安昌本漢舂陵縣。後漢曰章陵。魏更名安昌。在今棗陽縣界。又東南逕中廬縣東，淮水自房陵縣淮山東流注之。〔丁晏曰：又水經沔水過東廬縣，維水自房陵縣維山東流。東樵過三澨下引此文，兩「維」字並誤作「淮」。案續漢郡國志房陵注引巴漢志有維山，維水所出。「淮」字之誤明矣。〕今南漳縣東有中廬故城，本春秋廬戎國也。又東南逕黎丘故城西，建武四年，朱祐自觀城圍秦豐于黎丘是也。按光武紀注云：黎丘故城在今襄州率道縣北。率道後改爲宜城。又南逕邔縣東北，元和志：宜城本漢邔縣，城東臨漢江。古諺曰「邔無東」，言東逼漢江，其地短促也。又南得木里水會，楚時於宜城東穿渠，上口去城三里。漢南郡太守王寵又鑿之引蠻水灌田，謂之木里溝，逕宜城東入沔，又南逕宜城縣東，夷水出自房陵東流注之。夷水，蠻水也。桓温父名彝，改曰蠻水。導源中廬縣界康狼山，東南流，歷宜城西山，又東南注于沔。昔白起攻楚，引西山谷水以灌城，即是水也。元和志：漢水在宜城縣東九里。又逕鄀縣故城南，古鄀子國也。秦以爲縣。其故城在宜城縣東南。又東敖水注之。是曰潡口。又東逕石城西，石城即今安陸府治。漢水自宜城南流百七十里，而至府西，濁流齧決，最爲可虞。明嘉靖末，下滯上圮，漂溺不可勝計。又東南與臼水合。魯定公四年，吳入郢，昭王奔隨，濟于成臼，謂是水也。又東逕荆城東，又東南逕當陽縣之章山東，禹貢所謂内方山也。既濱帶沔流，實會尚書之文矣。在今荆門州東北。又東右會權口，水出章山，東南流，逕權城北，又東入沔。按荆門州東南有權城。又東南與陽口合水上承江陵縣赤湖，逕郢城南，東北流，謂之楊水，又東北白湖水注之，又東北得東赤湖水口，又東逕華容縣，又北逕竟陵縣西，又北注于沔，謂之楊口。按陽水即楊水。漢志：漳水東至江陵，入陽水，陽水入沔，是爲陽口，古之漳澨也。又東得滻口，其水承大滻、馬骨諸湖水，周三四百里，及其夏水來同，渺若滄海。故郭景純江賦云「其傍則有朱、滻、丹、漅」是也。又東南逕江夏雲杜縣，中夏水從西來注之。即堵口也，爲中夏水，縣故邔亭，禹貢所謂「雲土夢作乂」，故縣取名焉。有雲夢城在東北。按通典復州沔陽縣有漢雲杜縣故城，在縣西北，有夏水、沔水，今沔陽州南長夏河即夏水也。自監利縣流經州南四十里，與潛江縣分水，又東北注于漢，堵口今失其處。蓋爲水所湮也。漢水在州北一百里，自潛江流入，與景陵分水，又東入漢川縣界。又東逕左桑，昔周昭王南征渡沔，中流而没，百姓佐王喪事于此，故曰佐喪。「左桑」字失體耳。又東與力口合，在今景陵縣東南。又東南涓水入焉。謂之涓口。元和志：安陸縣涓水，故清發水也，西北自隨縣流入，注于沔，今在漢陽縣西北。又東逕沌陽縣北，處沌水之陽也。今漢陽縣西臨嶂山下有沌陽廢縣。又東逕林鄣故城北，城在臨嶂山上。又南至江夏沙羨縣北，南入于江。庾仲雍曰：夏口一曰沔口矣。左傳：定公四年，吴師伐郢，楚子常濟漢而陳，自小別至于大別。京相璠曰：大別，漢東山名，在安豐縣南。杜預曰：二別近漢之名，無緣乃在安豐也。案地説言漢水東行觸大別之陂，南與江合。則與尚書、杜預相符，但今不知所是矣。漢陽縣本漢沙羨縣地。後漢末嘗爲沙羨縣治。東晉置沌陽縣。齊廢。隋改置漢陽。唐沔州治。宋爲漢陽軍。江水在城東南，漢水在城北三里，元和志：漢陽縣，漢水一名沔水，西自汉川縣界流入，漢口在縣東，亦曰夏口。左傳謂之夏汭。章懷太子注後漢書云：漢水始欲出大江爲夏口，又爲沔口，實在江北。孫權於江南築城，名爲夏口，而夏口之名移于江南，沔水入江之口，止謂之沔口，或謂漢口。夏口之名遂與漢口對立，分據江之南北矣。以今輿地言之，漢水自均州北，又東南逕光化縣西南，光化在襄陽府西北一百八十里，水去縣十五里。又東南逕穀城縣東北，穀城在府西北一百二十里，水去縣二十五里。又東南逕襄陽縣北，縣爲襄陽府治，東南三十里漢水中有龍尾洲。縣志云：漢水重濁與大河相似。襄陽實當其衝，爲患最劇。自唐以來，皆築隄遶城，以防潰決。明正統、嘉靖間，兩被漂溺，皆以大隄廢損故也。又云：嘉靖四十五年，漢水溢樊城，城北舊有大隄，城南面江一帶，皆甎城，盡潰決。議者謂樊城潰則襄城無患，於是疏塞不蚤，樊城之富庶漸衰。又東南逕宜城縣東，宜城在府東南一百二十里，水去縣四里。又南逕鍾祥縣西，鍾祥爲安陸府治。又南逕荆門州東，荆門在府西九十里，水去州一百二十里。又東南逕京山縣西南，京山在府東一百五十里。又東逕潛江縣北，潛江在府南少東二百十里，水去縣二十里。又東逕景陵縣南，景陵在府東南二百十里，水去縣五十里。又東逕沔陽州北，沔陽在府南少東三百三十里，水去縣一百里。州志云：漢水由荆門州界，折而東，大小羣川咸匯焉。勢盛流濁，浸淫盪決，爲患無已。而潛江地居汙下，遂爲衆水之壑，一望瀰漫，無復涯際。漢水經其間，重湖浩渺，經流支川，不可辨也。蓋漢水爲湖北之害，而襄、郢二州爲甚。潛江又承襄、郢之委流，當漢江曲折迴合之處，瀦爲大澤，勢不能免矣。而景陵，沔陽又潛江之委流也。今沔陽四境，唯湖陂連亙幾數百里，皆爲漢水所匯。蓋漢水性曲，往往十里九灣。語曰：勁莫如濟，曲莫如漢。郢、沔之間，波流迴盪，自必瀦爲藪澤，小民見填淤之利，復從而隄防之。爲民牧者，又不講于節宣之宜，疏瀹之理。歲月之間，苟幸無事。大水時至，則委之洪濤中耳。童承敘曰：漢水至濁，與江湖水合，其流必澄，故常填淤，而沮澤之區，因成沃壤，民漸芟剔，墾爲阡陌。又因其地之高下，修隄防以障之。大者廣輪數十里，小者十餘里，謂之曰院。其不可隄者，悉棄爲萊蕪。昔時院必有長，統丁夫，主修葺。其後法久弊滋，修不以時，院愈多，水愈迫。客堤愈高，主堤愈卑。故水至不得寬緩，湍怒迅激，勢必衝齧，主堤先受其害，客堤隨之，泛濫洶湧，悉爲巨浸矣。又東逕漢陽縣北，縣爲漢陽府治，水去縣三里。又東至大別山，折而南，是爲漢口，經所謂「過三澨，至大別，南入于江」者也。隄防考云：舊時漢水從黃金口入排沙口，東北折抱牯牛洲，至鵝公口，又西南轉，北至郭師口，對岸曰襄河口，約長四十里，然後下漢口。成化初，忽于排沙口下，郭師口上，直通一道，約長十里，漢水徑從此下，而故道遂淤。今魚利略存，不通舟楫，俗呼爲襄河，以上流自襄陽來也。按漢水本東行，觸大別之陂，而南回入江。今則自郭師口以上，決而東，逕大別山後入江，非復古之夏汭矣。漢志云：東漢水一名沔，過江夏，謂之夏水，入江。

又云：沮水南至沙羨南入江，過郡五，武都、漢中、南陽、南郡、江夏。行四千里。蓋曲莫如漢，故其所行有若是之遠也。

〔丁晏曰：錐指於大別依杜預謂在江夏不在安豐，引元和志魯山一名大别山在漢陽縣東北一百步。案漢志六安國安豐自注禹貢大别山在西南。水經云大别山在廬江安豐縣西南。今安徽潁州府霍邱縣即安豐地，縣西南九十里有大别山，一名安陽山是也。若東樵所稱魯山、水經江水注所云古翼際山也，唐人妄以爲大别，東樵從之，誤矣。〕

東匯澤爲彭蠡，東爲北江，入于海。

釋文：匯，徐胡罪反，韋空爲反。

傳曰：匯，迴也。以東迴爲彭蠡大澤。朱子曰：彭蠡之爲澤，實在大江之南。然以地勢北高而南下，故其入于江也，反爲江水所遏，而不得遂，因却而自瀦，以爲是瀰漫數十百里之大澤。見九江彭蠡辨。程氏曰：通禹貢一書，水之以小注大，則爲入水，力稍相參配，則爲會。而匯之爲義，唯此有之。以其力大而相衝蕩，其狀回復宛轉，無有此受彼聽之别，故與他水合併爲一者不同也。傅氏曰：三江相會而南，不能以敵中北西來之勢，中北遏南而南，相與迴旋，而爲一大澤者，其來久矣。今禹本其有澤之因，故歸之于漢，曰東匯澤爲彭蠡，而于江，亦曰會于匯也。黄氏潤玉曰：敍江、漢皆言東者，主岷、嶓居西而云，非指曲折所向爲文也。吳氏曰：漢既入江，與江混爲一水，而又曰「東爲北江，入于海」，有似别爲一水然。何也？蓋漢水源遠流大，可亞于江，兩相匹配，與他小水入大水之例不同。故於荆州言朝宗于海，必以江、漢並稱，蓋曰江之入海，非獨江水，實兼漢水。江固爲江，漢亦爲江也。故漢得分江之名，而爲北江，記其入海者，著其爲瀆也。三瀆皆自爲一瀆，惟江與漢共爲一瀆，導水九條，始之以二水，終之以二水，而中間記四瀆：其一，河一瀆也；其二，漢與江一瀆也；其三，濟瀆；其四，淮瀆。河瀆非無它水入之，然皆小水入大水，故河得以大併小，而專爲瀆。江、漢體勢均敵，二水合流，所以如此其大，不以漢附于江，而泯其入海之實。故于漢于江並言入海，而同爲瀆也。若漢不爲瀆，則「東爲北江，入于海」，七字衍文，而其序當殿導洛之後矣。渭按：

彭蠡、三江見揚州。漢既入江，所行與江同道，故於導江下釋之。

傳云：自彭蠡江分爲三，入震澤，遂爲北江而入海。下傳又云有北，有中南可知。是以北江、中江、南江爲三江也。今按禹貢三江只是一江，而昔之言三江者不一。漢志毗陵之北江，蕪湖之中江，吳縣之南江，皆曰揚州川。蓋主職方而爲言。然周之三江與古之三江，豈容有二？羣言淆亂，班固襍採入志耳。吳越春秋所謂三江之口者，酈元言雖稱相亂，不與職方同，可以正班固之失。夫職方之三江，即禹貢之三江也。既不與職方同，則亦與禹貢異。而蔡傳專主庾仲初之三江，不已謬乎！諸言北江者，皆謂由毗陵縣北入海，此即湔氏道下所謂「東南至江都入海」者也。安國傳乃言江入彭蠡分爲三，入震澤，自震澤遂爲北江而入海。則北江直是松江，吾不知其爲何説矣。總之，大江與震澤本不相通，説者據後世溝通江湖之遺跡，命之曰中江、南江，而以大江爲北江，與此二水者，並列而爲三。班固不察，遂以爲職方之三江，而禹貢之三江亦從此訛矣。郭璞以岷江、松江、浙江爲三江，視班固差長。然異源各派，即與導漾、導江之義有礙，求合于禹貢，舍康成、子瞻無可從者矣。

王耕野云：先儒有九江彭蠡辯，其辯九江則是，而辯彭蠡則非。彭蠡乃今之鄱陽湖，其源固有豫章諸江，而其爲澤，則固江、漢之所匯者也。今春月江水暴漲，則匯而入湖。蓋江流浩渺，而其下東以小孤山，水道狹甚，其勢不得不逆流而入此澤，故有發舟湖口，無風而一夕達鄱陽之安仁者，問其故，乃舟乘逆流，行甚迅速，猶隨潮而上者也。故江水之匯，衆所共知，今乃疑之，顧弗深考耳。且謂漢自大別入江，合流已七百餘里，安能復識其匯澤者爲漢水邪，亦可謂膠固之甚者矣。夫單敍漢水源流，則其勢不得不以漢水爲主。但既云「南入江」，則「東匯澤爲彭蠡」，即江、漢共匯可知矣。不成曰「南入于江，東與江共匯澤爲彭蠡」，然後爲明白邪？又謂彭蠡在大江之南，當曰南匯，不當曰東匯。匯既在南，則當曰北爲北江，不當曰東爲北江，其論南北反戾，幾爲可笑。蓋江、漢兩水皆發源西蜀，而東流入海。獨漢水到大別入江，則折而南流，與江相合，仍東流而匯爲彭蠡，又東流爲北江，以入海。其東西南北以天下大勢論，不主一江南北而言也。今若欲改云南匯彭蠡，則是南流入江之後，又南匯彭蠡，則漢水當逆流向洞庭矣。匯澤之後，不云東爲北江，而云北爲北江，則漢水又當決破安慶，橫入淮河矣。

朱子之爲辯也，其説甚長，大指謂彭蠡有源，三江不分而已。然東匯澤爲彭蠡，元非謂彭蠡無源，全賴江、漢之水，南注以成其澤也。讀者以辭害義，而疑經爲誤。朱子云：「爲江水所遏，因却而自豬。」正合經意。蔡傳併此數語删之，而經文真成紕繆矣。揚州之三江，主合不主分。導水雖有北江、中江之目，亦就嶓、漢言之，則爲北江；就岷江言之，則爲中江云爾。非劃然分爲二派也。故三江不分，亦無害於經。至若味别洲别之論，不足詳辯；南匯北爲之説，未免過求。夾漈衍十三字，斷不可從。而三苗負固，官屬不敢深入，尤爲臆語。故雖以紫陽之明訓，而學者疑焉，終不能怡然理順也。蔡氏巢湖一段，朱子所無，謂官屬錯比彭蠡於巢湖，則又莫須有之獄矣。

【校勘記】

〔一〕今按酈注引常璩華陽國記曰　「華陽國記」，四庫本改從今名「華陽國志」。據任乃强考證，常璩書原稱「華陽國記」，江左改寫本乃稱「志」耳。見華陽國志校補圖注前言。

〔二〕濆從土　「濆」，四庫本、經解本均改作「墳」，是。

〔三〕十一月庚辰陳于柏舉　據清阮元重刻十三經注疏本左傳定公四年十一月「庚辰」乃「庚午」之誤。四庫本擅改作「十二月庚午」，無據，且定公四年十二月無「庚午」。

禹貢錐指卷十四下

岷山導江，東別爲沱，

林氏曰：自江水溢出，别爲支派者，皆名爲沱。梁、荆二州皆有之也。渭按：岷山詳見導山。荀子云：江出汶山，其始發源，可以濫觴。地理志云：禹貢嶓山在蜀郡湔氐道西徼外，江水所出。沱謂梁之郫江，荆之夷水也。詳見梁、荆二州。「東别爲沱」者，謂江水東流，而别爲沱。以大勢言之，江自梁而荆皆東也。傳云：江東南流，沱東行。非是。

正義云：以上云「浮于江、沱、潛、漢」，其次自南而北，江在沱南，知江東南流，而沱東行，是專以荆州之沱釋傳也。蔡傳云：沱，江之别流于梁者。則又遺却荆州之沱，東至于澧，相去不太闊絶乎。唯林氏兼二州言之，確不可易。

水經注：岷山在蜀郡氐道縣，大江所出。江水自天彭闕，東逕汶關，而歷氐道縣北，漢武帝分蜀郡北部置汶山郡以統之。縣本秦始皇置，後爲昇遷縣也。按氐道即湔氐道，蜀漢曰氐道，晉改名升遷。今四川松潘衛治是也。又逕汶江道，汶水注之，水出徼外嶍山西玉輪坂下，而南行，又東逕其縣，而東注于大江。又東別爲沱，開明之所鑿也。郭景純所謂「玉壘作東別之標」者也。按汶水亦名玉輪江。方輿勝覽云：在汶川縣北三里玉壘山。元和志云：在汶川縣東北四里也。縣北去茂州百里，本漢緜虒縣地。今爲保縣。江沱自古有之。華陽國志曰：七國時，杜宇稱帝于蜀，號望帝。其相開明決玉壘山，以除水害。帝遂禪位于開明。此說出揚雄蜀王本紀，故漢志云汶江縣有江沱在西南，東入江。夫既爲七國時開明所鑿，則非禹貢之江沱，亦不待辨而自明矣。又有湔水入焉。水出緜虒縣之玉壘山。呂忱云：一曰半浣水也，下注江。益州記曰：此記蓋任豫所作。大江泉源即今所聞始發羊膊嶺下，緣崖散漫，小大百數，殆未濫觴矣。東南下百餘里至白馬嶺，而歷天彭闕，亦謂之天谷。秦昭王以李冰爲蜀守，冰見氐道縣有天彭山，兩山相對，其形如闕，謂之天彭門，亦曰天彭闕。江水自此已上至微弱，所謂發源濫觴者也。漢元延中，岷山崩，壅江水三日不流。按通典彭州導江縣西有天彭闕，兩山相對如闕，州名取此。導江即今灌縣西北，去松潘六百餘里，非益州記之所謂天彭闕也。自白馬嶺回行二十餘里，至龍涸，升遷縣，後魏時陷于吐谷渾。周天和元年，改置龍涸郡嘉誠縣。龍涸亦曰龍鶴，華陽國志云：蜀時以汶山險要，自汶江、龍鶴、冉駹、白馬、匡明皆置戍守。元和志：雪山在松州嘉誠縣東八十里，春夏常有積雪。甘松嶺在縣西南十五里。龍涸故城俗名防渾城，在翼州衛山縣北十一里。城之北境舊爲土谷渾所居，故曰防渾。笮橋在縣北三十七里，架北江水。又八十里至西陵縣，未詳。又南下六十里至石鏡，元和志：翼水縣北至翼州六十里。石鏡山在縣東南九里，大江水經縣西二百步。又六十餘里而至北部，始百餘步。汶江爲蜀郡北部都尉治，故謂之北部。又西百二十餘里至汶山故郡，乃廣二百餘步。漢元鼎六年，以冉駹地置汶山郡，治汶江縣。地節三年，郡廢，縣屬蜀郡。建安中，先主定蜀，復分置汶山郡，治汶江縣。今茂州是也。其故城在州北三里。晉移郡于緜虒縣界，改汶江曰廣陽屬焉。在今州南二百里。故謂漢所置曰汶山故郡，即宣帝廢爲蜀郡北部者也。隋改廣陽曰汶山縣，復置汶山郡。元和志云：有汶山即岷山，去青城百里。又西南百八十里至濕坂，江稍大矣。河圖括地象，岷山之精，上爲井絡，帝以會昌，神以建福。故書曰「岷山導江」，泉流深遠，盛爲四瀆之首，按元和志，濕坂在茂州汶川縣南一百三十七里。嶺上樹木森沉，常有水滴，未嘗暫燥，故曰濕坂。自大江泉源至江稍大矣，皆益州記語。江水又歷都安縣李冰作大堰，於江作堋。堋有左右口，謂之湔堋。江入郫江、檢江以行舟。益州記曰：因山頽水，坐致竹木。蜀人旱則藉以爲溉，雨則不遏其流。故記曰水旱從人，不知饑饉，沃野千里，世號陸海，謂之天府也。俗稱都安之堰，亦曰湔堰，又曰金隄。左思蜀都賦云「西踰金隄」者也。諸葛亮北征，以此堰農本國之所資，以征丁千二百人主護之。有堰官。按都安本漢緜虒、郫、江原三縣也。蜀漢分置都安縣，屬汶山郡。唐改曰導江，屬成都府。明爲灌縣。都安故城在縣東。都安堰在縣西。華陽國志曰：李冰壅江作堋，穿郫江、檢江別支流，雙過郡下，以行舟船。蓋以郫、檢爲二江。檢江即任豫之所謂流江也。又有揵尾堰。元和志云：在導江縣西南二十五里。李冰作之，以防江決。破竹爲籠，圓徑三尺，長十丈，以石實中，累而壅水。又逕臨邛縣，漢屬蜀郡。今邛州是。又逕江原縣，鄗江水出焉。江原今爲崇慶州。漢志：江原縣，鄗水首受江，南至武陽入江，武陽今眉州及新津、仁壽、井研三縣地也。江水又東北逕郫縣下，元和志，故郫城在縣北五十步。又東逕成都縣，縣有二江，雙流郡下。故揚子雲蜀都賦曰「兩江珥其前」也。風俗通曰：秦昭王使李冰爲蜀守，開成都兩江，溉田萬頃。按成都故城即今縣治，蜀王開明故都也。秦置成都縣。舊有大城、少城、羅城、羊馬城。又東逕廣都縣，江北則左對繁田。文翁又穿湔洩以溉，灌繁田一千七百頃。其水又東經緜洛逕五城界，至廣都北岸，南入于江，謂之五城水口，斯爲北江水。又東至南安爲碧玉津。故左思云「東越玉津」也。按漢蜀郡有廣都縣，其故城在今成都縣東南，新津縣東北。繁田，繁縣之田，今爲新繁也。又東南過犍爲武陽縣，與鄗江合。青衣水、沫水從西南來合而注之。縣故大夜郎國，漢武帝開道置以爲縣。有鄨江入焉。出江原縣首受大江，東南流至武陽縣注于江。江水自武陽東，至彭亡聚曰外水，又東南逕南安縣西，有熊耳峽，連山競險，接嶺争高，有灘名壘坻、鹽溉，李冰所平也。縣治青衣江會衿帶二水，即蜀王開明故治。縣南有峨眉山，有濛水，即大渡水，發蒙溪，東南流，與涐水合，又東入江。按犍爲郡有南安縣。今嘉定州及夾江、犍爲、洪雅等縣，皆其地。武陽已見前。又東南過僰道縣北，若水、淹水合從西來注之，武帝感相如之言，使縣令南通僰道，費功無成。唐蒙南入斬之，乃鑿石開閣，以通南中，迄于建寧二千餘里。山道廣丈餘，深三四丈，其塹之跡猶存縣江中。崖峻岨險，不可穿鑿，李冰乃積薪燒之，故其處懸巖，猶有赤白玄黄五色焉。按僰道屬犍爲郡。今爲宜賓縣，敘州府治。若水出蜀郡旄牛徼外，東南流，至越嶲會無縣合淹水，又東北至朱提縣西，爲瀘江水，又東北至僰道縣入江。詳見梁州。又與符黑水合。水出寧州南廣郡南廣縣，導源汾關山，北流，逕僰道入江。按故符縣在今敘州府合江縣西。又東過江陽縣南，洛水從三危山東，過廣魏洛縣南，東南注之。洛水出洛縣章山，南逕洛縣故城南。又南逕新都縣與緜水、湔水合，亦謂之郫江也。又逕犍爲合牛鞞水，又東逕資中縣、安漢縣，謂之緜水。以上諸縣，咸以溉灌，故語曰「緜、洛爲浸沃」也。緜水至江陽縣方山下入江，謂之緜水口，曰中江。江陽縣枕帶雙流，據江洛會也，按江陽屬犍爲郡。今敘州府富順縣及瀘州納溪、江安皆其地。漢志廣漢郡雒縣章山，雒水所出，南至新都北入湔。緜竹縣紫巖山，緜水所出，東至新都北入雒。緜、洛會湔，以湔爲主。故緜虒縣下云：湔水東南至江陽入江，過郡三，行千八百九十里也。酈注言湔水至廣都北岸入江。蓋特其枝津相通耳。正流則固合緜、洛至江陽入江也。湔水與郫江通波，故曰緜，洛，與湔水合，亦謂之郫江。又逕安漢縣北，〔丁晏曰：導江下引江水逕漢安縣，誤作「安漢」。〕江陽郡治也，故犍爲岐江都尉，建安十八年劉璋立。又東逕樊石灘、大附灘，頻歷二險。又東過符縣北，又東北至巴郡江州縣東，强水、涪水、漢水、白水、宕渠水五水合，南流注之。强水即羌水也。宕渠水即潛水、渝水矣。巴水出晉昌郡宣漢縣巴嶺山，西南流，歷巴中逕巴郡故城南，西南入江。庾仲雍所謂「江州縣對二水口，左則涪内水，右則蜀外水」，即是水也。江州故巴子都。秦置巴郡。按江州今爲巴縣，江津、綦江二縣亦其地。漢志：廣漢郡剛氏道，涪水出徼外，南至墊江入漢。墊江今合州也。漢水即嘉陵水。巴水一名北水，其下流爲宕渠水。酈注云即潛水。此宕渠之潛，非漢壽之潛也。詳見梁州。又東至枳縣西，延江從牂柯郡北流，西屈注之。東逕陽關巴子梁，江之兩岸，猶有梁處。巴之三關，斯爲一也。江水又東，右逕黄葛峽，又左逕明月峽，東至梨鄉，歷雞鳴峽江之南岸，有枳縣治。華陽記曰在巴郡東四百里治涪陵水會。庾仲雍所謂「有别江出武陵」者也。水乃延江之枝津，北注逕涪陵入江，故亦云涪陵水也。江水又東逕涪陵故郡北。按陽關在今巴縣東。漢枳縣屬巴郡。今重慶之涪州及長壽、酆都二縣皆其地。涪陵亦屬巴郡。今黔州、彭水、武隆三縣是也。又逕東望峽，東歷平都，華陽記曰：巴子雖都江州，又治平都，即此。按後漢析枳縣地置平都縣，今酆都是也。又逕虎鬚灘，灘水廣大，夏斷行旅。按今忠州西二里有石梁，亘三十餘丈，横截江中，俗呼倒鬚灘，即此虎鬚灘也。又東逕臨江縣南，華陽記曰：縣在枳東四百里，東接朐忍縣。按漢臨江屬巴郡。今爲忠州及墊江縣。又東得華水口，左逕石城南，庾仲雍曰：臨江至石城黄華口一百里。又東至平洲，洲上多居民。又東逕界壇，是地巴東之西界，益州之東境，故得是名。又東右得龜谿口，華陽記曰：朐忍縣靈龜出此谿。又東會南北集渠，二谿水出涪陵縣界。又東逕羊腸虎臂灘，楊亮爲益州，至此舟覆，懲其波瀾，蜀人至今猶名之爲使君灘。又東彭水注之。水出巴渠羣僚中，東南流，逕朐忍縣西六十里，南流注于江，謂之彭溪口。又東逕朐忍縣故城南，常璩曰：縣在巴東郡西二百九十里。按漢朐忍屬巴郡。朐音劬。今雲陽，萬縣是也。又東逕瞿巫灘，即下瞿灘也，又謂之博望灘。又東逕陽灘，江上有破石，故亦謂之破石灘。又東逕魚腹縣之故陵，江側有六大陵。庾仲雍曰：楚都丹陽所葬也。按漢魚復屬巴郡。今爲奉節縣。楚故陵在縣西，接雲陽縣界。又東逕南鄉峽，又東逕永安宮南，劉備終于此，諸葛亮受遺處也。其間平地可二十里許。江山迴闊，入峽所無。按永安宫城即今奉節縣治。又東逕諸葛亮圖壘南，今奉節縣南有八陣圖磧。又東南逕赤岬西，〔丁晏曰：逕赤岬城，誤脱「城」。〕赤岬一作赤甲山，在奉節縣東十五里。又東逕魚復縣故城南，故魚國。地理志：江關都尉治也。巴東郡治白帝山城，西南臨大江，闞之眩目。江中有孤石，爲淫預石。冬出水二十餘丈，夏則没，亦有裁出矣。縣有夷谿，即很山清江也。經所謂夷水出焉。按魚復故城今奉節縣北三里赤甲城是也。白帝山在縣東。元和志云：即州城所據，與赤甲山相接。又東逕廣谿峽，斯乃三峽之首也。其間三十里，頹巖倚木，厥勢殆交。北岸有白鹽崖，高可千餘丈。峽中有瞿唐、黄龍二灘，夏水迴復，沿泝所忌。蓋自昔禹鑿以通江。郭景純所謂「巴東之峽，夏后疏鑿」者。按白鹽山在奉節縣東，隔江十里，又東有黄龍灘、虎鬚灘。又東出江關，入南郡界。又東逕弱關、捍關。捍關，廪君浮夷水所置也。弱關在建平、秭歸界。昔巴、楚數相攻伐，藉險置關，以相防捍。秦兼天下，置南郡，自巫山皆其域也。按後漢岑彭傳注：江關舊在赤甲城，後移在江南岸，對白帝城。在今魚復縣南。秭歸今歸州是也。捍關在今長陽縣南。又東逕巫縣南，鹽水從縣東南流注之。又東烏飛水注之。又東逕巫縣故城南，縣故楚巫郡，秦省郡立縣，以隸南郡。緣山爲墉，南臨大江，故謂之夔國。按巫縣故城在今夔州府巫山縣東北。寰宇記云：晉移今治。在夔州東南七十二里。又東逕巫峽，杜宇所鑿，以通江水也。郭仲産云：按地理志巫山在縣西南，而今縣東有巫山，將郡縣居治無恒故也。又東逕新崩灘，此山漢和帝永元十三年崩。晉太元二年又崩。當崩之日，水逆流百餘里，湧起數十丈。其下十餘里有大巫山，首尾一百七十里，謂之巫峽。自三峽七百里中，兩岸連山，略無闕處，非亭午夜分，不見曦月。至于夏水襄陵，沿泝阻絶，王命急宣，有時朝發白帝，暮到江陵，其間千二百里，雖乘奔御風不以疾也。又東逕石門灘，今巴東縣東北有石門山。又東逕秭歸縣南，又東逕其城北，城北對丹陽城，南枕大江。楚子熊繹始封丹陽之所都也。按今歸州治即秭歸故城，其丹陽城在州東。又東南逕夔城南，熊摯始治巫城，後疾移此。今在歸州東南。又東逕歸鄉故城北，城在歸州東南，大江南岸。又東逕信陵縣南，今歸州東有信陵廢縣。又東逕夷陵縣南，江水自建平至空泠峽，即宜都、建平二郡界也。按夷陵漢南郡都尉治。空泠峽在歸州東南三十里。又東逕宜昌縣之流頭灘，其水並峻激奔瀑，魚鼈所不能游，行者常苦之。袁崧曰：自蜀至此，五千餘里。下水五日，上水百日也。按流頭灘在今夷陵州界。又東逕宜昌縣北，分夷道、佷山所立也。縣治北枕大江，與夷陵對界。今夷陵州西有宜昌故城。又東逕狼尾灘，而歷人灘，二灘相去二里。人灘水至峻峭。又東逕黃牛山，下有灘，名曰黃牛灘，南岸重嶺疊起，最外高崖間，有石如人負刀牽牛。人黑牛黃，成就分明，雖途經信宿，猶望見此物。故行者謠曰「朝發黃牛，暮宿黃牛」。言水路紆深，迴望如一矣。山今在夷陵州西。又東逕西陵峽，宜都記曰：自黃牛灘東入西陵界，至峽口一百許里，兩岸高山疊嶂，非日中夜半不見日月，絶壁或千餘丈，所謂三峽，此其一也。今在夷陵州西北二十里。歷禹斷江，南峽北有北谷村，兩山間有水清深，潭而不流。耆老傳言昔是大江，及禹治水，此江小不足瀉水，禹更開今峽口，水勢并衝，此江遂絶，于今謂之斷江也。今夷陵州西南有斷江山。出峽東南流，逕故城洲，洲附北岸，上有步闡故城，吴西陵督步闡所築也。今爲夷陵州治。又東逕故城北，所謂陸抗城也。今在夷陵州東南，大江南岸。又東逕白鹿巖，又東歷荆門、虎牙之間，荆門在南，虎牙在北，此二山楚之西塞也。水勢急峻，故郭景純江賦曰「虎牙桀豎以屹崒，荆門闕竦而盤薄，圓淵九迴以懸騰，溢流雷呴而電激」者也。按夷陵新志云：虎牙山在州東南五十里，磯石大小蹲踞隱見，正如虎牙戟列，舟人望而避之，乃由荆門而上。是虎牙更險于荆門也。又東南過夷道縣北，夷水從佷山縣南東北注之。漢武伐西南夷，路由此出，故曰夷道。其故城在今宜都縣西。佷山故城在今長楊縣西。夷水詳見梁州。此禹「岷山導江，東別爲沱」之所經也。以今輿地言之，江水出四川松潘衛徼外岷

山，流逕衛北，衛本禹貢梁州之域。後爲氐羌地。漢置湔氐道，屬蜀郡。唐爲嘉誠縣，松州治。明置松潘衛，屬四川都
司。在成都城西北七百六十里。元和志：江源鎮在松州交川縣西北三十里。又東南逕疊溪營西，營在茂州西北
一百二十里。本漢蜀郡蠶陵縣。唐爲翼州。元和志：大江經翼州城西，又經翼水縣西二百步。按廢翼州在營西，翼水廢
縣在營南。又東南逕茂州西，茂州在成都府西北四百十五里。本漢汶江縣。後周改曰汶山縣。唐爲茂州治。元和
志：汶江北自翼州流經汶山縣西二里。又西南逕威州西，玉輪江注之。威州在府西北四百五十里。本漢廣柔
縣。唐爲薛城縣，維州治。其故城在今州北高碉山上，亦曰姜維城。州西北有滴博嶺。玉輪江即汶水。又西南逕保
縣西，保縣在茂州西南四十里。本漢緜虒縣。後周爲汶川縣。江源記：岷江南入溢村，逕石紐，至汶川，轉銀嶺，合草坡
河，至蠶崖，入灌口。括地志：石紐山在汶川縣西七十三里。又東南逕灌縣西，沱水出焉。灌縣在成都府西少
北一百五十二里。唐爲導江縣。元和志：大江西自茂州界流入，逕青城縣北二里。寰宇記：大皁江自灌口流經青城縣
北，入温江縣界。青城廢縣在今灌縣西南。玉壘山在縣西北。離堆在縣西南，或曰即灌口山。宋河渠志：皁江支流迤北
曰都江口，置大堰，疏北流爲三，東曰外應口，溉導江，新繁、新都達于金堂；東北曰三石洞口，溉導江、崇寧、九隴、濛陽達
于漢之洛；東南曰馬騎口，溉導江、崇寧、郫、温江、成都、華陽、灌縣。舊志：大江經縣西三十三里，分爲二派：其一東南
經崇慶州至新津者，今謂之南江；其一東循灌城者，今謂之北江。北江又分爲三派：其一東南逕温江過府城南入新津合
大江者，爲流江；其一自縣寶瓶口直東入五斗口，東北經郫、新繁，過府城北，折而南合流江者，謂之郫江，其一自寶瓶口東
北穿三泊洞，又東北經新繁、新都，至漢州入雒者，爲湔水。參考諸說，大皁江即鄽水，實岷江之正流，有元和、寰宇、九域等
書可證。郫江即禹貢梁州之沱。流江乃李冰之所穿與郫江爲二江者。郫江號北江。唯東合湔、雒，又東南至江陽入江者，
爲禹貢之江沱。餘皆後人所穿鑿，或以郫江創自李冰，且指流江爲岷江之正道。大誤。詳見梁州。江水又東南逕温

江縣西、崇慶州東，温江在府西少南五十里。本漢郫、江原二縣地。元和志：大江俗謂之温江，南流經縣西一里。寰宇記：鄗江一名皁里水，自青城縣南流經温江縣，入江原縣界。成都新志云：大皁江本岷江正流，自離堆鑿後，乃以流江爲正流，而以此爲南江。崇慶在府西南九十里，本漢江原縣也。又東南逕新津縣東北，流江注之。新津在崇慶州東南七十里。本漢武陽縣地。又東南逕眉州東，眉州本漢武陽縣。元和志：大江亦名導江，在彭山縣東七里。又經通義、青神二縣東，皆去縣三里。今州北有武陽故城。隋改武陽曰通義。唐爲眉州治。彭山故城在州北。青神故城在州南。本朝康熙六年併入。又南逕嘉定州東，嘉定本漢南安縣地。後周分置平羌縣。隋改曰青衣，又改曰龍游，爲嘉州治。寰宇記：導江水在平羌縣西二十步。又云：大江自平羌流入龍游縣界。按平羌即今峨眉縣，在州西六十里。又東南逕犍爲縣北，犍爲縣在州東南一百二十里，亦漢南安縣地。寰宇記：導江水在玉津縣西五里。又在犍爲縣東二十步。按玉津，唐屬嘉州，其廢址在今縣北。又東南逕宜賓縣東北，合馬湖江，宜賓爲敘州府治。本漢僰道縣，犍爲郡治。元和志：汶江流逕僰道縣，東北去縣十步。馬湖戍在縣西二十一里，按馬湖江在縣南門外，即若水下流，亦曰瀘水。自馬湖府東北流入，至城西南一里爲蠻津口，又東合于大江。又東南逕南溪縣南，南溪在府東南一百二十里。本漢僰道縣地。又東逕江安縣北，江安在瀘州西南。本漢江陽縣地。又東逕納溪縣北，納溪在州西南四十里，亦漢江陽縣地。又東北逕瀘州東南，沱水合湔、雒諸水，從西北來注之。瀘州本漢江陽縣，今州治即其故城，隋改縣曰瀘川，唐爲瀘州治。華陽國志江陽江中有大闕、小闕，季春黄龍堆没，闕即平。元和志汶江水經瀘川縣南三十步，寰宇記謂之瀘江。按雒江在州北，亦曰湔水，亦曰緜水，互受通稱。漢志云：湔水出玉壘山，東南至江陽入江。水經注云：雒水與緜水合，又與湔水合，亦謂之郫江。郫江即沱水也。沱水自灌縣西南，首受大江。東逕郫縣北，郫縣在成都府西四十五里。漢志蜀郡郫縣，禹貢江沱在西，東入大江。元和志：郫江一名成都江，經郫縣北三十一里。又東逕新繁縣南，新繁在府西北五十六里。本漢繁縣。括地志：縣有繁江，首受郫江，即禹貢江沱也。元和志：郫江在新繁縣南十一里。九域志新繁有都江，即所謂成都江也。又東逕成都縣北，漢舊縣，蜀郡治。今爲四川布政司成都府治。水經注：成都直西門曰郫，江北折，左對繁田。括地志：郫江一名成都江，一名市橋江，一名永平江，亦曰中江，亦曰内江。西北自新繁界來。又東逕新都縣南，新都在府北五十里，漢舊縣。又東逕金堂縣南，金堂在府東北七十里。本漢新都、牛鞞二縣地。郫江至縣東南合湔水，亦曰五城水。酈道元云：湔水東絶緜、雒，逕五城界，至廣都北岸，南入于江，謂之五城水口。此涪水枝津自五城縣界西合湔、郫，又西至成都城東南入流江也。又東南逕簡州北，簡州在府東一百五十里。本漢牛鞞縣。又東南逕資陽縣西，資陽在州東南六十里。本漢資中縣地。又南逕資縣西，資縣在府東三百里。本漢資中縣。又南逕富順縣東，富順在敘州府東北一百八十里。本漢江陽縣地。又東南逕瀘州北，又東南與江水會。酈道元云：緜水至江陽縣方山下入江，謂之緜水口。蓋自五城以下湔、郫、緜、洛互受通稱。緜水口即沱水口也。江水又東逕合江縣北，合江在瀘州東一百二十里。本漢符縣。又東北逕江津縣北，江津在重慶府南一百八十里。本漢江州縣地。又東北逕巴縣東南，西漢、羌、白、涪、巴、渝諸水，自北來注之。巴縣爲重慶府治。本漢江州縣。後周改曰巴縣。唐爲渝州治。按自渝上合州者，謂之内江。庾仲雍所云涪内水是也。自渝、戎、瀘上蜀者，謂之外江。庾仲雍所云蜀外水是也。又東北逕長壽縣南，長壽在府東三百三十里。本隋巴縣地。又東逕涪州北，涪陵江水自南來注之。涪州在府東四百五十里。本漢枳縣。隋改置涪陵縣。唐爲涪州治。大江在州北。方輿勝覽謂之蜀江。自成都登舟十二程至此合黔江，即涪陵江也。又東北逕酆都縣南，酆都在忠州西二百里。本漢枳縣地。又東北逕忠州南，忠州在府東一千里。本漢臨江縣。又東北逕萬縣南，萬縣在夔州府西四百五十里。本漢朐忍縣地。又東北逕雲陽縣南，雲陽在府西一百七十里。本漢朐忍縣。後周改曰雲安。寰宇記，蜀江在雲安縣南三十步。又東逕奉節縣南，夷水故道出焉。奉節，夔州府治。本漢魚復縣。唐改曰奉節，瞿塘峽在縣東，即古廣谿峽也。寰宇記云：灔澦堆周圍二十丈，在夔州西南二百步蜀江中心。瞿塘峽口冬水淺，屹然露百餘丈，夏水漲，没數十丈，亦曰猶豫。言舟子取途不決水脈也。范成大吴船録云：峽中兩岸高巖峻壁，斧鑿之痕皴皴然。有黑石灘最號險惡。按夷水一名清江，詳見荆州。又東逕巫山縣南，巫山縣在府東一百三十里。本漢巫縣。巫峽在縣東四十里。吴船録云：自巫縣下巫峽，灘瀧稠險，湍流洄洑，其危又過夔峽，三十五里至神女廟。廟前灘尤洶怒。又東逕巴東縣北，巴東在湖廣歸州西九十里。本漢巫縣地。梁爲歸鄉縣。又東逕歸州南，歸州在荆州府西五百二十五里。本漢秭歸縣。又東逕夷陵州南，夷陵在荆州府西少南二百里。本漢夷陵縣。又東逕宜都縣北，與夷水合。宜都在州東南九十里。本漢夷道縣。夷水本首受奉節縣之大江，今建始縣北，建始在夔州府東南，本漢巫縣地。晉分置建始縣，屬建平郡。唐屬施州。縣南至州一百三十里。夷水故道自巫山縣南流入縣界。其故道皆已堙塞。唯從縣南受施州衛開蠻界，水東逕巴東、長陽，長陽在夷陵州西南八十里。本漢佷山縣，屬武陵郡。隋更名長楊。唐改「楊」爲「陽」。其故城即今治縣南七十里。廢巴山縣即古捍關。至宜都縣北，又東入于江。經所謂「東別爲沱」者，禹所導一爲梁州之沱，今郫江是也。一爲荆州之沱，古夷水是也。

附論江源

華陽國志曰：岷山一名沃焦山，其跗曰羊膊，江水所出。

李膺益州記曰：羊膊嶺水分二派：一東南流爲大江，一西南流爲大渡河。

太平寰宇記曰：羊膊山在平康縣，縣屬松州。隋志平康縣有羊腸山。「腸」蓋「膊」字之誤。山下有二神湫，大江始發之所。

范成大吴船録曰：江源自西戎來，由岷山澗壑中出，而合于都江。今世所云止自中國言耳。

陸游入蜀記曰：嘗登岷山，欲窮江源而不可得。蓋自蜀郡之西，大山廣谷，谽谺起伏，西南走蠻箐中，皆岷山也。則江所從來遠矣。

王應麟通鑑地理通釋曰：大渡河一名羊山，江源出鐵豹嶺。嶺即羊膊之異名也。

金履祥書注曰：岷山數百峯，大西山爲最大。雪山三峯闖其後。冬夏如爛銀，一谷名鐵豹嶺者，有西岳廟，廟下名羊膊石，江水正源也。其西南分一源，又爲大渡河矣。

按諸家言岷山所在，不一而足，然山雖廣遠，而江水所出必有定處，近世無能窮其源者。隋經籍志有尋江源記一卷，今不傳，未知其説云何。據漢志言江水出湔氐道西徼外，則當以酈注所引益州記爲正。自晉以下，説江源者，皆云出羊膊嶺，與益州記同。羊膊嶺一名鐵豹嶺。計益州記江水發源自羊膊嶺東南下二百餘里至西陵，又南下二百四十里至汶山故郡，即今茂州是也。然則江源在茂州之西北，去州四百四十餘里，亦可謂遠矣。而范至能、陸務觀乃云江源出西戎，不可窮極。蓋以唐人言江源自松州甘松嶺始，元和志：松州治嘉誠縣，南至翼州二百八十里。甘松嶺在縣西南十五里。交川縣北至州三十四里。江源鎮在縣西北三十里。而當時又有謂羊膊嶺在茂州列鵝村者，其地太近，故爲是説，非謂江源更在羊膊之外也。近志引江源記云：岷江發源于臨洮木塔山，山頂分東西流，南流八百里經甘松嶺，又南經漳臘堡西，其水漸大，復經鐮刀灣，達松潘下水關。臨洮今陝西洮州衛也，在松潘之東北。江源果發此，則又自東北而來，與氐道西徼外之岷山相去懸絶。爲此説者，蓋因隋志云岷山在臨洮郡臨洮縣，括地志云岷山在岷州溢樂縣，見有一水自木塔山來入江者，遂以爲江水發源彼中，明與漢志相背，無稽之言，不可從也。

錢謙益徐霞客傳曰：霞客名弘祖，江陰人，平生好遠遊。其行也，從一奴或一僧，一杖，二襆被，不治裝，不裹糧，能忍飢數日，能遇食即飽，能徒步數百里，凌絶壁，冒叢箐，扳援下上，懸渡綆汲，捷如青猿，健如黄犢。嘗過麗江，憩點蒼，由雞足而西，出玉門關數千里，至崑崙山，窮星宿海，去中夏三萬四千三百里。登半山，風吹衣欲墮。又數千里至西番，還至峩眉山下。託估客以溯江紀源一篇寓余，言禹貢岷山導江，乃氾濫中國之始，非發源也。中國入河之水，爲省五；入江之水，爲省十一。計其吐納，江倍于河。按其發源，河自崑崙之北，江亦自崑崙之南，非江源短而河源長也。又辨三龍大勢，北龍夾河之北，南龍抱江之南，中龍中界之，特短；北龍祇南向半支入中國，惟南龍磅礴半宇内，其脈亦發于崑崙，與金沙江相並南下，環滇池以達五嶺。龍長則源脈亦長，江之所以大于河也。其書數萬言，皆桑經、酈注及漢、宋諸儒疏解禹貢所未及。余撮其大略如此。

古書言崑崙者非一處。一在槐江山南；一在西海之外，山海經所言是也；一在于闐，漢武所名之山是也；一在吐蕃，劉元鼎所稱紫山者是也。霞客云：河出崑崙之北，江出崑崙之南。其所謂崑崙者，在何地乎。據彼言出玉門關數千里至崑崙，則崑崙當在西域玉門以東，即是中夏之地。既云出玉門數千里，何又云去中夏三萬四千餘里乎。即謂星宿海，有若是之遠，亦屬妄言。昔劉元鼎奉使自鄜州洪濟梁南行二千三百里，便得崑崙，東距長安止五千里。而都實使還，自星宿海東北至崑崙，亦不過三十日程，何至如霞客所言之遠？且西域之崑崙，與星宿海絶無交涉。萬季野云：朶甘思去雲南麗江西北止一千五百里，去四川馬湖正西亦止三千里。苟欲窮星宿海，既至雞足山，便當由麗江而往，不半月即可達其地。舍此不由而更遠走玉門關，何也？玉門東距肅州之嘉峪關約九百里，嘉峪南至麗江約五千里，朶甘思去玉門則六七千里矣。不走千五百里之近，而走六七千里之遥，必非人情。意者以漢武所名之崑崙，即都實所指之崑崙乎。夫漢之崑崙在于闐，元之崑崙在吐蕃，相距可四五千里。而霞客乃渾而一之，其不學無識一至此乎？余謂霞客所言東西南北，茫然無辨，恐未必身歷其地，徒恃其善走，大言以欺人耳。非但不學無識也。牧齋以爲能補桑經、酈注及漢宋諸儒疏解禹貢所未及，過矣。或曰：僧宗泐云：黄河出西番抹必力赤巴山，東北流爲河源，西南流爲犛牛河。犛牛河即麗水一名金沙江者，自麗江府界，東北流，合若水爲瀘水，又東北至敘州府，而注于江。霞客言江源自崑崙之南，殆謂此耳。然抹必力赤巴非崑崙也。且岷山導江，經有明文，其可以麗水爲正源乎？霞客不足道，牧齋一代鉅公，文采炫燿，最易動人，故吾特爲之辯。

又東至于澧，過九江，至于東陵，釋文：澧音禮。渭按：澧，史記、漢書並作「醴」。

傳曰：澧，水名。東陵，地名。正義曰：鄭玄以此經言過言會者，皆是水名。言至于者，或山或澤。故以合黎爲山名，澧爲陵名。孔以合黎與澧皆爲水名。楚辭云「濯余佩兮澧浦」，是澧亦水名也。九江，禹前先有其處，今導水過之，非别有九江之水。夏氏曰：曾彦和云：巴陵與夷陵相爲東西，夷陵亦曰西陵，則巴陵爲東陵可知。許慎云：池，邪行。今江水過洞庭至巴陵，而後東北邪行，合于彭蠡，則九江不在尋陽明矣。蔡氏曰：九江見荆州。東陵，巴陵今岳州巴陵縣也。地志在廬江西北者，非是。傅氏曰：江水别而爲沱，其經流則東至于澧也。渭按：地理志：武陵郡充縣，歷山，澧水所出，東至下雋入沅，過郡二，行千二百里。充縣今爲九谿、永定二衛，屬湖廣岳州府。巴丘山在府城内西南隅，亦名巴陵，又名天岳山。水經注「湘水北至巴丘山入江」是也。鄭氏以澧爲陵名可也，而又云今長沙郡有醴陵縣，其以陵名爲縣乎？按郡國志醴陵縣屬長沙郡，本漢臨湘縣地。後漢析置醴陵，西北距澧州五六百里，大江安得至其地。鄭謂因醴陵以名縣，蓋據史記、漢書「澧」皆作「醴」，故附會，其説大非，不可從。易氏云：澧州在江南，無非山澤，澧陵是小山，因水而得名者。此説近是。然水或因山以得名，亦未可知。巴丘山臨大江，今岳州府城其遺址也。吴使魯肅以萬人屯巴丘，即此。尋江記云：羿屠巴蛇于洞庭，其骨若陵，故謂之巴陵。事涉誕妄。郭景純江賦所稱巴陵地道，則指謂此山矣。

水經注：江水自夷道縣北合夷水，又東逕枝江縣南，沮水從北來注之。漢志：南郡枝江縣，故羅國。其故城在今枝江縣東。又東逕上明城北，晉太元中，苻堅寇荊州，刺史桓沖徙渡江南，使劉波築之，移州治城也。江汜枝分，東入大江，縣治洲上。故以枝江爲稱。地理志曰「江沱出西，東入江」是也。盛弘之曰：縣舊治沮中，後移出百里洲，西去郡一百六十里。縣左右有數十洲，槃布其中，其百里洲最爲大也。按上明城在今松滋縣界，百里洲在今枝江縣東北六十里。又南逕江陵縣南，縣江有洲，號曰枚迴洲。江水自此兩分而爲南北江也。按枚迴洲在江陵縣西南六十里。寰宇記引荊州圖曰：百里洲其上寬廣，土沃人豐，洲首派別南爲外江，北爲内江。又東逕江陵縣故城南，故楚也，今城楚船官地。春秋之渚宫城，南有江津口，江大自此始。家語曰：江水至江津，非方舟避風不可涉也。故郭景純云：濟江津以起漲。言其深廣也。按江陵故城即今荊州府治。江水自枚迴洲分流，至此復合，勢益大。又東逕郢城南，子囊遺言所築城也。今在江陵縣東北三里。又東至華容縣西，夏水出焉。江水左迆爲中夏水。按漢志：南郡華容縣，夏水首受江，東入沔，行五百里。華容故城在今監利縣界。江水又東，涌水注之。春秋所謂「閻敖游涌而逸」者也。在今監利縣南。又逕南平郡孱陵縣之樂鄉城北，城在今松滋縣東。又東逕公安縣北，今公安縣東北五十五里有公安故城。又右逕陽岐山北，山東有城，故華容尉治。又東右逕石首山北，又東逕赭要，赭要，洲名，在大江中。按石首山在今石首縣西北。孫宗鑑曰：自竟陵南至大江，並無丘陵之阻，渡江至石首，始有淺山。石首者，石自此而首也。又東至長沙下雋縣北，澧水、沅水、資水合，東流，注于洞庭之陂，湘水從南來注之，所謂江水會者也。下雋故城在今武昌府通城縣西。巴陵亦下雋地，洞庭湖在其西南。湘水篇云：湘水東北流，逕長沙下雋縣西，會資、沅、微、澧四水，同注洞庭，而北會大江，名之五渚。巴丘山在湘水右岸，山有巴陵故城，西對長洲，南廖湘浦，北對大江，三水所會，謂之三江口。詳見荊州。孫光憲北夢瑣言云：湘江北流至岳陽，達蜀江，夏潦後，蜀江漲，遏住湘波，溢爲洞庭湖，凡數百里，而君山宛在水中。秋水過，此山復居于陸，唯一條湘川而已。以今輿地言之，江水自宜都縣北合夷水，又東逕枝江縣北，枝江在荊州府西一百七十里。百里洲在縣東北六十里，嘉靖初爲江水衝斷。今爲上百里洲、下百里洲。又東逕松滋縣北，松滋在府西南一百二十里。本漢高縣地。又東逕江陵縣南，江陵，荊州府治。隄防考云：大江流入郡境，自西而北、而東、而南，勢多紆折，南北兩岸俱平衍下隰，水易漫流，故有決溢之害。濱江諸縣皆築隄以爲岸衛，自松滋至巴陵之城陵磯，長亘六百餘里。北岸有陽州茅埠隄，長亘七百餘里，咫尺不堅，千里爲壑。又東逕公安縣北，公安在府東南一百二十里。本漢孱陵縣。有涔陽鎮在公安故城東南。又東逕石首縣北，石首在府東南一百八十里。本漢華容縣地。又東逕監利縣西、華容縣北，監利在府東南二百里。本楚容邑，漢置華容縣。三國吳析置監利縣。其故城在今縣東北。章華臺在縣西北六十里。

夏水篇云：夏水東經華容縣南，又東逕監利縣南，韋昭曰：雲夢在華容縣。郭景純言「東南巴丘湖」是也。今岳州府亦有華容縣，在府西少北一百五十五里。本漢孱陵縣地，晉分置南安縣。隋更名華容，非古華容也。又東至巴陵縣西北，會洞庭之水。巴陵，岳州府治。本漢下雋縣地。荆江口在縣西北，洞庭水入江處，亦名西江口，又名三江口。元和志：巴陵城對三江口，岷江爲西江，澧江爲中江，湘江爲南江。按三江口北岸有楊林浦，一名楊葉洲。蓋即水經注所謂「巴陵故城西對長洲」者。此後世大江之經流，酈道元所稱北江者也。禹之所導，則異於是。袁中道澧遊記曰：酈道元注水經於江陵枚迴洲下有南北江之名。南江即江水，由澧入洞庭道也。陵谷變遷，今之大江，始獨專其澎湃，而南江之跡，稍稍湮滅，僅爲衣帶細流。然江水會澧故道，猶可考云。今按小脩此義最爲精覈。水經注：澧水出武陵充縣西歷山，東過其縣南，今岳州府慈利縣所轄永定、九溪二衛，皆漢充縣地。歷山在永定衛西。澧水自衛界流逕九溪衛西。又東婁水入焉。水出巴東界，東逕零陽縣，注于澧水。又東逕零陽縣南，今慈利縣北有零陽故城。又東逕澧陽縣，右會溇水。謂之溇口。今石門縣西北有溇水。又東逕澧陽縣南，縣南臨澧水。晉天門郡治。今在澧州西一百十里。又東逕作唐縣北，作唐今爲安鄉縣，在澧州東南一百二十五里，北至公安縣界六十里。左合涔水。水出西南天門郡界，南逕岑評屯。屯堨涔水，溉田數千頃。又東南流，注于澧水，岑評屯在今澧州界。州在岳州府西四百二十里，北至公安縣八十里。本漢零陽縣地。隋析置澧陽縣。其故城即今州治。澧水在州南三里。又東，澹水出焉。澧水又南逕故郡城東，東轉逕作唐縣南，今安鄉縣東南有作唐故城。又東逕安南縣南，今華容縣是。澹水注之。謂之澹口。王仲宣詩曰「悠悠澹、澧」者也。又東與赤沙湖會。河水北通江而南注澧，謂之決口。按赤沙湖在今華容縣西南，亦謂之赤亭湖。西接安鄉縣界。又東至長沙下雋縣西北，東注于洞庭湖，俗謂之澧江口。澧水自石門以西，與導江無涉。其南江會澧故道，參以近志，有可得而言者，江陵縣西南二十里有虎渡口，在龍洲之南，後漢郡守法雄有異政，猛虎渡江去，因名。宋乾道七年，湖北漕臣李燾脩虎渡隄，即此。水經注：江水自枚迴洲分爲南北二江，北江有故鄉洲，其下爲龍洲。南江從此東南流，注于澧水，同入洞庭，蓋即所謂涔水也。澧州志云：涔水爲岷江別派，從公安入境，爲四水口，在州北七十里，東接安鄉湖口，北連荆江。又東南流，過焦圻一箭河，至匯口入澧，故稱涔澧。楚辭「望涔陽兮極浦」，今公安舊縣東南有涔陽鎮，即其地也。澧水又東逕安鄉縣南，會赤沙湖，東距巴陵縣百里。而東入洞庭湖。湖在巴陵縣西南一百五十步。見元和志。此導江「東至于澧，過九江，至于東陵」之故道也。

春秋傳曰：物莫能兩大。故二水並行，一盛則一微，自然之理也。昔禹既疏鑿三峽，水勢并注其中，而北谷村之舊流，遂爲斷江。其後魚復江所出之夷水，亦致淺狹，不可行舟。近事如句容縣故江乘地，北瀕大江。今皆爲洲渚，江水南去岸二十里。楊子江舊闊四十里，瓜洲本江中一洲。今北與楊子橋相連，而江面僅七八里。又如靖江縣大江舊分二派，繞縣南北。明天啓以來，潮沙壅積，北派竟成平陸，與揚州之泰興相連。以今驗古，小修云北江漸盛，而南江日微。殆非臆説。然自屈原九歌云：望涔陽兮極浦，横大江兮揚靈。蓋涔陽在涔水之北，大江又在涔陽之北，則戰國時固以北江爲正流，而南江爲涔水矣。年代久遠，世鮮有知者。地志、水經所言，宜乎與禹貢不合也。

東迆北會于匯，釋文：迆，以爾反。渭按：于，俗本作「爲」，誤。

蘇氏曰：迆，迆邐也。林氏曰：迆者，斜出之辭。邵氏曰：江、漢水漲，彭蠡鬱不流，逆爲巨波，無仰其入，而有賴其遏。彼不遏則此不積，所謂匯者如此，故曰北會于匯。匯言其外也，蠡言其内也。于匯不于彭蠡，勢則然也，蓋實志也。渭按：江水迆北由沙羨始。漢自大别以至彭蠡，大勢皆東。江自沙羨以至彭蠡，則東且迆北矣。經先漢後江，東匯爲彭蠡者漢也。而江水亦至其處，故曰東迆北會于匯，言與漢所匯之彭蠡會也。「于」字俗譌作「爲」，則其義不可通矣。

傳云：迆，溢也。東溢分流，都共北會爲彭蠡。正義云：迆者，靡迆邪出之言，故爲溢也。東溢分流，又都共聚合，北會彭蠡，言散流而復合也。鄭云：東迆者爲南江，孔意或然，至之與會，史異文耳。渭按：馬融曰：迆，靡也；即邪出之意，謂大勢東行，而微帶北也。傳以迆爲溢而分流，殊不可曉。林少潁云：孔氏以「東迆」爲句，而「北」字屬下，非經意也。言北江、中江者，是自彭蠡而東，方合爲二江，鄭氏以東迆爲南江，則是自東陵而下，已分爲三矣。此説尤與經不合。

水經注江水自下雋以東，所紀山水地名，或瑣細難考；沔水自石城以東，尤多舛錯。道元亦自謂未必一得其實。今據府州縣志以爲之綱，而掇取水經注及羣書要語附載于其下：金禮部郎中蔡正甫撰補正水經三卷。元歐陽原功爲之序，曰其詳于趙、代間水。此固景純之所難。若江自尋陽以北，吴松以東，則又能使道元之無遺恨者。惜乎！其書今不得見，而靡所折衷也。

江水自巴陵縣西北會洞庭湖，又東逕其縣北，水經注：江水會湘水，又東逕忌置山南，江之右岸有城陵山。按今巴陵縣北有忌置洲。宋書：檀道濟等討謝晦至忌置洲，列船過江，即此。其東有城陵磯，東北接臨湘縣界，磯下爲三湘浦，元和志云：在巴陵縣東北十二里。黄潤玉云：今江水衝城陵磯，而臨江驛至岳陽湖口六十里，皆淤沙漲起，南環湖，北沿江，塞隘九江之口，其章華臺之水，亦淤窄矣。又東逕臨湘縣北，臨湘在岳州府東北七十五里。晉以後爲巴陵縣地。宋析置臨湘縣。水經注：江水自彭城磯東，逕如山北，北對隱磯，二磯之間大江中，有獨石孤立，山東江浦，世謂之白馬口。按彭城磯在縣西江中。元和志云：在巴陵縣東北九十四里。蓋其時未有臨湘也。縣東北十里有白馬磯山，又有隱磯。又東逕嘉魚縣西北，與沔陽州分水。嘉魚在武昌府西南二百五十里。漢沙羡縣地。隋爲蒲圻縣地。南唐分置嘉魚縣。沔陽在安陸府南少東三百三十里。本漢州陵縣。水經注：江水東逕烏林南，吴黄蓋敗魏武于烏林是也。又東右得蒲磯口，即陸口。陸水出下雋縣東，逕蒲圻縣北，又東逕蒲圻山北，入江。按蒲磯山在今蒲圻縣南五十里。圻與磯通。元和志云：赤壁山在蒲圻縣西一百二十里，北臨大江。蓋其時未有嘉魚也。今蒲圻臨江之地，盡入嘉魚，而蒲圻無江水。又東北逕江夏縣西、漢陽縣東，又北漢水自北來注之。江夏爲湖廣布政司武昌府治。本漢沙羡縣地。漢陽爲漢陽府治。本春秋之夏汭，亦漢沙羡縣地。水經注：江水自沙陽湖，又東逕百人山南，右逕赤壁山北，昔周瑜與黄蓋詐魏武大軍處也。江水又東逕大軍山南，又東逕小軍山南，又東逕雞翅山北，又東逕歎父山，南對歎洲，亦曰歎步。又東逕魯山南，古翼際山也。山左即沔水口矣。江之右岸有船官浦，歷黄鵠磯西而南，是曰黄軍浦、船官浦，東即黄鵠山，東北對夏口城。魏黄初二年，孫權所築也。按夏口故城在今江夏縣西南。魯山即大别，在漢陽府城東北半里。黄鵠山在府城内西隅，聳峙江口，與大别對。鸚鵡洲在城西南二里大江中，尾直黄鵠磯，明季蕩滅。小軍山在漢陽縣西南五十里。大軍山在縣西南六十里。百人山在縣西南八十里。又北折而東，逕武昌縣北，其對岸則黄陂縣、黄岡縣。武昌縣在武昌府東北一百八十里。本漢鄂縣。黄陂在黄州府西二百四十里。本漢邾縣地。黄岡爲府治。本漢西陽、邾、西陵三縣。今縣西北有邾縣故城。水經注：江水東逕邾縣南，右得黎磯，北對舉口。舉水出龜頭山，西南流注于江，謂之舉口，南對舉洲。左傳：定公四年，吴、楚陳于柏舉，疑即此也。江水又東逕邾縣故城南，南對蘆洲，又東逕鄂縣北，右得樊口，左逕赤鼻山南，又東逕西陽郡南，郡治即西陽縣也。江之右岸有鄂縣故城，今武昌也。城南有袁山，即樊山，北背大江，江上有釣臺。按蘆洲在今武昌縣西二十里，一名伍洲。樊口在縣西北五里。陸游曰：黄州與樊口正相對。樊山在縣西一里。赤鼻山在黄州府城西北。蘇子瞻誤認爲赤壁。又東逕大冶縣北、蘄水縣南，大冶在興國州西北一百五十里。本漢鄂、下雉二縣地。蘄水在黄州府東少南一百十里。本漢軑縣。水經注：江水合巴水，又東逕軑縣故城南，故弦國也。城南對五洲。江水東會希水口，又東逕西陵縣故城南。史記秦昭王遣白起伐楚取西陵者也。又東逕黄石山北，即黄石磯也。東山偏高，謂之西塞。按黄石磯在大冶縣東北三十里。西塞山在縣東九十里。元和志云：在武昌縣東八十五里。蓋與大冶分山也。蘄水縣南有希水。史記集解徐廣曰：西陵屬江夏。正義曰：括地志云西陵故城在黄州黄山西二里。又東逕興國州北、蘄州南，興國在武昌府東南三百六十里。本漢下雉縣兼鄂縣地。蘄州在黄州府東少南一百八十里。本漢蘄春縣。水經注：江水自西塞山，又東蘄水注之。又東逕蘄春故城南，又東逕積布山南西陽、尋陽二郡界也。又東逕下雉縣北，刊水從東陵西南注之。又東左得青林口。水出廬江郡之東陵鄉。江夏有西陵縣，故是言東矣。尚書云「江水過九江，至于東陵」者也。按酈説非是。辯見荆州。又東逕瑞昌縣北、廣濟縣南，瑞昌在江西九江府西九十里。本漢柴桑縣地。廣濟在湖廣蘄州東七十里。本漢蘄春、尋陽二縣地。大江去縣七十里。又東逕德化縣北、黄梅縣南。德化九江府治。晉永興初於此置尋陽郡。隋因改柴桑曰尋陽，而江北之名遂移于江南。黄梅在蘄州東一百六十里。本漢尋陽縣。其故城在今縣東北。元和志：大江在黄梅縣南一百里。彭蠡澤在德化縣東南九十里，其水北注于江。此導江「東迆北會于匯」之所經也。今洞庭湖遇江漲，其水亦爲江波所遏。而經獨於彭蠡言匯澤者，蓋禹時巴陵未有洲渚，九江即是江身，與彭蠡異，故不言匯澤也。

吴幼清移前「東匯澤爲彭蠡」六字于此「東迆北會于匯」之上〔一〕，其説曰：鄂北對漢陽軍大别山，漢水自北來入江，江水與之會，合流曰匯，故曰「東迆北會于匯」。不言會于漢者，以漢有漾、沔、滄浪之異名，不可指定一名而言，故但曰會于匯也。金吉甫則直以「匯」爲誤字。其説曰：當作「會于漢」。蓋江勢迆北處，正受漢口。若至彭蠡，則東流久矣。「匯」字必因上文而誤也。今按江、漢合流入揚州之域，會彭蠡，水始有三江之目。若以匯指漢水，則北江、中江不待過彭蠡而始有其名矣。禹貢于荆州言江、漢，無中江、北江之名。於揚州始言三江。蓋必會南江而後可命之曰北、曰中也。周禮荆州曰其川江、漢，揚州曰其川三江，與禹貢若合符節，匯非漢口明矣。自宋以來，説此經者，遇難解處，不以爲衍文，則以爲錯簡，不以爲錯簡，則以爲誤字。真禹貢之一厄也。

東爲中江，入于海。

傳曰：有北，有中、南可知。曾氏曰：豫章九江合于湖漢，東至彭蠡入江，此九水蓋南江也。南江乃江之故迹，非禹所導。禹導漢水入焉，與舊江合流，而水之派分爲南北，故漢爲北江。又導岷山之江入焉，其流介乎二江之中，故爲中江。南江乃故道，故經不志。程氏曰：經云「東匯澤爲彭蠡」，「東迆北會于匯」，是二語者，附著自略切。南江，以概其所不書者也。彭蠡爲南江無疑。禹之行水，嘗經疏導，則雖小而見録，無所致力，則雖大而不書。南江源派誠大且長，正以不經疏導，故自彭蠡而上，無一山一水得見於經。然於其合并江、漢，而以匯會名之，使天下因鼎錯之實，參北中之目，而南江隱然在二語中，此聖經之書法也。邵氏曰：江水濬發，最在上流，其次則漢自北入，其次則彭蠡自南入，三江並持而東，則江爲中江、漢爲北江、彭蠡所入爲南江可知已。非判然異派之謂也。且江、漢之合，茫然一水。唯見其爲江也，不見其爲漢也，故曰中江、曰北江。然其勢則相敵也，故曰江、漢朝宗，凡集傳謂經誤者非是。餘干張克脩云實亦云。渭按：三江之説，自康成、子瞻以後，得三氏而愈明。江、漢共爲一瀆，而其入海也，則漢爲北江，江爲中江，即朝宗于海，並舉二川已爲之張本矣。南江無所致力，不用循行，故導水無文。

江水至德化縣東北，贛水合彭蠡湖從南來注之。江水又東北逕湖口縣北，又東北逕彭澤縣北，其對岸則宿松縣、望江縣，湖口在江西九江府東六十里。本漢彭澤縣。彭澤在府東一百二十里。本漢彭澤縣地。縣北大江中有馬當山。陸龜蒙銘曰：天下之險，在山曰太行，在水曰吕梁，合二險而爲一，又聞乎馬當。宿松在江南安慶府西南二百六十里。本漢皖縣地。大江在縣南一百二十里。縣志云：小孤山在縣東南一百二十里。舊時峙江北岸。與南岸彭郎磯相對。江水經此，湍急如沸。明成化十二年，江水忽分流于山北，流日益廣，自是屹立中流，大江澎湃，環于四面。望江在府西南一百二十里。亦漢皖縣地。晉置大雷戍。即今縣治。大江在縣南十五里。楊溪河即古雷水也，亦曰雷池。又東北逕東流縣西，其對岸則懷寧縣，東流在江南池州府西少南一百八十里，亦漢彭澤縣地。大江去縣一里。懷寧爲安慶府治。本漢皖縣。大江在南門外。又東北逕貴池縣北，其對岸則桐城縣。貴池池州府治。本漢石城縣。大江去縣五里。桐城在安慶府東北一百二十里。春秋桐國。漢置樅陽縣。史記：秦始皇自雲夢浮江渚下，觀籍柯。括地志云：在同安縣東。隋改樅陽曰同安也。漢書：武帝自尋陽浮江，薄樅陽而出。今縣東南有射蛟臺。又東北逕銅陵縣西，又東北逕繁昌縣北，其對岸則無爲州。銅陵在池州府東北一百里。本漢陵陽、春穀二縣地。大江去縣里許。鵲頭山在縣北。左傳：昭五年，楚伐吴，吴人敗諸鵲岸，即此。繁昌在太平府西南一百三十里。本漢春穀縣。大江去縣五十里。赭圻城西臨大江。吴所置赭圻屯也。縣東北三十里江中有鵲尾洲。無爲在廬州府東南二百七十里。春秋巢國地。漢置居巢、襄安、臨湖三縣。水經注：沔水與江合流，又東合彭蠡澤，又東北出居巢縣南，古巢國也。湯伐桀，桀奔南巢，即此。江水自濡須口，又東，左會栅口水，水導巢湖，東過故東關城，又東南流，注于大江。按州東少南九十里爲巢縣。漢居巢縣地，巢湖在縣西，亦作漅湖，又名焦湖。方輿勝覽云：湖周四百餘里，占合肥、舒城、廬江、巢四縣之境，納諸水而注之江。濡須水在縣南，源出巢湖，亦曰東關水。又按寰宇記江水在含山縣南一百七十里。九域志亦云含山縣有大江。蓋唐、宋時其南境本瀕江，自明初割縣南周興、銅城、梅山等鄉入無爲州，而縣界遂無江矣。**又東北逕蕪湖縣西，又北逕當塗縣西，其對岸則和州。**蕪湖在太平府南少西六十里。春秋吳鳩茲邑。漢置蕪湖縣。大江去縣五里。蟂磯在縣西七里江中。中江在縣南，一名蕪湖水。元和志云：蕪湖水在當塗縣西南八十里，源出丹陽湖，西北流入大江。寰宇記云：蕪湖在蕪湖縣界，長七里。縣志以縣東十五里天成湖當之，一名天聖湖。當塗太平府治。本漢丹陽縣。牛渚山一名采石山，在縣西北二十五里，西臨大江，渡江至和州二十五里。陸游云：古來江南有事，從采石渡者十之九，從京口渡者十之一。蓋以江面狹于瓜洲也。和州在江南布政司西一百三十里。本漢歷陽縣。大江在州東南。江上有梁山。宋大明七年，祀梁山，大閱江中，立雙闕于山上。元和志云：梁山在歷陽縣南七十里，東岸有博望山，屬姑孰。二山隔江相對，望之如門，南朝謂之天門山。橫江浦在州東南。元和志云：歷陽縣東南二十六里，直江南采石渡處。烏江浦在州東北。元和志云：在烏江縣東四里，即亭長檥船處。**又東北逕江寧縣西，其對岸則江浦縣。**江寧與上元縣並爲江南布政司江寧府治。本戰國楚金陵。秦改曰秣陵。漢置秣陵縣，屬丹陽郡。其故城在今縣東南五里。寰宇記云：大江從江寧縣西一百二十里，承當塗縣分鰲浦上田爲界，紆回屈曲二百九十三里，與和州烏江、揚州六合並分中流爲界。胡三省曰：江水東流，自武昌以下漸漸向北，蓋南紀諸山所迫，陂陁之勢漸使之然也。至于江寧，江流愈北。蓋建康當下流都會，望潯陽、武昌皆直南，望歷陽、壽陽皆直西，故建康謂歷陽、皖城以西皆曰江西，而江西亦謂建康爲江東，建康謂姑孰爲南州，京口爲北府，皆地勢然也。三山在縣西南五十七里，一名三山磯。又有歷山、慈姥山、落星山，皆西臨大江。江浦在府西四十里。本漢堂邑、全椒二縣地。舊志云：大江在縣東南三里，自浦子口渡江，至府城觀音門二十里而近，一名安陽渡。又云：大江自梁山來，曰楊子江，抵浦子口，接六合縣界，曰宣化江。**又東北逕上元縣北，其對岸則六合縣。**上元本漢秣陵縣地。大江去縣二十餘里。有山踞江而出者，曰焦家觜，又東曰觀音山、燕子磯，又東歷濤山以接黃天蕩，在縣東北八十里。胡三省曰：大江過昇州界，浸以深廣，自老鸛觜渡白沙，橫闊三十餘里，俗呼黃天蕩。六合在府東北一百三十里。漢堂邑縣地。大江在縣東南。六合山在縣西北七十五里。隋開皇九年晉王平陳，於此臨江觀渡兵馬。瓜步山在縣東南。宋元嘉二十七年，魏主燾至六合，登瓜步，隔江望秣陵纔數十里。寰宇記引南兗州記云：瓜步山東五里有赤岸，南臨江中，潮水自海入江，衝激六七百里，至此岸側，其勢始衰。按枚乘七發言廣陵曲江之濤曰「凌赤岸，篲扶桑」。郭璞江賦云「鼓洪濤于赤岸，淪餘波于柴桑」，皆謂此也。輿地紀勝云：滁河即古涂水，源出合肥縣，東流逕全椒、滁州、六合，至瓜步入江。瓜步之東，又有石帆山，矗居江中，山東即黄天蕩，江流至此，波濤甚險。又東逕句容縣北，其北岸則儀真縣。句容在府東九十里。本漢句容、江乘二縣。大江去縣七十里。龍潭鎮在縣西北八十里，逼臨大江。儀真在揚州府西七十里。本漢江都縣地。唐爲楊子縣。縣西二十里宣化鎮有五馬渡，晉五王于此渡江，故名。又東逕丹徒縣北，其北岸則江都縣。丹徒，鎮江府治。春秋吴朱方邑。漢置丹徒縣。北固山在府城北，下臨長江。京峴山在城東五里，即秦所鑿泄王氣處。吴謂之京口以此。蒜山在府西五里，有西津渡，北與瓜洲對岸，舊名蒜山渡。金山在城西北七里江中。周必大筆録云：此山大江環繞，每大風四起，勢若浮動，名浮玉山。唐有裴頭陀於此開山，得金，賜名金山。焦山在城東北九里江中。後漢焦先隱此，因名。旁有海門二山，金、焦相望十五里。江都，揚州府治，漢舊縣。故城在今府城南四十六里，爲江水所侵。魏志：文帝黄初六年，行幸廣陵故城，臨江觀兵，即此地。瓜洲鎮在府城南四十五里，有渡以通鎮江。元和志云：江都縣大江南對丹徒之京口，舊闊四十餘里，今闊十八里，日知録云：古時未有瓜洲。蔡寬夫詩話：潤州大江本與今楊子橋對岸，而瓜洲乃江中一洲耳。今與楊子橋相連矣。以故自古南北之津，上則由采石，下則由江乘，而京口不當往來之道。史記：秦始皇登會稽，還，從江乘渡。正義云：江乘故縣在今潤州句容縣北六十里。吴徐盛作疑城，自石頭至江乘。晉蔡謨自土山至江乘鎮守八所，城壘凡十一處，皆以沿江爲防守之要。今江乘去江幾二十里，以外皆爲洲渚，而渡口乃移于龍潭。又瓜洲既連楊子橋，江面益狹，而隋、唐之代，復以丹陽郡移治丹徒。於是渡者舍江乘而趨京口。宋乾道四年，築瓜洲南北城，而京口之渡至今因之。按楊子江今北去楊州府城四十里。唐書：齊澣爲潤州刺史，州北距瓜步沙尾紆迴六十里。舟多敗溺。澣徙漕路由京口埭，治伊婁渠以達楊子。歲無覆舟，減運錢數十萬。又立伊婁埭，官征其入。胡三省曰：今之楊子橋，或是唐楊子縣治所。橋以此得名也。地理志：江都有江水祠。渠水首受江北至射陽入湖。即邗溝也。**又東逕丹陽縣北，又東逕武進縣北，其北岸則泰州。**丹陽在鎮江府東六十四里。本漢曲阿縣。大江在縣東北六十里。又東北十里爲包港，南接嘉山，北通大江。又東十里則武進之孟瀆河口也。武進爲常州府治。春秋吴延陵邑。漢置毗陵縣。大江在縣北五十里。地理志：毗陵季札所居。北江在北，東入海。水經注云：毗陵縣北二百步有故城，本毗陵郡治，舊去江三里。岸稍毁，遂至城下。江即北江也。泰州在揚州府東一百二十里。本漢海陵縣。唐爲吴陵縣。大江在州南。漢志：海陵有江海會祠。**又東逕江陰縣北，其北岸則泰興縣、靖江縣、如皋縣。**江陰在常州府東北九十里。本漢毗陵縣地。大江在縣北，有馬馱沙與泰興縣分領。君山臨江，南去縣二里，亦名瞰江山。泰興在楊州府東南一百四十里。唐爲海陵縣地。靖江在常州府東北一百十里。本唐海陵、吴陵二縣地。宋爲泰興縣地。元改屬江陰縣。明成化五年，析置靖江縣。孤山舊在縣東北二十五里江中。成化八年後，潮沙壅積，轉而成田。今山在平陸。新志云：大江舊分二派，繞縣南北。天啓以來，潮沙壅積，縣北大江竟爲平陸。因開界河與泰興分界，而大江唯經其東南，縣遂爲江北之地矣。按漢吴王濞都廣陵。枚乘説濞曰：轉粟西鄉，不如海陵之倉。臣瓚云：海陵，縣名也。有吴太倉。又曰：修治上林，不如長洲之苑。如淳云：以江水洲爲苑也。韋昭曰：長洲在吴東。後漢省海陵入東陽縣。郡國志臨淮郡東陽下云：有長洲澤。吴王濞太倉在此。然則長洲苑亦故海陵地也。今不知在何處。竊疑靖江縣大江舊分繞其南北，本是一洲。蓋即如淳所謂以江水洲爲苑者也。如皋在泰州東南一百四十五里。本後漢廣陵郡地。晉分廣陵置山陽郡，有如皋縣。隋省。唐析海陵縣地置如皋鎮。五代時南唐升爲縣。大江在縣南。**又東逕常熟縣北，其北岸則通州。**常熟在蘇州府北八十里。本漢吴、毗陵二縣地。大江去縣四十里。福山臨江有港，東連大海，曰福山港。通州在揚州府東四百里。本漢海陵縣之東境。狼山在州南十八里。布洲峽在洲南四十里江中。黄子鴻曰：常熟與通州相對。古時縣界闊遠，故東北濱海。自明中葉分置太倉州之後，凡縣境濱海之地，已割屬之。今江自太倉之七鴉口始，折而南，是爲大洋。其在本縣境者，自福山北距通州之狼山，水面不過百里，止可謂之江尾，而非海也。又東逕太倉州北，其北岸則海門縣，又東入于海。太倉在蘇州府東北一百十里。本漢婁縣地。梁以後爲崑山縣地。明初置太倉衛。弘治十年始割崑山、常熟、嘉定三縣地置太倉州。婁江在州南。大海在州東北，南接嘉定，北接通州。郟亶水利書云：今崑山之東，地名太倉，俗號岡身。朱長文吴郡續圖經云：濱海之地，岡阜相屬，謂之岡身。州東北有七鴉浦，大江由此入海。海中有姚劉沙，直江口之東南，今爲崇明縣，在州東二百八里。元時海運從劉家港出海，至此放洋。海門在通州東一百里。本唐海陵縣之東洲鎮。五代時置海門縣。海舊在縣東十五里。有六港，皆東通大海。潮漲則盈，退則涸。其地爲海水所侵，吞食日廣。本朝康熙初，縣治遂淪于海。今爲海門鄉，併入州境。此東爲中江入于海之所經也。

范成大曰：江出岷山，其源實自西戎萬山來，至嘉州，而沫水合大渡河以會之。至敍州，而馬湖江出自夷中以會之。又十五里，而南廣江會之。至瀘州，而內江自資、簡等州會之。至恭州，而嘉陵江自利、閬、果、合等州會之。至涪州，而黔江又自黔州合南夷諸水會之。至萬州，而開江水自開、達等州會之。夫然後總而入于峽，是江自峽而西，受大水凡八。及出峽而下岳陽，則會之者，洞庭湖所受湖南北諸郡水也。又自是而下鄂渚，則會之者，漢口所受興元諸郡水也。又自是而下黄州東四十里，則會之者，巴河也。又自是而下江州，則會之者，彭蠡今名鄱陽湖所受江東西諸郡水也。又自是而下，則會之者，皖水所受淮西諸水也。夫然後總而入于海。是江自峽而東，又受大水凡五。略計天下之水會于江者，居天地間之半。其名稱之大而可考者，凡十有三。故曰江源其出如甕，而能滔滔萬里以達海，所受者衆也。嗚呼！問學者可以觀矣。

漢志蜀郡湔氏道下云：禹貢岷山在西徼外，江水所出，東南至江都入海，過郡七，行二千六百六十里。按今江水所過於漢爲蜀郡、犍爲、巴郡、南郡、長沙、江夏、豫章、廬江、丹陽、會稽、廣陵凡十郡一國，而志云過郡七，蓋江都在江北，據北岸言之，故不數南岸之長沙、豫章、丹陽、會稽也。又水經：江水東逕宜昌縣之流頭灘。注引袁崧曰〔二〕：自蜀至此五千餘里。干寶晉紀云：吴孫皓使紀陟如魏。司馬昭問吴戍備幾何。對曰：西陵至江都五千七百里。宜昌今宜都也，在西陵之東。誠如所言，則江自岷山至江都入海，行萬餘里。而志云二千六百六十里。相去懸絶，二千之誤，理無可疑。閻百詩云：自江都至夷陵州古西陵，即水道曲折，亦不及三千里。吴使大言以夸敵耳。就令如此，亦當有七八千里。嘗攷尚書纂言載易氏之説，云：江源在松州交川縣西北三十里，南流二百四十里至翼州翼水縣，又六十里至茂州汶山縣，又三百七十里至成都府，又二百里至眉州通義縣，又五百六十里至戎州僰道縣，又三百十里至瀘州瀘川縣，又七百里至渝州巴縣，又三百四十里至涪州涪陵縣，又三百五十里至忠州臨江縣，又二百六十里至萬州南浦縣，又三百里至夔州魚復縣，又一百里至巫山縣，又三百三十里至歸州秭歸縣，又二百里至硤州夷陵縣，出峽又三百三十里至江陵府江陵縣，又五百七十里至岳州巴陵縣，又五百里至鄂州江夏縣，又六百里至江州德化縣，又五百八十里至池州，又七百四十里至鎮江府，又三百里至泰州入海。以上江水所行，自交川至夷陵凡四千三百三十里，較袁崧少六百七十餘里。自夷陵至泰州凡三千六百三十里，較紀陟少二千七十里。陟言誠夸，謂不及三千亦非也。江自松潘至泰州行七千九百六十里，自泰州至海門入海又四百里，通計得八千三百餘里。「二」當作「八」或是「七」，而先儒釋漢書者，曾無一語駁正。豈近世傳寫之誤，而古本不若是與！

漢志湔氏道下云「江水東南至江都入海」，江都下云「有江水祠」，海陵下云「有江海會祠」，皆以北岸言之。江海會者，謂江入海處也。毗陵下云「北江在北，東入海」，則以南岸言之。今泰州、泰興、靖江、如皋、通州、海門，漢時皆爲海陵縣地。今武進、江陰、常熟及太倉瀕海之鄉，漢時皆爲毗陵縣地。故大江入海在其境。班氏所言初無滲漏，然北江者，大江之正流也。而志與中江、南江並列而爲三，使枝榦不分。石城分江水即南江之上源，而松江在吳縣南者，中江由陽羨入海之道也。志更以爲南江，使首尾横決，此則其所短耳。水經依導水之序，先沔而後江。沔水篇云：與江合流，東過彭蠡澤，又東北出居巢縣南，又東至石城縣分爲二，其一過毗陵縣北，爲北江。而不及江都，蓋舉其南而遺其北也。江水篇敘至下雉縣北、東陵鄉之東北而止。以是應「過九江至于東陵」之文，而不知此東陵非禹貢之東陵也。自是以下，則以爲與沔水同，故不復見。然沔水篇但云過毗陵爲北江，而下文則專敘南江，至餘姚入海，無一言及于北江。遂使志家有錯認北江至山陰爲浙江者，貽誤不小。酈注則又兼用韋昭、郭璞、庾仲初之説，分南江爲二派：一自湖口東出爲松江，下七十里岐分爲三江口以入海；一歷烏程縣南通餘姚縣，合浙江、浦陽江以入海，而總結之曰是所謂三江者也。故子胥曰：吴越之國，三江環之，民無所移矣。但東南地卑，萬流所湊，濤湖泛決，觸地成川，枝津交渠，世家分夥，故川舊瀆，難以取悉。雖𪊨依縣地，緝綜所纏，亦未必一得其實也。今按太行、恒山之東，地平土疏，河、漳、滹沱等水性善徙，一朝泛決，觸地成川者有之。揚州土雖塗泥，而不甚疏惡。時或泛決，亦未聞有觸地成川之事。其所謂枝津交渠者，蓋自吴通渠三江、五湖之後，日加穿鑿，以資灌溉、便舟楫，遂致故川舊瀆，雜亂不明，非水自爲之也。然此等混淆，終無害于禹貢，學者但能遵鄭、蘇之説，以三江爲一派，則上自彭澤，下至毘陵、海陵，大江所行，禹迹具存，按圖而考，歷歷可據。又何必乞靈于孟堅，取裁于善長也哉。

【校勘記】

〔一〕于此東迆北會于匯之上　「上」，四庫本改作「下」。今檢通志堂經解本吴澄（幼清）書纂言，作「下」是。

〔二〕注引袁崧　今檢水經江水注（王先謙合校本）「袁崧」當作「袁山松」，四庫本改，是。

禹貢錐指卷十五

導沇水，東流爲濟，入于河，

釋文：沇音兖。又以轉反。

傳曰：泉源爲沇，流去爲濟，在温西北平地。正義曰：地理志云：濟水出河東垣縣王屋山，東南至河内武德縣入河。見今濟水所出在温之西北七十餘里。渭按：漢垣縣故城在今山西平陽府垣曲縣西四十里。温縣故城在今河南懷慶府温縣西南。武德故城在今武陟縣東，黄河在縣南，與開封府河陰縣分水。

水經：濟水出河東垣縣東王屋山爲沇水，王屋山在今懷慶府濟源縣西北八十里。濟源本漢軹縣，屬河内郡。隋改置濟源縣。縣西有王屋故城。後周所置，本垣縣地。元和志云：王屋山在王屋縣北十五里。元省縣入濟源。故濟源有王屋山，西南接垣曲縣界。垣曲故垣縣也。又東至温縣西北爲濟水。温縣本周畿内司寇蘇忿生之邑。又東過其縣北，屈從縣東，句。南流過墤城西，〔丁晏曰：沇水下引濟水過隤城西，誤作「墤城」。〕墤城今在温縣東。又南當鞏縣北，南入于河。黄河在温縣南，與河南府鞏縣分水。鞏縣故城在今縣西南三十里。注云：山海經曰：王屋之山，㶏水出焉，西北流注于泰澤。郭景純云：㶏、沇聲相近，即沇水也。潛行地下，至共山南，復出于東丘。共山在濟源縣北十二里。今原城東北有東丘城。括地志云：沇水出王屋山頂，崖下石泉，渟而不流，其深不測，既見而伏，至濟源縣西北二里平地，其源重發，而東南流。按故原城在濟源縣西北二里。今濟瀆廟西龍潭東北有其遺址。風俗通曰：濟出常山房子縣贊皇山。廟在東郡臨邑縣。今按二濟同名，所出不同，鄉源亦別，斯乃應氏之非矣。漢志：常山房子縣，贊皇山，石濟水所出，東至廮陶入泜。元和志：趙州贊皇縣，濟水源出贊皇山，西北流，去縣南十里。此別是一濟水，應劭以爲四瀆誤也。今濟水重源出温城西北平地，水有二源。東源出原城東北，俗謂之濟源城。其水南逕其城東，故縣之原鄉，與西源合。西源出原城西，東沇水注之。水出西南，東北流，注于濟。元和志：濟水在濟源縣東北三里。有二源，其深莫測，西源周圍六百八十五步，深一丈，皆繚之以周墻。李濂遊濟瀆記云：濟瀆廟後有池，是爲東池。即東源，周僅百餘步。池西有石橋，橋西爲西池，周如東池。舊記濟水出王屋山頂太乙池，伏流地中，東行九十里，復見于此。其太乙池今亦涸矣。劉渏西源辯曰：濟水二源，舊志唯以廟垣石橋爲界。按水經注二源，一在原城東北，一在原城西南，爲地殊遠，不可以一橋之界，遂分東西，而謂二原俱在是也。意此爲池之東源信矣。池西二里又有一源，舊稱爲龍潭，時出時没，不關水旱，下流經濟廟，南會池水於東北，當爲濟之西源無疑也。濟水又東逕原城南，東合北水亂流，東南注分爲二水：一水東南流，即濟水，又東南逕郗城北，而出于温，「郄」當作「絺」。今河内縣西南有絺城。元和志：濟水經河内縣西南，去縣三十里。一水枝津南流，注于湨。湨水出原城西北原山勳掌谷，南逕原城西，而南注于河。春秋「會于湨梁」，謂是水之墳梁也。爾雅曰：梁莫大于湨梁。闃，古闃切。濟水於温城西北與故瀆分，南逕温縣故城西，又南歷虢公臺西。皇覽曰：温城南有虢公臺，基址尚存。濟水南流注于河也。濟水故瀆於温城西北東南出，逕温城北，又東逕虢公冢北。皇覽曰：虢公冢在温縣郭東，濟水南大冢是也。濟水當王莽之世，川瀆枯竭。其後水流逕通，津渠勢改，尋梁脈水，不與昔同。渭按：濟水故瀆即漢志所謂「東南至武德入河」者，蓋禹迹也。第五卷河水注云：成皋大伾山在河内脩武、武德之界，濟、沇之水與滎播澤，出入自此，即經所謂「濟水從北來注之」者。今濟水自温縣入河，不於此也。所入者奉溝水耳，即濟、沇之故瀆矣。沁水篇云：沁水東過武德縣南，積爲坡，有朱溝水注之。其水上承沁水於沁水縣西北，自方口東南流，奉溝水右出焉。又東南流，右泄爲沙溝水，東逕隰城北、殷城南，而東南注于陂。陂水又東南流入河。先儒亦咸謂是爲泲渠，故班固及闞駰並言「泲水至武德入河」。按沙溝即奉溝之下流，古濟水由此入河，故謂之泲渠。沙溝當在今武陟縣界也。正與此相發明，濟水於武德入河，南直成皋，今汜水、河陰之界是也。其後由温縣入河，則南直鞏縣，所謂津渠勢改，不與昔同者也。今其故道又盡陷河中，濟水唯從枝津之合溴水者，至孟縣東南入河，見懷慶府志。南直孟津縣，其流益短矣，由大禹而來，濟水入河之道凡再變。

溢爲滎，渭按：溢，漢書作「軼」。顔氏曰「軼」與「溢」同。

曾氏曰：職方云其川滎雒者，禹時爲滎澤而已。至周則爲川。穆天子傳「浮于滎水，乃奏廣樂」是也。黄氏曰：經「溢爲滎」，「導菏澤，被孟豬」，皆一字之工，足以觀禹迹。吴氏曰：濟既入河，其伏者潛行地下，絶河而南，溢爲滎澤，再出于陶丘北。溢者言如井泉，自中而滿，非有來處。如菏澤被孟豬之被，出者言在平地，自下而涌，非有上流，如某水至某處之至。滎澤後既填塞，陶丘亦無竇，濟瀆故道不可復尋矣。渭按：書「溢」書「出」僅一見，乃禹貢之特筆，當與他水導源首受者不同，吴氏義最精。地理志云：濟水自垣縣，東南至武德入河，軼出滎陽北地中。即經所謂「溢爲滎」也。曰軼出地中，則重源顯發，不與河通可知矣。説者以滎播、河、濟往復徑通，爲禹之舊迹，非也。焦弱侯云：伏見不常，而識其爲濟，此禹之所以爲神。旨哉言乎。

傳云：濟水入河，並流數十里而南截河，又並流數里溢爲滎澤，在敖倉東南。正義云：此皆目驗所説也。濟水既入于河，與河相亂而知截河過者，以河濁濟清故可知也。渭按：成皋有大伾山，在今開封府鄭州汜水縣西一里。水經注云：晉地道志曰：濟自大伾入河，與河水鬬，南泆爲滎澤。又云：大伾在河内脩武、武德之界，濟、沇之水與滎播澤，出入自此山。東至河陰縣四十一里，又東至滎澤縣西北之敖倉十餘里，通計得五十餘里。故傳約言之曰河、濟並流數十里，又數里溢爲滎澤，在敖倉東南也。然傳言濟與河並流始在北，繼截河而南，則似兩人同行街北，一人忽截街而南，别與人同行數里，乃獨抵所欲詣處。人之行路，固有然者，水則安能？且河大而濟小，濟既入河，河挾以俱東，濟性雖勁疾，恐亦不能于大河之中，曲折自如若此也。滎陽石門水首受河處，水經直謂之濟水，京相璠名爲出河之濟，酈道元云濟水分河東南流，皆不以清濁爲言。謂濟與河亂，南出還清，自潁達始。後之好事者，從而附會言曾有人伏水底，見渾河中清流一道直貫之者，乃濟也。世遂有濁河清濟之圖，二水劃然。王充論衡曰：俗語不實，成爲丹青。丹青之言，聖人惑焉。其是之謂矣。林少潁云濟清而河濁，濟少而河多，以清之少者，會濁之多者，不數步間，則清者皆已化而爲濁矣。既合流數十里，安能自別其清者，以溢爲滎乎？林氏此言能窮物理，而不爲俗語所惑者也。東坡謂禹以味別知滎之爲濟，説本許敬宗，亦非。蔡傳云經所書單立導沇條例，若斷若續，而實有源流，或見或伏，而脈絡可考。先儒皆以濟水性下勁疾，故能入河穴地，流注顯伏，此説似勝于孔。然沇水至泰澤渟而不流，故知其穴地而入，此地上之事，有目者所共見。若河中之事，誰則知之。豈真有伏水底者，見清流一道，穴地而入，出而言之邪？影響之談，殆難據信矣。

泰澤之水有上源，與鹽澤相似。但至此渟而不流，人識其爲潛行地下耳。滎澤則異于是，其水似井泉，自中而滿，不可指一路爲源。故吴幼清云無來處也。東阿之井，沈存中以爲濟水，澤雖大其亦此類與。水經河水注云：東阿縣故城北門内西側皋上有大井，其巨若輪，深六七丈，歲嘗煮膠以供天府。本草所謂阿膠也。故世俗有阿井之名。今在陽穀縣東北六十里。沈存中夢溪筆談云：古説濟水伏流地中，今歷下凡發地下皆是流水，東阿亦濟水所經，取井水煮膠，謂之阿膠。其性趣下，清而且重，用攪濁水則清，故以治淤濁，及逆上之㾓也。禹時之滎澤渟而不流，後人導爲滎川，此説創自曾彦和，而余深信其然者。蓋使滎澤、陶丘之間，禹時果一水相通，則滎瀆距河陸路無幾，貢道之浮濟者，必書曰逾于河矣。而經不然，則以陶丘、滎澤相去可五百里，陸路艱難，故必由漯以達河耳。自説者謂河、濟本相通，陶丘之濟亦非復出，舟航可以直達，而漯遂獨爲兖州北境之所浮，於青、徐、揚無涉矣。以此言貢道頗覺直捷，而不知其有礙於導沇之經者大也。程泰之云：言經者不可執一，得其一隅而三隅對求皆無所礙，乃爲通耳。此窮經之要訣，學者所當知也。

詩大雅「觱沸檻泉，維其深矣」。傳云：檻泉，正出涌出也。李巡注爾雅曰：水泉從下上出曰涌泉。春秋公羊傳：昭公五年，叔弓帥師敗莒師于濆泉。濆泉者，直泉也。直泉者，涌泉也。此皆水之軼出地中，而無上流來處者，阿井、趵突其類也。又有一切證，爾雅：瀵大出尾下。注云：今河東汾陰縣有水口，如車輪許，濆沸涌出，其深無限，名之曰瀵。馮翊郃陽縣復有瀵亦如之，相去數里而夾河，河中渚上又有一瀵，瀵原皆潛相通，在汾陰者，人壅其流以爲陂種稻，呼其本出處爲瀵魁此是也。尾，猶底也。愚按：三瀵地下潛通，隨竇涌出正與濟水相似，如謂濟之溢爲滎者，截河而南，穴地而出，然則汾陰之瀵，亦自河水中穴地而溢爲渚上之瀵，渚上之瀵，復自河水中穴地而溢爲郃陽之瀵邪。此理甚明，不待智者而後曉也。觀汾陰陂其瀵以溉稻田，更可悟滎澤停流不接陶丘之義。

説文滎，絶小水也。余未識其義，以問百詩。百詩曰：爾雅正絶流曰亂。邢昺疏云：

正，直也。孫炎所謂横渡是也。以濟水截河南過爲滎，故以「絶」字解「滎」。至「小水」二字，則有唐高宗許敬宗問答在。高宗曰：天下洪流巨谷，不載祀典。濟甚細而在四瀆，何哉？敬宗曰：瀆之言獨也，不因餘水獨能赴海者也。濟潛流屢絶，狀雖微細獨而尊也。此可以爲其注脚矣。百詩此解不減徐楚金繫傳，然濟絶河爲滎，自是漢儒訓詁，禹之所以名水，恐未必爾也。

滎澤至周時已導爲川，與陶丘復出之濟相接，然河、濟猶未通波。及周之衰，有於滎陽下引河東南爲鴻溝，與濟、汝、淮、泗會者，而河始與濟亂。鴻溝首受河處一名蒗蕩渠，水經：河水合汜水，又東過滎陽縣，蒗蕩渠出焉。亦名汴渠，後漢明帝紀修汴渠注云：即蒗蕩渠也。汴自滎陽首受河，所謂石門，在滎陽山北一里。又名通濟渠，元和志：汴渠在河陰縣南二百步，亦名蒗蕩渠。大業元年更開導，名通濟渠。即今河陰縣西二十里之石門渠也。河陰縣在今鄭州西北五十里。漢滎陽縣地。隋爲汜水、滎澤二縣地，唐開元中析置河陰縣。水經直謂之濟水，漢志：滎陽縣有蒗蕩渠，首受泲水。經本此。泲，即京相璠所謂出河之濟也。曰濟水當鞏縣北入河，與河合流，又東過成皋縣北，成皋即春秋之虎牢。漢置縣，屬河南郡。今爲汜水縣。又東過滎陽縣北，本韓滎陽邑。漢爲縣，屬河南郡。今滎澤、河陰二縣皆其地。此猶合河、濟而言之也。是即孔傳所云「濟水入河，並流數十里，而南截河，又並流數里溢爲滎澤」者。自下專言濟水，曰：又東至北礫磎南，東出過滎陽北，北礫磎未詳。蓋在河南濟北，其水西注于河者。此濟分河東南流，即王景所修故瀆也。渠流東注浚儀，故復謂之浚儀渠。漢靈帝建寧四年，於敖城西北壘石爲門，以遏渠口，謂之石門。此即賈讓所謂滎陽漕渠也。其水門但用木與土，至是始壘石爲之。故世亦稱石門水，門廣十餘丈，西去河三里，南帶三皇山，亦謂之三室山也。又東逕西廣武城北，又東逕東廣武城北，廣武山在今滎澤縣西二十里，接河陰縣界。劉昭云：山有二城，曰東廣武、西廣武，各在山一頭，相去二百餘步。又東逕敖山北，山上有城，秦置倉于其中，故亦曰敖倉城。括地志云：敖倉在滎澤縣西北十五里，石門之東，北臨汴水，南帶三皇山。按今縣在隋縣南五里，則敖城東南去今縣當二十里也。又東合滎瀆。「瀆」本作「澤」，誤。玉海引此作「滎瀆」，與酈注合。今從之。瀆首受河水有石門，謂之滎口石門，門南際河，有故碑云：陽嘉三年立，激岸側以捍鴻波。按蘇代曰「決滎口，魏無大梁」，即此處也。首受河水，以上承河陰石門水而言，然昔人導澤水以爲川，從此門而出，故謂之滎口石門。而地形卑，蓋故滎播所道，自此始也。河陰石門，漢建寧四年立，在敖城西北。滎口石門，漢陽嘉三年立，在敖山東。時地各別，近志混而爲一，大謬。兩石門相去數十里。滎瀆前已有之，滎陽下引河，其所溝通者，裁數十里，爲功亦甚易也。濟水又東逕滎陽縣北，上文東過滎陽縣北，謂河、濟並流，此專主濟水而言。宋白續通典云：滎陽故城在滎澤縣南十七里。按今滎澤縣北五里有滎澤故城。隋置。明洪武八年爲河水所圮，移今治。是滎陽故城東北去今治止十二里也。又東，南礫石磎水注之。水出滎陽城西南李澤，澤中有水，即古馮池。東北流，歷敖山南，又東北逕滎陽縣北，斷山東北注于濟，世謂之礫石澗，即經所謂礫溪矣。按「又東」二字爲句，「石」字衍，觀注云經所謂礫溪可知。上有北礫溪，故此爲南礫溪。〔丁晏曰：錐指略例自謂表章酈注不遺餘力，然援引經、注，踳駁實多。沇水下引水經：濟水又東至北礫溪南，東出過滎陽北。東樵云：北礫溪未詳。案溝洫志顏注引水經：泲水東過礫溪。本無「北」字，後人妄加，而東樵不能辨也。又引濟水逕滎陽縣北，又東南礫石溪水注之。東樵云：「石」字衍，上有北礫溪，故此爲南礫溪。案酈注云「世謂之礫石澗」，則「石」字非衍明矣。經言礫溪皆于滎陽，明是一水，東樵誤爲二水，豈經有兩滎陽縣乎！甚矣，其誤也。東樵駁蔡傳河徙砱礫之失，謂蔡本漢志注今礫溪口，誤以「今」爲「令」，又誤加「石」作「砱」，使人噴飯。此説誠是。然東樵于礫溪誤衍「石」字，又誤從俗本加「南北」二字，又造爲南礫溪、北礫溪以實之。東樵笑九峯，恐後人之復笑東樵也。」又東索水注之，水出京縣西南嵩渚山，即古旃然水，東北流，至滎陽城北，而北注于濟。京縣今爲滎陽縣。又東逕滎澤北，古滎水所都也。京相璠曰：滎澤在滎陽縣東南，與濟隧合。濟隧上承河水於卷縣北河，句。南逕卷縣故城東，漢志河南郡有卷縣。其故城在今原武縣西北七里。又南逕衡雍城西，城在原武縣西北五里。與出河之濟會，又南會于滎澤。濟水又東逕垂隴城北，春秋：文公三年，晉士穀盟于垂隴〔一〕。京相璠曰：鄭地。又東南逕釐城東，即春秋之時來，左傳所謂釐。京相璠曰：在滎陽縣東四十里。又東合黃水，水發源京縣黃淮山，世謂之京水，東北流，逕滎澤而北注于濟。又東分爲二水，其枝瀆曰北濟。詳見後。濟水東逕陽武縣北，歷長城，東南流，蒗蕩渠出焉。又東北逕陽武故城南，又東逕封丘縣南，又東逕大梁城北，今祥符縣西北有浚儀故城，即大梁城也。又東左逕倉垣城，在今陳留縣西，一名石倉城。又東逕小黃縣故城北，在今陳留縣東北三十里。又東逕東昏縣故城北，陽武之户牖鄉，後置東昏縣。其故城在今蘭陽縣東北二十里。又東逕濟陽縣故城南，故武父城也，在濟水之陽，故名。今在蘭陽縣東五十里。又東逕冤朐縣南，今曹州西南有冤朐故城。謂之南濟，實濟水之經流也。自滎口石門至此，皆禹後代人所導。職方豫州之川，水經謂之滎瀆，而河、濟合焉者也。過此則爲陶丘復出之濟矣。以今輿地言之，滎澤、原武、陽武、封丘、祥符、陳留、蘭陽、並屬河南開封府。曹州屬山東兗州府。諸州縣界中，皆滎瀆之所經也。自鴻溝既開，滎瀆爲河水所亂，已非其舊。逮東漢之世，滎澤亦塞，而禹迹蕩然無存矣。

滎瀆非滎澤也。鄭康成云：滎澤在滎陽縣東。杜預同。京相璠云在縣東南。滎澤縣志云在縣南。其説不同。按今縣西南十二里有滎陽故城，漢縣也。昔時澤在滎陽縣東，今則在滎澤縣南矣。鄭、杜説是。滎澤西北距滎口二十餘里，其間必有水道相通，而志家不詳。余按水經注：黄水自京縣東北流，入滎澤，下爲船塘，俗謂郟城陂，東西四十里，南北二十里。穆天子傳曰「浮于滎水，乃奏廣樂」是也，北流注于濟水。此皆昔人導澤爲川之路，澤水從此北出而爲滎瀆，故謂之滎口。濟水自敖山又東，不得便合滎澤，以是知經之「澤」字當作「瀆」也。

河與滎瀆相亂，其來已久，而滎澤在西漢時依然無恙，故班固云「濟水軼出滎陽北地中」，謂滎澤也。至東漢乃塞爲平地，不知何故。酈道元云：昔大禹塞其淫水，而於滎陽下引河東南以通淮、泗。又云：大禹塞滎澤，開蒗蕩渠以通淮、泗。夫滎澤何以謂之淫水？經曰「滎、波既豬」，禹方陂之，以蓄其水，何以塞之，誕妄不足深辯。或云王莽時濟竭而不復出，故滎澤遂塞。斯言亦大可疑。按司馬彪郡國志河内温下云：濟水出，王莽時大旱，遂枯絶。河南滎陽下云有鴻溝水，而不言滎澤，豈以其時已塞爲平地乎。濟枯之語，繫之温縣，蓋專謂北源，故酈注於温縣濟水故瀆下言之。然北源東漢復出，水經歷歷可考，彪何以直言枯絶，而滎澤無文，則又似專指南源，此後人所以移其説于滎陽也。程大昌云：世惡莽居下流，故河徙濟枯皆歸于莽。余謂河徙事見王莽傳，無可疑者，濟枯亦理之所有。但濟水因旱而枯，旱止則當復舊。夏季伊、洛竭，商季河竭，周幽王時三川竭，諸水不聞自此遂絶也。濟何獨一枯而不復出？且南北二源同此一濟，北源復出，南源何以終絶，殊不可曉。積思久之，竟不知滎澤之塞爲何故。頃讀後漢書而得之，王景傳云：平帝之世，河、汴決壞，未及得脩，汴渠東侵，日月侵毁。建武十年，陽武令張汜上言：河決積久，日月侵毁，濟渠所漂數十許縣。明帝紀：永平十三年，詔亦言：自汴渠決敗，六十餘歲。加頃年以來，雨水不時，汴渠東侵，日月益甚，水門故處，皆在河中，漭瀁廣溢，莫測圻岸。廣韻：圻，語斤切，與垠同。當時汴、濟之區，河災之羨溢，爲害如此。濟渠即滎瀆，南去滎澤不過二十餘里，則固在所漂數十縣之中者也。河水氾濫，必至其處，歷六十年而後已，填淤之久，空竇盡窒，地中伏流，不能上涌，滎澤之塞，實由於此。豈因旱乾而遂塞哉！余闞曰：河，天下之濁水也，水一石率泥數斗。嘗道出梁、宋，觀決河，凡水之所被，比其去即穹居，大木盡没地中，漫不見踪跡。然則河侵滎澤，去後安得不塞爲平地。鉅野縣志云：元末河決入鉅野，及徙後，澤遂涸爲平陸。其明徵也。彪得之傳聞，不暇深考，故言之不詳。世遂附會以爲滎澤陘塞之故，殊非事實，余不可以無辯。

自滎陽引河，後遞加疏導，枝津交絡，名稱互見，使人目眩心摇。今綜其大略，以蒗蕩渠爲主。水經注云：渠水自河與濟亂流，東逕滎澤北，東南分濟，歷中牟縣之圃田澤，與陽武分水，又東爲官渡水，又東至浚儀縣，左則故渠出焉。秦始皇二十二年，王賁斷故渠，引水東南出，以灌大梁，謂之梁溝。世遂目故渠曰陰溝，而以梁溝爲蒗蕩渠。陰溝東南至大梁城，合蒗蕩渠，其東導者爲汳水，漢志作「卞水」。説文作「汳」。後人惡「反」字，因改爲「汴」。酈云：濟水又兼「邲」目。春秋，宣公十二年，晉楚戰于邲，即是水也。音卞，京相璠曰在敖北。至蒙縣爲獲水，又東至彭城縣入泗。蒗蕩渠自大梁城南，南流爲鴻溝，項羽與漢約中分天下，指是以爲東西之别。故蘇秦説魏曰「大王之地南有鴻溝」是也。鴻溝又兼沙水之目。沙水東南流，至新陽縣爲百尺溝，注于潁水。漢汝南郡有新陽縣，當在今陳州界。此即班固所謂「狼蕩渠首受泲，東南至陳入潁」者也，其一水自百尺溝分出，東南流至義城縣西，而南注淮，義城今懷遠。謂之沙汭。左傳：昭二十七年，楚子常以舟師及沙汭而還，即此也。沙水所出又有睢水、渦水。睢水自陳留縣首受，東南流，至下相縣入泗。下相今宿遷。渦水自扶溝縣首受，東南流，至義城縣南而東注淮。以上諸渠，同源於出河之濟。即石門水。故言鴻溝者，則指此爲鴻溝；言蒗蕩渠者，指此爲蒗蕩；言汴水者，指此爲汴水；言浚儀渠者，指此爲浚儀渠；皆以下流之目，追被上源也。此外有濟隧，上承河水於卷縣北河，南流與出河之濟會，自于岑造八激隄，而其流遂斷。

東出于陶丘北，又東至于菏，

傳曰：陶丘，丘再成。正義曰：釋丘云：再成爲陶丘。李巡云：再成其形再重也。郭璞云：今濟陰定陶城中有陶丘。地理志云：定陶縣西脱「南」字，有陶丘亭。渭按：「出」字義見上文。今山東兖州府定陶縣西南有定陶故城，漢濟陰郡治也。陶丘亦在西南，去縣七里。菏即菏澤。地理志濟陰郡下云：禹貢菏澤在定陶東。唐省定陶入濟陰。故通典濟陰縣下云：菏澤在縣東北九十里。故定陶城東北，今曹州東南三十里與定陶接界處是也。

溢者自中而滿，無上源亦無下流，頗與阿井相似。出者自下而涌，源在地中，流在地上，如趵突泉之流而爲濼水，濟自此不更伏矣。二字大有精義。説者乃謂河水盛滿，南溢爲滎，而出猶經過之謂，如某將軍出某道之出，不亦謬乎。

水經注：濟水自定陶縣南，又東逕秦相魏冉冢南，日知録云：今曹縣有冉堌，爲秦相穰侯魏冉之冢。史記：穰侯卒于陶，因葬焉。又東北逕定陶恭王陵南，又東北逕定陶縣故城南，又屈從縣東北流，又東逕陶丘北，墨子以爲釜丘。竹書紀年：魏襄王十九年「薛侯來會于釜丘」者也。按漢志「陶丘在定陶縣西南」，則濟水當先逕陶丘，而後至故城，此經不合，恐是錯簡。「又東北逕定陶縣故城南」十字，當在引竹書語之下。渭按：自滎口至陶丘，皆後世滎瀆之所經，非禹迹也。今曹州定陶界中並有濟水故道，禹時則濟水伏流，涌自陶丘之北，而東注于菏澤，無上源也。陶丘，漢志云在定陶縣西南，而郭璞言在城中，蓋其時郡徙西南，包陶丘而爲城耳。今縣則又徙于東北，故陶丘與漢城皆在西南也。

菏澤在陶丘之東北，相去不遠。濟水伏流至陶丘，北上奮馳波跳沫，東北匯于菏澤，又東北絶鉅野至琅槐入海者，爲濟瀆。其一枝東南流，至湖陵入泗者，後人目之曰菏水。漢志湖陵縣下云「菏水在南」者，是湖陵今爲魚臺縣地也。許愼云「菏澤水在湖陵」，謂澤之下流入泗者，亦未爲誤。自孔傳襲其文曰「菏澤在湖陵」，而遺一「水」字，則在湖陵者爲澤矣。釋此「至于菏」，又增一「水」字，曰菏澤之水，則定陶之菏澤與湖陵之菏水無別矣。酈道元時孔傳已盛行，故宗其說。言尚書有導菏澤之説，自陶丘北，東至于菏水。又以湖陵入泗爲澤水所鍾，而不知此特菏澤之下流，其所鍾則在定陶也。且豫州「導菏澤，被孟豬」，乃導澤水之餘波，南入于孟豬，非謂東南至湖陵入泗之菏水。酈乃混而爲一，種種紕繆，皆爲孔傳所誤。説禹貢者，當以漢志爲正，經文三「菏」字，皆以澤言，在定陶，與湖陵無涉也。

菏之爲澤也，濟貫其中，太半是濟水所匯。酈注云：即泲水之所包，注以成湖澤是也。然亦必有旁源。酈注云：濟水自定陶故城南，又東北，右合菏水。水上承濟水於濟陽縣東，今蘭陽、曹州之間。世謂之五丈溝，又東北出定陶縣北，屈左合氾水。氾水西分濟瀆，東北逕濟陰郡南，又東合于菏，又東北逕定陶縣南，又東北，右合黃水枝渠，而北注濟瀆。是氾水與五丈溝之會于澤者，亦皆濟水之分流也。寰宇記云：菏水亦名南濟水，近志以北清河爲北濟，南清河爲南濟，誤由于此。俗謂之五丈河，西自考城縣界來。程大昌曰：樂史寰宇書云：濟陰有山，是爲菏山。菏水西自考城來。考城在濟陰西，濟之正流未嘗經考城，可見菏水自爲一派，而濟來會之，甚明也。水經以此水爲五丈溝，即近世命爲五丈河者，此正菏水首末也。渭按：曹州志：菏山在州東南三十里。以近菏澤而言。蓋澤本名菏，後人因澤以名其山也。説者謂菏水出菏山，非是。據酈注菏水分濟于定陶東北，此即經所謂濟水東至乘氏縣西分爲二，南爲菏水，北爲濟瀆者也。乘氏故城在今鉅野縣西南，漢置。然曹州之東境亦兼得乘氏地，州東南與定陶接界，菏澤在焉。注所謂「定陶東北」，即經所謂「乘氏縣西」也。但不言菏澤爲疎漏耳。菏水只自菏澤分流，酈以濟陽所出之五丈溝爲菏水，蓋雜採它説而有此繆。元和志因目魚臺之菏水曰五丈溝，而程氏據以爲菏水之首末正當如此，皆非地志、水經之菏水起乘氏訖湖陵之本意也。

濟水有三伏三見之説，或謂出于近世之俗學，殊不可信。王綱振云：如時以東流爲濟，溢爲滎爲見。則瀁東流爲漢，匯爲彭蠡，亦可爲見乎。又若以入于河爲伏，則渭入于河，洛入于河，亦可爲伏乎。況經明言浮于濟、漯，達于河。河、濟本通，而此曰流、曰溢、曰入、曰出、曰至、曰會，亦並無間斷，不知三伏三見何據。但沿襲既久，爲之曲解，非本注也。渭按：伏見之説，二孔無之。然有所自來：泰澤一伏，東丘一見，本水經注；武德入河再伏，滎陽軼出再見，本地理志；滎東又洑，爲三伏，出曹、濮間，爲三見，本唐書許敬宗傳。此豈創自近世，但以入河爲伏，義有未安耳。滎澤自周以前，已導爲滎川，與陶丘復出之濟相接。故漢志于「軼出滎陽地中」下，即繼之曰「又東至琅槐入海」，而定陶縣下亦止云「禹貢陶丘在西南」，不引東出之文。蓋三見之迹，不可得見久矣。鴻溝既開，滎瀆爲濁河所亂，陶丘之竇，日就填淤，而滎澤之澄泓如故。其後滎澤亦塞，則河南由是無濟水，而再見之迹亦亡。水經以河、濟合流，分入滎瀆者爲濟水，京相璠謂之出河之濟，酈道元宗之，而班固之所謂「軼出地中」者，絶口不談矣。或以爲河中截流而過，孔安國。或以爲河底穴地而來，蔡沉。或以爲河、濟相亂，南出還清，孔穎達。或以爲適會河滿，溢出南岸，程大昌。各持所見，終非定論。余竊謂河南之濟，即奮自河南之地中，未必與入河之濟爲一脈。譬如人之鼻息，總出丹田氣海中，呼者豈必其吸者之復出邪。沈括云：歷下凡發地皆是流水，世傳濟水經過其下，東阿之井乃濟水所爲。曾鞏云：泰山諸谷之水，自渴馬崖潛流地中，至歷城西復出爲趵突，旁溢十數泉。蔡傳引以證濟之伏見、重源、顯發，所在多有。元和志云：鄭州管城縣，京水出縣南平地。新鄭縣，溱水出縣西北三十里平地。二處並在河南，密邇滎澤，尤爲明驗。蓋濟瀆所經之地，其下皆有伏流，遇空竇即便涌出。故一見于滎澤，再見于陶丘，不必以入河之濟爲上源，亦不必并泰澤、東丘數之爲三伏三見也。草廬之説，雖聖人復作，無以易之矣。

東坡惠泉詩云：茲山定空中，乳水滿其腹，遇隙則發見，臭味實一族。余謂濟水亦然，今年遊歷下，觀諸泉尤信。

又東北會于汶，

傳曰：濟與汶合。渭按：地理志：汶水出泰山萊蕪縣西南入濟，詳見青州。

水經注：濟水自定陶縣東北，又東至乘氏縣西，左傳：僖公三十一年，分曹地，東傅于濟。濟水自是東北流，出巨澤。分爲二：南爲菏水，北爲濟瀆。其一水東南流，其一水從縣東北流，入鉅野澤。按北濟自滎澤東逕卷縣之武修亭，又東逕陽武縣故城北，又東逕酸棗縣之烏巢澤北，又東逕平丘縣南，又東逕濟陽縣故城北，又東北逕冤朐縣故城北，又東北逕呂都縣故城南，又東北逕定陶縣故城北，又東北與濮水會。濮水上承濟水于封丘縣，闞駰曰：首受別濟即北濟也。濮水故瀆東北流，至乘氏縣合北濟，與濟水同入鉅野。濟水故瀆又北，右合洪水，水上承鉅野薛訓渚，歷澤西北，又北逕闞鄉城西，又北與濟瀆合。自渚迄于北口一百二十里，名曰洪水。桓溫以太和四年，率衆北入，掘溝通濟，故自洪口已上，又謂之桓公瀆。濟自是北注也。又東北過壽張縣西界、安民亭南，汶水從東北來注之。今東平州西南有壽張故城，西北去今壽張縣五十里。州西南十里有安山鎮，即古安民亭，齊乘云：東平城西即安山閘，閘下泥河口，有亭子店，即安民亭遺址，濟、汶合處。戴延之所謂清口也。郭緣生述征記曰：清河首受洪水，北流濟，或謂清則濟也。禹貢濟東北會于汶。今枯渠注巨澤，巨澤北則清口，清水與汶會也。渭按：濟水自菏澤東北流，絶鉅野澤而北合洪水，以至安民亭南者，禹之舊迹也。其後不知何年，改從澤西之清水而繞澤北以會汶，謂之清口。其澤中之道，自洪口至清口者，則無水。故水經謂之故瀆，述征記謂之枯渠。漢元光中，河決瓠子，東南注于鉅野。濟水改道，疑當在此時。今會通河逕鉅野縣東北七十里，去故城已遠，并清水會汶之故道，亦湮没而不可考，況禹之舊迹乎。

又北，東入于海。

傳曰：北折而東。茅氏曰：秦繼宗云：又東，北會于汶。當於東字一讀。又北，東入于海。當於北字一讀。渭按：地理志：濟水自滎陽東至琅槐入海，過郡九，行千八百四十里。今青州府樂安縣東北一百十里有琅槐故城，漢縣，屬千乘郡也。

水經注：濟水自壽張縣西合汶水，又北逕梁山東，袁宏北征賦曰「背梁山，截汶波」，即此處也。梁山，括地志云：在鄆州壽張縣南二十五里。今在東平州西南五十里，接汶上縣界。梁山濼在今壽張縣東，梁山之南，濟、汶既合，東北匯而成濼。日知録云：五代史：晉開運元年，滑州河決，浸汴、曹、濮、單、鄆五州之境，環梁山合于汶水，與南旺、蜀山湖連，瀰漫數百里。宋史宦者傳：梁山濼古鉅野澤，綿亘數百里，濟、鄆數州賴其蒲魚之利。金史食貨志：黄河已移故道，梁山濼水退地甚廣，遣使安置屯田。自此以後鉅野、壽張諸邑，古時瀦水之地，無尺寸不耕，而忘其昔日之爲川浸矣。又東逕須朐城西，城臨側濟水，故須朐國。安民亭北對安民山，東臨濟水，水東即無鹽縣界。按東平州本漢無鹽縣。州西南有須朐故城。又北逕微鄉東，春秋：莊公二十八年冬築郿。公羊傳謂之微。在東平壽張縣西北三十里。濟水又北分爲二枝津，西北出謂之馬頰水。又北逕須昌縣西，今東平州西有須昌故城。元和志：須昌縣，濟水在縣西二里。又北逕魚山東，左合馬頰水。水首受濟，西北流，歷安民山北，又逕桃城東，又東北逕魚山南，山即吾山。瓠子歌所謂「吾山平」者也。其水又東注于清濟，謂之馬頰口。元和志：魚山在東阿縣東南二十里。近志云在縣西。以宋初縣治東移故也。又北逕清亭東，春秋：隱公四年，公及宋公遇于清。京相璠曰：今東阿縣東北四十里有故清亭，即清也。濟水於是通得清之目。燕王曰「齊有清濟」，謂此水也。按春秋莊公三十年，公及齊侯遇于魯濟。杜預曰：濟水歷齊、魯界，在齊界爲齊濟，在魯界爲魯濟。濟水自清亭又北，則爲穀城，齊地矣。濟之爲齊爲魯，當分于此間也。又北逕穀城縣西，濟水側岸有尹卯壘，南去魚山四十餘里，是穀城縣界。縣有穀城山，陽穀之地。春秋、齊侯宋公會于陽穀者也。按後漢分東阿置穀城縣。今爲東阿縣治。又北逕周首亭西，左傳：齊襄公二年，王子成父獲長狄榮如，埋其首于周首之門是也。今世謂之盧子城，濟北郡治也。又北逕臨邑縣東，縣有濟水祠。水有石門，故濟水之門也。春秋：隱公五年，齊鄭會于石門〔二〕，鄭車僨濟，即于此也。按通典漢臨邑故城在盧縣東。今爲在平縣地。又北逕平陰城西，春秋襄公十八年晉侯沉玉濟河，會于魯濟，同伐齊。齊侯禦諸平陰者也。京相璠曰：平陰在濟北盧縣故城西南十里。今爲平陰縣地。又東北逕垣苗城西，故洛當城。伏滔北征記曰：濟水又與清河合流，至洛當者也。今在長清縣西南。元和志：長清縣，濟水在北去縣十里。即今大清河也。對岸則齊河縣，大清橋跨其上，爲南北通衢。又東北逕盧縣北，按左傳隱三年「齊鄭尋盧之盟」，即此。又逕盧縣故城北，濟北郡治也。元和志：盧縣，濟水在縣東二十七里。臨邑縣，濟水西去縣四十里。又東北與中川水合。水東南出山茌縣，北流，逕盧縣故城北，入濟，俗謂之沙溝水。按山茌故城在今長清縣東北。元和志：豐齊縣，濟水東去縣二十六里。豐齊屬齊州，故山茌，天寶二年改名。又東北右會玉水，水導源泰山朗公谷，西北流，逕祝阿縣故城東，而北注于濟。按祝阿故城亦在長清縣東北。又東北濼水出焉。〔丁晏曰：又東北濼水入焉。誤作「出焉」。〕水出歷城縣故城西南，泉源上奮，水湧若輪。春秋：公會齊侯于濼是也。其水北流，注于濟，謂之濼口。濼音洛。寰宇記：濼水在歷城西南二百步。元和志：全節縣，濟水在縣北四十里。按今濟南府治歷城縣，東有東平陵故城，漢縣，唐貞觀中，改名全節，屬齊州。曾鞏齊州二堂記曰：泰山之北與齊東南諸谷之水，西北合于黑水之灣，又西北會于柏崖之灣，而至于渴馬之崖。蓋水之來也衆，其北折而西也，悍疾尤甚，及至于崖下，則泊然而止。而自崖以北至于歷城之西，蓋五十里，而有泉涌出，高或至數尺，其旁之人名之曰趵突之泉。齊人皆謂嘗有棄糠于黑水之灣者，而見之于此。蓋泉自渴馬之崖潛流地中，而至此復出也。其注而北，則謂之濼水，達于清河，以入于海。舟之通于濟者，皆于是乎達也。齊多甘泉，其顯名者十數，而色味皆同。以余驗之，蓋皆濼水之旁出者也。齊乘曰：今府城西平地，泉源觱涌，聲如隱雷，旁合馬跑、金線諸泉，周可數畝，北出又合蜜脂、五龍衆泉，並城北流，屈而東至城北水門，大明湖水出注也。又曰：濟南名泉碑論七十二泉，遠至中宮、靈巖諸泉具載，而華不注之華泉，明水鎮之明泉，皆失不取。況其名亦未雅稱，蓋殘金俗筆也。又東北逕華不注山，單椒秀澤，不緣丘陵以自高，青崖翠發，望同點黛，山下有華泉。左傳成二年：鞌之戰，晉人逐齊師，三周華不注。齊侯及華泉，驂絓于木而止。即華水也。北絶聽瀆二十里，入于濟。元和志：華不注一名華山，在歷城縣東北十五里。不讀如字。又東北逕臺縣北，今歷城縣東北有臺縣故城。又東北逕菅縣故城南，右納百脈水，今章丘縣西北有菅縣故城，隋改置臨濟。唐屬齊州。百脈水出土鼓縣故城西，源方百步，百泉俱出，西北流注于濟。元和志：臨濟縣，濟水在縣南二十里。章丘縣，濟水在縣西，去縣十七里。舊志云：小清河在章丘縣北三十里。又東逕梁鄒縣北，元和志：濟陽縣，濟水在縣南。長山縣，濟水在西北，去縣三十五里。鄒平縣，濟水在北，去縣三十五里。按梁鄒故城，唐置濟陽縣，屬淄州。今爲鄒平縣治。其唐之鄒平縣城，則割入今齊東縣界。金志長山、新城二縣西北並有小清河。新城本漢高苑，其故城在今縣東。又東北逕臨濟縣南，今高苑城西南有臨濟故城。元和志：高苑縣，濟水在北，去縣七十步。宋史：乾德四年清河水溢，壞高苑縣城，溺數百家。又東北迆爲淵渚，謂之平州。應劭曰：博昌縣西南三十里有安平亭，故縣也。世尚有平州之名矣。按今高苑縣東南十里有麻大泊，一名魚龍灣，周五六十里。蓋即古濟水所匯之平州也。又東逕高昌縣故城西，在今博興縣西南。又東逕薄姑城北，城在臨菑縣西北五十里，近濟水，今博興縣東北蒲姑城是也。又東逕狼牙固西，其地無考。又東北逕利縣西，晏謨曰：縣在齊城北五十里。今博興縣東有利縣故城。又東北逕樂安縣故城南，樂安故城在今博興縣東北。隋改樂安曰博昌。五代唐改曰博興。元和志：博昌縣，濟水在北，去縣百步。渭按：此經舊在高昌下。今據薄姑、利縣俱南直臨淄，而樂安故城在博昌縣東北，則此經乃錯簡。故移置利縣之後，甲下之前。又東北至甲下邑南，東歷琅槐縣故城北，地理風俗記曰：博昌東北八十里有琅槐鄉，故縣也。山海經曰：濟水絶鉅野，注渤海，入齊琅槐東北者也。又東北河水枝津注之，水經以爲入河，非也。斯乃河水注濟，非濟入河。又東北入海。渤海在今樂安縣東北一百三十里，東接壽光縣界，北接利津縣界。樂安本漢廣饒、鉅定二縣，屬齊郡。其故城並在今縣東北。後漢省琅槐入博昌。故杜預、郭璞皆言濟水至博昌入海。以今輿地言之，自東平會汶以下，東阿、平陰、並屬山東兗州府。長清、齊河、歷城、章丘、鄒平、長山、新城、並屬濟南府。高苑、博興、樂安並屬青州府。諸縣界中，皆禹貢濟水入海之所經也。

濟水自東平以下，唐人謂之清河。按戰國策：燕王謂蘇代曰「齊有清濟、濁河以爲固」。郭緣生曰：清河首受洪水，北流濟，或謂清則濟也。酈道元曰：濟水通得清之目，亦水色清深，用兼厥稱矣。此清河之名所自來也。至宋又有南、北清河之名。河渠志云：熙寧十年，河決澶州，徙而南，東匯于梁山、張澤濼，分爲二派：一合南清河入于淮，一合北清河入于海。南清河即泗水，北清河即濟瀆也。南渡後，北清河又有大小之分，蓋自劉豫導濼東行始。齊乘以大清河爲古濟水，小清河爲豫所創。志家皆沿其説，黄子鴻非之，曰：以水經注、元和志、寰宇記諸書考之，濟水最南，漯水在中，河水最北。今者小清所經自歷城以東，如章丘、鄒平、長山、新城、高苑、博興、樂安諸縣，皆古濟水所行；而大清所經，自歷城以上至東阿，固皆濟水故道，而自歷城東北，如濟陽、齊東、青城諸縣，則皆古漯水所行；蒲臺以北，則故河水所經。蓋宋時河嘗行漯瀆，及河去則大清兼行河、漯二瀆，其小清所行，則斷爲濟水故道也。渭按：子鴻此言，正三百餘年積傳之謬。蓋清河所行本濟瀆，不知何時從歷城東北決而北，入濟陽縣界，與漯水合，而清河之名遂被于漯。據水經，漯水逕著縣故城南，著即今濟陽，而縣南有大清河，是知大清即漯。其水自歷城入濟陽，乃近世之所決，非唐清河入海之故道也。濟陽之流日盛，則章丘之流日微。故劉豫堰濼水使東以益之，齊乘云：大清河自齊河縣，又北經歷城上濼橋北，濼水分響河入焉。又東北逕華不注山陰，又東逕下濼堰，濼水舊入濟處，堰南即小清河。按響河即聽水也。此大清河猶是濟之故瀆。其所行者實濟水故道，而志家反以濟陽之大清河爲古濟，舛錯殊甚，不有子鴻，其誰正之！然大清自歷城入濟陽，及濱州以東入海之道，不知決于何年。意者宋熙寧時，河嘗合北清河入海，始開此道。其後金明昌五年河復由此入海，久而後去，流益深廣，此大清之所以浩浩，而小清之所以屢濬屢塞也與！

水經敍濟水，自滎陽以下原委甚悉。杜預春秋釋例曰：濟自滎陽卷縣，東經陳留，至濟陰，北經高平，東經濟北，東北經濟南，至樂安博昌縣入海。郭璞注山海經略同。酈道元依水經以立注，出河之濟又加詳焉。是由東漢以迄後魏，濟未嘗一日絶也。唐人則據司馬彪之言，以爲自王莽後河南不復有濟水。太子賢注後漢循吏傳曰：濟水東流，逕温縣入河，度河東南入鄭州，又東入滑、曹、鄆、濟、青等州入海。王莽末，旱，則枯涸，但入河内而已。杜佑通典曰：濟水因王莽末旱，渠涸，不復截河過。今東平、濟南、淄川、北海界中，有水流入于海，謂之清河，實菏澤、汶水合流，而曰濟河。蓋因舊名，非本濟水也。李吉甫元和郡縣志曰：濟水自王莽末入河，同流于海，知河南之地無濟水矣。自後所説皆襲舊名，如鄆州之須昌，濟州之長清、盧縣，齊州之臨邑、豐齊、全節、臨濟、章丘，淄州之濟陽、長山、鄒平、高苑，青州之博昌諸縣界中，並有濟水，其後則不經博昌而改從棣州之蒲臺入海，是皆襲舊名，而實非濟也。渭按：鴻溝既開，河水與滎、濟相亂，及滎澤塞爲平地，則河南無涓滴之濟矣。水經之所謂濟者，皆滎陽下所引之河水也。而杜預、京相璠、郭璞、酈道元輩皆莫能辨，唐人始知之，所見遠過于前。但以爲河南之濟由王莽末旱枯而絶，則非。以余考之，旱枯之事，郡國志繫河内温下，酈注亦於温縣濟水故瀆下言之，其所云「枯後復通，津渠勢改」者，謂濟水自温縣入河，不復東至武德耳。而滎陽以下絶無一字道及，殆與河南之濟無涉。詳見前。釋例自卷縣、博昌而外，略舉郡名，故與水經不同。孔穎達以爲水流之道，今古或殊。杜據當時所見言之，與水經乖異，非也。晉時濟水之道，實與漢世不殊。文有詳略，非枯後復通，津渠勢改也。若夫唐之清河，自須昌以下，所受唯菏、汶，則又有其故矣。蓋天寶之後，汴水堙廢，濟渠亦無所受，菏澤以西竟成斷港。故元和志言濟自須昌始，而通典云濟河實菏汶之合流，其所謂菏者，即五丈溝之水，西自考城來者也。迨元人開會通河，引汶絕濟，以資運道。明永樂中，又于古四汶口之地，築戴村壩，遏汶使西南流，汶水自是盡出于汶上，西南至南旺入漕。四分南流，出上閘，接沂、泗，六分北流，出下閘，抵漳、衛。唯小鹽河一綫洩入清河。小鹽河在今東阿縣西南二十里，即運河所洩汶水支流也。清河賴諸山泉溝澤以成其川，并無菏、汶之可言矣。而志家猶執清河以爲禹貢之濟水，不亦過乎？或又云：山左諸泉實皆濟水，溢爲大小清河，濟雖絕而不絕也。然此等指爲濟水則可，以是爲滎澤、陶丘之遺跡可乎哉！東漢後，河南無濟水，斯爲定論，紛紛筆舌，徒滋來學之惑，無爲也。

杜佑之譏水經也，曰：按後漢郡國志因王莽末旱，此渠枯涸，濟水但入河而已，不復截河而南。水經是和帝之後所撰，乃云南過滎陽、陽武、封丘、冤朐、乘氏等縣，並今縣地，一依尚書禹貢舊道，斯不詳之甚。酈道元又從而注之，其所纂敍及注解並大紕繆。渭按：河北之濟因旱而枯，旱止則復出。河南之濟爲濁河所侵，空竇盡窒，河去不復能上涌，故遂絕。自東漢以迄唐初，凡行濟瀆者，皆河水也，而猶目之曰濟，是鵲巢而鳩居，觚名而圜實也。故杜氏力詆水經以爲不可信，然滎、濟故道猶可因是而得其十之七八，則此書不無補焉。黄文叔云：濟水雖絕，其瀆猶在。雖中間經穿鑿變易，或斷或續，然水之附入於其瀆者，猶可尋求緝之，以存禹迹。非無理也，斯言蓋得其平。

濟瀆之水，自周以來凡數變。初爲濟，及導滎爲川，則滎與濟合。鴻溝既開，滎瀆爲河所亂，及滎澤又塞，則所行者唯河水矣。汴渠不通，則鉅野以北所行唯菏、汶。戴村已築，則東阿以下所行唯山泉溝澤之水，其號爲濟者，襲舊名而已。濟瀆入海之道，自唐以來亦數變。初經高苑縣北，又東北至博昌入海。其後則不由博昌。通典云：舊濟合在今博昌縣界，今無。元和志蒲臺縣下云：海在縣東一百四十里，海畔有一沙阜，俗呼爲鬬口淀。是濟水入河之處，海潮與濟相觸，故名。蓋其時濟水改道從蒲臺東北與河渾濤而入海也。宋南渡後，劉豫導濼水東行，入濟水故道爲小清河，仍經高苑縣北至樂安縣入海。及金皇統中，縣令高通改由縣南長沙溝至博興合時水，又東北至樂安由馬車瀆入海。瀆在縣東北五十里。今爲高家港。其後小清之上流堙塞，鄒平、長沙、新城界中故瀆皆爲漯河所行[三]。漯河即楊渚溝水。寰宇記所稱獺河者也。歷城新志云：小清河自明永樂以後，漸至堙塞。成化九年嘗濬治之。嘉靖十二年又塞，乃復濬博興以西達於歷城，幾三百里，久之復淤。蓋小清唯恃濼水爲源，堰東有阻，則濼水仍自華不注東北入大清河，屢濬屢塞，職是故也。水經所敍瀆同而水異。水異，故李弘憲云河南無濟水；瀆同，故黄文叔云禹迹賴此而猶存。言非一端，各有所當。今與人論濟水，苟以爲無，則羣指七十二泉、大小清河以相難；若以爲有，則又據杜佑之説詆水經不當襲舊名爲濟。明道謂與公言如扶醉人，扶得一邊起，又倒却一邊，真可笑又可憎也。

【校勘記】

〔一〕春秋文公三年晉士縠盟于垂隴　四庫本、經解本同。今據清阮元重刻十三經注疏本春秋，「三年」實爲「二年」之誤。

〔二〕春秋隱公五年齊鄭會于石門　四庫本、經解本同。今據清阮元重刻十三經注疏本春秋，「五年」實爲「三年」之誤。

〔三〕鄒平長沙新城界中故瀆皆爲漯河所行　按古漯水所經爲山東鄒平、長山、新城諸縣境，清屬濟南府。此「長沙」係「長山」之誤。

禹貢錐指卷十六

導淮自桐柏，

傳曰：桐柏山在南陽之東。正義曰：地理志云：桐柏山在南陽平氏縣東南，淮水所出。水經云：出胎簪山，東北過桐柏山。胎簪蓋桐柏之旁小山也。傅氏曰：胎簪山即桐柏也，後世又別名之耳。禹謂導淮自桐柏，不應桐柏非淮所出。今其山在唐州桐柏縣。渭按：桐柏見導山。今河南南陽府桐柏縣西北四十里有平氏故城，漢縣也。胎簪山，寰宇記云在桐柏縣西北三十里。

水經：淮水出南陽平氏縣胎簪山，東北過桐柏山。山海經曰：淮出餘山，在朝陽東、義鄉西。尚書「導淮自桐柏」。風俗通曰：南陽平氏縣桐柏大復山在東南，淮水所出也。淮水與醴水同源俱導，西流爲醴，東流爲淮，自潛流地下三十許里，東出桐柏之大復山南，謂之陽口水，南即復陽縣也。在大復山之陽，故曰復陽。山南有淮源廟。元和志云：桐柏山在唐州桐柏縣西南九十里。淮瀆廟在縣西六十里，山之東北。桐柏縣志云：縣西三十里有淮井，石砌水池，方七尺許，有泉三處湧出，即于池邊伏流地中，經六七里成川。按今南陽府新野縣西有朝陽故城，桐柏縣東有復陽故城，漢並屬南陽郡。醴水西流逕平氏故城東北，又西至唐縣界而入泚水。「醴」亦作「澧」。以今輿地言之，淮水出桐柏縣西北桐柏山，縣在南陽府東南三百里。東南流，逕其縣南，禹貢所謂「導淮自桐柏」者也。

元和志：南鄭縣，漢水經縣南。裴秀云：漢氏釋淮水，故秩漢水爲四瀆，以其國所氏也。渭按：封禪書：秦并天下，令祠官所常奉，自殽以東，名山五，大川二。曰太室、恒山、泰山、會稽、湘山。水曰濟、曰淮。自華以西，名山七，名川四。曰華山、薄山、岳山、岐山、吴嶽、鴻冢、瀆山。水曰河祠臨晉，沔祠漢中，湫淵祠朝那，江水祠蜀。蓋秦不師古，自爲名山大川之制，與禮五嶽四瀆之秩祀異，未嘗躋沔于瀆也。郊祀志：宣帝改元神爵，令祠官以禮爲歲事東嶽泰山于博，中嶽泰室于嵩高，南嶽灊山于灊，西嶽華山于華陰，北嶽常山于上曲陽。河于臨晉，江于江都，淮于平氏，濟于臨邑界中。自是五嶽四瀆皆有歲事，時則有淮而無沔，改江祠于江都，並無釋淮秩漢之事。漢興，庶事草創，高祖使河巫祠河于臨晉，而嶽瀆之禮無文，且淮獨入海，漢因江以達，四瀆之祠，理不得釋淮而秩漢。裴氏去漢不遠，其言當必有據，而未知所出。豈好事者，因漢王初封南鄭，蕭何有天漢之稱，而附會爲此説與。

東會于泗、沂，東入于海。

傳曰：與泗、沂二水合，入海。蔡氏曰：沂入于泗，泗入于淮。此言會者，以二水相敵故也。入海在今淮浦。吴氏曰：二水均敵，不以沂既入泗而没其名，如朝宗並稱江漢之例。金氏曰：淮出桐柏初甚湧，復潛流三十里，然後東馳亦尚淺，其深處爲十四潭，至并汝、潁始大。汝、潁，禹時不費治導，故不書。自桐柏至海凡千七百里。渭按：泗、沂二水並見徐州，淮浦，漢屬臨淮郡，其故城在今江南淮安府安東縣西。地理志云「淮水至淮陵入海」，注疏本訛爲「睢陵」。唯水經云「至淮浦縣入海」，蔡氏從之。淮浦，隋改曰漣水縣，宋置漣水軍。淮浦之名久絶，今字謬，當云入海在漢淮浦縣，今漣水軍。

水經注：淮水自平氏縣，又東逕義陽縣，縣南對固成山。義陽今信陽也。又逕義陽縣故城南，義陽郡治。晉泰始中割南陽東鄙之安昌、平林、平氏、義陽四縣置義陽郡於安昌城。有九渡水注之。按安昌故城在今信陽州西北七十里。又東逕江夏平春縣北，今信陽州東南有平陽故城。本後漢平春縣。又東，油水注之。在平春縣故城南。又東北逕城陽縣故城南，魏城陽郡治。按漢志汝南郡有成陽縣。又東北與大木水合。水西出大木山。又東北，左會湖水，按今信陽州界有臺湖、車輞湖、馮家、楊家、蔡家等湖。又東逕安陽縣故城南，江國也。按今真陽縣東有安陽故城，與光州息縣接界。又東得㴓口水，源南出大潰山，東北流，逕鄳縣故城南，又東北注于淮。按鄳縣故城在今羅山縣西南百二十里黄峴關外。又東逕新息縣南，東逕故息城南，在今新息縣北三十里。又東逕浮光山北，亦曰扶光山，即弋山也。在今光山縣北八十里。又東，合慎縣水，水出慎陽縣西，首受淮川，左結鴻陂。漢成帝時，翟方進奏毁之。建安中，汝南太守鄧晨修復之，起塘四百餘里，百姓得其利。按慎陽故城在今真陽縣北四十里。鴻郤坡又名鴻池陂。秦觀曰：鴻池陂非特灌溉之利，菱芡蒲魚之饒，實一郡瀦水處也。陂既廢，水無歸宿，汝水所以散漫爲害與。又東與申陂水合，水上承申陂於新息縣北，東南流，注于淮。又東，右合壑水，水出白沙山，東北流，逕黄城西，又東北入淮。按黄城在今光州西十二里。又東北，申陂枝水注之，又東逕淮陰亭北，又東逕白城南，楚白公勝之邑，在今息縣東。又東逕長陵戍南，又東，青陂水注之。今息縣東北八十里有長陵城，疑即長陵戍也。新蔡縣西南有青陂。又東北合黄水，水出黄武山，東北流，穆陵關水注之。又東北逕弋陽郡，又東北入淮。又東逕期思縣北，縣故蔣國也。今固始縣西北七十里有期思故城。又東北，淠水注之。固始縣南五十里有淠水。又東逕原鹿縣南，汝水從西北來注之。縣即春秋之鹿上也。按原鹿故城在今江南潁州南、富陂之西。汝水篇云：汝水出魯陽縣之大盂山，東南流，逕原鹿縣故城西，而南入于淮，所謂汝口。又東逕廬江安豐縣東北，決水注之，今霍丘縣西南有安豐故城。決水在縣西八十里，與固始縣分界。又東，谷水入焉。水上承富水，東南流，至汝陰城入淮。城即今潁州治。又東北，左會潤水，水首受富陂，至汝陰縣東，入于淮。又東北，窮水入焉。水出安豐縣窮谷。左傳「楚救灊，與吴師遇于窮谷」者也。今霍丘縣西有窮水。又東爲安豐津，〔丁晏曰：導淮下引淮水安風津，誤作「安豐」。〕淮中有洲，俗號關洲。又東北至九江壽春縣西，沘水、洪水〔丁晏曰：泄水誤作「洪水」。〕合北注之。謂之沘口。按漢志：灊縣沘山，沘水所出，北至壽春入芍陂。師古曰：沘音比，又音布几反。水經訛爲「泄」，今正之。又東潁水從西北來注之。淮水東流與潁口會，又東北逕壽春縣故城西。按壽春故城即今壽州治。潁水篇云：潁水出潁川陽城縣西北少室山，東南流，逕蜩蟟郭東，俗謂之鄭城，又東南入于淮。春秋：昭公十二年，楚子狩于州來，次于潁尾。蓋潁水之會淮也。按鄭城即潁上故城，在今潁上縣南。又北，左合椒水，〔丁晏曰：又依俗增「左合椒水」四字。〕水上承淮水，亦謂之清水。又東逕壽春縣北，肥水注之。謂之肥口。按肥水在今壽州東北十里，自合肥來，注于淮。州志謂之東肥河。又北，夏肥水注之。水上承沙水於城父縣，東南流，注于淮。按夏肥水在壽州西北。州志謂之西肥河，東流，至下蔡故城西南十里入淮。又北逕山硤中，謂之硤石。對岸山上結二城，以防津要。按硤石山在壽州西北，夾淮爲險。王氏地理通釋曰：在西岸者，屬下蔡；在東岸者，屬壽春。明初省下蔡入壽州，故一統志云山在州西北二十五里。又北逕下蔡故城東，本州來城，春秋：襄公二年，蔡成公自新蔡遷于州來〔一〕，謂之下蔡。又東逕八公山北，在今壽州北少東，淮水之南。晉世謝玄北禦苻堅於八公山，堅望山上草木，咸爲人狀也。寰宇記云：一名肥陵山，在壽春縣北四里。又北逕莫邪山西，山南有陰陵縣故城。項羽自垓下渡淮，至陰陵迷失道者也。今鳳陽縣西南有莫邪山。又東逕當塗縣北，過水從西北來注之。淮水自莫邪山東北逕馬頭北，魏馬頭郡治當塗縣之故城也。按當塗故城在今懷遠縣東南。塗山在縣東南八里。淮河東岸。渦水在縣北一里。渦與過同。陰溝水篇云：過水受沙水于扶溝縣，東南流，逕荆山，又東注于淮。荆山在縣西南一里，與塗山隔淮對峙。其下有荆山堰，梁天監中築。又東北，濠水注之。在今懷遠縣南。元和志謂之西濠水。又北，沙水注之，經所謂蒗蕩渠也。淮出于荆山之左，當塗之右，奔流二山之間。而揚濤北注之。按沙水在懷遠縣南。渠水篇云沙音蔡。許慎正作沙音。言水散石也。續述征記曰：汴、沙到浚儀而分，汴東注，沙南流，至義城縣西南，而東注于淮，謂之沙汭。杜預曰：沙，水名也。漢志沛郡有義成縣，其故城在懷遠縣東北十五里，今名拖城。魏收志云：汴水在大梁城東，分爲蔡渠。即今祥符縣東南首受汴之蔡河。「蔡」與「沙」字異而音近，當讀如「二百里蔡」之蔡。又東逕鍾離縣北，縣故鍾離子國。豪水出陰陵縣，東北流，注于淮。今臨淮縣東有鍾離故城，濠水在縣西。元和志謂之東濠水。又東逕夏丘縣南，渙水注之。水自雍丘縣故城南，東流，至虹城南，洨水注之，又東南入淮。按渙水今謂之澮河。虹縣治即夏丘故城。又東至巉石山，潼水注之。水首受潼縣西南潼陂，東南流入淮。按巉石山在今五河縣東，與泗州接界。新志云：有鐵鎖嶺在縣東三十里，橫跨淮口，與盱眙之浮山對峙。蓋即古巉石也。潼，漢志作「僮」。今虹縣東北有僮縣故城。又東逕浮山，山北對巉石山。梁氏天監中，立堰于二山之間，逆天地之心，乖民神之望，自然水潰淮矣。按浮山在今盱眙縣西。梁武帝天監中，魏降人王足陳計。求堰淮水以灌壽陽，曰荆山爲上格，浮山爲下格。帝然之。命康絢率衆二十萬於鍾離，南起浮山，北抵巉石，依岸以築土，合脊于中流。十五年四月堰成，其長九里，下闊百四十丈。九月，堰壞，死者十餘萬口。元和志：浮山堰在招義縣西北六十里，與荆山堰同築。又東逕徐縣南，歷澗水注之。導徐城西北徐陂，東南注于淮。今泗州西北三十里有徐縣故城，古徐國。又東，池水注之。水出東城縣，東北流，入淮。今定遠縣東南有東城故城。又東，蘄水注之。水首受睢水於穀熟城東北，東逕徐縣故城南，又東注于淮。又東歷客山，逕盱眙縣故城南，今盱眙縣東南有盱眙故城。舊志云：在盱山之麓，淮水之濱。盱山蓋即古客山也。又東逕廣陵淮陽城，北臨泗水，岨于二山之間。述征記：淮陽太守治。按今清河縣西南有淮陽廢縣。晉義熙中置淮陽郡，領角城等縣。寰宇記云：在徐城縣東北百五十里，西臨淮水。徐城，舊泗州治也。又東北至下邳淮陰縣西，泗水從西北來注之。淮、泗之會即角城也。左右兩川翼夾，二水決入之所，所謂泗口也。按泗口亦名清口，導淮東會于泗、沂，即是處也。今清河縣東南五里有淮陰故城，漢屬臨淮郡。後漢改屬下邳國。晉初爲廣陵郡，治角城縣。故城在縣西南，去故淮陽城十八里。寰宇記云：角城在宿遷縣東南一百十里。又東逕淮陰縣北，中瀆水出白馬湖，東北注之。淮水右岸即淮陰也。縣有中瀆水，首受江于廣陵郡之江都縣。縣城臨江。昔吴將伐齊，北霸中國，自廣陵城東南築邗城，城下掘深溝，謂之韓江，亦曰邗溟溝。自江東北通射陽湖。地理志所謂渠水也，西北至末口入淮。自永和中，江都水斷，其水上承歐陽引江入埭六十里，至廣陵城北，出武廣湖東、陸陽湖西，二湖東西相直五里，水出其間，下注樊梁湖，舊道東北出博芝、射陽二湖，西北出夾耶乃至山陽矣。至永和中，患湖道多風，陳敏因穿樊梁湖北口，下注津湖，徑渡，渡十二里方達北口，至夾耶。興寧中，復以津湖多風，又自湖之南口沿東岸二十里，穿渠入北口，自後行者不復由湖矣。舊道自廣陵出山陽白馬湖，逕山陽城西，即射陽縣故城。應劭曰在射水之陽也。中瀆又東謂之山陽浦，又東入淮，謂之山陽口者也。按射陽故城在今山陽縣東南，縣西有山陽瀆，即古邗溝。縣北五里有北神堰，即古末口也。又東，兩小水注之。淩水出淩縣，東流，逕其縣故城東，而東南注于淮，即經所謂小水者也。按淩縣故城在今宿遷縣東南。又東至廣陵淮浦縣入于海。應劭曰浦，岸也。蓋側淮浦，故受此名。淮水於縣枝分，北爲游水，歷朐縣與沭水合，又北至贛榆縣入海。爾雅曰淮別爲滸，游水亦枝稱也。按今安東縣治或云即淮浦故城。淮浦舊屬臨淮郡，晉改屬廣陵。漢志平氏縣下云「淮水東南至淮陵入海」。蓋「陰」字之誤。淮陰去海尚一百四五十里，而志云淮陰入海者，亦猶江都去海甚遠，而湔氐道下云「江水東南至江都入海」，不言海陵也。「淮陵」作「淮陰」無疑。安東即淮浦亦無疑。以今輿地言之，淮水自桐柏縣南，東逕信陽州北，信陽在汝寧府西南二百七十里，水去州四十五里。又東逕羅山縣北、真陽縣南，羅山在州東一百二十里，水去縣二十里。真陽在府南一百二十里，水去縣八十里。淮水舊自確山縣南流，入二縣界。元和志云：淮水在朗山縣南一百二十里是也。今不入其界。又東逕息縣南，息縣在光州西北九十里。春秋息國地。水去縣五里。又東逕光山縣北，光山在州西四十五里。本春秋弦國。水去縣八十里。又東逕光州北，光州在汝寧府東南二百七十里。本春秋黃國。水去州六十七里。又東北逕固始縣北，固始在州東北一百二十里。水去縣七十里。縣東南四十里有茹陂，後漢末揚州刺史劉馥所築，爲耕屯之利。其後鄧艾等嘗修治之。今故址僅存。又東北逕潁州南，潁州在江南鳳陽府西四百二十里，水去州一百十里。又東十餘里合汝水，南岸即霍丘縣界。又東逕霍丘縣北，霍丘在壽州西南一百二十里。水去縣四十五里，其渡處曰安風津。又東逕潁上縣南，潁上在潁州東一百二十里。水去縣二十五里。西南與霍丘分界。又東三十五里與壽州分界。潁水在縣南門外，亦曰沙河，東南流，至正陽鎮入淮，謂之潁口，即春秋之潁尾也。鎮在縣東南七十里，淮水之西。又東逕壽州西北，壽州在鳳陽府西少南一百里。水去州二十五里。芍陂在州南，亦曰期思陂。淮南子曰：孫叔敖決期思之水，灌雩婁之野。即此。又東逕懷遠縣南，懷遠在府西北七十里，水去縣一里，流至城東，稍折而北，渦水來注之，謂之渦口。又東逕鳳陽縣北，縣爲鳳陽府治。水去城十里。又東逕臨淮縣北，臨淮在府北少東二十里，水去縣一里。又東北逕五河縣南，五河在府東北九十里。本漢虹縣，屬沛郡，音貢，後漢爲虹縣，淮水在縣東南二里，有澮、沱、漴、潼四水，與淮會爲五河口，縣取名焉。又東逕泗州南、盱眙縣北，泗州在府東少北二百十里。水去州一里，有浮橋，爲南北要道。潘季馴曰：淮挾汝、潁、肥、濠等處七十二溪之水，至泗州下流，龜山横截河中，故至泗則湧，譬咽喉間，湯飲驟下，吞吐不及，一時呃塞，其勢然也。明萬曆十九年，泗州大水，淮流泛溢，高於城，溺人無算，浸及祖陵。季馴上言：水性不可拂，河隄不可弛，地形不可强，治理不可鑿。人欲棄舊以爲新，而臣謂故道必不可失，人欲支分以殺勢，而臣謂濁流必不可分，霖淫水漲，久當自消也。盱眙在州南五里。水去縣二里，有長沙洲，長二里，淮水泛漲，賴以捍禦。縣西南一里有上龜山。縣東北三十里有下龜山，爲龜山鎮。其下有運河，一名新河。宋初發運使許元自淮陰開新河，屬之洪澤，避長淮之險，凡四十九里。久而湮澀。熙寧四年，發運副使皮公弼修泗州洪澤河六十里，以避漕運涉淮風濤之患。元豐六年，發運使羅拯復欲自洪澤而上，鑿龜山裏河，以達于淮。會發運使蔣之奇入對，建言，上有清汴，下有洪澤，中間風波之險，不過百里。宜自龜山蛇浦下屬洪澤，鑿左肋爲複河，取淮爲源，不置牐堰，可免風濤覆溺之虞。議者以爲便，遂成之，亘五十七里有奇，廣十五丈，深丈有五尺。南渡後寖廢。川瀆異同曰：泗州與盱眙兩城相距凡七里，自昔爲淮流襟束之處。汴水自河南界流經州城東，而合于淮，謂之汴口。宋時以此爲漕運要衝，今唯涓流可辨耳。由州城而東三十里，龜山峙焉。淮流至此乃益折而北，又二十餘里而洪澤、富陵、泥墩、萬家等湖環匯于淮之東岸，淮水泛溢，恒在于此。州逼淮而地下故也。渭按：古汴水東流經彭城縣北，而東入于泗。唐貞元中，韓愈佐徐州幕，有詩云「汴水交流郡城角」，是其時汴水猶于州城東北隅合泗入淮也，不知何年改流從夏邑、永城、宿州、靈壁、虹縣至泗州兩城間而入于淮。宋時東南之漕，率由此以達京師，南渡後漸堙。元泰定初，河行故汴渠，仍于徐州合泗水，至清口入淮，而泗州之汴口遂廢。又東北逕清河縣南，與泗水合，謂之清口。清河在淮安府西少北五十里。淮水去縣五里。洪澤湖在縣南六十里。洪澤鎮西長八十里，接盱眙縣界。新志謂之富陵湖。夏允彝曰：清河縣北有老黃河，本沂、泗東趨合淮入海故道。開此則河之赴海必勇，雲梯關下淤塞葦場，當自蕩滌，而海口廓矣。渭按：此必近世決河入海之故道，非淮水東會泗、沂之舊迹也。水經泗水注云：下邳縣爲沂、泗之會。沂水注云：於下邳縣北，西南入泗。是沂、泗合流入淮也。今沂水挾泇、武、祊、浚諸水至邳州入黃河，即古沂水入泗處。黃河是泗水故道。邳州本秦下邳縣。新志云：沂水舊在州西一里。今爲黃流淤塞，改道自郯城入運河矣。又東北逕山陽縣北，山陽，淮安府治。射陽湖古射陂也，在縣東南八十里，與鹽城、寶應分水。高家堰在縣西南四十里。後漢建安中，太守陳登防淮，此其故址也。明永樂初，平江伯陳瑄始爲築，治長六十里。清江浦在縣西，即新運河也。舊名沙河。宋志：楚州北有山陽灣，淮流迅急。每致沉溺，雍熙中，漕臣劉蟠議開沙河，避淮水之險。喬維岳繼之，自楚州至淮陰，開導凡六十里，舟行便之。其後淤塞。明永樂中，陳瑄修治運河，乃鑿清江浦，引水由管家湖至鴨陳口達海。又東北逕安東縣南，又東北入于海。安東在府東北六十里。本漢淮浦縣。水去縣二里。海在縣東五十餘里。自鹽城縣東北經山陽縣東，折而西北，爲淮水入海之口。其北岸則安東也。縣志云：自縣西三十里顏家河渡直下過縣南。東流五十里，又東北過雲梯關，折旋入海。此導淮會泗、沂東入海之故道也。自元時河奪汴、泗以入淮，而兩瀆并爲一瀆，清口以東，淮悉成河矣。

漢志：淮水出平氏桐柏山，東南至淮陵入海，過郡四，南陽、汝南、九江、臨淮。行三千二百四十里。疑太遠。按易氏云：淮自桐柏縣東流二百八十里至真陽，又三百里至汝陰，又二百十里至下蔡，又五百里至蘄縣，今宿州南有蘄縣故城。又二百四十里至臨淮，又二百七十里至漣水縣入海。通計一千八百里。金吉甫云：自桐柏至海凡千七百里。二説近是。漢志云至淮陵入海。淮陵故城在今盱眙縣西北八十五里，此地距海甚遥，淮何得於縣界入海？「淮陵」乃「淮陰」之訛，「三千」字亦謬也。淮之所納，其山源之水，泗、沂、汝、潁爲大，汝潁不見于經，以未嘗施功故耳。汝受滍、灈、瀙、潕等水，潁受潧、洧、潩、濦等水，皆山源也。「潧」與「溱」同。及滎陽下引河東南與濟、汝、淮、泗會，則陰溝、汳水、鴻溝、沙水、過水、睢水諸川，或自入淮，或由潁、泗以達淮，而淮之所納愈多矣。今全河又悉注于淮，淮雖大，其何以堪？河不歸北，徐、揚間昏墊之患，恐未有已時也。

〔丁晏曰：錐指于導淮引漢志「淮水至淮陵入海」。東樵謂「淮陵」乃「淮陰」之訛。案「淮陵」當作「淮浦」。漢志：臨淮郡淮浦，游水北入河。酈注淮水支分爲游水。以志後文「淮浦入海」證之，則知前文亦作「淮浦入海」，不作「淮陰」也。水經淮水注：又東至廣陵淮浦縣，入于海。正與漢志合。淮浦故城在今淮安府安東縣西。東樵謂「淮陰」之訛，非也。〕

自禹導淮之後，淮常由淮浦入海，其東南溢而注高、寶諸湖者，變也，非正道也。既非正道，則高堰必不可無。故自漢、魏間已有是防，後世不過增修之耳。黄、淮合流，欲束淮以刷河沙，堰固不可廢，藉令河一旦歸北，亦豈容恣其南奔，使淮南郡縣盡化爲大壑邪！而泗人不察，每痛恨于高堰。夫以泗之一州，與淮南諸郡縣較重輕，不啻倍蓰。治淮者必不護一州而棄諸郡縣，況泗之被災，亦不盡由高堰。往時淮水南奔高、寶、興、鹽之境，瀰漫數百里，而泗城淪没如故。是則地勢使然，未可專歸怨于有司也。或曰：今泗城爲沼，官民共廬于隄上，與盱眙相對，而苦樂懸絶，可不思所以救之乎！曰：明所重在陵，遷城於陵無益，急則治其標，故不得不鑿渠以減水。今計不及陵，則城與民可遷也，而瀕淮之田亦可棄也。嘗攷隋泗州本治宿預縣。今宿遷。唐長安四年分徐城縣南界兩鄉，於沙塾村置臨淮縣。見元和志。景龍三年移縣治徐城驛。見通典。開元二十三年自宿預移泗州治焉，見元和志。即今泗州也。宋省徐城入臨淮。明又省臨淮入泗州。州南去淮一里，屢遭水患。宋開寶七年，淮水溢入泗州城，咸平四年復溢。天聖四年又溢。景祐三年作外隄，以備淮水，高三十三尺，自是水患少弭。歐陽公云「泗州之患，莫暴于淮」是也。元大德十一年，淮水溢入南門，深七尺餘。明自正德以迄萬曆，水患尤劇。詳見第十三卷下。唐人舍高卬之鄉，而就水濱之驛，所謂下喬木而入幽谷也。歷代因循不革。今爲泗州計，當遷諸徐城舊址，漢臨淮郡治徐縣。古徐子國。隋改曰徐城縣，其故城在今州西北三十六里。而瀕淮之田決去塘岸，使暴水至得游波其中，則潰溢之患自除。明天啓四年，徐州河大漲，灌州城，乃遷治于雲龍山，爰有寧居。此近事也，獨不可法乎。所棄不過瀕淮十餘里地，而州城安于衽席。民之失田廬者，官爲償其直，且振業之，亦可以無憾也。又何必與水爭尺寸之地，使泗人相怨無已時，而高堰一帶淮南諸郡縣所恃以無恐者，常惴惴乎有盜決之虞也哉。

【校勘記】

〔一〕春秋襄公二年蔡成公自新蔡遷于州來　四庫本、經解本同。今據清阮元重刻十三經注疏本春秋，「襄公」實係「哀公」之誤。

禹貢錐指卷十七

導渭自鳥鼠同穴，

傳曰：鳥鼠共爲雌雄，同穴處此山，遂名山曰鳥鼠，渭水出焉。正義曰：釋鳥云：鳥鼠同穴，其鳥爲鵌，音徒。其鼠爲鼵。徒忽反。李巡曰：鵌、鼵，鳥鼠之名，共處一穴，天性然也。郭璞曰：鼵如人家鼠而短尾，鵌如鵽而小黄黑色，穴入地三四尺，鼠在内，鳥在外。今隴西首陽縣有鳥鼠同穴山。尚書孔傳云：共爲雌雄。張氏地理記云：不爲牝牡。璞並載此言，未知誰得實也。渭按：「鳥鼠同穴」四字爲一山之名，上文從省曰鳥鼠，此全舉四字，蓋屬辭之體，詳略各有所宜也。

地理志隴西首陽縣下云：禹貢鳥鼠同穴山在西南，渭水所出。水經注：渭水出隴西首陽縣渭谷亭南鳥鼠山，南谷山在鳥鼠山西北。此縣有高城嶺，嶺上有城，號渭源城，渭水出焉。三源合注，東北流，逕首陽縣西，與别源合。水出南鳥鼠山，渭水出谷，禹貢所謂「渭出鳥鼠」者也。地説曰：鳥鼠山，同穴之枝幹也，渭水出其中，東北流，過同穴枝間。既言其過，明非一水，又東北流，而會於殊源也。東南流逕其縣南。以今輿地言之，渭水出陝西臨洮府渭源縣西鳥鼠山，縣在府東一百二十里。本漢首陽縣。西魏改曰渭源。東流逕其縣北，縣徙而南，故水逕其北。漢志云山在首陽縣西南，而今在縣西，亦因是也。又東入鞏昌府隴西縣界也。

元和志：渭川渭源縣〔一〕，鳥鼠山一名青雀山，在縣西七十六里，渭水所出，有三源並下。而縣志謂鳥鼠在縣西二十里，又西五里爲南谷山，恐非。當以元和志爲正。林少穎云：渭水出首陽南谷，禹之導渭，唯自鳥鼠同穴而始。蔡傳從之。愚謂此説大謬。凡名山巖壑必多，故大川之發源必非一處。酈注所列諸源皆出鳥鼠同穴者也。南谷即其枝峯，後人別爲之名耳。禹導水唯志其大端，渭水出是山，則曰導渭自鳥鼠同穴。豈若後世地記，必究其爲某嶺某谷也哉。此與言淮出胎簪不出桐柏，洛出冢嶺不出熊耳者，皆妄也。

鳥鼠同穴事，見爾雅，殆非誕妄。李巡、郭璞之後，它書所載更鑿鑿有據。宋書吐谷渾傳云：甘谷嶺北有雀鼠同穴，或在山嶺，或在平地。雀色白，鼠色黃。地生黃紫花草，便有雀鼠穴。洛陽伽藍記云：赤嶺有鳥鼠同穴，異種共類，鳥雄鼠雌，共爲陰陽。杜寶大業雜記云：大業三年，隴西郡守獻同穴鳥鼠。煬帝謂牛弘曰：爾雅曰其鳥曰鵌，其鼠曰鼵。當短尾，今長何耶！弘曰舊説未必可依。遂圖以付所司。見程氏禹貢論。元和郡縣志云：同穴鳥如家雀，色小青，其鼠如家鼠，色小黃。近穴溲溺氣甚辛辣，使人變逆嘔吐，牛馬得此氣，多疲臥不起而大汗。岳正類博稿云：鳥鼠同穴，予戍甘時，過莊浪親見之，鳥形色似雀而少大，頂出毛角，飛即崖穴，穴口有鼠，狀如人家常鼠，但脣缺似兔，蓬尾似鼬。與鳥偕入，彼此比昵，有類雌雄者。甘肅鎮志云：涼州之地有兀兒鼠者，形狀似鼠，尾若贅疣。有鳥曰本周兒者，其形似雀，色作灰白，常與兀兒鼠同穴而處，所謂鳥鼠同穴者也。以上諸説，微有不同。竊疑此二物禹所見在首陽界中，而渭源以西往往有之。吐谷渾、赤嶺、莊浪、甘肅之所産，形狀毛色不無小異，其爲同穴而處則均也。程泰之據色青尾短以證其妄，亦偏執之論。張子韶云：余曾詢官隴西者，曰鳥鼠各爲雌雄。如張氏之説，造化之理，何所不有。雀化爲蛤，鳩化爲鷹，此豈可臆説乎！旨哉言也。此於經本非切要，然自宋儒不信鵌鼵共處之事，而説者遂以鳥鼠同穴爲二山，言渭有二源，故兼舉之。或又云渭出同穴不出鳥鼠，是則有害於經，故其事亦不可以不辨也。

東會于灃，又東會于涇，

傳曰：灃水自南，涇水自北，而合渭。渭按：灃、涇二水見雍州。

水經注：渭水自首陽縣南，又東逕襄武縣，又東南逕其縣東北，元和志：渭州襄武縣，渭水北自渭源縣界流入。按襄武故城在今隴西縣東南五里。又東南逕獂道縣故城西，元和志：渭水經隴西縣南。按獂道故城在今隴西縣東南二十五里。又東新興川水注之。又東逕武城縣西，並在今隴西縣界。又東逕落門西山，有落門聚。今在伏羌縣西十里。伏羌本漢冀縣。又東出黑水峽，又東合冀水，今伏羌縣東有冀縣故城。元和志：渭水經伏羌縣北，去縣一里。朱圉山在縣西南六十里。又東出峑峽，又東與新陽崖水合，即隴水也。東北出隴山。按隴山在今隴州西北六十里，清水縣東北九十里。又東逕上邽縣北、封山之陰，元和志：渭水在秦州上邽縣北十三里，西自伏羌縣界流入。按今秦州西南有上邽故城。封山本邽山，後魏避其主珪嫌名，改上邽曰上封，山亦隨而變。又東南與神澗水合，又東南得歷泉水，又東南出橋亭西，又南得藉水口，藉水在今秦州南。又歷橋亭南，而入緜諸縣東，與東亭水合，今西和縣東北五十里有緜諸故城。又東南合涇谷水，又東，伯陽谷水入焉。又東南苗谷水注之，並在今清水縣界。又東南出石門度小隴山，逕南由縣南，東與楚水合。元和志：秦州清水縣有小隴山，一名隴坻。又隴州南由縣，渭水在縣南四十里。按今隴州東南百二十里有南由故城。本漢汧縣地，後魏析置。又東合南山五谿水，又東逕陳倉縣南，今寶雞縣東北二十里有陳倉故城。又東與陽谿合〔二〕，又東逕郁夷縣故城南，汧水入焉。城在今隴州西五十里。水出汧縣弦中谷，決爲弦蒲藪，東流入渭。右則磻谿水注之，呂氏春秋太公釣茲泉，即此處。又東逕石原南，又東逕五丈原北，二原在郿縣西。又東逕郿縣故城南，城在今縣東北十五里。漢志：郿縣有成國渠，首受渭，東北至上林入蒙籠渠。又東逕武功縣北，斜水從南來注之。水出縣西南衙嶺山，北歷斜谷，逕五丈原東入渭。又東逕馬冢北，諸葛亮與步騭書曰：馬冢在武功東十餘里，有高勢，攻之不便。又逕武功縣故城北，武功故城在郿縣東四十里。又東逕美陽縣南，雍水從北來注之。今武功縣西北二十五里有美陽故城。又東逕郿塢南，在今郿縣東北十五里。又東合洛谷之水，「洛」當作「駱」。今盩厔縣西南有駱谷關。又東，芒水從南來注之。在盩厔縣東南。又東與芒水枝流合，又東北逕黄山宫南，就水注之。黄山宫在今興平縣西南三十里。元和志：渭水南去興平縣二十九里。又東逕槐里縣南，李奇謂之小槐里，縣之西城也。又東合田谿水，水出南山，北流，逕盩厔故城西，注于渭。漢志：盩厔縣有靈軹渠，武帝穿也。又東逕槐里縣故城南。城在今興平縣東南十一里。又東合甘水，水出南山甘谷，北逕甘亭西，又東得澇水口，又東北逕鄠縣故城西，又北入渭。按鄠縣故城在今縣北二里。元和志：渭水北去鄠縣十七里。又東，豐水從南來注之，地説云：渭水與豐水會于短陰山内，水會無高山異巒，所有唯原阜石激而已。按豐水今自長安縣界西北流，逕咸陽縣東南三里，注于渭。元和志：咸陽縣，渭水南去縣三里。短陰原在縣西南二十里。蓋即短陰山也，秦中諸原，類皆有山體，故或謂之山，不必峭拔也。又東北與鎬水合，水上承鎬池於昆明池北，西北入渭。在今咸陽縣界。又東北逕渭城南，今咸陽縣東北十七里有渭城縣故城。泬水注之。泬，一作「潏」。漢志：鄠縣，灃水出縣南，又有潏水，皆北過上林苑入渭。按潏水入渭在今長安縣界。又東分爲二水，水上有梁，謂之渭橋，秦制也，亦曰便門橋。元和志：便橋在咸陽縣西南十里。又東與泬水枝津合，又東逕長安城北，今西安府西北十三里有長安故城。元和志：中渭橋在咸陽縣東南二十二里，本名横橋。又東合昆明故渠，按渭水下篇自此以後多錯簡。黄子鴻據它書及州縣圖志悉爲更定，今從之。又東逕霸陵縣北，霸水合滻水從縣西北流注之。水上有橋，謂之霸橋。按霸水入渭在今咸寧縣界。又東會成國故渠，魏尚書左僕射衛臻征蜀所開也。其瀆上承汧水於陳倉東，東逕郿及武功、槐里縣北，又東逕漢茂陵、平陵、延陵、渭陵、義陵、安陵，又東逕渭城北，又東逕長陵南，又東南逕漢景帝陵南，又東南注于渭。今無水。又東與高陵分水，今高陵縣西南二里有高陵故城，東渭橋在縣南十里。又東逕平阿侯王譚墓北，左則涇水注焉。漢志：涇水東南至陽陵入渭。今高陵縣西南三十里有陽陵故城。以今輿地言之，渭水自渭源縣北，又東逕隴西縣北，隴西鞏昌府治，水去縣一里。又東逕通渭縣北，通渭在府東北六十里。又東逕寧遠縣北，寧遠在府東九十里。又東南逕伏羌縣北，伏羌在府東一百八十里。又東逕秦安縣南，秦安在秦州西北九十里。又東南逕秦州北，秦州在府東三百里。州東五十里有渭水渡。又東南逕清水縣西，清水在州東一百五十里。州志云：州東五十里有東柯谷橋，跨渭水上，與清水縣接界。又東南逕隴州南，隴州在鳳翔府西一百八十里。渭水自清水縣界東南流，繞隴坂南麓，入州境，又東逕州南，去州一百四十里。又北逕寶雞縣南，寶雞在府西南九十里。水去縣一里，有渭河橋跨其上。又東逕岐山縣南，岐山縣在府東五十里，水去縣三十五里。又東南逕扶風縣西南、郿縣北，扶風在府東南一百十里。水去縣二十里有漳渠。郿縣在府東南一百四十里，水去縣三里。又東逕武功縣南、盩厔縣北，武功在西安府乾州西南六十里，水去縣二十里。盩厔在府西南一百六十里，水去縣五里。又東逕興平縣南，興平在府西北一百里。又東逕咸陽縣南、鄠縣北，咸陽在府西北五十里，水去縣一里。鄠縣在府西南七十里，水去縣九十里。灃水東北流，逕故長安城西，又北至咸陽縣東南三里，而注于渭。經所謂「東會于灃」也。渭水又東逕長安縣北，長安與咸寧並爲陝西布政司西安府治。咸寧治東偏，長安治西偏。渭水去城三十里。又東逕咸寧縣北、高陵縣南，咸寧本唐萬年縣。元和志：渭水在縣北五十里。高陵在府北八十里，水去縣二十里。涇水自涇陽縣界東南流，至高陵縣西南三十里，與渭水合。經所謂「又東會于涇」也。

又東過漆沮，入于河。

傳曰：漆、沮，二水名，亦曰洛水，出馮翊北。黄氏曰：今漆沮之洛入河處，與渭稍離，亦水道改矣。渭按：漆沮見雍州。地理志：渭水東至船司空入河。船司空，縣名，屬京兆尹。其故城在今西安府華陰縣東北五十里。

水經注：渭水自霸陵縣東北，左合涇水，又東逕鄣縣西，今臨潼縣東北有鄣縣故城，後魏分萬年縣置。又東得白渠枝口，又東與五丈渠合，在萬年縣界。右逕新豐故城北，城在臨潼縣東北十四里。東與魚池水會，又東逕鴻門北，臨潼縣東十七里有鴻門坂。又東，石川水南注焉。今富平縣南有石川堰，亦曰石川河。又東，戲水注之，在臨潼縣東三十里。又東，泠水入焉。「泠」一作「零」。在臨潼縣東入渭處謂之零口。又東得首水，首，元和志作「酋」。又東得西陽水，又東得陽水，並南出廣鄉原，原在今華州西。又東逕下邽縣故城北，城在今渭南縣北五十里。又東與竹水合。水南出竹山。山在華州西南一百四十里。又東得白渠口，在今渭南縣北。溝洫志「白渠首起谷口，尾入櫟陽」是也。又東逕巒都城北，故蕃邑，殷契之所居。闞駰曰蕃在鄭西。然則今巒城是矣。又東合西石橋水，東去鄭城十里。又東逕鄭縣故城北，城在華州北。又東與石橋水會，在州東，故沈水也。又東，敷水注之。在今華陰縣西二十四里。又東，餘水注之〔三〕，俗謂之宣水。又東合黄酸之水，世名爲干渠水。又東逕平舒城北，城在華陰縣西南十里。又東逕長城北，長城在縣西二里。史記：秦孝公元年，魏築長城自鄭濱洛者也。又東逕華陰縣北，洛水入焉，闞駰以爲漆沮之水。漢志：襃德縣，荆山在南，下有彊梁原，洛水東南入渭，今朝邑縣西南有懷德故城。又東，沙渠水注之，又東逕定城北，城去潼關三十里。又東，泥泉水注之，又東合沙溝水，即山海經所謂符禺之水。又東入于河。春秋之渭汭也。水會即船司空所在矣。以今輿地言之，渭水自高陵、咸寧縣界，又東逕臨潼縣北，臨潼在西安府東少北六十里，水去縣十五里。又東逕渭南縣北，渭南在府東一百四十里。元和志：渭水南去渭南縣四里。又東逕同州南、華州北，同州在府東北二百八十里，渭水北去州三十五里。華州在府東一百九十里，渭水南去州十二里。又東北逕華陰縣北，華陰在華州東七十里，東至潼關衛四十里，渭水南去縣十五里。又東入于河，是曰渭口。經所謂「又東過漆沮，入于河」也。

先儒皆云：灃、涇水大，故曰會。漆沮水小，故曰過，由今觀之，涇水則誠大矣。灃水源流頗短，而漆沮合洛入渭，洛源甚遠，似不可謂小於灃也。或云灃、涇大與渭相敵，既會灃、涇，則渭益大。故漆沮雖與灃、涇相敵，而實小於渭。愚竊謂三水之大小，即以本水論，未必以渭之所受多寡相較量以爲大小也。嘗考渭南本周之舊都，西漢因之，其後隋、唐復建都於此。歷代相承，鑿引諸川，以資汲取，便轉輸，溉民田，灌苑囿，津渠交絡，離合不常。凡地志、水經所言，類非禹迹之舊。詩曰「豐水東注，維禹之績」，則渭南諸川唯灃爲大。自漢鴻嘉中，王商穿長安城，引内灃水注第中，而其流漸微。逮唐貞觀中，堰灃、鎬入昆明池，二水於是斷流。又於京城西北引灃水爲漕渠，合鎬水，北流，由禁苑入渭，而灃水之流愈微矣。又鄭當時所開漕渠及靈軹、富民、昆明諸渠，皆横絶灃、鎬等水，水脈益亂，不可尋究。霸、滻舊合流入渭，自隋堰澭水爲渠，而二水亦離故道。澇、潏舊各自入渭，今澇水下流亦合潏水入渭。大抵渭南六川，盡失其舊，亦猶洛陽爲東漢、魏、晉相繼作都之地，穿鑿滋多，而西澗、東瀍皆非禹迹也。竊疑澧西之澇，澧東之鎬、潏、霸、澭，禹時悉合澧以入渭，故澧水得成其大。且詩言「東注」，而漢志云「北過上林苑入渭」，則是北流而非東注矣。禹導渭「東會于澧」，當在漢霸陵縣北，霸、澭入渭處也。若夫漆沮之爲洛，語出安國傳。闞駰因以洛至華陰入渭者，爲漆沮之水而酈元從之。然渭北之水爲鄭、白二渠所亂，漆沮本不合洛，亦未可知。其濁水上承雲陽大黑泉者俗謂之漆水，東南流，合沮至櫟陽入渭，俗又謂之漆沮水。源流頗短，禹所治者，恐不過如此，故漆沮視澧水爲小。傳曰：禮失而求之野。土俗所稱，傳自古老，未必不確於儒者之言也。禹時洛水不爲害，未嘗施功，故導渭不志。

或云：關中八川，不數漆沮，即此可以爲小於澧、涇之證。余曰不然。八川名出上林賦，其辭曰：終始灞、滻，出入涇、渭，酆、鎬、潦、潏，紆餘委蛇，經營乎其内。此特舉與上林地相纏絡者言之，故西不及汧、雍，東不及沮、洛，非以漆沮爲小而略之也。

水經注：渭水逕鑾都城北。則此城在水南，而華州新志云：鑾城當在同州界。蓋渭水非復舊流也，其言未知所據。今按漢志：渭水出首陽縣東，至船司空入河，過郡四，隴西、扶風、京兆、馮翊。行千八百七十里。而易氏云：渭水出渭源縣西七十六里，東流五十里至隴西縣，又三百里至上邽縣，又一百二十里至南由縣，又三百二十里至岐山縣，又二百七十里至萬年縣，又二百六十里至華陰縣，又三十五里至永豐倉入河。通計止一千四百三十一里，較漢志少四百三十餘里。又按漢元光中，鄭當時言「關東漕粟從渭上，道九百餘里。今引渭穿渠起長安，旁南山下，至河三百餘里」。是比舊減六百里也。隋開皇中，宇文愷引渭爲廣通渠，自大興至潼關亦三百餘里，與漢渠同。參諸易氏所言，自萬年縣北至華陰永豐倉，凡二百九十五里，其數亦適相符。然則自長安以東，古渭水之經流，當行今渭水之北，不知何代漸堙，而遂以漕渠爲經流。其自繼城以下，則後魏時猶未改，又不知何年漸堙，而徙從繼城之南，與漕渠合而爲一。據漢船司空城在今華陰縣東北五十里，而隋、唐之永豐倉在今縣東北三十五里，則渭口亦移而南，非昔之渭口矣。雍録云：渭口在華陰縣東北三十五里。竊疑今洛水自朝邑趙渡鎮南入河處，即古之渭汭。但漕渠自長安旁南山而東，至河裁三百餘里，而渭水行漕渠之北者，不知如何縈洄曲折，乃有九百里之遠。此則古記已亡，酈元亦無從考覈，而其議則不可以不存也。

導洛自熊耳，

傳曰：在宜陽之西，王氏樵曰「導洛自熊耳」一節，有兩熊耳。地志謂伊水出盧氏之熊耳。山海經郭璞謂伊水出上洛之熊耳。地志謂洛水出上洛冢領山。據經則洛出熊耳。

上洛亦有熊耳，與冢領同在一縣，則洛出熊耳明矣。渭按：漢志上洛縣東北有熊耳山。括地志云：熊耳山在商州上洛縣西。詳見導山。

水經注：洛水出京兆上洛縣讙舉山，地理志曰：洛出冢領山。山海經曰：出上洛西山，又曰讙舉之山，洛水出焉。按上洛故城即今商州治。州西五十里有熊耳山，東西各一峰，狀如熊耳，因名。山海經所謂讙舉，蓋即上洛熊耳之異名也。冢領山在州西北一百二十里。志云：州西三十里逾丹水有馬蘭峪，又西十里爲野人峪，林谷深僻，又十里爲麻澗，澗在熊耳峰下，山澗環抱，厥地宜麻，因名。自麻澗行六十里而至秦嶺。東與丹水合，水出西北竹山，東南流，注于洛。按此別是一丹水，非出冢領山東至析入鈞者也。又東，尸水注之，又東得乳水，又東會龍餘之水，又東至陽虛山，合玄扈之水。玄扈亦山名，其水逕陽虛之下。山海經曰：陽虛之山，臨于玄扈之水，是爲洛汭也。按玄扈山在今洛南縣西北一百里。洛水經縣北七里。又東歷清池山傍，東合武里水，又東門水入焉。爾雅所謂「洛別爲波」也，東北歷陽華山，又東北至靈寶縣入河。洛水又東，要水入焉。又東與獲水合，水南出獲輿山。又東逕熊耳山北。禹貢所謂「導洛自熊耳」是也。元和志，熊耳山在盧氏縣南五十里。以今輿地言之，洛水出陝西西安府商州西熊耳山，東北流，逕州東，商州在府東南三百里。春秋晉上洛邑。漢爲縣。又東北逕洛南縣北，洛南在州東北九十里。本漢上洛縣地。經所謂「導洛自熊耳」者也。

又東會于澗、瀍，

傳曰：會于河南城南。渭按，河南即王城。洛水至其城西南，澗水側城西來注之。又東至其城東南，瀍水側城東來注之。周公所謂「澗水東、瀍水西」者也。二水入洛處，相去甚近，故連言之。

水經注：洛水自熊耳山北，又東逕盧氏縣南、陽渠關北，陽渠水出南陽渠山，〔丁晏曰：導洛下隖渠關、隖渠山、隖渠水，並誤作「陽渠」。〕即荀渠山。蓋熊耳之殊稱也。按今盧氏縣西南五十里有熊耳山，東連永寧，南接內鄉。欒山在縣東南百里，一名悶頓嶺，伊水所出，漢志亦謂之熊耳。又東逕盧氏縣故城南，有盧氏川水注之。又東逕高門城南，在今盧氏縣東。東與高門水合，又東，松楊溪水注之。今永寧縣西六十里有松陽關，當與溪相近。又東逕黃亭南，又東合黃亭溪水，水出鵜鶘山，東南入洛。山有二峰，在永寧縣西八十里。又東得荀公溪口，水出南山荀公谷。谷今在永寧縣西南。又東逕檀山南，又東，庫谷水注之。又東得鵜鶘水口，又逕僕谷亭北，左合北水，又東合侯谷水，又東逕龍驤城北，在永寧縣西四十里。又東，左合宜陽北山水，又東，廣由澗水注之。又東，右得直谷水，又東北逕蠡城邑南，在今澠池縣西四十里。又合金門谿水，水南出金門山。山在今宜陽縣西六十里。又東合款水，又東，黍良谷水入焉。水亦出金門山。又東逕陽市邑南，又東逕一合塢南，城在川北原上，高二十丈。按晉書：一泉塢在宜陽縣西南，洛水北原上。即此。又東合杜陽澗水，又東合渠谷水，水出宜陽縣南女几山。山今在縣西。又東北逕宜陽縣南，洛水之北有熊耳山，雙巒競舉，狀同熊耳。此自別山，不與禹貢「導洛自熊耳」同也。昔漢光武破赤眉樊崇，積甲仗與熊耳平，即是山也。元和志：熊耳山在永寧縣東北四十五里。今在宜陽縣西南一百里。又東逕宜陽縣故城南，城在今縣東北十四里。又東與厭梁之水合，〔丁晏曰：東與厭染之水合。誤作「厭梁」。〕又東南，黄中澗水注之。又東，渌泉注之，又東，共水入焉。又東合黑澗水，在宜陽縣東北二十里。又東，臨亭川水注之。又東北出散關南，洛水東逕九曲南，其地十里有坂九曲。按宜陽縣東三十里有九曲城。又東與豪水會，元和志：壽安縣，洛水西自福昌縣界流入。壽安今爲宜陽縣地。豪水在縣東。又東枝瀆左出焉。東出關，絶惠水，東北逕河南縣王城西，又北入穀。洛水又東出關，惠水右注之。世謂之八關水，自南山横洛水，北屬於河，皆關塞也，即楊僕家僮所築矣。惠水出白石山之陽，東流，注于洛，按八關城在今新安縣東北。函谷新關在縣東二里。又與號水會，又東北逕河南縣南。竹書紀年：晉定公二十年，洛絶于周。魏襄王九年，洛入成周，山水大出。今河南府城西北有河南縣故城。地記曰：洛水東北過五零、倍尾與澗、瀍合，是二水東入千金渠，故瀆存焉。以今輿地言之，洛水自洛南縣北，又東逕河南府盧氏縣南，盧氏在府西南三百四十里。又東北逕永寧縣南，永寧在府西南二百里。本漢澠池縣之南境。又東北逕宜陽縣北，宜陽在府西南七十里。又東入洛陽縣界，逕河南故城南，經所謂「又東會于澗、瀍」也。自周靈王壅穀水，使東出王城北，合瀍水，南入洛，而城西之澗水遂爲死穀。及漢明帝復堨澗、瀍二水，使出洛陽故城北爲千金渠，又東過偃師縣南，東入于洛。偃師在府東七十里。而禹貢「東會澗、瀍」之舊迹，無復有存焉者矣。

又東會于伊，

傳曰：會于洛陽之南。渭按：伊水見豫州。洛陽謂故洛陽城，周之下都也，在今洛陽縣東北二十里。

水經注：洛水自河南縣南，又東逕洛陽縣南，伊水從西來注之。洛陽，周公所營洛邑也。故洛誥曰：我卜瀍水東，亦惟洛食。其城南繫于洛水，北因于郟山。春秋，昭公二十三年，晉合諸侯大夫戍成周之城是也。元和志：洛水在洛陽縣西南三里，西自苑内上陽之南，瀰漫東流，宇文愷斜堤束令東北流。當水衝，捺堰九折，形如偃月，謂之月坡。今雖漸壞，尚有存者。按伊水篇云：伊水自闕東北流，至洛陽縣南，逕員丘東，又東北注于洛。員丘在今洛陽縣東三十里委粟山下，曹魏郊天之所。以今輿地言之，洛水自河南故城南，又東北逕洛陽縣東南，又東至洛陽故城南，伊水從偃師縣西來注之。經所謂「又東會于伊」也。

又東北入于河。

傳曰：合於鞏之東。渭按：鞏，周邑。漢置縣，屬河南郡。其故城在今鞏縣西南二十餘里。

水經注：洛水會伊水，又東，合水注之。水南出半石之山，東北流，注于公路澗。上有袁術固，今在偃師縣西南三十五里。又東逕計素渚，中朝時，百國貢計所頓，故渚得其名。又東逕偃師故縣南，與緱氏分水。元和志：緱氏縣，洛水西自洛陽縣界流入。今偃師縣南二十里有緱氏故城。又東，休水自南注之。水導源少室山。又東逕百谷塢北，又北，陽渠水注之。竹書紀年：晉襄公六年，洛絶于泂。即此處也。按今偃師縣南有通濟渠，故陽渠也。隋時嘗修導之，名曰通濟。又北逕偃師城東，東北歷鄩中，逕訾城西，鄩水注之。水出北山鄩谿，南流，世謂之温水泉，又東南於訾城西北，東入洛。按杜預左傳注鞏縣西南有地名鄩中。訾城在今縣西南四十里。又東逕訾城北，又東，羅水注之。水出方山羅川，西北流入洛。按鞏縣西南有長羅川，源出汜水縣之方山，入洛處謂之羅口。又東，明樂泉注之。水出南原下，三泉並導，即古明谿泉。春秋：昭公二十二年，師次于明谿者也。又東逕鞏縣故城南，東周畿内鞏伯國。又東，濁水注之。即古湟水也。水出南原。按郡國志鞏縣有黄亭有湟水。春秋：昭二十三年，劉子、單子以王猛居于皇〔四〕。杜預曰即黄亭，在縣西北。又東北合洞水，水發南谿石泉，世亦名爲石泉水，按今鞏縣東南二十里有石子河，即此水也。又東北入于河。山海經曰：洛水成皋西入河，謂之洛汭，即什谷。張儀説秦曰：下兵三川，塞什谷之口者也。昔夏太康失政，爲羿所逐，其昆弟五人須于洛汭，作五子之歌於是地矣。元和志：鞏縣，洛水東經洛汭，北對琅邪渚入河，謂之洛口。以今輿地言之，洛水自洛陽故城南會伊水，又東逕偃師縣南，北去縣五里。又東逕鞏縣故城南，今縣在河南府東一百二十里，隋所遷也。又東北至洛口入河。洛口在鞏縣故城東北三十里。今縣北少東八里。經所謂「又東北入于河」也。今洛水自鞏界，東過汜水縣北，汜水故成皋，西至鞏縣界十五里，又二十五里爲縣治。又東從滿家溝入河，而洛口乃移于東，非復古之什谷矣。

漢志弘農上雒縣下云：禹貢雒水出冢領山，東北至鞏入河，過郡二，弘農、河南。行千七十里。金吉甫曰：北方諸水雖大河亦冰，唯洛水不冰，所以謂之温洛。一是天地之中，二是其北連山，以障北風，三則前人謂其中有礜石。

渭、洛俱入河，不得爲瀆，而禹亦導之者，蓋梁、雍之貢，皆由渭以達于西河；荆、豫之貢，皆由洛以達于南河。渭汭、洛汭，四州貢道之衿喉也。其治與否，所關於帝都者甚重，故四瀆而外，特循行之。

蔡傳云：經言嶓冢導漾，岷山導江者，漾之源出於嶓，江之源出於岷，故先言山而後言水也。言導河積石，導淮自桐柏，導渭自鳥鼠同穴，導洛自熊耳，皆非出其山，特自其山以導之耳。故先水而後言山也。河不言自者，河源多伏流，積石其見處，故言積石而不言自也。沇水不言山者，沇水伏流，其出非一，故不誌其源。弱水、黑水不言山者，九州之外，蓋略之也。小水合大水，謂之入；大水合小水，謂之過；二水勢均相入，謂之會。天下之水，莫大於河，故於河不言會，此禹貢立言之法也。渭按：蔡氏之説悉本曾彦和。學者相承無異議，王明逸獨以爲不然。曰：南谷實鳥鼠之枝山，相去不遠。胎簪乃桐柏之旁小山。而謂渭出南谷，特自鳥鼠導之，淮出胎簪，特自桐柏導之，似俱未安。竊詳經文之例，凡云導某水自某山者，皆水出其山之名也。惟河不出積石，故但言「導河積石」，沇多伏流，故經不顯其所出。孔氏亦但以其在温縣平地者言之，蔡氏拘於先言山而後言水，先言水而後言山之説，則孔疏有一言足以斷之，曰漾、江先山後水，淮、渭、洛先水後山，皆是史文，詳略無義例也。此言一掃支離，爲之快絶。

豐坊僞古書世本，移導山導水於九州之前，彼以是爲荒度之始事耳。然横流之時，山可隨刊，而水則失其故道，豈有若是之原委秩然者乎。史記夏本紀、漢書地理志皆先九州而後導山導水，自魏、晉以來，亦無異文，坊之妄，固不待辨而明也。

【校勘記】

〔一〕元和志渭川渭源縣　諸本同，今據金陵書局本元和郡縣志，「渭川」當爲「渭州」之誤。

〔二〕又東與陽谿合　「陽谿」，四庫本作「綏陽谿」。今據王氏合校水經注作「綏陽谿水」，注云「官本曰案近刻脱綏字水字」。

〔三〕又東餘水注之　「餘水」，四庫本作「糧餘水」。今據王氏合校水經注作「糧餘水」，注云「官本曰案近刻脱糧字」。

〔四〕春秋昭二十三年劉子單子以王猛居于皇　諸本同。今據清阮元重刻十三經注疏本春秋，「昭二十三年」爲「昭二十二年」之刊誤。

禹貢錐指卷十八

九州攸同，

傳曰：所同事在下。正義曰：昔堯遭洪水，道路阻絶；今水土既治，天下大同，故總敘之。陳氏曰：禹貢書法簡嚴，上各州惟舉一隅，至此總結之，以見九州之所同。吴氏曰：同謂九州之内，無一處有未治者，渭按：此總敘水土之功，而先舉其凡曰「九州攸同」，下文「四隩既宅」至「四海會同」，則其目也。

古字「州」與「洲」通。爾雅：水中可居者曰洲。説文：堯遭洪水，民居水中爲高土，故曰九州。今按禮記祭法曰：共工氏之伯九州也，其子曰后土，能平九州，故祀以爲社。韋昭云：共工氏伯者，在戲、農之間。管子曰：神農作殖五穀，九州之民乃知穀食。地理志曰：黄帝畫野分州，得百里之國萬區。陸氏釋文引周公職録曰：黄帝受命，風后授圖，割地布九州。帝王世紀曰：顓帝、帝嚳建萬國而制九州。杜氏通典曰：顓帝置九州，帝嚳受之，州之爲州也尚矣。誠如許氏所言，豈羲、農之時，亦嘗有洪水乎？舜典疏云：天地之勢，四邊有水。鄒衍書説九州之外有瀛海環之，是九州居水内，故以州爲名，共在一州之上，分之爲九耳。此説近是。蓋自羲、農以迄帝堯，並爲九州，但其州名與疆域容有不同。故黄帝、顓頊亦稱建置。日知録云：夏商之後，沿上世九州之名，各就其疆理所及而分之，故每代小有不同。周禮：量人掌建國之法，以分國爲九州，曰分，則不循於其舊可知矣。

洪範曰：鯀乃殛死，禹則嗣興。而堯典殛鯀，次肇十二州之下。故地理志云：堯遭洪水，褱山襄陵，天下分絶，爲十二州，使禹治之。水土既平，更置九州，列五服。蓋漢人之説如此，故王莽據之爲奏。帝王世紀云：堯遭洪水，分爲十二州，今虞書是也。及禹平水土，還爲九州，今禹貢是也。説本班固。今按禹告成在堯時。堯崩三年，喪畢，舜即位，其命官曰咨十有二牧。則九分爲十二，實在告成之後。使先十二而後九，則舜之命官，不當復言十二牧。肇者，始也。使前此已爲十二州，至是復分九爲十二，則亦不得言肇矣。且因褱襄而分絶，其所蕩析者，不應獨在冀、青之北，是皆可疑。愚竊謂：古史記之體有以年爲經者，春秋是也；有以事爲經者，尚書是也。二典所載諸事，不繫年月，封山與巡守爲一類，四罪與恤刑爲一類，故相繼言之。吴才老云：史泛舉舜所行之大事，初不計先後之序。林少穎云：殛鯀竄苗，當在洪水未平之前，肇十二州，當在禹平水土之後。史因言舜之恤刑，遂舉四凶事繫於下耳。二説允當。左傳：王孫滿曰：昔夏之方有德也，貢金九牧。杜預以爲在禹之世。孔穎達亦云：禹登王位，還置九州。近是。竹書紀年曰：帝舜三十三年，夏后受命于神宗，遂復九州。殆未可信。

舜典：肇十有二州。傳：禹治水之後，舜分冀州爲幽州、并州，分青州爲營州，始置十二州。正義云：以境界太遠，始別置之。馬融曰：禹平水土，置九州。舜以冀州之北廣大，分置并州。燕、齊遼遠，分燕置幽州，分齊爲營州。於是爲十二州。見史記集解。鄭康成曰：舜以青州越海，分齊爲營。冀州南北太遠，分衛爲并，燕以北爲幽。金氏通鑑前編曰：九州之來舊矣。而冀爲其北，自陶唐都冀，其聲名文教，自冀四達，冀之北土所及固廣矣。及水土既平，人民加聚，於是分冀州自衛水以北爲并州，醫無閭之地爲幽州，碣石以東接青州之北爲營州，是爲十二州焉。考詩、書、傳、記所紀，其後復爲九州。蓋九州爲正，而幽、并、營不過分統青、冀之故地。是以殷之制，分并爲幽，合青爲營，分梁以入于雍、荆。周之制，合梁爲雍，合徐爲青，而并與幽、冀復三焉。略見爾雅，詳見職方氏所記。職方：幽州其山鎮曰醫無閭，其川河、泲；并州其山鎮曰恒山，其川虖池、嘔夷。然則營州其山碣石，其川遼水與。渭按：虖池即衛水，嘔夷即恒水也。康成云「分衛爲并」，殊不分明。通典指爲衛水以北，而金氏因之，復舉恒山虖池以證，尤確。若以爲康叔所封之衛，則并、冀當以衡漳爲界，而冀域北盡於平陽。無是理也。營州之碣石非禹貢之碣石。說見導山。

日知録曰：幽、并、營三州在禹貢九州之外，先儒謂以冀、青二州地廣而分之，殆非也。

幽則今涿、易以北至塞外之地，并則今忻、代以北至塞外之地，營則今遼東大寧之地，其山川皆不載之禹貢，故靡得而詳。然而益稷之書謂「弼成五服，至于五千」，則冀方之北不應僅數百里而止。遼史地理志言：幽州在渤、碣之間，并州北有代、朔，營州東暨遼海。營衛志言：冀州以南，歷洪水之變，夏后始制城郭。其人土著而居。并、營以北，勁風多寒，隨陽遷徙，歲無寧居，曠土萬里。或其説之有所本也。劉三吾書傳謂孔氏以遼東屬青州，隔越巨海，道里殊遠，非所謂因高山大川以爲限之意。蓋幽、并、營三州皆分冀州之地，今亦未有所攷。渭嘗與閻百詩論及此事。百詩曰：寧人著書言幽在今桑乾河以北至山後諸州，并在今石嶺關以北至豐、勝二州，營在今遼東大寧並有塞外之地。舜蓋至此始有。先儒謂以冀、青地廣而分者，殆非。予時同客太原，面質之曰：此不過從「肇者始也」臆度耳。其實周禮職方氏并州其澤藪曰昭余祁，在今介休縣東北二十二里，俗名鄔城泊。吾與君所共游歷者，非石嶺關以南乎！且亦知先儒之釋經苦心處乎！知分冀東恒山之地爲并州，則以周并州鎮曰恒山故；知分冀東北醫無閭之地爲幽州，則以周幽州鎮曰醫無閭故；又知分青東北遼東等處爲營州，則以爾雅釋地齊曰營州故也。不然，微周禮、爾雅二書，欲於禹九州外枚舉舜三州之名，且不可得，況疆理所至哉！鄭康成云：舜以青州越海，分置營州。晉地理志同。然則青之分而爲營也，不獨以地廣，實以吏民艱於涉海，故别置一州以避其險。漢光武以遼東等郡屬青州，後還幽州，與明嘉靖十三年改遼陽附順天鄉試者略同。蓋古今情形亦不相遠云。今按恒山、虖池、嘔夷皆并之山川，而並載於禹貢，安得謂其地非冀域。自此以北，禹功所未及，故醫無閭不書，非以其山在外國而略之也。經紀揚州止於震澤，豈可以會稽之山不載禹貢，而謂浙江以南非揚域邪！幽爲冀之東北境也明甚。後漢書及杜氏通典皆以東夷九種爲嵎夷，其地在漢樂浪玄菟郡界，而青州首書「嵎夷既略」，則朝鮮、句麗諸國禹時實皆在青域，況遼東渡海僅數百里乎！堯遭洪水，天下分絶，謂冀之東北，前閉而後通，前距而後服，於理亦無礙。但不可謂三州之地從古所未有，至舜而始開耳。且禹弼成五服，至于五千，自堯都以北，當有二千五百里之地，三州非其固有，冀北要荒二服將何所容哉！先儒釋經未必皆是，苟有確據，不妨改從。若此之類，則又不如仍舊之爲安矣。

四隩既宅，釋文：隩，於六反。玉篇於報反。渭按：隩，史記、漢書並作「奥」。

蔡氏曰：隩，隈也。厓内近水爲隩。渭按：隩者，水曲幽隱之處。猶室之有奥，四方之隩，皆可奠居。則非特兗之「降丘宅土」，雍之「三危既宅」而已。

傳云：四方之宅已可居。正義云：室隅爲隩，隩是内也。人之造宅爲居，至于隩内，遂以隩表宅。故傳以隩爲宅，以宅内可居，言四方舊可居之處皆可居也。渭按：隩者，隅也。故室隅亦曰隩，直指隩爲宅，非是。疏頗費辭終不明。爾雅：隩，隈。厓内爲隩，外爲隈。

疏云：「隈」當作「鞫」，傳寫誤也。李巡曰：厓內近水爲隩，其外爲鞫。孫炎曰：隈，水曲中也。內，曲裏也；外，曲表也。詩大雅「芮鞫之即」，傳曰：芮，水涯也。鞫，究也。箋曰：芮之言內也。水內曰隩，水外曰鞫。蓋詩之所謂芮，即禹貢之所謂隩也。「芮」與「汭」同，「隩」亦作「奥」。衛風「瞻彼淇奥」是也。大學引詩作「澳」。

九山刊旅。

傳曰：九州名山，已槎木通道而旅祭矣。正義曰：上文諸州有言山川澤者，皆舉大言之；所言不盡，故於此復更總之。九山、九川、九澤，言九州之內所有山川澤無大無小皆已治。往前大水，旅祭禮廢，言旅見已治也。呂氏曰：九州之山已刊除，置壇場而旅祭，以告成功。金氏曰：刊者，去蓊鬱、驅猛獸也。旅者，定祭秩、立表鎮也。王氏樵曰：刊旅舉始末，以包中間。刊者，治水之始。旅者，功成祭告。渭按：刊者，隨山之事。旅者，告祭之名。九州之山皆已刊旅，則非特四列之所隨，梁、雍之所旅而已。左傳：四嶽、三塗、陽城、太室、荊山、中南，九州之險也。禹貢有其七而無其二。三塗、陽城。淮南子云：何謂九山？會稽、泰山、王屋、首山、太華、岐山、太行、羊腸、孟門也。禹貢有其六泰山即岱，首山即雷首。而無其三。會稽、羊腸、孟門。殊不合。故史記索隱釋「道九山」曰：汧、壺口、厎柱、太行、西傾、熊耳、嶓冢、内方、汶與「岷」同。是九山也。然禹之所導，自汧至敷淺原凡二十七，何獨有取於此九山。如謂舉其大者，則雷首、太岳、太華、外方、衡山，豈反不及厎柱、内方等邪！蔡、蒙、荆、岐、終南、惇物、鳥鼠之旅，經有明文，何以皆不在此數邪？其謬不待辯而可知。且魯語展禽曰：共工氏之子曰后土，能平九土。韋昭云：九州之土。左傳：虞人之箴曰：芒芒禹迹，畫爲九州。經啓九道。杜預云：九州之道。孔穎達云：既分海内以爲九州，遂皆以九言之。禹貢云九山、九川、九澤，故此亦言九州之土、九州之道，正可與此經相發明也。

披山通道，未嘗寧居，黄帝之所以畫野分州也。帝省其山，柞棫斯拔，太王之所以肇基王迹也。刊木是古帝王大經濟，故始終兩言之。

禮有正祭、有告祭。周禮大宗伯職曰：國有大故，則旅上帝及四望。注云：故，謂凶裁。旅，陳也。陳其祭事以祈焉[一]，禮不如祀之備也。上帝，五帝也。四望，五岳、四鎮、四瀆。論語：季氏旅於泰山。馬融曰：旅，祭名。由是言之，旅乃告祭之名，非專主山川。孔傳於梁州云祭山曰旅，未當也。或曰：旅爲告祭。其山川正祭之名云何？曰：正祭山川謂之望。堯典：舜受終之後，望于山川，東巡守，至于岱宗，柴，望秩于山川。金吉甫云：禮記作「柴而望祀山川」。蓋古者祭山埋之，祭川沈之。今於東岳之下，祀岱宗而及東方山川，不能徧埋沈也。故柴而望祭，取其氣之旁達也。詩序：時邁，巡守告祭柴望也。鄭康成云：武王既定天下，時出行其邦國，謂巡守也。望于山川，皆以尊卑祭之。般，巡守而祀四嶽河海也。此皆天子之禮，山川遼遠，不可一往就祭，四向望而爲壇遥祭之，故曰四望。諸侯祭山川在其封内者，亦謂之望。春秋公羊傳曰：三望者何？望祭也，祭泰山、河、海。鄭康成以爲望者祭山川之名，三望淮、海、岱也。爾雅云：梁山，晉望。左傳云：江、漢、睢、漳，楚之望。此皆諸侯之禮也。望爲正祭，天子諸侯皆躬親其事，而旅則令祠官致敬焉。難者曰：舜武之於山川亦告祭也。何以謂之望？曰：受終、巡守大事也。雖告祭而以望禮行之，故亦謂之望。禹治水時，猶未攝位，王官不得行望禮。水土功畢，聊以告平，或躬親其事，或遣官屬往祭，通謂之旅也。

九川滌源，釋文：滌，待歷反。渭按：源，史記作「原」。

傳曰：九州之川，已滌除泉源，無壅塞矣。正義曰：從其所出，至其所入，皆蕩除之，無壅塞也。林氏曰：九山、九川、九澤，皆是泛指九州之山川澤而言之。若必欲以弱水而下爲九川，雷夏而下爲九澤，則導岍而下果九山否乎？呂氏曰：滌源，水平而復疏滌其源，爲經久計也。金氏曰：九州之川，不曰通流，而曰滌源者，此所謂濬畎澮距川，則田里無水潦壅塞之患也。渭按：金説尤善。九州之川皆已滌源，則其所濬者，非特岷、嶓、蒙、羽諸山，太原、覃懷等地而已。

管子曰：水有大小有遠近。水出山而流入海者，命曰經水。引他水及於大水入海者〔一〕，命曰枝水。墨子曰：禹湮洪水，決江、河，通四夷九州，名川三百，支流三千，小者無數。周書曰：禹渫七十川，大利天下。水經所引天下之水百三十七，即所謂經水，酈注引支流一千二百五十二，即所謂枝水。禹曰「決九川，距四海」者是也。史記索隱以弱、黑、河、漾、江、沇、淮、渭、洛當之，則拘而鮮通矣。其曰濬畎澮距川，即此經所謂滌源者是也。畎澮有二：一爲田間通水之道，匠人畎遂溝洫澮之制是也；一爲山中澗壑之流，釋水云「注川曰谿，注谿曰谷」是也。谷即畎，谿猶澮也。詳見青州。蓋畎澮者，諸川之源，洪水氾濫，畎澮填淤，不濬則雨潦時至，平田皆爲巨浸，勢不得不決而歸之川。川中暴漲，還溢地上。及其旱也，田間乏水，良苗立槁，亦無以救之。是旱潦皆災，源委交病也。故必以滌源爲濬川之成功云。

禹曰：予決九川，距四海，濬畎澮距川。此禹作司空時事也。孔子曰：卑宮室而盡力乎溝洫。此禹攝帝位後事也。夫既決川距海矣，而必繼之以濬畎澮，亦既萬邦作乂矣，而又必盡力乎溝洫。禹終身日孜孜於此者，人皆知其爲治田之良法，而不知其爲治水之終事。江、淮、河、漢之水由地中行，歷千餘年而不變者，恃有此道也。周恭肅用曰：今之黃河，古之黃河也。所以有徙決之變者，以霖潦無所容也。天下皆有溝洫，則天下皆容水之地。天下皆治水之人，水治而田無不墾。一舉而平天下之大害，興天下之大利，兩得之矣。朱國盛曰：天下之水當以天下分之。禹之決川疏河，所以抑洪水也。其盡力溝洫，所以備洪水也。

以天下之溝洫，盛平聲。天下之霪潦。黄河安流入海，四海之田皆墾，而國計無虞矣。此千古之格言，治河之石畫也。禹貢於九州分敍決川之事，而總結之曰九川滌源。使其事專爲治田，而無與於治水，則何以繫諸九川之下？其繫諸九川之下者，蓋以是爲治水之終事也。今井田之政雖不可復，而溝洫之法隨地可行，治河者不知出此，何也。馮應京曰：大禹玄圭告成，迨殷、周而疆理如故也。畛涂道路，皆水防也。無所事隄，瀦溝遂列，皆水藏去聲。也。無所事渠，河由地中行，不勞而定矣。今瀕河之北，一望閒荒。誠驅河南徐、邳諸郡之民，數百畝必溝，數十溝必川，數大川必瀦爲湖渚。溝因水漱，坊因水淫，淵因水磬折，而句音鉤。於矩爲湖爲渚多，則方千里之水不助河爲虐，反因爲利矣。此真得滌源精意，使其說得行，豈非河定民安之上策哉。總之，溝洫之設，不專爲田間備旱潦。蓋暴水時至，得溝洫以貯之，則其水不盡歸於河。此急來緩受之法，河之所以無溢決也。三代而下，知此意者鮮矣。

溝洫之制，占地頗多。商鞅之所以開阡陌者，爲富强計，使地無尺寸不耕，無尺寸不征也。既盡地力，廢溝洫，則膏壤變爲舃鹵，而穿渠灌溉之事興焉。鄭國引涇注洛以爲渠，溉舃鹵之地四萬餘頃是也。賈讓欲多穿漕渠於冀州地，使民得以溉田。此鄭、白之故智，非大禹滌源之意。故讓亦自言非聖人法，乃救敗術也。或以穿渠溉田，有合於古溝洫之制，大謬，何也？禹濬畎澮，導谿谷之水以注之田間，其勢順而易；鄭、白之渠，引川之水以溉平地，其勢逆而難。溝洫廣深，雨多水暴至有所容，利於田而兼利於河；穿渠引溉，使河流遲貯淤而稍淺，水暴至輒溢決，漢張戎説。田雖利而河則病矣。唯禹之治水，使地上之流得所容畜，而河中之水不甚滿盈，康功田功相爲表裏，此所以爲萬世永賴者與。

九澤既陂，

傳曰：九州之澤，已陂障無決溢矣。正義曰：往前濫溢，今時水定，咸作陂以障之，使無決溢。詩云：彼澤之陂。毛傳云：陂，澤障也。吕氏曰：凡治水不出兩端：川流畎澮轉相入，以達于海，所以使之有所歸也；或遠而不達，則捐數百里之地以爲澤，所以使之有所容也。渭按：九州之澤皆已陂障，則非特雷夏以下既澤既豬而已。周禮澤虞注曰：澤，水所鍾。水希曰藪。職方注曰：大澤曰藪。賈公彦云：澤虞注水鍾曰澤，水希曰藪，則澤藪别矣。今此云大澤曰藪者，但澤、藪相因，亦爲一物也。周語：陂障九澤，豐殖九藪。韋昭云：澤無水曰藪。渭按：澤、藪單舉，則一有水一無水，連稱則通爲一物。更有所謂浸者，鄭云可以爲陂灌溉。愚竊謂此義未當。澤水亦可灌溉，非獨浸也。揚州澤藪曰具區，其川三江，其浸五湖。蓋澤藪之水淺，或盈或縮，豐殖百物，民資其利。故太宰職曰：藪，以富得民。浸即後世所謂湖也，渟蓄淵深，四時不改。今太湖自包山以西水極淵深，即古之五湖；而平望、八赤、震澤之間，水瀰漫而甚淺，則古之具區也。澤、浸之别以此。雲夢澤方八九百里，獨巴丘湖常滿而不涸，是亦浸也。

周禮職方之澤藪：揚曰具區，荆曰雲曹，豫曰圃田，青曰望諸，兗曰大野，雍曰弦蒲，幽曰貕養，冀曰楊紆，并曰昭餘祁。鄭注云：凡九州山鎮澤藪言曰者，以其非一，曰其大者耳。爾雅釋地之十藪：魯有大野，晉有大陸，秦有楊陓，宋有孟諸，楚有雲曹，吴、越之間有具區，齊有海隅，燕有昭余祁，鄭有圃田，周有焦護。賈氏職方疏云：爾雅澤有十者，以周、秦同在雍州，秦有楊紆，周有焦護，一州有二故十。吕氏春秋九藪云：越之具區，楚之雲曹，秦之陽華，晉之大陸，梁之圃田，宋之孟諸，齊之海隅，趙之鉅鹿，燕之大昭。淮南子曰：秦之陽紆，燕之昭余。今按「九藪」二字，始見於國語及管子，説者以爲即九澤，而周禮、爾雅、吕覽、淮南之所列，參錯不齊，或以州言，或以國言，各舉其大且著者，與禹貢不合。故釋此經者，以爲兗之雷夏，徐之大野，揚之彭蠡、震澤、荆之雲夢，豫之滎播、菏澤、孟豬，雍之豬野，乃九澤也。取之經而已足，不煩外求，此説亦通。但無如九山之難於節取耳。施博士曰：雖有適然可合之數，而無必然可信之理，則九山、九川、九澤，皆以九州而爲言矣。林氏尚書全解引此語。

周語太子晉諫靈王曰：晉聞古之長民者，不墮山，不崇藪，不防川，不竇澤。夫山，土之聚也；藪，物之歸也；川，氣之導也；澤，水之鍾也。夫天地成而聚於高，歸物於下。疏爲川谷，以導其氣，陂唐汚庳，以鍾其美。唐，隄也。是故聚不阤崩，而物有所歸；氣不沈滯，而亦不散越。是以民生有財用，而死有所葬。昔共工棄此道也，欲壅防百川，墮高堙庳，以害天下，禍亂並興，共工用滅。其在有虞，有崈伯鯀，播其淫心，稱遂共工之過，堯用殛之於羽山。其後伯禹念前之非度，釐改制量，象物天地，共之從孫四岳佐之，高高下下，疏川導滯，鍾水豐物，封崇九山，決汩九川，陂障九澤，豐殖九藪。故天無伏陰，地無散陽，水無沈氣，火無災燀。皇天嘉之，胙以天下。渭按：此論最精。川，流水，故宜疏之以導其滯；澤，止水，故宜鍾之以豐百物。此天地自然之性，聖人治之，亦行所無事而已。左傳云：玄冥之子臺駘能業其官，宣汾、洮，障大澤。蓋自上古以來，治水之法如是，共、鯀易之，宜其敗也。

陂亦隄也，而實不同。川兩厓築隄，制其旁溢，陂則環澤而隄之，此其所以異也。陂必有水門，以時蓄泄。攷之傳記，壽春芍陂，楚相孫叔敖作，有五門。隋趙軌修之，更開三十六門。穰縣鉗盧陂，漢南陽太守召信臣作，有六石門，號爲六門陂。山陰鏡湖，會稽太守馬臻作，築塘周回三百里，疏爲二門，其北隄石闥二，陰溝十九，南隄陰溝十四。蓋皆古法也，川水暴至，則開高門受水，使水得游蕩陂中，以分殺其怒；川平則仍閉以蓄水，遇旱即開下門以溉田。利民之事，無大於此者，故易曰「説萬物者，莫説乎澤」。賈讓言：内黄界有澤，方數十里，環之有隄，太守以賦民，民起廬舍其中。蓋自戰國開阡陌，盡地力，即有廢澤以爲田者。其後翟方進壞汝南鴻隙陂，而郡人怨之。謝靈運求會稽回踵、岯崲二湖以爲田，而太守不許。陂之不可廢也如此。近世逐利而忘害，古時瀦水之地，無尺寸不耕，而昧其昔之爲陂澤矣。就禹貢所載言之，滎播塞爲平地，非人之罪。餘若大陸、雷夏、大野、震澤、菏澤，皆失其舊，大抵由圍田所致，而他澤從可知已。夫子之論政也，曰：無見小利，見小利則大事不成。今廢澤以爲田，而百川決溢，人無寧居，歲數不登，皆謀國者見小利之害也。

陸文裕深河汾燕閒録曰：晉水潤行類閩、越，而悍濁怒號特甚。雖步可越處，輒起濤頭作湍湃，源至高故也。夏秋間爲害不細，以無堰埸之具耳。某行三晉諸山間，嘗欲命緣水之地，聚諸亂石，倣閩、越間作灘，自源而下，審地高低以爲疎密，則晉水皆利也。有司既不暇及，而晉人簡惰，亦復不知所事。閩諺云：水無一點不爲利。誠然，亦由其先有豪傑之士作興，後來因而修舉，遂成永世之業。故某謂閩水之爲利者，盈科後進；晉水之不爲利者，建瓴而下耳。朱文肅國楨湧幢小品曰：辛丑，某南歸經磁州，徧野皆有水，溝深不盈二三寸，闊可徑尺，縱横曲折，隨地各因其便，輿馬可跨而過，禾黍蔚然。異之，問輿夫，水何自來，遥指西山曰：此泉源也。又問泉那得平流，則先任知州劉徵國從泉下築隄障之，高丈許，隄高泉與俱高，因地引而下，大約高一尺，可灌十里，一州遂爲樂土。閻百詩嘗舉此二條以示余，曰：此即文章家急脈緩受、緩脈急受之法也。余曰：然。又因悟谿谷之水，由山以注田，由田以注川，無問南北高下，皆宜緩而不宜急。障其泉源，則田間無驟盈之水；深其溝洫，則川中無暴漲之流。聚石作灘，築隄爲障，亦即大禹陂澤之意，非獨下流捐地以爲川水游波之所也。

昔賈讓欲穿漕渠於冀州地，多張水門，旱則開東方下水門溉冀州，水則開西方高門分河流，此亦用水門也。而其法則與後世減水河同，非陂障九澤之意。蓋鑿渠減水，施之於清川則可，施之於濁流則分水既多，水力緩弱，不足以衝刷泥沙，正道必致填淤，而決於上游，害滋甚矣。因澤體之洿下，以瀦其水，啓閉以時，川水暴至，得左右游波，及其退也，經流不分，永無填淤之患。此聖人之智所以爲大也。

四海會同。

傳曰：四海之内，會同京師。九州同風，萬國共貫。正義曰：禮，諸侯之見天子，時見曰會，殷見曰同。此言四海會同，乃謂官之與民皆得聚會京師，非據諸侯之身朝天子也。夷、狄、戎、蠻謂之四海。林氏曰：洪水氾濫於天下，四方道路皆遏絶而不通。至于禹治九州之功畢，每州之末皆載其達于河之道。如江不通淮，則曰沿于江、海，達于淮、泗；沱、潛、漢不通洛，則曰逾于洛至于南河。或航海、或陸運，而皆以達河爲至，則北自碣石、西自西傾、南東盡海之地，皆有通于帝都之道，此四海之所以會同也。張氏曰：水患既去，非特九州之民往來無阻，而蠻、夷、戎、狄皆復會同于京師矣。渭按：張説最善。四海之人皆會同于京師，則非特東方之島夷、西方之崑崙、析支、渠搜而已。爾雅釋地云：九夷、八狄、七戎、六蠻謂之四海。郭璞曰：九夷在東，八狄在北，七戎在西，六蠻在南，次四荒者。渭按：古書所稱四海，皆以地言，不以水言。爾雅四海繫釋地，不繫釋水；禹貢九州之外即是四海，不以海水之遠近爲限。劉向説苑云：八荒之内有四海，四海之内有九州是也。自宋人撥棄古訓，直以海爲海水。故蔡傳釋「四海會同」云：四海之水無不會同，而各有所歸。不知此意包括在「九州攸同」句中，何用贅辭？且禹貢諸水皆入東海，唯黑水入南海。其歸西海、北海者，又何水邪？西海、北海不見于詩、書。禮記祭義始云：西海、北海。注家不詳其地。左傳、孟子所謂北海，不離乎東海。離騷曰：路不周以左轉兮，指西海以爲期。史記曰：于寘之西，水皆西流注西海。又曰：奄蔡在康居西北可二千里，臨大澤無厓，蓋乃北海云。漢書：蘇武、郭吉使匈奴，皆幽于北海之上。又條支國臨西海，後漢書云：班超遣甘英輩親至其地，西海之西又有大秦，夷人與海商皆常往來。唐書言：突厥部北海之北有骨利幹國，在海北岸。又流鬼國去京師萬五千里，濱於北海，其鑿鑿言之如此。然西海距玉門、陽關四萬餘里，由漢以來，西域常通中國，人得見其海，而極北之地罕有使命。流鬼去長安僅萬五千里，而北海終不得見。故朱子云：自古無人窮至北海也。據王制：西河至東海不過二千餘里，今以堯時甸服計之，其距南海近者可四千里，遠者亦無過七八千里，而西海、北海乃若此之遠，聲教所訖，何其相去之懸絶邪！四海之義，定當從爾雅。然傳記所稱西海、北海，則實有其處，非寓言也。洪景盧云：海一而已。地勢北高東南下，所謂東北南三海，其實一也。北至于青、滄，則曰北海；南至于交、廣，則曰南海；

東漸吴、越，則曰東海。無由有所謂西海者，詩、書、禮、經之稱四海，蓋引類而言之。審爾，則禹貢之文但言海足矣，何以又有所謂南海乎！蓋南海附近交、廣，黑水入焉。而西海、北海遠在數萬里之外，與中國之水無涉，故不言耳。「灉、沮會同」以水言，「四海會同」以人言，說者當隨文立義，不可牽合。時見曰會，殷見曰同，自是周禮，堯時未必有此名也。會同，只是望走之意，不必引諸侯朝天子事。四海會同，舉遠以該近，言夷、狄、戎、蠻則華夏可知。傳「四海之内」，「内」字有病。而疏曲爲之説云：天子之於夷狄，不與華夏同風，故知四海謂四海之内，即是九州之中，順傳違經，吾無取焉。

六府孔修，

傳曰：水、火、金、木、土、穀甚修治，言政化和。正義曰：由政化和平，民不失業，各得殖其資産，故六府修治也。葉氏曰：六府無廢材，貢賦之法，於是而立。金氏曰：府，官府也。六府，水、火、金、木、土、穀之府也。水土既平，故六者之利無不興，而六者之官無不舉也。渭按：此以下總結諸州土田貢賦之事。六府者，財用之源也。六府之政不修，則賦無所出，貢無由作矣。曰六府孔修，爲下文張本也。左傳：昭二十九年，蔡墨對魏獻子曰：五行之官，金吉甫以府爲官府，其説蓋有所本。

是謂五官。實列受氏姓，封爲上公，祀爲貴神。社稷五祀，是尊是奉。木正曰句芒，正，官長也。句，古侯反。火正曰祝融，金正曰蓐收，水正曰玄冥，土正曰后土。句芒以下，皆五行之神名。配者與之同食，亦得取彼名以爲名，猶社本土神之名，稷本穀神之名。配者亦得稱社稷也。獻子曰：社稷五祀，誰氏之五官也。對曰：少皞氏有四叔，曰重、直龍反。曰該、曰修、曰熙，實能金木及水。能治其官。使重爲句芒，該爲蓐收，修及熙爲玄冥。世不失職，遂濟窮桑，此其三祀也。顓頊氏有子曰犂，國語字作「黎」。爲祝融，共工氏有子曰句龍，爲后土，此其二祀也。后土爲社稷，田正也。農官之長，掌播殖。有烈山氏之子曰柱爲稷，自夏以上祀之。周棄亦爲稷，自商以來祀之。今按五行之官及田正，自少皞氏已有之，則堯時亦有此六官可知也。禹爲司空，平水土，殆兼此二官。益掌火焚山澤，作虞若草木，亦當兼木火之官。稷播百穀爲田正，但未知金正屬何人耳。洪範五行：一曰水、二曰火、三曰木、四曰金、五曰土，其序與此小異。蓋禹受洛書後所更定，下文云「土爰稼穡」，則穀附於土，而不復别爲一府。於是五官之名著，而六府之號隱矣。

庶土交正，厎慎財賦，

傳曰：交，俱也。衆土俱得其正，謂壤、墳、壚。致所慎者，財貨貢賦，言取之有節，不過度，正義曰：水災已除，天下衆土墳、壤之屬，俱得其正，復本性故也。民既豐足，取之有藝，致所慎者，言什一而税，不過度也。葉氏曰：庶土交正，以九土相參而辨其等也。呂氏曰：九州之土，彼此相視高下，各得其正。蔡氏曰：土者，財之自生。謂之庶土，則非特穀土也。庶土有等，當以肥瘠高下名物交相正焉，以任土事也。因庶土所出之財，而致謹其財賦之入，如周大司徒以土宜之法，辨十有二土之名物，以任土事之類。渭按：此兼土田貢賦而言之。厎慎者，聖人兢業之心，制其法使歸於中正，行之萬世而無弊也。

萬物皆麗乎土，土爲財賦之所自出。故於六府之中，特舉土以言。庶土，吴幼清云：川澤、墳衍、原隰、丘陵、山林也。説本周禮大司徒，即所謂「以土會之灋，辨五地之物生」者也。東陽陳氏云：庶土交正，則山林、川澤、丘陵、墳衍、原隰之土地無不辨，非特墳、壤、壚之别而已。此説非是。夫墳、壤、壚即在此五地中，豈厥土云云之外，更有所爲五地之土性乎！吴説不妨互證，陳氏推廣言之，則謬矣。

正義云：諸州之土，青黎是色，塗泥是溼。土性之異，惟有壤、墳、壚耳，故舉三者以言也。今按揚、荆之塗泥，不可謂非土性。梁之青黎，安國以黎爲黑。馬融曰：黎，小疏也。王肅從之。蓋黎實土性。青海濱廣斥，斥鹵亦土性也。土黏曰埴，徐之赤埴，獨非土性乎！傳云：壤、墳、壚特舉其多者言之，不必謂三者之外，更無土性也。

孔疏以衆土俱復本性爲交正。葉少藴始云：以九土相參而辨其等。此義較長，故蔡傳宗之。或疑經文田有等而土無等，葉説恐非。愚謂田不外乎土，特自人耕治出穀，名之曰田。九等亦就壤、墳、壚别之，即田之等可以知土之等也。但此云「庶土交正」，不專主穀土耳。

咸則三壤，成賦中邦。

傳曰：皆法壤田上中下，大較三品，成九州之賦，明水害除。正義曰：土壤各有肥瘠，故分爲上中下，計等級甚多，但舉其大較，定爲三品。法則地之善惡以爲貢賦之差，雖細分三品，以爲九等，人功修少，當時小異，要民之常税必準其土也。蘇氏曰：九州各則其壤之高下，以制國用，爲賦入之多少。中邦，諸夏也。貢篚有及於四夷者，而賦止及於諸夏也。王氏曰：土賦有及四夷，田賦止於中邦而已。金氏曰：中邦，中國也。古者田之可井者，則整齊經理，謂之中國。其田不可井者，則隘塞之地，疆以戎索，故有九州内之夷狄。渭按：金説最善。中邦謂甸、侯、綏三服，泛言九州者非。田爲庶土中之膏壤，中邦乃井牧之地，田賦所出，生人之大命繫焉，國家之積貯賴焉，視土貢尤急，故特於上二句内抽出言之。

古者以九州之内地制爲五服。甸、侯、綏方三千里爲中國，要、荒方二千里爲四夷。五服之外，所有餘地，亦屬九州。九州之外，夷、狄、戎、蠻，是爲四海。自漢以來，説經者不明此義，唯金吉甫得之。左傳：定四年，祝佗言：成王封伯禽於少皞之墟，封康叔於殷虚，皆疆以周索。索，法也。封唐叔於夏虚，疆以戎索。夏虚者，太原也。堯時爲侯服，周宅鎬京，則太原當爲要服。其地近戎，故疆以戎索。蓋亦不井其田，使與中國之賦法同也。

禮記王制：自恒山至于南河，千里而近。鄭注云：冀州域。自南河至于江，千里而近，豫州域。自江至于衡山，千里而遥，荆州域。自東河至于東海，千里而遥，徐州域。自東河至于西河，千里而近，亦冀州域。自西河至于流沙，千里而遥，雍州域。渭按：此經意不在各州之界，康成説似是而非。篇首云：凡四海之内九州，州方千里。此復縱横言之。自恒山而南河、而江、而衡山，南北徑三千里。自東海而東河、而西河、而流沙，東西徑三千里。因其徑以知其方，故下文云：西不盡流沙，南不盡衡山，東不盡東海，北不盡恒山，凡四海之内，斷長補短，方三千里，爲田八十萬億一萬億畝。此即禹貢甸、侯、綏三服，方三千里之地，無蠻夷雜處其中，可以則壤成賦。夏造殷因，歷千餘年而不變，至周而始損益之也。周爲王畿及侯、甸、男、采四服之地。金華應鏞曰：弼成五服，至于五千者，此區域之大數，而疆理之略者也。四海之内，斷長補短，方三千里者，此民田之大數，而疆理之詳者也。深得經旨，諸儒所莫及。四海之内即是九州，九州之中爰有五服，五服之地不盡九州。孟子云：海内之地，方千里者九。蓋即禹貢中邦成賦之區。撰王制者，錯會其意，遂以爲州方千里，九州方三千里，而其外即是四海。自此一誤，諸儒不復知禹貢九州之内，有中國、蠻夷之别，而以四夷爲版圖所不登，正朔所不加之地，與四海無分矣。積謬相仍，今特爲正之。

禹貢長箋云：按「庶土」四句，蔡氏分土貢、田賦。土貢曰慎，即惟服食器用也。田賦曰成，即萬民惟正之供也。然庶土所包者廣，據蔡云非特穀土，則穀土已在其中，況經文賦字有二，本無異同，何得以財賦之賦，專指土貢言邪！蓋厎慎是千古理財之本，義兼貢賦。特積貯爲軍國之命，什一尤中正之經，故又於庶土之中，科取穀土言之，則壤成賦，取民有制，是所謂厎慎也。義正相足，非上言貢而下言賦之謂。姚承菴疑問亦同余説。

【校勘記】

〔一〕陳其祭事以祈焉　四庫本在「以祈」下增「以祀」兩字。今檢清阮元重刻十三經注疏本周禮大宗伯鄭玄注無此兩字。四庫本妄增。

〔二〕引他水及於大水入海者　今檢管子度地篇（集校本）作「别於他水入於大水及海者」，四庫本改，是。

禹貢錐指卷十九

錫土姓，

傳曰：天子建德，因生以賜姓，謂有德之人生此地，以此地名賜之姓以顯之。正義曰：周語稱帝嘉禹德，賜姓曰姒。祚四岳，賜姓曰姜。左傳稱周賜陳胡公之姓爲嬀，皆是因生賜姓之事。臣蒙賜姓，其人少矣。此事是用賢大者，故舉以爲言。林氏曰：錫土姓者，於是始可以疆天下，而成五服也。如契封于商，錫姓子氏；稷封于邰，錫姓姬氏，亦必在此時。黄氏曰：舊有土者，功高則加錫，已有姓，非大功大德，不別賜。金氏曰：水土既平，田制既定，於是修封建之法，各使守之。錫土者，賞其功勞，定其限制也。錫姓者，表其勳德，輯其分族也。封建之來固久，經洪水之患，則限制多不明，有水土之功，則庸勞所宜賞，此所以修封建之制也。當時堯、舜在上，封建雖非禹所專，而實出禹所畫，所謂「弼成五服」者，此章以下是也。渭按：有土則必有氏，而賜姓爲難，錫土姓謂始封之君有德者也。

錫土姓是一事。或云：舊有土而今始錫姓者，蓋亦有之。愚謂衆仲云：天子建德，因生以賜姓。此必是始封之君，即使舊有土者，時亦必改封大國。王制云：有功德於民者，加地進律，即其事也。

堯時錫土姓之事。禹賜姓曰姒，氏曰有夏；四岳姓曰姜，氏曰有吕，見周語。契爲商，姓子氏；棄爲周，姓姬氏，見史記五帝本紀。其他則無明文。秦本紀云：秦之先大費佐舜調馴鳥獸，是爲柏翳。即伯益。金氏通鑑前編云：秦聲以入爲去，故謂「益」爲「翳」也。舜賜姓嬴氏，而不言其所封。夏本紀云：禹立而皋陶卒，封其後於英、六。英，左傳作「蓼」。而不言賜姓。帝王世紀云：皋陶生於曲阜。曲阜，偃地，故帝賜姓曰偃。是伯益、皋陶至舜、禹即位而後錫土姓也。然詩商頌正義引中候握河紀云：堯曰賜爾二三子。斯封稷、契、皋陶。禮記正義引鄭駁異義云：堯錫伯夷姓曰姜，禹姓曰姒，契姓曰子，稷姓曰姬。由是言之，則舜賜益姓當在攝位時，而英、六之封在皋陶卒後，其身豈獨不得封？意堯時亦必有以錫皋陶也。或曰：禹言十二師、五長，各迪有功，當徧錫之。余曰：八愷、八元、九官、十二牧及諸侯之賢能者，固宜並受其錫，不盡於前所云云。然太上立德，其次立功，功不如德，德爲世之所難。堪此錫者，恐亦不多。諸論功行賞，事所恒有，唯錫土姓爲非常之典，故禹特紀之。

左傳隱八年，衆仲曰：天子建德，因生以賜姓，胙之土而命之氏。注云：立有德以爲諸侯。因其所由生以賜姓，謂若舜由嬀汭，故陳爲嬀姓，報之以土，而命氏曰陳。正義云：諸侯之氏，則國名是也。周語曰：帝嘉禹德，賜姓曰姒，氏曰有夏；胙四岳國，賜姓曰姜，氏曰有吕。亦與賜姓曰嬀，命氏曰陳，其事同也。天下之廣，兆民之衆，非君所賜皆有族者。人君之賜姓賜族，爲此姓此族之始祖耳。其不賜者，各從父之姓族，非復人人賜也。晉語稱黄帝之子二十五人，其得姓者十二人。當作十四人。天子之子尚不得姓，況餘人哉，固當從其父耳。黄帝之子，兄弟異姓。周之子孫皆姓姬者，古今不同。質文代革，周尚文，欲令子孫相親，故不使别姓。其賜姓者，唯外姓嬀滿之徒耳。渭按：此疏最爲詳晰。諸侯之氏即其國名，有土則有氏。故經不言氏，其所重在賜姓。姓非有德者不得賜，天下有有土而不錫姓者矣，未有錫姓而無土者也。

左傳正義又云：姓者，生也。以此爲祖，令之相生；雖下及百世，而所姓不改。族者，屬也。與其子孫共相連屬，則各自立氏。禮記大傳曰：繫之以姓而弗别，百世而婚姻不通者，周道然也。是言子孫當共姓也。其上文云：庶姓别於上，而戚單於下。戚，親也。單，盡也。是言子孫當别氏也。謂之庶姓者，以始祖爲正姓。高祖爲庶姓，亦氏族之别名耳。渭按：此與賜姓命氏全無交涉。大傳曰：四世而緦，服之窮也。五世袒免，殺同姓也。六世親屬竭矣。其庶姓别於上，而戚單於下，昏姻可以通乎？殷人五世以後可以通婚，故記者設問，六世親盡，别自爲宗，周道亦可以通婚乎。繫之以姓而弗别，綴之以食而弗殊，雖百世而昏姻不通者，周道然也。

此答問之辭。周道然者，言異於殷也。鄭注云：世所由生，周之所建者長也。姓，正姓也。始祖爲正姓，高祖爲庶姓，繫之弗別，謂若今宗室屬籍也。正義云：正姓若周姓姬，本於黄帝；齊姓姜，本於炎帝是也。庶姓若魯之三桓，鄭之七穆是也。竊推鄭意，正姓即大宗，下文所謂「別子之後，百世不遷」者也；庶姓即小宗，下文所謂「宗其繼高祖者，五世則遷」者也。五世則遷，即所云戚單於下。凡爲諸侯大夫者皆然。其天子賜姓，諸侯賜族，皆非常之典。惟其功德，初不論世數，與大傳義不同。孔氏既以此釋大傳，復移以證衆仲之言，而張子韶遂據之以釋禹貢，曰：錫土者，命之氏而遠及支庶。錫姓者，因其所生而以傳正適，不容有兩人。愚竊以爲不然。諸侯之氏，即其國名，管、蔡、郕、霍、邘、晉、應、韓之屬是也。公子之後，以王父字爲氏，魯三桓、鄭七穆之屬是也。古者男子稱氏，婦人稱姓，生則以姓配氏，如子氏、姜氏。死則以謚配姓，如成風、敬嬴。男子但不稱姓耳。身即爲支庶，豈不得姓其先人之姓。諸姬之於王室，三桓、七穆之於公室，雖別氏而其姓則同，正所謂「繫之以姓而弗別，雖百世而昏姻不通者」，何言姓獨傳正適，而不及支庶也哉！

經傳言庶姓者三。大傳，其一也。周禮司儀：詔王儀南鄉見諸侯，土揖庶姓，時揖異姓，天揖同姓。鄭注云：庶姓，無親者也；異姓，昏姻也。左傳：隱十一年，滕侯曰：薛，庶姓也，我不可以後之。杜注云：庶姓，非周之同姓。此三者皆與錫土姓之義無涉。庶姓別於上，上謂高祖。故鄭云：高祖爲庶姓，戚單于下。下謂六世孫也。孔以庶姓爲氏族之別名，然則公之子曰公子，公子之子曰公孫，公孫之子賜族者，以王父氏爲字，并其先君數之，亦止四世，親屬未竭，何以遽别氏乎！可見别氏者，皆由時君賜之，以顯其先人之功德。或賜或不賜，非世數所得而限也。公子之後，有竟不得賜者，仍以國氏。春秋所書内有無駭。挾柔溺外，則鄭詹、莒拏、邾庶其、畀我之類是也。

晉語：黄帝以姬水成，炎帝以姜水成。成，謂所生長以成功也。成而異德，故黄帝爲姬，炎帝爲姜，同德者同姓，異德者異姓。此因生賜姓之始也。鄭駁異義云：炎帝姓姜，太皞所賜，黄帝姓姬，炎帝所賜。黄帝之子二十五宗，其得姓者十四人，爲十二姓，姬、酉、祁、己、滕、葴、任、荀、僖、佶、儇、依是也。韋昭曰：得姓，以德居官而賜之姓也。謂十四人，而二人爲姬，二人爲己，故十二姓也。青陽與夷鼓皆爲己姓，玄囂與倉林皆爲姬姓。蔡墨言：五行之官，皆列受氏姓，封爲上公，實少皞、顓頊之後。史伯言：黎爲高辛氏火正，其後八姓，歷事夏、商，曰己、董、彭、秃、妘、曹、斟、芈，黎即祝融五官之一也。然則高辛之世，賜姓命氏之事，槩可知已。堯時洪水初平，大封以褒明德，故禹貢特書。自是之後，唯舜賜飂叔安裔子之姓曰董，氏曰豢龍，著在左傳；丹朱之後爲貍姓，見於周語。蓋亦舜賜之，夏、商之事無聞焉。周之賜姓，獨一嬀滿，餘無可考，而諸姬無一賜姓者。蓋周道，同姓雖百世而昏姻不通，苟賜之姓，則不能禁其通昏矣。叔詹曰：男女同姓，其生不蕃。子産曰：内官不及同姓，其生不殖。先王敬宗收族，既欲防嫌，亦期廣嗣，故不復賜也。

三代以上，姓、氏判而爲二，三代以下，姓、氏混而爲一。凡公族不得氏者，異邦人稱之，則以其國爲氏，亡國之餘亦然。春秋時若鄭詹、莒拏、邾庶其、鄭丹、宋朝、陳恒、蔡墨、鄖甲之類，戰國時若宋牼、宋句踐、曹交、衛鞅、蔡澤、陳軫、毛遂、茅焦之類，皆以國氏，然未嘗以氏爲姓。其混而爲一，自司馬遷始也。遷采世本以爲史記，漢藝文志春秋家有世本十五篇，古史官記黄帝以來訖春秋時諸侯大夫。鄭駮異義云：姓者，所以統繫百世，使不相別也。氏者，所以別子孫之所出。故世本之篇，言姓則在上，言氏則在下也。於五帝本紀則曰禹姓姒氏、契姓子氏、棄姓姬氏，於秦本紀則曰柏翳姓嬴氏，於始皇本紀則曰姓趙氏，於高祖本紀則曰姓劉氏，而姓氏之別紊矣。其於夏本紀又曰：禹爲姒姓，其後分封，用國爲姓，故有夏后氏、有扈氏、有男氏、斟尋氏、彤城氏、褒氏、費氏、杞氏、繒氏、辛氏、冥氏、斟氏、戈氏。於殷本紀則曰：契爲子姓，其後分封，以國爲姓，有殷氏、來氏、宋氏、空桐氏、稚氏、北殷氏、目夷氏。凡此類皆夏、殷子孫分封之國名，猶富辰所舉文昭、武穆、周公之胤二十六國也。用國爲姓，昉於秦漢。古時但謂之氏，豈姓也哉。至若成王分唐叔以懷姓九宗，懷姓，唐之餘民。九宗，一姓爲九族。分魯公以殷民六族，條氏、徐氏、蕭氏、索氏、長勺氏、尾勺氏。分康叔以殷民七族。陶氏、施氏、繁氏、錡氏、樊氏、饑氏、終葵氏。是皆夏、殷列國之公姓，受氏以守宗祊者，猶魯之三桓、鄭之七穆，與有扈、斟尋、空桐、目夷等，又不可同類而語矣。

祇台德先，不距朕行。

傳曰：台，我也。常自以敬我德爲先，則天下無距違我行者。王氏炎曰：曰台、曰朕，皆禹自言。指台、朕爲堯、舜，非經意也。金氏曰：禹既任天下之事，則率屬倡牧儀刑百辟者，固其職，此所以祇敬我德以爲率先，而其所行諸侯自無所違距也。周公謂「作周孚先」是也。渭按：自冀州以下，皆善政養民之事；自「錫土姓」以下，皆善教化民之事。成賦中邦，所謂善政得民財也；聲教訖于四海，所謂善教得民心也。

金吉甫云：台、朕，指禹也。如春秋我、魯也。此義亦通。然以爲史辭，終不若作禹自言爲妙。古者上下得通稱「朕」，皋陶曰「朕言惠，可底行」，伊尹曰「朕哉自亳」，周公曰「朕復子明辟」，屈原曰「朕皇考曰伯庸」是也，至秦始以爲天子自稱之辭。

此二句氣脈聯貫，直至「聲教訖于四海」而止，皆禹「弼成五服」、「外薄四海」之事。呂伯恭云：史官恐後世見禹之胼胝，遂以爲禹惟有力，故以德表之，此作書之要。陳壽翁云：禹貢一書雖紀平水土、制貢賦之事，而有躬行教化之精微寓焉。曰「祇台德先，不距朕行」，躬行心得以爲教化之本者也，後之山經、地志與夫財用之書有是哉。渭按：此等議論自是洛、閩家法，愚竊以爲不然。展禽曰：禹能以德修鯀之功。劉子曰：美哉禹功，明德遠矣。當平水土時，非德何以致功？然經意自有所主，禹之不距朕行，猶舜之無爲而治也。恭己在紹堯得人之後，祗德在任土作貢之後，非謂前此不用祗德也。但至此地平、天成、六府三事允治，更無所爲，惟有祗德之可言耳。謂禹貢之妙異於山經、地志財用之書者，全在此處，予未敢信。

五百里甸服： 釋文：甸，田偏反。

傳曰：規方千里之内，謂之甸服，爲天子服治田，去王城四面五百里。正義曰：既言九州同風，法壤成賦，而四海之内路有遠近，更敍弼成五服之事。甸、侯、綏、要、荒，五服之名，堯之舊制。洪水既平之後，禹乃爲之節文，使賦役有恒，職掌分定。先王「規方千里，以爲甸服」，周語文。王制亦云：千里之内曰甸。鄭玄云：服治田出穀税也。言甸者主治田，故服名甸也。林氏曰：王制：天子之田方千里，公、侯方百里，伯七十里，子、男五十里。此服之内，主爲天子治田，而輸之於上，故以甸服爲名。蔡氏曰：甸，田；服，事也。以皆田賦之事，故謂之甸服。渭按：五千里之内，皆供王事，故通謂之服，而甸服則主爲天子治田出穀者也。

王氏云：甸者，井牧其地之謂，王所自治也。呂氏云：四井爲邑，四邑爲丘，四丘爲甸。「甸」之一字，見得井牧之法，至此已成。渭按：詩小雅「信彼南山，維禹甸之」；大雅「奕奕梁山，維禹甸之。」毛傳云：甸，治也。鄭箋云：禹治而丘甸之。王、吕之説本此。然井牧徧于中邦，而甸服則惟千里，當以安國解爲正。陳氏云：禹之甸法，達于天下，而王畿獨以甸名，蓋農事國之本也。京師聲明文物之所萃，四方百貨之所聚，其民易以棄本逐末，制名必曰甸服，所以示務本之義。制賦必以稼穡，所以責務本之實。此亦是推説，却無疑。

百里賦納總，二百里納銍，

釋文：納如字。本又作「内」，音同。總音揔。銍，珍栗反。

傳曰：甸服内之百里近王城者，禾稾曰總，入之以飼國馬。銍刈謂禾穗。正義曰：周禮掌客待諸侯之禮，有芻有禾，此總是也。劉熙釋名：銍，穫禾鐵。説文：銍，穫禾短鎌。詩云「奄觀銍刈」，謂禾穗也。禾穗用銍以刈，故以銍表之。蘇氏曰：獨言甸服之賦者，内詳王畿之法，而諸侯可推。薛氏曰：畿内天子之居，其所賴以養者，在此千里之民而已。故所賦所納，備言於此。餘則賦各歸其國，故略之。林氏曰：九州皆言田賦，此但及夫甸服者。鄭氏云：侯、綏等所出賦税，各入本國，則亦必有納總、銍之差。但此據天子立文耳。義或然也。觀經文於納、銍之上，特加一「賦」字，則凡賦之出於田者，皆可以觸類而通之矣。故自侯服以下，但言建國遠近之制，而不及所輸之物。其辭不費，使讀之自以意曉，又述作之體也。蔡氏曰：禾本全曰總。刈禾曰銍，半稾也。金氏曰：賦納總者，其賦則禾連藁，束之以納也。禾以爲糧，藁以茨屋，以飼國馬，以爲薪芻，凡雜用也。渭按：諸侯以什一之法取民，謂之賦。出其所賦什之一，市土物以上供天子，則謂之貢。天子所賦惟畿内，故賦法獨於甸服言之，而其餘亦可以類推也。禾藁曰總，對禾穗而言，本自明白。正義申之曰：總者，總下銍秸，禾穗與藁，總皆送之。反覺支離。蔡氏云禾本全曰總。視孔傳更優。

三百里納秸服，釋文：秸，本或作「稭」，工八反。

傳曰：秸，藁也。正義曰：郊特牲云：莞簟之安，而藁秸之設。秸，亦藁也，雙言之耳。去穗送藁，易於送穗，故爲遠者輕也。顏氏曰：言服者謂有役則服之耳。王氏曰：納秸而服輸將之事也，以正在五百里之中，便於畿内移用，故其稅薄於粟米；而又使之服輸將之事，則其力之所出，足以補其財之所入。財之所入，足以優其力之所出矣。金氏曰：服役獨在三百里者，蓋酌五百里之中，爲轉輸粟米之賦也。史記謂古之善賈者，「百里不販樵，千里不販糴」，以其遠而重也。然則聖人賦民，必不使之四百里而負粟，五百里而負米矣。故制爲田賦，自百里而止于二百里焉。乃若四百里粟，五百里米，不復言納。蓋不遠納於帝都，亦行百里或二百里，而使三百里之民，轉而輸之於都耳。夫三百里之民，受遠郊之米粟而爲之轉輸，力若勞而賦則省。又以見古者賦役不兩重，此帝王之良法，而後世之所可行者也。渭按：總者，禾之全體。銍去其本，秸又去其穗，此三者之别。

傳以稾訓秸。馬融亦云「去其穎爲秸」，則納秸之不兼粟也明矣。孔疏以爲納粟之外，斟酌納稾。非也。服者，傳云服稾役。疏云：於三百里言服，舉中以明上下，皆是服王事也。以「服」字通綰上下，於文義不協。王氏財力補除之説甚善，然又似兼服内外四百里之稾役，則財雖省而力太勞，恐亦無是理。至金氏以爲代外二百里轉輸粟米於都，而其義始盡；粟米不言納，舊説皆云從上省文，金氏以爲不自納於都，三百里之民代爲之轉輸，故不言納。證據尤確。真可謂毫髮無餘恨，事固有漸推而愈明者，此類是也。

蔡傳云：半稾去皮曰秸。古無此訓。蓋其説亦以秸并穗納之，當少輕于銍，故云。然今既從孔氏，即可不用。

四百里粟，五百里米。

傳曰：所納精者少，麤者多。正義曰：直納粟米爲少，禾稾俱送爲多，其於稅也皆當什一，但所納有精麤，遠輕而近重耳。曾氏曰：春秋傳云：甸粟而納之王宫，米而藏之御廩。而九數有粟米之法，爲粟二十㪷，爲米十㪷，粟米之辨也。周官倉人掌粟入之藏，舂人掌供米物，於此可見。呂氏曰：粟，穀也。有殻曰粟，無曰米。渭按：總，銍之實，亦粟也。賦粟多而米少，蓋古者國有九年之蓄，粟宜於藏，米不可久也。詩小雅曰：曾孫之稼，如茨如梁；曾孫之庾，如坻如京。乃求千斯倉，乃求萬斯箱。箋云：稼，禾也；謂有稾者也。上古之税，近者納總，遠者納粟米，庾露積穀也。正義云：庾是平地委粟，箱以載稼，倉以納庾。周頌曰：豐年多黍多稌，亦有高廩，萬億及秭。傳云：廩所以藏齍盛之穗。正義云：禹貢「百里賦納總」，即禾稼也，「二百里銍」即穗。禾稼當積而貯之，不在倉廩，其穗當在廩藏之，故言藏齍盛之穗，則自穗以往粟米皆在倉廩矣。渭按：雅、頌爲天子之詩，其所收者皆畿内之税，故注、疏並引禹貢以爲證。可見甸服之賦法，四代共之也。

穀者，粟米之通稱。粟、米對舉，則有殻曰粟，無殻曰米。單言粟，則粟亦是米。春秋：定公五年，歸粟于蔡。左傳：僖公十三年，秦輸粟于晉，自雍及絳。昭公二十五年，晉令諸侯輸王粟于成周。戰國策：張儀言：舫船載粟，自汶山浮江以至郢。史記：主父偃言：秦輓粟起負海之郡，以輸北河。計其道里，並阻且長，有殻者難於轉漕，其所謂粟，當即是米也。

漕運之法，自古有之。或以餽軍，或以恤鄰，要未有千里之内不足以供天子，而仰給於遠方之粟者。左傳：昭二十五年，會于黄父，趙簡子令諸侯之大夫輸王粟，以子朝亂故。非恒制也。自漢都長安，始漕轉關東粟，以給中都官，而勞費由兹起矣。然其初歲不過數十萬石，而孝武乃增至六百萬石。唐高祖、太宗時，漕運歲不過二十萬石，高宗後稍多，開元初滿二百五十萬石，視漢則爲少矣。宋都汴梁，天聖中，歲漕江、淮之米六百萬石，用船六千隻，其數與漢相符。東漢、魏、晉相繼都洛陽，亦資江、淮之漕，而史文甚略，歲漕之數，不可得聞，大抵開國之時，農政肇修而用物有節，故漕事簡，後乃陵夷而勞費滋甚也。説者謂關中沃野千里，鄭、白之渠密邇都邑；南陽、汝南有鉗盧、玉池、赭陽、鴻隙諸陂，水田灌溉之利，去汴、洛裁五百餘里，足以給京師之食。唯燕、薊水田絶少，勢不得不取給於江、淮，似也。然畿内方千里之地，豈無可興之水田？即如豐潤、玉田等縣所出秔米，可供玉食，而天津濱海數百里，元虞集謂可用兩浙之法，築隄捍水以爲田。明人試之而輒效，惜未竟其業。今倣而行之，則斥鹵胥化爲稻田，漕運可減，東南之民力可蘇也。禹貢長箋云：宋時自雄州東際海多積水，遼人不敢由此入寇。蓋宋失燕、薊，以内地爲邊，故恃塘濼以限戎馬，亦因以溉田而積穀。元泰定中，虞集言：京東瀕河數千里，北極遼海，南濱青、齊，萑葦之場也。海潮日至，淤爲沃壤。請用浙人法，築塘捍水爲田，聽富民欲得官者合其衆，分授以地。能以萬人耕者，授萬人田，爲萬夫長，千人百人亦如之。三年視其成，以地之高下定額，以次漸征之。五年有蓄積，命以官就所儲給之禄。十年不廢，得世襲如軍官之法。則東海民兵數萬，可以近衛京師，外禦島夷，遠寬東南民力。順帝時，脱脱言：京畿近水地，西自西山，南自保定、河間，北抵檀、順，東及遷民鎮，若募江南人耕種，歲入必多，不煩海運。先朝徐貞明言：京都輔郡皆負山控海，負山則泉深而土澤，控海則潮淤而壤沃。諸州邑泉從地湧，一決即通，皆可田。其言十四利甚悉。今北方但地平廣，有水泉可引處，皆堪種稻。周官設稻人掌稼下地，蓋爲此也。況在甸服，治農尤根本重務。昔北齊嵇暐開幽州督亢舊陂，歲收稻粟數十萬石。誠得若人任之，因水陸之便，建阡陌，濬溝渠，廣灌溉，數年之後，地無遺利。豈至西北之人，全仰食於東南哉！九州山水考云：按碣石以西，自天津以至三角淀，古所謂雍奴，皆海潮所到之地，汪汪數百里。元泰定中，學士虞集曾建議用浙人之法，築隄捍水爲田，以省漕運。惜元人不能行。明萬曆中，保定巡撫汪應蛟奏海濱屯田有效疏，言天津葛沽一帶地，從來斥鹵不耕種。臣謂以閩、浙治地之法行之，未必不可爲稻田。今春買牛，制器開渠，築隄葛沽、白塘二處，耕種五千餘畝，内水稻畝收四五石。種薥豆者，得水灌溉，亦畝收一二石。惟旱稻以鹹立槁，始信閩、浙之法可行於北海，而斥鹵可變爲膏腴也。又天啓中，屯田都御史董應舉云：臣近到天津，歷何家圈、白塘口、雙港、辛莊、羊馬頭、大人莊　鹹水沽、泥沽、葛沽，見汪司農往日開河舊蹟猶存，可作水田甚多，荒廢不久，開之甚易。一畝農工止用八錢，可得粟三石三斗。久荒者，畝用農工一兩，其挑濬舊河爲力不多，只須挑濬數尺，明年萬石之糧可必也。又左公光斗奉命視屯，以北人不知水利，畏言屯田。如元人初倚漕東南，後亂，漕不通，至以御酒龍衣求米張士誠。今不改謀，後乃無食。乃大興水田於天津一帶，稻花茂密如江南。鄒忠介元標見之，歎曰：夫治天下，豈不以才哉！人苟有才，天氣地力皆可得而變也。往三十年，都人之視藁秸猶扶桑也，而今畝棲若此。未幾皆廢。至崇禎十五年，追思汪司農之言，因頒徐尚寶貞明潞水客譚書於户部，令議水利，而已無及矣。

轉般之法，始於唐裴耀卿，而成於劉晏，江船不入汴，汴船不入河，河船不入渭，内外均勞，遠近有節，猶得禹貢三百里代輸粟米之遺意。宋初因之。至崇寧三年，曾孝廣始立直達之法，近世乃承其弊。江、淮之粟有遠涉至三四千里者，阻淺避漲，往還經歲，民亦勞止。汔可小休，改絃而更張之，此其時矣。

五百里侯服：

蘇氏曰：此五百里始有諸侯，故曰侯服。林氏曰：建侯服以封親賢，欲各守其民人社稷，以爲天子之蕃衛也。蔡氏曰：侯服者，侯國之服。甸服外四面又各五百里也。渭按：五等邦君，皆謂之侯。易曰「利建侯」、詩曰「謹爾侯度」是也。

傳云：侯，候也。斥候而服事。正義云：侯聲近候，故爲候也。襄十八年左傳稱晉人伐齊，使司馬斥山澤之險。斥，謂檢行之也。斥候，謂檢行險阻，伺候盜賊。此五百里主爲斥候而服事天子，故名侯服。因見諸言服者，皆是服事也。渭按：經意惟以千里之内皆天子所自治，至此始分其地以建國，故謂之侯服。爾雅釋詁云：后、辟、公、侯，君也。侯與后、辟、公同義，是爲古訓。斥候乃賤臣之役，君人者之號，豈獨取義於此。漢儒附會不可從。下傳云：男，任也，任王者事。正義云：男聲近任，故訓爲任，較斥候義少通。然經意亦不過謂此百里之中，皆男爵小國，不必更求其字義，凡此類今皆不取。

百里采，

傳曰：侯服内之百里。王氏曰：於此有采地也。蘇氏曰：卿大夫之采地。張氏曰：

周官六鄉之外爲六遂，六遂之外有家邑，爲大夫之采地，小都爲卿之采地，大都公之采地，王子弟所食邑也。與此王畿五百里之外始有采地同意。渭按：禮運：諸侯有國，以處其子孫；大夫有采，以處其子孫。謂列國大夫之食邑，而此則天子大夫之食邑也。采之義，傳云：供王事而已，不主一。正義云：采，訓爲事。事，謂役也。有役則供，不主於一。故但言采，春秋左傳正義云：人君賜臣以邑，采取賦稅，謂之采地。漢書刑法志注師古曰：采，官也。因官食地，故曰采。爾雅曰：采，寮官也。說者不曉采地之義，因謂菜地。云以種菜，非也。三說不同，謂因官食地者，近是。

王制曰：千里之内曰甸，千里之外曰采、曰流。采即百里采，流即二百里流也。注疏之說並非。擧首尾以該中間，此一句實包侯、綏、要、荒，即禹貢之制，殷人因之，至周始於王畿千里之外，析四服爲八服，各五百里，而益之以藩服，是爲九服，又移采地於畿内耳。王制又曰：天子百里之内以共官，千里之内以爲御。鄭注云：謂此地之田稅所給也，官謂其文書財用也，御謂衣食。據此，則甸服之穀，皆天子所斂以自給，而采地不與焉。與禹貢正相合，孔疏以是爲殷法，非也。

夏元肅云：考之周官，六鄉之外爲六遂，六遂之外有家邑、稍邑，則大夫之采地在畿内也。又有小都縣地、大都畺地，則公卿王子弟之采地亦在畿内也。然則侯服之采，其周官所謂邦國閒田乎。蓋侯服百里，最近王畿，故不以封而爲閒田。天子之子弟食采在邦國之畺地，世遠族蕃，則其采地有及於侯服，故空其地所以待之，謂之百里采者如此。吴幼清云：此説非也。虞、周之制，各不同耳。

傳同叔云：周制采地在畿内，此在畿外，何也？唐、虞之際，民淳事簡，封建少而土地寬，故采地在畿外。至周則封建密而分畫詳矣，采地不得不移之内也。雖然，周之采地，稍縣鄙凡三百里，此特一百里，又何也？周建官多，唐、虞之官少，而況彼三百里非皆采地，亦有公邑，此百里則皆采地耳。渭按：虞夏書稱「萬邦」，左傳云「禹合諸侯於塗山，執玉帛者萬國」，而王制云「凡九州千七百七十三國」，漢地理志亦云「周千八百國」，其封建豈反多於古？聖人因時立制，移采地於畿内，當日自有其故，今不可臆爲説也。王畿之外三百里，不盡爲采地，此説良是。左傳：昭十三年，平丘之會，子産争承曰：列尊貢重，周之制也，卑而貢重者，甸服也。蓋周三等采地，分天子之所食，故其貢特重。虞夏之采地在畿外，甸服五百里皆天子所自賦，其采地之貢，當與諸侯等。此則可以理推者也。

或問：侯，君也，名曰侯服，而采地與焉。然則采可謂之國，而公卿大夫之食采者，亦可謂之君乎？曰可。春秋所書祭伯、凡伯、渠伯、毛伯之屬，公羊傳皆云「天子之大夫」，而穀梁傳云「祭伯，寰内諸侯。」寰與縣同，音懸。范甯注曰：天子畿内大夫有采地，謂之寰内諸侯，是天子之大夫亦君，其采地亦國，故書稱君奭、君陳、君牙。而王制云：天子縣内凡九十三國，又云：天子之縣内諸侯，句。禄也；外諸侯，世也。禄即采地之所入矣。或曰：此周制也，虞夏將無異乎？曰：象云「謨蓋都君」。都君者，舜也。都即其采地。周官載師云「小都、大都」是也。時舜方臣於堯，而象謂之君，則王官食采者與諸侯等。自古有然，不始於後世矣。

天子之大夫雖有縣内諸侯之稱，而實無五等之號。孟子曰：天子之卿受地視侯，大夫受地視伯，元士受地視子、男。王制曰：天子之三公之田視公，侯卿視伯，大夫視子、男，元士視附庸。夫視猶比也，謂其禄秩與之等而已，未嘗被以公、侯、伯、子、男之爵也。五嶽視三公，四瀆視諸侯，亦秩祀之文耳。豈遂可稱嶽曰公，稱瀆曰侯乎？春秋所書王臣來接於我者，如南季、榮叔之類，先儒以叔季爲字，無異説矣。唯公、伯、子與五等之號相混，祭公、州公、周公亦皆以爲天子之三公，獨伯子之説互異。其曰伯者，公羊以爲天子之大夫，穀梁以爲寰内之諸侯，是亦以伯與叔季均爲五十之字也。至杜預注左傳於祭伯曰：祭，國；伯，爵。於凡伯曰：凡，國；伯，爵。於單伯曰：單，采地；伯，爵。而伯於是乎始爲爵矣。楚語：重、黎氏世敍天地。其在周，程伯休父其後也。韋昭注云：程，國；伯，爵。休父，名也。韋、杜同時，以字爲爵始此。愚謂程伯休父猶樊仲山甫。程、樊國也；伯休、仲山，字也。其曰子者，公羊、穀梁並無説，唯范甯於蘇子、尹子注云周卿士，而單子、劉子無注，省文從可知也。杜於蘇子云「周卿士」，於單子云「王官伯」，於尹子云「王卿士」，是亦與公、穀無異。而又於「尹子，王卿士」之下云「子，爵」。成十七年單子注云「單伯稱子」，蓋降稱，則復以子爲爵矣。殷有微子、箕子。鄭康成注王制云：殷爵三等，公、侯、伯也。異畿内謂之子。此杜説所自出。學者多宗杜氏，遂謂周畿内有伯、子二等，陳陳相因，牢不可破。至宋趙鵬飛著春秋經筌據黎錞之説，以伯與叔季皆爲字。人以其晚出而疑之。余考穀梁范注於凡伯云「凡，氏；伯，字。上大夫也」；於渠伯糾云「渠，氏也。天子下大夫。老，故稱字」；於單伯云「伯，字」；於毛伯云「毛，采邑；伯，字也」。是皆不以伯爲爵。范去杜未遠，而固已不盡從其説矣，奚待黎錞乎！王臣稱子，自文十年蘇子始。其不字而曰子者，蓋文、宣以後，列國尊王卿士之稱，公羊所謂三世異辭者也。春秋之法，内大夫皆氏名，未賜族，則不氏；外大夫亦皆氏名，未賜族，則以其國氏；而獨於閔公元年書「季子來歸」，二年書「齊高子來盟」。蓋子者，男子之美稱也。因國人所與而賢之貴之，故曰子。蘇、尹、單、劉之稱子，亦猶是也。以單伯降而稱子，豈季友、高傒嘗升爲子爵列於諸侯乎！且王臣之稱字、稱子，非自春秋始也。書序：武王時，芮伯作旅巢命；成王時，榮伯作賄肅慎之命；詩小雅出車云「王命南仲」，六月云「張仲孝友」，采芑云「方叔涖止」，十月之交云「家伯冢宰」：皆以字配氏。又云「聚子内史」，鄭箋曰：内史，中大夫也。孔疏曰：聚子以子配氏，若曾子、閔子然。是亦男子之美稱，而非五等之子也。西周時已有此稱，又何疑於春秋，學者知王臣之伯、子非爵，則知天子之公卿、大夫、元士禄視外諸侯，而無五等之號，虞、夏、商、周未之或改也。

二百里男邦，三百里諸侯。

王氏曰：於此但建男邦者，欲王畿不爲大國所逼，而小邦易獲京師之助也。蘇氏曰：男邦，小國也；諸侯，大國次國也。小國在内依天子，而大國在外以禦侮也。林氏曰：輸賦税，則遠者輕而近者重；建侯邦，則遠者大而近者小。遠近大小輕重，莫不有法於其間，而疆理天下之制盡於此矣。朱子曰：三百里謂自三至五爲百里者三，隨文生例，不可拘也。李氏曰：建諸侯非特此三百里，以其對男邦言之，則自此以外皆諸侯也。吕氏曰：男采在内，既足以護王畿，又去王畿近，强悍諸侯，不足以陵之。此聖人制内外之輕重，不差毫末，所謂天下之勢猶持衡也。渭按：男始言邦，則王官唯得以本爵自君其采邑，而不敢稱邦可知已。

王制曰：王者之制禄爵，公、侯、伯、子、男凡五等。公、侯田方百里，伯七十里，子、男五十里。此周制也。而鄭注以此爲殷所因夏爵三等之制。今案虞、夏邦君之爵，不知有幾等。據舜典「輯五瑞、修五玉」，是亦爲五等矣。陸機曰：五等之制，始於黄、唐。此言是也。周室班禄，孟子有明文，百里、七十里、五十里并附庸爲四等，然附庸不達於天子，則亦三等而已。殷制無可考。鄭據公羊春秋家謂殷合伯、子、男而爲一，説者以爲公一等、侯二等、伯子男三等，理或然也。至謂殷爵唯有公、侯、伯而無子、男，周武王復增之，則妄矣。虞、夏分土之制，亦無可考。據此經「二百里男邦，三百里諸侯」，則似公、侯爲大國，伯、子爲次國，男爲小國，與殷、周小異也。列爵惟五，分土惟三，蓋盛德之所同，但其間少有變通耳。康誥、召誥所稱男邦，即男服，在侯甸之外。

五百里綏服：

傳曰：綏，安也。侯服外之五百里。張氏曰：此亦諸侯耳，以其稍遠，故變名爲綏。欲其知此五百里内，所以建諸侯者，爲安王室也。林氏曰：王畿之外，既封建諸侯之國，使之小大相維，强弱相比，以爲王室之輔矣。而其外五百里，則接於要荒，故於此設爲綏服，以爲内外之辨。所立之制，凡欲撫安邊境，衛中國而已。故其名曰綏服。渭按：諸侯所以安王室者，即下文二事是也。

綏服，傳云：安服王者之政教。正義云：要服去京師已遠，王者以文教要束使服。此綏服路近，言安服王者政教，以示不待要束而自服也。渭按：此説亦通。但要是要束之，荒是簡略，皆以政教言。獨綏爲自安，於義不協。張、林之説較長，故取之。

三百里揆文教，二百里奮武衛。釋文：揆，葵癸反。奮，方問反。

傳曰揆，度。文教而行之，三百里皆同。文教外之二百里奮武衛，天子所以安。正義曰：奮武衛者，在國習學兵戎，有事則征討夷狄。王氏曰：二百里奮武衛者，以近蠻夷故也。張氏曰：綏服不必盡行朝廷文德，第付之賢者，使揆度其所可行而教之。薛氏曰：揆文教者，京師既遠，量事爲之法制。今之邊徼，右軍旅而略文教，與此同意。陳氏曰：文教，以文德教化，若揚雄所謂五政所加，七賦所養，揆度文教以經理之也。武以衛言，保護邦國而已，非窮兵服遠也。金氏曰：內三百里揆文教，所以接華夏之教，以撫要荒。外二百里奮武衛，所以禦要荒之變，以安華夏。然自三百里以內，凡有國者，文教可知；自二百里以外，凡有國者，武衛可知。渭按：聖人之道，文武並用，無間於內外，而至此則揆之以爲教，而無繁難之事，奮之以爲衛，而有震曜之威，此其所以異於甸侯也。

三百里揆文教，謂揆之從此始耳；非謂三百里之外，更不用文教也。泰伯開吳，端委以治周禮；箕子居朝鮮，教民以禮義，爲八條之禁；文翁守蜀，修起學官，弟子學於京師者，比齊、魯；任延守武威，造立校官，自掾史子孫，皆令詣學受業，郡遂有儒雅之士；桂陽俗不識學義，許荊爲太守，設喪紀婚姻制度，使知禮禁；房州俗好淫祀而不修學校，韋景駿爲刺史，始開貢舉，悉除淫祀；閩人未知學，常袞爲觀察使，設鄉校，親加講導，由是歲貢士與內州等。此皆要荒之俗，素不知禮義，而治之者，未嘗不以文教。但當舉其大綱，略其節目，使之易知易從，回心嚮道，而日遠於禽獸，不必盡如中邦之制度耳。

易象傳曰：地中有水，師，君子以容民畜衆。蓋古者寓兵於農，因農事以定軍令。居則爲比、閭、族、黨、州、鄉，出則爲伍、兩、卒、旅、師、軍，均是人也。其四時講武，主於數軍實、昭文章、明貴賤、辨等列、順少長、習威儀，而步伐擊刺之事寓焉。備豫而形隱，如水之藏於地中，故曰容、曰畜。傳曰「武不可覿」，又曰「先王耀德不觀兵」，而此經獨謂之奮，則幾於覿武而觀兵矣。其所以異者，何也？蓋綏服之外二百里，與蠻夷接壤，蠢動之變，不可以不虞。大抵軍容常多，而國容常少，使蠻夷望之如烈火之不可犯，而後界限分明，跬步不敢踰越。此聖人所以杜猾夏之漸，居安思危，有備無患者也。周禮巾車職曰：革路以即戎，封四衞。注云：四方諸侯守衞者。左傳：沈尹戌曰：天子有道，守在四夷；天子卑，守在諸侯。蓋即此奮武衞之諸侯也。

雅者，王政之所由廢興也。方周之盛，天保以上治內，采薇以下治外，是即禹貢揆文奮武之事。伯禽宅曲阜，淮夷、徐戎並興，東郊不開，而魯興三郊三遂之衆以征之。此東方之武衞也。密須之鼓、闕鞏之甲，唐叔受之，以處參虛，匡有戎狄。韓奕之卒章曰：王錫韓侯，其追其貊，奄受北國，因以其伯。實墉實壑，實畝實籍。王符潛夫論曰：昔周宣王時有韓侯，其國近燕，故詩云「溥彼韓城，燕師所完」。水經注：聖水逕方城縣故城北，詩「溥彼韓城，燕師所完」。王肅曰：今涿郡方城縣有韓侯城也。困學紀聞曰：燕師，鄭箋以爲燕安之師。詩云「奄受北國」，肅説爲長。渭按：魏書地形志，范陽郡方城縣，有韓侯城。方城，今爲固安縣，屬順天府。或泥「奕奕梁山」，謂韓侯國在今陝西韓城縣，非也。衛武公作懿戒以自儆曰：修爾車馬，弓矢戎兵。用戒戎作，用遏蠻方。此北方之武衛也。崧高之詩曰：維申及甫，維周之翰。又曰：王命申伯，式是南邦。此南方之武衛也。其西方則周自當之，蓋鎬京西迫昆夷，北鄰玁狁，故天子命將出師，往戍其境，歌采薇以遣之，出車勞還，杕杜勤歸，歲以爲常，謹之至矣。及其衰也，王政不修；舊坊寖壞。厲王時，西戎滅犬丘大駱之族。宣王即位，命秦仲誅之，爲西戎所殺。玁狁匪茹，整居焦穫；侵鎬及方，至于涇陽；命將薄伐，及太原而止。卒有驪山之禍，周室東遷，小雅盡廢，四夷交侵而中國微，陸渾、揚拒、泉皋諸戎，且偪處伊、雒之間矣。其東則徐之駒王，西討濟於河。隱、桓之世，會于潛，盟于唐，魯與戎通好矣。淮夷病杞，杞遷于緣陵，申之會，淮夷且列於諸侯矣。其北則狄，伐周、伐鄭、伐邢、滅衛，而晉居深山，王靈不及，拜戎不暇矣。其南則申、甫爲楚所侵，周人遠戍之，卒滅於楚，資其賦以禦北方，而觀兵直至于周疆矣。原其始，皆諸侯鄰四夷者。武備廢弛之所致也。以是知禹貢爲萬古不易之書，循之則治，違之則亂，經斯世者所宜亟講也。

五百里要服：釋文：要，一遥反。

傳曰：綏服外之五百里，要束以文教。正義曰：要者，約束之義。上言揆文教，知要者要束以文教也。王氏曰：於此不可用中國之政，爲之要約而已。金氏曰：要，約也。其地遠於畿甸，雜於夷狄，雖州牧、侯伯爲之綱領控制，而其文法則略於中國矣。渭按：奮武衛者，所以防其猾夏也。苟欲其嚮風而慕義，則亦唯揆文教以約束之耳。蘇傳云：總其大要，法不詳也。則要似讀去聲爲切。要之義與孔訓、陸音並異，恐非。

三百里夷，二百里蔡。

王氏曰：三百里夷者，於此皆夷也。夷，易也；無中國禮法易而已。蠻，慢也；甚於夷矣。蔡，放也；放罪人於此。蘇氏曰：放有罪曰蔡。春秋傳曰：殺管叔，蔡蔡叔。林氏曰：案左氏定四年「蔡蔡叔」。注云：蔡，放也。陸德明音素達反。二百里蔡，亦是放罪人於此。當從左氏讀。張氏曰：夷有簡易之意。渭按：舜生於諸馮，而孟子以爲東夷之人；文王生於岐周，而孟子以爲西夷之人，即此夷也。蔡，説文本作「𥻦」，篆字「𥻦」與「蔡」相似，隸遂訛爲「蔡」。

三百里夷，傳云：守平常之教，事王者而已。正義云：夷，訓平也。今按訓平甚無謂。釋文引馬融云：夷，易也。後人皆宗其説。春秋於介葛盧之朝魯，直書曰來。公羊傳曰：何以不言朝，不能乎朝也。范注云：不能升降揖讓。蓋遠方之民，未染華風，其喜怒哀樂亦猶夫人耳，但不能節之以禮。子游之所云「直情而徑行」者也，易之謂也。

傳云：蔡，法也。法三百里而差簡。正義云：蔡之爲法，無正訓也。教簡於夷，故訓蔡爲法。法則三百里，去京師彌遠，差復簡易，言其不能平常也。今按：蔡訓法，他書所未有，不可從。左氏「蔡蔡叔」凡再見，昭元年傳太叔曰：周公殺管叔而蔡蔡叔。杜注云：蔡，放也。釋文云：上「蔡」字音素葛反。説文作「⿱殺米」，音同，字從殺下米，云：⿰米悉、⿱殺米，散之也。會杜義下「蔡叔」如字。正義云：説文：⿱殺米，散之也；從米殺聲。然則⿱殺米爲放散之義，故訓爲放也。隸書改作，已失本體，⿱殺米字不復可識，寫者全類「蔡」字，至有重爲一「蔡」字，加點以讀之者。尚書蔡仲之命云：周公乃致辟管叔于商，囚蔡叔于郭鄰，以車七乘。孔安國云：囚謂制其出入。郭鄰，中國之外地名。是放蔡叔之事，地不知在何方也。定四年，祝佗曰：管、蔡啓商，惎間王室。王於是乎殺管叔而蔡蔡叔，以車七乘，徒七十人。杜注云：蔡，放也。與蔡叔車徒而放之。釋文云「蔡蔡叔」，上素達反，下如字。蔡之爲放，無可疑者。穎達不取以釋此經，欲順傳爲義耳。舜典「竄三苗」。孟子作「殺三苗」。按：三苗未嘗伏大辟，不得謂之殺。疑古本元作「⿱殺米」，⿱殺米亦放也，與殺聲相近，傳寫者遂訛爲「殺」。

五百里荒服：

傳曰：要服外之五百里，言荒又簡略。正義曰：王肅云：政教荒忽，因其故俗而治之。金氏曰：四遠蠻夷之地，田野不井，人民不多，故謂之荒。所以經略之者，又簡於要服矣。渭按：司馬相如曰：王者之於夷狄，其義羈縻弗絶而已。班固曰：政教不及其人，正朔不加其國，來則懲而禦之，去則備而守之，其慕義而貢獻，則接之以禮讓；羈縻不絶，使曲在彼。何休説公羊曰：王者不治夷狄。録戎者，來者勿拒，去者勿追。此皆謂蠻夷在九州之外，言語不通，嗜欲不同者也，故王者以不治治之。荒服在九州之内，去帝都裁二千里，雖云簡略，亦有政教。王氏以荒爲不治，非也。

林少穎云：漢班超爲西域都護，甚得夷狄心。超被召還，任尚代之，尚謂超曰：君侯在外國三十餘年，而小人猥承君後，宜有以誨之。超曰：塞外吏士，本非孝子順孫，蠻夷懷鳥獸之心，難養易敗。宜蕩佚簡易，寬小過、總大綱而已。禹名境外之服，謂之要荒，正超所謂蕩佚簡易之意也。渭按：西域絶遠，非正朔所加，與禹貢之要荒不同。漢書地理志云：自武威以西，習俗頗殊，地廣民稀，水草宜畜牧，故涼州之畜爲天下饒。保邊塞，二千石治之，咸以兵馬爲務；酒禮之會，上下通焉，吏民相親。是以其俗風雨時節，穀糴常賤，少盗賊，有和氣之應，賢於内郡。此政寬厚、吏不苛刻之所致也。涼州正禹貢要荒之地，治之以寬厚爲主，即蕩佚簡易之意，舉此相喻當更切也。

三百里蠻，二百里流。

正義曰：王肅云：蠻，慢也。禮儀簡慢。與孔異。劉氏敞曰：夷性近於人，蠻性遠於人，故近者稱夷，遠者稱蠻也。流如流共工之流。林氏曰：要服之三百里夷，其外二百里是亦夷也，而謂之蔡。荒服之三百里蠻，其外二百里是亦蠻也，而謂之流。蓋其外之二百里，其地爲最遠。中國之人有積惡罪大，而先王不忍殺之者，則投之於最遠之地。故於要、荒二服，取其最遠者言之，以見流放罪人於此者，其爲蠻夷之地，則蒙上之文可見也。五服之名，與其每服之内遠近詳略，皆當時疆理天下之實迹也。故於侯服，則言其建國大小之制；至於要荒，則言其蠻夷遠近之辨，與夫流放輕重之差，皆所以紀其實也。渭按：五服之文，率以前包後。甸服，舉天子以見諸侯，非謂其外無田賦也。侯服，謂有諸侯自此始，非謂其外無諸侯也。綏服，三百里揆文教，二百里奮武衛，謂揆之奮之自此始，非謂其外無文教武衛也。要服，三百里夷，二百里蔡；荒服，三百里蠻，二百里流，謂要、荒之邊鄙，爲流放罪人之地，非謂此二百里者非蠻夷也。學者求其意，勿泥其辭，則善矣。

三百里蠻，傳云：以文教蠻來之，不制以法。正義云：鄭曰：蠻者聽從其俗，羈縻其人耳，故云蠻。蠻之言緡也，其意言緡是繩，蠻者以繩束物之名也。渭按：訓蠻爲緡，即羈縻之謂。今既以夷爲易，則蠻自當從王肅説。

四裔分而言之，曰東夷、西戎、南蠻、北狄。約之爲兩，則言蠻夷可以該戎狄，言戎狄可以該蠻夷。或又單言蠻、單言夷，則亦爲四裔之通稱。如追、貊北方之國也，而韓奕之卒章曰「因時百蠻」；衛在冀州之域，而武公作詩曰「用逷蠻方」。王褒四子講德論曰：匈奴者，百蠻之最彊者也。蠻不獨爲南裔可知已。

二百里流，傳云：流，移也，言政教隨其俗。正義云：流如水流，故云移也。其俗流移無常，故隨其去來，不復蠻來之也。渭按：隨水草畜牧而轉移，唯北方塞外諸國則有然者，餘未聞也。以流爲隨其去來，大非。今既以蔡爲放，則流自當從劉敞説。大學曰：唯仁人放流之，迸諸四夷，不與同中國。此之謂也。

舜典曰「流宥五刑」，又曰「五流有宅」。左傳：季文子曰：舜臣堯，流四凶族。是四罪之刑皆流也。安國云：幽洲北裔，崇山南裔，三危西裔，羽山東裔，在海中。馬融亦云：與季文子所謂「投諸四裔以禦魑魅」者，正相脗合，即此之二百里流是也。括地志曰，故龔城在檀州燕樂縣界，故老傳云舜流共工幽州居此城。唐檀州治密雲縣，領燕樂縣。密雲今屬順天府。燕樂故城在縣東北五十里。三危山在沙州燉煌縣東南三十里。羽山在沂州臨沂縣界。崇山無説，孔疏云不知其處，蓋在衡嶺之南。通典云：澧陽縣有崇山，即舜放驩兜之所。方輿勝覽同。澧陽今澧州及石門縣。胡炳文四書通云：崇山在澧州慈利縣。岳州府志云：在慈利縣南三百里大庸所城東。所屬永定衛。漢武陵充縣地。羽山，寰宇記云：在登州蓬萊縣東十五里，即殛鯀處。更符安國在海中之説。以道里計之，此二山者，與幽洲、三危皆在荒服之中，則四罪之刑皆爲流可知也。而經文復有流、放、竄、殛之别，殊不可曉。安國云：殛、竄、放、流，皆誅也，異其文，述作之體。此説近是。孔疏乃以爲四罪輕重之等，非也。

古之所謂中國者，禹貢甸、侯、綏方三千里之地也。所謂四夷者，要荒方二千里之地也。所謂四海者，九州之外東夷、西戎、南蠻、北狄王者之所不治是也。就尚書言之，青之嵎夷、萊夷，徐之淮夷，梁之和夷，非在九州之域者乎？舜咨十有二牧，曰：食哉，維時惇德允元，而難任人，蠻夷率服。其命皐陶也，曰：蠻夷猾夏，汝作士。他日禹言於帝曰：苗頑弗即工，帝其念哉。帝曰：皐陶方祗厥敍，方施象刑，惟明。夫既謂之蠻夷，而皐陶十二牧得以政刑治之，其不在九州之外也審矣。

五流有宅，五宅三居。傳云：大罪四裔，次九州之外，次千里之外。正義云：三等之居，量其罪狀爲遠近之差也。四裔最遠，在四海之表，故大罪四裔，謂本犯死罪也。周禮調人職云：父之讎，辟之海外。即與四裔爲一也。次九州之外，即王制云：入學不率教者，屏之遠方，西方曰棘，東方曰寄。注云：偪寄於夷狄也。次千里之外者，即調人職云：兄弟之讎，辟諸千里之外也。周禮與王制既有三處之別，故約以爲言。鄭玄云：三處者，自九州之外至于四海，三分其地，遠近若周之夷、鎮、藩也。然罪有輕重不同，豈五百里之校乎，不可從也。渭按：大罪四裔，即荒服所謂二百里流。季文子曰：投諸四裔，以禦魑魅者也。其次蓋要服所謂二百里蔡，而傳云九州之外，非是。又其次則當在綏服奮武衛之地，而傳云千里之外，殊不分明。微窺其意，蓋以四裔在海外王者不治之地，而九州之外指要荒而言，千里之外指綏服而言也。綏服之邊鄙，去甸服千里，與蠻夷爲鄰。愚竊謂三居不可以里計。劉原父云：輕罪則蔡於要服，重罪則流於荒服，所謂投之四裔，屏之遠方者也。此則五宅三居之二矣，其一蓋在綏服也。此説較孔、鄭爲優。其遠近之差，則當視罪人所居之地以爲限斷。如三苗在南，則竄之西裔，足以蔽其辜，東北亦可。但共、驩已居，故不復用，若南裔則太寬矣。然舜受終之初，水土未平，五服疆理未定，惟可以四罪見其梗槩，亦未必纖屑皆同也。

周禮職方氏辨九服之邦國，方千里曰王畿，其外方五百里曰侯服，又其外方五百里曰甸服，又其外方五百里曰男服，又其外方五百里曰采服，又其外方五百里曰衛服，又其外方五百里曰蠻服，又其外方五百里曰夷服，又其外方五百里曰鎮服，又其外方五百里曰藩服。大司馬謂之九畿，而王畿曰國畿。蓋周析夏、殷之五服以爲九服之制。如此，五服甸與侯、綏、要、荒並列，而荒服之外尚爲九州；九服則王畿不在其列，而藩服在禹荒服之外，此其所以異也。康誥曰：侯、甸、男邦、采、衛。酒誥曰：越在外服，侯、甸、男、衛邦伯。召誥曰：命庶殷侯、甸、男邦伯。先儒謂即周之九服。三書皆作於營洛之前，然則周公未制禮時，已更定五服爲九服矣。周官曰：六服羣辟，罔不承德。又曰：六年五服一朝。正義云：周禮九服，此惟言六者，夷、鎮、藩在九州之外，王者於夷狄羈縻而已，不可同華夏。六年五服一朝，周禮無此法，孔以五服爲侯、甸、男、采、衛，蓋以要服遠，不能常及期，故不數。今按周官晚出，識者每以爲疑。六服，蓋依大行人除蕃國言之；五服，則又依康誥侯、甸、男邦、采、衛除要服言之耳。據大行人要服「六歲壹見」，無不及期之事。康誥不數要服，時偶不在列，謂朝止五服者妄也。酒誥有衛而無采，召誥不數男、采、衛。豈亦以遠不能及期邪！周禮大行人職曰：侯服，歲壹見，其貢祀物；甸服，二歲壹見，其貢嬪物；男服，三歲壹見，其貢器物；采服，四歲壹見，其貢服物；侯服〔一〕，五歲壹見，其貢材物；要服，六歲壹見，其貢貨物。九州之外，謂之蕃國，世壹見，各以其所貴寶爲摯。周語祭公謀父曰：先王之制：邦内甸服，邦外侯服，侯、衛賓服，蠻、夷要服，戎、翟荒服。甸服者祭，侯服者祀，賓服者享，要服者貢，荒服者王。日祭、月祀、時享、歲貢、終王。今按：祭公，周人，所言五服與禹貢小異。故韋昭據周禮釋之，以甸服當王畿，以侯服當侯服，以賓服當甸、男、采、衛四服，以要服當蠻服，以荒服當夷、鎮、藩三服。然則五服之地，唯甸、侯、要皆方五百里，與禹貢同；而賓服則方二千里，荒服方千五百里，視禹之綏服、荒服大小懸絶矣。愚嘗謂春秋傳雜採衆記而成，而外傳尤爲踳駁。左氏間有不可信者，如昭十三年，叔向言：明王之制，使諸侯歲聘問朝，再朝而會，再會而盟。先儒謂其制與周禮不同，不知爲何代之法。此祭公語亦然。古今制度不同，説禹貢者，但當依經立義，不可强爲附會。

正義云：凡五服之别，各五百里，是王城四面，面别二千五百里，四面相距爲方五千里也。賈逵、馬融以爲甸服之外，百里至五百里米，特有此數，去王城千里；其侯、綏、要、荒服各五百里，是面二千里，相距爲方六千里。鄭玄以爲五服之别，五百里是堯之舊制，及禹弼之，每服之間，更增五百里，面别至于五千里，相距爲方萬里。甸服，鄭以五百里爲堯之舊制，百里以下乃禹所弼成，餘倣此。司馬遷與孔意同，王肅亦以爲然。故肅注此云：賈、馬既失其實，鄭玄必不然矣。禹之功在平治山川，不在拓境廣土，土地之廣，三倍於堯，而書傳無稱焉。則鄭玄創造，難可據信。先王規方千里以爲甸服，其餘均分之公、侯、伯、子、男，使各有寰宇，而使甸服之外諸侯入禾稾，非其義也。史遷之旨，蓋得之矣，是同於孔也。若然，周禮王畿之外别有九服，服别五百里，是爲方萬里，復以何故三倍於堯。又地理志言：漢之土境東西九千三百二里，南北萬三千三百六十八里。驗其所言山川，不出禹貢之域，山川載地，古今必同，而得里數異者，堯與周、漢其地一也；尚書所言據其虚空鳥路方直而計之，漢書所言乃謂著直略反。地人跡屈曲而量之，所以數不同也。此説亦本王肅，金吉甫從而演之曰：漢東西視禹貢幾一倍，南北視禹貢幾二倍。然攷其所載山川，又不盡禹迹之外，何也？古者聖人制數周密，其制方田之數，以御田疇廣狹，制句音鉤。股之數，以御遠近高深。方田之制行，則自井畝徑遂之直，積而爲道路川澮，截然直方，無有迂曲，故中邦之地雖廣，而里數則徑。自秦、漢開阡陌，於是道里始迂，此古今里數多少之不同一也。周髀經曰：數之法始出於圓方，圓出於方，方出於矩，矩出於九九。故折矩以爲句，句廣三，股修四，徑隅五。禹之所以治天下者，此矩之所由生也。是則句股算法，自禹制之。蓋積矩以爲方田，而句股以測高下、淺深、遠近，此禹之所以疆理天下而弼成五服者也。句股之數密，則於山川迂迴之處，與道里曲折之間，以句股之多，計弦之直，而得遠近之實。大率句三、股四、弦直五，以正五斜七取之。自秦、漢以來，誇多務廣，固盡外薄之遠，其計道里，又但以人跡爲數，不復論句股弦直。故漢之九千里，大約準古六千五百里，漢之三千里，準古一千九百七十一里，而尺步長短之異制，又不在此數，此古今里數多少之不同二也。渭按：賈、馬、鄭之説並謬，王肅難之良是。古人之言里數，有論道路之經由者，有論土地之界限者。論道路則當以人跡屈曲計，論土地則當以鳥飛準繩計。鳥飛準繩，語見管子。五服五千乃土地之界限，非道路之經由，其所言者，皆直方之數也。然秦、漢以降，阡陌雖壞，而九章算術猶傳於世，言地理者，豈不能以句股之多，計弦之直，而得遠近之實？謂漢書所言里數，但據著地人跡，與禹貢不同，愚未敢深信。嘗試思之，禹因高山大川之形勢别爲九州，初不計幅員之廣狹，道路之迂直。及水土既平，則規方五千里之地，以爲五服之制，周圍二萬里，其中積方五百里者百，方千里者二十五，雖有絶長補短之處，而大槩整齊劃如棋局。若夫荒服之外尚有餘地，所謂外薄四海、咸建五長者，則東漸于海，直抵嵎夷，西被流沙，屆于黑水，計其延袤當不下萬里。此徑數非開方也。嵎夷即漢之樂浪，流沙在燉煌郡界，而漢志云東西九千三百二里，正與禹貢相符。說者惟據五服五千，以爲漢之東西，視禹貢幾一倍，則疎矣。古九州之域，東西贏而南北縮，就東頭計之，自揭陽以北至沙漠，多不過七千里，愈西則愈短少，裁五千里。而漢志云南北萬三千三百六十八里，則真視禹貢幾二倍矣。原其故，由武帝開百越、定滇池、置牂柯、收交阯，大斥南疆，悉以其地爲郡縣，故有若是之遠，非句股之法廢，而所言里數皆以著地人跡計也。隋志東西九千三百里，南北萬四千八百十五里；唐志東西九千五百十一里，南北萬六千九百十八里，視漢之東西無異，而南北加廓，其爲土地之界限，以鳥飛準繩計則均也。然此說但可施之秦、漢以後，若周之九服里數倍於禹貢，則又自有其故矣。

周服里數倍於禹服，是古今一大疑義。賈公彦云：若據鳥飛直路，此周之五服亦止五千；若隨山川屈曲，則禹貢亦萬里，彼此不異也。是禹服、周服實皆五千，但書據鳥飛直路，禮計山川屈曲，故多寡不同耳。按二經里數皆以開方言之，無計人跡屈曲之理。賈說非是。陸佃禮象曰：鄭氏謂周公斥大九州之界，方七千里。此讀周官之誤也。蓋禹貢言面，周官言方，言方則外各二百五十里，非一面五百里也。易祓撰禹貢疆理廣記，復引伸之曰：禹五服，帝畿在內。帝畿千里而兩面各五百里，數其一面，故曰五百里甸服。自甸至荒皆數一面，每面各五百里，總爲二千五百里，兩面相距凡五千里。職方氏所載則王畿不在九服之内，自方五百里之侯服，至方五百里之藩服，其名凡九。九服每面各二百五十里，通爲二千二百五十里，兩面相距通爲四千五百里，并王畿千里，通爲五千五百里，增於禹者五百里之藩服耳。然禹九州之外，咸建五長，東漸西被，即成周藩服之域，其名雖增而地未嘗增也。此説較陸氏更暢，千年不破之疑，至是而遂決。曾氏云：周蠻服、夷服即禹要服，其鎮服、藩服即禹荒服。誤也。今斷從易氏。金吉甫又撮其要云：攷之經文，甸服方千里而曰五百里，是舉一面言之。周官方千里曰王畿，又其外方五百里曰某服，則舉兩面通計之。然則禹貢所謂五百里者，乃千里；而周官所謂外方五百里者，乃二百五十里也。三家遞相發明，頗覺後來者居上。王明逸云：考周之幅員，蓋不廣於禹，立政言，方行天下，陟禹之迹，則亦以禹迹爲極耳。

或謂古今尺有長短，步有大小，故周服與禹服不同。田制，夏五十畝，殷七十畝，周百畝，亦以尺有長短之故，名異而實不變。夏尺倍於周尺，禹服五千，周服萬里，理有固然，無足怪者。余按：王制曰：古者以周尺八尺爲步，今以周尺六尺四寸爲步。古者百畝，當今東田百四十六畝三十步；古者百里，當今百二十一里六十步四尺二寸二分。是古步大於今步，古里寬於今里也。然不應禹尺與周尺相去一倍之遠。日知録曰：穀梁傳古者三百步爲里，今以三百六十步爲里，而尺又大於古四之一，今之六十二里，遂當古之百里。是今步大於古步，今里寬於古里也，不應禹五千里周反倍之爲萬里。二説皆不可通，則上三家之言洵爲篤論矣。蔡傳悉排羣説，而自爲之解曰：禹聲教所及，地盡四海，而其疆理則止以五服爲制。至荒服之外，又別爲區畫，如所謂「咸建五長」是已。若周、漢則盡其地之所至而經畫之也。此解近是。然亦不應外薄之地，三倍於五服。禹之五服，以開方法計之，爲方千里者二十五。從蔡説則周之衛、蠻、夷、鎮、藩皆外薄之地，爲方千里者七十五，是禹服僅得其四之一也。仁山舍蔡而從易，可謂擇之精、守之約矣。

蔡傳曰：案每服五百里，五服則二千五百里，南北東西相距五千里，故益稷篇言「弼成五服，至于五千」。然堯都冀州，冀之北境并雲中、涿、易，亦恐無二千五百里。藉使有之，亦皆沙漠不毛之地，而東南財賦所出，則反棄於要荒，以地勢攷之，殊未可曉。但意古今土地盛衰不同，當舜之時，冀北之地，未必荒落如後世耳；亦猶閩、浙之間，舊爲蠻夷淵藪，而今富庶繁衍，遂爲上國，土地興廢不可以一時槩也。金吉甫云：隆古都冀，政教四達，則冀北之野生聚教訓，必不如後世之爲窮漠。所以水平之後，分爲幽、并，其廣可知；兼堯都平陽，雖曰在冀，自平陽以南渡河至陜，於今地理三百七十五里，正五斜七，於古蓋二百六十餘里耳。則是甸服之地，自跨冀、豫，冀山而豫平，緬想當時甸服之地，當亦如周室王畿之制，西自邠、岐、豐、鎬爲八百里，東通洛陽六百里，總爲方千里耳。五服之制，其間絶長補短，計亦如此。何則？周都豐、鎬，西至犬戎約千餘里，而目爲荒服，則是五服之制，有因地而爲長短者。蓋諸侯分服，特以爲朝貢之限制，或在近而視遠，或雖遠而視近，地有廣狹，俗有夷夏，未必截然如此正方。聖人立爲限制之經，於中固必有通變之義。讀書者不可拘於一説，而不知聖人體用之大也。渭按：此論勝蔡。孟子曰：今滕絶長補短，將五十里。王制曰：凡四海之内，斷長補短，方三千里。漢書地理志曰：洛邑與宗周通封畿，東西長而南北短，短長相覆爲千里。短長相覆，即絶長補短之謂。以是知先王體國經野，皆用此法。雖云四面相距各若干里，其間容有所乘除，未必面面均齊，無或贏縮也。尹耕兩鎮志云：涿鹿，東北之極陬也，而黄帝以之建都；釜山，塞上之小山也，而黄帝以之合符，則當時蕃國之在其西北者可知。涿鹿今保安州。釜山在懷來城北。此言古冀北地尚寬也，然爲沙漠所限，南距堯都多不過二千里，其所以得備五服之制者，絶長補短以成之耳。

東漸于海，西被于流沙，朔、南暨，釋文：漸，子廉反。被，皮寄反。

傳曰：漸，入也。正義曰：海多邪曲，故言漸入；流沙長遠，故言被及。漸、被皆過之意也。流沙當是西境最遠者，而地理志以流沙爲張掖居延澤，計三危在居延之西大遠矣。志言非也。顔氏曰：被，加也。朔，北方也。暨，及也。吴氏曰：漸如水之漸漬，被如衣之被覆。邵氏曰：禹貢九州皆有疆界，天下獨無疆界乎？東漸、西被、朔、南暨，此天下之疆界也。渭按：此總言九州之大界，即禹所云「外薄四海，咸建五長」者。傳謂「在五服之外」，蓋禹以方五千里之地，制爲五服，而其外尚有餘地，則東漸于海，西被于流沙，朔、南暨，是爲九州之大界，其外則四海也。

凡禹貢疆理之所及，皆東海也，故曰東漸于海。揚州，傳云南距海，非也。吴語：晉侯令董褐復命於吴王曰：今君掩王東海，以淫名聞于天子。越語：范蠡對王孫雄〔一〕曰：昔吾先君固周室之不成子也，故濱於東海之陂。漢書：惠帝三年，立閩越君摇爲東海王。師古曰：即今泉州是其地。然則吴、越、閩所濱之海，皆東海也。至嶺南揭陽始爲南海，而禹時不在九州之域，故止於東境言之。詳見揚州。

流沙，一在張掖，漢志：居延澤在居延縣東北，古文以爲流沙是也；一在燉煌，通典云：燉煌即古流沙地，其沙風吹流行，在郡西八十里是也。經云「西被于流沙」，而居延澤乃在張掖之東北，則固當主燉煌矣。沙漠自西而東且迤北，居延澤雖非禹貢之流沙，亦即此沙漠之地。獨王制所謂流沙，去西河千里而遥，其地甚近，蓋又與禹貢、漢志所言者異矣。五代史：晉天福三年，高居誨使于闐，還記其山川云：自靈州過黄河三十里，始涉沙入党項界，曰細腰沙、神樹沙，至三公沙。自此沙行四百餘里，至黑堡沙，沙尤廣。自甘州西始涉磧，磧無水，西百五十里至肅州，渡金河，出玉門關，此在今肅州衛西，非古玉門關也。至瓜州、沙州，州南十里鳴沙山，冬夏殷殷有聲如雷，云禹貢流沙也。元和志云：鳴沙縣東北至靈州一百二十里，隋置環州，以大河環曲爲名。今寧夏中衛東北有鳴沙故城。夢溪筆談云：余在鄜、延閲兵馬籍，有稱過「范河」損失，問何謂「范河」？乃越人謂淖沙爲「范河」，北人謂之活沙，人馬履之，百步之外皆動，如人行幕上。其下足處雖甚堅，若遇其一陷，則人馬駞車應時皆没，或謂此即流沙也。方輿紀要云：旱海在寧夏衛靈州所東南。宋張洎曰：自威州至靈州，有旱海七百里，斥鹵枯澤，無谿澗川谷。張舜民曰：今旱江平即旱海，在清遠軍北。趙珣曰：鹽、夏、清遠軍間，並係沙磧，俗謂之旱海。自環州出清剛川，本靈州大路，自此至美利寨，漸入平夏，徑旱海中，至耀德、清邊鎮入靈州是也。今按以上諸書所載，則靈州之地已有沙磧，王制所謂流沙，當在鳴沙廢縣界中，蓋其地東距西河適千里而遥也。自此以西，沙磧逾廣，而東西三千里之徑數及此而止，故曰西不盡流沙。儒者不察，遂以此爲西被之流沙，因謂禹貢九州之境不過方三千里，而要、荒割爲異域，五服五千之義，鬱而不明久矣。

黄氏日抄曰：古注以聲教斷句，諸家皆從之。余友蔣榮甫云：昔徐履赴試，道求水村舍，有老士人教四五童蒙，以「朔、南暨」爲句。徐言其誤，老士人者怒曰：獨朔、南預聲教，而東西無預邪！東西皆有所止之地，故以海與流沙言；朔、南地廣，故以暨言，而下文總以聲教訖于四海耳。今按裴駰史記集解其注在「暨」字下，則自劉宋時已不從孔傳，而以聲教屬下讀矣。老士人固有所受之也。

爾雅：朔，北方也。舍人曰：朔，盡也。北方萬物盡，故言朔也。李巡曰：萬物盡於北方，蘇而復生，故北稱朔也。朔南與上東西對，非有一地之可指。説者以朔爲堯典之朔方，南爲堯典之南交，亦無大礙。或謂即漢朔方郡，則其地太近；以南交爲交趾，則又太遠矣。

不可從。暨與漸、被，似有贏縮之别。鄭康成云：南北不言所至，容踰之，是暨贏於漸、被也。今以經文考之，東有嵎夷、萊夷斗入大海，西有三危、黑水在流沙之中，皆過之，故指言其地而謂之漸、被。南抵五嶺，北距大漠，則及境而止，不能越乎其外，故但云暨。暨之縮於漸被也明甚。鄭説非是。

九州南北之大界，傳記無可考。唯唐神功元年狄仁傑上疏，以爲東距滄海，西阻流沙，北横大漠，南阻五嶺，此天所以限戎狄而隔中外也。南北二句實可爲朔、南暨注脚。應鏞釋王制曰：獨言東海者，東海在中國封疆内，西南北海則遠在夷徼之外也。南獨以衡山爲限，百越未盡開也。惟河舉東西南北，河流縈帶中國也。自秦而上，西北衺而東南蹙；自秦而下，東南展而西北縮。此古今天地之大運也。理明義精，於此經無一不合。

王耕野云：聲教至于海濱則止矣，何以又云「漸于海，被于流沙」？蓋海島之夷與流沙以西之戎，咸賓貢于中國，則是有虞之聲教，東不止于海，且漸入于海中；西不止於流沙，又蒙被流沙之外矣。渭按：此三句言九州之大界，漸、被、暨皆以地言，非謂聲教之所及也，與島夷、西戎無涉。舊以朔、南暨聲教爲句，故孔疏以爲雖在五服之外，皆與聞天子聲教，時來朝見。王氏承其誤，乃有此説。

堯典：申命羲叔，宅南交。傳云：夏與春交，此治南方之官也。疏云：此官既主四時，亦主方面。經言南交，謂南方與東方交。傳言夏與春交，見其時方皆掌之。春盡之日與立夏之初，時相交也；東方之南，南方之東，位相交也。史記索隱曰：孔註未是。然則冬與秋交，何故下無其文？且東嵎夷、西昧谷、北幽都，三方皆言地，而夏獨不言地，乃云與春交，斯不例之甚也。今南方地有名交阯者，或古文略舉一字名地，南交則是交阯不疑也。渭按：南交固當以地言，然上古之地名不可考者多矣，一字偶同，其可遂斷以爲交阯邪？水經葉榆水注云：尚書大傳曰：堯南撫交阯於禹貢荆州之南垂，幽荒之外故越也。周禮南八蠻、雕題、交阯，有不粒食者焉。春秋不見於傳，不通於華夏。然則交州實荆州之南垂，與揚州無涉，且在幽荒之外，并不可謂荆域。太康地志云：交州本屬揚州，爲虞之南極。真妄談不足信。

史記言四海咸戴帝舜之功曰：南撫交阯，北發息慎。即肅慎。遂有據此文以證交州爲虞之南極者，不知此特言聲教之所訖耳，抑或如後世舉種内屬之類，故謂之撫。索隱曰：帝舜之德撫及四方夷人，故先以撫之。此説是也。濊貊、朝鮮北與肅慎接壤，謂肅慎直營州之塞外則可，亦不得謂在營域。難者曰：左傳昭九年，王使詹桓伯辭於晉曰：巴、濮、楚、鄧，吾南土也。肅慎、燕、亳，吾北土也。斯言亦不足信乎？余曰：此不過一時應對，泛舉四方之土，非正言九州之疆界。如必泥此辭，則巴、濮、楚、鄧南距衡山尚遠，境且不至於嶺，況嶺南乎？參之史記北發肅慎則然矣，安在其爲南撫交阯也。魯語：武王克商，遂通道九夷、八蠻。肅慎氏來貢楛矢、砮石。及成王時，有賄肅慎之命，或舉種内屬。故詹桓伯舉以折晉，亦未可知。古今事變不同，豈可以周疆爲虞界哉！

舜葬於蒼梧之野，見禮記。儒者多疑之。史記云：舜踐帝位三十九年，南巡狩，崩於蒼梧之野。則舜在位止三十九年，壽止九十九歲，明與尚書「五十載陟方」之文牴牾矣。巡狩之有無，又安足辨邪！周洪謨讀書録曰：按舜年九十三，自謂倦於勤，而命禹居攝。豈有百九歲之後，而又南涉大江，深入蠻夷之地哉！爲此説者惑於書「陟方乃死」之文耳。要之，舜都蒲坂，距鳴條二百餘里，孟子云「卒於鳴條」者，得之。今按堯在位七十載而舉舜，又三載受終于文祖，下文言祭祀朝覲巡狩之事，皆舜代爲之。堯甫七十三歲即不復巡守，而舜乃百有九歲南巡至嶺南瘴癘之鄉，豈舜之精神獨厚邪！抑堯之德不若舜而早倦於勤邪！如以禮、經爲不可違，則先儒固嘗言檀弓有可疑者矣。如以史記爲不可背，則司馬遷之謬誤，前人所以正之者非一端矣，何獨於此不能釋然也？

韓退之以六經之文爲諸儒倡，人皆信之。其酬張韶州詩云：暫欲繫船韶石下，上賓虞舜整冠裾。近有援此以證南巡之事者。余按：水經注：利水南逕韶石下，其高百仞，廣圓五里，兩石對峙，相去一里，小大略均，似雙闕，名曰韶石。元和志云：在韶州曲江縣東北八十里，高七十五丈。並無舜奏樂之説。至寰宇記始云：韶州科斗勞水間有韶石，舜南遊登此石奏樂，因名。樂史書成於宋初，其言率本唐人，蓋「上賓虞舜」之句所從出也。然退之雅不信南巡之説，黄陵廟碑云：書曰「舜陟方乃死」，傳謂舜昇道南方以死。或又曰：舜死葬蒼梧，二妃從之不及，溺死沅、湘之間。余謂竹書紀年帝王之没皆曰陟。陟，昇也；謂昇天也。書曰：殷禮，陟配天。言以道終，其德協天也。書紀舜之没云陟者，與竹書、周書同文也。其下言方乃死者，所以釋陟爲死也。地之勢東南下，如言舜南巡而死，宜言下方，不得言陟方也。以此謂舜死葬蒼梧，於時二妃從之不及而溺者，皆不可信。此退之不信南巡之明證也。九疑之葬、二妃之溺、韶石之奏、斑竹之痕，皆以南巡爲根柢。南巡之事虚，則其餘皆不足辨矣。詩人託興，稗官小説皆可用，安得援以説經？如必據此駁彼，則送惠師詩云「斑竹啼舜婦」，即撰黄陵碑者之所作也，豈亦可據詩以駁文邪？檀弓曰「二妃未之從」，而退之祭張員外文云「二妃行迷，淚蹤染林」，則又將據文以駁禮邪？司馬公詩曰：虞舜在倦勤，薦禹爲天子；豈有復南巡，迢迢渡湘水。張文潛詩曰：重瞳陟方時，二妃蓋老人；安肯泣路傍，灑淚留叢筠。王伯厚云：二詩可以袪千載之惑。

自兩漢以降，嶺南之風氣漸移，犀象、毒冒、珠璣、銀銅、果布之湊，於是乎在；魁奇、忠信、材德之民，於是乎生。一以爲脂膏之地，一以爲文獻之邦。下逮唐世，瀕海之饒，有加於昔。人之之南海者，若東西州焉，而余謂不在九州之限，或警余，粵産多才，將釋憾於子，可柰何？余曰：知道者，必無此憾。不然則杜君卿先已當之矣。夫何懼！三代已下，東南日闢，西北日荒，此古今消長之大運。風俗與世爲推移，聖人因時而立政，使堯、舜復生於今，亦必以嶺南爲一州。吾所言者，禹貢之疆域耳。西北之日荒者，不得推而棄諸九州之外；

則東南之日闢者，亦不得引而納諸九州之内。就經説經，唯期不背於理，徇當世之人情，而曲爲之遷就可乎哉！

聲教訖于四海。釋文：訖，斤密反。

吴氏曰：聲教者，雖不近見善教之實，然亦遠聞善教之聲，而效慕之也。訖，盡也。顧氏炎武曰：禹貢之言海有二：東漸于海，實言之海也；聲教訖于四海，槩言之海也。渭按：左傳云「樹之風聲」，司馬相如云「遜聽者風聲」，聲教之謂也。四海謂東夷、西戎、南蠻、北狄，在九州之外者。時聲教所及，東海之島夷、西戎之崑崙、析支、渠搜皆已來貢。迨告成之後，則南撫交阯、北發肅慎，而四海之外，無遠弗届矣。中庸之頌至聖曰：聲名洋溢乎中國，施及蠻貊，舟車所至，人力所通；天之所覆，地之所載，日月所照，霜露所墜；凡有血氣者，莫不尊親。此聲教訖于四海之義疏也。史記言帝顓頊之地，北至于幽陵，南至于交阯，西至于流沙，東至于蟠木。動静之物，日月所照，莫不砥屬。亦聲教四訖之意。其稱禹功，則言九州各以其職來貢，不失厥宜，方五千里，至于荒服。謂在九州之内者。又云南撫交趾、北發，索隱曰：當云「北户」。西戎、析枝、渠廋、氐、羌，「戎」字疑衍。北山戎、發、息慎，當云「北山戎、息慎」。東長、鳥夷，索隱曰：「長」下少「夷」字。案大戴禮云長夷。

四海之内咸戴帝舜之功。謂在九州之外者也。前言疆理之所至，後言聲教之所及，咸戴帝舜與莫不尊親意同，非謂舉四海而疆理之，悉有其地，悉臣其人也。或據南撫交趾、北發肅慎二語，以證有虞之世，交趾爲揚域，肅慎爲營域。然則肇十有二州，豈并朔、南暨之規模而亦廓之邪。雖辯若懸河，吾未之敢信矣。

【校勘記】

〔一〕侯服　「侯服」已見上。此處應作「衛服」。四庫本改，是。

〔二〕越語范蠡對王孫雄　今據上海古籍出版社點校本國語，「雄」爲「雒」之誤。

禹貢錐指卷二十

禹錫玄圭，告厥成功。

王氏曰：禹錫玄圭于堯，以告成功也。錫與「師錫帝」、「九江納錫大龜」同義。蔡氏曰：水土既平，禹以玄圭爲贄，而告成功于舜也。水色黑，故圭以玄云。傅氏曰：水患平而錫土姓，君之報功也；聲教訖于四海而錫玄圭，臣之歸美以報上也，王氏樵曰：上與下爲錫，禹奉玄圭而曰錫者，爲舜成萬世之功，不可以常辭書。渭按：此二句乃史辭。玄圭或以爲錫堯，或以爲錫舜，未知孰是。時堯老舜攝，蓋禹上之於舜，而舜歸之於堯，理當然也。

傳云：禹功盡加於四海，故堯賜玄圭以彰顯之，言天功成。按錫者，與也；下與上亦可謂之錫。經言禹錫，不言錫禹，則其爲禹之錫堯也審矣。呂伯恭以爲錫舜，而蔡傳因之，亦通。林少穎云：臣以圭而錫君，載籍恐無此事。以某所見，是禹以玄圭告成於天耳。謂禹告天尤無據，且易益六三爻辭曰：有孚中行，告公用圭。此非臣錫圭於君之事，見於載籍者乎。

下與上書錫者三：一師錫帝以舜，一九江納錫大龜，一禹錫玄圭。蓋堯爲天下得人，龜足以決大疑。禹成萬世永賴之功，事莫有大於此者，故皆異其文。

正義云：考工記天謂之玄。是玄爲天色，堯之賜禹必以天色圭者，言天功成也。蘇氏曰：禹以治水得天下，故從水而尚黑。帝錫禹以玄圭，爲水德之瑞也。蔡傳舍孔而從蘇。渭按：尚書璇璣鈐云：禹開龍門，導積石，玄圭出，刻曰：延喜玉受德，天賜佩。緯書之言不足據，然或禹治水時得一玉，色玄而異於常玉，故琢爲圭，以獻諸上，亦未可知。玉色玄，斯謂之玄圭。天功水德，禹未嘗有意於其間也。

成功，人皆謂水土之功成，此未足以盡其義。天生民而立君以治之，養與教二端而已。養之所以遂其生，教之所以復其性。生已遂而性猶未復，聖人之憂方深，故必祗台德先，不距朕行，聲教訖于四海，而後爲新民之極，功止于至善也。禹抑洪水不過八年，而告厥成功，需之十有三載，職是故耳。禹貢一書，雖言治水之事，而其規模之大，義理之精如此。二十八篇中，唯堯典、洪範可與頡頏，餘皆不及也。

古者左史記事，右史記言。言爲尚書，事爲春秋，其體不同。春秋以事繫日，日繫月，月繫時，時繫年，前後灼然可見。尚書則以事類結聚成篇，而年月不具，其前後更須參考。史遷不知此義，故本紀多誤。堯命舜攝位之辭曰：乃言底可績，三載。金履祥通鑑前編從王肅説，以堯在位七十載，癸丑，舜徵庸至七十二載，乙卯，命攝位，爲三載，其明年丙辰，正月受終于文祖，事與經合。而遷則曰：堯立七十年得舜，二十年而老，使舜攝政八年而堯崩。此一誤也。舜陟帝位，咨四岳，求可宅百揆者，僉曰：伯禹作司空。帝曰：俞，咨，禹，汝平水土，惟時懋哉！安國傳云：然其所舉，稱禹前功以命之是也。孟子言舜使益掌火，禹治水，皆堯老舜攝時事。而遷則錯解經文，以爲堯崩之後，舜問於四岳，岳舉禹，乃命禹平水土。此又一誤也。洪範曰：鯀則殛死，禹乃嗣興。左傳：僖二十三年云，舜之罪也〔一〕，殛鯀，其舉也，興禹。襄二十一年云，鯀殛而禹興。二事大抵皆在徵庸三十年中，而不能灼知其爲何年。文十八年，季文子曰：舜臣堯，流四凶族；又曰：四門穆穆，無凶人也。先儒據此以殛鯀爲歷試三載中事，然舜典紀四罪在受終之後。故史遷云：舜攝位，巡狩，行視鯀之治水無狀，乃殛鯀於羽山以死。此説與經合。彼以爲去四凶皆在歷試時，不待受終後者，亦過泥季文子之言耳。尚書雖年月不具，而以前事繫後事之下，恐無是理。金氏謂舜攝位之明年，丁巳，始巡狩，疑殛鯀在此時也。鯀之初殛，禹年尚幼，未嘗以能治水聞。及鯀死，舜始聞其有聖德而能治水，乃舉而用之，使嗣鯀職，故祭法曰：鯀障洪水而殛死，禹能修鯀之功。非謂父子接踵治水也。先儒馬融等以爲舜徵用即舉禹治水，三載而八州平，乃禪舜，其明年兖州平，合鯀九載爲十三載，適當舜受終之年，是禹父子接踵而治水也。夫舜方用禹而殛其父以死，殆非人情。且史遷云：禹立十年而崩。裴駰集解引皇甫謐曰：禹年百歲。前編禹十年爲癸未，追而上之，當生于堯六十一載甲辰，下逮七十載癸丑舜徵庸，禹方十歲，而遽畀以治水之任，亦大可疑。傅子云：荀仲豫稱禹十二爲司空，則當在乙卯。羅泌路史言：舜攝時，鯀殛既死而禹用。蓋年十四，則當在丁巳，雖較遲數年，猶未離乎幼也。竊謂四罪無死刑。殛者，拘囚困苦之，使鬱鬱無聊，不獲盡其天年，故謂之殛死，非甫殛而隨死也。死後，禹又須居喪二年，計鯀殛禹興，中間尚隔十餘載，不得泥洪範、左氏之文，以爲父子接踵治水也。益稷傳云：辛日娶妻，甲日復往治水。是已嘗治水而輟事成昏也。吴越春秋云：禹三十未娶。三十當舜攝位十九載甲戌，至是始輟事成昏，則受命治水必不在幼時可知矣。世遠事湮，紀載疎略。如馬融等說，則禹興太早；如史遷及趙曄說，則禹興又太遲。以理度之，舉禹必不在攝位十五年之後，而告成則必在放勳殂落之前。所可知者，如此而已。先儒推測之言，亦未必盡得也。

孟子言：禹八年於外，三過其門而不入。而史記河渠書云：禹抑洪水十三年，過家不入門。漢書溝洫志同。此據兖州作「十有三載乃同」以爲言也。正義曰：堯典言鯀治水九載，績用弗成，然後得舜舉禹治水，三載功成，堯即禪舜。此言十三載者，并鯀九載數之。祭法云：禹能修鯀之功。明鯀已加功而禹因之也。馬融云：禹治水三年，八州平，故堯以爲功而禪舜。是十二年而八州平，十三年而兖州平，在舜受終之年也。渭按：鯀以無成致殛，則其功必少。故經惟於太原言修，漢儒乃因祭法之文而張大之，以爲禹修父業事止三年。夫以九州之大，三年而畢其役，禹雖聖人，亦未必神速至此，當以孟子之説爲正。然東漸西被、聲教四訖之效，恐亦非八年所能致，則十三載之説，未爲無據。但不當連鯀九載，嘗試就禹所自言而折中之。「娶于塗山，辛、壬、癸、甲，啓呱呱而泣，予弗子，惟荒度土功。」此八年中事，經文冀州至「成賦中邦」是也。「弼成五服，至于五千，州十有二師，外薄四海，咸建五長，各迪有功」，此九年迄十三年事，經文「錫土姓」至「聲教訖于四海」是也。九州攸同，當在舜受終二十年後，錫圭告成則又在其後五年，去放勳殂落之歲，殆無幾耳。鼂錯曰：堯有九年之水，惟據鯀九載。高堂隆云：堯洪水二十二載，合鯀九載禹十三載。皆不得其實。今參攷羣言，知鯀殛禹興，中間尚隔一紀，通前九載後八年計之，垂三十年而始平。灑沈澹災，蓋若斯之難也。善哉乎邵文莊之論曰：堯之水，説者謂開闢以來，未有治之者，故不得其道而若是烈也。天下之生久矣，歷三皇氏未聞懷襄昏墊之爲害也，何獨至於堯而有然。此天地之大變，變通之會，其當斯時乎！以粒易鮮，以居易巢，斯所謂通變宜民者也。非水之治，其何以及此。是故洪水一亂也，化懷襄而平成，轉昏墊而敍且歌，豈非開萬世之治乎！易曰：雲雷屯，君子以經綸。水哉！水哉！所以啓君子之經綸者大矣，而況恒雨積焉，諸山洩焉，當是時，水固有異於常者，而泛以配湯之旱，殆書生之常談也夫。

【校勘記】

〔一〕左傳僖二十三年云舜之罪也　據清阮元重刻十三經注疏本左傳，「二十三年」乃「三十三年」之誤。四庫本改，是。

附録

禹貢錐指紀恩

臣會恩先世恒爲士，自高祖友信以明隆慶間進士起家，爲順德令，政績茂著，粵人至今尸祝，而文章爲世所宗，與歸太僕有光齊名。嗣後科第蟬聯，臣父前進士給事中麒生，今誥贈兵部左侍郎者，其文章亦饒有家法。太學生胡渭，臣父之再從弟，而臣會恩同高祖之叔父也。叔祖前甲子舉人公角即世，叔渭以孤童攻制義，苦心鑽研，寒暑不輟。臣父夙器之，謂其技必售，命臣從講肄受業焉。已而淹滯不偶，遂棄去帖括，鋭意經術，而尤精於尚書。就尚書中，又以爲周書較備，而夏、商之書亡逸過半，其禹貢、洪範二篇，乃大禹、箕子所作，文字最古，與堯典伯仲，真瑚璉之法物，東序之祕寶。因博採諸家，斷以己意，爲禹貢錐指、洪範正論若干卷，以發揮禹、箕之藴奧，使二代將墜之緒，鬱而復明，亦猶夫子取夏時、坤乾之志也。洪範未脱藁，禹貢已有成書，鋟以問世。上方表章六經，内廷燕閒，問當世有潛心經學，著述可傳者否。侍講學士臣查昇以禹貢錐指進，上覽而嘉之，問年籍，對曰：浙江人，六十餘歲，禮部侍郎胡會恩之叔也。及法駕南巡，叔感九重特達之知，恭詣行宫獻平成頌一篇。臣昇取以奏御，上賞其文，許賜扁額，且命宣臣與叔同至行在南書房。臣跪奏：臣叔胡渭，係臣受業之師，潛心經學二十年，所著有禹貢錐指一部，已經奏御，蒙恩宣至。上悦。中使傳旨云：渭所教出者人才如此，其學固可知也。有頃，中使捧數扇以出，皆宸翰。一賜臣，乃御製西湖詩一首，宣諭云：此扇與賜徐潮者同。復舉一授臣叔曰：皇上以此賜汝。恩出望外，驚喜交并，同叩頭謝訖。日亭午，上撤御饌一筵，宣賜大學士掌院學士臣昇、臣會恩，而叔渭亦與賜焉。久之内出「耆年篤學」四大字，宣賜渭。天語親褒，奎章燦爛，禁直諸臣，謂一時曠典，登之起居注。薄暮捧出，道旁觀者皆以爲榮云。臣伏念臣叔一老書生，自分屏跡於草野，孰意拜賜内廷，分甘玉食，稽古之力，一至於此。而臣以庸駑，叨承殊渥，致身卿貳，方忝竊是懼，乃荷推恩及於高祖，親書「名文實政」四大字，俾額宗祠，以光閭里。今臣受業叔渭，又以進書獻頌，蒙格外之優獎，撫躬愧悚，將何以報稱萬一。臣又側聞聖諭云「朕優獎此老書生，正爲天下士子讀書者勸」。大哉王言！雖菁莪棫樸、樂育人材之意，何以加兹。是又不獨臣家門之盛事，而人文化成，濟濟多士，太平萬世無疆之慶，早於此卜之矣。

康熙四十四年閏四月十二日，禮部左侍郎管右侍郎事兼翰林院學士臣胡會恩恭紀。

徐序

往予伯兄尚書奉詔總修一統志，一時博學洽聞之士，盡招集邸舍。其精於地志、山經、水注之書者，則若無錫顧景范、常熟黄子鴻、太原閻百詩及德清胡朏明，皆海内碩儒傑士，卓乎不羣，而同在伯兄之門，可謂盛矣。未幾，伯兄歸田，不幸即世，諸君子亦雲散而不復合。予被恩復起，仍奉命卒一統志之役。景范已前卒，子鴻、百詩間一來，亦先後淪没。天下之學者未嘗不歎息咨嗟，謂好客如伯兄，今不復有其人，而耆德之彫喪，不能復聚如往日，殊可惜也。予潦倒京華十餘年，書今垂成，亦已皤然老矣，能無感與？諸君子各有地誌之書，而朏明禹貢錐指獨晚出。其書考正孔傳、孔疏、宋元明諸家之説，主以班固地理志，參以山海經、水經注及郡縣誌，摘其謬誤，辨其疑似，使後世讀經者，瞭然心目之間，其有功於禹貢不細。至發明夏道，所陳大義十餘，尤足證明孔子無間之旨，非但區區稽考沿革，鉤覈異同，資滕口説而已。故其書得進呈御覽，一旦邀特達之知，而褒美其「耆年篤學」，良非偶也。獨念我國家纘禹之服，聲教四訖，遠踰夏后之世。使伯兄而在，與朏明輩勒成全書，當可追翼禹貢，仰副我皇上崇尚經學之意。惜乎伯兄已殁，向所謂四君子者，止一朏明在焉。

予衰老無狀，藉手引年以去，序胐明之書，不能不三歎於今昔之際也。予告經筵講官内閣學士兼禮部侍郎加一級徐秉義謹序。

李序

處士德清胡渭著禹貢錐指二十卷，其書先聖之功臣，而後學之津筏也。今乙酉首春，振裕校書内庭，與禁直諸臣，從容言天子崇尚經學，搜求遺逸，若是書者，豈可令伏而不見。查學士昇尤重其典核，乃以其書奏呈，上覽而善之。三月南巡狩，駐蹕吴郡。渭親齎是書，并所撰平成頌一篇，恭詣行宫以獻。上復稱善，且令宣至南書房，賜饌，賜御書詩扇及扁額。於戲！布衣耆艾之士，山澤之臞，而上之褒寵備至如是。天下之人其有不感激奮發、以無負聖天子奬勸之意者，誰也！蓋人之著書立説，有幸而傳於後者，亦有不幸而終不得傳者。渭研精覃思，凡廿載而成是書。書成而遭遇右文之朝，蒙特達之知，爲之表章。夫豈獨渭之幸，亦是書之實有功於經學，而冥冥之中不欲使之棄擲埋没而不傳也。昔鄭漁仲有言，禹貢之書，深於道者也。書深於道，非後世言地理者所能及。振裕嘗韙其説，以爲自禹治水至今四千餘年，地理之書，無慮數百家，莫有越禹貢之範圍者，亦莫有能疏通證明、匯其源流而析其異同者。蓋其難有二。一曰博而不擇，其失也雜。山經地記，茫昧而無稽；方志輿圖，錯迕而失紀。太史公周行天下，其作河渠書，言武帝導河北行二渠，復禹舊迹。説者以爲與大陸故道不相合，何況覼縷掇拾，誇多炫奇，彼此漫無折衷，前後互相衡決。此其難者一也。一曰固而鮮通，其失也疎。川澤之消長不常，郡縣之廢置無定。或一山而更數名，或一水而分數道。九河之迹，至漢已湮；三江之稱，訖明未定。泥古則廢今，信今則疑古。此其難者二也。莫要於班固之地理志，而史家但以爲記載之書，不知其條綱正目，州次部居，約而不失之疎也。莫詳於酈道元之水經注，而文士但以爲薈萃之書，不知其沿波討瀾，窮端竟委，瑣而不失之雜也。昔之釋禹貢者，二孔之注、疏，蔡氏之集傳，皆立於學官。蔡氏因陋就簡，無所發明，僅以資科舉之業而已。安國傳頗多牴牾，先儒皆以爲魏、晉間人依託，非西漢筆也。是書摘孔、蔡之謬不少，而採班、酈之善爲多。至於百家之説，折衷紛紜，要於一是。譬則大川細流，支分派别，疏而引之，使歸墟赴壑而後已。不然，則猶絶港斷潢之不相通，溝澮行潦之無所本。方覩經流之大而爽然自失，何待望北海若而始回旋其面目哉。世儒高談性命，忽於實學。易不主象占，禮不考器數，詩不詳鳥獸草木，而禹貢一書，保殘守缺，承訛襲謬者，殆千百年，得是書而闡發之，其有功於經學也大矣。宜乎宸翰親褒，一字榮於華衮也。夫巖棲谷隱之士，冥心孤詣，搜抉奇奧，欲以自成一書而聲施後世者，代不乏人。然往往篇斷句落，散軼而不存。誠不遇其時乎，抑亦非漁仲所謂深於道者也。渭素志淡泊，氣專而容寂，庶幾其有道者，年踰七十，視聽不衰，其著述藏稾尚多，異日儻更有所獻，振裕尚能執筆而敍之。康熙四十四年夏五月，經筵講官禮部尚書吉水李振裕撰。

戴南山年譜乙酉作禹貢錐指序

非博學好古之士，不能著書以自見於天下。自古以來，著書之家，亦頗多有，而非遭聖明之世，無右文之主爲之表章，則或湮没而不顯。彼其穿穴經傳，條貫古今，搜抉奇異，冥心孤詣，積數十年而成一書，其意欲以傳後世，然不過藏之名山，傳諸其人而已！倘其人不可得，則遂至放軼而散失者有之，是故著書既難其人，有其人而又多不逢其世。吾於德清胡君朏明所著禹貢錐指一書，竊幸其遭逢之獨奇，爲自古著書之士所未有也！昔之釋禹貢者，孔安國、蔡仲默兩家，皆立於學官。蔡氏固陋就簡，無所發明；而孔傳尤多牴牾，先儒疑其爲後人謁譔。胡君博學好古，於書無所不讀，其於禹貢，剖析鑽研，反覆不去手；參驗故實，網羅傳註，爲之正其同異，辨其是非，窮其端委，研精覃思，凡二十年而成，名曰禹貢錐指。會今天子聰明神聖，四海之内，薰蒸浸漬，莫不彈冠振衿，輻輳而出，相與黼黻鴻業，鼓吹休明，雖布衣之士，幽隱伏匿之儒，耆艾之老，山澤之癯，亦思自奮起，以期無負於盛世。而胡君年踰七十，平生閉門埽迹，上下千古，討論六經，錐指一書，正孔傳之僞，而訂蔡氏之訛，其有功於後學尤大。康熙四十四年春正月，學士臣查昇已代爲呈進，未幾，車駕南巡狩，臨幸浙西；胡君胐伏道左，恭進是書，並獻頌一篇，天子覽之稱善；賜膳，賜御書詩扇，賜御書匾額；一時士人嘖嘖嘆羨以爲榮。夫以布衣之士，幽隱伏匿之儒，耆艾之老，山澤之癯，苟有一技可取，一書可觀，皆得以其所業，與其姓名，上達天子；褒寵頻加，恩賜備至，臣於是仰見我皇上右文之至意，礪世磨鈍，鼓舞激勸，真有超出前古者，天下之士，其孰不奮袂而起，思出其奇以求得當。行見博學好古之士，立言之家，接踵而出，潤色太平，不獨胡君一人之榮遇而已。余故書之以爲胡君賀，並以爲天下之士也幸。

（戴名世）

四庫全書總目　禹貢錐指二十卷圖一卷

國朝胡渭撰。渭有易圖明辨，已著録。其生平著述甚夥，而是書尤精力所專註。康熙乙酉恭逢聖祖仁皇帝南巡，曾呈御覽，蒙賜「耆年篤學」扁額，稽古之榮，至今傳述。原本標題二十卷，而首列圖一卷，其中卷十一卷十四，皆分上下，卷十三分上中下，而中卷又自分上下，實共爲二十六卷。其圖凡四十有七，如禹河初徙再徙，及漢、唐、宋、元、明河圖，尤考究精密。書中體例，亞經文一字爲集解，又亞一字爲辨證。歷代義疏及方志輿圖，搜采殆徧。於九州分域山水脈絡古今同異之故，一一討論詳明。宋以來傅寅、程大昌、毛晃而下，注禹貢者數十家，精核典贍，此爲冠矣。至於陵谷遷移，方州分合，數千年内，往往不同，渭欲於數千載後，皆折衷以定一是，如郭璞注山海經臨渝、驪成已兩存碣石之説，渭必謂文穎所指臨渝爲是，漢地理志所指驪成爲非，終無確驗；又九江一條，堅守洞庭之説，不思九江果在洞庭南，則經當曰九江孔殷，江漢朝宗于海矣，徐文靖之所駁，恐渭亦不能再詰也。千慮一失，殆不屑闕疑之過乎。他若河水不知有重源，則由其時西域未平，無由徵驗，又所引酈道元諸説，經注往往混淆，則由傳刻舛謁，未覩善本，勢之所限，因不能執爲渭咎矣。

（永瑢）

鄭堂讀書記　禹貢錐指二十卷圖一卷

國朝胡渭撰。渭原名渭生，字朏明，號東樵，德清人。四庫全書著録。東樵篤志經義，尤精於輿地之學。徐健菴乾學奉詔修一統志，開局洞庭山，延請分纂，因得縱觀天下郡國之書。其於禹貢尤所素習，謂漢、唐二孔氏、蔡氏於地理多疏舛，如三江當主鄭康成説，庾仲初之言，不可以釋禹貢；「浮于淮、泗，達于河」，「河」當從説文作「菏」；「滎波既猪」，「波」當從康成本作「播」；梁州之黑水，與導川之黑水，不可溷而爲一。乃博稽載籍及古今經解，考其異同而折衷之。依經爲訓，章别句從，以成是編，冠以圖四十七篇，略例三十六條，其曰禹貢錐指者，蓋本莊子秋水篇「用錐指地」語也。其書於經下集解，亞經一字。首列孔傳、孔疏，次宋、元、明諸家之説。集解後發揮未盡之義，又亞一字。諸家之説，得失參半者，必細加剖析，使瑕瑜不相掩。至於地志、水經，覼縷本末，附以夾注。又有語涉禹貢而實非經解，如通典之類，亦或節取一二句。雖係經解，卻不成章，並以己意融貫綴於其末，用「渭案」二字别之。其於九州山川之形勢，及古今郡國分合同異，道里遠近夷險，犂然若聚米而畫沙。又以漢、唐以來，河道遷徙，雖非禹貢之舊，要爲民生國計所繫，故於導河一章，備考歷代決溢改流之跡，且爲圖以表之。其留心經濟異於迂儒不通時務者遠矣。其略例末一則，發明夏道，所陳大義十餘，尤足證明孔子無間之旨，非但區區稽考沿革，鉤覈異同，資騰口説而已。故其書得進呈聖祖仁皇帝御覽，一旦邀特達之知，而褒其「耆年篤學」，良非偶也。前有康熙乙酉其從子會恩紀恩一篇及李振裕、徐秉義二序。

（周中孚）

越縵堂讀書記　禹貢錐指

閲胡朏明氏禹貢錐指。是書精博固可取，而武斷者亦多。如以梁州之黑水謂與雍州之黑水異，禹於梁州黑水，無所致力，故惟導雍州之黑水。至於三危，則禹貢九州分界水名先已相溷。以吐蕃之河源出星宿海，謂與西域之河源出葱嶺及于闐者各别，是則河有三源，愈爲紛歧。既據漢志自西域鹽澤伏流爲説，而又牽引唐劉元鼎、元潘昂霄之言，故爲此調人之舌。又謂漢武名于闐河源所出之山曰昆侖，即古昆侖國地，亦不知其所據。以舜典五十載陟方乃死，謂當讀五十載爲句，陟者崩也，方乃死者，所以解陟之爲死也，則文理幾至不通。此朏明自爲文則可，虞夏史官所不受也。其他可議處尚多。又矜己自誇，動涉措大口吻，亦非著書之體。其前冠以吉水李尚書振裕一序，文甚蕪雜。而朏明自撰略例，謂李公稱其書兼得虞夏傳心之要，尤是腐儒妄言。所謂太極圈兒大、先生帽子高也。朏明與閻百詩、顧景范諸君，皆久居徐健庵尚書幕，同佐修一統志，故於地理皆爲名家，而識隘語俚，亦略相似。予嘗謂當時有三大書：顧氏棟高之春秋大事表、閻氏之尚書古文疏證、胡氏之錐指，皆獨出千古，有功經學，門徑亦略同，而皆無經師家法，有學究習氣。江氏藩輯國朝經師經義，皆棄而不録。全氏祖望力詆錐指，謂其葛藤反過於程大昌，皆非平情之論。

李慈銘　同治戊辰十二月十八日

胡先生渭傳

先生諱渭，初名渭生，字朏明，世爲德清人。曾祖友信，明隆慶戊辰進士，廣東順德縣知縣，所謂思泉先生也。父公角，天啓甲子舉人。先生年十二而孤，母沈攜之避寇山谷間，十五爲縣學生，試高等充增廣額。屢赴行省試不得售，乃入太學，嘗館益都馮相國邸。篤志經義，尤精於輿地之學。崑山徐尚書乾學奉詔修一統志，開局洞庭山，延請常熟黄儀子鴻、無錫顧祖禹景范、山陽閻若璩百詩及先生分纂，因得縱觀天下郡國之書。先生素習禹貢，謂漢、唐二孔氏、宋蔡氏於地理多疏舛。如三江當主鄭康成説，庾仲初之言不可以釋禹貢「浮于淮泗，達于河」「河」當從説文作「菏」；「滎波既豬」，「波」當從鄭康成本作「播」；梁州之黑水與導川之黑水，不可溷而爲一。乃博稽載籍及古今經解，攷其同異而折衷之，依經爲訓，章別句從，名曰禹貢錐指，凡二十卷，爲圖四十七篇，於九州山川形勢，及古今郡國分合同異，道里遠近夷險，犂然若聚米而畫沙也。漢、唐以來河道遷徙，雖非禹貢之舊，要爲民生國計所繫，故於導河一章，備考歷代決溢改流之跡，且爲圖以表之，其留心經濟，異於迂儒不通時務者遠矣。嘗謂詩、書、禮、春秋皆不可無圖，惟易無所用圖；六十四卦二體六爻之畫，即其圖也。八卦之次序方位，則乾坤三索、出震齊巽二章盡之矣。安得有先後天之别。河圖之象，自古無傳，何從擬議。洛書之文，見於洪範。五行九宫，初不爲易而設。作易圖明辨十卷。又言：洪範古聖所傳，漢儒專主災異，以瞽史矯誣之説，亂彝倫攸敘之經，害一。洛書之本文具在洪範，宋儒刱爲黑白之點，方員之體，九十之位，且謂範之理通於易，劉牧以九爲河圖，十爲洛書，蔡元定兩易其名，害二。洪範元無錯簡，後儒任意改竄，移「庶徵，王省惟歲」以下爲五紀之傳，移「皇極，斂時五福」至「作汝用咎」及「三德，惟辟作福」以下爲五福、六極之傳，害三。作洪範正論五卷。又作大學翼真七卷，言格物致知之義，釋在邦畿章内，本無闕文，無待於補。皆卓然有得，非異趣以爲高者。康熙四十三年，聖祖仁皇帝南巡，先生撰平成頌一篇，并禹貢錐指獻諸行在。有詔嘉獎，召至南書房直廬賜饌，御書「耆年篤學」四大字賜之，儒者咸以爲榮。甲午歲正月九日卒於家，年八十有二。從子會恩從先生學，由進士及第官至刑部尚書，孫彦穎翰林院編修。

（錢大昕潛研堂文集卷三十八）

胡東樵先生墓誌銘

乾隆二十有四年，清溪胡翰林彥穎將于十有一月癸丑，葬其王父東樵先生於經南圩之阡。至是距先生之殁，蓋四十有二年矣。有唐杜甫旅卒岳陽，子宗武病不克葬，而以屬其子嗣業，歷四十餘年，而乃克竟先人之志，遷祔偃師。彥穎焦勞晝夜，過時而卒。妥先生于幽故，有合于元氏之所歎於嗣業者，亮其遇而不責其慢，君子有恕辭焉。按狀：先生名渭，初名渭生，字朏明；東樵，其晚年自號也。胡氏籍隸餘姚，先世諱子中者，始遷德清。曾祖友信，隆慶戊辰進士，廣東順德令，有名于時，事載明史。祖子益，諸生。考公角，天啓甲子舉人。先生生十二年而孤，母沈孺人挈先生避寇山谷間，歸則牖户漂摇，草竊猶充斥。有田數十頃在遠鄉，租船至中途，輒被劫掠，乃鬻負郭之田以完賦，家遂赤貧。年十五遊于庠，試高等爲增廣生。高文遠俗，連不得志于有司，乃入太學，館益都相國所。

聖祖側席方聞有道之士，復唐、宋博學鴻詞之科。相國欲以先生應詔，堅辭不肯就。羣公避嫌，以相國子師，莫敢先發；及見薦牘，無先生名，則又大驚。先生自是遂絶意科舉之學，專窮經義。崑山徐大司寇乾學總裁一統志，假歸，許以書局自隨。禮延太原閻若璩、無錫顧祖禹、常熟黄儀洎先生與修。開館莫釐峯下。因得縱觀天下郡國之書，凡與禹貢山川疆域相涉者，隨手鈔集，與經文比次，以酈元水經注疏其下；酈注所闕，凡古今載籍之言，苟有當于禹貢，必備録之。依經立解，章别句從，歷三朞後成，名曰錐指。其於導河一章，辨析尤至。謂後世河日徙而南，則兗之西北界不可得詳；河南之濟亡，則兗之東南界亦苦難辨；華陽專主商、洛，則梁之西北界茫無畔岸；黑水與雍通波，則梁之西南界何所止極。研精覃思，博稽圖籍，手摹圖四十七篇，凡九州之形勢，及古今郡國地名之所在，八方相距之遠近，大略粗具。海寧查學士昇以先生書上進。法駕南巡，先生撰平成頌一篇，并前書詣獻行在。上深嘉歎，宣至南書房直廬，賜饌，賜御書詩扇，賜「耆年篤學」四大字，稽古之榮，近代儒者或未逮也。錐指既成，他經以漸次及。謂詩、書、禮、春秋皆不可以無圖，唯易則無所用圖；六十四卦二體六爻之畫，即其圖矣。其卦之次序方位，則乾坤三索、出震齊巽二章盡之矣。圖可也，安得有先天後天之别。河圖之象，自古無傳，從何擬議。洛書之文，見于洪範。五行九宫，初不爲易而設。作易圖明辨。謂：漢儒專主災異，以瞽史矯誣之説，亂彝倫攸敍之經，害一。洛書之本文具在洪範。宋儒乃創爲黑白之點，方員之體，九十之位，且謂範之理可通于易，劉牧以九位爲河圖，十位爲洛書，蔡元定兩易其名，害二。洪範元無錯簡，宋儒任意改竄，移「庶徵，王省惟歲」以下爲五紀之傳，移「皇極，斂時五福」至「其作汝用咎」及「三德，惟辟作福」以下並爲五福、六極之傳，害三。辨誤析疑，作洪範正論。大學一書，朱子作章句後，諸儒皆以補傳爲疑。先生以經文「此謂知本」二句，當在「止於信」之下；「知本」蓋「知止」之譌；「格物致知」與「至善」釋在邦畿章内。元無闕文，無待于補，作大學翼真。太歲在甲午正月九日，考終牖下，春秋八十有二。配黄氏，諸生幼良女。子四人：方騰出繼大宗，山西大同令，贈先生如其官，調陵川；方質、方威諸生，方詮。女二人，適游擊沈運柱、諸生沈益新。孫十人：彦潁翰林院編修，勳山東、臨淄令；彦輔貴州清平令；彦昇由額外主事改授山東定陶令；彦平、彦沖蚤卒，彦藹、彦博、彦韜、彦肅皆諸生。曾孫十餘人，玄孫二人。

銘曰：

學猶殖也，經爲之根。非別黑白，孰定一尊。苟學不醇，經義終晦。羣言紛哤，不鄙則倍。清溪縈紆，四水交趨。織簾而後，篤生真儒。於惟尚書，有體有要。陳疇制貢，厥義孔奥。竹素散逸，夏傳不傳。搜析精微，能執聖權。抉摘河、洛，綜貫大學。游情三古，覺彼後覺。耆年篤學，聲徹九重。天章巍煌，由稽古隆。其人雖亡，其精則存。墓檟後彫，漆燈不昏。刮碑埋幽，以表經術。譔德考行，視此信筆。

（杭世駿）

禹貢錐指正誤序

古今之説禹貢者，無慮數十家。其專釋是書今世所存者，通志堂刊本有程大昌、傅寅之書，又有毛晃指南從永樂大典抄出，非足本也。明茅瑞徵之匯疏、夏允彝之合註，採摭頗富。自是自東樵胡氏錐指出，雅才好博，綜貫無遺，用功勤而收名遠，學者家置一編，奉爲質的。自是言禹貢者，撥棄諸家而定東樵之一尊，後儒晚學，莫之敢議也。余於東樵書燖繹有年，於其鋭志精蕐處，未嘗不心折歎服，而其討論之疎，援據之舛，亦不敢回穴依阿，以滋後學之惑。(中略)東樵自謂善長知己，而其引用疎舛如此，其失大矣。竊謂錐指一書，採摭極博，而沿譌踵謬，雜廁其間，且其説多意必之辭、近似之理，不能信好古學，此其所蔽也。余爲此辨，匪敢指斥前人，有心媒蘖，意在摘其所短，著其所長，箴闕規過，抑亦古人之義，且使後之讀禹貢者，知所取正，則是説也，即以爲東樵之功臣可也。

道光丁亥冬，山陽丁晏記。

德清胡朏明先生年譜

余於民國十九年冬，草宛溪顧先生祖禹年譜，迄二十二年冬始成。創稿時，於其同時人行蹟，覩記所及，亦復多事摭録；除校補張石洲穆閻潛丘先生年譜外，並擬爲德清胡先生草一年譜，而牽率應酬，未遑排纂。頃以學報需稿，因取向所手記者，釐定成此篇，冀爲知人論世者之一助。爲時倉卒，其中雜糅及疏漏之處尚多，容俟異日，再圖補正。惟余於經學一無研究，作是編殊僭妄耳。二十三年三月，定域自識。

先生名渭，原名渭生，字朏明，晚號東樵。浙江德清縣北界文昌坊人。康熙德清縣志

始祖諱子中，由餘姚遷居德清。

曾祖思泉公諱友信，明隆慶戊辰進士，官廣東順德令，有政聲。文名與歸有光齊，事載明史文苑卷一百八十本傳及康熙德清縣志人物傳卷七。著有天一山房稿、政績録。千頃堂書目

祖諱子益，諸生。

父端叔公諱公角，天啓甲子舉人。

母沈孺人。以上均見杭世駿道古堂文集卷四十胡東樵先生墓志銘；（以下簡稱杭志）錢大昕潛研堂文集卷三十八胡先生渭傳。（下簡稱錢傳）

明毅宗崇禎六年癸酉（公元一六三三）先生生

李振裕胡朏明七十壽序云：「歲壬午六月，先生壽屆七十。」見白石山房集卷十七按壬午爲清康熙四十一年（公元一七〇二），則推算當生于是年。

是年餘姚黄梨洲宗羲二十三歲，崑山顧亭林炎武二十歲，蕭山毛大可奇齡十一歲，秀水朱竹垞彝尊五歲，崑山徐健庵乾學、常熟顧景范祖禹均三歲。

崇禎七年甲戌（一六三四）二歲

秀水徐敬可善生。

崇禎九年丙子（一六三六）四歲

是歲常熟黄子鴻儀生。按姜宸英葦間詩集五：黄子宏處士年六十有一，王石谷畫山水贈之，索題三首，中有「檢歷重過丙子年」之句。丙子爲康熙三十五年，則推算生於是年。

十月，山陽閻百詩若璩生。張穆閻潛丘先生年譜（下簡稱閻譜）

崇禎十一年戊寅（一六三八）六歲

是年萬斯同生。碑傳集補劉坊萬季野先生行狀

崇禎十七年甲申（一六四四）十二歲

是年十月朔爲清順治元年。

父天角公卒。杭志：「先生生十二年而孤」。公世亂不仕。肆力史漢百家言，振筆得祖風。事親能色養，友愛諸弟無間言。中式後，清介自持，無片牘至公庭。著有漱六軒稿、千尋閣義。康熙志卷六選舉表

杭志：「母沈孺人，挈先生避寇山谷間。」

錢林文獻徵存録卷六：「值寇亂，母攜之避兵山谷間，教以書，略能上口，遂有志嚮學。」

江藩漢學師承記卷一：「雖遭顛沛，猶手一編不輟。」

杭志：「歸則牖户漂摇，草竊猶充斥。有田數十頃在遠鄉，租船至中途，輒被劫掠，乃鬻負郭之田以完賦，家遂赤貧。」

清世祖順治三年丙戌（一六四六）十四歲

吴江潘次耕耒生。

順治四年丁亥（一六四七）十五歲

杭志：「年十五遊于庠。」

從姪會恩禹貢錐指紀恩：「叔渭以孤童攻制義，苦心鑽研，寒暑不輟，臣父夙器之，謂其技必售，命臣從講肄業焉。」按此事不得其年，姑繫於此。

按會恩父名麒生，爲先生之再從兄。崇禎元年戊辰進士，官行人司。著有藿園詩集。亦作秋筠詩集。事蹟見徐倬修吉堂文集卷四清芬堂記，康熙志卷七本傳。

順治五年戊子（一六四八）十六歲

大興王源、吴江劉獻廷生。獻廷字繼莊，號廣陽子，源字崑繩。

順治七年庚寅（一六五〇）十八歲

海甯查聲山昇、查夏重慎行生。本傳

順治十年癸巳（一六五三）二十一歲

桐城戴褐夫名世生。

順治十六年己亥（一六五九）二十七歲

是年蠡縣李塨生。塨字剛主，號恕谷。李恕谷先生年譜

順治十七年庚子（一六六〇）二十八歲

歸安鄭芷畦元慶生。

清聖祖康熙元年壬寅（一六六二）三十歲

康熙九年庚戌（一六七〇）三十八歲

是歲徐健庵登進士一甲三名。張撰閻年譜吉水李振裕亦成進士。振裕字維饒，號醒齋。後官至户部尚書。本傳

康熙十年辛亥（一六七一）三十九歲

是歲二月，馮溥授文華殿大學士。溥字孔博，一字益齋，又字易齋，山東益都人。順治丁亥進士，授編修，累官至刑部尚書。本傳

康熙十一年壬子（一六七二）四十歲

是年從姪會恩以拔貢入都，北榜與同邑徐倬中式。康熙志卷六選舉表。倬字方虎，號蘋村。先生壻沈運桂武科中式。運桂字紅是，同邑烏山人。康志卷六選舉表

康熙十二年癸丑（一六七三）四十一歲

是歲，兄嘉生與修德清縣志，有清邑水利一文，著録藝文志中。康熙志卷首及卷八嘉生亦諸生。無子，以先生長子方騰爲嗣。後以方騰貴，贈文林郎，大同知縣。嘉慶續志卷六選舉表崑山徐秉義以第三人及第。同邑徐倬亦成進士。康志選舉表秉義字彦和，號果亭，徐乾學之弟。

康熙十五年丙辰（一六七六）四十四歲

是年姪會恩以進士第二人及第，擢編修。嘉慶續志本傳

徐乾學時官右贊善，頗喜接納文士，其舅顧亭林頗不以爲然，有與潘次耕札書云：「原一（乾學名）官彌貴，客彌多，便佞者留，剛方者去。今且欲延一二學問之士以蓋其醜。吾以六十四之舅氏主于其家。見彼蠅趨蟻附之流，駭人耳目，至于徵色發聲而拒之。乃

僅得自免。」張穆撰顧亭林年譜

康熙十六年丁巳（一六七七）四十五歲

杭志：「年十五遊于庠，試高等爲增廣生。高文遠俗，連不得志于有司，乃入太學，館益都相國所。」按次年春，先生已在京，則是年已館馮邸可知。又先生爲增生，及屢踏省門不遇，後入太學，館馮邸，其年月均待考。

是年姪會恩爲順天副主考。民國德清新志選舉表

康熙十七年戊午（一六七八）四十六歲

馮溥佳山堂詩集卷六　春日同王仲昭毛大可吴志伊陳其年吴慶伯徐仲山徐大文胡朏明集萬柳堂即席賦：

閒園久矣廢經過，每到春深憶薜蘿。載酒人同蘭味合，題詩勿比輞川多。雲霞絢色開新徑，山水清音感舊柯。只恐恩綸分職任，重思蠟屐欲如何。

按時開博學鴻詞科，報到者一百八十六人。諸人中有與膺選者，故詩中云然。

其二

公餘邀客偶看花，小有清華水一涯。老怯春寒增舊絮，病逢穀雨憶新茶。今年茶到獨遲。人同鷗汎止無繫，目送鴻飛路不賒。獨喜梧崗鳴鳳侶，平津指日聽宣麻。

按王仲昭名嗣槐，錢唐人，諸生。毛大可名奇齡，蕭山人，廩監生。吴志伊名任臣，仁和人，廩生。陳其年名維崧，宜興人，諸生。吴慶伯名農祥，仁和人，諸生。徐仲山名咸清，上虞人，監生。徐大文名林鴻，海甯人，諸

生。與吳農祥、王嗣槐、吳任臣、毛奇齡、陳維崧爲馮溥延至邸第，稱「佳山堂六子」。

是年正月，詔開博學鴻詞科，中外官各舉所知，徵詣闕下。時馮益齋欲以先生應詔，堅辭不肯就。羣公避嫌，以相國子師，莫敢先發；及見薦牘，無先生名，則又大驚。先生自是遂絶意科舉之業，專窮經義。杭志

李撰七十壽序：「年四十餘，不復事科舉，專肆力于古學。」

從姪會恩錐指紀恩：「已而淹滯不偶，遂棄去帖括，鋭意經術。」

康熙十八年己未（一六七九）四十七歲

三月，召試諸徵士于體仁閣，馮益齋等爲閲卷官。取一等二十人，先生友人陳維崧、徐嘉炎、汪楫、朱彝尊等與選；二等三十人，先生友人潘耒、毛奇齡、吳任臣等與選，皆授翰林院檢討，入明史館纂修。與試報罷之友人，則有閻若璩、吳農祥、李良年、徐林鴻、徐咸清等。王嗣槐則以年老授内閣中書。己未詞科録

佳山堂詩集卷三　秋日王仲昭毛奇齡吳志伊陳其年汪舟次潘次耕胡朏明小集西齋和其年重陽登高見憶之作原韻：

古今靈氣何曾歇，腐儒徒惜少陵没。忽傳高朋取次來，倒屣迎之不及韈。但能清健常過從，曲逆原無肥糠麧。執戟方朔慣苦饑，何怪昌黎帶磨蝎。紛紛詞人白玉堂，文光繚繞黃金闕。作史三長夙稱優，豈等初學但倉卒。論文深更看燭跋，不顧

盤中缺餚核。前日霪雨不肯休，街頭深尺泥侵骨。月食西戌色慘淡，文昌復爾遭彗孛。爾來異災亦頻見，羣公鍵户斷請謁。素履自宜省愆尤，虛文奚足逭天罰。菊花今年最遲發，我意花神亦被訐。重陽已過眼底稀，繁蕊疎枝何淪忽。諸子開時登我堂，所示篇什嚴袞鉞。茲爾談笑評花酒，依然勃窣入理窟。從此曳履上星辰，老夫敢説有傳笏。

陳其年湖海樓詩集卷六　九月十七夜同王仲昭毛大可吴志伊汪舟次潘次耕胡朏明飲馮冒闢躬暨西齋翌日益都夫子用拙韻作詩見示仍疊前韻：

銅槽冰蟻瀏不歇，渴羌拍浮頭髮没。井中底用投車轄，席上已先脱巾韈。汪生老饕殊可怪，似欲流涎到麩麧。潘生酒半便放顛，謔語螫人作蛇蝎。吴生匿笑只温克，吃吃口中生石闕。王、胡拇戰興更豪，顧謂諸君皆勁卒。賢主二難尤愛客，悉索釵璫備盤核。毛生拍手仰天唱，自詫不減鶯喉滑。人生窮達關年命，往往術家談計孛。只須白墮霑老兵，那有青蚨媚典謁。銀荷的爍蠟炬短，翠斝縱横蜎籌罰。此時我師方偃息，四座喧呶莫輕發。若言狂態誰爲傳，張口鴟彝能告訐。極知聚散最飄忽，且壘糟丘擁旄鉞。頃刻夜静天鷄鳴，叫徹虞淵燭龍窟。翠華行且詣郊壇，抖擻吾將具袍笏。

康熙十九年庚申（一六八〇）四十八歲

徐以贊善領明史館總裁。延閻百詩爲上客，每詩文成，必屬裁定。閻譜

萬斯同以布衣參明史局。鮚埼亭集萬石園先生傳

顧祖禹客崑山徐氏傳是樓。彭士望恥躬堂集傳是樓藏書記

康熙二十年辛酉（一六八一）四十九歲

仍館馮邸。見西河詩話

康熙二十一年壬戌（一六八二）五十歲

春初，顧亭林歿于曲沃，年七十。顧譜按先生所著數書，多引亭林日知録中語，蓋推挹備至。

夏五月，陳其年卒，年五十九。

六月，馮益齋致仕。佳山堂詩集卷三歸里後有寄先生詩一首：

文定淵源自一門，肯將憔悴羨留髡。鶯花欲醒塵中夢，燕酒難招別後魂。好藉鄭莊資客騎，來看謝傅弈棋墩。衰遲相約君休笑，疑義猶能細與論。佳山堂詩二集卷五

閻譜，是年姜宸英、黄虞稷、萬言同入明史館。宸英字西溟，號湛園，慈谿人，著有湛園集、札詩等。虞稷字俞邰，晉江人，流寓金陵，著有千頃堂書目、楮園集。萬言字貞一，斯年之子，副榜貢生，有管村文集。

康熙二十二年癸亥（一六八三）五十一歲

閻譜：「司寇公來邀，復至京師。」

尚書古文疏證卷七：「癸亥甲子，晤吾友胡朏明京師。」

四書釋地：「胡朏明客京師，余時以書求助于先生，久之方肯草數條以應。中有余百思不得其解者。」按自馮溥乞休後，先生當館於徐家。文獻徵存録「大學士馮溥，尚書徐乾學優禮之。」

先生始與李振裕訂交。李撰七十壽序云「余與先生交二十年」，逆計之當在是年。

是歲吳江朱長孺鶴齡卒，年七十八。著有尚書埤傳及禹貢長箋等書。爲先生所引稱。

康熙二十三年甲子（一六八四）五十二歲

閻譜：「與黄儀初晤于碧山堂。」按碧山堂爲徐健庵館賓客之别第。先生與子儀相晤當亦在是時。

是年徐乾學由侍講學士升詹事府少詹尹。閻譜

康熙二十四年乙丑（一六八五）五十三歲

是年壻沈運桂成武進士。官湖廣安遠營遊擊。嘉慶續志六選舉

康熙二十五年丙寅（一六八六）五十四歲

是年徐乾學以禮部侍郎充一統志、會典、明史館三總裁。閻譜

餘姚黄晦木宗炎卒，年七十一。

康熙二十六年丁卯（一六八七）五十五歲

閻譜：「九月乾學擢左都御史。」

姜宸英湛園未定稿鬬酒詩跋：「丁卯元夕，今總憲徐公碧山堂之讌，出所儲酒三十種飲

客，命客爲鬭酒詩。明日相繼以詩來者若干人。」又曰：「時座中皆南人，多右南而左北。」

秀水徐敬可善在都纂明史曆志稿。閻譜

易圖明辨卷五：「秀水徐善敬可，博覽精思，無所不通，而尤深于易。晚著書以發其藴，有天易、羲易、商易、周易。同縣朱太史彝尊名其書曰徐氏四易。敬可與余厚，向在京師，出以示余。其言河圖、洛書，以劉牧得希夷之傳，而西山兩易殊可疑，余深以爲然。僭作題辭，要不出此意。既而思之，河圖、洛書，自秦、漢以來，未有能言其狀者，至五季而始出，何可遽信。學者不能痛絶圖書之謬種，而徒辨劉、蔡之是非無爲也。」按此事不得其年，姑繫于此。

是年劉繼莊入京參修明史。

恕谷集王崑繩傳：「徐乾學等招致天下名士，排纘詞章，一時如劉繼莊以及萬斯同、胡渭生、閻若璩等，皆集闕下，而王子亦與焉。」

康熙二十七年戊辰（一六八八）五十六歲

海甯查昇、仁和沈佳、常熟陶元淳等成進士。

閻譜：「是年健庵充會試總裁，即闈轉刑部尚書，出闈就職，因張汧事罣誤，上章乞休，准解部務，仍領各館總裁。」

康熙二十八年己巳（一六八九）五十七歲

徐嘉炎抱經齋詩集卷四　己巳三月上巳，健庵司寇、立齋司農、率兩郎君藝初舍人、草仲大行，招同姜西溟、金穀似、朱竹垞、胡朏明、王令儀、汪武曹諸子，修禊城南祝氏林亭，以清流激湍映帶左右引以爲流觴曲水十五韻分賦，得映字：

吾宗司甄陶，金玉兩暉映。澹蕩春風中，舞雩探幽徑。城南訪小築，不與繁華競。柳舒緑乍芽，花含紅未迸。短彴覆坳塘，頹岡俯荒磴。孤亭儼然在，棲遲足怡性。妙選賓從多，封胡傑公姓。超超論自深，滾滾談堪聽。楸枰偕封侯，紛紜佐觴政。茘漿南粤旨，桑落西河聖。笑請四坐嘗，甯惜百觚罄。我非仲容才，林間愧未稱。曷遲故園思，爲藉良遊勝。十年奉清肅，如荷瓊瑰贈。不辭公榮醉，奈此長卿病。碧莎軟歸路，薄暮寒猶勁。新月初爲鈎，遥天湛清鏡。

閻譜：「是年乾學因子樹穀考選科道事，爲副都御史許三禮所劾，上章乞歸，命攜書局即家編輯。乾學復上疏言：明一統志疏漏舛錯，難以盡舉，臣今博訪舊聞遺獻，務期精核。又言宋元通鑑，明臣薛應旂、王宗沐諸本，或詳略失宜，或考據抵牾，或名姓互殊，或日月闕誤。臣請改修，博採正史雜史及諸家文集，參考同異，辨證是非，仍倣司馬光通鑑例，作目録、考異，彙爲一書。諭依議行。」又見澹園集卷一

禹貢錐指略例：「昔大司寇崑山徐公，奉敕纂修大清一統志，館閣之英，山林之彦，咸給

筆札以從事。己巳冬，公請假歸里，上許之，且令以書局自隨。」

閻譜引行述：「客司寇公所，時方修一統志，與顧處士景范、黄處士子鴻周旋，遂喜談地理。二君固地理專家也。府君於古今沿革，考索尋究，不遺餘力，往往出其意表。朏明先生嘗稱吾輩老年人，讀書只宜優柔，厭飫自得之樂。徵君用力太苦太鋭，殊非所宜。府君愈益力，十餘年中，成四書釋地三續，及釋地餘論若干篇。」

資治通鑑後編 一百八十四卷 四庫全書提要云：「國朝徐乾學撰。……與鄞縣萬斯同，太原閻若璩、德清胡渭等，排比正史，參考諸書，作爲是編。草創甫畢，欲進于朝，未果而殁。今原稿僅存，惟闕第十一卷，書中多塗乙删改之處。」閻若璩困學紀聞箋卷十九：「續通鑑稿置傳是樓。」按資治通鑑後編，清季浙江官書局有刊本，係崑山徐氏後裔傳録慈谿馮氏藏鈔本，更經富陽夏震武校定付印。

康熙二十九年庚午（一六九〇）五十八歲

是年三月徐乾學歸里，開局洞庭東山，纂輯一統志，仍延先生及閻、顧、黄諸子與姜宸英、查慎行、黄虞稷等分纂。

錐指略例：「己巳冬，公請假歸里，上許之，且令以書局自隨。公于是僦舍洞庭，肆志蒐討。湖山閒曠，風景宜人。時則有無錫顧祖禹景范，常熟黄儀子鴻，太原閻若璩百詩，皆精于地理之學。以渭之固陋，相去什伯，公亦命繙閱圖史，參訂異同，二三素心，晨夕字，片隻不安，或集多士，送難于登臨，或插架帙，刻燭于飛觴，撥繁壹慮，不疲以樂，公于是書可謂勤矣。……公以盡善切屬多士，而不務求速成塞責。……璉等較輯之暇，間與諸君子憑眺湖山，寄情魚鳥，作爲詩歌，共相唱和……於是作爲是記而敘名于左。……其人德清胡渭生、無錫顧祖禹、子士行、秦業、晉江黃虞稷、山左閻若璩、太倉唐孫華、吴暻、常熟黃儀、陶元淳、錢塘沈佳、仁和呂澄、慈谿姜宸英、裘璉。」横山文集卷七

按文集卷首年譜，「康熙三十年辛未春，至洞庭書局。總裁大司寇徐公命輯湘廣一統志。」故今列此文于本年。

唐孫華哭座主玉峯尚書徐公詩：「兩年書局幸從游，鶴蓋成陰聚勝流。公開書局於洛庭，與余同事者姜西溟、黃俞邰、李武曾、胡朏明、查夏重、邵子湘暨同年沈昭嗣、呂山瀏、陶子師、吴元朗。人物精英收薄海，山川指點話神州。」時修一統志。東江詩鈔卷三

冬十二月，馮易齋卒于家，年八十有三，謚文毅。清史本傳

黃虞稷卒，年六十二。

是年姪會恩補鴻寺少卿，旋陞大理寺少卿。居易録卷十四

康熙三十一年壬申（一六九二）六十歲

閻譜：「是年徐乾學因濰令朱敦厚事落職，書局亦撤。仍奉旨續進所纂書。乃避居嘉善，已又僦居郡西華山之鳳村。」

徐秉義禹貢錐指序：「往予伯兄尚書奉詔總修一統志，一時博學洽聞之士，盡招集邸

舍。其精于地志、山經、水注之書者，則若無錫顧景范，常熟黄子鴻，太原閻百詩，及德清胡朏明，皆海内碩儒傑士，卓乎不羣，而同在伯兄之門，可謂盛矣。未幾伯兄歸田，不幸即世，諸君子亦雲散而不復合。」

顧祖禹卒于家，年六十二。

康熙三十二年癸酉（一六九三）六十一歲

其子分孟士行輯宛溪遺稿，先生爲作序。

桐城錢飲光秉鐙卒，年八十二。按錢氏曾應徐健庵招，參與在京及洞庭山纂修事。

康熙三十三年甲戌（一六九四）六十二歲

閻譜：「七月，有旨徐乾學著來京供修書，徐秉義學問亦優，并著來京，而乾學已先於是月十七日卒于家。」徐秉義禹貢錐指序：「予被恩復起，仍奉命卒一統志之役。景范已前卒，子鴻、百詩間一來，亦先後淪没。」

錐指略例：「甲戌家居，嬰子春之疾，偃息在牀，一切人事謝絶，因取向所手記者，循環展玩，撮其機要，依經立解，章别句從，歷三朞乃成，釐爲二十卷，名曰禹貢錐指。」

是年姪會恩任兵部督捕左理事官。同治湖州府志卷五十三

康熙三十四年乙亥（一六九五）六十三歲

是歲黄宗羲卒。按先生著作中多引梨洲之言，亦推挹備至。

七月，劉繼莊卒於吴，年四十八。

嘉興李良年卒，年六十。

閻譜：「十一月葬徐乾學。」

康熙三十六年丁丑（一六九七）六十五歲

禹貢錐指二十卷成。錐指略例：「歷三朞乃成。」

錐指略例：「同事顧景范、黃子儀、閻百詩，則余所覿面講習者。景范著方輿紀要川瀆異同，子鴻有志館初稿，皆史學之淵藪，可以陵古轢今，惟百詩與余鋭意通禹貢，故錐指稱引較多。景范、子鴻，後先下世。郢人之逝，惘乎有餘悲焉。」按略例作於辛巳，時子鴻已卒，則享年六十餘。

又「導河一章，余博攷精思，久乃得之。解成，口占二首，曰：三年偃臥疾，一卷導河書。禹奠分明在，周移失故渠。自知吾道拙，敢笑古人疎。冀有君山賞，中心鬱少舒。班固曾先覺，王橫實啓之。九峯多舛錯，二孔亦迷離。墨守終難破，輸攻諒莫施。祇有千載後，復有子雲知。時丁丑二月朔也。」錢傳「漢、唐以來河道遷徙，雖非禹貢之舊，要爲民生國計所繫，故于導河一章，備攷歷代決溢改流之跡，且爲圖以表之，其留心經濟，異于迂儒不通時務者遠矣。」

江藩漢學師承記：「於導河一章，備考歷代決溢改流之跡。論近日淮、黃之勢云，清口不利，海口愈塞，加以淫潦，而河、淮上流，一時並缺，洪澤諸湖，衝盪高堰，人力倉卒難支，必決山、鹽、高、寶諸湖，而淮南海口沙壅更甚，爲禍尤烈。近日治河，乃遏之，使不得北而南入于淮以便運耳。南行非河之本性，東衝西決，率無甯歲，非治河治漕也。設會通有時不用，則河可以北。先期戒民，凡田廬塚墓當水之衝者，悉遷他所，官給其費，兩岸之堤，增卑培薄，更于低處創立遥隄，使暴水至，得左右游波寬緩而不迫，然後縱河所之，決金龍注秋水，而東北由大清河入于渤海，不煩人力也。其説可稱卓論，豈不通時務之迂儒所能哉。」

略例：「既作錐指，輒據九州五服導山導水之文，證以地志水經，參之諸家傳記，略仿朱思本意，計里畫方，爲圖四十七篇冠其首。」

錢傳：爲圖四十七篇，於九州山川形勢，及古今郡國分合同異，道里遠近夷險，犂然若聚米而畫沙也。」

易圖明辨卷五：「歲庚午，與（徐）敬可讀書莫釐峯下，方且效一得之慮，相與更定是書，（徐氏四易）而敬可尋以病卒歸于家，吾欲言之，無以爲質矣。因復窮究其義，知圖書之形象，自古無傳，當姑從漢孔、劉之言而闕其疑。至于宋人之所傳，一概難信。越今歲爲今丁丑，始成此五卷，追念舊好，欷歔者久之。」按杭志「錐指既成，他經以次漸。」故時易圖明辨稿已成五卷也。

又同卷邵子圖書節引「友人徐敬可」語。

是歲長子方騰膺拔貢。嘉慶續志選舉志

鄭蕋畦始創湖録。

慈谿姜宸英與常熟嚴虞惇均成進士。

康熙三十七年戊寅（一六九八）六十六歲

陶紫笥卒，年五十三。

姪會恩由大理寺少卿陞内閣學士兼禮部侍部。居易録卷三十

康熙三十八年己卯（一六九九）六十七歲

錐指略例：「己卯，余復入帝城，謁大司徒吉水李公，以禹貢錐指就正。公覽之喜曰，是書博而不雜，精而能該，不惟名物殫洽，兼得虞夏傳心之要。出以問世，誰曰不宜。余負牆而謝。」

江藩漢學師承記：「康熙己卯，因再從姪會恩官京師，乃復游日下，禮部尚書李振裕，侍講學士查昇，皆以爲當代儒宗。」

錐指紀恩「上方表章六經，内廷燕閒，問當世有潛心經學，著述可傳者否。侍講學士臣查昇以禹貢錐指進，上覽而善之。問年籍，對曰，浙江人，六十餘歲，禮部侍郎胡會恩之叔也。」

四書釋地：「吾友胡朏明北上，留吾家陶陶者三永夕。」

是歲朱彝尊輯經義考成，陳廷敬爲作序。經義考卷首書中著録先生著作凡二種：

（一）詩牋辨疑二卷見卷一百十八　按此書未見傳本

（二）禹貢錐指二十卷見卷九十四

又卷二百九十説緯引先生語

汪舟次卒，年六十四。

毛西河作古文尚書寃詞成。曾寄先生，先生未答。西河合集經問卷十八

康熙三十九年庚辰（一七〇〇）六十八歲

明辨卷一：「今年（庚辰）客京師，四明萬君季野斯同論及此事。（河圖）萬君曰：幽王被犬戎之難，周室東遷，諸大寶器，必亡于此時，無論後人，恐天子亦不及見。余聞而韙之。」

萬氏爲作易圖明辨序，序曰：「予初讀易，惟知朱子本義而已。年垂三十，始集漢、魏以後諸家傳注，與里中同志者講習，乃頗涉其津涯。因歎朱子篤信邵子之過，而本義卷首之九圖爲可已也。友人德清胡朏明先生，精于易學，庚辰仲夏，示予以易圖明辨十卷，則本義之九圖咸爲駁正，而謂朱子不當冠于篇首。予讀之大喜，躍然曰：至哉言乎，何其先得我心乎。予嘗謂河圖、洛書先天、後天、羲文、八卦、六十四卦、方圓諸圖，乃邵子一家之學，以此爲邵子之易則可，直以此爲羲、文之易則大不可。乃朱子恪遵之，反若羲、文作易，本此諸圖，不亦異乎！夫河圖見于顧命、繫辭、論語，古固有之，而後世亡之

矣。今之自一至十之圖，本出陳希夷，古人未嘗語及，非真河圖也。戴九履一之圖，今之所謂洛書者，見于漢書張衡傳及緯書乾鑿度，乃太乙下行九宫圖，非洛書也。後世術家配以一白二黑之數，至今遵用不變，豈果真洛書乎？卦止有出震齊巽之位，乃孔子之所繫，而文王、周公之遺法也，安得有先天之位？此誰言之而誰傳之？天地定位一節，不過言八卦之相錯耳，何曾有東西南北之説，而欲以是爲先天卦位乎？此不特『先天』二字可去，即『後天』二字亦必不可存。蓋卦位止一而無二，不得妄爲穿鑿也。八卦之序，自當以父母六子爲次，孔子繫辭屢言之。乃舍此不遵，以乾兑離震巽坎艮坤爲次，此何理乎？太極生兩儀，兩儀生四象，四象生八卦，固出于繫辭，而實非生卦之謂也。乾坤生六子，其理顯然，而坤可置于最末乎？三男三女，可錯亂而無序乎？易但有三畫之卦，重之則爲六畫，未嘗有二畫四畫五畫之卦也。但有八卦六十四卦，未聞八卦重爲十六，十六重爲三十二，三十二始重爲六十四也。必曰一每生二，以次而加，試問易中曾有是説乎？至于卦變，惟程、蘇二家爲可信，古人十辟之説，予猶不敢從，若朱子之本義，益爲支離，況與啓蒙之言不合，一人而持兩説，令學者何所適從，此予必不敢附會者也。凡此諸説，間與友人言之，或然不然。讀先生此書，一一爲之剖析，洵大暢予懷。而其採集之博，論難之正，即今予再讀書十年，必不能得到，何先生之學大而能精若此。以此播于人間，易首之九圖，即從此永廢可也。四明同學弟萬斯同纂。」易圖明辨卷首明辨卷一：「歲庚辰，客京師，因金素公得交于李君，（李剛主）晨夕過從。……因出訊易書并仲氏易（蕭山毛錫齡著）以示余，余參酌其說而爲之解。解成以復于李君。李君答書曰，拙解難成，然清夜思之，尚未自信。……今得妙解豁然，莫是相生之序矣，真是生生之易矣，何快如之。」又卷六引李剛主學易、又剛主周易傳注自序，末云德清胡渭生參訂。按素公名德純，宛平人，亦與毛西河、閻百詩友好。

李恕谷年譜：「庚辰四月入京。金素公設筵相邀。是日晤萬斯同季野、胡渭生朏明。九月看胡朏明易圖明辨，言太極、先天、河圖、洛書之非。十一月，促裝歸。徐果亭、胡朏明、竇静庵、萬季野、王崑繩皆來送別。」

恕谷後集卷六萬季野小傳：「萬氏叔季在史館纂修，爲（毛）河右所折，嗛之。金德純特筵招胡朏明、季野及予曰，三君者天下巨君也。予後至，季野酒餘赫然曰，河右全集序爲先生撰，稱許太過，將累先生。予謝手曰，敢拜直言，然序文先生未深讀也。序以躬行自勵，以讀書歸毛先生，方慚虛大，非以屈諛，且聖道恢郭，詎一說而已。胡子曰，然，因罷去。」

李恕谷論學卷二：「德清胡朏明名渭以所著易圖明辨相質，言今易註，首河圖洛書，古河圖洛書周、秦時已亡。先天八卦方位次序，六十四卦方位次序，皆本之道家魏伯陽參同契、陳摶僞龍圖、劉牧鉤隱圖，褻黷誕謾，蕪穢聖經。予曰：此皆聖學不明所致也。學明則經正，修己治人之事，惟日不足，而暇造此幻渺之具邪。」

大學辨業題辭：「天下之事定於一。苟有二則殽而爲百千，亦何不可者。自程、朱改竄大學後，乃至有十餘家，學者將安所適從，勢亦不得不仍遵古本矣。語云「九變復貫，知言之選」，恕谷之謂也。格物解及學規纂，與人論學，皆躬行心得之言，非耳目剽竊者所能道也，總以救静坐觀空泛濫誦讀之弊。其足翼聖道而扶微學，又何疑焉。同學弟德清胡渭謹題。」

按先生所撰大學翼真七卷，不知其創始年月，今書中卷二亦有引李剛主語，則當成于最後也。

李恕谷，康熙庚午舉人，通州學正，爲顔習齋元之高弟。

是年慈谿姜西溟以科場事卒于獄，年七十二。

姪會恩任兵部右侍郎。居易録卷三十三

康熙四十年辛巳（一七〇一）六十九歲

錐指略例：「今春，（吉水李）公寓書天津，以示劉侍御西谷先生。先生一見稱賞，謂從來所未有，復于李公，序而行之。誠異數也。嗚呼，積病無憀，終日仰面看屋梁，著書當時，聊代萱蘇，今迺重災梨棗，詒癡符之誚，其能免乎？康熙辛巳夏五，德清胡渭敬述于御河舟次。」蓋先生時正南歸。江藩記云：「康熙己卯，復游日下，未幾以老病歸。」

按劉灝字若于，號西谷，陝西涇陽人，康熙戊辰進士，由翰林院編修考選陝西道御史、長蘆巡鹽，見黄叔琳國朝御史題名。

略例又云：「余釋九州之文，每水必援水經以爲證，而于導水尤詳，更摘取注中要語夾行附提綱之下，亦或有借注作提綱者。……水經所敍沿歷之地，間有疏闊，道元依經注補。今所引必經自經，注自注，劃然分爲二段，則前後不相貫穿，讀者反多眩惑。事有變通，不可膠柱。子鴻與余籌之甚悉。」又「酈道元注水經，……子鳴深信而篤好之，反覆尋味，每水各寫爲一圖，兩岸翼帶諸小水，無一不具，精細絕倫。余玩之不忍釋手，百詩有詞嗜焉。……吾三人表章酈注，不遺餘力。」又「景范、子鴻、後先下世，人之逝，憪乎有餘悲焉。」

李振裕禹貢錐指序：「昔鄭漁仲有言，禹貢之書，深於道者也，書深於道，非後世言地理者所能及。余嘗韙其説，以爲自禹治水，至今四千餘年，地理之書，無慮數百家，莫有能越禹貢之範圍者，亦莫有能疏通證明，晰其源流而抉其異同者。疇人習於所見，學者溺於所聞，信乎其難哉。

德清胡君朏明，著禹貢錐指二十卷，余受而卒業，慨然歎曰，偉矣哉！此禹貢之功臣也。自古著書之難有二，一曰博而不擇，其失也雜。山經地記，茫昧而無稽，方志輿圖，錯迕而失紀。太史公周行天下，其作河渠書，言武帝道河北，行二渠，復禹舊迹，説者以爲與大陸故道不相合，何況靦縷掇拾，誇多炫奇，彼此漫無折衷，前後互相衡決，此其失者一也。一曰固而鮮通，其失也疎。川澤之消長不常，郡縣之廢置無定，或一山而更數名，或一水而分數道。九河之跡，至漢已湮，三江之稱，訖明未定，泥古則廢今，信今則疑古，此其失者二也。莫要於班固之地理志，而史家但以爲記載之書，不知其條綱正目，州次部居，約而不失之疎也。莫詳於酈道元之水經注，而文士但以爲薈蕞之書，不知其沿波討瀾，窮端竟委，瑣而不失之雜也。今胡君之書，網羅散失，摘抉微眇，參攷故實，融貫古今，簡要而不疎，精詳而不雜，兼班志、酈注之長而去其二難，洵可不出户庭，指畫九州矣。昔之釋禹貢者，二孔之注疏，蔡氏之集傳，皆立於學官。蔡氏因陋就簡，無所發明，僅以資科舉之業而已。安國傳頗多抵牾，先儒皆以爲魏、晉間人依託，非西漢筆也。是書摘二家之謬不少，而採班、酈之善爲多。至於百家之説，折衷紛紜，要於以是，譬則大川細流，支分派别，疏而引之，使歸墟赴壑而後已。不然，則猶絶港斷潰之不相通，溝澮行潦之無所本，方覩經流之大而爽然自失，何待望北海若而始回旋其面目哉？世儒高談性命，忽於實學，易不主象占，禮不攷器數，詩不詳鳥獸草木，而禹貢一書，保殘守缺，承訛襲謬者，殆千百年。得是書而闡發之，其有功於經學也大矣。君爲人氣專而容寂，楗户著書，不接人事，蓋有道者也。其成是書也，研精覃思，凡十餘載，不惟昌明地理之學，兼亦窺見古聖人財成輔相之精意。漁仲所謂深於道，殆庶幾焉。余用是序而行之，質於世之修學好古者。」白石山房集卷十六

按此文與乙酉刊錐指本卷首所載稍有異，故録于此。又此文亦見嚴太僕先生集卷四，疑爲嚴虞惇氏代作。

康熙四十一年壬午（一七〇二）七十歲

李撰七十壽序：「古稱不朽有三，而立言居一。顧有言矣，或徇華而少實，或沿流而失源，風雲月露，雕繢纂組，可以謂之不朽乎？或稱先王，道古昔，而學非識貫，理無心得，陳言腐辭，耳剽影掠，可以謂之不朽乎？記曰，言者仁之文也。仁義充於中而言發於外。推其用，可以經天地，理萬物，而其要在明學術，正人心，辨古今之是非得失，天下後世莫不誦其言而因以儀法其人，是之謂不朽。三代以前尚已，自漢興至於今數千百年，其溺於詞章記誦之學，與規摹聖賢之語言而無心得者，類皆不傳，即幸而傳之久且遠，而不得謂之不朽者亦多也。然則立言豈易哉！若今胡朏明先生殆庶幾乎！先生世居德清，其曾大父思泉公，當明中葉嘉、隆間，以制舉之業與歸震川齊名，至今奉爲楷式。父端叔君以孝友稱，天啓甲子舉於鄉，世亂不仕，先生少孤力學，以文章世其家，屢踏省門不遇，年四十餘不復事科舉，專肆力於古學。自經史以及諸子百家之書，無不抉其鍵而窺其奥，叩而擊之沛如也，灑如也。其爲書研精覃思，忘寢與食，張皇補苴，旁搜遠紹，其名通而確切，則王輔嗣、杜元凱也。其博洽而詳核，則鄭漁仲、馬貴與也。盡掃詞人之藻繪，不蹈俗儒之剽掠，學貫於識而理得於心，實茂而華斂，源遠而流長，渢渢乎其可誦述乎天下後世者也。余與先生交二十年，其爲人外和而内剛，意所不欲，不隨衆俯仰，内行淳備，不爲表襮，家素貧，不以有無屑意，一室中凝塵蔽榻，著書之外不問一事，而其於學術人心古今是非得失之際，洞之如觀火，而析之如分銖。故其所發於書者，如布帛菽粟爲生人之所必需，而不肯爲浮夸誕漫之言以希世而炫俗，所謂仁義之人其言藹如者，先生之謂歟！輓近以來，懷鉛握槧者日益衆，然必如先生之書，乃足以當古之立言者，而爲不朽之盛事。吾見天下後世必有如桓譚之於揚子雲者，深知而篤好之，不以禄位容貌爲傳世之久近也。先生之書，有禹貢錐指、洪範正論、易圖明辨、周易揆方、三易雜占法及其他數百卷，而錐指一書，尤生平精力之所注。余既爲序而刻之以行世，會歲壬午六月，先生壽届七十，令子方騰應試京師，夙游余門，摳衣再拜，請爲文以壽。夫著書足以傳世行後，閱千載而不朽，斯其壽也大矣，且知先生之深而篤好其書者莫余若也，先生其以我爲桓譚也哉？」白石山房集卷十七　又嚴太僕先主集卷六同，疑亦嚴氏代作。

錐指禹貢圖跋「右禹貢圖四十七篇，皆余所手摹也。凡九州之疆域，山海川流之條理，原隰陂澤之形勢，及古今郡國地名之所在，八方相距之遠近，大略粗具。而獨恨晉圖既亡，諸地記道里之數，無以得準望遠近之實也。……有能毅然以復古爲任者，乞靈帝語，勑郡縣諸吏，循行水陸道路，偏籍其高下方邪迂直之形，以上之司徒；司徒徵天下之善算者，覆案其狀，而以勾股之赢餘計弦直之實數，以正準望之法，而定爲一書，每郡縣之下，分爲二條：一道路，曰東至某若干里，西至某若干里云云；一準望，曰某在東若干里，某在西若干里云云，如此則準望與道路，可以互相參驗而各得其實，由是繪之以爲圖，則彼此之體皆正，而無得之一隅失之他方之患矣。……雖然，此特爲方志言之也。若夫禹貢之圖，則但如吾之所爲，名山之位，方鄉不迷，大川之流，原委無誤，郡縣與山川相附，新形與舊迹並存，亦可以證明傳注，而爲學者之一助矣。壬午仲秋月幾望，東樵山人識。」

是年姪會恩任禮部左侍郎。同治湖州府志卷六十九本傳

萬季野卒，年六十五。

康熙四十二年癸未（一七〇三）七十一歲

李恕谷年譜：「癸未毛河右有來書曰：舊年接札，並收所寄朏明刻書。……今朏明又在吳門刻禹貢，仍與閻百詩合夥，大暢發古文尚書之謬。以禾中朱錫鬯家多書，欲就其家搜朱文公、趙孟頫、吳艸廬輩，至明末本朝，攻古文者合刻一集，以與我寃詞相抵。其後朏明不與事，而百詩約錫鬯攜明萬曆丁丑會試第三場焦竑廢古文策來，幸余先期知其事，赴其寓同觀，焦竑襲吳澄誤説而又誤者，余因於衆中大揶揄之。」閻譜引西河手札「百詩、錫鬯胸腹甚陋。惟朏明稍有記憶。與吾鄉吳慶伯同。」

潛邱劄記「胡朏明禹貢錐指謂嶺南虞舜帝跡所不及，余曾面質正。……朏明不覺歎曰，吾書刊矣，不及退改，奈何。」

錐指紀恩：「禹貢已有成書，鋟以問世。」

閻譜引行述：「皇上巡河至淮安……皇四子貝勒殿下邀相見，見則語極歡，曰吾知東南讀書種子僅有三人：朱檢討、胡太學及先生耳。朱、胡謂竹垞、朏明兩先生也。」

查悔餘成進士，授館秩。

徐華隱卒，年七十三。

康熙四十三年甲申（一七〇四）七十二歲

洪範正論自序：「自甲申迄己丑，芟繁補闕，辨誤析疑，纂成五卷。」按徵存録作三卷，誤。

錐指紀恩：「鋭意經術，而尤精於尚書，就尚書中，又以爲周書較備，而夏、商之書亡逸過半，其禹貢、洪範二篇，乃大禹箕子所作，文字最古，與堯典伯仲，真瑚璉之法物，東序之祕寶。因博採諸家，斷以己意，爲禹貢錐指、洪範正論若干卷，以發揮禹、箕之藴奥，使二代將墜之緒，鬱而復明，亦猶夫子取夏時乾坤之意也。」

閻譜：「皇四子以書幣禮致，先生力疾至都，六月卒，年六十七。」

鄭芷畦湖録成稿，中引先生語。顏魯公石柱記箋釋

康熙四十四年乙酉（一七〇五）七十三歲

李撰錐指序：「今乙酉首春，振裕校書内庭，與禁直諸臣，從容言天子崇經學，搜求遺逸，若是書者，豈可令伏而不見。查學士昇尤重其典核，乃以其書奏呈，上覽而善之。三月南巡狩，駐蹕吳郡。渭親齎是書，并所撰平成頌一篇，恭詣行宮以獻。上復稱善，且令宣

至南書房，賜饌，賜御書詩扇及扁額。……渭研精覃思，凡廿載而成是書，書成而遭遇右文之朝，蒙特達之知，爲之表章。……渭素志淡泊，氣專而容寂。……年踰七十，視聽不衰。其著述藏稿尚多，異日儻更有所獻，振裕尚能執筆而敍之。康熙四十四年夏五月。」乙酉漱六軒本卷首

錐指紀恩：「叔渭……鋭意經術，而尤精于尚書……爲禹貢錐指、洪範正論若干卷。……洪範未梲藁，禹貢已有成書，鋟以問世，上方表章六經，内廷燕閒，問當世有潛心經學，著述可傳者否。侍講學士臣查昇，以禹貢錐指進，上覽而嘉之，問年籍，對曰，浙江人，六十餘歲，禮部侍郎胡會恩之叔也。及法駕南巡，叔感九重特達之知，恭詣行宫，獻平成頌一篇。臣昇取以奏御。上賞其文，許賜扁額，且命宣臣與叔同至行在南書房。臣跪奏，臣叔胡渭，係臣受業之師，潛心經學二十年。所著有禹貢錐指一部，已經奏御。蒙恩宣至。上悦。中使傳旨云，渭所教出者人才如此，其學固可知也。有頃，中使捧數扇以出，皆宸翰。一賜臣，乃御製西湖詩一首，宣諭云，此扇與賜徐潮者同。復舉一授臣叔曰，皇上以此賜汝。恩出望外，驚喜交并，同叩頭謝訖。日亭午，上撤御饌一筵，宣賜大學士掌院學士臣昇、臣會恩，而叔渭亦與賜焉。久之内出『耆年篤學』四大字宣賜渭。天語親褒，奎章燦爛，禁直諸臣，謂一時曠典，登之起居簿。薄暮捧出，道旁觀者，皆以爲榮云。……臣又側聞聖諭云，朕優奬此老書生，正爲天下士子讀書者勸。

大哉王言，雖菁莪棫樸、樂育人材之意，何以加茲。……康熙四十四年閏四月十二日。禮部左侍郎兼翰林院學士臣胡會恩恭紀。」按乙酉漱六軒本錐指，卷面題「康熙乙酉孟夏，草莽臣胡渭恭進。」首頁印有康熙御筆「耆年篤學」四字，並題「康熙四十四年四月十七日賜臣胡渭。」按文獻徵存録、錢傳、國朝先正事略、國史館本傳，均繫此事於康熙四十三年，又師承記及閻譜繫於四十二年，閻譜並謂「潛丘垂老諄諄以求御書爲言，蓋有感于朏明之事」，均誤。

徐秉義錐指序曰：「予被恩復起，仍奉命卒一統志之役。子鴻、百詩間一來，亦先後淪没。……予潦倒京華十餘年，書今垂成，亦已皤然老矣。……諸君子各有地誌之書，而朏明禹貢錐指獨晚出。其書攷正孔傳孔疏宋元明諸家之説，主以班固地理志，參以山海經水經注及郡縣誌，摘其謬誤，辨其疑似，使後世讀經者瞭然心目之間，其有功於禹貢不細。至發明夏道，所陳大義十餘，尤足證明孔子無間之言，非但區區稽攷沿革，鉤覈異同，資滕口説而已。故其書得進呈御覽，一旦邀特達之知，而褒美其耆年篤學，良非偶也。獨念我國家讚禹之服，聲教四訖，遠踰夏后之世，使伯兄而在，與朏明輩勒成全書，當可追翼禹貢，仰副我皇上崇尚經學之意；惜乎伯兄殁，向所謂四君子者，止一朏明在焉。予衰老無狀，藉手引年以去，序朏明之書，不能不三歎于今昔之際也。」

戴南山年譜乙酉作禹貢錐指序，序曰：「非博學好古之士，不能著書以自見於天下，然自古以來，著書之家，亦頗多有；而非生遭聖明之世，無右文之主爲之表章，則或湮没而不顯。彼其穿穴經傳，條貫古今，搜抉奇異，冥心孤詣，積數十年而成一書，其意欲以傳於後世，然不過藏之名山，傳諸其人而已！倘其人不可得，則遂至放軼而散失者有之，是故著書既難其人，有其人而又多不逢其世。吾於德清胡君朏明所著禹貢錐指一書，竊幸其遭逢之獨奇，爲自古著書之士所未有也！昔之釋禹貢者，孔安國、蔡仲默兩家，皆立於學官。蔡氏因陋就簡，無所發明；而孔傳尤多牴牾，先儒疑其爲後人僞譔。胡君博學好古，於書無所不讀，其於禹貢，剖析鑽研，反覆不去手；參驗故實，搜羅傳註，爲之正其同異，辨其是非，窮其端委，研精覃思，凡二十年而成，名曰禹貢錐指。會今天子聰明神聖，四海之内，薰蒸浸漬，莫不彈冠振衿，輻輳而出，相與黼黻鴻業，鼓吹休明，雖布衣之士，幽隱伏匿之儒，耆艾之老，山澤之癯，亦思自奮起，以期無負於盛世。而胡君年踰七十，平生閉門掃迹，上下千古，討論六經，錐指一書，正孔傳之僞，而訂蔡氏之訛，其有功於後學尤大！先是康熙四十四年春正月，學士臣查昇已代爲呈進，未幾，車駕南巡狩，臨幸浙西；胡君匍伏道左，恭進是書，並獻頌一篇，天子覽之稱善；賜膳，賜御書詩扇，賜御書匾額；一時士人嘖嘖嘆羨以爲榮。夫以布衣之士，幽隱伏匿之儒，耆艾之老，山澤之癯，苟有一技可取，一書可觀，皆得以其所業，與其姓名，上達天子：褒寵頻加，恩賜備至，臣於仰見我皇上右文之至意，礪世磨鈍，鼓舞激勸，真有超出前古者，天下之士，其孰不奮袂而起，思出其奇以求得當。行見博學好古之士，立言之家，接踵而出，潤色太平；不獨胡君一人之榮遇而已！余故書之以爲胡君賀，並以爲天下之士也幸。」潛虚先生文集卷四，注云「代」，疑亦爲李振裕代筆。

康熙四十五年丙戌（一七〇六）七十四歲

刊易圖明辨，自作題辭曰：「古者有書必有圖，圖以佐書之所不能盡也。凡天文地理鳥獸草木宫室車旗服飾器用世系位著之類，非圖則無以示隱頤之形，明古今之制。故詩書禮樂春秋皆不可以無圖，唯易則無所用圖；六十四卦二體六爻之畫，即其圖矣。白黑之點，九十之數，方圓之體，復姤之變何爲哉。其卦之次序方位，則乾坤三索、出震齊巽二章盡之矣。圖可也，安得有先天後天之别。河圖之象，自古無傳，從何擬議。洛書之文，見于洪範，奚關卦爻。五行九宫，初不爲易而設。參同契先天太極，特借易以明丹道。而後人或指爲河圖，或指爲洛書，妄矣。妄之中又有妄焉，則劉牧所宗之龍圖，蔡元定所宗之關子明易是也。此皆僞書，九十之是非，又何足校乎。故凡爲易圖以附益經之所無者，皆可廢也。就邵子四圖論之，則横圖義不可通，而圓圖别有至理，何則，以其爲丹道之所寓也。俞琰曰，先天圖雖易道之緒餘，亦君子養生之切務。又曰，丹家之説，雖出于易，不過依倣而託之者，初非易之本義。因作易外别傳以明之。故吾謂先天之圖，與聖人之易，離之則雙美，合之則兩傷。伊川不列于經首，固所以尊聖人，亦所以全陳、邵也。觀吾書者，如以爲西山之戎首，紫陽之罪人，則五百年來，有先我而當之者矣，吾其可未滅也夫。康熙丙戌上巳，七十四叟東樵胡渭書于顒溪客舍。」按丙戌家刻本，版心下方有「耆學齋」三字。板久未印，至嘉慶元年阮元修補板本重印行世，無「耆學齋」三字。

國朝學案小識卷十二：「本義卷首九圖，爲門人所依附，朱子當日未嘗堅主其說。先生所論，已足釋學者主疑，而猶不如白田王先生之攷訂爲尤詳也。」

漢學商兑卷下「言易而與程、朱異旨者有數派：如力闢圖象，則毛奇齡、黄宗炎、胡渭。宗虞氏，則胡渭，黄宗炎、惠棟、趙繼序、張惠言。」

是歲毛西河得先生易圖明辨，有所條論。西河合集經問十四

康熙四十六年丁亥（一七〇七）七十五歲

查聲山卒，年五十八。

康熙四十七年戊子（一七〇八）七十六歲

吴慶伯卒，年七十。

潘次耕卒，年六十三。

竇静庵卒，年五十六。

康熙四十八年己丑（一七〇九）七十七歲

洪範正論成，自序曰：「洪範一書，如日月之麗天，有目者所共覩，而間有晦盲否塞者，則先儒之曲説爲之害也。『五事』本於『五行』，『庶徵』本於『五事』，不過以雨暘燠寒風

之時不時，驗貌視聽思之敬不敬，而漢儒五行傳專主災異，其所言貌之不恭厥極惡等事，固已乖矣，而又推廣言之，曰妖曰孽曰旤曰痾曰眚曰沴，復援春秋及漢事以實之，以瞽史矯誣之説，亂彝倫攸敍之經，害一也。洛書之本文具在，洪範劉歆之言非妄，而宋儒乃創爲白黑之點，方圓之體，九十之位，則書也而變爲圖矣，且謂範之理可通於易，故劉牧易數鉤隱，以九位爲河圖，十位爲洛書，而蔡元定兩易其名，害二也。洪範元無錯簡，而宋儒任意改竄，移『庶徵』、『王省惟歲』以下爲『五紀』之傳，移『皇極』、『斂時五福』至『其作汝用咎』及『三德』、『惟辟作福』以下並爲『五福』、『六極』之傳，害三矣。愚爲是解，非敢撥棄舊詁而逞吾臆見也，去其不正者以就其正者，而聖人之意得矣。自甲申迄己丑，芟繁補闕，辨誤析疑，纂成五卷，名之曰洪範正論。」

曾姪孫紹芬刻書序曰：「曾叔祖東樵公，邃於經學，著述甚富，於尚書尤爲專家，所註釋凡二種：曰禹貢錐指，曰洪範正論。錐指已善本流傳，而正論尚弆篋衍，學者有不及津逮之感，是子孫之責也。宋程大昌有禹貢論，傅寅有禹貢集解，而均未及洪範；元胡一中有定正洪範，而又未及禹貢，詎知禹貢、洪範實相表裏，未可孤行者哉！所以箕子陳疇，首曰鯀陻洪水，又曰禹乃嗣興，此其原始也。公以錐指開其先，正論趾其後，亦猶朱子支分節解，脈絡貫通之論矣。康熙乙酉，查聲山學士進呈錐指，聖祖覽而歎賞，以爲抉前人未發之旨。翠華南幸，知先王父尚書公幼從公遊，特賜『耆年篤學』之額，宸翰輝煌，朝野傳爲美談，桓榮稽古之力，又奚以過是！惜爾時正論一書，尚未及繕進，球圖拱璧，鬱爲異光，豈是兩書之顯晦或亦各有其時歟？先王父嘗諏刻正論矣，緣司寇事繁，頷頷乎難之。先大夫遠宦馳驅，亦未遑授剞氏。芬猥以弇鄙，監司豫州，重念正論一書，終祕家塾，非公之志，亦非余祖余父之志也，爰寓書諸叔氏，釐訂字畫，重加裒輯，綴諸禹貢之後，俾成完書。學者習之，曉然於洪範爲禹貢之體，禹貢爲洪範之用，乃知公之錐指，原不同酈、桑之水經注，而正論亦不同劉向、匡衡專指陰陽五行讖緯之學也，後之君子其致思焉。抑謝靈運述祖德詩云，清塵竟誰嗣，明哲時經綸，今先人手澤具在，經綸未墜，誰嗣之歎，芬與諸叔氏尤不敢不用以共勗也，因謹誌簡首如此。乾隆己未孟冬曾姪孫紹芬拜手敬序。」按紹芬字念曾，開京子，以祖會恩蔭，擢河南開歸兵備道，官至直隸按察使。見嘉慶志本傳。其父開京，字遵王，蔭授肅州僉事。

又魯曾煜序曰：「曩會稽胡允文先生，作定正洪範一書，擘分經傳與古本節次多異，自初一至次九儷河圖之九爲綱，自五行至六極儷洛書之十爲目，河圖九而洛書十，祖劉牧也，其義亦實本劉歆云。今德清胡東樵先生作洪範正論一書，志在釐正曲説，非另有所定也。觀自序中所陳三害，一『庶徵』不信漢書五行志説本朱子及蔡西山，一圖書不信陳摶繪圖點星洛書本文，不信班固初一至次九六十五字説本漢石經及劉歆，一洪範元無錯簡，説本林少穎，提綱絜領，述而不作，噫！勤矣。夫洪範一篇，自宋王魯齋、元文本心、吴草廬諸先生變本加厲，割剥牽掣，改竄字句，面目譎怪，定正遂趾之而起。今先生獨依文序義，血交脈注，且援據閎博，無所掛漏，辨析精微，不苦汗漫，以言乎解經則備矣。嗟古經之厄，莫甚於大學、洪範，改古本大學極於宋而流衍於元，改古本洪範極於元而胚胎於宋，皆經之陽九百六也。煜前誦先生所著大學翼真，統今洪範正論，綜核同異，皆因所當因，革所當革，如周公監於二代，損益酌中，豈非制禮作樂手哉。視定正悉袪墨守一於操戈，吾浙兩胡氏必有能辨其得失者。先生從孫香圃先生，尤貫串經學，出正論眎煜，因謹誌簡端，并質指歸云。乾隆歲次己未孟冬朔日，後學魯曾煜謹撰。」

按曾煜字啓人，號秋塍，會稽人，康熙辛丑進士。翰林院庶吉士。此文爲其掌教汴州時所作。

康熙四十九年庚寅（一七一〇）七十八歲

是歲朱彝尊卒，年八十一。曝書亭集陳廷敬撰墓誌銘

桐城戴名世成進士。

王崑繩卒。年六十三。

康熙五十年辛卯（一七一一）七十九歲

四月徐秉義卒，年七十九。著有耘圃培林堂代言集等。本傳

長孫彦穎鄉試中式。嘉慶續志六選舉

康熙五十一年壬辰（一七一二）八十歲

敬業堂詩集卷四十寄祝胡東樵先生八十壽清溪大司寇屬賦二首：

吴羌山色鬱然青，中有元家野史亭。人指所居爲福地，天留此老應文星。河、汾業盛傳三世，夾漈功高在六經。千尺喬松多美蔭，重看蘭玉繞階庭。

尚書北面舊稱師，司寇公少受業于先生。碩果西吴更有誰。著述久歸三館貯，才名曾受九重知。烟波放艇懷清霅，風雨連牀記莫釐。庚午秋冬先生在洞庭東山書局，余獲追隨。見説精神猶健在，杖朝不異杖鄉時。

徐畫堂周錫祝壽詩：

南極分芒霅水明，伊誰稽古比恩榮。原將宗法留安定，未覺傳經老伏生。白屋掃除垂聖藻，絳帷指授富名卿。來年周甲千秋節，看促蒲輪備五更。戴璐吴興詩話卷一

是年姪會恩爲會試副總裁。民國德清志選舉

同邑徐方虎卒，年九十。

康熙五十二年癸巳（一七一三）八十一歲

是歲姪會恩去位。吴興詩話三會恩字孟編，號南苕。居官以勤慎稱。湖州志

康熙五十三年甲午（一七一四）八十二歲

杭志：「歲在甲午正月九日，考終牖下，春秋八十有二。」錢傳同以子方騰貴，贈文林郎，大同知縣。嘉慶續志六選舉

越四十二年乾隆丁酉十一月癸丑，孫彦穎葬先生于經南圩之阡，杭世駿爲撰墓志。嘉慶續志八本傳「渭著述甚富，未刊者尚多。其學與閻若璩相類，文彩不宣，而攷據賅洽，視若璩爲有條理。國朝浙江治經學者，鄞縣萬斯大、蕭山毛奇齡、嘉興徐善、秀水朱彝尊，核其撰述，渭爲稱首。」

配黄氏，諸生幼良女。

子四人：長方騰，字黄間，出繼大宗。山西大同令，調陵川。以子勳官，贈文林郎，大荔知縣。方質、方威並諸生。方詮。

女二人：適游擊沈運桂、諸生沈益新。

孫十人：彦穎，號石田，康熙乙未進士，翰林院編修。歷任會試同攷官及廣東副主考。因參年羹堯幕事遺戍，赦還後，爲本邑清溪書院掌教。著有北窗偶談三卷。

勳，歷任陝西大荔及山東臨淄令，有廉名。

彦輔，乾隆己未進士，官貴州清平令。

彦昇，字仲升，號竹軒，雍正八年庚戌進士，由户部（又作刑部）主事改授山東定陶令。以開釋寃獄被劾，按察使黄叔琳勸使自檢舉，彦昇曰：失官不足惜，顧獄實寃，願終雪之。叔琳密訪，果如彦昇言。彦昇曰：獄已雪，吾又何求。不俟開復而歸。

杜門著述，於樂律尤有心得，有樂律表微八卷及春秋正解、四書近是二十九卷、補六卷、四書集説、叢書録要一百四十三卷。按文獻徵存録誤以彦昇爲先生子，清史稿復襲其繆。

彦平、彦沖蚤卒，彦藹、彦博、彦韜、方銓子、彦肅，皆諸生。

曾孫十餘人：彦昇子超宗、字羣卓、乾隆三十年乙酉舉人。彦韜子紹。

玄孫二人。以上據杭志及同治湖州府志、嘉慶德清續志

附著作目

易圖明辨十卷浙江巡撫採進本　四庫全書總目卷六經部易類六

國朝胡渭撰。渭原名渭生，字朏明，號東樵，德清人。是書專爲辨定圖書而作。初陳摶推闡易理，衍爲諸圖，其圖本準易而生，故以卦爻反覆研求，無不符合。傳者務神其説，遂歸其圖於伏羲，謂易反由圖而作，又因繫辭河圖、洛書之文，取大衍算數，作五十五點之圖以當河圖，取乾鑿度太乙行九宫法，造四十五點之圖以當洛書，其陰陽奇偶，亦一一與易相應，傳者益神其説，又真以爲龍馬神龜之所負，謂伏羲由此而有先天之圖，實則唐以前書，絶無一字之符驗，而突出於北宋之初。夫測中星而造儀器，以驗中星無不合，然不謂中星生於儀器也；候交食而作算經，以驗交食無不合，然不可謂交食生於

算經也。由邵子以及朱子，亦但取其數之巧合，而未暇究其太古以從誰授受，故易學啓蒙及易本義前九圖皆沿其說，同時袁樞、薛季宣皆有異論。然攷宋史儒林傳，易學啓蒙，朱子本屬蔡元定創藁，非所自撰，晦菴大全集中載答劉君房書曰：啓蒙本欲學者且就大傳所言卦畫蓍數推尋，不須過爲浮說，而自今觀之，如河圖、洛書，亦不免尚有賸語。至於本義卷首九圖，王懋竑白田雜著以文集語類鉤稽參攷，多相矛盾，信其爲門人所依附，其說尤明，則朱子當日亦未嘗堅主其說也。元陳應潤作爻變義藴，始指先天諸圖爲道家假借易理以爲脩煉之術，吴澄、歸有光諸人亦相繼排擊，各有論述，國朝毛奇齡作圖書原舛編，黄宗羲作易學象數論，黄宗炎作圖書辨惑，爭之尤力，然皆各據所見，抵其罅隙，尚未能窮溯本末，一一抉所自來。渭此書卷一辨河圖洛書，卷二辨五行九宮，卷三辨周易參同先天太極，卷四辨龍圖易數鉤隱圖，卷五辨啓蒙圖書，卷六卷七辨先天古易，卷八辨後天之學，卷九辨卦變，卷十辨象數流弊，皆引據舊文，互相參證，以箝依託者之口，使學者知圖書之說，雖言之有故，執之成理，乃脩鍊術數二家旁分易學之支流，而非作易之根柢，視所作禹貢錐指，尤爲有功於經學矣。

汪中六儒頌「河、洛矯誣，至胡氏而絀。」

梁啓超清代學術概論：「啓蒙期運動之代表人物，則顧炎武、胡渭、閻若璩也。……炎武倡舍經學無理學之說，教學者脱宋、明儒羈勒，直接反求之于古經，而若璩辨僞經，唤起求真觀念，渭攻河、洛，掃架空説之根據，於是清學之規模立焉。」又「胡渭之易圖明辨，大旨辨宋以來所謂河圖、洛書者傳自邵雍，雍受諸李之才，之才受諸道士陳摶，非羲、文、周、孔所有，與易義無關。此似更屬一局部之小問題，吾輩何故認爲與閻書有同等之價值耶？須知所謂無極太極，所謂河圖、洛書，實組織宋學之主要根核；宋儒言理言氣言數言命言心言性，無不從此衍出。周敦頤自謂得不傳之學於遺經，程朱輩祖述之，謂爲道統所攸寄；於是占領思想界五六百年，與經典相埒。渭之此書，以易還諸羲、文、周、孔，以圖還諸陳、邵，并不爲過情之批擊，而宋學已受致命傷。自此學者乃知宋學自宋學，孔學自孔學，離之雙美，合之兩傷；（此胡氏自序中語按明辨卷十則云「吾以爲邵子之易與聖人之易，離之則雙美，合之則兩傷。」）自此，學者乃知欲求孔子所謂真理，舍宋人所用方法外，尚別有其途。不甯唯是，我國人好以陰陽五行説經説理，不自宋始，蓋漢以來已然；一切惑世誣民汨靈窒智之邪説邪術，皆緣附而起。胡氏此書，乃將此等異説之來歷和盤托出，使其不復能依附經訓以自重，此實思想之一大革命也。」

又近三百年學術史（第六講清代經學之建設）「他的學風，不尚泛博，專就一個問題作窄而深的研究，開後人法門不少。幾部書中，後人最推重的是禹貢錐指。這部書雖然有許多錯處，但精勤搜討，開後來研究地理沿革的專門學問，價值當然也不可磨滅。但依我看：東樵所給思想界最大影響，還是在他的易圖明辨。易圖明辨是專辨宋儒所傳太極、先天、後天——即所謂河圖、洛書等種種矯誣之説。這些圖是宋、元、明儒講玄學的惟一武器；鬧得人神昏眼亂，始終莫名其妙。但他們説是伏羲、文王傳來的寶貝，誰也不敢看輕他，看不懂只好認自己笨拙罷了。明、清之際，黄梨洲宗羲、晦木宗炎兄弟，始著專書闢其謬。東樵曾否見他們的書不可知；（按原書引黄氏兄弟著作，梁氏殆未一閲歟？）但他卻用全副精力做十卷的書，專來解決這問題。他把這些圖的娘家找出來，原來是華山道士陳摶弄的把戲，展轉傳到邵雍。又把娘家的娘家尋根究柢，原來是誤讀讖緯等書，加以穿鑿傅會造出來的。於是大家都知道這些都是旁門左道，和易經了無關係。我們生當今日，這些鬼話，久已没人過問，自然也不感覺這部書的重要。但須知三百年前，像周濂溪太極圖説、朱子易本義一類書，其支配思想界的力量，和四書、五經差不了多少：東樵這種廓清辭闢，真所謂功不在禹下哩，洪範正論的旨趣，也大略相同，專掃盪漢儒五行災異之説，破除迷信。所以我説：東樵破壞之功，過於建設，他所以能在學術界占重要位置者以此。」（清華學校講義）

禹貢錐指二十卷圖一卷浙江巡撫採進本　四庫總目卷十二經部書類二

國朝胡渭撰。渭有易圖明辨，已著録。其生平著述甚夥，而是書尤精力所專注。康熙乙酉，恭逢聖祖仁皇帝南巡，曾呈御覽，蒙賜「耆年篤學」扁額，稽古之榮，至今傳述。原本標題二十卷，而首列圖一卷，其中卷十一卷十四，皆分上下，卷十三分上中下，而中卷又自分上下，實共爲二十六卷。其圖凡四十有七，如禹河初徙再徙，及漢、唐、宋、元、明河圖，尤考究精密。書中體例，亞經文一字爲集解，又亞一字爲辨證。歷代義疏及方志輿圖，搜采殆徧。於九州分域山水脈絡古今同異之故，一一討論詳明。宋以來傅寅、程大昌、毛晃而下，注禹貢者數十家，精核典贍，此爲冠矣。至於陵谷遷移，方州分合，數千年內，往往不同，渭欲於數千載後，皆折衷以定一是，如郭璞注山海經臨渝驪成已兩存碣石之説，渭必謂文穎所指臨渝爲是，漢地理志所指驪成爲非，終無確驗；又九江一條，堅守洞庭之説，不思九江果在洞庭南，則經當曰九江孔殷，江漢朝宗于海矣，徐文靖之所駁，恐渭亦不能再詰也。千慮一失，殆不屑闕疑之過乎。他若河水不知有重源，則由其時西域未平，無由徵驗，又所引酈道元諸説，經注往往混淆，則由傳刻舛譌，未覩善本，勢之所限，固不能執爲渭咎矣。

清代學術概論「胡渭之禹貢錐指，多濟濟談，且漢、宋雜糅，家法不嚴。」

洪範正論五卷浙江巡撫採進本　四庫總目經部書類二

國朝胡渭撰。大旨以禹之治水本於九疇，故首言鯀堙洪水，繼言禹乃嗣興，終言天乃錫禹，則洪範爲體，而禹貢爲用，互相推闡，其義乃彰。然主於發明奉若天道之理，非鄭樵禹貢、洪範相爲表裏之説，惟以九州次序，分配五行者比也。其辨證前人之説，如謂漢人耑取災祥，推衍五行，穿鑿附會，事同讖緯，其病一。洛書本文，即「五行」「五事」至

「五福」「六極」二十字，惟「敬用」「農用」等十八字，乃爲禹所加，與「危微精一」之心法同旨，初一次二至次九，不過是次第名目，亦非龜文所有，龜之有文，如木石之文理，有可推辨，又如魯夫人公子友有文在手之類。宋儒創爲黑白之點，方員之體，九十之位，變書而圖以至九數十數，劉牧、蔡季通，紛紜更定，其病二。又洪範原無錯簡，而王柏、胡一中等任意改竄，其病三。皆切中舊説之失。蓋渭經術湛深，學有根柢，故所論一軌於理。漢儒附會之談，宋儒變亂之論，能一掃而廓除焉。按此書，四庫簡明目録標注及郘亭知見傳本書目，均謂康熙中刊本，大誤。

大學翼真七卷浙江巡撫採進本　四庫總目卷三十六經部四書類二

國朝胡渭撰。渭有禹貢錐指，已著録。是書卷一分四目：曰大學二字音義，曰先王學校之制，曰子弟入學之年，曰鄉學之教。卷二分三目：曰小學之教，曰大學之教，曰學校選舉之法。卷三分三目：曰大學經傳撰人，曰古本大學，曰改本大學。皆引據精核，考證詳明，非空疏游談者可比。卷四以下爲渭所考定之本，大旨仍以朱子爲主，力闢王學改本之誤，以經爲一章，傳爲八章，其誠意章以下，與諸本並同。惟以「康誥曰」至「是故君子無所不用其極」爲第一章統釋三綱領，以「詩云邦畿千里」至「此以没世不忘也」爲第二章，謂前三節釋經「知止能得」之序，後兩節釋「知止之由與能得」之序。以「聽訟吾猶人也」一節爲第三章，謂釋本末之意，而移「此謂知本」二句於前章止於信之下，與諸本爲異。其説與朱子雖小異，然僅謂格致一章不必補傳耳，其論格物固仍然朱子之旨也。其卷末一條，謂古之大學所以教人者，其文則詩、書、禮、樂，其道則父子君臣夫婦長幼朋友，其法則博學、審問、慎思、明辨、篤行，故孟子謂庠序學校，皆所以明人倫云云。所見切實，視泛爲性命理氣之談，似五常百行之外，別有一物謂之道，別有一事謂之學者，勝之遠矣。

吴興典録 嘉慶續志藝文引行狀「建置沿革，山川原委，具有端緒。其餘未及排纂。」

他山録 同上引行狀「作錐指時，多與太原閻先生論難往復，經義益明，所不用其語者，別爲他山録以毋忘良友規。」

庾開府集注 續志「按行狀云，入都偏游公卿間，出所注庾子山徐孝穆集就正，諸公無不服其該洽，是謂又注徐集也。考吴兆宜更有徐集箋注，殆亦採渭遺稿成之，胡府志不載，姑從闕疑。」

刪後詩　唐詩玉淵　唐詩麗則　唐詩表微　近體今體詩鈔 皆引行狀　又詩鈔并及歷朝，將由近體今體以及樂府古體，而竟不及成。

東樵遺詩 見兩浙輶軒録

附東樵遺詩數首：

吴山觀潮 清詩別裁一卷八

扶桑東極水雲昏，溟漲連天入海門。白鷺千羣沙際影，青螺數點雪中痕。石當羅刹聲偏走，風折西陵勢益奔。徙倚位胥祠下望，鴟夷信有未招魂。

貽陳留尹陳明府

昔日吾鄉沈麟士，閉門教授見齊史。日誦詩書手織簾，故宅吴羌山下是。今我不學慚昔賢，到處抗顔説經旨。聲希太古琴無絃，忽遇知音論宫徵。先生自是謫仙人，素衣不染京洛塵。簿書倥偬作詩賦，去年識面今逾親。談辨如雲揮玉麈，怪爾文章蚤入神。陳留風俗尚如古，使君努力爲良循。相去吴淞咫尺水，他年抱楫問漁津。

已過重陽有以菊花見貽者

共有東籬興，陶詩空自吟。九秋驚物換，華髮待花簪。對此意俱淡，貺余情亦深。仁風良可愛，冒雨更重尋。

舟行城東

浮花浪蕊合萍蹤，書畫盈船一水東。天上坐來凌倒景，鏡中行處信春風。杯傾社酒分溪淥，紙擘巴箋染翰紅。自是石湖詩興好，應差章句老雕蟲。

以上均見兩浙輶軒録卷十六　又引碧溪詩話云「胡東樵先生遺詩，從未之見。今從其後人録得十餘首。先生研經績學，爲後學津梁，詩亦嘗鼎之一臠也。」

又爲毛西河納妻張曼殊作詩二首：見西河集

媒氏新傳玉帳音，定情何用百萬金。簾前一見如相識，爲插蓮花玳瑁簪。

新翻子夜與荷溪，顧曲周郎總不迷。一唱黄鷄嬌欲絶，簫聲同徹鳳樓西。

（夏定域　文瀾學報第二卷第一期）